让我们一起追寻

MODERN TIMES

从
1920 年代到
1990 年代的
世界

THE WORLD
FROM THE TWENTIES
TO
THE NINETIES

摩登时代

『上』

〔英〕保罗·约翰逊／著
Paul Johnson
秦传安／译

社会科学文献出版社
SOCIAL SCIENCES ACADEMIC PRESS (CHINA)

出版说明

保罗·约翰逊（Paul Johnson）是英国著名的历史学家。这部《摩登时代——从1920年代到1990年代的世界》（*Modern Times: The World from the Twenties to the Nineties*）初版于1983年，后于1990年代初推出修订版。这是一部在西方世界流传甚广的历史著述，曾获得美国《纽约时报》年度最佳图书。正如中外读书界业已指出的，这部世界史名著内容异常丰富、语言犀利、结构精妙，特别是其对于20世纪人类历史的反思具有重要的学术价值，值得介绍给中文读者。

2000年中国大陆曾以《现代——从1919年到2000年的世界》为题出版中文译本（共19章）。我们这次请秦传安先生重译全书，恢复原著20章，对原著个别引文或数据失误做出注释，对几处不确论述也予以提示。对于这部著作俯拾皆是的个人化论述，其实读书界完全懂得用正确的分析态度去研读，取其精华，弃其糟粕。我们期盼读者的批评指正。

社会科学文献出版社

2015年7月

目 录

上 册

下 册

1. 相对论的世界

现代世界始于1919年5月29日。那天，从西非的普林西 1
比岛和巴西的索布拉尔拍到的日食照片证实了一种新的宇宙论是对的。在接下来的半个世纪里，有一点变得显而易见：建立在欧氏几何的直线和伽利略的绝对时间概念基础上的牛顿宇宙论必须做重大修改。牛顿宇宙论已经巍然屹立了200多年。它是一个宏大的架构，正是在这一架构之内，发生了欧洲的启蒙运动、工业革命，以及作为19世纪典型特征的人类知识、自由和繁荣的巨大扩张。可是，日益强大的望远镜揭示了一些异常现象。特别是，每隔一个世纪，水星的运行就会偏离根据牛顿物理学定律所预计的位置43角秒。这是为什么？

1905年，当时在伯尔尼市瑞士专利局工作的26岁德国犹太人阿尔伯特·爱因斯坦发表了一篇论文，题为《论运动物体的电动力学》，文中提出的理论后来被称作“狭义相对论”[1]。根据爱因斯坦的观察，在某些环境下，长度似乎缩短了，时钟似乎变慢了，这有点类似于绘画中的透视效果。事实上，就其对于我们对这个世界的感知所产生的影响而言，发现时间和空间是相对的而非绝对的度量条件，丝毫不亚于公元前500～480年希腊人最早把透视法用于绘画。[2]

爱因斯坦的独创性堪称天才卓绝，其论证的路子奇特而优雅，被同行们比作一种艺术，这些在世界范围内唤起了人们日益强烈的兴趣。1907年，他发表了一篇论文，证明一切物质皆有能量，并总结为一个公式：$E = mc^2$，这个公式后来被视

为核武竞赛的起跑点[3]。就连第一次世界大战的爆发也没能阻
2 止科学家们密切追踪爱因斯坦对包罗万象的广义相对论所做的探索，这一理论将涵盖引力场，并对牛顿物理学提出全面的修订。1915 年，爱因斯坦完成这一理论的消息传到了伦敦。次年春天，正当英国人准备对索姆河发起那场灾难性的大规模进攻的时候，爱因斯坦的那篇重要论文通过荷兰被偷带到了剑桥，天文学教授、皇家天文学会会长亚瑟·埃丁顿收到了这篇论文。

1918 年，埃丁顿在一篇提交给物理学会的论文中发表了爱因斯坦的成果，论文的题目叫作《万有引力与相对论原理》。但是，爱因斯坦方法论的本质在于：他坚持认为，他的公式必须得到实验性观察数据的验证，为此，他亲自设计了 3 项专门的检验条件。其中，关键的一项检验是：一束刚好掠过太阳表面的光线必定弯曲 1.745 角秒——两倍于古典牛顿理论所给出的引力弯曲。这个检验涉及拍摄日食，而下一次日食的时间要到 1919 年 5 月 29 日。在战争结束之前，皇家天文学家弗兰克·戴森爵士设法从早已山穷水尽的政府那里得到了一项承诺：政府答应拨出 1000 英镑，作为普林西比岛和索布拉尔观测探险的经费。

1919 年 3 月初，探险队启程前的那个晚上，天文学家们在格林尼治皇家天文台戴森爵士的书房里畅谈至深夜，这个天文台是雷恩爵士在 1675～1676 年设计的，当年，牛顿正在鼓捣他的万有引力理论。埃丁顿的助手 E. T. 科廷汉将陪他同行，他问了一个十分要命的问题：如果这次日食拍摄的测量结果证明牛顿和爱因斯坦都错了，偏离量是爱因斯坦计算值的两倍，那将会发生什么？戴森说："那样的话，埃丁顿就会疯

掉，你就不得不独自一人打道回府了。”据埃丁顿的笔记说，5 月 29 日上午，普林西比岛雷电交加，暴雨倾盆。下午云开日出，刚好赶上 1 点 30 分的日食。埃丁顿只有 8 分钟时间操作他的拍摄器材。“我没工夫看日食，一直忙着换感光板……我们拍了 16 张照片。”之后，他以一夜两张的速度，用了 6 个晚上来冲印那些感光板。6 月 3 日，他用了一整天时间测量冲洗出来的照片，到晚上，埃丁顿转身对同事说：“科廷汉，你用不着一个人独自回家了。”爱因斯坦是对的。[4]

这次远征满足了爱因斯坦的两项检验条件，而且，W. W. 坎贝尔在 1922 年 9 月的日食期间再次予以了证实。正是爱因斯坦在科学上的一丝不苟，使得他拒绝承认自己的理论是有效的，除非第三项检验条件（“红移”）得到满足。1919 年 12 月 3
15 日，他写信给埃丁顿说：“如果事实证明，大自然中并不存在这一现象，那么，整个理论就不得不放弃。”事实上，“红移”现象在 1923 年被威尔逊山天文台所证实，而且，打这以后，相对论的实验证据稳步积累。其中，一个最引人注目的实例是 1979 ~ 1980 年发现的类星体的引力透镜效应[5]。而在当时，爱因斯坦在专业上的英雄气概就得到了人们的赞赏。在年轻的哲学家卡尔·波普尔和他在维也纳大学的朋友们看来，“对我们来说，那是一次伟大的经历，对我的智力发展拥有持久的影响。”他后来写道：“给我留下最深印象的，是爱因斯坦自己明白无误地声称，如果自己的理论经不住某些检验，他会认为这一理论根本站不住脚。……这样一种姿态，截然不同于马克思、弗洛伊德和阿德勒的教条主义，至于这些人的追随者，那就更不用说了。爱因斯坦一直在寻找关键性的实验，这些实验即使符合他的预言，也决不意味着他的理论就站得住脚；正如他最早强调的那样，只要有一次不符合，就足以证明他的理论是站不住脚的。我觉得，这才是真正的科学态度。”[6]

爱因斯坦的理论，以及埃丁顿为验证这一理论而进行的那次大肆宣扬的远征，在1919年激起了全世界的巨大兴趣。无论是此前，还是之后，都不曾有哪一次科学验证占据这么多的头版头条，成为一个广为谈论的话题。从6月开始，一直到9月在伦敦皇家协会的一次人头攒动的会议上正式宣布这一理论得到证实，其间，人们的紧张情绪稳步增长。在A. N. 怀特海（他当时在场）看来，那就像一出希腊戏剧：

> 我们就像合唱队一样，纷纷对一次至关重要的事件发展过程中所揭示出来的命运裁决发表评论。整场演出充满了戏剧色彩——传统的仪式，以及背景上悬挂的牛顿画像，无不提醒我们：眼下，在两百多年之后，历史上最伟大的科学归纳将接受它的第一次修正……思想领域的一场伟大冒险终于功德圆满。[7]

打那以后，爱因斯坦便成了一个全球英雄，全世界每一所著名大学都邀请他去讲学，他走到哪儿都被人群所包围，他那怅然若失的面容被成千上万的人所熟悉，那是心不在焉的自然哲学家的典型模样。他的理论所带来的冲击是直接的，而且越来越不可估量。不过，这正好说明了波普尔后来提出的所谓“非预期后果律”。有无以数计的著作，试图清楚明白地解释广义相对论如何修改了牛顿的观念，以及它如何发挥作用，对普通的凡夫俗子来说，牛顿的那些观念构成了他们对周围世界

的理解。爱因斯坦本人这样总结它：“就其最宽泛的意义而言，‘相对论’可以用这样一句话来概括：一切物理现象都具 4
有这样一个特征，它没有给‘绝对运动’概念的引入提供任何基础，或者换一个更简短但并不那么准确的说法，就是：不存在绝对运动。”[8]许多年后，巴克敏斯特·富勒给日本艺术家野口勇发去了一封著名电报，用249个单词解释了爱因斯坦的关键公式，堪称简洁凝练的杰作。

不过，对大多数人来说，大量使用直线和直角的牛顿物理学十分容易理解，可如今，相对论充其量不过是一个模模糊糊的不安之源。按照人们的理解，绝对时间和绝对长度已经被废黜了；运动是曲线的。突然之间，天体运动当中似乎没有什么东西是确定的。正如哈姆雷特所悲叹的那样：“这个世界脱节了。”这就仿佛不停旋转的地球脱了轴，在一个不再符合惯常度量标准的宇宙中漫无目标地漂泊。1920年代初，第一次在通俗层面上流传着这样一个信念：这个世界再也没有任何绝对的东西：时空，善恶，知识，尤其是价值。人们错误地，大概也是不可避免地把相对论跟相对主义混为一谈。

对于公众的误解，最痛苦的莫过于爱因斯坦本人。不停地宣扬和误解让他困惑不已，而这些似乎都是他的工作所促成的。1920年9月9日，他写信给他的同事马克斯·玻恩说：“就像童话故事里那个碰到什么都变成黄金的人，我现在也是这样，跟我有关的一切都成了报纸上小题大做的话题。”[9]爱因斯坦不是一个遵循教规的犹太人，但他承认有一个上帝。他热情地相信对与错的绝对标准。他的专业生活奉献给了不懈的寻求，不仅寻求真理，而且寻求确信。他坚持认为，这个世界可以分为主观领域和客观领域，客观部分必定能够给予精确的陈述。在科学意义（而非哲学意义）上，他是一个决定论者。在1920年代，他发现，量子力学的测不准原理不仅让人无法接受，而且令人厌恶。终其余生，直至1955年去世，他都一直尝试着把物理学固定在统一场论中，试图借此驳倒量子力学的理论。他写信给玻恩说："你相信有一个掷骰子的上帝，而我相信，在一个客观存在的世界上，在一个我试图以胡思乱想的方式去加以掌控的世界上，有完美的规则和秩序。我坚定地相信这一点，但我也希望，有人能够发现一条比我凭运气找到的方法更加实际的途径，或者更准确地说，是一个更加坚实的基础。"[10]但爱因斯坦没能研究出统一场论，不管是在1920年代，还是之后。他在有生之年目睹了道德相对主义（这在他看来是一种疾病）成为社会流行病，正如他在有生之年眼睁睁地看着他那个要命的公式导致了核战争的出现。在生命的最后时刻，他说，有时候他真希望自己是个头脑简单的钟表匠。

5 爱因斯坦作为一个世界级名人在1919年的出现，引人注目地说明了科学创新者对人类的双重影响。他们改变了我们对物质世界的认知，增强了我们对它的掌控。但他们也改变了我们的思想观念。第二个影响常常比第一个影响更激进。科学天才对人类的影响，善也好，恶也罢，远远超过任何政治家或军阀。伽利略的实证主义创造了17世纪的自然哲学躁动，而后者正是科学革命和工业革命的先声。牛顿的物理学构成了18世纪启蒙运动的框架，也促成了现代民族主义和革命政治的产生。达尔文"适者生存"的观念，无论对于马克思主义的阶级斗争观念，还是对于造就了希特勒主义的种族主义哲学，都是一个关键性的因素。事实上，达尔文观念的政治和社会后果至今依然在塑造着我们自己，正如我们将在本书中看到的那样。公众对相对论的反应也是如此，它是20世纪历史进程的主要影响力之一。它是一把刀子，被它的创造者漫不经心地挥舞着，帮助割断了社会的缆索，使之漂离了传统的停泊地：犹太－基督教文化的信仰与道德。

相对论所带来的冲击，与公众对弗洛伊德学说的接受几乎同时，这使得它的冲击格外有力。到埃丁顿证实爱因斯坦相对论的那个时期，西格蒙德·弗洛伊德已经50多岁。他真正原创性的工作大部分是在世纪之交完成的。《梦的解析》（*The Interpretation of Dreams*）早在1900年就出版了。在医学和精神病学的专业圈子里，他是一个颇有争议的名人，在第一次世界大战之前，他就已经建立了自己的学派，并与他最重要的弟子卡尔·荣格发生了一场轰动一时的学术争论。但直到战争结束，他的观念才开始作为通用货币流通开来。

弗洛伊德学说流传开来的原因在于，旷日持久的堑壕战使得人们的注意力集中在那些由于压力所导致的精神紊乱的病例上：人们通俗地称之为“弹震症”（shell-shock）。一些出身军事世家的名门子弟志愿当兵服役，作战英勇，屡建功勋，突然间精神崩溃了。他们不可能是胆小鬼，也不是疯子。在治疗精神疾病上，除了像吃药、恐吓或电击疗法这些“英勇”的方法之外，弗洛伊德早就以精神分析的方法，提供了另外一种选择。前面说的那些治疗方法一直被大量使用，随着战争艰难地持续，所谓“治愈”变得越来越短命，剂量也就越来越大。当电流增加的时候，病人要么被治死了，要么宁愿自杀，也不愿像宗教裁判所的受害者那样勇敢面对。战后，亲属对病人在军事医院，尤其是维也纳总医院的精神病科所遭受的残酷折磨 6
怒不可遏，从而导致奥地利政府在1920年成立了一个调查委员会，委员会请来了弗洛伊德[11]。由此所导致的论战，尽管不了了之，却让弗洛伊德获得了他所需要的世界性名声。从专业上讲，1920 年对他来说是突破之年，那一年，他的第一家精神病诊所在柏林开张，他的弟子和后来的传记作者欧内斯特·琼斯创办了《国际精神分析杂志》(*International Journal of Psycho-Analysis*)。

但更加引人注目，从长远来看也更加重要的是：突然之间，弗洛伊德的著作和观念被知识分子和艺术家所发现。正如哈夫洛克·埃利斯当时所说的那样，弗洛伊德不是个科学家，而是个伟大的艺术家；这话让大师颇感愤怒[12]。经过 80 年的实践检验，总的来说，他的治疗方法被证明是代价高昂的失败，只适合哄哄那些闷闷不乐的家伙，而不是治疗有病的人[13]。如今我们知道，精神分析的核心观念在生理学上毫无根据。事实上，在弗洛伊德阐述这些方法的时候，人们还没有发现孟德尔定律和染色体遗传理论，还没有认识到先天性代谢缺陷，也不存在激素和神经刺激机制，这些东西联合起来证明他的治疗方法是无效的。正如彼得·梅达沃爵士所指出的那样，精神分析有点类似于催眠术和颅相学：它包含彼此孤立的真理碎片，但整个理论是错的[14]。此外，正如年轻的卡尔·波普尔当时非常正确地指出的那样，弗洛伊德对待科学验证的态度完全不同于爱因斯坦，而更像马克思。他在阐述自己的理论时，不是使用经得起实验检验和反驳的具体内容，而是使之包罗万象，很难检验。而且，就像马克思的追随者一样，每当看上去能够驳倒其理论的证据出现，他就修改自己的理论，以迎合这些证据。因此，弗洛伊德的信念主体需要连续不断地扩张和渗透，就像一套处在形成时期的宗教体系。不难预料，像荣格那样的内部批评者总是被当作异议者来对待；而像哈夫洛克·埃利斯那样的外部批评者则被视为异教徒。弗洛伊德身上透露出了20世纪最糟糕的意识形态救世主的迹象——他有这样一种持续不断的趋势：把那些与自己有分歧的人视为精神上不稳定，需要治疗。埃利斯对其科学地位的贬低被斥为“一种高度升华的抵抗”。[15]就在他和荣格关系破裂之前，弗洛伊德写信给荣格说：“我的倾向是，对待那些表现出抵抗的同行，完全就像对待那些处在相同情境中的病人。”[16]20年后，把异议者视为一种必须强制住院治疗的精神疾病在苏联十分盛行，成为政治迫害的一种形式。

不过话说回来，就算弗洛伊德作品中真正的科学内容并不多，但它具有相当高的文学品质，并且富有想象力。他的德语 7
文风极具魅力，为他赢得了这个国家最高的文学奖：法兰克福歌德奖。他的作品很适合翻译。把现有的弗洛伊德著作翻译成英文在1920年代成为一种产业。但是，由于弗洛伊德让自己的观念涵盖了一个不断拓宽的人类活动和人类经验的领域，新的文学作品也就不断涌现出来。弗洛伊德是个诺斯替教徒。他相信存在一个隐秘的知识结构，通过使用他所设计的一些技法，可以透过事物的表象洞察这一知识结构。梦是他的出发点。他写道，梦“与神经症状的构成并无不同。像后者一样，梦似乎稀奇古怪，毫无意义，但是，当我们借助一种技巧（这种技巧稍稍不同于精神分析中所使用的自由联想法）来仔细审视它的时候，就能从它的显在内容中得到它的隐含意义，或者说是它的潜在思想”。[17]

诺斯替教总是吸引知识分子。弗洛伊德提供了它的一个特别新鲜有趣的例子。在一个所有受过教育的人都为自己的希腊文和拉丁文知识洋洋得意的时代，弗洛伊德对于古典的典故和意象有一种非凡的天才。他迅速领悟到了像詹姆斯·弗雷泽那样的新一代社会人类学家加诸古典神话之上的重要性，后者的《金枝》（*The Golden Bough*）一书在1890年开始面世。梦的意义，神话的作用——在这杯烈性酒中，弗洛伊德搅和进了无所不在的性的迷幻剂，这是他在几乎所有人类行为的根源中找到的。战争打开了关于性的话匣子；战后的那段时期，人们已经习惯了关于性的讨论登上媒体的大雅之堂。弗洛伊德的时代到了。除了文学天赋之外，他还有一些煽情记者的技巧。他能杜撰一些引人注目的口号。像比他更年轻一些的同时代人拉迪亚德·吉卜林一样，弗洛伊德也经常给现代语言增添一些词语和短语："潜意识"，"幼儿性欲"，"俄狄浦斯情结"，"自卑情结"，"负罪情结"，自我、本我和超我，"升华"，"深层心理学"，等等。他的某些重要观念，比如对梦进行性方面的解释，或者后来人们所说的"弗洛伊德失语"，有新鲜智力游戏的吸引力。弗洛伊德深知时事话题的价值。1920年，在欧洲的自杀风潮余波未平的时候，他出版了《超越快乐原则》（*Beyond the Pleasure Principle*）一书，提出了"死亡本能"的概念，很快就被人们通俗化为"死亡愿望"。1920年代见证了宗教信仰的进一步急剧衰退，尤其是在受过教育的人当中，这一时期，弗洛伊德有很多时间在致力于剖析宗教，他把宗教看作是纯粹的人类构想。在《幻想的未来》（*The Future of an*
8 *Illusion*，1927）一书中，他论述了人类试图缓解愁苦的下意识努力。他写道："有相当数量的普通人，试图通过妄想改造现实，来保护自己免遭痛苦。人类的宗教必须归类为这种大规模的群体错觉。不用说，任何一个拥有错觉的人从来都认识不到这一点。”[18]

这似乎是新时代的声音。并非第一次，一个 50 多岁的先知，长期在荒漠中备受冷落，突然间在镀金的年轻一代中找到了痴迷的听众。关于弗洛伊德学说，格外引人注目的是它的变化多端，以及它的无处不在。对于每一件事情，它似乎都有一种新的、激动人心的解释。而且，弗洛伊德有一种特别的技巧，这就是简明扼要地总结范围广泛的学院学科中突然出现的新趋势，凭借这一技巧，他似乎以非凡的派头和专横的信心，把一些已经在精英阶层的头脑中酝酿的观念呈现出来。1920 年代初，很多知识分子发现，多年来，他们一直就是弗洛伊德的信徒，却并不知道这一点。这种吸引力在小说家当中尤其强大，范围从年轻的奥尔德斯·赫胥黎（他那部令人眼花缭乱的《克罗姆·耶娄》［*Crome Yellow*］出版于 1921 年），一直到忧郁而保守的托马斯·曼，对他来说，弗洛伊德就是一个“传神谕者”。

爱因斯坦和弗洛伊德对知识分子和艺术家的影响更大，即将到来的和平使他们意识到，一场根本性的变革一直在而且至今依然在整个文化界发生着，相对论的观念和弗洛伊德学说既是这场变革的先兆，也是它的回声。这场变革在战前就有很深的根源。它早在 1905 年就已经开始了，当时，一场公开演说为它吹响了号角，俄罗斯芭蕾舞团的演出经理谢尔盖·佳吉列夫再恰当不过地发表了这篇演说：

> 我们是历史上最伟大的总结性时刻的见证者，以一种新的未知文化的名义，这一文化将由我们来创造，也必将把我们席卷而去。正因为如此，我才毫不犹疑地向着美丽

> 宫殿的残壁颓垣，也向着一种新美学的新戒律，举起我手中的酒杯。作为一个不可救药的享乐主义者，我能表达的唯一希望是，即将到来的这场战斗不要损害了生活中的赏心乐事，死亡就像复活一样美丽，一样明亮。[19]

正如佳吉列夫所言，野兽派的第一次展览将在巴黎举行。1913 年，佳吉列夫把斯特拉文斯基的《春之祭》（*Sacre du Printemps*）搬上了舞台；到那时，勋伯格已经发表了他的无调性《三首钢琴曲》，奥尔本·贝尔格发表了他的《弦乐四重奏》（作品 3 号）；马蒂斯发明了“立体派”这个术语。也正是在 1909 年，未来派发表了他们的宣言，库尔特·希勒在柏林创办了他的“新俱乐部”，它是一场艺术运动的策源地，这场运动将在 1911 年首次被称作“表现主义”[20]。1920 年代的几乎所有重要艺术人物都已经在 1914 年以前发表、展览或演出过自己的作品，在这个意义上，现代主义运动可以说是一个
9 战前现象。但是，需要一场巨大斗争所带来的剧烈动荡，需要它所促成的政治体制的分崩离析，只有这样才能给现代主义带来它迄今为止所缺乏的激进的政治维度，并让它感知到一个已经土崩瓦解的世界，而它正是在这个旧世界的废墟上构建一个新的世界。因此，佳吉列夫在 1905 年奏响的那挽歌般的（甚至是不安的）音符引人注目地反映出敏锐的洞察力。这场变革的文化和政治两个方面密不可分，正如 1790 ~ 1830 年的革命和浪漫主义运动不可分割一样。我们注意到，1916 年，詹姆斯·乔伊斯、特里斯坦·查拉和列宁全都作为流亡者客居苏黎世，在等待他们的时机。[21]

随着第一次世界大战的结束，现代主义在宣传的炫目强光

中登上了一个似乎空荡荡的舞台。1918 年 11 月 9 日晚上，表现主义知识分子的一次会议在柏林的国会大厦召开，会议要求剧院国有化，政府补贴艺术行业，解散所有专业学会。超现实主义大概打算给予弗洛伊德的观念以视觉表达——尽管它的起源完全是独立的——它有自己的行动计划，正如未来主义和达达主义一样。但这只是表面的泡沫。更深层地看，正是相对论所导致的空间和时间的迷惑，正是弗洛伊德的性理论，在新的创造模式中被认为是典型特征。1919 年 6 月 23 日，马塞尔·普鲁斯特出版了《在少女们身旁》（*à L'Ombre des jeunes filles*），这是一次巨大实验的开始，其实验的领域是破碎的时间和隐秘的性情绪，而这些正是人们新的关注焦点的缩影。6 个月之后，12 月 10 日，普鲁斯特被授予龚古尔奖，法国文学的重心做出了一次决定性的转移，远离了幸存的 19 世纪大师[22]。当然，迄今为止，这样的作品还只是在一些有影响力的少数人当中流传。普鲁斯特不得不自掏腰包印行这部作品的第一卷，并以生产成本的三分之一销售它们（甚至迟至 1956 年，全套《追忆似水年华》[*A la recherche du temps perdu*] 每年的销售量也不足 10000 套）[23]。詹姆斯·乔伊斯也在巴黎，他根本不可能在英伦诸岛发表作品。他的《尤利西斯》（*Ulysses*）完成于 1922 年，不得不由一家私营印刷所印行，然后偷运过边境。但它的意义并没有被人忽略。没有一部长篇小说比这部小说更清楚地说明了弗洛伊德的观念在何种程度上进入了文学的语言。也是在 1922 年，诗人 T. S. 艾略特（他本人最近被认为是时代的先知）写道：它“摧毁了整个 19 世纪”[24]。普鲁斯特和乔伊斯，这两位伟大的先驱和重心转移者，在他们无意间共享的宇宙观中都没有对方的位置。1922 年 5 月 18 日，他们在

巴黎会面了，那是斯特拉文斯基的《狐狸》首演结束之后为佳吉列夫和全体演员举办的派对，作曲家和他的舞台设计师巴
10 勃罗·毕加索也出席了这场派对。普鲁斯特此前已经冒犯过了斯特拉文斯基，他很不明智地让乔伊斯顺道搭乘他的出租车回家。这个醉醺醺的爱尔兰人告诉普鲁斯特，自己一个字都没读过他的作品，被激怒的普鲁斯特则回敬道，自己在驱车前往里兹饭店（他在那儿的夜晚随时都有约会）之前也从未读过乔伊斯的作品[25]。6 个月之后，普鲁斯特去世，但在这之前，著名数学家卡米尔·韦塔德已经在一篇文章中把他奉为爱因斯坦的文学诠释者[26]。乔伊斯在他的《芬尼根守灵夜》（*Finnegans Wake*）中用一句双关语“Prost bitte”① 把他给打发了。

有人认为，像普鲁斯特和乔伊斯这样一些作家（当然还包括爱因斯坦和弗洛伊德的观念）“摧毁”了 19 世纪，这个观点并不像看上去的那么异想天开。19 世纪见证了个人责任哲学——我们每个人都分别对自己的行为负有责任的观念——的高潮，那是犹太-基督教和古典世界的共同遗产。正如莱昂内尔·特里林在分析艾略特对《尤利西斯》的裁定时所指出的那样，在 19 世纪，像沃尔特·佩特（在《文艺复兴》[*The Renaissance*] 一书中）这样重要的美学家完全可以把“以一束猛烈的、像宝石一样的火焰燃烧”的能力归类为“生活中的成功”。“在 19 世纪，”特里林写道，即使“像佩特那样优雅而超然的人，也可以理所当然地根据个人的生活做出成功或失败的判断。”[27] 19 世纪的长篇小说本质上都涉及个体在道德上或精神上的成功。《追忆似水年华》和《尤利西斯》不仅标志

① 德语：请您干杯。其中 Prost 与普鲁斯特谐音。——译者注

着反英雄的闪亮登场，而且标志着个人英雄主义作为想象性创造的核心元素的毁灭，以及不屑一顾地摒弃了对道德平衡和道德裁决的关切。个人自由的行使将不再是人类行为中极其有趣的特征。

这与塑造时代的新兴力量完全符合。马克思主义如今第一次小心翼翼地登上了权力的宝座，是诺斯替教的另一种形式，它声称自己能够透过事物的表象，从经验上洞察其背后隐藏的真理。马克思有一席话，引人注目地预示了我刚刚引用过的弗洛伊德的那段话，他说："表面上看到的经济关系的最终模式……与其内在的然而却是隐藏着的根本模式有很大的不同，实际上完全相反。"[28]表面上，人们似乎在行使他们的自由意志，做出判断，决定事件。但实际上，在那些熟悉辩证唯物主义方法的人看来，这样的个体，不管多么强大，都不过是一些漂浮物，被经济力量那无法抗拒的汹涌大潮冲来冲去。个体的表面行为只不过隐藏了他们几乎完全不知道的却又无力反抗的 11
阶级模式。

同样，在弗洛伊德的分析中，个人良心（这是犹太－基督教伦理的核心，也是个人主义实现成功的主要发动机）被视为一种纯粹的安全装置，被集体创造出来，以保护文明秩序免遭人类存在的可怕攻击。弗洛伊德主义包括很多东西，但是，如果说它有一个本质的话，那就是对罪的描述。1920 年，弗洛伊德写道："严酷无情的超我与服从于超我的自我之间存在着一种紧张的关系，我们把这一紧张称为'负罪感'（the sense of guilt），文明已经通过弱化并消除这种负罪感，通过在其内部建立一个代理机构来监视它（就像在一座被征服的城市里派出一支驻军那样），从而控制了人们渴望攻击别人这样一种危险的欲望。”负罪感因此不是缺德的标志，而是美德的标志。超我或良心是个体为了保全文明而支付的昂贵代价，它在痛苦中投入的成本将会随着文明的进步而不可阻挡地增加：“先兆性的外在不幸……被转换为永久性的内在不幸，被转换为负罪感所带来的紧张。”弗洛伊德说，他旨在向人们展示：任何人性弱点都无法解释的负罪感是“文明发展中最重要的问题”[29]。正如社会学家已经暗示的那样，就创造出那些使得犯罪和恶行变得不可避免的条件而言，社会很可能是共同犯罪的。但是，个人的负罪感是一种应当驱除的错觉。我们当中没有一个人是个别犯罪；我们全都有罪。

马克思、弗洛伊德和爱因斯坦全都把同样的信息传递给了1920年代：这个世界并不是它看上去的那个样子。意识的经验主义感知塑造了我们的很多观念：时间与距离，对与错，法律与正义，以及社会中人的行为的特性。但意识并不值得信赖。此外，马克思和弗洛伊德的分析，以它们各自不同的方式，联合起来侵蚀了高度发展的个人责任感以及一套既定的、客观上真实有效的道德法则的基础，而这些正是19世纪文明的核心。人们从爱因斯坦那里得到了这样一个印象：在这个宇宙中，一切价值衡量都是相对的，这个印象有助于证实他们对道德混乱的想象——这一想象既让人惊愕，又令人兴奋。

正如W. B. 叶芝所写的那样，“这个世界上所释放出来的”难道不是“纯粹的混乱”吗？在很多人看来，第一次世界大战似乎是罗马衰亡以来最大的灾难。德国出于恐惧和野心，而奥地利则出于顺从和绝望，都是以一种其他交战国不曾有过的方式想要这场战争。它标志着德国哲学中悲观主义浪潮
12 的顶峰，这是战前时期它最显著的特征。德国的悲观主义与美

国、英国、法国甚至还有俄国在1914年之前的那十年建立在政治变革基础上的乐观主义形成了鲜明对比，它不是知识界的财产，而是在德国社会的每一个阶层（尤其是顶级阶层）中都可以找到。在这场大决战爆发之前，贝特曼·霍尔维格的秘书和亲信库尔特·里茨勒就发出了有点阴郁的音符，他的主人正是以这样一种态度把德国和欧洲领入了深渊，里茨勒说："总理预料，战争——不管它的结果如何——必将导致现存一切的连根拔除。现存的这个世界已经非常过时，没有理念。"7月27日，他写道："在劫难逃的厄运比高悬于欧洲和我们这个民族头上的人的权力更大。"[30]贝特曼·霍尔维格和弗洛伊德出生于同一年，他仿佛就是"死亡本能"的化身，而后者正是在那个恐怖的十年结束时杜撰出了这个词。像大多数受过教育的德国人一样，霍尔维格也读过1895年出版的马克斯·诺尔道的《退化》（*Degeneration*），并熟悉意大利犯罪学家切萨雷·龙勃罗梭的退化理论。不管有没有战争，人类都在不可避免地退化；文明正在朝着毁灭迈进。这样的观念在中欧早已是陈词滥调，为人们认可奥斯瓦尔德·斯宾格勒的《西方的衰落》（*Decline of the West*）铺平了道路，而这本书碰巧出版于1918年，当时，那场预言中的自杀已经实现。

再往西边，在英国，约瑟夫·康拉德（他本人是个东欧人）是反映这种悲观主义的唯一一位重要作家，他围绕这一主题创作了一系列引人注目的长篇小说：《诺斯托罗莫》（*Nostromo*，1904），《密探》（*The Secret Agent*，1907），《在西方眼睛下》（*Under Western Eyes*，1911），《胜利》（*Victory*，1915）。这些绝望的政治布道词，披着小说的外衣，宣扬了一个预言，托马斯·曼将在1924年以他的《魔山》（*The Magic*

Mountain）一书向中欧宣布这一预言，正如他两年后在《密探》德译本的序言中所承认的那样。在康拉德看来，这场战争只不过证实了人类困境的不可救药。从60年后的视角去看，一定有人说：康拉德是那个时代唯一其远见在每个细节上都依然清晰而真实的重要作家。他把马克思主义斥为恶毒的胡说八道，肯定会产生令人恐怖的暴政；而弗洛伊德的观念不过是一种“魔法秀”。这场战争证明了人的弱点，但在另外的方面，它不会解决任何问题，也不会产生任何东西。庞大的改革计划，包治百病的万灵药，一切“解决办法”，都是虚幻的。1922年10月23日，康拉德写信给伯特兰·罗素（罗素不久前在他新近出版的一本书《中国问题》［*The Problem of China*］中提出了一些解决办法），他在信中坚持认为：“在任何人的
13 书里或谈话中我都找不到任何东西足以对抗我根深蒂固的感觉：人类居住的这个世界在劫难逃……对中国人来说，对我们其余的人来说，唯一的疗救之道是内心的改变。但看看过去2000年的历史，没有太多的理由指望这种事情，就算人已经开始飞……他也不可能像鹰那样飞，他只能像虫子那样飞。”[31]

在战争开始的时候，康拉德的怀疑论在盎格鲁-撒克逊的世界十分少见。有人把战争本身看作进步的一种形式。H. G. 威尔斯在一本名为《终结战争的战争》（*The War That Will End War*）的书中宣布了这一观点。但是，到了停战的时候，维多利亚时代的人所理解的那种意义上的进步，就像某种连续不断的、几乎是不可阻挡的事物一样，也彻底消亡了。1920年，伟大的古典学者J. B. 伯里在《进步的观念》（*The Idea of Progress*）一书中，宣布了它的死亡。“一种新的观念将会篡夺

人类指导观念的位置……进步本身难道没有暗示这样一个观点吗：作为一种学说，它的价值仅仅是相对的，只不过是相对于某个不是很先进的文明阶段而言。”[32]

杀死有序进步（与无序进步相对）这一观念的，正是文明欧洲过去四年里犯下的弥天大罪。有一种不可想象的、前所未有的道德退化，对此，任何一个直面事实的人都不可能怀疑。在担任陆军大臣期间，温斯顿·丘吉尔曾在陆军部的一张纸上匆匆写下了这样一段话：

> 一切时代的一切恐怖行为都被集中到了一起，不仅有军队，还包括全体人民，都被推入了这些恐怖行为当中。那些卷入其中的高度文明的国家都认为——并非毫无理由——它们的生存岌岌可危。无论是平民百姓，还是统治者，对于他们认为能够帮助自己赢得这场战争的任何行为，都不加拒绝。对人性或国际法的每次粗暴践踏都会受到报复——常常是更大规模、更长时间的报复。无论是休战，还是和谈，都没有减缓军队之间的冲突。伤者在两军阵线之间死去，死者朽烂成泥土。商船、中立国家的船只和医疗船沉没于大海之上，船上的所有人都只能听天由命，或者葬身鱼腹。人们做出各种努力，试图用饥饿让整个国家屈服，不考虑年龄和性别。城市和纪念性建筑被大炮炸得粉碎，来自空中的炸弹不分青红皂白地投掷下来。各种形式的毒瓦斯使士兵窒息而死，或者把他们烧焦。液体燃烧剂被投射到他们的身体上。人从空中掉落在烈火中，或者在海上黑暗的隐蔽之处窒息而死，常常是慢慢地死去。军队的战斗力仅仅受限于他们国家的气魄。整个欧

> 洲及亚洲和非洲的大部分地区都成了巨大的战场，许多年
> 14 的拼搏厮杀之后，在战场上溃败奔逃的不是军队，而是国家。当一切都结束，那些文明而科学的基督教国家唯一能够拒绝接受的两项权宜之计是酷刑和吃人：它们的效用值得怀疑。[33]

正如丘吉尔正确地指出的那样，他所列举的那些恐怖行为被“高度文明的国家”所实施。事实上，它们完全超出了个人（不管这个人多么邪恶）的力量。常见的情况是，人们过度的无情和残忍通常并非出自公然的恶意，而是来自被激怒的正义感。对于一些合法构成的政府，情况就更是如此，它们表面上有议会和法院赋予的所有道德权威。个体不管多么凶残，其破坏能力都很小；而国家，不管意图多么良好，其破坏能力几乎都是无限的。扩大政府，其破坏能力必然也随之而扩大。正如和平主义者伦道夫·伯尔纳在 1917 年干涉前夕所吼道的那样：“战争是国家的良药”[34]。此外，历史痛苦地证明，集体的正义感远比任何个体对报仇的追求更难控制。伍德罗·威尔逊很清楚地懂得这一点，他在 1916 年以一份和平政纲赢得连任，他警告：“一旦把这个民族带入战争，他们就会忘掉世界上还有宽容这么回事……残酷无情的精神就会进入我们民族生活的每一根纤维中。”[35]

第一次世界大战的后果极大地增加了政府的规模，并因此增加了它的破坏能力和压制倾向。1914 年之前，所有政府部门都很小，尽管大多数部门都在发展，其中有些部门发展得很快。政府活动的实际范围平均在国民生产总值（GNP）的5% ~ 10%[36]。1913 年，在美国，政府（包括地方政府）的总收入低

至 GNP 的 9%。在德国，自俾斯麦时代起便开始建设一套庞大得可怕的福利提供机构，其政府收入占 GNP 的比例是美国的两倍：18%；而英国自 1906 年起便步德国的后尘，这个比例是 13%[37]。在法国，政府始终占用了比较大的 GNP 份额。但正是在日本，尤其是在沙皇俄国，政府通过渗透到个体经济的所有部门，从而在国民生活中扮演了一个全新的角色。

在这两个国家，为了军事帝国主义的目的，政府正在强制推动工业化的步伐，为的是“赶上”更先进的经济体。但是，在俄国，政府在经济生活各个领域的主导地位正在成为最重要的社会事实。国家拥有油田、金矿和煤矿、三分之二的铁路系统，以及数以千计的工厂。在东部的新领地，有“国家农 15
民”[38]。俄国的工业即便在没有公开被国家拥有的时候也高度依赖关税壁垒及政府的补助、津贴和贷款，或者与公共部门互相依赖。财政大臣与大银行之间的联系非常紧密，一些公职人员被任命为这些银行的董事[39]。此外，国家银行作为财政部的一个部门，控制着储蓄银行和信用社，管理着铁路的金融，给外交政策的冒险融资，充当了整个经济体的调控者，并持续不断地想方设法增加它的权力，扩大它的活动范围[40]。贸易部监管私营贸易联合体，调控价格、利润、原材料的使用和货运费，并把它的代理人安插到所有股份公司的董事会[41]。在其最后的和平阶段，俄国进行了大规模的国家集体资本主义试验，表面上看这是一次十分成功的试验。它给德国人留下了深刻的印象，并让他们感到害怕：事实上，害怕俄国经济能力（因而还有军事能力）的迅速增长，正是促使德国在 1914 年决定发动战争的最大单一因素。正如贝特曼·霍尔维格向里茨勒指出的那样：“未来属于俄罗斯。”[42]

随着战争的爆发，各交战国都热切地审视其竞争对手和盟友，想看看政府在管理和干涉战时经济上有哪些方面可以仿效。资本主义部门对巨大的经济利益感到满意，无疑也被爱国主义精神所鼓舞，因而没有提出任何反对意见。结果是政府角色在质和量上的一次扩张，这一角色再也没有充分逆转——因为尽管战时安排有时候随着和平的到来而被抛弃，但在几乎每一种情况下，它们最终总是被再次采用，通常是永久性的。德国走在了前面，迅速采用了俄国政府的大多数措施，并以更高的效率施行这些措施，以至于当列宁在 1917 ~ 1918 年继承俄罗斯国家资本主义机器的时候还要反过来向德国战时经济控制寻求指导[43]。随着战争的拖长，以及损失和绝望的与日俱增，战时政府稳步地变得更加具有极权主义倾向，尤其是在1916 ~ 1917 年的冬天之后。在德国，1917 年 1 月 9 日，当贝特曼·霍尔维格被迫向无限制潜艇战的要求低头的时候，文官统治的末日终于到来。7 月，霍尔维格彻底下台，把一个庞大的政府留给了鲁登道夫将军和海军将领们。这一插曲标志着君主立宪的实际终结，因为德国皇帝在来自军方的压力下，放弃了他任
16 命和撤销总理的权力。即便在他依然还是总理的时候，贝特曼·霍尔维格便发现，他的电话被窃听了，据里茨勒说，当他听到咔嗒声的时候，他会朝着电话大喊：“哪个狗杂种在偷听？”[44]但根据“围攻状态”立法，窃听电话是合法的，这一立法授权军方可以下令审查或镇压报纸。鲁登道夫同样得到授权，召集 40 万名比利时工人进入德国，因此开了苏联和纳粹的奴工方法的先河[45]。在敌对状态最后的 18 个月里，在一次绝望的努力中，德国的精英阶层热切地施行所谓的“战时社会主义”，试图动员每一盎司富有成效的努力，争取胜利。

在西欧，政府也贪婪地吞噬了私人部门的独立性。在法国始终存在的社团主义精神接管了工业，雅各宾党人的爱国主义偏狭死灰复燃。在野的时候，乔治·克列孟梭曾成功地争得了一定程度的新闻自由，而且，当他通过 1917 年 11 月的最后一搏获得了最高权力之后，他允许在一定程度上批评自己。但是，像马尔维和卡约这样的政治家还是遭到了逮捕，并为随后的追逐、逮捕甚至处决而编制了长长的颠覆分子名单（臭名昭著的“官方 B 名单”）。信奉自由的盎格鲁－撒克逊民主政体对于这些压迫也没有免疫力。劳合·乔治在 1916 年 12 月的危机中上台之后，推行了十分严厉的强制征兵制度和严酷的《领土防御法》，在社团主义的战时委员会的领导下，制造、运输和供应被动员起来了。

5 个月后，威尔逊政府甚至更热心地把美国带入了战时社团主义。事实上，这个点子此前就已经存在。赫伯特·克罗利在《美国生活的前途》（*The Promise of American Life*）中预言，只有通过政府有意识的干涉，促进“更高程度社会化的民主”，这一目标才能实现。3 年后，查尔斯·范海斯的《集中与控制：美国信任问题的解决之道》（*Concentration and Control: A Solution of the Trust Problem in the United States*）提出了社团主义的实例。这些观念是西奥多·罗斯福“新国家主义”的支撑，为了赢得这场战争，威尔逊把这一观念据为己有，并加以扩大[46]。有一个燃料管理局，推行“无煤气星期日”活动；有战时劳工政策委员会，插手劳资纠纷；有赫伯特·胡佛领导的食品管理局，给商品定价；还有一个船运委员会，1918 年 7 月 4 日，该委员会有 100 艘新船下水[47]。核心机构是战时工业委员会，它的第一个功劳便是废除了《谢尔

曼反托拉斯法》，这是社团主义的一个确凿无疑的标志，该委员会的成员（伯纳德·巴鲁克、休·约翰逊、杰勒德·斯沃
17 普等人）为1920年代的干涉主义和“新政”经营着一个“学前班”，后者反过来启发了“新边疆”和“大社会”的观念。1917年的战时社团主义开始了美国现代史上最大的连续性思潮，有时候在地下，有时候浮出表面，林登·约翰逊在1960年代晚期开创的庞大福利国家使之达到了高潮。当时，约翰·杜威指出，战争削弱了迄今为止不可抗拒的私有财产权：“随着战争压力的消失，公共控制的特殊机构当中不管有多少腐败，这一趋势绝不会后退。”[48]事实证明，这是一个准确无误的预言。与此同时，限制性的新法律，比如《反间谍法》（1917）和《反煽动法》（1918），常常被野蛮地推行：社会主义者尤金·德布斯因为一场反战演说而获刑10年，一个阻挠征兵的人得到了40年刑期的判决[49]。在所有交战国中（不仅仅在俄国），1917年这个危机之年都证明了个人自由和私有财产生死与共，休戚相关。

就这样，战争证明了现代政府能够以怎样令人印象深刻的速度扩张自己，并因此以怎样贪得无厌的胃口发展自身，既是为了消灭敌人，也是为了对自己的公民行使专制权力。当战争结束的时候，有很多理性的人都懂得这些发展的严重性。但是，时钟能够拨回到它在1914年7月曾经停留过的地方吗？实际上，还有人希望把它拨回去吗？此前，欧洲已经经历过两次漫长而可怕战争之后的总体解决。1648年，所谓的《威斯特伐利亚和约》避免了一项不可能完成的任务：恢复原状，在很大程度上只是承认了一场劳民伤财的战争所创造的政治和宗教边界。这样的解决并不是最后的，尽管宗教已经不再是开

战的原因。拿破仑战争之后，维也纳和会在1814～1815年所强加的解决方案更加野心勃勃，总的说来也更加成功。它的目标就是尽可能地恢复法国大革命之前就已经存在的大大小小的神授君主国的体制，作为唯一的框架，在这一框架之内，人们承认欧洲的边界是合法而持久的[50]。从下面这个意义上说，这一策略发挥了作用：要过99年，下一场欧洲大战才爆发，而且，可以认为，19世纪是整个人类历史上最稳定、最富有生产力的时期。但是，1814～1815年的和平缔造者是一个不同寻常的群体：它是一次极端保守主义者组成的大会，在他们当中，卡斯尔雷勋爵看上去似乎就是一个革命煽动者，威灵顿公爵简直就是一个极端进步分子。他们的工作前提在于冷酷无情地否定此前四分之一个世纪里一切变革的政治观念。特别 18
是，他们有共同的信念（几乎没有被犬儒主义所玷污），相信力量的均衡，相信各方协商同意的利益范围、王朝之间的通婚、君主和服从于共同法则的绅士之间私下达成的谅解（紧急情况除外），相信通过合法继承领土的私人所有权。一个国王或皇帝在欧洲的某个地方被剥夺了领地的所有权，他可以在别的地方得到“补偿”（条款是这样说的），而不管当地居民的民族、语言或文化。他们把这称作“人的转让”，这是仿照俄国人在售卖庄园连带农奴（即 glebae adscripti，土地附属者）一起转让时所使用的说法。[51]

这样的选项对于1919年的和谈代表来说不可用。一次建立在军事阵线基础上的弹尽粮绝的和谈（比如《威斯特伐利亚和约》）是不可想象的：双方都已足够精疲力竭，但有一方，凭借停战，获得了压倒性的军事优势。到1918年12月6日，法国已经占领了莱茵河上的所有桥头堡。英国实施了近海封锁，因为到 11 月 21 日，德国人交出了他们的舰队和布雷区。一次凭借单方面强制命令来实现的和平是可行的。

然而，那并不意味着协约国可以恢复旧世界，即使它们希望这样。旧世界甚至在战争爆发之前就已经开始分崩离析。在法国，反教权主义者已上台十年，战前的最后一次选举显示了进一步向左转。在德国，1912 年的选举第一次使得社会党成为最大的单一党。在意大利，乔利蒂政府是意大利作为一个统一国家的整个历史上最激进的。在英国，保守党领袖 A. J. 贝尔福把自己在 1906 年的惨败描述为“导致圣彼得堡大屠杀、维也纳骚乱和社会主义者进军柏林的同样运动的微弱回声”。就连俄国独裁政权都在试图让自己自由化。哈布斯堡王室焦虑不安地寻求新的宪政政纲，好让自己能够撑下去。战争前夕的欧洲都在焦急地想要表现得进步，认真地试图满足不断增长的预期，尤其是热切地培养年轻人，平息他们的愤怒。

有一个神话说的是，欧洲的年轻人在 1914 年被自私自利的、愤世嫉俗的老人当作祭品给牺牲了。战前政治家们的演说中充斥了对年轻人的吁求。年轻人的运动是一个欧洲现象，尤其在德国，候鸟俱乐部的 2.5 万名成员徒步行走，弹着吉他，抗议城市的污染和扩大，诅咒老年人。像马克斯·韦伯和阿图·莫勒·范登布鲁克那样的意见领袖都要求让年轻人掌舵。范登布鲁克写道，国家“需要换血，需要儿子对父亲的造反，需要年轻人取代老年人”[52]。全欧洲的社会学家都在勤勉不懈
19 地研究年轻人，试图找出他们在想什么、要什么。

当然，年轻人想要的是战争。最早一批饮食过量的“年轻一代”充满热情地走向战争，而他们的长辈几乎无一例外地带着恐怖或宿命论的绝望接受了这一点。在那些能说会道的

中产阶级年轻人当中，至少在刚开始的时候，这场战争是历史上最受欢迎的战争。他们扔掉了吉他，拿起了步枪。夏尔·佩吉写道，他“热切地”走上前线（和死亡）。亨利·德·蒙泰朗说，他“热爱前线的生活、强大自然力中的沐浴，以及智慧与心灵的毁灭。”皮埃尔·德里厄·拉罗谢尔把这场战争称为“一次不可思议的奇迹”。像沃尔特·弗莱克斯、恩斯特·伍尔歇和恩斯特·荣格这样一些年轻的德国作家都曾欢呼庆祝1914年8月荣格所说的那个“神圣时刻”。弗里茨·冯·昂格把这场战争描述为一剂“泻药”，是“新的生活热情”的开始。鲁伯特·布鲁克发现它是“唯一的生活……是一种美妙的兴奋，世界上没有什么别的东西像它”。在罗伯特·尼科尔斯看来，它是“一种特权”。朱利安·格伦菲尔写道：“不战斗的人就是死人，死于战斗的人有所增益”（《投入战斗》）。稍后参战的意大利年轻人甚至更加抒情。一位意大利诗人写道：“这是最美好价值胜利的时刻，这是青春的时刻。”另一位诗人回应道：“20岁的人当中，只有小人和暮气横秋的人”才“想错过这场战争”[53]。

到1916~1917年冬天，战争的激情被消耗殆尽。随着战斗无休止地拖延下去，流血而幻灭的年轻人开始把憎恶和日益增长的愤怒对准了他们的长辈。在战壕里，到处都有人谈到找那些“有罪的政治家”和“老人帮”算账。1917年，尤其是1918年，所有交战国（只有美国除外）都感觉到自己经受了几近毁灭的考验，这种感受有助于解释它们为什么带着日益增长的绝望和野蛮来打这场战争。胜利被等同于政治上的幸存。一旦失败，意大利和比利时君主政权，或许还包括英国，都会垮台，法兰西第三共和国同样如此。当然，胜利一旦到来，它们看上去全都足够安全。可是，曾几何时，有谁看上去比柏林的霍亨索伦王朝更安全呢？1918 年 11 月 9 日，当人们认识到德意志共和国可能会得到更优惠的和平条款时，威廉二世皇帝便立即被毫不犹豫地赶下了台。哈布斯堡王朝的末代皇帝查理三天后宣布退位，结束了这个一直靠明智联姻和巧妙欺骗维持的千年帝国。罗曼诺夫皇室一家在 7 月 16 日被杀害，并被埋在一座无名坟墓里。东欧和中欧三个君主帝国，“旧制度”赖以立足的正统三角，就这样长眠了，全都在一年之内消失了。到 1918 年末，恢复其中任何一个君主政权的机会少之又少，三个全都恢复的机会就更渺茫了。土耳其苏丹很有能力，但也完蛋了（尽管直至 1922 年 11 月 1 日才宣布成立土耳其共和国）。

这些私有王朝帝国的土崩瓦解一举打开了那些把不同的异质民族包裹在一起的包袱，此前几百年里，它们被充满友爱地聚集到一起，并小心翼翼地维护它们之间的联系。哈布斯堡帝国最后一次人口普查显示，它包含十几个民族：1200 万日耳曼人，1000 万马扎尔人，850 万捷克人，130 万斯洛伐克人，5000 万波兰人，400 万鲁塞尼亚人，330 万罗马尼亚人，570 万塞尔维亚人和克罗地亚人，80 万拉地诺人和意大利人[54]。根据 1897 年俄罗斯帝国人口普查，大俄罗斯人构成了总人口的 43%[55]；剩下的 57% 都是臣服民族，范围从瑞典人和日耳曼路德会教徒，到信奉东正教的拉脱维亚人、白俄罗斯人和乌克兰人，信奉天主教的波兰人，乌克兰的东仪天主教徒，以及什叶派、逊尼派和库尔德穆斯林，总共十几个民族，还有种类繁多的佛教徒、道教徒和泛灵论者。除了大英帝国之外，其他任何帝国联合体都没有这么多截然不同的种族。即使到 1926 年，很多西部族群被赶走之后，根据当时的人口普查，依然有大约 200 个不同的民族和语言[56]。相比之下，霍亨索伦王朝的领地都是同质的，使用的是单一语言，但它们也包含大量的少数民族：波兰人、丹麦人、阿尔萨斯人和法兰西人。

事实上，在 4～15 世纪的有关战后安排的过程中，以及在 18 世纪之后城市化集中的阶段，大约有四分之一的地区被混杂种族所占据，迄今为止，他们的忠诚是宗教的和王朝的，而不是民族的。君主政权是这些多民族社会唯一的联合原则，唯一的担保（尽管经常是很不可靠的担保）是：法律面前人人平等。一旦这一原则被去掉，有什么东西能够取而代之呢？唯一可用的原则是民族主义，及其时髦的副产品：领土收复主义（irredentism）。领土收复主义这一术语源自意大利语的 Risorgimento，意思是整个族群统一在一个国家之下。在此基础上，增加了一个新的黑话短语“自决权”（self-determination），人们把这理解为：根据种族优先的原则进行全民公决，再据此调整边界。

两个主要的西欧协约国——英国和法国，起初都不想，也没有打算促成一次建立在民族性基础上的和平。恰恰相反，这两个国家都是多民族、多语言的海外帝国。另外，英国在爱尔兰还有它自己的领土收复主义问题。1918 年，英法两国都是由从前的进步主义者领导：劳合·乔治和克列孟梭，他们在战争的痛苦中学会了实用政治，很不情愿地尊重古老国家之间的 21
“平衡”“补偿”，以及诸如此类。在和平谈判期间，年轻的英国外交家哈罗德·尼科尔森极力主张把自决权授予塞浦路斯的希腊人，并认为这对英国来说是合乎逻辑的，他遭到了外交部领导人艾尔·克劳爵士的斥责：“胡说八道，我亲爱的尼科尔森……你愿意把自决权授予印度、埃及、马耳他和直布罗陀吗？如果你不打算走得这么远，你就没有权利声称你是合乎逻辑的。如果你打算走得这么远，那么，你最好是立即卷铺盖回伦敦去。”[57]（其实他还可以补充：塞浦路斯有一个人口众多的少数民族：土耳其人。正是由于这个原因，它在1980年代依然没有实现自治。）迟至1917年，甚或是1918年，劳合·乔治一直很高兴争取保持奥匈帝国为一体，以换取各自的和平。至于克列孟梭，他的主要目标是法国的安全，为此，他不仅想收复阿尔萨斯－洛林（其大多数人口说德语），而且还想收复萨尔，同时把莱茵兰从德国分离出去，作为一个受法国控制的傀儡国。

此外，在战争期间，英国、法国和俄国签署了一系列秘密条约，并诱使其他强国加入他们的阵营，而这些条约与民族主义原则背道而驰。法国人设法让俄国人同意他们的想法：法国控制莱茵兰，作为回报，在1917年3月11日签署的一份条约中，让俄罗斯随心所欲地压制波兰[58]。根据1916年签署的《赛克斯－皮科协定》，英国和法国同意把阿拉伯行省从土耳其剥离出去，两国瓜分。意大利把自己卖给了最高出价者：根据1915年4月26日签署的《伦敦密约》，它将接受对达尔马提亚地区数百万说德语的蒂罗尔人以及塞尔维亚人和克罗地亚人的统治权。1916年8月17日与罗马尼亚签署的一份条约让它得到了整个特兰西瓦尼亚以及巴纳特和布科维纳的大部分地区，其大多数居民并不说罗马尼亚语。1917年2月16日签署的另一份秘密条约把迄至当时为止属于德国商业领地的中国山东省赏给了日本。[59]

然而，随着沙皇政权的垮台和哈布斯堡王室拒绝分别媾和，英国和法国开始鼓励民族主义，把自决权作为一个“战争目标”。1917 年 6 月 4 日，俄国的克伦斯基临时政府承认了波兰的独立；法国开始招募一支由波兰人组成的军队，并在 1918 年 6 月 3 日宣布，创立一个强有力的波兰国是其主要目标[60]。与此同时，在英国，由 R. W. 希顿 - 沃森领导的亲斯拉夫人的议会游说团体和他的杂志《新欧洲》（*The New Europe*）成功地促使了奥匈帝国的解体，并创造了新的民族国家[61]。斯拉夫和巴尔干的很多流亡政治家都得到了保证和允诺，以换取他们抵制“日耳曼帝国主义”。在中东，亲阿拉伯 22
的 T. E. 劳伦斯获得授权，向费萨尔和侯赛因两位埃米尔允诺让他们建立各自的独立王国，作为他们对土耳其人作战的回报。1917 年，所谓的“贝尔福宣言”允诺犹太人在巴勒斯坦建立一个民族国家，以鼓励他们抛弃同盟国。其中有很多承诺相互矛盾，而且与依然生效的秘密条约相抵触。事实上，在战斗危急的最后两年里，英国人和法国人不计后果地颁发财产契约，总量超过了他们应当处置的领土面积，在和平时期，所有这些契约都不可能令人信服地得到尊重，即便这个总量只是一个粗略的估计。其中有些空头支票被吵吵闹闹地退回了。

让事情变得更加复杂的是，列宁和他的布尔什维克党人在 1917 年 10 月 25 日夺取了俄国的控制权，并立即把沙皇政府的外交档案据为己有。他们把那些秘密条约的副本转交给了西方记者，12 月 12 日，《曼彻斯特卫报》（*The Manchester Guardian*）开始公布这些文件。与之相伴随的，是布尔什维克党人强有力的宣传，旨在通过承诺给所有民族自决权，从而鼓励整个欧洲的共产主义革命。

列宁的举动反过来对美国总统产生了深远的影响。伍德罗·威尔逊被人嘲笑了半个多世纪，理由是：他愚昧无知地追求不可能实现的理想，从而使得一次明智合理的和平变得不可能。这多半是真的。威尔逊是个大学教授，一个政治学家，曾任普林斯顿大学校长。他知道自己对外交事务一无所知。就在1913 年就职之前，他告诉朋友们："如果我的这届政府不得不主要处理外交事务的话，那将是命运的讽刺。"[62] 民主党人已经在野 53 年，威尔逊把美国外交官视为共和党人。当战争爆发的时候，他坚持认为美国人"名义上是中立的，事实上也一样是中立的"。1916 年，他凭借一句竞选口号"他让我们置身于战争之外"，赢得连任。他并不想打破古老的欧洲体制：他鼓吹"没有胜利的和平"。

到 1917 年初，他得出了这样一个结论：美国作为一个交战国比作为一个中立国将会对和解发挥更大的影响，他对英国和德国做出了狭隘的法律区分和道德区分：德国使用 U 型潜艇侵犯了"人权"，而英国的封锁只侵犯了"财产权"，罪行较轻[63]。一旦参战，他便精力充沛地来打这场战争，但他并
23 没有把美国看作是一个普通的交战国。在 1917 年 4 月给国会的咨文中，他说，美国参战是"为了澄清和平与正义的原则"，是为了确立"和平与行动的协调一致，从而确保这些原则得到遵守"。急着为和谈做好充分的准备，1917 年 9 月，威尔逊创立了一家机构，由他的助手爱德华·豪斯上校和 S. E. 梅泽斯博士领导，该机构由 150 位学院派专家组成，被称作"调查"，总部设在纽约的美国地理学会大楼[64]。结果，在和会进行期间，美国代表团始终是信息最灵通、文档最完备的，在很多方面常常是准确信息的唯一来源。哈罗德·尼科尔森写道："假如和约由美国专家单独起草的话，它一定会是有史以来最明智，同时也是最科学的条约之一。"[65]

然而，“调查”是建立在这样一个假设的基础之上：和约将是一次经过协商谈判达成的妥协，使之持久的最好办法就是确保它符合自然正义，并因此能让相关各方都接受。途径是经验主义的，而不是意识形态的。特别是，威尔逊在这一阶段对“国际联盟”并不热衷，那是英国最早在 1917 年 3 月 20 日提出的想法。威尔逊认为，那会增加和谈会议的困难。但是，布尔什维克党人公布了秘密条约，这让美国的盟友形象受损，看上去就像旧式的食肉动物，并让威尔逊惊惶失措。列宁关于普遍自决权的呼吁迫使威尔逊出手，因为他觉得，美国作为自由民主的守护人，不能被一个非法篡取权力的革命政权抢了先。因此，他匆忙起草并在 1918 年 1 月 8 日公开递交了著名的“十四点和平原则”。第一点拒绝接受秘密条约，最后一点提出了“国际联盟”，其余各点大多是具体的保证：被占领土必须交出，战败国不会受到丧失人口的惩罚，民族性将是决定性的因素。2 月 11 日，威尔逊增加了“四点原则”，充分阐明了“十四点原则”中的最后一点。9 月 27 日，他拿出了最后一块压顶石——“五项具体原则”，其中第一项原则是承诺一视同仁地公正对待朋友和敌人[66]。这二十三点原则是威尔逊独立提出的，与英法两国无关。

现在我们来看一些误解的核心，正是这些误解使得接下来的和解彻底泡汤，并因此为第二次全球冲突埋下了祸根。到 1918 年 9 月，有一点变得显而易见：德国在东线正在赢得胜利，而在西线正一步步走向失败。但德国军队有 900 万兵力，依然完好无损，正在从法国和比利时被占领土上井然有序地撤 24
退。威尔逊发表“五项具体原则”两天之后，全权在握的鲁登道夫将军让他的政府成员大吃一惊，鲁登道夫告诉他们：

“军队的状况需要立即停火，以避免一场灾难。”应当组建一个平民政府与威尔逊接触[67]。鲁登道夫的动机显然是要把放弃德国所占领土的恶名推到民主党派的头上。但他也清楚地把威尔逊的二十三点原则看作是一种担保：德国不会遭到肢解或惩罚，而是会保持它的完整，其力量将完好无损。在当时的环境下，这正是德国能够合理希望的结果。实际上还不止这些，因为“十四点原则”中的第二点（关于海上自由）暗示了英国封锁的解除。文职官员持同样的观点，10 月 4 日，德国首相、巴登亲王马克西米利安就停火与威尔逊展开谈判，谈判的基础就是威尔逊的声明。奥地利人三天后展开谈判，其前提甚至更加乐观[68]。威尔逊如今有一支 400 万人的大军，人们普遍相信他权大无边，他在财政和经济上牢牢控制了英国和法国，他对谈判做出了积极的回应。交换照会之后，11 月 5 日，他在“十四点原则”的基础上向德国人提出了停火，只需服从协约国的两个条件：海上自由（对此，英国保留了解释权）和战争损害赔偿。正是在这一理解的基础上，德国人同意放下武器。

德国人和奥地利人不知道的是，10 月 29 日，威尔逊的特使、协约国最高军事委员会的美国代表豪斯上校与克列孟梭和劳合·乔治举行了一次长时间的秘密会议。法国和英国的领导人把他们对威尔逊声明的怀疑和保留意见和盘托出，并让起草这些声明的豪斯以“评论”的形式接受了这些意见，随后电告华盛顿的威尔逊。这份“评论”并未告知德国人和奥地利人，它拿掉了威尔逊声明中涉及同盟国的所有有利条件。事实
25 上，它勾勒出了随后出台的、同盟国强烈反对的《凡尔赛和约》的所有特征，包括奥匈帝国的肢解、德国殖民地的剥夺、

波兰走廊、对普鲁士的分割，以及战争赔款[69]。更值得注意的是，它不仅建立在德国犯有“战争罪”的前提之上，而且还围绕“奖赏”胜利者、“惩罚”战败者的原则，这是威尔逊明确否定过的。有一点倒是真的：在10月谈判期间，威尔逊（他在此之前实际上从未和德国人打过交道）越来越敌视德国人。特别是，有一件事把他彻底激怒了：10月12日，德国人提出停火要求一周多之后，他们炸沉了爱尔兰民用渡船“伦斯特”号，造成450人丧生，其中包括很多妇女和儿童。尽管如此，有一点还是有些奇怪：他同意了那份“评论”，十分令人震惊的是，他丝毫没有向德国人透露这份文件。德国方面也有失职，他们没有要求澄清威尔逊声明中的某些要点，因为，正如英国外交大臣贝尔福所言，威尔逊的文风是“非常不精确的。他是一流的修辞学家，却是非常糟糕的法律文件起草者”[70]。但是，沟通上的这一致命错误，主要责任是威尔逊的。错误并不在于理想主义。

第二个错误是组织的错误，它混合了第一个错误，并把它变成了一场灾难。维也纳和会没有一个深思熟虑的组织结构。它只是碰巧发生了，不断获得自己的形与势，并在谈判过程中发展出了日益强烈的反德模式，这种模式既是本质上的，也是（同样重要）形式上的。刚开始，每个人都含含糊糊地假设：初步条款将由协约国起草，这之后，德国人和他们的同伙会出现，实际的和约被商定。这正是当年的维也纳和会上发生过的事情。实际上，颇有逻辑头脑的法国人根据这些思路起草了一份会议议程，并在1918年11月29日由法国驻华盛顿大使亲手交给了威尔逊。这份文件还有一个优点：它提出立即废除所有秘密协议。但它的措辞激怒了威尔逊，因此如泥牛入海，不了了之。因此，这次会议是在没有一份各方接受的议程的情况下召开的，后来也没有这样的议程[71]。威尔逊决定横渡大西洋，亲自出席会议，这使得会议进程更加不规范。这意味着，这个貌似“世界上最有权的人”再也不能作为解围之神留下备用或每当协约国陷入僵局的时候便高高在上地发号施令了。来到巴黎，他就只能像其他人一样成为一个首相，事实上，他提出的论点输赢各半。不过，在一定程度上，这是因为，随着谈判的展开，威尔逊的兴趣果断地从他自己的二十三点原则和条约的实际条款上转移开了，几乎完全集中到了国际联盟及其盟约上。对他来说，这个提议中的国际组织（此前他一直对它持怀疑态度）成了会议的全部目标。它的运转将会弥补和约本身的任何缺点。这样做有两个可怕的后果。首先，法国得以能够让更苛刻的条款被接受，其中包括：把普鲁士一分为二的
26 “大”波兰，把西里西亚工业带从德国剥离出来，协约国对莱茵兰的 15 年占领，以及巨额战争赔偿。其次，先搞一套初步条款的想法被放弃了。威尔逊决心要把国际联盟盟约插入到预备文件中。他的国务卿罗伯特·兰辛告诉他：即便是这样一份假定的协议，在法律上也构成了一份条约，因此需要国会的批准。担心在参议院遇到麻烦，威尔逊于是决定直奔最终条约[72]。当然，还有另外一些因素。法国大元帅福煦担心，宣布各方接受的初步条款会加速法国的盟友解散军队，并在最后阶段让德国占上风。而且，就连协约国之间的协商一致在很多方面都变得如此困难，以至于所有人都害怕引入新的、敌对的谈判方，它们的活动将会导致迄至当时实现的任何成果都化为泡影。于是，初步条款的想法被放弃了。[73]

当德国人最终被允许来到巴黎的时候，他们惊慌失措地发

现：他们并不是来谈判一份和约，而是被人将这份和约强加在自己头上，同意停火已经让他们丧失了行动的能力，如今他们认为这是一次欺骗。而且，是克列孟梭安排了这次强迫接受，对克列孟梭来说，对德国人又恨又怕是一项自然规律。他没能让建立联邦德国（这会让俾斯麦的工作付诸东流）的计划获得同意，把法国的军事边境推进到莱茵河的要求也没有被接受。但是，1919 年 5 月 7 日，克列孟梭获准主持凡尔赛的签约仪式，法国 1871 年曾在那里被普鲁士羞辱，仪式上，德国代表最后出场，没有假装是谈判一方，倒像是被定罪的囚徒来听宣判。在向满脸阴沉的德国全权代表布洛克多夫－兰佐伯爵致辞时，克列孟梭小心翼翼地字斟句酌：

> 看看您面前这些协约国的授权代表吧，这些国家有大有小，在过去 4 年多的时间里，它们不间断地进行着这场强加给它们的战争。算总账的时刻到了。你们向我们求和。我们愿意把和平给予你们。[74]

接下来，他为完全接受或彻底拒绝设定了一个期限。伯爵苦涩的答复是坐在那里宣读的，这一无礼的举动激怒了在场的很多人，尤其是威尔逊，随着会议的进行，他变得越来越反德：“多么可恶的态度……德国人确实是一个愚蠢的民族。他们总是做错误的事情……这是我听过的最粗鲁的讲话。这让全 27
世界都跟他们作对。”[75] 事实并非如此。贝尔福并不反对布洛克多夫坐着宣读答复。他告诉尼科尔森：“我压根没注意。我定下的规矩是：不要盯着那些明显处在悲痛中的人看。”[76] 英国人当中有一种同情德国人的情绪，打那以后，直至 6 月 28

日，当德国人最终签字的时候，劳合·乔治做出了一些艰苦的努力，试图缓和条款的严厉性，尤其是关于德国—波兰边境的条款。他担心这样的条款可能激发一场未来的战争——事实果真如此。但他从怀有敌意的威尔逊和克列孟梭那里所得到的，只不过是上西里西亚的全民公决[77]。就这样，德国人签字了，像他们所写的那样，“向压倒性的力量屈服”。兰辛写道：“那就像是人们被招来签署自己的死刑判决书……他们脸色苍白，双手发抖，飞快地写下了自己的名字，然后被带回到他们的座位上。”[78]

把和平条款强加给德国人的那种方式对他们新成立的共和国将带来灾难性的影响，正如我们即将看到的那样。劳合·乔治最后时刻为了德国人的利益而出面干涉还有效地结束了政府间的友好谅解，并毒害着英法关系，直至1940年代：在第二次世界大战中，戴高乐将军当着温斯顿·丘吉尔的面辛酸地提到了这一背信弃义的行为[79]。当时，很多法国人都相信，克列孟梭做出的让步太多，他是法国唯一能够接受这份和约的政治家，法国人把它视为一份过于温和的，甚至是危险的和约[80]。美国人观点分歧。在他们著名的代表团当中，有些人和威尔逊一样反德[81]。约翰·福斯特·杜勒斯谈到过“德国犯下的滔天大罪”。油滑的豪斯上校在怂恿威尔逊废弃他的那些“原则”上起到了决定性的作用。威尔逊在波兰问题上的主要顾问罗伯特·H. 洛德仅次于克列孟梭本人，是“大”波兰计划最热心的鼓吹者[82]。不过，兰辛正确地认识到，没允许德国人参与谈判是一个重大错误，他认为威尔逊背叛了他的原则，无论在形式上，还是在实质上[83]。他的批评是威尔逊在1920年初冷酷无情地将他解职的一个主要原因[84]。

在更年轻的美国人当中，大多数人都持批评意见。蒲立德给威尔逊写了一封措辞激烈的信：“我很伤心，你没有把我们的战斗打到最后，你对数百万像我这样的人没有多少信心，对每一个信任你的国家没有多少信心。……我们的政府如今同意把世界上受苦受难的人交给新的压制、征服和肢解——一个新的战争世纪。”[85]塞缪尔·埃利奥特·莫里森、克里斯蒂安·赫脱和阿道夫·伯尔也持同样的观点。沃尔特·李普曼写道：
“在我看来，《凡尔赛和约》不仅是褊狭的，而且缺少信仰， 28
它轻率得无以复加。”[86]

这些年轻人后来大多都很有影响力。但英国代表团里有一位更激烈的批评者让他们黯然失色，此人能够立即给和约以毁灭性的一击。约翰·梅纳德·凯恩斯是剑桥大学一位聪明的教授，是战时的一位文职官员和巴黎和会上英国财政部的代表。他对军事安全、边境和人口转移毫无兴趣，他悲剧性地低估了这些问题内在的、情感上的重要性。另外，他对欧洲稳定的经济方面却见解透彻，大多数代表都忽视了这个方面。在他看来，一次持久的和平将取决于它允许贸易和制造业以怎样的速度恢复，让就业得以增长。考虑到这一点，和约必须是动态的，而不是报复性的[87]。1916 年，在财政部的一份备忘录中，凯恩斯提出，1871 年，德国强加给法国的战争赔款给这两个国家都造成了损害，很大程度上对 1870 年波及全世界的经济大萧条负有责任[88]。他认为，根本不应该有赔款，或者，即使有的话，强加给德国的最大惩罚也不应该超过 20 亿英镑，他在为和会准备的一份预备文件中写道：“如果德国被‘挤干了’，它也一定不是所有破产国家当中的第一个。”[89]至于所有协约国都卷入其中的战争债务——各协约国认为应该用它们从德国得到的东西来偿还这些债务——凯恩斯认为，让债权人免除这些债务对英国来说是明智的。这样的慷慨将会鼓励美国人为英国做同样的事情，而大陆国家会用纸币支付英国，英国会用现金支付美国，因此，普遍勾销债务将会让英国受益。[90]

除了限制赔款和免除战争债务之外，凯恩斯还希望威尔逊利用他的权威和美国的资源发起一项庞大的信用计划，以帮助欧洲的工业恢复元气——1947～1948 年，这样一项计划采取了马歇尔计划的形式。他把这称作"欧洲复兴的大计划"[91]。他把这一建议卖给了他的老板、财政大臣奥斯丁·张伯伦，并在 1919 年 4 月起草了劳合·乔治寄给威尔逊的两封信。第一封信提出"欧洲的经济机器被堵住了"，上述建议将会让它自由；第二封信指出："一个国家越是衰弱、离布尔什维克主义越近，它大概就越需要帮助。可私人企业来做这件的可能性很小。"[92]凯恩斯的观点是，美国在世界事务中正享受一个独一无二的"时刻"，威尔逊应当避免试图口授战后边境线和国际联盟的形态，相反，要用美国的食品供应和经济力量来帮助欧
29 洲的长期恢复。一个繁荣的欧洲更有可能忘掉刚刚过去的痛苦记忆，更长远地看待眼下充满激情的边境调整问题。

凯恩斯的观点中必定有很多的智慧和一定程度的正义，他关于美国角色的观点无疑是正确的，正如一些美国历史学家今天所认识的那样[93]。但威尔逊痴迷于国际联盟，对经济复苏毫无兴趣，他把劳合·乔治的请求丢到了一边，美国财政部被凯恩斯的观念给吓坏了。凯恩斯抱怨道，美国财政部的代表被"正式禁止在私人谈话中与我们讨论任何此类问题"[94]。勾销战争债务已经没有可能。凯恩斯对美国人的反感达到了极点，他写信给一位朋友说："他们有机会采取宏大的或者至少是人

道的视角来看待世界，但他们毫不犹豫地拒绝这样做。”威尔逊是“世界上最大的骗子”[95]。当他通读了《凡尔赛和约》并领悟到其条款（尤其是赔款条款）所带来的累积性的严重后果时，他更加惊恐。这份“该死的和约”（像他所称呼的那样）是经济灾难和未来战争的祸根。1919 年 5 月 26 日，凯恩斯辞去了英国代表的职务。他写信给张伯伦说：“你怎么能指望我还在这出悲惨的闹剧中担任助手，并试图为（正如一位法国人所写的那样）d'une guerre juste et durable（法语：一场旷日持久的战争）打下基础呢?”他告诉劳合·乔治：“我正从这场噩梦中溜开。”[96]

凯恩斯的离去完全是可以理解的，因为他的智慧和口才都没能阻止的这份和约是一个既成事实。但他接下来做的事情却让他如此正确地诊断过的判断错误变得更加严重。凯恩斯是两个世界的人。他喜欢银行和政治的世界，在这个世界里，只要他愿意去做，他的天赋才能就能让他繁荣兴旺。但他也是一个学者、唯美主义者、同性恋者，还是剑桥秘密协会“使徒”及其附属派生组织“布卢姆茨伯里派”的成员。他的大多数朋友都是和平主义者：布卢姆茨伯里派的非正式领导人里顿·斯特雷奇，斯特雷奇的兄弟詹姆斯，戴维·加内特，克莱夫·贝尔，艾德里安·斯蒂芬，杰拉尔德·肖夫，哈里·诺顿，以及邓肯·格兰特[97]。当征兵制被引入的时候，他们当中的几个人宁愿因为拒服兵役而被带上法庭，也不愿服役，里顿·斯特雷奇便在一场广为宣扬也很英勇（在他看来是这样）的案子中扮演过这样的角色。他们并不赞成凯恩斯加入财政部，视之为“战争工作”，尽管它是非参战性质的。1916 年 2 月，他在自己的早餐盘子里发现了一张来自斯特雷奇的暗签，这在和

平主义者那里相当于白羽毛①：“亲爱的梅纳德，你为啥还在财政部？你的里顿。”当邓肯·格兰特（凯恩斯跟他有过一段
30 同性恋关系）在伊普斯威奇被带上法庭的时候，凯恩斯极力为他辩护，在法庭上炫耀他那个带有王室花押字的财政部公文包，想吓唬法庭成员，他们都是乡下小人物。但当他和朋友们在一起的时候，他对自己的工作感到羞愧。1917 年 12 月，他写信给格兰特说：“我给一个我所鄙视的政府工作，为了我认为是犯罪的目的。”[98]

出于残留的爱国感，凯恩斯继续待在财政部，但内心的紧张与日俱增。当这场他所痛恨的战争在一份他认为极其可恶的和约中达到高潮的时候，他在神经崩溃的状态下回到了剑桥。康复之后，他立即坐下来，写了一部才华横溢、凶猛狠毒的作品，抨击整个和平会议。这篇作品混合了事实、半真半假的事实、误解和闪光的洞察力，并因为对这出大戏中的主要演员所做的讽刺性人物速写而显得更加活泼。同年底，这部题为《和约的经济后果》（*The Economic Consequences of the Peace*）的作品出版，在全世界引起了轰动。这部作品是“非预期后果律”的又一个经典实例。在写这本书的时候，凯恩斯的公开动机是要提醒世界，警惕一份迦太基式的和约对德国造成的影响。他私下里的动机是想通过攻击朋友们曾责怪他为之效力的那个政治机构，从而修复自己与朋友之间的关系。它无疑成功地实现了这些目标。这部作品还被证明是 20 世纪最具破坏性的图书之一，它在几个不同的方面间接地对凯恩斯本人急于防止的那场未来的战争做出了贡献。当那场战争终于来临的时

① 白羽毛有怯懦的意思。——译者注

候，年轻的法国历史学家艾蒂安·曼图在一本题为《迦太基式的和约：或凯恩斯先生的经济后果》（*The Carthaginian Peace: or the Economic Consequences of Mr Keynes*）的小册子中对凯恩斯的抨击提出了责难。1946 年，曼图本人被杀一年之后，也是凯恩斯死于癌症的那一年，这本书在伦敦出版。

凯恩斯的书对德国和英国的影响是累积性的，正如我们即将看到的那样。它对美国的影响是立竿见影的。正如我们已经指出的那样，国际联盟不是威尔逊的主意。它是英国提出来的。或者毋宁说，它是两个古怪的英国绅士的头脑产物，其给世界事务所带来的虽说是好心好意却十分有害的影响生动证明了这样一个命题：在政治中，宗教信仰是一个糟糕的顾问。沃尔特·菲利莫尔在 72 岁那年出任外交委员会主席，该委员会的报告提出了这个建议（1918 年 3 月 20 日），菲利莫尔是国际法专家和《和约三百年》（*Three Centuries of Treaties of Peace*, 1917）一书的作者。他还是著名的教会律师，一个特罗洛普小说中的人物，在教会委员会中超群出众，是合法性、宗教仪式、法衣和教堂家具方面的专家，还是树木茂盛的肯辛顿市的市长。作为一个法官，他因为在风化案中量刑过严却对其他犯罪手下留情而饱受批评。很难想象还有哪个人比他更不适合为 31
应对全球现实政治拟订规则，要不是因为他的政治盟友罗伯特·塞西尔，此事恐怕不会发生。塞西尔是托利党下院议员和负责外交事务的副国务大臣，与他的首相父亲索尔兹伯里勋爵政治上的怀疑主义和犬儒主义背道而驰，后者不得不以一剂宗教虔诚的强力药处理外交事务，对付俾斯麦。塞西尔从小就立志当律师，他母亲说他“始终有两样‘痛苦’和一项权利”。在伊顿公学，他曾试图组织同学反对恃强凌弱。作为负责封锁的国务大臣，他痛恨试图用饥饿迫使德国人投降，因此对创立国际联盟的想法十分热心。事实上，他曾在1918年8月写信给妻子说："假如不是抱着这样的希望：（国际联盟）将建立一个更好的国际体系，那么我将是个和平主义者。"[99]重要的是要认识到，这两个负责打造国际联盟的人都是准和平主义者，他们并没有把国际联盟看作一种靠集体力量阻止侵略的手段，而把它看作这样一种力量的替代，主要通过"道德权威"发挥作用。

英国的军事和外交专家从一开始就不喜欢这个想法。内阁秘书长和最有经验的军事协调人莫里斯·汉凯记录道："任何这样的计划对我们来说都是危险的，因为它会制造出一种完全虚假的安全感。……它只会导致失败，而且，失败拖得越久，就越有把握把这个国家哄得昏昏欲睡。它会把一根强有力的杠杆塞进理想主义者的手里，你几乎可以在每一个国家的政府中找到这样的理想主义者，他们反对在武器装备上花钱，随着时间的推移，几乎可以肯定这会导致这个国家处在不利的位置上。"艾尔·克劳尖酸刻薄地指出，一个"郑重其事的联盟和盟约"将会像其他任何条约一样："有什么东西能够确保它不像其他条约一样不被违背呢？"当然，唯一的答案是武力。但菲利莫尔并没有和军事部门商议，当海军部听说这一计划时，他们以备忘录的形式告知政府：要想让它发挥作用，就需要更多的而不是更少的战舰。[100]所有这些警告在国际联盟的想法刚刚构思出来的时候就发出了，这一组织悲惨的历史极大地证明了这些警告是对的。

不幸的是，威尔逊总统对和约谈判本身连同其所散发出来的、非道德的现实政治必定会有的难闻气息感到厌倦，他立即抓住了国际联盟这根救命稻草，并把它当作安放他自己丰富道德热情的容器，怀疑被一扫而光。事实上，他作为这一计划的倡议者的身份反倒把它可能有的实用优点给剥除殆尽。有一个历史神话，说的是欧洲强国拼命地急于创立国际联盟，把它作为一种手段，好让美国卷入到一项永久性的义务：帮助维护和平；而且威尔逊也抱持这一观点；它被共和党人的孤立主义挫 32
败了。事实并非如此。克列孟梭和福煦想要一个共同安全联盟，有自己的设计团队，有点像经历了数不清的痛苦和拖延之后在战争的最后一年最终演变出来的盟军总部。简言之，他们想要的那种东西，其路线最终在 1948 ~ 1949 年出现了，其形式就是北大西洋公约组织。他们认识到，一个这样的普遍体系纯属胡说八道：所有强国（包括德国）都属于它，而不管它们过去的记录如何，它还对所有国家的边界做出担保，而不管它们的功过如何。对于巴黎和会上的意见，他们的信息比威尔逊更灵通，并且知道，和会接受任何一个这种怪胎的可能性微乎其微。他们的目标是有限的，他们试图分阶段地把美国卷入进来，正如更早的时候法国把英国卷进来一样。首先，他们想让美国接受的是对和约的担保，而不是任何联盟的成员身份。[101]

这大致也是参议院共和党领袖卡伯特·洛奇参议员的立场。他同样抱持英法两国专家那样的怀疑态度。洛奇远非孤立主义者，他是亲欧洲的，是共同安全的信徒。但他认为，主要强国实际上不会同意为执行联盟决议而走向战争，因为，除非危及自己的重大利益，各国都对战争避之不及。如何能够无限期地保证各国的边界呢？它们反映了不断改变的真正实力。美国会为了保护英国在印度的边界或日本在山东的边界而走向战争吗？当然不会。美国与英法两国达成的任何安排都必须建立在重大利益互谅互让的基础之上，那样才有意义。到 1919 年 9 月，洛奇和他的支持者们（被称作“强硬保留派”）清楚地表明了他们的立场：他们会批准和约，国际联盟除外；他们甚至会同意美国成为国际联盟的成员，前提条件是国会有权评估每一场涉及动用美国军队的危机。[102]

正是在这个节骨眼上，威尔逊的性格和判断力的缺陷，实际上还有心理健康上的缺陷，变得无比重要。1918 年 11 月，他丢掉了中期选举，连同他们对国会（包括参议院）的控制权。这原本是一个很好的额外理由：他不用亲自去巴黎，而是派一个两党代表团去；或者即便亲自去的话，也要带上洛奇和其他共和党人。相反，他选择了只身前往。在把美国带入战争的问题上，他在 1917 年 4 月 2 日对国会发表的演说中说：“为了民主，必须让世界变得安全。”他那部深受欢迎的《美国人的历史》（*History of the American People*）把民主描绘为一种准宗教力量，vox populi vox dei（拉丁语：人民的声音就是上帝的声音）。如今他告诉国会，旧世界正在遭受对民主的“肆意抵制”，对它“纯洁精神力量”的“肆意抵制”。正是在那里，
33 美国进来了：“在努力打造这种精神优势上起领导作用无疑是美国的昭昭天命。”[103]在那项工作上，国际联盟是工具，他自己是代理人，是“普遍意志”的化身。

我们并不清楚，威尔逊这个激进的民主主义者如何把自己看作卢梭的 volonté générale（法语：普遍意志）的受益人，这一观念很快就被欧洲新一代独裁者如饥似渴地加以利用。大概那是由于他的身体状况。1919 年 4 月，他在巴黎得了第一次中风。这个事实被隐瞒了下来。事实上，每况愈下的健康状况似乎强化了威尔逊的信念：他的做法是正义的，也增强了他的

决心——不向共和党批评者妥协。1919 年 9 月，他把国际联盟的问题从巴黎和会带到了美国，行程 8000 英里，坐了 3 个礼拜的火车。这一努力在 9 月 25 日火车上的第二次中风中达到了高潮[104]。这件事再次被捂住了。10 月 10 日，威尔逊第三次中风，这是一次严重的发作，导致身体左侧完全瘫痪。他的医生加里·格雷森将军几个月后承认："身体上他永久性地有病，精神上他正逐步衰弱，不可能恢复。"[105]但格雷森拒绝宣布总统不能胜任眼下的职务。副总统托马斯·马歇尔是一个十分不可靠的人，他在历史上之所以被人所知，是因为他的一句话，"这个国家所需要的，是一支 5 分钱的上好雪茄"，他拒绝强调总统已经不能理政这一点。私人秘书约瑟夫·塔默蒂和威尔逊本人及总统夫人伊迪丝密谋让伊迪丝成为事实上的总统，她在这个位置上待了 17 个月。

在美国历史上这段稀奇古怪的插曲进行期间，到处流传这样的传闻：威尔逊患上了三级梅毒，如今成了一个胡言乱语的囚徒，被关在一间带栅栏的房间里，而只上过两年学的威尔逊夫人则用她那只巨大的、孩子气的手书写给内阁部长们的命令（"总统说如何如何"），解雇和任命部长，在法案上伪造威尔逊的签名。她和总统本人都对解雇国务卿兰辛（伊迪丝曾声称："我痛恨兰辛。"）和任命完全没有经验、头脑糊涂的律师班布里奇·科尔比取而代之负有责任。威尔逊每次可以集中注意力 5～10 分钟，甚至狡猾地骗过了他在议会的主要批评者阿尔伯特·福尔参议员，福尔曾抱怨："我们有一个女人统治的政府！威尔逊夫人才是总统！"福尔被召到白宫，他发现，威尔逊留着长长的白胡须，但看上去还算机敏（福尔只和他在一起待了两分钟）。当福尔说"我们，总统先生，我们所有人为您祈祷”时，威尔逊厉声说：“用哪种方式祈祷，参议员？”这被解释为他依然机智风趣的证据。[106]

美国在一个至关重要的时刻就这样被统治着，正如德国在1932~1933年被一个生病的、精神上受到损害的、濒临死亡的巨人所统治一样。假如威尔逊被宣布不能胜任，那么几乎不用
34 怀疑，一份经过修订的条约会在参议院通过。而事实上，带着病人或老年人的固执，他坚持认为，参议院应当接受他所要求的一切，要么就什么都不接受，他在关于这一问题的最后一篇咨文中写道：“要么，我们勇敢地加入国际联盟，不惧怕我们如今享有的领导者的角色……要么，我们尽可能优雅地退出列强间的伟大协作，正是凭借这一协作，世界才得以被拯救。”[107]

在这场保持着微妙平衡的国内斗争中，输赢的概率已经开始对威尔逊不利，恰逢此时，凯恩斯的书来到了美国，其时机是毁灭性的。这本书增强了不调和派的所有偏见，强化了保留派的怀疑；事实上，它让威尔逊自己的一些支持者充满了不祥的预感。《凡尔赛和约》在3月份被提交到参议院，需要三分之二的多数才能批准。威尔逊自己的提案遭遇了惨败：38票赞成，53票反对。依然有机会让洛奇自己的修订文本获得通过，并因此成为接下来三届共和党政府外交政策的坚实基础。但是，威尔逊带着毁灭性的热情从病床上写信给他的支持者，用颤抖的手在信上签下自己的名字，几乎无法辨认，他恳求他们投反对票。洛奇文本的投票结果是49票赞成，35票反对，离所需的三分之二差7票。35张反对票当中，有23个人是奉威尔逊之命行事的民主党人。就这样，威尔逊杀死了自己的头生子，并在这样做的过程中解开了欧洲与共和党人（即便是友好的共和党人）之间的联系纽带。在反感中，洛奇宣布，

国际联盟“像马利的鬼一样死了”。参议员詹姆斯·里德说：“像赫克托耳一样死了。”共和党总统候选人沃伦·哈定带着对民主党过去的嘲笑补充道：“像奴隶制一样死了。”当民主党在1920年秋天遭遇压倒性惨败的时候，这一结果被看作对威尔逊欧洲政策的整体批判。尤金·德布斯被威尔逊投入了亚特兰大监狱，他从监狱里写信说：“美国历史上还没有哪个人像伍德罗·威尔逊这样从公共生活中退出，如此彻底地丢尽老脸，遭受如此尖刻的指责，如此压倒性地受到指控和否定。”[108]

就这样，国际联盟被留给了英国和法国，其形态并不是它们想要的，那个打造国际联盟的人就这样被他自己的国家所否认。在所有可能性当中，它们得到了最差的。如果按照洛奇提出的路线让美国加入国际联盟，那将在总体上把它转变为一个更加现实的组织。但就德国的具体情况而言，它将有一个至关重要的优势。洛奇和共和党中的国际主义者都认为，和约不公正，尤其对德国不公平，迟早要修订。事实上，洛奇起草的盟约专门为这一可能性做了规定。第19条常常被忽略，最后干脆被无视，这一条允许国际联盟“时不时地”建议重新审议 35
“已经变得不适用的条约”，以及“继续有效可能危及世界和平的条约”[109]。美国在国际联盟中的存在将会使得下面的情况变得更有可能：在1920年代，德国将会通过适当的国际法程序，得到它在1930年代通过武力来寻求并通过对方的怯懦而获得的那些调整。

对于欧洲的战后问题，威尔逊决心求助于国际法学家的解决方案，而不是经济学家的方案，这导致他的政策彻底垮台，并把一份可怕的遗产留给了欧洲：通货膨胀、债务和互相冲突的财政诉求。整体上，19 世纪是一段价格稳定的时期，尽管所有先进国家都出现了巨大的工业扩张。在很多年里，零售价格实际上下降了，因为生产力的增长超过了需求增长的步伐。但到 1908 年，通货膨胀再次加速，战争极大地加快了通胀的速度。到和约签订的时候，批发价格以 1913 年的 100 为基准指数，美国是 212，英国是 242，法国是 357，意大利是 364。到第二年，也就是 1920 年，这个指数在美国是战前平均数的 2.5 倍，在英国是 3 倍，法国 5 倍，意大利 6 倍；在德国，这个数字是 1965，将近 20 倍[110]。文明世界自 16 世纪以来还没有应对过这样的恶性通胀，自公元 3 世纪以来通胀从未达到如此吓人的程度。[111]

除了美国之外，每个国家都债台高筑。问题就在这里。到 1923 年，包括利息，美国拥有 118 亿美元的债权。其中，仅英国就欠美国 46.6 亿美元。但反过来，英国拥有 65 亿美元的债权，主要是法国、意大利和俄国欠下的。俄国如今退出了这场游戏，法国和意大利偿还英国或美国债务的唯一机会就是从德国那里搜刮。美国为什么坚持要收回这些跨国债务呢？柯立芝总统后来简明扼要地回答了这个问题："他们借了钱嘛，难道没借吗？"没有比这更老于世故的解释了。战时工业委员会主席和美国和谈代表团经济顾问伯纳德·巴鲁克在 1924 年发表了一篇文章《协约国之间的债务》，文中提出："美国拒绝考虑勾销任何债务，并觉得，如果勾销债务——其他理由撇开不谈——这场战争以及未来所有战争的主要成本都将落到美国头上，并把它置于资助一切战争的境地，既然它已经资助过一场战争。"[112] 显然，巴鲁克并不相信这个荒唐的辩解。真实情况是，坚持收回战争债务并没有什么经济意义，而是为威尔逊

主义垮塌、只留下一个无底洞而支付的政治代价的一部分。在 36
1923 年的华盛顿会议上，英国在尖酸刻薄的嘲讽中同意每年偿还美国 2400 万美元，为期 10 年，之后每年偿还 4000 万美元。到债务在大萧条之后被有效勾销的时候，英国还给美国的钱略多于它从财政更弱的协约国那里收到的钱，反过来，它们从德国那里接收了大约 10 亿英镑[113]。不过，这个总数当中，事实上大部分是用贷款的方式在美国筹集的，在经济萧条中，这些贷款也都打了水漂。因此，整个过程是个循环，没有一个国家多得一分钱，个人就更不用说了。

但是，在此期间，讨债和反讨债的刺耳叫嚣把协约国之间战时协作精神所剩无几的那点东西也给毁掉了。试图让德国去平衡其他每个国家的账簿把德国货币推向了毁灭。1871 年，德国对法国征收的战争赔款相当于 40 亿金马克。赔款委员会仅为比利时的战争损害向德国要求的赔款就达到了这个数，此外，委员会估计，德国的债务高达 1320 亿金马克，法国将得到其中的 52%。此外还有实物抵债，包括每月 200 万吨煤。到 1921 年 5 月 1 日，德国必须偿还的总额是 200 亿金马克。德国实际上究竟支付了多少尚存争议，因为大多数债务是用实物而不是用现金偿付的。德国人声称，他们支付了 450 亿金马克。赔款委员会的美国成员约翰·福斯特·杜勒斯认为这个数字在 200 亿～250 亿金马克[114]。不管怎么说，在反复削减和暂停偿付之后，根据《凡尔赛和约》附件二第 17～18 节（这部分并未规定具体的赔款数额），德国被宣布为违约者（1922 年 12 月 26 日）。1923 年 1 月 11 日，不顾英国的抗议，法国和比利时的军队渡过了莱茵河，占领了鲁尔。接下来，德国人彻底不干了。法国对这一地区实行了军管，切断了它的邮件、电报和电话联系。德国零售价格指数（1913 年为 100）飙升至 161.7 亿。给德国（最终也给法国）带来的政治后果是极其悲惨的。

那么，《凡尔赛和约》是不是彻头彻尾的失败呢？当时，很多知识分子认为就是这样；之后大多数知识分子持同样的观点。但接下来，知识分子找到了问题的根源：强烈的种族民族主义，这种民族主义既决定了《凡尔赛和约》的性质，也确保了它不会起什么作用。欧洲所有的民族主义运动（到 1919 年有十多场这样的运动）都是由学者和作家开创、领导和煽动的，他们强调各民族之间语言差异和文化差异，牺牲的却是促使他们生活在一起的传统纽带和持续不断的经济利益。到
37 1919 年，欧洲年轻一代知识分子（更别说他们的长辈）几乎全都同意这样一个论点：民族自决权是首要的道德原则。只有少数例外，卡尔·波普尔是其中之一[115]。这些少数人认为，自决权是一个搬起石头砸自己的脚的原则，因为“解放”各民族和少数民族只会制造出更多的少数民族。但一般说来，自决权被欧洲不容争辩地接受了，正如 1950 和 1960 年代它被非洲不容争辩地接受一样。

事实上，到 1919 年，在中欧和东欧保全古老的安排已经没有可能。民族主义者已经把它们撕得粉碎。隔着 70 年后反观历史，人们习惯上把奥匈帝国的最后岁月看作多种族和平相处的一段时期。而实际上，它是一场种族仇恨与日俱增的噩梦。每一次改革都制造出了更多的问题，比它解决的问题还要多。1867 年，匈牙利在奥匈帝国之内获得了作为一个单独国家的身份。它立即开始压制它自己的少数民族，主要是斯洛伐克人和罗马尼亚人，其手段比奥地利压制它的时候更凶狠、更

巧妙。选举是靠不住的，铁路、银行系统和国内自由贸易的原则都遭到了破坏，为的是追求直接的种族利益，任何改革都使得这样的行为成为可能。捷克人及其他斯拉夫族群都效仿匈牙利人。没有哪个种族群体的行为表现出始终如一。日耳曼人所要求的东西，捷克人在波希米亚拒绝给予；日耳曼人拒绝给予的东西，意大利人和南斯拉夫人在南蒂罗尔和施蒂利亚要求得到。在布达佩斯、布拉格、格拉茨和因斯布鲁克，所有五花八门的议会都是冷酷无情的种族纷争轮番上演的竞技场。在加利西亚，少数民族鲁塞尼亚人与占多数的波兰人战斗。在达尔马提亚，少数民族意大利人与占多数的南斯拉夫人战斗。结果，组成一个有效的议会政府变得不可能。1900～1918 年的 12 个中央政府全都不得不几乎完全由文职官员组成。每个地方政府（少数民族被排除在外）都保护本地工业，它被合法授权这样做，如果不这样做，其他族群就会发起抵制商品行动。这个古老的帝国根本不存在正常状态。

但至少，对法律还有一定程度的尊重。在沙皇俄国，偶尔有针对犹太人的大屠杀，以及其他的种族暴力冲突的实例。但两个日耳曼帝国却格外遵纪守法，直至 1914 年；甚至有人抱怨，它们的人民太过驯服了。战争彻底改变了这一切。历史学家弗里茨·斯特恩的话不无道理，他说，第一次世界大战开启了一个空前暴力的时期，实际上开始了一场“三十年战争”， 38
1919 年意味着以不同的手段延续了这场战争[116]。当然，在某种意义上，这个时代的灾难是全球性的，而不是欧洲大陆的。1918～1919 年的流感大暴发在欧洲、亚洲和美洲导致 4000 万人丧生，其病毒并不局限于战争地区，尽管这些地区创痛最深[117]。在正式战斗结束之后，新式暴力的爆发几乎在任何地方都可以找到。7 月 27 日 ~8 月 1 日，在芝加哥，美国有了第一次真正意义上的北方种族大骚乱，36 人被杀，536 人受伤。其他地方的骚乱接踵而至：1921 年 5 月 30 日，在俄克拉荷马州的塔尔萨，50 个白人和 200 个黑人被杀[118]。在加拿大，1919 年 6 月 17 日，温尼伯大罢工的领导人被指控密谋通过武力摧毁宪法权威、建立苏维埃政权，随后被定罪[119]。在英国，1919 年 1 月 31 日，格拉斯哥有一场所谓的革命；在 1919 ~1921 年底，内战或阶级战争的可能性周期性地出现，这一点作为令人毛骨悚然的内阁会议记录而被托马斯·琼斯一字不漏地记录在案，可以资为证。因此，1921 年 4 月 4 日，内阁讨论了从西里西亚调回 4 个营（他们正在那里极力把发疯的波兰人和日耳曼人分开），为的是“控制伦敦”，上议院大法官冷冷地指出：“我们必须立即决定保皇派应当聚集到哪支军队的旗下。我们不应该一仗未打就坐以待毙。”[120]

即便如此，正是在中欧和东欧，暴力以及激发暴力的种族对抗最为激烈，范围最广，历时最长。在 1919 ~ 1922 年，那里打了二十多场小规模战争。在西方的历史中，这些战争的记录很贫乏，但它们留下了可怕的伤疤，在某些情况下，这些伤疤在 1960 年代依然隐隐作痛，并对两次大战之间欧洲的长期不稳定发挥了直接作用。《凡尔赛和约》试图体现自决权的原则，而实际上却制造了更多——而不是更少——的少数民族，而且是更加愤怒的少数民族（其中很多是日耳曼人和匈牙利人），满腹的委屈也更加真实。新的民族主义政权认为自己远比旧帝国更少宽容。而且，由于变革损害了经济的基础结构（尤其是在西里西亚、南波兰、奥地利、匈牙利和南斯拉夫北部），所有人往往都比从前更穷。

每个国家都有一肚子极其痛苦的委屈，要么就是陷入在无法克服的国内问题中。德国失去了西里西亚，普鲁士惨遭分割，报仇的呼声惊天动地。奥地利基本上是同种族的——它甚至从匈牙利那里得到德国的布尔根兰州——但它从前的属地被剥夺殆尽，留下它三分之一的人口在维也纳忍饥挨饿。此外， 39
根据《凡尔赛和约》，奥地利被禁止寻求与德国合并，这使得1938 的吞并奥地利看上去似乎比实际上更有吸引力。匈牙利的人口从 2000 万减少到了 800 万，它小心翼翼地整合起来的工业经济被彻底摧毁了，300 万匈牙利人被交给了捷克人和罗马尼亚人[121]。

《凡尔赛和约》的受益者当中，波兰是最贪婪、最好战的，1921 年，经过 3 年战斗之后，波兰的面积是巴黎和会上预期的两倍，它进攻乌克兰人，从他们那里得到了加利西亚省东部及其首府利沃夫。它为争夺切申而和捷克人打仗，但没能得到这个地方，这是 1938 年波兰为什么不同情捷克人并在1968 年实际上帮助俄国入侵他们的原因之一，尽管在这两个实例中，支持捷克独立符合波兰的长期利益。在波罗的海和西里西亚，它凭借武力成功地实现了它对德国人的“权利”。它最近入侵了自由的立陶宛，占领了维尔纽斯，并在一次“全民公投”之后把它吞并了。它对俄国发动了一场旨在获取领土的全面战争，1923 年在西方列强的劝说下批准认可了它的新边界。在武力扩张的过程中，波兰巧妙地利用了英国对布尔什维克主义的恐惧，以及法国渴望在东欧有一个强大的盟友，因为它过去的沙俄联盟已经不复存在。不过，当波兰走得太远的时候，英国和法国当然也就无力提供帮助，而且，在这个过程中，它不可饶恕地触犯了它所有的邻国，一旦得到机会，它们肯定会扑向它。

在此期间，波兰遇到了欧洲（俄国除外）最大的少数民族问题。它的2700万人口当中，三分之一是少数民族：西乌克兰人（鲁塞尼亚人），白俄罗斯人，日耳曼人，立陶宛人，他们全都生活在集中的地区，另有300万犹太人。犹太人往往站在日耳曼人和乌克兰人一边，在议会里有30多个代理人，在某些东部城镇构成了多数，几乎垄断了贸易。在凡尔赛，波兰被迫签署一份特别条约，对其少数民族的权利做出担保。但是，即使在1920年代，它也没有遵守这份条约，1930年代就更不用说了，当时，它的少数民族政策在军事独裁的统治下变得更加糟糕。由于它的三分之一人口实际上被当作外国人来对待，它不得不维持一支庞大的警察队伍，外加一支数量庞大但装备糟糕的常备军，以保卫它漫长的边界。一位波兰贵族在1918年对德国大使说的一番话确实有先见之明：“如果波兰能够自由，我会献出我的一半财产，但我会带着另一半财产移民国外。”[122]

捷克斯洛伐克更是人为制造出来的，因为它是一批少数民族的大杂烩，由捷克人控制。1921年的人口普查显示，有8760000名捷克斯洛伐克人、3123448名日耳曼人、747000名
40 马扎尔人和461000名鲁塞尼亚人。但日耳曼人声称，这次人口普查是故意不准确，事实上，捷克斯洛伐克人远远少于这个数。无论如何，就连斯洛伐克人也觉得他们受到捷克人的迫害。新斯洛伐克首都是布拉迪斯拉发，在那里居住的主要是日耳曼人和马扎尔人，而不是斯洛伐克人，这正是这个“国家”的典型特征[123]。在1920年代，不像波兰人，捷克人做出过严肃认真的努力，试图推行公平的少数民族政策。但大萧条对日

耳曼人的打击比捷克人更严重——不管是事出意外还是精心设计，打那之后，二者的关系就无可救药地恶化了。

南斯拉夫是一个塞尔维亚人统治的微型帝国，在这个意义上，它类似于捷克斯洛伐克，但他们的统治比捷克人更加残暴。在它的部分地区，自 1912 年以来便一直有连续不断的战斗，边界直到 1926 年才确定下来（如果那也算是确定的话）。信奉东正教的塞尔维亚人控制着军队和政府，但是，信奉天主教的克罗地亚人和斯洛文尼亚人有更高的文化水平和经济水平，他们认为自己的职责就是“使巴尔干人（即塞尔维亚人）欧洲化”，担心自己被“巴尔干化”。在创建这个新国家上起了关键作用的 R. W. 希顿－沃森很快就对塞尔维亚人的统治方式感到失望，他在 1921 年写道：“南斯拉夫的形势让我感到绝望。……我对新宪法及其荒唐的中央集权制没有信心。”他抱怨，塞尔维亚的行政官员比哈布斯堡王室还要糟糕，塞尔维亚人的压迫比德国人还要野蛮。他在 1928 年写道：“我自己的偏好……是让塞尔维亚人和克罗地亚人自作自受！我认为他们都疯了，看不到比鼻尖更远的地方。”[124] 事实上，议员们正在议会里大动肝火，拔枪相对，克罗地亚农民党领导人斯捷潘·拉迪奇在这个过程中被杀。这个国家之所以结合在一起（如果真有什么结合的话），更多的不是凭借塞尔维亚的政治警察，而是凭借人们对其意大利、匈牙利、罗马尼亚、比利时和阿尔巴尼亚等邻国的深仇大恨，他们全都有冤屈要平息。[125]

中欧和东欧如今聚集在不可调和的民族主义的可怕收获中，其种子是在整个 19 世纪播撒下的。或者换个比喻，《凡尔赛和约》掀开了那把沸腾毒壶的盖子，其中酿造的毒液散发着臭气，充满整个欧洲，直至后来，先是希特勒，然后是斯大林，用武力把它重新盖上。毫无疑问，当此事发生的时候，上了年纪的男男女女都为他们已经失去的轻松随和的王朝帝国感到惋惜。当然，到1919年，由一个君主凭借神授权利和古老习俗来统治一大批各不相同的欧洲民族的观念已经显得十分荒谬了。但是，如果说欧洲内的帝国主义已经过时，那么，它在
41 欧洲之外还能维持多久呢？自决权并不是欧洲大陆的原则；它是——或者说很快就会是——全球性的。艾尔·克劳在巴黎和会上对哈罗德·尼科尔森的指责反映了莫里斯·汉凯对罗伯特·塞西尔勋爵提出的观点，当时，后者正在筹划萌芽状态的国际联盟。汉凯恳求塞西尔勋爵不要坚持写入自决权的一般性陈述。他在自己的日记中写道："我向他指出，那将在逻辑上导致西班牙让直布罗陀自决，马耳他让马耳他人自决，塞浦路斯让希腊人自决，埃及让埃及人自决，亚丁让阿拉伯人或索马里人自决，让印度陷入混乱，香港让华人自决，南非让黑人自决，西印度群岛让黑人自决，如此等等，不一而足。大英帝国何在？"[126]

事实上，这一原则甚至在汉凯写下这些话的时候就已经得到承认。在战争的紧要关头，协约国就签下了延期支票，不仅签给阿拉伯人、犹太人、罗马尼亚人、意大利人、日本人和斯拉夫人，而且给了它们自己的臣服民族。当人员伤亡大幅增加的时候，有越来越多的殖民地人员填补空缺。正是法属摩洛哥营拯救了兰斯大教堂。法国人欣喜若狂地称之为"黑色大军"，它确实是一支"黑色大军"，但意义是多重的。战争期间，英国在印度招募了1440437名士兵；其中，877068人是战斗人员，621224人是指挥官和在海上效力者[127]。人们觉得，应当以某种方式奖赏印度；最便宜的方式是着手政治改

革。

英国对印度的统治，在1876年迪斯雷利让维多利亚女王成为印度女皇的时候宣告完成。控制链是独裁式的：从地区长官、行省专员、省总督、军事总督直到总督。这一原则在莫莱－明托改革中得以保持，因为莫莱勋爵尽管是个自由进步主义者，但他并不相信民主在印度会发挥作用。但他的副国务大臣埃德温·孟塔古的想法有所不同。孟塔古是又一个向往东方的犹太人，尽管他的向往有点不一样：他渴望被人热爱。他患上了20世纪文明之士那种有害的通病，这种通病我们还将遇到，尽管表现形式五花八门，这就是负罪感。他的祖父是个金匠，他父亲作为一个外汇银行家挣到了数百万英镑，并因此给自己挣得了对慈善事业十分慷慨的美名。孟塔古继承了所有这一切，并觉得自己欠社会点什么。他是个高度情绪化的人，人们用“女孩子气”这个词来形容他处理公共事务的方式。1916年，他拒绝出任爱尔兰事务大臣，并写道：“想到要负责处罚别人，我怀着恐惧退缩了。”当他去世的时候，一位朋友给《泰晤士报》（*The Times*）撰文说：“他不厌其烦地为人民感到难过。”[128]

1917年6月，劳合·乔治在把印度交给孟塔古的时候脑子里想必在琢磨别的事情。孟塔古的目标是要让印度无可挽回
地走上独立之路。他立即着手起草一份关于英国战后意图的声 42
明。8月14日，在战争处在最黑暗的时期，这份声明被提交到内阁。议事日程上有整个俄国前线的迅速崩溃，以及德国对英国的第一次真正的大规模空袭：这帮垂头丧气的家伙围桌而坐，他们头脑里挥之不去的噩梦是帕斯尚尔战役中的骇人损失，然后结束了这场战役血腥而徒劳的第二周。埃尔加正在写

他的《大提琴协奏曲》中的最后几个小节，那是他最后一部重要作品，这部作品比任何言词都更好地传达出了那些日子里无以平复的哀伤。孟塔古偷偷地让他的政治声明获得了通过，其中包括一句不可改变的短语："着眼于最终自治的自由制度在印度的逐步发展。"[129]但寇松勋爵竖起了自己的耳朵。他是白银时代典型的帝国主义者、前印度总督，根据记录，他当时是这样说的："只要我们统治印度，我们就是世界上最大的强国。如果我们失去了印度，我们将沦落为一个三流强国。"[130]他向围桌而坐的那些人指出，"最终自治"这个说法可能意味着500年，但在容易激动的印度人看来，它可能意味着一代人。他对自己外交文体的魔力很是自信，他坚持把这句话改为："自治制度的逐步发展，着眼于在印度逐步实现负责任的政府，作为大英帝国不可分割的组成部分。"事实上，改变措辞没什么困难：孟塔古的意思是自治，而印度人正是这样理解的。

其实，那年的11月和12月，就在列宁接管俄国的同时，孟塔古去了印度，咨询"印度的意见"。在随后的报告中，孟塔古写道："当我们说到'印度意见'的时候，我们应当把它理解为大体上指的是那些对于我们正在处理的事务发表过意见或者有能力发表意见的人的多数意见。"[131]换句话说，他只对"政治国民"感兴趣，也就是像真纳、甘地、贝赞特夫人那样的人，他把这些人称为"印度政界真正的巨人"，他们谈论政治的模式跟他是一样的。正如列宁从不找俄国农民商议，如今却打着农民的旗号把偌大一个国家弄了个天翻地覆一样，孟塔古也是这样无视4亿普普通通的印度人，"真正的国民"，除非是把他们作为他慈善试验的对象。他写道，他的行动就是要

“故意扰乱”他所说的“普通民众那种平静而可怜的满足感”，这一行动“服务于（印度的）最高利益”[132]。1918 年 5 月 24 日和 6 月 7 日，他的报告在内阁获得通过，当时，内阁大臣们的注意力全都集中在阻止德国在法国获得突破性进展上，其他任何事情几乎都被排除在外。就这样，这份报告得以被公布（1918 年）、立法（1919 年）和实施（1921 年）。通过创立行
省立法机关（当然是选举产生并由“政治国民”组成），孟塔 43
古驾着一辆失控的马车，穿过了古老的独裁控制链。从此以后，似乎再也没有转弯掉头。

然而，千万不要以为到 1919 年大英帝国的逐步瓦解已经不可避免，而且它的瓦解确实是可以预见的。历史中不存在必然性[133]。事实上，这正是本书的核心主题之一。1919 年，在大多数人看来，大英帝国不仅是世界上最辽阔的，而且也是最坚固的。按照任何标准，大英帝国都是一个超级大国。它拥有迄今为止最大的海军，包括 61 艘战列舰，超过美国和法国海军加在一起的总和，超过日本外加意大利海军的两倍（德国海军如今在斯卡帕湾的海底）；另外还有 120 艘巡洋舰和 466 艘驱逐舰[134]。它还拥有世界上最大的空军，以及世界第三大陆军，鉴于它的历史，这一点着实令人吃惊。

至少在理论上，大英帝国通过这场战争获得了不可估量的利益。这并非偶然。1916 年 12 月，脆弱的阿斯奎斯政府的倒台，以及劳合·乔治联合政府的组建，带来了几个“贝列尔学院的帝国主义者”：寇松勋爵，尤其是米尔纳勋爵，还有他在南非组建的“学前班”的成员。帝国战时内阁迅速成立了一个组织，由寇松勋爵领导，以里奥·艾默里为秘书，被称作“领地必需品委员会”，其职能是计划分享战利品，不仅给英

国，而且给大英帝国的其他组成部分。正当孟塔古着手甩掉印度的时候，这个组织被证明确实是强有力的，并设法实现了它的大多数目标。南非的史末资将军为本国给西南非打上了所有权标记，新西兰的威廉·梅西把太平洋的一大块划为新西兰的领地。英国接收了很多重要的战利品，其中包括坦噶尼喀、巴勒斯坦，以及最重要的约旦和伊拉克（包括基尔库克－摩苏尔的油田），这使得它成为阿拉伯中东地区至高无上的强国。有一点倒是真的：在威尔逊的坚持下，这些获得的领土都不是殖民地，而是国际联盟的托管地。然而，暂时这在实践上似乎没多大差别。

英国的战利品使得大英帝国的面积达到了最大——超过地球表面的四分之一，而且被认为在经济上和战略上巩固了大英帝国。史末资是白银时代最有想象力的帝国主义者，他在创立现代英联邦和国际联盟上扮演了一个核心角色。他并不把后者（正如他看待英联邦一样）看作自决权的发动机，而把它看作一种手段，凭借这一手段，白人种族可以在全世界继续践履其
44 文明化的使命。在他看来，对西南非和坦噶尼喀的获取并不是任意为之，而是一个过程的两个步骤，这个过程将通过购买或吞并葡属莫桑比克得以完成，最终会产生他所说的“英属非洲领地”。这个巨大的领土联合体从温得和克一直延伸到内罗毕，很好地实现了其战略意图，几乎包含了刚果之外非洲所有的矿产财富，及其大约四分之三最好的农业用地，其中包括所有适宜白人移民的地区。这片沿着非洲东海岸一路延伸的巨大领地的创建，本身是一项范围更大的地缘政治计划的组成部分，英国最高统治权在中东的确立是这一计划的基石，旨在把整个印度洋变成一个“英国湖”。它的项链则由互相支持的海

军和空军基地组成，从苏伊士到珀斯，从西蒙斯敦到新加坡，从蒙巴萨到亚丁，到巴林群岛，到亭可马里，再到仰光，加上一条安全通道，直通波斯湾无穷无尽的石油供应，以及用之不竭的印度人力资源，它最终将会解决查塔姆和他儿子、卡斯尔雷和坎宁、帕默斯顿和索尔兹伯里心中念念不忘的安全问题。那就是这场战争带给英国及大英帝国的巨大而永久性的奖赏。这一切在地图上看非常有价值。

可是，英国人还有意志让这一精密复杂的结构有效而无情地保持运转吗？尤其是，他们还有让它结合在一起所需要的那种坚定信念吗？谁更是这个时代的典型人物，是史末资、米尔纳，还是孟塔古？有人清楚地指出："大英帝国一旦成为世界范围的，它的麻烦也就永远日不落了。"[135] 当麻烦出现的时候，它们不像密探一样一个个地出现，而是像大部队那样成批地出现，他们还会以坚强的意志面对这些麻烦吗？如果说，1919 年标志着欧洲的新三十年战争从大国冲突向地区暴力转变的转折点，那么，在更东边，这一年还见证了一些历史学家如今所说的"亚洲普遍危机"的开始，这一时期，亚洲经历了欧洲在 17 世纪上半叶所经历过的那种根本性的大动荡。

1919 年 2 月，当政治家们在巴黎面对划定边界这顿大餐大快朵颐的时候，孟塔古"故意扰乱"印度民众"可怜的满足感"的政策开始结出它可疑的果实，当时，圣雄甘地的第一场 satyagraha（非暴力消极抵抗）运动导致了一些非常活跃的骚乱。3 月 10 日，埃及出现了反英起义。4 月 9 日，旁遮普爆发了第一次严重的暴乱。5 月 3 日，英属印度与阿富汗叛乱者之间打了一仗；第二天，北京的学生举行示威游行，反对日本及其西方盟友，后者刚刚把中国的山东赏给了日本；这个月 45

的晚些时候，安纳托利亚的凯末尔·阿塔图尔克和波斯的礼萨沙·巴列维在中东的一大片地带显示了他们反对西方的力量。7月，伊拉克出现了一次反英起义。这些事件并不直接相关，但它们全都证实了正在蔓延的民族主义，全都涉及英国的利益，全都考验了英国保护这些利益的实力和意志。英国正在尽可能迅速地裁军，帝国总参谋长亨利·威尔逊爵士在他的日记中抱怨："……在任何一个战区，我们都不是足够强大，在爱尔兰、英格兰、莱茵河、君士坦丁堡、巴统、埃及、巴勒斯坦、美索不达米亚、波斯、印度，莫不如此。"[136]

印度：那里有摩擦。1919年，整个印度次大陆只有77000人的英国军队，劳合·乔治甚至认为这个数字"很可怕"：他需要更多的人在国内控制煤田[137]。在印度，指挥官始终被教导要快速思考，带着他们手里的极少兵力迅速行动。在面对暴徒的时候，任何迟疑都会导致大规模的杀戮。他们总是会得到支持，即便他们犯错了[138]。不难预见，孟塔古的改革和甘地的运动往往会煽动每个人——而不仅仅是"政治国民"——提出他们的权利要求。印度有大量的人口，却只有很少的权利用来分配。穆斯林、印度教徒和原教旨主义锡克教徒在这场煽动中联合起来。一个结果是1919年4月9~10日的阿姆利则事件。在旁遮普省的阿姆利则，有100名赤手空拳的警察和75名武装预备役军人。对于维持秩序来说这就足够了。但这些警察都胆小怕事，其中一些人根本没有上过阵——这是那个时代的标志。结果，暴乱失去了控制。两家银行遭到袭击，它们的经理和一名助手被殴打至死，一名英国的电气工程师和一名铁路警卫被杀，一名传教士女教师遇害。戴尔将军指挥距离最近的一个陆军旅，他奉命赶来，3天后，他在一个被称作

“札连瓦拉园”的狭窄空间里朝暴徒开了火。那天的早些时候，他就巡视了整个镇子，鸣鼓警告：再有暴徒出现就会开火。同月，该省又发出了 36 份开火命令。就戴尔这次而言，开火持续了 10 分钟，因为在喧闹声中听不到停止开火的命令。这样的情况并不少见，无论当时还是现在。1981 年 9 月 20 日，还是在阿姆利则，印度政府警察对一帮挥刀舞剑的锡克教徒开火 20 分钟[139]。戴尔习惯于边境作战，他所犯下的错误是让他手下的 50 个人子弹上膛，并分配给他们备用子弹。结果，打出了 1650 发子弹，379 人被杀。错上加错的是，戴尔还下令鞭打 6 个男人，并命令所有当地人趴在地上，爬过那位传教 46
士教师遇害的地点。[140]

印度也有人赞扬戴尔：阿姆利则是锡克教徒的圣地，他们担心这里遭到暴徒的洗劫，于是授予戴尔荣誉锡克教徒的称号。英控印度当局让他回到了守护边境的职责上（次月，第三次阿富汗战争爆发），私底下发誓再也不让他接近暴徒。那是处理这样一个案子的传统方式。印度民族主义者发动了一场骚乱，孟塔古下令展开调查，由英国法官亨特勋爵领导。那是第一个错误。当调查小组在拉合尔盘问戴尔的时候，法官没能控制住印度人滔滔不绝的辱骂，也听不懂这些骂人的话，连续不断的辱骂让戴尔哑口无言，而且他还说了一些蠢话。亨特谴责了他的行为，结果是戴尔被开除军籍。这是第二个错误。这激怒了英国人的社群和军队，他们觉得，戴尔没有得到一次有诉讼代理人参与的恰当审判。审判结果也让民族主义者愤愤不平，因为，对于被他们视为屠杀的罪行来说，这样的惩罚太轻。右翼的《晨报》（*Morning Post*）为戴尔募集了 26000 英镑的公众捐款。民族主义者以他们自己的捐款作为回应，他们用这笔捐款买下了札连瓦拉园，把它变成了纪念种族仇恨的公共神祠。

阿尔斯特强硬派领袖爱德华·卡森爵士组织了一场运动，谴责孟塔古，后者在一场歇斯底里的演说中为惩罚戴尔进行了辩护："要想继续控制印度，你是靠恐怖主义、种族羞辱、奴役和恫吓，还是靠印度帝国人民的善意，越来越多的善意?"劳合·乔治的秘书向他报告，在吵吵闹闹的打断中，孟塔古"的尖叫声和手舞足蹈的样子使他变得更加具有种族特色，更像犹太人"，很多托利党人"可能从身体上攻击了他，因为他们是如此愤怒"。温斯顿·丘吉尔以一篇才华横溢的演说，把政府从确定无疑的失败中给挽救了回来，尽管他后来对此深感后悔。他说，戴尔的动用武力"在我看来是大英帝国现代史上一桩史无前例的事件……一桩骇人听闻的事件"。他说："恫吓"——他使用了这个意指德国暴行的流行词——"并不是英国药典里的一剂良药。……无论如何，我们必须清楚地表明，这不是英国人做事的方式。"他巧妙地借用了麦考利的话：这是"所有景象当中最可怕的，是冷酷无情的文明力量"[141]。但是，如果所有这些都是真的，那么，审判的时候为什么不判戴尔的死刑呢？印度的"政治国民"正是这样想
47 的。这一事件原本可能很快被人忘掉，却由于英国政府的大肆宣扬而被转变成了英印关系的一个分水岭。

贾瓦哈拉尔·尼赫鲁是30岁的哈罗公学老校友，当时为甘地工作，充当农民当中的煽动者，当戴尔将军前往亨特的调查法庭出庭作证的时候，他正乘火车旅行，就睡在将军隔壁的卧铺。他偶然听到戴尔对另外几个英国指挥官说，他很想把阿姆利则变成"一堆灰烬"，但事到临头却"对它产生了怜悯之

情”。那天早晨，戴尔“穿着鲜艳的粉红条纹晨衣，在德里火车站走出车厢”。尼赫鲁写道，他至死不忘的是英国人的反应：“他们冷酷无情地认可了那件让我深感震惊的行为。那似乎绝对是不道德的，是下流的。用公学的语言说，那是十分恶劣的。于是我认识到……帝国主义是多么冷酷无情和不道德，多么深刻地侵蚀英国上层阶级的灵魂。”[142]至于调查和下院的辩论，英国的自由主义者可能闭口不谈。他们成功地做到的一切，就是帮助把戴尔和阿姆利则转变成不可磨灭的仇恨符号，民族主义者可以集合在这样的符号周围。

这一事件也是印度国内安全的分水岭。一位研究英属印度的历史学家写道：“打那以后，维持秩序不再是政府的首要目标。”[143]安全官员（既有英国人，也有印度人）如今不敢迅速地处理骚乱集会。1921 年，当穆斯林的“莫普拉派”在马德拉斯发起针对印度人的暴乱时，心里装着阿姆利则的省政府，迟迟不敢戒严。结果，超过 500 人被杀，花了一年的时间和庞大的军队来恢复秩序，到这时候，共有 80000 人被捕，被关进专门的监狱里，6000 人被判处流放，400 人被判处终身监禁，175 人被处死。对安全部队的袭击变得频繁而大胆。1922 年 2 月 4 日，在联合省，一伙暴徒包围了警察局，里面的人不敢开火，22 个人全都被撕成碎片，或者被活活烧死。从此以后，大规模的种族、宗教和反政府暴力成了印度生活的主要特征[144]。在这个人类历史上最大的也是最驯服的殖民地，19 世纪的模式被打破了。

在某种意义上，紧跟着世界大战的剧烈震荡及其令人不满的和约之后，接踵而至的欧洲和世界动乱是意料之中的事。旧的秩序已经不复存在。很显然，它不可能被完全恢复，多半根本不可能恢复。新的秩序最终会取而代之。但这种秩序会是1914 年之前的世界所理解的那种意义上的“秩序”吗？正如我们已经看到的那样，有一些令人不安的思潮，暗示了一个漂
48 流世界的想象，这个世界已经离开了传统法律和道德的停泊锚地。在既定的合法权威方面，还有一种新的犹豫，不敢把世界这艘大船拉回来，重新置于传统手段（或者任何手段）的控制之下。这构成了一种邀请，这个邀请是非自愿的、未发布的，但依然是无条件的，邀请别人来接管。德国三位富有想象力的伟大学者在 19 世纪对人类行为提出了自己的解释，1918 年之后的世界继承了他们的思想遗产，迄今为止我们只提到了其中两位。马克思描绘了一个这样的世界：其核心动力是经济利益。而在弗洛伊德看来，主要的推动力是性。这两个人都认为，宗教这一驱使人类行动的古老动力是一种幻想，而且一直是这样。三巨头中的第三位弗里德里希·尼采也是一个无神论者。但他并不认为上帝是一种向壁虚构，而把他看作一个受害者，而上帝之死，在某种重要意义上作为一个历史事件，将会有戏剧性的后果。他在 1886 年写道：“现时代最大的事件——即‘上帝死了’，对基督教上帝的信仰再也站不住脚了——正开始把它最早的影子投射到欧洲。”[145] 在先进民族当中，宗教推动力的衰落和最终崩溃会留下一个巨大的真空。当今时代的历史很大程度上是如何填充这个真空的历史。尼采正确地认识到，最有可能的候选人是他所说的“权力意志”（Will to Power），这对人类的行为提出了一个远比马克思和弗洛伊德更加全面、最后也更加貌似有理的解释。在宗教信仰的位置上，将会有世俗的意识形态取而代之。那些曾经跻身于极权主义教士阶层的人将会摇身一变，成为极权主义政客。而且，最重要

的是，权力意志会产生出某种新的弥赛亚，不受任何宗教法令约束，对控制人类有贪得无厌的胃口。旧秩序的终结，连同相对论宇宙中一个漫无目标的漂流世界，是一种呼唤，召唤此类强盗政治家出现。他们很快就露面了。

2. 最早的乌托邦

49 1917年4月8日，列宁离开苏黎世回俄国。他的几个流亡中的同志陪他去火车站，一路上争吵不休。应鲁登道夫将军之邀，他将途经德国，后者保证给他提供一条安全通道，前提条件是：沿途不能对德国工会主义者发表演说。战争养育了革命。养育革命是一种非常古老的战争形式。德国人称之为Revolutionierungspolitik（德语：革命化的政治）[1]。如果说协约国可以鼓动波兰人、捷克人、克罗地亚人、阿拉伯人和犹太人起来反对同盟国及其同伙，那么反过来，德国人也可以（而且确实这样做了）鼓动爱尔兰人和俄国人。如果德国人只是利用列宁，正如丘吉尔后来所写的那样，“就像利用一株伤寒杆菌”，那么，他们并不认为列宁有什么特殊的重要性，他们把他与另外30个流亡者和不满者等同对待。那几个争吵辩论的同志认为列宁会妥协，并接受德国人的帮助，因此试图劝阻他不要前往。列宁把他们推到一边，没有屈尊开口，径直爬上了火车。他身材不高，脾气很暴，这一年46岁，几乎全秃，但是（据他在苏黎世的房东太太的儿子说）“长着像公牛一样的脖子”。刚进车厢，他立即认出了一个他认为可疑的同志：“突然间，我们看到列宁揪住那人的衣领，……把他扔到站台上去了。”[2]

在斯德哥尔摩，卡尔·拉狄克同志带给他一双鞋子，但他拒绝接受其他衣物，并酸溜溜地说：“我去俄国可不是为了开裁缝铺。”4月16日凌晨到了俄国的别洛斯特罗夫，他妹妹玛丽亚、加米涅夫和斯大林在那里迎候他，斯大林当时负责布尔什维克的机关报《真理报》（*Pravda*）。列宁完全不理睬他妹妹，不理睬从未谋面的斯大林，也没向已经阔别5年的老战友加米涅夫打招呼，而是朝他大喊："你在《真理报》上写的都是什么玩意儿？读过你的一些文章，我们把你骂得狗血淋头。"那天夜里晚些时候，列宁抵达彼得格勒的芬兰火车站， 50
有人递给他一束玫瑰花，把他领到沙皇专用的候车室。他在那里发表了一系列演说中的第一场演说，这些演说当中有一场是在一辆装甲车的顶部发表的，手里还攥着那束玫瑰花。最后一场演说花了两个小时，"在听众的心里充满了混乱和恐怖"。演说结束的时候，天刚拂晓。他的妻子克鲁普斯卡娅说，列宁回到床上，一言不发，倒头便睡。[3]

列宁就是这样铁面无情地回俄国搞革命，全然不带温情是这位一心一意的男人的典型特征。弗拉基米尔·伊里奇·乌里扬诺夫1870年出生于伏尔加河畔的辛比尔斯克，父亲是一个小学学督。16岁那年，他哥哥亚历山大因为密谋用自制炸弹炸死沙皇而被绞死。对于哥哥的死，据说他的反应是这样的："我们绝不应该通过那条路达到目的。"这多半是后人杜撰的，因为事实上，他早年并没有成为一个马克思主义者，直到后来，在因为"革命活动"而被迫离开喀山大学之后，他才走上革命道路。他姐姐安娜说他因为哥哥的死而"变得坚强"[4]。毫无疑问，政治如今让他着迷，当时和今后永远如此，他的方法始终是理性的，而非感性的。他的同时代人说他"不合群"，"过分矜持"，"拒人于千里之外"。22岁那年，他劝阻朋友不要为饥荒的受害者募集善款，理由是，饥饿"发挥了进步的作用"，并"促使农民反思资本主义社会的基本事实”[5]。一两年内，他得到了一个双层暗底手提箱，用于偷运煽动性的书籍，结果被发现了，为此挣得了西伯利亚流放3年的判决。流放之前的那几天他是在莫斯科图书馆度过的，搜集阐明其理论的事实和统计材料。在西伯利亚，他娶了克鲁普斯卡娅，她也是一个颠覆分子。

搞政治革命的人似乎主要属于两种类型：与宗教有关的和浪漫主义的。列宁（这是他在1901年采用的笔名）属于第一类。他的父母都是基督徒。在他痛恨宗教这个意义上，宗教对他来说很重要。不像马克思（他鄙视宗教，认为宗教无足轻重），列宁把宗教看作一个强大的、无处不在的敌人。他在很多作品中（1913年1月13日给高尔基的信是一个引人注目的实例）都清楚地表明，他对任何宗教性质的东西都有一种强烈的憎恶。他写道：“不可能有比宗教更可恶的东西。”从一开始，他创立的国家就设立了一架庞大的反对宗教的学院宣传机器，并维护至今[6]。他的反教权并不像斯大林，后者不喜欢教士是因为他们腐化堕落。列宁刚好相反，他对腐化堕落的教
51 士没什么真正的感觉，因为他们很容易打败。他真正害怕和痛恨（后来则是迫害）的人是圣徒。宗教越纯洁，也就越危险。列宁认为，一个献身上帝的教士远比一个以自我为中心的、不道德的教士更有影响力。最需要压制的教士，不是那些热衷于为剥削辩护的教士，而是那些声称与工人和农民团结一致的教士。这就仿佛他在真正的上帝仆人的身上认出了他自己身上同样具有的那种热情和精神，并希望把它据为己有，用于自己的事业[7]。没有哪个人比他更能体现权力意志取代宗教推动力。要是搁在早先，他肯定会成为一个宗教领袖。以他对武力那种异乎寻常的热情，他多半会在穆罕默德的军团里占据一席之

地。他更有可能成为约翰·加尔文，因为他相信组织结构，他有能力创造一个组织然后完全控制它，还有他的清教主义、他强烈的个人正义感，以及他的不宽容。

克鲁普斯卡娅证实了他的苦行，并告诉我们，列宁放弃了所有他喜欢的东西：溜冰，阅读拉丁文著作，象棋，甚至还有音乐，为的是把精力完全集中在政治工作上[8]。他的一位同志评论道："他是我们当中唯一一天24小时为革命而活的人。"他告诉高尔基，他之所以拒绝听音乐，常常是因为"它让你忍不住说一些漂亮的蠢话，忍不住去抚摸那些生活在这个可耻地狱却能创造出这样一种美的人的头。而当今这个时代，你千万不要去摸任何人的头——你可能会让自己的手被咬掉。"[9]我们不得不猜想，驱使列宁去做他所做的那些事情的动力是一种炙热的人道主义情怀，类似于圣徒对上帝的爱，因为他身上丝毫没有政治野心家通常具有的那些缺陷：他没有虚荣心，没有矫揉造作，没有对行使权力的明显爱好。但他的人道主义是一种非常抽象的激情。它包含一般意义上的人，但他对具体的人似乎没多少爱，甚至也不感兴趣。他没有把那些跟他打交道的人（他的同志）看作鲜活的个体，而把他们看作接受其观念的容器。他就是根据这个来评判他们，没有其他的依据。因此，他的朋友关系没有亲疏之别；事实上他根本就没有朋友，这些人仅仅是意识形态上的同盟者。他对人们的判断不是根据他们的道德品质，而是根据他们的观点，或者毋宁说是根据他们在何种程度上接受自己的观点。他从不记恨。他在大战之前的那些年与托洛茨基有过恶斗，互相有过最恶毒的咒骂，即使是像托洛茨基那样的人，一旦接受了列宁的观点，也会带着无动于衷的诚恳，欢迎他回到自己身边。同样，任何同事，不管关系多么近，也都不可能在列宁的心里储存下一丝一毫的资本。

列宁是一个新种类当中的第一人，从青春年少的时候起，他似乎就不曾想到还有其他种类的人类活动值得去做。像一个
52 隐士一样，他转身弃绝了这个平凡普通的世界。他轻蔑地拒绝了母亲的建议：他应该务农。作为一个律师，他执业几周之后便痛恨这一职业。这之后，他再也没有从事过任何其他的工作或职业，因为他给报刊写文章纯粹是其政治生活的工具。他的政治是教士性质的，而不是俗人性质的。列宁的身边堆满了官方出版物、历史著作和经济学著作。

在革命之前的 20 年里，列宁在社会民主党的内部创立了自己的派系——布尔什维克党，把它跟孟什维克（多数派）分裂开来，然后让自己成为它的绝对主人。

54 1905 年那场无果而终的俄国革命的爆发让他大吃一惊。1914 年初，战争的到来对他来说就像是晴空霹雳；对其他人来说也是如此，但他们当时并没有声称自己掌握了历史的发展路线。联合反战的国际社会主义运动的彻底失败让他更加震惊。沙皇的垮台让他吃惊不小。德国人提出让他回俄国时他惊愕不已。当他抵达俄国，他预言自己会被当场逮捕，结果却发现自己手里攥着那束玫瑰花。他自己的革命获得成功再一次让他大吃一惊，也同样欣喜。但他信心十足地预言的国际起义并没有成为现实。直到生命的最后，就像早期的基督徒等待基督再临一样，他时刻期待着大动荡的出现。使得列宁成为历史舞台上一个伟大演员的，不是他对历史进程的理解，而是他能够迅速地、干劲十足地抓住历史提供的意外机会。

他还是一个彻头彻尾的革命者，属于非常老式的那种。他相信，革命不是借助不可阻挡的历史力量来实现的（当然，

这样的力量也要有），而是借助高度遵守纪律的小群体对一个决定性领袖的意志做出反应。列宁像刀子一样刺透了那种沉 55
闷："我的朋友，理论是灰色的，而永恒的生命之树是绿色的。"还有："事件比理论重要一百倍。"[20]托洛茨基写道，如果说，整个马克思出现在他的书里，那么"另一方面，整个列宁出现在革命行动中。他的科学工作只不过是革命活动的准备。"[21]列宁是个活动家，实际上是一个亢奋的活动家，正是这一点，才使得他如此激烈。他不是像索雷尔那样的工团主义者。但这两个人都喜欢暴力的解决方法，正如索雷尔后来承认的那样，当时，他为革命暴力辩护，称之为"知识分子的信条，是那些知道自己要去什么地方的精神强大者的意志，是借助工团主义实现马克思主义最终目标的坚定决心。列宁为我们提供了一个那种心理学暴力的显著例证"。[22]列宁痴迷于武力，几乎到了闻到武力的气味就垂涎咂嘴的程度。"革命是被压迫阶级的节日。""一个被压迫阶级，如果不努力获取武器的知识，不训练武器的使用，不拥有武器，一个这样的被压迫阶级只配被压迫，被虐待，像奴隶一样被对待。"他的著作充满了军事比喻：围攻状态，铁戒指，钢板，行军，军营，街垒，要塞，进攻，机动单位，游击战，行刑队。也充斥着表示暴力活动的动词：燃烧，跳跃，点燃，驱赶，射击，摇撼，夺取，攻击，熊熊燃烧，击退，焊接，强迫，清除，消灭。

他害怕恩格斯所预见的那种困境，恩格斯写道："降临在一个激进党领袖头上的最糟糕的事，是在一个他所代表的那个阶级控制国家的时机尚未成熟，但那个代表他的阶级控制国家的条件已经成熟的时代被迫接管一个政府。"[23]俄国是一个半工业化国家，资产阶级很弱，工人阶级很小，革命的客观条件几乎不成熟。正是这一困境，导致列宁采取灵活的马克思主义。如果“无产阶级意识”尚未创造出来，那么，像他自己那样的马克思主义知识分子的任务难道不就是加速这个过程吗？1902 年，在《怎么办》（*What Is To Be Done*）一书中，他第一次使用“先锋战士”这个术语来描述少数革命精英的新角色[24]。他在一个成熟的“工人组织”（在德国和英国那样先进的资本主义国家）和一个适合于俄国条件的“革命组织”所开创的革命之间画出了一条全新的分界线。前者是职业的、
56 广泛的、公共的：简言之，是一个大规模工人阶级政党。后者则完全不同，是“一个革命组织，它必须主要包含其职业就是革命活动的人。……这个组织一定不能非常广泛，要尽可能秘密”。因此，它必须放弃需要“充分宣扬”和“所有职位选举”的“民主原则”。在像俄国这样一个专制政权的框架之内工作，那是不可能的：“对于从事我们这场运动的工作者来说，一个严肃的组织原则必须是严守秘密，限制成员的选择，训练职业革命者。一旦这些品质存在，某种不同于民主的东西便得以确保：革命者当中同志式的充分信任。”但在同一个段落，他严厉地指出，根据经验，革命者都知道，“为了甩掉一个毫无价值的成员，一个真正的革命组织应当毫不犹豫地采取一切手段”[25]。如果同志之间在必要的时候互相杀戮——陀思妥耶夫斯基在《群魔》（*The Devils*）一书中已经提到过这一点——那么，这种“同志间的信任”是不是就是一个幻想呢？事实上，列宁加入这个组织时，尤其是他接管这个组织时所发生的事情难道不是已经让这个幻想落空了吗？[26]

意大利也是个半工业化的国家，那里的马克思主义者一直在寻找加速革命到来的方法。意大利的马克思主义者也被索雷

尔的革命暴力观念所吸引。1903 年，也就是列宁首次使用“先锋战士”这个术语之后的那一年，罗伯托·迈克尔斯在《马克思主义批评论文集》（*Saggi di critica del Marxismo*）意大利文版的导言中主张创造出一个“革命的精英阶层”，以推进 57
无产阶级社会主义的千年盛世。他的同事安吉洛·奥利维蒂附和道，这样一个精英阶层对于一个工业化程度不高的国家来说是必不可少的[29]。这些观念被贝尼托·墨索里尼所接受，他比列宁小 13 岁，这一时期刚刚步入政界。他的父亲是个蹄铁匠和小业主，也是个社会主义无政府主义者；他母亲是个教师。父母给墨索里尼灌输了范围广泛的政治哲学，其中包括尼采——他对“权力意志”烂熟于心，他的阅读范围比列宁更广泛。像列宁一样，他也鼓吹组建“先锋少数派”，能够吸引“那些犹豫不决的平民大众的情感、信念和意志”。这些先锋战士必须由那些受过专门训练、忠心耿耿的人——亦即精英——组成。这样的革命领袖应当专注于阶级心理学和动员民众的技巧，并通过使用神话和象征性的引语，来提高工人阶级的阶级意识[31]。墨索里尼也认为暴力是必需的：“不要欺骗无产阶级，让他们相信消除屠杀的所有缘由是可能的，相反，我们希望无产阶级做好准备，并让他们习惯于战争，以迎接‘有史以来最大屠杀’到来的那一天，到那时，两个敌对阶级将会在最高审判中交锋。”[33]再一次，这里面也有了没完没了的行动主义动词和军国主义意象。

在 1914 年之前的那些年里，流亡瑞士的列宁什么也干不了，他密切关注着墨索里尼的进展。墨索里尼通过支持雇工反对地主，从而把弗利省变成了一座社会主义孤岛——意大利很多社会主义孤岛之一[34]。他成了欧洲最有效率、读者最广泛的社会主义新闻记者。1912 年，墨索里尼 29 岁，看上去依然年轻，瘦小，严厉，一双又大又黑的眼睛炯炯有神，在雷焦艾米利亚大会上，他坚持认为，社会主义者必须是彻头彻尾的马克思主义者，是绝不妥协的国际主义者，从而接管了意大利社会党。列宁给《真理报》（1912 年 7 月 15 日）撰文报道了这次会议，他兴高采烈地写道：“意大利社会主义无产阶级的政党走上了正确的道路。”当墨索里尼阻止社会主义者参加“资产阶级改革派”的乔利蒂政府并因此预示了意大利共产党出现的时候，列宁表示赞同。他强烈赞同墨索里尼在战争前夕的预言：“随着民族间强力冲突的释放，资产阶级正在打出它手里最后的牌，并召唤卡尔·马克思所说的第六大力量——社会主义革命——出场。”[35]

58 作为马克思主义的异端和暴力革命的活动家，墨索里尼有六个显著的特征。完全反对资产阶级议会和任何类型的“改良”；把政党看作促进社会主义目标的工具，高度集中，等级森严，严守纪律；想要一个由职业革命者组成的领导阶层；不相信无产阶级自我组织的能力；认为可以通过革命者——自封的精英——把革命意识从无到有带给民众；最后，在这场即将到来的阶级斗争中，组织化暴力将是最终的仲裁者。[36]

第一次世界大战见证了墨索里尼的原始法西斯主义之间的分歧。这个问题不仅仅是智力和形势的问题，而且也是性格的问题。墨索里尼有人性，包括软弱和渴望被爱。对于民众的意见，墨索里尼特别敏感，而且反应迅速。当战争爆发、军队开赴前线的时候，他在空气中嗅到了民族主义的气息，并把它深深地吸入了自己的肺里。这一气息令人兴奋：他急剧地朝新的方向转移。

因此，当列宁回到彼得格勒的时候，他完全不受任何战时情绪的影响。他一直都在说，这场战争是资产阶级的冒险。沙皇的失败是“最小的恶”。应当通过宣传来削弱军队，鼓励士兵“掉转枪口对着他们的指挥官”，要利用任何灾难“加速资产阶级的灭亡”。应当有“冷酷无情的斗争，毫无例外地针对所有国家的沙文主义和资产阶级。”[37]列宁对所有社会主义者没能挫败这场战争而感到沮丧，当战争久拖不决的时候，他对社会主义千年盛世很快到来不抱希望。1917 年 1 月，他怀疑“我是否能活着看到即将到来的这场革命的决定性战役”[38]。因此，当沙皇在 6 周后卷铺盖滚蛋的时候，他照例大吃一惊。让他高兴的是，新的革命政权选择继续这场战争，同时释放政治犯，并因此让他自己的人能够颠覆这一政权。布尔什维克党 59
人将通过反战来推翻新政府并攫取权力。《真理报》在 3 月 5 日恢复出版。加米涅夫和斯大林从西伯利亚匆忙赶回，8 天后负责主持这份报纸。接下来，让列宁大惊失色的是，这两个笨蛋竟然迅速改变了报纸的路线，让它支持战争！那就是 4 月 3 日列宁再次见到加米涅夫把他大骂了一通的原因。《真理报》的路线很快改了回来。列宁坐下来，写出了一系列“提纲”，解释为什么必须要抵制并结束这场战争。斯大林后来改正了态度，并承认那是“我和党内其他同志共同抱持的立场，而且是完全错误的”，并宣布“遵循列宁的提纲，彻底放弃这一立场”[39]。其他大多数布尔什维克党人都做了同样的事情。他们被列宁的确信彻底征服了。战争并不重要。它已经实现了摧毁独裁统治的目的。如今，他们必须利用人们的厌战心理来赶走国会议员。或许列宁并不关心俄国丢失了多少领土，只要保住了让布尔什维克主义能够立足的核心领土就行。接下来，他们便可以满怀信心地等待事情的发生。德国人获胜毫无关系，因为他们的德国同志很快就会掌权——在英国和法国也是一样——世界社会主义革命的日子就会破晓。[40]

在勾勒欧洲大陆的这一幻想前景时，列宁几乎是出于巧合发现了一条通往新政权的政策路线。他在俄国没有真正的权力基础，他从未试图创造这样一个基础，他一门心思要建立一个他能够完全控制的、由知识分子和准知识分子亡命徒组成的小型组织。它在农民当中根本没有追随者。只有一个布尔什维克精英有农民出身的背景。在非技术工人当中，它的支持者寥寥无几。而技术工人，以及几乎所有加入了工会的工人，就政治上的隶属关系而言，都属于孟什维克[41]。这并不令人吃惊。列宁的毫不妥协把所有能干的社会主义者都赶进了孟什维克的阵营。这也符合他的意愿：当进攻时刻到来的时候，更容易训练其余的人毫无异议地追随他。正如他们当中的一位所写的那样："在列宁到来之前，所有同志都在黑暗中彷徨。"[42]另一个有自己清晰理念的布尔什维克党人是托洛茨基。5月，托洛茨基从美国抵达彼得格勒。他很快认识到列宁是他们当中唯一决定性的实干家，并成为列宁的主要助手。打那以后，在一个超过1.6亿人口的国家，这两个人能够指挥的追随者大概是2万人。

1917年的俄国革命，无论是"二月革命"阶段，还是"十月革命"阶段，都是由农民发动的，他们的人数从1867年的5600万增长到了1913年的1.032亿[43]。在战前的俄罗斯，有不少于350万工厂工人和矿工，即便是按照最宽泛的
60 "工人阶级"的定义，其人数也只有1500万。大城市的2500万居民当中，很多人是扩大了的农民家庭的组成部分，他们在

城里工作，但根据地在村庄。这一联系有助于把激进的观念传播给农民。但本质上，他们已经在那儿，而且一直在那儿。俄国有农民集体主义的传统，建立在农民公社（obshchina）和手工业合作社（artel）的基础之上。这一传统得到了东正教会的认可。财富集中于私人手里不符合共同利益。那常常是有罪的。贪婪的农民，即富农（kulak），是不道德的农民：富农不是一个阶级（那是布尔什维克党人后来的发明）。大多数农民既尊重等级制度，又尊重平等主义精神，在危机时刻，当自由（volya）驱使他们去夺取和没收私有财产的时候，后者便容易浮现出来。但农民丝毫没有表现出"国有化"或"社会主义化"的愿望：他们甚至没有表达这些概念的词语。很多人想要的是独立的土地，这是很自然的。1861 年以后为创造农民财产而采取的那些措施只不过刺激了他们的胃口，并因此刺激了 1905 年的农村煽动。从 1906 年起，沙皇手下一位聪明能干的大臣斯托雷平加速了这一过程，部分是为了安抚农民，部分是为了提高城市的食品供应，并因此促进了俄国的迅速工业化。他还帮助农民脱离公社。到 1915 年中期，将近有 200 万农民为他们的私人土地获得了所有权，另外还有 170 万农民自愿脱离了公社。结果，在战前的那十年里，俄国的农业生产力迅速增长，农民接受了更好的教育，并第一次投资于科学技术。[44]

战争给这一发展以毁灭性的一击，它大概是俄国历史上最有希望的一次发展，有望创造一个相对富足的农民阶层，就像在法国和中欧一样，同时毫无痛苦地为工业化提供足够的粮食。战争让数以百万的农民应征入伍，同时要求那些留下来的人提供更多的粮食，以喂养急剧膨胀的军队和迅速扩大的兵工厂。有大规模的强制性购买。但粮食价格迅速飙升。因此城市与乡村之间的紧张关系愈演愈烈，互相把自己的苦难归咎于对方。布尔什维克党人也因此后来能够利用这种仇恨。随着战争的进行，政府从农民口中夺食的努力变得越来越冷酷无情。于是农民暴动不断增加，据记载，到 1916 年 12 月共爆发了 557 场农民暴动。但粮食的缺口也增加了，粮食价格迅速增长。结果，工厂罢工的次数在 1916 年有了史无前例的增加，尽管很
61 多工业地区已经被置于军管法或“强化安全”的控制之下。罢工在 1917 年 2 月发展到了危急关头，要不是因为下面这个事实肯定会带来巨大的冲击：农民也愤怒而绝望。几乎所有士兵都是农民，当彼得格勒的驻军奉命镇压工厂工人的时候，部队哗变了。大约有三分之一的士兵，也就是 6.6 万人，公然违抗指挥官的命令。当他们被武装起来的时候，沙皇政权便垮台了。因此，革命的第一阶段是农民的功劳。

独裁统治的毁灭不可避免地带来农村的等级制度的分崩离析。那些没有土地的农民开始抢夺和瓜分大庄园。这可能并不重要，临时政府一旦组织起来，就注定要着手一次土地改革。但在此期间，它要致力于把这场战争继续打下去。战争进行得很不顺利。加利西亚人的进攻失败了；到 7 月，利沃夫陷落。政府出现了变动，克伦斯基当上了总理。他决定继续这场战争，为此他不得不从农民那里得到供应。正是在这一点上，列宁的反战政策（纯粹出于好运）被证明是颇有灵感的。他对农民一无所知，对乡村正在发生的事情毫无概念。但通过反对战争，他正在反对一项无论如何注定要失败的政策，并让他的小集团与农民大众的力量站在了一条线上，既是在乡村，更重要的是在军队内部。结果，布尔什维克党人破天荒地在乡村获

得了立足之地：到 1917 年末，他们在 203 个中心地区有了 2400 名农村工人。与此同时，推行战争政策的努力削弱了临时政府。3 月 25 日通过的一项法令强迫农民交出他们的全部收成，只留下少许部分用于种子、饲料和生计。战前，75% 的粮食流向市场，40% 被出口。如今，乡村叛乱频发，克伦斯基没有机会征收维持战争所需要的供应。俄国现代史上第一次，大部分收成留在了农场上。克伦斯基得到的不足六分之一[45]。试图攫取更多粮食的努力只不过驱使农民公开叛乱，临时政府在乡村的权威开始崩溃。与此同时，没能为城里搞到粮食意味着食品价格在 9 月的迅速飙升以及工厂里的罢工。到 10 月初，农民叛乱已经把克伦斯基政府的肠子给踢出来了。[46]

如今，到了列宁率领他的“先锋精英”夺取权力的时刻，这批精英正是他为这一目的而训练出来的。无论如何，俄国的 62
无产阶级是微不足道的，而且他们也并不想要列宁主义。1917 年 3 月，产业工人向中央当局递交了超过 100 份请愿书，几乎没有任何一份提到社会主义。大约 51% 的请愿是要求减少劳动时间，18% 要求提高工资，15% 要求改善工作条件，12% 要求组建工人委员会的权利。没有群众支持“无产阶级革命”；实际上根本没有人支持和列宁提出的主张哪怕有丝毫类似之处的任何东西[47]。从那时到现在，这是唯一的场合，俄国工厂工人有机会说出他们实际上想要什么；他们想要的，是改善他们的命运，而不是把世界弄个天翻地覆。他们所说的“工人委员会”指的是苏维埃。这些组织最早出现在 1905 年，完全是自发性的。当列宁在 1917 年 4 月回到俄国时，他断定：它们可以在他所痛恨的议会体制之外提供一个可选的工具。他认为——在这方面，他被证明是对的——至少有一些工厂苏维埃能够被他的人所渗透和操控。因此，他在《四月提纲》中鼓吹建立“一个全国各地自下而上产生的工人、贫苦农民和农民的代表所组成的苏维埃共和国，而不是一个议会共和国”[48]。列宁始终是个技艺高超的能够把握机会的人，他开始把苏维埃看作1870年巴黎公社的一个现代版：它们能够被一个意志坚定的集团（比如他自己的那个集团）所操控，并因此成为“无产阶级专政”的工具。因此，当布尔什维克党人在4月下旬开会的时候，列宁让他们提出了这样的要求：“城乡无产者”应当“迅速地把所有国家权力转移到苏维埃的手里”[49]。托洛茨基1905年实际上在苏维埃中工作过，当他在5月抵达的时候，便奉命负责夺取最重要城市的苏维埃——彼得格勒苏维埃——的领导权。

1917年6月初，第一次全俄苏维埃代表大会召开，出席会议的代表822名。城市苏维埃的代表多到了有些荒唐的地步。代表农民说话的社会革命党有285名代表；代表组织化工人的孟什维克有248名代表；另有150名少数派团体的代表和55名无党派代表；布尔什维克有105名代表[50]。7月3日，无政府主义者对自己的力量进行了一次试验，当时，他们下令举行街头反战大游行。但游行被忠诚于沙皇的军队给驱散了，《真理报》被关闭，一些布尔什维克党人，包括加米涅夫和托洛茨基，被投入监狱。列宁被允许逃往芬兰：他尚未被看作一个致命的敌人[51]。决定性的改变在夏天和初秋出现了。前线
63 开始崩溃。8月，克伦斯基在莫斯科举行了各党派参加的“国务会议”，有2000名代表出席。会议没有实现任何成果。这个月的月末，沙皇的一位将军科尔尼洛夫发动了一场以彻底失败而告终的军事叛变。所有这些事件都对列宁有利，尤其是最后

一件事，使得他能够制造一种恐怖气氛，在这样的气氛中，他可以说服人民，让他们相信：为“保护”新生的共和国，有必要打破法律的约束。但最重要的，正是克伦斯基没能从农民那里搞到粮食，才加速了法律秩序的瓦解。军队正在解散，蜂拥着进入城市，而那里并没有为他们准备面包。他们在城里加入或组建苏维埃，并很快推举布尔什维克党人作为他们的代言人，后者承诺立即结束战争，把所有土地分给农民。到 9 月初，布尔什维克党人在莫斯科苏维埃和彼得格勒苏维埃都占多数，这两个苏维埃确实很重要。9 月 4 日，仍在东躲西藏的列宁觉得自己强大到了足以提出“一切权力归苏维埃”的口号[52]。刚刚出狱的托洛茨基立即成为彼得格勒苏维埃的主席，也成了即将爆发的那场起义的焦点人物。

事实上，托洛茨基是俄国革命的积极行动者。但列宁是策划者，他做出所有关键性的决定，并提供了必不可少的“权力意志”。如果没有列宁，布尔什维克革命是完全不可能的，共产主义国家的创建就更不用说了。10 月 9 日，他乔装打扮，偷偷回到了彼得格勒，在第二天举行的一次中央委员会的会议上，他为武装起义赢得了 10 比 2 的投票。创立了一个“政治局”（Politburo）——我们是第一次听到这个名字——以控制这次起义。但实际上的军事准备工作是“军事革命委员会”操办的，这个委员会是托洛茨基领导下在彼得格勒苏维埃内部组建的。起义的时机将利用第二次全俄苏维埃代表大会，这次大会于 10 月 25 日召开。前一天的夜里，列宁组建了一个萌芽状态的政府。这天早晨，托洛茨基开始行动，占领了全城的关键性地点。临时政府的成员要么成为阶下之囚，要么逃之夭夭。只有很少的流血。下午，布尔什维克党人让苏维埃代表大会批准了权力的转移。第二天，在散会之前，大会采纳了一项媾和法令，另一项法令废除了土地所有权，第三项法令批准成立“人民委员会”（简称 Sovnarkom），第一个工人和农民的政府[53]。但是，正如斯大林后来小心翼翼地指出的那样，夺取权力的是军事革命委员会，苏维埃代表大会“只是从彼得格勒苏维埃的手里接受了权力”[54]。他之所以做出这样的区分，64 目的是要维护马克思主义无产阶级革命的概念。毫无疑问，关于列宁掌权的方式，没有任何“合法”的东西。但它也不是一场革命起义。它是一场老式的“政变”，或者像德国人很快称呼的那样，是一场“暴动”。

然而，当时，列宁十分精明地尽最大可能利用了苏维埃授予其政权的“合法性”。事实上，在接下来的两个月里，他小心翼翼地在两个层面上运作，这种做法以一种奇怪的方式符合马克思主义的世界观。表面上是宪政安排和形式合法性的层面。那是为了满足公众，为了外部世界。在更低层面上，是真实权力的深层结构：警察、军队、通信、武器。那才是真格的。在外部世界层面，列宁把自己的政府描述为“临时政府”，直至“立宪会议”召开，克伦斯基为这次会议的选举——假如真有机会选举的话——定下的日期是 11 月 12 日。于是，选举进行，布尔什维克党只是参与团体之一。这是苏俄举行的第一次也是最后一次真正的议会选举。不出所料，它让农民导向的社会革命党赢得了多数席位：707 席中的 410 席。布尔什维克党拥有 175 席，孟什维克 16 席，资产阶级的立宪民主党 17 席，各“国民团体”构成了其余的成员。列宁为“立宪会议”第一次会议定下的开会时间是 1918 年 1 月 5 日。他邀请了社会革命党的 3 位成员加入他的人民委员会。这样做还有一个好处就是分裂社会革命党，使得他如今能够在苏维埃大会中拥有多数席位，在立宪会议举行三天之后，他召集了这次苏维埃大会。这些宪政举措多半消除了人们的疑虑，彼得格勒这座大城市又开始忙于生意和享乐。即使在克伦斯基被推翻的那天，所有店铺依然开门营业，电车照跑，电影院里照样人头攒动。最早得到共和国承认的救世军在街角上演奏。卡尔萨文娜在马林斯基剧院翩翩起舞。夏里亚宾在音乐会上引吭高歌。有水泄不通的公共演讲。康坦特饭店里在举行社交集会。赌徒们在一掷千金。[55]

与此同时，在结构的更下层，列宁正在加紧工作。值得注意的是，尽管他有那么多的事情要做，但他优先考虑的是控制媒体。9月，刚好在政变之前，他公开呼吁给媒体“更加民主的”和“更加充分的”自由。事实上，在共和国治下，媒体已经变得像英国和法国一样自由。夺取权力两天之后，列宁以一项针对媒体的法令，终结了这一自由。作为“某些临时的特别措施”的组成部分，任何报纸如果“呼吁抵抗或不服从 65
工人和农民的政府”，或者“通过明显歪曲的事实传播煽动性的言论”，都将受到镇压，它们的编辑将被投进监狱。到第二天，政府已经关闭了彼得格勒的10家报纸；第二周又关闭了10家[56]。新闻的管理主要被委托给布尔什维克党的机关报《真理报》，而苏维埃的机关报《消息报》（*Izvestia*）如今已经被人民委员会接管。

在此期间，虽说有些混乱，但布尔什维克积极分子却迅速接管了实质性的权力机构。方法是社团主义的。每个组织，从工厂到电车，全都举行了苏维埃式选举。这是确保代表基本上让新政权可以接受的最容易的方式。后来，鲍里斯·帕斯捷尔纳克简要描述了这个过程：

> 到处都在进行新的选举：为了住房、贸易、工业和市政服务的经营管理而进行选举。人民委员被任命到每个部门，这些人穿着黑色皮夹克，拥有不受限制的权力和钢铁般的意志，装备着威胁恫吓的手段和左轮手枪，他们很少刮胡子，睡得也较少。他们了解那种胆小如鼠的资产阶级：普普通通的廉价政府股票的持有者，他们和这些人说话的时候没有丝毫怜悯，脸上带着冷酷的笑，就像对待当场被抓住的猥琐小偷。这些人依照计划重新组织一切，一家接一家公司，一家接一家企业，都变得布尔什维克化了。[57]

这一物质上的接管很快被赋予了法令的基础结构。11 月 10 日，彼得大帝的“文武官员等级表”被废除。11 月 22 日，住宅搜查得到授权，皮大衣被没收。12 月 11 日，所有学校从教会手里被拿走，然后交给国家。12 月 14 日，政府垄断了一切银行活动，所有工业都服从于“工人的控制”。12 月 16 日，所有军衔被废除。12 月 21 日，为“革命法庭”制定了新的法典。12 月 24 日，所有工厂立即实行国有化。12 月 29 日，停止支付所有利息和分红，银行提款受到严格限制。正如小说家伊利亚·爱伦堡后来所写的那样：“每天早晨，居民都小心翼翼地研究新法令，它们还是湿漉漉、皱巴巴的，张贴在墙壁上，人们想知道：什么事情被允许，什么事情被禁止。”[58]

但是，即便在这一阶段，某些关键性的巩固权力的举措也并没有反映在公开的法令中。在接管权力的最初阶段，列宁完全依靠托洛茨基通过彼得格勒苏维埃组织起来的武装队。组成这些武装队的，部分是有政治动机的年轻暴徒，亦即那些“穿着黑色皮夹克”的人，部分是逃兵，常常是哥萨克人。一
位目击者描述了斯莫尔尼宫房间内的场景，布尔什维克党人最 66
初是在这里展开活动：“政治局里挤满了高加索大衣、皮帽子、毛毡披风、金银丝带、短剑、光洁的黑胡子、充满惊奇的对虾一样的眼睛，以及马的气味。这就是精英，由‘本地’指挥官领头的精英，总共大概有500人。他们手里拿着帽子，向革命表明自己的忠诚。”[59]在威慑分崩离析的共和国上，这些人很有效。但对于新秩序的推行来说，需要更复杂、更冷酷的东西。列宁需要政治警察。

列宁相信，在革命中，暴力是必不可少的成分，他从不惮于动用恐怖手段。在为恐怖活动辩解上，他继承了两个传统。从法国大革命那里，他可以引用罗伯斯庇尔的名言：“革命中的平民政府的特性是：美德和恐怖同时兼顾，如果没有美德，恐怖是灾难性的，如果没有恐怖，美德是什么事也做不了的。恐怖只不过是正义而已，是立即的、严厉的、不可变通的正义；因此它是美德的显现。”[60]马克思无视“革命恐怖”的灾难性历史，对恐怖手段给予了具体的、无条件的认可。他写道：“只有一种手段能缩短、简化和局部化旧社会流血的临终痛苦和新社会流血的分娩痛苦，这是唯一的手段——革命恐怖。”[61]但马克思是在不同的时代说不同的事情。正统的德国马克思主义者并不同意恐怖是必不可少的。列宁夺权一年之后，罗莎·卢森堡在1918年12月的德国共产党纲领中声称：“无产阶级革命为实现其目的不需要恐怖，它痛恨并憎恶杀戮。”[62]事实上，她之所以反对列宁的“先锋精英”试图加速

无产阶级革命的历史进程，其理由之一正是因为她认为这会诱使他动用恐怖手段——正如马克思的文本所暗示的那样——作为一种捷径，尤其是在沙皇独裁统治的背景下，加上俄国人总体上的崇尚暴力，以及对生命的缺乏敬畏。

在 1917 年之前的 80 年里，俄罗斯帝国被处死的人的数量每年平均只有 17 个人，其中很大一部分发生在这段时间的早期阶段[63]。沙皇统治最后岁月的战时俄国在某些方面比战时管制下的英国和法国更加自由。共和国彻底废除了死刑，尽管 1917 年 9 月克伦斯基在前线恢复了死刑。列宁自己的大多数
67 同志都反对死刑。布尔什维克党人早期的杀人大多是水兵的工作，他们在 1918 年 7 月 1 日杀死了两位前任大臣，次月在塞瓦斯托波尔实施了 3 天的屠杀，要么就是偏远乡村的农民们不分青红皂白的杀戮。[64]

很难避免这样一个结论：使用恐怖手段和暴虐警察力量的决定是列宁在很早就做出的，并得到了其军事代理人托洛茨基的赞同；正如罗莎·卢森堡所言，这正是他夺取和维护权力的意识形态方法不可避免的组成部分，是他决心要创建的集权国家的典型特征。反过来，这也是列宁性格的组成部分，是他格外充足的权力意志的组成部分。早在 1901 年，列宁就警告："原则上，我们从没有放弃恐怖手段，也不可能放弃恐怖手段。"[65]他还说："我们会问，在革命的问题上你站在哪儿？你是支持革命还是反对革命？如果他反对革命，我们就会让他去撞墙。"掌权不久之后，他问道："我们当中是否能找出一个富基埃 - 坦维尔式的人物，来驯服那些狂暴的反革命分子？"[66]作为政府首脑，列宁开始频繁使用诸如"枪毙他们""行刑队""撞墙"这样的措辞，这暗示了越来越喜怒无常的

对极端方法的偏好。

列宁在设立针对反革命恐怖必须动用的机构的方式上，也有一种颇能说明问题的隐蔽。正如前面已经解释的那样，布尔什维克党人最初的武装力量是托洛茨基的彼得格勒苏维埃军事革命委员会。对于革命成功之后继续使用武力，托洛茨基并没有什么顾虑，他写道："我们不应该戴着白手套、踩着光滑的地板进入社会主义王国。"[67] 1917 年 10 月 25～26 日之后，军事革命委员会立即成为中央执行委员会的小组委员会，并被分派了安全任务，包括跟"反革命"战斗，这些反革命活动被定义为"阴谋破坏、藏匿供应品、故意囤积商品等"。它的组建在人民委员会 1917 年 11 月 12 日的一项法令中被公开了[68]。由于负责审查可疑分子，该委员会设立了一个专门的部门，由费利克斯·捷尔任斯基领导，此人是个激进的波兰人，当时负责斯莫尔尼宫的安全。然而，当 1917 年 12 月 7 日军事委员会最终被人民委员会的另一项法令解散时，捷尔任斯基的部门却保留了下来，成了"全俄肃反特别委员会"，即"契卡"（Cheka），负责跟"反革命和阴谋破坏"做斗争。创立契卡的法令直到 10 年之后才公开（1927 年 12 月 18 日《真理报》），这样一来，列宁的安全部队从一开始就是真正意义上的秘密警察，而且在他的整个余生一直如此，因为它的存在 68
并没有得到官方的承认。[69]

毫无疑问，列宁从一开始便打算冷酷无情地、大规模地使用契卡。在它成为官方机构（尽管是秘密的）一周之前，托洛茨基便因为逮捕和搜查的人数越来越多而受到质疑。他在全俄农民代表大会的面前对此进行了辩解，并强调："在内战的时期，要求放弃一切镇压手段就是要求放弃内战。"[70] 契卡成立了一个 8 人委员会，由捷尔任斯基领导，他很快就用另外一些激进分子填满了它的各级职位，以及大量的高级督察和密探。其中很多人是波兰人或拉脱维亚人，比如阴险的拉特西斯，绰号“彼得斯”，他是参与过“西德尼街围攻”的那位“油漆匠彼得”的兄弟，曾在伦敦东区的猎狗渠街和克德罗夫实施过一连串谋杀，是个施虐狂，最终疯掉了。整个 1917 年 12 月和 1918 年 1 月，契卡都在加紧招兵买马，其最早的行动之一便是要求所有地方苏维埃提供“那些从事破坏革命和人民政府活动的组织和个人的信息”，借此建立全国范围的情报机构。这一法令建议地方苏维埃设立自己的安全委员会，向专业密探报告，从一开始，契卡就得到了数量越来越庞大的业余和兼职情报员的帮助。它的专职情报队伍不可阻挡地发展着。沙皇的秘密警察组织奥克拉那警备队有 1.5 万人，是旧世界到那时为止最大的此类机构。相比之下，契卡建立之后不到 3 年就有了一支 2.5 万人的专职密探队伍[71]。其活动也在相应的规模上展开。最后几位沙皇平均每年处决 17 人（因为各种犯罪），而在 1918 ~ 1919 年，契卡仅因为政治罪就平均每个月处死 1000 人[72]。

这个数字肯定少报了。几乎就在契卡诞生之后，人民委员会便颁布了一项法令，设立一种新型的“革命法庭”，审判“那些组织针对工农政府的暴动的人，那些积极反对或不服从工农政府的人，那些号召别人反对或不服从工农政府的人”，以及那些犯有阴谋破坏或包庇藏匿罪行的文职人员。革命法庭得到授权，依照“案情和革命良心的命令”定罪量刑[73]。这一法令实际上标志着法治在列宁的新国家彻底终结，法治的生存时间只有短短几周。它与契卡体系严丝合缝。在沙皇治下，

奥克拉那警备队被授予了逮捕的权力，但接下来，它不得不把 69
羁押犯交给公共法庭，就像任何其他羁押犯一样；而任何惩罚都必须由普通的民事权威来施加。在列宁的体制下，契卡控制了特别法庭（秘密开庭）并执行特别法庭的裁决。因此，一个人一旦落入契卡之手，他唯一的保护就是“革命良心的命令”。当契卡逮捕、审讯、判决和惩罚其受害者的时候，从来就没有可信的人数记录。在它建立后的几周之内，契卡便让它最早的劳动集中营运转起来了。这些集中营源自人民委员会的一项法令，法令指示，“资产阶级的男人和女人”都将遭到围捕，派他们去挖彼得格勒的防御战壕[74]。集中营的建立就是为了关押和看守他们，一旦契卡负责监管强迫劳动计划，它的集中营便在城市的郊外，甚至在偏远的乡村激增——其核心将成为庞大的“古拉格群岛”。到 1917 年底，列宁掌权只有 9 ~ 10 周的时间，可以说，契卡已经是一个“国中之国”；事实上，就其很多活动而言，契卡就是国家。

我们或许可以打消这样的看法：契卡的起源和发展违背了列宁的意愿。我们掌握的所有证据都指向完全相反的方向[75]。正是列宁，起草了所有关键性的法令，而捷尔任斯基始终是他的执行者。事实上，正是列宁，给契卡灌输了“恐怖”的精神，是他从 1918 年 1 月起敦促契卡不要理睬其他布尔什维克党人——包括人民委员会的很多成员——的怀疑和“人道主义”感情。当列宁出于安全考虑把政府从彼得格勒搬到莫斯科并把人民委员会安顿在克里姆林宫内的时候，他鼓励捷尔任斯基设立自己的总部，独立于人民委员会之外。卢比扬卡广场上一幢巨大的保险公司大楼被接管了；在大楼内，为关押政治嫌疑犯而设立了一座“内部监狱”；打这以后，契卡便成了一个独立的政府部门，直接向列宁报告。列宁让契卡的官员清楚地知道自己想要什么。1918 年 1 月，内战开始前 3 个月，他称“每发现 10 个犯有偷懒罪的人，就当场开枪打死其中一个”。几周后，他要求“逮捕并枪毙受贿者、诈骗犯，等等”。对法令的违犯必须受到“最严厉的惩罚”[76]。2 月 22 日，他授权契卡发布一份公告，命令地方苏维埃“找出、逮捕并立即枪毙”一连串种类繁多的“敌人、投机倒把者，等等”[77]。紧接着这一总的法令之后，他又补充了自己的个人指示。因
70 此，到 1918 年 8 月，他打电报给下诺夫哥罗德的苏维埃说：“你们必须竭尽全力，组成一个独裁者的三驾马车……立即引入大规模的恐怖，枪毙和流放数以百计让士兵酗酒的妓女、前朝退伍军官等。一分钟也不要耽搁。”[78]他的榜样启发了其他人。次月，军队的报纸宣布：“不要怜悯，不要吝啬，我们将成百上千地杀死我们的敌人，让他们淹死在他们自己的血中……让资产阶级血流成河。”[79]列宁的激励带来了结果。在 1918 年的前 6 个月里，契卡只处决了 22 名犯人（据官方数字），而下半年，它处决了 6000 人，1919 年全年处决了 1 万人。W. H. 张伯伦是最早研究十月革命的历史学家，也是个目击者，据他估算，到 1920 年底，契卡共执行了 5 万次死刑判决。[80]

仅次于捷尔任斯基本人，最重要的契卡官员大概是拉脱维亚人 M. Y. 拉特西斯。他最接近于给恐怖下一个准确的定义：

> 71 特别委员会既不是调查委员会，也不是审判法庭。它是一个斗争机构，在内战的后方发挥作用。它不是审判敌人，而是打击敌人。……我们并不是在进行针对个人的战

> 争。我们是在消灭整个资产阶级。我们并不是在寻找证据或证人，以揭露反对苏维埃政权的行为或言论。我们要问的第一个问题是：他属于哪个阶级，他的出身、家庭、教育或职业是什么？这些问题决定了被告的命运。这就是红色恐怖的本质。[82]

可不可以仅仅依据肤色、种族出身或民族而把整个一类人归类为“敌人”，并宣判他们应当被监禁或者被杀戮？阶级战争与种族战争之间，消灭一个阶级与消灭一个种族之间，并不存在本质上的道德差别。因此，现代种族灭绝的习惯做法就这样得以诞生。

在契卡把自己组织化的同时，列宁也在继续清除共和国的“民主遗产”。立宪会议在 1917 年 11 月 12 日被选举出来了。12 月 1 日，列宁清楚地表明了自己对它的态度：“有人要求我们像最初设想的那样召开立宪会议。不，谢谢啦！它被设想出来就是要针对人民，我们举行起义就是要确保它不被用来对付人民。”[83] 在 12 月 13 日《真理报》上匿名发表的《关于立宪会议的提纲》中，列宁把它和议会进行了对比：“在资产阶级的共和国……议会是民主原则的最高形式”，而苏维埃是“民主原则的一种更高的形式”。因此，“任何试图在资产阶级民主的框架之内，从形式的、司法的立场来看待立宪会议的努力”，都是对无产阶级的背叛。除非立宪会议“无条件地宣布接受苏维埃政权”，否则，它将面临一场危机，“只有靠革命手段才能解决”这场危机[84]。这与其说是一个论点，不如说是列宁发出的一个直言不讳的声明：他的政权不会接受议会施加的任何形式的“民主控制”。4 天后，为了强化他的观点，列宁逮捕了社会革命党的右翼领袖阿夫克申季耶夫及其主要追随者，指控他们正在“组织一场反革命阴谋。”[85]

到1918年1月5日立宪会议召开的时候，列宁已经完成了主要专政机构的建设，尽管规模尚小（契卡只有120个全职
72 密探），并因此能够以轻蔑的态度（列宁觉得他们只配得到这样的态度）威胁议会。他没有露面，但他起草了会议的所有文件，直至最后一行字。大楼由波罗的海舰队的水兵“守卫”，那是列宁能支配的武装集团中最激进的部队。开会的前一天，《消息报》警告代表们：“俄罗斯共和国的一切权力属于苏维埃和苏维埃的各个机构”，如果他们试图“篡夺国家权力的某项职能”，他们将会被当作反革命分子对待，并且会“动用苏维埃政权能够支配的一切手段来粉碎他们，包括动用武装部队”[86]。代表们刚刚聚集到一起，忠于列宁的斯维尔德洛夫便把年纪最大的成员推下了讲坛，自己来主持会议，按照俄国的传统，应当由最年长的成员来宣布会议开幕。经过漫长的辩论之后，会议在午夜之后的投票中达到高潮，这次投票对布尔什维克党人及其盟友不利：237票对138票。布尔什维克党人于是退席了，1小时之后，他们的同盟社会革命党左翼也跟着退了出去。1月6日凌晨5点，遵照列宁直接下达的指示，负责保卫工作的水兵告诉立宪会议：他们必须休会，“因为警卫们都累了”。于是，会议休会12小时，而且再也没有重开，因为那天的晚些时候，在列宁发表了一场演说之后，中央执行委员会正式解散了立宪会议，一队卫兵被安排在大门口，告诉代表们卷铺盖回家。一场支持议会的和平示威被驱散了，人群中有几个人被杀[87]。3天后，在同一幢大楼里，也是斯维尔德洛夫主持，苏维埃召开会议，给新政权的决议盖橡皮图

章。

到1918年1月底，掌权大约12周之后，列宁便如此牢固地确立了他的统治，以至于如果没有外部干涉，任何东西都不可能摧毁他的权力。当然，到这个时候，德国人还是能够毫不费力地把他毁灭。他们正在所有前线迅速推进，很少遇到抵抗。但是，3月3日，列宁在极力说服托洛茨基及其他同僚之后，签署了德国人口授的和平条款，而托洛茨基等人原本想执行“不战不和”的路线，直至德国工人革命爆发。从此以后，在这场战争余下的时间里，德国人一直对维护列宁的政权很感兴趣。正如德国外交部长保罗·冯·辛慈将军在1918年7月所写的那样：“布尔什维克党是保持俄国一直处在混乱状态最好的武器，这样一来，德国就可以随心所欲地瓜分前俄罗斯帝国的行省，想要多少就要多少，并通过经济控制来统治其余地区。”[88]

为了同样但目的刚好相反的理由，协约国急于把列宁赶下台，让俄罗斯重回战争。不过很明显，列宁与德国人达成协议是对的，跟协约国比起来，德国人对他的威胁更迫切，更直 73
接，前者相距遥远，它们的军队四分五裂。早在1917年12月14日，英国战时内阁便决定为反布尔什维克分子提供资金支持，“目的是为了在俄罗斯东南地区维持活跃的力量，以抵抗中央政权”。12月26日，英国和法国为了这一目的而划分了各自在俄国的势力范围，法国得南方，英国得北方[89]。1918年3月，第一支英国军队开赴阿尔汉格尔斯克和摩尔曼斯克，起初是为了保护那里的英国战争储备仓库。在德国停火之后，协约国继续干涉，因为列宁单独与敌人签署了和平协议，与此同时，温斯顿·丘吉尔希望说服巴黎的十人委员会正式对布尔什维克政权宣战[90]。到 1918 年底，俄国领土上有 18 万协约国军队——英国、法国、美国、日本、意大利和希腊，还有塞尔维亚和捷克的小分队——外加协约国提供金钱、武器和技术顾问支持的五花八门的俄国反布尔什维克武装力量 30 万人。有人或许会问：列宁在俄国得到的支持微不足道，民众的支持几乎不存在，他的政权究竟如何设法生存下来了呢？

简短的回答是：它在 1919 年的夏秋之交险些被灭掉了。关于它的持久性，绝对不存在任何不可避免的东西。很多完全不同的因素对它产生了有利的作用。首先，除了一个人之外，卷入其中的协约国政治家当中没有一个人理解（哪怕是开始去理解）这个新型政权的建立所具有的巨大意义，也不理解它植入这个地球上面积最大的强国的心脏所带来的长期影响。唯一的例外是温斯顿·丘吉尔。以他强烈的历史感，丘吉尔认识到，历史正在到达某种决定性的分水岭。让他认识到真相的，不仅是 1918 年 7 月 16 日俄国皇室全家被杀（未经任何司法审判），而且还有列宁的胆大所为：8 月 31 日，他让自己的人闯进了英国大使馆，杀死了海军参赞克隆比上校。在丘吉尔看来，一种新型的暴力出现了，对迄今为止“文明国家”所遵守的任何法律、习俗、外交或荣誉的规范都毫不在乎。他告诉内阁，应当把列宁和托洛茨基抓起来吊死，这应该“作为一个目标，正义的践行依赖于这一目标的实现，不管要花多长时间，应当让他们感觉到：对他们的惩罚将会成为英国政策的一个重要目标”[91]。1918 年 11 月 26 日，他告诉敦提市的选民，布尔什维克党人让俄罗斯沦为“野蛮的动物形态”，他们维护自己政权的手段是“血腥的、大规模的屠杀和暗杀，很大程度上是通过中国式的处决和装甲车来实施的。……文明在

广大地区被彻底消灭了，而布尔什维克党人在城市的废墟和受 74
害人的尸体中间蹦蹦跳跳，欢呼雀跃，就像一群群凶残的狒狒。”1919 年 4 月 11 日，他写道：“历史上的所有暴政当中，布尔什维克的暴政是最糟糕、最具破坏性、最可耻的。”列宁的暴行“远比德国皇帝应当负责的任何暴行都更加骇人听闻，而且规模更大，受害人更多”。私下里他对同僚们说的话同样激烈。他对劳合·乔治说：“你要是承认布尔什维克党，倒不如把鸡奸合法化了。”他对 H. A. L. 费希尔说：“在征服所有德国佬——世界之虎——之后，我可不想被一群狒狒给打败。”他警告陆军元帅威尔逊，一旦这个政权得以巩固，它就会变得远比沙皇俄国更具扩张性，并“高度军国主义”[92]。丘吉尔毫不动摇地坚持自己的观点：趁自己还能够做到的时候，一举捣碎这种新的威胁应当是和平的民主大国政策的主要目标。

但是，就连丘吉尔也搞不清该使用何种手段。他的同事暗示媒体：对于在全世界的范围内镇压布尔什维克分子，丘吉尔已经有了某种总体计划，他对此感到愤怒。他写信告诉劳合·乔治（1919 年 2 月 21 日）：“我没有对俄政策。我也不知道有什么对俄政策。我去巴黎就是为了寻找对俄政策！我对缺乏对俄政策感到痛心。”他承认，颠覆列宁并不是西欧的任务：“必须通过俄国人的努力来拯救俄国。”[93]其他所有西方领导人都在不同程度上对此事表现得不很热心。1919 年 2 月 14 日，威尔逊说他赞成撤军：“我们的军队在俄罗斯起不了什么作用。他们不知道自己在为谁而战，为什么而战。”法国人更感兴趣的是把他们的新盟友波兰打造成一个大国。劳合·乔治在按照国内的民意思考问题：“扩张布尔什维克主义的唯一方法就是压制它。派我们的士兵来镇压布尔什维克党人将会在我们这里制造出布尔什维克主义。” 1919 年 6 月，劳工部长戴维·沙克尔顿爵士警告内阁，英国的干涉是工业动乱的主要原因。陆军部警告，“近卫旅中有人在谈论革命”，在阿尔汉格尔斯克负责指挥的艾恩赛德将军打电报告诉国内，他自己的部队当中有“持续不断的、难以制服的”哗变。[94]

如果劳合·乔治把列宁主义看作终极祸害的话，上述这些可能都不重要。但他并不这么看。列宁主义赞同自决权。它准备放弃——事实上已经放弃——周边的所有小国：芬兰、波罗的海各国、波兰，可能还有乌克兰、克里米亚共和国，以及格
75 鲁吉亚共和国。至于法国人，福煦元帅支持把这些新的民主国家焊接成一条防疫封锁线，把布尔什维克主义与文明的欧洲隔离开来。不像丘吉尔，大多数西方意见把布尔什维克党看作非扩张主义的，准备满足于一个弱小的、有国际观念的俄罗斯。在他们看来，正是反布尔什维克阵营的指挥官，高尔察克将军和邓尼金将军，支持沙皇帝国主义，给人留下诸如“北极熊”、“俄罗斯压路机”之类令人恐惧的古老形象。这种观点并非毫无根据。关于推翻列宁之后承认芬兰和波罗的海各国的独立，高尔察克顽固地拒绝对协约国做出任何担保。他甚至不愿意承诺允许在俄罗斯举行民主选举。邓尼金表现出强烈的反波兰倾向，并强烈反对给予乌克兰人、高加索人及其他少数民族以自由。他似乎想要全面重建沙皇帝国，更糟糕的是，要恢复它传统的残暴。使白俄罗斯人在西方——尤其是在丘吉尔本人的心目中——的形象受到损害的，是邓尼金把布尔什维克主义等同于犹太人，以及其部队的反犹暴行：在 1919 年，超过 10 万犹太人在俄罗斯南部被杀，他们绝不可能全都死于农民之手。[95]

事实上，反布尔什维克阵营的指挥官既不迎合协约国，也不迎合受压迫民族。因此，当邓尼金将军在1919年8月31日占领基辅并向莫斯科进军的时候，协约国军队已经在北方撤退，让列宁的大规模部队得以南下。再一次，1919年10月16日，尤登尼奇将军的部队距离彼得格勒只有25英里，而邓尼金也到了莫斯科西边的图拉附近：一周之内，他的哥萨克士兵开小差了，乌克兰有一些民族主义起义，高加索有一场总叛乱。从那一刻起，白俄罗斯人的潮水开始退去，到年底，他们的事业彻底完蛋了。

列宁乐意开出空头支票，不仅给民族主义者开，而且尤其是给农民开。当时谁都知道，这些空头支票没有一张会兑现。白俄罗斯领导人觉得他们不能与这些允诺相抗衡。英国最后一位在场的指挥官亨利·罗林森将军认为，胜利应当归功于布尔什维克领导人的品格和决心："他们知道自己想要什么，并为了得到它而努力工作。"[96]布尔什维克的骨干队伍只有几千人，但列宁把自己的权力意志灌输给了他们，并让他们清楚地认识到他们为之而努力的目标。他们尚未开始互相残杀。在开枪打死失败的指挥官、逃兵、胆小鬼、破坏者以及任何一个提出异议或制造麻烦的人上，他们绝对冷酷无情——远比他们的对手冷酷无情。令人悲哀的是，这样一种凶残几乎总是在大俄罗斯 76
当中得到奖赏，当然，也正是大俄罗斯人，构成了列宁阵线背后的主体。真正的不妥协分子、少数民族和种族民族主义者，全都站在白俄罗斯人的阵线后面，后者觉得没法让他们做出任何让步。这种联合是致命的。

然而，列宁在国外并非没有隐秘的朋友。他的政权与德国军人在1917年11月建立起来的自身利益链似乎得到了维持，尽管有时候很不牢固，即便在停火之后。英国指挥官在向邓尼金及其他白俄罗斯指挥官提建议的时候经常提到德国军人对布尔什维克党的帮助[97]。这种帮助采取了直接的形式：志愿军指挥官，军需品，最后是建造新兵工厂的工业专家。最后一点对德国人来说至关重要，根据《凡尔赛和约》，他们必须拆除他们的兵工厂。通过在武器技术上秘密训练布尔什维克党人并在俄国发展新式武器，他们保持了技能的连续性，当时机成熟的时候，这些技能可以在国内公开利用。就这样，一种古怪的、秘而不宣的同盟得以形成，它偶尔会显露出来，比如在1922年的拉巴洛会议上，以及在1939年8月更加耸人听闻地显露出来，但在大部分时间里，这一同盟关系都被小心翼翼地藏着掖着：那是将军、武器专家以及后来还有秘密警察之间的一种工作关系，一直以不同的形式持续到了1941年6月22日。有一个历史的反讽就是：德国专家先是教会了苏维埃共产主义者如何制造品质精良的坦克，而这种武器在1943～1945年被用来推翻德国。更深刻的讽刺在于，这是阶级敌人之间的一次联姻：还有比普鲁士将军与布尔什维克党人之间相距更远的吗？然而，在最终的危机和战争的后果中，两个集团都把对方看作歹徒，旁人肯定也是这么看的。他们的协定中有某种惺惺相惜的精神气息，在接下来的20年里，欧洲将经历很多这样的同盟，德俄之间的同盟只不过是第一次罢了。

列宁最早开出的从不兑现的空头支票之一便是他签发给民族主义者的空头支票。在这里，方法是列宁的，但他所使用的代理人是前神学院学生约瑟夫·朱加什维利，即斯大林，列宁让他当上了人民民族委员会（Narkomnats）的委员。在列宁看
77 来，正如议会（这个他不能控制）是“资产阶级民主”、苏维

埃（这个他能控制）是“无产阶级民主”一样，自决权也存在阶级区分。芬兰、波罗的海各国、波兰不再属于俄国。因此，这些国家被称作“资产阶级共和国”，言下之意是，在未来方便的时候，当苏维埃的势力更加强大的时候，它们可以转变为“无产阶级共和国”，并和苏联建立更密切的关系。乌克兰的粮食供应对新政权的生存来说至关重要，不允许它选择“资产阶级自决”；1921 ~ 1922 年，在经过可怕的斗争之后，乌克兰被迫接受了“无产阶级自决”，亦即苏联的成员身份。[98]

斯大林把这一技艺用于高加索和俄罗斯的亚洲地区，只要是在布尔什维克的军事力量使之成为可能的地方。只要自决权抬头，它就会被打上“资产阶级”的烙印。正如他所写的那样，此类脱离运动只不过是试图“披着民族的外衣与劳动群众争夺权力”。自决权“不是资产阶级的权利，而是劳动群众的权利”，必须被用作“社会主义斗争”的工具[99]。确切地说，它就是无产阶级的，除非苏维埃或其他真正的无产阶级团体得以形成，否则的话，自决权就不可能彰显出来。接下来，各民族都能够行使它的“权利”。斯大林利用人民民族委员会，创立了一个系统，把各民族那些党派忠诚强于地方渊源的官员安插进来，他的副手帕斯特科夫斯基后来把这种方法描述为“支持俄罗斯化的老传统”[100]。在打败邓尼金之后，当新的民族委员会组建起来的时候，它不过是人民民族委员会的传声筒，负责引导地方苏维埃宣布放弃“分离的权利”，支持“联合的权利”。[101]

到决定性的年头 1920 年底，所有尚未逃脱的民族全都被牢牢地锁进了苏维埃国。乌克兰在红军最终控制那里之后便立即步其后尘。关键是列宁的“自愿联合”的概念，遵照莫斯科党总部的命令，地方党提供了必不可少的要素：“自愿”。接下来，多亏了党内“民主集中制”的原则，列宁以及后来的斯大林得以能够重建沙皇帝国，而且斯大林还把它扩大了。所谓的“苏维埃社会主义共和国联盟”提供了一个宣传性的外部结构，它过去是、现在依然是大俄罗斯帝国主义的一个面具。1923 年 1 月 10 日，为制订苏联宪法，第一届全俄苏维埃大会任命了一个 25 人的委员会，包括来自高加索共和国和白俄罗斯共和国的代表各 3 名，来自乌克兰的代表 5 名，来自各
78 自治共和国的代表 5 名。但是，由于每个代表都是党的官员，严格服从上级的命令，宪法实际上就是莫斯科的最高层起草的（事实上是斯大林本人起草的）。它仅仅在表面称谓上是一部联邦宪法；它只不过给了高度集权化的政权一个外在的合法形式，一切权力都掌握在一个很小的统治集团的手里。[102]

列宁创立这个政权的各个阶段值得在这里稍稍详细地描述一下，因为，在一些本质要素上，它们在接下来的 60 年里成了很多其他政权的典范。他的目标是四重的。第一是为了消灭党外的所有反对者；第二是为了把所有权力（包括政府）置于党的手里；第三是为了消灭党内的所有反对者；第四是为了把党内的所有权力都集中在自己及其同伴的手里。正如制订宪法和创立苏联一样，这四个目标全都是同时追求的，尽管有的目标比其他的目标更快地实现了。

一旦列宁把契卡组织化了，消灭所有党外反对者就不是什么问题了。1918 年的宪法是斯大林根据列宁的指示起草的，其中包含了“无产阶级专政”，列宁曾经冷酷无情地把它描述为“一种特殊的棍棒，别无其他”[103]。它没有包含宪法保障，

没有给任何人对抗政府的权利。政府的权力不受限制，没有分权——没有立法与行政的分离，没有独立司法——而且是绝对的。列宁把个人与国家的对立视为阶级社会的异端邪说。在一个无阶级的社会里，个人就是国家，因此，他们怎么可能冲突呢？当然，除非个人是国家的敌人。因此，根本没有权利平等这么回事；也没有一人一票这么回事。事实上，全俄苏维埃大会的投票选举包含了本质上的划分选区操纵，因为城市苏维埃每 25000 个选民选举一位代表，而乡村苏维埃（布尔什维克的势力在乡村更弱一些）每 125000 个居民选举一位代表。不管在哪种情况下，都有几类人完全被剥夺了选举权（以及所有其他民事“特权”），宪法在“总则”中列出了简明扼要的意见：“为了工人阶级的整体利益，［国家］剥夺个人或个别群体任何可能被他们用来损害社会主义革命的特权。”[104]

尽管布尔什维克党人从 1918 年最初几周起便控制了“代表”机构，但反对派政治家还是苟延残喘了一段时间，虽说
有数以千计的人在内战中被枪杀。据伯特兰·罗素说，1920 79
年 5 月，访问莫斯科的英国劳工代表团成员被允许“充分自由地会见反对党政治家”[105]。6 个月后，第八次全俄苏维埃大会最后一次承认那些自称孟什维克或社会革命党的代表，即便这些人早就失去了所有投票权。到那时候，硕果仅存的社会民主党人马尔托夫已经离开了俄国，并在德国独立社会主义者哈雷大会上控诉布尔什维克主义。

党外最后一次对新政权的真正挑战是 1921 年 2 月 28 日的喀琅施塔得兵变，这次兵变是在战列舰“彼得罗巴浦洛夫斯克”号上开始的。水兵一直是容易冲动的革命者。他们实际上相信自由和平等。假如他们听从留在海军中的几个前沙皇军

官的忠告，他们就会在大陆上建立一个桥头堡（彼得格勒就在17英里之外），并把他们的反叛扩展到首都，用武力迫使对方答应他们的要求。那可能就导致了新政权的终结，因为到1921年初，布尔什维克主义没有受到普遍拥护，正如水兵们的不满所表明的那样。事实上，他们相当于对新政权提出总控告。他们要求用无记名投票的方式进行苏维埃选举，而不是用“举手表决”或“群众大会”的方式；要求互相竞争的候选人自由参加竞选。他们指控，现有的所有苏维埃都不具有代表性。他们要求“工人、农民、无政府主义者和左翼社会主义党派”的言论和出版自由；自由的工会；集会自由；组成农民联盟；释放“所有社会主义政治犯”以及任何一个“由于和工人与农民的运动有牵连”而下狱的人；设立一个调查委员会，复核所有身在监狱或集中营里的人的案子；撤销陆军、海军和运输系统中的“政治部门”，因为“任何党派都不能享有宣传其自己的观念并为这一目的从国家那里接受经费的特权”；最后，要求农民有权“随心所欲地处置自己所有的土地”。简言之，他们反对的，实际上就是列宁自掌权以来所做的每一件事情。说得婉转一些，他们太天真了，竟然认为他们有任何一项要求会得到同意，除非跨过枪炮，或者说，实际上就是跨过列宁的尸体。

水兵们没能把叛乱扩展到大陆，这使得新政权能够把自己组织起来。要塞在3月18日遭到了狂风暴雨般的袭击。负责指挥的图哈切夫斯基使用了从军事学院抽调来的陆军学员，从第十次党大会抽调来的200个孤注一掷的布尔什维克党人把他们赶向了枪口。新政权的看法是：这次政变是“白卫兵”从
80 国外组织的，并由前沙皇军队的指挥官领导。没有举行公开审

判，列宁小心翼翼地选出了一份 13 个“首犯”的名单对外公布，其中包括 1 个前牧师、5 个前军官，以及 7 个农民。兵变被镇压之后，有数百人——或许有数千人——被杀，尽管详细情况大概永远不会有人知道：这一事件曾被苏联的官方历史掩埋在一个巨大的谎言金字塔之下。[106]

兵变一旦被镇压下去，列宁便决定不再容忍任何形式的党外政治活动。他说，所有那些不在党内的人都“只不过是披着现代的、喀琅施塔得的非党派外衣的孟什维克和社会革命党”。这样的家伙，他补充道，“我们要么让他们安全地待在监狱里，要么把他们送给柏林的马尔托夫，去自由地享受自由民主的赏心乐事”[107]。做出这一宣告之后，1921 年 5 月，契卡很快就上场了，粉碎任何残留的社会民主党的活动；那年夏天标志着看得见的政治反对派在列宁的国家彻底灭绝。他给了非共产主义者一个选择，60 年后的今天他们依然要面对这样的选择：要么乖乖地闭嘴，要么坐牢或流放。

与此同时，有一个过程开始了，在这个过程中，党员的身份成为在政府及其不断膨胀的机构中担任任何重要职务都必不可少的资格。列宁在 1921 年写道：“作为执政党，我们不得不把苏维埃的‘权威’与党的‘权威’融合在一起——它们与我们融合，它们也愿意与我们融合。”[108]加米涅夫说：“我们管理俄罗斯，只有通过共产主义者我们才能管理俄罗斯。”党员得到指示，要接管“国家行政网络（铁路、食品供应、控制、军队、法院等）”，接管工会以及所有工厂和作坊，甚至还包括公共浴室、餐馆及其他福利机构、学校和住房委员会。在所有领域，他们都要构建“组织化的小集团”，并“和投票权牢固地捆绑在一起”[109]。共产党员的身份如今对于继续发展来说是必不可少的，党员人数从 1917 年的 23600 人猛增到了 1921 年初的 585000 人。第一次系统化审查党员的努力可以追溯到这个时间点（这年 10 月设立了“中央核查委员会”），开除那些缺乏热情、不顺从和没有关系的人，把党票转变成一种有价值的特权，要努力争取才能得到。[110]

就这样，我们触及了苏式共产主义国家大概是最重要的一项特征：市、区、地方和共和国党的机构的等级制，在每一个层面都对相应的政府机构拥有权威。革命的“先锋”如今转
81 变成了永久统治的“先锋”，党成了社会主义社会中的“领导和指导力量”。党的控制表现得最显著的地方莫过于中央政府，以及人民委员会（理论上它对苏维埃负责）。S. 利伯曼是列宁利用的众多“专家”之一，他证实，到 1921 ~ 1922 年，两个关键政府部门，人民委员会和劳动及国防委员会，已经成了纯粹的橡皮图章，为党内的决定背书[111]。当时研究过这个过程的莉迪亚 · 贝奇在 1923 年写道，人民委员会“不再是一个有自己意志的团体，它所做的事情无非是机械地记录别的地方做出的决议，并给它们盖上自己的印章。”[112]

这意味着粉碎党内所有的反对派，也就是构建列宁集权统治的第三阶段。公平地说，列宁一直就清楚地表明，他相信一个小规模的、集中化的党，真正的决定权掌握在少数几个人手里。在 1902 年 9 月写给党的工作者的一封信里，他把所有这些都写了下来[115]。他的“民主集中制”的观念十分清楚，而且众所周知，尽管直到他去世 10 年之后的 1934 年才得到了官方定义：“（1）选举原则应用于从最高到最低的所有党的领导机构；（2）党的机构对它们各自的党组织负有周期性的责任；
82 （3）严格的党纪和少数服从多数的原则；（4）上级机构对下

机构决议的绝对约束，以及对所有党员的绝对约束。”[116] 如今，关于这份清单，最明显的事情是：（3）尤其是（4）完全抵消了（1）和（2）。党代会尽管理论上是至高无上的，并在1917～1924年每年都开会，但事实上，在1918年3月批准《布列斯特－立托夫斯克条约》之后，它就再也没有扮演过什么重要角色。它纯粹成了一种形式，就像全俄苏维埃大会一样。中央委员会继承了它的权力。

列宁利用了喀琅施塔得兵变给全党带来的强烈恐惧，在第十次党代会上（这次会议在叛变者尚未被镇压的时候召开），他告诉代表们（1921年3月9日），让全党统一起来的时刻到了：“同志们，我们如今不需要任何反对派。如今不是时候。无论在这一边还是在那一边——带上一支枪，别带上反对派！如今不再有反对派，同志们！到了结束反对派，再把它们盖上盖子的时候。我们的反对派已经够多了！”他们必须结束“讨论和辩论这种奢侈的勾当”。“‘用枪杆子讨论’远远好于讨论反对派的议题。”[117]

在这篇演说的影响下，大概还有这样一种感觉：如果兵变成功，他们全都会在两周之内被吊死，同志们令人吃惊地集中了他们的意见，通过了一连串的决议，使列宁得到了希望得到的，其中包括一份秘密的附加条款，被称作“七点”，授予中央委员会“充分的权力……使用党所认可的一切手段，包括开除出党”，只要发生任何“违反党的纪律或者让宗派活动重新抬头或容忍宗派活动”的行为。这样的开除甚至可以用于中央委员会的成员，只要有三分之二的多数票支持，而中央委员会甚至用不着把问题提交给党代会，党代会就这样让位了。此外，“宗派活动”如今被创立为一项罪名，与“反革命”同等，这样一来，所有新近创立的镇压力量（迄今为止专门用于对付党的敌人）如今可以被用来对付党的成员，他们将会秘密地受到审判并被定罪。当时在场的一些人充分意识到了危险。曾经送给列宁一双鞋子的卡尔·拉狄克告诉党代会：“在投票支持这项决议的时候，我觉得，它很可能被用来对付我们。尽管如此，我还是支持它。……让中央委员会在最危险的时刻采取最严厉的措施对付党内最优秀的同志，只要它发现这样做是必需的。……甚至允许中央委员会犯错！那比如今能够注意到的摇摆不定更安全一些。”[118]在他看来，党的民主正在
83 签署它的死刑执行令。他（以及在场的很多其他人）没有认识到的是：他正在签署自己的死刑执行令。

那是毫无疑问的，因为，中央委员会本身究竟在何种程度上把权力拱手交给了其内部的小集团，包括它自己的官僚机构，这一点即便在党的更高层也没有被普遍认识到。党的官僚机构是列宁深思熟虑的首创。对于旧的帝国官僚机构，列宁不仅是不信任，而且私下里十分憎恨，尤其是当他感觉到自己不得不使用它的时候。他想拥有自己的官员团队，以便绕开内阁和责任政府的体系[119]。1919 年 4 月 9 日，为了抵制旧官僚机构之“恶”，列宁颁布了一项法令，设立国家控制委员会，以监视政府官员，必要时用信得过的人取代他们。他任命斯大林为该委员会的人民委员——这事实上是斯大林独立承担的第一份重要工作。

斯大林身上列宁所喜欢的东西无疑是他没完没了地伏案工作的巨大能力。在暴力行动中，或者在演说和媒体的暴力辩论中，有一个像托洛茨基那样的人已经足够幸运了。他所缺乏的是积极自愿地日复一日、月复一月地从事管理党或国家机器的

艰苦劳动。对此，斯大林有贪得无厌的胃口，由于他似乎没有自己的想法，或者毋宁说在他向列宁解释自己想法的那一瞬间便采纳了列宁的想法，列宁便把越来越多的公职和具体的行政事务堆到这个任劳任怨、吃苦肯干的人的身上。在1919年春天召开的第八次党代会上，出现了3个很重要的新机构。有一个由6个成员组成的中央委员会秘书处，一个管理党的日常工作的组织局（Orgburo），以及一个5人组成的政治局（Politburo），负责对“相关问题迅速做出决定”。为了避免这三个机构之间互相冲突的危险，安排了互相关联的成员身份。斯大林的名字出现在政治局和组织局的名单上。

斯大林担任了这么多的职务（其中包括另外几个重要委员会的成员），并充分发挥了他的工作能力，1919～1921年，遵照列宁的明确指示并在他的大力支持之下，斯大林开始在党和政府及苏维埃机关迷宫似的统治集团之内调兵遣将，为的是确保一台更同质、更有纪律、更驯服的机器，完全服从于列宁的意志。就这样，斯大林非常详细地了解了整个俄罗斯和中欧的名人，并由于其作为持续不断的职位提供者而变得众所周知，从而逐渐获得了自己的追随者。这一时期，他始终是列宁 84
的工具。他是完美的官僚，而且他找到了完美的主人，拥有强大的意志和绝对清晰的方向感。

意味深长的是，斯大林在党代会休会期间所做的工作最早是在1921年的第十次党代会上变得切实可见，当时，列宁让党放弃了统治自己的权力。这一程序事实上是中央委员会有权对它的任何成员（包括中央委员会自身）判处死刑，这意味着列宁在中央委员会必须有三分之二绝对可以信赖的人。斯大林提供了他所要的东西。最近选举产生的中央委员会包括很多已经跟他建立了密切联系的人：科马洛夫、米哈伊洛夫、雅洛斯拉夫斯基、奥尔忠尼启泽、伏罗希洛夫、伏龙芝、莫洛托夫、彼得罗夫斯基，以及像基洛夫、古比雪夫、邱巴和古谢夫那样的候选委员。这些人就是斯大林为列宁招募的一大批顺从者。他在新成立的“个人法庭”或称党的秘书处中也极其活跃，这个机构开始迅速发展，速度几乎和契卡不相上下，理由也是一样的。1919 年 5 月，它有一个 30 人的团队，到 1920 年第九次党代会召开的时候，这个数字增长到了 150 人；第二年，它猛增到 602 人，外加 140 个卫兵和通信员[120]。最后，在第十一次党代会上，列宁让斯大林正式拥有了这个小小的私人帝国，那是列宁让他担任党的总书记时他忠实地组织起来的队伍，他的心腹党羽莫洛托夫和古比雪夫担任他的助手。这个决定是秘密做出的，并在 1922 年 4 月 4 日《真理报》的一篇遮遮掩掩的报道中予以宣布。一个布尔什维克党人普列奥布拉任斯基抗议把这样的权力集中在斯大林个人手里。他问道：“一个人怎么可能同时担负两个委员的工作同时还有政治局、组织局及党内十多个委员会的工作?”[121]抗议似乎被置之不理。

两个月后，列宁患上了第一次中风。但他的工作已经完成。在所有核心要素上，他系统地重建了有史以来设计最精细的国家专政机器。在旧世界，个人独裁（大概除了很短的时期之外）一直受到社会上其他力量的限制，或者至少是约束，这些力量包括：教会、贵族和城市资产阶级，以及古老的宪章、法庭和集会。在君权神授或自然法的观念中，也存在外部约束力的观念，或者某种绝对的道德体系。列宁新的乌托邦则没有这样的平衡力或抑制力。教会、贵族、资产阶级全都被一

扫而光。剩下的一切都被政府拥有或控制。一切权力都由政府
授予，政府十分庞大，而且在不断发展，一丝一毫的权力都可
以追溯到一个很小的集团之手——最终是一人之手。的确， 85
有一个精心设计的、自命不凡的代表机构。到 1922 年，它已经没有任何意义。搜遍它充满回声的走廊，要找出一丝一毫民主生活的火星都是白费力气。怎么能不这样呢？列宁把“民主”的形式仅仅看作一种使暴力和镇压合法化的手段。1917 年，也就是他掌权的那一年，列宁把“民主国家”定义为“一个阶级对另一个阶级、一部分人对另一部分人系统化地使用暴力的组织”[122]。“谁对谁”是他至高无上的原则。谁对谁做什么？谁镇压谁？谁剥削谁？谁打死谁？对于一个用这样的术语来思考问题的人，怎么可能设想出另外一套政治安排呢？除非是一套专制制度，由一个独裁者来实施，通过暴力来统治。

在列宁出席的最后一次党代会上，他的形象比从前更加具有暴力倾向：步枪、机关枪、行刑队。他说：“严厉、苛酷、毫不留情地惩罚最轻微的违纪行为是必不可少的”。他还说：“我们的革命法庭必须开枪。”[123]不是“可取的”，而是“必不可少的”。不是“可以”，而是“必须”。正是他本人在这一时期起草了下面这个段落：

> 国际资产阶级不承认共产主义制度即将取代资本主义，并试图用武力推翻这一制度，不管是借助入侵、封锁、间谍活动、为媒体提供资金，还是借助任何其他手段，而那些宣传、鼓动或参与其影响……可能在最小的方面帮助国际资产阶级的组织或者与这些组织合作的人，都

> 可以被判处死刑或监禁。[124]

这段话尽可能地囊括一切，除了不受限制的恐怖许可，它还能是别的什么呢？事实上，那正是它的目的，正如他后来在写给司法委员柯尔斯基的一封信里所解释的那样，这封信写于1922年5月17日，也就是他中风的前夕，信中说："关于恐怖行为的那个段落必须尽可能宽泛地加以阐述，因为，只有革命的司法意识和革命的良心才能决定它在实践中的适用条
86 件。"[125]这里，列宁概述了他一辈子对所谓道德法律体系的轻蔑。

或许，列宁相信有"革命的良心"这么回事。毫无疑问，他认为自己拥有革命的良心。在1918年底之前，他偶尔干涉恐怖行为，为的是挽救他本人认识的某个人的性命。但是，在演说和著作中，在公开声明和私人通信中，他所说和所做的其他每一件事情，都是要激励他的下级进一步热衷暴力革命，尤其是到最后。毫无疑问，列宁被他为自己打造的绝对权力给改变了。他的同事们也是如此。正是暴力革命以及后来的暴力自卫的过程摧毁了理想主义的成分。十年前，一位明智而悲伤的波兰老人约瑟夫·康拉德就曾在他的关于革命的长篇小说《在西方的眼睛下》（*Under Western Eyes*）中阐述过这一点：

> 在一场真正的革命中，最优秀的品格并不引人注目。暴力革命最初落入了心胸狭隘的狂热分子和专横残暴的伪君子之手。然后轮到那些自命不凡却生不逢时的知识分子。这样一些人是首领和领袖。你会注意到，我省略了纯粹的恶棍。那些认真的人和正直的人，那些高贵、仁慈而

> 具有献身精神的人，那些无私的人和智慧的人，他们可能会开始一场运动，但这场运动会离他们而去。他们不是一场革命的领袖。他们是革命的受害者，是憎恶和觉醒——常常还有悔恨——的受害者。希望被荒唐地出卖了，理想被漫画化了——这就是革命成功的定义。

列宁对于作为个体的人民基本上没有兴趣，这使得他没能认识到：内战摧毁了“革命良心”可能存在的最后一点残余。当然，到那时候，他自己已经被权力的癌症给吞噬了。这个过程在一部他想必曾经读过的小说中描述过，这就是陀思妥耶夫斯基的《死屋手记》（*The House of the Dead*）：

> 凡是体验过权力——也就是不受限制地凌辱他人的能力——的人……都必然会随心所欲地沉湎于权力。暴政是一种习惯，有它自己的有机生命，最终会发展成一种疾病。即便是最好的人，这种习惯也可能扼杀他，使他变得像野兽一样粗俗。血和权力使人陶醉……人和公民永远死于暴君之手；恢复人的尊严、悔改和重生，几乎是不可能的事。

当然，列宁对于自己毕生的工作从未表现出丝毫的怀疑，尽管在他生命中最后两年半的时间里，他是一个疾病缠身、怒
气不息、最终什么也做不了的人。有人认为，到最后，他认识 87
到了斯大林是突然冒出来的怪物，于是拼命地试图提高托洛茨基的影响力，作为一股抗衡的力量。你大概很愿意认为列宁成了他自己的集权统治的受害者。但事实并非一清二楚。然而，

有一个暗示性的不祥的因素。列宁从其统治的一开始便坚持认为，党的机关应当关注高层党员的健康，并根据医生的建议，命令他们休假、住院和休息。1921 年中期，列宁开始患上严重的头痛。6 月 4 日，组织局命令他休假；他没有服从命令。7 月，他休了一个月的假，打那以后工作量有所减少；8 月，政治局对他下达了进一步的命令。9 月 13 日，他恢复了正常的工作，为时将近 3 个月，但在 12 月初，他的健康状况变得更糟，他在莫斯科郊外的乡村宅邸里度过了更多的时间。1922 年初的那几周里，有更多的命令要求他少工作，或者不工作，只有经过党的秘书处的许可才能探访莫斯科。在第十次党代会上，他表面上给人的印象是只担任了几个委员会的主席。1922 年 5 月 25 日当他第一次中风的时候，他刚刚离开莫斯科做进一步的休养。接下来，他完全不能工作，时间长达几个月，当他在 1923 年 1 月 2 日回到工作中的时候，秘书处以中央委员会的名义对他的饮食起居做了严格的规定，不让他看文件。丝毫用不着怀疑，斯大林是这一医学限制最积极的执行人，12 月 18 日，他让自己被正式任命为列宁的健康监护人。[126]

这直接导致了列宁和斯大林的关系破裂。斯大林发现，列宁一直在秘密地工作，与党的命令背道而驰，特别是，还一直在向他的妻子口授信件。斯大林在电话里大骂克鲁普斯卡娅，威胁要让中央控制委员会调查她[127]。12 月 24 日，列宁口授了所谓的“遗嘱”。这份遗嘱指名道姓地议论了 6 位苏联领导人。斯大林被认为有太多的权力，而且行使这些权力时太不谨慎。托洛茨基被描述为“过于关注事情纯行政的那一面”（“行政”是列宁的委婉说法，指的是武力和恐怖）。12 月 30 日夜里，列宁口授了另一份笔录，对斯大林表现出更强烈的敌意，他最后的两篇文章是对斯大林的控制委员会的抨击。1923年1月4日，列宁口授了其“遗嘱”的一份补充说明：“斯大林太粗暴……这在一个总书记的身上是令人无法忍受的。我因此建议同志们考虑采取措施，撤销斯大林的这一职务。”[128]3月5日夜里，列宁写信给斯大林，指责他在电话里辱骂自己的妻子，并要求他道歉，否则就面对“我们之间关系的破裂”。 88
4天后，又来了第二次中风，使列宁丧失了说话、活动和思考的能力。最后一次中风在1924年1月夺走了他的生命，但到那时候，他不省人事已经很久了。

1919年，美国记者林肯·斯蒂芬斯陪同威尔逊派出的一个美国官方代表团来到俄国，想看看那里究竟在发生什么。回国之后，伯纳德·巴鲁克问他：列宁的俄国像什么？斯蒂芬斯答道：“我看到了未来——它正在成为现实！”[129]这是一个西方自由主义者对新政权最早的评论之一，它为未来的很多评论设定了模式。那么，斯蒂芬斯究竟能看到什么呢？列宁“先锋精英”革命的整个目标就是要加速这个国家的工业化，并因此加速无产阶级的胜利。然而，列宁一旦接管了权力，相反的事情便发生了。战前，俄国工业生产增长很快：1900～1913年的增速是62%[130]。直到1916年底，无论如何它都继续在某些方向上扩张。但是，一旦农民拒绝交出他们1917年的收成（这让列宁十分高兴，也让他受益匪浅），粮食不再流入城市，工厂的工人（其中很多人出身农民）便开始回流他们出生的村庄。列宁的革命把这种缓慢回流转变成了惊惶逃窜。1917～1918年的初冬，彼得格勒的人口从240万下降到了150万；到1920年，它成了一座鬼城，流失了71.5%的人口；莫斯科流失了44.5%。斯蒂芬斯“看到未来”的那一年，俄国工业劳动力下降到了1917年总量的76%，技术工人的流失最大。铁矿石和铸铁的产量分别下降到了1913年总量的1.6%和2.4%，到1920年，制造品的产出只有战前的12.9%[131]。到1922年，也就是列宁第一次中风的那一年，新政权内部那些更有独立思想的成员都在谈论俄罗斯的去工业化。马克西姆·高尔基告诉一个来访的法国人：

> 到目前为止，工人是主人，但他们只是极少数……农民数量庞大。……4年来，城市无产阶级稳步下降。……巨大的农民潮将会以吞噬一切而告终。……农民将会成为俄罗斯的主人，因为他代表了数量优势。这对我们的未来是很可怕的。[132]

发生了什么？真相是，尽管列宁非常清楚地懂得如何创立一个专制政权，但他对乌托邦根本没有实际的见解。马克思没
89 有提供线索。他描述了资本主义经济，而对于社会主义经济，他什么也没说。马克思含含糊糊地谈道，它将被“社会”组织起来。他能够有把握的只不过是：一旦“所有生产要素”都掌握在“国家手里，亦即作为统治阶级而被组织起来的无产阶级手里”，“生产力就会达到顶峰，财富之源就会滚滚流淌”[133]。列宁对这个问题毫无概念。他从马克思那里推断出“国家”应当控制工业经济。正如在欠发达经济体中“先锋精英”必须取代无产阶级来推进革命一样，他们也必须代表无产阶级来管理“所有生产要素”。而且，由于列宁相信政治问题上的高度集权，并创造出了一台恰好符合这一目的的机器，因此，在工业中必须有集中控制，由党（亦即他本人和身边

的同伴）来行使这一控制权。这个粗略的思路铺垫了《四月纲领》和他在战争时期的另外两部作品：《布尔什维克党人会保留国家权力吗?》（*Will the Bolsheviks Retain State Power*?）和《国家与革命》（*State and Revolution*）。它还促使他在 1917 年 12 月做出决定，要创立一个被称作“国民经济最高委员会”（Vesenkha）的机构，并在接下来的十多周时间里创立不同的部门控制主要工业，其人员全都由官僚构成。

就这样，几乎是盲打误撞地，苏联获得了集中化的“计划经济”，从那时到现在，它一直维持这种类型的经济，并把它输出到全世界三分之一的地区。照例，列宁完全是从控制的角度而不是从生产的角度来考虑问题。他认为，假如他把控制体系理清了（由政治局做出所有关键性决定），结果就会不可避免地涌现出来。他完全不懂财富创造的过程。他喜欢的是数字：他一辈子都对蓝皮书拥有贪得无厌的胃口。你有时候忍不住怀疑，列宁的内心里有一个天才的账房先生，努力用各种明细账来揭示并轰炸这个世界。一旦掌权，在他关于经济问题的所有评论中，出现最频繁的短语是“严格的会计和控制”。在他看来，统计数据是成功的证据。因此，新的部门和新的国有工厂都产生了大量的统计数据。统计数据的产出成了苏联工业最令人印象深刻的特征之一，到今天依然如此。不过，商品的产出就是另一回事了。

苏联经济的形态还被另一个偶然因素所决定，这一因素使得列宁有了一个实际的视野。这就是德国的战时生产机器。必须记住的是，在这个列宁主义国家的原始时期，也就是在它最初的 12 个月里，俄罗斯先是德国的谈判伙伴，然后是它的经济傀儡。正如我们已经看到的那样，到 1917 年，德国人已经

90 掌握了战前俄罗斯的国家资本主义模式，并把它嫁接到了自己的国家，如今由军人管理。他们称之为“战时社会主义”。它看上去令人印象深刻，在很多方面也确实令人印象深刻，而且，它肯定给列宁留下了深刻的印象。从那时起，他的工业观念便全都被德国的实践所塑造。他最早的工业首脑、前布尔什维克党人拉宁也是德国方法的热心倡导者，这些方法当然完全适合于列宁的集中控制观念。他开始雇佣德国的专家，这是两个国家反民主分子之间发展出的特殊关系的又一个实例。当另外一些布尔什维克党人反对的时候，列宁用他的一本小册子做出了回应，这就是《论“左派”的幼稚病和小资产阶级性》（*On 'Left' Infantilism and the Petty Bourgeois Spirit*）：

> 是的，向德国人学习！历史总是沿着弯弯曲曲的道路前进。碰巧，正是与野蛮的帝国主义并肩而立的德国人，体现了纪律、组织、团结合作（以最现代化的机器为基础）以及严格的会计和控制的原则。这恰好是我们所缺乏的。[134]

他说，德国的“国家资本主义”向社会主义“迈进了一步”。历史玩了一个“古怪的花招”。它刚好产生出了“社会主义两个单独的半边，并排在一起，就像一个蛋壳里的两只小鸡”：俄国的政治革命和德国的经济组织。对于社会主义来说，两者都是必不可少的。因此，新俄国必须学习“德国人的国家资本主义”，并“尽可能大力采用它，为了加速它的采用而不惜动用独裁的方法，就像彼得大帝加速蛮荒未化的俄罗斯采用西方的方法一样，要不惮于使用野蛮的武器与野蛮做斗争。”[135]

因此，你可能会说，那个真正启发了苏联经济计划的人是鲁登道夫。他的“战时社会主义”肯定不怯于动用野蛮手段。它使用了奴隶劳工。1918 年 1 月，鲁登道夫破坏了 40 万柏林工人的一次大罢工，其方法就是从他们当中每 1000 人征召 10 人去前线的“劳动营”。他的很多方法后来被纳粹党人所复活和强化。德国人所拥有的，列宁想要的，是驯服听话的劳动力。他着手获得这样一支劳动大军。他所打消的第一个幻想是：接管了工厂的工人苏维埃将管理这些工厂。他在工会中的代言人洛佐夫斯基警告：“各个企业的工人都不要认为企业属于他们。”[136] 他说：“那些破坏纪律的人将被枪毙。”[137] 到 1918 年 1 月，布尔什维克政权已经接管了工会，并把它们纳入政府中。无论如何，它们被削弱了。唯一强大的工会是铁路 91
工人工会，他们进行了一定程度的抵制，直至 1920 ~ 1921 年才最终被镇压下去。另外一些工会领导人得到了工作、职位和薪水，成了温顺听话的政府官员。正如季诺维耶夫所写的那样，工会成了“社会主义的权力机关”和“社会主义的政府机关”，对所有工人来说，“参加工会就是分担对国家的职责”。因此，封闭的车间被到处强制推行，作为回报，工会官员（他们很快就必须是党员，服从党的纪律）与部门官员和工厂经理密切合作，以“提高社会主义生产力”。简言之，它们成了最低贱的那种公司工会，而“公司”就是国家。在这一社团主义体制中，工会的任务变成了“劳动纪律”，它们发现，自己充当了工业警察的角色。[138]

当列宁按照强制征兵的类似方法来应用他的“普遍劳动服务”的概念时，这样的警察就变得必不可少了[139]。第七次党代会要求采取“最积极、最坚决、最严厉的手段，来提高工人的自我约束和纪律性”。从1918年4月起，工会着手颁布“规章制度”，以“适合生产力的标准”。胆敢反抗的工人被逐出工会，其结果是丢掉工作和食物配给，所依据的是列宁的名言：“不劳者不得食。”[140]罢工变成了非法的。1919年1月，工会联盟的领导人托姆斯基说：“苏联不可能出现罢工，让我们把小圆点放在那个‘i’上。”[141]罢工经费被没收，被拿去支持“资产阶级国家”的罢工。1919年6月，“劳动本”（模仿各种不同的殖民政府强加给当地人的工作证）被引入各大城市。大约在同一时期，最早的组织化劳动营开始出现，“不守纪律的工人”、“小流氓”及其他心怀不满的人或游手好闲的人都可能被契卡、革命法庭或劳动委员会（这个机构负责劳动总动员）送到那里去。从1920年1月起，任何人都可能被叫来从事强迫劳动：修路、造房、运输，等等。正如劳动委员会发言人所写的那样：“我们按照计划供应劳动力，因此不考虑个体的特征和资质，也不考虑工人希望从事这种或那种工作的愿望。”[142]地方契卡管理劳动营，其行政管理由内务人民委员部（NKVD）的一个特殊部门负责。还有第二级劳动营，管理更严格，工作“艰苦而且令人不快”（即在北极圈内），据说只是为反革命分子准备的，但很快就塞满了普通工人[143]。

92 内战的结束并没有终结强制劳动。像列宁所有“紧急情况下的”制度一样，劳动营也成了永久性的。事实上，乌拉尔的第三军很快就发现，1920年1月15日的一纸法令便把自己变成了第一革命劳动军，其大多数“士兵”再也没有见到过自己的家。托洛茨基为他所说的“工人阶级军事化”而欢欣鼓舞。拉狄克公开谴责"'劳动自由'的资产阶级偏见"。1920年的第九次党代会下令，擅自离岗的工人将被打上"劳动逃兵"的烙印，并受到"被监禁在集中营"的惩罚[144]。这种新的反社会行为在列宁主义的论调中得以洗礼，托洛茨基告诉第三次工会代表大会："我们知道奴隶劳动，我们知道农奴劳动。我们知道中世纪行会严格管制的强迫劳动，我们知道资产阶级称之为'自由'的有薪雇佣劳动。如今，我们正迈向一种新型的劳动，它是根据经济计划进行社会控制的劳动，而这样的经济计划对于整个国家来说是强制性的……这是社会主义的基础。"布哈林写道，资本主义制度下的强制劳动与无产阶级专政下的强迫劳动完全相反：前者是"对工人阶级的奴役"，而后者是"工人阶级的自我组织"[145]。这两个人后来都被同样的文字虚构给杀掉了。

事实上，正如我们已经看到的那样，工人阶级以惊慌失措的速度把自己组织回了乡村。列宁像他之前的沙皇和克伦斯基一样，也想方设法要从农民那里挖粮食。如何做到呢？是通过市场，还是凭借刺刀？他首先尝试刺刀。1917年，他鼓励农民夺取土地。1918年，他试图为国家攫取土地。他1918年2月19日的《土地的社会主义化》法则说，政策的目标是以"牺牲个人土地所有权为代价"，来"发展农业的集体所有制"，为的是实现"社会主义经济"[146]。但在实践中，正如劳动委员会的一位官员、国家农业部长所写的那样："土地只不过被当地的农民抢占去了。"他们得到了被没收土地的86%，只有14%归了新创立的国有农场和公社。1918年的收成也是如此，列宁把工人组成的武装小分队派到了乡下，去没收他们所能没收的粮食，并试图鼓励"贫农委员会"欺压那些被他称作“富农和富裕农民”的人，这些人“积累了大量的钱财”[147]。后来，列宁把这些手段组合在一起，成为25人的“工人和贫农”小分队，拿走他们设法得到的任何粮食。但是，农业人民委员特赛乌鲁帕说，他们刚刚到乡下，便立即“开始胡作非为，并酗酒”。再后来，列宁发明了一种新的类
93 别——“中农”，他们试图与“富农”抗衡。由于这些阶级只存在于他自己的头脑里，与真正乡村实际上的农民毫无关系，这一招也就不起作用。

到1921年春，当喀琅施塔得的士兵揭竿而起的时候，列宁的整个经济政策明显破产了。工业几乎没有任何产出。城里没有粮食。列宁自己也承认：“成千上万被解散的士兵”正在成为强盗[148]。大概只有一样东西供应充足，那就是卢布纸币，连续不断地从印刷厂里涌出，如今，其价值跌到了略微超过1917年11月价值的1%。有些布尔什维克党人试图把非做不可的事装成出于好心才做，并自称通货膨胀是故意制造出来的，为的是粉碎旧的金钱政权。有人把国家造币厂的印刷机描述为“金融委员会的机关枪，朝着资产阶级制度的屁股猛烈开火”。季诺维耶夫告诉德国社会民主党人：“我们迈向彻底废除货币。”在某种意义上，这倒是真的：纸币在苏联再也没有恢复它的古老意义。但价格在商店里却是永久性的不足。

无论如何，农民不愿意接受列宁的卢布纸币，1921年5月，他认输了。很明显，如果他不能让一定的粮食进入城市，他的政权就会垮台。他可能缺乏真正的经济理念，但他从不缺少言辞理念。如今，他提出了“新经济政策”这个术语。事实上，新经济政策就是向农民投降，就是回到基于易货贸易的市场体系。打手队撤走了，农民被允许用粮食换取他们能够得

到的东西。小型工厂和作坊被允许重新开张，在国家控制之外，生产农民愿意拿粮食交换的商品。很不幸，布尔什维克党人的投降来得太迟，没能影响 1921 年的播种，干旱的夏季带来了饥荒，这是俄国历史上第一次完全由政府政策制造出来的饥荒。据加里宁说，饥荒大约影响了 2700 万人。多达 300 万人可能死于 1921 ~ 1922 年冬天。绝望之中，政府求助于赫伯特·胡佛领导下组织起来的美国救济署。破天荒地，俄罗斯，迄今为止世界上最大的粮食输出国之一，不得不求助于美国资本主义农业，把它从集体主义试验的灾难性后果中拯救出来。60 年后，同样的模式再次重复。农民消灭了沙皇，让列宁主义成为可能。列宁却没能像他曾经承诺的那样回报他们。他们付出了惨重的代价，而且至今还在支付。[149]

就这样，在彻底的失败中，如今人们时髦地称之为“社 94
会工程”的第一场重要试验结束了。列宁把它称为“一次挫败或撤退，是为了一次新的进攻”[150]。但很快，他去世了，对农民发起“新的进攻”被留给了他所留下的那个官僚机器。列宁相信计划，因为它是“科学的”。但他不知道如何去做。他认为，必定有某种神奇的花招，在他这里也就是“电气化”。正如往常一样，他被德国人的“彻底性”给迷住了，他十分欣赏卡尔·巴洛特 1919 年出版的《未来国家》（*Der Zukunftsstaat*）一书。这本书启发了他的口号：“共产主义就是苏维埃政权加上全国电气化。”电会做到这一点！它是现代科学的最新形式。它会改变顽固的俄罗斯农业。试着使每样东西都电气化远比设计出一套复杂的总体计划好得多，而总体计划只不过是“闲扯”，是“枯燥乏味的卖弄学问”，是“无知的狂妄自大”[151]。他对新的计划机构国家计划委员会（1921

年）没有太大的兴趣，除非它优先考虑电气化。接下来，在他最后活跃的几周时间里，他对电气化充满了热情：它将会建造巨大的发电站！就这样开始了一种古怪的迷信，苏联直至今天还在坚持这种迷信，它使得大型电气工程师成为苏联社会中最受尊重的人物（仅次于武器设计师）。列宁的遗产是一个构筑坚固的警察国家，被经济废墟所环绕。但他却走向了一个永恒的梦想：电气化。

列宁曾经充满信心地预期各先进工业国家马克思主义者的起义，到如今，这一期望已经消逝很久了。他们如何会成功呢？列宁自己的革命也只是通过农民当中一场巨大的、尚未完成的、没有方向的、实用主义的运动，才得以成为可能，他并不懂得这场运动，也从未费心去分析它。在工业化的欧洲，那些追随他的马克思主义革命者则没有这样的好运气。此外，到1918 年 11 月，当中欧革命变革的机会到来的时候，列宁社会工程那惨痛的经验——经济崩溃、饥饿、内战，以及大规模的恐怖活动——已经构成了一个可怕的警告，特别是对于那些更温和的社会主义者。的确，极端主义者试了手，被他们自己点着的烈焰给烧焦了。1918 年 11 月 4 日，德国士兵和水手接管了基尔市，并组建了工人委员会。3 天后，左翼社会主义者库尔特·埃斯纳在慕尼黑领导了一场驻军起义，推翻了巴伐利亚政府。但是，皇帝逃走之后在德国掌权的社会民主党人并没有犯克伦斯基那样的错误。他们的军事专家古斯塔夫·诺斯克向军队求助，他们提供了一支由旧军官和士官组成的“自由军团”。列宁主义者拒绝通过议会的手段寻求权力，这对诺斯克
95 有利。1919 年 1 月 6 日，柏林的列宁主义者（他们自称为“斯巴达克同盟”）接管了这座城市。诺斯克率领 2000 人挺进

柏林。3天后，他拿下了这座城市，罗莎·卢森堡和她的朋友卡尔·李卜克内西被负责抓他们进监狱的旧军官所杀。埃斯纳也在2月21日被杀。他的追随者在巴伐利亚的选举中勉强只赢得了3个席位。尽管这样，他们还是在4月7日成立了一个共产主义共和国，这个共和国只维持了不到一个月的时间，就被自由军团毫不费力地灭掉了。哈雷、汉堡、不来梅、莱比锡、图林根和不伦瑞克的故事是一样的。共产主义者既没能赢得选举，也没能成功地实施暴力[152]。

变革之风正朝着一个有点不同的方向吹。到1919年下半年，新型的"先锋精英"正在欧洲出现。他们也是社会主义者。但他们的诉求对象比抽象的"无产阶级"更宽泛，而后者一直不可思议地没有做出响应——无论是作为一支选举的力量，还是作为一支战斗的力量——他们的集体动力更多的是民族的甚或是种族的，而不是阶级的。他们还有一个强烈的、直接的共同不满：对《凡尔赛和约》的不满。在大输家之一奥地利，他们被称作"家乡保护者"。在最大的输家匈牙利，民族情绪并没有被一个所谓的共产主义共和国所缓和，这个共和国是列宁的门徒贝拉·库恩在1919年3月成立的。8月，它在血与火的洗礼中垮台了，其继任者的精神越来越倾向于反犹领袖尤里乌斯·贡博什，此人自称是民族社会主义者，满腔热情地呼吁公正、报仇和清除"异族分子"[153]。土耳其已经丢掉了它的阿拉伯帝国，眼看着还要丢掉它的西海岸，穆斯塔法·凯末尔帕夏——他很快就有了"阿塔图尔克"（Atatürk，即"国父"）的称号——同样提出了民族社会主义，并已经开始证明：巴黎决定的和解协议不可能立即施行。意大利被认为是大赢家，它对《凡尔赛和约》也有不满：它没有得到达尔马提亚海岸。9 月 11 日，诗人和战争英雄加布里埃尔·邓南遮率领一支由逃兵组成的衣冠不整的部队进入阜姆港。那是一次冒冒失失的恐吓：但和约的监护人英国和法国被击退了——一个不祥的预兆。而邓南遮也是一个民族社会主义者。

墨索里尼从米兰嗅到了这股新风，并且很喜欢它，正如 5 年前他捕捉到了战时兴奋的气息并且也喜欢上了一样。战争的到来，以及他自己要把意大利带入战争的决定，正好让他脱离了官方的社会主义政党，也使得他成了一个民族主义者，不仅是马志尼那种浪漫左翼传统意义上的民族主义者，而且也是古罗马人那种贪得无厌传统意义上民族主义者。古罗马人的束棒，[①] 在法国大革命中成了激进的象征，他发现那是一个有用
96 的符号，正如列宁选中了老社会民主党人的锤子和镰刀一样。这让他痛恨列宁把俄国拉出了这场战争，并因此危及了意大利原本有希望得到的好处。他以一句命令“Avanti，il Mikado!”（意大利语：下一个，天皇）敦促日本人进军俄罗斯。到 1919 年，列宁的经济失败让他不敢把工业收为国有。如今，他想利用资本主义，而不是消灭资本主义。但他的革命依然是一场激进的革命，来源于战前“先锋精英”的马克思主义和工团主义（工人的统治），直至去世，这在他的政治学中一直是最重要的成分。意大利其他很多年轻的前社会主义者都有和他一样的激进观念，同时在放弃他们的国际主义[154]。国际主义在 1914 年没有发挥作用（没能阻止战争），在 1917 年也没有发挥作用，它没能回应列宁关于世界革命的号召。但是，想要建立新的经济乌托邦的愿望依然存在。

---

① 即 fasces，古罗马权威的标志，法西斯一词即来源于此。——译者注

1919 年 3 月 23 日，墨索里尼和他的工团主义朋友创立了一个新党。其纲领是部分没收金融资本，通过社团经济委员会控制经济的其余部分，没收教会土地，进行农业改革，废除君主制和参议院。在编写这份清单的过程中，墨索里尼频繁引用库尔特·埃斯纳作为典范[155]。埃斯纳的巴伐利亚战斗队，其本身就是模仿列宁的那些“穿黑色皮夹克的人”，启发了墨索里尼的“战斗的法西斯”[156]。事实上，他丝毫没有摆脱其对暴力行动主义的迷恋。他转述马克思的话，发誓要“创造历史，而不是忍受历史”。他最喜欢引用的另一句名言是：Vivre，ce n'est pas calculer，c'est agir（法语，出自法国哲学家居约：活着，不是为了算计，而是为了行动）[157]。他的词汇表和列宁的非常像，充满了军事意象和强烈的暴力动词。像列宁一样，他也不能忍受让历史自行发展，要加速它的进程——正如像马里内蒂那样的未来主义者所写的那样，要 velocizzare l'ltalia（意大利语：加速意大利）。事实上，他在向周围传播这种急躁，总是怒气冲冲地看表，把怒火撒向耽搁时间的人。

然而，墨索里尼也在改变。瘦弱而饥饿的面容随着头发一起消失了，光秃秃的头顶上出现了一个巨大的囊肿，在他如今多肉的突出下巴上，有一个椭圆形的黑痣。他的牙齿是老象牙的色彩，牙缝很宽，这在意大利被认为是幸运的标志[158]。他相貌堂堂，精力充沛，在跟异性的交往中如鱼得水，前后有 169 个情妇[159]。他非常虚荣，而且野心勃勃。他渴望权力，而且想要立即得到权力。邓南遮的成功使他相信：激进主义，哪怕是激进的民族主义，还远远不够。法西斯主义要想成功，还必须援用诗歌、戏剧、神话。在意大利的马克思主义者当中，始终存在对马克思本人的抱怨：他并不十分懂得人类。他

忽视了神话的威力，尤其是民族神话的威力。既然弗洛伊德已
97 经证明了——而且是科学地证明了——黑暗而隐秘的力量对个体的影响力，如今是不是应该检验一下它们对群体的影响力？邓南遮曾经写道，“那种可怕的活力、权力感、战斗和控制欲，以及富饶而多产的生产力，这些全都是狄奥尼索斯式的人物、胜利者、破坏者和创造者的优点”。[160] 意大利并不缺少充满诗意的神话。19 世纪有加里波第和马志尼的民族主义神话，它们依然有巨大的力量，有马基雅维利（墨索里尼最喜欢的另一位作家）的强权政治神话，更早还有罗马及罗马帝国的神话，正等待从它的长眠中被唤醒，率领新的罗马军团开始进军。在其顶端，有新的未来派神话，这一神话在墨索里尼身上唤起对社会主义意大利的想象，它不像列宁的电气化俄罗斯：“生活变得更紧张、更忙乱，被机器的节律所主宰”。墨索里尼把所有这些变化无常的成分搅拌在一起，以便酿造出他的法西斯主义纯酿，再加入一勺让人生机勃勃的暴力，正如他所写的那样：“不流血就没有生命。”[161]

可是，流谁的血呢？墨索里尼是一个复杂的而且在很多方面很矛盾的人。他很少主动自愿地干坏事，他几乎总是被引诱才去干坏事，直到权力和奉承让他的道德感几乎完全萎缩。他不能无缘无故地发起一系列深思熟虑的暴力行为。1919 ~ 1920 年，他为了战斗而不顾一切。他满腹凄凉地把法西斯主义说成是“所有异端者的庇护所，所有异端者的教堂”[162]。于是，社会主义者通过诉诸暴力，把他想要的东西给了他。他们的导师是一个弱不禁风的年轻马克思主义者，名叫安东尼奥·葛兰西，他恰好来自和墨索里尼相同的知识传统：马克思主义，索雷尔，工团主义，对历史决定论的批判，强调自愿原则，必须

通过强调斗争、暴力和神话推动历史前进，再加上马基雅维利的实用主义[163]。但是，葛兰西尽管比墨索里尼更有原创性，却缺乏墨索里尼的沉着和自信。他来自撒丁岛一个极度贫穷的家庭，父亲进了监狱，11 岁那年，已经患上波特氏肺病的葛兰西开始每天工作 10 个小时。当他未来的妻子爱上他的时候（他也给她写了一些感人至深的情书），他大吃一惊。他看不出自己可以扮演一个领袖角色，于是他从马基雅维利那里得到的不是个人王者（这一点不同于墨索里尼），而是集体王者："现代王者，神话王者，不可能是一个真实的人，一个具体的人：它只能是一个组织。"

因此，当墨索里尼转向浪漫和戏剧的时候，葛兰西坚守着工团主义，而且，他鼓吹接管工厂。1920 年，社会主义者开始听从他的建议，很快，红旗便飘扬在全国各地的车间和办公室。但他们并没有做出坚定的努力试图接管国家。事实上，社 98
会主义者在战术上存在分歧，1921 年 1 月，他们分裂了，共产党分裂了出来，继续向左。除了恐吓中产阶级之外，接管的成效并不大。正如艾力格·马拉泰斯塔警告温和派时所说的那样："如果我们不进行到底，我们将因为我们如今给资产阶级造成的恐惧而付出血的代价。"[164]没有太多的暴力，但也足以让墨索里尼有借口诉诸暴力。正如在德国一样，社会主义者在使用暴力上犯了一个灾难性的错误[165]。就像墨索里尼所自吹的那样，法西斯主义的虎狼之师可以轻而易举地对付社会主义群众这些"懒散的牲口"[166]。

法西斯主义者的"行动小分队"主要由前军人组成，但他们不断招募学生和辍学者。他们比社会主义者更守纪律、更有章法，并通过电话协调他们的行动。他们常常得到地方当局和宪兵队消极的甚或是积极的支持，后者会搜查社会主义者的人民之家，然后让行动小分队一把火把它烧毁。社会主义者声称法西斯主义是一个阶级党，其恐怖活动是资产阶级的扎克雷起义。事实并非如此：有数以千计工人阶级法西斯主义者，特别是在一些像的里雅斯特那样的地区，有激进分子可用（社会主义者主要是斯洛文尼亚人）。正是在这些边缘地区，法西斯主义最早获得了大批的追随者，逐渐向内陆蔓延至博洛尼亚、波河河谷及威尼斯内陆地区。墨索里尼始终对人民很敏感，很早就领悟到了意大利是一个城市的集合体，这些城市各不相同，需要见机行事。当他在内陆地区赢得支持的时候，中产阶级成分便更占优势。法西斯主义开始对富裕的年轻人发挥强大的吸引力。其最重要、最危险的新成员之一便是伊塔洛·巴尔博，25 岁那年，巴尔博便把自己的老家费拉拉献给了墨索里尼，并很快成为法西斯民兵的首领，是迄今为止最残酷无情、最有能力的领导人[167]。1921 年，他从意大利中部横穿而过，像波吉亚家族的一位成员一样，所过之处，身后留下的是工会总部冒烟的废墟和一连串的尸体。正是巴尔博，最早把头脑正常的意大利给吓蒙了，使得人们相信，法西斯主义可能是一股不可抗拒的力量。

他甚至把墨索里尼给吓蒙了，墨索里尼始终不喜欢大规模的暴力，尤其不喜欢为暴力而暴力，他写过文章，发表过演说，反对暴力[168]。不过，法西斯主义的扩张在 1921 年 5 月把他和另外 35 位代表送进了议会，同时也让他和另外一些前社会主义者成为这场运动中的少数派。同年，在罗马法西斯代表大会上，他被迫做出妥协。他被推举为“领袖”，作为回报，他同意使用暴力，1922 年是法西斯恐怖之年。事实上，在当局的默许下，法西斯党的私家军队开始了一次对国内的征服。99
在一座又一座城市，市政厅遭到袭击，社会主义委员会被强行赶出了办公楼，地方警察局长希望动用警察阻止法西斯主义者的违法行为，他们被解职了。国会议员不同意组建一个由乔利蒂领导的强硬政府，乔利蒂原本会把墨索里尼给灭掉——领袖也就不会赢得整个国家了——因为梵蒂冈有效地阻止了那些受教会影响的党派和温和的社会主义者结成同盟。新成立的共产党（正如后来在德国一样）实际上希望建立一个法西斯政权，认为它会促成一场马克思主义革命[169]。当巴尔博在 1922 年 7 月占领拉文纳的时候，社会主义者做出了回应：召集了一次总罢工，结果是一次灾难性的失败。

意大利不是一个幸福的国家，也不是一个治理有方的国家。它有骇人听闻的贫困，有欧洲最高的出生率（仅次于德国），还有最高的通货膨胀率。复兴运动带来的是失望，而不是人间乐土。战争及战争的胜利让意大利四分五裂，而不是让它统一起来。议会政权严重腐败。君主制不得人心。政府本身自 1871 年以来便和教会剑拔弩张，在礼拜日的每一个布道坛上都受到公开谴责。公共服务瘫痪了。对红色恐怖有名副其实的恐惧，因为天主教的报纸上充斥着列宁的暴行和俄罗斯的饥荒。人们并没有把墨索里尼本人等同于暴力。相反，在很多人看来，他似乎是制止暴力的不二人选。他成了一个口若悬河的公共演说家。他从邓南遮那里学会了与听众进行一种准歌剧式对话的本领（“谁为了意大利?”“我们!”）。但他不只是一个煽动家。他的演说专攻范围广泛的哲学思考，意大利人好这口。自由主义者自贝内德托·克罗齐以降，都出席过他的集会。到 1922 年初秋，他的演说已经获得了一种充满自信的、有政治家风度的特征。如今，他和宫廷、梵蒂冈、军队、警察和大企业建立了秘密的联系。他们都想知道，他到底想干啥？在乌迪内，在对全国各地发表的一系列重要演说中的最后一次演说中，墨索里尼告诉他们："我们的纲领很简单：我们希望统治意大利。"[170] 他将会用罗马时代以来从未有过的方式统治意大利：稳固、公平、公正、诚实，尤其是有效率地统治意大利。

1922 年 10 月 16 日，墨索里尼决定采取行动，他相信，如果自己等待，乔利蒂——他所害怕的那个人——可能就会窃取他的角色。他计划月底向罗马进军，率领 4 个师，总共 4 万黑衣人。军队和警察部队的很多指挥官都答应不向他们开火，墨索里尼的报纸《意大利人民报》（*Il Popolo d'Italia*）打出了
100 这样的标语：I grigioverdi fraternizzano con le Camicie Nere（意大利语：灰绿军与黑衫军亲如一家）！墨索里尼一辈子都有能力摇摆于宏伟庄严与闹剧之间。10 月 28 日晚上，当他那支装备糟糕、衣衫不整、食不果腹的军队已经在罗马城前停下来的时候，下起了瓢泼大雨，这支军队并没有呈现出令人望而生畏的壮观场面。政府尽管很弱，但在罗马有一支 28000 人的驻军，由一位值得信任的军官指挥，政府同意宣布紧急状态。但罗马到处流传着谣言和错误的消息。小国王维托里奥·埃马努埃莱蜷缩在奎里纳尔宫里，被告知自己只有 6000 名纪律糟糕的部队，面对 10 万名意志坚定的法西斯大军。他惊慌失措，拒绝签署法令，人们不得不把刚刚贴出的法令从墙上撕下来。到这时候，政府的勇气已经丧失殆尽。

墨索里尼尽管是个急躁的人，却很有技巧地打着手里的牌。他在米兰的时候，国王的侍从武官西塔迪尼给他打来电话，提出在新内阁中给他部分权力，他默不作声地挂上了电

话。第二天，10 月 29 日，他客气地同意组建自己的政府，条件是通过电报确认电话里提出的邀请。电报及时来了，那天夜里，他庄严隆重地去了米兰火车站，身穿黑衬衫，登上了开往罗马的夜班卧铺车。碰巧，英国大使的妻子西比尔·格雷厄姆夫人也在车上。她看到墨索里尼被官员们簇拥着，不耐烦地看看表，猛地转身朝站长喊道："我要列车准点开出。从现在起，每件事情都要完美地运转。"[171]就这样，一个政权，一个传说，诞生了。

在他生命中的最后十年，墨索里尼成了一个越来越有悲剧色彩的甚至是荒诞色彩的人物。今天回过头看，我们很难理解，从 1922 年底到 1930 年代中期，墨索里尼在每个人看来似乎是欧洲棋盘上一颗令人生畏的棋子。一旦上台，他就没有犯过那些明显错误。他没有创建秘密警察，也没有废除议会。媒体依然是自由的，反对派领导人也是自由的。有过一些暗杀，但比政变之前更少。法西斯大会议成了一个国家机构，黑衫军被合法化了，给 1924 年 4 月的选举制造出了一种威胁的氛围，这次选举中法西斯主义者赢得了绝对多数。但墨索里尼把自己视为一个民族领袖，而不是一个党派领导人。他说自己的统治既是借助武力，也是通过人民的同意[172]。他所拥有的，更多的似乎不是权力意志，而是职位意志。他想留在这个职位上，变得令人尊敬；他希望被人热爱。

1924 年，反对派代表中精力最旺盛的吉亚科莫·马泰奥蒂被杀，此事终结了所有幻想。人们普遍相信，墨索里尼对此负有责任[173]。之前也有代表被杀，但奇怪的是，这一次却在意大利激起了人们的极大愤怒，并在国外让人大吃一惊。此事给墨索里尼造成了极大的损害，其中有些损害是永久性的，成 101

了他的卢比孔河，切断了他与社会主义者和自由主义者之间任何残存的联系纽带，并驱使他投向极端分子的怀抱。在非常典型的混合着傲慢自大和听天由命的绝望中，墨索里尼在 1925 年 1 月 3 日那篇臭名昭著的演说中宣布了法西斯主义的开始。反对派的报纸被禁。反对派领袖被投入到一座小岛上的收容所里。正如墨索里尼所写的那样，对铁板一块的国家来说，反对派纯属多余——他可以在自身之内以及在客观力量的抵抗中找到那种反对——这点口头花招就连列宁没准都要嫉妒[174]。他提出了一个响亮的极权主义准则，从那时到现在大量被人们引用、赞赏和痛斥，这就是："尽归于国，无外于国，无逆于国。"整个一系列"法西斯法律"被起草出来，有些是宪法性质的，有些是刑法性质的，有些是制定法，最后是《社会改革法》，声称要创立"社团国家"。

但是，关于意大利的法西斯主义，始终存在模糊不清的东西。它的一些制度，像"劳动宪章"、"全国社团委员会"和"法西斯及社团委员会"，在真正的意大利似乎从来就没有多少人买账。墨索里尼自吹："我们控制了政治力量，我们控制了道德力量，我们控制了经济力量。因此我们就在社团的法西斯国家当中。"[175]但那是一个用言辞而不是用行为建立起来的国家。毕竟，如果墨索里尼的极权主义定义代表了现实，那么，它又如何能够与教会（它肯定"外于国"）达成妥协甚至还跟梵蒂冈签署了一份协议呢？他的议会前辈中没有一个人能做成这样的事。他曾经把法西斯主义定义为"建立在民族基础之上的、组织化的、集中的、威权主义的民主"[176]。是的，但这样的威权又是为了什么呢？有人觉得，墨索里尼是一个很不情愿的法西斯主义者，心底里他依然是个马克思主义者，尽管是个异端马克思主义者。在他看来，如果没有大规模的没收，“革命”便毫无意义，而他的绝大多数追随者和同事并不想要大规模的没收。因此，法西斯乌托邦眼看着就要消失，只留下专制统治。迟至 1943 年，就在崩溃之前，年轻的激进分子维托·帕农齐奥发表在《法西斯主义批评》（*Critica fascista*）上的一篇文章宣布：法西斯政权依然有可能赢，假如它最终引发“法西斯革命”的话[177]。到那时候，墨索里尼已经握有明显独裁的权力二十多年。

但是，如果说墨索里尼并没有实践法西斯主义，甚至也不能准确地定义它，那么，它同样让它的反对者尤其是马克思主义者困惑不解。老于世故的盎格鲁-撒克逊自由主义者可以把 102
它视为一种新型的江湖骗子独裁，跟列宁主义相比不那么嗜血，对个人财产来说也不那么危险。但在马克思主义者看来，法西斯主义要严重得多。到 1920 年代中期，欧洲各地都有法西斯主义运动。所有这些运动有一样东西是共同的，这就是最积极地反共产主义。他们用革命的手段来对付革命，用他们自己的武器来对付大街上的共产主义者。早在 1923 年，保加利亚实施“农业共产主义”的亚历山大·斯塔姆博利伊斯基的农民政权被法西斯主义者的暴动给推翻了。苏联政府为展开和协调共产主义活动而创立的国际机构共产国际号召“全世界的工人”抗议“获胜的保加利亚法西斯小集团”，因此第一次承认法西斯主义是一种国际现象。但准确地说，它究竟是什么？在马克思那里没有具体提到它。对于列宁来说，它发展得太晚，来不及把它写进自己的历史进程里。认识到它究竟赞成什么是不可想象的——它是马克思主义的一个异端，事实上是列宁主义异端本身的一个修正版。相反，它必须符合马克思列宁主义的史学，并因此显示自己并不是未来的预兆，而是垂死资产阶级时代的一束邪恶火焰。因此，在经过大量的钻研之后，苏联 1933 年提出了官方定义：法西斯主义是“金融资本的最反动、最沙文主义、最帝国主义的成分所构成的毫不掩饰的恐怖主义独裁政权”[178]。这一论断因为科学马克思主义没能预言两次大战之间那些年里最引人注目的政治发展而变得很有必要。

与此同时，墨索里尼的意大利如今是一个经验事实，正如列宁的苏联一样，吸引全世界来研究它，为的是模仿或者避免。研究现代史的历史学家不断意识到相距遥远的政治事件之间越来越迅速的相互作用，就仿佛无线电的发展、国际电话系统、大规模流通的报纸和快捷迅速的旅行方式正在产生一种新的社会和政治整体化的观念，符合新的对宇宙和物质的科学认知。根据马赫原理（最早在世纪之交被阐述，然后作为爱因斯坦宇宙论的组成部分而被再次阐述），不仅宇宙作为整体影响着陆地上的局部事件，而且局部事件对作为整体的宇宙也有影响，不管这种影响多么小。1920 年代发展出来的量子力学表明，同样的原理也适用于微观层面。没有独立单位可以脱离宇宙的其余部分而蓬勃兴旺地发展[179]。“光荣孤立”不再是一项可行的国家政策，正如美国在 1917 年含蓄地承认的那样。
108 有很多人欢迎这一发展，认为国际联盟是对这一发展的响应，他们觉得，这是生活中一个深受欢迎的新的事实。但是，全球政治整体论的含义既令人振奋，也让人害怕。疾病的比喻是恰当的。14 世纪中叶的黑死病在各地流行了 50 多年，有一些地区它从未到达过。1918 年的流感病毒在几周之内蔓延到了全世界，渗透到了几乎每一个地方。武力、恐怖和极权主义的病毒可能被证明同样迅速而且无处不在。它已经牢固地根植于俄罗斯。它如今在意大利。

如果林肯·斯蒂芬斯即便在列宁的莫斯科也能察觉到正在成为现实的未来，那么，他在极权主义的罗马又能察觉到什么呢？墨索里尼不能也不愿从他含糊不清的口头套语中变出一种新的法西斯文明。但是，他喜欢做的、觉得自己能够做的而且确实有天赋去做的事情，是庞大的建筑计划。他决心对付疟疾，当时那是意大利中部和南部的大祸害[180]。排干彭甸沼地是一项相当实用的成就，也是法西斯主义活力的象征。墨索里尼鼓励巴尔博（一个精明的飞行员）构建庞大的航空工业，这一成就赢得了很多国际奖。另一位法西斯头目、威尼斯金融家朱塞佩·沃尔皮在大陆上的马尔盖腊和梅斯特雷创建了一个壮观的工业带。作为财政部长，他还调整了里拉的价值，使之成为一种相对较强的流通货币[181]。铁路、邮政和电话等服务体系全都得到了显著的改进。没有罢工。腐败在继续，大概有所增加；但不那么露骨，人们的议论也更少。在西西里，黑手党并没有被消灭，但被有效地赶到了地下。尤其是，街上并没有更多的暴力。其中有些成绩是华而不实的，另外一些成绩长远来看是有害的。但放到一起，它们看上去令人印象深刻，对外国人，对旅行者，以及对很多意大利人来说，都是如此。没有乌托邦出现在意大利，但跟饥饿的、恐怖化的俄国比起来，反差引人注目。在阿尔卑斯山以北的那些人看来（他们同样拒绝接受东边的布尔什维克主义和西边的自由主义），意大利的复兴似乎提供了第三条路。

3. 等待希特勒

104 1918年11月10日，波美拉尼亚的帕塞瓦尔克军事医院的路德宗牧师把病人召集起来，告诉他们：霍亨索伦王朝垮台了，德意志如今是一个共和国了。对那些受伤的士兵来说，这个消息来得就像晴天霹雳。其中有一个人就是阿道夫·希特勒，一个29岁的下级军士。整个战争期间，他都在西线作战，两次在战斗行动中表现突出，那年的早些时候还得到了罕见的一级铁十字勋章。一个月之前，10月13日，在伊普勒以南，他在英国人的一次芥末气袭击中暂时被弄瞎了眼睛。他无法读报，把垮台和革命的谣言视为“地方事务”而不予理睬，倒是为“几个犹太青年”“不在前线”却“在一家性病医院里”拍案而起。如今，年迈的牧师满脸泪水地告诉他们，皇帝逃跑了，战争输掉了，德意志帝国无条件地把自己交到敌人的手里，任其摆布。正如希特勒后来所写的那样，投降的消息是“我一生中最恐怖的确定无疑的事实。我的眼前一片漆黑。我踉踉跄跄，摸索着回到宿舍，瘫倒在铺位上，把我发烧的头埋进毛毯和枕头里。自我站在母亲坟前的那天以来，我再也没有流过泪……可如今，我忍不住涕泗横流”[1]。

战败对大多数德国人尤其是对士兵的打击是巨大的。西方没有一个人理解这一点。德国人知道他们正在西线撤退。但撤退是秩序井然的；军队完好无损。德国人主要的焦虑和野心不是在西线。德国主要是因为害怕俄罗斯不断发展的工业和军事力量而打这场战争，那是一个庞大、专横、暴虐而野蛮的邻居，刚好就在德国的大门口，威胁要征服它。到 1918 年中期，德国尽管在西线拼命战斗，但已经驱除了在它看来是最主要的幽灵。沙皇俄国被打垮、被消灭了。它的继任者签署了德国人 105
口授的和平条约。《布列斯特 - 立托夫斯克条约》把德国一直以来所需要的安全给了它。它剥夺了俄罗斯 70% 的钢铁生产能力以及总工业的 40%。它把俄罗斯欧洲部分德国人认为有价值的每一样东西都给了德国，正如德国政府的一位成员幸灾乐祸地说的那样："正是在东方，我们将领取战争债券的红利。"[2]事实上，它给的更多，因为它再次展开了美好的前景——西欧一个巨大的经济帝国、大平原的一次殖民，这曾经是中世纪扩张德意志文明的一个目标。对普通德国人来说，"东方的吸引"比他们在非洲殖民化过程中的姗姗来迟，甚或比德国皇帝争夺商业和海上霸权意味着更多的东西。正是沙皇的大俄罗斯封锁了德国走向东方的"天命"。如今，日耳曼骑士的计划可以再一次重新开始。

1918 年 3 月 1 日，基辅陷落，鲁登道夫占领了乌克兰，建立了一个德国人监管下的"地主的共和国"，并为德意志帝国的卫星殖民地奠定了基础。德意志皇帝成了库尔兰公爵，接受了利沃尼亚和爱沙尼亚，由它们的日耳曼少数民族管理，与德国的经济捆绑在一起。4 月，德国军队在芬兰登陆，这是另一个潜在的卫星国。5 月 7 日，德国把一份口授的和平条约强加给了罗马尼亚，那里也很快进行了经济殖民。鲁登道夫把军队驻扎在克里米亚，打算把这里作为德国的一个殖民地，9 月，他穿过了巴库的油田，准备直扑外高加索地区，拿下中亚边缘的一个战略要地。就连哈布斯堡王朝垮台和土耳其瓦解的谣传也被德国的地缘政治学家看作在中欧和中东进行进一步掠夺和经济渗透的大好机会。1918 年初秋，在他们看来，这场战争远非输掉了，而是在所有实质方面都赢了——压倒性地赢了。事实上，从这次和解当中，德国很可能作为第三大超级大国脱颖而出，在军事潜力和经济潜力上与美国和大英帝国并驾齐驱。

甚至在战败所带来的第一波巨大打击过去之后，有些幻想依然存在。且不说威尔逊和豪斯上校已经秘密地接受了英法两国对“十四点原则”的解释，德国人对这些原则所做的乐观解释也是毫无根据的。有一个德国南方城市打出这样的标语来欢迎被遣散的本市士兵：“欢迎，勇敢的士兵们，你们的任务已经完成了，上帝和威尔逊会把剩下的事情继续下去。”[3] 只
106 有当和约的条款在 1919 年 5 月公布之后，德国才最终认识到了真相。事实上，对德国来说，《凡尔赛和约》实际上并不是一份“城下之盟”。在这一点上凯恩斯完全错了。奥地利和匈牙利付出的代价更高。《凡尔赛和约》允许德国保住俾斯麦所有实质性的工作成果。假如它选择和平的发展道路，德国在接下来的 20 年里必将成为在整个中欧和东欧占支配地位的经济力量。

但是，德国的损失应当从其巨大获益的角度来看，德国人认为，他们不久之前才刚刚得到这些收益。有人认为，沙皇俄国会把更加糟糕的条款强加给德国（毫无疑问，很像 1945 年口授的那些条款），但德国人似乎没有想到这一点。无论如何，沙皇俄国已经被德国军队消灭了！那么，德国为什么被迫在东部地区——在波兰走廊，在东普鲁士，尤其是在煤矿和铁矿丰富、工业发达的西里西亚——把日耳曼人的整个社群拱手交给野蛮的斯拉夫人？正是这些损失让德国人最为悲痛和愤

怒，因为它们沉重打击了他们的自豪感：在他们看来，生活在斯拉夫人的统治之下对日耳曼人来说是违背天性的。就连西里西亚公民投票——这是劳合·乔治为德国争取到的一项重大让步——也成了德国人愤怒的又一个来源，因为政府从未向德国公众解释，根据《凡尔赛和约》，允许依照局部结果瓜分西里西亚省。1921 年 3 月 21 日举行的公民投票给了德国 60% 的多数。但国际联盟把这片领土的 40%（波兰人在这里占多数）赏给了波兰，包括最有价值的工业地区。德国人认为自己再一次被骗了，这一次，他们的怒火转向了国际联盟。[4]

在某种意义上，许多年来，德国人一直被骗，但主要是被他们自己的政府欺骗，关于其外交政策的目标和方法，政府从未讲过真话。事实上，完整的真相直到 1961 年才浮现出来，当时，德国伟大的历史学家弗里茨·费歇尔出版了《夺取世界强权》（*Griff nach der Weltmacht*）一书，追溯了德国扩张性外交和军事政策好战的连续性[5]。紧接着，德国历史学家展开了一场旷日持久的激烈论战，在 1964 年德国历史学会的柏林会议上达到高潮[6]。在这场论战期间，德国战争罪一案的基本要素毋庸置疑被确立了，最终甚至被他的大多数批评者所接受。对于它们，值得在这里简要复述一下。

在 19 世纪下半叶，德国成了一个巨大的、十分成功的工业强国。这涉及产生一个庞大的工业无产阶级，他们并没有像农民那样被管理，德国的统治阶级——地主和军人——不愿意 107
与他们分享权力。俾斯麦首创了一个双重的解决办法以应对这个问题。一方面，在 1880 年代，他把普鲁士君主国扩大成了世界上第一个福利国家[7]。另一方面，在他的扩张战争完成之后，他故意制造出了很大程度上是凭空想象出来的外国“包围”的威胁，因此把整个国家包围在一种同质的围困心态中，试图借此维护国内的统一。俾斯麦懂得如何操纵这个人为制造出来的噩梦，但他的继任者并不懂。事实上，他们自己真的相信了这个噩梦，成为日益增长的非理性主义和恐怖的受害者。最迟到 1911 年，德国的统治集团把一种新的种族民族主义给释放了出来：“目标是以成功的外交政策来巩固统治阶级的地位；事实上，他们希望一场战争将会解决日益紧张的社会矛盾。通过把民众卷入这场大战，这个国家那些迄今为止老死不相往来的部分就会被整合为一个君主制国家。”[8] 1914 年战争的目的就是要创造新的欧洲秩序，在这一秩序中，德国将会居于支配地位。作为贝特曼·霍尔韦格的秘书，里茨勒描述了这个提议中的欧洲经济同盟，它是“我们的权力意志的欧洲伪装”[9]。贝特曼·霍尔韦格承认，英国大概不可能接受德国在欧洲的绝对优势地位。因此，必须打败英国（还有法国和俄国）；这意味着德国在扮演一个世界超级大国的角色。正如里茨勒所写的那样（反映了贝特曼的思想）：“英国的战略错误可能就在于迫使我们集中我们的全部力量，利用我们的所有潜能，驱使我们卷入世界范围的问题，迫使我们——这违背我们的意愿——渴望控制世界。”[10] 最后一句话正是德国人的典型特征：渴望转移侵略他国的道德责任。

如果说，发动战争的责任要由德国统治集团军事和民事部门共同承担，那么，战败的惨重就是将军们的过错了。到 1917 年 1 月 9 日，当贝特曼·霍尔韦格向发动无限制潜艇战的要求（这个要求他抵制了 3 年）举手投降的时候，德国在任何意义上都不再是一个平民帝国。从此以后，轮到海军将军们和鲁登道夫负责了。那是他们的战争。他们增加了赌桌上的筹码，并因此可以肯定：当不可避免的失败到来的时候，德国就不仅仅是被打败了，而是土崩瓦解，彻底破产，蒙受羞辱，丢尽老脸。正如里茨勒所言："我们实际上将不得不接受协约国的勒令。沦为奴隶一百年。对世界的梦想永远完结。所有的傲慢消失得无踪无影。德国人在世界各地流离失所。和犹太人一样的命运。"[11]

遗憾的是，凯恩斯不可能知晓一个身处德国决策机构核心 108
的人内心里这些绝望的想法。要是那样的话，他就能够认识到，所谓的"城下之盟"事实上远比德国统治者私下里期望的更为慷慨。当然，绝大多数德国人甚至比凯恩斯更加无知。他们一直被告知，而且他们也相信：这场战争主要是由俄国人的扩张主义和英国人商业上的嫉妒而导致的。对德国来说，它是一场争取生存的防御战。悲剧在于，当崩溃在 1918 年到来的时候，把真相告诉德国人民的机会已经错过了。即使是在德国社会主义者当中，唯一承认德国战争罪的人是库尔特·埃斯纳（他在 1919 年被杀）、卡尔·考茨基（他的工作是整理战前外交档案）和爱德华·大卫（当他在君主政权垮台之后担任外交部副部长时看到过一些关键性的文件）[12]。但是，真正能透露内情的文件没有一份被公布或者可以查阅。德国的历史学家是全世界最棒的，他们背叛了自己的专业，欺骗了自己。同样重要的是，这场悲剧的主要演员都撒了谎，或者隐瞒了事实。贝特曼·霍尔韦格原本能够说出真相：关于战争的起源，关于军人在输掉这场战争的过程中所扮演的角色。但他没有这样做，尽管他被激怒了。提尔皮茨和鲁登道夫都在自己的回忆录中攻击过他。但贝特曼自己的记述说得很少：他担心会加深德国社会中已经存在的巨大分裂。[13]

真相不仅没有说出，它还被故意掩藏在一个神话之下：平民的失败主义和胆小怯懦“从背后”给德国的战争机器捅刀子。回过头来看，有一点非常奇怪：这个神话竟然被人们接受了。在威廉二世的德国，没有力量能够反抗军人，更不用说从背后捅刀子了。德国在很多方面都是世界上最军事化的，就连新兴的工业也是用军事的方式来管制。工业城镇在霍亨索伦王朝军人国王的兵营城市周围拔地而起。连续不断的军事训练影响到了商业阶层，即使在工会和社会民主运动的早期阶段，也极其强调纪律性。制服无处不在。皇帝轻蔑地把大臣、政治家和外交官称为“愚蠢的平民”。为了提高自己的威信，政府成员都装模作样地穿上军服。俾斯麦穿戴着骑兵将军的装束。当贝特曼·霍尔韦格第一次以总理的身份出现在帝国议会的时候，他的穿着打扮像个少校。皇帝本人坐在办公桌前的时候，他胯下所坐的不是椅子，而是军用马鞍[14]。平民的观念不知
109 怎么就颠覆了这个庞大的、无孔不入的军事结构，特别是在历史上最大的一场战争中，这实在有些荒唐。

事实上刚好相反。正是鲁登道夫，突然意识到游戏结束了，并决定在依然来得及的时候保护军队完好无损，他坚决要求停火。而正是他的继任者威廉·格勒纳将军，向皇帝发出了逐客令，告诉他，军队正在秩序井然地打道回府，“但并不是遵照陛下的命令，因为他们已经不再是陛下的后盾了”[15]。而且正是军队，帮助发动了这场战争，增加了赌桌上的筹码，并信誓旦旦地保证：战败是灾难性的。当时，军队已经推卸掉了它的责任，把权力交回给平民。他们把安排停火、签署和约的任务与骂名留下了，与此同时，将军们已经准备好了“背后捅刀子”的说辞，为自己作无罪辩护。

因此，由于一种古怪的全民短视，包括一些自欺的成分，德国人免除了那些把国家带入可怕混乱的人的责任。协约国放弃了战争罪特别法庭的观念。他们甚至在引渡那些违反《海牙公约》的德国军官的问题上也放弃了原先的立场。这些人被释放了，出现在德国的法庭上，他们在那里得到的判决轻得有些荒唐，然后被允许逃走，像英雄一样荣归故里。

相反，正是社会党人和中间派政治家，为德国的麻烦承担了责任。战前，社会党是帝国议会中最大的政党，但他们从未被允许组建政府；而且，由于议会对财政没有足够的控制权——这是战前德国“民主”的主要缺陷——他们无法有效地制止德国的帝国主义，尽管他们投了反对票。在 1918 年初，它们是唯一反对德国吞并俄国领土的政党。当战争结束的时候，他们终于短时间地掌握了权力，但仅仅是作为一个破产帝国的法律意义上的接收者，帝国犯下的罪行他们要承担。当中间派政治家接管权力的时候，他们也被战败、投降、“协约国的人”这样一些污点败坏了名声。

确实，或多或少，《凡尔赛和约》带来的耻辱被归到了新共和国所有政治家的头上，甚至被归咎于共和国这个概念本身，也被归咎于议会民主的整个观念。德国人破天荒地有机会管理他们自己。每个 20 岁以上的人，无论男女，都有投票权。从今往后，所有公共机构的选举都是平等的、无记名的、直接的，并依据比例推选代表。审查制度被废除了。集会的权力得到了确保。工会得到了雇主的承认。8 小时工作制成为强制性 110
的[16]。当第一次选举在 1919 年 1 月举行的时候，有 80% 的选民参与投票，四分之三的票数支持建立一个共和国。

在伟大的社会学家马克斯·韦伯的指导下，起草了新的魏玛宪法。它第一次赋予国会以充分的财政主权，它被认为体现了美国宪法所有最好的特征，但它有一个严重的缺陷。总统 7 年选举一届，并不是政府首脑：那个职位是总理，一个对议会负责的党派人物。但根据第 48 条，总统被赋予了在议会闭会期间处理紧急事务的权力。从 1923 年起，每当议会陷入僵局的时候，这一条就被不正当地援引。而议会经常陷入僵局，因为比例代表制妨碍了两党制和绝对多数的发展。很多德国人从小就根据这样的观念被教养成人：德国和德国人是一个超验的有机统一体，在他们看来，一个四分五裂、陷入僵局的议会是反常的。有人认为，议会是一个论坛，真正的、不可避免的利益冲突在这里得以和平地结束，这样的论点对他们来说是陌生的，也是不可接受的。相反，他们把帝国议会看作一个纯粹的舞台，“党派游戏”在这里上演，而真正的、永恒的、有机的、光荣的德国体现在总统这个人的身上，体现在宪法第 48 条中。这条宪法裂缝甚至在第一任总统、社会党人弗里德里希·艾伯特的治下就已经十分明显。他宁愿动用自己的权力，也不愿迫使国会议员们养成解决分歧的习惯。当陆军元帅兴登堡取代他的时候，情况就变得更加糟糕了。

尽管鲁登道夫掌控了这场战争，但兴登堡是名义上的军阀头子和公众心目中的英雄。1916 年，人们按照他的模样制作了一个巨大的木雕像，象征着德国必胜的决心。如果你买了一份战争债券，就允许你在雕像上敲进一颗钉子。大约 10 万颗钉子被敲进了这尊巨像。战争结束之后，雕像立即被劈作木柴，仿佛象征着军人消失和文官当权。也正是文官政府，魏玛共和国，尤其是议会，被人们混同于《凡尔赛和约》以及战后的一切困难和耻辱。当那位木头巨人作为总统卷土重来的时候，他不仅象征了战时英雄主义和德国的统一（与党派纷争截然相反），而且象征了魏玛宪法本身所包含的反共和的反向原则。正是在兴登堡治下，总统的特权被用来任命和解雇总理，解散帝国议会，并在最后那些年里导致议会政府实际上的 111
暂停。希特勒把这个过程推向了高潮，他利用宪法第48条，甚至在1933年4月议会消失之前就为自己的独裁统治奠定了基础。

宪法内部的裂缝如果没有反映德国社会更深刻的分歧——事实上也是德国人思想上的分歧——那么它也不可能如此重要。我把这称作东西分歧，就它们被德国命运的影响而言，它是该时代的核心主题之一。战前的德国政权由国王、将军、地主、赋予它学术合法性的法学教授以及赋予它道德权威的路德宗牧师所构成，其主要特征是反自由主义。这一统治阶层带着强烈的憎恶痛恨西方，既痛恨它的自由主义理念，也痛恨这些理念（在他们看来）所包含的粗俗的物质主义和缺乏精神性。他们想保持德国的“纯洁”，不被西方所玷污，这是他们计划重新开始中世纪对东方的征服和殖民，并为德国开辟出一个大陆帝国使之独立于盎格鲁—撒克逊的世界体系之外的动机之一。这些东部人划分出了“文明”（civilization）与“文化”（culture）之间的根本区别，他们把“文明”定义为无根的、世界性的、不道德的、反德国的、西方的、物质主义的，以及在人种上被污染了的，而“文化”则是纯洁的、民族的、德国的、精神性的和真实可靠的[17]。文明把德国拉向西方，文化则把它拉向东方。真正的德国不是国际文明的组成部分，而是有它自己的民族性的种族文化。当德国对西方的吸引力做出响应的时候，它便遭了殃；当它在东方追求自己的天命时，它就实现了自我。

事实上，正是东部人统治了整个德国，制造了战争焦虑，把德国拖入了战争，然后输掉了这场战争。然而，在大多数德国人的头脑里，“背后捅刀子”的神话驳斥了这个基于事实的分析，因为它把战争的失败归咎于西部人的失败主义和背信弃义，他们随后签署了停火协议，接受了灾难性的和平条约，引入了共和国，让“党派统治”登基即位。因此正是西部人对德国在战后世界的所有不幸负有责任，这是唯一合乎逻辑的，因为他们是巴黎和伦敦的政客以及华尔街和纽约城的国际金融集团的傀儡，或者是他们雇佣的代理人。他们在德国的前哨便是魏玛共和国议会。但真正的德国文化在共和国内部依然有它最后的阵地，这就是兴登堡总统（一个卓越的东部人）和宪法第 48 条的权威。这个至关重要的桥头堡迟早可以扩大。

112 然而，眼下西部人正春风得意。魏玛是“西部人的”共和国。它代表文明而不是文化：文明当政，文化在野。并非巧合的是，德国文明在 1920 年代达到了最华而不实的繁荣，当时，德国在很短一段时期里成了世界观念和艺术的中心。这一胜利是长期积累起来的。德国迄至当时为止是世界上受教育程度最高的国家——早在 18 世纪晚期，它就突破了 50% 的识字率。在 19 世纪，它逐步建立了高等教育体系，学术研究的全面性和多样性卓冠群伦，无可匹敌。慕尼黑、柏林、汉堡、哥廷根、马尔堡、弗莱堡、海德堡和法兰克福都有世界著名的大学。德国自由主义知识界在 1860 年代选择了远离公共生活和政治生活，把这块场地留给了俾斯麦和他的继任者。但知识分子并没有移民国外；实际上，他们散落各地，当他们在第一次世界大战之前重新露面并在 1918 年掌权的时候，最引人注目的是他们的多中心主义的力量。

当然，有 400 万人口的柏林占据着首要位置。但是，不像巴黎，它并没有把全国所有的知识能量和艺术能量全都吸入自己的体内。在柏林拥有亚历山大广场和选帝侯大街的同时，另外也还有大量的其他文化磁铁：德累斯顿的布吕尔平台，汉堡的处女堤，布雷斯劳的施维德尼泽大道，法兰克福的恺撒大街。建筑实验的中心，鼎鼎大名的包豪斯建筑学院，就在魏玛，后来迁到了德绍。最重要的艺术研究中心沃尔伯格学院在汉堡。德累斯顿有世界上最好的艺术画廊之一，还有欧洲首屈一指的歌剧院，理查德·施特劳斯的两部歌剧在这里首演，由弗里茨·布施指挥。慕尼黑有二十多家剧院，以及另一家大画廊；它是重要的讽刺杂志《傻大哥》（*Simplicissimus*）和重要的小说家托马斯·曼的老家。《法兰克福报》（*Frankfurter Zeitung*）是德国最好的报纸，法兰克福是首屈一指的戏剧和歌剧中心（像慕尼黑一样）；另外一些城市，比如纽伦堡、达姆施塔特、莱比锡和杜塞尔多夫，目睹了 1920 年代一些最重要戏剧的首演。[18]

尤其让柏林名扬天下的是它的剧院，它在 1920 年代是世界上最富丽堂皇的剧院，有强烈的政治氛围。它的卓越在战争之前就开始了，当时由马克斯·莱因哈特管理着德意志剧院，但它在 1918 年被共和主义全面接管了。有些剧作家是忠诚的革命者，像弗里德里希·沃尔夫和恩斯特·托勒尔，他们给埃尔温·皮斯卡托的“无产阶级剧院”工作，乔治·格罗兹为它设计布景。贝托尔特·布莱希特的戏剧《夜半鼓声》
（*Drums in the Night*）1922 年在柏林首演，当时他 24 岁，写过 113
一些政治寓言。共产主义因为它的暴力而吸引了他，正如他将被美国的犯罪所吸引一样，他的朋友阿诺尔特·布龙纳将被法西斯主义所吸引；布莱希特设计了他自己的“制服”，那是最早的左派行头——皮帽子、钢框眼镜、皮外套。当他与作曲家库尔特·魏尔合作的《三分钱的歌剧》(*The Threepenny Opera*)在1928年演出的时候，它一年的时间里在欧洲各地演出了4000场，打破了有史以来歌剧演出的纪录[19]。但是，柏林绝大多数成功的作品是老于世故的自由主义者写出来的，比起直接的政治色彩，更因为他们的“大胆”、悲观主义、有问题尤其是“令人烦恼”而引人注目，像乔治·凯泽、卡尔·施特恩海姆、阿图尔·施尼茨勒、沃尔特·哈森克莱弗、费迪南德·布鲁克纳和费伦茨·莫尔纳这些人[20]。有时候，“文化右派”想来点特别的戏剧，就像他们试图给卡尔·楚克迈尔（他还为《蓝天使》撰写了脚本）的《欢乐的葡萄园》（*Der fröhliche Weinberg*）的首演之夜捣乱那样。但有一点千真万确，保守派反对作为整体的剧院，因为没有任何右翼的或民族主义者的戏剧在柏林演出。在观看了格哈特·霍普特曼的一部戏剧之后，德国一位警察局长总结了“文化德国”的反应：“整个趋势应该被清算。”[21]

柏林在歌剧和电影的相关领域也是世界的首都。这里云集了一流的导演、演出经理、乐队指挥和制片人：莱因哈特、利奥波德·耶斯纳、马克斯·奥菲尔斯、维克多·巴诺斯基、奥托·克伦佩勒、布鲁诺·沃尔特、莱奥·布勒赫、约瑟夫·冯·史登堡（《蓝天使》）、恩斯特·刘别谦、比利·怀尔德（《爱弥尔和侦探们》）、弗里茨·朗（《大都会》）。在设计和制作布景及服装、灯光效果、乐队演奏和合唱的标准上，在严格关注细节上，柏林在任何地方都无可匹敌。当阿诺德·勋伯格的天才弟子奥尔本·贝尔格创作的新歌剧《伍采克》(*Wozzeck*) 1925年在柏林国家歌剧院首演的时候，乐队指挥埃里希·克莱伯坚持排练不少于130次[22]。1929年，柏林音乐节有理查德·施特劳斯、布鲁诺·沃尔特、富特文格勒、乔治·塞尔、克伦佩勒、托斯卡尼尼、吉利、卡萨尔斯、科尔托和雅克·蒂奥参加演出[23]。有了这样的天才、技艺和专业的背景，德国得以发展世界上首屈一指的电影工业，在1920年代生产的电影比欧洲其余地区加在一起还要多，仅1922年就有646部。[24]

更引人注目的是德国在视觉艺术上的成功。1918年，沃尔特·格罗佩斯成了魏玛艺术与工艺学校的主管，并开始实践他的总体艺术（Gesamtkunstwerk）理论，这个术语是瓦格纳最 114
早使用的，但在这里，根据中世纪大教堂的类比，被用来表示绘画、建筑、玻璃和材料工艺、雕塑、珠宝及织物的综合使用。这个观念源自哥特式艺术复兴，但包豪斯建筑学院的氛围直接来自新材料和建筑技术的实际使用。作为学院的教师，洛塔·施莱尔写道："我们觉得，我们确实在缔造一个新世界。"它吸引了很多优秀人才：克利、康定斯基、密斯·凡德罗、奥斯卡·施莱默、汉斯·迈耶；客座艺术家则有巴托克、欣德米特、斯特拉文斯基。[24]

事实上，正是现代主义的制度化，如此新颖地出现在魏玛共和国并赋予它特殊的力量。纵观整个范围的艺术门类，魏玛共和国比其他任何社会或政治体制对现代主义的敌意更小。德国主要的博物馆开始购买现代派绘画和雕塑，正如歌剧院对无调性音乐青睐有加一样。奥托·迪克斯在柏林、克利在杜塞尔多夫、柯克西卡在德累斯顿均被聘为艺术教授。在使现代主义能够被人们接受上，同样重要的是艺术理论家和艺术史家所做的工作，卡尔·爱因斯坦、W. R. 沃林格尔和马克斯·德沃夏克这些人，他们把抽象派和表现主义置于欧洲艺术传统的语境中。结果，柏林作为现代绘画的展览中心赶上甚至超过了巴黎。赫尔瓦特·瓦尔登和他的妻子艾尔瑟·拉斯克－许勒出版了一份杂志《狂飙》（*Der Sturm*），他们经营的画廊比巴黎左岸的任何一家画廊都更有魄力，展出了莱热、夏卡尔、克利、库尔特·施维特斯、莫霍利－纳吉和康彭东克等人的作品。新现实主义在1923年取代了垂死的表现主义，比巴黎的运动吸引了更多的注意。[26]

事实上，在魏玛德国，有一种现代主义的文化霸权。这对东部人来说本身就有高度的煽动性。他们称之为“文化布尔什维克主义”（Kulturbolschewismus）。整个战争期间，德国的激进爱国媒体就曾警告：战败将会带来“颓废派”艺术、文学和哲学的胜利，仿佛劳合·乔治和克列孟梭迫不及待地要赶到柏林把立体派强行灌进德国的喉咙似的。如今，此事真的发生了！魏玛是现代主义和传统主义争夺欧洲和世界霸权的大战场，因为在魏玛，新生力量让机构（或者至少是某些机构）站在了自己一边。法律也站在了他们一边：魏玛共和国的审查法尽管依然严格，但在欧洲大概是压制性最小的。像《蓝天使》那样的电影在巴黎不可能上映。柏林的舞台和夜总会表演是任何重要首都中最大胆的。小说，甚至还有绘画，触及了像同性恋、虐待狂、易装癖和乱伦这样的主题；而且，正是在德国，弗洛伊德的作品被知识界最充分地吸收了，最广泛地渗透到了艺术表达中。

115 左翼知识界经常故意要刺激“思维健全”的德国发怒。

他们已经如此长时间地被窒息在军队、教会、法院和学术界的传统智慧之下；如今轮到局外人了，以一种稀奇古怪而前所未有的方式成为魏玛社会的局内人。在最漂亮、最显眼的新杂志《世界舞台》（*Die Weltbühne*）上，性自由与和平主义受到吹捧，军队、政府、大学、教会尤其是安逸而勤劳的中产阶级受到攻击和嘲弄。最典型的是库尔特·图霍夫斯基的作品，此人是个讽刺作家，很多人把他比作海涅，他手里那支尖酸刻薄的笔比其他任何作家都更频繁、更成功地戳中了东部人的痛处——威力不亚于乔治·格罗兹那些吓人的讽刺漫画。他写道："德国军队的任何秘密，我都会欣然交给外国势力。"[27]图霍夫斯基拥有惊人的天赋。他打算戳痛别人，以唤起仇恨和愤怒。他成功了。

这次文化的堑壕战没有参考《日内瓦公约》的任何条款便发动起来了，就其恶毒、仇恨和残忍而言是冷酷无情的，旨在激起东部人的返祖性。他们接近公共领域的方法有点类似于妄想狂。这种妄想狂在某种程度上是俾斯麦故意制造出来的。但早在1914年之前，随着德意志帝国成了全世界政治、经济、军事和文化阴谋的目标，它就成了本能的和习惯性的。战争带来的灾难远没有驱除这些幻想，似乎倒是证实了它们。如今这就是德国，高贵、无助而受苦受难，在战败的悲痛中饱受折磨，被全世界的乌合之众奚落嘲弄，后者似乎控制了走向艺术讲台的所有通道，并通过神不知鬼不觉的阴谋，用他们该死的Zivilisation（文明）系统地取代了德国的Kultur（文化）。整个1920年代，这样的冤屈越来越让人怨恨，并被引人注目地总结在弗里德里希·胡松一本题为《选帝侯大街》（*Kurfürstendamm*）的书里，这本书出版于纳粹掌权几个礼拜之后：

> 一个奇迹发生了。他们不再在这里了。……他们声称他们是德意志的灵魂、德意志的文化、德意志的今天和未来。他们对世界代表德国，他们以德国的名义发言。……其他每一样东西都是错误的、低级的、令人遗憾的拙劣之作，都是令人憎恶的庸俗之作……他们始终坐在前排。他们授予精神和欧洲主义骑士称号。他们不允许的东西都不存在。……他们“造就”自己和别人。凡是为他们效劳的人都肯定成功，都会出现在他们的舞台上，在他们的杂志上发表文章，被满世界宣传；其产品被大力推荐，不管是奶酪还是相对论，是香粉还是《时代剧场》（*Zeittheater*），是专利药还是人权，是民主还是布尔什维克主义，是宣传堕胎还是反对法律体制，是腐朽的黑人音
> 116 乐还是裸体舞。简言之，再也没有比民主知识界和读写文明的独裁更加粗俗的独裁了。[28]

当然，给这种妄想狂奠定基础并使之强化的是这样一种信念：魏玛文化受到了犹太人的启发和控制。确实，整个政权难道不就是Judenrepublik（德语：犹太共和国）吗？这最后的赞美词并没有多少根据，照例是建立在互相矛盾的理论基础上：犹太人控制了布尔什维克主义和国际资本主义网络。有一点倒是真的，犹太人在最早的共产主义运动中十分突出。但在俄罗斯，一旦布尔什维克主义者掌权，他们便稳步退却，到1925年，新政权已经是反犹主义的。在德国，犹太人尽管在创立共产党（KPD）上发挥了重要作用，但一旦它作为一个群众性政党而被组织起来，犹太人就很快被清除出去了。到1932年大选的时候，共产党提名了500个候选人，没有一个是犹太

人[29]。在光谱的另一端，犹太人在德国的金融和工业中也不是特别重要。这一信念乃是基于俾斯麦与他的金融顾问格森·冯·贝莱施罗德之间的神秘联系，贝莱施罗德是个犹太人，组织罗斯柴尔德银行及其他银行为德国的战争筹措资金[30]。但在1920年代，犹太人很少涉及政府金融。犹太商人置身于政治之外。大企业由阿尔弗雷德·胡根堡和德国民族主义人民党代表，这个党是反犹主义的。犹太人在魏玛共和国的建立上非常积极，但1920年之后，只有少数几个犹太人担任高官，其中就有瓦尔特·拉特瑙，他在两年后被人暗杀。

然而，在文化领域，就是另一回事了。没有比文化暴政（无论是实际的还是想象的）更令人恼怒的事了，在魏玛文化中，可以貌似有理地把那个“他们”等同于犹太人。他们当中最被人痛恨的人图霍夫斯基是个犹太人。另外几个重要的批评家和意见领袖也是如此，像马克西米利安·哈登、特奥多尔·沃尔夫、特奥多尔·莱辛、恩斯特·布洛赫和费利克斯·萨尔腾。几乎所有优秀的电影导演都是犹太人，大约一半最成功的剧作家是犹太人，比如施特恩海姆和施尼茨勒。在轻娱乐领域，犹太人傲视群伦，在戏剧批评领域就更是如此，这正是东部人的痛处。有很多才华横溢、广为宣扬的犹太演员，例如伊丽莎白·伯格纳、艾娜·萨克、彼得·洛、理查德·陶伯、康拉德·维德和弗里茨·科特纳。犹太人拥有一些重要的报纸，比如《法兰克福报》、《柏林日报》（*Berliner Tageblatt*）和《福斯报》（*Vossische Zeitung*）。他们经营着最有影响的艺术画廊。他们在出版业尤其强大，这一行业大概是犹太人最接近占支配地位的商业领域（仅次于大城市的百货商店）。最好的自由主义出版社，比如马立克·弗拉格、库尔特·沃尔夫、卡西 117

尔兄弟、格奥尔格·邦迪、埃里希·里斯和 S. 费歇尔，都由犹太人拥有或经营。有很多杰出而成功的犹太小说家：赫尔曼·布洛赫、阿尔弗雷德·德布林、弗朗茨·维菲尔、阿诺德·茨威格、维吉·鲍姆、利翁·福伊希特万格、布鲁诺·弗兰克、阿尔弗雷德·纽曼和恩斯特·魏斯，还有弗朗茨·卡夫卡，知识界把他跟普鲁斯特和乔伊斯相提并论，在东部人当中，他是一个特别令人憎恶的目标。在每个变化最突然、最让保守品味不能接受的艺术门类中，比如建筑、雕塑、绘画或音乐，犹太人在这样的改变中都很活跃，尽管很少在他们的控制之下。一个例外大概是音乐，在这一领域，勋伯格被指控“谋杀”了德国传统；但即便是在这一领域，他那位更成功、更创新的弟子贝尔格也是个雅利安天主教徒。然而，有一点毫无疑问是真的：如果没有犹太人的成分，魏玛共和国的文化将会完全不同，更加贫乏，而且肯定有足够的证据使得犹太文化阴谋论看上去貌似有理。[31]

这就是反犹主义在魏玛共和国取得惊人进展的主要理由。在共和国之前，反犹主义并不是一种很多人认为德国人容易患上的疾病。俄罗斯是屠杀犹太人的国度；巴黎是反犹知识界的城市。反犹主义似乎是在 1870 年代和 1880 年代才出现在德国，当时，信奉决定论的社会哲学家正在用达尔文的“物竞天择”原理来解释工业主义所导致的巨变，都市人口的剧增，以及无根而庞大的无产阶级的异化。基督教满足于用人们痛恨的一个单个的角色来解释邪恶：撒旦。但现代世俗信仰需要人身魔鬼，需要整个一类这样的人。貌似有理的是，敌人必须是整个阶级或种族。

马克思发明的“资产阶级”是这些仇恨理论当中最广泛

的，它继续为所有的妄想狂革命运动提供基础，不管是法西斯民族主义运动还是国际共产主义运动。现代理论的反犹主义是马克思主义的派生物，涉及选择（为了民族、政治或经济上方便的原因）资产阶级的一个特殊部分作为攻击的目标。比起纯粹按阶级分析，它更明显地带有感情色彩，这就是列宁为什么使用“反犹主义就是傻瓜的社会主义”这句口号的原因。但就合理性而言，两者其实差不多。实际上，列宁曾说，正是整个资产阶级（不仅仅是犹太人），应当为人类的不幸负责。新的反犹主义是一个不祥趋势的组成部分，这个趋势就是从个人责任的分担转向集体罪的概念——是最原始、最野蛮甚至最兽性的本能之一披着现代的伪装复活。奇怪的是，当新的反犹 118
主义在德国出现的时候，那些攻击它的人当中就有尼采，他对那些真正宗教冲动的假装理性的世俗替代品始终保持着警惕。他指责“这些理想主义最新的投机分子，反犹主义者……竭力通过滥用那种最廉价的宣传花招，亦即一种道德姿态，来搅动这个民族中所有最笨的分子”[32]。

但是，就算现代反犹主义并非德国特有的现象，依然有一些强大的力量支持它在德国的发展。在某种意义上，现代德意志民族是普鲁士军国主义创造出来的。在另外的意义上，它是德国浪漫主义运动的民族表达，连同它对 Volk（民族）的强调，它的神话，以及它在德国风景中的自然背景，尤其是它黑暗而神秘的森林。德意志民族运动可以追溯到拿破仑时代，早在 1817 年，人们就在焚烧“外族的”和“外国的”书籍，因为这些书籍腐蚀了“民族的文化”。事实上，正是从民族主义运动中，马克思得到了工业资本主义中的“异化”这个概念。一个民族有一个灵魂，源自它自然的栖息地。正如历史小说家奥托·格姆林在《行动》（*Die Tat*）杂志上的一篇论述民族浪漫主义运动起源的文章中所写的那样："对各民族和各种族来说，乡村成了它自己特有的风景。"[33]如果这片风景被毁掉了，或者民族脱离了这片风景，灵魂也就死了。犹太人不是一个民族，因为他们已经失去了他们的灵魂：他们是"无根的"。巴伐利亚古代史教授威廉·海因里希·里尔在1850年代和1860年代陆续出版的多卷本著作《土地与人民》（*Land und Leute*）中别出心裁地阐述了这一差别[34]。民族真正的基础是农民。当然，可能还有工人，但他们应当是"手艺人"，在地方行会中被组织起来。另外，无产阶级是犹太人创造出来的。他们没有了自己的风景，他们毁掉了别人的风景，导致千百万人被连根拔起，涌入大城市，那是他们所拥有的最接近于自己的"风景"的东西。里尔写道："大城市的优势地位相当于无产阶级的优势地位"；此外，大城市会把手伸向全世界，组成"世界资产阶级"和"世界无产阶级"，阴谋摧毁每一样拥有灵魂的东西，每一样"自然"的东西，尤其是德国的风景和德国的农民。[35]

民族运动产生了大批反犹主义的"农民"小说，其中最臭名昭著的是赫尔曼·隆斯的《狼人》（*Der Wehrwolf*，1910），故事的背景是"三十年战争"，表现了农民把矛头对准了他们
119 的压迫者，这些人来自像狼一样的城市："文明有什么意义？只不过是一块薄薄的饰板，在它的下面，自然的过程要等到一道裂缝出现，才能冲进开旷地中。""城市是德意志精神的坟墓。""柏林是犹太人的领地。"在农民当中，犹太人充当了放款人、牲口贩子和中间商的角色，最早的组织化政治反犹主义出现在农民党派和农民联合会中。希特勒是这些"农民小说"

的一个热心读者，尤其是迪特·艾克哈特和威廉·冯·波伦茨的作品，前者把《培尔·金特》（*Peer Gynt*）改写成了德语，后者也把犹太人等同于现代工业社会中的野蛮和异化。

事实上，德国反犹主义在很大程度上是一场“回归乡村”运动。有专门的民族学校，强调户外生活。在哈茨山及其他地方建造了由自然圆形剧场形成的“山林剧院”，为的是把“民族仪式”及其他壮观场面戏剧化，这一活动后来被纳粹党人大规模、大排场地采用。最早的青年运动，特别是十分成功的“候鸟运动”（一路弹奏着吉他，徒步穿越乡村），也染上了反犹主义色彩，尤其是当他们涌入中学和大学的时候。德国的“花园城市”运动是一个狂暴的反犹主义者特奥多尔·弗里奇领导的，此人出版了一本《反犹主义教义问答》（*Antisemitic Catechism*），1887~1936 年印行了 40 版，他被纳粹分子称为“大师”。就连日光浴运动，在雅利安和北欧象征符号的推动下，也有了反犹主义的味道[36]。事实上，在 1920 年代的德国，有两种截然不同的裸体主义：“犹太”裸体主义，以黑人舞女约瑟芬·贝克为象征，是异性恋的、商业的、世界主义的、色情的和不道德的；还有反犹裸体主义，它是德国的、民族的、北欧的、非性的（有时候是同性恋的）、纯洁的和道德的[37]。

事实上，不可能逐一列出自 1880 年代和 1890 年代以降搅进德国反犹主义这杯毒酒中的所有成分。不像马克思主义（它本质上是一场准宗教运动），德国反犹主义是一种文化和艺术现象，是浪漫主义的一种形式。正是尤金·迪特里希（他自 1912 年起是《行动》杂志的出版人）杜撰了“新浪漫主义”这个术语，作为对犹太表现主义的回应。他出版了

《狼人》，在他位于耶拿的家里，他被来自青年运动的知识分子所环绕，他穿着一条斑马条纹裤，裹着头巾，发表他的名言："民主是一种文明，而贵族等于文化。"他还设法把尼采变成了一个反犹主义英雄。另外他还犯下了一些厚颜无耻的文学偷窃行为。塔西佗的《日耳曼尼亚志》（*Germania*）被改编
120 成了有重大影响的民族主义文本；达尔文的作品被捣鼓成了种族"法则"的"科学"理由，正如马克思把它们抢去作为阶级"法则"的"科学"理由一样。但也有很多名副其实的导师。保罗·德·拉加德鼓吹把德国宗教从基督教中剥离出来，因为基督教已经被"拉比"圣保罗给犹太化了。朱利叶斯·朗贝恩教导他们：被同化了的犹太人是"害虫和霍乱"，他们毒害了民族的艺术创造力：应当消灭他们，或者让他们与其他"低等"种族一起沦为奴隶[38]。休斯顿·斯图尔特·张伯伦和尤金·杜林都强调德国为抵制犹太人的堕落而自卫时有必要使用"野蛮手段"或哥特式成分，强调北欧万神殿的"纯洁"和理想主义的重要性。1927 年，张伯伦临终之时，希特勒前往探访，并亲吻他的手，张伯伦认为，上帝活跃在德国人身上，而魔鬼活跃在犹太种族中，这是善与恶的对立。条顿人继承了希腊贵族的理想和罗马人对正义的热爱，并在此基础上增加了他们自己的英雄主义和坚韧刚毅的品质。因此，战胜并消灭唯一的另类种族犹太人是他们的职责，犹太人有同样的纯洁和权力意志。所以，犹太人并不是低俗喜剧中的人物，而是一个肉骨凡胎的、不共戴天的敌人：德国人应当从犹太人那里夺取现代技术和工业的所有力量，为的是彻底消灭他们[39]。德国种族主义理论家当中，有些人是马克思主义者，像路德维希·沃尔特曼，他把马克思的阶级斗争转变成了世界种族斗

争，并鼓吹通过演讲和宣传唤醒民众，动员德国人投入到确保他们作为一个种族的生存和繁衍所必需的征服行动中去：“德意志种族被选择出来主宰这个世界。”

简言之，到1920年代，在德国，任何一个政治领袖，如果希望把反犹主义作为其“权力意志”的一个动因，都可以利用一大堆积累了半个多世纪的口号、理念和幻想，来召集他的竞选活动。《凡尔赛和约》本身把那些从俄罗斯、波兰及德国放弃的领地上吓跑的犹太人所组成的汹涌人潮赶进了德国，从而赋予这场论战以新的生命。因此它成为一个紧迫的“问题”，需要“解决办法”。他们并不缺解决办法。有人提议对犹太人双重征税；孤立或种族隔离；恢复犹太人聚居区制度；制定特殊的法律，对违犯这些法律的犹太人实施绞刑；绝对禁止雅利安德国人与犹太人通婚。1918年有一本畅销书是阿图·丁特的《破坏血统之罪》（*Die Sünde wider das Blut*），描写了富有的犹太人如何玷污了雅利安女人的种族纯洁。消灭犹太人的号召变得频繁而深受欢迎，反犹主义小册子数以百万地发行。有很多暴力事件，但是，当巴伐利亚警察在1919年就如何应对反犹主义询问建议的时候，柏林的回答是：无可救 121
药，因为“其根源就在于种族差异，而正是这样的差异把犹太族群与我们的民族分隔开来”[40]。

犹太人千方百计与反犹主义毒药做斗争。有些人培养自己的孩子做手艺人或农民。他们应征入伍。他们尝试着极端同化。犹太诗人恩斯特·利骚写了一首臭名昭著的诗歌《痛恨英国》。他们走向另一个极端，尝试犹太复国主义；或者组建好战的犹太人组织、学生军团、决斗俱乐部。但每一种政策所招致的麻烦都超过了它所排除的麻烦，因为反犹主义是千变万化的、多头的，不受逻辑和证据的影响。正如雅各布·瓦塞尔曼所写的那样："试图默默无闻是徒劳的。他们会说：胆小鬼，他在偷偷地躲藏，被他邪恶的良心所驱使。试图走进他们中间，向他们伸手示好是徒劳的。他们会说：他为什么以他犹太人的冲劲做出这样放肆无礼的主动？像战友或同胞一样忠实于他们是徒劳的。他们会说：他是个多变的人，能呈现任何样子或形态。帮助他们挣脱奴役的锁链是徒劳的。他们会说：毫无疑问，他发现此事有利可图。消除这剂毒药的作用是徒劳的。"[41]莫里茨·戈德斯坦认为，揭露反犹主义"证据"毫无根据是白费力气："会得到什么呢？会得到这样的认识：他们的仇恨是真心实意的。当所有诬蔑都被驳倒，所有曲解都被纠正，所有关于我们的错误观念都被否定，憎恶依然会留下来，就像某种不可驳倒的东西。"[42]

德国在1918年的战败注定要发泄，要寻找替罪羊，人民当中的异族背叛者。即使就连间接的证据也没有，犹太人——西化"文明"的化身——也自动地被分派了这个角色。但还是没有证据！犹太人在战后那段时期的大量涌入是对民族的一次新鲜稀释，预示着进一步袭击它已经殉难的文化。而魏玛共和国本身，它难道没有提供日常的证据——在议会里，在舞台上，在电影院里，在书店里，在杂志和报纸上，在艺术画廊里，以及在任何一处有个普普通通、饱受困惑的德国人出入的场所——表明这场世界性的、腐化堕落的阴谋正在接管德意志帝国？怎么可能有人怀疑一场危机迫在眉睫并且需要极端的解决办法呢？

正是在这个节骨眼上，暴力解决文化与文明之间冲突的观念开始真正抓住某些德国人的头脑。在这里，列宁在开始

1917 年政治暴力循环上的致命行动再一次做出了有害的贡献。反犹主义始终以防守的姿态出现。如今，它关于使用暴力甚至是大规模使用暴力的提议可以被证明是防守性的。因为人们普遍相信——不仅在德国，而且在整个中欧和西欧——布尔什维 122
克主义是犹太人启发和领导的，犹太人控制着共产党，指导着任何地方发生的红色革命和起义。最凶残的布尔什维克分子托洛茨基实际上指挥了彼得格勒的暴动，他无疑是个犹太人；另外几个俄国领导人也是如此。在柏林的斯巴达克同盟起义中，在慕尼黑苏维埃政府中，以及在其他德国城市失败了的起义中，犹太人表现突出。在很难获知真相的地方，想象力便大显身手。于是乎，列宁的真名成了以萨迦·泽德布卢姆。指挥匈牙利红色革命的人不是贝拉·库恩，而是一个名叫科恩的犹太人。苏俄的红色恐怖是送给反犹主义极端分子的一份价值无法估量的礼物，尤其是因为，这一恐怖数不清的受害者当中大多数是农民，而最疯狂、最直白的契卡恐怖分子是拉脱维亚犹太人拉特西斯。慕尼黑如今成了德国反犹主义的首都，因为它曾经忍受过库尔特·埃斯纳及其帮凶的布尔什维克—犹太恐怖活动。《慕尼黑观察报》(*Münchener Beobachter*)——后来演变为纳粹党的《人民观察报》(*Völkische Beobachter*)——专门发表红色暴行故事，比如库恩（或科恩）把牧师钉死在十字架上，他还使用移动断头台，以及诸如此类。当然，很多从俄罗斯发来的消息完全是真的。它们构成了一个坚实的底座，熊熊燃烧的幻想纪念碑可以建立在这个底座之上。希特勒很快就十分有效地利用了人们对红色恐怖的恐惧，一次又一次地坚持认为：共产主义者已经杀死了 3000 万人。事实上他多加了一个零，但这并不能抹杀最早报道的那些可怕数字的真实性。他把自己的国家社会党的好战描述为一种保护性的回应和先发制人。它“准备以十倍的恐怖主义来反击马克思主义者方面的一切恐怖主义”[43]，而且将会以“十倍的恐怖主义”来追捕犹太人，他们不是清白无辜的受害人，而是实际的或潜在的恐怖分子。

在魏玛共和国时代，反犹主义的梅毒正在向第三期发展，它并不是德国政治共同体的唯一缺陷。德国政府是一个头脑很小而且有限的庞然大物。东部人仿效俾斯麦的榜样，把一个福利国家嫁接到了普鲁士军事国家之上，依据法律为工人提供社会保障和医疗保健。与西方自由主义者的选择自由和基于高工资的私人供给的概念背道而驰，它推行家长式的强制选择和普遍保障。国家既是军士长，也是保姆。国家是一个高大的影子，笼罩着普通人的生活，他们跟国家的关系是一种依赖和顺从的关系。德国的实业家强烈赞同这种把国家作为监护人的观念，以坚定却善意的关心监视着公民的生活[44]。哲学是柏拉
123 图式的；结果是社团主义的。德国社会民主党在 1918 年短暂掌权的时候并没有做任何事情来阻止这一极权主义趋势；刚好相反，他们强化了这一趋势。魏玛共和国打开了窗户，但它并不鼓励公民冒险走到国家监护的阴影之外去。

既然东部人在野，那么，谁来负责这架庞大而专横的机器呢？答案是：没人负责。官僚是按照普鲁士的路子训练出来的。他们恪守规矩，有疑问的时候便等待命令。魏玛共和国的缔造者们没有做出努力来改变这一模式并鼓励文职官员发展出一种道德自治感。推测起来，他们大概是担心新政权的官员可能忍不住违抗他们新的议会主人。无论如何，他们极力说服人们把服从视为最高的美德。在 1919 年发表的一篇著名演讲中，马克斯·韦伯强调：“公仆的荣誉取决于他们凭良心执行上级

部门的命令的能力。”只有政治家才有履行个人责任的权利和职责。[45]对于德国官员来说，很难设想还有比这更糟糕的建议。很自然，这一建议得到了遵循，直到1945年的辛酸结局到来。

如果政治家们听从韦伯另外一半建议的话，官员的道德缺位可能并不这么重要。但国会议员们并没有提供魏玛共和国取得成功所需要的精力充沛、自信满满的领导力。有疑问的时候，他们总是依靠宪法第48条，这一条最早在1921年8月被用来禁止“反共”和集会。仿佛他们始终意识到大部分民众对魏玛共和国持保留态度，把它的精英视为协约国的听差，是履约政客，是保证忠实履行一份人们痛恨的条约的人。他们常常给人留下这样的印象：他们自己也有这样的怀疑。社会主义者从一开始就设定了这一模式。1918年首次上任他们就没有做出什么真正的努力，来改变一个绝对专制国家的基础结构。社会民主党的领导人都是一些值得敬重、辛苦劳累的人：艾伯特是个鞍匠，诺斯克是个筐匠，韦尔斯是个裱糊匠，塞弗林是个锁匠，谢德曼是个油漆匠。他们呆头笨脑，缺乏想象力，被左翼知识界所嘲笑，被学院派所鄙视。当中右派恢复勇气的时候，他们立即轻易地交出了他们所掌控的职位。他们缺乏权力意志。

此外，刚开始，由于极左派决定仿效列宁的榜样，并在1918～1919年冬天选择用暴力来对付议会制，他们便立即失去了平衡。在这里，我们再一次看到，人们因为对辩论政治太不耐烦而使用武力政治所带来的灾难性后果。左派的起义驱使
社会民主党人犯下了一个致命的错误。由于不敢使用正规军 124
（事实证明，这可能导致兵变），古斯塔夫·诺斯克要求老的

统帅部给他提供一个由复员军官组成的自由军团。当然，他们很快组织起来了。社会民主党的部长们就这样赋予一场已经在东部蔓延的运动以合法性，那里的德国移民社群正在和波兰人打仗，这场运动从一开始就强烈而顽固地反对魏玛共和国。很快就有了不下于68个这样的团体，有时候被称作“同盟”或“兄弟会”，有迅速发展的社会和政治目标以及对巷战的偏好。一个叫作“狼人同盟”的团体在鲁尔地区跟法国人——还有社会主义者——战斗。另一个“德意志青年联盟”到1925年有13万成员[46]。纳粹党正是从这样一个由卡尔·哈勒控制的联盟中脱颖而出，希特勒把它变成了一个群众党，冲锋队或褐衫党提醒人们想到它的自由军团出身。[47]

几乎不可避免，那些失败的左派起义导致自由军团的合法化和右派恢复信心，反过来制造了军队的暴动。暴动出现在1920年3月，由沃尔夫冈·卡普领导，此人是提尔皮茨的老朋友，并在1917年与他共同创立了祖国党。大约一半军队支持卡普，但右翼政治家和文职官员拒绝加入，4天后，他逃往瑞典。不幸的是，极左派再次选择了暴力，而不是回到新的共和制度。在鲁尔地区，他们招募了一支由5万名工人组成的“红军”，这是魏玛共和国历史上唯一一次马克思主义者能够把一支相当规模的军事力量投入战场。这个团体的出现给军队指挥官一个意料之外的机会，以恢复他们作为法律和秩序守护者的声望。4月，军队进入鲁尔地区，在双方都使用了可怕的野蛮手段之后，军队把这一地区从马克思主义者手里重新夺了回来。结果，军队的控制权从一位可靠的共和国将军沃尔瑟·莱因哈特手里落入了一门心思要撕毁《凡尔赛和约》的反革命贵族汉斯·冯·塞克特将军的手里。塞克特立即着手巩固

“与俄罗斯的关系”，通过在俄罗斯建立秘密的兵工厂来避开《凡尔赛和约》的军备控制条款，1922 年，《拉帕洛条约》的签署加速了这一进程。他还从军队中清除了共和分子，并以“违反纪律”的罪名把那些反对卡普暴动的军士和列兵开除出军队[48]。他把军队从一个政治上中立的工具转变成了一个新的、反共和政府的策源地，它将贯彻东部人从前的政治纲领。就这样，军队脱离了魏玛共和国的控制，投入了反对派的怀抱。当艾伯特总统在 1923 年问塞克特军队站在哪里的时候，他答道：“国防军站在我的身后。”[49]

右派的复活很快反映在政治中。在 1920 年的选举中，社 125
会民主党的选票一落千丈，老魏玛联合内阁丢掉了权力，从此以后，那些创建共和国的人不再控制它。更为严重的是对法治的腐蚀。法官们从未喜欢过共和国，决定像军队一样投入反对派的怀抱。卡普暴动的罪犯从未被绳之以法。此外，1920 年春的事件加剧了上一年已经明显的一个趋势：法官们根据选择性的政治原则对待政治暴力，如今，这样的暴力活动已成为德国的流行病。他们认为，由于暴力源自左派，右派的暴力回应在某种意义上是打算维护公共秩序，因此是有道理的。多亏了列宁的恐怖行为，德国人广泛持有这种观点，以至于陪审团往往支持法官。正是同样的论据允许把反犹主义描述为“防守”。当然，这一论点直接被自由军团的右翼暴徒及“同盟”和“兄弟会”所利用，并帮助把德国从一个格外守法的社会转变成一个格外暴力的社会。1922 年收集的过去 4 年（1919 ~ 1922）的统计数据表明，有 354 起谋杀是右翼犯下的，而左翼是 22 起。那些对每一起左翼谋杀案负有责任的人都被带上法庭，10 人被处死，另有 28 个人被判处有期徒刑，平均刑期

15 年。而右翼犯下的谋杀案当中，有 326 件从未得到解决，50 个杀人者认罪招供；24 个人被判处有期徒刑，平均刑期 4 个月。[50]

简言之，右翼可以实施暴力而不大担心法律的惩罚。法官和陪审团觉得自己参与德国文化与异族文明之间的战斗：承认暴力可能是对文化挑衅的一种合法回应是正当的。因此，当伟大的自由主义记者马克西米利安·哈登（他是个犹太人）在 1922 年险些被两个暴徒打死的时候，自称的杀人者只得到了名义上的判决。辩护律师认为，哈登通过他那些“不爱国的文章”激起了这次攻击，而陪审团也发现了“减轻情节”。

代表德国普通中产阶级的陪审团为什么倾向于站在东部人一边反对西部人呢？一个主要的理由是他们在学校里学到的东西，这本身反映了大学的政治氛围。现代德国的悲剧是一个活生生的教材，说明了允许学院生活政治化、让教授宣布他们的“承诺”会带来怎样的危险。不管偏向左还是偏向右，结果同
126 样都是灾难性的，因为在任何情况下真理的源泉都被毒化了。大学尤其是教授都压倒性地站在文化一边。德国语言文学的权威和教师都是极端民族主义者。历史学家是最糟糕的。海因里希·冯·特赖奇克曾写到德国的天命之约，警告犹太人不要挡这个“年轻国家”的路。他那本影响巨大的《十九世纪德国史》（*History of Germany in the Nineteenth Century*）是威廉二世时代的经典，1920 年印行了另一个甚受欢迎的版本。像埃里希·马尔克斯、格奥尔格·冯·贝洛和迪特里希·舍费尔这样一些当代史家依然在颂扬俾斯麦的功绩（色当之战和帝国建立的周年纪念都是公立大学的节日），他们从第一次世界大战中吸取的教训都围绕德国缺乏“残酷无情”。他们为“背后捅

刀子”的神话提供了学术支持。作为整体的学术共同体是民族主义神话的温床。教授们不是鼓励自我批评和怀疑论，而是呼吁“精神的复活”，兜售包治百病的万灵药。[51]

由于十足的坏运气，1920 年代德国阅读最广、影响最大的书是奥斯瓦尔德·斯宾格勒的《西方的衰落》（*The Decline of the West*），斯宾格勒是一个愚蠢而迂腐的中学教师。他在 1911 年把这本书设想为对德国人过度乐观主义的一个警告。他在战争期间抱着对德国胜利的预期写了这本书。它的第一卷实际上出版于 1918 年，当时，战败让这本书显得惊人地切题，并与当下密切相关。因此，它成了一本畅销书。此书的本质是社会达尔文主义。斯宾格勒定义了 8 种历史文化，并主张把“形态学的规律”应用于这些文化。最后一种文化——西方的文化，已经显示出了腐朽的征兆，比如民主政治、财阀统治和技术，包括正在接管“文化”的那种“文明”。它似乎解释了德国为什么被打败。它还预示了一个即将到来的野蛮战争的时代，在这个时代，将会崛起新的恺撒，民主主义者和人道主义者必将被铁石心肠的英雄这个新一代精英阶层所取代，他们不会寻求个人的获益，而是要服务于社会[52]。紧接着，他在 1920 年又发表了一篇耸人听闻的文章《普鲁士主义和社会主义》，呼吁一种无阶级的、民族的社会主义，在这样一个社会，整个民族在一位独裁者的领导下一起工作。这恰好就是墨索里尼开始在意大利提出的那种观点。

对斯宾格勒的分析做出简洁补充的是另外两个重要东部人的作品。卡尔·施米特是德国首屈一指的法哲学家，那些年里他写了大量的书和文章，坚持不懈地强调这样一个论点：只有当国家的需求优先于对一种虚幻“自由”的寻求时，秩序才

127 能得以恢复。在魏玛共和国根据宪法第 48 条的原则被重新塑造为一个威权主义国家之前，帝国不会安全[53]。文化历史学家阿图·莫勒·范登布鲁克在 1923 年出版的一本才华横溢的著作中从历史的视角重申了这一观点。他认为，德国人是欧洲最主要的创造者。他们的第一帝国，亦即中世纪帝国，塑造了欧洲。他们的第二次创造，亦即俾斯麦的创造，是人造的，因为它承认了自由主义的腐化堕落：当然，那就是它为什么在考验之下土崩瓦解的原因。魏玛共和国纯粹是混乱之间的一段插曲。如今，德国人有了另一个机会：通过清除社会中的自由主义和资本主义，他们能够缔造第三个国家，也就是最终的国家，它将体现德国的所有价值，持续一千年。他在《第三帝国》（*The Third Reich*）一书中为这个引人注目的存在命了名。[54]

在教授们的激励下，德国的学生群体——魏玛时期德国大学的在校学生平均约为 10 万人——热情洋溢地接纳了这些东部人的哲学。研究一下魏玛时期就足以推翻这样一个观念：学生群体在某种与生俱来的意义上是人道理想主义的栖身之地。仅次于旧军人，学生为暴力极端主义者（尤其是右翼暴力极端主义者）的储备库提供了主要的人力。整个 1920 年代，学生政治一直被右翼的大学校戒运动所控制，直至它被纳粹党所取代[55]。右翼极端分子通过在每所校园里说服半打学生皈依自己，把他们转变成全职活跃分子，没有时间用于学业，从而发展壮大。接下来，这些活跃分子可以影响他们身后大批的学生。纳粹党在学生当中始终比在全体国民当中发展得更好，他们所得到的选票总是因为校园里的选票而领先，学生群体给他们提供了最好的皈依者。学生们把纳粹主义看作一场激进运动。他们喜欢它的平等主义。他们也喜欢反犹主义。事实上，学生们比工人阶级和资产阶级更加反犹。大多数学生社团甚至在1914年之前就把犹太人排除在外。大学生联谊会赞同“埃斯纳决议”，这份决议声称，对犹太人的种族反对是不可逾越的，不能通过施洗来消除。第二年，他们剥夺了犹太学生参加决斗的“荣誉”。1922年，柏林大学当局不敢冒引发学生暴力示威的风险，取消了纪念瓦尔特·拉特瑙被杀的追思活动。对学生暴力的绥靖政策成了1920年代的典型模式，大学校长和教职员工一直向学生领袖最蛮横的要求举手投降，而不敢冒惹火上身的风险。到1929年，大学几乎完全投入了东部人的阵营。

面对社会力量这一基础广泛的阵列，西部人又能依靠什么 128
呢？没有多少人准备为魏玛共和国而死，哪怕是为它仗义执言。自由主义者——正如他们当中一个人所说的那样——“嫁给了魏玛共和国，但并不爱它”。在他们看来，共和国只不过是填补了君主政权消失之后留下的空白、等待更好的东西出现而已。就连马克斯·韦伯在1920年去世之前也承认，他宁愿要强人统治下的平民民主，也不要议会民主，他认为议会民主要么软弱，要么腐败，或者兼而有之。正如慕尼黑自由主义律师汉斯·纳维斯基教授所言，魏玛共和国是一个在悲痛中出生的孩子，他的到来没有一个人为之自豪[56]。在人民的头脑里，不可能把它和它悲惨而可憎的起源分开。

如果魏玛共和国失败，左派失去的将会最多——事实上，让它运转起来，他们的获得才会最大——可是，至少是极左派绝不可能被说服，从而认识到这一事实。1919年的伤疤从未愈合，列宁主义分子痛恨社会民主党人，从1923年起，他们开始把这些人称作“社会法西斯分子”，比他们右边的任何人都更加慷慨激昂。他们不仅没能认识到法西斯主义是一个新的、高度危险的现象，而且拒绝在中产阶级保守派（他们准备在法治之内展开活动）与政治野蛮人（他们恰好在法治之外）之间做出任何区分。马克思主义者也没有认识到反犹主义的重要性。这里，他们的头脑再一次被马克思的麻醉体系给麻痹了。马克思接受了反犹主义的很多神话，因为他把犹太教看作资本主义放债时代的一种反映。当革命到来的时候，它注定要消失：根本不会有像“犹太人”这样的人[57]。作为这一荒唐推理思路的结果，犹太马克思主义者——托洛茨基、卢森堡、保罗·阿克塞尔罗德、奥托·鲍威尔、尤里·马尔托夫——觉得有必要拒绝给予犹太人民族自决权，同时却鼓吹其他每个民族的自决权[58]。这是对本性的愚蠢否认，其中有一种严重的反常。正如犹太历史学家西蒙·杜布诺所言：“一个犹太人得多么痛恨自己，才会承认每个民族和语言都有自决的权力，而怀疑甚或限制本民族的这一权力，而他们的‘自决权’3000 年前就开始了。”[59]马克思主义者认为犹太人不是问题，因此认为反犹主义也不是问题。他们就这样把自己的大脑从窗户里扔了出去，从而陷入了欧洲历史上最大的意识形态危机。这就是单方面智力裁军（intellectual disarmament）的情形。

然而，魏玛共和国的灭亡并非不可避免。假如不是激进右翼出了一位政治天才的话，几乎可以肯定它会生存下去。现代世界史的首要悲剧在于：俄罗斯和德意志的共和国都先后在列宁和希特勒的身上发现了棋逢对手的杰出才能，他们在我们这
129 个时代独一无二的程度上体现了权力意志。当然，这样一个人

物的出现对德国右翼来说并不是什么大惊小怪的事。尼采的所有弟子都同意，一个“领袖”是必不可少的，而且必定会出现，就像救世主一样。他被想象成丢勒那幅著名版画《骑士、死神和魔鬼》中的骑士。威廉·施塔普在《基督教政治家》(*The Christian Statesman*) 中把他描绘为集统治者、勇士和神父于一身，被赋予了魅力非凡的品质。[60]

现实稍有不同。希特勒完全没有信仰，而且对荣誉和伦理学毫无兴趣。他相信生物决定论，正如列宁相信历史决定论一样。他认为，种族，而非阶级，才是20世纪真正的革命原则，正如民族主义是19世纪的革命原则一样。他有跟列宁类似的背景。他父亲也是一个低级官僚，是巴伐利亚边境上一个奥地利海关官员。希特勒也是一个越来越痴迷于政治的时代的产物。他从未做过认真的努力，试图通过任何其他手段来养活自己，只有在一个通过阴谋、煽动和武力追求权力是唯一的目标和生活的满足的世界上，他才真正如鱼得水。在那样一个贫瘠而无趣的世界里，他像列宁一样也是个大师。他有同样的智力自我主义，缺乏自我怀疑，在个人关系上冷酷无情，偏爱武力而不是讨论，更重要的是以技巧娴熟的机会主义把绝对忠诚与长期目标结合起来的能力。这两个人甚至都有一定程度的清教主义：希特勒很少有个人的虚荣，而且没有被权力的浮华方面所腐蚀。

但在一个本质的方面，他们完全不同。列宁是宗教型的革命者，而希特勒是一个浪漫型的革命者。他实际上是个艺术家。1939年，自由主义知识分子给吓坏了，当时，托马斯·曼在一篇才华横溢的文章《希特勒老兄》中把他比作典型的浪漫主义艺术家（比方说，正如亨利·穆杰在《波希米亚人的生活》[*Vie de Bohème*] 中所描写的那样），并问道：“即便违背我们的意愿，我们难道不应当从这一现象中认识到艺术家性格的某个方面吗？”[61]然而，这一比较是有根据的，有启发意义的。它解释了关于希特勒主义的很多东西，否则的话，这些东西依然会晦暗不明。希特勒搞过绘画，手艺不怎么样，也并不成功。他的天才不在这里。他的反应通常是一个艺术家在反弹和回应时所做出的那些反应。希特勒曾经被带到他父亲的工作场所，他发现自己心里充满了“憎恶和仇恨”；那是“政府的一个笼子”，在那里，“老男人们像猴子一样一个接一个蹲在别人的头上”[62]。当他第一次听到瓦格纳歌剧《黎恩济》最早一次成功演出的时候，他认识到了自己有一种公共使命，那部歌剧讲述的是一个平民在 14 世纪的罗马成为护民官，却
130 被嫉妒的贵族在一座熊熊燃烧的主神殿里给杀死了，他后来说：“那一刻，事情开始了。”[63]他似乎是在奥地利哥特式的渥芬斯丁城堡的奇特背景上想到了对犹太人的“最终解决”，在那里，一个被革除教职的修道士尤格·兰茨·冯·里本菲尔斯正在琢磨一项种族繁衍的系统性计划，以及“消灭动物一样的人、繁殖更高级新人”的种族灭绝计划，并发动种族斗争，夺取“阉割刀的控制权”。有意思的是，兰茨声称，列宁和希特勒都是他的门徒，他在“扔进历史垃圾箱”式的阶级消灭和通过繁殖计划实施种族灭绝这两种形式的社会达尔文主义之间看出了类似之处[64]。希特勒对阶级差别也感兴趣，在利用它们给自己带来好处上非常精明。但阶级并不接近其政治梦想的核心，因为它并不是一个看得见、摸得着的概念，而种族则是这样的概念。

希特勒似乎总是从可视形象的角度来接近政治。但他是 20 世纪最激进恶行的一个引人注目的实践者，这一恶行就是

社会工程——人可以像混凝土一样被铲来铲去的观念。但就希特勒的情形而言，这些邪恶的计划始终有一个艺术的维度。计划建立一个以柏林为中心向四面八方辐射的世界帝国，它是庞大的国家结构，先是突然冒出来的想法，然后逐渐成形，直至最细微的细节[65]。在战争期间，当希特勒为欧洲乌拉尔以西数千万平方公里的政治、人口和经济转变而发号施令的时候，他精心选择的措辞是巴比伦花园，它们将装饰优等民族的城市[66]。他让一位建筑师来负责战时生产，这是他的典型特征。事实上，他自己原本就是一个建筑师。当他谈到自己渴望“在各个角落彻底改变”世界的时候，他是从具体有形的角度在视觉上思考问题，这是从他毕生的愿望延伸而来的，这个愿望就是要重建他的“家乡”林茨。实际上，他勉强建起来的不过是那里的一座新桥：但是，几乎直到地堡中的最后一天，他都在研究这座城市的改造计划。他周期性地设想“战争之后”退休，到那时候，他的主要使命完成了，他会重新规划城市，监管公共建筑计划。

希特勒的艺术方法对他的成功来说绝对至关重要。列宁宗教式的狂热在德国绝不会起作用。德国人是世界上受教育程度最高的民族。征服他们的头脑殊非易事。他们的心灵，他们的感性，都是更容易打中的靶子。希特勒的力量在于，他像很多德国人一样热爱民族的意象，无论是新的还是老的：薄雾迷蒙的森林养育着金发碧眼的巨人，笑意盈盈的农庄掩映在祖先城
堡的阴影下，花园般的城市从犹太人聚居区一样的贫民窟中浮 131
现出来，骑着马的战神，燃烧的瓦尔哈拉殿堂，在新生和黎明中，闪闪发光的千年建筑将会从过去的灰烬中拔地而起，耸立许多世纪。对于民族主义者将近百年的宣传所灌输的这些令人

敬畏的意象，希特勒与普通德国人拥有一模一样的喜好。

有一点大概是真的：希特勒的文化资产正是他的吸引力之源。民众对魏玛文化的憎恶是政治能量的一个巨大源泉，他津津有味地汲取了这一源泉。列宁放弃音乐、专注于政治的想法在他看来是难以理解的。在德国，音乐就是政治，尤其是音乐剧，则更是如此了。希特勒的例子证明了这样一个真理：建筑技巧和音乐技巧密切相关。他的浪漫主义艺术本能导致他重新发现了一个真理，这个真理几乎像 polis（希腊语：城邦）本身一样古老，毫无疑问可以追溯到法老们那里，这就是：魅力领袖（不管是文艺复兴时期的君主，还是现代的民主政治家）的外表至少像内容一样重要。希特勒赞赏瓦格纳的一个理由是：他从瓦格纳那里学到了很多东西，尤其是从《帕西法尔》这部歌剧中，这部戏成了他政治表演的典范。他从西线战场得到的教训是：战争是输是赢，要靠宣传；这个想法给他的《我的奋斗》（*Mein Kampf*）一书中鼎鼎大名的第六章带来了灵感。他写道，一切宣传的目标就是"侵蚀人的意志自由"[67]。可以通过拜罗伊特的"神奇魔法"① 和"天主教哥特式教堂的人造暮色"来实现这个目标，这两种效果他都使用过；但他还剽窃过莱因哈特及其他受到鄙视的魏玛制片人和弗里茨·朗的电影花招。他演说的场景都以令人妒羡的专业技巧进行过设计和布置，对细节的关注到了狂热的程度。希特勒是第一个认识到探照灯那种放大和魔幻力量的人：他似乎发明了 son et lumière（法语：声光表演），并在自己的大规模夜晚集

---

① 拜罗伊特是巴伐利亚的一座城市，以一年一度的瓦格纳音乐节而闻名世界。——译者注

会上使用它，效果非同凡响，令人难忘。他从墨索里尼的意大利输入了政治性的服饰和徽章，但对它们进行了改进，以至于希特勒式的制服在禁止奢侈铺张的极权主义国家依然是卓越的标准。斯大林主义模仿希特勒的舞台表演，并且在规模上而不是在风格上略胜一筹。

作为这些政治音乐剧的前台明星，希特勒以同样的专业精神反复排练。“疯子演说家”的神话并非毫无根据。希特勒一直能够完全控制自己。然而，他发现，“疯子演说家”的概念在应付外国人的时候很有用，因为，像内维尔·张伯伦那样的人，当他们实际上会晤希特勒，并发现他能够以心智健全、通情达理的方式谈话的时候，便彻底放心了。1920 年 8 月，他说，他的目标是要用“心平气和的理解”，来“鞭策和激 132
励……直觉天才”[68]。他一直在研究他发表演说的那些大厅里的声学效果。他把自己的演说托付给非凡的记忆力（尽管他也有非常完整的笔记）。他总是在镜子前面练习，让本党的摄影师给自己拍照，好让他能够研究照相。不知道他会怎么对待电视，古怪的是他并没有推动电视的发展：早在 1929 年 3 月 8 日，柏林—维茨勒本广播电台就播放了电视节目。希特勒使用他从费德尔·魏斯那里模仿来的演说手势，当时这在德国还很少见，魏斯专攻啤酒馆里的听众。他总是故意迟到，但不会太迟。早期，他曾巧妙地对付过质问者，使用了大量尖酸刻薄的幽默[69]。后来，他瞄准了灵光闪现的先知形象，大量削减演说中具体的政治内容。他在魏玛拜访过尼采的妹妹伊丽莎白，后者说他给自己的印象与其说是一个政治领袖，不如说是一个精神领袖[70]。但他的风格更多的并不是一个神学家的风格，而是一个信仰复兴运动者的风格：美国记者 H. R. 克尼克尔波克把他比作“比利·桑戴”[71]①。一位观察者当时写道：“希特勒实际上并不是发表政治演说，而是哲学演说。”[72]事实上，他更多的并不是概述计划、做出承诺，而是要求奉献。他把政治看作意志的动员。听众把自己的意志交给领袖，领袖把它强化之后再还给听众。正如他所写的那样：“成千上万人的意志、渴望和力量被堆积在每个个体的身上。抱着怀疑和摇摆的态度出席这样一次集会的人，离开的时候内心会得到增强：他已经成为群体中的一环。”

在这里，我们触及了一个重要的关键点。希特勒对议会民主或自由主义的其他任何方面也只有蔑视。可是，列宁坚持认为一个精英集团甚或是一个人凭借他们的（或他的）真知而代表了无产阶级的意志，希特勒并不讨厌民主的声音以不那么形而上学的形式表达自己。在某种意义上，他相信参与式的民主，甚至一度践行过这样的民主。事实上，希特勒除了在某种程度上借助民主的手段来追求权力，此外也别无选择。在一个罕见的坦率时刻，列宁曾经说，只有一个像俄罗斯那样的国家才可能如此轻而易举地被人控制，就像他所做的那样。德国则是另一回事了。它不可能被强奸。它只能被诱奸。

希特勒花去了一些时间才发现这一事实。他所接受的政治教育值得在这里稍加详细地研究一番。1914 年前，他在维也纳获得了他的社会主义和反犹主义。社会主义是他从著名的基督教社会主义者、市长卡尔·鲁伊格那里得到的，鲁伊格仿效并改进了俾斯麦的社会政策，为的是创造出一个微型的福利国家：在 15 年的时间里，他给维也纳带来了卓越的交通、教育

① 旧译孙培理，美国福音传道者。——译者注

和社会保障体系，城市绿化带，以及 100 万个新的就业岗位。133 这里隐约预示了希特勒 1939 年之前的国内政策：利用庞大的、家长式的政府，说服民众放弃自由，以换取保障。鲁伊格还是一个反犹分子，不过，正是维也纳的另一位政客、泛德意志主义者格奥尔格·冯·舒纳尔教会希特勒把“解决”“犹太人问题”置于政治的中心：舒纳尔要求制定反犹法律，他的追随者把一个被绞死的犹太人的徽章串在自己的表链上。

把希特勒转变成典型东部人的第三个因素是在战争期间添加进来的。鲁登道夫坚定相信部队的政治教育。他给他们灌输了大规模向东扩张的理念，《布列斯特—立托夫斯克条约》表明，这样的扩张是有可能的。希特勒成了这一幻想的热情鼓吹者，并把它进行了扩展和修改，以便把“犹太人问题”的“最终解决”包括在它的实现中。在希特勒的核心行动纲领中，它依然是最大的单一成分，是攻击的轴心，其他一切都围绕它旋转。鲁登道夫的军队政治化计划是列宁热心采用的诸多观念之一，他给部队任命了政治委员，直至营一级。反过来，德国军队在 1919 年初的红色起义被镇压之后重新采用了这一政策。慕尼黑军区的政治部在慕尼黑苏维埃被粉碎之后让希特勒成为其第一批“政治指导员”之一。恩斯特·罗姆是他的一位同事。这两个人充分利用了慕尼黑真心实意的反红色恐惧，把它变成了德国极端主义的首都。

1919 年 9 月，希特勒接管了一个被称作“德国工人党”的小规模无产阶级团体。到 1920 年 4 月，当他离开军队开始全职政治生涯的时候，他已经把这个组织改造成了一个群众党的核心，赋予它对外政策（废除《凡尔赛和约》；大德国；向东扩张；把犹太人排除在公民身份之外），并把它的经济目标重组为一份激进的 25 点纲领：没收战争收益；废除不劳而获的收入；国家接管信托机构并分享工业利润；为国家的需要无补偿地征用土地。他还把“国家社会主义”这几个字添加到了它的标题上。尽管希特勒有时候使用国家主义和社会主义这两个词仿佛它们是可以互换的，但其纲领中的激进成分和社会主义成分始终很强。在任何意义上他从来都不是资产阶级的或保守的政治家，也不是资本主义的倡导者或捍卫者。纳粹党也不是明显较低的中产阶层。现代史学家曾经激烈争论它对工人阶级吸引力的程度[73]。真相似乎是：活跃的纳粹分子来自所
134 有阶层的不满者，除了农民和农场主之外。1923 年总共 4800 名党员中，34.5% 是工人阶级，31% 是中低阶层，6.2% 是低级官员，11.1% 是职员，13.6% 是小商人和店主。[74]

希特勒的政策是要在大众的基础上创立一个先锋精英党，当然，这个政策是根据列宁的经验设计出来的。实际上，在一些重要方面，他到最后依然是一个列宁主义者，尤其是就他的下面这个信念而言：一个高度守纪律的、集中化的党——在独裁的顶端达到极致——是唯一能够完成一次根本性革命的工具。一旦掌权，希特勒便推动这个党系统化地接管所有的社会机构，恰好像列宁所做的一样。起初，他计划以列宁在 1917 年所使用的同样的方式——即通过一场准军事暴动——来夺取权力。1922 年秋天墨索里尼进军罗马所取得的成功鼓励他做出这一决定。一年后，他认为，这样的时机在德国也出现了。

1923 年，长期在混乱的悬崖边摇摇欲坠的德国货币终于掉进了悬崖。1913 年，德国马克价值 2.38 美元，到 1918 年，它跌到了 7 美分，到 1922 年中期，1 美元可以买 100 马克。德国金融当局把下跌归咎于《凡尔赛和约》的赔偿条款。事实

上，赔偿跟它并没有直接关系。德国的公共财政自俾斯麦时代以来一直不稳固，当时，俾斯麦通过借款来支付战争的开销，然后用战利品清偿债务。同样的手法在 1914 ~ 1918 年尝试过，但这一回却没有战利品，德国以政府债券的形式背上了债务的大山，数量惊人的纸币在流通。通胀早在还没听说有赔款这回事之前就开始了，到 1921 年，当最早的付款到期的时候，它已经达到了恶性通胀的水平。这场危机应当完全归咎于财政部长的处理方式，他在德国国家银行的唆使下，允许信用和货币供应扩张。当凯恩斯在 1922 年被请来给出建议的时候，他开出了一剂猛药，后来一代人将会称之为“货币主义”——他说，政府必须不惜一切代价平衡预算并限制货币供应。这个极好的建议遭到了拒绝，印钞机加速了。[75]

最终的流通货币崩溃开始于 1923 年 1 月，当时，法国人占领了鲁尔地区，人们停止了工作，德国政府接受了继续支付他们工资的财政责任。到 1923 年夏天，据一位到访的美国国会议员 A. P. 安德鲁记录，他用 40 亿马克换到了 7 美元；两个人在饭店里吃一顿饭花掉了 15 亿马克，外加 4 亿马克的小费。 135
到 11 月 30 日，每日货币发行量高达 4000×10^{18} 马克。银行贷款收取每天 35% 的利息，而支付给储户的利息仅为一年 18%。结果，一个农妇存下价值一头母牛的钱，6 个月后取出的时候发现，它还不到一条鲱鱼的价格。小储户和政府债券持有人血本无归，一无所有。除了政府本身之外，大的获益者是地主，他们付清了所有抵押贷款，还有实业家，他们用毫无价值的纸币还清了债务，成为其全部固定资产的绝对拥有者。这是历史上最大、最粗暴的一次财富转移。责任是一清二楚的；骗局的受益者很容易认出来。然而，说到公众在经济事务上的愚钝，有一个令人沮丧的迹象就是：德国公众，尤其是输家，非但没有“发展出无产阶级意识”——就像马克思预言他们在这种情况下会做到的那样——反倒把责任归咎于《凡尔赛和约》和“犹太投机商”。

不消说，这样一场大动荡自然有它的政治后果。8 月 13 日，唯一受欢迎的魏玛政治家古斯塔夫·施特雷泽曼组建了“大联盟”，成员从社会民主党人到相当值得尊敬的右翼。这个联盟只持续了 100 天。政府宣布了紧急状态，权力被交到国防部长的手里。有人谈到“进军柏林”。但正是共产主义者——这样的事情几乎总是发生——通过萨克森的一次起义开始了暴力循环。希特勒如今宣布，到了接管巴伐利亚的时候了。11 月 8 日，他的人包围了一家啤酒馆（地方政府当时正在那里开会），把政府领导人关了起来，把他们组建成一个新的独裁政府，以他自己为政治老板，鲁登道夫为军队首脑，然后带领 3000 人进军慕尼黑。可是，警察开火了，进军队伍被驱散，希特勒遭到逮捕，不久被判处在兰茨贝格要塞监狱里服刑 5 年[76]。

然而，当局并不打算让他服满刑期。希特勒受益于偏袒所有“东部人”刑事犯罪的双重标准。“兰茨贝格囚徒”是一个深得人心、备受宠爱的囚犯。他没有穿囚服，而是穿着吊带皮短裤、一件巴伐利亚农民夹克，戴一顶绿色狩猎帽，上面插着一根羽毛。他每天要花去 6 个小时接待络绎不绝的来访者，包括心怀爱慕的女人和卑躬屈膝的政客。在他 35 岁生日那天，追随者和各式包裹塞满了要塞的几个房间，据一位目击者说，他的囚室“看上去就像一家熟食店”[77]。他在那里待了几个月，时间刚好长到足以让他写出《我的奋斗》，正如赫斯的妻子伊尔泽后来作证时所说的那样：“两根手指在一台老式打字机上”敲敲打打[78]。

就在希特勒被监禁在兰茨贝格要塞的同时，一场大的改变 136
席卷德国。从短期来看，事情的发展对他不利。德国国家银行的新任总裁亚尔马·沙赫特稳定了流通货币，引入了新的德国马克，基于黄金和国外可兑换票据，停止了印钞票，削减了政府开支——事实上，也就是做了凯恩斯 18 个月前所建议的事情。德国经济，实际上还有国际经济，驶入了更平稳的水域。接下来的 5 年见证了经济的稳步扩张，结果是更大程度上的政治稳定：那是魏玛生活中最好的年头。在兰茨贝格，希特勒认识到，他不能用列宁的方式夺取权力了。他必须成为一个人民大众的政治家。《我的奋斗》承认了这一事实，并准确地表明了他将如何对待这一事实。但他还感觉到，1923 年是一个分水岭，从长远来看必定有利于他的事业。对数以百万受害人来说，大通胀的遗产将是一次压制不住的、熊熊燃烧的仇恨，对魏玛共和国及其管理者的仇恨，对“西方化”机构的仇恨，对《凡尔赛和约》和协约国及德国那些跟条约有关的人的仇恨。德国中产阶级改变了它的中心轴。从今以后，西部人的事业在劫难逃；“文化”将会战胜“文明”。希特勒在《我的奋斗》引人注目的第四章中注意到了这一重大转向，那一章描述了与俄罗斯之间“争夺生存空间的战争”。他写道：“我们要停止德国无休无止的向南和向西运动，把我们的关注转向东部的土地。经历了长期的磨难，我们终于中断了战前的殖民政策和商业政策，转向未来的土地政策。”[79]

几乎就在希特勒写下这段话的那个时刻，一个古怪的、富于直觉的英国人也在得出完全一样的结论。1924 年 2 月 19 日，D. H. 劳伦斯写了一篇《德国来信》[80]。他说：“仿佛德国人的生活正缓慢退出与西欧的联系，退向东部的不毛之地。”在他 1921 年最后一次探访的时候，德国“依然向欧洲敞开大门。那时候，它依然试图与西欧重归于好……寻求和解。如今，这一切都结束了……我们文明的正面性被打破了。影响无形地来自《凡尔赛和约》。……再次回归那曾经产生阿提拉的毁灭性东方的神奇魔力。”他继续写道：

> 夜里，你感觉到陌生的事物在黑暗中搅动。……有一种危险感……一种古怪的、让人毛骨悚然的、神秘的危险感……和平与生产的希望破灭了。古老的潮流、古老的忠诚断裂了。一种更加古老的潮流开始上涨。回到《条约》的野蛮一极，远离文明化基督教欧洲的那一极。在我看来，此事已经发生。它有远比其他任何实际事件更加深远
> 137 的重要性。它是下一阶段事件的生身之父。

决心利用这新的一极，并以平民政治家的角色，希特勒——他无疑拥有创造性想象力的特质——花去了他在监狱里的最后几周，琢磨出了引人入胜的风景大道的概念，这些大道是专门为汽车修建的，那是未来的高速公路，一辆“人民的汽车”或 Volkswagen（德语：大众汽车）载着这个民族沿着这些大道一路向前。希特勒在 1924 年 12 月 20 日获释，很久没有听瓦格纳了，他径直去了钢琴家恩斯特·汉夫施丹格尔的家，命令他：“给我弹一曲《爱之死》。”第二天早晨，他用 26000 马克买了一辆梅赛德斯，打这以后，直到成为总理，他坚持超过路上的每一辆汽车。

4. 衰落的合理性

在东风再次吹进德国的同时，结盟的英国和法国正在分道 138
扬镳。1922 年 9 月 22 日，在巴黎的马提翁酒店，法国总理雷蒙·普恩加莱和英国外交大臣寇松勋爵之间发生了十分可怕的一幕。3 天前，法国人从恰纳克撤走了他们的部队，留下兵力薄弱的英国小分队暴露在凯末尔的民族主义者的怒火之下，让一场羞辱变得不可避免。寇松勋爵提出了抗议。

两个人互相痛恨对方。普恩加莱是法国食利阶层的代言人、福尔赛家族的律师，他精明、审慎、节俭，喜欢引用基佐对法国人的忠告："让自己富起来！"法国人称他为"法兰西的辩护人"：他继承了梯也尔的民族主义，他正在写梯也尔的传记。他自吹从不腐败：他坚持亲笔写他所有的信件，当他派官方信使去办私事的时候，总是自掏腰包[1]。寇松也自己写信，成千上万的信件，总是坐至深夜，因儿时的背部损伤而无法睡觉。他也有过分节俭的倾向，严格检查寇松夫人的家庭账目，总是要求仆人达到自己所要求的标准，不厌其烦地告诉女仆如何擦拭家具，告诉男仆如何倒茶。但对中产阶级的粗鄙庸俗和法国人的感情放纵，普恩加莱都表现出贵族式的轻蔑。当这两个人争论的时候，普恩加莱的"脾气完全失控，在四分之一个小时的时间里高声地大喊大叫、咆哮怒吼"。英国大使哈丁勋爵不得不把惊愕莫名的寇松拉到另一个房间，他在那里瘫坐在一张深红色的沙发里，双手剧烈地颤抖。"查理，"他说，"我受不了这个可怕的小个子。我受不了。实在受不了。"

寇松勋爵满脸泪水。[2]

英法分歧的根本原因恰好是对德国军事复兴可能性的不同评估。大多数英国人认为法国政治家在德国问题上患有妄想
139 症。奥斯丁·张伯伦爵士曾经听到爱德华·赫里欧说：“我告诉你，我心怀恐惧地期待着德国在 10 年之内再次把战争强加给我们。”[3]法国人的这一观点是协约国间军控委员会的英国成员所共有的，他们的职责就是监督《凡尔赛和约》第 168 ~ 169 条的实施，掌控德国的裁军。J. H. 摩根准将私下里报告，德国比其他任何欧洲国家都更多地保留了其战前特征，尤其是它的军国主义[4]。法国人声称，每一次他们检查魏玛共和国陆军部的声明，都发现它是不真实的。军控委员会的报告记录了厚颜无耻的违规行为，但从未公开过，从某种角度看，是故意隐瞒，为的是帮助裁军的总体事业，削减防御开支。英国驻德国大使阿伯伦勋爵是个品格高尚、滴酒不沾的好战分子，满腔热情地支持德国，是第一个绥靖分子；他相信凯恩斯书里的每一句话，并报告：隐瞒对和约的规避是可能的[5]。关于德国企业为制造武器在土耳其、芬兰、鹿特丹、巴塞罗那、毕尔巴鄂和加的斯设立控股公司，以及克虏伯订立协议在瑞典开发坦克和枪炮，他的报告中只字未提。[6]

英国人丝毫不在乎德国复兴的风险，法国人对此感到愤慨，1922 年 4 月 16 日，当德国与俄罗斯签署《拉帕洛条约》的时候，这种愤慨便更如火上浇油一般。正如法国人所怀疑的那样，这份条约的秘密目标之一就是延续在俄国联合制造武器的协定，甚至在俄国训练德国的飞行员和坦克操作人员。对于法国的东方盟友波兰来说，它还传达了一个不祥的信息，暗示了德国和苏联之间针对波兰的交易，这笔交易最终作为 1939

年8月的《苏德互不侵犯条约》而浮出水面。《拉帕洛条约》增强了普恩加莱的决心：在必要的时候用武力从德国那里得到赔款，正是在恰纳克撤兵问题上与英国闹翻不久之后，1923年1月11日，普恩加莱派法国部队进入了鲁尔地区。其中有些部队来自法属非洲，普恩加莱有一句自吹之词，说法国“不是一个4000万人的国家，而是一个1亿人的国家”。法国在非洲的铁路系统尽管不过尔尔，其主要目的却是把军队迅速运到欧洲战区。法国凌厉的策略在1923年9月23日带来了短期结果，当时，德国政府事实上向普恩加莱的要求举手投降。140
这个脾气火爆的小个子律师一直掌权到1929年（中间有一次中断），1920年代大部分时间里在西欧政治中是个强势人物，在很多人（包括一些英国人和美国人）看来似乎是法国攻击性的化身，比起德国可能出现的任何东西，这种攻击性对欧洲和世界的稳定来说都是一个更大的威胁。

事实上，普恩加莱的政策所产生的一切，不过是德国人的极大愤恨，它无疑会暴露这个仅次于法国的第二强国已经衰弱，并在德国增强决心军事复兴的力量。当然，认为一个好战的法国正在恢复其从路易十四时代到拿破仑一世时期在欧洲占据的强势角色的想象不过是一种幻想。《凡尔赛和约》并没有使俾斯麦的德国土崩瓦解。既然俄罗斯实际上不再是——即便只是暂时不是——一个欧洲强国，德国也就不可避免地是欧洲唯一的超级大国。或迟或早，德国在人数、工业力量、组织和民族精神上的优势必定会再次显露出来。唯一的问题是：它究竟是以善意的方式还是以敌对的方式显露出来。

相比之下，法国人就弱了。同样重要的是，他们觉得自己比实际上更弱。这种弱的意识在1920年代已经很明显——普恩加莱的气势汹汹不过是试图掩盖这种意识——在 1930 年代成了挥之不去的梦魇。在 17 世纪，法国的人口是欧洲其他任何国家的将近两倍。人口第二大国是波兰，这一点也足够重要[7]。法国人沮丧地认识到他们这个东方新盟友的衰落，他们希望让它再次强大起来，以平衡自己的衰落。有一点铭刻在法国人的心上：迟至 1800 年，他们依然是欧洲人数最多的民族，只有俄国除外。打那以后，他们经受了一次令人恐慌的相对下降，反映在大量忧心忡忡的人口学小册子中，自 1840 年代以来，这样的小册子不断出现。他们在 1860 年被奥地利人追上了，1870 年被德国人追上了，1900 年被英国人追上了，意大利人将在 1933 年追上它，让法国在欧洲仅排第五。在 1800 年（当时它的人口是 2800 万）和 1940 年之间，法国人口仅增长了 50%，而德国翻了 4 倍，英国翻了 3 倍[8]。

在法国人看来，第一次世界大战是德国故意针对法国发动的，为的是把它作为一个重要强国彻底消灭，这场战争悲剧性地加剧了法国人口统计上的衰弱。他们有 140 万人被杀——军队的 17.6%，整个活跃男性人口的 10.5%。即使要回了阿尔萨斯和洛林地区，法国的人口也还是从 3960 万下降到了 3913 万，而英国的人口在战争那些年里增长了 250 万。大约 110 万法国人成了 mutilés de guerre（法语：战争伤残者），永久性地残废了。德国人杀死了 67.3 万农民，重伤了 50 多万人，用
141 650 万人口占据了 10 个行省，把其中四分之一的人变成了难民，毁坏了农场建筑，屠宰了家畜，搬走了他们能够拖动的机器，并把法国人变成了奴隶劳工，在鲁登道夫的“战时社会主义”工厂里干活，那里的死亡率每年将近 10%，第二次世界大战中在纳粹的统治下也达到了这样的死亡率。法国人念念

不忘这些骇人听闻的数字，而且，由于他们自己效果非凡的宣传，使得这些数字看上去更加可怕。[9]

那些遭受了战争损失的法国人后来都得到了很好的补偿，但筹集补偿经费的方式（尽管全都是普恩加莱的功劳）却导致了一次累进式的通胀，虽说没有德国 1923 年的通胀那么壮观，但持续的时间更长，最终对国民的士气也更具腐蚀性。1912 ~ 1948 年，法国的商品批发价翻了 105 倍，黄金价格上涨了 174 倍。以美元兑换，1939 年的法郎只有 1913 年价值的七十分之一[10]。对于美英两国的旅行者和侨民来说，两次世界大战之间的法国简直是廉价商品的天堂，但这个天堂对法国人未免冷酷了些，他们把手中长期债券和储蓄的稳步缩水看作少生孩子的一个额外理由。1906 ~ 1931 年，法国有 3 个或 3 个以上孩子的家庭数量急剧下降，在 1930 年代，独生子女家庭比其他任何年代都更加普遍。到 1936 年，法国 60 岁以上的人所占比例比其他任何国家都要大——147‰，相比之下，英国是 129‰，德国是 119‰，美国是 91‰，日本是 74‰。[11]

法国希望通过收复阿尔萨斯和洛林来增强自己，后者有一个巨大的工业带。但是，这两个省的经济都理所当然地与鲁尔地区紧密结合在一起，分离给它们的经济造成了极大的损害。在有大量人口信奉天主教的阿尔萨斯，法国人由于攻击（宗教机构的语言）而疏远了牧师阶层。他们往往犯德国人一样的错误，像殖民者那样行事。事实上，他们提供不了多少东西，因为法国的社会保障远低于德国[12]。对于工业来说，法国是一个贫瘠的市场，虽说它是一个受到保护的市场。严格的租金控制是 1914 年推行的，再也没有放松过，它杀死了法国的住房市场。住房储备战前是 950 万套，1939 年依然只有 975

万套，将近三分之一的住房被宣布不适宜人类居住。农业的倒退令人震惊。1930 年代，农场里依然只有 300 万匹马，这个数字与 1850 年一样。像意大利一样，法国也是一个半工业化国家，它战前的发展速度在 1920 年代并没有得到充分的维持，在 1930 年代更低，工业产出再也没有回到 1929 年的水平。
142 1890～1904 年，法国是世界上最大的汽车生产国。1920 年代，它生产的汽车依然比意大利和德国要多。但它没能生产适合大规模销售的廉价汽车。到 1930 年中期，法国销售的 68% 的汽车是二手车，大街上依然有 1352000 辆马车，恰好和 1891 年一样多。[13]

问题的根源是低投资。这个问题再一次被归咎于通货膨胀。国家是个人投资者的一个糟糕替代。1914 年之前它是最大的雇主，战争给了政府部门以新的推动力。1915～1919 年，商务部长埃蒂安·克莱门泰尔想要一项全国性的计划以及与西欧的经济联盟；他的被保护人当中就有让·莫内以及另外几个未来的“欧洲经济共同体官员”。但这些想法当时都无果而终。国家买下了铁路、航运、电力、石油和煤气，以保持一切继续运转，维持就业，但没有多少钱可以用于投资[14]。法国实业家有很多想法，但由于缺乏大的机会而落空，并花了很多时间用于彼此争斗——电力和燃油工业的首领欧内斯特·梅西就这样和钢铁大亨弗朗索瓦·德·汪代尔打了一场恶战[15]。对于那些走下坡路的聪明人来说，缺少机会甚至更糟（对于女人来说机会根本不存在）。两次大战之间，法国工程师的真实工资下降了三分之一。高等教育（尤其是技术方面的高等教育）严重不足，被宗派争吵和缺乏经费所困扰。大多数钱去了巴黎的那些名头响亮但因循守旧的“精英大学”：赫里欧把培养技术专家的综合理工学院称作“唯一没有被废除的神学院”。国家科学研究院已经出现，但预算微不足道。1920 年代开工的新巴黎医学院大楼直到 1950 年代才完工（法国直到 1922 年才有卫生部），到 1939 年，它的教职员当中只有两个博士。有一个令人吃惊的统计：1927 年，法国花在高等教育上的钱还不够喂养骑兵的战马。[16]

此外，法国以它自己的方式像德国一样被分裂。倒是没有文明与文化之间的交锋，正相反，法国人欣然接受了文明：他们拥有文明。在凡尔赛，他们最不愿意承认英语是一种可选的官方语言。他们认为法国是文明的开创者、家乡和守护人——文明这个词就是法国人在 1766 年创造出来的。他们嫉妒、不喜欢也看不起盎格鲁—撒克逊人。他们最优秀的年轻小说家弗朗索瓦·莫里亚克在 1937 年写道：“我不懂也不喜欢英国人，除非当他们死了的时候。”那一时期深受欢迎的畅销书当中就有亨利·布劳德的《是否应该让英国沦为奴隶?》（*Faut - il reduire l'Angleterre en esclavage?*，1935），以及罗伯特·阿隆和安德烈·丹迪厄的《美国癌》（*Le Cancer Americain*，1931）。 143
说来也怪，德国人更受欢迎。1930 年代，像马尔罗和加缪这样一些年轻小说家都阅读尼采，像萨特这样一些年轻哲学家都喜欢海德格尔。但法国的官方典范是笛卡尔，他的方法论主宰着学校的哲学班，这些哲学班是法国教育体系中最引人注目的特征[17]。它们打算培养绝顶聪明的民族领袖。而实际上，它们培养出来的是知识分子；这并不完全是一回事。知识分子不仅观点有分歧，而且他们发挥的作用也不一样。最有影响的哲学教师埃米尔·夏蒂埃（阿兰）提倡“奉献”。但阅读最广泛的小册子——朱利安·班达的《知识分子的反叛》（*La*

Trahison des Clercs，1927）却鼓吹超然[18]。有些话是为了让法国知识分子置身于争斗之外而说的：他们也互相憎恨。马克思在《共产党宣言》（*Communist Manifesto*）中认为，“知识分子”是资产阶级的组成部分，他们把自己与工人阶级的利益联系在一起。这一分析在德雷福斯案（这位犹太军官被错误地宣判犯有叛国罪）的早期阶段似乎被证实了，当时，新近流行的词语“知识界”（intelligentsia）被混同于反教权的左翼。但德雷福斯案的长期斗争本身产生了一个全新的右翼法国知识分子类别，他们在 1914 年宣布了一次万分不情愿的停火，但在 1918 年却怒气冲冲，并帮助政治右翼赢得了一代人时间之内的第一次大选胜利。除了在 1924 ~ 1925 年和 1936 ~ 1938 年之外，法国右翼和中间派一直控制着众议院（始终控制着参议院），右翼知识分子在沙龙里和大街上都掌握着主动权。

关于文明，大家的意见是一致的；法国人发生争执的地方是文化。它是世俗的还是宗教的，是实证主义的还是形而上学的？战斗是激烈的、破坏性的，野蛮地分裂了教育系统、商业、地方政府、社会。共济会是世俗主义的战斗武器，其成员依然在不断增加，从 1928 年的 4 万人增长到了 1936 年的 6 万人[19]。他们的低端武器由那些被人瞧不起的、薪水很低的公立中小学教师组成，是前共和主义者、和平主义者、反教权主义者，他们在每个乡村与教区战斗。他们使用一套和天主教“免费”学校完全不同的教科书，尤其是历史教科书。但在办学这件事情上，天主教徒不断取得进展。两次大战之间，公立中学的数量从 561 所下降到了 552 所；天主教中学翻了一倍多，从 1920 年的 632 所增加到了 1936 年的 1420 所。天主教大学的校友会组织得特别好，而且特别好战，渴望给德雷福斯案翻案[20]。法国学校的分裂往往会培养出两种截然不同的法国人，他们有不同的历史英雄（以及坏蛋），不同的政治词汇表，不同的关于政治的基本前提，尤其是有两套完全不同的法兰西形象。 144

事实上，法国有两种互相竞争的民族主义。有世俗主义者和共和主义者，他们拒绝承认上帝和国王的父亲身份，在 18 世纪创造出了 la patrie（祖国）这个词，表示他们对国家的更高忠诚。当约翰逊博士在这一时期声称“爱国主义是流氓无赖最后的避难所”时，他是在抨击一种颠覆性的煽动。法国的爱国主义在大革命时期获得了一种雅各宾派的风味，这一类型的进步民族主义因为甘必大和克列孟梭而永垂不朽。它可能像任何其他类型的民族主义一样沙文主义，一样冷酷无情——大概有过之而无不及，因为它往往不承认还有比共和国利益更高的法律，想把美德人格化——但是，当法国被认为由那些并不为祖国的目标效力的人所控制的时候，他们往往会消失在失败主义与和平主义中。特别是，他们总抱着怀疑甚至是敌对的态度来看待正规军，因为天主教在正规军中占压倒性优势，部分程度上是保皇主义的。

相对于“爱国主义的法兰西”，还有“民族主义的法兰西”。它是德国的西部人与东部人之间的分歧在法国的等价物。把两次大战之间的法国民族主义者描绘为法西斯主义者是错误的——尽管他们当中的有些人成了最可怕的那种法西斯分子——因为民族主义的传统要古老得多。它可以追溯到大革命时期的流亡者，是对伏尔泰、卢梭和狄德罗的启蒙运动的文化反应，它最早在约瑟夫·德·迈斯特的著作中获得了知识分子的内容，迈斯特的名著《圣彼得堡对话录》（*Les Soirées de*

Saint-Pétersbourg）出版于 1821 年。他提出了非理性主义、浪漫主义和强调原罪的詹森主义的一种组合。人的理性是一束“摇摇曳曳的光”，太微弱了，约束不了一个混乱无序的种族：“我们这个悲惨世纪称之为迷信、狂热、褊狭以及诸如此类的那种东西，正是法国强大必不可少的组成部分。”“人太过邪恶，不可能是自由的。”他是“一种可怕的怪物……某种未知犯罪的结果，某种令人憎恶的杂种”[21]。在此基础上，迈斯特还增加了关于一场巨大阴谋的重要观念，这场阴谋以“解放”人为表面目标，事实上却会把人身上的魔鬼释放出来。

在 1890 年代德雷福斯案之前的那 20 年里，阴谋论成了法国反犹主义者的惯用伎俩，比如爱德华·德拉蒙特，他的《犹太人的法国》（*La France juive*，1886）极大地夸大了生活在法国的犹太人的势力、影响，尤其是数量。事实上，在德拉蒙特写这本书的时候，法国大约只有 3.5 万犹太人。但他们的
145 数量在不断增长：到 1920 年有 10 万以上犹太人。其他的“异族人”蜂拥而入。第三共和国治下尤其是两次世界大战之间的法国是世界上人们最乐意生活的国家，在很多方面对外国人最宽容，只要他们不制造麻烦[22]。1889～1940 年，将近 230 万外国人获得了法国公民身份，此外，1931 年又有 2613000 外国居民，当逃离希特勒、斯大林、墨索里尼和西班牙战争的难民纷纷到来时，这个数字迅速增长[23]。法国人并不是德国意义上的种族主义者，因为，某种程度上的世界大同主义是他们对文明拥有所有权的一个必然结果。但他们格外容易受到一些稀奇古怪的种族理论的影响，他们也大量生产这样的理论。因此，1915 年，埃德加·贝里翁博士“发现”德国人的肠子比别人长 2.74 米，这使他们容易患上“排便过度症”和臭汗

症[24]。如果说巴黎是笛卡尔式理性的世界之都，那么，它也是占星术、边缘医学和伪科学的世界之都。法国有（实际上现在依然有）一种强大的反理性主义文化。

所以，民族主义极端派报纸《法兰西行动》（*Action Française*）大获成功。它1899年在一个很小的知识分子团体中开始，他们在圣日耳曼大道上的花神咖啡馆里集会——1944年，这里被存在主义者给"解放"了——并由于查尔斯·莫拉斯的天才而兴盛起来。莫拉斯公开宣扬双重阴谋的观念："四个同盟国家：犹太人、新教徒、共济会员、外国佬"。这和德雷福斯案期间梵蒂冈的官方路线并没有什么大的不同，只不过后者用"无神论者"取代了"外国佬"。事实上，尽管莫拉斯和《法兰西行动》本身都是无神论的，但他们的某些观点被天主教会强烈认可。最后一位伟大的反动派教皇庇护十世告诉莫拉斯的母亲，"我为他的工作祈神赐福"，尽管他签署了一份宗教法庭令，谴责莫拉斯的书，但他拒绝让人执行它——这些书是应该谴责的，但并不是已经定罪的[25]。最后，1926年12月20日，梵蒂冈的谴责还是来了，因为庇护十一世那时候有法西斯主义当权的惨痛经验。但还是有大量相关团体忠实的天主教徒可以加入，民族主义运动在中上层阶级当中从未失去过受人尊敬的地位。莱昂·都德编辑的《法兰西行动》文章写得才华横溢，被人们广泛阅读：这就是为什么普鲁斯特（尽管是个犹太人）也拿起这份报纸，并发现它是"一种通过提升精神来治疗的办法"[26]。很多重要作家都和这场运动有密切的联系。比方说，其中包括首屈一指的通俗历史学家雅克·班维尔，他的《法国史》（*Histoire de France*，1924）销量超过30万册，他的《拿破仑》（*Napoléon*，1931）

和《第三共和国》（*La Troisième République*）也都是畅销书。

146 事实上，法国民族主义的弱点在于：它太知识分子化了，它缺乏一个有权力意志的领袖。1933 年底，法西斯在欧洲大部分地区凯歌高奏，法国的史塔维斯基丑闻让极端分子有机会揭露共和国的腐败，他们恰好需要这个来证明：发动一次政变是有道理的。如果莫拉斯发出了行动信号，几乎可以肯定，某种原始的法西斯国家就会在 1934 年 2 月 6 日诞生。可那会儿他已经 66 岁了，耳聋眼花，而且秉性就是一个埋头伏案的码字师傅：那生死攸关的一天他都花在了写社论上。他的天赋才能使得他在激发受过教育的法国人的激情上变得如此危险，而恰好是这些才能，让他没有能力带领他们投入战斗。因此，不存在一场统一的法西斯运动赖以聚集的焦点。相反，各种不同的团体迅速增加，各有略微不同的意识形态，以及对暴力不同程度的容忍。他们是众议院里受人鄙视的党派体系的翻版。像“国王报童”这样的保皇派拼命排挤波拿巴主义的“青年爱国者”、无神论的“法兰西学生行动”，以及诸如“法兰西人民党”、“束棒党”、“大学长枪党”之类“纯”法西斯团体，还有像“火十字架”一样更传统的民族主义运动。一些纳粹型冒险家——其中很多人后来在维希政府春风得意——围绕这些蘑菇般迅速生长的团体兜售自己，待价而沽。让他们掌权将带来一场外部的灾难。

然而，莫拉斯和他的支持者们无疑让这场灾难变得更有可能。跟魏玛共和国在德国比起来，第三共和国在法国有更多的朋友。莫拉斯透露，它也有很多敌人。他最喜欢引用的一段话出自一本正经的法兰西学院院士和诺贝尔文学奖得主阿纳托尔·法郎士：“共和国是不可毁灭的，它就是毁灭。它是弥散，它是中断，它是分歧，它是邪恶。”[27]他写道，共和国是一个女人，缺乏“积极和行动的男性原则”。“只有一种方式可以改进民主制，那就是摧毁它。”他的根本法则是：“那些被实干家和军事领袖所统治的人打败那些被律师和教授所统治的人。”如果说共和主义已死，那么它的死又有多少价值呢？《凡尔赛和约》是“盎格鲁—撒克逊的金融和犹太德国的金融联合”创造出来的。阴谋论被再次阐述——无政府主义、德国人、犹太人——“来自深渊的野蛮人，来自东方的野蛮人，我们的民众被他们的两个朋友从侧面包抄：德国人和犹太人。”[28]极端民族主义者唯恐失去他们想象出来的所谓法国利益，因此既不愿意保护凡尔赛和约的欧洲，也不想遏制法西斯
主义的侵略。班维尔的日记显示，他欢迎法西斯主义在意大利 147
和德国取得成功[29]。莫拉斯赞扬墨索里尼入侵埃塞俄比亚，称之为文明对野蛮的斗争[30]。他问读者：“你能为波兰做什么呢？”马塞尔·迪阿那句令人印象深刻的“能为但泽而死吗？”响应了他的这句呼喊。

实际上，当时，法国民族主义的调门，无论是雅各宾派的，还是反共和主义的，都对他们准备做出的牺牲有所保留。问题不在于我的国家是对是错，也不在于我的国家是左是右，而在于究竟是谁的国家——是我的，还是他们的？到1920年代初，法国的内部分歧已经很明显，分歧所导致的意志的软弱很快就影响到了实际的政策。法国战后的防御姿态是基于莱茵河以西的绝对军事霸权（可以遏制这一侧的德国）和新国家的军事同盟（可以遏制另一侧的德国）。波兰、捷克斯洛伐克、罗马尼亚、南斯拉夫全都与法国签订了错综复杂的军事协定，以及武器的供应和技术人员的培训。普恩加莱1923年对

鲁尔地区的占领让他看到了西方的政策武器正在发挥作用。但它对法国在英美两国的利益造成了如此大的损害，以至于在很多法国政治家看来，这样的事情不能重演。1924 年美国人提出来的解决大宗赔款的办法——道斯计划——消除了进一步诉诸武力的很多借口。德国人如今提出，法德边界应该得到保证，英国人支持他们的要求。法国人的答复是：既然那样，英国也得同意保证德国在西部与法国盟友（波兰和捷克斯洛伐克）之间的边界。但英国外交大臣奥斯丁·张伯伦爵士拒绝了，他写信给法国外交部长艾尔·克劳（1925 年 2 月 16 日）说：英国不可能保证波兰走廊，“英国政府任何时候都不愿意也不可能为了这块地方拿英国士兵的生命去冒险”[31]。没人会为但泽而死，谁也不会！

因此，《洛迦诺公约》（1925 年）在有效地拒绝承认法国有权武力遏制德国的同时，却没能认可它的防御同盟体系。它所做的一切，不过是将莱茵兰地区非军事化，并赋予英法两国这样的权利：如果德国试图恢复它在那里的完整主权，它们有权武力干涉。然而，这是吹牛。尽管张伯伦对 1926 年的帝国会议自吹，“我们国家真正的防御线……如今不再是英吉利海峡……而是莱茵河”，但英国参谋部私下指出，他们并没有军事手段来支持这一保证[32]。两年后，帝国总参谋长拿出了一份内阁备忘录，这份备忘录指出：德国的总兵力（包括预备
148 役部队）不是《凡尔赛和约》所允许的 10 万人，而是一支 200 万人的部队[33]。法国陆军部做出了同样的估算。到 1928 年，普恩加莱放弃了把战略边境推进到莱茵河的“冒进”观念，回到了纯粹防御的政策：专家们已经在致力于被称作“马其诺防线”的项目。

那么，普恩加莱所说的“1亿人口的国家”，H. G. 威尔斯称之为“‘黑色法兰西’的发展”的帝国幻想又如何呢？[34]能否借助这个帝国来平衡法国在欧洲的弱势呢？莫里斯·巴雷斯是个知识分子，帮助整合右翼联盟，赢得了1919年的大选，他写道：“你忍不住要感谢德国人让世界睁开了眼睛，关注殖民地问题。”1919年的议会被称作“蓝色地平线议会”，所依据的是陆军制服的颜色及其帝国主义的雄心壮志。1921年4月，殖民部长艾伯特·萨罗拿出了一份宏大的计划，要把法国的海外领地变成母国的经济支柱[35]。但要实现这个梦想，有一个——或许是两个——先决条件。第一个且最重要的是用于投资的钱。法国人希望根据秘密的《赛克斯—皮科协定》，从战利品中搞到钱：一个包括摩苏尔油田的“大叙利亚”。但在战后的争夺中，这一计划遭到英国及其阿拉伯被保护人哈桑王室的拒绝。法国所得到的，只有黎巴嫩，法国是那里的基督教马龙派社群的传统保护人，还有西叙利亚，那里没有石油，倒是有很多凶狠残忍的阿拉伯民族主义者。如果只有黎巴嫩的话，法国的日子没准还好过一些。所谓的托管是一次彻底失败，不断激起大规模的反叛，要耗费巨大的军费开支才能平定，反叛在1925年因为法国高级专员用重炮轰击大马士革而达到高潮[36]。中东的瓜分依然是法国与其主要盟友英国之间发生争执的一个恶化之源，并导致它们之间在1940~1941年真正打了起来。法国从来没有从中东地区得到一分钱的好处。

结果，没有钱来实施萨罗计划。法国的黑非洲殖民地是1870年之后为了声望而不是出于经济原因获得的，为的是保持军队有活可干，并把地图涂成蓝色。1900年代一项法律说，各殖民地必须掏钱养活自己。西非（1904）和赤道非洲

（1910）组织起了联邦，但这辽阔地区的人口加在一起也比不上英属尼日利亚的人口。要想有经济意义，就必须把它们和法属北非领地连起来。1923 年，法国外交部、陆军部和殖民部
149 同意，修建一条跨撒哈拉沙漠铁路是绝对“必要的”。可是，没有钱。就连一次技术勘察也直到 1928 年才搞成。这条铁路从未建成。事实上，更多的钱流进了法国的海外领地；1914～1940 年，投资增长了 4 倍，这个殖民帝国在法国总投资中所占的份额从 9% 增长到了 45%。但几乎全都流向法属阿拉伯领地，阿尔及利亚得到了最大的份额。1937 年，法国与阿拉伯领地的外贸额超过 150 亿法郎，是西非和赤道非洲的 4 倍。[37]

第二个先决条件是某种形式的权力转移，好让这个“1 亿人口国家”的居民享有同等权利。但没有这样的机会。1919 年，在巴黎条约的谈判中，胡志明代表印度支那的安南人出席并提出八点纲领；实际上，他要求的不是自决权，而是民权，像宗主国法国和侨民所享有的权利一样。他什么也没得到。印度支那有世界上最糟糕的强迫劳动制度之一，它苛酷的本地税收体系包括古老的盐税。正如胡志明所写的那样，法国带给印度支那的，不是进步，而是中世纪的制度，盐税便是它的象征，他在 1924 年说：“税收、强迫劳动、剥削，那就是对你们的文明最好的概括。”[38]印度支那的法国官员与整个英属印度的英国官员一样多（5000 人），而印度人口是印度支那的 10 倍，这些官员与法国殖民者农场主紧密合作。不会容忍权力转移或改革。1927 年，当一位进步的法国总督亚历山大·凡雷纳试图结束强迫劳役时，他们拉帮结伙，联合起来让政府把他召回了。1930 年，仅在印度支那，就有将近 700 起草率处决。胡志明写道，如果甘地在那里搞消极抵抗，“他早就上天堂了”[39]。

北非的情况好不了多少，某些方面甚至更糟。理论上，阿尔及利亚像宗主国一样得到管理，但事实上，它有单独的选举团分别用于法国人和阿拉伯人。这让克列孟梭 1919 年的战后改革化为泡影，实际上也让后来的所有改革化为泡影。法国殖民者派代表参加巴黎的议会，这让他们有了在大英帝国闻所未闻的影响力。1936 年，殖民者代表扼杀了人民阵线的一份议案，这份议案将会给 20000 穆斯林完全的公民身份。摩洛哥伟大的法国总督利奥泰元帅把殖民者描述为“从头到脚像德国佬一样坏，对低等民族充满了同样的信念，认为他们的命运就是受剥削”[40]。在摩洛哥，他尽了自己最大的努力不让这些殖民者进来。但这很难。在摩洛哥，一个法国农场主可以享受和美国中西部农场主一样的生活水平。那里所有欧洲人的真实收入比法国国内高出三分之一，比穆斯林高出 8 倍。此外，利奥 150
泰的仁慈专制原本打算保护穆斯林免遭法国人贪污腐败的侵害，事实上却把他们暴露在当地人最糟糕的贪污腐败之下。他通过当地的酋长来统治这个地方，这些人的收税官和法官职位都是掏钱买来的，他们因此债台高筑，不得不压榨他们的臣民来支付利息。在 1934 年利奥泰去世之后，这一体制迅速堕落。最大的酋长，臭名昭著的埃尔·格拉维，也是马拉喀什的帕夏，管理着一个敲诈勒索、完全垄断的高山和沙漠帝国，包括对马拉喀什 27000 名妓女的控制，她们满足了整个西撒哈拉的需要[41]。在最重要的正面亦即教育上，取得的进步很小。有太多的法国官员：共 15000 人，是印度行政人员的 3 倍，这些人全都渴望永远保住他们的职位，如果可能的话最好是世袭下去。因此，1940 年，依然只有 3% 的摩洛哥人上学，即使在 1958 年，也只有 1500 摩洛哥人接受了中等教育。1952 年，只有 25 个摩洛哥医生，其中 14 个人来自犹太人社群。

倒不是法国人有肤色偏见。巴黎始终欢迎 évolués①。1919 年，西非历史悠久的“四大公社”向议会派出了一位黑人代表布莱兹·迪亚涅。两年后，勒内·马朗的《巴图阿拉》（*Batouala*）赢得了龚古尔奖，这篇小说从黑人的视角看待殖民主义。但这本书在所有法属非洲领地被禁。一些聪明的黑人学会了写极好的法语；但他们一旦去了巴黎，往往就会留在那里。在 1930 年代，利奥波德·桑戈尔（后来的塞内加尔总统）在右翼天主教的圈子里感觉如鱼得水，以至于他也成了一个君主主义者[42]。在他看来，待在非洲似乎没有未来。到 1936 年，只有 2000 黑人拥有法国公民的身份。除了战争退伍老兵和政府职员外，大多数非洲黑人都受到 indigénat② 的管辖——即决裁判、集体罚金尤其是强制劳动。乌弗埃-博瓦尼（后来的象牙海岸总统）把这些劳改犯描述为“遍体鳞伤的骨头架子”。法属赤道非洲总督安东内利承认，1926 年，刚果大洋铁路的修建“需要死 10000 人”；事实上，在它修建期间，死的人超过了这个数[43]。非洲黑人用脚投票，跑到附近的英国殖民地，以逃避围捕。

一些对殖民地事务有长期经验的法国人看到了不祥的预兆。利奥泰在 1920 年提出警告：“到了该对土著政策做出根本性改变、让穆斯林参与公共事务的时候了。”[44] 萨罗本人也认为，1914～1918 年的欧洲“内战”削弱了白人的地位。1931 年，他写道：“在其他种族的心目中，这场战争对一种文明给

---

① 法语：原意为先进、进步、进化等，后特指已经法国化的非洲穆斯林。——译者注

② 法语：一套专门适用于法属殖民地土著居民的行政处罚制度。——译者注

予了可怕的一击，欧洲人曾骄傲地声称这种文明更高级，也正 151
是以这种文明的名义，欧洲人耗去4年多的时间，野蛮地互相残杀。”心里想到日本，他又补充道：“长期以来，人们把欧洲的强大与亚洲的衰落相比较，这已是老生常谈。这个比较如今似乎颠倒过来了。”[45]然而，没有做任何有效的事情来拓宽法国统治的基础。当莱昂·布鲁姆的人民阵线政府提出它的改革计划，打算给予25000阿尔及利亚人公民身份的时候，阿尔及利亚温和派领导人费尔哈特·阿巴斯欣喜若狂：“法兰西，它是我的！”莫里斯·维奥莱特是阿尔及利亚的自由主义总督，后来作为一名议员成为改革的倡导者之一，他警告议会：“当穆斯林抗议的时候，你们愤怒。当他们赞成的时候，你们怀疑。当他们保持沉默的时候，你们害怕。先生们，这些人没有政治国家。他们甚至不要求他们的宗教国家。他们所要求的一切不过是允许他们成为你们国家的一员。如果你们拒绝这个，当心他们很快就会为他们自己创造出一个国家来。”但这场改革被扼杀了[46]。

事实上，殖民主义包含太多没有解决的矛盾，无法成为一个力量之源。有时候它被看作（部分程度上它确实是）欧洲规则的表达。因此，在1930年代，萨罗被非洲越来越多的共产主义颠覆给吓着了，他提议建立一个欧洲联合阵线，包括意大利人甚至还有德国人，他们将会收复他们的殖民地。但随着战争的临近，法国人再一次把他们的殖民帝国看作打败欧洲敌人的一种手段，重拾过去的口号：“1.1亿兵力，法国能够抵抗德国！”克列孟梭从前的秘书乔治·曼德尔曾经是个反殖民主义者，如今却当上了殖民部长，1939年9月，他自吹他会招募到200万黑人和阿拉伯人部队。从长远来看，这两种思路是互相排斥的。如果欧洲人用非白人打他们的内战，那么他们就不可能联合起来维持大陆的种族优势。

但这只是众多困惑中的一个实例而已，这些困惑自始至终——并延续到了今天——围绕着整个帝国主义和殖民帝国的问题。它们服务于什么目的？利益吗？谁受益，谁受损？用列宁的话说，谁对谁做什么？从未有过任何一致意见。18 世纪政治家谢尔伯恩勋爵曾经深刻地思考过这个问题，他制定的政策是："在有可能的地方英国更喜欢没有统治权的贸易，但在必要的时候也会同意有统治权的贸易。"[47]像亚当·斯密、边沁、李嘉图这些古典经济学家把殖民地看作行使垄断权的一个邪恶借口，因此它是普遍经济利益的对立面[48]。爱德华·吉本·韦克菲尔德在《殖民艺术观》（*A View of the Art of Colonization*，1849）中认为，（殖民地的）目标是为过度拥挤的欧洲人口提供生存空间。这也是最伟大的殖民者塞西尔·罗
152 兹的观点——如果没有殖民，失业就会摧毁社会秩序："殖民帝国……是个面包和黄油的问题：如果你想避免内战，你就必须成为帝国主义者。"[49]另外，像乔·张伯伦这样的贸易保护主义者则认为，殖民地的存在是为了提供安全的出口市场，是回归前工业时代的重商主义。

正是罗伯特·托伦斯在《南澳大利亚殖民》（*The Colonization of South Australia*，1835）中提出了这样的观点：殖民地首先应该被看作一个投资的地方。资本过剩的概念被约翰·斯图尔特·穆勒拿了去："在当今这个世界，殖民是最好的生意，在殖民地，可以吸引古老而富裕国家的资本。"[50]这也是务实的法国殖民者（像朱尔斯·费里）和他们的理论家（像保罗·勒卢阿－博利约）的观点，尽管后者的著作《论殖

民化》（*De la Colonization*，1874）提出了几种不同的类别：移民型殖民地（移民和资本结合）、开发型殖民地（只有资本输出）和混合型殖民地。德国理论家古斯塔夫·施穆勒认为，从欧洲输出的大规模移民是不可避免的，相对于跨大西洋移民，殖民化更加可取，因为它并不涉及资本逃离到母国的控制之外。所有这些作家和实践者都把这个过程看作是精心设计的、系统化的，尤其是理性的。他们大多数人都把殖民看作善事，让相关各方都受益，包括土著居民。英属西非殖民地的创立者卢吉勋爵认为，欧洲不仅有利益而且有道德命令使它的金融资源能为全世界所用。

然而，1902 年，资本输出的论点变成了 J. A. 霍布森的阴谋论，此人是汉普斯特德的一位知识分子、古典学教师和《曼彻斯特卫报》的记者。霍布森的观念在 20 世纪将有一次重要回响。1889 年，他发展出了消费不足理论：工业生产的太多，富人不可能全部消费掉，穷人又买不起，因此资本不得不输出。凯恩斯后来承认，霍布森的理论对他的《就业、利息和货币总论》（*General Theory of Employment, Interest and Money*，1936）有决定性的影响，而且，霍布森的解决办法——急遽上升的累进税、庞大的福利服务和国有化——成了西欧社会民主党人的传统智慧。但霍布森也是个反犹主义者，在 1890 年代，对非洲的“掠夺”、强行要求中国做出让步尤其是导致布尔战争的一系列事件，彻底激怒了他，以至于他出版了一本态度激烈的书《帝国主义》（*Imperialism*，1902），把这个过程描述为“金融资本”（常常是犹太人）联合起来精心
策划的邪恶行为。帝国主义是消费不足以及为获得更高回报而 153
不得不输出资本的直接后果。在关键性的两章“寄生虫”和

“帝国主义的经济主根”中，霍布森以高度道德感和情绪化的措辞提出了这一阴谋论，并坚持认为，唯一从殖民帝国有所收获的人，是“金融资本家”：土著民受到了损害，作为整体的殖民化国家受到了损害，而且，正如布尔战争是一场夺取兰德金矿控制权的阴谋一样，帝国主义，尤其是竞争性的帝国主义，往往会引发战争[51]。

实际上，帝国主义的观念只是在 1900 年前后才进入社会经济学的词汇表。霍布森的书把帝国主义定义为“私人利益集团（主要是资本家）利用政府机器确保他们在国外获得经济收益”[52]，这本书立即让邪恶阴谋的观点对马克思主义者及其他历史决定论者有极大的吸引力[53]。1910 年，奥地利经济学家奥托·鲍威尔和鲁道夫·希法亭认为，帝国主义让战争变得绝对不可避免。1916 年，列宁出版了他的《帝国主义是资本主义的最高阶段》（*Imperialism: The Highest Stage of Capitalism*），从而给这幢摇摇晃晃的大厦放上了一块压顶石，此书严丝合缝地把这一概念融入了马克思主义理论的基础结构。迄今为止，殖民帝国是以一种经验主义的精神来考量的。殖民地根据它们的价值来判断。殖民当局的权力要么是慈善性的，要么是剥削性的，或者兼而有之。这个过程被看作对相关各方都有利有弊，尤其被看作是错综复杂的、不断改变的。如今，它已完全沦为口号，无论是从经济还是从道德上看，都变得简单了，在任何时候、任何地方都被证明为与生俱来的邪恶。在《凡尔赛和约》之后的半个多世纪里，这个粗糙的、貌似不合情理的理论成为世界大部分地区的传统智慧，这个过程是当今时代的核心发展之一，在重要性上仅次于政治暴力的蔓延。

实际上的历史和经济现实并不契合任何理论，霍布森－列宁理论大概是最牛头不对马嘴的。如果这些帝国是因为过度储蓄和消费不足而创立的，如果它们代表了资本主义的最后阶段，那么，你又如何解释古代的帝国呢？约瑟夫·熊彼特的《论帝国主义的社会学》（*Zur Soziologie des Imperialismus*）1919年在德国出版，他认为，现代帝国主义是“返祖性的”，这个说法大概最接近真相。熊彼特指出，资本主义通常由于和平和自由贸易而不是由于战争和保护主义而繁荣兴旺。殖民地经常表现出“一种漫无目标的倾向……致力于无限制的边境扩张”。它们似乎是在国家和社会发展的某个决定性的阶段获得的，反映了统治阶级真正的或想象的利益[54]。不过，这个说法未免太浮浅了。事实上，日本帝国的崛起（正如我们即将看到的那样）最接近于一个全权统治机构深思熟虑地故意发展的模式。但是，欧洲的理论家几乎从未考虑过日本模式。无 154
论如何，日本的扩张常常是那些坚定而自信的军事指挥官当场命令的；正是日本海军让法国卷入了西非[55]。在某种意义上，可以把法国的殖民帝国看作为陆军指挥官们设计的一套庞大的户外救济体系，打算给他们点事干。他们实际上做的事情与统治机构想做的或决定要做的大多数事情没有多大关系。法国内阁从未考虑过摩洛哥的被保护国法绍达，也没操心过1911年的危机。在殖民帝国存在的任何阶段，议会几乎从未控制过它。朱尔斯·费里的看法大概接近真相，他把帝国的争夺描述为“一场规模巨大的越野赛马，朝着未知的目标一路狂奔”[56]。据说，俾斯麦曾鼓励法国领先这场越野赛马，以便忘掉它吞并阿尔萨斯和洛林。如果真是这样，那他就大错特错了。军队之外，很少法国人操心黑非洲。正如德雷列特所言：“我失去了两个姐妹，可你却给我20个女仆。”[57]

还有很多的反常与霍布森－列宁理论格格不入。在拉丁美洲，资本主义投资阶段为什么在西班牙殖民主义之后，而不是在之前或者同时出现？在这片辽阔的地区，资本家为什么跟政治解放者结成同盟？还有，一些“被剥削”的或被殖民化的国家本身就是残余的帝国。中国是整个一连串的帝制王朝创造出来的，没有受益于“金融资本”。印度是莫卧儿帝国主义的产物。土耳其是奥斯曼王朝的安纳托利亚扩张的结果。埃及是一个古老的帝制强国，在它脱离土耳其之后，试图在苏丹再次成为一个帝国。撒哈拉以南有半打土著帝国，被诸如阿散蒂人、富拉尼人、博努人、阿尔哈吉·乌玛、富塔托罗这样一些族群或运动所控制。埃塞俄比亚是一个帝国，在非洲合恩角与欧洲帝国分庭抗礼，直到 1935 年才屈服于其中一个欧洲帝国。缅甸也是某种形式的帝国。波斯像中国一样，是古代幸存下来的帝国。殖民主义本身也创造出了一些这种不合常规的帝国。刚果（后来的扎伊尔）被 1884～1885 年的柏林会议整合在一起，在非殖民化之后依然存在，没有受益于这一理论所说的创造帝国的任何因素。印度尼西亚便是这样，它是荷兰人严谨思维的产物，由大量不同的领地组合而成。阴谋论无法说明这些实例中的任何一例。[58]

155 然而，决定性的东西是，这一理论正是在它的核心崩溃了——需要殖民地为资本提供高回报的移民地区。越是近距离地研究实际发生的事实，下面这一点就变得越发清楚：关于“金融资本”拼命寻找殖民地作为投入其巨量剩余资本的地方的任何观念都是荒谬的。根本就没有“剩余”资本这么回事。投资资本始终难以获得，尤其是在殖民地。热带地区产生不了高额回报，直到殖民时代差不多结束时依然如此。很少有大获成功的故事。在西非，李佛兄弟公司在交通、社会服务和种植园等领域进行了大规模的投资，到 1950 年代，其种植园雇佣了 40000 非洲人：公司拥有 350000 公顷土地，积极耕种了 60000 公顷[59]。在马来亚，也有巨额投资和偶尔的高利润（但也有一些大规模的失败），这里的橡胶和锡使得它成为两次世界大战之间大概最富的殖民地。资本并没有紧跟在国旗的后面。英国人在独立的拉丁美洲国家投资的可能性至少和在皇家殖民地投资的可能性一样大。他们也经常血本无归。阿根廷比其他任何“发展中”的领地更能吸引英国人的钱，在 1890 ~ 1891 年的金融危机期间，阿根廷给所有投资者上了可怕的一课。纵观整个 19 世纪，阿根廷的英国投资者显示的是净亏损[60]。德国人和意大利人比其他任何地方的人都更加热衷于拥有殖民地，但他们也最不愿意在殖民地投入任何钱。比起他们的“20 个女仆”，法国人更喜欢俄罗斯——或者荷属东印度群岛。英国人也更青睐于爪哇和苏门答腊，而不是他们数不清的非洲领地[61]。阴谋论需要一小撮非常聪明的人存在，做出高度理性的评估，并协调他们的努力。事实上，仅在法国和英国，投资者的数量就非常庞大，他们的行为是感情用事的，互不协调，信息不灵，而且怀有偏见。伦敦没有能力计划任何事情，谋划一场世界范围的阴谋就更不消说了；它只追求它认为（常常是错误地认为）符合其短期利益的东西，这里说的短期，是按天来算的[62]。整个殖民时期，欧洲投资人最一致的单一特征是建立在懒惰基础上的无知。

如果说投资人没有统一意见，没有协调配合——阴谋的目标就更不消说了——那么，殖民地的管理者也聪明不了多少。在 19 世纪，本着麦考利在印度推行教育改革的精神，人们普遍认为，殖民统治的目标是要模仿欧洲人生产。两次大战之间，这一幻想迅速破灭，只留下烂摊子。卢吉 1920 年代提出的所谓“双重托管”政策，与利奥泰在摩洛哥的目标并没有什么大的不同，都是试图维持当地的行政模式，赋予他们的利
156 益以至高无上的地位。卢吉写道，英国人的任务是“促进非洲的商业和工业进步，而不太在乎自己的物质收益”[63]。利他主义的成分逐渐变得更强，但它与其他目标共存：军事战略，移民，保护殖民者的利益，国家声望，国民经济政策——包括关税，这些政策视殖民地的性质不同而有所不同——以及殖民体制。而且，这种利他主义常常与当地人的利益不一致，实际上互相之间也不一致。不存在典型的殖民地。很多殖民领地在法律上根本不是殖民地，而是被保护国、托管国、托管地、王国和公侯国的联盟，或者是像埃及和波斯湾各国（包括波斯本身）那样的准主权国家。大约有二十多种不同的原型。有些殖民地，尤其是在西非，包含两个或两个以上不同的法律单位，代表了西方渗透的连续考古层。在这些环境下，追求一项一致的、有清晰短期目标的殖民政策是不可能的。没有哪个帝国这样做。

因此，两次大战之间，或者说任何其他阶段，都不存在殖民主义资产负债表这样的东西。宽泛地说，殖民政策是要提供外部防御、内部安全、基本道路和公共卫生等基础结构，剩下的事留给私人部门去牵头。政府的目标是要高效、公正、廉洁和不干涉。有时候，政府发现自己不得不管理经济，就像意大利在索马里和利比亚所做的那样，明显不怎么成功[64]。它通常要维持一个比国内更广泛的公共部门。比方说，英国在它所有的殖民地促进农业的现代化和扩张，管理公共卫生服务，并

在撒哈拉以南的每一块非洲领地（除了罗得西亚和尼亚萨兰之外）经营国有铁路。不过，所有这一切都指向资本短缺，而不是资本过剩。政府做这些事情，是出于责任感而非欲求；它们加入了分类账中的借方。

殖民地政府没有做多少事情来促进工业，但它们也没有故意限制工业。通常没有多少诱因刺激投资，缺少技术工人和缺少良好的本地市场是主要障碍。条件适合的地方，比如在比利时的刚果，工业出现在两次大战之间，但投资的钱主要不是来自比利时，而是来自外国和外国人拥有的附属机构——这是对阴谋论的又一击。法属西非的达喀尔是一个增长点，理由完全一样。认为殖民主义本身阻止了当地工业发展的观念在一个简单事实面前破产了：一方面是推行自由贸易的英国人、比利时人与荷兰人，另一方面是追求截然相反政策的贸易保护主义者 157
法国人、西班牙人、意大利人、葡萄牙人和美国人。

自 1923 年以来，尤其是 1932 年之后，英国人打破了他们自己关于自由贸易的规则，为的是促进印度的工业。正是印度总督寇松勋爵说服了帕西人棉花巨头 J. N. 塔塔创立了一家印度的钢铁企业，为此，英国人提供了保护性的关税。到 1945 年，印度每年生产 115 万吨钢铁，印度的生产商实际上垄断了市场。再一次，在棉花和黄麻领域——这些领域的条件对工业很有吸引力——印度人自己可以提供而且确实提供了资本，英国人提供了保护。到独立的时候，印度已经有一个庞大的工业部门，印度公司经营着 83% 的银行业务，60% 的进出口业务，并供应了 60% 的消费品[65]。但非常值得怀疑的是，躲在关税壁垒后面创立地方工业是否对一个殖民地的全体人民有利。总的来说，自由贸易帝国的居民享受了比其他地方居民更高的生活水平，正如你所预料的那样。印度和巴基斯坦在独立之后维持了极端保护主义政策，保护性的关税水平分别是313%和271%，这就是它们的生活水平为什么比东亚市场经济体提高得更慢的一个原因。[66]

总体上，当殖民地允许市场的力量战胜限制性政策（不管这些政策的意图多么良好）的时候，殖民列强便能够最好地服务于当地人的利益。这通常意味着从生存农业向大规模生产用于出口的现金作物转移。殖民地经济服务于母国或世界市场所带来的这种所谓“扭曲”是人们指控这些殖民地只是“被剥削”的根据。有人认为，殖民地比从前变得更穷，它们的“自然”经济被摧毁了，它们进入了所谓“欠发达”的病态阶段[67]。很不幸，证明或驳斥这一理论的统计学证据并不存在。蒙戈·帕克的《非洲内陆之旅》（*Travels in the Interior Districts of Africa*, 1799）并没有给人留下对追求财富避之唯恐不及的乡村世外桃源的印象，恰恰相反，独立的酋长们不仅是帝国主义者（以他们自己的小规模方式），而且格外贪婪。凡是他们能够找到市场的地方，他们便投身于现金作物农业。事实上，一旦人口增长使得生存农业成为死路一条，也就别无选择了。

有人认为，相对于原始生产，工业化是提高生活水平的唯一坦途，这一观念被澳大利亚、新西兰、加拿大的很多地区和
158 美国中西部这样一些前殖民地的经验给戳穿了，在那些地方，肉类、羊毛、小麦、奶制品和矿石的出口造就了世界上最繁荣的国家。有意思的是，在后殖民时期，新近独立的、拥有历史悠久的种植园经济的国家当中，没有一个国家尝试着用其他形式的农业取而代之。事实恰恰相反：它们全都试图改进他们出口盈利的潜力，通常是为了给工业发展筹集资金——这恰好就

是大多数殖民政府在那个时代后期阶段试图去做的事情。很少有巨额利润出自大规模的热带农业，轻松得来的利润更是从来没有。有人分析过法属西非在殖民统治最后阶段（1953 年）咖啡、可可、花生、棉花、棕榈油、稻谷、阿拉伯胶、果仁和木棉的出口价格，这一分析表明，利润很少，而且很大程度上取决于运输系统[68]。有一种观点认为，先进经济把贸易条件的逐步恶化组织化了，为的是压低基本价格，这一论点不符合统计学证据，不过是另一种面貌的阴谋论而已。

两次世界大战期间，资本主义最糟糕的方面是强迫劳动和激进的土地分配。它们的起源如下所述。非洲的土地可以弄得肥沃富饶，也可以实现从生存农业起飞，只要有充足的劳动力可用，并实施欧洲式的正规劳动时间。在前殖民时代的非洲，这个问题的答案是奴隶制。更先进的殖民列强，英国以及更小程度上的法国，决心废除奴隶制。英国人更愿意通过税收把非洲人赶进劳动力市场，要么就根据合同输入劳动力。这是一种比较容易的办法。英国人管理着一个世界范围的、劳动力和商品都能自由流动的殖民帝国，他们诱导印度人去缅甸、马来亚、太平洋、南非和澳大利亚工作。他们还在非洲引发了一些大规模的运动，就像荷兰人在印度尼西亚一样，诱导爪哇人去其他的岛屿工作[69]。其结果是制造了大量很难对付的族群和公共问题，这些问题（就印度尼西亚、爪哇帝国主义的情形而言）至今依然困扰着我们。荷兰人也采用了所谓的“文化体制”，通过要求实物支付来迫使当地居民生产，政府是主要的种植场拥有者和代理人[70]。文化体制被比属刚果的创立者利奥波德二世所采用，成了那里的经济基础，比利时人也对酋长们施压，要他们提供签订长期合同的“志愿者”。法国人和

葡萄牙人一不做二不休，索性用不给报酬的强迫劳动作为税收
159 的替代。最糟糕的压迫发生在葡属非洲和刚果。到 1914 年，随着英国的新闻记者和外交官的揭露，这些压迫大抵结束了。但某种形式的强迫劳动一直持续到了 1940 年代[71]，但规模都很小。事实上，直到相当晚近，绝大多数非洲人依然被排除在工薪经济之外。迟至 1950 年代，撒哈拉以南 1.7 亿非洲人当中，只有 800 万人一年中的任何时候都为薪水而工作[72]。凡是薪水高的地方，非洲人都愿意干：兰德金矿在获取劳动力上从未遇到任何麻烦，从它刚开始直到今天都是如此。别的地方大多是同样的老故事：低回报，低投资，低产出，低工资。实际上在非洲工作的人，无论白人黑人，没有一个人同意关于资本过剩的幻想。这样的幻想只存在于伦敦的汉普斯特德公园和巴黎的左岸咖啡馆里。

殖民列强犯下的最大错误——这一错误有政治、道德和经济上的后果——是不让市场体系在殖民地发挥作用。在这方面，他们所遵循的方法最早是在 17 世纪美洲的英国殖民地设计出来的，旨在开发美国的中西部和西部（消灭土生土长的印第安人），并在南非得以精细化。它涉及人类工程学，因此对于个人主义原则是毁灭性的，而个人主义原则正是犹太－基督教伦理的核心。在南非，到 1931 年，约有 180 万欧洲人拥有 44 万平方英里①的“保留地”，而 600 万非洲人只分配到了 3.4 万平方英里。在南罗得西亚，1930 年的《土地分配法案》给予已经拥有 3000 万英亩②土地的欧洲人进一步购买 3400 万

① 1 平方英里≈2.59 平方公里。——译者注

② 1 英亩≈4046.86 平方米。——译者注

英亩王室领地的权利，而已经拥有 2100 万英亩土地的非洲人只能再得到 700 万英亩。在北罗得西亚，白人已经独家拥有 900 万英亩土地。在肯尼亚，这种对自由土地市场的故意扭曲在 1923 年显得特别可耻，当时，德文郡公爵作为殖民大臣发表了《德文郡宣言》，宣称：“肯尼亚首先是一个非洲领地……非洲土著人的利益必须是至高无上的。”尽管有这份宣言，但在社会工程学的一次精心设计的实施中，基库尤族居民被清理出了“白人高地”，为的是给白人农场主让路。1930 年代，肯尼亚有 53000 平方英里的非洲人保留地，留给欧洲人 16700 平方英里，以及 99000 平方英里的王室领地，政府可以根据任意的政治标准来分配这些王室领地。这一制度是站不住脚的。事实上，它唯一的辩护理由是：划分种族界线对优良的耕作来说是必不可少的。这个论点本身就是错误的（正如肯 160
尼亚后来的事件所证明的那样），它与大英帝国赖以创建的普遍自由市场的原则背道而驰。

当然，在由种族决定土地分配的方法中，社会工程学是与生俱来的，正是对社会工程学的迫切需要，使得殖民者对一个事实做出了粗暴的回应，这个事实在他们看来是压倒性的，这就是人类社会发展的不平衡。这个问题对于人类种族来说是根本性的，早在铁器时代就已经以十分明显的形式存在。典型的欧洲资本主义帝国实际上局限于 1870 ~ 1945 年，它们构成了一连串互不协调的、间歇性的、常常是互相矛盾的尝试，试图解决先进社会和落后社会在一个不断变小的世界上同时存在所提出的问题，在这样一个世界上，它们之间的接触是不可避免的，特别是因为几乎每一个地方的人口都在增长——人们的期望也在增长。

这一制度（如果可以称之为制度的话）的组织化很缓慢，就连法国也直到 1894 年才有殖民部长，德国到 1906 年才有，意大利 1907 年，比利时 1910 年，葡萄牙 1911 年[73]。它在两次世界大战之间的“古典时代”已经是日薄西山了。它的存在太短暂，无法实现它们自己所预期的结果。开发人力资源和自然资源是一笔缓慢、费力，常常是血腥的生意，正如整个人类历史教会我们所认识到的那样。像罗兹、费里、卢吉、利奥泰和萨罗这样一些人都有一种毫无来由的乐观主义：这个过程可以加速并使之相对来说不那么痛苦。他们的继任者作为独立之后的统治者也有同样的幻想：苏加诺、纳赛尔、恩克鲁玛、尼赫鲁和数十个其他人，正如我们将要看到的那样。但是，相对于富裕的国家，大多数贫穷国家所处的位置在 1980 年代和在 1870 年代时并无不同，那时候，殖民主义的伟大时代才刚刚开始。

这把我们领向了一个非常重要的关键点。殖民主义是一个高度视觉化的现象。它充斥着飘扬的旗帜、奇特的制服、壮观的仪式、宫廷的隆重接见、日落时分的火枪大炮、奥林匹亚和巴黎大皇宫的贸易博览会、邮戳，尤其是彩色地图。本质上，它是一个地图上的实体，从地图册的书页上可以最清楚、最强烈地感知它的存在。从地图上看，它似乎是一个更加华而不实的现象，能够改变的并不多，而且确实只有很少的改变。它来得容易去得快。无论是创造它，还是终止它，死的人都不多。它既加速了同时也阻碍了世界经济体系的出现，尽管在这两种情况下它的作用都不重要，就算欧洲人不曾吞并亚洲或非洲的一公顷土地，这一体系也会以大致一样的速度出现。“殖民主义”这个词涵盖了如此纷繁多样的人类安排，以至于它究竟是不是描述了什么具体的东西，倒是颇值得怀疑。

殖民主义之所以重要，并非因为它是什么，而是因为它不 161
是什么。它培育了一些宏大堂皇的幻想和毫无来由的冤屈。前者对 1945 年之前的事件拥有重要影响；而后者则影响了 1945 年之后的事件。如果说，法兰西帝国似乎把一个正在衰落的、筋疲力尽的法国转变成了一个精力充沛的、有 1 亿人口的大力士，那么，英联邦似乎让英国成了一个超级大国——希特勒念念不忘这个概念，一直把它带到了他的地堡里。再一次，正是视觉方面决定了这样的感知。在 1920 年代，利奥泰为摩洛哥下令修建的大规模军用公路、公共建筑和欧洲人的住处正在成形：令人惊叹、经久耐用、朴素而宏伟，事实上，它们至今依然如此。与此同时，埃德温·鲁琴斯爵士在德里修建的政府住所——20 世纪最漂亮的大型设计——正在完工。值得注意的是，它们都是在爱德华七世时期构想出来的，都是只在第一次欧洲内战削弱它们所装饰的帝国的基础之后才成形的。建筑样式都是建筑艺术中最具体、最具象征性的。公共建筑发出了自己的声音：有时候是用假声。鲁琴斯那些辉煌的穹顶和炮塔用了两种不同的声音。对大多数英国人来说，对大多数外国人来说，尤其是对大多数印度人来说，它们宣告了持久性；但在军事和经济专家看来，它们越来越多地低声诉说着怀疑。

一个恰当的实例是帝国货币体系。从 1912 年起，英国把它的帝国分成了区域性的货币区，由英国货币发行局依据殖民地英镑汇兑本位制来调整；从 1920 年起，殖民地必须把 100% 的准备金（以金块或金边债券的形式）存放在英国，来保证它们的信用发行。它在民族主义者中制造了很多抱怨，尤其是在印度。事实上，它是一套明智的体系，给大多数英联邦国家带来了真正的货币稳定。它还一直公平地运转到了1939年之后，当时，英国战时财政及其迅速堕入彻底破产所带来的迫切需要使得这一体系令人无法忍受[74]。这里有一个至关重要的道德教训。英国能够公正对待它的殖民地臣民，只要它是一个相对比较富裕的国家。一个富裕的强国可以治理一个繁荣兴旺、管理有方的帝国。而贫穷的国家，像西班牙和葡萄牙，提供不了正义，也不可能放弃剥削。但是，正如整个19世纪很多英国政治家所认为的那样，由此得出的结论是：殖民地不是一个力量之源，而是衰落之源。它们是一种奢侈品，为了声望而维持，通过转移真正的资源来支付。一个殖民超级大国的概念很大程度上是欺骗性的。作为一个军事和经济巨人，大英帝国是由板条、灰泥、油漆和镀金做成的。

因此，两次世界大战之间的大英帝国在旁观者的心目中唤起了古怪的感觉，既有无情和奢侈的感觉，也有虚弱和无常的感觉。马尔科姆·马格里奇1920年代早期曾在西姆拉待过，
162 他注意到，只有总督和另外两个官员没允许拥有汽车，道路很陡，以至于所有人力车夫都年纪轻轻就死于心力衰竭。他曾目睹一个肥胖的人坐在人力车上被人拉着，听到身边有人说："瞧，那儿有一个人拉着另一个人。而他们却说存在上帝！"[75] 1930年，在肯尼亚，伊夫林·沃偶然遇到"一个可爱的美国人，人称基基"，白人高地奈瓦沙湖边一个富有的英国殖民者送给她"两三英里的湖滨地作为圣诞礼物"[76]。然而，两次世界大战之间最雄心勃勃的殖民大臣里奥·艾默里发现自己打算建立一个单独自治领的计划受到了阻挠，因为财政部不愿意再花一年800英镑在薪水上[77]。当雷丁勋爵1921年被任命为总督的时候，围绕这一任命的政治操纵便使得下面这个事实变得

很清楚：在英国政府看来，有必要让戈登·休厄特爵士（一个优秀的辩论者）作为首席大法官继续待在前座议员位置上，这比谁来统治印度都重要得多[78]。3 年后，伟大的帝国主义者、《观察家》（*Observer*）杂志的编辑 J. L. 加文“认为，我们完全有可能在 5 年之内丢掉印度，随之而来的便是和大英帝国说拜拜”[79]。缅甸一位年轻的英国警官也产生了同样伤感的想法，恰好就在他被招来射杀一头大象以便给“土著人”留下深刻印象的那个时候：“正是在那一瞬间，”乔治·奥威尔写道，“我第一次认识到了东方的白人领地是如何空洞和无益。我就在这里，一个手里拿着枪的白人，面对手无寸铁的土著人群——看上去似乎是这出戏的主要演员。但实际上，我只是一个荒谬可笑的木偶，任由身后那些黄面孔的人推来搡去。”[80]

管理一个帝国很大程度上是个决心问题。许多年后，1962 年，罗德西亚联邦总理罗伊·韦伦斯基爵士说：“英国已经失去了统治非洲的意志。”在 1920 年代和 1930 年代，它尚未丢掉，或者说尚未完全丢掉，但它正在受到侵蚀。第一次世界大战动摇了英国统治阶级的自信。联合王国的损失并不那么巨大——703410 人丧命，与意大利大致相当，后者在 1920 年代依然保持着活力。当然，意大利的人口依然在快速增长。此外，人们普遍相信，牛津和剑桥的产品以及公立学校受到的打击特别重。仅索姆河战役的第一天（1916 年 7 月 1 日），西线就有大约 37452 名英国军官战死、受伤或失踪[81]。由此产生了“迷惘的一代”的神话，其中，像雷蒙德·阿斯奎斯、朱利安·格伦菲尔和鲁伯特·布鲁克这样一些牺牲的勇士（严格来讲，其中很多人是不称职的或失败的）被认为是不可替代的[82]。这个神话部分程度上是文学性的，存在于文学创作

163 中。战争诗人为数众多，而且质量很高：威尔弗雷德·欧文、埃德蒙·布伦登、西格弗里德·萨松、赫伯特·里德、罗伯特·格雷夫斯、艾萨克·罗森伯格、莫里斯·巴林、理查德·阿尔丁顿、罗伯特·尼科尔斯、威尔弗雷德·吉布森及很多其他人；在战争的最后那些年里，他们被死亡、无益和虚度年华所困扰[83]。1920 年代初，他们的诗歌萦绕在人们的心头；后来则是散文：R. C. 谢里夫戏剧《旅途的尽头》（*Journey's End*）、布伦登的《烽火低吟》（*Undertones of War*）、萨松的《猎狐人回忆录》（*Memoirs of a Fox-Hunting Man*），全都出版于 1928 年；阿尔丁顿的《英雄之死》（*Death of a Hero*）次年出版。这些文学作品尽管并不完全是失败主义的，却是反英雄主义的，并强调了捍卫国家强盛所付出的代价。

此外，在上层阶级的心目中，生命的损失（他们夸大了这一损失）直接关系到传统绅士农业古老的土地制度的危机，自 1870 年代大西洋彼岸的粮食运到英国之后，这一制度便陷入了深刻的麻烦中，如今奄奄一息。战前的立法打算保护佃农免遭地主的侵害。劳合·乔治痛恨土地贵族，用他的《农业法》（1920 年）来约束这一制度，该法案引入了保障性租约；1923 年的又一项法案摧毁了限制性租约，并把“种植自由”合法化了。结果是数以千计的庄园土崩瓦解，无论大小。1920 年 5 月 19 日，《泰晤士报》写道：“英格兰正在易手。”H. J. 马辛厄姆声称：“自 1910 年以降，一种报复性的、煽动性的和纯城市性的立法已经弄残了［地主］，无论这些地主是好是坏，还是不好不坏，是负责任的还是不负责任的。”[84] 1922 年 2 月，土地所有者中央协会的《月报》（*Quarterly Circular*）估计，每年有 70 万英亩的农业土地易手。上一年，仅一家拍卖公司所卖掉的土地在面积上就相当于英国的一个中等县。前自由主义内阁大臣 C. F. G. 马斯特曼在 1923 年出版的一本被广泛阅读的书中抱怨："在索姆河战役的禁卫军或赫奇森林战役的步枪旅所做出的毫无意义的牺牲中，英格兰半数伟大的家族、大庄园和大财富的继承人一声不吭地倒下了。……那里正在发生英国历史上自诺曼底征服以来最大的改变。"[85] 土地价格继续下跌，农业债务不断增加，数百万英亩土地停止了生产。《每日快报》（*Daily Express*）的漫画家斯特鲁布描绘了一个瘦骨嶙峋、忍饥挨饿的流浪汉，贴着"闲地"的标签。《乡巴佬》（*The Countryman*）杂志的编辑罗伯逊·斯科特在马辛厄姆主编的杂志《国家》（*Nation*）上发表了一系列文章，使乡村的满目荒凉呈现一幅触目惊心的图景，这些文章后来结集出版，成了一本令人悲哀的畅销书，取了一个讽刺性的标题：《英格兰绿色而惬意的土地》（*England's Green and Pleasant Land*, 1925）。在 1932 年的诺福克，农民作家亨利·威廉森注意到"一个将近一平方英里的农场，有一幢相当完好的伊丽莎白时代的房子，以及 10 多幢农舍，仅卖 1000 英镑"[86]。对 164
于英国古老统治制度核心部分的这种没有得到处理的、无处不在的衰败，其影响怎么夸大都不为过。

工业衰败的证据也无处不在。在战后一次短时间的恢复之后，英国传统出口工业——煤炭、棉花和纺织品、船运和工程，它们全都有旧的设备、旧的仇恨，以及旧的工作惯例——的根本性弱点联合起来产生了低效率。这在很大程度上要归咎于作为财政大臣的温斯顿·丘吉尔在 1925 年决定让英国回到金本位。凯恩斯强烈反对，认为它是某种形式的"当代重商主义"。我们"正在把我们自己束缚在黄金上"。丘吉尔答复道，我们“正在把我们自己束缚在现实上”，这倒是真的，是英国老式工业经济的现实[87]。这一举措的效果互相抵消了：更高的出口价格，更便宜的进口商品和原材料。正如丘吉尔所言，它主要是一项政治举措，旨在把英国的财政声誉恢复到战前水平。它必然会带来通货紧缩，并因此带来一个意料之外的效果，让政府挫败总罢工（这是索雷尔分子的最终武器）变得更加容易，自 1902 年以来，人们一直在谈论总罢工，它最终在 1926 年 5 月发生了。1920 年和 1922 年有过彩排，托利党从中得到的好处超过了工会领导人。当总罢工变得不可避免的时候，斯坦利·鲍德温狡猾地诱导了运输、铁路和采矿工会的领导人，使他们在冬天结束而不是在冬天开始的时候发起这场战斗。“那仿佛是一头野兽，关于它的凶残人们传说了许久，突然出现了一小时，嗅到了危险的气息，然后缩回了自己的巢穴中。”[88]既没有回到金本位，总罢工这个武器的失灵也没有对失业数字造成任何影响，按劳动力的比例计算，这个数字即使到了 1920 年代繁荣结束的时候依然非常高。1921～1929 年的失业率分别是：17.0；14.3；11.7；10.3；11.3；12.5；9.7；10.8；10.4[89]。

那么，对工人来说，问题并不是“迷惘的一代”。他们的队伍中并没有明显的空缺。他们既不太少，也不太多。然而，他们的困境使得圣公会的牧师更加激进，从而进一步侵蚀了统治集团的意志。英国教会有过一场恶战。它吹响了一阵不太有把握的爱国喇叭。天主教牧师暴露了他们在战地服务上是外行。他们在军需工厂里也好不到哪儿去[90]。在一个至关重要
165 的时刻，他们失势了；他们忐忑不安地认识到了这一事实。在1920 年代，他们更热切的精神发展出了一种新的和平和“怜

悯”的福音主义。有些人在朝向左翼的方向上走得很远。艾塞克斯郡萨克斯特德那座宏伟壮观的14世纪教堂的教区牧师康拉德·诺尔拒绝在教堂内部悬挂联合王国国旗，理由是：它是“大英帝国的象征，代表了它所有的残酷剥削”。他挂出了红旗，还为此引用了《圣经》的权威：“他从一人之血造出万族的人。”（《新约·使徒行传》17：26）每个礼拜日，都会有成群结队的大学生从剑桥过来扯下红旗，而且都会遭到“兰斯伯里羔羊”的阻止，那是一帮激进的前警察，因为1919年的罢工而被解职[91]。这一夺旗之战震动了英国当局，那是一种令人震惊的新的娱乐形式。

更重要的人物是威廉·坦普尔，他自1920年起担任曼彻斯特主教，后来成为约克和坎特伯雷的大主教，是两次大战之间英国最有影响力的基督教牧师。他是第一个选择进步政治作为教条福音主义的一种替代的盎格鲁-撒克逊牧师，他因此成为那场声势浩大的运动的组成部分，正如尼采所预见的那样，这场运动正在把宗教能量转变成世俗的乌托邦主义。坦普尔是个奥列佛·哈台式的人物，交游广，不仅对碳水化合物，而且对社会殉难有强烈的爱好。1928年，他加入了工党，并公开宣布了这一事实。1920年代，他创立了基督教政治、经济及公民权益会议（COPEC），是从那时直到今天很多此类团体的原型。1924年在伯明翰市举行的一次会议上，坦普尔宣布：“随着人们越来越有这样一种感觉：马基雅维利主义已经破产，因此人们也越来越乐意听从耶稣基督的主张：他就是道路、真理和生命。”[92]他对社会政治的实际介入并没有什么效果。因此，总罢工让他大吃一惊，并引起了他的关注，当时他正在艾克斯莱班试图治愈他的痛风并减轻体重。他气喘吁吁地赶回了国内，指示教士们介入此事，并说服了矿工领袖们，让他们相信：在他们的身后有整个基督教界，其结果是让煤矿罢工从 1926 年 7 月一直拖延到了 12 月[93]。坦普尔无所畏惧，他是在从事进步的事业。在萧伯纳看来，一个本身是社会主义者的主教就是（他兴高采烈地喊道）“一件已经实现了的不可能之事”。事实上，坦普尔是更多即将出现的同类人物的一个先兆；时代已经出现了这样的迹象：他的观点非但没有阻碍，反而帮助了他稳步走向圣奥古斯丁的宝座。

坦普尔的哲学把信仰奉为神圣，这是 20 世纪的典型特征，以至于基督教的道德反映在对世俗经济“解决办法”的追求上。基督教关于罪的概念体现在富足安逸、心宽体胖的圣公会
166 权贵的忧虑中，极大地强化了有产阶级和富裕民族开始对穷人（不管是国内还是国外）抱有的那种责任感。经济学操心的不是财富的创造，而是责任和正义。自然而然，坦普尔在进步主义光谱的不可知论者那一端找到了热心的同盟者。凯恩斯写给他一份值得关注的信，心中强烈否认经济学是一门道德中立的科学：“经济学——更准确地说，应该称之为政治经济学——是伦理学的一个方面。”[94] 这正是这位高级教士希望听到的东西，也是那位国王学院的院士热衷于传授的东西。

凯恩斯本身是代表潜在的反正统派说话，1920 年代，这些人已经走出剑桥和布卢姆茨伯里的隐居处，试图实现一次逐步的却是决定性的逆转，与英国统治阶级的行为背道而驰。英国国内的公共政策和国外的帝国主义政策的原则反映了牛津大学贝列尔学院在本杰明·周伊特校长领导下的道德氛围。它的调门是正义的，英国在这个世界扮演的角色就是要派发文明化的正义，必要的时候尽可能以最坚定的方式强制推行这种正

义。这一点被集中体现在寇松勋爵的身上，过分挑剔，机智风趣，温文尔雅，非常有文化，但在维护英国利益上坚定强硬，他把这些利益视同为道德本身。他在 1923 年以备忘录方式告知内阁："英国政府绝不食言，绝不背叛它的同僚和盟友，绝不干任何偷偷摸摸的事或卑鄙低劣的事……这就是大英帝国长期以来所行使的那种道德权威的真正基础。"[95] 当然，在必要的时候，那种道德权威不得不借助来自一连串军事基地的飞机大炮、坦克军舰来加强，大英帝国满世界维持着这样的军事基地。

剑桥发展出了有点不一样的传统。在牛津把它的明星送往议会的同时（在那里，他们成了内阁大臣，在公共舞台上登台表演），剑桥发展出了一些私人团体，通过影响和建议发挥作用。1820 年代已经组建了一个文学会，共有 12 名成员，被称作"使徒会"，传播华兹华斯和柯勒律治的非正统观念。它的新成员由集体选择和秘密选举产生——就连这个协会的存在也从来没有被承认过——个个才高八斗，不过都是教师和批评家，而不是重要的创作者：一个影响巨大的天才，阿尔弗雷德·丁尼生，很快就在 1830 年溜之大吉了[96]。在世人眼里，这些使徒都是羞怯、孤僻、好斗的不可知论者，十分反感自命不凡的姿态和构思宏大的计划，他们都是人道主义者，最重要的是，他们更关注个人责任，而不是公共责任。使徒会培养内省，敬畏友情。它在格调上是同性恋的，尽管在实践上常常不是。丁尼生在他的诗歌《食莲者》中捕捉到了它的精神状态。

1902 年，使徒会推选出了三一学院一位名叫利顿·斯特 167
雷奇的年轻学生。他父亲是印度的一位将军，在那里待了 30 年——事实上，那是寇松的世界——但他的知识和道德构成是他母亲的，她也是个不可知论者，是女性进步运动的坚定支持者，一位有自由思想的法兰西共和国女教师，名叫玛丽·西尔维斯特雷[97]。在他被推选为使徒会成员两年之前，斯特雷奇已经与伦纳德·伍尔夫和克莱夫·贝尔一起组建了“午夜社”，后来发展成了“布卢姆茨伯里派”。在接下来的30年里，使徒会和布卢姆茨伯里派（一个是秘密的和非正式的，另一个是非正式的并允许少数女性成员加入）都围绕斯特雷奇这个中心旋转。然而，他最初并不是这个学派的哲学家。那是G. E. 穆尔的角色，穆尔是三一学院的老师和使徒会的成员，他的主要著作《伦理学原理》（*Principia Ethica*）出版于斯特雷奇获选的那年秋天。此书的最后两章“伦理学与行为的关系”和“理想”是通过含沙射影的方式，正面攻击犹太—基督教的信条——对绝对道德法则的个人责任，以及公共责任的概念，并以一种基于个人关系的非责任形式的享乐主义取而代之。穆尔写道：“迄今为止，我们所知道的或者能够想象到的最有价值的东西是某种意识状态，可以粗略地描述为人际交往的快乐和对私人物品的享受。大概没有一个人问过自己这个问题，也不曾有人怀疑：个人对艺术和自然中美的事物的喜爱和欣赏本身就是善。”[98]

斯特雷奇是一个天才的宣传家，而不是一个创造者，他以列宁对霍布森一年前出版的《帝国主义》所表现出的同样的热情，一头扎进了这本审慎的著作。那恰好是他想要的，也能够宣扬的论点。他急切地写信给使徒会的伙伴凯恩斯，谈到“把穆尔介绍给世界的事情”。这本书不是令人憎恶的维多利亚时代责任的意识形态，而是友谊的意识形态；而且，正如他向凯恩斯吐露的那样（他已经开始与凯恩斯争相得到年轻英俊男人的喜爱），那是一种特殊的友谊："我们不能满足于讲出真相——我们必须讲出全部真相：全部真相是魔鬼。……如果我们以同样的气息说：最好的感觉是男色的……梦想老寡妇去理解那种感觉很好对我们来说无异于发疯……我们的时代将会在一百年之后到来。"[99] 友谊不仅有高于传统道德的权利，而且，它在伦理上也高于任何更宽泛的忠诚。斯特雷奇的使徒会伙伴 E. M. 福斯特将会阐明这个观点："如果我不得不在出卖国家和出卖朋友之间做出选择，我希望我有勇气出卖我的国家。"[100]

穆尔的学说表面上看是非政治的，几乎是寂静主义的，但 168
在实践上，它是对知识分子接管国家所做的极好表述。它不仅为一个互相爱慕的社团（就像使徒会在过去那样），而且还为更积极、更有计划的共济会（几乎就是黑手党）提供了道德上的正当性。使徒会的体系使它能够接近剑桥所能提供的一些最优秀的头脑，例如：伯特兰·罗素、罗杰·弗莱、路德维希·维特根斯坦。通过友谊和联姻连接而成的关系网产生了大都市的社交中心——菲茨罗伊广场 21 号，不伦瑞克广场 38 号，大奥蒙德街 10 号，高尔街 3 号，戈登广场 46 号，塔维斯托克广场 52 号——还有殷勤好客的三一学院和国王学院，以及一些乡村旅馆，例如奥托琳·莫雷尔夫人的加辛顿，《克罗姆·耶娄》一书让它闻名天下。使徒会的成员（或他们的亲戚朋友）占据着具有战略意义的位置：斯特雷奇的叔叔控制着《旁观者》（*Spectator*）杂志，伦纳德·伍尔夫负责《国家》杂志的文学版面，德斯蒙德·麦卡锡（以及后来的雷蒙德·莫蒂默）负责《新政治家》（*New Statesman*）杂志的文学版面[101]。还有几家友好的出版商。

斯特雷奇并非不配做一个将军的儿子。他对自恋式精英主义有一种天才，用铁腕手段管理着这个小团体，尽管这只手腕看上去无精打采。从使徒会那里，他领悟到了团体力量的原则：不仅是把别人排除在外的能力，而且要让人看到自己把别人排除在外。他把拒人于千里之外的技艺操练到了尽善尽美的程度：布卢姆茨伯里派的一位显贵可能因为他的匆匆一瞥或一声咳嗽而手足无措。在他的魔力圈子之内，排他性成了一种互相之间的生命保障系统。他和伍尔夫称之为“方法”。[102]

此外，斯特雷奇用不着等上“一百年”他的时代才到来。战争给他带来了天赐良机，因为战争让他可以用逃避为国效力的形式来宣扬他的反正统哲学。他做这件事情的方法是微妙的、典型的。他与布卢姆茨伯里派的其他人一起，属于反征兵协会和全国反征兵委员会。在这两个组织的活动中他并没有扮演积极的角色，这在法律上可能是危险的，他并没有像罗素那样把更多的精力花在这些活动上[103]。但是，1916 年 3 月，他出现在汉普斯特德市政厅特别法庭的面前，轰动一时，身体因为特殊的维生素食物和瑞典的锻炼而强壮了不少，三个仰慕他的姐妹簇拥在他身边。审判长问他：“告诉我，斯特雷奇先生，如果你看到一个德国士兵试图强奸你的姐妹，你会做什么？”“我会试着把他们分开。”人们津津有味地欣赏着这个笑话，高亢刺耳的声音到处被人模仿；自奥斯卡·王尔德以来再也没有人以那样一种方式让法庭目瞪口呆。事实上，斯特雷奇最后并没有坚持他的和平主义原则，而是多亏了“一大堆医
169 生”的证明和一份列举其医学症状的详细清单才得到了豁免[104]。整个战争期间他都在写他的传记四部曲《维多利亚时代名人传》（*Eminent Victorians*），这部著作通过对托马斯·阿

诺德、弗洛伦斯·南丁格尔、红衣主教曼宁和戈登将军的嘲弄和轻蔑，实际上彻底谴责了战场上人们拼命支持的那些美德和原则。1917 年 12 月，正当灾难性的帕斯尚尔战役在一片血海和泥泞中结束的时候，他完成了这部著作。翌年，此书出版，立即赢得了人们的欢呼喝彩和持久的影响力，历史上很少有过比它更及时的书。

后来，西里尔·康诺利把它称作“1920 年代第一书……它奏响了整个厌战一代渴望听到的音符。……在战后的年轻人看来，它就像隧道尽头的光亮”。保守派中更敏锐的成员立即看出了它为什么而写——拉迪亚德·吉卜林在一封私人信件中写道：“其核心完全是邪恶的。”[105]其他人都喜欢它，常常是出于同样的理由。即使在权势集团的软肋当中，也有一种自我放纵的欢迎态度。H. H. 阿斯奎斯曾经是周伊特的贝列尔学院的明星人物，如今满面红光、醉意醺醺，因为缺乏活力而被劳合·乔治赶下了首相的宝座，在他的罗曼尼斯讲座课程中给了这本书以斯特雷奇所说的“最高贵、最夸张的吹捧”。它出版的时候，鲁登道夫最后的攻势撕开了英国第五军的防线；新版本在德国人开始他们最后的撤退很久之后倾泻而出，事实证明，对于古老的英国价值观，它远比敌人的任何军团都更具毁灭性。它是一个工具，凭借这一工具，斯特雷奇能够“把穆尔主义介绍给世界”，他本人则在这个过程中成为 1920 年代最有影响力的作家。正如凯恩斯的传记作者罗伊·哈罗德后来所写的那样：“他的仰慕者给予他的尊崇几乎比得上一个圣徒应当受到的尊崇。”[106]斯特雷奇成了那个时代的裁决官，布卢姆茨伯里派组成了他的法庭——因为，正如人们清楚地观察到的那样，“他们的超脱事实上是一种伪装，为的是彻底插足时尚界”[107]。

然而，他们的力量通常并不直接对公共政策发挥影响。凯恩斯说，斯特雷奇认为政治不过是“桥梁的一个充分胜任的替代品”。就连凯恩斯也从未寻求过政府职位。他们在幕后或者在媒体上活动，试图创造知识分子的氛围，而不是塑造具体的政策。凯恩斯的《和约的经济后果》有力地阐明了《维多利亚时代名人传》的主旨，正如它才华横溢地利用了斯特雷奇新的文学技巧一样。1924 年，E. M. 福斯特出版了《印度之行》（*A Passage to India*），含蓄地攻击了英国统治印度的原则，几乎彻底颠覆了人们对英国优越和成熟的信念，而这些正
170 是印度帝国赖以建立的主要理由。两年后，福斯特在使徒会中的导师戈尔兹沃斯·洛斯·狄金森（正是他发明了“国际联盟”这个术语并创立了国际联盟协会）出版了《国际无政府主义，1904 ~ 1914》（*The International Anarchy* 1904 - 14）一书，荒唐可笑地对第一次世界大战的起因做出了误导性的解释，极大地增强了凯恩斯那本小册子的政治道德[108]。布卢姆茨伯里派的对外政策是：英国和德国 1918 年之前处在完全相同的道德层面，打那以后，英国由于一份不公正的和约以及继续维持帝国主义和武器装备（这本身就是世界大战的直接原因），从而处于道德上的劣势。对英国绝大多数受过教育的人来说，这个观点慢慢成了占支配地位的智慧。

在更深的意义上，布卢姆茨伯里派代表了这个国家如今正在成为主流的一个方面。像落花流水的老绅士阶层一样，像撂荒的土地一样，像领取救济金的队列一样，布卢姆茨伯里派也缺少注入活力的原则。奇怪的是，在照片上，斯特雷奇经常显得无精打采、昏昏欲睡，躺在一张放得很低的折叠躺椅里。弗兰克·斯温纳顿记载，在他们第一次会面的时候，“站着的时

候他蔫头耷脑，如果坐下来，他便瘫倒在那儿。他似乎完全没有活力”[109]。温德海姆·刘易斯写道，他“拖着两条长腿在不同的房间走来走去，像一只服用了麻醉药的鹤”。斯特雷奇自己也向他的兄弟承认：“我们全都太弱不禁风了，根本不可能有什么用。”[110]布卢姆茨伯里派很少有人结婚；即便是那些并不沉迷于“高级鸡奸”的人也缺乏生儿育女的动力。当凯恩斯出于至今无法理解的原因娶了健壮活泼的俄罗斯舞蹈演员莉迪亚·洛波科娃的时候，这个圈子被激怒了。

更加引人注目的，大概是布卢姆茨伯里派的低产，十分奇怪地类似于英国已经精疲力竭的工业。斯特雷奇本人只写了7本书，其中两本是文章结集。麦卡锡预期中的主要作品从未成为现实：有几卷片段，但没有成书。雷蒙德·莫蒂默完全遵循同样的模式。福斯特的绰号是“鼹鼠”，又是一个低产作家：只有5本长篇小说，除了同性恋小说《莫瑞斯》（*Maurice*）之外，其他都是身后出版的。他在1946年当选为国王学院的院士，从此以后，他就什么也没写，在长达四分之一个世纪的时间里过着鼹鼠般的生活，仅仅为了接受荣誉学位才露面。团体的另一个成员、哲学家J. E. 麦克塔加特一天只能工作两三个小时，其余的时间都花在了贪婪地阅读轻小说上，一个星期将近读3本。他“以一种古怪的、螃蟹似的步态散步，始终让屁股紧贴着墙壁”[111]。洛斯·狄金森也是一个脸色苍白、无精打采的角色，头戴一顶中国官员的帽子。弗吉尼亚·伍尔夫这样写他：“戈迪让一缕多么细若柔丝的热气从他的唇齿间呼哨 171
而出。”[112]尤其是，穆尔在出版《伦理学原理》之后几乎颗粒无收。接下来拿出的只有一个通俗版、一本随笔集、一套讲课笔记——然后沉默了40年。他写信给伍尔夫说：“我恐怕没有什么值得一说的话可说；或者说，就算我有话可说，我也没法表达了。”[113]他以这样一句布卢姆茨伯里派典型的格言结束了提交给使徒会的一篇论文：“在我们应当养成的所有良好习惯当中，我们一定不要忽视了优柔寡断的习惯。”[114]

意味深长的是，那一代剑桥使徒会的所有会员当中，一个充满生命活力和旺盛创造力的人物，伯特兰·罗素，却从未真正成为布卢姆茨伯里派的组成部分。尽管他一样抱持和平主义、无神论、反帝国主义和普遍进步的观念，但他看不起这个团体那种无精打采的消沉；反过来，这个团体也拒绝他。他认为，斯特雷奇歪曲了穆尔的《伦理学原理》，为的是宽容同性恋。无论如何，他认为那是一篇低劣的文章。他问道：“你们不喜欢我，是不是，穆尔?”穆尔在长时间的认真思考后，答道：“不喜欢。”[115]值得注意的是，像斯特雷奇一样，罗素在第一次世界大战中实际上也曾为和平主义而战，并因此而进了监狱。他在布里克斯顿监狱里读了《维多利亚时代名人传》，并放声大笑，“以至于警官走进我的牢房，说我必须记住，监狱是个接受惩罚的地方”。但他深思熟虑之后得出的裁定是：这本书很肤浅，“充满了一所沉闷古板的女子学校的多愁善感”[116]。罗素一生结过4次婚，贪得无厌地寻花问柳，写过56本书，对主题的选择涵盖一个写作者所能涵盖的最广泛的范围，对积极的体验有不可救药的热情，他是用比布卢姆茨伯里派更坚硬的材料做成的。他没有布卢姆茨伯里派那种对极权主义的偏好。在停战的那天晚上，布卢姆茨伯里派加入了新的力量，这就是西特韦尔三姐弟的小圈子，温德海姆·刘易斯称之为“镀金的布尔什维克主义”。他们欢呼庆祝的，更多的不是协约国的胜利，而是列宁签署单独媾和协议时所表现出来的智慧，正如奥斯伯特·西特韦尔所说的那样，为的是“创造一个新上帝并使之成形”。在艾德菲大学，人们将看到斯特雷奇居然翩翩起舞，“像某个从昏睡中醒来的人，以那种温和友善的软弱无力的步态跳着吉格舞”——在 D. H. 劳伦斯的怒视之下[117]。罗素不会这样。他在 1920 年亲自去了俄国，见了列宁，宣布列宁的政权“接近于专制官僚体制，有一个密探体系，比沙皇的体系更复杂、更可怕，而且有一样傲慢专横、一样冷酷无情的贵族阶层”[118]。一年后，他到了中国，调查了那里行政和政治上的全面混乱，他写信给朋友说：“不妨想象一下……利顿被派来统治这个帝国，你就有点明白两千年来中国是如何被统治的。”[119]

说来也怪，正是罗素的活动以及那些据说是颠覆性的评论，让外交部惊慌失措。权威部门没有一个人想到对使徒会产 172
生点兴趣，这个小团体已经产生了像 E. M. 福斯特的导师、国王学院院士纳撒尼尔·韦德那样的极端分子，莱昂内尔·特里林把韦德描述为“一个愤世嫉俗的、争勇好斗的、靡菲斯特式的人物，装模作样地系着红领带，故作姿态地模仿亵渎上帝的行为”[120]。到 1930 年代，使徒会将至少产生三个苏联密探：盖伊·伯吉斯、安东尼·布伦特和利奥·隆。然而，在那个天真无邪的时代，正是罗素公开的唯信仰论——就其开放性而言完全配得上牛津——让白厅为之着迷。就连他在船上的谈话也受到监听，有一次，外交部考虑是不是援引“战时权力枢密令”（当时尚未废除），让人把他逮起来，赶出上海[121]。

外交部这些妄想狂的症状反映了那些认识到了事实并认真思考英国未来安全的人当中一种千真万确的忧虑。有一个大得可怕的帝国要保卫，而用来保卫它的手段却很少。这就是外交部痛恨国际联盟以及由此带来的更多普遍义务的一个理由。连续几任托利党外交大臣都拒绝在外交部给国际联盟事务大臣罗伯特·塞西尔安排一个房间，当工党政府在1924年对此做出让步时，外交部官员不让他看到重要的电报[122]。英国高层政策制定者们焦虑不安地意识到，继续保持大英帝国作为一个令人生畏的实体而紧密团结在一起，本质上是虚张声势，需要技巧高超的欺骗。他们相信自己能够做到——他们还不是失败主义者——但对“我们这一边”的任何“阴谋破坏”都深感愤怒。他们对罗素和塞西尔这样一些人（他们来自古老的统治家族，前者是首相之孙，后者是首相之子）的愤恨由此而来，因此也就不难理解了[123]。

尤其让英国决策者感到担心的，是皇家海军从1918年末势不可挡的位置上迅速衰落，这种衰落既是绝对的，更是相对的。英国对它的陆军始终很吝啬。但是，从安妮女王时代起，英国就维持了世界上最大的海军，不管代价几何，作为维持其庞大帝国的先决条件。19世纪大部分时间里，英国都坚持“两强标准”，亦即，海军应当等于或强于其他任何两个强国的海军加在一起。到最后，事实证明这超出了英国的能力，但它竭力通过外交安排来缓解两强标准的衰落。因此，1902年，英国与日本签署了同盟条约，从而最终放弃了它的“光荣孤立”，其主要目标是让它能够把更多的海军力量集中于欧洲水域。日本海军很大程度上是在英国的帮助和建议下创建的。英国在亚洲拥有巨大的领地和利益，而保护它们的手段却很有限，对它来说，日本是一个非常重要的盟友。战争期间，庞大
173 的英国海军护送澳大利亚和新西兰的部队去战争地带：事实上，澳大利亚总理W. M. 休斯认为，如果日本“选择和德国

并肩作战的话，我们几乎肯定要被打败”[124]。

然而，美国的参战引入了一个可怕的难题。美国和日本都怀着日益强烈的敌意看待对方。加利福尼亚实施了针对日本移民的种族法律，1906～1908 年，来自日本的大规模移民被阻止住了。于是，日本人转向了中国，试图在 1915 年把它变成一个被保护国。美国人也竭力阻止：他们自视为中国的真正保护者。在凡尔赛，威尔逊拒绝把谴责种族主义写进国际联盟的盟约，从而激怒了日本人[125]。因此，美国在它的海军政策上往往优先考虑太平洋。结果，它把一个尖锐的问题推到了英国面前：你想让谁成为你的朋友，是我们，还是日本人？

对英国来说，这种两难的处境是严重的。美国是一个不大可靠的盟友。事实上，严格说来，它根本算不上一个盟友。但是，即使到 1900 年，盎格鲁－撒克逊血统的美国白人所占的比例也已经下降到了三分之一：在 6700 万人口当中，德裔有 1840 万，几乎与其一样多[126]。美国最初决心创建一支庞大的远洋海军，其目标更多的似乎是针对英国，而不是其他任何强国。事实上，迟至 1931 年，美国依然有一份针对大英帝国的作战计划，“海军基地红色计划（WPL－22），日期为 1931 年 2 月 15 日”[127]。另外，大西洋两岸有一整套制度习俗的网络把这两个国家绑在一起，观点和利益的一致构成了双方外交政策的基本事实。

1922 年，《英日条约》即将延期。美国人想让它作废。英国内阁意见分歧。寇松认为日本是一个“不得安宁、争勇好斗的强国……在心态上像德国人一样”；“根本不是一个利他主义的强国”。劳合·乔治认为，日本人“没有良心”。然而，两个人都清楚地认识到，盟约应当延期；外交部和总参谋部也是如此。荷兰人和法国人也是如此，它们想到了自己的殖民地。在 1921 年的英联邦会议上，澳大利亚人和新西兰人强烈支持延期。简言之，这一地区涉及的所有强国——美国除外——以及英国外交和军事政策涉及的所有强国都坚定认为，英日同盟是一个稳定的、“驯服的”因素，应该得到维持[128]。

174 但南非的史末资因为种族原因而反对。加拿大的麦肯齐·金也是如此，他是个自由主义者，靠反英在魁北克获得选票，他听从了反英分子、外交部常任部长 O. D. 斯克尔顿的建议[129]。这似乎让天平出现了倾斜。非但没有续签条约，相反，美国人关于在华盛顿召开一次会议以限制海军的提议倒是被采纳了。澳大利亚的休斯被激怒了：“你们打算用华盛顿的一次会议来取代英日同盟和英国海军的压倒性力量吗？”事实比这还要糟。在 1922 年的华盛顿会议上，美国人提议一次海军“休假”，大规模报废，主力舰不超过 35000 吨（这意味着英国超级战舰的终结），以及英、美、日三国主力舰的比例为5：5：3。一位目击者说，当海军上将、第一海务大臣贝亚蒂第一次听到具体细节时，他在椅子里猛地向前晃了一下，“就像一只斗牛犬，正躺在阳光灿烂的门阶上睡觉，突然被一个走街串巷的肥皂贩子冒冒失失地一脚踢在了肚子上”[130]。日本人也痛恨这些提议，视之为盎格鲁－撒克逊人拉帮结伙地反对他们。然而，这一方案获得了通过。要求不惜一切代价实施裁军的压力，以及对驱使美国进一步远离欧洲的担心，被证明太强大了。反过来，日本也要求并得到了一些让步，这使得事情变得更加糟糕。日本坚持英国和美国同意不在新加坡以南和夏威夷以西建造海军基地。事实上，这使得美国舰队能够支援英国、法国和荷兰的海外领地，如果它们受到攻击的话。不过，更加重要的是，就英国而言，日本觉得自己必须要求这样的让步这个事实象征了它从一个积极的朋友转变成了潜在的敌人。

这一点当时没有被人理解。那些没能理解的人当中就有温斯顿·丘吉尔，尽管他曾警觉地意识到了印度的危险。他始终看不到远东的危险。1919 年 8 月，作为陆军大臣，他在起草“十年规则”上发挥了重要作用，据此，防御计划的制订乃是基于这样一个假设：至少 10 年时间里不会有大的战争。在 1920 年代，这份“规则”被当成了一项“左右摇摆”的指导方针，事实上，它直到 1932 年才废除。作为财政大臣，丘吉尔为限制海军开支而不断施压，尤其是驱逐舰 5：5：3 的比例，大英帝国海军基本的生命支持体系。“我们不可能拥有一大堆小得可笑的驱逐舰，”他告诉内阁助理秘书汤姆·琼斯，“那根本没什么用。”[131] 事实上，在 1927 年的海军会议上，海军部击退了这一攻击。但在 1930 年，随着工党再次掌权，这一观点被放弃了——实际上扩充了驱逐舰和潜艇。到 1930 年 175
代初期，英国的海军力量相对而言比查理二世时期最黑暗的那些日子以来的任何时候都更弱了。它也指望不上它的殖民帝国。印度不是一个力量之源，而是一个衰弱之源，英国极其薄弱的陆军当中，印度占用了 6 万正规军兵力。一些富裕的海外领地甚至比丘吉尔严格管理下的英国还要吝啬。它们的军队非常弱小，装备糟糕得令人绝望。1925 ~ 1926 年的《防卫白皮书》显示，英国每年只花了人均 51 先令在它的武装部队上，澳大利亚只有这个数字的一半：25 先令，新西兰 12 先令 11 便士，加拿大只有 5 先令 10 便士。到 1930 年代初期，这 3 个“富有”强国，要做那么多事情来应对面黄肌瘦、饥肠辘辘的人们，以至于不得不执行一项几乎完全是单方面的裁军计划。

澳大利亚只有 3 艘巡洋舰、3 艘驱逐舰，几乎没有空军。加拿大有两艘巡洋舰和 3600 名陆军，只有一架军用飞机——还是从英国皇家空军那里租来的[132]。英国在远东地区也并不更有远见。在丘吉尔的敦促下，在新加坡建造一个现代化海军基地的计划被推迟 5 年。

历史向我们显示了那些智慧超群、信息灵通、决心坚定的人在追求经济或对裁军的无私热情上达到了怎样令人吃惊的程度，以至于愿意欺骗自己，罔顾现实。1924 年 12 月 15 日，丘吉尔给首相写了一封引人注目的信，轻蔑地拒绝了日本威胁的任何可能性。它连篇累牍，使用了统计学和修辞学的各种花招，试图让鲍德温——就其本性而言已经足够爱好和平而且自鸣得意——相信，与日本交战是绝对不可能的事："我不相信，我们这辈子有丝毫发生此事的机会。日本人是我们的盟友。太平洋受《华盛顿协议》的控制。……日本远在世界的另一头。无论如何它都不可能威胁到我们的重大安全。它没有任何理由和我们发生冲突。"入侵澳大利亚呢？"我敢肯定此事在任何时期都不会发生，即便是我们或我们的孩子必须预见的最遥远的时期……与日本交战并不是任何理性政府应当考量的一种可能。"[133]

5. 地狱的神权国家，天国的混沌世界

就在温斯顿·丘吉尔信誓旦旦地向昏昏欲睡的鲍德温担保 176
日本无害的同时，日本的经济正在迅速发展，速度超过任何其他国家，它的人口以一年 100 万的速度增加，它的统治者是一个圣王，同时也是一个疯子。年迈的明治天皇（日本就是在他的治下进入了现代世界）小心翼翼地选择自己的女人，既考虑她们的健康，也考虑她们的美貌，每天晚上在一个女人面前扔下一方丝绸手帕，是夜，她将侍寝于天皇的床榻。可是，这样生下的孩子依然大多有病，而且不允许任何医生触碰他们神圣的躯体。他的继承人嘉仁在理论上一直统治到了 1926 年，明显是精神错乱的。尽管他的统治年号是“大正”，但他却摇摆于激情的狂风暴雨之间，盛怒之下，他会用自己的短马鞭抽打身边的人，时常爆发恐怖的痉挛，害怕被人暗杀。他蓄着样子凶狠的、上了蜡的胡子，模仿他心目中的偶像威廉二世皇帝，但在阅兵式上，他总是从马背上掉下来，检阅士兵的时候，他时而鞭打他们，时而拥抱他们。最后一次出现在国会面前的时候，他把自己的演说稿卷成圆筒，当作望远镜使用，像猫头鹰一样盯视着鞠躬屈膝的议员们。他之后遭罢黜，让位给他的儿子裕仁，裕仁年号“昭和”，他是个胆小羞怯的人，对海洋生物学感兴趣。像家族里所有著名的男性成员一样，他也害怕暗杀。政治家伊藤亲王很明智地娶了一位健壮结实的茶馆女孩，有一次，为保护他免遭武士的追杀，这姑娘把他塞进了家里的垃圾箱里，自己蹲坐在上面（不过，他们最后还是找

到了他）[1]。

任何一个研究现代日本的西方学者都忍不住有这样一种感觉：它是整体论原则的一个受害者，正是根据这一原则，政治
177 事件和道德趋势对整个世界都有影响。日本也被传染了西方的相对主义，导致了其自身行为弱点的一次不祥的膨胀，并因此把自己抛入了20世纪的恐怖深渊。在现代时期之初，日本是一个非常遥远的国度，在某些方面更接近于古代埃及的社会，而不是文艺复兴之前的欧洲。人们相信，天皇是神人合一，“既是一个活在当下、统治着斯土斯民的人，同时又是一个神”[2]。第一位天皇在公元前660年开始他的统治，当时是埃及的第二十五王朝，这一世系绵延了2500年（有时候是通过过继的方式）。迄今为止，它是世界上最古老的统治家族，拥有格外古老的连续性，封存在王朝的琥珀中。在16世纪，“印度群岛的使徒”圣方济各·沙勿略认为，他所遇到的日本人，凭借他们的坚韧和刚毅，都是理想的基督教皈依者。但是，传教士们的内部争论导致日本排斥基督教。在17世纪第二个四分之一的时间里，日本把自己封闭了起来，阻断了与欧洲世界的联系。它完全没能吸收犹太－基督教传统送来的礼物——个人道德责任的观念，依然保留了集体责任的强大残余，而这正是古代世界的典型特征。在1850年代，西方强行进入了这个沉着自信的社会。10年后，日本统治阶级的很大一部分人由于害怕殖民化或遭受中国的命运，从而做出了一个集体决定：进行一场自上而下的革命，采用一些对于独立生存来说必不可少的西方惯例，并把自己转变成一个强大的“现代”国家。1868年1月3日的所谓“明治复辟”废除了幕府将军的统治，使天皇成为名副其实的君主，它的实现抱有一个深思熟虑的目

标：富国强兵。

重要的是要懂得，日本进入现代世界的这种决心从一开始就包含了威胁的成分，促成这一决心的，既有对外国人的恐惧和憎恶，也有羡慕和赞赏。日本人一直擅长模仿性的吸收，只不过是在纯功利主义的层面上，从文化的观点看，这种吸收是肤浅的。从它伟大的原创性的邻居中国那里，日本拿来了礼仪、音乐、儒家经典、道家箴言、各种类型的佛家思考、密教神话、宋代绘画，以及中国人的作诗填词和历法制定。如今，日本继续从西方拿来了技术、医药、行政和商业规程，以及适合这些新惯例的服饰观念。但中华文明的社会结构和伦理架构很大程度上被舍弃了；而且，尽管日本人在吸收西方手段上表现出了实用主义的贪婪，但他们对西方的目的却不大感兴趣： 178
古典时代或文艺复兴时期人文主义的理想所发挥的影响并不大。[3]

的确，值得注意的是，吸引日本人的，是现代的新奇，而非古代的真理。在某种意义上，日本人始终是有现代意识的民族："自史前时期以来就很现代"[4]。他们从国外拿来了各种花招和小玩意儿，技术性的和华而不实的，有点像一个社交界的女人追逐稍纵即逝的时尚。但他们的文化基质依然没受什么影响：日本最典型的文化创造在中国没有先例。同样，自19世纪中叶以来，西方的舶来品对日本基本的社会规则也没有丝毫触动。[5]

日本长期以来的与世隔绝并不意味着风平浪静。恰恰相反。日本丝毫没有中国那种消极被动的、宿命论式的腐朽。它们是两个完全不同的国家，完全不同的民族。经常有人提出这样一个观点：中国人生活在空间的领域，而日本人生活在时间的领域。在华北大平原上（中华文明便起源于此），中国发展出了一套宏大庄严、秩序井然的宇宙哲学，满足于等待它的缓慢演变。中国人把生命看作周而复始的循环，就像大多数东方文化一样。日本是一连串蜘蛛网似的、脊椎骨似的小岛的集合，有点像古希腊，就其线性发展的意识而言几乎就是西方的，以十分谨慎的速度从一点赶往另一点。日本人有一种时间概念，他们的紧迫感在非西方文化中几乎独一无二，并且始终有一种精力旺盛的社会压力[6]。日本的气候中也有某种动荡不宁的东西，像英国的气候一样千变万化、反复无常，但更加剧烈。这一连串的小岛从亚热带一直延伸到了亚北极；东边的季风和西边的气旋同时吹拂着这些小岛。正如德国学者库尔特·辛格所言："这个群岛不间断地被地震所摇撼，被风暴所侵袭，雨打风吹，云遮雾罩。……主宰这一生存形态的，不是空间，而是时间，是持续性，自发的改变，以及运动的连续性。"有些日本人相信，连续变幻的极端气候帮助解释了国民行为中剧烈的摇摆。[7]

这些民族特性，以及下面这个事实：日本的工业化是作为精英阶层审慎决策的结果自上而下强加给人们的，帮助解释了日本进步发展的惊人速度。这场运动不是对市场力量的自发反应，而是一种十分常见的全民一致，没有任何明显不同意的声音，这种一致裹挟着人们向前。因此，这更像是 1914 年之前俄罗斯的国家资本主义，而不是西方的自由资本主义，尽管那
179 些撕裂沙皇俄国的阶级冲突并不存在。在天皇及其朝廷的统治下，gumbatsu（军阀）和 zaibatsu（财阀）依照"富国强兵"的计划，密切协作。在两代人的时间内，庞大的工业集团出现了：三井、三菱、安田、住友，全都通过补贴和合同与明治政

府及武装部队紧密相连。1914 ~ 1918 年的战争使得日本失去了来自欧洲的传统供应商，并为它打开了新的市场，加速了它的发展，使之迅速走向自给自足和产业成熟。蒸汽船吨位从 150 万吨增长到了 300 万吨。制造品指数从 1915 ~ 1919 年的 160 跃升至 1925 ~ 1929 年的 312，外贸指数（以 1931 年为 100）增长到了 1919 年的 126 和 1929 年的 199，出口在 1920 年代从 127 增长到了 205。到 1930 年，日本有 6400 万人口，刚好是 1868 年明治维新时的两倍，它已经是一个重要的工业强国。[8]

把日本的革命性发展与（比方说）土耳其相比——土耳其的改革也是 1908 年自上而下推行的——很容易看出作为一个岛国的优势，它有自然的边界，同质的种族、宗教和语言构成，尤其是有强大而古老的一致对外的传统，这些优势土耳其一样也没有[9]。日本还有一个重要的经济优势，当时经常被人们忽视：高度发展的中等技术，有数十万技术工匠，以及可以追溯到许多个世纪之前的工场纪律传统。

然而，日本也有一些根本性的弱点，反映了它的拘泥古制。直到 1945 年，日本尚没有制定法律体系。它有古老的箴言、行为规范，以及表意文字中表达的正义观念——恰好就像古代埃及一样。但它没有严格意义上的刑法，没有成文法体系，也没有普通法中法官控制的规则。权威部门与那些服从权威的人之间的关系被隐藏了起来，常常是在一些重要的方面。宪法本身是不确定的。它没有推行一套明确的权利和责任体系。起草明治宪法的伊藤亲王写过一本书，谈到了这意味着什么；但这本书引发了争议，常常不受官员的欢迎。法律并不是至高无上的。它在一个神权国家怎么可能是至高无上的呢？可是——日本真的是一个神权国家吗？伊藤认为它过去是，但现在不再是；其他人则持不同观点。这个问题依然莫衷一是，就像日本的其他很多法律和宪法问题一样，直到 1946 年，当天皇公开宣布自己不是神的时候，这个问题才得以澄清。关于日本
180 的整个秩序体系，有某种含糊不清、临时将就的东西。例如，荣誉比等级制度更重要。有时候，无视法律（尽管法律并不权威）或不服从上级是对的。但在事情发生之前，没有一个人说得清是对是错。事情发生之后才会形成一致的看法，集体的良心才会做出判断。因此，少数活跃分子，尤其是在武装部队中，能够违抗他们的指挥官甚至天皇，并得到舆论的赞同。[10]

日本在对与错、合法与非法、法律与混乱这些方面缺少明确的标准，这就使得日本在第一次世界大战后西方形成的相对主义论面前显得很脆弱，这种脆弱有更深的历史原因，可以追溯到 1868 年。当时的日本向欧洲寻求国际行为规范和实用技术，那么他们看到了什么呢？他们看到了俾斯麦的现实政治，看到了军备竞赛、鲁登道夫的战争暴行和暴力夺权的盛行（以列宁十月革命的成功为高潮）。

日本人注意到，欧洲人的行为，不管多么恶劣，始终是在内心里依据某套信仰来证明其合理性。因此，在一个严酷而竞争的世界上，为了增强自己，他们重新打磨了自己的意识形态，以符合他们所认为的欧洲人的实用原则。实际上，这涉及发明出一种国家宗教和一种主宰一切的道德，分别被称作神道教和武士道。迄今为止，在宗教问题上，日本人一直是调和论者：他们从舶来的宗教中拿来一些成分，为了特定的目的而使用它们——佛教、道教、儒教，甚至还有基督教——而不考虑逻辑性和一致性。有一点倒是真的：早在用明天皇统治时期

（公元 585 ~ 587 年），日本的史书中就提到过神道教。它指的是异教意义上的神，可以追溯到祖先的太阳神，祖先的原始崇拜和神性统治者的观念。神道教本身远没有佛教及东方其他帝国宗教那么精致复杂，它只是日本宗教文化中的很多成分之一。但它是日本人特有的，因此能够与民族抱负密切结合。明治维新便是有意识地决心要把它转变成一种国家宗教。1875 年，神道教正式与佛教分离，并进行了规范化。1900 年，神道教的神社划归内务省管辖。例行的天皇崇拜得以确立，尤其是在军队中，自 1920 年代以后，所有学校都要讲授 kokumin dotoku（国民道德）。随着日本的每一次军事胜利或帝国的进步（1904 ~ 1905 年打败俄国便是这样的情形），国教都得到了巩固和详细的阐述，意味深长的是，这个过程在 1941 年达到
高潮，当时，日本参加第二次世界大战，并为全国制定了私人 181
的、大众的和官方的宗教仪式。简言之，神道教已经从一种原始的、即将过时的、少数人的宗教崇拜转变成了对一个极权主义现代国家的背书，具有讽刺意味的是，宗教原本应该用来抵制这个时代世俗的恐怖行为，却被用来使之神圣化。

这还不是事情的全部。神道教作为一种信奉扩张主义的民族主义宗教，还因一种改头换面的、军事化了的武士道而得以强化。20 世纪初，一个名叫新渡户稻造的武士教授把武士道定义为“满足于自己在生活中的位置，接受与生俱来的、不可改变的身份，在这个分派给自己的位置上培养自己，忠诚家族的主人，敬重家族的祖先，通过修炼自己的头脑和身体来培养自己的军事技艺”[11]。但直到 20 世纪，依然很少有任何种类的文献提到武士道。有人怀疑它究竟是不是存在。霍尔·张伯伦教授在 1912 年出版的《新宗教的诞生》（*The Invention of a New Religion*）一书中写道："对武士道的描述完全是向壁虚构，主要是供外国人消费。……在十来年前，武士道尚不为人知。"[12]它可能是一系列宗教，很少有人能够接近。无论如何，在1920年代，它被通俗化了，成为一套军事荣誉的法则，混同于极端民族主义和军国主义，成为一些荒唐做法的辩解理由，先是对个人的杀戮，后来是大规模暴行和屠杀。"武士"是极权主义神道教好战的领袖，相当于墨索里尼的"先锋精英"，欧洲的黑衣党、褐衫党和契卡。据新渡户稻造说，他们体现了"这个国家居高临下的道德力量……大和民族道德本能的总和"[13]。这里有一个概念，就其格调而言表面上是道德主义的，事实上完全是相对主义的，它十分危险地类似于希特勒所说的"更高的党派道德"。

这种新的军国主义和暴力的形而上学，作为一个组织化的实体在日本历史上肯定没有先例，被认为伴随着西方政治制度的系统化发展。1876年，武士作为一个阶层被解散了，失去了他们的薪俸和佩剑的权利；最后一场封建叛乱次年被平定。西式党派和报纸在1870年代被引入，新的英式贵族——有男爵、子爵和侯爵——在1884年受封，第二年建立了内阁制。
182 1890年的第一次国会选举，4000万人当中只有40万人投票。1918年，"缴税3日元的资格限制"把这个数字提高到了6000万人当中的350万人。1925年，日本通过了《成年投票权法案》，把投票权给了所有25岁以上的成年人，使选票数量增长到了1300万。

但是，威权主义制度与民主齐头并进。1875年出台了高度限制性的《新闻法》。警察对政治党派的监视在1880年确立。1889年的宪法故意是限制性的，用它的作者伊藤亲王的话说，是为了“组织的紧密坚固，以及行政活动的效率”[14]。国会有强大的贵族院来制衡，内阁有元老制度来制衡，所谓元老，是一批前首相和政治家，他们直接给天皇提建议。所有这些制度设计中，最重要的大概是 1894 年起草、1911 年批准生效的一项法规：陆军大臣和海军大臣必须是现役军官，由各自的参谋部提名。这不仅意味着陆军和海军独立于政治控制之外（参谋长可以直接面见天皇），而且这两个部门实际上都可以通过拒绝提名各自大臣的候选人，从而否决文官内阁。这一权力经常被使用，而且总是在幕后使用。因此，政府实际上只负责民事事务，陆军和海军管理自己的事务，它们在外交政策上经常互相冲突，自 1920 年代起更是日益频繁。由于陆军和海军不受文官政府的控制，战场上的军官也就大可不必觉得自己在道义上有义务服从东京的名义上司，有些时期，日本比世界上任何其他体制更接近于军事无政府主义。

麻烦在于，日本只是缓慢发展出了某种程度的公民意识，而在欧洲，这是城市生活和资产阶级权利观念的产物。城市本身就是一种舶来品。就连东京也不过是一个巨大的村庄集合体，直至相当晚近依然如此。东京市民拥有乡村的而不是城市的思维方式和归属感。尽管封建主义已经被明治维新所扼杀，但它在一个亚种版本中幸存了下来。自上而下，每个人只有作为宗族的组成部分才觉得安全。日本人过去和现在都习惯于把家族行为的模式延伸到更广阔的场合。Habatsu（集团，帮派）这个术语被应用于每一种新出现的活动：绘画、摔跤或插花的不同流派；于是，1868 年之后，它被用于工业公司，1890 年之后被用于政治。日语中的 oyabun-kobun（亲子关系）指的是父母—子女或老板—下属的关系，它成了政治中这个亚封建主

义的黏合剂，一个人奉上自己的服务或忠诚，以换取分享未来战利品的回报。事实上，日本人并没有在家庭的和非家庭的分
188 群之间做出清晰的区分，因为，通过过继使家族世系永远延续下去被认为比血脉世系的永存更加重要[15]。尾崎行雄是日本从政时间最长的政治家，参加过 1890 年的第一次大选，有生之年出席了 1945 年后的第一届国会，他在 1918 年写道："政治党派本应该仅仅根据原则和政治观点建立和解散，而在日本，它实际上是个人关系和情感的事情，一个政党的领导人和成员之间的关系类似于封建领主和封臣之间所维系的那种关系。"[16]建立在普遍经济利益基础上的左翼群众党倒是有可能改变这一模式。但 1925 年的《治安维持法》（也是在这一年，日本给予男性投票权）赋予警察十分可怕的权力，以防止马克思主义者的颠覆，以至于有效地阻止了这些正当的发展。左翼政党所获得的选票从未超过 50 万张，直到 1945 年以后，情况才有所改观。

结果，日本的政党都是合法的黑手党，无法赢得人们的尊重，除了以极权主义形式重新乔装打扮的传统制度之外，提供不了其他的道德选择。贿赂无处不在，因为当选的代价十分高昂（两次大战之间那段时期每个席位 2.5 万美元），而薪水却少得可怜。腐败的范围从买卖贵族头衔到大阪新妓院区的土地投机。两个主要政党中，立宪政友会通过满洲铁路的红利来筹款，民政党通过三菱的红利筹款，这两种情况都是非法的。最著名的 3 个政治领袖——原敬（第一个出任首相的平民）、山本和田中，都犯有明目张胆的腐败之罪[17]。跟崇尚武士道的军国主义者比起来，政治家们并不显得多么有魅力。他们经常打斗，不过只是在国会里那些不成体统的混战中，有时候还有

雇佣来的流氓恶棍帮忙。正如 1928 年一位英国目击者所写的那样：“面红耳赤的绅士们，外表衣冠楚楚，穿着双排扣长礼服，内心却因为过多的清酒而变得兴奋，他们大喊大叫、咆哮怒吼，争论经常在争夺讲台的冲撞中达到高潮，当时的演说者总是会在一场放开手脚的打斗中被拖下讲台。”[18]

此外，如果说亚封建主义在国会里坚持了下来，那么，它在国会之外也以秘密社团的形式繁荣兴旺，构成了另一种形式的政治活动：非民主的，反宪政的，使用直接的行动，利用武器而不是论点。武士一旦失去了薪俸，要么去找工作，要么拉帮结伙，把自己卖给出价更高的人。1881 年，一帮武士组成了最早的秘密社团“玄洋社”，很快就间接地介入了政治：提供暴徒去操纵国会选举，或者谋杀竞争的候选人。1901 年，玄洋社的头山满创立了臭名昭著的黑龙会，它是很多极端民族
主义的暴力宗派的原型。然而，帮派政治的真正扩张发生在第 184
一次世界大战结束之后，几乎在每一个地方都引入了政治暴力的时代。

日本人是不是从魏玛德国和墨索里尼的意大利那里得到了启发，我们并不清楚。可以肯定的是，像欧洲的法西斯主义者一样，他们也把列宁主义的暴力用作反暴力的借口。令人不安的是这些社团和宪政以及最危险的军事之间的重叠。因此，1919 年创立的“日本国粹社”——利用了一些来自极权主义形式的神道教和武士道的概念——的成员就包括 3 位未来的首相和几位将军。这个社团相对而言是比较正派的。另外一些则纯粹是暴徒帮伙。有些完全就像意大利的革命工团主义者和早期的纳粹分子一样激进。因此，北一辉在 1919 年创立的“犹存社”提出了一项国家社会主义计划：工业国有化，分解大

地产，为日本成为“亚洲领袖”做准备，日本的扩张将以牺牲英国（“大财主”）和俄国（“大地主”）的利益为代价，日本把自己置于“各国无产阶级”领头人的位置上。另外一些激进的社团包括农业民族主义者，他们希望彻底摧毁工业；而井上日召领导的血盟社，专门暗杀企业家和金融家。[19]

实际上，所有这些社团都搞暗杀，或者对暗杀表现出异乎寻常的宽容。有人可能会说，尽管封建反叛的观念在 1870 年代就消亡了，但暗杀是它的延续，只不过手段不同。武士作为一个阶层可能不再把他们的意志强加给别人；但武士群体保留了在政治上表达反对意见的权利，他们不是通过选票来表达（这有失他们的身份），而是用剑和匕首来表达，当汤姆森机关枪在 1920 年代变得流行之后，便用机关枪来表达。事实上，武士们一直在雇佣卖苦力的歹徒来威胁他们手下的农民。如今，他们的现代化帮会受雇于地主和企业家，去迫使内阁大臣服从于他们的意志。更令人不安的是这样一个事实：到 1894 年，帮会开始和宪兵队里应外合，密切合作。这些宪兵队直接向宪兵司令部报告，而不是对政府负责，他们可以把嫌犯拘禁 121 天，而无须正式的指控或逮捕证，并被授予刑讯逼供的权力。人们经常在被帮伙告发之后遭到宪兵队的逮捕。[20]

实际上，帮会在日本社会中扮演了千变万化的角色。有时候维护国家安全，有时候保护（比方说）新兴电影工业中的
185 非法勾当，在这样的场合，他们血腥的帮会战常常有 200 把刀剑一齐上阵，构成了像当代芝加哥情人节大杀戮这样一些插曲的东方声部[21]。臭名昭著的帮会头目、黑龙会的开山祖师头山满在日本社会中扮演了一个格外矛盾的角色。他出生于 1855 年，有绅士的举止风度和矫揉造作，是一个信奉武士道

的武士。据《纽约时报》（*New York Times*）记者休·拜厄斯说，他看上去"像快乐兄弟会的一员，举止温和，面相仁厚，故意向人们炫耀这样一个事实：他所信奉的教义不允许他打死一只蚊子"。杀掉政治家则是另一回事了。他不仅组织暗杀，而且还把另外几个众所周知的杀人犯保护在自己家里，他的家警察也不敢进去。这些杀人犯包括英国人通缉的印度人拉什·比哈里·布斯，1912 年，此人试图暗杀印度总督哈丁勋爵。当他最终以 90 多岁高龄带着恶贯满盈的罪恶之身去世时，《东京时报》（*Tokyo Times*）出版了一期纪念他的增刊[22]。这是日本人的典型特征，即便是最昭彰、最凶残的违法犯罪，他们也会容忍，甚至有资格被人们纪念。正是那些受害者，帮助这一制度永垂不朽。因此，伟大的自由主义政治家尾崎行雄尽管自己经常受到死亡威胁，但他写了一首诗，其中有这样两句悲观的诗行："应当颂扬那些试图取我性命的人，如果他们的动机是要为国而死。"[23]

因此，政治暗杀在日本未必会受到严厉的惩罚；有时候根本不会受到惩罚。更重要的是，它在道德上不会受到社会的谴责。结果，政治暗杀变得越来越稀松平常。明治维新最初的政府成员当中，有一个人被杀，另一个人被逼切腹自杀；宪法的缔造者伊藤亲王尽管有他那位茶室小姐出身的妻子极力保护，但最终还是被杀。1912 ~ 1926 年，大正天皇的首相当中，大隈重信伯爵、高桥是清子爵和原敬先生被暗杀；在昭和天皇治下，1926 ~ 1945 年，又有三位首相横死：滨口雄幸、犬养毅和斋藤实，外加十几个内阁大臣[24]。有些政治家比其他人更坚忍地接受了这一职业的风险。但是，害怕被暗杀无疑阻止了一些大臣，使他们不敢极力推行立法改革。1920 年，作家戴维·詹姆斯问原敬首相，他为什么不废除规定煽动罢工监禁 6 个月的治安条例，原敬答道："我眼下还没有切腹自杀的打算。"当原敬首相第二年在东京新桥火车站被刺死的时候，他的"罪行"是：作为一个纯粹的文官，他在海军大臣加藤友三郎大将出席华盛顿海军会议期间接管了海军部[25]。天皇本人也逃不了缺乏爱国精神的指控。1923 年，有人试图刺杀昭
186 和天皇，毫无疑问，这个天生胆小的人由于害怕自己的军官，而不敢给予文官首相以支持，而根据宪法，他们有权指望这样的支持。

1924～1925 年之后，情况变得更糟，当时，军队的改革引入了新型的军官，从低级官员、店主和小地主中选拔。这些人对传统的权威——或者他们自己的高级指挥官——没有多少尊敬，他们被灌输了列宁主义和法西斯主义的政治暴力观念，尤其是武士道的新极权主义版本。在完全有能力用死亡来威胁昭和天皇的同时，他们谈到了"恢复"他的权力：他们想要的是名义上天皇统治之下的军事独裁。他们的关键词是 kokutai（国体），任何政治家，哪怕是最轻微地不忠诚于国体，都不如死了拉倒[26]。他们大多数人来自农村地区，那里的生活水平在 1920 年代下降了，年轻姑娘不得不出去工作，仅仅为了糊口，没有工资。他们军队中的兄弟心中燃烧着热情和仇恨，他们的暴力享有广泛的公众支持。[27]

在这样的环境下，文官政府逐渐垮台了，选举变得毫无意义。1927 年，首相被军队赶下了台，1928 年又故技重演。1930 年，滨口雄幸首相得到了裁减武装部队的授权，在他试图着手此事的时候立即被人枪杀了。他的继任者因为同样的原因而被赶下了台。接下来的首相犬养毅再一次试图与军方抗

衡，1932 年 5 月被一帮陆军和海军军官所杀。事实上，他们计划把查理·卓别林一起干掉，当时卓别林正访问东京，约好了和首相一起喝茶。这场密谋的海军首犯告诉法官："在美国，卓别林是一个深受欢迎的公众人物，是资产阶级的宠儿。我们相信，把他杀掉会引发一场与美国的战争。"当这些杀人犯走上法庭的时候，他们的辩护律师认为，当他们的荣誉和未来处于危险境地的时候，暗杀是某种形式的自卫。他向法官提交了 11 万封信，很多信是用血写的，恳请宽大处理。在新潟，9 个年轻人砍掉了他们的小指，把它们浸泡在一瓶酒精里寄给了陆军大臣，作为真心诚意的证据[28]。宽大的判决在这次庭审中获得了通过，在其他很多法庭上也是如此，这让人想起了魏玛德国早期那些涉及右翼杀人犯的荒唐可笑的庭审。[29]

宪政在日本的垮台不可能被视为纯粹的内部事务，因为它与外交政策的目标捆绑在一起难分难解。大多数日本人把领土扩张视为进入现代世界的一个必不可少的要素。其他每一个工 187
业强国难道不都有一个海外帝国吗？就日本的情况而言，还有另外一些压倒性的理由：国家的贫穷，几乎完全缺乏自然资源，以及人口不可抗拒的迅速增长。在 1894～1895 年，日本袭击了中国，占领了朝鲜、台湾和旅顺港，由于俄罗斯、德国和法国的三方干涉，它被迫交出了旅顺港。日本的回应是：让军队的规模翻一倍，并使自己在 1904 年实现武器装备的自给自足。在向俄罗斯发出最后通牒之后不久，日本立即占领了旅顺港，并在 1905 年 5 月打赢了举世震惊的对马海战，确保了自己在满洲的商业霸权，占领了库页岛作为其殖民地的组成部分。1914 年，日本仅仅为了占有德国在中国的港口和财产而参战，次年，它向中国政府提出了一连串的要求（"二十一条”），这些要求实际上让它在这一地区拥有了压倒性的殖民权力和商业权力。《凡尔赛和约》巩固了这一霸权，并把山东和整个一连串太平洋岛链作为托管地给了日本。

日本如今面对一个两难的困境。它决心要扩张，但在什么样的旗号下扩张呢？日本的明治维新本质上是反殖民行动的，是为了保护自己。在占领朝鲜时，它最初的意图是拒绝把它交给欧洲列强，并自居为“东亚同盟”的商业、政治和军事的领袖，这是一个防御同盟，它将会使东亚现代化，并阻止西方的进一步渗透。日本因此会成为第一个反殖民主义的伟大强国（俄罗斯将在1945年之后扮演这一角色），在这个过程中为自己赢得一个由附属的同盟国和卫星国组成的大家庭（就像俄罗斯后来拥有的大家庭一样）。困难在于，中国的合作是必不可少的，可它从未表现出提供这种合作的丝毫愿望，反倒把日本视为一个地位较低的主权国家和一个凶残的掠夺者，在某些方面比任何欧洲强国都更害怕它，因为距离更近。然而，日本从未完全放弃过这一政策。它后来的一些做法无不反映了这一政策：要求在国际联盟盟约中加入种族平等的条款，虔诚地坚持认为它在中国大陆的一切活动都符合中国人自己的利益，1941～1945年战争期间在它占领的领土上建立傀儡政权，并把它们整合在“大东亚共荣圈”里。这些并不完全是捕风捉影的虚构；但它们也不可能完全（哪怕是大部分）成为现实，只要日本为了让中国成为“合伙人”而不得不攻打和征服它。[30]

那条路堵死了，日本是不是应该像其他强国一样成为一个殖民强国呢？那正是日本外务省、昭和天皇的朝廷、自由主义
188 政治当局的观点。但那意味着让最庞大、最体面的已经建立的

殖民帝国（尤其是大英帝国）成为自己的盟友。英国渴望稳定，手段无非是给日本提供足够的利益和领地，以便把它也绑在一套稳定的体系上。只要大英帝国是日本的盟友，后者在维护自己的内部体面、宪政规范和法治上有重大利益，所有这些全都是英国教给它的。

那就是美国和加拿大在1921～1922年对英日同盟的破坏对远东和平如此致命的原因。有人认为，《华盛顿海军条约》以及1922年2月出台的担保中国领土完整的《九国公约》（比利时、意大利、荷兰和葡萄牙也签署了这一公约）可以取代这一同盟，但这个观点是一种幻想。因为后一份协定没有规定强制条款，哪怕是理论上的强制条款，而前一份条约使得强制执行在实践上毫无可能。最终结果是把日本置于潜在掠夺者的角色，把它抛出了体面的“富有”强国这个有迷人魅力的圈子。英国对日本的影响力消失了，美国作为中国的保护者出头露面，成了日本不共戴天的仇敌[31]。在国内，结果是日本的权力从外务省（他们的外国朋友拆了他们的台）转移到了军方，尤其是那些对单打独斗充满狂热激情的年轻军官，无论如何，单打独斗这种事情的意义在极权主义的神道教里是不言而喻的。

然而，还有一些更加平淡无奇的理由促使这种全民绝望的产生。日本养不活自己。1868年，日本有3200万人口，每人平均每年消耗的大米不足4蒲式耳，日本靠600万英亩耕地为生，每英亩耕地产出20蒲式耳大米。到1940年，日本以惊人的努力和技能，把产量提高到了每英亩40蒲式耳，并通过充分利用每一英寸边角地，把种植稻谷的耕地面积提高到了800万英亩。但与此同时，每人的平均消耗也提高到了每年5.75

蒲式耳——这个量并不大——人口增长到了 7300 万，如此一来，日本每年短缺稻米 6500 万蒲式耳。农业生产率在 1920 年代已经稳定下来，没有办法进一步提高了。于是，战前的 1910～1914 年，以及 1920 年代末，稻米进口翻了三倍[32]。这些不得不由占主导地位的日本纺织品出口来支付，而后者已经遭遇了你死我活的竞争和关税壁垒。

移民对日本人来说实际上并不是一个选项。早在 1894 年，就有条约限制他们进入美国，他们是第一个受到这种控制的民
189 族群体。到 1920 年，美国有 10 万日本人（主要在加利福尼亚州），还有 10 万人在夏威夷：4 年后，美国人对“黄祸”的恐惧导致议会立法阻止日本人获得美国公民身份，根据新的《移民法》，日本人甚至自动被美国拒之门外。澳大利亚《移民法》同样是限制性的，目标毫不含糊地指向日本。美国政府和澳大利亚政府的姿态（当然反映了主流民意）给日本的贸易群体带来了特别的痛苦，他们在亚洲拥有欧洲人的身份。到 1920 年代中期，就连一些“值得尊敬”的政治家也开始觉得，不存在和平的方式摆脱这一困境。在《致年轻人》（*Addresses to Young Men*）一书中，桥本欣五郎写道：

> 要逃脱人口过剩的压力，留给日本的出路只有三条……移民、进军世界市场和领土扩张。第一扇门（移民）被其他国家的反日政策给堵死了。第二扇门……被关税壁垒和通商条约的废除给关上了。当三扇门当中的两扇被关上了，日本该怎么办？[33]

在借助帮会和军方的贿赂基金广为传播的宣传中，这一观

点得到了更加有力的阐明。它成了荒木贞夫的主题，到1926年，此人已经是年轻军官群体的领袖和皇道（Kodo）的狂热鼓吹者，那是扩张主义神道教一种新的激进形式。他问道，有6000多万张嘴嗷嗷待哺的日本为什么要满足于142270平方英里土地（其中很多还是不毛之地）？澳大利亚和加拿大都只有650万人，却分别有300万和350万平方英里；美国有300万平方英里，法国有一个380万平方英里的殖民帝国，英国（即便不包括英联邦自治领和印度）有220万平方英里，比利时有90万平方英里，葡萄牙有80万平方英里。他指出，美国除了辽阔的国内领土之外，还有70万平方英里的殖民地。这些巨大差异的自然正义何在？好像并不是日本人贪得无厌。他们靠鱼米为生，所需并不多。他们在使用所有原材料上都格外节约。到1920年代中期，他们已经接近于资源的极限，再过一个十年，他们就无以为继了。在军事帮伙以及他们的姿态和杀人不眨眼的自吹之词的浪漫主义返祖现象的背后，潜藏着一种巨大的、完全真诚的民族委屈感，几乎每一个日本人都有这种委屈感，他们当中有数百万人——不像德国人——实际上在忍饥挨饿。

然而，具有讽刺意味的是，起初，日本无论如何都没有试图通过袭击西方富裕强国（他们的种族政策使原本的不公平雪上加霜）来矫正权利的天平，而是试图把另一个层面的压
迫强加给寇松勋爵所说的“无助、无望、无活力的中国民 190
众”。当然，在这方面，欧洲列强再一次树立了榜样。他们提出了各种各样的理由，把他们口授的条约强加给中国，占领中国的沿江口岸，但他们唯一真正的理由是优势兵力。有时候，他们直言不讳地讲明这一点。1900年，德国皇帝指示德国军

队解救北京使团的命令是这样写的："不留一个活口，不抓一个俘虏。要以这样一种方式战斗，让未来一千年里没有一个中国人胆敢斜视德国一眼。"[35]其他列强也一样行事，只不过通常没有这样夸张的言辞。如果说武力统治在中国就是万国公法的话，那么，为什么独独拒绝给予日本遵循这一公法的权利呢？日本不可能同意这样一个观点：第一次世界大战终结了殖民主义的时代。对日本来说，这个时代才刚刚开始呢。中国是日本的昭昭天命。日本最重要的银行家森广藏写道："向大陆扩张是大和民族的天命，无论是世界，还是我们日本人自己，都不可能阻止或改变这一天命。"[36]

但是，进攻中国还有另外一个理由，可以追溯到日本人干劲十足的冲力的根源。库尔特·辛格写道："他们对腐朽的气味特别敏感，不管掩盖得多么严实；他们会攻击任何其核心似乎透露出缺乏稳固的敌人。……面对显而易见的机会，凡是他们能够嗅出腐烂气息的任何地方，他们都会迅速出击，这种敏捷使得他们似乎就是匈奴人、阿瓦尔人、蒙古人及其他'上帝之鞭'① 真正的后继者。"[37]这种鲨鱼般的攻击受伤者的本能在袭击沙皇俄国时被证明非常强大。这也是他们在1941年为争夺亚洲和太平洋地区霸权而进行的那场豪赌的根源。眼下，在1920年代，这种本能将不可抗拒地把他们带向中国，在那里，社会的腐烂气息已经清晰可闻。

中国的困境是乐观信念的结果，左翼知识分子普遍拥有这样的信念，他们相信：革命尽管会制造出一些问题，但它们能解决更多的问题。在19世纪，列强想方设法进入中国并使之

① 指的是曾经横扫欧洲的匈奴王阿提拉。——译者注

“现代化”，或者说，像中国人所认为的那样，掠夺中国。他们强加了一些“不平等条约”，清王朝除了接受之外也别无选择。帝国的统治制度持续了3000年，可以用两种不同的方式去看。它代表了统一的原则，在一个幅员辽阔的国家，并不容易被一个很小的自然的统一焦点取而代之，因为它的人民说着很多不同的语言，尽管——多亏了帝国的民事部门——受过教育的人都是用一种共同的表意文字。也许中国没有能力实行改革或者使自身现代化，它允许日本统治阶级曾经成功防止的那种事情发生。如果说，中国不可能也搞一场自上而下的变革， 191
那么，索性就让它来一场自下而上的革命。

这正是激进知识分子的观点，他们的领袖是受过西方教育的孙中山。像列宁一样，孙中山一生中也有很长时间是在流亡中度过的。1896年，他被大清帝国驻伦敦使馆的工作人员给绑架了。他们计划用一艘专门租来的蒸汽船把他作为一个疯子运送回国，一旦到了北京，他肯定会被乱棒打死，这种刑罚是专门为阴谋篡夺皇位的罪犯保留的。但是，孙中山从位于波特兰大街和韦茅斯街拐角处的公使馆监禁他的顶层囚室里扔出了一些包裹着半克朗硬币的便条。一个黑人搬运工捡起了一张，把它交给了警察；很快，首相索尔兹伯里勋爵让孙中山获得了释放[38]。他最后回到了中国。恰好就在同一时期，列宁在推销他的“先锋精英”理论，以证明中产阶级知识分子推动很大程度上并不存在的无产阶级投身革命是有道理的，墨索里尼的导师们也正在实验“革命的工团主义”，孙中山创立了秘密社团“兴中会”。兴中会部分程度上是模仿欧洲人的模式，部分是仿效日本人的模式。像列宁一样，其目标是要武力推翻帝国的独裁统治。兴中会利用饥荒和粮食歉收，暗杀行省官员，偶尔占领城市，或者在1904年和1906年参与更普遍的起义。当慈禧太后在1908年去世并把皇位留给了一个两岁大的孩子溥仪的时候，兴中会的机会来了。它召集了一次全国性的会议。依然存在创立立宪君主制的可能性，它将会引入民主的原则，同时保留统一的君主制原则，剥夺对君主权的滥用。可是，孙博士不愿接受立宪君主制。1911年12月29日，他在南京成立了中华民国，自任总统，6周后，清帝逊位。

就这样，正统性的原则被摧毁了，留下了一个真空，只能通过武力来填补这个真空。一个名叫毛泽东的年轻农民注意到了这一点，1910年他17岁，在湖南乡下听说了太后去世的消息，那是此事发生两年之后。当革命到来的时候，他剪掉了自己的辫子，加入了军队，在这个过程中，他发现，在中国，要想干成点事情，非得有自己的军队不可；这个见解他再也没有忘记过[39]。猫头鹰一样的孙博士也得出了同样的结论，不过稍微有点晚，当时，他把总统的宝座拱手让给了帝国军队最后一位指挥官袁世凯将军。袁将军几乎肯定要让自己做皇帝，创立一个新王朝——就像过去很多中国强人所做的那样。但是，他在1916年死掉了，帝王大业也就无果而终，中国于是开始了戴
192 高乐后来所说的les délices de l'anarchie（法语：混乱的快乐）。

推翻君主统治的目标是要根据1848年的边界恢复中国的领地、统一国家和限制外国人。每一种情况它都刚好背道而驰。在外蒙古，库仑的呼图克图宣布独立，并与俄国签订了一份秘密条约（1912年），这一次重新调整再也没有逆转过来。到1916年，另外5个行省选择了自治。日本进入了满洲，以及很多沿海地区。另外一些列强在几次把中国排除在外的会议上划定了各自的“势力范围”。中华民国政府（在它有一个政

府的时候）所拥有的唯一可靠的收入来源，是旧帝国海关残留下来的那点东西，这个海关是爱尔兰人罗伯特·赫德爵士创立的，由欧洲人（主要来自联合王国）打理，他们控制着沿海地区和通航河流，维护航标、灯塔和航海图，并征收关税。政府税收系统的其余部分消失在腐败的泥沼中。腰包里没钱的时候，就不可能有中央军。

此外，君主制的灭亡给了旧中国乡绅阶层以致命的一击。他们失去了法律上的特权，并立即试图建立一套亚封建主义体制（就像在日本那样），从而在事实上恢复这些特权。在此之前，他们各种不同的派系和宗族都是在朝廷的规则之内运作。没有朝廷，就什么也没有。传统的世界观已经随着皇帝的宝座一起消失得无影无踪。道教作为一种公共道德的信条是无可替代的。有些人躲在佛教中寻求庇护，另一些人则转向了基督教。但大多数乡绅都与他们能够找到的军事当局的本地资源结成同盟，连同自己的家眷和随从一起，成了他们的门客。面对霍布斯曾经如此生动形象地描述过的土崩瓦解的状态，他们选择了利维坦，只不过已经改头换面，唤作军阀。呜呼，这样的怪物不止一个，而是有很多：到 1920 年，总共有 4 个大军阀雄霸一方，还有数以十计的小军阀。中国进入了一个令人痛恨的时期，不由得让人想起欧洲的三十年战争。[40]

孙中山让自己再次当选为总统，然后在 1921 年当上了大元帅。但他没有自己的军队，也没有钱养活军队。他写了两本书：《三民主义》和《建国方略》。纸上谈兵倒是毫不费力。首先是与旧体制做斗争的阶段，然后是训政的阶段，最后是真正的民主统治的阶段。他把自己的革命组织改组为国民党。它建立在三项原则的基础之上：民族的自由（民族主义），民主 193

的政府（民权主义），以及社会主义的经济（民生主义）。孙中山是一个课堂教学的大师，他总是在黑板上画一个大圆，里面有若干个小圆——保守主义、自由主义、社会主义和共产主义——国民党取每种主义的最好成分，并把它们组合起来。事实有点不一样。孙中山承认："组织化良好的民族计算票箱里的选票，组织化糟糕的民族则计算战场上的死尸。"他曾对自己的保镖、一个人称"双枪科恩"的加拿大犹太人承认，他真正的政治目标十分普通："我想要的是一个夜不闭户的中国。"[41]

就当时的环境而言，这个目标野心太大。大门依然必不可少，保镖也必不可少。躲在广州城里，孙博士需要 600 个保镖保护自己。有时候，他掏不出钱来支付他们的薪水。于是，他们会哗变，并洗劫国库，看看能找到点什么值钱的东西。当孙中山及其他军政要人外出活动时，他们坐在美国产的帕卡德汽车里也是如此，有全副武装的彪形大汉站在汽车的脚踏板上。有时候，孙中山不得不乔装打扮，东躲西藏。有一次，他乘坐一艘英国炮艇，逃到了香港。事实上，他真心实意地喜欢英国作为一个保护国所提供的帮助——这种帮助对中国的独立是如此重要——但寇松勋爵否决了这一提议。他于是转向美国，向美国驻广州公使雅各布·古尔德·舒尔曼请求为期 5 年的美国干预，有权占领各省首府，有权管理军队、警察、公共卫生和防洪抢险，并且有权任命关键性的行政专家。但这个提议也在 1923 年被拒绝了，1925 年再次被拒[42]。

受挫之后，孙中山在 1923 年转向了苏联政府。1920 ~ 1921 年，中国共产党成立，不过，与国民党共享成员身份得到了两党的允许。事实上，苏联坚持这一同盟关系，在第三次党代会上要共产党宣布：“国民党是民族革命的核心力量，担负革命的领导职责。”[43]于是，莫斯科（换句话说也就是斯大林）欢迎孙中山的请求，并在1923年10月给他派去了一个名叫米哈伊尔·鲍罗廷的人按照列宁的民主集中制路线改组国民党，还派去了一个军事专家加伦，人称“布吕歇尔将军”，为的是创立一支陆军。他们还带去了很多“顾问”，这是苏联新形式的政治帝国主义最早的实例。加伦卖给孙中山一些苏式步枪，每支65美元，然后把钱交给鲍罗廷，后者则把这些钱交到了共产党的手里。加伦还在黄埔创办了一所军事学院，负责这所学校的是孙中山那位野心勃勃的连襟、从前的书记员，名叫蒋介石（他们分别娶了左翼银行家宋子文的姐姐和妹妹）。

这一安排勉强运转起来了。黄埔军校走出了500个受过军事训练的指挥官，蒋介石把他们打造成了国民党第一支正规军 194
的精英。然后，他决定自己来当一把军阀。中国军队的麻烦在于纪律。将军们——实际上是整个军队——常常望风而逃。1925年，蒋介石被提拔为孙大元帅的参谋长，并发布了他最早的命令：“倘我部有一个连投入战斗，然后在没有得到命令的情况下擅自撤退，该连连长将被枪毙。这一规则同样适用于营、团、师、军。万一出现全面撤退，如果军长亲自上阵，坚守阵地并战死，所有师长都将被枪毙。”诸如此类，不一而足。接下来还有战地军事法庭和集体枪毙的规定。[44]

1924年，孙中山召开了国民党第一次代表大会，它是作为一个按照共产党的路线组织起来的群众党而出现的，党员超过60万人。可是，1925年3月，孙中山去世了，人们痛惜“共产党好战分子”正在接管权力，哀叹英国或美国没能帮助他把中国从共产主义手里“拯救”出来。在这样的环境下，国民党自己的军阀蒋介石注定要接管权力，他确实这样做了。至此，我们来到了历史上一个决定性的转折点，尽管回过头来看事情足够清晰，但在当时却错综复杂、令人困惑。既然孙博士已经死了，革命该如何进行到底呢？国民党仅仅控制了广州地区。有人认为，革命应该在小规模的中国无产阶级这个薄弱的基础上继续进行，集中于上海，并围绕上海展开。以北京大学图书馆馆长李大钊（毛泽东成了他的助手）为首的另外一些人则认为，革命应该以农民为基础，他们在中国人口当中占到了压倒性多数。正统的共产主义者轻蔑地否定了这个观点。正如共产党的联合创立者陈独秀所言："超过半数农民是小资产阶级土地所有者，顽固地坚持私有财产的意识。他们怎么能够接受共产主义呢？"[45]斯大林同意这个观点。俄国农民曾经挫败过列宁；斯大林本人尚没有把他们摆平。他的观点是，在这样的环境下，中国共产党只能支持国民党，完成中国的民族主义革命，除此之外别无选择。

在天下大乱当中，人人都是机会主义者，蒋介石尤其是。在黄埔军校，他的目标是要产生忠诚奉献的军官，他与年轻的共产党人、政治部主任周恩来合作。实际上，国民党与共产党此时的政治灌输几乎没有什么不同。的确，这一阶段的国民党能够轻而易举地成为毛泽东最后发展出来的那种国家共产主义的形式。正是蒋介石，而不是共产党人，最早领悟：可以把人
195 们对外国人和帝国主义的痛恨与人们对残暴军阀的痛恨结合起来，来动员农民大众的力量。毛泽东是国民党上海支部的成员，他发现这个观念很有吸引力，他被任命为农民运动讲习所的领导人，十分重视军事训练（总共 380 个小时的培训中有 128 个小时用于军事训练）。在这一时期，他的观点和蒋介石

的观点非常接近。在某些方面，他在国民党（强调民族主义）那里比在共产党（信奉城市导向的教条主义）那里更加如鱼得水。他与国民党合作的时间比其他任何著名共产党人都要长[46]。毛泽东在1926年2月写的一篇文章引人注目地类似于蒋介石同年在长沙发表的宣言。蒋介石说："只有推翻帝国主义之后，中国才能得自由。……要想革命成功，我们就必须与俄国联合起来推翻帝国主义。……中国革命是世界革命的组成部分。"[47]

国民党与共产党合并为一个在蒋介石和毛泽东共同领导下的全国性共产主义政党的可能性由于中国的现实而化为泡影。在1925～1926年，蒋介石只控制了华南的部分地区。华中和华北都在军阀手里。孙传芳控制了上海并从南京管理着5个行省。在长江以北，吴佩孚控制着汉口；阎锡山控制着山西；张作霖占据奉天，控制着东北三省；张宗昌是山东军阀；褚玉璞占据着京津地区。

1926年初春，这一格局被打破了，当时，国民党最能干的指挥官冯玉祥将军领着他的30万人马（被称作国民革命军）行军约7000英里，从内蒙古南部绕行，向东过陕甘，经河南，从南边进攻北京。这一惊人的身体和军事壮举（它在下一个十年成了毛泽东自己"长征"的榜样）使得蒋介石在1926～1927年征服北方成为可能[48]。结果，4个主要军阀都承认了蒋介石的最高权威，用和平手段把中国统一成一个共和国的可能性出现了。北伐战争付出了可怕的生命代价，尤其是农民。如今，通过意识形态的妥协，而不是依靠革命消耗战的缓慢杀戮来寻求解决，是不是更好呢？如果这样的话，蒋介石就非但不能赶走"外国资本家"，反而必须寻求他们的帮助；身为

最重要银行家的姐夫倒是一个优势。但这样一种做法必定意味
196 着与国民党内部的共产主义分子决裂，并公开表明：一个工人阶级的国家并非近在眼前。因此，1927 年 4 月，当他拿下上海的时候，蒋介石掉转枪口，要收拾那些曾经挺身而出支持他的已经组织起来的产业工人，并命令他的部队朝他们开枪。上海的商界鼓掌喝彩，银行纷纷凑份子，犒劳国民党大军。

斯大林如今决定把他的政策颠倒过来。他最近撤了托洛茨基的职，并按照他通常的惯例，采用了被他打败的对手们的政策。中国共产党奉命与国民党决裂，武装夺权。这是斯大林唯一一次遵循了托洛茨基的革命路线，结果是一场灾难[49]。共产党的骨干队伍在广州举行起义，但市民不愿意追随他们；在接下来的战斗中，很多人被杀，城市的十分之一被烧为平地。1927 年 12 月 14 日，国民党发起了大规模的袭击，共产党人被打垮了，广州人满大街追捕他们。苏联领事馆大多数工作人员被杀。鲍罗廷回到莫斯科，对斯大林说："下一回中国人高喊'世界革命万岁'的时候，就把格别乌派去。"斯大林一言不发；最后还是让人把鲍罗廷给枪毙了[50]。

蒋介石和毛泽东就这样分道扬镳了。蒋介石成了最高军阀，国民党被改组成了一个军阀党，其成员（在 1929 年）包括 172796 名军官和各种不同军队中的人、201321 名平民和 47906 名"海外华人"，这些海外华人提供了很多钱，以及一些最坏的恶棍歹徒。当它在商界和外国利益集团当中赢得优势的时候，它在农民当中却失去优势了。孙中山的遗孀脱离了国民党，流亡欧洲，指控她丈夫的继任者"把国民党组织成了一个工具，让富者更富，吸干千百万忍饥挨饿的中国人的血。……有一些军官和行政官员，几年前我知道他们还很穷，突然

之间坐上了漂亮的豪华轿车，为他们新娶的姨太太在外国人的租界购买豪宅”。蒋介石就是一个恰当的实例。1929 年 7 月，《纽约时报》记者注意到，他付给北京一家酒店一张 1.7 万美元的支票，这是他的妻子、保镖和秘书逗留 15 天的花销，另外还支付了 1500 美元的小费和 1000 美元给当地警察的贿赂。[51]

毛泽东从蒋介石的政策改变中得出的教训并不是意识形态的，而是现实的。要想在中国留下任何政治上的印迹，必须要有一支军队。他要自己成为一个军事领导人。对这一追求来说，他实在再适合不过了。1927 年，毛泽东 34 岁：身材高 197
大，体格强壮，父亲是一个残忍而专横的农民，努力发家致富，成为一个富裕的农民和粮商——简言之，是一个名副其实的富农[52]。他是一个热烈而激昂的浪漫主义者，喜欢戏剧性场面；在某种程度上，他是个艺术家。首先也是个民族主义者，对民族文化坚信不疑。从哲学家严复那里，他得到了“文化主义”的观念，追求“中国的道路”，目的是动员中国人民投身于一股不可抗拒的力量[53]。他读过马克思列宁主义，他的根本信仰更接近于他在北京的伦理学老师杨昌济（这位老师的女儿后来成了毛泽东的妻子）的座右铭：“每个国家有它自己的民族精神，正如每个人有他自己的个性一样。……一个国家是一个有机的整体，正如人的身体是一个有机的整体一样。它不像一台机器可以拆开然后再装上。如果你把它拆开，它就一命呜呼了。”[54]

在毛泽东的思想里，某种形式的激进爱国主义是主动力。他从来不曾像墨索里尼在 1914 年那样从国际主义转向民族主义：他从一开始就是个民族主义者，像土耳其的凯末尔一样。

他的文化民族主义更多的不是源自一种受压迫感，而是源自一种因为受到侮辱而被激怒的优越意识。作为文化的创始者，中国怎么能被欧洲的暴发户们当作不听话的孩子来对待呢——1920 年代，西方的媒体经常使用这样的比喻。因此，《远东时报》（*Far Eastern Review*）在 1923 年评论征收英美烟草垄断税的时候说："当然，问题的解决之道在于各大强国协同行动，向这些年轻的政治家清楚地表明：对于一个国家来说，欺骗得不到任何好处，列强迟早会对这些欺骗花招和孩子气的恶作剧不耐烦，并且会整顿家风，打孩子的屁股。"[55] 1924 年，毛泽东领着一位新近从欧洲来的华人朋友去看上海公园里那块臭名昭著的牌子，上面写着"华人与狗不得入内"。他以一句典型口号打断了一场足球比赛（对耶鲁队）："揍那帮外国人的奴才!"并用了一个同样典型的比喻："如果我们的洋主子放了个屁，闻起来也是香的!"他问道："难道中国人只知道仇恨日本人，而不知道仇恨英国?"[56]

毛泽东并没有被困难吓倒，决心要把这绝望无助、趴伏在地、忍辱负重之物再次转变成一条令人畏惧的蛟龙。这个身材魁梧、信心十足的中国男人，面宽耳阔，脸色苍白——据一位
198 缅甸人说，是个"典型的中国大汉"；正如一个泰国人所写的那样，"像一头海象一样"——是个乐观主义者，他仔细检视中国的秘密，以寻找有利的迹象。孙中山认为中国所处的地位比一般的殖民地更加糟糕："列强在经济上对我们的压迫超过了任何一个完全的殖民地。中国不是一个国家的殖民地，而是所有国家的殖民地，我们不是一个国家的奴隶，而是所有国家的奴隶。我想，我们应该被称作半殖民地。"这也是斯大林的观点[57]。但毛泽东认为，中国有很多剥削者是个优势，因为

可以让强国之间互相为敌；他认为，“帝国主义列强之间的分裂有利于在中国统治集团当中制造分裂”，因此不可能有“统一的国家权力”[58]。

但所有这些分析都不过是纸上谈兵。毛泽东同意蒋介石最初的观点：革命成功的关键是唤醒农民。但农民就像中国本身一样无助，除非让他们武装起来并接受训练，把他们打造成一种武器，就像成吉思汗曾经做过的那样。成吉思汗不是一个复兴中国文化的合法英雄吗？毛泽东总是从过去寻找榜样，尤其是那些和他一样重视武力和身体力量的榜样，这正是他的浪漫民族主义的组成部分[59]。他最早的一篇文章宣称：“国力苶弱，武风不振……体不坚实，则见兵而畏之，何有于命中，何有于致远？”接下来，他又补充道：“夫体育之主旨，武勇也。”对他的国家社会主义来说，尚武精神是绝对必要的[60]。

1927 年 9 月，在跟国民党决裂之后，毛泽东奉共产党领袖之命，在湖南农民当中组织了一次农民起义。这是他成为一个军事领袖的天赐良机，从此以后，他迅速把自己转变成了中国政治中一支独立的力量。起义本身失败了，但他把核心力量保存了下来，带领他们走上了湖南和江西交界的井冈山。这支部队很小，但已经足够了；从此以后，他再也不是没有自己的军队了。他的诉求很直接，但很有效，把争田夺地系统化了，这一策略曾经摧毁了克伦斯基，使得列宁的暴动成为可能（尽管毛泽东大概并不知道这个事实）。他的《惩治土豪劣绅暂行条例》和《土地问题决议案》宣判了穷苦农民的传统敌人有罪——“土豪劣绅、贪官污吏、军阀和乡村的所有反革命分子”。他把所有可能反对农民军的集团统

199 统归类为“反革命”：“所有富农、中小地主和大地主”，那些“拥有 30 亩以上土地的人”都被归为这一类别。事实上，他是在使自己跟乡村社会的所有“稳定成分”作对，组成一支战斗队，刚好是那些被“土豪劣绅”所控制的社会力量的反面。

在诉诸农民的爱国精神上，毛泽东表现出比蒋介石做得更好，正如日本人的战时档案后来所显示的那样[61]。但刚开始，他所能招募到的穷苦农民不超过 1000 人。在此基础上，他又补充了 600 人的农民武装[62]。像另外一些军事领导人一样，他的军队也起伏不定，少的时候不足 3000 人，多的时候超过 20000 人。在杀戮敌人上他同样冷酷无情。1930 年 12 月，他的军队中有2000～3000 官兵因为被认为是 AB 团而被枪毙。5 个月之前，他的妻子和妹妹被国民党处决，还有一些人为了报复而被处死——1927～1928 年，蒋介石杀掉了成千上万的共产党人。但毛泽东从来都是毫不犹豫地使用武力。到 1930 年底，他已经创立了自己的情报组织，当他觉得有必要的时候，他会以必要的手段采取行动。[63]

就这样，在 1920 年代最后的那几年里，中国被交给了互相竞争的各路大军，它们的动机要么是五花八门的意识形态，要么索性就是贪婪——对它们的受害者来说，这又有什么不同呢？在蒋介石的北伐战争和 1928 年北京的军阀会议之后，国民党的一位指挥官李宗仁宣布：“静止不变的中国出现了新生事物……爱国主义和公共精神诞生了。”不出几个月的时间，当各路军阀之间以及他们和南京政府之间互相争吵不休的时候，这些话被证明纯属幻想。各方都发现，挂起南京政府和国民党的旗子是一件很方便的事，而对于它们的愿望，谁也不会给予太多的尊重。政府的收入下降了，军阀的收入增长了。当城镇和乡村的破坏与日俱增的时候，更多被剥夺财产的人成了土匪，要么为了糊口而给军阀效力卖命，不管是大军阀还是小军阀。除了五六个重要军阀之外，还有很多小军事力量控制着一个省或十来个县，部队的人数从20000到100000不等。在1928年6月30日召开的全国经济会议上，蒋介石的小舅子宋子 200
文（如今是财政部长）说，1911年，在君主政体下，中国有一支40万人的军队，一定程度上受一个人控制，1928年，它有84支军队，18个独立师和21个独立旅，总数超过200万人。国家总收入是4.5亿美元，还债之后只剩3亿美元。军队的开支是每年3.6亿美元，如果定期支付军饷的话，是6.42亿美元——因此，强盗行径是不可避免的。次年1月召开了一次裁军会议，计划把军队的人数减少到71.5万人，然而，这一计划彻底失败了。宋子文告诉这次会议：在去年，花在军队身上的钱是其他政府部门开支加在一起的两倍。[64]

实际上，灾难深重的中国人几乎分不清强盗与官军之间的区别。被杀死或死于饥寒交迫的人不计其数。1925～1930年，湖北省的人口净减少400万，尽管没有自然饥荒，也很少有人移民。1929～1930年，情况最严重的是河南省，2500万人口当中有40万土匪（主要是领不到军饷的士兵）。在1929～1930年冬天5个月的时间里，河南西部曾经富裕的弋阳城在各种不同的土匪军队当中易手72次。关于该省的一份官方报告称，仅渑池县就有1000个城镇和村庄遭到劫掠，10000人被绑票："当他们为了赎金而抓来一个人的时候，他们首先用铁丝刺穿他的大腿，把他们串在一起，就像把鱼串在绳子上一样。当他们回到匪窝的时候，人质便遭到拷问，刀架脖子，逼他们说出藏匿起来的财产。任何人稍有迟疑，便手起刀落，拦腰而斩，作为对其他人的警告。”报告还说，父母卖儿女、丈夫卖老婆的情况时有出现。或者，丈夫把妻子“出租”两三年，生下的孩子属于支付租金的人所有。“在很多情况下，镇上只剩下八到十间房子，而一年前那里有四五百间房子。”[65]

绝望之中，农民们建起了带有射击孔和垛口的石砌角楼，作为瞭望塔和人畜避难的庇护所——有点像 15 世纪英国边境上的堡塔。但是，即便是城墙坚固的城镇也会遭到围攻和袭击。距离北京城仅 30 英里的周口店曾被围攻 80 天，全城 10 万居民忍饥挨饿；母亲不得不掐死新生的婴儿，女孩只卖 5 块银圆，被带到亚洲各地去卖淫。溧阳位于南京政府所控制地区的核心地带，一伙 3000 人的土匪袭击了它，劫掠了 300 万美元，一把大火又烧掉了 1000 万美元的财产。上海地区 6 座重
201 要城市都遭到过袭击和劫掠。在宁康，地方行政长官被人绑住手脚，朝他身上浇开水。过去的一些稀奇古怪的做法被重新使用：竹笼被吊到 20 英尺高的空中，从城墙上悬挂下来，罪犯踮着脚尖站在里面，头从顶端的一个洞里伸出。在山东省的抚顺①，一个被打败的军阀领着他的 4500 人马撤退到了这座城市，抓走了 10000 名人质。在国民党军队 13 天的围攻期间，超过 400 名妇女儿童被绑在城墙的柱子上，守军从他们的身后开火。

毛泽东及其他共产党军队在 1929 ~ 1930 年控制了 5 个省的 3000 万人，总体上没有强奸或劫掠的事情发生，他们镇压

---

① 英文原著原文如此。——译者注

赌博、卖淫和鸦片种植。另外，他们处置中产阶级的成员，销毁官方文档、地契和房契，也有烧毁教堂、寺庙，惩治神职人员和传教士的事情发生。

一座城市有可能连续不断地依次落入各种军队之手，每伙人都要向它索取捐税。四川省的一份请愿书直斥政府的将军纯粹是“虎狼之首”，他使整个地区“沦为废墟”，以至于“东西数十里，不复闻鸡犬之声。百姓哀叹，恨不能日月消亡，好让他们一起同归于尽”。四川首府成都的商人哀叹“除了我们自己骨头缝里的油脂，什么也没给我们留下”。[66]

就这样，在20年的时间里，对通过武力实现激进变革的追求导致数百万无辜的人死于非命，并使得中国很大一部分地区沦入悲惨痛苦、无法无天的境地，德国在宗教战争中、法国在百年战争中都曾经历过这样的境况。孙中山好心好意试图创造出一个现代乌托邦，结果却成了一场中世纪的噩梦。麻烦在于，人人都相信激进变革。蒋介石支持激进变革。很多独立的军阀都支持激进变革。冯玉祥被称作“基督将军”。阎锡山将军是“模范总督”。所有这些值得尊敬的绅士都声称自己在为了中国和中国人民的福祉而工作，还有杀人。中国在两次世界大战之间的悲剧生动说明了这样一个道理：当合法性屈服于武力、道德的绝对性屈服于相对主义的时候，巨大的黑暗也就随之降临，天使与魔鬼变得无法区分。

不只中国人强烈要求激进变革。正如我们已经指出的那样，中国的腐烂吸引了日本人的捕食本能。而日本人也偏爱激进变革。[67]这支军队（被称作关东军）的一些年轻指挥官带着 202
憎恶和恐惧的态度注视着中国无尽的苦难。1928年初，其中的两个人，石原莞尔少佐和板垣征四郎中佐决定迫使万分不情愿的日本政府介入。他们的推理是：尽管日本资本家和中国军阀可以从眼下的混乱中获益，但它给中国人民带不来任何东西，他们需要秩序，而日本人需要生存空间。板垣征四郎写道："无产阶级觉得必须要求国民财富的均等，从他们的立场看，在自然资源贫乏的日本的边界之内找不到解决之道，它只能勉强保证人民的生计。"这个推理本质上和苏联为了大俄罗斯无产阶级的利益而扩张其亚洲帝国的理由是一样的。满洲将从它的封建军阀和资本家手里"解放"出来，成为日本的无产阶级殖民地。但实现这一变革的工具不是革命暴动，而是关东军[68]。1928 年 6 月 4 日，这两位军官朝日本占领迈出了第一步：谋杀满洲的主要军阀张作霖，炸毁了他的私人专列，在他呼呼大睡的时候把他炸上了天堂。这一行动是一个开场，东方的国际大战由此拉开了序幕。说来也怪，美国一直以中国的保护者和日本的训诫者自居，而这一事件在美国并没有引发多大兴趣。《费城记录报》（*The Philadelphia Record*）评论道："美国人丝毫不在乎谁控制华北。"[69]美国正在忙着制造它自己的肥皂剧。

6. 最后的世外桃源

美国宣布对华北的事件漠不关心，这是吹牛，是煞费苦心的自欺。一个有 106 个“种族群体”的国家已经是国际社会的一个真实缩影，对任何地方的重大事件都不可能真正做到视而不见[1]。美国的反日政策很大程度上源自它对自己的日裔少数民族的焦虑和矛盾心态，这只是一场关于美国社会的性质和意图的广泛争论的一个方面。美国人是谁？美国人为了什么？很多（大概是大多数）美国人几乎是带着怀旧的心态把自己的国家想象成最后的世外桃源，一个清白的、准乌托邦的庇护所，抵御着在它汪洋环绕的海岸之外那个腐朽世界不断积累的蠢行和邪恶。可是，如何能保住这个世外桃源呢？就其本身而言，那需要全球性的外交政策。如何创造真正的世外桃源呢？那需要种族政策。两者难分难解地混在一起。

在美国，种族融合的观念在赫克托·克雷夫科尔和托马斯·杰斐逊时期就已存在。在伊斯雷尔·赞格威尔的戏剧《熔炉》（*The Melting-pot*）中，这一观念以十分煽情的效果被戏剧化了，这部戏 1908 年在纽约轰动一时。新兴的电影产业从一开始就是多种族主义的缩影，被这个观念所困扰，正如其早期的很多史诗性作品所证明的那样。但是，填充这个熔炉的材料应该以什么样的比例来混合呢？到了第一次世界大战的那个时期，不受限制的移民已经显得行不通了。1915 年，佐治亚州的一位巡回牧师创立了三 K 党，作为控制少数族群的一个组织，他们把这些少数族群等同于道德和政治上的异端。它得到了麦迪逊·格兰特次年出版的一本书的强有力的帮助，格兰特在美国的语境下介绍了欧洲的“优等种族”理论，这本书就是《伟大种族的消逝》（*The Passing of the Great Race*）。这
204 本准科学畅销书认为，通过无限制的移民，美国已经差不多“成功摧毁了出身特权；亦即一个出身优良血统的人与生俱来的智力和道德上的优势”。他认为，“熔炉”的后果在墨西哥可以看到，在那里，“土著印第安人吸收了最初的西班牙征服者的血脉”，这种吸收产生出了一种退化的混合物，“如今正在忙着证明自己没有能力自治”。“高等种族”的优点“高度不稳定”，当它们“和一般化的或原始性的特征混合起来”的时候很容易消失。因此，“白人和黑人之间的杂交产物是黑人”，“三大欧洲种族中的任何一个种族与犹太人之间的杂交产物就是犹太人”[2]。

拉斯的一个牙科医生、最高效的三K党领导人海勒姆·韦斯利·埃文斯利用了这种对“退化”的恐惧，把三K党搞成了一场盎格鲁-撒克逊至上主义文化运动，一度在东部和中西部号称拥有400万成员。埃文斯自称“最普通的美国人”，他声称，三K党“代表大多数美国人，他们拥有古老的拓荒者血统，是所谓的北欧种族，也有这个种族的所有缺点，给这个世界带来了几乎整个现代文明”[3]。一种种族等级秩序在政治竞选中几乎被普遍采用，尽管为了争取地方投票群体而改头换面。因此，参议员亨利·卡伯特·洛奇尽管私下里是个彻头彻尾的盎格鲁-撒克逊种族至上主义者，但在竞选时，他始终使用“说英语的民族”这个审慎的法律术语。沃伦·哈定的竞选经理威尔·海斯把候选人的血统笼统概括为“最早的拓荒者血统，盎格鲁-撒克逊人、日耳曼人、苏格兰-爱尔兰人

和荷兰人”[4]。

美国的参战给了爱国主义恐外症以一次巨大的推动，这种恐外症成了五花八门的种族主义的正当理由，以及反对异端的驱动力。威尔逊担心并预言了这次情绪化的突然发作——远比第二次世界大战之后麦卡锡主义更为暴力、更具破坏性——但他依然签署了1917年的《反间谍法》和1918年的《惩治叛乱法》。后者旨在惩罚针对美国政体、国旗或制服的“叛国的、亵渎的、下流的或攻击性的”言论，而不管它们可能产生的后果是什么；根据这一法律，一些美国人因为批评红十字会、基督教青年会甚至预算而遭到起诉[5]。在“申克诉合众国案”（1919年）中，霍姆斯定下了这样一条原则：对言论自由的限制只有当这些言论带有制造“明显而即刻的危险”的性质时才是合法的；而且，霍姆斯不同意“亚伯拉姆斯诉合众国”案的裁决（该裁决支持煽动罪的判决），他认为“对真理的最好检验是思想在竞争的市场上让自己被人接受的力量”，这是对弥尔顿《论出版自由》（*Areopagitica*）中的观点 205
所做的一次重新表述[6]。但在当时，这些观点是孤独的声音。诸如国家安全联盟和全国公民联盟这样一些爱国组织把它们的活动一直延续到了和平时期。1919年的口号是“美国化”。

自1919年秋天起，随着威尔逊的生病，美国实际上没有政府来阻止它从短暂的战前繁荣跌落至1920年的衰退，或者控制这种恐外症的疯狂发作，而这正是经济衰退的后果之一。管事的人是司法部长米切尔·帕尔默。战争期间，他就作为外侨产业保管人把自己弄得彻底不得人心，1919年春，当无政府主义者的炸弹在他家门前爆炸的时候，他险些死于非命。从此以后，他领导了一场反对“外国出生的颠覆分子和煽动者的运动”。1919 年 11 月 4 日，他向国会提交了一份报告，说“司法部如何在美国发现了 60000 名以上信奉托洛茨基学说的组织化煽动者……机密情报，就此政府如今正在把此类外国渣滓清理出去。”他把托洛茨基描述为“一个声名狼藉的外国人……纽约城所知道的最卑劣的家伙，在成千上万俄国人饥寒交迫的时候，他却能够躺在沙皇的床上睡觉”。他写道：“这个革命首领锋利的舌头正在舔教堂的祭坛，跳上学校的钟塔，爬进美国家庭神圣的角落”，并试图“以放荡的法律取代结婚誓言”[7]。1920 年新年，在一连串协同合作的搜捕行动中，他的司法部密探围捕了 6000 名以上外国人，其中大多数人被驱逐出境。在接下来的“红色恐慌”中，纽约州众议院的 5 位议员因为所谓的信奉社会主义而被取消资格，一位国会议员两次被赶出众议院；两个意大利人尼古拉·萨科和巴托洛米奥·范塞蒂是逃避兵役的无政府主义者，他们在一桩高度带有偏见的案子中被判处谋杀了马萨诸塞州的一位出纳员，这个案子一直拖到了 1927 年。

一个更持久的后果是 1921 年的《移民配额法》，把每个民族每年的移民数量限制在其在美国人数的 3%（依据 1910 年的人口普查数据）。这一策略的目的是尽可能把种族平衡固定下来，1924 年的《约翰逊 – 里德法案》极大地收紧了这一政策，把配额限制在任何民族 1890 年居住在美国的人数的 2%。它完全禁止日本人移民（不过加拿大人和墨西哥人被豁免），不仅削减了早期的配额，而且故意偏袒北欧和西欧，损害东欧和南欧。1929 年，随着螺丝的进一步拧紧（其所依据
206 的是 1920 年代对美国人口所做的种族分析），1920 年代的立法把大规模移民美国带向了终结。世外桃源人满为患，它的吊

桥拉起来了，它的成分如今已经决定，并且要永久性地固定下去。

有许多人批评这种新的恐外症。1920 年 7 月 23 日，沃尔特·李普曼写信给他过去的战时老板、陆军部长牛顿·贝克说："永远令人难以置信的是，一个宣布了历史上最博大理想的政府，竟然比数百年来任何群体做了更多的事情来危及美国的根本自由。……他们开始了一段恐怖的统治时期，在这一时期，诚实的思想是不可能的，克制受到阻挠，恐慌取代了理性。"[8]巴尔的摩时事评论家 H. L. 门肯（其本人是德国血统）大概是 1920 年代最有影响力的新闻工作者，他在 1920 年 9 月 13 日的《巴尔的摩太阳报》（*Baltimore Evening Sun*）上说帕尔默"大概是最著名的残忍、欺诈和不公正的积极倡导者"。两个星期之后，他谴责司法部维持了"一套间谍体系，在美国的历史上完全没有先例，在俄罗斯、奥地利和意大利的历史上常常也无可匹敌者。作为每天的例行公事，这一体系不断袭扰美国的男男女女，玩世不恭地侵犯他们的宪法权利，闯入家庭的圣地，捏造针对无辜者的证词，让密探在这个国家泛滥成灾，致使人人自危，以邻为壑，让煽动性的谎言充斥公共媒体，在鬼鬼祟祟、心怀恶意的流氓无赖当中培养最卑劣的懦夫"。[9]社会研究的新派社会学家霍勒斯·卡伦认为，"美国化"纯粹是 1850 年代反天主教的"不知道主义"的再次发作，是另一种形式的新教原教旨主义，"贵格会教徒、司法部长帕尔默的政治迫害，浸礼会教徒、汽车制造商福特受沙皇启发的犹太人迫害，三 K 党恶毒的群体性闹剧，麦迪逊·格兰特先生的种族主义嘟囔"都是其具体表现，再加上像格特鲁德·阿瑟顿夫人的小说和《星期六晚邮报》（*Saturday Evening*

Post）这样一些家常爱国主义的天真表达。[10]

在这里，有一点很重要：美国，如果说它是某种东西的话，它是一种新教类型的宗教文明，帕尔默的恐外症纯粹是美国道德中所有最有价值东西极端而扭曲的表达。从这一时期起，美国的“高雅之士”（highbrow）——这个术语是批评家范·威克·布鲁克斯在 1915 年发明出来的，比法语的 intellectuel（知识分子）或 intelligentsia（知识界）更贴切——不得不面对一个两难的困境：在抨击扭曲的时候，他们也有损
207 害“美国精神”的实实在在的危险，这种精神源自杰斐逊的民主；如果这种精神都丢失了的话，那么美国文化除了欧洲侨民之外就什么也不是了。在帕尔默追猎外国人的同时，东海岸的高雅之士正在阅读《亨利·亚当斯的教育》（*The Education of Henry Adams*），那是一个典型的波士顿官员死后出版的自传，1918 年 10 月由马萨诸塞历史学会出版。从那时起，直到 1920 年春，它一直是美国最受欢迎的非小说类图书，完美地表达了受过教育者希望幻灭的精神氛围。在美国，这本书就相当于斯特雷奇的《维多利亚时代名人传》，它拒绝民族文化的概念——尤其是通过野蛮压制来推行的民族文化——而支持亚当斯所说的“多元性”，却悲观地强调，在眼下正在浮现出来的这个美国，受过最好教育的人最无助。

事实上，东海岸的高雅之士绝非无助。在接下来的 60 年里，他们对美国（及世界）的政策所发挥的影响与他们的人数和内在价值完全不成比例。但他们对美国有矛盾的心态。1917 年春，范·威克·布鲁克斯在他帮助创办的《七艺》（*Seven Arts*）杂志上发表了一篇题为《关于民族文化》的文章，他在文中提出，迄今为止，美国都是从其他的文化中拿来

“最好的”，如今，他必须通过基本的生活经验创造自己的文化，只有这样的经验才能产生真正的文化。美国通过经历它自己的戏剧，通过他所说的“工业主义文化”，将“不再是一个盲目、自私而混乱的民族；我们将成为一个发光的民族，居住在光明中，并与他人分享我们的光明”[11]。布鲁克斯赞同他的朋友伦道夫·伯尔纳的观点：整个“熔炉”理论是站不住脚的，因为它把移民变成了模仿盎格鲁-撒克逊人，并坚持认为，美国应该没有欧洲那种狭隘的民族主义，而应当有世界主义这一“更大胆的理想”，要成为“第一个国际化的民族”[12]。但这意味着什么呢？D. H. 劳伦斯正确地指出，美国并不是或者说目前尚不是“一个血脉的家乡”。荣格换了一种方式，他说，美国人“在他们的潜意识里尚没有找到家的感觉”。为了寻找心目中的美国世界主义，布鲁克斯特意定居在康涅狄格州的西港，连同另外一些 1920 年代的知识分子一起，他把这些人定义为“更关心自己的精神状态而不是财富状况的人”，然而，他还是感觉到了古老文化的强大吸引力；他在自传中承认自己“对欧洲的场景经常有一种强烈的思乡之情”。他写道，只有“在美国生活中的长期浸润，才能完全治愈我对侨居国外那种挥之不去的恐惧；不过，这种矛盾心态正是我在 1920 年代的世界观的典型特征。”[13] 1919 年 5 月，听到一个名叫沃尔多·弗兰克的朋友打算定居中西部，布鲁克斯写信给他说：“通过我们与欧洲的交往，我们作为作家的求生意 208
志全都在我们身上苏醒了，或者毋宁说是与我们同在。沃尔多，千万别相信跟你谈论西部的人；千万别忘了，正是我们纽约人和新英格兰人，对美洲大陆的氧气拥有垄断权，不管那是什么样的氧气。”[14]

这是一个傲慢的宣称；在 20 世纪此后的几十年里一直发出回声，尽管常常没有这么坦率地予以承认。可是，如果没有中西部，美国又是什么呢？纯粹是一条沿海地带，像那么多的西属南美沿海国一样。在 1920 年代，东海岸的高雅之士所痛恨的人物是伊利诺伊州民主党人威廉・詹宁斯・布赖恩，他公开抨击金钱权力（“你们不应该把人类钉死在黄金的十字架上”），反对帝国主义，1915 年辞去了国务卿的职务，以抗议美国走向战争，晚年，在 1925 年的斯科普斯审判案中，他针对达尔文的进化论打了一场孤注一掷的后卫战。本质上讲，布赖恩的目标是民主和进步：他曾为女性投票权、联邦所得税和储蓄银行而战，为参议院的普选而战，为公开竞选捐款而战，为解放菲律宾而战，并在内阁中为劳工代表而战。然而，他的价值观是人民大众的价值观，或者用一个新发明的贬义词，是个“平民主义者”；他所说的语言是反知识分子的。他妻子的日记证实了两口子所感觉到的怨恨，因为他的工作在“东部媒体”上总是被故意歪曲或完全无视[15]。在审判斯科普斯的法庭上，他并没有寻求禁止学校讲授进化论，而是要阻止公立学校侵蚀宗教信仰的基础，他认为，进化论应当作为理论而非事实来讲授，家长和纳税人对于学校里发生的事情应当有发言权，教师应当遵守国家的法律。他认为自己是在抵抗那帮自命的学院精英争强好斗的独裁，这些精英声称自己垄断了权威性的知识。[16]

哲学家约翰・杜威在反对布莱恩的反进化论圣战的同时，也警告东海岸的知识精英：他们所包含的力量“如果不是和这么多必要且有益的东西绑在一起的话，也就不会这么危险了”。他很担心东海岸受过教育的意见领袖与后来一代人所说的“中间美国”或“沉默的大多数”之间出现分裂，他已经能看出其间的裂缝。进化论只不过是对抗性思维习惯的一个实例而已。在1922年发表的一篇著名文章《美国的知识边疆》中，他警告《新共和》（*The New Republic*）杂志的读者：布赖恩不可能仅仅被视为一个纯粹的蒙昧主义者，因为他“是一个典型的民主人物——没人会否认这一点。”当然，他是平庸的，但“本性上的民主助长了这种平庸”。况且，他代表了美国社会中某些最好的、最本质的成分：

> ……经常上教堂的那些阶层，那些受到福音基督教影 209
> 响的人。这些人构成了慈善社会利益的中坚力量，通过政治行动来改革社会的中坚力量、和平主义的中坚力量，以及民众教育的中坚力量。他们体现并表达了温和而善意地对待经济上处于劣势的那些阶层、对待其他民族的那种精神，尤其是当后者表现出支持共和政体的任何倾向的时候。中西部，亦即大草原地区，一直是积极的社会慈善活动和政治进步主义的核心，因为它是这个民族主要的家乡……相信教育会给他们自己的孩子带来更好的机会……它一直支持公平交易和所有人机会均等的诉求。……它在废除奴隶制上追随过林肯，在罗斯福抨击“坏”公司和财富积累的时候，它追随过罗斯福。……在“中间”这个词的任何意义上，以及在每一场运动中，它都是“中间的”。[17]

如果说真的有土生土长的美国文化，那这就是美国文化。因此，东海岸的世界主义很可能成为一种反主流文化，并让美国卷入某种意义上的“文化”与“文明”之间的国内冲突中，这样的冲突正在撕裂魏玛德国，并给极权主义敞开了大门。事实上，冲突已经存在，正在《禁酒法》的颁布中得到它已经毒化的表达。有人送给布赖恩一个巨大银质纪念杯，以纪念他为确保宪法第十八修正案《全国禁酒法案》获得通过而付出的巨大努力，这一修正案使得《沃尔斯特法案》变得合法，后者正在把美国变成“干的”①。1920 年 1 月，该法案生效，同月，米切尔·帕尔默猛扑向外国无政府主义者，这两件事密切相关。禁酒带有压制自由的弦外之音，是试图让美国“美国化”的努力的组成部分，改革家们公开宣称，它主要针对的是“移民工人”“臭名昭著的酗酒习惯”[18]。像新的移民配额制一样，它也是一次试图保护世外桃源、保持美国纯洁的努力。美国是作为一个乌托邦社会而建立起来的，居住在这里的，是林肯带着半认真、半挖苦的态度所说的“一个险些被拣选的民族”；第十八修正案是千年盛世主义最后一次真心诚意的努力。

可是，如果说就意图而言是真心诚意的，那么，它在执行上却并非如此。它是美国社会矛盾心态的又一证明。在批准第十八修正案的时候，美国想到的是目的，却没有想到手段，因为《沃尔斯特法案》是一次效果不佳的妥协——如果它规定了执行这部法律的残酷手段，它就不会成为法律了。禁酒局隶属于财政部；试图把它转给司法部的努力被挫败了。连续几任
210 总统都拒绝建议国会拨款，这是确保有效执行所必需的[19]。此外，《禁酒法》中与生俱来的乌托邦主义尽管在美国社会中

① 这是美国禁酒期间的专门术语，饮酒的被称为“湿的”，不饮酒的被称为“干的”。——译者注

有很深的根基，但它所面对的，是同样拥有深厚根基的、积极的美国原则：不受限制的企业自由。美国是极权主义成分最少的社会之一；一旦出现没有得到满足的需求时，它几乎没有手段来遏制市场的力量。

因此，贩酒帮伙和他们的支持者总是能够比法律掌控更多的物质资源和金融资源。事实上，他们总体上组织得更好。《禁酒法》生动说明了“非预期后果律”。它非但没有驱使外国少数民族与盎格鲁－撒克逊人相一致，反倒使他们能够让自己变得强大起来。在纽约，私酒贩子有一半是犹太人，四分之一是意大利人，波兰人和爱尔兰人各占八分之一[20]。在芝加哥，私酒贩子有一半是意大利人，一半是爱尔兰人。意大利人特别有效率，他们在以一种有序而廉价的方式分销私酒，依靠的是组织化的经验，这些组织不仅有西西里、撒丁岛和那不勒斯的秘密社团，而且还有革命工团主义的“先锋精英”。禁酒给颠覆社会提供了千载难逢的好机会，尤其是在腐败市长“大比尔”汤普森治下的芝加哥。1920～1924年，约翰·托里奥在芝加哥经营着大规模贩卖私酒的生意，他1925年退休，带着3000万美元的财富回了意大利，他实践了全面控制的原则：所有官员都在不同程度上受贿，所有选举都被非法操纵[21]。他能够以每桶50美元的低价提供高品质的啤酒，他的成功建立在通过外交手段避免暴力的基础上——为了有序地划分势力范围，他总是设法在各个帮伙之间达成协议[22]。他的副手和继任者艾尔·卡彭在政治上不那么有头脑，因此也没有他那么成功；爱尔兰的私酒贩子考虑问题往往着眼于短期，喜欢用暴力手段解决问题。当这种情况发生的时候，帮伙之间交战也就随之而来，公众义愤填膺，当局被迫出面干涉。

然而，私酒贩子的经营照例得到了公众的赞同，至少在城市里是这样。大多数城里人（不包括女人）都同意门肯的观点：禁酒是“几个奶牛州那些无知的乡巴佬”干的好事，他们“对下面这个事实感到愤怒：在城里的骗子们豪饮上等好酒和威士忌的同时，他们却只能大喝没有加工的玉米汁”。“没有多少人支持禁酒，明智地说，只有乡下笨蛋才支持禁酒，他们妒忌在这个世界上过得更滋润的城里人”[23]。在城里推行禁酒是不可能的事，即便在一些锐意改革的市长的治理下。1924 年，在新一届“干净”政府的治下，美国海军陆战队的史沫特莱·巴特勒将军被请来负责费城的警察局，履任不到两年时间，他就被迫放弃了，他说，这份工作是“一个时
211 代错误”。两党的政治家们给权力部门的帮助很少。在 1920 年的旧金山民主党大会上，他们兴高采烈地喝着市长免费提供的上等威士忌，让共和党人深感愤怒的是：在 1924 年的克利夫兰共和党大会上，禁酒局的密探们“把这座城市卡得死死的”，据门肯说，其手段“极其凶狠”。大部分时间里，《禁酒法》在广大地区被普遍违抗。门肯声称：“即便是在最偏僻的乡村地区，也绝对没有哪个地方想喝酒的人搞不到酒。”[24]

挪威也出现了同样的法令无法执行的情况，在那里，1919 年 10 月举行的全民公决以 5 比 3 的比例批准禁止烈性酒。但挪威在 1926 年通过另一次全民公决废除了《禁酒法》[25]。美国维持《禁酒法》的时间两倍于此，后果远为严重得多。记者沃尔特·利吉特在这个问题上大概是最了不起的专家，他 1930 年 2 月向众议院司法委员会作证说：有“一卡车的详细而明确的事实”，足以表明“禁酒这些日子里喝掉的烈性酒比之前多得多……而且是在更加恶劣的环境中喝掉的”。禁酒之

前，华盛顿特区有 300 家持照酒吧，如今有 700 家地下酒吧，有 4000 名私酒贩子为它们供货。警察局的记录表明，因醉酒而被逮捕的人数在 10 年时间里翻了 3 倍。马萨诸塞州从 1000 家持照酒吧跃升至 4000 家地下酒吧，外加波士顿另有 4000 家地下酒吧：“在今天的波士顿城，至少有 15000 人除了非法供应烈性酒之外什么事也不干。”堪萨斯州是最早禁酒的州，而且半个世纪以来一直禁酒，然而，“在堪萨斯州的任何一座城市，作为一个完全陌生的外地人，我都能在到达那里后 15 分钟之内找到地方喝上一杯上等好酒”。所有这一切，因为各个层面的普遍腐败而成为可能。因此，在底特律有 20000 名私酒贩子。接下来，他继续说：

> 在底特律城，有一件事情引起了我的注意——此事发生在去年 11 月——一家路边旅馆里举办了一场疯狂的派对，一场非常疯狂的派对，酒是底特律城一个主要赌徒捐赠的——如果你们想知道名字的话，我可以告诉你们，他叫丹尼·墨菲——在那场饮酒作乐的狂欢中，密歇根州州长、底特律市警察局长、州警察局长、政客、花花公子、赌徒、罪犯、私酒贩子，全都在酒神巴克斯的治下勾肩搭背，称兄道弟。我想说的是，在那场饮酒狂欢的聚会上，有密歇根巡回法庭的 4 位法官，随后出现了几个赤身裸体的放荡舞女……你会发现，这个国家今天的伪善已经达到了何等程度。[26]

正如利吉特所指出的那样，规避《禁酒法》产生了巨额的资金，这些钱被再投资于其他形式的犯罪，比如卖淫，尤其

212 是赌博，这些犯罪第一次在系统化的、准合法的基础上被组织起来。更晚近的一些研究证实了他的观点：禁酒导致了美国组织化犯罪在规模和复杂程度上发生了一次永久性的质变。经营大规模的私酒护送生意需要组织化的力量很快能投入到任何地方使用。1920 年代初期，赌博集团第一次利用电话银行从全国各地收集赌注。迈耶·兰斯基和本杰明·西格尔采用了贩卖私酒的模式来组织全国范围的庞大赌博帝国。禁酒是美国大规模犯罪的“起跑点”；当然，在结束禁酒的第二十一修正案于 1933 年 12 月获得批准之后，这样的犯罪依然在继续。整个 1930 年代，组织化犯罪已经成熟，正是自 1944 年起，比方说像拉斯维加斯这样的沙漠小镇变成了世界赌博之都。禁酒非但没有使少数民族“美国化”，反而通过特殊的犯罪模式强化了少数民族的特色：从 1920 年代初开始，在意大利人、犹太人、爱尔兰人当中，尤其在黑人当中，西印度群岛人引入了“数字游戏”及其他赌博花招，在纽约、芝加哥、费城和底特律的黑人聚居区形成了强大的犯罪堡垒[27]。司法部法律实施协管局在 1970 年代所做的研究表明，1920 年禁酒的开始是一些最明显的犯罪家族的起跑点，这些家族一直繁荣兴旺，并维持到了我们这个时代。[28]

事情的真相是，禁酒是一项笨手笨脚、半心半意的社会工程，本打算通过法律来促成混合社群的同质化。它当然不像列宁在俄国搞的社会工程或墨索里尼在意大利的东施效颦那样大规模使用残忍手段，却也以自己的方式给社会道德和社群的文化凝聚力造成了同样的损害。悲剧在于，它完全是不必要的。美国的企业市场体系本身就是一个有效的均质器，把不同的文化群体和种族群体搅在一起，并在它们之间做出裁定，而不考虑肤色或民族出身。比方说，大量德裔和波兰裔移民在盎格鲁-撒克逊人的架构之内被同化了，其方式令人吃惊：市场做了这件事。米切尔·帕尔是错的，他认为，外国人总体上带来了种族政治。正相反：他们是在逃离封闭的制度，拥抱自由的制度。他们用脚投票来支持企业经济。

事实上，就在帕尔默预期革命将会出现的那段时期，美国的激进主义，尤其是集体主义类型的激进主义，正在进入一个稳步衰落的时期。它从未强大过。马克思无法解释，为什么到 213
他的生命走到尽头的时候，美国却成了世界上最强大、最有创造力的资本主义经济体，丝毫没有显示出产生无产阶级革命的条件的迹象，他曾声称，成熟的资本主义将会让这样的革命变得不可避免。恩格斯试图解决这一难题，他认为，社会主义之所以在那里很薄弱，“恰恰是因为美国完全是资产阶级的，完全没有封建的过去，因此对它纯粹的资产阶级组织引以为豪”。列宁认为（1908 年），在美国，“我们资产阶级文明的典范和理想”，社会主义不得不对付“根基最牢固的民主制度，这些制度以纯属社会主义的工作来面对无产阶级”。安东尼奥·葛兰西谴责“美国精神”，把它定义为“纯粹的理性主义，没有任何源自封建阶级的阶级价值观”。H. G. 威尔斯在《美国的未来》（*The Future of America*，1906）一书中把一个强大社会主义政党的缺席归咎于一个保守党的对称性缺席：“从英国人的观点看，所有美国人都是某种类型的自由主义者。”[29]

然而，直到 1920 年代，下面这个看法依然有一定的根据：美国左派最终有可能在政治中扮演一个重要角色。在 1914 年之前的那些年里，社会党有大约 125000 名成员，其中包括矿工、酒厂工人、木工和铁厂工人的领袖。它有 1000 余人被选举为公共官员，包括一些重要城市的市长和两位众议院议员；1912 年，它推出的候选人尤金·德布斯得到了 6% 的普选票。但从此之后，衰落是连续不断的。1920 年代和 1930 年代初期，工人党在几座城市获得了一定程度的成功，但大多数社会主义政党都在苦苦地挣扎。社会党的失败本身被归咎于它没有能力决定自己到底是要成为一个政治党派、一个压力集团、一个革命宗派，抑或仅仅是一支教育的力量，试图同时集这四者于一身[30]。即便是在 1932 年的萧条之年，在总统竞选中，诺曼·托马斯也只得到了 2% 的选票。共产党同样没能成为美国激进主义的一种新的表达，而是成了苏联政策的纯粹的美国附属物[31]。它最好的成绩是在 1948 年为进步党候选人亨利·华莱士收集到了 1115000 张选票。在接下来的 30 年里，衰落一直在继续。比方说，在 1976 年的选举中，社会党和另外 5 个激进党都推出了自己的候选人，在总共 8000 万张选票当中，没有一个人得票超过 10 万：他们的得票加在一起不到全部选票的 0.25%。到 1980 年代初，美国是唯一一个没有独立的社会主义政党或劳工党的代表担任选举职务的工业化民主国家。

1920 年代的政治预示了这样一种格局。在英国、奥地利、
214 法国、德国、西班牙和斯堪的纳维亚国家，社会民主党都成了主要的反对党，甚至组建或参与组建过政府，而在美国，这个十年是共和党的十年。当然，共和党是林肯的党，它解放过奴隶，打赢了内战。在第一次世界大战期间及之后纷纷涌入北方城市的黑人依然以压倒性的数量投票支持共和党。它也是西奥多·罗斯福和进步资本的党。但与此同时，它也是社会保守派和自由市场经济的党。在 1920 年代，它的控制是压倒性的。

在 1920 ~ 1932 年，共和党人自始至终控制着白宫和参议院，除了 1930 ~ 1932 年之外，其他时间还控制了众议院[32]。沃伦·哈定在 1920 年的总统选举中得到了 60.2% 的选票，是有记录以来的最大多数（16152000 票对 9127000 票），拿下了南方之外每个州的选举人票。共和党以 303 对 131 的悬殊比例控制了众议院，并在参议院赢得了 10 个席位，使他们拥有了 22 席的多数地位[33]。1924 年，卡尔文·柯立芝以 15725000 票击败了民主党竞争对手约翰·W. 戴维斯，后者仅仅获得了 8386000 票。1928 年，赫伯特·胡佛以 21391000 票击败了阿尔·史密斯的 15016000 票，选举团票更是一边倒的胜利：444 票对 87 票；除了两个北方州和“坚实南方”的 5 个州之外，他拿下了其余所有州的选举人票。[34]

这些接二连三的胜利标志着柯立芝所说的“一种前所罕见的满足状态”，一个民主的民族与其政府及执政党所支持和体现的经济制度之间的珠联璧合，这在历史上非常罕见，值得在这里审视一番。为了更有效地做这件事情，有必要探查到研究这一时期的传统史学的底层之下，尤其是当它围绕两个关键人物展开的时候，这两个关键人物便是哈定和柯立芝。

哈定在 55 岁生日那天赢得了总统大选，他用很典型的方式来庆祝这个生日：打一场高尔夫。他并不相信政治非常重要，也不相信人民应当为之而兴奋或允许政治在自己的日常生活中渗透得太深。简言之，他刚好和墨索里尼、希特勒及欧洲社会民主党的那些职业政客背道而驰。哈定来自俄亥俄州，那是共和党的政治心脏地带，产生了 1865 年之后 10 位总统当中的 6 位。他出身贫寒，创办过一份成功的小城报纸《马里恩星报》（*Marion Star*），先后成为一家银行、一家电话公司、一家木材公司和一个建筑学会的主管。他是一个体面的小镇美国人：一个英俊的男人，总是温和而友好，但有点严肃。他在白宫总是屈尊亲自给来访者开门，礼拜日总是外出骑马。1929年5月，他在波士顿告诉欢呼的人群：“美国眼下需要的不是豪言壮语，而是康复，不是妙策，而是常态，不是革命，而是
215 恢复……不是外科手术，而是安静平和。”[35]美国作为世外桃源对他来说就是现实；无论如何，他希望保住这个世外桃源。为了赢得选举，他把老总统麦金利的旗杆竖在了他家的门前，展开了一场“前廊”竞选。很多名人和朝圣者都跑到马里恩来听他的竞选演说，其中就有艾尔·乔逊、埃塞尔·巴里莫尔、莉莲·吉什、珀尔·怀特，不过还有60万普通人，其中包括数以千计的黑人——因此民主党人谣传说哈定有黑人血统。人人喜欢哈定。关于他的最糟糕的事情是他那位面相尖刻妻子的弗洛西，人称“公爵夫人”，哈定在谈到她的时候说（没让她听见）：“哈定夫人想要成为面前经过的每一个乐队的鼓手长”[36]。

哈定相信，美国无与伦比的社会是自愿原则的产物，政府只会把它搞砸。他说，如果他能够在每一个城市和村庄设立一家扶轮社的话，他就敢保证，“我们的自由理想将会是安全的，文明将会不断进步”。这是普遍的观点。《妇女家庭杂志》（*Ladies' Home Journal*）写道：“世界上只有一种第一流的文明。它就在咱们美国这儿。”那也是大多数美国知识分子的观点，这一点不是根据他们后来在1930年代的理论解释来判断，而是根据他们当时写了什么来判断的。同月，哈定签署了1921年的《移民法》，斯科特·菲茨杰拉德从伦敦写信给埃德蒙·威尔逊说：

> 上帝诅咒欧洲大陆。它纯粹属于古董商的利益。罗马用不了几年就会步蒂罗尔和巴比伦的后尘。黑人的条纹正悄悄地向北方蔓延，以污染北欧种族。意大利人已经有了黑人的灵魂。提高移民的门槛，只允许斯堪的纳维亚人、条顿人、盎格鲁—撒克逊人和凯尔特人进入。法国让我作呕。它愚蠢地摆出了一副要世界去拯救的姿态。……我终于相信白人的重负。我们远高于现代法国人，就像他们曾经高于黑人一样。即便在艺术领域！意大利没有艺术。……它们已经成为过去。你可能以开玩笑的方式把纽约说成是文化之都，但不出 25 年，它就会像现在的伦敦一样。文化追随金钱。……在接下来的几代人当中，我们会成为罗马人，就像现在的英国人一样。[37]

哈定相信这种文化霸权将不可避免地出现，只要政府让自由企业的车轮滚滚向前。他并没有从“七叶树州”① 选择自己的伙伴，而是组建了一个强人内阁：查尔斯·埃文斯·休斯出任国务卿，安德鲁·梅隆任财政部长，胡佛任商业部长。他匆匆忙忙把他的内阁名单交给了参议院，他选择了新墨西哥州参议员阿尔伯特·福尔出任自己的内政部长，此公蓄着八字胡子，披一件飘飘洒洒的黑斗篷，戴一顶宽边帽——这本身就很常态——他的这一选择深得人心，以至于参议院立即鼓掌批准了他的名单，这是美国历史上唯一一次，一位内阁成员以这样 216
一种充满信心的投票获得通过[38]。这份内阁名单是成功的美国的一个横截面：一位汽车制造商，两位银行家，一位酒店经

① 即俄亥俄州。——译者注

理，一位农业杂志的主编，一位国际律师，一位大农场主，一位工程师，只有两个职业政治家。

哈定继承了一个由于前任总统被刺而空缺的总统职位和美国历史上最急剧的经济衰退之一。到 1921 年 7 月，一切都已过去，经济再次繁荣。除了削减政府开支之外，哈定什么事也没做，这是最后一次一个重要的工业强国通过古典的自由放任方法并允许工资自由降低至自然水平来对付经济衰退。摩根大通的本杰明·安德森后来称之为“我们最后一次自然恢复充分就业”[39]。但削减开支是重要的。实际上，哈定可以说是美国历史上唯一一位导致政府开支大规模削减的总统，比威尔逊政府和平时期的开支节约了将近 40%[40]。这不是一次疯狂的袭击。它是一项深思熟虑的计划的组成部分，计划包括创立预算局，并根据 1921 年通过的《预算和会计法案》，把授权置于中央政府系统化的审查和控制之下。1922 年，预算局的第一任局长查尔斯·道斯说，1922 年，在哈定之前，“每个人都为所欲为”；内阁成员都是“科曼切人”，国会是“懦夫的巢穴”。接下来，哈定“挥舞着板斧，说：谁不合作，就砍掉他的脑袋”；结果是“纳税人得利”[41]。

哈定的统治十分自由。他没有听从妻子和内阁的建议，在 1921 年圣诞节前夜释放了被威尔逊监禁的社会党领导人尤金·德布斯：“我想让他和妻子一起吃圣诞晚餐。”同一天，他还释放了另外 23 个政治犯，给“世界产业工人联合会”的成员减轻了死刑判决，并在他的任期结束之前实际上清空了关押政治犯的监狱[42]。他对媒体坦诚以待，以教名称呼记者。当他外出的时候，他喜欢带上一个庞大的旅行“家庭”围绕在自己身边，很多人是一时兴起邀请来的，占满了总统专列整整 10 个车厢。

他嚼烟草，托马斯·爱迪生是他的烟友之一，爱迪生说："哈定人不错。任何嚼烟草的人都不错。"他也喝烈性酒，经常请人去他的卧室喝上一杯，大家都知道他在白宫里提供威士忌。他一周两次邀请心腹密友来"弄点吃的，搞点活动"（"活动"指的是玩扑克牌）。商务部长胡佛是个道貌岸然的家伙，他是唯一拒绝玩牌的人："在白宫里看见人玩牌就让我来气。"[43]

胡佛的直觉是对的：一个总统怎么小心都不为过，正如几乎每个总统任期所证明的那样。没有证据表明哈定不是一个慷 217
慨大度、从不多疑的人。针对他提起的唯一具体的不诚实指控是：《马里恩星报》的出售是操纵的结果。这一指控在法庭上被断然否决了，两个买下这份报纸的人得到了 10 万美元的赔偿。但哈定犯了两个判断错误：任命华而不实的参议员福尔（事实证明他是个恶棍），相信他的俄亥俄州竞选经理亨利·多尔蒂（他任命此人为司法部长）会替他抵挡从老家蜂拥而来的"权力掮客"。多尔蒂说："我认得出谁是坏蛋，我要挡在哈定和他们之间。"事实证明这话纯属吹牛。[44]

结果是一连串的打击自 1923 年初起接踵而至。2 月，哈定发现，退伍军人管理局局长查尔斯·福布斯一直在以极低的价格倒卖政府的医疗供应品；他把福布斯召到白宫，使劲摇晃他，"像一只会变成耗子的狗"，并大声吼道："你这个双杂交的杂种"。2 月 15 日，福布斯逃到欧洲去了，并辞了职[45]。3 月 4 日，阿尔伯特·福尔辞职。后来证实，福尔总共收受了 40 万美元的贿赂，作为回报，他以优惠的条件出租了加利福尼亚和怀俄明州盐溪的政府油田。福尔最终在 1929 年入狱一年，尽管他的租约后来被证明对美国有好处，因为它们涉及在珍珠港建造极其重要的管线和设备[46]。但是，当时并不明显，福尔的离职对哈定来说是一场灾难，尤其是因为退伍军人管理局的律师查尔斯·克莱默几天后自杀了。

最后，5 月 29 日，哈定迫使自己去见多尔蒂的心腹密友杰斯·史密斯，此人与另外几个俄亥俄州人一起，在那幢后来被称作“K 街小绿屋（1625 号）”里贩卖政府的恩惠。这群人很快被称作“俄亥俄帮”，和哈定本人没有任何关系；在法律上也从未确认多尔蒂参与过分赃（他在 1926 ~ 1927 年的审判中被宣判无罪，尽管他出庭作证）。可是，当哈定在 5 月 29 日与史密斯就他的罪行当面对质之后，这个不幸的家伙第二天开枪自杀了，这第二起自杀对总统的信心有糟糕透顶的影响。据威廉·艾伦·怀特（一个并不十分可信的目击者）说，哈定告诉他：“我可以很好地对付我的敌人。可是，怀特，我那些该死的朋友，我那些上帝诅咒的朋友，他们才是让我寝食难安的人。”就最近的历史研究能够确定的事实来看，假以时日，哈定肯定会设法稳定局面，并驳斥协同犯罪的谣言——正如此
218 后几任总统所做的那样——彻底洗刷自己的清白。但是，接下来的那个月，他动身去阿拉斯加和西海岸旅行，8 月初，在旧金山的皇宫酒店里死于脑出血。1924 年 11 月，哈定夫人追随丈夫而去，死前销毁了哈定的所有文件（当时人们相信是这样的），这被当作犯罪秘密的确凿证据。[47]

伪史的编纂几乎立即就开始了，这些作品把哈定和他的政府描述为美国历史上最腐败的政府，其始作俑者便是《新共和》杂志那位强烈反企业的编辑布鲁斯·比利文，1924 年，他在该刊上发表了一系列文章。这组文章编造了“俄亥俄帮”的基础神话，这个帮伙由多尔蒂领导，早在 1912 年，他就深思熟虑地招募了哈定，作为抛头露面的人物，这是一项长期阴

谋的组成部分，其目的就是要把整个国家拱手交给安德鲁·梅隆和大企业。从此以后，哈定就成了那些哗众取宠的人合法捕猎的猎物。1927 年，马里恩市一个医生的女儿南·布里登出版了《总统的女儿》（*The President's Daughter*）一书，声称她和哈定在 1919 年生了一个女儿。1928 年，威廉·艾伦·怀特在《盛装面具》（*Masks in a Pageant*）中重复了这一阴谋论，10 年后，在他给柯立芝写的传记《一个巴比伦的清教徒》（*A Puritan in Babylon*）中再次旧调重弹。1930 年，前 FBI 密探加斯顿·梅斯出版了畅销书《哈定总统的奇怪死亡》（*The Strange Death of President Harding*），描述了纯属想象的"K 街小绿屋"中与歌女们的纵酒狂欢，以及哈定在这样的"活动"中超群出众。同样具有诽谤性的是西奥多·罗斯福的女儿艾利斯·罗斯福·朗沃斯在 1933 年出版的回忆录《人头攒动的时刻》（*Crowded Hours*），这部作品把哈定的白宫书房描述为一个地下酒吧："空气因为抽烟而变得沉闷，托盘里装着各种能够想到的不同品牌的威士忌，扑克牌和筹码早已准备就绪——马甲解开了纽扣，脚搁在桌子上，痰盂摆在身边，这些构成了总体氛围。……哈定不是个坏人。他只是个粗汉。"[48] 最后是《纽约太阳报》（*New York Sun*）的一位作者塞缪尔·霍普金斯·亚当斯出版的一部表面上很学术的作品，题为《不可思议的时代：沃伦·盖玛利尔·哈定的生活和时代》（*Incredible Era: the Life and Times of Warren Gamaliel Harding*, 1939），此书把所有虚构和神话焊接在一起，形成了一套坚实的正统观点。到这一时期，哈定作为金牛时代（Golden Calf era）犯罪之王的观念已经成为一个被人普遍接受的版本，不仅在诸如弗雷德里克·刘易斯·艾伦的《恍如昨日》（*Only Yesterday*,

1931）那样的通俗作品中，而且在标准的学院派历史著作中，都是如此。1964 年，当哈定文件（这些文件并没有被烧毁）向学者开放的时候，人们才发现，这些神话中根本没有真相，尽管文件显示，哈定这个在女人面前可怜巴巴地害羞的男人，在当上总统之前曾经与马里恩市一位店主的妻子维持过一段悲伤而动人的友
219 谊。巴比伦的形象完全是幻想，在所有本质方面，哈定都是一个诚实而异常精明的总统。但为时已晚，《纽约时报》在 1962 年对 75 位历史学家所做的一项民意调查显示，哈定的任期被评为“一次不容置疑的失败”，对此，“很少有异议”。[49]

对哈定的论述值得详细介绍一下，这是因为，结合他的副总统和继任者卡尔文·柯立芝（一个性情气质完全不同的人）所遭受的类似诋毁，可以解释人们对整整一个时代的公共政策的系统性误解。柯立芝是现代美国总统当中最始终如一、最专心致志的。如果说哈定是把美国作为世外桃源来热爱，那么，柯立芝最有资格来保护它作为一个世外桃源。他来自佛蒙特州的贫苦山区，出身于新英格兰清教徒家庭。没有哪个政治人物比他更广泛地把美国精神的奠立原则带进了现代时期：工作刻苦，生活俭朴，良心自由，自主自治，尊重严肃的文化（他在安默斯特学院上的大学，在古典文学、外国文学和历史方面博览群书）。他有一张消瘦的尖脸，“常吃腌菜”（艾丽丝·朗沃斯语），是一个“态度冷淡的小个子男人，说话的时候从鼻孔里发出嘎嘎声……他从不和任何人勾肩搭背、称兄道弟”（威廉·艾伦·怀特语）[50]。他娶了一位漂亮的、头发乌黑的小学教师，名叫格蕾丝，关于她，没有人说过一句批评的话。在他们恋爱期间，柯立芝把但丁的《地狱篇》（*Inferno*）翻译成了英语，但在婚礼之后，他立即交给她一个袋子，里面有

52 双袜子需要织补。他总是把自己的钱存下来。作为哈定的副总统，他住在威拉德酒店的 4 个房间里，高高兴兴地接受了本届政府官方应酬者的角色——“去某个地方吃吃喝喝”。他事无巨细地管理着白宫（有点像寇松，但更有效率），仔细检查和签署所有的家庭账单，巡视厨房的每个角落。他把自己的薪水存进银行，到 1928 年已经存入了 25 万美元[51]。他夜里 10 点上床睡觉，这一习惯由于格鲁乔·马克斯在《动物饼干》（*Animal Crackers*）中的一句台词而闻名天下：“是不是过了你就寝的时间，卡尔文？”但门肯却到处宣扬：“他睡得比其他任何总统都要多，晚上睡，白天也睡。尼禄鬼混，而柯立芝只是打瞌睡。”[52]这一观念是误导。没有哪位总统在任何重要事情上比他安排得更好，也没有哪位总统比他更少被重大事件或自己团队的行为给弄得措手不及。

事实上，误导人民相信他并不那么老练和积极的花招（这一手法后来被德怀特·艾森豪威尔所仿效）很适合用在柯立芝身上。哈罗德·拉斯基写道：“一个天生的乡村教区的教区委员，盲打误撞地闯进了国家大事中。”[53]这恰好是柯立芝希望传递给人们的印象。事实上，对于总统的职位，很少有人比他准备得更好，他经历了公共职务上升阶梯的每一个台阶： 220
教区委员，市议员，市长，州众议员，州参议员，州参议院主席，副州长，州长，副总统。在每个阶段，他都坚持政府尽可能少做事，只做必做之事（政治漫画作者威尔·罗杰斯写道：“他啥也不干，但那正是人民想要的”）[54]。但他还坚持，当政府采取行动的时候，就应当绝对果断。1919 年，他通过镇压波士顿警察罢工从而使自己名扬全国：“任何人在任何地方和任何时间都没有权利发动危及公共安全的罢工。”他在“法律和秩序”的口号下当选为副总统，他赢得总统选举的口号则是：“与柯立芝一起保持冷静”、“要么是柯立芝，要么是混乱”、“美国人民的头等大事是生意”。他清楚地表达了人们普遍抱持的这样一个信念：政府的职能主要是创造出一种氛围，在这样的氛围中，农业、制造业和商业能够抓住上帝和大自然所提供的机会。1924 年，在他总统竞选活动的高潮中，一个由美国最成功的实干家组成的代表团，由亨利·福特、哈维·费尔斯通和托马斯·爱迪生领头，到他家里登门拜访。爱迪生作为全世界最有名的发明家而充当发言人，他对屋外的人群说：“美国幸好有卡尔文·柯立芝。”[55]他漂亮地赢得了这次竞选以及他参与的其他所有竞争，其中大多是一边倒的胜利。

柯立芝反映了美国在 1920 年代的世外桃源般的遗世独立，他表明：成功地践履寂静无为的古老美德依然是可能的，这和欧洲的情况形成鲜明对照，在那里，强烈的行动主义正在接管欧洲的很多地区，并被这样一种观念所驱动：政治行动已经取代了宗教虔诚，成为道德价值的显在形式。柯立芝相信，一切活动——尤其是政府的活动——如果不是紧迫的需要所要求的，都有可能产生人们并不想要的结果，而且肯定是不曾预见的结果。他的最小主义理念甚至延伸到了（确切地说，尤其是延伸到了）言辞上。据说，他和他父亲柯立芝上校“几乎是通过印第安人的嗯嗯啊啊”来交流[56]。他很喜欢人们给他取的绰号“沉默的卡尔”。他曾自吹：“咱老柯家的人从不夸夸其谈。”作为主席，他给马萨诸塞州参议院的忠告是：“要简短。最重要的是，要简短。”入主白宫之后，他通过非常迅速的行动解决了白宫丑闻，他任命了专门的律师，自己尽可能少说。在 1924 年的竞选活动中，他指出：“我想不出有哪位总统候选人因为不说话而让自己受到太大的损害。”[57]他说：“我从未说过的话绝不会让我陷身于麻烦中。”在他的《自传》（*Autobiography*）中，柯立芝说他最重要的原则“绝不做别人可以为你做的事情。”他强调，那些到白宫拜访总统的人，十之八九是“想要得到他们本不该拥有的东西。如果你打死不 221
开口，他们待不了三四分钟就会走人”。[58]

在应付媒体上，柯立芝像哈定一样成功，但原因完全不同。他不仅没有养媒体秘书并拒绝举行公开的新闻发布会，而且如果记者对他发表任何评论，哪怕是一句“早晨好”，他都会感到愤怒。不过，如果提前把写好的问题交给他那位令人生畏的事务秘书巴斯康姆·斯莱普的话，他会亲自写下回复：简短，干巴巴的，但很有信息量，而且实话实说[59]。媒体喜欢他的诚实可信，因为一些古怪的习惯而别有风味：他总是让仆人给他的头发擦凡士林，在白宫椭圆形办公室里，他有时候会通过敲铃招来他的工作人员，然后藏在桌子底下，带着一种古怪的嘲讽和超然的态度观察他们困惑不解的样子。记者们也感觉到他完全没有被权力所腐化。1927 年 8 月 2 日，他招来 30 个记者，告诉他们，“在左边站成一排”，然后交给他们每个人一张 2 ×9 英寸的纸片，上面有他打的一行字：“我决定 1928 年不再竞选总统。”他最后离开白宫的方式是典型的。他厉声对媒体说：“本届政府最重要的成就之一大概就是：操心我自己的事。”[60]

然而，如果说柯立芝吝于言辞，那么，他所说出来的话始终简洁而清晰，表明他深刻地反思过历史，并发展出了一套深思熟虑的（即便有些阴郁）公共哲学。20 世纪没有一个人（即便是他那位口才雄辩的同时代人伯肯黑德伯爵 F. E. 史密斯）比他更简洁地界定了政府的界限和个人努力对于促进人类福祉的必要性，这种个人努力必然涉及不平等。1914 年，他告诉马萨诸塞州参议院："政府不可能免于艰苦的劳动。正常人必须照料自己。自治意味着自立。……最后，财产权和人身权是一回事。……历史表明，在一个文明的民族当中，必定有一个受过高等教育的阶层和巨大的财富积累。巨额的利润意味着巨额的工资支出。灵感总是来自上层。"[61] 他坚持认为，政治道德必须始终根据效果来判断，而不是根据意图来判断："经济是最实用形式的理想主义"，这是他 1925 年就职演说中最关键的句子。在那年 11 月面对纽约商会发表的一篇演说中，他以一种明白易懂、简洁优雅的形式，对自由放任哲学给出了大概是最后的经典陈述。政府和商业应当保持独立，彼此分离。这确实是非常可取的：前者从华盛顿控制，后者从纽约控制。聪明而审慎之人必须始终防止各方那些愚蠢或贪婪之徒互
222 相篡夺对方的权利。商业是对获益的追求，但它也有一个道德目标："社会共同的组织化努力，以助长文明的经济需求。……它完全依赖于服务的法律。它主要的依靠是真理、信念和正义。在更大的意义上，它是促进人类道德进步和精神进步最大的贡献性力量之一。"这就是政府为什么要保证在一个安全的框架之内提供竞争的条件，以促进它的成功。政府的工作就是要压制特权，不管它在什么地方露头，并通过给一切不公提供法律上的补救手段来支持合法占有："一切财产的价值，其主要成分是认识到对财产的和平享用将会得到公权力的捍卫。"如果没有这一法律和公权力的捍卫，"你们那些高楼大厦的价值就会沦为老迦太基海边空地或古巴比伦边角地的价格"。商业越多地管理自己，就越不需要政府采取行动来确保

竞争；它因此能够集中精力于自己的双重任务——发展经济和改善国家结构，在这个结构之内，商业可以增加利润和投资，提高工资，并以尽可能最低的价格提供更好的商品和服务。[62]

这一套公共哲学似乎在一定程度上符合一些在人类经验中十分罕见的生活实际。在哈定治下，尤其是在柯立芝治下，美国享受了一次普遍繁荣，就美国自身或其他任何社会的经验来说，这样的繁荣都是独一无二的。当这十年结束、繁荣暂时彻底消失的时候，回过头来看，人们（尤其是作家和知识分子）把它看作是物质主义的、过热的、市侩的，同时也是非实质的和短暂的，配不上任何坚实的人类成就。这些审判似的想象是《圣经》式的：是灾难到来之前伯沙撒的饕餮盛宴。1931 年，斯科特·菲茨杰拉德写道："新生代已经成熟，他们将发现，诸神已死，一切对人的信念都动摇了；他们所知道的一切是：美国正在走向历史上最盛大、最花哨的狂欢。"[63] 埃德蒙·威尔逊把 1920 年代看作一次越轨，偏离了美国良心的基本严肃性："1920 年代的繁华烟花就像是一场醉酒狂欢。"[64] 在 1931 年出版的《美国史诗》（*The Epic of America*）一书中，詹姆斯·特拉斯洛·亚当斯这样总结 1920 年代："为了繁荣而放弃了理想主义，'实干家'们让我们在这两个方面都破了产。"[65] 确实有些知识分子觉得，传播普遍繁荣的整个努力都被误解了，肯定会招致毁灭。迈克尔·罗斯托夫采夫当时正在完成他那部不朽的古代经济史，他问道："是不是有可能把更高级的文明向更低级的阶层延伸而不降低它的标准、稀释它的品质以 223
至于消失？是不是每一种文明在它开始向芸芸大众渗透的时候便注定要衰落？"[66]

但是，关于 1920 年代是一场毁灭文明价值的醉酒狂欢的观点，只能通过系统化地曲解或否定历史记录来加以证实。繁荣是非常广泛、非常坚实的。它不是普遍的：尤其是在农业社群，繁荣是不均衡的，它在很大程度上把某些更古老的工业社群排除在外，比如新英格兰的纺织行业[67]。但它比之前任何这样规模的社会分布得更加广泛，它涉及数千万资产的经济安全，这些因素整个人类历史上从未给予过考量。增长是壮观的。以 1933～1938 年的指数为 100，它在 1921 年是 58，而在 1929 年突破了 110。这涉及国民收入在 8 年的时间里从 594 亿美元增长到了 872 亿美元，实际人均收入从 522 美元增加到了 716 美元：并不是巴比伦式的奢华，而只不过是此前绝不可能实现的适度舒适[68]。扩张不仅表现在开销和信用上。数百万工人破天荒获得了保险（人寿和工业保险单在 1920 年代突破了 1 亿大关）、储蓄（在这十年里翻了 4 倍）和工业股票。因此，对那些 1920 年代在最大规模的公共事业股票发行中购买了 50 股以上的人所做的分析表明，最大的购买群体依次是：家庭主妇、职员、产业工人、技师、汽车司机、电工、机械师和工头[69]。1920 年代还有一个典型特征：规模最大、时间最长的建筑业繁荣，早在 1924 年初，大约 1100 万个家庭有了他们自己的住房。

消费繁荣的核心是人的运输，这在一个幅员辽阔的国家（在那里，一些新兴城市已经横跨 30 英里）是一种奢侈。1914 年初，美国有 1258062 辆汽车登记在册，那一年共生产了 569054 辆汽车。汽车产量在 1929 年增长到了 5621715 辆，到那个时候，美国登记在册的汽车总共有 26501443 辆，占世界产量的六分之五，全国每 5 个人有一辆汽车。这个数字让人对美国的全球工业支配地位有了一定的概念。1924 年，欧洲 4

个主要汽车生产国的产量只有美国的11%。即便到这十年结束的时候，欧洲登记在册的汽车数量也只有美国的20%，产量只有美国的13%[70]。这些数字的意义在于：工人阶级正在获得中长距离移动的个人自由，而在此之前，这一自由仅限于部分中产阶级。与此同时，尽管铁路正在衰落，运送人数从1920年的1296万下降到了1929年的786万，但中产阶级正在 224
转向空中旅行：飞机乘客的数量从1928年的49713人增长到了1930年的417505人（到1940年，这个数字已经达到3185278人，到1945年将近800万人）[71]。1920年代所证明的是：工业生产率的相对速度可以把奢侈品转变为必需品，并使它们向金字塔的下层蔓延。

实际上，在越来越大的程度上，它是阶级壁垒及其他障碍的消解。仅次于汽车，正是新兴的电气工业为1920年代繁荣提供了燃料。人们花在收音机上的钱从1920年的10648000美元增长到了1929年的411637000美元，电气工业的产值在这十年翻了3倍，增长到了240万美元[72]。先是大规模收音机听众（1924年秋天的"粉丝来信"现象便是其信号），然后是人们（尤其是年轻人）定期去电影院看电影（从1927年起便是有声电影），导致了移民社群的美国化，以及穿着、言谈和姿态上的无阶级性，对此，政府的政策（在威尔逊治下）无权发挥影响，而哈定和柯立芝则明智地放弃了这一努力。辛克莱·刘易斯在1924年为《国家》杂志重访"主街"，他描述了两个工人阶级小镇女孩穿着"裁剪得体的衬衫、丝袜、欧洲任何地方都买不到的鞋子、朴素的短上衣，留着短发，戴着妩媚迷人的草帽，轻松从容、玩世不恭的表情让笨手笨脚的男人感到害怕"。其中一个姑娘还吸食大麻。"她们两个人的老爸都是波希米亚人；旧时的乡巴佬，刻板的老家伙，蓄着络腮胡子，他们说英语的时间不会比一头麝鹿更多。然而在一代人的时间内，这就是他们的孩子——真正的女王。"[73]

这样的年轻人都认同电影明星；对他们来说，电影就是解放的力量，把孩子从父母手里解放出来，把妻子从丈夫手里解放出来。有人对电影做的一项调查引用了一个 17 岁孩子的话："电影是一件神赐之物，为表达我的感情，祝愿它们万寿无疆，祝愿它们长存于这个自由的国度和勇敢者的家园。"另一个孩子说："看了多洛雷斯·卡斯特洛的电影后我开始抽烟。"[74]抽烟当时被认为是进步的和解放的，尤其对女人而言；也是健康的——"寻求幸运而不是甜美"；"以一种理性的方式使自己变得更苗条"。广告也是一扇通向解放的窗户，尤其是对移民家庭女性而言。它教导她们生活中的各种可能性。美国的 1920 年代标志着女性取得的进步比此前和此后的任何十年都要大。到 1930 年，有 10546000 名女性在家庭之外从事"有收入的工作"：像从前一样，从事家庭或个人服务工作的人数最多（3483000 人），但也有将近 200 万人从事秘书工作，186 万人从事制造业，其中最令人欢欣鼓舞的是有 1226000 人从事专业工作[75]。同样有意义而且在文化上更重要的是那些
225 被解放了的家庭主妇，那些"金发女郎"，她们的家用器具、汽车和丈夫的高工资第一次给她们带来了闲暇。1931 年，玛丽·罗斯在论述"女人的新地位"时强调，这些金发女郎的地位"提高到了……超越经济活动的需要的程度"：

> 她们精心养育自己的孩子——一个、两个，偶尔三四个——其细心的程度过去任何一代人大概闻所未闻。正是

> 她们，开创了伟大的文化俱乐部运动……正是她们，花掉了巨额的美国收入，养活电影工业，购买或借阅长篇小说，支持时尚和美容行业的生意，把桥牌、旅行以及宗教和医学的狂热迷信维持在很高的活跃水平上，助长了每户两车的标准。[76]

家庭富裕的到来是导致激进政治及其工会基础衰落的一个因素。1929 年的一项调查引用了一个工会组织者的话："福特汽车在各个不同的地方给工会造成了可怕的损害。只要人们有足够的钱可以买一辆二手汽车以及轮胎和汽油，他们就会驱车上路，丝毫不关注工会的集会。"[77] 在 1915、1921 和 1922 年，工会在最高法院输掉了三场关键的诉讼，它们在 1919 年组织的罢工是灾难性的失败。美国劳工联合会的成员数从 1920 年 4078740 人的最高点跌落至 1932 年的 2532261 人[78]。"福利资本主义"提供了公司的运动设施、带薪休假、保险和退休金计划，于是，到 1927 年，集体保险涵盖了 470 万工人，而公司工会的成员有 140 万人[79]。美国工人似乎正在开始过上之前不敢想象的个人自足和个人责任的资产阶级生活，这使得集体行动越来越显得多余。

不难预料，这必然带来一次文化上的解放，并证明了人们（后来，而不是当时）掷向柯立芝时代的庸俗主义指控是站不住脚的。这个时代一次最重要的发展大概是教育的传播。在 1910～1930 年，教育总支出翻了 4 倍，从 4.2625 亿美元增长到了 23 亿美元；高等教育支出也翻了 4 倍，增长到了将近每年 10 亿美元。文盲率在这一时期从 7.7% 下降到了 4.3%。1920 年代是每月读书俱乐部和文学协会的时代；人们买的新书比从前更多，但对经典作品也有持续的热爱。整个 1920 年代，《大卫·科波菲尔》（*David Copperfield*）是美国最受喜爱的长篇小说，公众投票推选出来的“历史上十大伟人”包括莎士比亚、狄更斯、丁尼生和朗费罗[80]。这或许是爵士时代，但到这十年结束的时候，全国各地依然有 35000 支管弦乐队。
226 作为这十年的标志性事件，既有历史保护运动（重建了殖民地时代的威廉斯堡），也有当代绘画收藏（1929 年创建了现代艺术博物馆）。[81]

事实上，1920 年代是美国历史上最幸运的十年，甚至比同样繁荣的 1950 年代更加幸运，因为在 1920 年代，相对富裕所导致的国民凝聚力、突如其来的文化密度和“美国精神”富于表现力的原创性都是令人兴奋的新鲜事物。1927 年，法国学者安德烈·齐格弗里德出版了《美国的成年》（*America Comes of Age*）一书，他在书中强调，“作为现代生产方法所导致的革命性改变的结果……美国人民如今正在大规模创造出一个完全是原创性的社会结构”。这个观点有可能导致亨利·詹姆斯给出一个冷嘲热讽的回应，他死于 11 年前。1878 年，他给霍桑写了一本短小的传记，其中包含一个著名的、高度攻击性的（对美国人来说）段落，列出了“高等文明的所有项目，这种文明存在于其他国家，而在美国生活的质地中却不存在”，他认为，这种文明提供了丰厚的社会质地，对于富有想象力的文学创作来说是必不可少的。他列举道：

> （美国）没有君主，没有宫廷，没有个人忠诚，没有贵族，没有教会，没有牧师，没有军队，没有外交机构，没有乡村绅士，没有宫殿，没有城堡，没有庄园，没有古

> 老的乡村别墅，没有牧师住宅，没有茅草农舍，没有爬满常春藤的废墟，没有大教堂，没有修道院，没有诺曼底人的教堂，没有伟大的大学，没有公学——没有牛津，没有伊顿，没有哈罗；没有文学，没有小说，没有博物馆，没有绘画，没有政治协会，没有运动会——既没有埃普索姆，也没有阿斯科特①。[82]

到 1920 年代末，美国已经实现了社会的深度性和复杂性——亨利·詹姆斯曾经为它们的缺乏而扼腕哀叹——而且是通过霍桑本人所说的美国生活的“平庸繁荣”来实现的[83]。但这次繁荣的规模却是空前而巨大的，以至于其本身就构成了一种社会现象，并第一次带来了它自己的全国性的文学世界。这十年始于斯科特·菲茨杰拉德的《人间天堂》（*This Side of Paradise*，1918），结束于欧内斯特·海明威的《永别了，武器》（*A Farewell to Arms*，1929），事实将证明，海明威是两次世界大战之间最有影响力的用英语写作的小说作家。这个文学世界包括辛克莱·刘易斯的《主街》（*Main Street*，1920）、约翰·多斯·帕索斯的《三个士兵》（*Three Soldiers*，1921）、西奥多·德莱塞的《美国悲剧》（*An American Tragedy*，1926）、威廉·福克纳的《士兵的报酬》（*Soldier's Pay*，1926）、厄普顿·辛克莱的《波士顿》（*Boston*，1928），以及托马斯·沃尔夫的《天使望故乡》（*Look Homeward*，*Angel*，1929）。正如莱昂内尔·特里林所指出的那样，这批长篇小说以及像尤金·奥尼尔和桑顿·怀尔德这样一些剧作家的出现便是一个证据，证

① 这是英国的两个小城，以赛马闻名于世。——译者注

明了“美国的生活自19世纪以来变得越来越厚重”，其所产
227 生的更多的不是詹姆斯认为一部长篇小说所需要的“社会观察”，而是一种“强烈的社会意识”，于是乎，“我们今天对一部严肃作品的定义是：一部把社会图景呈现在我们面前供我们考量和批判的作品”[84]。

美国文化的这一日益增长的趋势（摒弃来自欧洲的脐带供应源）在1920年代开始产生自成一格的表达形式，不仅表现在电影院和无线电广播中（在这些领域，美国的特殊贡献表现在创作上），而且表现在舞台上。这十年成熟得最壮观的艺术形式是纽约的音乐剧。可以肯定，音乐剧祖先是维也纳的轻歌剧、法国的街头音乐表演、英国吉尔伯特和沙利文的喜歌剧，以及英国的歌舞杂耍（其起源大概可以追溯到1728年的《乞丐歌剧》），但是，美国的说唱秀、滑稽剧、爵士和歌舞杂耍等各种成分转变成了一种全新的通俗艺术的形式。1914年之前就有一些原型音乐方面的多产作曲家，尤其是欧文·柏林和杰罗姆·科恩。但他们的作品当时似乎太边缘、太短暂，以至于科恩的一些最好的早期歌曲都消失不见了，没有留下任何原稿[85]。正是在1920年代初期，百老汇剧院蔚为壮观的新一轮繁荣结合一批新生的天才——乔治·格什温、理查德·罗杰斯、霍华德·迪兹、科尔·波特、文森特·尤曼斯、奥斯卡·汉默斯坦、洛伦兹·哈特和E. Y. 哈伯格——把美国音乐剧带入了全盛时期。1924年2月12日，保罗·怀特曼乐队在风神音乐厅演奏格什温的《蓝色狂想曲》。那是这个十年最典型的艺术创造事件。在那个演出季，刚好就在柯立芝凭自己的能力当选总统之后，美国第一部成熟的音乐剧、格什温的《夫人，好样的!》12月1日在自由剧院首演，弗雷德·阿斯泰尔和他

姐姐阿黛尔一炮走红[86]。那是百老汇这个演出季中引人注目的事件，这个演出季上演的还有尤曼斯的《棒棒糖》、科恩的《吃喝不愁》、鲁道夫·弗瑞姆和西格蒙德·罗姆伯格的《学生王子》、欧文·柏林的《音乐盒歌舞剧》，以及西斯尔和布莱克的《巧克力花花公子》——总共大约上演了 40 部音乐剧——还有马克·康内利的《绿草场》、阿隆·科普兰的第一交响乐，以及泽格·库塞维茨基抵达波士顿交响乐团。事实上，可能除了魏玛德国之外，柯立芝繁荣时期的美国是这一时期西方文化的主要舞台，是本地创作者机会最广泛、侨民艺术家最有可能找到表达自己的自由、手段和安全的地方。

1920 年代的扩张所带来的问题并不在于它是庸俗的，或者在社会意义上是不道德的。问题在于：它是短暂的。假如它能够持续下去，它就会带动已经不那么强壮（在那个时期）
但依然在努力奋斗的欧洲经济，随之而来的必定是一次全球性 228
的政治变革，并击退极权主义冲动的新生力量，连同它们对社会工程的灾难性信仰，并逐渐以政府与企业之间的一种关系取代它们，这种关系更接近于柯立芝曾经对纽约商业领袖们所描绘的那种关系。1929 年，美国已实现了在全世界的生产中占据至高无上的地位，此前任何一个国家在繁荣时期都不曾实现过这样的目标：全部产值的 34.4%。相比之下，英国是 10.4%，德国 10.3%，俄国 9.9%，法国 5.0，日本 4.0%，意大利 2.5%，加拿大 2.2%，波兰 1.7%。欧洲大陆很可能要向齐格弗里德所说的美国的“原创性社会结构”倾斜，这种可能性随着世界经济每年保持向上势头而与日俱增。再给另一个这种规模的繁荣十年，我们对现代时期的描述就会大为不同，而且会更加幸福。

1928 年 12 月 4 日，柯立芝对新一届国会发表了他的最后一篇国情咨文：

> 纵览联邦的现状，美国历史上从未有哪一届国会带着比这更令人愉快的展望在此济济一堂。……我们的企业和工业部门所创造的巨额财富，我们的经济所积攒起来的巨额财富，在我们的人民当中有了最广泛的分配，并源源不断地流出去，服务于全世界的慈善和商业。生活的必需品已经远远超出了必要的限度，进入奢侈的领域。不断扩大的生产被国内和不断扩张的国外贸易日益增长的需求所消耗。国家可以带着心满意足的态度来看待今天，并以乐观的态度来预期未来。[87]

这个观点并不是一个成功政治家自命不凡的沾沾自喜。它也不仅是商界的观点，各个阶层的知识分子也抱持同样的观点。查尔斯·比尔德 1927 年出版的《美国文明的兴起》（*The Rise of American Civilization*）见证了这个国家“在技术上从一个胜利走向另一个胜利，克服了天然自然资源和能源的枯竭，实现了文明福祉不断拓宽的分配——健康、安全、材料商品、知识、闲暇和审美欣赏……”[88]。沃尔特·李普曼认为：“商人们多少有些无意识的、非计划的活动这一回比进步主义的理论更新颖、更大胆，在某种意义上更具革命性。”[89] 1929 年，约翰·杜威认为问题不在于如何把繁荣的时间拉得更长——他认为这是理所当然的——而在于如何把“大社会”转变为“大共同体”[90]。就连左翼阵营也蔓延着这样一种感觉：商业
229 大概总算走在了正确的轨道上。林肯·斯蒂芬斯在 1929 年写道，他觉得美国和苏联的制度可能都是合理的：“人类种族可

以通过这种或那种方式，我想还可以同时通过两种方式，而得以拯救。”[91]1929 年，《国家》杂志开始刊载为期 3 个月的系列文章，论述繁荣的持久性，开篇发表于 10 月 23 日，最后结束于市场的第一次大崩盘。

或许，柯立芝本人，一个天生多疑的人，并不是一个容易相信持久的满足能够在人世间实现的人，比其他任何人都更加怀疑，肯定并不像他觉得有责任在公共场合表现出来的那样乐观。古怪的是，当所有预兆都对他有利时，他却拒绝竞选连任，当时他只有 56 岁。他告诉首席大法官哈伦·斯通：“当他们还想要你的时候起身离去是个不错的主意。”他的政治野心有严格的限制，正如（在他看来）任何政治活动都应该有严格的限制一样。斯通警告他，经济上的麻烦近在眼前。他也认为市场会崩盘。有人告诉他妻子格蕾丝：“老爹说萧条即将到来。”但柯立芝认为，这次萧条的规模与 1920 年相当，而且会用同样的无为而治的办法加以矫治。如果需要做更多的事情，他不是合适的人选。格蕾丝·柯立芝说，他曾告诉内阁的一位成员：“我懂得如何省钱。我接受的所有训练都是在这个方面。国家的财政状况稳定可靠。大概到了我们应该花钱的时候了。我并不觉得我能胜任此事。”在他看来，胡佛是个花钱高手；在花钱高手当中不是叨陪末座，而是稳居第一。他对胡佛继任总统之职并不热心：“这家伙 6 年来主动给我提了很多建议，全都是馊主意。”柯立芝是这个世界上最不善于回答问题的人。在 1929 年初两届政府的过渡期，有人问到关于长期政策的决定，他厉声答道：“我们会把这个问题留给那位神童。”他一言不发离开了舞台，顺手给世外桃源拉下了大幕。

7. 暴跌

230 1929 年 10 月 3 日星期五，一个新来的装弹手在切斯特附近的威斯敏斯特公爵庄园参加了他的第一次射猎野鸡活动。前一天，在主弹药库举行了一次高级军官会议。拂晓时分，这个年轻的装弹手穿着他的新制服，向猎场总管报到，总管“看上去令人印象深刻，穿着绿色天鹅绒短上衣和马甲、白色短裤、厚呢裹腿，戴一顶缀满金穗带的硬帽子”。有 80 个猎场管理员，个个身穿制服：“红色的宽檐帽上有一道皮箍，白色的工作服是用非常粗糙的材料按照盖尔农夫的样式制作的，腰系一条宽皮带，有一个巨大的铜带扣”。助猎手集合起来接受检阅。紧跟着到来的是皮制弹药箱，上面雕刻着纹章，装饰着铭牌。接下来是宾客，坐着他们由司机开的劳斯莱斯和戴姆勒汽车，最后是公爵本人，新来的装弹手负责把他的手杖递给他。公爵“殿下”刚刚就位，总管便吹响哨子，助猎手动身出发，射猎开始。“一切被组织得井井有条，这对于提供一场殿下需要的和期望的射猎活动来说是必不可少的。”午餐时，管理员们喝着从角壶里倒出的啤酒，下午，公爵那辆窄轨专列（“车厢全都涂着明亮的格罗夫纳色彩”）装载着夫人们来参加狩猎。猎获的猎物将近 2000 只。[1]

就在这个准中世纪场景上演的两个星期之前，公爵的好朋友温斯顿·丘吉尔（之前他担任了 5 年的财政大臣，直到那一年的早些时候）从美国写信给妻子说：

亲爱的，现在我得告诉你，最近我在财务上交上了出

> 奇的好运。之前，哈里·麦高恩爵士颇为诚恳地问我，他
> 是否可以在事先没有征得同意的情况下替我买些股票。我 231
> 的答复是：我始终可以筹到两三千英镑。我的意思是，这是我投资（即直接买股票）的限度。他明显把这理解为我准备以保证金的形式从事投机购买的限额。因此，他的投资额度大约十倍于我通常的规模……于是，在几周时间里我们发了一笔小财……觉得有什么东西在背后支持你我，这对我来说是一件令人快慰的事。[2]

有趣的是，丘吉尔一直以保证金的形式投机股票，直至崩盘的边缘。1929 年，在属于美国 29 家股票交易所的公司里拥有账户的投资人有 1548707 个，其中以保证金形式交易股票的大约是 60 万，丘吉尔是其中之一。在股票狂热的高峰，大约有 100 万活跃的投机商，美国 1.2 亿人口当中，约 2900 万 ~ 3000 万个家庭与股票市场拥有积极的联系[3]。丘吉尔尽管经验丰富，在全世界交游广泛，但他的信息并不比纯粹的街角投机客更灵通。6 月，美国的经济已经停止扩张。其影响需要一段时间才能显现出来，但实际上，9 月 3 日，也就是在丘吉尔写下他那封兴高采烈的信两周之前，股票牛市就走向了终结。后来的上涨只不过是稳定向下趋势中偶尔的打嗝而已。当急剧下跌开始的时候，公爵狩猎场的回声几乎彻底消失了。10 月 21 日星期日，破天荒地，股票行情收录器跟不上下跌消息的步伐，而且再也没有跟上过；在混乱中，恐慌不断加剧（第一批通知追加保证金的电报星期六之前就已经发出去了），投机者开始认识到：他们辛辛苦苦存下来的钱很可能要付诸东流，甚至要失去他们的家园。10 月 24 日星期四，股票价格垂

直下跌；没有一个人买入，投机者由于未能回应追加保证金的通知而被平仓，人群聚集在纽约证券交易所外的布罗德大街上，到那天11点结束的时候，华尔街上一些众所周知的人物自杀了。那一天，楼座里的访客当中就有丘吉尔本人，他目睹了自己梦幻里的黄金消失不见了。第二周出现了黑色星期二，29日，为了筹集拼命需要的流动资金，人们第一次卖掉手里坚挺可靠的股票。[4]

股票交易所的巨大危机，连同其财富和梦想的惊天逆转，让经济史上的枯骨重获生命。但它们无助于说明事情的前因后果。恰恰相反，它们强化了一个神话，这个神话是经济扩张中的一个强有力的因素。1920年代繁荣的性质，它结束的理由，随之而来的大崩盘和大萧条的原因，尤其是工业社会赖以摆脱
232 萧条的方式和手段——所有这些至今依然是激烈争论的话题。传统的解释大多是说教性的：傲慢带来的是天谴，邪恶贪婪的后面紧跟着富有教益的报应。这样的说教很适合马克思主义的历史决定论，它当然是某种形式的道德分析，而非经济分析。它可以被当作一个说教性的寓言故事，但它并没有告诉我们实际上发生了生么，至于为什么会发生，那就更不用说了。凯恩斯的追随者们提供的解释，在1950年代和1960年代是人们普遍接受的观点，如今不再令人信服，因为，1970年代和1980年代初的一些灾难性的经济事件似乎驳斥了这一解释，这些事件把大萧条置于一个全新的视野中。事实上，这两次事件再也不可能分开来做出有益的研究，很可能，未来的历史学家会把它们集合起来分析。但最不可能的事情是，对其中任一事件（或两者）得出一个人们普遍接受的解释会是现成的。经济史与当前的经济理论和实践联系得太过紧密，因而不可能是一个

那么容易取得一致的问题。那么，我这里提供的是一个可能的解释，试图消除某些误解。

最早被消除的误解是：美国在1920年代追求一种孤立主义的外交政策。这不是真的[5]。尽管美国的统治者不愿意正式签署《凡尔赛和约》，更不会采纳凯恩斯的建议：美国应当实施一项政府资助计划帮助欧洲经济复苏，但他们私下里毫不张扬地承认：在一定程度上，美国有责任保持世界经济平稳运行。他们同意与英国分担提供全球流通货币的任务，这是世界贸易赖以进行的基础，伦敦城曾经几乎是独自担负起了这一重担，直至1914年。他们还主动提出，要通过非正式的商业和金融外交，促进世界贸易的扩张[6]。很不幸，他们所使用的手段是迂回曲折的、极不诚实的。除了1857～1861年之外，美国始终是一个高关税国家：美国的关税被大陆欧洲所仿效，在很大程度上驳斥了它自己的主张：要按照真正资本主义的、自由放任的原则管理它的事务。如果哈定、柯立芝和胡佛是根据他们自豪地宣布的企业原则行事的话，那么，他们就会重新开始执行威尔逊在1913年无果而终的降低关税的政策。事实上，他们做的事情刚好相反。1922年通过的《福德尼－麦坎伯关税法》，更有甚者，还有1930年通过的《霍利－斯穆特法》（胡佛拒绝否决这一法案），对世界贸易是毁灭性的打击，最后对美国自己的经济也是如此[7]。事实情况是，美国的总统和国会领袖们都缺乏政治勇气来抗衡全国制造商协会、美国劳工同盟及地方压力，并因此以最有效的方式追求国际主义，那也是一种最符合他们声称自己信奉的经济观点的方式。

相反，他们试图通过故意的通货膨胀来保持世界经济的繁 233
荣。战前联邦储备银行体系的创立使得这样的事情成为可能，它可以偷偷摸摸地做，没有立法机关的通过或控制，没有公众的知情或关切。它不涉及印钱：美国的流通货币在1920年代初的时候是36.8亿美元，到1929年繁荣结束时，这个数字是36.4亿美元。但是，货币总供应的扩张（以货币替代物或信用的形式）是巨大的：从1921年6月30日的453亿美元到1929年7月的超过730亿美元，8年时间里增长了61.8%[8]。白宫、安德鲁·梅隆领导的财政部、国会、联邦银行，当然还有私人银行，一起纵容了信用扩张。在1923年的《年报》中，美联储直言不讳地描述了这一政策："联邦储备银行是一个求助之源……当商业界的需求超出了成员银行自身的独立资源时，它们便可以求助于联邦储备银行。联邦储备银行在商业扩张的时期提供必需的信用增加，在商业衰退的时期拉紧绳子。"[9]这一连续信用扩张的政策在某种形式上是凯恩斯之前的粗糙的凯恩斯主义，如果让利率维持在稳定水平上，换句话说，如果借钱的制造商和农场主按照存钱者（他们实际上是准备把这些钱借出去）的利率来支付利息，这一政策可能还是有些道理。但再一次，白宫、财政部、国会和银行协同合作，把贴现率和利率维持在很低的水平。事实上，美联储的既定政策是：不仅要"扩大信用资源"，而且要"以足够低的利率"来做这件事，"以刺激和保护各种合法的商业活动，使其繁荣兴旺"。[10]

1920年代所使用的这种故意干涉货币供应和货币成本的手段，不仅是为了促进其原初的目标（美国商业的扩张），而且是为了追求一项据说是慈善性的国际政策。美国政府在需要偿还战争公债的同时，也在积极地帮助外国政府和企业在纽约筹钱，既通过其自己廉价的货币市场，也通过对外国债券市场持续而积极的干涉。政府十分清楚地表明：它青睐于某些借款，而不赞同另一些借款。因此，在私人企业的层面上，这种对外借款政策是1947年后的援外计划的一个先兆。目标是一样的：保持世界经济漂在水面上不至于沉下去，支持某些受到青睐的政权，尤其是促进美国的出口工业。实际上，内阁推动特殊借款有一个条件：其中部分借款要花在美国。对外借款繁荣开始于1921年，紧跟在1921年5月20日的一项内阁决议 234
以及5天后哈定、胡佛和美国投资银行家们举行的一次会议之后，它结束于1928年的晚些时候，在时间上刚好和货币供应扩张相吻合，而正是货币供应扩张为这次繁荣奠定了基础。实际上，美国的统治者们拒绝了放任主义的理性选择——自由贸易和坚实货币，而采纳了温和的政治选择——保护性关税和通胀。国内工业被关税所保护，出口工业则通过不赢利的借款来补贴，当然还有投资银行家们，他们发行债券让各方受益。输家是作为整体的全体人口，他们得不到由于廉价进口品而导致的竞争性价格，承受了作为结果的通胀之苦，是最后暴跌的普遍受害者。[11]

此外，由于搅和进了对外借款的生意，政府在很大程度上丧失了谴责股票交易投机的道义权利。胡佛在整个1920年代一直担任商务部长，直至成为总统，他把华尔街看作一个糟糕透顶的赌场——但他是外债市场最勤勉的倡导者。他认为，即便是呆账贷款也能帮助美国的出口业并因此提供就业机会[12]。然而，有些外债发行至少像最糟糕的股票交易一样可耻。因此，花旗公司（后来的花旗银行）负责拉丁美洲债务的副总裁维克多·舒波尔在秘鲁报告："糟糕的债务记录；不利的道德和政治风险；糟糕的国内债务形势；贸易形势大约就像过去三年里智利的形势一样令人满意。国家资源更具多样性。在经济表现上，秘鲁在接下来的 10 年里应当迅速走在前头。”然而，花旗公司为秘鲁发行了 1500 万美元的债券，不久之后又发行了一笔 5000 万美元的债券和一笔 2500 万美元的债券。1933 ~ 1934 年的国会调查确认，花旗公司支付给秘鲁总统的儿子胡安·勒圭亚 45 万美元，公司的合伙人与这笔外债有关联。当他的父亲被推翻的时候，秘鲁违约了[13]。这只是很多实例当中的一个。外债市场的基础不稳定是信心崩溃和衰退蔓延至欧洲的主要因素之一。而这种不稳定事实上并不是政府放任的结果，恰恰相反，是持续不断的政府干涉的结果。

通过创造人为的廉价信用来实施干涉并非美国的发明。它是英国的专利。英国人称之为“稳定”。尽管英国在 1914 年之前名义上是一个放任主义的国家，但英国的经济学家们不喜
235 欢商业周期，他们认为，可以通过深思熟虑的组合努力，来实现价格的稳定，从而抚平商业周期。千万别以为凯恩斯来自一个不干涉主义的朗朗晴空：他只是比正统的英国先知们稍稍“先进”一些。因为，第一次世界大战之前，在财政部负责金融研究的拉尔夫·霍特里爵士就认为，中央银行通过创造国际信用（亦即通货膨胀），可以实现稳定的价格水平，并因此极大地改进 19 世纪对商业周期的消极接受，他认为这种消极接受是不道德的。1918 年之后，霍特里的观点在英国成了传统智慧，并经由凡尔赛传播到了美国。在 1920 年的经济衰退中，人们创立了稳定货币同盟（后来的全国货币联盟），吸引了美国的金融机构和国外的一些人，像法兰西银行总裁埃米尔·摩里亚、爱德华·贝奈斯、帝国化学工业公司创始人梅尔西特勋爵、奥地利分行总裁路易·罗斯柴尔德、A. J. 贝尔福，还吸

引了像 A. C. 庇古、奥托·卡恩、亚瑟·萨尔特爵士和凯恩斯本人这样一些英国经济学家。[14]

凯恩斯在《货币改革论》（*A Tract on Monetary Reform*）中为“操纵货币”和稳定物价进行了辩护。到那时候，稳定不仅被接受，而且被实践。霍特里启发了 1922 年热那亚会议的稳定方案；国际联盟金融委员会是稳定主义者；特别是，英格兰银行也是稳定主义者。英格兰银行总裁孟塔古·诺曼和他的首席国际顾问查尔斯·艾迪斯爵士都是这一信条热情的传道者。他们最重要的门徒是纽约联邦储备银行总裁本杰明·斯特朗，直至 1928 年去世，他一直在美国金融政策的制定上大权在握。胡佛公正地把斯特朗称作“欧洲的精神附庸”，在执行美国秘而不宣的经济管理的对外政策上，他是一个颇有效率的代理人。实际上用不着多说，在 1920 年代的大部分时间里，国际经济体系是由诺曼和斯特朗共同监管的[15]。正是斯特朗，通过不断扩大纽约联邦储备银行的信贷额度，并让 J. P. 摩根做同样的事情，从而使得英国在 1925 年回归金本位成为可能：伦敦的《银行家》（*Banker*）杂志说：“英国没有比美国更好的朋友”。同样的信贷额度后来对比利时、波兰、意大利及其他国家开放，这些国家满足了斯特朗-诺曼关于金融正直的标准。[16]

当然，所谓的“金本位”并不是真正的金本位。那种金本位在 1914 年就一去不复返了。一个顾客不可能走进英格兰银行，要求用金币兑换他手里的英镑纸钞。这在欧洲其他金本位国家也是一样的。正确的术语应该是“金条本位”：中央银行以巨大金条的形式持有黄金，而并不认为普通人有足够的责任感可以自己处理黄金（尽管理论上美国人在 1933 年之前可 236

以要求兑换金元)。实际上，当1926年出台了一项计划给予印度真正的金本位时，斯特朗和诺曼联手扼杀了这一计划，理由是：那样一来就会出现灾难性的世界范围的黄金外流，全都流进了印度人的床垫里。简言之，1920年代的金本位运动根本不是真正的放任主义，而是一种“不当着仆人的面”的放任主义[17]。那是一种仁慈的专制，由一小撮“伟大”而“善良”的精英分子偷偷摸摸地经营。斯特朗把他的信用扩张和廉价货币政策视为美国支持国际联盟之外的另一项选择，他很有把握，如果事实被公开的话，美国的民意会否定这一政策：那就是他为什么坚持银行家们的定期会议应当严守秘密的原因。经不起公众仔细审查的金融政策本身就是可疑的。如果在让黄金成为价值衡量标准的同时，却不信任普通人——价值的最终裁定者——可以自己应用这一衡量标准的话，那就是双倍的可疑了。银行家们为什么害怕普通的男男女女在他们能够以可观的利润投资于健康经济的时候会奔向黄金——这根本不会给他们带来任何回报？这里一定有什么事情出了问题。德国银行家亚尔马·沙赫特再三要求真正的金本位，认为这是通过真正的自愿储蓄为经济扩张筹集资金的唯一手段，而不是通过一小撮金融大鳄组成的寡头集团所决定的银行信用。[18]

但那些追求稳定的人所向披靡。在国内和国际上，他们坚持不懈地把更多的信用注入经济体系中，每当经济表现出衰退迹象的时候，他们便增加剂量。最臭名昭著的一次是1927年7月，当时，斯特朗和诺曼在美国财政部副部长奥格登·米尔斯和标准石油公司女继承人鲁思·普拉特的长岛庄园里召开了一次银行家的秘密会议。斯特朗让整个华盛顿蒙在鼓里，而且拒绝让他大多数高级同僚出席。他和诺曼决定要爆发另一轮通胀，沙赫特和法兰西银行副总裁夏尔·里斯特的抗议被置之不理。纽约联邦储备银行进一步降低了 0.5% 的利率，至 3.5%；正如斯特朗写信告诉里斯特的那样："我会给股票市场再注入一点威士忌"——结果是启动了最后一波投机高潮。联邦储备委员会的委员阿道夫·米勒后来在参议院的证词中把这一决定描述为"联邦储备系统所从事过的最大的，也是最大胆的运作，结果导致它或者过去 75 年里任何银行系统所犯下的代价最高昂的错误"。[19]

德国人提出反对（受到了维也纳学派的货币主义者 L. 237
冯·米塞斯和 F. A. 哈耶克的影响）的理由是：整个通胀政策是腐败的。法国人所反对的是：它反映了英国对外经济政策的目标，美国人是自愿的教唆犯。正如摩里亚在他的秘密日记中所写的那样：

> 英国是第一个重新确立稳定而可靠的货币的欧洲国家，它利用这一优势为把整个欧洲置于名副其实的金融控制之下奠定了基础。……流通货币将会被分为两类。第一类货币是美元和英镑，建立在黄金的基础上，而第二类货币则是建立在英镑和美元的基础上——它们的部分黄金储备被英格兰银行和纽约联邦储备银行所持有，地方性的流通货币将会失去它们的独立性。[20]

摩里亚所提出的是一个一般观点：经济政策的形成服务于政治的目的，英美的货币控制无疑就是这样，从长远来看不大可能实现经济目标。这毫无疑问是真的，它既适用于国内领域，也适用于国际领域。在国内，无论是美国还是英国，稳定的目标是维持价格稳定，并因此防止工资下降（这意味着社会动乱）；在国外，廉价货币和轻松得来的借款维持了贸易的流动，尽管有美国的贸易保护主义和英国人为的强势英镑。目标是避免麻烦，逃避解决痛苦政治困境的需要。

这一政策似乎正在成功。在这十年的后半期，斯特朗－诺曼的廉价信用给世界经济注入了能量，使贸易活跃了起来，尽管没能达到战前的水平。1921～1925 年，世界贸易增长率和 1911～1914 年比起来，实际上是负 1.42，而在 1926～1929 年这 4 年时间里，它实现了 6.74 的增长，这一成绩直至 1950 年代后期才被超越[21]。然而物价保持了稳定：劳工统计局的批发价格指数（以 1926 年为 100）显示，美国的波动仅仅是从 1921 年 6 月的 93.4 到 1925 年 11 月高峰时期的 104.5，接下来下降到了 1929 年 95.2。因此，故意把增长控制在物价稳定的框架之内的观念变成现实。这才是名副其实的经济管理。凯恩斯把“1923～1928 年联邦储备委员会对美元的成功管理”描述为一次“胜利”。霍特里的裁决是：“美国 1922～1928 年在稳定上所做的实验表明，早期的处理既可以遏制通胀，也可以遏制萧条。……美国的实验是 19 世纪实践基础上的一次伟大进步。”[22]

然而事实上，通胀还是在那儿，而且一直在增长。似乎没有一个人意识到美国 1919～1929 年生产率的巨大增长的意义：
238 制造业每个工人的产出增长了 43%。是资本投入的惊人增长（平均每年增长 6.4%）使之成为可能[23]。生产率的增长原本应该反映在更低的物价上，但物价降低的程度并没有反映以稳定为目标的经济管理所导致的通胀水平。有一点倒是真的，如果不控制物价，工资也会下降。但物价的下降必定更为急剧，因此实际工资——购买力——就会稳定增长，与生产率同步。工人就能够享受更多他们改进了的技能正源源不断地从工厂里生产出来的商品。但事实上，工人阶级家庭发现，要赶上新一轮的繁荣是一件很费力的事。他们买得起汽车——也只是刚刚买得起而已。但要换新车却很费力。1920 年代繁荣基本上是建立在汽车的基础上。美国在 1920 年代晚期生产的汽车几乎和 1950 年代相当（1929 年是 535.8 万辆，1953 年是 570 万辆）。1920 年代货真价实的成长股是通用汽车：任何人只要在 1921 年买了 25000 美元的通用汽车普通股，在 1929 年就会成为百万富翁，当时，通用汽车一年挣到的利润是 2 亿美元[24]。说到以汽车为主要因素的经济扩张，其麻烦就在于，当手头钱紧的时候，一辆汽车的寿命可以随心所欲地延长 5 ~ 10 年。1927 年 12 月，柯立芝和胡佛自豪地宣称，工业企业的平均工资达到了每天 4 美元，也就是一年 1200 美元。但他们自己的政府机关的办事员估计一年要花掉 2000 美元，才能维持一个五口之家的“健康和体面”。有证据表明，就业女性不断增长的数量反映了实际收入的下降，尤其是在中产阶级当中[25]。当繁荣继续的时候，物价没能降下来，消费者要想跟上繁荣就更困难了。反过来，银行家为了让经济保持增长而不得不更加努力地工作：斯特朗的“一点威士忌”是最后一次大的推力；第二年，他死掉了，既没有留下同等程度的货币冒险主义，也没有留下同样的权威。

事实上，斯特朗最后的推力对“实体”经济并没有多少帮助。它助长了投机。新增加的信用很少流向大众消费者。实际上，美国经济支出栏是不平衡的。处在收入顶端的 5% 的人口占有全部个人收入的三分之一：他们并不买福特或雪佛兰。

和工资收入比起来，来自利息、分红和租金的收入所占的比例大约是 1945 年之后水平的两倍[26]。斯特朗的“一点威士忌”几乎只让那些不靠工资挣钱的人受益：繁荣的最后阶段在很大程度上是投机性的。在 1928 年之前，股票价格只是刚刚跟上
239 实际的工业表现。从 1928 年初开始，非实体成分（实际上就是幻想的成分）开始增长。正如白芝浩所言：“所有人在最幸福的时候都是最容易上当受骗的。”[27]股票易手的次数从 1927 年的最高纪录 567990875 飙升到了 920550032。

两个新的危险因素出现了：保证金交易的巨大增长，以及仓促拼凑的投资信托公司的大量出现。传统上，股票大约按照收益的 10 倍来估值。随着高额保证金交易的出现，股票上的收益只有 1% ~2%，远低于通常用来购买股票的贷款的利息 8% ~12%。这意味着任何利润都只是资本收益。因此，从未分过红的美国无线电公司的股票在 1928 年从 85 点跃升至 420 点。到 1929 年，一些股票卖到了收益的 50 倍。正如一位专家所指出的那样，股市“不仅在贴现未来，而且在贴现死后”[28]。建立在资本收益基础上的股市繁荣只不过是金字塔式销售的另外一种形式而已。新成立的投资信托公司（到 1929 年末以一天一家的速度出现）就是典型的倒金字塔。他们有所谓的“高杠杆”，通过他们自己所谓的精明，在很小的真实增长的底座上获得惊人的增长。因此，联合铸造公司被打造成一家名义上拥有 686165000 美元资源的公司，而其最初的投资（通过一次破产）仅仅只有 500 美元。另一家投资信托公司 1929 年的市值超过 10 亿美元，可它的主要资产是一家 1921 年仅值 600 万美元的电气公司[29]。这些公司被认为使得“小人物”能够“分一杯羹”。事实上，它们只是给几乎纯粹的投机

提供了一个附加的上层结构，一旦市场崩盘，“高杠杆”就反过来了。

令人吃惊的是，一旦保证金贸易和投资信托接管了市场，联邦储备银行的银行家们便没办法提高利率并坚持廉价货币了。但很多银行家到 1929 年初已经失去了现实感。事实上，他们自己也在投机，常常是投机于自己的股票。一个最糟糕的犯规者是花旗银行的董事长查尔斯·米切尔（最终在 1938 年被以大盗窃罪起诉），1929 年 1 月 1 日，他成为纽约联邦储备银行的总裁。米切尔填补了斯特朗的角色，在一个更粗糙的水平上，维持繁荣走过了 1929 年的大多数时间。当然，很多对崩盘做出了贡献并在 1930 年代被国会和新成立的证券交易委员会认定为非法的做法在 1929 年被认为是可以接受的。1932 年，参议院银行与货币委员会开始了凶残的迫害，这个委员会给 1940 年代和 1950 年代初的迫害充当了原型，实际上揭露出 240
来的违法行为并不多。米切尔是唯一的主要受害人，即便是他的案子也更多的是高级金融的习惯做法，而不是邪恶的行为[30]。亨利·詹姆斯应该不会有什么抱怨；但马克思主义的狂热信徒则彻底失望了。白芝浩评论道：“每一次大的危机都暴露出了很多公司的过度投机，而此前从未有人怀疑过。”[31] 1929 年的崩盘另外还暴露了银行家、商人、华尔街专家以及大大小小的学院派经济学家们的天真和无知；它显示了他们并不懂得他们如此信心十足地操纵的这套体系。他们试图用他们好心好意的政策去替代亚当·斯密所说的市场这只“看不见的手”，是他们制造了灾难。这次暴跌非但没有像凯恩斯及其学派后来认为的那样——当时凯恩斯既没能预见到崩盘，也没能预见到大萧条的范围和持续时间——证明了自我调节式经济的危险，反倒指示了相反的方向：信息不灵的干涉所带来的风险。

信用膨胀在 1928 年底逐渐消失了。结果，6 个月后，经济进入衰退。市场崩盘在拖延 3 个月后接踵而至。所有这一切都不出所料；它是健康的；它应当受到欢迎。这一直是 19 世纪和 20 世纪的 1920 ~ 1921 年之前的模式：资本主义的“常态”。一次商业衰退和股市暴跌不仅是人们所习惯的，而且也是增长周期必不可少的组成部分：它们从山羊里挑出了绵羊，清算了经济体中不健康的成分；正如 J. K. 加尔布雷思所言：“萧条的作用之一便是暴露出审计员发现不了的东西。”[32]经济下滑服务于根本目的。它们不能不急剧。但时间未必很长，因为它们是自我调节的。对于政府、商界和公众，它们所需要的一切就是耐心。1920 年的衰退在一年之内就把自己调整好了。没有理由认为 1929 年的衰退会持续更长时间，因为美国的经济根基是坚实的，就像柯立芝所说的那样。正如我们已经看到的那样，股市下跌在 9 月开始，10 月演变成了恐慌。11 月 13 日，在恐慌结束的时候，指数从 452 跌到了 224。这里面并没有什么糟糕的事情。1928 年 12 月，在经过一年多急剧上涨之后，它也只有 245。恐慌只不过是剔除了投机的成分，留下了坚实可靠的股票，大约处于其相对收益而言还算正确的价值水平上。如果允许衰退自我调节，正如 1930 年底按照更早的类比所做的那样，信心就会回来，世界性的暴跌就一定不会发生。相反，股市掉头向下，缓慢却不可阻挡，不再反映经济现
241 实——这是它真正的功能——非但没有成为繁荣的引擎，反倒把灾难带向全国，紧接着带向世界。到 1932 年 7 月 8 日，《纽约时报》工业股票指数从恐慌结束时的 224 点跌至了 58 点。

美国钢铁的股票在 1929 年市场崩盘之前卖到了 262，如今的价格只有 22。通用汽车已经是全世界经营最好、最成功的制造集团之一，其股价从 73 跌至 8。[33] 到这一时期，世界的整个前景彻底改变了——糟糕透顶。这是如何发生的呢？正常的恢复为何没有出现？

要找到答案，我们必须深入到看待赫伯特·胡佛及其继任者富兰克林·罗斯福的传统观点之下加以探查。人们普遍接受的观点是：胡佛因为在意识形态上对放任主义矢志不渝，拒绝用政府的钱来刺激经济增长，并因此拖延和加深了大萧条，直至罗斯福当选，接下来，罗斯福立即把官方政策颠倒了过来，引入了“新政”，这是某种形式的凯恩斯主义，把美国从低谷中拉了出来。胡佛被描绘为已经死去的、名誉扫地的过去的象征，而罗斯福则是未来的先行官，1932 ~ 1933 年是老式的自由市场经济学与凯恩斯新式的操控经济学和社会福利之间的分水岭。对事件的这样一种描述开始作为罗斯福的同僚和崇拜者们的准媒体宣传，接下来又被整整两代信奉自由民主的历史学家们打造成了坚实的历史模型。[34]

这个最持久的历史神话，其中并没有多少真相。现实更加复杂，也更加有趣。胡佛是现时代的悲剧人物之一。最好的说明是塔西佗对罗马皇帝伽尔巴的定论：omnium consensu capax imperii nisi imperasset（拉丁文：假如他没当过皇帝，人人都认为他适合当皇帝）。正如我们已经看到的那样，第一次世界大战开启了社会工程的时代。一些专家希望更进一步，让工程师亲自当国王。托斯丹·凡勃伦是 20 世纪前四分之一的时间里美国最有影响的进步主义作家，他在《有闲阶级论》（*The Theory of the Leisure Class*，1899）和《工程师和价格体系》

（*The Engineers andthe Price System*，1921）中提出，工程师（他把工程师看作公正无私、乐善好施的人物）应当取代商人，消除有闲阶级的价值观和盈利动机，为了消费者的利益管理经济[35]。苏联比其他任何社会都更加广泛地并在更长的时期内信奉社会工程，在那里，此事或多或少地发生了，工程师成为统治阶级的重要部分（尽管至今尚未给消费者带来多少好处）。

出生于1874年的胡佛不仅相信某种形式的社会工程，而
242 且，他实际上就是一名工程师。他是个孤儿，来自艾奥瓦州一个极度贫困的家庭，他的故事是一个经典的美国成功故事。他设法上了斯坦福大学，获得了一个工程学位，然后，1900～1915年，在世界各地的采矿业中挣到400万美元[36]。被招募到了威尔逊的战时团队之后，他成了这个团队中引人注目的成员，吸收了它的强势政府指导和计划的哲学，接下来，作为美国战后救济委员会（后来马歇尔援助和四点计划的先驱）的主席，他为善意干涉主义赢得了世界性的名声。马克西姆·高尔基写信给他说："你把350万儿童和550万成人从死神的手里拯救了出来。"[37]事实上，他选择性地使用了食品外交，以挫败匈牙利的贝拉·库恩共产主义政权和奥地利的哈布斯堡王朝复辟，同时支持了盎格鲁－撒克逊势力所青睐的政权[38]。凯恩斯说他是"唯一一个带着更高的声望从巴黎的磨难中脱身而出的人"。[39]富兰克林·罗斯福作为海军部副部长也在战时政府中，并和胡佛持有同样的一般观点，他写信给一位朋友说："他无疑是一个奇人，我希望我们能够让他成为美国总统。不可能有比他更好的人选。"[40]

作为8年的商务部长，胡佛显示出自己是个社团主义者、

一个活动家和干涉主义者，与哈定－柯立芝政府的总体目标（或者毋宁说是无目标）背道而驰。他的前任奥斯卡·施特劳斯告诉他，他一天只需要工作两个小时，“夜里把鱼放到海底，然后拧亮海岸周围的灯”。事实上，他的商务部是唯一一个增加了办事员的政府部门，从 13005 人增加到了 15850 人，其开支也从 2450 万美元增加到了 3760 万美元[41]。胡佛紧跟在大萧条的后面走上总统的岗位，他立即着手组建委员会和贸易委员会，发起研究计划，推动消费，说服雇主维持工资和“分时雇佣”，以增加工作岗位，尤其是迫使“联邦、州和市各级政府密切合作，增加公共工作岗位”[42]。他到处组建委员会和研讨会，资助各种报告和工作组，制造出事务繁忙的氛围。公共政策没有哪个方面胡佛不积极热情，通常是亲力亲为：儿童健康、印第安人政策、石油、自然资源保护、公共教育、住房、社会浪费、农业——作为总统，他是自己的农业部长，1929 年的《农业市场法》完全是他的功劳[43]。哈定并不 243
喜欢这种过度的活跃，但被胡佛的智慧和声望给战胜了——“我所认识的最聪明的家伙”[44]。柯立芝痛恨这种活跃，但到那个时候，胡佛已经是共和党政府中太过重要的一员，不可能把他拿掉。

此外，胡佛的社团主义——这个概念的意思是：政府、商界、工会及其他社会组织在温和的却是执着而持续的操纵中齐心协力，使生活变得更好——是那个时代开明资本家、左翼共和党人和非社会主义知识分子当中普遍接受的智慧。美国式的社团主义是美国对欧洲新形式的社团主义尤其是墨索里尼的法西斯主义所做出的回应；对于 1920 年代头脑健全的人来说，它就像 1930 年代的斯大林主义一样重要[45]。胡佛是其引人注目的组织者和狂热追随者（让·莫内是他的崇拜者之一，此人后来把这套方法重新命名为“指导性计划”，并使之成为法国战后计划体系和欧洲经济共同体的基础）。然而，胡佛不是一个国家主义者。他说，他反对试图“把法西斯主义从后门偷运进美国”的任何努力[46]。在很多问题上他都是自由主义者。他想让援助流向欠发达国家。他为日本人被排除在1924年的移民配额之外而扼腕哀叹。他妻子招待过黑人国会议员的夫人们。他从不像伍德罗·威尔逊和他妻子或富兰克林·罗斯福那样开反犹主义的玩笑[47]。对于非常广泛的受过教育的美国民意来说，在入主白宫之前，胡佛都是美国首屈一指的公众人物。

因此，人们普遍相信，作为总统的胡佛将会是奇迹的创造者。《费城记录报》说他是“‘工程治国’这门现代科学中最有权威的人物”。《波士顿环球报》（*Boston Globe*）说，国民知道他们有一位相信“统治力学”的人在白宫[48]。他是“伟大的工程师”。胡佛说，他对“人们想象他时的那种夸张观念”感到不安，“他们确信我是某种超人，没有什么难题是我不能解决的”[49]。但他实际上并不烦恼。他完全知道要做什么。他像个独裁者一样管理着这届政府。他无视或威吓国会。他制定法律，就像狄更斯笔下的一个人物一样。他喜欢告诉下属：“如果你们更了解我，你们就会发现，当我说一件事情是事实的时候，它就是事实。”[50]

当胡佛在1929年3月成为总统的时候，那台制造大萧条的机器已经运转起来。他所能采取的唯一有用的行动就是让人为压低的利率上涨到它们的自然水平——在当时的环境下算是
244 一个比较高的水平——这将会更早地消灭股票交易所的繁荣，并避免1929年秋天那场毁灭性的大戏。但他没有这样做：政

府引导的廉价信用正是其政策的基石。当这场危机的重大性变得显而易见的时候，财政部长安德鲁·梅隆终于否定了他的干涉主义哲学并回到了严格的放任主义。他告诉胡佛，政府的政策应当“清算劳工，清算股票，清算农场主，清算房地产”，并因此“把腐败从经济中清除掉”[51]。这是胡佛在他的整个任期内所得到的唯一理性的建议。通过让大萧条自行发展，不健全的企业很快就会破产，健全的企业就会得以幸存。工资会降低到自然的水平，这在胡佛看来是个麻烦。他相信，高工资是繁荣的一个必不可少的因素，维持工资水平在抑制和战胜萧条的政策中是最重要的因素。[52]

因此，从一开始，胡佛就同意接受经济周期的挑战，并动用一切政府资源把它踩平。他写道：“此前没有一位总统相信在这样的情况下有政府的责任，……在这方面我们不得不开拓新领地。”[53]他重新开始了信用扩张，仅 1929 年 10 月，美联储就增加了将近 3 亿美元的信用。11 月，他与工业领袖们举行了一连串的会议，会上，胡佛要求他们做出庄严承诺，不降工资；甚至要尽可能加工资——这个承诺一直信守到了 1932 年。美国劳工同盟的杂志为这一政策大唱赞歌：此前从未有人引领美国的雇主一起行动，这个决定标志着“文明前进的新纪元——高工资”[54]。凯恩斯在给英国劳工大臣拉姆齐·麦克唐纳的一篇备忘录中赞扬了胡佛在维持工资水平上的空前纪录，并认为联邦信用扩张的举措“十分令人满意”。[55]

确实，在所有本质方面，胡佛的行动都包含了后来所说的“凯恩斯主义”政策。他大刀阔斧地减税。一个年收入 4000 美元的有家男人的税收降低了三分之二[56]。他提高了政府支出，故意让政府赤字增长到了 1931 年的 22 亿美元，使得政府支出在国民生产总值中所占的份额从 1930 年 16.4% 增长到了 1931 年的 21.5%。政府支出的这一增长幅度是美国历史上迄今为止在和平时期最大的，在 1931 年达到 13 亿美元，大部分是转移支付的增加（10 亿美元）[57]。有一点倒是真的，胡佛把直接救济排除在外，并尽可能通过银行来输送政府的钱，而不是让它们直接流向企业和个人。但是，他试图用政府的钱来
245 刺激经济，这一点是毋庸置疑的。柯立芝对一个由愤怒的农场主们所组成的代表团的建议是一个令人心灰意冷的建议："拿起宗教吧。"胡佛的新《农业市场法》给了他们 5 亿美元联邦政府的钱，1930 年初又增加了 1 亿美元。1931 年，他通过创立复兴金融公司（RFC）把这一政策扩大到了作为整体的经济，这是他在 12 月份提出的政府干预九点计划的组成部分。胡佛 4 年任期内开始的重大公共工程比过去 30 年还要多，它们包括旧金山湾大桥、洛杉矶高架渠和胡佛水坝；开辟圣劳伦斯海上航道的计划是国会的行动而非白宫行动的牺牲品。1932 年 7 月，RFC 的资本几乎翻了一倍，达到了 38 亿美元，新通过的《紧急救济和建设法案》扩大了它的积极角色：仅 1932 年就给出了 23 亿美元的信用和 16 亿美元的现金。然而，由于当时人们一致同意，财政预算在两年赤字之后必须回归平衡，1932 年的《收入法案》见证了美国历史上和平时期最大的税收增长，高收入的税率从四分之一跃升至 63%。这使得胡佛早期的减税变得毫无意义，但到这个时候，胡佛已经失去了对国会的控制，没有办法推行前后一致的财政政策。

胡佛的干涉主义伴随着连续不断的行动主义的雄辩措辞。他大概是第一个在积极的经济政策语境中使用军事比喻的民主政治家，后来这样的政治家大量出现："在这场危机中，让我

们的经济机器运转起来的战斗采取了新的形式，时不时地需要新的战略。我们使用这样的紧急权力赢得这场战争；我们能够利用它们打败大萧条……”（1932 年 5 月）“如果不允许撤退，如果进攻按照目前组织起来的规模继续下去，那么，这场战斗就会打赢……”（1932 年 8 月）“我们可以什么事情都不做。那将会是绝对的毁灭。相反，我们要勇敢面对当前的形势，向私人企业和国会提出合众国历史上最庞大的经济保卫战和反击战的计划。……经济萧条史上第一次，分红、利润和生活成本将会赶在工资下降之前被降下来……工资要维持下去，直至……利润几乎消失。它们如今是世界上最高的实际工资。……有些反动的经济学家认为，我们应当让破产清算自行发展，直至探底。……我们决定，我们不会遵循这些顽固清算主义者的建议，眼睁睁地看着美国债务人整体走向破产，人民的储蓄灰飞烟灭……”（1932 年 10 月）。[58]

胡佛这个积极的工程师，喜欢用工具和武器的术语来思考问题。工具和武器就是为了使用。他使用了它们。他持续不断地进攻股票交易所（他痛恨这些交易所，认为它们是寄生 246
虫），要求调查他们，这些行动进一步打压了股价，让个人投资者心灰意冷。他的公共投资政策阻止了必要的清算。他希望挽救的那些企业要么最终走向了破产，要么在整个 1930 年代被沉重的债务负担压得喘不过气来。胡佛通过弱化《破产法》、鼓励政府暂停偿债拍卖、禁止丧失抵押品赎回权或强迫债务延期，恰恰损害了繁荣的基础。这本身损害了银行拯救自己、维持信心的能力。胡佛故意把联邦信用注入银行，威逼它们搞通货膨胀，因此强化了其地位的不稳固。

当美国的贸易保护主义政策重新抬头的时候，金融危机便出现了。1930年恶毒的《斯穆特－霍利关税法》急剧地提高了进口税，更甚于其他任何积极的政策行动，使大萧条蔓延到欧洲。1931年夏，奥地利最重要的银行联合信贷银行的破产推倒了整个欧洲的多米诺骨牌（英国已经在1930年9月21日放弃了金本位），一连串的债务违约接踵而至。美国对欧洲所剩无几的出口彻底消失了，作为自由贸易的一种替代品，美国的外债政策崩溃了。外国人对美元失去了信心，由于美国依然坚持金本位，他们便开始抽走他们的黄金，这一习惯蔓延到了美国消费者。在“正常的”一年里，大约有700家美国银行倒闭。在1931～1932年，约有5096家银行破产，存款总共超过30亿美元，这个过程在1933年初达到高潮，当时，在胡佛总统任期最后几周时间里，美国的银行体系实际上陷于停顿，似乎是给他的总统失败纪念碑加上了一块压顶石。[59]

到那个时候，胡佛的干涉主义已经把大萧条拖延到了第四个年头。不断累积的银行危机很可能会带来通货紧缩的影响，而这正是胡佛如此艰苦、如此愚蠢地试图加以阻止的，这样一来，到1932年底，大萧条最糟糕的一段时间结束了。但经济沦陷的灾难性深度同时意味着复苏是缓慢而虚弱的。损害是巨大的，尽管它是分布不均衡的，而且常常是矛盾的。工业生产指数在1929年是114，到1933年3月是54。商业建筑在1929年的总量是87亿美元，1933年下降到了14亿美元。在同一时期，耐用品制造下降了77%。多亏了胡佛，平均实际工资在大萧条期间增长了；当然，倒霉的是那些根本没有工资的人[60]。失业率在1929年只有3.2%，1933年上升到了24.9，1934年又上升到26.7%[61]。在某个时间点上，据估计（把农
247 业家庭排除在外）大约有3400万男人、女人和孩子根本没有

任何收入——占总人口的28%[62]。房东收不到租金，也就交不了税；城市的财政收入崩溃了，顺带拖垮了救济体系（本来就不怎么样）和市政服务。芝加哥市拖欠教师工资2000万美元。在某些地区，学校在那年的大多数时间里关门大吉。1932年在纽约，超过30万个孩子因为没有经费而上不了学，而那些依然依靠卫生部的人，据报告有20%的人营养不良[63]。到1933年，联邦教育署估计，有1500所高等学校宣布破产或关门大吉，大学入学人数减少了25万[64]。很少有人买书。在12个月的时间里，芝加哥没有一家公共图书馆能够买入一本新书。图书的销售总量下降了50%，波士顿的利特尔和布朗出版公司报告，1932~1933年是他们自1837年从事出版以来最糟糕的年份[65]。约翰·斯坦贝克抱怨："当人们破产时，他们放弃的第一样东西就是书。"[66]

知识分子对他们自己的困境及其反映出来的周围的苦难感到特别愤怒。但他们的反应有所不同。有些人只是报道他们所看到的情况。在反映大萧条最好的文章之一《第三个冬天的纽约》中，詹姆斯·瑟伯指出了反差和讽刺。纽约城86家合法剧院当中，只有28家维持了演出；但奥尼尔的《悲悼》就连6美元的座位都卖光了。20000辆出租车当中，大约1600辆"退出"了；但剩下的由于激烈的竞争而更漂亮、更干净。里兹大酒店和皮埃尔大酒店都把它们的最低房价降到了丢人现眼的6美元；但像从前一样收费的新沃尔多夫酒店却人满为患。新帝国大厦是1920年代建筑大繁荣最后的产物，只有三分之一的房间租出去了："很多房间的地板根本没有完工，几乎是庞大的灰泥空间"；不过，已经有55万人花1美元登上大厦的楼顶。跨大西洋客轮把它们的套房价格削减了三分之一；但

“狂欢游轮”越过了关于赌博的12英里禁令的限制，生意火爆。桥牌也是如此，埃利·克勃森①一年卖出了40万本书，这个行业的营业额突破了1亿美元大关；一样火爆的还有新兴的脱衣舞表演，舞女每周挣475美元。尤其是，瑟伯报道了大商店的特价销售，它们大幅度削减商品价格，以此维持生意。实际上，一个很有意义的事实是：直接反映市场状况的零售业是萧条程度最低的经济部门；工业深陷于胡佛的高工资铁律，遭受了沉重的打击[67]。瑟伯的报道强调，对于任何一个实际上能够挣钱的人来说，大萧条都是最好的时期。

248 大多数知识分子急剧左转，或者更准确地说是破天荒地投身于政治，用粗糙的意识形态色彩来描绘他们新近发现的这个国家。托马斯·沃尔夫巴洛克风格的写作是1920年代的奇观，他描写了纽约市政厅外的公共厕所，美国200万无家可归者当中有相当比例的人聚集在那里：

> 钻进一个闷热拥挤的角落，得到片刻的休息和温暖，稍稍从绝望中缓过一口气来。……眼前的场景令人作呕，足以让人哑口无言，充满怜悯。（附近就是）曼哈顿摩天大楼参差不齐的剪影，在冬夜残忍的光亮中闪烁寒光。伍尔沃思大楼就在不到50码②开外的地方，再过去一点点就是华尔街银色的塔楼和尖顶，那些巨大的铁石堡垒里坐落着巨大的银行，……在寒冷的月光中，距离这个悲惨和痛苦的深渊只有几个街区，闪耀着权力顶峰的光

① 美国著名的桥牌选手，1930年出版了《定约桥牌蓝皮书》，畅销一时。——译者注

② 1码=0.9144米。——译者注

芒，在那里，全世界的很大一部分财富被深锁在巨大的金库里。[68]

埃德蒙·威尔逊关于大萧条的文章被收集成书，题为《美国的紧张》（*The American Jitters*，1932），回避了夸张的修辞，但有力地反映了正在淹没整个国家的日益增长的反企业情绪。书可能没人买，但阅读严肃作品的人比此前任何时候都要多。他精明地认识到，对知识分子来说，一个好时代——或者毋宁说是一个有影响力的时代——已经到来：尤其是对年轻知识分子来说，他们"在大企业时代长大成人，始终对它的野蛮以及它把自己关心的所有东西都挤出去感到愤怒"。对于这场愚蠢的庞大骗局突如其来的、意料之外的崩溃，一个人不能不兴高采烈。它给我们带来了一种新的自由感；它给我们带来了一种新的力量感。[69]

一个古怪的事实是，这些作家，就其自己的生活而言是最没有组织性的，却本能地支持公共领域的计划。在1920年代初，计划成了新的世界观。1932年，它主宰了推荐书目：斯图亚特·蔡斯1929年10月关于"持续繁荣"的论断错得令人尴尬，如今出版了《新政》（*A New Deal*），标题就像范登布鲁克的《第三帝国》一样及时。乔治·索尔在《计划社会》（*A Planned Society*）一书中要求制定胡佛式的工程计划。社团主义计划在阿道夫·伯尔和加迪纳·米恩斯的《现代公司与私有财产》（*The Modern Corporation and Private Property*）中达到了它的巅峰，此书历数了大萧条达到高潮时的20个印象，并预言，《公司法》对于新的经济国家来说将会是"潜在的宪法"。

人人想要计划。在美国拥有最广泛读者群的历史学家查尔斯·比尔德鼓吹“美国的五年计划”[70]。像通用电气总裁杰勒德·斯沃普这样的商人则提出了他们自己的计划。新英格兰电
249 力公司董事长亨利·哈里曼宣称：“我们离开了极端个人主义的时期。……商业繁荣和就业将会通过计划明智的商业结构而得到最好的维持。”不同意的资本家们将会“像任何脱离畜群的牲口一样被对待……套上绳索，打上烙印，让他跟上畜群”。美国钢结构学会的查尔斯·阿博特宣布，国家再也负担不起“不负责任的、信息闭塞的、顽固的、不合作的个人主义”。《商业周刊》（*Business Week*）在嘲弄性的标题《你还相信放任主义吗?》下问道：“计划不计划不再是问题。真正的问题是：谁来制定计划?”[71]

就逻辑和正义而言，除了那位伟大的工程师、神童之外，还会是谁？就逻辑和正义而言，他的时代难道不是终于到来了吗？但是，历史既无逻辑，亦无正义。它完全是年代学的问题。胡佛的时代来而复去。他在台上掌权 4 年，疯狂地行动和计划，结果如何呢？到 1932 年，他的顾问们告诉他，当他的公共行为使人们不相信政府能够有效干预这一观念的时候，要“远离头版头条”[72]。1929 年，他曾警告自己：“如果有一场史无前例的灾难降临这个国家，我将被牺牲给人民非理性的绝望，他们期望的太多。”这个担心——当时被信心十足地摒弃了——被证明是很有道理的。1907 年，西奥多·罗斯福曾说：“当普通人失去自己的钞票时，他只会像一条受伤的蛇，到处攻击出现在他头脑里的任何显而易见的东西，无辜也好，有罪也罢。”[73]这句格言如今也被彻底证实了，胡佛成为一个茫然无助的受害者，一个穿着硬领衬衫的受到惊吓的兔子。他原本

就是个不苟言笑的人；如今，不知不觉中，他成了“大郁闷”(Great Depressive)。他的内阁中最能干的同僚亨利·史汀生说，他总是避开白宫，为的是逃离那种“挥之不去的忧郁感，这种忧郁感弥漫于一切与本届政府有关的事物中”。他还补充道：“我不记得最后一年半的时间里哪次会议上有过一句玩笑话。”当他的党内和内阁同僚都疏远这个倒霉蛋的时候，胡佛开始记录一份背信弃义的“敌人名单”[74]。H. G. 威尔斯拜访过这个四面楚歌的人，发现他“体弱多病，过度劳累，被彻底打败了”。[75]

正如这些场合通常发生的那样，好运气抛弃了已经失败的事业，成了进一步的神话之源。1924 年通过的一项退休金法案给退伍老兵发放了服役债券，并规定他们有权借出这些债券到期价值的 22.5%。1931 年，国会推翻了胡佛的否决，把这个比例提高到了 50%。有些退伍老兵并不满意，而左派自 1919 年以来第一次恢复了活力，他们组织了一支由 2 万名老兵组成的“退役金远征军”，1932 年在华盛顿中心城区搭建简 250
陋的棚屋，安营扎寨。但国会拒绝拨出更多的预算，7 月 28 日，胡佛（他在这个问题上的政策与 1936 年这个问题被重新提起时罗斯福的政策是一样的）下令驱散安营扎寨的退伍老兵。警察被证明不能胜任，于是动用了一些军队，由美国骑兵的巴顿少校（后来的将军）指挥。陆军参谋长麦克阿瑟将军和他的助手艾森豪威尔少校在接下来那场棘手的行动中扮演了次要角色。

美国历史上没有任何一次事件比这次更多地建立在谎言的基础之上，其中很多谎言是故意编造的。共产党人在安营扎寨的过程中并没有扮演领导角色，但他们以非凡的技巧组织了接下来的宣传。有一些故事讲到骑兵的冲锋，讲到坦克和毒气的使用，讲到一个小孩在试图抢救自己的兔子时被刺刀捅死，以及帐篷和庇护所被付之一炬，而人们则被困在里面。出版了像 W. W. 沃尔特斯的《BEF：退役金大军的完整故事》（*BEF: the Whole Story of the Bonus Army*，1933）和杰克·道格拉斯的《老兵向前进》（*Veteran on the March*，1934）这样一些著作，这两本书几乎完全是向壁虚构。还出版了一本《退役金远征军之歌》（*Ballads of the BEF*），其中收入了像《胡佛的伙食是毒气》和《当老兵们的耳朵被砍掉时我看见刺刀闪光》这样一些精选的曲目。布鲁斯·明顿和约翰·斯图亚特 1940 年出版了一本典型的共产主义小册子《丰年和歉年》（*The Fat Years and the Lean*），其结尾是这样写的："退伍老兵们开始离开首都，但胡佛总统并没有让他们和平地解散。……没有预先警告，他下令军队把退役金远征军赶出华盛顿。士兵们给步枪装上了刺刀，朝手无寸铁的男人、女人和小孩组成的人群开火。"书中说，在营地着火的同时，胡佛和他的妻子（他们的餐桌是白宫历史上最丰盛的）身着全套的晚礼服，独自享用着共有 7 道菜的丰盛大餐。其中有些虚构故事在 1970 年代一些值得尊敬的作品中依然被重复讲述。[76]

在当时，更要命的是政府对随后调查的笨拙处理，导致了司法部长和华盛顿警察局长之间公开的暴力冲突，此事发生在竞选活动的结尾阶段。胡佛忠诚地支持他的内阁同僚，被人们看作一个说谎者和一个怪物，他手下的一位工作人员写道："毫无疑问，总统被彻底打败了。"[77]不仅他的可信性受到质疑，而且，这一事件导致他失去了很多教会的支持，它们迄今为止反对“不禁酒”的罗斯福，禁酒一直是竞选中的一个大问题——对大多数选民来说，大概是最大的问题。

就这样，神话和酒精的结合，加上他自己失败的感觉和形象，在一场转折关头的竞选中把这位“神童”彻底扫进了遗忘中。一反共和党人在 1920 年代的巨大差距，罗斯福以 22833000 票击败了胡佛的 15762000 票，选举人票更是绝对多 251
数：472 票对 59 票，除了 6 个州外，他一举拿下了其余所有州。1932 年新的选票格局见证了以东北部工业地区为基础的民主党“少数派联盟”的出现，他们将持续差不多半个世纪，把国会几乎变成了一个一党立法机关。民主党候选人阿尔·史密斯在 1928 年的总统选举和 1930 年的中期选举中的强势表现早就预示了这一格局。但只是在 1932 年，共和党人才最终丢掉了他们自林肯时代以来就享有的进步主义形象，并眼睁睁地看着它被敌人耀武扬威地夺走，连同这样一次转移所涉及的一切：媒体的支持，学术界的赞同，知识界的襄助，尤其是历史正统的制造。

貌似荒谬的是，在如今被看作如何让美国摆脱大萧条的核心问题上，两党之间——到那时为止——实际上并没有真正的不同。胡佛和罗斯福都是干涉主义者；都是某种形式上的计划者；都是通胀论者。有一点倒是真的，罗斯福倾向于偏爱某种直接救济，而胡佛则不相信直接救济；另外，对于严格平衡预算这个矛盾的需要，他（在这一阶段）甚至比胡佛更坚决。民主党人实际的竞选政纲完全是正统的。在经济事务上，罗斯福本人被看作一个摇摆不定的无足轻重之辈。实际上，跟他那位五代堂兄西奥多·罗斯福比起来，他总的来说似乎是一个无足轻重之辈。他是个贵族，是哈德逊河一位乡绅的独子，出自17世纪荷兰和“最好的”盎格鲁－撒克逊血统；是宏伟壮观的海德庄园骄傲的拥有者，这个庄园位于纽约市和纽约州首府阿尔巴尼之间的路上。家庭女教师一直把他教到了14岁，随后他上了格罗顿公学（美国的伊顿），在那里获得了一点点英国口音，学了拉丁文、希腊文和欧洲史。他在哈佛待了4年，“住在黄金海岸”（高价钱的宿舍和俱乐部），发展出了自己的世界观，他的传记作者说，那是“政治上的保守主义、经济上的正统观念和反帝国主义的混合物，浸淫着一种模糊不清的利他主义和广泛的无知”——一种他几乎从未完全断绝的酿造品。[78]

到1932年，罗斯福已经是个经验丰富的行政管理者，在海军部工作了7年以上，并担任过纽约州州长，还算比较成功。但没有一个人把他看作“神童”。1932年初，李普曼把他描述为“一个十分易受影响的人，对公共事务的掌握并不扎实，没有非常强大的自信……对于任何东西来说都不是危险的敌人。他太热衷于享乐……不是个改革者……不是人民的保护
252 者……不是既定特权的敌人。他是一个令人愉快的人，对于当官来说没有任何重要的资质，很想成为总统”。[79]《时代》（*Time*）杂志称他是“一个拥有良好的出身和教养、精力充沛、充满善意的绅士”。

在任何意义上，罗斯福都不是左翼知识界的关注目标。他们最喜欢的一份杂志《常识》（*Common Sense*）认为，这次选举是“来自海德公园的笑容满面的男孩”与“来自帕罗奥图的愁眉苦脸的工程师”之间的竞选，根本没啥可选。西奥多·德莱塞、舍伍德·安德森、欧斯金·考德威尔、埃德蒙·

威尔逊、约翰·多斯·帕索斯、马尔科姆·考利、西德尼·胡克、克利夫顿·费迪曼和厄普顿·辛克莱都支持共产党候选人威廉·Z. 福斯特。他们联名签署了一封信，坚持认为“是资本主义毁灭一切文化，而共产主义渴望把文明及其文化遗产从深渊中拯救出来，眼下的这场世界性危机正驱使它走向这样的深渊”。另外一些知识分子，比如雷茵霍尔德·尼布尔、斯图亚特·蔡斯、范·威克·布鲁克斯、亚历山大·伍尔科特、埃德娜·圣文森特·米莱和保罗·道格拉斯等人，则支持社会党人诺曼·托马斯[80]。即使在罗斯福入主白宫已成定局之后，他们当中还有人继续指出，他缺乏那种他从未完全失去的特殊的庄重性。埃德蒙·威尔逊写道：“华盛顿似乎比最近任何一届政府治下更聪明、更欢快，但正如一位女士对我所说的那样，它是‘纯粹的契诃夫’。在俄亥俄帮曾经玩牌的地方，智囊们聚在一起交谈。实际上也没有什么很有意义的事情可谈，因为罗斯福并没有真正的政策。”[81]

此话有一定真实的成分。确实，本质上正是胡佛的竞选修辞，开启了两人之间意识形态的裂缝。胡佛从未报答罗斯福对他的赞赏，认为他是一个无足轻重的伙伴，可能很容易成为一个危险的伙伴。在竞选期间，感觉到自己要输掉，他强打精神，陷入了一场关于直接救济（罗斯福曾在纽约州搞过直接救济）和提议中的插手公共工程的细微分歧的空谈。“同胞们，”他大声吼道，“我们对手的建议代表了美国生活中的一个深刻改变……那是从根本上违背我们150年的根基，正是这样的根基造就这个世界上最伟大的国家。”他警告：“这场竞选不只是两个人之间的竞争，也不只是两党之间的竞争。它是两种统治哲学之间的竞争。”[82]罗斯福很高兴看到一份这样的

计划所带有的某种风味，《纽约时报》发现它的“整个清单中并没有包含一项疯狂的妙策或烦人的建议”，《新共和》杂志
253 斥之为“对时代挑战的微弱回应”，采用了同样好战的路线：“纵观现代史，两个在立场上拥有惊人反差的主要政党此前从未像今天这样拥有本质的不同。”[83]这完全是胡说八道。它生动说明了演说在何种程度上制造了神话，而神话反过来培育了现实。

不仅仅是演说，还有个性。胡佛靠诚实而辛苦的劳动挣钱，在这个过程中变得越来越不苟言笑，先是瞧不起，然后是痛恨那个咧嘴大笑、华而不实的辉格党，他的财富不过是继承来的，然后把这些财富用作攻击勤奋努力的平台。罗斯福1928年的一番评论把他激怒了，让他没齿不忘，罗斯福说：胡佛身边围绕着“一帮信奉物质主义的、追求私利的顾问”[84]。罗斯福反过来也觉得愤愤不平。他在1920年代初因患小儿麻痹症而致残，在1932年春天白宫的州长接待会上，胡佛让他站了半个小时。他拒绝要求一把椅子，把这一事件看作力量的考验，并相信——令人吃惊的是，政治家在大选之年总是变得疑神疑鬼——胡佛是故意这样做。碰巧，罗斯福成功地克服了身体上的残疾正是他的性格中胡佛所钦佩的一个方面；很难想象他会试图利用罗斯福的身体缺陷[85]。但罗斯福和他妻子对那半小时一直怀恨在心。

这种相互反感被证明有巨大的历史意义。罗斯福似乎完全不知道胡佛真心实意地把他看作对公众的一种威胁；他本人对待政治并不是太严肃，把胡佛那些预言式的叫喊看作党派性的夸夸其谈，但他自己也可能会使用这种措辞。那时候，在大选和权力交接之间有一段很长的间歇，从11月初到次年

3 月。两个人都同意，行动是紧迫的，并且除了细节上的分歧之外，他们都同意应当采取什么样的行动——更大程度上是相同的行动。罗斯福想出了一个古怪的念头：胡佛应当立即任命他为国务卿，好让他和他的副总统都能够辞职，这样罗斯福就可以立即合宪地搬进白宫。胡佛同样乐观地认为，应该说服罗斯福放弃他的某些竞选言论和承诺，他认为这些承诺使得原本糟糕的形势变得更加糟糕，并谦卑地公开为总统提议采取的措施背书，因此恢复人们的信心，确保（胡佛）政策的连续性。考虑到这些荒唐可笑的误解，下面的情况也就不奇怪了：在整个漫长的空位期，他们之间的接触仅限于冷冰冰的书信来往，以及 1933 年 3 月 3 日权力交接前夕罗斯福所做的一次纯粹礼节性的拜访。它结束于一次极其冷淡的交流，这样的交流应该会温暖亨利·詹姆斯的心。当时， 254
罗斯福依然待在五月花酒店，他说，胡佛明显太忙，没时间回访他，听闻此言，那个被打败的朱庇特终于大发雷霆："罗斯福先生，如果你在华盛顿待的时间像我一样长，你就会知道，美国总统从不拜访任何人。"[86] 罗斯福的报复是，拒绝给离任总统（他的生命一直受到威胁）派一位特工处的保镖陪他回帕罗奥图。[87]

两个人之间在漫长的空位期间公开缺乏合作决定性地影响了罗斯福的政治偏好，在两届政府之间划出了一条深刻的（即便完全是虚假的）分界线。罗斯福是新面孔，恰好出现在正确的时间，而且是一张微笑的面孔。因此，当经济恢复（在胡佛政府最后的阶段就已经开始）在那年春天变得清晰可见的时候，所有功劳都归到了罗斯福名下，这次恢复很快就被冠以"罗斯福市场"的名号。历史学家不愿意承认，但运气确实很重要。胡佛在1932年请鲁迪·瓦利创作一首反大萧条的歌曲；那个讨厌的家伙拿出了一首《兄弟，能借我一毛钱吗?》。罗斯福的竞选歌曲实际上是给股市崩盘前夕上演的米高梅公司的电影《追逐彩虹》写的，恰好歪打正着，歌曲的题目是《幸福的日子又回来了》。他有很多劳合·乔治那种本能的技巧，作为一个政治家，他与后者十分相像。他能够杜撰一个短语，或者让别人为他杜撰一个短语，正如他在就职演说中所表现的那样（“让我重申我的坚定信念：我们唯一要恐惧的是恐惧本身”）[88]。在他就任后的第一个周末，他便开始了所谓的“炉边谈话”，从而显示出他对新媒体收音机的熟练掌握。在政治作秀方面，很少有人能够和他比肩，他有一种令人羡慕的本事：能够把问题变成答案。因此，面对关门大吉的银行，他宣布，它们是依法关闭的（依据1917年的一项老法案），并称之为“银行家的一次假期”。不过，他还有一个坚实的优势：一届民主党占压倒性多数的、格外顺从的国会。他的第一项议案《紧急银行法》在不到一天的时间里获得了通过，仅仅40分钟之后，辩论便被“投票，投票!”的喊声所打断。在走马上任仅仅一个月之后，从4月6日午夜起，他就让喝酒在美国再次变得合法，这对士气是一次巨大的鼓舞。他的施政纲领以创纪录时间在国会迅速获得通过，不过，那是一场被命名为“百日新政”的政治秀。

除了给人留下了剧烈运动（他的财政部长威廉·伍丁称之为“迅速而不连贯的行动”）的印象之外，他并没有实际的经济政策来支撑他的施政纲领[89]。帮助罗斯福挑选内阁人选的知识分子雷蒙德·莫利说，未来的历史学家可能会发现这一选择背后的某种原则，但他发现不了[90]。这种缺乏真正的设

255 计反映在措施中。在罗斯福那些令人兴奋的媒体会上，他吹嘘自己是见机行事，并把自己比作球队中的四分卫，“当他看出最后一局的结果如何时，便要求开始新的一局”[91]。在增加某些方面的联邦支出的同时，他也在另一些方面削减支出，例如，把完全伤残退伍军人的养老金从每个月40美元削减到了20美元，并对各州施加压力，要它们削减教师的薪水，他说教师的工资“太高了”。他依然热衷于平衡预算的观念；他给国会的第一篇国情咨文要求大幅度削减支出，他最早的议案之一是一份平衡预算的议案，题为《维护美国政府的信用》。他非但不是一个典型的凯恩斯主义者，相反，最让他感到愤怒的，莫过于媒体暗示他的财政是不稳固的[92]。有人认为，罗斯福是第一个为了刺激经济增长而故意施行赤字财政的人，这个观点是错误的。凯恩斯的确在1933年底写给《纽约时报》的一封著名信件中敦促他施行这一策略：“我压倒性地强调通过借款增加政府支出从而提高国民的购买力。”[93]但除了偶然之外，那实际上并不是罗斯福的政策。当两个人于次年夏天会晤的时候，他们并没有讨论这个问题，而且自始至终没有证据表明罗斯福读过凯恩斯的著作——莫利写道：“在我和他共事的所有时间里，我从未见他读过一本严肃的书”——或受过凯恩斯观念的丝毫影响[94]。联邦储备银行在罗斯福治下无疑是倾向于通货膨胀的；但在之前的10年里它一直都是如此。

就大部分而言，罗斯福的立法行动是胡佛政策的延伸或修补。《紧急银行法》和1934年6月的《工业贷款法》扩大了胡佛的复兴金融公司。《房主贷款法》（1932）扩大了上一年的一项类似法案。《证券销售法》（1933）、《银行法》（1933，

1935）和《证券交易法》（1934）纯粹是延续胡佛试图改革商业方法的努力。1935 年的《全国劳动关系法》（即《瓦格纳法》）使得组织工会变得更容易，并为民主党人在一代人的时间里赢得了组织化劳工的支持，它只不过是拓宽和强化了胡佛治下通过对《诺里斯 - 拉瓜迪亚法》。《第一农业调整法》（1933）实际上侵蚀了政府政策经济复苏方面的基础，缩减了粮食生产，付钱给农民让他们减少种植面积。此外，它还与政府抗击 1934 ~ 1935 年的干旱和尘暴的其他措施相矛盾，比如《土壤保持法》（1935）及《土壤保持和国内分配法》（1936）[95]。罗斯福的农业政策（假如他有所谓农业政策的话）是国家主义的，旨在通过提高农业收入来赢取选票。但
256 这一政策也提高了粮食价格，并因此延缓了经济复苏。《全国产业复兴法》（1933）创立了一个由休·约翰逊将军领导的社团主义机构，本质上是胡佛式的“指标性计划”。但是，凭借罗斯福在第一次世界大战中的经验——这一经验是他拥有的那些新奇观念的唯一来源——这项法律带有了强制的味道，约翰逊警告，如果商人拒绝签署他的“自愿”准则，“将会照准他们的鼻梁来上一记老拳”。正是这一警告导致胡佛指责它是“极权主义的”[96]。约翰逊的恐吓使得计划适得其反，当最高法院宣布它违宪的时候，没有多少人真的感到惋惜。[97]

罗斯福真正背离胡佛主义的地方在于他复活和扩大了威尔逊的战时计划：让国家给田纳西河谷提供廉价电力。但这是一个即兴创作的孤立项目，是为了保持南方依然坚实所做的“细微小事”。有人问他如何向国会解释其中的哲学时，他以自己典型的方式答道：“我会告诉他们，它并不是什么鸡鸭鱼

肉之类的东西，但不管是什么，它对田纳西河谷的人民来说都是很有味道的东西。”[98]罗斯福还把大量的钱花在了公共工程上：花了105亿美元外加27亿美元在资助项目上，在不同时期雇用了850万人，修建了122000幢公共建筑、77000座新桥、285个机场、664000英里公路、24000英里下水道，外加公园、游乐场和水库[99]。但这又是胡佛的老政策，只不过规模更大一些。在所有本质方面，新政都延续了胡佛的革新社团主义。它就是沃尔特·李普曼在1935年所说的“永久新政”。他写道：“胡佛总统在1929年秋天开始实施的政策在美国历史上绝对是空前的。联邦政府承担了让整个经济秩序繁荣运转的任务……罗斯福的措施是胡佛措施的持续演进。”[100]

胡佛-罗斯福干涉主义因此是一个连续统一体。它发挥作用没有呢？支持罗斯福的历史学家认为，新政的附加成分带来了经济复苏。支持胡佛的历史学家则认为，罗斯福的行动延缓了胡佛已经引发的事情[101]。从1980年代的视角往后看，似乎很有可能，两个人都妨碍了由于通货紧缩所导致的自然恢复。这样的恢复肯定很慢，而且很弱。1937年是唯一一个还算不错的好年成，当时的失业率是14.3%，实际上下降到了800万以下；但是，到那年年底，经济再一次急剧下滑——是迄今为止最快的下滑——次年，失业率高达19%。1937年，产值短时间突破了1929年的水平，但再次快速下滑。真正恢复到1920年代的繁荣氛围，只是1939年9月劳动节周末之后的那 257
个星期一①，当时，欧洲爆发大战的消息让纽约股票交易所陷入一片欢快的混乱中，最终抹去了人们对1929年10月的记

① 美国的劳动节是每年9月的第一个星期一。——译者注

忆。两年后，产值终于突破 1929 年的水平[102]。凯恩斯本人 1940 年对美国人承认，对经济复苏来说，战争是至关重要的："你们的战争准备，非但不需要牺牲，反而是一个刺激，新政无论成败，都给不了这样的刺激，它刺激了更大的个人消费和更高的生活水平。"[103]就算干涉主义发挥了作用，它也花了 9 年的时间和一场世界大战来证明这个事实。

罗斯福在政治上的成功应当归功于完全不同的因素，而不是其经济措施的有效，这些措施很大程度上是装点门面，时间把它们变成了金灿灿的神话。他证明了自由主义食利贵族（相对于像哈定、柯立芝和胡佛这样一些白手起家的平民）有一种古怪的本事：赢得知识阶层的忠诚甚至是喜爱。报纸的拥有者反对罗斯福，但他们手下的记者热爱罗斯福，原谅他经常撒谎，掩盖了这样一个事实——他总是用扑克牌赢走他们的钱（这被归咎于哈定），服从他恶毒的命令：让他的内阁同僚们"日子难过"[104]。在罗斯福的白宫有一些黑暗的角落：他自己对婚姻的不忠，他妻子对别的女人充满激情的依恋，他行使权力时所使用的肆无忌惮的有时甚至是恶毒的方式[105]。这些在他的有生之年或此后很长一段时间里没有一样被暴露过。更加重要的是他对知识分子的吸引力，曾经流传出他雇用了一个"智囊团"的新闻[106]。事实上，罗斯福的跟班当中，只有哈里·霍普金斯（他本人是个社会工作者，并不是知识分子）、雷克斯福德·特格韦尔和费利克斯·弗兰克福特既激进又有影响力；后两个人强烈地不一致，特格韦尔是个斯大林式的国家主义者，弗兰克福特是个反大企业的解散托拉斯的鼓吹者，他们依次象征了第一次新政（1933 ~ 1936 年）和第二次新政（1937 ~ 1938 年），这两次新政截然相反[107]。罗斯福政府并没有知识上的一致性，但它似乎是一个让知识分子感到轻松自在的地方。在来到华盛顿的青年才俊当中，有迪安·艾奇逊、休伯特·汉弗莱、林登·约翰逊、阿德莱·史蒂文森、威廉·富布赖特、亚伯拉罕·方特斯、亨利·福勒，尤其是阿尔杰·希斯，他总是在康涅狄格一家音乐工作室的共产主义者小房间里与另外四个新政成员举行集会。[108]

对罗斯福的攻击只不过强化了他对知识界的吸引力。一个恰当的古怪例子是门肯。1926 年，《纽约时报》把他描述为“美国最有影响力的普通公民”。沃尔特·李普曼说他“对整 258
整一代受过教育的人有最强大的个人影响力”[109]。他的吸引力很大程度上在于他对几任总统的猛烈攻击。西奥多·罗斯福“无耻、粗野、过于信任心腹知己、狡猾、专横、虚荣，有时候十分孩子气”。塔夫脱的典型特征是“与生俱来的怠惰和懒散”。威尔逊是“基督教流氓无赖的完美典范”，希望推行一种“哥萨克式的专制主义”。哈定是个“榆木脑袋”，柯立芝“卑鄙、肮脏而愚钝……一个廉价而蹩脚的家伙……几乎缺乏任何荣誉观念……一个可怕的小无赖”。胡佛有“卑劣、虚伪、欺诈的操纵者的天生本能”[110]。这些狂轰滥炸让知识界神魂颠倒，并帮助永久性地伤害了它们所对准的那些人的声誉。在攻击罗斯福时，门肯超越了自己，后者骗人的集体主义的难闻气味让他内心充满了真心实意的愤慨。他是“元首”，是“江湖骗子”，身边围绕着“一帮令人惊骇的粗俗小人”，“一帮半吊子学究、违宪的律师、目光中充满幻想的鼓舞士气者，以及另外一些诸如此类的蹩脚巫士”，他的新政是一场“政治骗局”，是“一连串惊人的假冒奇迹”，“持续不断地诉诸阶级忌妒和阶级仇恨”，把政府当作“一头拥有 1.25 亿个奶头的奶牛”来对待，其典型标志是

“经常否认绝对的保证”。[①] 这些谩骂唯一的后果是：门肯在任何 30 岁以下的人那里都失去了影响力。

实际上，知识分子对于富人和保守人士的妄想狂以及攻击罗斯福时那种格外生猛而丰富的创意津津乐道。罗斯福在海德公园的隔壁邻居豪兰·斯宾塞说他是一个“失意的宠儿”，一个“傲慢自负的笨蛋，有救世主情结和童子军一样的心智”；在明尼苏达州参议员托马斯·夏尔看来，他是一个“优柔寡断的路易十四”；通用电气董事长欧文·杨声称，他总是“自言自语地说胡话”；爱达荷州参议员威廉·博拉说他在自己的书房里把时间耗在了剪纸娃娃上。据谣传（常常出现在小册子中），他精神失常，优柔寡断，是一个不可救药的瘾君子，总是在媒体招待会上爆发出歇斯底里的大笑，一个冒名顶替者（真正的罗斯福在疯人院里），由一位化装成白宫男仆的精神病医生对他进行治疗，在大多数时间里不得不用约束衣把他束缚起来。据说，窗户上的栅栏就是为了防止他跳出去
259 （在威尔逊最后的阶段也产生过同样的谣言，而事实上，那些栅栏是为了保护西奥多·罗斯福的孩子们）。有人说他患有俄狄浦斯情结、脐带情结、心脏病、麻风病、梅毒、失禁、性无能、癌症、昏厥，而且他的脊髓灰质炎正冷酷无情地进入

① 门肯本人被五花八门地描绘为一只臭鼬，一个普鲁士人，一个英国马屁精，一条狂吠的鬣狗，一个寄生虫，一条生癞疮的杂种狗，一头装模作样的驴子，一个令人憎恶、灵魂朽烂的家伙，一个公众讨厌的人，一个散发着恶臭的文人，一个江湖骗子，一个虚荣自负的歇斯底里患者，一个被社会遗弃的人，一个文学叛徒，以及一头受过训练的大象，其笔底所写出的是一个低能儿的胡言乱语。参见查尔斯·费切《门肯：对其思想的研究》（Mencken: A Study of his Thought，纽约，1978），第 179 页脚注。

“他的头部”。他被人称作斯文加利、小公子、傻瓜、一个从白宫阳台上向人民示爱的现代政治朱庇特、一个不信守诺言者、一个共产主义者、暴君、违背誓言者、法西斯主义者、社会主义者、让人泄气者、助纣为虐者、违规者、盗用公款者，脾气暴躁，傲慢无礼，轻率鲁莽，冷酷无情，笨手笨脚，一个巫师，一个冒名顶替者、幼稚的暴发户、肤浅的独裁者，一个鼓励骂人和“低俗俚语”的人，一个“人类灵魂的降伏者”[111]。刚好在1936年大选之前，托马斯·沃尔夫乘坐“欧罗巴”号横渡大西洋，当他说到自己投票支持那个怪物的时候，他写道：

> ……浆洗过的衬衫开始像百叶窗一样卷起。处女般的脖子片刻之前还像天鹅的脖子一样洁白而优雅，顷刻间因为爱国激情的能量而变得如此肿胀，以至于钻石狗项圈和珍珠套索都被绷断了，像一截截的断绳飞迸开去。有人告诉我，如果我投票支持这个卑鄙的共产主义者，这个凶险的法西斯主义者，这个诡计多端、密谋策划的社会主义者及其阴谋家同伙，那么我就再也没有权利认为自己是个美国公民。[112]

正是在这一背景下，罗斯福在1936年赢得了最大的选举胜利：27477000票对16680000票，除了两个州（缅因和佛蒙特）之外，拿下了所有州的选举人票，并在参众两院让民主党成为绝对多数。罗斯福对年轻人、进步主义者和知识分子的吸引力，甚至在他1938年放弃新政改革、落入了大城市民主党党魁掌控中之后依然存在，正是这些老板，确保了他在

1940 年和 1944 年赢得了连任。

事实情况是，罗斯福看上去与 1930 年代的精神同调合拍，这一精神拒绝接受资本主义企业的好处，信奉集体主义的优点。1920 年代的英雄是实干家，是某种意义上的巨人，以托马斯·爱迪生为首，他曾在哈定和柯立芝家的前廊对他们表示支持。1929 年的崩盘及其后果削弱了人们对这座万神殿的信心。到 1931 年，费利克斯·弗兰克福特写信给《新共和》的编辑布鲁斯·比利文说："我相信，对于维持目前的制度，作用最大的莫过于无处不在的对成功的崇拜，以及我们对金融和商业救世主的那种令人动容的信仰。……我相信，侵蚀这一信
260 仰的基础有深远的重要性。……削弱了人们对这些东西的信心，你也就开始消除探索经济和社会问题的某些基本障碍。"[113] 到 1932 年，这个挖墙脚的过程大部分已经完成，起帮助作用的是一些揭露工作，比如 J. P. 摩根过去 3 年里没有缴纳个人所得税，安德鲁·梅隆在避税技巧上得到了他自己的财政部的一位专家的指导。

对美国商业领袖失去信任刚好与一个突如其来、势不可挡的发现同时：苏联存活下来了，并且在美国的剧痛之外提供了一个令人吃惊、正中下怀的选择。斯图亚特·蔡斯的《新政》结束于这样一个问题："为什么俄国人拥有了改造世界的全部乐趣？"[114] 苏联的第一个五年计划在 1928 年宣布，但直到 4 年之后，它的重要性才被美国作家们所理解。接下来，出版了大量的书，赞扬苏联式的计划，并把它奉为美国的楷模。约瑟夫·弗里曼的《苏联工人》（*The Soviet Worker*）、沃尔多·弗兰克的《俄罗斯的黎明》（*Dawn in Russia*）、威廉·Z. 福斯特的《走向苏维埃美国》（*Towards Soviet America*）、克比·佩奇

的《新经济秩序》（*A New Economic Order*）、哈里·赖德勒的《社会主义计划》（*Socialist Planning*）、舍伍德·艾迪的《俄国今日：我们从中能学到什么?》（*Russia Today*：*What Can We Learn From It*?），全都出版于1932年，强化了林肯·斯蒂芬斯前一年出版的那本亲苏联的畅销自传，并引入了一本更有影响的小册子——英国共产主义者约翰·斯特雷奇的《即将到来的力量之争》，此书出版于1933年。[115]

美国过去是而且依然是一个太平盛世的社会，在那里，过于自负的预期很容易陷入灾难性的信仰缺失。在1930年代初期，出现了移民的净输出。当苏联贸易代表阿姆斯特朗广告招聘6000个技术工人的时候，有超过10万美国人提出申请。在喜剧演员威尔·罗杰斯看来："俄国的那些流氓无赖，连同他们的愚蠢废物，都获得了一些很好的观念。……只要想想一个国家的每个人都去工作。"斯蒂芬斯宣布："在我们这个时代，条条大路通莫斯科。"斯特雷奇则回应了他的话："从资本主义世界进入苏联的领土就是从死亡走向新生。"现在，我们必须来探索一些这些评论中那种可怕的、无意识的反讽。

8. 群魔

261 就在美国知识界转向极权主义欧洲在有序计划上寻求精神食粮和指导的那一刻，他们事实上正在走向史无前例的残暴和荒芜的20年——道德相对主义的可怕体现。1929年12月21日，斯大林作为一个独裁政权的绝对主人庆祝了他的50岁生日，这样一个政权，就其集中的野蛮性而言，历史上还找不到与之比肩者。几周前，就在纽约股票交易所崩盘的同时，他下令强迫俄罗斯农民集体化，这一举措所涉及的物质损失远远大于华尔街范围之内的任何东西，所造成的生命杀戮，其规模之大，早先的任何暴政所拥有的物理手段——愿望就更不用说了——都无法达到。到约翰·斯特雷奇写到逃离资本主义死亡、发现苏维埃新生的那段时期，这项社会工程的丰功伟绩已经完成。500万农民丧生，两倍于此的人被关进劳动营。到那段时期，斯大林也有了一位弟子、仰慕者和竞争对手，那就是希特勒，控制着一个类似的独裁政权，打算在同等规模上为了意识形态而牺牲人的生命。在美国人看来，当时正是从一个多灾多难的世外桃源走向一个群魔乱舞的pandaemonium（拉丁文：万魔殿）的情形。魔鬼接管了这个世界。

当列宁在1924年去世的时候，斯大林作为党的总书记已经继承了他的统治。剩下的所有事情就是消灭争夺唯一权力的潜在对手。对此，斯大林已经做好了充分的准备。这个前神学院学生和革命暴徒是个半官半匪式的人物。他没有理想；没有自己的意识形态观念。据作曲家肖斯塔科维奇说，斯大林想让自己看上去身材高大，双手有力。宫廷画师纳尔班迪安满足了这个愿望，他采用了从下向上仰望的视角，并让他的主人双手交叉放在自己的肚皮上；另外几个肖像画家则被枪毙了[1]。斯大林的身高只有 5 英尺 4 英寸，又瘦又黑，脸上布满痘痕。沙 262
皇时代警察部门对他的一份描述是在 22 岁的时候编写的，这份材料指出，他左脚的第二和第三个脚趾连在一起；而且，儿时的一次意外导致他的左肘变得僵硬，手臂缩短了，左手明显比右手更粗。据肖斯塔科维奇说，他总是把右手藏起来。两年前被杀害的布哈林说，在他看来，斯大林饱受这些身体残疾以及真实的或想象出来的智力残疾的折磨。“这样的痛苦大概是他身上最人性的东西”；但也导致他报复任何一个在能力上高于他的人：“关于他由于这种痛苦而渴望报复所有人的强烈欲望，有某种魔鬼般的、非人性的东西。……这是一个邪恶的小人；不，不是一个人，而是一个鬼。”[2]斯大林并没有列宁那种对暴力的意识形态激情。但他有能力为了实现自己的意图甚至根本没有什么具体的理由，而使用不受限制的暴力；有时候，他在长达数年的时间里不断培育对某些个人的报复心理，然后才处死他们。1918 年，他作为北高加索军区军事委员会主席而完成了他在大规模暴力上的学徒期，当时，他决定对“资产阶级军事专家”采取行动，他怀疑这些人对杀人缺乏热情。军区参谋长诺索维奇上校作证说：“斯大林的命令很简短：‘毙了他们！’……很多军官遭到契卡的逮捕，未经审判，立即枪毙。”[3]在那个时期，斯大林还控诉了这一地区托洛茨基派给他的 3 名红军指挥官，后来还把这作为对托洛茨基不满的一个理由。1937～1939 年，他把这几个人全都杀了。[4]

然而，就在列宁丧失了工作能力并十分在乎批评自己的声音之后，斯大林便立即摆出一副温和派和中央大员的姿态，来寻求权力。他面临如下的问题。通过控制迅速扩张的秘书处，斯大林实际上已经控制了党的机关，并正在把他自己的人安插进中央委员会。然而，在政治局，有 4 个重要人物挡住了他通向独裁统治之路：最著名、最凶残的布尔什维克党人托洛茨基，他控制了军队；季诺维耶夫，他掌管着列宁格勒的党务——无论是当时，还是后来，他都是斯大林特别痛恨的人；加米涅夫，他控制着莫斯科的党务，眼下是最重要的；还有布哈林，最重要的理论家。前 3 个人倾向于左翼，布哈林倾向于右翼，斯大林分化瓦解他们，并利用他们互相消灭对方，然后把他们的政策据为己有——他似乎没有自己的政策，其方式是强权政治的一次经典运用。

重要的是要认识到，正如列宁是这个新的独裁统治及其工具和大规模恐怖实践的创始者一样，他的继承者当中也没有一个人是清白无辜的。他们全都是凶残的杀手。就连布哈林
263 （列宁说他“像蜡一样软”，并把他描绘为“人性社会主义”的始作俑者）[5]也是一个惯于揭发别人的人，有人尖酸刻薄地称之为“关押优秀共产主义者的监狱看守”[6]。季诺维耶夫和加米涅夫完全是肆无忌惮的党魁。托洛茨基在倒台之后把自己描绘为党内民主的信徒，被他的追随者和传记作者艾萨克·多伊彻奉为布尔什维克运动中所有最高贵成分的缩影，而实际上他不过是一个老奸巨猾的政治流氓[7]。他实施了 1917 年 10 月最初的暴动，后来又以最放肆的手段屠杀了新政权的反对者。正是他，最早扣押沙皇军官的妻儿作为人质，威胁要以不服从苏联命令为由枪毙他们，这一手段很快就成为制度。他对自己一边的人同样冷酷无情，枪毙那些“表现懦弱”（亦即撤退）

的人民委员和红军指挥官，后来成了斯大林主义的普遍惯例；普通士兵被大批杀死[8]。托洛茨基始终采取最残酷无情的路线。他发明了“兵差”制度，摧毁了独立的工会。他使用无法形容的残忍手段，镇压喀琅施塔得的士兵起义，甚至在起义失败的时候准备使用毒气[9]。他把自己看作历史的化身，认为历史高于所有道德约束。

托洛茨基直到最后依然是一个最危险的道德相对主义者。他在自己最后一本死后出版的书中写道：“革命道德的问题与革命的战略和战术问题融为一体。”[10]根本没有道德标准这么回事；只有政治效能的标准。他说，杀死沙皇的孩子们是正确的，正如他所做的那样，因为它在政治上是有益的，而且，那些实施这一行为的人代表了无产阶级；但斯大林并不代表无产阶级——他已经变得“过于官僚主义”——因此，在他看来，杀死托洛茨基的孩子们是错误的[11]。当然，托洛茨基的追随者们都因为他们信奉这一主观定义的道德准则以及他们对客观道德的蔑视而臭名昭著。

“托洛茨基分子”这个术语最早是被季诺维耶夫作为骂人的话来使用，其成熟的形式是斯大林定义的，他创造了“不断革命”（托洛茨基）和“一国革命”（斯大林）的区分。事实上，他们都相信世界革命立即爆发，当它没有发生的时候又都转向了巩固政权。跟斯大林比起来，托洛茨基希望更快地推进工业化，但两个人自始至终都是机会主义者。他们毕业于相同的屠场，他们的斗争本质上是围绕这样一个问题：谁应当成为新的最高祭司。假如托洛茨基胜出的话，他甚至可能比斯大林更残忍。但他不会坚持到最后：他缺乏生存技巧。 264

实际上，斯大林发现很容易消灭他。苏联的国内斗争一直是围绕野心和恐惧，而不是围绕政治。尽管加米涅夫和季诺维耶夫大抵同意托洛茨基的左翼路线，但斯大林和他们组成了三人同盟，以防止他利用红军发动个人政变。他利用这两个左派来围捕托洛茨基，然后能够把他们描绘得鲁莽而残暴，而把自己描绘为温和的公仆。所有这些成败攸关的举措都发生在1923年，当时列宁依然处在昏迷中。那年夏天，斯大林展示了自己的肌肉，他让格别乌逮捕了大量“不守纪律”的党员，并说服他的两位左派盟友，同意逮捕第一个重要的布尔什维克受害者苏尔坦－格列夫（斯大林实际上直到6年之后才把他杀害）[12]。自始至终，他都在地方组织和中央委员会培植自己的亲信。

托洛茨基犯下了每一种让斯大林抓住把柄的错误。在1920年访问期间，伯特兰·罗素精明地注意到这两个人之间的差别：托洛茨基喜欢做戏而虚荣，而斯大林则没有这样的缺点。1923～1924年政治局会议的一份现场记述说，托洛茨基从不费心掩饰对同僚们的轻蔑，有时候摔门而去，或者耀武扬威地转过身去读一本小说[13]。他鄙视政治阴谋的观念，更看不起搞阴谋诡计这种有失尊严的苦差事。他从不试图利用军队，因为他把党放在第一位；但当时他在党内也没有培植自己的亲信。当他在1923年秋天第一次攻击斯大林并发现后者的地位有多么稳固时，他想必十分沮丧。他想让自己的手掌干干净净，这对于一个不可能从秘密集团内部诉诸公众的政治流氓来说是一个致命的错误。他经常生病或者离开，而且从来都不是在正确的时间。他甚至错过了列宁的国葬礼，这是一个严重的错误，因为这正是斯大林在俄罗斯生活中恢复虔敬成分的第一个举措，自从沙皇和教会被消灭以来，这一成分就令人悲哀地失去了[14]。很快，斯大林就复活了由来已久的托洛茨基-列宁之争。在1924年5月的第十三次党代会上，他给托洛茨基打上了列宁所说的“少数分子”的烙印。托洛茨基拒绝收回他的批评：斯大林正在变得权力过大。但他不能质疑列宁对国内反对派的指责，就像一个被宗教裁判所指控为异端的人一样，他被自己的宗教信仰解除了武装。“同志们，”他承认，“我们没有一个人在跟党作对的时候还希望自己是正确的，也不可能是正确的。归根到底，党始终是正确的……我知道，一个人跟党作对不可能是正确的。一个人只有始终跟党保持一致才是正确的，因为历史并没有创造出其他的途径来认识什么是 265
正确的。”[15]由于斯大林已经控制了党，托洛茨基的话也就锻造了16年后敲碎他脑壳的那把碎冰锥。

到1924年底，斯大林（由加米涅夫和季诺维耶夫干脏活）创造出了“托洛茨基主义”这个异端，并把它和托洛茨基早年与列宁的争论联系起来，5个月之前，列宁的遗体已经被防腐保存，放进了他那座被神化的陵墓里。因此，1925年1月，斯大林能够在全党一致同意的情况下，剥夺托洛茨基对军队的控制权。党的忠实拥护者如今被告知，托洛茨基在革命中所扮演的角色远不如他所声称的那么重要，他的脸已经从相关的照片中被涂掉了——这是斯大林改写历史的第一个实例[16]。最早取代托洛茨基成为军队老板的伏龙芝被证明是个很难对付的家伙；于是，1925年10月，似乎是斯大林让人在一次医生强烈反对的手术中把他杀害了[17]。他的继任者是一个后来被称作伏罗希洛夫元帅的人，此人被证明十分顺从，并同意格别乌对军队的迅速渗透，斯大林如今控制了格别乌。

随着托洛茨基的被消灭（他1926年10月被逐出政治局，

次月被开除出党，1928 年国内流放，1929 年被逐出俄罗斯，1940 年在墨西哥被奉斯大林之命的杀手暗杀），斯大林转向了他的左翼盟友。1925 年初，他通过贿赂加米涅夫副手乌格拉诺夫，从他眼皮底下窃取了莫斯科的党务大权。9 月，他拉来布哈林和右翼，以帮助他对季诺维耶夫和加米涅夫发起正面进攻，在 12 月的党代会上决定性地打败了他们。紧接着，斯大林最信任、最冷酷的心腹党羽莫洛托夫率领一支由党的“要员”所组成的强大小分队，被派到列宁格勒，捣碎季诺维耶夫的党组织并接管它——本质上和同一时期艾尔·卡彭在芝加哥扩大地盘时所使用的方法是一样的，只不过规模更大一些[18]。被吓坏的季诺维耶夫如今和他帮助打倒的托洛茨基联合起来。但为时已晚：他们两个人都立即被开除出党，在 1926 年 12 月第十五次党代会上，加米涅夫的抗议被受过精心训练的斯大林分子的高喊声给压下去了，如今，这些斯大林分子已经充斥党的各个阶层。斯大林有意识地模仿列宁，他站起身来对昔日的盟友说：“够了，同志们，到了该结束这场游戏的时候了。……加米涅夫的演说是一派谎言，是这个讲台上发表过的所有反对派演说中最伪善、最无赖和最流氓的。”[19]

那一刻，左派被打败了，被解除了武装，斯大林开始采用他们压迫农民以加速工业化的政策，并因此准备消灭布哈林和
266 右派。这场大冲突 1928 年 7 月 10 日发生在中央委员会的一次会议上，当时，布哈林坚持认为，尽管富农本身不是一个威胁——“我们可以用机关枪扫平他们”——但强制集体化会让所有农民联合起来反对政府。斯大林用一句不祥的虔诚话打断了他：“一场可怕的噩梦，但上帝是仁慈的！”[20]上帝可能是仁慈的；总书记可不仁慈。第二天，被吓坏的布哈林代表他的

盟友李可夫（名义上的政府首脑）和托姆斯基（御用“工会”的领导人），与加米涅夫举行了一次秘密会议，并提议组成一个联合阵线来阻止斯大林。他说，他如今认识到，斯大林主要感兴趣的不是政策，而是独享的权力：“他会掐死我们。他是个肆无忌惮的阴谋家，把自己的权力欲看得高于一切。在任何特定的时刻，他都会为了摆脱某个人而改变自己的理论……［他是］成吉思汗!”他似乎认为，格别乌的雅戈达会来找他们；但他得到的信息是错的[21]。这些神经兮兮的人当中，任何一个人在关键性的党机构里都没有人数上的支持让他们在票数上能够胜过斯大林；没有手段（即训练有素的武装人员）用武力推翻斯大林；也没有技巧和决心用阴谋来消灭他——在这两个方面他都表现得十分充足。1929 年，他们都被处理了：李可夫被革除了总理职务，托姆斯基丢掉了工会领导人的头衔，这两个人，外加布哈林，都被迫公开承认自己的错误（加米涅夫和季诺维耶夫已经这样做了）。如今可以从容不迫地审判和杀掉他们。

斯大林已经开始完善这出恐怖大戏。借助他修道士生涯的记忆，他安排党的会议提供一套他自己和一群捧场者之间经过精心排练的双簧：斯大林建议温和处理这些党的“敌人”，捧场者则坚持严厉处置。就这样，斯大林万分不情愿地要求驱逐托洛茨基和季诺维耶夫，他说，他之前反对这一处置，并因为太过仁慈而遭到一些“诚实的布尔什维克党人”的诅咒。捧场者说：“没错——我们依然为此而诅咒你。”[22]1929 年 5 ~ 7 月，斯大林上演了他最早的一场审判秀：针对一群顿巴斯采矿工程师，指控他们“阴谋破坏”。剧本是斯大林的傀儡之一、格别乌的官员叶夫多基莫夫写的，主演是一位被告 12 岁大的儿子，他揭发了自己的父亲，并要求处死他[23]。格别乌的实际首脑缅任斯基反对这场审判，政治局的某些成员也是如此[24]。但这是斯大林最后一次遇到来自秘密警察或安全机关内部的真正反对。到那年年底，他下令枪毙了格别乌的高级官员雅科夫·布鲁金，此人是第一个因为党内罪行而被处死的党员。[25]

从此以后，审判就严格按照斯大林的计划进行，直到最后
267 群情激昂的场面，就像苏联导演谢尔盖·爱森斯坦的某部大片。对“工业党”的审判发生于第二年，法庭上的人群以精心安排的时间间隔，高喊：“处死这些破坏分子！”与此同时，外面的大街上，成千上万的工人列队走过，高喊“处死，处死，处死！”[26]到 1929 年，斯大林已经有了一个万用术语 Stakhtyites（破坏分子），适用于他想要消灭的任何一个人。正如他所写的那样：“破坏分子如今潜藏在我们工业的各个部门。很多破坏分子——尽管远非所有破坏分子——被抓起来了。……破坏行为因为和国际资本相勾结而更加危险。资产阶级的破坏是资本主义成分一个不容置疑的信号……他们正在聚集力量，试图对苏联发起新的攻击。”[27]他正迅速发展到这样一种程度：他只要想中央委员会提交一份名单，就会立即得到指示：“逮捕，审判，枪毙！”[28]

在煽动政治迫害和培养妄想狂和歇斯底里的同时，斯大林还在想方设法把自己神化为已经被神化的列宁的继承人。早在 1924～1925 年，尤佐夫卡、尤佐沃和察里津就成了斯大林诺、斯大林斯克和斯大林格勒；但正是 1929 年底的 50 岁生日庆祝会，不仅标志着斯大林个人统治的真正开始，而且标志着斯大林的个人崇拜进入噩梦般的成熟期，像斯大林纳巴德、斯大林

奥尔、斯大林尼里、斯大林尼西、斯大林诺、斯大林诺戈斯克、斯大林斯克、斯大林山这样一些地名雨后春笋般涌现于整个苏联帝国，连同最早出现的斯大林主义祈祷文：铁人，花岗岩布尔什维克，强硬的列宁主义者，钢铁士兵，全能天才[29]，那是一种可以追踪到埃及法老们的统治者崇拜。在苏联政府就其外表而言变得更具宗教性质、更有礼拜仪式感的同时，其实质上也变得更加恐怖主义，苏联“科学”陷入了非理性，还有一群群准宗教的“重要思想家”，分别被称作遗传学家、目的论者、机械论者和辩证学家——还有很多其他专家——努力赢得斯大林支持他们包罗万象的物质进步理论[30]。在斯大林的朝廷里，有些专家很乐意证明：有“铁人”掌舵，人类将会战胜任何事情，那些迄今为止被认为是自然规律或经济规律的东西都可以暂停。作为斯大林的御用经济学家之一，S. G. 舒米林写道：“我们的任务不是研究经济学，而是要改变经济学。我们不受制于任何规律。”[31]

正是在这一非理性的背景，以及因此而不受任何经济或道德体系的约束，斯大林推行了他在社会工程学上的大规模实践：消灭独立的俄罗斯农民。正如我们已经看到的那样，正是农民让列宁的政变成为可能；也正是他们，后来通过违抗他而 268
迫使他做出让步，尽管他用“新经济计划”这个委婉的说法来掩饰这一让步。而斯大林正是打着列宁主义和“新经济计划”连续性的旗号，在 1924 ~ 1928 年消灭了左派。但现如今，到了对那些曾经让苏维埃权力卑躬屈膝的农民大众实施可怕报复的时候了。

斯大林如今所做的事情，在马克思主义或者任何别的主义中都没有理论基础。但它有某种可怕的逻辑。在一个正在使自已社会主义化的国家，不存在稳定点。要么前进，要么后退。如果不向前进，市场的力量（它表达了某些基本的人类本能：物物交换和积累）是如此强大，以至于它始终会重申自己，资本主义会再次出现。那么，这个襁褓中的社会主义国家就会崩溃。如果社会主义前进了，它必定会推进大规模的工业化。这对工人来说意味着剩余的粮食；而剩余粮食的出口可以为投资筹集资本。简言之，农民必须为社会主义进步付出代价。由于他们不愿意自愿付出这样的代价，就必须使用武力，而且规模越来越大，直至他们的意志被打垮，交出要求他们交出的东西。这就是斯大林在1920年代所领悟到的社会主义权力的痛苦逻辑：在复辟资本主义和不受限制地使用武力之间，不存在稳定的平衡点。[32]

这个逻辑与斯大林消灭左右两派对手的连续几个阶段构成了不祥的对应。托洛茨基、季诺维耶夫和加米涅夫始终认为，农民不会自愿交出足够多的粮食，必须强制，必要的时候还要镇压。斯大林除掉了他们，所利用的论据是：他们计划“掠夺农民”，后者是“工人阶级的同盟者”，不应当屈服于“高压”[33]。但1927年的收成很糟糕，农民都把他们已有的粮食储藏起来；他们不愿意接受政府的纸币，这些纸币买不到任何值钱的东西。因此，列宁的妥协失败了——它建立在这样一个理论的基础之上：有7670万“中农”和2240万“贫农”对500万“富农”（事实上，除了纸上谈兵，做出这样的区分是不可能的）。[34]

1928年1月，城里没有粮食，没有粮食出口，外币越来越匮乏，斯大林对农民发动了他的第一次袭击，派出了30000名全副武装的工人党员进入乡村地区，这是1918年所使用的敲诈过程的一次重演。很快就有关于暴行的报告，被冠以一些冠冕堂皇的短语，比如“粮食集体组织之间的竞争”、“苏维埃合法性令人遗憾的失效”、“滑入战时共产主义的方法”、“行政失误”，以及诸如此类。更为不祥的是斯大林的代言人 269
一种日益增长的趋势：把所有农民全都归类在一起。莫洛托夫谈到迫使“中农跟上步伐”；米高扬指控“贫农”在“富农的影响之下”。1928 年报告了农民们犯下的“恐怖主义行为”（亦即抵抗武装部队夺取粮食）大约有 1400 件。一个富农拿起一支步枪，冷笑道：“这就是所谓的阶级战争吧。”斯摩棱斯克地区的档案后来被纳粹缴获并公布，让我们得以通过未被过滤的官方文件，瞥见这个农民痛苦挣扎的沸腾锅炉。第一次，斯大林使用了“清算”这个词，提到“乡村资本主义分子……针对苏维埃政权的第一场严肃战斗”。他冷嘲热讽地评论道，任何一个认为这一政策能够顺利实施的人都“不是一个马克思主义者，而是一个傻瓜”。[35]

但是，偷走农民的粮食导致他们播种更少，1928 年的收成甚至更糟糕。到 1928 年秋天，斯大林对外汇的需要极其迫切，正如我们从一个完全不相干的发展趋势中所了解到的那样，这就是：俄罗斯的艺术财宝被大规模地偷卖到西方。据列宁格勒埃尔米塔日博物馆的一位管理人塔蒂阿娜·切尔纳温说，1928 年 11 月，“我们奉命尽可能在最短的时间内，‘按照社会学构成的原则’，重组埃尔米塔日博物馆的整个收藏……并着手工作，把一批收藏一件件扯下来，而积累这批收藏花去了 100 多年的时间。”[36] 藏画被卖给了世界各地的百万富翁。最大的买主是安德鲁·梅隆，1930～1931 年，他花了 6654053 美元，整体买下了 21 幅藏画，包括 5 幅伦勃朗、1 幅凡·艾克、2 幅弗兰兹·哈尔斯、1 幅鲁本斯、4 幅凡·代克、2 幅拉斐尔、1 幅委拉斯凯兹、1 幅波提切利、1 幅委罗内塞、1 幅夏尔丹、1 幅提香、1 幅佩鲁吉诺——大概是一次攫取中转移的最好一批收藏，而且价格很便宜。这些藏品全都进入了华盛顿的国家美术馆，这家美术馆实际上是梅隆创建的。它是这一时期众多的反讽之一，正当知识界痛斥梅隆逃税、把苏联平稳运行的计划经济与美国的崩溃相比较的时候，他却在利用苏联领导人对外汇的疯狂需要，为美国最辉煌的公共收藏奠定了基础[37]。仅梅隆购买的这批艺术品的美元价值就占到了 1930 年官方记录的苏联向美国出口的三分之一。

另一个更可怕的反讽是，正是美国成功企业的榜样，最终说服斯大林放弃他从农民那里榨取粮食的政策。并用武力把他
270 们全都赶进集体农场。迄今为止，斯大林始终不承认合作社与集体农场是不同的，把集体农场描述为只不过是“最明显的生产合作社”[38]。它原本是一种自愿制度。但在 1928 年，斯大林听说了蒙大拿州的坎贝尔大农场，面积超过 30000 公顷，是世界上最大的单一粮食生产者[39]。他决定在苏联创立这样规模巨大的“粮食工厂”。同一年，一座占地 150000 公顷的农场在高加索地区拼凑了起来。这个生产单位装备了 300 辆拖拉机，对斯大林来说，拖拉机（与古老的木犁不可同日而语，1927 年 10 月，俄罗斯依然有 550 万架木犁在使用中）成了未来的象征，正如电气化之于列宁。他让自己的人指控富农发动了一场反拖拉机行动，说他们散布谣言“反基督者正骑着一匹铁马来到人间”，汽油的难闻气味“毒化”了土壤，还散布伏尔加河地区的谚语：“拖拉机挖得深，土壤干得快。”事实上，正是那些富裕农民在他们买得起的时候尽快买上了拖拉

机。斯大林把他所说的“拖拉机纵队”和“拖拉机站”强加给集体农场导致了少数几个独立观察者中的一位所描述的“所有社会主义化地区对机器的粗率对待”，以及“大量被废弃的拖拉机”，“点缀着俄罗斯的风景”[40]。但这正是斯大林的典型特征：对俄国乡村实际上发生的事情一无所知——当然，这样的无知列宁也有。据赫鲁晓夫说：“斯大林把自己和人民隔离开了，从未去过任何地方。……他最后一次走访一个村庄是1928年1月。”[41]农民集体化的整个大规模运作，都是从斯大林在克里姆林宫的书房里指挥的。

关于强制集体化，并不是说有什么深思熟虑、理性周全的计划。恰恰相反。反对动用武力迫使农民进入国家农场的理由始终被认为是无懈可击的。它基于恩格斯在《法德农民问题》(*The Peasant Question in France and Germany*, 1894）提出的那句名言：“当我们获得国家权力的时候，我们不应该考虑用武力侵吞小农的财产。”列宁经常引用这段话。就连托洛茨基也说过“同意”、“妥协”和“逐步过渡”。迟至1929年6月2日，《真理报》还坚持认为：“没有恐怖，没有反富农，只有新经济政策道路上一场社会主义的进攻。”[42]强制集体化的决定是在1929年最后几周的时间里突然做出的，未经任何公开辩论。它是一种典型的方式，正是以这种方式，对乌托邦的追求导致一小撮当权者对一个千百年来不断形成的社会发起突然袭击，人民被像蝼蚁一般对待，他们的巢穴被踏为平地。没有警告，斯大林要求“对富农发起一场全面进攻。……我们必须砸碎富农，把他们作为一个阶级消灭掉。……我们要狠狠打 271
击富农，让他们永世不得翻身。……我们要在公开的战斗中击溃富农阶级的抵抗”。1929年12月27日，使徒圣约翰节，斯大林以一句口号“把富农作为一个阶级消灭掉”宣布战争开始[43]。那是灭绝政策的绿灯，距离希特勒上台还有 3 年多时间，距离“最终解决”命令的下达还有 12 年。

集体化是一场灾难，自德国三十年战争以来，农民对这样的灾难闻所未闻。组织机构是格别乌，但手头能够得到的任何工具都派上了用场。贫农得到鼓励，去洗劫被逐出家园的富农，漫山遍野追捕他们。但很快，富农指的是任何一个积极反对集体化的农民，整个农民社群拼命抵抗。他们被警察和军队包围，使用的方法被希特勒在围捕犹太人时模仿，他们要么被枪杀，要么被赶进货车，逐出家园。一个德国人当时正在俄罗斯旅行，他遇到了一位格别乌的上校，后者流着泪说：“我是个老布尔什维克。我参加过反对沙皇的地下活动，我在内战中打过仗。我所做的这一切难道就是为了如今拿着机关枪把村庄包围起来，命令我的人不问青红皂白地朝一群群农民开火吗？哦，不，不，不！”[44]大规模暴力开始于 1929 年末，一直持续到 2 月底，到那个时候，集体化农户的数量已经跃升至大约 30%。斯大林被抵抗的规模所困扰，他突然在 1930 年 3 月 2 日《真理报》的一篇文章中把自己的政策颠倒了过来：“不可能通过暴力来培植集体农场——那将是愚蠢而反动的。”但接下来，在短短几周的时间里，半数集体农场投票支持去国有化，到那年初夏，他又重新开始“愚蠢而反动的”强制政策，这一次要一不做二不休了。[45]

其结果，就是伟大的马克思主义学者莱谢克·科拉科夫斯基所说的：“大概是一个国家对其自己的公民所实施的最大规模的军事行动。”[46]实际上被政府枪杀的农民的数量至今尚不为人知，或许，即使学者们得到了苏联的档案，恐怕也无法查明这个数字了。丘吉尔说，1942 年在莫斯科，斯大林曾冷冷地告诉他，有“1000 万”农民被“处置”[47]。据一位学者估计，除了那些被格别乌处死或在战斗中被杀的农民之外，大约有 1000 万~1100 万农民被流放到俄罗斯的北欧地区、西伯利亚和中亚；其中三分之一的人去了集中营，三分之一的人在国内流放，还有三分之一的人被处死或死于流放途中。[48]

留下来的农民被剥夺了财产（不管多么少），被赶进了
“粮食工厂”。为了防止他们逃到城里，引入了一套国内护照 272
制度，任何未经官方许可而改变居住地的人都将遭到监禁的处罚。政府根本不给农民发护照。因此，他们到死也无法离开土地，成了 glebae adscripti（土地的附属者），正如罗马帝国最终阶段或封建农奴时代那样。这一制度比沙皇独裁统治的最黑暗时期更加严厉，直到 1970 年代才有所放松。[49]

结果不难预料：有人称之为“大概是历史上唯一一次纯属人为制造的饥荒”[50]。农民非但没有交出他们的粮食，反而把它付之一炬。他们砸烂了自己的农具。他们宰杀了 1800 万匹马、3000 万头牲畜（占总量的 45%）、1 亿头绵羊和山羊（占总数的三分之二）。即便是根据苏联官方历史中的数字，1933 年代家畜产量也只有 1913 年的 65%。役用牲畜减少了 50% 以上，总的役力（包括拖拉机）直至 1935 年才超过 1928 年的水平[51]。尽管有 1932~1933 年的饥荒，斯大林还是设法维持了一定的粮食出口，以购买进口的机器，包括新建立的军工厂的器具。苏联的生活成本令人难以置信。约瑟夫·达亚德金的人口统计学研究报告《1927~1958 年苏联人口中非自然死亡评估》在 1970 年代晚期以地下出版物的形式流传开来，据这份报告估计，在集体化和“阶级消灭”时期，即 1929~

1936 年，有 1000 万男人、女人和孩子遭遇了非自然死亡。[52]

苏联农民构成了总人口的四分之三，他们的重新封建化给实施这一计划的共产主义普通士兵的士气带来了灾难性的影响。正如科拉科夫斯基所指出的那样："整个党成了一个刑讯者和压迫者的组织。没有一个人是清白的，在这场社会压迫中，所有共产党人都是帮凶。因此，党获得了一种新型的道德统一，开始走上一条不归路。"[53]同样的事情几年后发生在德国国家社会党的身上：正是斯大林给希特勒指了路。党内的每个人都知道正在发生的是怎么一回事。布哈林私下里抱怨："大规模消灭手无寸铁的男人、女人和孩子"让党员逐渐适应了暴力和冷酷无情的服从，把他们变成了"恐怖机器上的齿轮"[54]。但只有一个人当面向斯大林提出抗议。他的第二任妻子娜杰日达在 1926 年带着她的两个孩子瓦西里和斯维特拉娜离开了他。斯大林把她劝回来了，但她受到格别乌的监视，当她发牢骚时，斯大林就派人追踪给她通风报信的人，把他们抓
273 起来。1932 年 11 月 7 日，当着目击者的面，她强烈抗议斯大林对农民的处置，然后回到家里，举枪自杀。这是第二出家庭戏剧——他的长子雅科夫 1928 年曾在绝望中试图自杀——斯维特拉娜后来写道："我相信，我母亲的死（他把这看作一次个人背叛）使他最后残存的一点人性温情荡然无存。"[55]

斯大林做出的回应是让格别乌接管了他的家庭管理；格别乌雇佣并训练他的仆人，监管他的食物，控制接近他本人的一切渠道[56]。如今，他不仅通过常规的政府或党的机关，而且通过他的私人秘书处（从前书记处的副产品）来管理国家大事；通过这个秘书处，他在官方秘密警察的内部创立了自己个人的秘密警察，称为国家安全特别秘密政治处[57]。他就这样

做了一个茧把自己包裹起来，他觉得自己刀枪不入；别人肯定也是这样认为。尽管苏联的状况在 1932 年是如此危急，以至于斯大林政权眼看着就要垮台，正如列宁政权在 1921 年初的情形一样，但没有一个人能靠近他，进而干掉他。

至于计划，曾被奉为世界的楷模，在所有本质方面都不过是纸上谈兵。没有一个数字得到过独立的证实，从 1928 年直至今日。非政府的审计控制是每一个法治之下的宪政国家必不可少的组成部分，在苏联却根本不存在。关于第一个五年计划，从一开始就有某种不靠谱的东西。它在 1928 年 11 月得到了中央委员会的批准，1929 年 5 月被正式采用，然后回过头来宣布自 1928 年 10 月起生效。由于自 1929 年底起，整个国家因为农业集体化决定而彻底天翻地覆，1928 年的计划（假设它确实存在过）也就变得完全不相干了。然而，1933 年 1 月，也就是希特勒上台的那个月，斯大林突然宣布，这一计划已经在 4 年半的时间里完成了，在很多方面都“超额完成”了。[58]

这一计划被老于世故的西方社会奉为文明进步的楷模，事实上却是一个粗俗无知的幻想。俄罗斯一直是个富裕国家，其原材料的丰富和多样性在世界上其他任何地方都无出其右者。苏联政权继承了不断扩张的人口和迅速发展的工业基础。正如魏玛德国曾经推测的那样，没有什么东西能阻止俄罗斯成为世界上最大的工业强国之一。列宁的政策，尤其是斯大林的政策——或者毋宁说是一连串被误认为是政策的仓促草率的权宜之计——其效果不过是减缓了这一不可避免的扩张，正如列宁－斯大林的政策极大地（就这一次的情形而言是永久性地）损害了俄罗斯繁荣的农业一样。

274 但进步还是取得了一些。完成了一些大项目。有1930年代第聂伯河大坝、斯大林格勒的拖拉机制造厂、乌拉尔河的马格尼托哥尔斯克钢铁厂、西伯利亚的库兹涅茨克盆地煤矿、波罗的海－白海运河，以及其他很多工程。其中有一些工程，比方说运河，完全或部分是靠奴隶劳工建起来的。正如我们已经看到的那样，政治奴隶的使用从最初的几个月起就是列宁政权的组成部分——尽管起初是很小的一部分。在斯大林治下，这一制度被扩大了，先是缓慢扩张，然后是飞速扩张。一旦强制集体化在1930～1931年上了路，集中营的人口便增长到了1000万，在1933年开始之后就再也没有下降到这个数字之下，直至斯大林去世很久之后。大规模正规使用奴隶劳工的行业包括金矿、林业、工业农业和运输业——尤其是运河、铁路、飞机场和公路的建造。格别乌拿奴隶劳工与各个不同的政府机构做交易，其方式完全就像纳粹党卫军后来雇佣奴隶劳工去克虏伯兵工厂、法本化工厂及其他德国企业一样。为了修造斯大林的样板工程之一、规模巨大的波罗的海－白海运河，苏联使用了30万名奴隶劳工[59]。奴隶劳工不再像列宁时代那样是微不足道的少数了，而是成了斯大林经济中一个重要的、必不可少的组成部分，格别乌则管理着西伯利亚和中亚的大片地区。[60]

根据德国的数字来判断，极权主义奴隶劳动营的死亡率看来高达每年10%[61]。在苏联，这个数字可能更高，因为很多劳动营位于北极和亚北极地区的范围之内。无论如何，维持奴隶劳动力供应的需要是1929～1933年无以数计非党工人遭到逮捕的主要原因之一。有周期性精心上演的审判秀，比如1931年3月的孟什维克审判，或1933年4月的大都会维克斯公司工程师审判。这些大肆宣扬的事件，以精心编造的细节，揭露了一连串邪恶阴谋的存在，每个阴谋都是一场巨大阴谋的组成部分，针对的是苏维埃政权和俄罗斯人民，这一切为的就是制造出恐外症和歇斯底里，没有这些，斯大林的国家根本不可能团结在一起。当然，它们只是整个过程的一小部分，是逮捕和消失以前所未有的规模发生在全国各地的公开理由。

大多数“审判”并没有公开报道，尽管它们常常涉及大批的人，依据职业来归类。很多人根本没有审判。逮捕的任意性对于制造恐怖气氛来说是必不可少的，它仅次于对劳动力的需要，是对非党人士实施恐怖行为的主要动机。一位格别乌的人员对《曼彻斯特卫报》驻莫斯科记者承认，无辜的人遭到逮捕，这是很自然的事——否则就没有人害怕了。他说，如果 275
人们仅仅因为具体的不法行为而遭到逮捕，那么其他所有人都会觉得自己是安全的，因此随时可能背叛[62]。可是，撇开这一点不谈，很多实例中似乎并没有逻辑或理性的成分。一位老布尔什维克讲述了一个能源专家的案子，在18个月的时间里，他经历了被逮捕、判死刑、赦免、送去劳动营、释放、平反，最终他获得一枚奖章，所有这一切都没有明显的理由[63]。不过，绝大多数遭到逮捕的人是在劳动营里度过余生。

在外部世界，斯大林暴政的规模——甚或它的存在——几乎根本不被人们所了解。大多数到俄罗斯旅行的人要么是生意人，他们急着做生意，不想探究或批评他们并不操心的事，要么是知识分子，他们来到这里是为了赞赏，更有甚者，是为了相信。如果说，基督教的衰落制造了现代政治狂热分子——及其罪行，那么，受过教育的左派当中宗教信仰的消失也是如此，它在西方知识分子的头脑里留下了一片真空，很容易被世俗迷信所填充。那些科学家（他们习惯于评估证据）和作家（他们的职责就是研究和批评社会）竟然如此轻信地对粗陋不堪的斯大林主义宣传照单全收，舍此没有别的解释。他们需要相信，他们想被骗[64]。因此，阿玛贝尔·威廉斯-埃利斯给一本介绍白海运河建造（后来亚历山大·索尔仁尼琴如此痛心疾首地讲述了这个过程）的书写了一篇导言，其中有这样的句子："在原始森林中，一项很难对付的工程，由成千上万个国家的敌人，仅仅在37个格别乌军官的帮助下——难道应该说是看守下？——完成了，这个故事是书本上曾经出现过的最激动人心的故事。"西德尼·韦伯和比阿特丽斯·韦伯谈到了同一工程："想到这一点真令人开心：对格别乌的成功，我们要正式表达最热烈的欣赏，他们不仅完成了一项伟大的工程壮举，而且实现了人类改造的一次胜利。"哈罗德·拉斯基称赞苏联的监狱使囚犯能过上"充实而自尊的生活"；安娜·路易丝·斯特朗记录道："劳动营在整个苏联赢得了很高的声望，被誉为成千上万人改过自新的地方。"她又补充道："苏联改造犯人的方法是如此众所周知而富有成效，以至于如今的罪犯常常主动申请去劳动营。"萧伯纳写道，在英国，一个人走进监狱时还是个人，出来时就成了罪犯，而在俄罗斯，他进去时"是个罪犯，而出来时就会成为一个平常人，不过，劝
276 他出来得费很大的劲。据我所知，他们很愿意待在里面，多长时间都行"。[65]

1932年的饥荒是俄罗斯历史上最糟糕的一次，几乎没有被报道。在饥荒的高峰时期，到访的生物学家朱利安·赫胥黎发现"体格和总的健康水平高于英国所能看到的"。就在火车穿越俄国边境之前，萧伯纳把他的食品供应从窗户里扔了出

去，他“确信，俄罗斯根本不存在匮乏”。“你在哪儿看到了食品匮乏？”他问道，然后扫视了一下只允许外国人进入的莫斯科大都会酒店的周围[66]。他写道：“斯大林把商品生产提高到了10年前似乎不可能的程度，因此我向他脱帽致敬。”但是，萧伯纳和他的旅行同伴阿斯特夫人都知道政治犯，因为阿斯特夫人替一个希望去美国和丈夫团聚的女人向斯大林求情（斯大林立即把这个女人交给了格别乌），并问他：“你还要继续杀人多长时间？”斯大林答道：“需要多长时间就多长时间。”于是她换了个话题，请斯大林给自己找个俄罗斯保姆看孩子。[67]

1929～1934年撰写的对斯大林的评价读起来让人觉得奇怪。H. G. 威尔斯说他从未遇到过“比他更坦率、更正直、更诚实的人……没有一个人害怕他，人人信任他”。韦伯夫妇认为，他的权力比美国总统更小，仅仅是奉中央委员会和最高苏维埃主席团的命令行事。坎特伯雷主教休利特·约翰逊描述他正在领导“他的人民走上一条新的、我们不熟悉的民主大道”。美国大使约瑟夫·E. 戴维斯报告，斯大林“一直坚持宪法的自由化”，并“正在计划实际上秘密的普遍投票权”。他写道：“他那褐色的眼睛格外聪明而温和。一个孩子会愿意坐在他的膝盖上，一只狗会悄悄地走近他。”著名通俗传记作家埃米尔·路德维希发现他是一个这样的人：“我很乐意把孩子们的教育托付给他。”物理学家J. D. 伯纳尔称颂他“处理所有问题都有十分科学的方法”，还颂扬他的“感知能力”。智利作家巴勃罗·聂鲁达说，他是“一个有原则的和善之人”；休利特·约翰逊附和道：“一个温和友善的人。”[68]

其中有些颂词可以根据腐败、虚荣或十足的愚蠢而做出不同的解释。一贯向本国政府故意歪曲斯大林政权性质的戴维斯实际上收受了苏联政府的贿赂，他们让他以低于市场价的价格为自己的收藏购买圣像和圣杯[69]。安娜·路易丝·斯特朗被马尔科姆·马格里奇生动地描述为“一个块头硕大的女人，长着一张红彤彤的脸，满头白发，表情愚蠢，以至于接近于一种古怪的美”[70]。把一个失败的专制政权描述为一个发展中的
277 乌托邦，其中最大的单一因素显然是自欺。但也存在有意识的欺骗，这些故意骗人的男男女女把自己想象成理想主义者，当时诚实地认为自己是在通过系统化的歪曲和撒谎，来服务于更高的人类目的。如果说，第一次世界大战以前所未有的暴力使这个世界变得冷酷无情，那么，大萧条则把有限的选择摆在了人类的面前，并用反差鲜明的术语来描绘它们，从而使这个世界变得堕落。政治活动家觉得自己不得不做出可怕的选择，并做出了这样的选择，抱着孤注一掷的决心坚持这样的选择。1930年代是英雄谎言的时代。圣洁的谎言成了它最被珍视的美德。斯大林治下饱受折磨的苏联是这种神圣造假最主要的受惠者。当斯大林主义在希特勒的德国有了一个不共戴天的竞争对手时，这场骗人竞赛也就变得更加激烈。

事实上，有一个欺骗的成分，刚好就处于共产主义和法西斯主义之间的竞赛核心。在历史发展的过程中，它们有机地联系在一起。正如战争使得列宁的暴力夺权成为可能，而德国的“战时社会主义”给了他一项经济政策，列宁主义国家的存在也是如此，它对公共生活各个方面的一党控制，以及它对道德相对主义的系统化，给所有那些痛恨自由社会、议会民主和法治的人提供了一个榜样。它启发了模仿，它产生了恐惧；那些最害怕它的人在构建他们自己防御性的反面典型上最倾

向于仿效它的方法。左翼的极权主义养育了右翼的极权主义；共产主义和法西斯主义是榔头和铁砧，自由主义夹在中间被砸得粉碎。斯大林独裁统治的出现，不是在性质上而是在程度上改变了腐败的动态。因为斯大林“只不过是显而易见的老列宁”。但程度的改变依然重要，这是因为它的陡度。逮捕、监狱、集中营，以及社会工程的范围、残忍和暴力——此前从未见过甚至从未想象过这样的东西。于是，反面典型变得更加野心勃勃；给建构反面典型注入能量的那种恐惧也变得更加强烈。如果说列宁主义引发了墨索里尼的法西斯主义，那么，正是斯大林主义，使得纳粹这个庞然怪物成为可能。

1924 年底，希特勒走出了兰茨贝格监狱，几乎就在同一时刻，斯大林完成了他对托洛茨基在政治上的消灭，确立了他作为这个列宁主义国家首脑的主导地位。这两件事是有关联的，因为希特勒如今认识到了，他不可能用武力推翻魏玛共和国，而只能通过创立一个群众党来渗透它；而斯大林那拉长的影子在这项任务中是一个必不可少的同盟者。正是 1919 年的 278
这个共产主义国家，最早让希特勒在巴伐利亚有了自己的基地，并把“黑色”天主教分离主义者和罗姆上尉私人军队的“褐色”激进民族主义者团结在一个恐惧的统一体中。党的核心是巴伐利亚人，还有一个重要的集团：从列宁主义那里逃出来的、生活在巴伐利亚的波罗的海难民[71]。但要想夺权，希特勒还是得突破巴伐利亚飞地，进入北方工业区。1925 年，他和格里哥·斯特拉瑟结成了同盟，此人是个激进的煽动家，和他那位很有天赋的副手约瑟夫·戈培尔一起，向工人阶级宣扬他自己的商标：社会主义革命。希特勒劝说斯特拉瑟转变自己的观念（具体来说就是“德国革命”）及其反资本主义的但也是民族主义的目标，把它改成“反犹革命”，这对更广泛的中产阶级有吸引力[72]。正是斯特拉瑟和戈培尔，最早使纳粹主义作为一场广泛的运动在北方站稳了脚跟。但是，在1926年的班贝格会议上，希特勒得以确立他在党内的最高权力，而戈培尔则转变了自己的忠诚。

1925~1929年是魏玛共和国最好的年头，当时，德国正享受一次工业复兴，接近于战前的水平，这一时期，并没有经济因素对希特勒的个人偏好发挥作用，他已经是一个才华横溢、观念革新的演说家，一个勤勉努力的政党组织者，以及一个有可怕意志力的专制领袖。正如在列宁主义那里一样，一旦夺取了权力，组织将成为控制的基础。希特勒把德国分为34个区（Gaue），建立在选区的基础上，各有一个地方长官（Gauleiter）——由希特勒亲自选择——在但泽、萨尔、奥地利和苏台德等地另设7个区，那是未来第一波扩张的目标。像列宁的党一样，他的党也是高度集中化的——实际上就是集中于他自己——但它还有“参与者”，正如他未来的政权那样：于是便有了希特勒青年团、纳粹学童同盟、纳粹律师联盟、学生同盟、纳粹教师协会、德意志妇女会、纳粹医生同盟，以及数十个其他协会。希特勒的方法始终是拒绝他的追随者真正参与决策，但给了他们不受限制的空间，展开疯狂的活动（包括暴力）。

当斯大林主义在国际共产主义运动中确立了自己的地位，罗莎·卢森堡那个曾经由高级知识分子组成的党也离开书斋走上街头的时候，暴力也就越来越多了。令人欢欣鼓舞的是，罗姆的褐衫冲锋队在血腥的战斗中也加入到了他们当中来，双方

都从这些战斗中得到了好处。共产党人利用暴力来削弱社会民
主党人（他们称之为“社会法西斯主义者”，并把他们当作真
正的敌人对待），认为他们在面对赤裸裸的右派势力时太过软
弱，是“改良主义者”。但纳粹注定要成为最终的赢家，因
为，在使用暴力的同时，他们还摆出一副“雅利安秩序”捍 279
卫者的姿态，而魏玛共和国在有效维持这一秩序上太过软弱，
认为自己是德国唯一有能力驱除“红色恐怖”、给无辜市民带
来真正和平的力量。正是持续不断的街头战，阻止了魏玛共和
主义者从繁荣岁月里得到任何持久性的好处。有些人一视同仁
地拒绝斯大林式的暴政和自由资本主义国家（这样的制度不
能提供民族自尊，甚至也不能提供基本的安全），他们一直在
寻找“第三条路”。有意思的是，那正是布鲁克的书《第三帝
国》最初的标题。在 1920 年代晚期，寻求“第三条路”的人
包括一些有影响力的人物，像德国最重要的法学家卡尔·施米
特，他在任何方面都不是一个纳粹分子，在一系列被广泛阅读
的书中，他坚持认为并主张德国必须有更权威的宪法和统治制
度[73]。另一个人是奥斯瓦尔德·斯宾格勒，他的“第三条路”
体现为权力的领袖原则，领袖是本民族的一个代表性成员，凭
借其富有感召力的领导才能而被挑选出来[74]。一旦希特勒确
立了自己作为一个重要公众人物的地位，他和他的党就比其他
任何竞争者都更加严丝合缝地契合这个要求，尤其是在斯大林
崛起之后。斯宾格勒预告了这个新的时代：“它将是一个残酷
战争的时代，新的恺撒将从这样的战争中崛起，他们是一群铁
人精英，他们并不寻求个人的利益和幸福，而是为了履行对社
会的职责，他们将取代民主主义者和人道主义者。”[75]这个时
代已经到来：“斯大林”这个名字不正是“铁”的意思吗？德

国的“铁人”在哪里呢？

魏玛德国是一个很不稳定的社会；它需要但从未得到过一个激发民族自信的政治家。俾斯麦狡猾地教会了各党：不要以民族诉求为目标，而是要代表不同的利益群体。在共和国治下，他们依然是阶级性的或地方性的压力集团。这一点至关重要，因为它造就了政党制度，带来了民主的议会制度，似乎是一个分裂的因素，而不是一个统一的因素。更糟糕的是：它意味着各党绝不会产生一位其吸引力超出自己追随者的狭窄范围之外的领袖。社会民主党，这个可敬但愚蠢而顽固的团体，是最应当指责的。他们原本可以通过放弃他们的国有化和税收计划，从而创造出一个牢不可破的中左翼集团；但他们拒绝这样做，因担心丢掉了左翼的阵地而把它拱手让给共产党。

魏玛共和国只有两个政治家有多党诉求。一个是 1923 ~ 1929 年的外交部长古斯塔夫·施特雷泽曼，他在 51 岁之年去世对希特勒的胜利来说是一个里程碑。另一个是科隆市长康拉德·阿登纳。一个悲剧性的讽刺是，施特雷泽曼把阿登纳的机
280 会给毁掉了。市政管理，依靠中世纪过去坚实的资产阶级传统，是德国唯一成功的政治制度。阿登纳在社会党人的帮助下，管理着这个最受人推崇的市政当局。1926 年，当他 50 岁的时候，他被要求按照类似的路线组建一个联合政府。他后来表现出自己是 20 世纪最能干、最有权威的民主政治家之一，他很有技巧地把低级的狡猾和高尚的原则混在一起。很有可能，他能够让魏玛共和国的制度运转起来，尤其是因为，从经济的观点看，他可能会在最佳的时刻接管它。但阿登纳是一个强有力的“西部人”，有人说他是个莱茵兰分离主义者，希望坚守西欧的文化民主，特别是要“通过建立一个经济利益的

共同体”，从而缔造他私下里所说的“法国与德国之间的持久和平……”。然而，施特雷泽曼是个“东部人”，忠实于当时在德国占主导地位的信念：Primat der Aussenpolitik（德语：外政优先）。通过人民党领袖恩斯特·舒尔茨的工作，再加上毕苏斯基元帅在波兰建立一个凶残的军事独裁政权（此事发生在危机期间）也帮了大忙，施特雷泽曼成功地破坏了阿登纳试图组建一个包括社会党人在内的联合政府的努力。就这样，他的机会失去了（否则的话很可能从根本上改变整个历史进程）；最伟大的“东部人”希特勒是受益者。[76]

魏玛共和国 1924 ~ 1929 年的繁荣并不像某些人所认为的那样令人印象深刻。大英帝国总参谋长——根据他的报告来判断——很害怕德国日益增长的工业实力[77]。通货膨胀消除了德国工业的债务负担，在 1920 年代后半叶，本杰明·斯特朗的银行膨胀为鲁尔地区提供了巨额的美国投资金融资本。德国的出口在 1924 年之后的 5 年时间里翻了一倍；产出在 1927 年突破了战前的水平，到 1929 年，人均产出高出战前水平 12%；德国拿出了净收入的 12% 用于投资[78]。但是，即便是在最好的年份，真实收入也要比战前水平低 6%。失业率也高居不下。1926 年的失业率是 18.1%，接下来的两年分别下降到了 8.8% 和 8.4%，然后在 1928 ~ 1929 年冬天再次突破 300 万大关，早在华尔街崩盘把美国的廉价金融带向终结之前就达到了 13% 以上。在《霍利 - 斯穆特关税法》之后，失业率很快跃升至远远超过 20%：1931 年是 33.7%，1932 年一度达到了骇人听闻的 43.7%。那年冬天，超过 600 万人彻底失业了。[79]

希特勒是被恐惧推上了权力的宝座。在 1928 年的选举中，

纳粹党议会议员从 14 个减少到了 12 个，他只得到了 2.8% 的
281 选票。然而，这次选举标志着希特勒的转折点，因为它导致左翼（尤其是共产党）的支持猛增，并因此制造出了恐怖的气氛，在这样的气氛中，他可以扶摇直上。到 1929 年，纳粹党已经有了 12 万名成员；到 1930 年秋天，这个数字达到了 30 万；到 1932 年初将近 80 万。冲锋队也发展了，到 1932 年底人数达到了 50 万[80]。在每个阶段，希特勒在学生当中和学术界所得到的支持都首先上升，紧接着便是普遍的增长。到 1930 年，他已经控制了学生运动；大学毕业生的纷纷加入也是失业所发挥的作用——每年有 25000 人走出大学校门，补充到已有的 40 万失业大军当中，其中 6 万人正式登记为失业者。1933 年，每 3 个大学毕业生当中就有 1 个人失业。[81]

到 1929 年，希特勒已经有足够的声望让实业家和民族主义右翼领导人阿尔弗雷德·胡根堡成为他的合伙人，后者认为，在通向权力的道路上他可以利用纳粹党。其结果是让希特勒能够接近工商金融界，从此之后，他再也不缺钱了。政党体系明显有缺陷。1928 年的选举之后，组建政府用了一年的时间。1930 年，中间党领导人海因里希·布吕宁试图援引宪法第 48 条，凭借总统的命令来统治国家，当国会拒绝的时候，他解散了国会。结果，纳粹党以 107 席、共产党以 77 席分别成为国会中的第二大和第三大党。布吕宁害怕通货膨胀，十分卖力地紧缩通货，因此既帮了纳粹党的忙，也帮了共产党的忙，在 1931 年的下半年，国际货币体系以及经济合作的时代，都走向了令人吃惊的终结。英国放弃了金本位，紧随其后的是另外 17 个国家。到处竖起了关税壁垒。如今是每个国家都自扫门前雪的时候了。美国第一次彻底走向了孤立主义。英国退

回到了贸易保护和帝国优先的政策。德国选择了稀奇古怪的组合拳：一方面为了维持马克的价值而大幅削减政府支出，另一方面颁布法令，稳定工资和物价，并让政府控制银行政策，再通过银行控制工业。有人开始严肃地谈论把希特勒拉进某种形式的右翼同盟中。罗姆与军队的政治首脑库尔特·冯·施莱谢尔将军举行过几次秘密会谈。希特勒第一次见到兴登堡，会晤之后，总统说，尽管他不会让"这个波希米亚下士"出任总理，但有可能让他担任邮政部长。[82]

左翼和右翼都完全低估了希特勒，刚好就在第二年，他就当上了总理。正如我们已经看到的那样，左派依赖过时的马克思列宁主义分析体系，这一体系是法西斯主义之前的东西，因此并不是为他们准备的。共产党认为希特勒只不过是资本主义肌体上的一个赘疣，因此是胡根堡和施莱谢尔的傀儡，这两个 282
人本身受到克虏伯和蒂森的操纵[83]。在斯大林的影响下，德国共产党在这一时期并没有在社会民主党（"社会法西斯主义者"）和希特勒之间做出真正的区分。1930 年 2 月 11 日，他们的领导人恩斯特·台尔曼告诉国会，法西斯主义在德国已经掌权，当时，政府首脑是一个社会民主党人。他们主要的机关报《左翼联盟》（*Linkskurve*）几乎完全忽视了纳粹党，正如唯一一部真正的共产主义电影《世界属于谁》（*Kuhle Wampe*）所表现出来的那样。通常，共产党人对纳粹的唯一关注是在大街上和他们战斗，这恰好是希特勒想要的。关于这些遭遇战，有某种虚假的、仪式性的东西，正如克里斯托弗·伊舍伍德所指出的那样："在一条人头攒动的大街上，一个年轻人会遭到袭击，被剥光衣服，受到鞭打，然后血肉模糊地就被丢在人行道上；不到 15 分钟，一切结束，袭击者不见踪影。"[84]在国会里，台尔曼和戈林联手把辩论变成了骚乱。偶尔，他们的合作走得更远。1932 年 11 月，在柏林运输业罢工期间，来自红色阵线和褐衫队的暴徒密切合作，组成了群众纠察线，痛打那些报到上班的人，拆毁电车轨道[85]。军队为什么会推荐希特勒进入政府？其中一个原因是，他们认为自己不可能同时对付共产党和纳粹的准军事力量，尤其是，如果波兰人也发起进攻的话。共产党人荒唐可笑的政治分析蒙蔽了他们的眼睛，他们居然想要一个希特勒的政府，相信它将是一场荒唐的闹剧，是他们自己夺取权力的前奏。

右翼也有同样的幻想：希特勒是个无足轻重的小人物，一个荒唐可笑的奥地利煽动者，他们可以利用他的演说天赋——1932 年是他的 annus mirabilis（拉丁文：奇迹之年），这一年，他发表了自己最好的演说——同时“操纵”和“控制”他。1932 年，施莱谢尔声称：“就算纳粹党并不存在，也有必要把它创造出来。”[86] 事实上，这种利用恰好相反。希特勒上台之前的一系列事件莫名其妙地让人想到了列宁的崛起——他们两个人的情况都显示出：清晰的目标与巨大的、冷酷无情的权力意志相结合，将会产生多么不可抵抗的力量。施莱谢尔试图把希特勒和他手下的那些暴徒分隔开来，于是让人把冲锋队取缔了。1932 年 5 月，他赶走了布吕宁，用他自己的候选人、八面玲珑的外交官弗朗茨·冯·帕彭取而代之。帕彭希望得到希特勒的合作，于是解除了对冲锋队的禁令，并要求重新选举。希特勒没有给他任何回报，反而抨击他的政府是“工商巨头的内阁”。7 月 17 日，他在奥尔顿挑起了一场骚乱，帕彭以此为借口接管了普鲁士州政府，连同它的警察部队，最后剩下的
283 是社会民主党大本营。他想通过这一行动加强中央政府的控

制，但是事实上，它标志着魏玛共和国的终结，并直接为一个非法政府铺平了道路。

在这次选举中，希特勒的得票翻了一倍，达到了 37.2%，他和共产党如今在国会中拥有了超过半数的席位。当兴登堡拒绝让他出任总理的时候，希特勒把他的人派到了大街上，8 月 10 日，5 个袭击者把一个共产党的工作者打死在他家的大门口。希特勒写了一篇文章为这场谋杀辩护，并十分清楚地表明一个纳粹政府意味着什么。然而，在 11 月的另一次选举中，纳粹党的得票下降到了 33%，但大赢家是共产党，如今他们在国会拥有了 100 个席位（纳粹党 196 席），出乎意料的是，这一结果使得右翼更急于让希特勒进入政府。施莱谢尔取代帕彭成为总理，他希望把斯特拉瑟一翼（到此时，这一派已经不重要了）与希特勒本人分裂开来，从而使纳粹党驯服。结果是促使帕彭与兴登堡密谋组建一个帕彭 - 希特勒联合政府，再把维尔纳·冯·勃洛姆堡将军拉来当国防部长，作为进一步的“遏制”。这一行动的细节非常复杂——是一场 totentanz（死亡之舞）——但实质很简单：一边是目标不定、分歧很多，另一边是目标坚定，对现实有牢固的掌握。

在拜占庭式的谈判两天之后，1933 年 1 月 30 日，希特勒作为总理登台亮相。12 个内阁成员当中，只有 3 个纳粹党人，人们认为，希特勒将被进一步装进盒子里，一方面是被他这边的勃洛姆堡，另一方面是被他的“傀儡主人”胡根堡。但希特勒、戈林和弗里克这 3 个内阁成员占据了 3 个至关重要的职位：总理（允许动用宪法第 48 条），普鲁士内政部长，全国内政部长。除了军队之外，全国唯一有能力控制 50 万褐衫队的力量是普鲁士警察。这支力量已经从社会民主党的手里拿走了，如今交给了戈林。勃洛姆堡不可能和这两股力量战斗。至于胡根堡，他已经被帕彭秘密出卖了，后者同意，希特勒应该搞一次新的选举（这个他如今可以操纵），肯定会降低胡根堡的威望。[87]

因此，1933 年 1 月 30 日对德国来说是一个没有回头路的关键点，事实上对整个世界来说也是如此。正如戈培尔所言："只要我们有了权力，我们就绝不会再次把它交出去，除非把我们作为尸体从我们的办公室里抬出去。"[88] 踏进总理官邸的那一刻，希特勒就以列宁在 1917 年 10 月一样的速度行动起来
284 了。他立即把 25000 人调进了柏林的内阁驻地。那天夜里，他的人举行了一场大规模的火炬游行，列队穿过勃兰登堡门，历时近 6 个小时，与此同时，希特勒自己的"特别"警察负责给欢乐的庞大人群维持秩序。在一扇灯火通明的窗户前，人们可以看到希特勒那兴奋的身影。在另一扇窗前，是兴登堡那无动于衷的身影，这个巨大的木偶，合着军乐队的节拍，敲击着他的手杖。[89]

人群兴高采烈，因为在大多数德国人那里，党派政治不得人心，希特勒有望终结党派政治，以一个一党国家取而代之。上一年整整一年，他演说的一个重大主题是："政治家毁了德国。"如今，他将利用党派政治对政治家发动战争，他的选举是一场终结选举的选举，他的党是一个终结政党的党："我告诉所有这些伤心难过的政治家：'德意志将会成为一个单一党，一个伟大而英勇的民族的党。'"他所提议的是一场寻求稳定的革命，一场反对混乱的造反，一次追求统一的合法政变。就这一点而论，他处在一个强大的德意志传统中。瓦格纳把党派政治描绘为一种不道德的、非德意志的活动。托马斯·

曼谴责“政治的恐怖主义”[90]。希特勒提供了马克思主义作家沃尔特·本杰明所说的“政治的审美化”，是没有实体的艺术。1919 年，超现实主义者曾要求建立一个“艺术家的政府”。如今，他们有了一个这样的政府。正如兴登堡所指出的那样，纳粹党魁当中，希特勒并不是唯一的“波希米亚人”。芬克创作音乐，巴尔杜尔·冯·席拉赫和汉斯·弗兰克写诗，戈培尔写长篇小说，罗森伯格是个建筑师，狄特里希·埃卡特是个画家。希特勒给德国人带来了公共生活统一的一面：壮观的场面、列队游行、演说和庆祝仪式，而辩论、投票和决策要么被彻底废除了，要么由一小撮精英秘密地进行。1 月 30 日的游行是希特勒政权第一个方面的预兆，在这方面希特勒比任何其他人都做得更好，这也是他的政权中斯大林开始仿效的第一个方面。

第二个方面第二天早晨随着戈林接管普鲁士州政府机构而开始，其标志性的行动是大规模换人，尤其是高级警官，以及为迅速扩张纳粹军官领导下的国家秘密警察（盖世太保）而颁布了一系列命令。4 天后，希特勒颁布了一道法令，根据宪法第 48 条，“为保护德意志人民”，而使用自己的权力，这一法令让政府有权随意禁止公共集会和取缔报纸。2 月 22 日，戈林创立了另外一支“后备警察”，由 5 万人组成，完全来自纳粹的各个单位。其目的是粉碎任何有能力反抗的非纳粹组织。正如他所写的那样：“我的措施不会受制于法律上的顾虑或官僚机构。正义不正义不是我的事。摧毁和消灭才是我的事——这就是一切！”他对自己的警察说：“凡是尽职尽责为国效力的人，凡是服从我的命令对国家的敌人采取严厉措施的 285
人，凡是在遭到攻击时冷酷无情地利用自己的左轮手枪的人，肯定都能受到保护。……如果有人把这叫作谋杀，那我就是杀手。”[91]

戈林的任务由于2月28日一把火烧掉了国会而变得更加容易，如今人们普遍认为此事是那个愚蠢的马里努斯·范·德尔·卢贝干的，但不管怎样，它帮了新政权的大忙。同一天，希特勒让1933年2月28日的紧急法令《为保护人民和国家》获得了通过，并以另一项法令《反对出卖德意志人民和叛国阴谋》作为补充。它们构成了纳粹统治的真正基础，因为它们使得警察能够完全绕开法庭[92]。关键段落如下：

> 德意志帝国宪法第114～118条、第123～124条和第153条暂时无效。因此，对个人自由的限制，对自由表达观点的权利（包括出版、结社和集会的自由）的限制，对书信、电报和电话通信的监视，对住宅的搜查，以及对财产的没收和限制，都允许超越迄今为止法律所规定的界限。

这项法令给了希特勒建立一个极权主义国家所需要的一切，事实上这也是他统治的基础，直至1945年依然有效。3月5日的选举让纳粹党得到了43.9%的选票（288席），紧接着，希特勒提出了《授权法案》，在3月23日把它提交给国会辩论并获得通过（国会临时在克罗尔歌剧院开会，周围到处是冲锋队和党卫军）。第一条把立法权从国会转移到了政府，第二条授予政府修改宪法的权利，第三条把起草法律的权利从总统转移到了总理，第四条把授权的范围扩大到了对外条约，第五条把法案的有效期限定为4年（分别在1937年、1941年和1943年扩大了法案的授权范围）。实际上，这是一项旨在废除宪法和合法政府的法案——希特勒从来不觉得有必要，也没有劳心费力去搞一部自己的宪法，以取代魏玛共和国的老宪法。除了在形而上学的意义上，《授权法案》并没有给 2 月 28 日的法令增加任何新东西。它确实经过了辩论，那是希特勒作为统治者所允许的唯一一次辩论，就像列宁召开的唯一一次临时议会一样。这二者的相似之处是异乎寻常的，唯一不同的是，不像列宁，希特勒亲自参与了辩论——猛烈反驳社会民主 286
党代表的演说，他们反对这项议案（已经有 26 个社会民主党人和 81 个共产党人被捕或逃亡）。但右翼和中间党投票支持这项法案，使它以 441 票对 94 票获得通过，因此，这项废除法案标志着一个共和国在道德上的死亡，而在法律上，它在 2 月 28 日就已经死了。

抵抗很微弱，甚或根本不存在。仅仅几周前，一些共产党领导人还相信，希特勒的上台将会是他们自己胜利的一个短暂序曲，他们干脆被杀掉拉倒。另外一些人逃到了苏联，在那里，同样的命运在等待他们。大量普通的共产党员谦卑地屈服了，再也没有听说过他们的消息。工会投降了，丝毫没有斗争的意思。5 月 10 日，一直认为纳粹党只不过是“最后一张反动牌”的社会民主党拱手交出了他们的所有财产和报纸。一周后，他们的国会议员居然投票支持希特勒的外交政策，因此，戈林能够宣布：“世界已经看到，德意志人民在他们的命运生死攸关的时刻团结起来了。”6 月，右翼、左翼和中间派的所有非纳粹党，连同他们的国会议员，全都被宣布解散。这个月月底，希特勒的“遏制者”胡根堡被赶出了办公室，颜面扫地。最后，7 月份，国家社会党被宣布是唯一的合法政党。希特勒彻底消灭德国民主制度只用了不到 5 个月的时间，大约和列宁相当。没有群情激昂。正如罗伯特·穆齐尔所言："唯一让人觉得完全拒绝接受它的人是女仆们——尽管她们什么也没说。"[93]

有了苏联这个成熟榜样的指导，希特勒甚至比列宁更迅速地建立起了恐怖机构和警察国家的机器——很快，在规模上几乎与斯大林不相上下。在这项事业中，最初的代理人是戈林，使用的是普鲁士警察部队，以及他新近创立的由冲锋队和党卫军的人组成的盖世太保，从位于阿尔伯莱希特亲王街的柏林总部指挥行动。正是戈林在短短几周的时间里彻底消灭了共产党，其所使用的策略就是谋杀——他给手下人的保证是"一颗从警察的枪管里射出的子弹是我的子弹"——或者关进3月份开始设立的集中营里。戈林的行动十分残忍，丝毫不考虑合法性的问题，这种骇人听闻的残忍在很大程度上解释了那些原本可以指望起来反对新政权的团体为什么都沉默或顺从。他们只不过是害怕了。人们都知道，纳粹不喜欢的人都不留痕迹地
287 彻底消失了：谋杀，拷打致死，葬身于集中营里。一切反对都被裹在恐惧之毯里，这恰好就是戈林希望制造的效果。希特勒赞扬他的工作"无情而冷酷"。[94]

然而，希特勒的习惯做法是把他手下的机构复制双份，这样它就可以用一个机构对付另一个机构，必要的时候通过分歧来统治它们。他从未完全信任冲锋队，这支部队如今有百万兵力，是罗姆一手创造的。从兰茨贝格出狱之后，他从冲锋队内部创立了一支私人卫队：党卫军。1929年，黑衫党卫军只有290人，希特勒把它托付给29岁的海因里希·希姆莱，此人出身名门，父亲是巴伐利亚王室家族从前的家庭教师。尽管他有整洁的外表和一丝不苟的习惯（他的日记详细记录了他什

么时候刮胡子、洗澡或理发，而且他保存了所有的收据和票根），但希姆莱是一个自由军团暴徒和强烈的反犹分子，即使在决斗的时候他也戴着一副无框夹鼻眼镜。他一直是秘密武器库的监督官，这些武器库藏在乡下，以欺骗协约国军控委员会，他在军中和社会上的关系使他能够让党卫军的声音比冲锋队更有分量。党卫军的一些指挥官都是贵族。其成员中有很多医生，还有一些高级公务员和实业家也是它的荣誉成员。不像罗姆，希姆莱不会招募失业者。[95]

在希特勒的鼓励下，希姆莱迅速扩张党卫军，以至于到希特勒掌权的时候，党卫军的人数已经达到5.2万人。希特勒的个人党卫军卫队警卫旗队是整整一个师。希姆莱从来不是希特勒的心腹密友之一。他被当作一位充满敬畏和恐惧的、忠心耿耿的官员来对待；一个古怪的事实是，希姆莱这个能够毁灭希特勒的人直到最后都对他怕得要死。希特勒把党卫军视为自己的权力工具，给了它特殊的任务。从1931年起，党卫军就设立了“种族和移民办公室”，负责纳粹种族理论的实际应用，保存党员的种族证书，起草种族法律。党卫军因此成了一个天生的工具，一旦时机成熟，便可以用来在东部执行希特勒庞大的种族灭绝和移民政策。与此同时，希姆莱招募了从前的海军军官莱因哈德·海德里希（希姆莱认为他是理想的纯种雅利安人），负责新成立的安全和情报部门——党卫军保安处，希特勒指示他设立这个部门以监视罗姆的冲锋队。

因此，当希特勒掌权的时候，希姆莱能够迅速把自己的组织扩大为一个完整的安全系统，有自己的军事单位（武装党卫队），还有一个被称作“骷髅总队”的组织，负责管理集中营及其他特殊任务。最后这个组织包括很多犯罪分子，比如阿

288 道夫·艾希曼和鲁道夫·赫斯，他们已经被判决犯有谋杀罪[96]。希姆莱最初的工作仅仅是慕尼黑的警察局长，他需要天主教徒、巴伐利亚首相海因里希·赫尔德的许可，在达豪设立他的第一个集中营，公告及时地出现在了媒体上：

> 1933 年 3 月 22 日星期三，第一家集中营将在达豪附近开张。它将容纳 5000 名囚犯。计划按照这样一个规模，我们拒绝被任何微不足道的反对所影响，因为我们确信，这将让所有尊重国家的人消除疑虑，并服务于他们的利益。
>
> 海因里希·希姆莱
>
> 慕尼黑市代理警察局长[97]

希姆莱最早的“保护性拘留”令是这样写的：“根据 1933 年 2 月 28 日帝国总统保护人民和国家的法令，为了公共安全和秩序的利益，特对你实施保护性拘留。”不像戈林，希姆莱在这一阶段表现得热衷于遵守纳粹政府的正规手续，虽说这些手续也就那么回事。但他给集中营制定的规章制度从一开始就显示出希姆莱和他手下的人享有惊人广泛的权力，以及不受限制地使用恐怖手段的自由：

> “关进集中营”这个术语将被公开宣布，“直至进一步的公告”。……在某些情况下，党卫军领导人和德国警察局长还会下令鞭打。……我们不反对为了增加威慑效果而传播关于这一刑罚的传闻。下列罪犯被认为是煽动者，将被绞死：任何发表煽动演说、举行集会、组建小集团、

与其他人一起到处闲逛的人；任何为了给反对派的宣传提供暴行故事的目的而搜集关于集中营里或真或假的信息的人。[98]

希姆莱堪称完美的官僚主义文书工作，以及他对合法性的屈尊俯就（当他用自己的公务车送自己年迈的父母时，他总是记下成本，并让人从自己的薪水中扣除[99]），是欺骗性的，就像苏联的格别乌在类似的伪法律框架下工作一样。盖世太保的一位官员汉斯·吉斯维乌斯后来作证说："党卫军向来最喜爱的策略就是：伪装成体面的市民，谴责一切过激行为、谎言或违法活动。希姆莱……说起话来就像体面、清洁和正义最坚定的捍卫者。"[100]他热衷于把自己的人和冲锋队那些凶残的街头斗士及戈林的盖世太保区别开来。然而，在集中营里面，则 289
没有什么不同：全都是无法言说的残酷暴行，常常是施虐狂，以及对法律的否定。

一个典型的个案（数以千计的案例之一）是犹太诗人埃里希·米萨姆。他参加了埃斯纳搞的那个轻率鲁莽的巴伐利亚社会主义共和国，为此在监狱里被监禁了 6 年，1924 年获得大赦。国会纵火案后，他害怕遭到逮捕，于是买了一张去布拉格的车票，但接下来却把它给了另一个比他更加害怕的知识分子。他遭到了逮捕，被带到松嫩堡集中营。刚开始，他们打碎他的眼镜，敲落他的牙齿，扯掉他的头发。他们打断了他的拇指，这样他就不能写字了，敲打他耳朵的周围，毁掉了他的听力。接下来，他被转到了卡兰尼恩堡集中营。在那里，1934 年 2 月，卫兵们得到了一只黑猩猩，那是他们在一位被捕的犹太科学家家里找到的。他们想当然地认为这只黑猩猩很凶猛，于是在米萨姆面前放了它。可是，让他们恼火的是，这家伙只是用双臂搂住了米萨姆的脖子。他们当着他的面打死了这只黑猩猩，目的是要逼米萨姆自杀。但他不愿意服从；于是，一天夜里，他被打死了，并被吊在一间厕所的房梁上。米萨姆对极权主义的做事方式早已心知肚明，在遭到逮捕之前，他把自己的所有文件都交给了妻子，叫她在任何情况下都不要去莫斯科。不幸的是，妻子没有听从他的忠告，并带走了那些文件；苏联当局刚刚拿到文件之后便立即逮捕了她。她在苏联的集中营里待了 20 年，罪名是“托派密探”，那些文件到今天还锁在莫斯科所谓的高尔基世界文学研究所里。[101]

在一层很薄的法律外表之下，希特勒德国的无法无天是不受控制的。正如戈林所言：“法律和元首的意志是一回事。”希特勒做事完全是通过政令和命令，而不是通过法律，在这方面，他再一次很像列宁，对制定宪法没有表现出丝毫的兴趣[102]。在纳粹感兴趣的任何重大事情上，司法部都没有发挥作用。司法部长是弗朗兹·古特纳，1924 年，作为巴伐利亚的司法部长，他批准了希特勒的提前释放，他是个无足轻重的人物，声称自己一直在和希特勒主义做斗争，但事实上，除了小说之外，从不允许他跟希特勒谈论任何话题。他在 1941 年去世之前告诉弗兰克：“希特勒热爱残忍的暴行。当他能够折磨别人的时候，他就很高兴。……他有一种恶魔般的施虐狂。否则的话他就受不了希姆莱和海德里希。”[103]希特勒自己说：
290 “最大的麻烦在于，我很难说服古特纳博士，让他相信在叛国案中实施极其严厉的惩罚是绝对必要的。”[104]但这只是说说而已。事实上，希特勒经常把他认为“宽大”的判决改为死刑。他修改了 1933 年代《公务员法》，增加了第 71 节，以授予他解除法官职务的权力，如果这位法官“职务活动的方式，特别是他的判决……表现出他认为与国家社会主义世界观格格不入的东西”（一个被引用的实例是对“种族玷污”罪给予最轻的判决）。[105]

但是，就连可以免职的或温顺听话的法官，希特勒都不喜欢。像马克思和列宁一样，他也痛恨律师——他曾说：“必须把一个律师看作一个天生有缺陷的人，或者是由于经历而变得畸形的人。”——他最后在普通的司法体系之上叠加了纳粹党“人民法庭”，这是一种列宁主义的手段，1944～1945 年在凶狠残暴的罗兰德·弗莱斯勒的领导下达到了其阴郁黑暗的最高点[106]。面对纳粹对法治或公民自由的侵犯，内政部长威廉·弗里克没有提供任何保护，他自己就是个纳粹分子。1930～1932 年，弗里克被局外人看作纳粹运动中仅次于希特勒的二号人物，但事实上，他是个弱势人物，因为他的内政部早就失去了对警察的实际控制权，无论是他，还是内政部，都无足轻重。内政部对希特勒统治的唯一重要贡献是起草 1935 年的纽伦堡《犹太人法》（主持起草工作的先是汉斯·格罗布克博士，后来是阿登纳博士）。这部法律是否真的像格罗布克声称的那样，减少了当地纳粹分子对犹太人实施的可怕暴行，还是给系统性的迫害赋予了道德和法律的权威？这个问题至今尚存争议。[107]

希特勒管理国内安全的方式是典型的，他使用了 3 个互相竞争的系统（党卫军、冲锋队及戈林的警察和盖世太保），以及 2 个在重大事情上根本不发挥作用的部门。正如国家没有宪法一样（只有早已瘫痪的魏玛宪法），它也没有政府系统。或者更准确地说，它有几套政府系统。有一套由 40 来个省党部头目组成的党务系统，这是一个强有力的同僚团体，希特勒可以逐个造就或摧毁他们，但作为一个集团，他并不想挑衅它。杜塞尔多夫省党部头目弗洛里安声称，他从未邀请希姆莱进入他的党区，并禁止他的人和盖世太保合作。实际上党的领导人（作为希特勒的副手）是鲁道夫·赫斯。但赫斯是个不起作用的神秘主义者。更重要的人物是马丁·鲍曼，一个被定罪的杀人犯和埋头苦干的、斯大林式的政党官僚，他发起了连续不断的战斗，一方面针对省党部头目，另一方面针对戈林和戈培尔。[108]

希特勒并不反对这些内斗；相反，他还挑起内斗。他说："必须允许人民之间互相摩擦。摩擦产生温暖，而温暖就是能
291 量。"他称之为"制度化的达尔文主义"。假如希特勒遇到了来自任何部门的抵抗，他就会创造出一个复制品。他把依然塞满了贵族的外交部称作"一个知识分子的垃圾堆"，并从1933年起设立了一个竞争性的机构，由约阿希姆·冯·里宾特洛甫领导，这个机构经常偷窃外交部的邮件并回复邮件[109]。弗兰茨·泽尔特领导的劳工部尤其是个障碍。于是，希特勒任命他的一个省党部头目弗里茨·绍克尔为劳工动员总代表[110]。在经济和财政的前沿阵地再次受挫，希特勒于是创立了一个复制的经济部门，称为四年计划，由戈林领导。到1942年，除了他从魏玛共和国继承来的部门之外，希特勒共创立了58个帝国最高委员会，外加很多政府管辖之外的部门。这种重叠是普遍的和深思熟虑的。令希特勒感到满意的是，里宾特洛甫和戈培尔为争夺对外宣传的控制权而你争我斗，直至他们的人为争夺无线电设备而大打出手，然后双方都找他仲裁。

任何抛弃宪法程序和法治的威权主义体制都注定要包含无

政府主义的成分。斯大林的政权并无不同，尽管他比希特勒更有条理。“波希米亚人”这个术语曾经被兴登堡用来描述希特勒，实在再恰当不过了。他痛恨固定的时间。兴登堡死后，他合并了总理和总统的办公室，并以此为借口来破坏这二者形式上的工作。一个叫作汉斯·兰马斯博士的老派公务员维持着总理办公室秩序井然的外表，他和他手下的10～12个公务员负责回复希特勒的邮件，每天大约有600封信。希特勒似乎从未写过一封信，也没有签署过任何官方文件。掌权之后，他立即让人销毁了所有提到他的文件档案（包括缴税记录），从此以后，他特别不愿意发表任何书面指示。我们现在拥有的希特勒唯一的签名文件是第一次世界大战之前的。

当希特勒第一天成为总理时，他上午10点才来到办公桌前，但他很快就对日常工作感到厌倦，并逐步在夜里工作。他经常在全国各地到处跑，就像中世纪的一位君主一样，即使在柏林的时候，他也常常拒绝做决定，声称自己不是一个独裁者[111]。他之所以不喜欢内阁会议，恰恰是因为它们按部就班的决策程序。他举行内阁会议的时间间隔越来越长；甚至到举行内阁会议的时候，真正重要的事情已经在别的场合做完了。因此，当希特勒解雇亚尔马·沙赫特时，他在歌剧院的一次幕间休息期间任命了瓦尔特·冯克为经济部长，在下一次也是他举行的最后一次内阁会议上（1938年2月4日）没有事先通知便把他介绍给大家[112]。毫无疑问，希特勒亲自做出的所有重要决定通常都是在与个别部长或党魁之间的双边会议上做出 292
的，但它们从未被反映在记录中，除非是间接地反映。希特勒的命令始终是口头命令，常常是在发表长篇大论的过程中不经意地冒出来的，有时候是当场对碰巧出现在周围的某个人说出来的。[113]

希特勒的政府不是社团主义的，因为社团主义意味着不同团体之间的权力分配，希特勒不会和任何人分享权力。他不在乎帮伙的高级成员经营个人的小帝国，只要他的最终权力能够粉碎这些小帝国就行。但兰马斯在纽伦堡作证说，他不会允许他们一起碰面，哪怕是非正式的，这样他们就不能以一种同僚的方式来解决他们之间的分歧。因此，希特勒政权的典型特征是其组成部分之间持续不断的双边和多边斗争，霍布斯称之为“一种永无休止、不得安宁的权力欲，只有在死亡中才会停止”[114]。戈林从他的“研究室”窃听同僚们的电话，获得了一些有用的宝贵信息，比如阿尔弗雷德·罗森伯格写给一个漂亮犹太女人的情书[115]。鲍曼暗中监视所有人。当然，希姆莱和海德里希也这样做。实际上每个人都有条件敲诈别人，每个人都试图通过出卖自己所知道的别人的情况来讨好希特勒，元首始终消息灵通。

任何一个以这种方式管理的政府都别指望能够遵循前后一致的、精心设计的政策，希特勒自然也做不到，甚至在他倾注最大热情的事情上也做不到。他曾经承诺帮助小企业、农民、农业部门，缩减大城市的规模，把妇女从工厂里带回家里，把工业从资本家手里拿回来，把土地从地主手里拿回来，把军队从“贵族们”的手里拿回来，把政府从“博士们”的手里拿回来。这些事情他一样也没做成。相反，城市、大企业和工业繁荣起来了，农民和妇女继续蜂拥着进入工厂[116]。军队、商业和行政机构在很大程度上依然是一样的。

就连在犹太人政策上（这对希特勒来说是最重要的问题）也存在前后矛盾和犹豫不决。在纳粹胜利所带来的最初的兴奋中，很多犹太人被冲锋队杀死或关进集中营，或者被没收财产然后允许他们逃走。有些纳粹领导人希望推行强制移民的政策，但没有采取系统化的有效措施来导致这一政策出台。希特勒也没有捣毁犹太人的大型百货商店，这是他无数次承诺要做的事情：沙赫特说服他相信，这样做将会失去90000个工作岗位[117]。经济部长之所以反对袭击犹太人的企业，主要是因为他相信，它们会导致对大企业的普遍袭击，他设立了一个专门的部门来制止纳粹分子的骚扰[118]。《纽伦堡法》本身是仓促起草的。希特勒宣布它们是“犹太人地位的最终解决”。事实 293
上，很多歧义依然存在，甚至存在于他自己的大脑里。他授权在城外挂出“犹太免入”的牌子，这在理论上是非法的，而实际上也不能禁止得到许可的犹太人进入。1936年，内政部甚至讨论过取缔反犹主义纳粹报纸《攻击者》（*Der Stürmer*）。反犹主义在1938年变得更激烈，大概是因为希特勒采用了更加孤立主义的经济政策。内政部出台了《取名法令》，强迫所有犹太人都用伊斯雷尔或莎拉做中间名[119]。紧接着是1938年11月9日由戈培尔挑起的、骇人听闻的“水晶之夜”暴行。但我们并不清楚，这一行动究竟是戈培尔自作主张，还是（更有可能）奉希特勒一时兴起发布的命令[120]。只是随着战争的到来，希特勒才决定了真正的“最终解决”：他一直在头脑里酝酿这一政策，但需要战争使之成为可能。与国内政策相反，在全球目标上他始终清晰、一贯而坚定，正如我们将要看到的那样。

希特勒没有经济政策。但他有非常明确的国家政策。他想要尽快重新武装起来，以避免协约国先发制人的打击。他只是对德国工业发号施令，然后让经理们奉命行事。在他掌权之前，奥托·斯特拉瑟曾问他，他将如何对待克虏伯，得到的答复是："我当然不会去管它。你难道想让我去干毁灭德国经济这种疯狂的事吗？"[121] 希特勒认为，列宁最大的经济失误是命令党员去接管工业的经营管理，杀死或放逐资本家经理人。他决定不让褐衫队及党的其他部门插手商业，1933 年，他警告纳粹党法庭的法官瓦尔特·布赫少校："作为党内最高法官，你的任务就是压制革命分子。"他说，正是不肯做这件事情，才导致另外几次革命的毁灭。[122]

没有证据表明希特勒是否受到过大企业哲学的影响，哪怕是在最低程度上。只有当他确信能够促进他的军事目标和外部目标时，他才会屈尊听取工商界的建议。他把自己看作一个社会主义者，他的社会主义本质是：国家每个个人或团体都应当毫不犹豫地为国家政策而工作。因此，谁实际上拥有工厂并不重要，只要那些管理工厂的人奉命行事就行。他曾告诉赫尔曼·劳希林，德国的社会主义不打算搞国有化："我们的社会主义延伸得更深。它并不改变事情的外部秩序，它只是重整人和国家的关系。……那么，财产和收入有什么意义呢？我们为
294 什么要把银行和工厂社会主义化呢？我们要把人民社会主义化。"[123] 在介绍他的四年计划时（像斯大林的计划一样，它也不过是一场宣传运动），他说，经济部长的工作只不过是"提出国民经济的任务"，然后，"私营经济必须完成这些任务"。如果私营经济畏缩不前，"那么，国家社会主义政府就会知道如何解决这些任务"。[124]

就这样，希特勒保留了德国的经理阶层，并让他们为自己工作。企业繁荣与否完全取决于它们在何种程度上执行了希特勒的命令。当然，他也从他们那里榨取钱财：但那是勒索者与

受害人之间的关系，而不是客户和资助人之间的关系。一个恰当的实例是化工企业法本公司，起初因为其犹太董事、主管和科学家，而被纳粹党讽刺为“伊西多尔·法本”。它仅仅通过摆脱掉犹太人（比如诺贝尔奖得主弗里茨·哈伯），并同意给予希特勒的合成材料计划（这是他的备战计划的核心，包含在 1933 年 12 月 14 日签署的一份秘密条约中）以绝对的优先权，便赢得了希特勒的青睐。从此以后，法本公司便太平无事，但付出的代价是给希特勒当奴隶。大企业并没有腐化希特勒的社会主义，而是恰恰相反。纳粹党对法本公司的腐化是德意志民族全面悲剧中最令人震惊的个体悲剧之一。[125]

没有经济政策是个有利因素。希特勒是幸运的。他在罗斯福之前一个月接管了国家，并且像他一样，得益于一次已经开始的经济复苏。然而，不像罗斯福，他并没有用系统化的公共工程计划来搞乱经济，尽管确实存在这样的计划。在 1933 年 2 月 8 日的一次会议上，他说，他拒绝任何与重整军备无关的计划。他在 1933 年 9 月开始建造高速公路，因为他想要更快的汽车公路，并认为自己在弗里兹·托特身上发现了创造高速公路的组织天才（此人确实有这样的天才）[126]。布吕宁追求过度紧缩的政策，因为他对通货膨胀有一种妄想狂般的恐惧。希特勒抛弃了这一政策。他解除了德意志帝国银行总裁汉斯·路德的职务，用亚尔马·沙赫特取而代之，还让后者出任经济部长。沙赫特是两次世界大战之间最聪明的财政部长。他是个市场经济学家，但也是一个经验主义者，他不相信任何理论，总是随机应变。

希特勒痛恨高利率和信用紧缩，这倒并非因为他是凯恩斯主义的支持者，而是因为他把这样的政策跟犹太人联系在一

起。他吩咐沙赫特为重整军备提供钱，沙赫特这样做了，这违
295 背了德意志帝国银行的既定规则。由于布吕宁严格的外汇控制（希特勒为了追求独裁权力而使之更加猛烈）、税收（税收收入在 1933 ~ 1938 年翻了 3 倍）和普遍紧缩，通货膨胀得以避免：德国在 1938 年的生活水平几乎不比 10 年前更高。德国人并不在乎这个，因为他们回到了工作岗位上。希特勒掌权的时候失业人数超过 800 万。1933 年下半年，这个数字开始迅速下降，到 1934 年，某些类别的技术工人已经出现了短缺，尽管依然有 300 万人失业。然而，到 1936 年，实际上出现了充分就业，到 1938 年，企业拼命地需要劳动力，而与此同时，英国和美国却再次陷入衰退。

因此，德国是唯一一个迅速而彻底地从大萧条中恢复过来的重要工业国家，理由无疑潜藏在德国工业巨大的内在力量中，从 1860 年直至今天，这一力量一直得到了很好的发挥，只要它没有被战争所伤害，也没有被政治动荡所困扰。魏玛共和国为企业提供了一个灾难性的政治架构，它把稳定而一贯的财政背景作为有效投资的前提条件。魏玛共和国在让国会通过预算上总是大费周章，常常不得不借助紧急法令来推行财政政策。它内在的政治不稳定变得越来越糟，而不是越来越好。1928 年选举之后，组建一个稳定政府变得越来越困难，到 1930 年 3 月，事情已经很清楚：这个政权不会长久，而且存在马克思主义体制取而代之的风险。因此，希特勒的掌权恰好给德国工业提供了它有效运转所需要的东西：政府的稳定性、政争的终结，以及某种意义上的国家目标。剩下的事情它自己可以做。希特勒足够精明，他认识到了这一点。他在允许本党侵入政府及公共政策的各个领域的同时，却不允许他们插手工

业和军队，他需要这两个部门尽快以最大的效率运转起来。[127]

到1930年代中期，希特勒所经营的是一个冷酷无情的、牢固可靠的、没有良心的、成功的、对大多数德国人来说也是深得民心的政权。总体上，德国的工人宁愿要稳定的工作，也不要什么公民权利，后者对他们来说没啥意义[128]。对他们来说，已经变得很有意义的东西是希特勒根据他所说的“归属”政策所创立的数量惊人的社会组织。他还有一项合作政策，强调国家的统一（当然是统一在纳粹党的领导之下）。第三帝国是一个“合作的”国家，普通德国人“归属于”这个国家。这个公共生活的概念对更多的德国人来说比魏玛共和国的党派政治更有吸引力。这种精神状态可能不会无限期地持续下去，但是，当希特勒由于把德国再次拖入战争从而毁掉了自己的声 296
望时，它依然足够强烈。它在最卑微、最贫穷的人当中大概最强烈（尽管在某些信奉天主教的农民当中并非如此，他们拒绝给予纳粹党以赞扬和欢呼，对基督教所遭受的攻击深感愤怒）。

希特勒还迎合了很多德国人的说教天性，亦即那些对“道德”行为拥有强烈渴望、却没有一套根植于基督教信仰的绝对道德法则的人。希姆莱，这个认真勤奋的大规模杀人凶手，这个一丝不苟的拷打者，是那些给希特勒效劳最卖力的人的典型。他把党卫军的美德（纳粹“道德”的化身）定义为忠诚、老实、服从、强硬、正派、贫穷和勇敢。服从“铁律”或“更高法律”，而不是服从教堂里传授的传统的绝对道德观念，这是黑格尔的观念。马克思和列宁把它转变成了一个阶级概念；希特勒则把它转变成了一个种族概念。正如苏联的干部被教导要以说教性的阶级斗争的名义来证明最骇人听闻的犯罪是合理的，党卫军也是以种族的名义在行动——希特勒坚持认为，种族是一个远比阶级更有力、更核心的人类动机。服务于种族而不是马克思主义的无产阶级，这是纳粹清教主义的基础，其典型标志就是奥斯维辛集中营司令官鲁道夫·赫斯所说的理想纳粹党人“冷酷”而“无情”的姿态，这样一个人在履行职责的时候“不再有人类的感情”。[129]

因此，到1933年初，欧洲两个最大的、最强有力的观念被两个宣扬和践履、实际上也体现了道德相对主义的政权所牢牢掌握，连同其所有骇人听闻的潜能。它们各自都对对方最应受谴责的特征起到了激励的作用。极权社会主义（不管是列宁主义的还是希特勒主义的）最令人不安的方面之一，是政治道德的格雷欣法则赋予它们以活力的方式（这二者都是寻求权力，或者寻求享有权力的政权）：恐怖赶走了人道主义的本能，各自使对方变得越来越堕落，堕入越来越深的邪恶深渊。

希特勒从列宁和斯大林那里学会了如何创立一个大规模的恐怖政权。但他也有很多东西可以教给对方。像列宁一样，他希望把一切权力都集中在自己一个人的意志里。像列宁一样，他也是个诺斯替教徒，正如列宁认为只有他才是真正的历史解释者，是无产阶级决定论的化身，希特勒也相信，只有自己才是德意志人民种族意志的代表者。他在1933年1月创立的政权有一个重要的畸形儿：冲锋队。希特勒并不完全控制它，罗姆有一些幻想并不契合希特勒的计划。冲锋队在希特勒掌权之前已经非常庞大，之后则迅速扩张。到1933年秋天，它已经
297 有100万积极的、领取报酬的成员，另有350万预备成员。罗

姆的目标是要让冲锋队成为未来的德国陆军，这将推翻《凡尔赛和约》，确保德国的扩张主义目标。老军队连同其职业化的军官阶层，将纯粹是一支种族性的革命军队的训练组织，他自己将带领这支革命军踏上征服之路。希特勒决心拒绝这个拿破仑式的计划。他更看重正规军，并相信它能够迅速完成重整军备的工作，并帮助国家渡过这段极其危险的时期，在这段时期，法国及其盟友依然有能力入侵德国，摧毁他的政权。更重要的是，他丝毫不想和罗姆分享权力，更别说把权力拱手交给他了。

从 1933 年 3 月起，他开始帮助希姆莱崛起，后者跟他有秘密的电话联系，很显然，希特勒已经在酝酿一项巨大的犯罪，以解决罗姆的冲锋队带给他的两难处境。他十分周密地准备着这一计划。从 1933 年 10 月起，希特勒授权希姆莱在德国所有州接管政治警察首脑的职位，包括此前已经控制的慕尼黑市。这个过程自然被希姆莱的敌人看作一次扩张，在每个阶段都需要希特勒的积极帮助，这既是因为它是非法的（必须让弗里克蒙在鼓里），也是因为它涉及在每个党区与省党部头目谈判，只有希特勒能控制他们。整个过程在 1934 年 4 月 20 日完成，当时，海德里希的党卫队保安处揭露了一场试图谋杀戈林的“密谋”，而他自己的盖世太保却没能发现。希特勒于是命令希姆莱接管戈林的警察部队（从职务上讲是他的副手）。党卫军的组织本身就很大，如今控制了德国的所有政治警察，甚至有能力攻击庞大的武装冲锋队。

在此期间，希特勒想要摧毁冲锋队的领导权和独立性的动机不断增长。冲锋队的野蛮冷酷和公开的街头暴力使得希特勒在国内的支持者开始疏远他，也是他的政权在国外饱受批评的一个主要原因。当约翰·西蒙爵士和安东尼·艾登在 1934 年 2 月 21 日访问他的时候，他答应把冲锋队三分之二的成员遣散，并允许对其余的部分进行审查。艾登写道："差不多是实际解散了这支部队……他几乎不能走得更远了。"[130]同样重要的是军队的敌意。到 1934 年春天，年迈的兴登堡已经明显接近生命的尽头。希特勒希望继承他的位置，集总统和总理于一身。陆军和海军的指挥官都同意他这样做，前提条件是他应当削弱冲锋队，打掉它的嚣张气焰，这是他们在和希特勒谈判时始终表现出来的典型的天真，他们给他的是至关重要的东西，
298 而得到的回报是他无论如何都需要做出的"让步"，在这样的让步中，军队的合作是必不可少的。

希姆莱刚刚实现了对政治警察的垄断，希特勒便立即着手他的清洗，这纯粹是犯罪。他决定立即杀掉他所有的直接政治对手（包括清算某些旧账），以便海德里希的情报部门一手制造出来的阴谋"证据"产生斯大林的审判秀都不太可能比肩的效果。希姆莱和海德里希准备了一份最终名单，希特勒只是用铅笔画出了那些应当枪毙的人；海德里希签署了逮捕令，内容如下："奉元首和帝国总理之命，某某因为叛国罪而被判决枪毙。"在相对较晚的阶段，戈林被拉入了这场密谋。国防部长勃洛姆堡，连同他的政治助手冯·赖歇瑙将军，成了同谋，军队的一些单位奉命随时待命，以防冲锋队抵抗。1934 年 6 月 30 日早晨，希特勒在泰根湖疗养院里亲自叫醒了罗姆，然后回了慕尼黑的棕色大楼。巴伐利亚司法部长不准备仅仅根据一份打字名单而下令大规模枪杀，罗姆和他的助手们实际上直至 7 月 2 日才遭到杀戮，政治警察执行了这一任务。与此同时，在柏林，根据副总理冯·帕彭的目击报道，被告被带到戈

林位于莱比锡广场的私人宅邸，他和希姆莱在那里辨认了他们，把他们从名单上划去，然后命人带走他们，立即枪毙；戈林的私人警察提供了卫队。两天后，希特勒从慕尼黑抵达滕珀尔霍夫机场。希姆莱和戈林在跑道上会晤了他，头顶是血红的天空，接下来三个人研究了一番那些已经枪毙或即将枪毙者的名单，盖世太保的一位军官汉斯·吉斯维乌斯描述了这个瓦格纳式的场景。内政部长弗里克被打发回家了：此事跟他无关。据吉斯维乌斯说，弗里克说："元首，如果你接下来不收拾希姆莱和他的党卫军，就像你收拾罗姆和他的冲锋队一样，那么你所做的一切不过是叫来撒旦，赶走魔鬼。"[131]这话表明他多么不理解自己的主子。

有很多被杀的人和冲锋队毫无关系。其中包括：巴伐利亚前总理古斯塔夫·冯·卡尔，他拒绝参与1923年的暴动；希特勒的老同事和党内竞争对手格里哥·斯特拉瑟；八面玲珑的旧军官、一直打算"遏制"他的冯·施莱谢尔将军，连同他的妻子和他的亲密助手冯·布雷多将军；柏林天主教领导人恩斯特·克劳泽纳，以及其他很多麻烦的人或危险的人，总共大约150人。[132]

这次由政府和警察实施的大规模杀戮行动对德国来说是一 299
场道德灾难。德国将军们的荣誉法则（尽管本身并不怎么样）被彻底砸碎了，因为他们密谋杀死了自己三分之二的朋友和同事。7月3日通过的一项法律使司法遭到了嘲弄，这部法律授权追溯既往的行为。在兴登堡临终的病床上，希特勒被正式承认，那个糊涂的老人曾经轻蔑地将他称为"波希米亚下士"，如今却用"陛下"这样的字眼向他致意。在这位木偶巨人8月2日去世之后，希特勒根据自己在前一天颁布的一项法律继承了他的职位，使自己成为“元首兼帝国总理”。同一天，军队的所有官兵都对他宣读神圣的誓言，誓词是这样开头的：“我将无条件地服从德意志帝国和德意志人民的元首。”这样的安排接下来轮到了平民，德意志人民以 84.6% 的选票奖赏了这位杀人主犯[133]。这个转折点的一个特别重要的方面是给那些实施谋杀的党卫军成员配发了荣誉短剑。这是道德相对主义卑鄙无耻的象征。党卫军就这样开始了它骇人听闻的合法杀人的生涯。罗姆事件（国家公开参与大规模杀戮，有古老的军事精英阶层的默许和选民的背书）直接预示了即将到来的种族灭绝计划。

正是罗姆清洗案的明目张胆，以及希特勒轻松逃脱了惩罚、逃脱了德国和世界舆论以及他自己同僚和追随者的谴责，鼓励了斯大林通过类似的手段巩固自己的个人独裁。在此之前，党内精英还只允许他杀戮普通的苏联人。即便是流放一个高级党员也需要精心设计的补偿。1930 年，斯大林遭到了政治局委员候选人瑟尔佐夫和中央委员罗明纳兹的批评。他很想枪毙这两个人，但他所能做到的充其量是把他们赶出中央委员会。两年后，他要求枪毙柳京，此人私下里传播一份 200 页的文件，批评斯大林的独裁。谢尔盖·基洛夫继任季诺维耶夫，成为列宁格勒的党魁，他坚持认为，应该饶了柳京，把他“隔离”起来，或者说关进专门为党的高层领导人准备的特别监狱里[134]。到 1934 年夏天，基洛夫的影响力依然看涨，他准备成为最有可能继承斯大林的人——或取代他的人。罗姆清洗案的成功启发了斯大林，他想一劳永逸地摆脱党内的约束，而且是以最具独创性的方式：让人杀掉基洛夫，并以此作为借口，来打击其他所有敌人。[135]

1934 年 12 月 1 日，在斯莫尔尼宫，基洛夫神不知鬼不觉
地被人枪杀，那里从前是一所女子学校，列宁正是从那里发动
他的暴动，打那以后它一直是列宁格勒的党总部。那是一个重 300
兵把守的地方，官方也从未解释刺客列昂尼德·尼古拉耶夫究竟是如何通过了警戒线。更加可疑的是，几天前，奉内务人民委员会头目雅戈达之命，基洛夫的警卫被撤走了。1956 年和 1961 年，赫鲁晓夫强烈暗示，斯大林对此事负有责任，详细的证据似乎是压倒性的。[136]

对于谋杀的消息，斯大林的反应极其激烈，但其方式暗示了预谋。他连夜坐火车赶到列宁格勒，黎明时分，列宁格勒警察局长梅德韦德在莫斯科火车站迎候他。斯大林一言不发，在他脸上狠狠地打了一巴掌。接下来，他征用了斯莫尔尼宫的一楼，亲自负责调查。他坐在一张桌子的后面，身边是他自己的跟班——莫洛托夫、伏罗希洛夫、日丹诺夫等人，列宁格勒党部官员在一边，安全人员在另一边。当尼古拉耶夫被带进来的时候，斯大林问他为什么打死基洛夫，这家伙跪倒在地，大呼小叫，指着安全人员说："是他们让我干的。"这些人奔向他，用手枪柄把他打得人事不省；然后，他被拖了出去，轮流给他泼热水和冷水，让他重新醒来。斯大林让人用铁棍打死了基洛夫的警卫队长鲍里索夫；梅德韦德被送去了一个集中营，3 年后在那里被杀；12 月 29 日，在一次秘密审判之后，尼古拉耶夫被处死。超过 100 个所谓的"白色分子"被枪毙；40000 列宁格勒人被投入集中营。很快，任何一个了解基洛夫谋杀案实情的人要么死去，要么永远消失在古拉格群岛。[137]

这只是开始。基洛夫被杀两周后，斯大林让人逮捕了季诺维耶夫和加米涅夫。他详细构思了针对他们的指控，逐字修改

了他们将要给出的证词。花了几个月的时间来排练审判后，斯大林威胁说，“除非他们趴在地上亲口招供”，否则饶不了他们[138]。他们在1936年受审，那是在一场交易之后，根据这场交易，他们同意供认一切，条件是放过他们的家人，并饶他们一命。事实上，他们两个在审判结束后不到一天的时间里都被枪毙了。季诺维耶夫求饶的情景成了恶意模仿的对象，在斯大林的私人集会上，由从前的剧院化妆师K. V. 鲍克尔来模仿，此人后来被提拔为内务人民委员会斯大林私人卫队的队长，是唯一被允许给斯大林刮胡子的人。鲍克尔经常表演这一场景，直至他自己作为“德国间谍”被枪毙。[139]

紧接着季诺维耶夫和加米涅夫被杀之后，斯大林命令雅戈达处死了超过5000个已经遭到逮捕的党员。这是大清洗的开
301 始。做完这件事情之后，斯大林立即从索契（他的度假地）发出了1936年9月25日那封凶险的电报：“我们认为绝对必要且至为紧迫的是提名叶佐夫同志担任内务部人民委员一职。雅戈达已经明确证明自己没有能力揭露托洛茨基-季诺维耶夫集团的罪行。格别乌在这个问题上已经拖延了4年。”[140]接下来是对秘密警察的系统化清洗，由叶佐夫秘密招募的两三百个狂热党员分子组成的团队来实施[141]。接下来，斯大林清除了他在格鲁吉亚的老朋友奥尔忠尼启泽，此人是最后一个允许叫他的绰号“科巴”、允许跟他争论的政治局委员，斯大林给了他选择权：要么举枪自杀，要么死在警察局的牢房里。1937年2月之后，斯大林可以用他希望的任何方式，杀死任何人。在这个月月底举行的中央委员会全体会议上，会议“指示”斯大林逮捕布哈林和李可夫。布哈林眼泪汪汪地乞求饶命。斯大林说：“如果你是无辜的，你可以在监狱的牢房里证明这一

点！”中央委员会说：“枪毙卖国贼！”两个人被径直带出了监狱，并被处死；有人后来听到雅戈达嘀咕：“真遗憾，我从前有权的时候怎么没把你们全都抓起来”[142]（这倒没什么不同：在场的这140个人当中，将近三分之二的人不久之后将会被杀）。

从1936年底至1938年下半年，斯大林打击了政权内部的每一个集团。仅1937年，他就杀掉了3000名秘密警察的高级指挥官，以及各省90%的公诉人。自1935年起，他一直在和希特勒秘密谈判。次年，他说服纳粹政府捏造苏联陆军司令官图哈切夫斯基元帅与希特勒的将军们之间秘密接触的伪造证据；盖世太保完成了此事，它的一位密探斯科布林将军（此人也为内务部人民委员会工作）把伪造证据传递了出去[143]。斯大林的第一个军事受害人是骑兵将军德米特里·施密特，此人1927年公开骂过斯大林；1936年7月5日，施密特遭到逮捕、拷打，并被杀死。图哈切夫斯基和另外7个高级将领在1937年6月11日步其后尘，这之后是30000名军官（大约占总数的一半），包括80%的上校和将军[144]。大多数军官在被捕后的24小时之内被枪毙。在每一个集团，目标都是要杀掉最高领导人，尤其是那些在革命中打过仗的人，以及那些在斯大林控制本党之前就已经出名的人。对党本身的清洗是最漫长、最严厉的。在列宁格勒，第十七次党代会的150名代表当中，只有两个人被允许活命。莫斯科党部的损失一样大。总共约有100万党员被杀。[145]

这些年里犯下的罪行从未得到过补偿、恰当的调查和惩罚（除非是偶然），因为斯大林之后连续几代党的领导人全都脱不了干系。清洗结束之后，主要凶手叶佐夫也被斯大林杀掉 302

了。作为秘密警察的头目，他的继任者拉夫连季·贝利亚在斯大林去世之后被他的政治局同僚开枪打死。1953～1956 年统治苏联的格奥尔基·马林科夫是白俄罗斯和亚美尼亚的主要清洗者。继他之后在 1956～1964 年统治苏联的赫鲁晓夫则负责莫斯科和乌克兰（与叶佐夫本人和莫洛托夫一起）的清洗。列宁格勒的清洗由日丹诺夫领导，他的助手之一（也是少数幸存者之一）是阿列克谢·柯西金，1970 年代出任苏联总理直至去世。直至 1960 年代一直担任高级官员的卡冈诺维奇是斯摩棱斯克地区党部的摧毁者。列昂尼德·勃列日涅夫是乌克兰清洗的教唆者和幸存者，从 1964 年起统治苏联，直至 1982 年去世。

所有这些人，在斯大林死后 30 年的时间里统治着苏联，他们在自我扩张和恐惧中、在斯大林直接而详细的指示下工作着。内务部人民委员会的一个人曾经是斯大林的警卫，他作证说，1937～1939 年，叶佐夫几乎每天都来找斯大林，带着厚厚的一摞文件；斯大林会下达逮捕、动用酷刑和判决的命令（最后一项在审判之前）。斯大林亲自主持了一些审讯。他在文件上批上"逮捕"、"逮捕某某"、"无须查证：逮捕他们"。在 1961 年第二十二次党代会上，谢尔久克宣读了叶佐夫的一封信："斯大林同志：我给你寄去 4 份提交军事委员会审判的人员名单：名单一，将军；名单二，前军事人员；名单三，前内务部人民委员会人员；名单四，前人民之敌的妻子。我请求批准一级定罪（即枪毙）。"名单上的签字是："批准，J. 斯大林，V. 莫洛托夫"。从 1937 至 1939 年，斯大林的签名出现在超过 400 份名单上，上面有 44000 个人的名字，他们是党的高级领导人、政府官员、军官和文化人士。[146]

在莫斯科寻求庇护的外国共产主义者也大量被杀。他们包括贝拉·库恩和大多数匈牙利共产党领导人；波兰共产党几乎所有高层；南斯拉夫共产党除铁托之外的所有高层领导人，保加利亚著名的共产党人波波夫和塔涅夫；莱比锡审判季米特洛夫（他完全是凭借幸运而逃脱了：斯大林有一份关于他的文件）一案的英雄；所有朝鲜人；很多印度人和中国人；来自拉脱维亚、立陶宛、爱沙尼亚、比萨拉比亚、伊朗、意大利、芬兰、奥地利、法国、罗马尼亚、荷兰、捷克斯洛伐克、美国和巴西的共产党领导人。尤其遭受重创的是那些逃离希特勒来此寻求庇护的德国人。那些遭到逮捕的人当中，我们知道842个人的名字，但实际数字比这大得多，其中包括一些领导人的 303
妻儿，比如卡尔·李卜克内西的家人。一些幸存下来的德国人后来能够展示盖世太保和内务部人民委员会的酷刑所留下的印记，那是纳粹德国和苏联这一时期始终保持秘密接触的活生生的象征。总体上讲，欧洲的共产党人在他们自己的法西斯主义祖国比在“社会主义母国”更安全。独立的苏联马克思主义历史学家罗伊·梅德韦杰夫指出：“一个可怕的悖论是，生活在苏联的大多数欧洲共产党领导人和活动家都消失不见了，而1937~1938年待在本国监狱里的那些人大多数都活了下来。”[147]斯大林与纳粹交换“被通缉”的活动家名单是确凿无疑的，他可能和其他的极权主义政权做过同样的事，而他的宣传机器曾猛烈抨击过这些政权。他密切关注他所对待的外国共产主义者的命运。但接下来，他又密切关注他的恐怖统治的方方面面。在审判他的老同志和受害人布哈林期间的某个时间点上，一道弧光向来访者揭示出了斯大林本人的真面目，透过法庭天花板下方一扇小窗那黑乎乎的玻璃，我们看到了事情的真相。[148]

阿瑟·库斯勒那部才华横溢的长篇小说《正午的黑暗》(*Darkness at Noon*, 1940）给人留下了这样的印象：斯大林的主要受害人，落入了他们自己的马克思主义神学以及他们和他共享的道德相对主义的陷阱，被引诱在他们自己的虚假证词上提供合作——他们甚至开始相信这样的证词。没有什么比这些证词更远离真相了。尽管主要“同谋”（构建幻想的基础结构需要他们的证词）是由于威胁要杀死或折磨他们的妻儿、允诺宽大和实实在在的暴力给逼来招供的，但在绝大多数被吞噬的人看来，斯大林的方法和彼得大帝的方法没有什么大的差别，当然除了规模上的差别之外，这阻止了任何缜密区别的可能。

这些年里，俄罗斯庞大的人口当中，大约有 10% 的人经历了斯大林的赎罪机器的考验。沙皇时期一些著名的监狱，比如列夫托夫斯卡娅监狱，后来被改造成了博物馆，里面放进了一些蜡像，如今再次启用，蜡像被血肉之躯所取代。教堂、酒店甚至浴室和马厩都成了监狱；还建造了数十座新监狱。在这些机构的高墙之内，酷刑被大规模使用，其规模就连纳粹也望尘莫及。一些男人和女人被严重致残，眼睛被挖掉，耳膜被穿孔；他们被放进“钉子箱”及另外一些凶残的装置里。受害人常常当着家人的面被施以酷刑。内斯特·拉科巴的妻子是个非常漂亮的女士，她宁愿死在酷刑之下，哪怕当着她流泪不止的 14 岁儿子的面，也不愿指控自己的丈夫。很多人同样坚忍
304 地面对了可怕的死亡。内务部人民委员会打算上演一场青年运动的审判秀，这一计划由于 S. V. 科瓦雷夫及共青团中央委员会其他领导人全都宁愿死在酷刑之下也不愿撒谎招供而受挫。

大量军队指挥官以这种方式被杀：在极端情况下，他们可能会签署自己的“供词”，但他们不愿牵连别人。据梅德韦杰夫说，内务部人民委员会的一些18岁的新成员“被带到行刑室，就像医学院学生被带到实验室里观摩解剖一样”。[149]

希特勒的榜样鼓励了斯大林搞他的大清洗，这一点足够清晰，他的代理人总是很快就学会了盖世太保和党卫军教给他们的任何东西。但教学是相互的。集中营制度是纳粹从苏联引入的。希姆莱以极快的速度设立集中营；在1933年底之前，将近有100座纳粹集中营。但在所有阶段，即使在党卫军的种族灭绝计划在1942～1945年处于高潮的时候，苏联的集中营也要多得多，其中大部分比纳粹集中营更大，容纳的人更多。事实上，正如索尔仁尼琴及其他人所展示的那样，苏联的集中营构成了苏联境内一连串坚固的本土岛屿，覆盖了数千平方公里。像纳粹集中营一样（它们从达豪这个集中营制度的“伊顿”或“格罗顿”向下排列），苏联的集中营也种类繁多。比方说，有专门关押被杀军官的寡妻、孤儿及其他亲属的集中营；有专门收留“人民之敌”的孩子的监狱孤儿院，这些人自己在他们的年龄足够大的时候便立即受审并被判刑，就像图哈切夫斯基元帅的女儿斯维特拉娜那样。[150]

然而，大多数集中营服务于明确的经济目的，正是它们的榜样启发了希姆莱从1941年起试图创立德国经济的一个坚实的“社会主义化部门”。苏联并没有推行一套深思熟虑的、系统化的种族灭绝政策，尽管斯大林在第二次世界大战中处理苏联“各民族”时很接近于这一点。但苏联的集中营依然是（而且一直是）“死亡集中营”。科累马河地区的集中营属于最糟糕的，其上方的铁字招牌上写着“劳动是一件光荣、勇敢和英雄主义的事情”，它是误导性的，就像纳粹对它的模仿（悬挂在奥斯维辛集中营的入口处）一样：Arbeit Macht Frei（劳动赢得自由）。在这些集中营的内部，内务部人民委员会经常执行集体死刑，用机关枪：1938 年，仅在科累马河地区的集中营，就有男女老少 4 万人这样被杀。“特殊惩罚”和金矿集中营是最糟糕的杀戮者。列宁及后来的斯大林缔造了世界
305 上第二大的黄金产业（仅次于南非）和巨大的黄金储备，其支撑是工人们每天工作 16 个小时，没有休息日，穿着破衣烂衫，常常睡在破帐篷里，气温低至零下 60 度，食品供应少得可怜。目击者后来作证说，在这些集中营里，只需二三十天的时间，就足以把一个健康人变成身体上的残废，有人声称，这些条件是故意计划的，为的是实现更高的死亡率。野蛮的殴打由卫兵来实施，也由职业犯罪分子来实施，他们被赋予了监督大批“政治犯”的职责——这是被纳粹所模仿的集中营的另一个特征。

在这些环境下，死亡率几乎超出了文明人的想象。梅德韦杰夫粗略估计大清洗受害人的数字在 40 万～50 万。他认为，1936～1939 年受害人的总数大约是 450 万。在这一时期以及后来的时期，集中营里的男男女女以大约每年 100 万的速度死去，斯大林的政策所导致的死亡人数在 1000 万左右[151]。正如罗姆清洗案激励了斯大林仿效一样，反过来，他的集体暴行的规模也鼓励了希特勒在他的战时计划中决心改变整个东欧的人口统计格局。在社会工程中，大规模的集体杀戮始终是终极武器：希特勒对犹太人的“最终解决”，不仅发源于他那发热的头脑，而且源于苏联农民的集体化。

考虑到它们史无前例的性质，纳粹和苏联政权在 1930 年

代所犯下的暴行对世界的冲击很小就特别引人注目了，尽管二
者（尤其是前者）的性质当时就已经在合理的程度上为人所
知了（即使并不了解其规模）。更多的关注被聚焦于希特勒的
罪行，这部分程度上是因为它们离西方更近，但主要是因为它
们被越来越多的知识分子流亡者广为宣扬。作为一个自封的文
明（与文化相对）之敌，希特勒甚至在成为总理之前就成了
自由世界的作家们一个天生的靶子；一旦掌权，他继续证实了
他在人们心目中的形象：知识界不共戴天的敌人。他的公开焚
书始于 1933 年 3 月，同年 5 月在柏林达到高潮，戈培尔主持
了此事，他引用乌尔里希·冯·胡滕的话说：“啊，世纪！
啊，科学！活着就是赏心乐事！”纽伦堡（1935）和慕尼黑
（1937）先后举行了“颓废艺术”展览。博物馆收到恐吓，要
处理他们的一些藏画：因此，1939 年 6 月，在卢塞恩的一次
拍卖会上，高更和凡·高的作品以荒唐可笑的价格被卖掉了，
毕加索的《苦艾酒》没能找到买主。纳粹政府还定期公布被
剥夺德国公民身份的流亡者名单。他们包括利翁·福伊希特万
格、赫尔穆特·冯·格拉赫、阿尔弗雷德·克尔、海因里希· 306
曼、库尔特·图霍夫斯基、恩斯特·托勒尔（1933 年 8 月）、
罗伯特·贝希尔、爱因斯坦、西奥多·普利维埃（1934 年 3
月）、布鲁诺·弗兰克、克劳斯·曼、皮斯卡托（1934 年 11
月）、弗里德里希·沃尔夫、贝托尔特·布莱希特、保罗·贝
克、阿诺德·茨威格、托马斯·曼（1935 ~ 1936 年），以及另
外数十个著名人物[152]。这些人，以及数以千计的犹太人和反
纳粹大学教授和新闻记者，都是在德国谋生受到妨碍，实际上
是被迫流亡，他们壮大了那些试图揭露希特勒德国内部情况的
人的大合唱。

与此同时，希特勒也有他的口头崇拜者。他们包括劳合·乔治、温莎公爵和《每日邮报》的老板罗瑟米尔勋爵。叶芝－布朗上校是著名的《抗敌英雄传》（*The Lives of a Bengal Lancer*）的作者，他作证说，他的诚实看法是，“今日德国有比魏玛共和国治下更加真正的基督教”。那些以不同形式对法西斯主义表达合格赞许的人还包括贝内德托·克罗齐、让·谷克多、路伊吉·皮兰德娄、乔万尼·金蒂莱、詹姆斯·伯纳姆、W. B. 叶芝、T. S. 艾略特和菲利波·马里内蒂，还有一些实际上支持法西斯的知识分子，比如查尔斯·莫拉斯、路易－费迪南·塞利纳、埃兹拉·庞德、奥斯瓦尔德·斯宾格勒和马丁·海德格尔。[153]

然而，绝大多数知识分子开始向左转。他们把纳粹主义看作一个更大的危险，无论是对他们自己的秩序，还是对一切形式的自由。到 1930 年代中期，很多知识分子相信，法西斯主义很可能成为在欧洲乃至全世界占主导地位的政府体制。德国、意大利、西班牙、葡萄牙、波兰、匈牙利、奥地利、土耳其、希腊、罗马尼亚、日本及其他很多国家有准法西斯政权；繁荣的法西斯党实际上在其他地方到处都有。在他们看来，苏联似乎是完全致力于反对法西斯主义（如果必要的话还要与之战斗）的唯一重要力量。因此，他们当中的很多人不仅准备为它表面上的优点辩护，而且要证明斯大林政权明显的残忍是合理的。至少在那一阶段，他们当中很少有人了解这个政权的真正本性。特别是犹太作家，对斯大林强烈的反犹主义几乎一无所知。他们并不知道，他把超过 600 个作家送进了集中营，很多人（包括伊扎克·巴别尔和奥西普·曼德尔施塔姆）被处死了；几乎可以肯定是他杀害了马克西姆·高尔基；而且，像希特勒一样，他也查禁了数百万册图书，并烧毁了它们，尽管不是公开烧毁。[154]

然而，关于苏联的严厉性，西方知识分子的了解却足以迫使他们在为它辩护的时候采用双重标准。林肯·斯蒂芬斯定了调：“背叛沙皇不是罪，背叛共产主义是罪。”[155]萧伯纳认为：“当我们最有魄力的邻居……为了这个世界对诚实的人来说更加安全而人道地、明智地清算一小撮剥削者和投机倒把者的时 307
候，我们承受不起赋予我们自己以道德的姿态。”[156]安德烈·马尔罗认为：“正如宗教裁判所并没有影响基督教根本上的尊贵一样，莫斯科的审判也没有贬损共产主义根本上的尊贵。”很多知识分子，包括一些知道极权主义司法是怎么回事的人，都为这些审判辩护。布莱希特写道：“即使就那些最痛恨苏联及其政府的敌人的观点来看，这些审判也清楚地证明了存在反对现政权的积极阴谋”[157]，存在一个“臭名昭著的犯罪沼泽”，犯下这些罪行的，是“一切社会渣滓（国内的和国外的），一切害虫，职业罪犯和间谍……这帮乌合之众……我确信这就是真相”[158]。福伊希特万格出席了1937年皮亚塔科夫的审判（此案导致了布哈林及其他人的审判），并就这次审判写了一本速成书：《莫斯科1937》（*Moscow 1937*），书中宣称：“没有任何理由做出这样的想象：关于审判程序有任何人为的或虚假的东西”。斯大林立即让人翻译了这本书，在莫斯科出版了它（1937年11月），并在布哈林受审的前夜让人拿了一本给沮丧的布哈林，让他彻底绝望。[159]

事实上，内务部人民委员会经常利用西方知识分子撰写的亲斯大林小册子，来击垮囚犯的抵抗。他们还得到了西方驻莫斯科大使馆和媒体中亲斯大林分子的帮助。戴维斯告诉本国政府，这些审判绝对是真实的，并重复了他在那本出版于1941年的、满篇谎言的书《出使莫斯科》（*Mission to Moscow*）中所表达的观点。《纽约时报》（1938年3月14日）的哈罗德·邓尼写到这些审判时说："在宽泛的意义上，它们并不是伪装"。他的同事沃尔特·杜兰蒂是这份报纸常驻莫斯科记者，在斯大林的辩护者当中，他是最全面的。正如马尔科姆·马格里奇所言："关于他的狂妄，存在某种充满活力、生机蓬勃、荒谬可笑的东西，这使得他持续不断的谎言不知何故显得格外引人入胜。"他最喜欢的措辞是"我把赌注压在斯大林身上"[160]。关于皮亚塔科夫审判，他写道："除非犯罪证据是压倒性的，否则难以想象斯大林、伏罗希洛夫、布琼尼和军事法庭会判处他们的朋友死刑。"[161]他附和戴维斯大使的话，暗示证据是伪造的，"就让人忍不住怀疑有莎士比亚那样的创造天才"。[162]

西方知识分子试图为斯大林主义辩护的努力使他们卷入了一个自我堕落的过程，这种自我堕落把极权主义本身内在的道德堕落尤其是它对个人善恶责任的否认转移给了他们，并因此转移给了他们的国家。莱昂内尔·特里林谈到西方的斯大林主义者时精明地指出，他们否认了政治，或者说至少是否认了"警惕和努力"的政治：

308 在一个强加的大一统政府里，他们从特定的意志行为来看待其余的承诺，这些意志行为需要满足民主社会很多的而且常常是互相冲突的条件……他们抱持这样一个观念：革命是最终的、包罗万象的意志行为，它将永远终结我们个人意志的行使。[163]

对美国来说，这一发展特别严重，因为斯大林主义当时已经构成了那场新的激进运动重要的组成部分；正如斯特林所指出的那样：

> 从美国文化情境的任何角度来看，1930 年代激进运动的重要性都不可能被高估。它可以说创造了我们如今所知道的那个有巨大规模和影响力的美国知识阶层。它确定了这个阶层的特征主要是左翼的，尽管他们的观点千变万化。[164]

这就是那个把自由主义思想打造成形的阶层——民主主义的政治集团，它将在世界上最强大的国家掌握权力，实际上一直到 1970 年代末。

因此，1930 年代极权主义恐怖的交错影响是巨大的，无论在时间上还是在空间上。但在那个时期，希特勒和斯大林的最终后果似乎并不重要。重要的是他们的政权在不久的未来将会做什么，不仅是对他们无助的臣民做什么，而且是对他们或远或近的邻国做什么。掌握了绝对权力的斯大林和希特勒的出现给予已经很不稳定的、脆弱易碎的世界结构以决定性的一击。这两个人都有无限的领土目标，因为他们都认同迫在眉睫的末世论，一个是阶级的末世论，一个种族的末世论，在这个过程中，他们互相竞争的权力体系将会在全球占支配地位。因此，这两个人的出场引入了一段可以称为侵略高峰的时期。

9. 侵略高峰

309 在1920年代，文明的西方民主国家一方面通过国际联盟，另一方面通过英美的金融外交，维持了某种不大牢靠的世界秩序。1930年代初，这一体系——如果可以称之为体系的话——彻底崩溃了，由此开启了一个国际强盗的时代，在这个时代，极权主义国家的行为仅仅受限于它们的军事手段。遵纪守法的强国在经济上破产了，于是单方面裁军。法国经济在1929年渡过了它的高峰期，从此以后陷入稳步衰退，直至1950年代初才恢复到1929年的水平。它的失业人数保持了相对较低，这仅仅是因为失业的工人纷纷回到了他们出生的农场，而且移民被赶走了。法国退回到了孤立中，并开始建造它的马其诺防线，这本身就是失败主义的象征。美国人和英国人都被经济所困扰。1930年代初，美国陆军共有132069名官兵，仅仅是世界第16大陆军，比捷克斯洛伐克、波兰、土耳其和罗马尼亚的陆军还要小[1]。总参谋长麦克阿瑟拥有陆军唯一一辆豪华轿车。英国工党首相拉姆齐·麦克唐纳没有自己的车，政府也没有给他配备一辆，当他去处理国家大事的时候，不得不小跑着去唐宁街尽头，然后拦下一辆巴士或出租车[2]。1930年，美国人说服了准和平主义的工党政府签署《伦敦海军条约》，把皇家海军裁减到了自17世纪以来闻所未闻的完全不起作用的状态。外交大臣阿瑟·亨德森是个乌托邦主义的卫理公会教徒，他曾谈到“动员一次外交的民主”，为停止计划中的新加坡军事基地的工作并把英国巡洋舰的数量削减到区区

50 艘的决定辩护，辩护的理由是：日本“已经明确保证用和平手段解决其争端”[3]。

具有讽刺意味的是，正是 1930 年的《伦敦海军条约》（他们很不情愿地签署了这份条约），说服了日本人与西方决 310
裂，寻求他们自己的私利。1930 年代《霍利 – 斯穆特关税法》摧毁了他们与美国的贸易（占其出口总量的 15%），再加上接下来为了报复而出台的另外一些关税法案，在他们看来似乎是回到丛林法则的一个充足的道德理由。1931 年 9 月 10 日，因弗戈登英国海军基地的水兵被 10% 的减薪所激怒，出现了哗变，并使英国的一些主要舰队单位陷于瘫痪。8 天后，日军最高统帅部不顾东京平民内阁的明确命令，在满洲策划了一场危机，导致了入侵[4]。内阁投降了，认可了军队的政变，宣布成立新的傀儡“满洲国”。

英国什么事都做不了，也什么都没做。英国驻东京大使弗朗西斯·林德利爵士报告，他发现自己“处在一个令人不快的位置上：从一个没有能力做出担保的政府那里寻求担保”[5]。英国让国际联盟启动了一次调查，由利顿勋爵领导，最终拿出了一份批评日本的报告。唯一的后果是，日本在 1933 年 3 月 27 日脱离了国际联盟。一些国际联盟的热心鼓吹者，像罗伯特·塞西尔勋爵，敦促对日本“采取行动”。但同样是这些人坚持裁军。1932 年 2 月 29 日，第一海务大臣弗雷德里克·菲尔德爵士说英国在远东“无能为力”；新加坡是“无防御的”。“十年规则”如今被悄无声息地废弃了，但为时已晚[6]。正如斯坦利·鲍德温所言：“如果你搞一次经济抵制，你就会得到日本的宣战，它会占领新加坡和香港，而我们并不能像人们预期的那样制止它。从华盛顿那里你只能得到夸夸其谈和大话，仅此而已。”[7]

事实上，即便以他们现有的力量，英国和美国联合起来还是能制止和遏制日本。珍珠港只能通过海上力量来防御。有英国军队的增援，美国的太平洋舰队可以让这个基地牢不可破。新加坡港仅用空中力量就足以防御。有了美国的空中支援，它也变得可以防御。那么，一条与日本对抗的强大阵线就是可行的[8]。但美国日益增长的孤立主义——这更多的是 1930 年代的特征，而不是 1920 年代的特征——排除了这一联合计划的可能性。美国正在朝向 1935 年的《中立法案》迈进。当罗斯福从胡佛手里接管权力的时候，他让事情变得更糟。胡佛曾经帮助筹划一次世界经济会议，打算 1933 年 6~7 月间在伦敦举行。它有可能说服那些“贫穷的”强国：除了为生计而战之外，还有另外的选项。7 月 3 日，罗斯福放弃了这一计划。从此以后，再也没有做出过真正的努力，来创造一个稳定的金融框架，在这一框架之内，争端可以通过外交手段来解决。在
311 1920 年代，世界被金钱的力量所统治。而在 1930 年代，世界服从于刀剑的仲裁。

细心研究这一时期的历史便会发现，极权主义强国（尽管它们总是独立行动，有时候甚至是彼此公开敌对）在何种程度上利用了它们的数量优势和日益增长的力量来挑战民主秩序那捉襟见肘的资源。意大利、日本、苏联和德国一起玩了一场地缘政治的游戏，它们的整个目标是要用强权政治取代国际法和国际条约，它们相信，在这样的强权政治中，各自的太平盛世幻想注定要实现。所有这些狼一般的国家当中，没有一个国家会信任别的国家；它们尽可能地互相欺骗，每个国家都利用其他国家的毁灭来扩大自己的战利品，巩固自己的阵地。因

此在犯罪中总是有密谋串通，很不稳定且变化多端，有时候是公开的，但更多的是隐蔽的。还有犯罪竞赛：极权国家之间内部互相腐化的过程如今蔓延到了对外交易中，因此，格雷欣法则在这里也运转起来了，赶走外交手段，用武力取而代之。

这些食肉动物国家以不同的方式和不同的速度践行强权政治。斯大林的苏联是最俾斯麦主义的，它满足于仅仅在机会出现的时候便抓住机会，有足够的耐心根据巨大的时间跨度采取行动，坚信到最后一切都会是它的。德国是最动态的，有一种迫在眉睫的末世论，希特勒觉得必须在自己的有生之年实现它。墨索里尼的意大利是那只豺，紧跟在更大野兽的后面，攫取留在那里无人守护的任何残羹冷炙。日本是最不稳定的，被实实在在的集体挨饿的幻想所折磨。世界性的经济衰退使其主要出口品（生丝）的价格锐降50%，如今，它缺少流通货币来购买大米。然而，到1934年，它却把21.12亿日元总预算中的9.37亿日元（将近一半）花在了陆军和海军上[9]。所有这些极权主义政权也都遭受了国内的掠夺之苦，亦即霍布斯所说的“每个人对每个人的战争”。但至少，德国、苏联和意大利都有匪徒式的独裁政府。而在日本，则没有人全权负责。

1931年的满洲阴谋表明，军人可以篡夺决策权，并让自己不受惩罚。1932年对首相、财政大臣和重要实业家的谋杀标志着借助议会手段来统治国家的终结。1933年12月，天皇本人险些被杀，从此之后他就陷入了恐怖中。在1931～1934年，日本最有影响力的人物是陆军大臣荒木贞夫，一个凶残的武士道意识形态拥护者，他操纵了一场希特勒式的青年运动，
他也是新的极权主义神道教的主要倡导者之一。在一个欧洲国 312
家，他几乎肯定会成为一个独裁者，并因此创造出一个集中化

的决策和责任的焦点。但在一个理论上被一个活着的神人所统治的国家，个人的领导能力遭到排斥，并受到暗杀的惩罚。即便是日本最专制的人（实际上尤其是最专制的人）都认同宗族或集团的统治，一小撮寡头集团秘密集会并争论，还做出遮蔽个人责任的集体决定[10]。它是一个这样的体制：既鼓励身体上的鲁莽，又鼓励道德上的怯懦，并窒息了个人良知。它使得日本的统治精英特别容易被斯大林、墨索里尼和希特勒所宣扬的集体主义所影响（尽管他们的腔调各不相同），特别容易受一个中心命题的影响（在这个命题上 3 个人是一致的），这就是：个人的权利包含在国家的权利之内，后者是总体性的、无条件的。自 1860 年代以来，英国人和美国人努力尝试着灌输不同的传统，并在一定程度上获得了成功。这得到了美浓部达吉教授的支持，并在他身上得到了具体的体现，自 1902 年以来，此人是帝国大学的一个宪法权威，一个天皇提名的日本贵族。他论述日本宪法的 3 部重要著作使他成为日本议会自由主义的导师，是极权主义神道教的虔诚信徒们特别痛恨的对象。他认为，法律的存在就是为了保护社会中的个人，而且，个人大于国家。当日本自己的无法无天不受惩罚的时候，尤其是，当希特勒在没有宪法并否认国际协定的情况下成功登上德国统治舞台的时候，对这位老教授的攻击便稳步升级。1934 年 12 月 19 日，日本公布了《伦敦海军条约》，紧接着是希特勒不受限制的重整军备。1935 年 3 月 16 日，希特勒拒绝接受《凡尔赛和约》。4 月 16 日，日本武装部队的首要成员把美浓部达吉的著作拿到了东京军人俱乐部的楼顶上，公然付之一炬。

紧接着对法治的这种象征性批判之后，便采用了可以称之为粗糙的日本形式的黑格尔主义，它成了官方学说，在军队和学校被讲授。法务省对它的官方概述是：

> 在日本人的心目中，始终不存在个人与国家相对的概念。……在西式观念之下存在一种个人主义的生活观，把个人视为绝对的、独立的实体……是一切价值的标准，其本身是所有价值中最高的。［可是］尽管人类有他们独立的存在和生活，但在深层意义上，他们依赖于整体，生活 313
> 在彼此之间的合作关系中。他们生于国家，被国家养活，被国家的历史和传统所养育。个人只能作为那个被称作国家的有限而巨大的生命链中的一环而存在；正是通过他们的链环，祖先的遗产被传承给后世子孙。……当他们作为国家的一部分而服务于国家的时候，个人便分享了最高、最大的价值。[11]

这段话是不诚实的，因为这种形式的哲学是从欧洲输入的，它也是误导性的，因为在日本，那些坚定认同它的人，恰恰是那些在国家政治不完全服从于他们的控制时最早违抗并攻击国家的人。无论如何，国家不是一个实体，而是一个敌对派系的集合，以谋杀作为最后的仲裁人。让军人负责政府部门并没有解决任何问题：他们像文官一样容易遭到暗杀。集体决策也没有提供任何保护：枪手发展出了集体暗杀的技术。此外，军人就像平民政党一样四分五裂。海军想要“南方”政策，扩张到远东地区荷兰、法国和英国的殖民地和岛屿，那里有日本所缺乏的丰富的原材料，尤其是石油。陆军想向亚洲大陆扩张。但他们也分裂为“北方派”和“南方派”，前者想要建立

"满洲国"，攻击俄罗斯，后者想要占领中国城市，逼近它的大河流域。这些人，或者那些站在他们一边的平民政治家，没有一个人透彻思考过他们的计划，从开头直至最终后果。他们全都是才华横溢的战术家；没有一个人是战略家。对于开始一场战争，每个人都有引人注目的想法；但从头至尾，从 1931 年直至 1945 年的惨败时刻，没有一个日本人，无论是平民还是军人，以现实主义的态度设想过战争可能会如何结束。怎么会这样呢？如果让人知道你认为在某些环境下战败是可能的，那就要冒送命的危险。当争论受制于身体的恐惧时，当政治方向的改变通过杀戮来实现时，冷酷的评估——这是强权政治的本质——便变得不可能了。实际上，随着 1930 年代的时间推移，日本的统治和决策不是通过任何真正的政府体系，而是通过恐怖的无政府主义。

分水岭是 1935～1936 年。1935 年 8 月 12 日，派系斗争蔓延到军队，当时，军务局局长永田铁山将军被一个激进的中佐相泽三郎持剑砍死。相泽三郎在审判时宣称："作为一名击剑教练，我竟然没能一剑砍死永田铁山，对此我深感羞愧。"[12] 但他不为任何别的事情感到羞愧，并利用他旷日持久的审判，
314 制造了一场狂暴的反正统战争宣传。当 1936 年 2 月 20 日的选举见证了议会自由主义（价值几何另当别论）的恢复时，审判还在进行。美国大使约瑟夫·格鲁家里有一场晚宴——格鲁是个聋子，与日本打交道典型的困难在于，在他谒见天皇期间，翻译官说的话他一个字也听不见，因为在天皇面前大声说话是不可饶恕的冒犯[13]。但格鲁的妻子、著名司令官佩里的孙女会说漂亮的日语，他们的家是日本立宪主义者的旅店。那天晚上，他们的客人包括海军大将、掌玺大臣斋藤实和海军大

将、天皇侍从武官长铃木贯太郎。晚宴之后，格鲁给他们放映了尼尔森·艾迪和珍妮特·麦克唐纳主演的电影《淘气的玛丽达》（*Naughty Marietta*），客人看得津津有味，日本人的夫人们则一边欣赏电影，一边泪眼婆娑。[14]

第二天早晨一大早，东京卫戍部队的1500人，包括警卫部队、两个精锐骑兵团和炮兵单位，发动了一场政变。他们占领了法院、议会大楼以及陆军、海军和警察部队的总部；他们包围了皇宫。装备着剑（为了荣誉）和机关枪（为了效率）的暗杀小分队被派到政府主要成员的住地。斋藤实被杀。军事教育总长和财务大臣也未能幸免。铃木贯太郎尽管受伤，却因为妻子的英勇行为而保住了性命。首相、海军大将冈田启介是首要目标，因为他刚刚宣布，选举意味着回到宪法统治，他也被妻子救了一命，妻子把他锁在一个柜橱里，由于误会，暗杀小分队枪杀了他的兄弟。这场密谋的最终目标是谋杀和替换天皇，但天皇也幸免于难。4天后，海军和禁卫军迫使哗变者缴械投降。13个主要叛乱者被仓促审判和秘密处决——只有两个人切腹自杀，尽管所有人都给了选择这样做的机会。值得注意的是，整个这场恐怖插曲期间，没有一个人——受害人、他们的同事、天皇、陆军和海军的高级军官、警察、卫兵，尤其是所有杀人凶手自己——的行为不表现出怯懦和优柔寡断。唯一的例外是被人看不起的女性——大臣们的妻子和女仆，她们表现出了非凡的勇气和智谋。[15]

这场未遂政变被宽泛地解释为亲纳粹的，但更有可能，它的始作俑者是苏联政策的奴仆，某些人是蓄意的，另外一些人则是非故意的。他们的宣言谴责了“很多人无视日本人民的普遍福祉和繁荣，他们的主要目标和意图是积累个人的物质财 315

富。……政界元老、资深政客、军人小集团、财阀、官僚和政治党派全都是叛国者，他们正在摧毁国家的根本”。[16]卷入此事的年轻军官准备通过马克思主义和皇道的混合，把某种形式的共产主义引入日本，有一个共产主义的傀儡天皇。这正是苏联间谍理查·佐尔格的观点，他在纳粹大使馆内工作。他估计（他在莫斯科的主子也是这样被告知的），这场兵变将有利于苏联的政策，因为它将标志着一个动向：远离沿着满洲边界与苏联对抗的“北方”战略，而朝着进一步渗透中国的方向深入。这一动向无疑是斯大林所欢迎的，因为中国和日本之间的全面战争不仅会排除他脆弱的东方基地遭到攻击的可能，而且很有可能迫使蒋介石和国民党放弃与中国共产党之间的分歧，组成人民阵线，并因此加速整个中国加入苏联阵营。[17]

实际上，这恰好就是后来发生的事。叛乱者想让日本推行更加积极的军事政策，偏爱它的“北方”出口。日本军事当局刚刚绞死叛乱者，便迅速而胆怯地采用了他们的行动主义，但是——正如佐尔格所推测的那样——却把它转向了“南方”。然而，没有证据表明日本愿意与中国爆发一场全面战争。恰好相反，日本的政策是要摆出一副中国的东方伙伴“保护者”和“兄弟”的姿态，并通过贸易、外交、压力和宣传来达到它的目的。对中日战争感兴趣的唯一大国是苏联；中国内部唯一坚持从这样一场战争中得到好处的部分是中国共产党。

事件的时间顺序引人联想。到 1934 年夏天，中国共产党的军队（周恩来是它的政委）在蒋介石的国民党部队及其德国顾问汉斯·冯·塞克特和亚历山大·冯·法肯豪森的手里接近于全军覆灭。秋天，共产党的将领们决定开始后来所说的

“长征”，表面上是为了打击北方的日本人；但事实上是为了逃出蒋介石的包围圈和铁丝网。长征开始于 1934 年 10 月，1936 年 11 月结束于延安，其细节都是毛泽东主义的传说，相信与否取决于个人的偏好[18]。重要的是，在长征期间，毛泽东获得了共产党主力部队的控制权。名义上的指挥官张国焘分裂出去了，带着自己的人马去了西康，并因此被打上了“逃跑主义”的烙印。从此以后，作为共产党的最高军事领导人
(周恩来是他的政治魔术师)，毛泽东能够指控共产党内的任 316
何竞争对手是“军阀作风”，并把一切权力（军事权力和政治权力）集中在自己手里。[19]

到共产党的权力集中已经完成、长征已经结束的时候，也就是接近 1936 年年底，斯大林正在推行他的“人民阵线”政策：让共产党和国民党一起行动，抵抗日本。毛泽东起初很不情愿：他认为应该枪毙蒋介石。但在 1936 年晚些时候一次视察北方前线期间，蒋介石在一场被称作“西安事变”的神秘事件中被抓了起来；他的文件遭到搜查，周恩来能够接触到他的日记，显示出他强烈的反日情绪[20]。结果，毛泽东让自己被说服了；到 1937 年 3 月 1 日，他又回到了早期的爱国主义，并告诉一位来访者艾格尼丝·史沫特莱：“共产党人绝不在某个时期着眼于某个阶级的利益，而是强烈关注中华民族的命运。”[21]

要想成功地推行民族主义的路线，需要一场全面的“爱国战争”。1937 年 7 月 5 日，中国共产党和国民党签署了一份合作协定。两天后的 7 月 7 日夜晚，在北京城外的卢沟桥上发生了国民党军队与日本军队之间的第一场“事变”。正是这一逐步升级的插曲导致了全面战争。有意思的是，对阵的两个指

挥官（国民党华北总司令宋哲元和日军总司令桥本群）相处友好，他们都在自己的权限之内尽其所能地给这一事件灭火。但接二连三的无法解释的暴力行动清楚地表明，有人故意寻求全面冲突。国民党 1937 年的国防部长何应钦到死都相信，是日本军事激进分子搞的鬼，前一年，正是同一个集团发动了东京兵变。但七七事变期间在场的日本军官当时都认为，暴力是中国军队中颠覆分子的功劳，而在战后毛泽东大获全胜之后，他们全都相信，是他的间谍奉苏联的指示行事，挑起了这场战争。1967 年，日本的苏联问题专家土居朋夫将军说："我们当时太单纯，没能认识到这完全是共产党的一场阴谋。"十分清楚的是，卢沟桥事件并不是 1931 年满洲事件的重复重演。日本军队中并不存在阴谋。事变发生后，中国人的行为比日本人更不妥协、更傲慢，他们主动使战争蔓延开来。[22]①

同样清楚的是，苏联是中日战争的大赢家。日本人到最后才放弃用武力粉碎布尔什维克政权的努力。他们与苏联的边境
317 一直保持紧张，在 1930 年代晚期，有几次非常严重的军事冲突：1937 年在黑龙江畔，1938 年在距离符拉迪沃斯托克 70 英里的张鼓峰，1939 年 5 ~7 月在"满蒙"边界——最后一次是大规模的装甲兵交战，预示了第二次世界大战中的大规模坦克战。如果没有中日战争，日本无疑有能力跟苏联人爆发全面冲突，并把他们赶出远东。可事实上，它分不出足够的兵力；1939 年的战斗（朱可夫将军在这场战斗中赢得了名声）是苏联的一次胜利，是日本军队现代遭遇的第一次失败。[23]

另一个赢家是毛泽东。1937 年秋天，随着战争无法控制

① 作者此处对七七事变的描述与史实并不符合。——译者注

地蔓延开来，他告诉手下的将领们：

> 中日冲突给了我们中国共产党人一个极好的扩张机会。我们的政策是：把我们百分之七十的努力用于这一目的，百分之二十用于对付政府，百分之十打日本人。这一政策将分三个阶段执行。第一阶段，我们将和国民党合作，以确保我们的生存和发展。第二阶段，我们将实现在力量上和国民党并驾齐驱。第三阶段，深入渗透中国的各个地区，建立对国民党发起反攻的根据地。[24]

这一政策不折不扣地执行了。蒋介石撤退到了内陆腹地重庆。毛泽东依然留在西北，避免与日本人发生大规模冲突，而是打有节制的游击战，并在农民当中创立一个军事的和政治的专政政权。

对日本来说，这场战争是一场道德的、政治的、最终是一场军事的和经济的灾难。美国人始终基本上支持中国人。“中国议会游说团体”已经存在。罗斯福强烈反日。1937 年 10 月 5 日，在芝加哥发表的一场演说中，他把日本等同于纳粹分子和法西斯主义者，并表明了他在道德上的孤立主义：“当一场身体上的流行病蔓延开来的时候，社会便赞同并联合起来对患者实施隔离。”[25] 在对日政策的控制上，军人如今大权在握，决策的时候不再咨询平民部长的意见，甚至也不向他们通报。军人的控制本身就不稳定，就像极权主义神道教和武士道接管军队控制权的低劣信条一样。中国的首都南京在 1937 年 12 月陷落。日本司令官松井石根将军进入中国时声称，“我去前线不是为了打敌人，而是抱着一种去安抚兄弟的心态”；他下令

"尽可能保护和照顾中国官民"。事实上，一旦军队进入南京
318 城，激进的军官就接管了这座城市。4 周的时间里，这座城市的大街小巷被交付给了历史上最大规模的屠杀。一位目击者说，男女老少"像兔子一样被猎杀。每一个看上去在活动的人都被开枪射杀"。大约 2 万名达到参军年龄的男性中国公民列队出城，进入乡村地区，被刺刀和机关枪杀戮——预示了苏联 1914 年在波兰卡廷及其他地方的大屠杀。杀戮一直持续到 1938 年 2 月 6 日，到那时，大约 20 万 ~ 30 万中国人被杀。就连纳粹大使馆的官方报告也把这样的场景描述为"野蛮机器的杰作"。这些暴行在全世界的报纸上被铺天盖地地报道。天皇和内阁中的文官后来声称，他们直到战后才对这些事件有所耳闻。[26]

到那时，日本已经有了全面的审查制度。1938 年 3 月，国会集体辞职，把所有权力交到陆军和海军将领的手里。但没有太多的警察恐怖行为：那是不必要的。日本人似乎团结在战时政策的背后。至少没有公开的反对。英国大使乔治・桑松爵士报告："极端派和温和派之间的分歧，不是目的地的分歧，而是到达目的地的道路分歧和行走速度的分歧。"[27] 到 1938 年初，日本已经有了全面的战时经济，包括对劳动力、物价和工资的控制，以及对所有重大工业决定的控制。很多企业事实上由国家委员会来经营，常常是在军事人员的领导之下。当军队占领了中国的大城市并向江河流域逼近、把所有的中国工业据为己有的时候，他们便迅速组建了一个主要由军事指挥官组成的委员会来管理中国的经济。但这些人并不懂得如何结束战争，也不懂得如何赢得战争；或者说，事实上，他们连战争为了什么都不知道。他们给日本带来繁荣了吗？结论恰好相反。

《纽约时报》驻东京记者休·拜厄斯报道（1938 年 7 月 31 日）："日本已经到了这样一种程度：就连一根火柴杆的长度和一张老鼠皮也代表了与中国继续这场战争的重要经济因素。"他说，如今的配给和短缺比 1918 年的德国还要严重。为了寻找皮革的替代品竟然把老鼠皮也给鞣制了。像原棉、布匹、化学制品、皮革、金属、石油、羊毛和钢铁这样重要的商品，全都从市场上撤走了。购买牙膏、巧克力、口香糖、高尔夫球、平底锅是不可能的事。他写道，任何铁做的东西"比黄金还要稀罕"[28]。早在欧洲战争爆发很久之前，日本就是一个神经紧张、营养不良、日益绝望的国家，它让所有的邻国都敬而远之，它废除了宪政和民主体制，抛弃了法治，没有任何重要的长期战略，采用了用武力从重重困难中开辟道路的权宜 319
之计，这些权宜之计越来越是自创性的。在 1930 年代末，这实际上是道德相对主义的一个典型。

另一个典型是意大利。在这里，我们再一次看到活生生的互相腐化的过程。墨索里尼的政变受到列宁政变的启发。从他最早作为一个政治活动家的时期开始，希特勒便把墨索里尼引为榜样。他在慕尼黑棕色大楼的书房里有一尊巨大的墨索里尼半身像，在 1935 年出版的一本小册子中，戈培尔十分详细地承认了纳粹党对意大利法西斯主义欠下的恩情[29]。这样的恭维并没有得到回报——起初是这样。墨索里尼倒是多少有些公正地把自己看作一个受过教育的文明人，而把希特勒看作一个粗俗的江湖骗子，一个危险的匪徒。意大利有一个很小的、融合很好的、深受尊敬的犹太人社群。墨索里尼欠犹太人很多，尤其是他的社会主义导师安吉利卡·巴拉巴诺夫、罗马法西斯主义的创立者恩里柯·洛卡和意大利社团主义理论家吉诺·阿里亚斯[30]。因此，希特勒的种族主义起初让墨索里尼难以接受，他甚至比法国人更早就感觉到了纳粹政权潜在的危险，英国人就更不用说了。1934 年，他把纳粹政权描述为“百分之百的种族主义。反对每件事情和每一个人：昨天反对基督教文明，今天反对拉丁文明，而明天，谁知道呢，也许会反对全世界的文明。”他认为，纳粹政权“陶醉于顽固不化的好战”[31]。意大利始终担心来自北方日耳曼的入侵。它自古以来的敌人是奥地利：希特勒的兼并政策势必让德国支持奥地利的努力：收复意大利在凡尔赛获得的领土。如果《凡尔赛和约》瓦解，意大利失去的东西像任何国家一样多；当希特勒在 1935 年 3 月 16 日否认《凡尔赛和约》的时候，墨索里尼同意在斯特雷萨与英国和法国会晤（4 月 11 ~ 14 日），以组成一个反对希特勒侵略的“阵线”。

但是，到这个时候，墨索里尼已经处在堕落的过程中。罗姆清洗案的胆大妄为，以及任何方面都缺乏对这种国家犯罪的回应，给他留下了深刻的印象，正如希特勒表面上成功提高了德国的出生率给他留下深刻印象一样。他注意到，日本对满洲的征服依然没有受到惩罚，而且，它还拒绝遵守 1930 年的《伦敦海军条约》，这意味着它正在尽可能地建造大型军舰和航空母舰，但并没有招致英国的紧急回应。他所不知道的是（尽管他可能推测到了），1934 年 3 月 19 日，英国内阁做出决定：必须把德国当作“最终的潜在敌人”来对待，“我们的‘远程’防御政策必须对准德国”。结果，孤注一掷的考量被
320 给予了跟日本交好的可能性；但是，这个想法被认为毫无希望而放弃了，因为美国表现出了不共戴天的敌意[32]。墨索里尼并不知道这回事。但是，他可以看看地图，他可以计算一下。

他知道，英国维持足够的海军和空军力量在国内遏制德国、在远东遏制日本是不可想象的，而且还要驻扎地中海。他感觉到，英国和法国应该愿意支付一定的代价，来回报他继续保持友好。抱着极权主义强权政治的精神，他想要放开手脚对付阿比西尼亚，在那里，1934 年 12 月 5 日，在意大利所属的索马里兰和厄立特里亚边境爆发了军事冲突。在组成斯特雷萨阵线的两个月之前，他就派出了军队。他有一个理由。阿比西尼亚本身是一个帝国，一直通过武力和恐怖统治着臣民，常常还包括移民人口。1935 年的大多数地方问题在后殖民地时期的 1970 年代晚期都复活了——尽管到那个时期，阿比西尼亚已经找到了一个更坚定（即便更危险）的盟友：苏联，并因此保持了它的独立，保住了它的帝国。而在 1935 年，危机并非围绕地方问题，而是关乎国际联盟的信誉度，阿比西尼亚是国际联盟的成员，当意大利在 1935 年 10 月 3 日发起袭击的时候，阿比西尼亚吵吵闹闹地向国际联盟提出了上诉。5 天后，国际联盟宣布意大利是侵略者，10 月 19 日，对它实施了“制裁”。

阿比西尼亚危机的处理实际上由英国负责，它是一个惊人的实例，说明了在一切可能的结果中如何得到最糟糕的结果。阿比西尼亚是一个原始的非洲君主国，推行奴隶制；它根本不是一个现代国家。它本不应该加入国际联盟。国际联盟担保其边界的观念是一个极好的例证，生动说明了盟约的荒谬，正是这种荒谬导致洛奇参议员和他的朋友们拒绝接受它。在 1931 年满洲惨败之后，国际联盟本应该废弃。然而，如果觉得它还值得保存下去，如果阿比西尼亚的领土完整是一个生死存亡的问题，那么，英国和法国就应当准备开战；在这样的情况下，意大利就会缩回去。固然，这两个西方强国将会失去意大利的友谊，会激发它的敌意；但是，国际联盟就会展示它的铁齿钢牙，并且能够使用它们；其结果在别的地方可以感觉到，尤其是在中欧。但实施制裁是愚蠢的。制裁很少起作用：它们造成损害、激怒对方、招致怨恨，但它们阻止不了侵略行为。在这种情况下，制裁毫无意义，因为法国不会同意石油制裁（这是很可能给事件造成什么影响的唯一制裁），而美国是世界上最大的石油制造商，它根本不会实施制裁。英国不会同意关闭苏伊士运河，也不会实施海军封锁：第一海务大臣查特菲尔德报告，只有 7 艘大型军舰可用[33]。在内阁争论是不是要试着实施石油制裁的同时，希特勒于 3 月 7 日把莱茵兰重新军事化
321 了，让《凡尔赛和约》和《洛迦诺公约》都成了废纸。这个时候，英国只有 3 艘战舰在国内水域，几乎不足以抗衡德国的“袖珍战舰”。墨索里尼在 5 月 5 日占领了亚的斯亚贝巴，4 天后兼并了这个国家。6 月 10 日，财政大臣内维尔·张伯伦把制裁政策描述为“愚蠢之至”，一周后，内阁取消了制裁。[34]

制裁政策的唯一结果是把墨索里尼转变成了一个敌人。从 1936 年中期起，德国人开始向他示好。弗兰克、戈林、希姆莱和巴尔杜尔·冯·席拉赫轮番访问罗马。11 月 1 日，墨索里尼谈到了“罗马 – 柏林轴心”。到 1937 年 2 月 22 日，英国参谋长委员会的一份评论指出：“我们指望一个友好而顺从的意大利的日子已经过去了。”[35] 这意味着，现有的计划——万一与日本之间出现危机，便派军舰通过地中海和苏伊士运河，去增援远东舰队——是不切实际的。英国如今有 3 个主要的海军潜在敌人：在国内水域、地中海及太平洋 – 印度洋战区。还有这样一种可能性：它们可能协同作战。在墨索里尼谈到轴心国的概念 3 周之后，日本与德国签署了《反共产国际协定》，

目标针对苏联，但传递了这样一个信号：几个极权主义强国有可能结成集团，在群狼战术的捕食行动中协同作战。1937 年 9 月 27 日，墨索里尼到访柏林。他发现，希特勒的恭维是无法抗拒的。希特勒称他为“全世界首屈一指的政治家，没有人可以把自己跟他相提并论”[36]。他不再满足于阿比西尼亚，开始模仿希特勒搜寻扩张的靶子，制造借口要求得到科西嘉、突尼斯和阿尔巴尼亚。他一改早先对种族政策的反对，在 1938 年 11 月出台了他自己的、另一个版本的《纽伦堡法》[37]。他已经加入了《反共产国际协定》（1937 年 11 月 6 日），并脱离了国际联盟（12 月 11 日）。1939 年 4 月，他开始了一段欧洲侵略的生涯，入侵并吞并了阿尔巴尼亚（5 月 22 日），堕落的过程在下一个月（5 月 22 日）达到顶点，当时，他与仅仅 5 年前还被他描述为潜在的“文明之敌”的那个人签署了《钢铁条约》。

到这个时候，墨索里尼和希特勒已经在第一场意识形态代理人战争中携手合作了。在这个愤世嫉俗的仪式中，他们的“对手”是斯大林。为他们毁灭性的表演选择的舞台是西班牙，自 19 世纪初以来，这个国家实际上一直处于欧洲的权力体系之外，如今成了其痛苦的焦点。这本身就非同寻常：西班牙是一个冷漠超然、自给自足、恐外的欧洲国家，最抵触整体原则，最不容易被极权主义的外来病毒所感染。正是这一点，322
使得西班牙内战特别悲惨。传染病通过社会党（PSOE）进来了，然后开始蔓延。正如萨尔瓦多·德·马达里亚加所言：“使西班牙内战变得不可避免的东西正是社会党内部的内战。”[38] 在 1920 年代，西班牙社会党人都是一些理性、务实的改革者。他们最重要的人物工会领袖弗朗西斯科·拉尔戈·卡瓦列罗在西班牙的共和传统之内展开工作。如果他曾放眼国外的话，他会赞赏英国的费边社成员。他认为，第一届工党政府在 1924 年的组成是“国际社会主义整个历史上最重要的事件”[39]。他甚至在互相让步的基础上与那个反应迟缓、没有危险的普里莫·德·里维拉独裁政权合作（1923～1930 年）。他认为，政权和独裁者可以走马灯似的你来我去，但社会主义的目标是要在资本主义的内部改善工人的物质和道德状况[40]。社会主义者的自我节制使得不流血地终结独裁成为可能，并在第二年实现从君主到共和的和平过渡。

起初，卡瓦列罗很卖力地给共和国效劳。他坚持认为，左派的暴力和非法行为会激怒军队，导致另一次军事独裁。他阻止自己的追随者烧毁莫拉将军的房子，那是激进右翼的焦点。他帮助制订了改革宪法，这部宪法允许国有化，但要在严格的法律框架之内，并给予恰当的补偿。他最引以为豪的是建造学校。在 1908～1930 年，平均每年只建造了 505 所学校，而共和国的第一年就建造了超过 7000 所学校[41]。这正是社会党的部长们所拥护的。他坚持认为，无政府主义者和共产党所煽动的小规模的政治罢工，以及农村地区的暴力骚乱，都必须镇压，如果必要的话甚至可以动用大炮[42]。因此，右翼发动的一次军事政变（1932 年 8 月）以惨败而告终。通过了一项适度的农业改革法案。在一段短暂的时间里（充满希望的时刻），西班牙看上去仿佛可以在渐进而人道的现代化的牢固基础上实现共和国的稳定。

接下来，幻想破灭了。卡瓦列罗是“渗透”——组织化极左翼偷偷摸摸地渗透进党和工会的干部队伍——的第一个受害者。他失去了工会总联盟（UGT）的控制权，并为了夺回控制权而开始向左转。国外的类似事件开始扮演它们凶险的角色。希特勒的胜利和德国社会民主党被轻而易举地消灭，都指向这样一个教训：自我节制不得好报，到 1933 年 7 月，卡瓦列罗宣称，社会党人将会夺取权力，而不是接受法西斯主义。1934 年初，信奉天主教的奥地利总理陶尔斐斯捣毁了当地的社会党，用野战炮轰击了它的大本营马克思大院。有人把此事 323
跟西班牙相比较。像奥托·鲍威尔和朱利叶斯·多伊奇这样一些中欧社会党人发出的警告充斥着媒体[43]。极端主义的传染病对社会主义青年党影响最深，他们开始组成街头暴徒，从事系统化的暴力活动。他们极力吹捧卡瓦列罗，称之为“西班牙的列宁”。这位老改革者，由于他们的阿谀奉承而变得更年轻了，让他们牵着自己的鼻子，在暴力的道路上越陷越深，迷惑于“卡瓦列罗主义”这样的名号，这是他们为当前这一新趋势杜撰出来的[44]。如果说墨索里尼被腐化而走向右翼，那么，卡瓦列罗则被腐化而转向左翼。

国内不断积聚的危机加速了这个过程：移民潮的终结（1933 年有 10 万人被迫回国），不断下跌的物价，以及关于土地改革的论战，土地拥有者认为这一改革是革命，无政府主义者认为是骗局，因此无法推行。在乡下，“穷人饿得发疯，富人怕得发疯”[45]。为战胜饥饿，土地拥有者提出的口号是 Corned Republica（吃掉共和国）——让共和国喂饱你们。国民卫队使用所谓的“预防性暴力”来镇压无政府主义者领导的农民起义。1933 年 11 月，社会党丢掉了选举，被赶出了政府，开始直接行动。

这一战略的改变不可能成功，并肯定会摧毁共和体制。它代表了全盘否定卡瓦列罗曾经代表的一切。1934 年 5 月，他鼓励农业工人罢工。罢工失败了：内政部用枪口把成千上万的农民驱逐出境，用卡车把他们扔到距离老家数百公里的地方。10月，卡瓦列罗使出浑身解数。在马德里，有一场半心半意的总罢工。在巴塞罗那，“独立的加泰罗尼亚”刚好维持了10个小时。在阿斯图里亚斯，工人公社在社会党的支持下存活了两周时间，矿工们用甘油炸药激烈地抵抗着。但是，由于巴塞罗那和马德里的工人拒绝起义，对工人公社的镇压也就不可避免了。实施镇压的是西班牙最能干的将军弗朗西斯科·佛朗哥，他动用了4个纵队的正规军和殖民地军队。

佛朗哥此前一直反对军事起义，之后继续如此。但眼下，他认识到西班牙受到了一种外来疾病的威胁：“前线是社会主义、共产主义及其他诸如此类的东西，他们对文明发起进攻，试图用野蛮取而代之。”[46] 1935年，他发现，25%的部队新兵属于左翼政党，而且，左翼骨干的主要任务就是把他们组织起来，向他们分发传单。1935年8月，在共产国际的第七次会议上，季米特洛夫提出了“人民阵线”的概念，他是这样说
324 的：“同志们，你们应当还记得特洛伊城陷落的古老传说。……如果没有鼎鼎大名的、深入到敌营心脏的特洛伊木马的帮助，进攻的大军不可能取得胜利。”[47]佛朗哥担心，军队一旦分裂或中立化，就没有什么东西能够阻止极端左翼接管国家，并导致列宁俄国的所有恐怖，尤其是斯大林式的对农民的强迫集体化。1936年2月初，随着人民阵线的组成，在选举前夕，他告诉西班牙驻巴黎大使馆的军事武官，“万一出现最糟糕的情况”，军队必须准备行动。但他认为，危机将会结束，因此没有军事干预的计划[48]。即便人民阵线在2月16日取得胜利之后，他也依然认为，如果没有值得尊敬的市民的支持，军队

就缺乏“承担这一任务所必需的道德统一性”。[49]

军队得到了这一支持，这完全是社会党人和左翼极端分子的功劳。1934年，是左翼最早抛弃民主而选择暴力[50]。结果是在主要的民主右翼集团、希尔·罗夫莱斯领导的自治权利同盟（CEDA）中引发了极度的恐惧。罗夫莱斯是个真正的共和主义者；君主主义者、法西斯主义者和社会主义者都痛恨他[51]。他的党是中产阶级的群众运动，不需要使用武力来获得它原本可以通过选票获得的东西——安全。然而，极权主义的腐化如今也存在于CEDA中。它的青年运动“人民行动青年”（JAP）热切回应了左翼青年组织的暴力活动。他们用“领袖、领袖、领袖！”这样的呼喊和“领袖总是对的”这句口号向罗夫莱斯本人欢呼致意。他们把左翼称作“反西班牙”。他们宣称“要么人民行动粉碎马克思主义，要么马克思主义毁灭西班牙。要么与领袖站在一起，要么与领袖对着干。与反西班牙分子之间不可能有什么对话。是我们，而不是他们。让我们消灭马克思主义、共济会和分离主义，这样西班牙就可以继续它的不朽之路！”罗夫莱斯的一些追随者以一份恐慌政纲来打1936年的选战：左派的胜利将会“武装暴民，焚烧私宅和银行，分配私人的财产和土地，疯狂地劫掠，以及对女人共享所有权”。[52]

当左翼在选举之后上台的时候，他们接下来证实了这些恐惧大多数是有道理的。尽管人民阵线各党赢得了选举，但他们的实际得票不足50%。左翼以100万张选票提高了它的地位，但右翼也额外增加了75万张选票[53]。这些数字提出了警告。
左翼抹掉了宪法的一些细节，比如等待第二轮投票，并在第一 325
次投票之后的那天组建了政府。那天夜里，发生了最早的焚烧教堂和修道院的行为；在奥尔维耶托，监狱被打开了。在议会里，左翼立即开始行动，以所谓的“不正当行为”为名剥夺了 CEDA 代表的资格，并攻击总统阿尔卡拉·萨莫拉，此人是个十分正派的共和主义者。

最令人害怕的发展是共产党迅速增长的影响力。他们只有 17 个代表成功当选——包括“热情之花”多洛雷斯·伊巴露丽，据说她用自己的牙齿咬断了一个神父的喉咙——但在 4 月 5 日，他们发动了一场政变。多亏了一位很有技巧的共产国际代理人维多利奥·科多维亚的努力，以及社会主义青年党领导人圣地亚哥·卡里略的背叛（此人已经出席共产党中央委员会的会议），社会主义和共产主义青年运动得以联合起来，这意味着有 4 万名好战分子被共产党吞下了[54]。10 天后，人民阵线那份热血沸腾的政纲正式宣布，不妥协于选举胜利的微弱多数或国家的平均瓜分。在听了他们的条件之后，罗夫莱斯警告议会：“半数国民不会听任国家灭亡。如果不能用一种方式来保卫它，就会用另一种方式来保卫。……内战是那些试图革命夺权的人挑起来的……武器是一个没有能力对那些依然严格合法的群体履行其职责的政府给装上弹药的。”[55]

通过议会来推行一份革命性的政纲本身并不会激起军事起义。决定性的因素是人民阵线没能控制它自己的好战分子，实际上也没能组建任何稳定的政府。对于应该走什么样的路，社会党不可救药地四分五裂。温和派领导人因达莱西奥·普列托痛恨卡瓦列罗，甚至拒绝与他同处一室：“让卡瓦列罗下地狱！”当他警告社会党的暴力会激怒军方的时候，他被指控“更年期发作”[56]。结果是两头不讨好：弱势政府和强势修辞（主要由卡瓦列罗提供）的结合。人民阵线青年运动在城市大街上的活动，无政府主义者组织农民在乡村接管权力，以及工厂里的反政府罢工，使得这样的修辞在已经饱受惊吓的中产阶级和技术工人阶层以及普通军人和警官看来似乎很严重。好战的左翼（这里指的是青年运动的街头帮伙）、无政府主义者、新组建的革命马克思主义党、马克思主义统一工人党（POUM）和“自由同盟”在暴力活动中冲在前面，临时出现的法西斯帮伙热烈响应。后来，有人试图把左翼暴力活动归咎 326
于法西斯的“密探”，这似乎是有道理的[57]。人民阵线的青年帮伙无疑培养了施虐狂似的杀手，他们后来在内战期间成了斯大林主义恐怖最糟糕的代理人。

5 月，无政府主义者和 POUM 的罢工者开始接管工厂，农民开始占领大片的地产（尤其是在埃斯特雷马杜拉和安达卢西亚），并瓜分土地。国民卫队被限制在兵营里。大多数军队被打发去休假。新成立的共和国防暴警察攻击卫队有时候加入暴力行动，或者站在一边袖手旁观，看着地里的庄稼被付之一炬。6 月，暴力活动变得越发猖獗。6 月 16 日，罗夫莱斯在最后的警告中，向议会宣读了一份暴行清单：160 座教堂被焚毁，269 宗谋杀（主要是政治谋杀），1287 件袭击案，69 名政治官员遇难，113 次“总罢工”，228 次部分罢工，10 家报社被洗劫。他的结论是：“一个国家可以生活在君主制或共和制之下，可以是议会制或总统制，也可以生活在共产主义或法西斯主义之下。但它不可能生活在无政府状态中。”[58]正是由于政府没能回应这一请求，才给了保守派军队领袖以“值得尊敬的市民的支持”，他们把这看作接管国家的前提条件。最后一根稻草出现在 7 月 11 日，当时，右翼议员卡尔沃·索特洛的尸体被发现，是攻击卫队杀害的，为的是报复他们的两个人被一个右翼歹徒杀害[59]。两天后，罗夫莱斯公开指责政府对此负有责任。7 月 17 日，内战爆发，罗夫莱斯不愿意参与暴动，他去了法国。[60]

内战之所以发生，是因为结果不明确的 2 月选举恰好反映了一个几乎同样四分五裂的国家；外部干涉使这场战争拖延了两年半。1930 年代谎言最多的事件莫过于这一次，只是到了近些年，历史学家们才把它从谎言的大山里挖掘出来，真相被埋在这座大山之下长达一代人之久。浮现出来的不是一场善恶之间的斗争，而是一场普遍的悲剧。造反的将军们很快控制了南部和西部。但他们没能拿下马德里，政府继续控制着北部和东部的大部分地区，直至 1938 年。在这样建立起来的战线背后，各方都对对方犯下了骇人听闻的暴行，真实的或想象出来的。

对共和党人来说，天主教会是主要的仇恨目标。这不免有些奇怪。教士既反自由主义，也反社会主义；但他们并不是法西斯主义者。大多数教士是君主主义者，如果说他们支持什么主义的话。托莱多大主教、红衣主教佩德罗·塞古拉是个反法西斯分子；他还是个亲英分子。有一点倒是真的，教士太多
327 了：2450 万总人口当中，有 2 万名修士，6 万名修女，3.5 万名牧师。但教士早在 1837 年就失去了他们的土地，以现金作为补偿；尽管人们推测教会很有钱，但普通的教区牧师肯定不是这样。很少有农民杀死本教区的牧师；但他们却可能帮助别人杀死来自其他村庄的牧师。一般而言他们是反教权的；但特殊情况下并非如此。正如城里的左翼知识界一般而言是人道主义者，但特殊情况下并非如此。巴利亚多利德大主教在谈到农民时说："这些人乐意为本地的教堂而死，但他们也会在最轻

微的刺激下把相邻教区的教堂烧为平地。”[61]

共和党人的大多数暴行是由杀手帮伙执行的，他们由工会好战分子、年轻人和政治骨干所组成，自称为“共和党山猫”、“红狮子”、“复仇女神”、“斯巴达克思”、“力量与自由”，等等。他们声称，起义者从教堂的塔楼上开火；但这不是真的，除了巴塞罗那的卡尔梅勒会教堂之外[62]。事实上，教会并没有参与起义，一些教士后来给民族主义者提供的帮助是暴行的结果，而非暴行的原因。11 个主教（占总数的五分之一）被杀，12% 的修士和 13% 的牧师死于非命[63]。被杀者在保罗·克洛岱尔的诗歌《西班牙殉道者》中获得尊敬：

> 西班牙姐妹，西班牙圣徒——你们是被拣选的！
>
> 11 位主教，1.6 万名教士惨遭杀戮——没有一个人叛教。

大约 283 名修女被杀，少数人在处死前遭到强奸，尽管对女人的袭击在西班牙共和国很少见。在雷亚尔省，两个耶稣会修士的母亲被杀，一个十字架刺穿了她的喉咙。托里霍斯的教区牧师遭到鞭打，被带上荆冠，还被强迫喝醋，他们把一根木梁捆在他的背上——然后开枪把他打死，而不是把他钉死在十字架上。哈恩主教在 2000 人面前当着他妹妹的面被杀，行刑者是一个凶残的女民兵，人称“雀斑”。有些牧师被烧死，有些被活埋，还有人被割去耳朵。[64]

共和党人也杀戮世俗的民族主义者，主要是长枪党。在龙达，512 人被赶进了一条把这座城市一分为二的峡谷里，这一事件被欧内斯特·海明威用在了《丧钟为谁而鸣》（*For Whom*

the Bell Tolls）里。列宁是导师；左翼的杀人团伙被称作“契卡”。但他们使用好莱坞的黑话 dar un paseo（西班牙语：跟我走一趟）的意思就是“用武力带走某人并加害”。仅在马德里，就有数十个这样的团伙。最坏的团伙由共产主义青年党的老板加西亚·阿塔德尔领导，他控制着令人恐惧的“黎明巡
328 逻队”，杀害了数十人。他住在一座宫殿里，积累了大量的赃物，试图带着这些东西逃到拉丁美洲去，但被逮住了，在塞维利亚监狱里命送断头台，赃物也被收回了，放入了圣母教堂里[65]。很多这样的杀手加入了苏联在巴塞罗那设立的秘密警察组织。左翼看来总共杀害了大约 55000 平民（巴利亚多利德的国家保护区列出了 54594 人），包括大约 4000 名女性和几百个孩子。[66]

民族主义党在后方的杀戮规模不相上下，但大部分是军队执行的。方法是通过杀死其活跃分子，把绝望的恐惧强加给其支持者，从而彻底消灭作为组织化政治力量的左翼。正如莫拉将军 1936 年 7 月 19 日在潘普洛纳所写的那样：“有必要传播恐怖的气氛。我们必须给人留下这样一种全面控制的印象。……任何一个公开或秘密支持人民阵线的人都必须枪毙。”[67]逮捕发生在夜里，枪杀在黑暗中进行，有时候是在拷打之后。教会坚持认为，所有人都必须首先认罪（10%的人拒绝认罪），这使得秘密谋杀变得困难。但有一些亵渎上帝的暴行：一个人被拉伸为一个十字架的形状，他的手臂和双腿被砍掉了，同时，他的妻子被迫眼睁睁地看着——她疯掉了。试图出面干涉的牧师被开枪打死[68]。乔治·贝尔纳诺斯在他的长篇小说《月光下的大墓地》（*Les Grands cimetières sous la lune*）中描述了马略卡岛的杀戮。但阿瑟·库斯勒在《看不见的写

作》（*The Invisible Writing*）中也描述了法西斯分子的暴行如何在奥托·凯兹从巴黎的共产国际办公室里经营的谎言工厂里被制造出来。[69]

民族主义党最著名的受害人是诗人加西亚·洛尔迦，他妹夫是格拉纳达市的社会党市长。洛尔迦 1936 年 8 月 18 日被枪杀，但他的坟墓从未找到。同月，这座城市大约有 571 人被杀。对民族主义党杀戮所做的一份权威的现代评估列出了格拉纳达省约 8000 人，纳瓦拉 8000～9000 人，塞维利亚 9000 人，巴利亚多利德 9000 人，萨拉戈萨 2000 人，巴利阿里 3000 人。在内战的前 6 个月里，民族主义党杀死了 6 位将军和一位海军上将，他们抓住的几乎所有人民阵线的代表——州长、医生和教师——总共大约 50000 人[70]。因此，双方的杀戮几乎同样残暴，都带有极权主义的性质——换言之，施加惩罚的依据是阶级、身份和职业，而不是个人的罪行。

外部的干涉从一开始就很重要。如果没有外部干涉，这场军事政变大概就失败了。这次起义在 6 座最大城市中的 5 座城市都以惨败而告终。政府在陆地上有很大的数量优势，这一优势很快得到了政治民兵的增强。海军杀死了自己的军官：海军的两艘巡洋舰和两艘驱逐舰阻止了非洲军由海路穿过海峡。民 329
族主义党起初有空中优势，但飞机太少，一天充其量只能运送 200 人进入西班牙。从布尔戈斯坐镇指挥起义的莫拉将军拥有的弹药太少，他甚至认真想到了放弃和逃跑[71]。1936 年 7 月 19 日星期天，佛朗哥从加那利群岛赶到得土安，他的第一个行动就是向罗马派出了 12 架轰炸机；3 天后，他向德国人请求空中运输支持。德国飞机于 7 月 28 日抵达得土安，意大利的飞机两天后抵达。8 月初，佛朗哥用飞机给莫拉运去了 60

万发弹药，在一天的时间里让 3000 人横渡了直布罗陀海峡。这使形势出现了逆转。北方和南方的军队在 8 月 11 日会师了，次月，佛朗哥通过救援托莱多城堡的军官学校，从而实现了宣传上的惊人成功，他被任命为国家元首和大元帅，集“新政府的所有权力”于一身[72]。他希望，共和党人的士气如今会彻底崩溃，自己可以拿下马德里。但法国和俄国飞机的到来让政府军控制了大部分空中前线——这场战争最大的教训是战略空中支持的重要性——苏联坦克在马德里的出现排除了这座城市投降的可能性。因此，外国的帮助使得任何一方都无法迅速解决问题。

然而，战争的结局并不取决于大国的干涉（因为干涉本身就互相抵消了），也不取决于英法的不干涉政策，因为西班牙人始终可以用黄金或硬通货来换取武器。德国人最多的一次提供了 10000 人，包括秃鹫军团的 5000 人，这是一个实验性的坦克和飞机联合作战单位，有 300 人战死。他们还提供了军事教官，在快速训练军官和飞行员上提供了很有价值的服务，另有 200 辆坦克、600 架飞机，以及性能卓越的 88 毫米防空炮，这抵消了共和党人在 1937 年初的空中优势。意大利人的贡献甚至更大：每次 4 万 ~5 万人（其中有 4000 人战死）、150 辆坦克、660 架飞机、800 门大炮（其中有些大炮品质优良），以及大量的机关枪、步枪及其他补给品。意大利人声称，他们击落了 903 架飞机，击沉了 72800 个吨位的共和党船只。民族主义党人也有外援：几千葡萄牙人，奥达菲将军率领的 600 爱尔兰人，以及少量的法国人、白俄罗斯人、英国人、美国人和拉丁美洲人，当然还有 75000 被归类为“志愿军”的摩洛哥部队。[73]

苏联人给共和党人提供了1000架飞机、900辆坦克、300辆装甲车、1550门大炮，以及数量巨大的各种军事装备。法国人提供了大约300架飞机。就数量而言，共和党从外国获得的物资与民族主义党不相上下。但更有价值的是质量，而且， 330
这些物资在共和党人手里的使用效率低得多，当他们撤退的时候，大量物资被留在了战场上。苏联的坦克更重、装备更好、更快，在各个方面都优于德式和意式坦克——正如日本人在1939年、希特勒在1941～1942年所发现的那样——但这些坦克的使用效率也很低，并且被轻易地丢弃：到战争结束时，民族主义党人有整整一个团装备着苏式装甲车。[74]

苏联人还派出了1000名飞行员和大约2000名其他方面的专家，但没有大的作战单位。他们主要把西班牙的事件看作一次国际宣传活动，他们的努力集中在组织国际纵队上。总共40000名外国人为共和党而战，35000人在国际纵队，尽管任何一次都不超过18000人。此外还有10000名医生、护士和民用专家。最大的一批人（约10000人）来自法国，接下来是5000名德国人和奥地利人，5000名波兰人，3350名意大利人，英国和美国各约2500人，南斯拉夫和捷克斯洛伐克1500人，斯堪的纳维亚、加拿大和匈牙利各1000人，还有来自其他40多个国家的小股部队。人员伤亡很大，尽管具体数字至今尚存争议。例如，有人计算，英国贡献了2762人，其中1762人受伤，543人战死。大约900美国人战死。[75]

外国的帮助和干涉并没有逆转任何方面的军事平衡。民族主义党人之所以赢得了这场战争，主要是因为佛朗哥的个人能力和判断力。尽管佛朗哥是一个不讨人喜欢的人，而且不太可能赢得历史学家的尊敬，但必须承认，他是这个世纪最成功的政治家之一。他铁石心肠，头脑冷静，足智多谋，储备了令人生畏的勇气和意志。他父亲是个酗酒的海军军官，他弟弟是个破纪录的飞行员和轰动一时的人物；佛朗哥体现了这个家族所有的自我约束。他对女人、喝酒和玩牌都不感兴趣，他最强烈的爱好是地图。22 岁那年他是军队中最年轻的上尉；33 岁那年成为欧洲最年轻的将军。他在摩洛哥亲历了很多生死攸关的战斗，尤其是 1920 年代的里夫战争期间，1925 年，他领导了到那时为止规模最大的一场两栖登陆作战。他的军事观点对于那个时代来说非常先进；像戴高乐一样，他也相信“运动战”；1928 年，他改组了西班牙军事学院，把它变成了法国陆军部长安德烈·马其诺所说的“世界上同类学院最现代化的中心……军事技术和军事教学最后的定论”。[76]

佛朗哥的哲学值得在这里简短审视一番，因为它距离那个
331 时代所有的流行趋势（不管是自由主义的，还是极权主义的）都十分遥远。和他最类似的军人政治家是威灵顿，一个在西班牙深受崇敬的人物。佛朗哥认为，战争是一桩令人痛恨的事，野蛮残酷的暴行与之密不可分；对于促进文明来说战争有时候可能是必要的。他所身处的传统是罗马人、十字军、西班牙征服者、帕尔马公爵的步兵大方阵。在非洲，他率领的外国军团曾严重残害敌人的身体，砍掉他们的脑袋。但他们受到严格的纪律约束：佛朗哥是个严厉、公正并因此深得人心的指挥官。他认为，西班牙的基督教文化有无可争辩的优越性；他发现，摩洛哥人“抵抗文明”是“无法解释的”。后来，在镇压奥地利矿工时，他感到十分困惑，这些人“尽管明显不是怪物或野蛮人”，但他们却缺乏“对爱国主义和神职人员的尊敬，而这种尊敬对于体面的正派人来说是必不可少的”[77]。他总是把

自己的动机描述为“责任和对国家的爱”。

在佛朗哥看来，军队是唯一真正的国家机构，是古老的、无阶级的、非地域性的、与政治无关的、不可腐化的、公正无私的。如果军队受到压迫，它就哗变，正如自16世纪直至1917年他们所做的那样；反之，军队就为国效力。西班牙的其他每件事都是可疑的。教会是软弱的。佛朗哥是个信徒——他曾让怀疑论者莫拉为弹药供应而祈祷——他还深思熟虑地设立了“教会家庭”，从而赢得了神职人员的认可，但他在任何意义上都不是一个教权主义者，在非精神事务上，他丝毫不关注教会的建议[78]。他痛恨任何形式的党派政治。保守党人都是反动而自私的土地拥有者。自由党人都是腐败而自私的商人。社会党人都是骗子，甚至更糟。他利用了两次起义运动——长枪党和卡尔派，把它们合并在自己的领导之下，但它们的角色是从属性的，实际上是奴颜婢膝的。佛朗哥从来不是一个法西斯主义者，或者说，他丝毫不相信任何种类的乌托邦或体制。在他的司令部里，只有一个政治家有影响力：他的妹夫拉蒙·塞拉诺·苏尼尔，他也是一个公职人员。佛朗哥说：“西班牙已经厌倦了政治和政治家。”还说：“只有那些以政治为生的人才害怕我们的运动。”他的整个政治生涯都耗在了试图消灭政治上。

佛朗哥更好地利用了他的人力资源和物质资源，因为他打的是一场军事战，而共和党人打的是政治战。他是一个控制战争细节的大师：地形、训练、基础设施、后勤、暗号、空中控制。他不是个天才，但非常周密而冷静；他从不犯同样的错误，而是从错误中吸取教训。消灭了党派政治之后，就再也没有一个人和他平起平坐了，他的控制几乎自始至终有严格的统

332 一性。他最大的精神资产大概是他迅速确立了对外国盟友的完全独立，正如我们即将看到的那样。这里有一点经常被人们忽略。尽管理想主义在参与战争的个人层面上是战争中的一个成分，但在国家对国家的层面上，战争绝对是冷酷无情的。希特勒、墨索里尼和斯大林，以及其他所有提供武器和服务的政府，都指望得到回报。在某种意义上，金融是战争的关键，佛朗哥和他的顾问们很精明地处理了这个问题。他们最大的成就是维持了值得尊敬的纸币，而没有得益于国家的黄金储备和中央银行体系。民族主义党人的比塞塔对英镑的比率稳定地维持在 70～80。相反，共和党人的比塞塔从 1936 年 6 月的 36 下跌到了 1937 年 12 月的 226，之后便崩溃了[79]。从早期阶段起，佛朗哥就向西班牙王室、英国和其他国家在西班牙的企业以及像胡安·马奇和胡安·本托萨这样的工商巨头借钱。他做出了巨大的而且是越来越成功的努力，来维持出口。结果，他得以稳定货币、在西班牙国内筹集借款，而且最重要的是，他所有的外国武器几乎都是凭借信用赊购的。因此，佛朗哥欠德国 2.25 亿美元，意大利在 1940 年的最终账单被同意为 2.73 亿美元，这两个国家都有巨大的实际利益来确保佛朗哥赢得这场战争，好让他活下来付清欠款——他后来确实这样做了。

相比之下，共和党人却以愚蠢透顶的方式来处理他们的金融。他们最开始拥有世界上最大的黄金储备：700 吨，价值 1.62 亿英镑（7.88 亿美元）。他们没有利用这些黄金储备来筹集借款，或者在西方资本主义国家“坚硬的”武器市场上直接支付，同时从苏联赊购武器，相反，他们把三分之二的黄金储备拱手交给了斯大林。而换回的武器质量参差不齐，其实，斯大林提供的这些武器完全可以赊购或用纸币支付，就这样，斯大林吞掉了 5 亿美元的黄金，外加 1 亿美元是通过出口挣来的。1938 年底，他直截了当地告诉共和党的谈判代表，他们的信用已经“耗尽”了。在任何阶段，斯大林手里都没有大笔的欠账，因此，他没有兴趣确保共和党政府活下来还清欠账。[80]

从共和党的观点看，更加灾难性的是，斯大林在坚持用黄金支付武器款项的同时，还要共和党付出政治代价。战斗开始的那一刻，对武器的需要变得非常紧迫，西班牙共产党的影响力便急剧上升。如果它过着独立生活的话，这一点可能并不要紧。可事实上，亚历山大·奥尔洛夫——他本人参与了叶佐夫的恐怖活动——领导的内务部人民委员会和格别乌的相关部门通过苏联大使馆，并通过像法国政治迫害者安德烈·马蒂这样 333
一些共产国际的人物，控制着西班牙共产党。海明威曾写道，马蒂的脸“有一种腐烂的样子，仿佛是用你从一头老狮子的爪子之下找到的废料打造而成的”[81]。有一点至今尚不清楚：斯大林究竟多么渴望赢得这场战争；但无论如何，他决心要控制共和党这一方。

卡瓦列罗在 1936 年成为总理，他尽管愚蠢而轻信，但对斯大林的接管还是给予了一定程度的抵抗。他拒绝允许共产党吞并社会党，就像在青年运动中所发生的那样。1937 年 1 月，在收到斯大林的一封恐吓信以及要他解雇他最优秀的将军的要求之后，卡瓦列罗把苏联大使马赛尔·罗森伯格赶出了自己的办公室，并朝他大喊：“滚出去！滚！”声音大到屋外都能听见。他说，西班牙可能很穷，但它不会容忍“一个外国大使试图把自己的意志强加给西班牙的政府首脑”[82]。那是卡瓦列罗的终结（也是罗森伯格的终结，他立即被斯大林召回，并被杀害），尽管苏联当局需要花些时间来安排一场政变。此事是在西班牙共产党执行机构的一次会议上决定的，出席会议的有苏联事务负责人马蒂、奥尔洛夫及其他秘密警察的官员。值得注意的是，共产党的总书记何塞·迪亚兹反对根据斯大林的指示革除卡瓦列罗的职务，马蒂朝他大声喊道："在西班牙共产党的会议上你是一个客人，如果我们的议程让你不高兴，那儿就是大门！"但在大喊大叫和接下来的投票中，只有迪亚兹和教育部长赫苏斯·埃尔南德斯（我们关于这次会议的情况就来源于此人）投票反对政变；西班牙共产党的其他人都被奥尔洛夫的人给吓坏了。[83]

卡瓦列罗的继任者胡安·奈格林是斯大林的代理人亚瑟·斯塔谢夫斯基在前一年 11 月挑选出来的，是一个理想的傀儡：一个非政治的、中上层阶级的教授，在工会和工人阶级中都没有追随者，和共产党没什么关系，因此在外国媒体的眼里是"值得尊敬的"，有一些粗俗的个人习惯，因此很容易被勒索。他不搞武器购买，倒是会坐着一辆快速跑车去法国追女孩。他的贪婪很是壮观：有时候他会在一个晚上吃 3 顿饭。他认为自己没有足够的声望出任总理，对此，埃尔南德斯答道"声望可以创造"——宣传正是共产党人最擅长的活动，无人望其项背[84]。在奈格林顺从的无知背后，共产党人——换言之，就是斯大林的秘密警察——接管了西班牙共和国。结果是 20 世纪最重大的政治悲剧之一。

很显然，就算军队没有在 1936 年 7 月发动政变，西班牙迟早也会经历一场在左翼当中打起来的内战。1937 年春天，这场内战在巴塞罗那爆发了，是共产党人跟统一工人党和无政
334 府主义者打起来了。正如那场范围更广泛的内战一样，直接借

口是一次政治谋杀，共产党的一位领导人罗尔丹·科塔达4月25日被人枪杀，凶手可能是无政府主义者的一个“巡逻队”，也可能是一个名叫艾尔诺·格罗的共产国际密探。双方都有私人军队、秘密警察部队和杀人歹徒帮伙。统一工人党的口号是“宁愿死于街垒，也不放弃革命”。共产党人则高唱“先拿下巴塞罗那，再攻克萨拉戈萨”。5月，出现了骚乱和大规模的战斗，紧接着是海军和4000名攻击卫队的介入[85]。卡瓦列罗拒绝解散统一工人党，这是他被革职的直接借口。奈格林就任名义总理的那一刻，共产党人便接管了内政部和关键性的警察和正规军岗位，并朝向清算迈进。

大清洗与斯大林在苏联屠杀本党刚好同时，打上了其所有手段的烙印。共产党控制的马德里警察迫使两个被抓获的长枪党党员准备了一份伪造的计划：佛朗哥大肆吹嘘的“第五纵队”将在马德里发动一次起义，紧跟着这份计划之后，他们还伪造了统一工人党领导人安德烈斯·宁写给佛朗哥的一封信。一大批暗示统一工人党参与一场法西斯主义背叛的伪造文件被放进了一只手提箱里，留在了赫罗纳，然后被警察“发现”了。6月14日，作为西班牙内务部人民委员会的首脑，奥尔洛夫大概是按照来自斯大林的直接指示采取了行动，他下令逮捕了统一工人党的所有领导人。这一行动无视内阁中共产党员的抗议（而非共产党员，特别是奈格林，甚至没有得到通报）[86]。统一工人党第29师的指挥官以“商议”之名从前线被召回了，他也遭到了逮捕。被捕者被直接带到精心准备的讯问中心和刑讯室，它们大多数在地下，不过也包括巴塞罗那从前的圣厄休拉女修道院，人称“西班牙共和国的达豪集中营”。内阁试图让安德烈斯·宁获得释放的努力完全是徒劳的。不过，斯大林试图让他成为一场西班牙审判秀的中心的计划也泡了汤，因为安德烈斯·宁（奥威尔《1984》主人公戈斯坦的原型）宁愿死在酷刑之下，也不愿意招供（他最后被奥尔洛夫谋杀于埃尔帕多公园，那里后来成了佛朗哥的宫殿）。在1937年余下的日子以及1938年的很长一段时间里，成千上万的统一工人党党员，实际上还有其他各种各样的左翼分子，在共产党的监狱里被处死或者被拷打致死。他们包括大量的外国人，比如托洛茨基的前秘书埃尔温·沃尔夫、奥地利社会主义者库尔特·兰道、英国新闻记者“鲍勃”·斯迈利，
335 以及约翰·霍普金斯大学的前讲师何塞·罗夫莱斯。那些设法逃走的人当中有奥威尔和未来的德国总理维利·勃兰特。[87]

这一时期西班牙很多的不幸之一就是：它的内战刚好与斯大林的大清洗同时。巴塞罗那的很多谋杀跟西班牙的国内政治并没有多大关系，而是莫斯科和列宁格勒一系列事件的反冲。罗夫莱斯就是这样被处决了，因为，作为苏联派往西班牙的军事代表团团长让·安东诺维奇·伯金将军的翻译，他对伯金的召回知道得太多了，因此作为斯大林清洗军队的组成部分而被清算了。1937~1938年，斯大林正让他的重要间谍满世界杀人。而且，正如在苏联一样，几乎所有帮助他接管并恫吓西班牙左派的人，反过来都被谋杀了。1938年2月，内务部人民委员会外事部门的首脑在巴黎他自己的办公室里被逼入死角，被迫吞服氰化物自杀。那些给西班牙组织武器供应的人当中，伊夫亨·科诺瓦勒克于1938年5月在鹿特丹被杀；鲁道夫·克莱门特在塞纳河被找到，成了一具无头尸；苏联在西欧军事情报部门的首领沃尔特·克里维茨基被斯大林的职业杀手追踪了3年，直至1941年2月10日，他们在华盛顿逮住了

他[88]。除了伯金将军之外，斯大林还杀掉了《真理报》驻西班牙的著名记者迈克尔·科尔佐夫、派往西班牙的经济代表团团长亚瑟·斯塔谢夫斯基，以及苏联驻巴塞罗那的总领事安东诺夫·奥夫申科，他被告知，自己被召回莫斯科担任司法部长，这是斯大林冷幽默的一个典型玩笑[89]。唯一逃出斯大林魔掌的人，正是顶级杀手奥尔洛夫本人，他变节了，写了一份材料，详细讲述了自己所知道的一切，并告诉斯大林，他已经做好安排，如果自己暴毙的话，这份材料将被立即公开，就这样，没人去打扰他，斯大林死后，他发表了自己的故事。[90]

有人或许会问：巴塞罗那针对左翼的暴行何以没有在全世界导致一波对斯大林主义的强烈反感？其中一个因素是运气。1937 年 4 月 26 日，也就是科塔达在巴塞罗那被杀引爆国内危机之后的那天，秃鹫军团的 43 架飞机轰炸了巴斯克人的历史名城格尔尼卡，它那棵著名的橡树庇荫着巴斯克人最早的议会。大约 1000 人被杀，70% 的建筑被毁。对于任何一方来说，这都不是第一次轰炸一座城市，格尔尼卡是一个合情合理的靶子，尽管这次袭击的目的是引发恐慌。是秃鹫军团司令官沃尔夫冈·冯·里希特霍芬上校在和莫拉的参谋长胡安·比贡上校商议之后做出了这个决定。没有证据表明莫拉事先知道此事；佛朗哥肯定不知道；德国人并不知道这座城市的历史意义[91]。对共产国际的大多数宣传员——他们是世界上最好的宣传 336
员——来说，这是一个千载难逢的好运气，他们把它变成了整个战争期间最著名的事件。已经有人请求毕加索给巴黎世界博览会的西班牙展馆绘制一幅巨画，他立即抓住了这个题材，结果就是后来被带到纽约大都会博物馆的那幅画。《格尔尼卡》帮助把整个西方舆论——包括《时代》杂志和《新闻周刊》

(*Newsweek*) ——推到了共和党人一边[92]。在随后的喧嚣中（其回声直至1980年代当那幅画被庄严地悬挂在普拉多美术馆的时候依然能听到），巴塞罗那的集体屠杀无人理睬。

格尔尼卡被用来掩盖统一工人党的被消灭，其方式是共产国际宣传的典型特色，它由两个很有灵感的职业撒谎者操纵：威利·明曾伯格和奥托·凯兹，这两个人后来都奉斯大林的命令被杀[93]。整个西班牙内战期间，给斯大林主义帮忙的，不仅有出色的公关，而且有西方知识分子的天真、轻信，必须说的是，还有他们的撒谎癖和腐化堕落，以及他们自愿忽略W. H. 奥登所说的"必要的谋杀"。当奥威尔逃出来并试图在《新政治家》上发表一篇关于统一工人党丑闻的报道《不小心说漏了西班牙的秘密》时，该刊的编辑金斯利·马丁拒绝了这篇稿子，理由是：它会损害西方对共和党事业的支持；他后来认为，如果西方愿意提供武器的话，奈格林将会因为统一工人党事件而跟共产党人决裂。但是，当奥威尔的揭露发表在《新英国周刊》（*New English Weekly*）的时候，它并没有吸引多少关注[94]。左翼知识分子不想知道客观真相；他们不愿意自己的幻想被人粉碎。他们被事业的魔力和兴奋给淹没了，很少有人有奥威尔那样坚韧不拔的决心，来支持绝对的道德标准，也没有相对道德标准取而代之时所发生的那种恐怖经历。他们当中很多人以毫无尊严的顺从对待"本党"。因此，1936年入党的诗人塞西尔·戴－刘易斯为自己之前没有入党辩解，并自负地承认自己有一种"资产阶级主观主义的优雅，正是由于这种主观主义，我才不愿意加入本党，除非我挣到了足够的钱，能够确保自己是出于公正无私的动机入党，而不是作为一个骨瘦如柴、饥肠辘辘的人，想通过革命谋取个人好处"。

在书友会邀请他加入选书委员会的时候，他甚至觉得要征求党的批准之后才能接受这一邀请。[95]

此外，共产党控制了接近西班牙共和国的通道。比方说，一个英国作家要去那里，就必须有一封共产党首领哈里·波利特写的信，此人与维克多·戈兰茨密切合作，后者是主要的左翼出版商，他的左翼读书俱乐部控制了市场。诗人 W. H. 奥登 337
在巴塞罗那公园里因为猥亵而遭到逮捕，他那封“波利特的信”救了他，使他免于牢狱之灾[96]。探访“我们的”西班牙对于一个进步知识分子的自尊来说是必不可少的。正如德国人、俄国人和意大利人用西班牙来检验他们的新式军事装备（硬件的利用）一样，作家们去那里也是为了他们的下一篇小说或诗歌获取素材，可以称之为软件的利用。安德烈·马尔罗关于中国革命的长篇小说《人的命运》（*La Condition humaine*，1932）为他赢得了世界性的名声，他去西班牙是为了写一个续篇，它后来以《希望》（*L'Espoir*，1938）为题出版了。他带去了一个飞行很慢的波特克斯轰炸机中队，在报纸上制造出了喧嚣吵闹的大动静，给民族主义者造成的损害却不大，不管怎么说还得西班牙配备飞行员。共和党人的指挥官加西亚·拉卡列写道，马尔罗的人都是“作家、艺术家、摄影家、女人、孩子以及我不知道的什么人——就是没有飞行员”[97]。海明威也在西班牙，“正酝酿”《丧钟为谁而鸣》。想象自己老于世故，对战争的玩世不恭很有经验，实际上，“海明威老爹”很容易上当受骗。当他的朋友多斯·帕索斯为罗夫莱斯（他们跟他都很熟，当时罗夫莱斯实际上已经被杀）的失踪而忧心忡忡的时候，他那位从事反间谍活动的“朋友”、阴险的昆塔尼拉暗示海明威罗夫莱斯是个间谍，他立即信以为真。他把多斯·

帕索斯“继续相信罗夫莱斯的忠诚”归因于“好心肠的天真，这是一种‘典型的美国自由主义的姿态’”——当然，事实证明，天真的正是海明威。[98]

为了维持知识分子的好感，共产国际的马戏大师们举行了几次“一切费用均已付清”的国际集会。其中包括 1937 年在布鲁塞尔举行的“国际和平行动”，由法国共产党领导人马赛尔·加香操办，这次活动创造了一个和平节、一场和平博览会、一种和平纪念币，以及一篇和平誓词。金斯利·马丁把它描述为——尽管当时不是，但 30 年后确实是——“对诚实、热情和信念的谋杀”，在他身上引发了“绝望”[99]。更糟糕的是，同年，召开了马德里作家大会。据斯蒂芬·斯彭德记载，他和其他客人“受到国王和大臣一般的对待……坐着劳斯莱斯汽车，日日宴饮，夜夜笙歌”，尽管会议的高潮是对安德烈·纪德的一次恶毒攻击，因为他刚刚出版了一本批评苏联的书《从苏联归来》（*Retour de l'URSS*），如今被公开痛斥为“法西斯恶魔”。一阵猛烈的炮火声恢复了人们的现实感：

> 次日早晨，安德烈·尚松（法国代表团团长）宣布，
> 338 他和《知识分子的背叛》（*La trahison des clercs*）一书的作者朱利安·班达必须立即离开马德里。因为，如果他们当中有一个人被杀的话，法国除了向佛朗哥宣战之外也就别无选择了，而这一行动肯定会导致世界大战。尚松不想为这样一场灾难承担责任。[100]

斯彭德本人已经是一个沙场老兵，曾经，在机关枪的基座上，

……负责这挺机关枪的枪手坚持认为，我应该朝摩尔人的阵线发射少数几颗子弹。我这样做了，很有把握地祈祷我没有任何机会射中一个阿拉伯人。突然，前线在我看来就像双方之间一种爱的关系，被困在他们相对的战壕里……而且，对于一个来访者来说，干扰他们死一般的性高潮似乎是一种轻浮。[101]

与此同时，这种可怕的轻浮在共和党人的阵线后面继续着。正如奥威尔所指出的那样，左翼各派都痴迷于佛朗哥被打败之后必须占据一个强大的军事位置，让这一考量影响他们的战略和战争行为。为了保持数量上的优势，他们极力避免人员伤亡，共产党人常常故意推迟大炮或空中支援，为的是让他们想要削弱的统一工人党或其他军事单位被打垮[102]。在消灭统一工人党之后，共和党人的士气稳步下降。在这样的环境下，佛朗哥在 1937～1938 年十分糟糕的冬天选择了消耗战，4 月，他把共和党人的西班牙一分为二。从此以后，实际上只是一个时间问题了，佛朗哥没有利用这些机会，而是坚持压倒性的优势。到秋天，斯大林已经厌倦了这场战争，从中榨尽了最后一盎司的宣传价值，他完成了自己的大清洗，已经在琢磨一宗新的交易，要么与西方民主国家做交易，要么（更有可能）与希特勒做交易。他还得到了共和党人的所有黄金。于是，他切断了援助，佛朗哥得以开始他最后的加泰罗尼亚攻势，刚好在圣诞节之前，并确信目标近在眼前。1939 年 1 月 2 日，巴塞罗那陷落，3 月 28 日马德里被攻克。佛朗哥毫无激情地打这场战争，当他听说战争结束的时候，他甚至都没有从办公桌上抬起头来看上一眼。[103]

马德里投降那天，希特勒宣布废除德国 1934 年与波兰签署的条约，一周前，他占领了整个捷克斯洛伐克。显而易见的是，一场欧洲大战不可避免，而且迫在眉睫。佛朗哥的反应是一次冷酷无情的努力，试图把西班牙封锁起来，不仅与即将到来的这场灾难相隔绝，而且尽可能与整个 20 世纪相隔绝。西班牙有一个漫长的传统：残酷无情的社会工程和国内圣战。在 15 和 16 世纪，它先后赶走了数量庞大的摩尔人、犹太人和新教徒。通过这样一种大规模迫害，它避免了宗教改革和宗教战争的恐怖。没能采取类似的严厉驱逐的方法让法国大革命在长
339 达 15 年的时间里陷入内战，并因此饱受磨难，对此，戈雅的一些画作提供了雄辩的证词。如今，后基督教极权主义文化的侵入带来另一个受苦受难的 3 年。在民族主义党一方，9 万人在战斗中被杀，11 万共和党士兵战死；有 100 万人伤残；1 万人死于空袭，2.5 万人死于营养不良，13 万人在后方被杀或被枪毙；如今，50 万人在流亡中，其中半数人再也没有回来[104]。对珍贵财宝的毁灭是巨大的，范围从昆卡大教堂的著名图书馆，到戈雅的最早的绘画作品，保存在他的出生地丰德托多斯。

佛朗哥决定截掉西班牙集体主义这一痛苦的残肢，从而结束灾难性的腐化过程。他对左派的感情预示了战时盟国对纳粹主义的感情：他先是得到了无条件的投降，然后是去共产主义化，但他的方式更接近于被解放法国的就地清洗，而不是德国的系统化审判。它不是极权主义阶级屠杀：1939 年 2 月 9 日《政治责任法》在个人的基础上处理了犯罪的责任（唯一的例外是 18 级以上的共济会会员）。严格说来，对政治犯本身没有死刑[105]。但是，胜利者心中有强烈的怒火：内政部长苏尼尔

想为他的兄弟们报仇，他们在共和党人的监狱里被枪杀了，他是成千上万人的典型——很容易把主要罪行归咎于共和党的各级官员。7 月，墨索里尼的女婿齐亚诺从西班牙报告：“审判每天都在进行，我会称其速度为即时的。……依然有大量的枪毙。仅在马德里，一天就有 200 ~ 250 例，巴塞罗那 150 例，塞尔维亚 8 例。”[106]大约 10 万人就这样死掉了，有人给出了 19 万这个总数，但这个数字是错的，因为法庭通过的很多死刑判决后来被减刑了。1939 年 12 月 31 日，佛朗哥清楚地表明，很多长期监禁的判决（通常是 15 年）都必须执行：“有必要清算我们过去这场战争留给我们的仇恨和愤怒。但这一清算不得以慷慨大度的方式实现，大规模的灾难性的大赦与其说是一种宽恕的姿态，不如说是欺骗。它必须是基督徒的，通过伴随着悔改和忏悔的工作，借助救赎来实现。”[107]1941 年，监狱的人口依然高达 233375 人。数以万计曾经管理共和国的人死在了监狱里或流放中。其他人根据 1939 年 8 月 25 日的法令被禁止从事很大范围的公共或私人职业，这一法令把清洗的目标置于政府效率或经济利益之前[108]。就这样，古老而传统的
西班牙，被一个这样的人所领导，他在为 1914 年旧世界终结 340
以来过去的每一秒钟感到惋惜，试图把自己与当下隔绝起来。这一努力长远来看并不成功；但它还是给了西班牙某种保护，使它没有患上如今淹没欧洲的那种流行病。

10. 旧欧洲的终结

341 侵略时代注定要在一场世界大战中走向终结。然而，至关重要的是要准确理解这一高潮如何出现，为什么出现，因为，1930 年代发生的事情决定了 1980 年代我们这个时代的大致轮廓。1940 年 4 月 5 日，就在纳粹对挪威的入侵开启了这场大战的欧洲阶段 4 天之前，戈培尔给挑选出来的德国记者下达了一份秘密指令，他们当中的一位保留了一份抄本。其关键段落如下：

> 迄今为止，我们成功地让敌人对德国的真正目标毫不知情，正如 1932 年之前，我们的国内敌人看不出我们要去哪儿，也不知道我们的合法性誓言只是一个花招。我们希望合法地掌握权力，但我们并不想合法地使用权力。……他们原本可以压制我们。可以在 1925 年逮捕我们一两个人，并且一直那样做，那我们就完了。不，他们让我们通过了危险地带。在外交政策上恰好也是如此。……1933 年，一位法国总理原本应该说（如果我是法国总理的话，我会那样说）："新任德国总理就是写过《我的奋斗》的那个人，这本书说了如此这般的话。不能容忍这个人在我们身边。要么他消失，要们我们进军！"但他们没有这么干。他们丢下我们不管，让我们溜过了危险地带，我们能够绕过所有暗礁向前航行。当我们准备完毕、很好地武装起来并比他们做得更好时，然后，他们开始了战争！[1]

总的来说，这段引人注目的陈述是对1930年代发生的事情所做的准确概括。1933年2月3日希特勒对他的部门首脑下达的一份秘密指令预示了这段陈述。希特勒告诉他们，他将推翻《凡尔赛和约》，让德国成为欧洲最大的强国，他强调："最危险的时期是重整军备的时期。接下来我们将看到法国是否有政治家。如果它有的话，就不会给我们时间，而是猛扑向 342
我们。"[2]

人人都知道希特勒的目标野心勃勃。德国民众相信，这些目标可以而且会在没有战争的情况下实现，通过果断的外交手段、在武装力量的支持下实现。将军们被告知，战争几乎肯定是必需的，但它将是有限的和短暂的。事实上，希特勒的真正计划远比将军们（民众就更不用说了）所认识到的更加广泛，必然不仅涉及战争，而且涉及一连串的战争。希特勒所说的意思，正是他在《我的奋斗》中写到"德国要么成为世界强国，要么就不存在德国"时所指的意思。当他说到"世界强国"这个词的时候，他指的是比威廉一世的德国（仅仅是在中欧占支配地位的强国）更大的东西：他指的是完整意义上的"世界"。他从第一次世界大战以及鲁登道夫对这次大战的分析中得出的教训是：对德国来说，从其中欧基础中突破出来是至关重要的，这样一个基础始终可以被包围起来[3]。在希特勒看来，鲁登道夫刚刚开始实现这个目标，就在《布列斯特－立托夫斯克条约》中，当时，后方阵线"背后捅刀子"的行为毁掉了一切。因此，他的真正计划开始于《布列斯特－立托夫斯克条约》结束的地方：时钟被拨回到1918年春天，但如今的德国稳固、统一、崭新，尤其是，"净化了"。

我们不仅可以从《我的奋斗》（强调"东部政策"）中，

而且可以从他的早期演说以及 1928 年所谓的“第二本书”或称《秘籍》（*Secret Book*）中[4]，来重新勾勒希特勒的目标。这份材料清楚地表明，“净化”的过程——消灭犹太人——对整个长期战略来说是必不可少的。作为一个种族社会主义者（相对于阶级社会主义者），希特勒相信，历史的动力是种族。当种族毒害发生时，动力便中断了。毒害尤其来自犹太人。他称赞犹太人是“负面超人”。在《桌边谈话》（*Table-Talk*）中，他说，如果有 5000 犹太人移居瑞典，他们立即会占据所有关键位置：正如他在《我的奋斗》中所写的那样，这是因为，“血统纯洁正是犹太人比地球上其他任何民族保存得更好的东西”。另外，德国人“被毒害了”。这就是他们为什么输掉第一次世界大战的原因。就连他自己也被毒害了：这就是他为什么偶尔犯错的原因——“我们全都患上这种疾病：混合的、腐败的血统”[5]。在希特勒年轻的时候，种族毒化是一种比较常见的困扰，有点像生态毒化在 1970 年代和 1980 年代成为很多人的困扰一样。普遍毒化的概念强烈吸引了同样类型的人，这类人也把阴谋论当作政治事件的发生机制来接受。正如在后来的生态学者那里一样，他们认为种族毒化蔓延很快，总
343 体的灾难迫在眉睫，即便立即采用正确的政策，也要花漫长的时间才能逆转。希特勒估算，需要 100 年的时间，他的政权才能消除德国的种族毒化：另外，如果德意志成为第一个成功地做到这一点的民族，它将不可避免地成为“地球的主人”（《我的奋斗》）。

让希特勒的种族理论显得格外与众不同的东西是，首先，这一理论根植于这样一个信仰：“净化”可以让德国成为世界上第一个真正的超级大国，并最终成为第一个至高无上的强

国；其次，他绝对相信："犹太人的种族毒化"和布尔什维克主义完全是一回事。1928 年，当他写自己的"第二本书"时，他并没有意识到，老式的"犹太"布尔什维克主义已经不复存在，斯大林的苏联本质上像沙皇俄国一样反犹。相反，他相信，苏联是一种犹太文化现象。因此，他的政策的目标就是要跟"病菌的洪水"做斗争，"此时此刻，它们在俄国找到了自己的滋生地"[6]。因此，"净化"与传统的德国东部政策的重新开始完美契合，但规模更加野心勃勃。

因此，希特勒的完整计划如下。第一阶段，控制德国本身，在国内开始净化的过程。第二阶段，摧毁《凡尔赛和约》，把德国确立为在中欧占支配地位的强国。所有这些都可以在没有战争的情况下实现。第三阶段，在这个强国的基础上，（通过战争）摧毁苏联，清除"病菌"的"滋生地"，并通过殖民化，创造一个坚实的经济和战略的强国基础，在这个基础上建立一个大陆帝国，而法国和意大利纯粹是它的卫星国。第四阶段，德国将会在非洲获得一个庞大的殖民帝国，外加一支庞大的远洋海军，让德国成为 4 个超级大国之一，另外 3 个是英国、日本和美国。最后，在他去世之后的一代人中，希特勒设想了德国与美国之间的一场争夺世界控制权的决定性斗争。[7]

自拿破仑以来，还没有一个人用这样大胆的措辞思考过问题。在其巨大的范围内，概念是亚历山大式的。然而，直到他被自己发动的战争所吞没，希特勒一直是务实的。他是个杰出的机会主义者，总是乐于抓住缺口，并据此修改自己的理论。正是这一点，导致一些历史学家得出结论：他没有总体性的计划。事实上，在总是调整战术以适应当时情况的同时，他也以冷酷无情的决心推行他的长期战略，这种决心在人类野心的历史上很少有人能望其项背。不像大多数暴君，他从未被诱惑独揽过多的专制权力，从而使事情变得松懈。完全相反，他总是
344 增加赌桌上的赌注，试图加速历史的步伐。希特勒担心他的革命会失去动力。他认为自己是不可或缺的，至少，他的四个阶段必须实现，不仅在他依然活着的时候实现，而且要在他处于权力顶峰的时候实现。正是他的急躁，使得他在短期如此危险，而从长期来看又如此效果不佳。在 1938 年 11 月慕尼黑大胜之后对德国报纸编辑发表的一篇秘密演说中，他悲叹这样一个事实：他需要谈论和平，这导致德意志民族太过松懈。他认为，对德国来说，把和平因此还有稳定当作国际生活中一个永久事实来接受，就是接受失败主义的精神。暴力是一种需要，公众必须为此做好准备。[8]

有了这样一个总体上的怪物，不受限制地控制着世界第二强经济体——它是第一个、实际上也是唯一一个完全从大萧条中脱颖而出的经济体——维持旧的欧洲体系又有什么样的可能呢？最大的民主强国美国几乎把自己割离了欧洲。它在 1930 年选择了贸易保护政策，这一选择在罗斯福掌权后得到了增强，并在 1933 年 7 月搅散提议中的世界经济会议时清楚地表明：他的新政与谈判中的世界贸易体系格格不入，他支持“一个国家的资本主义”，就像斯大林支持“一个国家的社会主义”一样。这种孤立在 1935 年被正式化了，当时，民主党控制的国会通过《中立法》。同年，年轻作家赫伯特·艾加体现了很多美国知识分子的心境，他们对欧洲正在发生的事情深感厌恶，他要求自己的同胞忘掉他们的欧洲之根，忠实于他们自己的新兴文化。他写道，在欧洲生活的 6 年时间里，“我懂

得了，美国生活中最好的特征并不是我们忠实地从欧洲拷贝来的那些特征，而是我们自由地采纳的或者原创的那些特征——我们自己的特征。”[9]

在某些心境中，罗斯福把自己看作一个世界公民，但他的国际主义本质上是口头上的——实际上是修辞性的——而不是实际的。不应该把单方面裁军的状况归咎于他，他在 1933 年发现美国正处在这样的状况；但是，他在自己的第一个任期内并没有做任何事情来补救这些问题，在第二个任期的早期所做的事情也很少。正如最能干的外交官之一乔治·凯南所指出的那样，罗斯福所发表的那些声明，是为了它们的国内政治效果，而不是为了它们对世界事件的影响[10]。身边环绕着他年轻的新政官员，他们对欧洲的意图是好心好意的，但他们在外交事务上十分无知，而且不可救药地外行，在任何情况下都被美国的国内问题所困扰，罗斯福很精明，看上去高尚而“进步”。但他的高尚主要表现在要求英国坚定支持国际秩序上， 345
而他的进步则表现在认为苏联（极权主义掠夺者之一）对世界和平来说是一个比英国作用更大的因素。

直至 1945 年去世，罗斯福在对外政策处理中有一种屡教不改的轻浮成分。一个典型特征是，在 1930 年代晚期，关于英国，以及关于总体上的欧洲事件，他主要的信息来源之一是《周刊》（*The Week*），这是一份极左阴谋论小报，由《工人日报》（*Daily Worker*）记者克劳德·柯克本出版[11]。罗斯福的有些大使任命格外失策。他把强烈反英的约瑟夫·肯尼迪派去了伦敦，把腐败而容易上当受骗的约瑟夫·戴维斯派去了莫斯科。后者的活动特别具有破坏性，因为美国驻莫斯科大使馆人员优秀、信息灵通，得到了国务院一个高度专业化的东欧事务部门的支持。苏联外交部长李维诺夫承认，这个部门关于苏联外交政策的记录比苏联政府自己的还要好[12]。戴维斯在1936年带着不惜一切代价赢得斯大林的友谊这一指示成为大使5个月之后，这个部门被撤销了，它的藏书风流云散，它的文件被销毁了。凯南当时在莫斯科大使馆，他认为这显示出了“苏联的影响力……在某些地方已经达到了政府的更高层”。这无疑反映了国务卿科德尔·赫尔与助理国务卿、性情阴郁的同性恋者萨姆纳·韦尔斯之间激烈的权力斗争[13]。这两个人都反英，赫尔相信，对世界和平来说，英国新的帝国优先体系（这本身是为了回应《霍利－斯穆特关税法》引发的贸易限制大爆发）是一个比任何独裁者更大的威胁。

正如大量的外交文件所证明的那样，罗斯福政府准备讨论对英国和法国对抗德国给予具体的军事和外交支持。罗斯福的谴责演说，比如他1937年10月发表的“隔离”演说，或者他在1939年4月提出的让希特勒对31个点名国家做出不侵略担保的要求，比无用还要糟糕。后者使希特勒确信，在任何情况下，罗斯福都不会实际上军事干预，他在4月28日答复了这一要求，他的这次演说结果被证明是他在国会发表的最后一篇演说，带着毫不隐瞒的蔑视和嘲弄。[14]

在1933～1934年，即便没有美国，英国和法国也可以令人信服地遏制希特勒，只要两国都态度坚决，并愿意协调行动。在很短的一段时间里，法国实际上拥有物质手段来做这件事。但在1929年普恩加莱离去之后，法国就再也没有机会来实施先发制人的打击了。罗斯福的政策强烈反法，不仅仅是试
346 图迫使法国单方面裁军，而且，在罗斯福让美国脱离金本位之后，他还要施加经济上的压力，以粉碎法国试图创造“金块”

的绝望努力，此事在1933年占据了他的主要精力。与此同时，希特勒不断巩固自己的地位，加速秘密的重整军备，这正是魏玛共和国最后几年的一个特征。英国外交大臣约翰·西蒙爵士1932年5月13日告诉下院，最有可能挑起一场未来战争的事情莫过于“全副武装”的法国面对已经裁军的德国。甚至在希特勒掌权之后，英国的政策依然是对法国施压，要它裁减军队。就在希特勒的《授权法案》在国会获得通过的同一天下午，安东尼·艾登代表政府宣布，英国的政策是让法国的军队从694000人裁减至400000人，并指责丘吉尔对这些措施的反对，而“对于确保欧洲获得一段缓和时期来说，这些措施是必需的”。正如《每日快讯报》（*Daily Dispatch*）所指出的那样，“下院被激怒了，产生了敌对情绪——当然是对丘吉尔先生”[15]。在担惊受怕的德国社会主义者满大街遭到戈林的盖世太保小分队的追捕的同时，他们的英国同志却试图用高声喊叫淹没丘吉尔的警告：希特勒在《我的奋斗》中明确声称，他会通过确保英国中立来毁灭法国——但是，就连元首也不指望试图阻止法国保卫自己。在法国，莱昂·布鲁姆的社会主义者同样可怜，他们绝望地行动起来，试图阻止强制征兵从一年扩展到两年。在法国右翼，反犹主义在纳粹的刺激下死灰复燃，新的口号是：“宁要希特勒，不要布鲁姆”。就法国所担心的范围而言，到1933年底，希特勒大概已经通过了他的“危险地带”；那是波兰人的观点，接下来的那个月，他们排除了法国作为一个有效的盟友，并与希特勒签订了（姑且这样说吧）一份互不侵犯条约。

英国在1930年代并不像法国那样士气低落。但还是有一些不祥的颓废迹象。英国在世界事务中的分量本质上依赖于它的殖民帝国，这个帝国围绕印度转。到 1931 年，孟塔古改革和阿姆利则灾难所启动的那个过程已经加快步伐。英国对印度的统治明显正在土崩瓦解。国务大臣伯肯黑德勋爵曾在 1925 年警告，对印度人让步只会激发穆斯林要求分离（他把穆斯林看作乌尔斯特人，把印度人看作爱尔兰民族主义者），并预言："世界上的一切妥协都不可能在不可逾越的天堑之上架起桥梁，在两个存在巨大鸿沟的国家之间也是如此，这样的鸿沟不可能凭借现代政治工程学的资源来跨越。"[16] 1931 年 1 月 26
347 日，丘吉尔告诉下院，如今有"6 万印度人因为政治煽动而身陷囹圄"。两个月后，超过 1000 名穆斯林在坎普尔被印度人屠杀，紧接着是遍及印度次大陆的社群骚乱。这是 1930 年代的格局。考虑到未来的不确定性，英国优秀的候选人不再竞争印度的文职岗位，在准入考试中，印度人得到了最高的位置[17]。英国的投资不断下降，印度对英国的经济价值稳步下跌[18]。丘吉尔热爱印度，对印度问题大概比他生活中的其他任何问题都更加热情，他担心，软弱的英国政策会导致印度重蹈中国的覆辙：瓦解和瓜分，无数人死于非命，数百万"贱民"成为最初的受害者。他在 1931 年 3 月 18 日指出，"贪得无厌的胃口"已经被"刺激"起来了，"许许多多技痒难熬的手指正伸向一个被遗弃的帝国，试图染指这场巨大的掠夺"。英国也会成为输家。他认为，世界"正在进入这样一个时期：自我保全的斗争即将集中出现在人口稠密的工业国家"。英国很快就会"为生存而战"，保留印度是至关重要的（1933 年 5 月）。[19]

针对 1935 年的印度法案，丘吉尔组织了他一生中最专注、最激烈的政治行动，认为这一法案是"一些卑琐的小人物建造起来的可怕的耻辱纪念碑”，它提出了印度的联邦自治，主要有益于婆罗门教的职业政客，实际上被证明根本不可行。尽管他做出了巨大的努力，却不能在英国唤起民众的公开支持。他所有的演说都是徒劳。但事实上，他甚至都不能唤醒印度的英国人社群：他们实际上已经把这个殖民帝国给划掉了。保守党的后座议员无动于衷，听任英国人逐步撤出。丘吉尔没能说服他们当中 89 个以上的人投票反对该项法案，它需要 264 票的绝对多数才能通过。事实上，尽管大英帝国依然占据着地球表面四分之一的地方，但是到 1935 年，帝国主义在英国已经死亡，只不过在等待葬礼。绝望之中，丘吉尔把注意力从印度转移开了，集中于为了自我生存而重新武装英国。

有时候，这也被看作一项失败的事业。到 1930 年，布卢姆斯伯里的影响无远弗届，几乎涵盖了整个政治民族。在左翼知识界当中，斯特雷奇曾经如此成功地试图摧毁的爱国主义已经被对斯大林的忠诚所取代。在 1930 年代，使徒会不再是政治怀疑论的中心，而是成了苏联间谍活动的一个活跃的招兵买马的场所[20]。使徒会的一些成员，像安东尼·布伦特、盖伊·伯吉斯和利奥·隆等人，都被鼓励渗透到英国的各个机构，把情报传递给莫斯科。作为整体的左派，由共产党人领 348
导，试图让英国继续裁军，斯大林把这一政策一直维持到了 1941 年 6 月，希特勒实际上对他发起了进攻。在 1920 年代，英国共产党一直是工人阶级的、革命的和思想独立的。1930 年代初，中产阶级知识分子上场了，共产党迅速成为苏联外交政策利益的忠实仆从[21]。英国的马克思主义者，包括像 G. D. H. 科尔和哈罗德·拉斯基这样一些政治思想家，以及像李约瑟、J. B. S. 霍尔丹和 J. D. 伯纳尔这样一些科学家，都接受了这样一个粗糙的、完全错误的推理：“资本主义的英国”和“法西斯主义的德国”都是由同样的国际利益集团统治，重整军备只不过是打算让帝国主义永远存在下去并消灭社会主义。工党以一种稀释的方式采取了同样的路线。1933 年 6 月，在东富勒姆的递补选举中，工党候选人接到了工党领导人乔治·兰斯伯里捎来的一张便条：“我将关闭每个征兵站，遣散陆军，裁减空军。我将废除整个令人生畏的战争装备，并对世界说‘悉听尊便’。”[22] 1933 年 12 月 21 日，继任兰斯伯里出任工党领导人的克莱门特·艾德礼告诉下院：“我们坚定不移地反对带有重整军备性质的任何事情。”在投票、演说和竞选活动中，工党始终如一地反对重整军备，直至战争爆发。

同样反对任何备战或巩固政策的是英国整个慈善界，萧伯纳（他属于这个范围）把慈善界称为“善的舞台大军”，托尔斯泰曾这样尖酸刻薄地写到它：“人道主义像鼻涕虫一样留下了它黏糊糊的踪迹，遮蔽了智慧的功能，萎缩了人类的情感。”D. H. 劳伦斯在去世之前附和道：“他们想要一个表面上的空无体系，他们把这称为和平和善意，这样一来，在他们自己的灵魂之内，他们可以成为独立的小上帝……小小的‘道德上帝’，免于任何质疑。……它散发着恶臭。它是一只虱子的意志。”[23] 用来证明准和平主义无为而治的政策合情合理的实际论据当时在知性上是站不住脚的，回过头来看似乎是值得同情的。希特勒对犹太人的野蛮迫害很大程度上被忽视了。这倒不是因为英国也反犹。不像法国，在英国，像威廉·乔伊斯、亨利·汉密尔顿·比米什和阿诺德·斯宾塞·里斯这样一些犹太人迫害者是极少数——他们鼓吹大规模种族灭绝，并使用“最终解决”这个术语[24]。在一定程度上，那是因为希特勒的反犹主义被合理化为包罗万象的"《凡尔赛和约》是罪魁祸首"这一解释。正如洛锡安勋爵（"温和"右派中一个关键性的重整军备反对者）所写的那样，对犹太人的杀戮"很大程度上是德国人自战争以来所遭受的外部迫害的反弹"[25]。

有一个普遍的趋势（正如对斯大林的暴行一样），那就是 349
无视希特勒邪恶的实际证据（这样的证据已经足够丰富），并把希特勒那些凶狠残忍的声明看作纯粹是"修辞性的"，是"打算供国内消费的"（《泰晤士报》，1934 年 7 月 10 日）。不顾所有的证据，舞台大军坚持相信，希特勒不仅想要和平，而且是和平的代理人。约克大主教坦普尔认为，希特勒对"确保和平做出了巨大的贡献"[26]。克里福德·艾伦写道："我确信他真心实意地渴望和平。"[27]凯恩斯提出的"迦太基式和约"的论点彻底俘获了左右两派的大脑，以至于他们都觉得，对希特勒来说，用武力粉碎《凡尔赛和约》本身就是朝和平迈出的一步。《凡尔赛和约》是"极其不公正的"（伦纳德·伍尔夫），是一份"邪恶的和约"（克里福德·艾伦）。洛锡安说，就重新武装莱茵兰而言，德国人"只不过是走进他们自家的后院"。萧伯纳表示同意："那就像是英国重新占领朴茨茅斯。"[28]

然而，在所有这些油嘴滑舌的合理化解释的背后，是简单的、老式的恐惧；实际上是怯懦的一阵发作。正如哈罗德·尼科尔森在莱茵兰危机期间所指出的那样："下院的感情极其亲德，这意味着害怕战争。"[29]在 1930 年代晚期雷达出现之前，就连专家也接受了朱利欧·杜黑在《制空权》（*The Command of the Air*，1921）中提出的观点：对于防止大规模轰炸来说，战斗机能做的事情很少。1934 年 11 月，丘吉尔警告议会，在战争爆发的第一周内，将有 4 万伦敦人被杀或受伤。鲍德温认为，“街上的人”应当“认识到，地球上没有什么力量能够保护他们不被轰炸。不管别人对他怎么说，轰炸机总是会到达目的地”[30]。事实上，别人并没告诉他这种事情：恰恰相反。H. G. 威尔斯那部才华横溢的电影《未来的事情》（*Things to Come*，1936）呈现了一幅整体毁灭的可怕场景。同年，伯特兰·罗素（眼下是个和平主义者）在《哪条路通向和平?》（*Which Way to Peace*?）中认为，50 架毒气轰炸机，使用刘易斯毒气，就可以把全伦敦的人毒死。另一位重要专家富勒将军预言，伦敦将会成为“一座巨大而狂乱的疯人院”，而政府则在“一次恐怖大爆发中被一扫而光”。

在这种高度情绪化的氛围中，再加上表面上对人类的担忧，构成了一个薄薄的外壳，裹在一大团惊慌恐惧之上——让人联想到 1950 年代末和 1980 年代初的核恐慌——而真正的问题，即如何组织欧洲的集体安全，从未被恰当地讨论过。希特勒掌权之后牛津辩论社的一场荒谬可笑的辩论传播了这样一种心态，辩论以 275 票对 153 票通过了一项声明：“本届议会在任何情况下都拒绝为国王和国家而打仗”——正如丘吉尔所
350 言，它是一份“绝望、卑鄙、无耻的声明……是令人不安、令人作呕的征兆”。正如迈克尔·富特（当时是牛津辩论社的一位官员）所解释的那样，它主要是一份抗议，而且是完全不合逻辑的抗议，抗议英国在满洲问题上的消极不作为[31]。国际联盟联合会据说是一个头脑固执、信息灵通的集体安全议会游说团体，它从未清清楚楚地把这个问题摆到公众的面前，因为，对于国际事务中何时可以合法使用武力以及如何使用武力的问题，它自己也无法采取一个清晰的立场[32]。它的主席

和推动力罗伯特·塞西尔勋爵深知，英国对中国的放弃是不可避免的，但他太狡猾，不可能把这一点告诉他的支持者[33]。牧师们抓住了和平问题，把它看作疗救不断下降的信众和他们自己日渐低迷的信仰的灵丹妙药（这又是1980年代的先兆），他们把讨论浸泡在一个湿漉漉的池子里，里面装满了泪水涟涟的精神性。3位牧师，赫伯特·格雷、莫德·罗伊登和“迪克”·谢泼德，提议去满洲，“把自己赤手空拳地置于交战双方之间”，这是斯特雷奇那句软弱无力的俏皮话的荒谬回声，但意图却十分严肃[34]。唐纳德·索珀神父（卫理公会教徒）认为：“和平主义包含了一种精神力量，强大到足以击退侵略者。”[35]坎特伯雷大主教科兹莫·戈登·朗并不完全相信这一点，但他实在被搞糊涂了，以至于既反对重整军备，又写信给《泰晤士报》，对墨索里尼摇着一根劝告的手指。

神职人员当中由谢泼德领导的和平主义那一翼创立了一个名叫“和平誓言联盟”的组织，到处征集签名，想吓跑希特勒：发起人包括奥尔德斯·赫胥黎、罗斯·麦考利、史托姆·詹姆森、薇拉·布里顿、西格弗里德·萨松、米德尔顿·默里及其他文学名人。感觉到从左翼吹来了这股竞争的冷风，塞西尔在1934~1935年组织一次全国范围的“和平公投”，得出了87%的人（总票数超过1000万）支持国际联盟的立场，看起来既驳斥了和平主义者，又驳斥了像丘吉尔那样的支持重整军备的托利党人，但事实上，它提出了这样一个问题——如果独裁国家没有先重整军备，英国是否应当这样做——因此使得这场争论愈发让人糊涂[36]。实际上，民意极其反复无常。1933~1934年，东富勒姆选举是6场在部分程度上围绕和平问题展开的递补选举之一，根据记录，反对政府的态度出现了巨大的摇摆（1934 年 10 月高达 50%），这被解释为公众反对重整军备。但在 1935 年的普选中，所有递补席位都坚实地回到了托利党的手里，正如一旦时机到来，几乎所有那些在牛津辩论社里投票反对国王和国家的人都会为国王和国家而战。但是，希特勒有理由相信（至少是在 1938 年底之前）：英国不会用武力来反对他。于是，他根据这一假设采取行动。

在他掌权之后至 1938 年之间，希特勒外交和军事政策的实施是十分有力的，而且——考虑到完全不存在对任何法律体
351 系和道德的尊重——无懈可击。他没有犯一个判断错误。在这一阶段，他那种不由自主的末世论是一个优势：他的紧迫感使他加快了行动的步伐，连续不断地让他的对手手忙脚乱，把他们彻底搞糊涂了。1933 年和 1934 年基本上致力于国内的巩固和重整军备。行动是在 1935 年 1 月 13 日开始的，当时，希特勒赢得了萨尔州的全民公投；萨尔州在 3 月 7 日重归德国 11 天之后，希特勒拒绝接受《凡尔赛和约》的裁军条款。6 月 18 日——尽管有斯特雷萨阵线——英国胆怯地接受了既成事实：一个已经重整军备的德国，签署了《英德海军协定》。这一莫名其妙的投降不仅让德国有权拥有英国水面舰队力量的 35%，而且允许它在潜艇上拥有同等的力量。这是积极绥靖（相对于纯粹的消极不作为）的开始[37]。这一妥协激怒了法国，并对英法政策（以阿比西尼亚危机为标志）的崩溃做出了贡献。实际上，对希特勒来说，阿比西尼亚是一个意外的恩惠：纯粹是撞上了好运。

地缘政治学的本质在于能够区分不同程度的恶。如今的外交大臣安东尼·艾登并不具有这样的天赋。他不能区分墨索里尼和希特勒，前者是容易腐化的，但对文明的影响也是开放

的，而后者已经杀戮了数以百计的人，并把成千上万的人投入了集中营，他公开声称，他的目的是要改造欧洲。“我的计划从一开始就是要废除《凡尔赛和约》。……我已经把它写过几千遍了。没有人比我更经常地宣布或记录自己想要什么。”希特勒如是说，而且是真话[38]。艾登并没有意识到，来自意大利的任何威胁和德国潜在的毁灭力量根本没法比，前者的经济很弱，而且已经在衰退，而后者拥有世界上第二大工业经济，已经再一次繁荣起来，而且有无比凶残的军事传统。这种不同寻常的缺乏远见是英国民意所共有的，或者说至少是能够发出声音的部分民意所共有的。对于意大利的入侵，民意掀起的喧嚣远比希特勒的任何更加果断的行动（无论是当时还是后来）所激起的敌对反应更加吵闹。法国人对这样的轻浮深感震惊，并清楚地表明：他们不可能参与其中。

就这样，阿比西尼亚不仅摧毁了斯特雷萨阵线，而且制造了英法间激烈的对抗，排除了达成共同安排、坚定反制希特勒的任何可能性。在阿比西尼亚的问题上，法国不会支持英国；因此，在莱茵兰的问题上，英国也不会支持法国。正是阿比西尼亚危机，使希特勒能够把他重新武装莱茵河流域的计划从
1937 年提前到了 1936 年，时间刚好是 3 月 7 日，英法之间的 352
混乱处于高潮的时候。即便如此，也还是冒险。希特勒后来承认：“如果法国人进军莱茵兰，我们就不得不夹着尾巴撤回来。”[39]法国人有单独行动的物质力量，正如他们在 1923 年所做的那样。但他们缺乏使用这一力量的意志。

打这以后，希特勒便能够抵抗来自西线的入侵了。1936～1937 年，他从全世界的混乱中得到了极大的好处。先是西班牙内战，然后是中日冲突，用大量他们无法解决的迅速变化的

难题，让合法性的监护者不堪重负。在此期间，希特勒稳步地重整军备，巩固他的同盟。1936 年 11 月 1 日的罗马 - 柏林轴心，以及那个月晚些时候与日本签订的《反共产国际协定》，从根本上改变了海空平衡，就像飞机从希特勒的新工厂里陆续出现一样。到 1937 年，德国有 800 架轰炸机，而英国是 48 架。到那年 5 月，据估算，德国和意大利的空中力量能够一天投下 600 吨炸弹。正是空袭恐怖的困扰，再加上 1937 年 7 月之后苏联对格尔尼卡轰炸的大肆宣传，使协约国的外交彻底瘫痪了。[40]

1937 年 7 月 5 日，希特勒告诉他的最高军事和外交政策顾问们，一段积极扩张的时期眼下可以开始了，奥地利和捷克斯洛伐克是最早的靶子。陆军部长冯·勃洛姆堡和陆军总司令冯·弗里奇提出抗议：法国人依然太过强大[41]。这两个人的日子到头了。在此之前，希特勒一直没去打扰陆军，只是告诉他们尽可能迅速地继续重整军备。如今他决定，接管陆军、为其计划的动态阶段扫平道路的时候到了。1938 年 1 月 26 日，勃洛姆堡被解除职务：警察档案表明，他新娶的妻子是一个妓女和色情模特儿。9 天后，弗里奇滚蛋了，他被指控同性恋，证据是希姆莱的一份文件。在某种意义上，他们是幸运的：要是斯大林，肯定会以莫须有的罪名杀掉他们——1937 ~ 1938 年，他杀死了 200 位将军。另外大约 16 个德国将军被退役，另有 44 个将军被调动。希特勒亲自出任陆军部长和武装部队的总司令；软弱的冯·布劳希奇被任命为陆军总司令；一位圆滑顺从的纳粹将军威廉·凯特尔受命组建一个新的最高作战指挥部。就这样，旧秩序最后的堡垒落入了希特勒之手，没有任何人嘀嘀咕咕。他把沙赫特从经济部长的职位上撸掉了，同时解除了冯·纽赖特外交部长的职务。从今往后，纳粹党实施了全面控制，一切都按照战时编制。

弗里奇被解职一周之后，希特勒把奥地利总理库尔特·冯·许士尼格召到了他位于贝希特斯加登的山间别墅。任何一
个被拖到一个匪窝里的酒吧店主都不可能受到比这更野蛮的对 353
待。在一通长篇大论之后，这个被吓坏的家伙签署了一连串的妥协协议，包括一名纳粹分子被任命为他的内政部长。然后，许士尼格和冯·帕彭一起驱车回到了萨尔茨堡，后者评论道："是的——那就是元首做事的方式。如今你自己亲眼看到了。但下一次你会发现，和他会晤要容易多了。元首显然还是可以蛮可爱的嘛。"[42] 事实上，对许士尼格来说，"下一次"是一张要送他去达豪集中营的传票。希特勒的部队在这次会晤三天之后进入了奥地利。

希特勒对奥地利反对者的处理是极其冷酷和野蛮的。大学教授奉命用他们赤裸的双手去擦洗大街（这是一种"再教育"的形式）[43]。入侵的纳粹分子偷走了近在手边的任何东西。当他们闯入弗洛伊德在维也纳的公寓套房时，弗洛伊德的妻子把她的家用钱放在桌子上，说："先生们可否自便？"需要罗斯福和墨索里尼出面干涉——再加上 25 万奥地利先令的赎金——才准许这位老人离开。他不得不签署一份声明，证明自己受到了很好的对待，最后，他又补上了这样一句话："我可以对任何一个人由衷地称赞盖世太保。"德国人很高兴。这个苦涩的笑话超出了他们的理解能力。怜悯也是如此。弗洛伊德 4 个上了年纪的姐妹没有选择离开：她们后来全都死在了毒气室里。[44]

4 月 21 日，吞并奥地利 5 周之后，希特勒指示凯特尔准

备一份入侵捷克斯洛伐克的计划，并吩咐那里的德意志少数民族领导人启动这场危机。上个月，3 月 21 日，英国参谋长委员会向内阁提交了一份文件《德国侵略捷克斯洛伐克的军事后果》。英国如今也在重整军备，但这份文件讲述了一个拖延和软弱的可怕故事，尤其是在空中防御这个敏感区域[45]。如今提出了两个关键性的问题。首先，如果盟国清楚地表明：战争是希特勒捷克政策的代价，那么，德国军队会不会推翻希特勒？这是历史上最重大的“如果”之一，因为，如果答案是“Yes”，那么，第二次世界大战——及其可怕的后果——就会得以避免。

有一点倒是真的，某些德国将军相信，围绕捷克斯洛伐克的战争对德国来说是一场灾难。1938 年 7 月，布劳希奇召集的一次会议同意：德国人民反对战争，军队依然太弱小，不足以打败“列强”[46]。陆军参谋长路德维希·贝克告诉即将前往英国的政治家埃瓦尔德·冯·克莱斯特 - 舒曼森：“给我带回确凿的证据，证明英国在捷克斯洛伐克遭到攻击的情况下会打仗，那么我就会终结这个政权。”[47]8 月 15 日，希特勒让他的将军们确信，只要张伯伦和达拉第当权，就不会有协约国宣战
354 这么回事——据劳希林说，希特勒曾轻蔑地把这两个绥靖者称为“我的胡根堡”。这并没有让贝克信服，他拒绝承担责任，并在 8 月 27 日辞职了。有证据表明，另外有一些将军准备推翻希特勒，如果他下令进攻的话。但你一定要保留怀疑[48]。1934 年，当希特勒杀掉两位将军的时候，德国的将军们曾经默许过。1 月，当他们的领导人被打垮和被退役的时候，他们什么事也没有做。在这之间的几个月里，他们又到哪里去找到他们之前明显缺乏的勇气并运用这样的勇气呢？在那样的情况

下，希特勒会把这样的行为描述为大敌当前时的逃跑和背叛。

无论如何，不管将军们有什么样的打算，他们都没能把这一信息传递给英国内阁。在 8 月 30 日那次决定性的内阁会议上，只有一个内阁部长，奥利弗·斯坦利，提到了德国将军们的信念：他们的国家不准备打仗。贝克和他的同事们想要的是一纸最后通牒——战争威胁。英国内阁所决定的东西刚好相反。正如张伯伦总结的那样："内阁一致认为，我们不应该对希特勒先生发出威胁，如果他进入捷克斯洛伐克，我们就对他宣战。至关重要的是，这一决议应当保密。"由于公开是一项坚定路线能够生效的本质之所在，因此，内阁的这一决议是不可理解的，除非基于这样一个假设：张伯伦及其他并不想希特勒被推翻。

这提出了一个重要问题：除非把它和苏联的现象联系起来，否则就不能认识希特勒现象。正如对共产主义的恐惧把他推上台一样，这种恐惧也倾向于让他继续待在台上。在这一阶段，张伯伦并不清楚希特勒是不是一个总威胁；但他十分清楚斯大林是。英国往往低估苏联军队的力量。希特勒总是以一种转弯抹角的方式，强调互相竞争的极权主义之间的血缘关系。他重申，纳粹党消失的那一刻，"德国就会有 1000 万张支持共产党的选票"。他坚持认为，除了他之外，另外的选项不是自由主义的民主，而是苏联的集体主义。比方说张伯伦就同意这个论点。9 月 26 日，就在去慕尼黑之前，甘末林将军让张伯伦对协约国的力量有了更乐观的看法，他们还讨论了希特勒被推翻的可能性，张伯伦想知道："谁保证德国后来不会布尔什维克化？"当然，没有人能做出这样的保证。达拉第采取了类似的路线："哥萨克人将统治欧洲。"[49] 于是，这两个人都选择两害相权取其轻：对德国妥协。

355 第二个问题是：盟国在1938年秋天为捷克斯洛伐克而打仗是不是比1939年秋天为波兰而打仗更好？这个问题也莫衷一是；但答案必定是“Yes”。有一点倒是真的，协约国重整军备（尤其是英国的空中力量）的步伐正在赶超德国。但仅仅在这个意义上，1939年的战略平衡比1938年更好。重要的是要懂得，9月29～30日在棕色大楼举行的慕尼黑会议不仅是英法两国的一次外交投降，而且是一场军事灾难。墨索里尼看上去是这场表演的明星（只有他一个人会说全部4种语言），他没能注意到这一点，他认为，唯一的问题是德国的领土收复主义，而且，“希特勒并没有意图”要吞并捷克斯洛伐克本身[50]。但在慕尼黑，由于希特勒的坚持（既有军事的理由，也有种族的理由），捷克边境的实际重划已成定局。大约80万捷克人被并入德国，25万德国人作为第五纵队留了下来[51]。捷克人在法国的帮助下精心构建起来的边境防御系统被德国人接管了。如今，面对公然入侵，捷克人再也没有武装抵抗的任何可能性。丘吉尔比任何人都更加清楚地觉察到了这次投降的军事意义，在慕尼黑辩论（1938年10月5日）中，他指出，对奥地利的吞并让希特勒额外增加了12个师。如今，捷克军事力量的瓦解又为德国在其他地方的行动释放了30个师。[52]

事实上，这次改变比这还要糟。捷克的40个师属于欧洲装备最精良的部队：当希特勒最终进军捷克斯洛伐克的时候，他得到了这些装备，提供给他自己同等的军事单位，外加捷克巨大的军火工厂。这次“掉转枪口”的大约80个师相当于整个法国陆军[53]。正如丘吉尔所指出的那样，这次投降还意味着多瑙河盆地的一次道德崩溃。眼看着捷克人被民主国家所抛弃，一些小国家都急忙寻求保护，或者像豺狼一样加入这场饕餮盛宴。波兰被允许瓜分切申，自 1919 年以来它一直垂涎这个地方。匈牙利也切下了捷克的一块肉。在整个中东欧和巴尔干半岛，各国政府都热切地讨好纳粹分子，希望得到他们的友谊和青睐，各法西斯政党的影响力和骄傲都大为膨胀。德国的贸易到处旗开得胜。德国经济繁荣起来了。在 1938 年最后几周，希特勒没放一枪一炮，看上去已经恢复了威廉一世德国的所有辉煌。他难道不是俾斯麦以来最成功的德国政治家吗？看上去好像是这样。

然而，1938 年底标志着希特勒事业生涯的分水岭，尤其 356
是在德国人民那里。他过高估计了他们的权力意志。他们压倒性地支持他的德国领土收复主义政策。他们为吞并奥地利而鼓掌喝彩：公民投票显示，德国有 99% 的人赞同，奥地利有 99.75% 的人赞同[54]。他们希望苏台德回来。但没有证据表明他们想吸收庞大的非德裔人口。有大量证据表明，大多数德国人并不想要战争。1938 年 9 月 27 日，当希特勒故意命令第二摩托化师经过柏林前往捷克边境时，不足 200 人跑出来看他在帝国总理广场检阅这支部队。他气哼哼地走回了大楼[55]。从此以后，他在欧洲棋盘上的野蛮行动，不管多么成功，哪怕是旗开得胜，都没有激起德国公众自发的欢呼喝彩。当德国军队进入布拉格的时候，他们完全没有兴高采烈的景象。

希特勒感觉到了德国人内心的这种真空。但他不再试图填充这一真空。不管他们有没有热情，他都会勇往直前。他所要求的一切是他们的服从。从 1939 年起，他不再扮演政治家、演说家和煽动家。他成了一个军事家，在军队的司令部里凭借秘密的匪徒条约展开工作。他的统治方法开始接近于斯大林的方法，失去了认可和领导权的公众维度。他不再讨好公众：如今他只寻求武力和恐吓。他 1939 年 9 月 1 日对国会发表的演说（为他在波兰的战争辩护）简短而沉闷；在他驱车去国会演讲的时候，大街上空空荡荡。当军队凯旋的时候，人们并没有蜂拥而出。正如乔治·凯南从美国大使馆里所注意到的那样，柏林人拒绝欢呼，甚至不行纳粹礼："就连职业纳粹煽动者最疯狂的努力也不能激发他们表演高兴或赞同。"即便当德国军队占领巴黎的时候，情形也并无不同。[56]

正如德国的民意不再跟上希特勒不断加速的末世论，英国的民意也摆向了绥靖政策的对立面。甚至在慕尼黑会议的时候，民意就开始这样了，这一点可以根据像《曼彻斯特卫报》、《新闻纪事报》（*News Chronicle*）、《每日电讯报》（*Daily Telegraph*）和《每日先驱报》（*Daily Herald*）这样一些报纸来判断。《泰晤士报》的编辑杰弗里·道森是张伯伦关系最密切的媒体知己，他支持慕尼黑妥协；左翼的《新政治家》也是如此，其总裁正是凯恩斯本人[57]。但他们的热情很快就减弱了。戈培尔 11 月份在德国释放出来的野蛮的反犹主义浪潮让绥靖者彻底溃败。在 1938 ~ 1939 年冬天，英国人的心态转向同意战争不可避免。德国 1939 年 3 月 15 日对布拉格的占领，
357 以及 6 天后紧接着从立陶宛手里夺取克莱佩达，使得大多数英国人相信：战争迫在眉睫。恐惧让位于听天由命的绝望，导致慕尼黑妥协的那种胆小怯懦（即便判断失误）的算计让位于轻率鲁莽、失去理性的决心：下次有机会的时候一定要抵抗希特勒，不管成败得失。

当然，这恰好是希特勒加速历史进程迟早要导致的那种歇

斯底里的回应。结果是让他的所有计划变得一文不值，并让他陷入不可救药的错误，把世界拖入战争。占领布拉格之后不到两个星期，3 月 28 日，希特勒宣布废除他 1934 年与波兰签订的条约，肢解波兰的准备工作开始进行。对他来说，波兰是一个不幸的地理异常。它包含了大量他认为应该属于自己的德裔人口和领土。但更重要的是，波兰挡住了他入侵俄罗斯的路，因此阻碍了他对付“病菌”的老巢。波兰必须向他屈服，要么就被消灭。他看不出英国人和法国人有任何理由抵制他的计划。如果他们不准备为捷克斯洛伐克打仗（这个国家对他们来说有一定的军事意义），那么，他们为什么要为波兰打仗呢？这个国家对他们来说毫无意义。无论如何，这些资本主义国家为什么不欢迎他向东进军最终直抵布尔什维克主义的老巢呢？

相反，3 天后，英国给了波兰一个保证：如果“所采取的行动清楚地威胁到波兰的独立，使得波兰感觉到必须以其举国之力予以抵抗，那么，国王陛下的政府将立即给予全力支持”。[58]张伯伦此举并未和法国政府商议，虽说他们在一定程度上会被迫为它背书。在听取张伯伦的简要介绍之后，《泰晤士报》赶紧声称，这一措辞很不严谨的保证（英国历史上最欠考虑的保证之一）只是担保波兰的“独立”，而没有担保它的“领土完整”——因此给改动《凡尔赛和约》规定的边界以有利于德国留出了空间[59]。这也是希特勒的解读。他所假设的是，这一担保将会导致英国对波兰人施压，就像曾经对捷克人施压一样，要他们满足自己的要求，他告诉海军上将埃里希·雷德尔：与英国之间的战争必须避免，直至 1940 年代中期海军舰队做好准备[60]。事实上，他认为，英国认识到帝国

358 优惠制并不发挥作用，很可能被经济因素所驱使，抱着绥靖的心态转向如今被德国贸易控制的欧洲；戈林“四年计划”的团队主管赫尔马特·沃尔特哈德 7 月份在伦敦的谈话证实了他的这一印象——因此预示了事实上直至 1970 年代才发生的进入欧洲。[61]

然而，波兰担保还是给希特勒出了难题，因为援用这一担保的权力被交到了波兰政府的手里，那可不是一帮明智理性的人。这一担保的愚蠢就在于此：英国没有办法给波兰提供有效的帮助，然而，如果波兰提出要求的话，它却有义务对德宣战。不过，如果英国与苏联结盟，这一担保可能更有意义。长期以来这是欧洲左派的目标，他们把这看作他们所有困境的解决之道——包括他们在反对本国重整军备的同时却渴望抵抗希特勒。到 1939 年中期，英国和法国的参谋长们都支持与苏联结盟，原因在于，任何东西，只要能降低他们如今面对的军事优势，他们都支持。但是，紧接着斯大林 1938 年的军事清洗之后，他们评估苏联的军队在波兰之下，如果要选择，他们会选择后者。由于苏联人不愿意合作，除非波兰人允许他们的军队通过，又由于波兰人宁愿允许德国军队通过波兰去进攻苏联，也不愿意允许苏联的军队通过波兰去进攻德国，因此，英法苏之间签订军事协定并没有多大的可能性。然而，8 月 1 日，一个英法代表团启程经海路前往苏联（没有合适的空中运输可用，这是英国空中力量现状的一个很有意思的反映）。[62]

这足以让希特勒做出一个重大的（即便是临时性的）的决定：化敌人为盟友。希特勒始终确信：在其计划的某些阶段，战争是不可避免的。但他希望不惜一切代价地避免德国曾在 1914 ~ 1918 年经历过的那种全面的、不受限制的消耗战和疲劳战。他想通过俾斯麦曾在 1860 年代和 1870 年代发动过的那种政治上坚决果断的战争，从而回到短时间的有限战争。闪电战（他的军队为此而装备和训练）是他整个扩张主义哲学必不可少的组成部分。在他看来，无论是德国经济，还是德国人民，都只能支撑短暂而猛烈的战斗，有压倒性的力量和强度，但持续时间非常有限[63]。最后一场闪电战将是针对苏联的决定性战斗：在这之后，有一个庞大的欧亚帝国可以利用，德国就能够积蓄力量，支撑长期的全球冲突。但在此事发生之前，德国必须小心翼翼地逐个与敌人较量，尤其是要避免在两条或两条以上的战线长时间作战。

结果是他私下里所说的“为赶走魔鬼而与撒旦缔约”[64]。4 月 28 日，在他规模最大的一次公共演说中，希特勒猛烈抨击了罗斯福夸夸其谈的提议：担保不侵略，实际上发出了这样 359
一个信号——先前的一切协议、条约和假定如今一概无效。从今往后，他唯一的指导方针是他所设想的德国人民的利益。对这篇演说，斯大林的回应是热切的。他害怕德国的入侵甚于任何其他发展，无论是国内的还是国外的。正是 1918 ~ 1920 年不存在德国这个敌人，才使布尔什维克政权得以幸存下来。在 1925 年 1 月 19 日的中央委员会全体会议上，他制定了苏联对于资本主义国家之间的战争所采取的政策：“假如［这样一场］战争开始……我们将参战，但我们将会是最后参战的国家，这样一来，我们就可以给天平扔上一块决定性的砝码，这块砝码将被证明是决定性的因素。”自 1935 年 5 月以来，在公开推行人民阵线反对“国际法西斯主义”政策的同时，斯大林私下里周期性地伸出触须，劝说纳粹党放弃他们的反苏圣战，满足于互相尊重和瓜分赃物。3 月份，德国明显想肢解波兰，这一决心给开创这样一种新关系提供了一个大有希望的机会，而民主国家为波兰而战的前景是与希特勒达成协议并置身战争之外（眼下）的另一个额外的理由。5 月 3 日，斯大林解除了犹太人李维诺夫的职务，用莫洛托夫取而代之，出任外交部长，这是为了跟希特勒谈判而清扫地面。8 天后，在远东与日军爆发大规模战斗给了斯大林达成协议一个额外的刺激，因为他像希特勒一样，也不想两线作战。[65]

第一份强盗条约签订于 5 月 22 日：希特勒与墨索里尼之间的《钢铁条约》。墨索里尼已经把德国占领布拉格带给他的惊恐吞进了肚子里，并把此事用作他自己在 4 月 7 日入侵阿尔巴尼亚的借口，如今，他和希特勒共同承认：国际秩序最终土崩瓦解，武力统治的时代开始了。在这一阶段，希特勒依然热衷于坚持他最初的计划：先肢解波兰，然后把它作为一条走廊，好在不久之后对苏联发动闪电战，而英国一直在遵守慈悲心肠的中立。迟至 7 月，希特勒还希望这样一个结果是可能的。但是，英法军事代表团抵达莫斯科的消息迫使他出手了，因为，协约国与莫斯科做交易的可能性打乱了他的波兰时间表。他决定抢先一步，8 月 20 日，他打电报给“莫斯科 J. V. 斯大林先生”，请他 3 天后接待里宾特洛甫。答复在 24 小时之内来了，暴露了斯大林明显迫不及待。第二天，8 月 22 日，希特勒在上萨尔茨堡最高司令部发表讲话。根据在场的某个人所做的笔记，他说，波兰的行动可以动手了。他们用不着害怕
360 来自西线的任何东西：“我们的对手都是小虫子。我在慕尼黑见过他们。”他最后说：“我将为发动这场战争提供宣传性的借口，它是否可信一点也不重要。事情过后没有人问胜利者是

不是讲了真话。在开始和发动战争上，重要的不是正义，而是胜利。死了你们的怜悯之心吧。残酷无情地前进。8000 万人必须获得他们有权得到的东西。他们的生存必须得到保证。强者总是对的。拳头硬才是至高无上的。”[66]

与斯大林之间的交易第二天夜里达成了。它是苏联与德国政府之间一连串交往的顶点，这种交易可以一直追溯到列宁政变之后的那几个星期。根据需要，这些交往分别由军事专家、秘密警察、外交官或者处在犯罪边缘的中间人来实施。交往在某些时期比另一些时期更密切，但从未中断过，自始至终的典型特征是完全无视各方表面上声称的意识形态原则——实际上是蔑视除了最野蛮的共同利益之外的其他任何考量——双方的政权都需要武装起来，都需要逮捕和杀死其反对者，都需要压制邻国。20 年来，这股邪恶的交易之流在地底下流淌。如今，它终于冲出了地面。8 月 23 ~ 24 日夜里，克里姆林宫有一场令人憎恶的宴会。里宾特洛甫报告：“觉得就像置身于党的老同志中间。”又补充道，他在克里姆林宫就像“在我的纳粹老朋友中间”一样轻松自在。斯大林为希特勒举酒干杯，并说他“知道德国人民多么热爱元首”。关于《反共产国际协定》，有一些令人不快的玩笑，双方都同意它如今寿终正寝了，其意义不过是给伦敦城和“英国店主”留下了深刻印象[67]。突然发现彼此之间有共同的目标、方法、方式，尤其是道德。当这些醉醺醺的杀人凶手踉踉跄跄地在宴会厅里到处走动时，他们恰好就像一群互相竞争的流氓匪徒，之前他们互相打斗，以后可能还会如此，但本质上他们从事的是同样的勾当。

他们的协议被称为互不侵犯条约。事实上，它完全是一份侵略波兰的条约。有一项秘密提议，1945 年暴露出来了，但苏联法官把它排除在纽伦堡审判记录之外，提议事项是划分东欧的势力范围，暂不解决“维持独立的波兰国是否符合双方利益和该国边界应当如何划定”的问题[68]。波兰的四分之一就这样被安排了，并在 9 月 7 日苏联军队进入的时候宣告完成，另一份强盗协议隆重庆祝了这次瓜分，这就是 1939 年 9
361 月 28 日签署的《苏德边境及友好条约》。涵盖范围远远扩大到了波兰之外，允许斯大林在芬兰、大部分波罗的海国家和罗马尼亚的部分地区放开手脚。因此，1939 年秋天，他能够把所谓的“安全条约”强加给拉脱维亚、爱沙尼亚和立陶宛，这些条约涉及引入苏联军队。斯大林告诉拉脱维亚外交部长：“只要关系到德国，我们就可以占领你们。”[69]当芬兰人抵抗的时候，斯大林就在德国的默许下对他们发动了战争（1939 年 11 月 30 日）。

斯大林对这份条约感到很高兴。他说，这份条约让苏联的地位比政权建立以来更强大。他做了自己权限内的一切事情来使条约发挥作用，践行他对里宾特洛甫的保证：“我以名誉担保，苏联不会出卖伙伴。”[70]全世界的共产党都把它们的反纳粹政策颠倒了过来，不惜代价地鼓吹与德国和平相处，当战争努力出现的时候积极地予以破坏：在纳粹入侵法国的高峰时期，法国共产党领导人莫里斯·多列士从莫斯科发表广播讲话，恳求法国军队不要抵抗。斯大林把苏联大量的原材料资源交给希特勒，任由处置。这对希特勒来说是至关重要的。1939 年 9 月，德国需要进口 80% 的橡胶，65% 的锡，70% 的铜，50% 的铅，25% 的锌。瑞典以免于入侵作为交换条件（德国的煤以三分之一的价格从瑞士购买）给希特勒提供了铁矿石以及各种运输和航空设施[71]。但斯大林同样填补了希特勒战时供应的一些重要缺口：100 万吨粮食，90 万吨燃油（包括 10 万吨飞机燃料），外加铁矿石、锰和棉花。作为回报，苏联得到了航空发动机、海军蓝图、水雷和地雷。[72]

这份条约也带来了个人友好关系的建立。斯大林把希特勒描绘为一个天才人物，像自己一样白手起家，平步青云。据里宾特洛甫说，希特勒十分敬佩斯大林，尤其是他抵抗其自己的“极端分子”的方式（西方人普遍抱持这一观点）。希特勒说，斯大林创造了“一种斯拉夫－莫斯科式的民族主义”，使布尔什维克主义摆脱了犹太人的国际主义。墨索里尼认为，布尔什维克主义如今已寿终正寝：斯大林用“一种斯拉夫人的法西斯主义”取代了它。[73]

然而，这份条约并没有解决希特勒给自己设定的任何问题。实际上把他的时间表上最初的优先考虑顺序颠倒了过来。他告诉国际联盟驻但泽高级专员卡尔·布克哈特：“我着手的每一件事情都是针对苏联。如果西方愚蠢和盲目到不理解这一 362
点，那么我将被迫与俄国人达成谅解，砸烂西方，然后再把我全部力量转过来对付苏联。”[74] 即便在希特勒与苏联签订条约之后，他依然希望避免与西方交战，并相信这份协议会把英国彻底打晕，陷入无能为力的消极状态。但它对英国政策不会有什么影响，不过是让相关各方如今都认为：战争是确凿无疑的。英国右翼中的一些人欢迎这份协议，把它视为一个看得见的证据，证明无神论的极权主义国家恬不知耻地、公开地狼狈为奸，沆瀣一气，正如伊夫林·沃在他的小说三部曲《荣誉之剑》（*Sword of Honour*）中所写的那样：“暴露在光天化日之下，巨大而丑恶。”当希特勒在 9 月 1 日入侵波兰、波兰人援引上述担保的时候，毫无疑问，英国会站在波兰一边，而法国不管多么不情愿，也会跟着出牌。

希特勒的计划不得不彻底修改，他发现自己将要面对他在处理苏联之前希望避免的那种全面战争。从这一刻起，他不再培养自己作为一个理性之人的形象，无论是在国内，还是在国外，而是清楚地表明：他会通过残酷无情地运用武力和恐怖来实现自己的目标。入侵波兰的同一天，他下令杀害德国医院里的绝症病人[75]。他没有试图与波兰人达成和解。他只是把这个国家当作要利用的被占领土来对待。对波兰的胜利并非终结，而只是一个开始。这恰好与德国人的普遍心态相反。波兰崩溃之后，1939 年 10 月 3 日，里特尔·冯·李布将军在他的日记中指出："人们有糟糕的情绪，根本不热情，房子上没有旗帜飘扬。每个人都在等待和平。人民感觉到战争是不必要的。"但希特勒决定破釜沉舟，把整个国家锁在一个不可逆转的进程上。1939 年 11 月 23 日，他告诉将军们："一切妥协的希望都是孩子气。要么胜利，要么失败。我已经把德国人民带到了一个伟大的高度，纵然全世界如今都痛恨我们。我正在冒这场战争的风险。我不得不在胜利和毁灭之间做出选择。不是一个处在危险中的问题，而是这个民族生死存亡的问题。"10 月 17 日，他命令凯特尔将军，要把波兰的被占领土当作未来入侵苏联的一个"前方缓冲地带"来对待[76]。这就是斯大林花那么大的代价换来的安全！但在此期间，必须把西方消灭掉：用闪电战消灭法国，用绝望消灭英国。

希特勒如今是最高统帅。波兰战役是老的总参谋部准备的。从今往后，就像安全和民事部门一样，希特勒把军队置于双重指挥之下，有武装部队最高统帅部（OKW），服从他本人
363 的命令，复制了陆军总司令部（OKH）的工作。法国人让事

情变得对他来说更容易。他们并不想要战争。慕尼黑妥协之后，他们认识到，他们的东线政策终结了。对于波兰，他们只是做做样子。他们认为英国的担保是疯狂的，之所以为它背书，仅仅因为他们别无选择[77]。他们深知，与希特勒德国全面开战可能意味着重蹈 1870 年的覆辙，他们用了痛苦犹豫的 56 个小时来回应德国对波兰的进攻，自 1921 年以来，波兰就是他们宣过誓的盟友[78]。甘末林将军在 1939 年 5 月与波兰陆军部长卡斯普日茨基签署的军事议定书担保，一旦波兰遭到入侵，法国的空中力量就立即对德国采取进攻行动，接下来的 6 周之内法国陆军将会入侵德国。承诺并没有兑现。所发生的一切就是一支试探性的部队在 9 月 8 日进行了一番探查，很快就停止了。9 月 22 日，收到来自波兰前线的坏消息之后，法国人取消了所有进攻计划。在这一时期，德国人只有 11 个现役师，但到了 10 月 1 日，他们源源不断地从东线调来部队。从此以后，正如英法参谋部的讨论记录所显示的那样，正是英国人敦促在德国的主要前线展开行动，法国人希望什么事也不做，同时计划在斯堪的纳维亚、高加索、塞萨洛尼基、芬兰及其他地方实施牵制的方案。[79]

法国人在法德边境上对消极被动的偏爱，再加上在其他地方很大程度上毫无意义的活动，给希特勒带来了直接的方便。希特勒起初下令 11 月 12 日进攻法国，从众多方案中选择了一个大胆的设想：让装甲部队穿过阿登高地。法国政策的不断改变迫使他在整个冬天和初春反反复复地下达作战命令，多达 29 次。但在此期间，他亲自构思出了十分漂亮的挪威行动，他的军事顾问们宣称这一行动是不可能的。英法两国的活动给了他借口，他胜利完成了入侵，让盟国士气低落，让他的将军们自觉脸上无光，当他强化了穿透阿登高地的想法并着手实施的时候，他们没有表示反对，而与此同时，法国依然对挪威的失败不知所措，盟军的后勤混乱得一塌糊涂。

法国军事力量在 1940 年 3 ~ 6 月的迅速毁灭让希特勒确信：前一年秋天的错误并非不可挽回，他依然能够通过一连串俾斯麦式的行动，继续推进他的终极目标。这一行动带有他鲜明的个人特征：进攻时的过于自信和发明创造上的足智多谋。
364 据阿尔伯特·斯佩尔说，正是希特勒想到了给斯图卡式俯冲轰炸机装上警报器，这是闪电战中一招十分高明的心理学手法。还有其他很多例证，说明他在这一阶段的军事独创性，包括拉长坦克的炮筒[80]。正如他早期通过迅速制造和利用外交机会从而让民主国家手忙脚乱一样，如今他也是这样，不让法国指挥官有任何机会从他们最初的震惊中恢复过来。曾担任第一集团军上尉参谋的历史学家马克·布洛赫写道："在进行这场战争上，德国人的主导观念是速度。"他记述生死攸关的那几个星期的著作《奇怪的战败》（*L'étrange défaite*）强调，这次崩溃是对法国体制及其军队的一纸裁决。他赞扬了纳粹主义的平民主义和智力才干：

> 跟旧的帝国军队比起来，纳粹政权的部队有更加民主的外表。官兵之间的鸿沟如今似乎不是那么不可逾越。……德国的胜利本质上是智力的胜利——正是这一点使得它特别重大。仿佛两支军队各自属于不同的历史时期。我们习惯于按照长矛对步枪的方式来解释战争，殖民扩张的漫长岁月让我们熟悉了这样的战争。但这一次，是我们扮演了野蛮人的角色！[81]

布洛赫指出，不管根深蒂固的原因是什么，直接的原因是“高层指挥的完全不称职”。人们如今知道，甘末林将军患上了梅毒，这或许解释了他为什么总是拿不定主意，缺乏专注，记忆力下降，以及迷惑于他在战斗期间展示出来的堂皇派头[82]。但高级军官的无能是普遍的。布洛赫描述他自己那个集团军的指挥官布兰查德将军“悲惨地坐在那里一动不动，什么话也不说，什么事也没做，只是紧盯着摊开在我们之间那张桌子上的地图，仿佛希望在地图上找到他没有能力做出的决定”。[83]

作为一场军事赌博，对法国的进攻十分成功。进攻从 5 月 10 日开始，6 周后，6 月 22 日，法国签署了停战协议，给了希特勒想要的一切。伤亡比例——德国死 2700 人，盟国死 135000 人——在一定程度上说明了德国胜利的重大性。6 月 10 日，意大利参战，站在德国的一边，法国与墨索里尼的停火协议签署于 6 月 24 日，条款包括从这场战争中收回法国的殖民地。3 天后，斯大林入侵罗马尼亚，占领了比萨拉比亚省和布科维纳省；而在 3 月 12 日签署的一份投降条约中，他已
365
经从芬兰手里夺取了卡累利阿地峡。在任何军事意义上，他都是希特勒的盟友，尽管不是他的战时盟国。

法国迅速倒向纳粹阵营。被社会主义者解除了武装，被法西斯主义者给出卖，更有甚者，被共产党人给出卖，如今被右派和中间派所抛弃，第三共和国垮台了，没有朋友，没人哀悼。在小城里永，一连串的审判给那些被裁定对战败负有责任的人定罪：达拉第、雷诺、布鲁姆、甘末林、曼德尔、居伊·拉尚布尔等人——实际上是对法国所实行的那种议会政治的裁决[84]。停战协议是亨利·菲利普·贝当元帅签署

的，残余议会如今在小城维希设立的新首都授予他全权证书。他的独裁统治可谓姗姗来迟。他是1914～1918年那场战争的英雄，并在1920～1936年控制着法国的军事政策，因此他事实上像任何人一样对法国的崩溃负有责任。但他是最得人心的法国将领，因为他手下的人都觉得，跟其他任何人比起来，他们在他的指挥下被杀死的可能性更小。他很笨。他的书都是由一些聪明的年轻军官捉刀代笔。但他有法国农民那种简朴的庄重（他父亲就是个农民）。1935年，《小新闻报》（*Le Petit Journal*）搞了一次调查，想看看法国人最喜欢谁作为他们的独裁者，结果贝当名列前茅。排在第二的是皮埃尔·赖法尔，此人从前是个墨索里尼式的社会主义者，如今，贝当让他出任总理。[85]

贝当很快成为自拿破仑以来最受欢迎的法国统治者。他是反浪漫主义的化身，急着放弃历史责任和世界责任，渴望如今风靡法国的那种平静而安宁的生活。他是个玩弄女性已经上瘾的人，他说："性和食物是唯一重要的东西。"但教会却崇拜他。法国大主教、红衣主教热利耶宣布："法兰西就是贝当，贝当就是法兰西。"[86]在某种意义上，这是真的。他受到像王室成员一样的对待。农民在他经过的地方围上栅栏。女人举起自己的婴儿让他触摸。一份官方报告指出，1940年11月在图卢兹，一个女人冲到他的车前，拦住了车，为的是让自己有机会触摸他的手。地方行政长官转身向贝当道歉，却发现元帅慈祥地睡着了（他已经85岁高龄），报告说，丝毫没有"丧失他的庄严和他君王般的威仪"[87]。1934年，他和手下的一位上校夏尔·戴高乐发生争执，后者拒绝为他捉刀代笔写一本书。如今，作为陆军部副部长，戴高乐拒绝接受停战协议，8

月 5 日，英国与他领导的自由法国运动签署了一份协议，但只有 35000 人加入他的运动。在早期，维希政权由军人和文职人员组成，政治家被排除在外，这在法国激起了一阵名副其实的 366
极度兴奋，就像希特勒 1933 年在德国一样。

希特勒毫不费力地把维希政权转变成了一个盟友。1940 年 7 月 3 日，由于缺乏足够的信心，英国皇家海军击沉了奥兰及其他北非港口的法国舰队。两天后，贝当与英国断交，从此以后，维希政权不可阻挡地倒向了纳粹阵营，被冷酷无情地当作一头奶牛来对待。法国大约 40% 的工业产出、150 万名工人和半数公共部门的收入流入了德国的战时经济。[88]

在西班牙那里希特勒就不那么幸运了。佛朗哥决心置身于战争之外，他把战争视为最高的恶，尤其是一场由希特勒联手斯大林发动的战争，他觉得这场战争是 20 世纪一切恶的化身。他建议墨索里尼也作壁上观。1940 年 6 月 13 日，佛朗哥觉得有必要转到“非交战状态”，他把这种状态描述为“一种对轴心国的民族同情”[89]。但是，作为参战的价码，他把自己的要求提到了不可能的高度：奥兰、整个摩洛哥、西非的大片领土、大量的战争供应品，以及进攻直布罗陀和防御加那利群岛的装备。1940 年 10 月 23 日，当他在昂代伊会晤希特勒的时候，他不仅增加了这些要求，而且用一种冷冰冰的、近乎轻蔑的态度跟他的这位德国恩人打招呼。由于他本人是个职业军人，而希特勒是个业余选手——甚至不是一个绅士，而是一个下士！——他以毫不隐瞒的轻蔑对待希特勒习惯性的军事视察。希特勒的翻译保罗·施密特写道，他们“与其说是互相交谈，不如说是互相指责”，直至夜里两点，也没能在任何事情上达成一致。希特勒后来告诉墨索里尼，他宁愿拔掉两三颗牙齿，也不愿再遭受那样的罪。[90]

佛朗哥拒绝跟希特勒联手行动的一个相关理由是，他相信英国不打算媾和。希特勒最大的判断错误大概是没能认识到他在英国激起的敌意有多么深。他在法国的闪电战的主要目标并不是摧毁法国的军队（这件事情他觉得自己随时都可以做），而是要把英国打懵，让它坐下来和谈。5 月 21 日，也就是他攻占阿拉斯的同一天，他说自己想“就瓜分世界的问题试探英国的意见”[91]。他决定 5 月末让自己的装甲部队在敦刻尔克城外暂停下来，好让英国远征军从海滩撤退，这一决定是出于军事理由做出的，不过，想和伦敦展开商讨的愿望可能也促使他做出这个决定。6 月 2 日，当英国远征军最后的部队准备登船的时候，他告诉沙勒维尔的 A 集团军参谋部，他想立即与
367 英国达成“合理的和平协议”，好让自己“最终放开手脚”，来完成他“真正的伟大任务：对抗布尔什维克主义”[92]。随着法国战斗的结束，他在 6 月 30 日谈到了需要更多地向英国“展示我们的军事力量，好让他们彻底认输，让我们在东线全力以赴，而无后顾之忧”[93]。他继续坚持这样一个幻想：到秋天的晚些时候，英国可能会妥协。11 月 4 日，一位观察者注意到，“元首明显有些沮丧，给人以这样的印象：眼下，他不知道这场战争该如何继续下去。”[94]他在等待来自伦敦的信号，但信号一直没有出现。

事实上，在 1940 年，英国已经决定性地变得更加好战。在法国选择贝当和寂静主义的同时，英国选择了丘吉尔和英雄主义。这种分道扬镳有十分坚实的经济理由和军事理由。不像法国，英国在 1930 年代中期并没有选出一个人民阵线政府，鲍德温－张伯伦政府的紧缩政策尽管令人痛苦，但最终让英国

实现了坚实的经济复苏。尽管1930年代初期英国的失业大大高于法国，但有证据表明，有很多失业是自愿的，是较高水平救济（超过平均工资的50%）的结果[95]。经济远比左翼宣传中所显示出来的更加健康。几乎整个1930年代，建筑业一直在扩张，建造了300多万座新房子，给总的储备增加29%，包括创造12个月内（1936～1937年）建造40万座房子的纪录[96]。工会力量在1926年总罢工失败之后的衰落，以及随后的反工会立法，使得英国在大萧条最糟糕的时期已经结束时以1920年代不可能有的速度采用新技术成为可能。实际上，两次世界大战之间的这段时期，英国在革新扩张方面达到了顶峰[97]。新兴电子产业雇用人员的数量从1930年代19.2万增长到了1936年的24.8万，英国是第一个创造国家电网的国家。化学和石化工业迅速扩张，出口在1930～1938年增长了18%。飞机工业的就业人数从1930年代2.1万增长到了1935年代3.5万，甚至在重整军备之前就已经开始增长。汽车产量增长两倍以上，从1930年代的23.7万辆增长到了1937年的50.8万辆[98]。这些进步全都和军工生产能力直接相关。

有一点倒是真的，英国在很多方面经历了挫折，例如，不得不从美国、匈牙利甚至是德国进口机床[99]。但在某些关键领域，尤其是航空发动机，以及对空中力量和海上力量都至关重要的雷达，英国对德国都有重要的技术优势[100]。重整军备在1939年加速，到1940年中期，英国生产的飞机和训练的飞行员都超过了德国。因此，英国人的心态在1940年代转变有 368
坚实的物质理由。5月7日，丘吉尔出任首相和国防大臣（这两个重要职位的结合，劳合·乔治在第一次世界大战期间从未实现过），他的脱颖而出因此是自然而然的事。他的决心、活力和口才都是额外的优点——在口才方面，希特勒是他最大的竞争对手，正当希特勒自愿放弃这一才能的时候，丘吉尔却把它发挥到了炉火纯青的程度。到 1940 年夏天，他在英国至少像贝当在法国一样深得民心，比希特勒如今在德国更得民心。[101]

丘吉尔尽管浪漫而好斗，但他并非不切实际。他深知，英国即便有英联邦帮忙也不可能打败德国。他认为，美国迟早会被迫干涉：他的希望便在于此。不管他在公众场合可能说什么，他都没有完全排除和希特勒进行战略交易的可能性。1940 年 5 月 26 日，张伯伦的日记指出，丘吉尔告诉战时内阁："很难相信希特勒会答应我们能够接受的任何条件，如果能够通过放弃马耳他、直布罗陀及某些非洲殖民地来摆脱这一困境的话，他会欣然接受"。据内阁会议记录记载，他说，"如果希特勒先生准备以恢复德国殖民地和中欧霸主地位为条件而媾和的话"，还是可以考虑的，不过，"他完全不可能提出任何这样的条件"[102]。但这是他愿意谈判的唯一证据。希特勒的和平提议没有获得通过。据当时在政府担任职务的下院议员钱农的日记说，外交部甚至没有翻译希特勒的演说稿。[103]

出乎意料的是，在法国陷落之后，和平谈判的任何可能性都终结了，丘吉尔的政治地位却稳步提升。7 月 4 日，他从保守党议员那里赢得了第一次大声喝彩，当时，他宣布了在奥兰对法国舰队展开的行动，他指出，迄今为止，"我所受到过的最热烈的欢迎都来自工党议员"。张伯伦的死于癌症消除了他唯一真正危险的反对者，10 月 9 日，丘吉尔被推选继承张伯伦的位置，成为保守党领袖。但他既不能够也不热衷于把那些毁掉英国在印度的统治、忽视国防并对希特勒采取绥靖政策的人从本届政府中清理出去。他告诉《每日镜报》（*Daily Mirror*）的主管塞西尔·金：

> 请求政府清除那些近年来带领我们误入歧途的人确实是个好主意，但应该在何处止步呢？他们无处不在——不仅政界有，而且在现役长官和民事长官当中也有。在我们发现自己置身于其中的这种危险状态下，把所有这些人全都清理出去是不可能的事。无论如何，如果你依靠最近几年来一直正确的那些人，你所信赖的人就只有很少的一小 369
> 撮。不，他不打算管理一个报仇雪恨的政府。[104]

丘吉尔的决定对战后保守党的组成和姿态有重要而有害的影响。但这个决定在当时是审慎的。在两次世界大战之间的这段时期，英国的外交、国防和英联邦政策一直存在轻率鲁莽的判断错误，但在1920年代，丘吉尔本人就是这些政策的主要代理人，尽管自1930年起，他的记录几乎无懈可击，他正确地判断，如果搞一次调查，任何人都脱不了干系（至少他的工党新盟友无一幸免），而且会毁掉他如今主导的十分脆弱的新统一。他的宽宏大量是有道理的。尽管很多灾难即将来临，但丘吉尔的权威从未受到严重的挑战，在所有战时政府当中，他的政府结合了权威和民心，是迄今为止最强大、最稳固的。正是这一点（超过其他任何因素）使英国能够维持全球存在的幻想和超级大国的身份，并一直保持到了1945年《波茨坦公告》发表。

然而，那是一种幻想。1940年的夏天带来了旧欧洲的终结，从历史舞台上扫除了这样一个观念：这个世界在协商同意的国际协议和某种绝对的道德体系的框架之内由文明的欧洲强国协同管理。英国幸存了下来，不过是以一种防御的姿态幸存了下来，成为一个相对无能的囚徒。在1940年的7、8、9月，英国的战斗机中队和雷达链决定性地挫败了戈林的德国空军的企图，后者试图摧毁皇家空军在英国东南部的机场，这对任何入侵英国的企图来说都是必不可少的初步行动。希特勒因此放弃了在西线发动一场决定性攻势的想法。但丘吉尔也只能对希特勒那位弱小而困窘的盟友墨索里尼展开有效的进攻行动。11月11日，意大利舰队在塔兰托被一次海军空袭给彻底打瘫了，从此以后，英国再也没有失去对地中海的全面控制。1941年初，英国开始对利比亚的意大利人发起进攻，接下来摧毁了墨索里尼在东北非的整个摇摇欲坠的帝国。但英国与纳粹之间的主要交战（为保持海上航道畅通的海军航空兵战）是防御性的。打击德国本土的一种方式是通过空中。由于白天的轰炸不可能提供战斗机护航，而且夜间轰炸机不可能保证把炸弹投掷到其目标周围10英里半径之内，因此，丘吉尔唯一的攻击选项是几乎不问青红皂白地轰炸城市。7月8日，他写了一封阴
370 郁严肃的信给他的飞机生产部长比弗布鲁克勋爵：

> 当我环顾左右，看看我们如何能打赢这场战争时，我认识到，只有一条路有把握。我们没有可以打败德国军事力量的大陆军。封锁被打破了，希特勒有亚洲，大概还有非洲可以利用。假如他在这里被击退，或者不想入侵，他就会向东反弹，我们没有任何东西能制止他。但有一样东西会把他带回来，并把他击倒，那就是利用重型轰炸机，

从我们国家出发，对纳粹的祖国来一次绝对毁灭性的、消灭一切的进攻。[105]

这封信拥有十分重要的历史意义（它丝毫不亚于丘吉尔关于战争腐化影响的评论，参见第一章），标志着极权主义社会的道德相对主义如何在关键时刻侵入了一个重要民主强国的决策过程。究竟是英国人还是德国人最早开始轰炸民用目标，这个问题尚存争议[106]。希特勒（像列宁和斯大林一样）从一开始就使用恐怖手段以实现自己的任何目标或所有目标，并为这一做法辩护。有一点很清楚，早在1940年底很久之前，英国轰炸机就打着攻击“战略目标”的口头幌子，被越来越大规模地用来杀戮和恐吓德国国内的平民人口。正如10月30日内阁会议记录所记载的那样，“必须让目标地区周围的平民人口感觉到战争的分量”。这一政策由丘吉尔首先提出，并得到了内阁的批准和议会的背书，而且，就我们能够判断的范围而言，也得到了大部分英国人的热烈支持——因此满足了一个民主国家在法治之下的知情同意过程的全部条件，它标志着我们这个时代的道德堕落进入了一个关键性的阶段。

恐怖轰炸的采用也是对英国绝望的一种衡量。1939年7月5日，财政部警告内阁，如果没有美国的坚定支持，“长期战争的前景将变得极其严酷”。英国不可能实行德国的那种独裁经济政策。当出口随着转向军工生产而下降的时候（以1938年的基数为100，到1940年，英国的出口下降到了29%，而进口只下降到了77%），黄金和美元的储备也消失不见了。罗斯福政府口头上同情盟国，但实际上却帮不了什么忙。可怜的法国人在1940年6月初请求帮助，科德尔·赫尔冷淡地把这些请求看作“一连串非同寻常的、几乎是歇斯底里的哀求”。从某个时期起，英国的日子并不更好过。美国驻伦敦大使约瑟夫·肯尼迪是罗斯福的另一个竞选捐助人，就连口头支持他都不肯提供：“从一开始，我就告诉他们，他们别指望得
371 到任何帮助。我们没有任何东西可提供，我知道，在任何物质方面，我们都给不了什么帮助，我们自己还不够用呢。”[107]到1940年底，英国已经耗光了可流通货币：只有1200万美元的储备，是有史以来最低的，因此不得不暂停美元购买。[108]

1941年3月11日，美国国会通过了《租借法案》，允许总统“出售、转让、交换、租赁、借贷或其他方式处理”物资给任何一个他认为其国防对美国国防至关重要的国家。理论上，这一法案使得罗斯福能够把无限的战争补给送往英国，而不收取任何费用。但实际上，英国继续为它的大部分武器掏腰包，作为回报，英国同意把它残余的出口贸易拱手交给美国，并（根据后来在1942年2月23日达成的协议）承诺在战后废除帝国优惠制，在科德尔·赫尔看来，这自始至终是一个比遏制极权主义强国更重要的外交政策目标[109]。罗斯福与苏联签订的武器供应协议更加慈善。在丘吉尔看来，《租借法案》之所以重要，仅仅是因为他相信这一法案可能诱使希特勒与美国发生冲突。实际上，到1941年初，他认识到，旧欧洲的合法体系已不复存在，恢复某种法律体系的希望在于希特勒的误算。丘吉尔没有失望。

注 释

1 **A Relativistic World**

1 A. Einstein, in *Annalen der Physik*, 17 (Leipzig 1905), 891ff.
2 Banesh Hoffman, *Einstein* (London 1975 ed.), 78; John White, *The Birth and Rebirth of Pictorial Space* (London 1967 ed.), 236–73.
3 Hoffman, op cit., 81–2.
4 A. Vibert Douglas, *The Life of Arthur Stanley Eddington* (London 1956), 39–40.
5 *Daily Telegraph*, 25 June 1980; D. W. Sciama, *The Physical Foundations of General Relativity* (New York 1969).
6 Karl Popper, *Conjectures and Refutation* (London 1963), 34ff.; and Popper, *Unended Quest: an Intellectual Autobiography* (London 1976 ed.), 38.
7 A. N. Whitehead, *Science and the Modern World* (London 1925).
8 A. Einstein, *Out of My Later Years* (London 1950), 41.
9 *The Born–Einstein Letters 1916–1955* (London 1971).
10 Ibid., 149.
11 Ernest Jones, *The Life and Work of Sigmund Freud*, ed. Lionel Trilling and Steven Marcus (New York 1961), 493ff.
12 Ibid., 493.
13 B. A. Farrell, *The Standing of Psychoanalysis* (Oxford 1981); Anthony Clare, *The Times Literary Supplement*, 26 June 1981, 735.
14 P. B. Medawar, *The Hope of Progress* (London 1972).
15 Jones, op. cit., 493.
16 Letter of 18 December 1912. William McGuire (ed.), *The Freud–Jung Letters*, (tr. London 1971), 534–5.
17 See Freud's essay, 'Psychoanalysis Exploring the Hidden Recesses of the Mind', in the Encyclopaedia Brittania survey, *These Eventful Years: the Twentieth Century in the Making*, 2 vols (New York 1924), II 511ff.
18 Sigmund Freud, *The Future of an Illusion* (London 1927), 28.
19 Quoted by Richard Buckle, *Diaghilev* (New York 1979), 87.
20 Walter Laqueur, *Weimar: a Cultural History, 1918–1933* (London 1974).
21 There is no evidence they met. The conjunction forms the setting for Tom Stoppard's play *Travesties* (1977).
22 George Painter, *Marcel Proust*, 2 vols (New York 1978), II 293ff.
23 Theodore Zeldin, *France 1848–1945*, 2 vols (Oxford, 1977), vol. II *Intellect, Taste, Anxiety*, 370ff.
24 Quoted in Lionel Trilling, *The Last Decade: Essays and Reviews 1965–1977* (New York 1979), 28.
25 Painter, op. cit., II 339.
26 Camille Vettard, 'Proust et Einstein', *Nouvelle Revue Française*, August 1922.
27 Trilling, op. cit., 28–9.
28 Karl Marx, *A Contribution to the Critique of Political Economy*, 20.
29 Sigmund Freud, *Beyond the Pleasure Principle* (1920) 70–81.

30 Quoted in Fritz Stern, *The Failure of Illiberalism* (London 1972), 'Bethmann Hollweg and the War', 77–118.
31 Frederick R. Karl, *Joseph Conrad: the Three Lives* (New York 1979), 737–8.
32 J.B.Bury, *The Idea of Progress* (London 1920), 352; see I.F.Clarke, *The Pattern of Expectation, 1744–2001* (London 1979).
33 Quoted by Martin Gilbert in R.S.Churchill and Martin Gilbert, *Winston S. Churchill*, 5 vols (to date) with companion volumes (London, 1966–) IV 913–14.
34 Randolph Bourne, *Untimely Papers* (New York 1919), 140.
35 Foster Rhea Dulles, *The United States Since 1865* (Ann Arbor 1959), 263.
36 Figure given by Karl Deutsch, 'The Crisis of the State', *Government and Opposition* (London School of Economics), Summer 1981.
37 W.W.Rostow, *The World Economy: History and Prospect* (University of Texas 1978), 59.
38 Margaret Miller, *The Economic Development of Russia, 1905–1914* (London 1926), 299.
39 Olga Crisp, *Studies in the Russian Economy Before 1914* (London 1976).
40 G.Garvy, 'Banking under the Tsars and the Soviets', *Journal of Economic History*, XXXII (1972), 869–93.
41 Stephen White, *Political Culture and Soviet Politics* (London 1979), 50.
42 Stern, op. cit., 91.
43 E.H.Carr, *The Bolshevik Revolution, 1917–1923*, 2 vols (London 1952) II 81.
44 Riezler's diary, 4 August 1917; Stern, op. cit., 118.
45 Hajo Holborn, *A History of Modern Germany 1840–1945* (London 1969), 466, 454.
46 Arthur M. Schlesinger, *The Crisis of the Old Order 1919–1933* (Boston 1957), 20ff.
47 Dulles, op. cit., 260–1.
48 John Dewey, 'The Social Possibilities of War', *Characters and Events*, 2 vols (New York 1929) II 552–7.
49 Dulles, op. cit., 262.
50 See Henry Kissinger, *A World Restored: Castlereagh, Metternich and the Restoration of Peace* (London 1957).
51 Harold Nicolson, *Peacemaking 1919* (London 1945 ed.), 25.
52 Quoted by Robert Wohl, *The Generation of 1914* (London 1980), 44.
53 Ibid., 25ff.
54 Professor Carl Pribham and Professor Karl Brockhausen, 'Austria' in *These Eventful Years*.
55 Carr, op. cit., I 254.
56 F.Lorimer, *The Population of the Soviet Union* (Geneva 1946), gives full list, Table 23, 55–61.
57 Nicolson, op. cit., 200–1.
58 *Papers Respecting Negotiations for an Anglo–French Pact*, Cmnd 2169 (London 1924), 5–8.
59 For the secret treaties see Nicolson, op. cit., 108ff.; Howard Elcock, *Portrait of a Decision: the Council of Four and the Treaty of Versailles*, (London 1972), chapter 1.
60 P.S.Wandycz, *France and Her Eastern Allies* (Minneapolis 1962), 11–14.
61 H. and C.Seton-Watson, *The Making of a New Europe: R.W.Seton-Watson and the last years of Austria–Hungary* (London 1981).
62 Peter A. Poole, *America in World Politics: Foreign Policy and Policymakers since 1898* (New York 1975), 39.
63 Ibid., 46.
64 L.E.Gelfand, *The Inquiry: American Preparations for Peace, 1917–1919* (Yale 1963).
65 Nicolson, op. cit., 21–2.
66 Ibid., 31–3.
67 Holborn, op. cit., 502.
68 For the armistice negotiations see Harold Temperley, *A History of the Peace Conference of Paris*, 4 vols (London 1920–4), I 448ff.
69 For the 'Commentary', see C.Seymour (ed.), *The Intimate Papers of Colonel House*, 4 vols (London 1928), IV 159ff.
70 Keith Middlemas (ed.), *Thomas Jones: Whitehall Diary*, I *1916–1925* (Oxford 1969), 70.

71 Nicolson, op. cit., 83–4.
72 For this episode, see Robert Lansing's own account, *The Peace Negotiations: a Personal Narrative* (Boston 1921).
73 Nicolson, op. cit., 79–82.
74 Elcock, op. cit., 241.
75 Ibid., 242.
76 Nicolson, op. cit., 270.
77 Elcock, op. cit., 270–89.
78 *Foreign Relations of the United States: Paris Peace Conference 1919*, 13 vols (Washington DC 1942–7), XI 600.
79 François Kersaudy, *Churchill and de Gaulle* (London 1981).
80 Elcock, op. cit., 320–1.
81 André Tardieu, *The Truth About the Treaty* (London 1921), 287.
82 Elcock, op. cit., 310.
83 *Paris Peace Conference*, XI 547–9.
84 Lansing, op. cit., 3.
85 *Paris Peace Conference*, XI 570–4.
86 Walter Lippmann, letter to R.B.Fosdick, 15 August 1919, in *Letters on the League of Nations* (Princeton 1966).
87 Howard Elcock, 'J.M.Keynes at the Paris Peace Conference' in Milo Keynes (ed.), *Essays on John Maynard Keynes* (Cambridge 1975), 162ff.
88 *Collected Writings of J.M.Keynes*, XVI *Activities 1914–1919* (London 1971), 313–34.
89 Ibid., 375 (the paper is 334–83).
90 Ibid., 418–19.
91 H.Roy Harrod, *Life of John Maynard Keynes* (London 1951), 246.
92 Drafts in Lloyd George Papers, Beaverbrook Library (F/7/2/27 and F/3/34) quoted in Elcock, 'Keynes at the Paris Peace Conference'.
93 See for example Arthur Walworth, *America's Moment 1918: American Diplomacy at the end of World War One* (New York 1977).
94 Keynes, *Collected Writings*, XVI, 438.
95 Harrod, op. cit., 250.
96 Elcock, *Keynes*, 174; Harrod, op. cit., 253.
97 Paul Levy, 'The Bloomsbury Group' in Milo Keynes, op. cit., 68.
98 Quotations from ibid., 67, 69.
99 For Cecil see Kenneth Rose, *The Later Cecils* (London 1975), 127–84.
100 Hankey minute, 1916, Foreign Policy Committee 27/626/, FP (36) 2; Crowe memo, 12 October 1916: Admiralty minute 23 December 1918 CAB 27/626/, FP(36)2. Quoted in Corelli Barnett, *The Collapse of British Power* (London 1972), 245.
101 G.Clemenceau, *Grandeur and Misery of a Victory* (London 1930); A.Tardieu, op. cit.
102 Henry Cabot Lodge, *The Senate and the League of Nations* (New York 1925).
103 R.S.Baker and W.E.Dodds (eds), *The Public Papers of Woodrow Wilson*, 6 vols, (New York 1925–7), VI 215.
104 For the details of Wilson's last eighteen months in office, see Gene Smith, *When the Cheering Stopped: the last years of Woodrow Wilson* (New York 1964).
105 Ibid., 153.
106 Ibid., 107, 111–13, 126–8.
107 Dulles, op. cit., 273.
108 G. Smith, op. cit., 149; Robert Murray, *The Harding Era: Warren G.Harding and his Administration* (University of Minnesota 1969), 91.
109 For the importance of Article 19 *see* Nicolson, op. cit., 73–5.
110 See Table of Wholesale Prices, *US Federal Reserve Bulletin* (1924).
111 See R.L.Schuettinger and E.F.Butler, *Forty Centuries of Wage and Price Controls* (Washington DC 1979).
112 *These Eventful Years*, vol I; this gives complete table of international indebtedness, 410.
113 A.J.P.Taylor, *English History 1914–45* (London 1970 ed.), 74, 169.
114 See Dulles's essay, 'Reparations' in *These Eventful Years*, vol I.
115 Karl Popper, *Conjectures and Refutations* (London 1972 ed.), 367–9.
116 Stern, op. cit., 119.
117 Martin Kaplan and Robert Webster, 'The Epidemiology of Influenza', *Scientific American*, December 1977.

118 Lee Williams, *Anatomy of Four Race Riots 1919–1921* (University of Mississippi 1972).
119 S.W.Horrall, 'The Royal NW Mounted Police and Labour Unrest in Western Canada 1919', *Canadian Historical Review*, June 1980.
120 Jones, *Whitehall Diary*, I 132–6.
121 For this and the following paragraphs, see Roy Mellor, *Eastern Europe: a Geography of the Comecon Countries* (London 1975), 65ff.
122 Quoted by Norman Stone, *The Times Literary Supplement*, 2 October 1981, 1131.
123 Mellor, op. cit., 73.
124 H. and S.Seton-Watson (eds), *R.W.Seton-Watson and the Yugoslavs: Correspondence 1906–1941*, 2 vols (London 1979), II 97.
125 Mellor, op. cit., 75–7.
126 4 January 1918. Stephen Roskill, *Hankey: Man of Secrets*, 3 vols (London 1970–4), I 479.
127 *Statistics of the Military Effort of the British Empire during the Great War* (London 1922), 756.
128 See S.F.Waley, *Edwin Montagu* (London 1964).
129 Barnett, op. cit., 144ff.
130 Nicholas Mansergh, *The Commonwealth Experience* (London 1969), 256.
131 *Report on Indian Constitutional Reforms*, Cmnd 9109 (1918), 3; quoted in Barnett, op. cit., 147.
132 Ibid, 120; quoted in Barnett, 148.
133 See 'History and Imagination', Hugh Trevor-Roper's valedictory lecture, Oxford University, 20 May 1980, published in Hugh Lloyd-Jones *et al.* (eds), *History and Imagination* (London 1981).
134 S.W.Roskill, *Naval Policy Between the Wars*, 2 vols (London 1968), I 70.
135 John Gallagher, 'Nationalism and the Crisis of Empire 1919–22', in Christopher Baker *et al.* (eds), *Power, Profit and Politics: essays on imperialism, nationalism and change in twentieth-century India* (Cambridge 1981).
136 C.E.Callwell, *FM Sir Henry Wilson*, 2 vols (London 1927) II 240–1.
137 Jones, *Whitehall Diary*, I 101.
138 Philip Woodruff, *The Men Who Ruled India*, 2 vols (London 1954), I 370.
139 *Guardian* (London), 21 September 1981.
140 Percival Griffiths, *To Guard My People: the History of the Indian Police* (London 1971), 243ff; Dyer's entry in the *Dictionary of National Biography;* Alfred Draper, *Amritsar: the Massacre that Ended the Raj* (London 1981), and the review of it in *Booknews*, September 1981, by Brigadier Sir John Smyth, who was also commanding security forces in the Punjab in April 1919.
141 Gilbert: op. cit., IV, chapter 23, 401–11.
142 Jawaharlal Nehru, *Autobiography* (Indian edition 1962), 43–4; Nehru, *India and the World* (London 1936), 147.
143 Woodruff, op. cit., II 243.
144 Griffith, op. cit., 247ff.
145 Quoted by J.P.Stern, *Nietzsche* (London 1978), 93. The passage is from the fifth part of *The Joyous Science*, translated as *The Gay Science* (New York 1974).

2 The First Despotic Utopias

1 For a discussion of *Revolutionierungspolitik*, see G.Katkof, *The February Revolution* (London 1967).
2 There are various eye-witness accounts of Lenin's return to Russia. See Edmund Wilson, *To the Finland Station* (London 1966 ed.), 468ff.
3 Carr, op. cit., I 77 (and footnote 2), 78; Wilson, op. cit., 477–8.
4 David Shub, *Lenin: A Biography* (London 1966), 13–16.
5 Ibid., 39.
6 J.M.Bochenski, 'Marxism-Leninism and Religion' in B.R.Bociurkiw *et al.* (eds), *Religion and Atheism in the USSR and Eastern Europe* (London 1975).

7 V.I.Lenin, 'Socialism and Religion', *Collected Works*, XII 142; all the relevant texts are in *V.I.Lenin ob ateisme i tserkvi* (V.I.Lenin on Atheism and the Church) (Moscow 1969).
8 Krupskaya, *Memories of Lenin* (tr. London 1930), 35.
9 Maxim Gorky, *Days with Lenin* (tr. London 1932), 52.
10 Lenin, *Collected Works*, IV 390–1.
11 G.V.Plekhanov, *Collected Works*, XIII 7, 90–1.
12 *Iskra* No. 70, 25 July 1904.
13 Isaac Deutscher, *The Prophet Armed: Trotsky 1879–1921* (London 1954), 91–6.
14 Shub, op. cit., 137.
15 Ibid., 153–4.
16 Ibid., 180.
17 Ibid., 88.
18 Lenin, 'Materialism and Empiro-Criticism', *Collected Works*, XIV 326.
19 Nikolai Valentinov, *My Talks with Lenin* (New York 1948), 325.
20 Lenin, *Collected Works*, XX 102, XXVI 71.
21 Trotsky, *O Lenine* (Moscow 1924), 148.
22 Jean Variot, *Propos de Georges Sorel* (Paris 1935), 55.
23 F.Engels, *The Class War in Germany*, 135.
24 Lenin, *Collected Works*, V 370ff.
25 Lenin, *Collected Works*, IV 447, 466–9.
26 Vera Zasulich in *Iskra*, 25 July 1904.
27 Rosa Luxemburg, *Neue Zeit*, XXII (Vienna 1903–4).
28 Rosa Luxemburg, *The Russian Revolution and Leninism and Marxism* (tr. Ann Arbor 1961), 82–95.
29 A.James Gregor, *Italian Fascism and Development Dictatorship* (Princeton 1979). Olivetti's article was published in *Pagine libere* 1 July 1909.
30 Benito Mussolini, *Opera Omnia*, 36 vols (Florence 1951–63), II 32, 126.
31 Ibid., I 92, 103, 185–9.
32 Ibid., V 69.
33 Ernst Nolte, *Three Faces of Fascism* (tr. London 1965), 155; see also Nolte's essay 'Marx und Nietzsche im Sozialismus des jungen Mussolini', *Historische Zeitschrift*, CXCI 2.
34 Nolte, *Three Faces of Fascism*, 154.
35 Mussolini, *Opera Omnia*, V 346.
36 A.James Gregor, *Young Mussolini and the Intellectual Origins of Fascism* (Berkeley 1979); Denis Mack Smith, *Mussolini* (London 1982), 10–12, 17, 23.
37 Lenin, *Collected Works*, XVIII 44–6.
38 Ibid., XIX 357.
39 Stalin, *Collected Works*, VI 333–4.
40 The 'April Theses' were published in *Pravda*, 7 April 1917.
41 Carr, op. cit., I 40–1.
42 Ibid., 82.
43 John L. H.Keep, *The Russian Revolution: a study in mass-mobilization* (London 1976), 9.
44 D.J.Male, *Russian Peasant Organization before Collectivization* (Cambridge 1971); T. Shanin, *The Awkward Class: Political Sociology of the Peasantry in a Developing Society: Russia 1910–1925* (Oxford 1972); Moshe Lewin, *Russian Peasants and Soviet Power* (tr. London 1968).
45 Keep, op. cit., 172–85.
46 Ibid., 207ff., 216.
47 M.Ferro, *La Révolution* (Paris 1967), 174, 183.
48 Carr, op. cit., I 80.
49 Ibid., 83–6.
50 Ibid., 89.
51 I asked Kerensky in a BBC TV interview why he did not have Lenin shot. He replied: 'I did not consider him important.'
52 Lenin, *Collected Works*, XXI 142–8.
53 Carr, op. cit., I 94–9.
54 Stalin, *Collected Works*, VI 347.
55 John Reed, *Ten Days that Shook the World* (Penguin ed. 1966), 38–40, 61, 117.
56 See decree in Mervyn Matthews (ed.), *Soviet Government: A selection of official Documents on Internal Policies* (London 1974).

57 Boris Pasternak, *Doctor Zhivago* (London 1961), 194.
58 Quoted in Victor Woroszynski, *The Life of Mayakovsky* (London 1972), 194.
59 Nicholas Sukhanov, *The Russian Revolution* (Oxford 1955), 518.
60 G. Vellay (ed.), *Discourses et Rapports de Robespierre* (Paris 1908), 332.
61 *Karl Marx–Friedrich Engels: Historisch-Kritische Gesamtausgabe*, Ier Teil, VII 423; see Carr, op. cit., I 155.
62 *Bericht über den Gründungsparteitag der Kommunistischen Partei Deutschlands (Spartakusbund)* (Berlin 1919), 52.
63 Figure quoted by Alexander Solzhenitsyn, speech in Washington, 30 June 1975, *Alexander Solzhenitsyn Speaks to the West* (London 1978).
64 Carr, op. cit., I 153, footnote 2.
65 Lenin, *Collected Works*, IV 108.
66 V. Adoratsky, *Vospominaniya o Lenine* (1939), 66–7; V.Bonch-Bruevich, *Na Boevykh Postakh Fevral'skoi i Oktyabr'skoi Revolyutsii* (1930), 195; both quoted in Carr, op. cit., I 156–7 footnote 4.
67 Trotsky, *Collected Works*, II 202.
68 See Lenin, *Collected Works*, XXII 78.
69 Carr. op. cit., I 158, footnote 3; *The History of the Civil War in the USSR*, II (tr. London 1947), 599–601; J. Bunyan and H.H.Fisher, *The Bolshevik Revolution 1917–1918* (Stanford 1934), 297–8.
70 Carr, op. cit., I 157.
71 George Leggett, *The Cheka: Lenin's Political Police* (Oxford 1981).
72 Solzhenitsyn, op. cit.
73 Carr, op. cit., I 158–9.
74 Ibid., 159.
75 Leggett, op. cit.
76 Lenin, *Collected Works*, XXII 166–7, 243, 449, 493.
77 *Pravda*, 23 February 1918; Bunyan and Fisher, op. cit., 576.
78 Quoted in Leggett, op. cit.
79 Ibid.
80 Douglas Brown, *Doomsday 1917: the Destruction of Russia's Ruling Class* (London 1975), 173–4.
81 A. Solzhenitsyn, *The Gulag Archipelago* (London 1974), 3 vols, I 28.
82 Quoted in Harrison Salisbury, *Black Night, White Snow: Russia's Revolutions, 1905–1917* (London 1978), 565
83 Lenin, *Collected Works*, XXII 109–10.
84 Ibid., XXII 131–4.
85 *Izvestiya*, 22 December 1917.
86 Carr, op. cit., I 117–18.
87 Ibid., 119 footnote 2, 120.
88 Holborn, op. cit., 490.
89 Gilbert, op. cit., IV 220.
90 J.M.Thompson, *Russia, Bolshevism and the Versailles Peace* (Princeton 1966).
91 Gilbert, op. cit., IV 225.
92 Ibid., 227, 278, 235, 275, 362–4.
93 Ibid., 257–9.
94 Ibid., 244, 228, 305–6, 261.
95 Ibid., 342, footnote 2.
96 Ibid., 316.
97 E.g., General Sir H.C.Holman's telegram to Churchill of 8 January 1920, printed Gilbert, op. cit., IV 366–7.
98 Carr, op. cit., I 263ff., 291–305, and note B 410ff.
99 Stalin, *Collected Works*, IV 31–2.
100 Leon Trotsky, *Stalin* (New York 1946), 279.
101 Carr, op. cit., I 364.
102 Ibid., 380–409.
103 Ibid., 141.
104 Ibid., 143.
105 Bertrand Russell, *The Practice and Theory of Bolshevism* (London 1920), 26.
106 For the Kronstadt affair see Leonard Schapiro, *The Origin of the Communist Autocracy* (London 2nd ed., 1977), 301–14.
107 Lenin, *Collected Works*, XXVI 352.
108 Ibid., XXVI 208.
109 Carr, op. cit., 221–2.
110 Ibid., 205–8.
111 S.Liberman, *Building Lenin's Russia* (Chicago 1945), 13.
112 Lydia Bach, *Le Droit et les Institutions de la Russie Soviétique* (Paris 1923), 48.

113 See George L. Yaney, *The Systematization of Russian Government . . . 1711–1905* (Urbana, Illinois, 1973).
114 T.H.Rigby, *Lenin's Government: Sovnarkom, 1917–1922* (Cambridge 1979), 230–5.
115 Shapiro, op. cit., 343.
116 Carr, op. cit., I 190 footnote 3.
117 Lenin, *Collected Works*, XXVI 227.
118 Quoted in Schapiro, op. cit., 320.
119 Rigby, op. cit., 236–7.
120 Schapiro, op. cit., 322; Carr, op. cit., I 204–5.
121 Carr, op. cit., I 213.
122 Lenin, *The State and the Revolution* (1917).
123 Lenin, *Collected Works*, XXVII 239–40.
124 Ibid., XXVII 296.
125 Rigby, op. cit., 191–2.
126 Ronald Hingley, *Joseph Stalin: Man and Legend* (London 1974), 141.
127 Schapiro, op. cit., 320.
128 Hingley, op. cit., 144–5.
129 Lincoln Steffens, *Autobiography (New York 1931), 791–2; William* Bullitt, *The Bullitt Mission to Russia* (New York 1919).
130 Carr, op. cit., II 24.
131 Keep, op. cit., 261.
132 A.Moriset, *Chez Lénine et Trotski à Moscou* (Paris 1922), 240–2.
133 K.Marx, *Capital*, II chapter XVI; *Communist Manifesto; Critique of the Gotha Programme.*
134 Lenin, *Collected Works*, XXII 378.
135 Ibid., XXII 516–17. Lenin later dropped this reference to Peter the Great, the only time he ever openly compared himself to the Tsars.
136 Carr, op. cit., II 68.
137 Lenin, *Collected Works*, XXII 493.
138 Carr, op. cit., II 102–8.
139 Lenin, *Collected Works*, XX 417.
140 Carr, op. cit., II 109–10.
141 Ibid., 202 footnote 2.
142 Ibid., 209–10.
143 Legal enactments are: *Sobranie Uzakonenii, 1919*, No. 12 article 124; No. 20 article 235; No. 12 article 130 etc.
144 Carr, op. cit., II 212–13; *Izvestia*, 2 April 1920; *Sobranie Uzakonenii 1920*, No. 35 article 169.
145 Carr, op. cit., II 215–16.
146 *Sobranie Uzakonenii, 1918*, Article 11 (e).
147 Lenin, *Collected Works*, XXII 356–7.
148 Ibid., XXVI 204.
149 For NEP see Carr, op. cit., II 273–82.
150 Lenin, *Collected Works*, XXVII 35.
151 Lenin, *Collected Works*, XXV 389, 491; *Pravda*, 22 February 1921.
152 Holborn, op. cit., 512–13, 526–32; Sebastian Haffner, *Failure of a Revolution: Germany 1918–1919* (London 1973).
153 For Gömbös, see Carlile A.MacCartney, *October 15: A History of Modern Hungary 1929–1945*, 2 vols (Edinburgh 1956).
154 David O.Roberts, *The Syndicalist Tradition and Italian Fascism* (Manchester 1979).
155 Mussolini, *Opera Omnia*, XIII 170.
156 Nolte, op. cit., 10.
157 Mussolini, *Opera Omnia*, III 206; V 67.
158 Luigi Barzini, *From Caesar to the Mafia: sketches of Italian life* (London 1971), 139.
159 Figure given in Giordano Bruno Guerri, *Galeazzo Ciano: una vita 1903–1944* (Milan 1980).
160 G. d'Annunzio, 'Il Trionfo della Norte', *Prose di Romani* (Milan 1954), I 958.
161 Mussolini, *Opera Omnia*, VI 82; VI 248.
162 Ibid., XIV 60.
163 See Walter L. Adamson, *Hegemony and Revolution: Antonio Gramsci's Political and Cultural Theory* (University of California 1980).
164 Quoted in Angelo Tasca, *Nascita e avvento del fascismo* (Florence 1950), 78.
165 For socialist violence, see Giorgio Alberto Chiurco, *Storia della rivoluzione fascista*, 5 vols (Florence 1929–), II 78, 168.
166 Mussolini, *Opera Omnia*, XV 267.
167 Giorgio Rochat, *Italo Balbo: aviatore e ministro dell'aeronautica, 1926–1933* (Bologna 1979).
168 Mussolini, *Opera Omnia*, XVI 31, XI 344, XVI 44, 276, 288, 241.

169 Tasca, op. cit., 276; Nolte, op. cit., 210–11.
170 Mussolini, *Opera Omnia*, XVIII 581.
171 The incident is described in Ivone Kirkpatrick, *Mussolini: Study of a Demagogue* (London 1964), 144.
172 Mussolini, *Opera Omnia*, XIX 196.
173 Gaetano Salvemini, *La Terreur Fasciste* (Paris 1930).
174 Mussolini, *Opera Omnia*, XX 379.
175 Ibid., XXII 109.
176 Ibid., XXIX 2.
177 Quoted in Roberts, op. cit., 301.
178 13th Plenary Session of the Executive Committee of the Communist International, December 1933; quoted in Nolte, op. cit.
179 Arthur Koestler, 'Whereof one cannot speak', *Kaleidoscope* (London 1981), 323ff.
180 For the malaria problem, see Norman Douglas, *Old Calabria* (London 1915), chapter 34.
181 Sergio Romano, *Giuseppe Volpi: Industria e finanza tra Giolitti e Mussolini* (Milan 1979).

3 Waiting for Hitler

1 Adolf Hitler, *Mein Kampf*, 202–4; Joachim Fest, *Hitler* (tr. London 1977), 117.
2 Holborn, op. cit., 487.
3 Ibid., 561.
4 Ibid., 602.
5 Translated as F.Fischer, *Germany's Aims in the First World War* (London 1967).
6 For the Fischer controversy, see Fritz Stern, *The Failure of Illiberalism* (London 1972); *International Affairs* (1968).
7 J.Tampke, 'Bismarck's Social Legislation: a Genuine Breakthrough?' in W.J.Mommsen (ed.), *The Emergence of the Welfare State in Britain and Germany, 1850–1950* (London 1981), 71ff.
8 Fritz Fischer, *The War of Illusions: German Policies from 1911 to 1914* (tr. London 1975).
9 Riezler's diary, 18 April 1915. Quoted in Stern, op. cit.
10 Ibid., 4 October 1915.
11 Ibid., 1 October 1918.
12 Holborn, op. cit., 562–3.
13 Stern, op. cit., 118.
14 Gerhard Ritter, *Staatskunst und Kriegshandwerk* (2nd ed., Munich 1965), 2 vols, II 129.
15 Holborn, op. cit., 514.
16 Ibid., 519–21.
17 George L. Mosse, *The Crisis of German Ideology* (London 1966); Fritz Stern, *The Politics of Cultural Despair* (Berkeley 1961).
18 Laqueur, op. cit., 27–30.
19 Martin Esslin, *Brecht: the Man and his Work* (London 1959); John Willett, *The Theatre of Bertolt Brecht* (London 1959).
20 H.F.Garten, *Modern German Drama* (London 1958).
21 Laqueur, op. cit., 36.
22 Frederich V.Grunfeld, *Prophets Without Honour: a Background to Freud, Kafka, Einstein and their World* (New York 1979).
23 Laqueur, op. cit., 155.
24 Roger Manvell and Heinrich Fraenkel, *The German Cinema* (London 1971); Lotte Eisner, *The Haunted Screen* (London 1969).
25 Walter Gropius, *The New Architecture and the Bauhaus* (London 1965); Barbara Miller Lane, *Architecture and Politics in Germany, 1918–1945* (New York 1970).
26 Arts Council, *Neue Sachlichkeit and German Realism of the Twenties* (London 1979).
27 Kurt Tucholsky, *Deutchland, Deutchland uber alles* (Berlin 1931). See Harold Poor, *Kurt Tucholsky and the Ordeal of Germany 1914–1935* (New York 1969).
28 Quoted in Laqueur, op. cit., 81.
29 See Ruth Fischer, *Stalin and German Communism* (London 1948).
30 See Fritz Stern, *Gold and Iron* (London 1977).
31 Grunfeld, op. cit., 26–7: Laqueur, op. cit., 73.
32 F.Nietzsche, *Zur Genealogie der Moral* (1887).
33 *Die Tat*, April 1925.
34 Gerhard Loose, 'The Peasant in Wilhelm Heinrich Riehl's Sociological and Novelistic Writings', *Germanic Review*, XV (1940).

35 Mosse, op. cit., 23.
36 Ibid., 171ff., 112, 82.
37 Laqueur, op. cit., 87.
38 For Lagarde and Lengbehn, see Fritz Stern, *The Politics of Cultural Despair*.
39 Mosse, op. cit., 96–7.
40 Ibid., 143.
41 Quoted in Laqueur, op. cit., 75.
42 Ibid., 76.
43 Fest, op. cit., 138.
44 H-P Ullmann, 'German Industry and Bismarck's Social Security System', in Mommsen, op. cit., 133ff.
45 Max Weber, 'Politics as Vocation', printed as *Gesammelte Politische Schriften* (Munich 1921).
46 K.Hornung, *Der Jungdeutsche Orden* (Dusseldorf 1958).
47 Georg Franz-Willing, *Die Hitlerbewegung* 2 vols (Hamburg 1926), I 82.
48 Holborn, op. cit., 585.
49 Ibid., 586.
50 Figures from E.J.Gumpel, *Vier Jahre politischer Mord* (Berlin 1922); quoted in Grunfeld, op. cit., 211, footnote.
51 FritzK.Ringer, *The Decline of the German Mandarins: the German Academic Community, 1890–1933* (Harvard 1969), 446; Laqueur, op. cit., 189.
52 Holborn, op. cit., 658.
53 Joseph Bendersky, 'The Expendable *Kronjurist*: Carl Schmitt and National Socialism 1933–6', *Journal of Contemporary History*, 14 (1979), 309–28.
54 For van den Bruck see Fritz Stern, *The Politics of Cultural Despair*.
55 Michael Steinberg, *Sabres and Brownshirts: the German Students' Path to National Socialism 1918–1935* (Chicago 1977), 7.
56 Laqueur, op. cit., 186.
57 Istavan Meszaros, *Marx's Theory of Alienation* (London 1970), 29–30.
58 Robert S. Wistrich, *Revolutionary Jews from Marx to Trotsky* (London 1976).
59 Quoted in Robert S. Wistrich, 'Marxism and Jewish Nationalism: the Theoretical Roots of Contradiction' in *The Left Against Zion* (London 1981), 3.
60 Laqueur, op. cit., 103. Hubert Lanzinger's portrait of Hitler as a knight is reproduced as plate 31 in Joseph Wulf, *Die Gildenden Künste im Dritten Reich* (Gutersloh 1963).
61 Fest, op. cit., 76.
62 Ibid., 32.
63 August Kubizek, *Young Hitler: the story of our friendship* (tr. London 1954), 140f.
64 Wilfried Daim, *Der Mann, der Hitler, die Ideengab* (Munich 1958).
65 Hans Jürgen Syberberg, 'Hitler, Artiste d'État et l'Avant-Garde Méphistophélique du XXe siècle' in *Les Réalismes 1919–1939* (Paris 1980), 378–403.
66 Adolf Hitler, *Monologe im Führerhauptquartier 1941–1944* (Hamburg 1980), 54, 90, 331.
67 Hitler, *Mein Kampf*, 474ff.
68 Fest, op. cit., 482.
69 William Carr, *Hitler: a Study in Personality and Politics* (London 1978), 2–3.
70 Fest, op. cit., 489.
71 H.P.Knickerbocker, *The German Crisis* (New York 1932), 227.
72 Weigand von Miltenberg, *Adolf Hitler Wilhelm III* (Berlin 1931), II.
73 Max H.Kele, *The Nazis and the Workers* (Chapel Hill 1972) argues that Hitler had a powerful working-class following; J. Noakes, *The Nazi Party in Lower Saxony 1921–1933* (Oxford 1971), and R.Heberle, *From Democracy to Nazism* (Baton Rouge 1970) put the opposite case.
74 W.Carr, op. cit., 6.
75 Holborn, op. cit., 596–8.
76 Fest, op. cit., 271–88.
77 Ernst Hanstaengl, *Zwischen weissem und brannen Haus* (Munich 1970), 114.
78 Werner Maser, *Hitler's Mein Kampf: an Analysis* (London 1970); see also his *Hitler: Legend, Myth and Reality* (New York 1973).
79 Hitler, *Mein Kampf*, 654.
80 Lawrence's 'Letter' was first published in the *New Statesman*, 13 October 1924; reprinted in *Phoenix* (London 1936), 107–10.

81 Hans Frank, *Im Angesicht des Galgens* (2nd ed., Neuhaus 1955), 47.
82 Otto Dietrich, *Zwölf Jahre mit Hitler* (Munich 1955), 180.

4 Legitimacy in Decadence

1 Pierre Miquel, *Poincaré* (Paris 1961).
2 Harold Nicolson, *Curzon: the Last Phase 1919–1925* (London 1934), 273–4.
3 Charles Petrie, *Life of Sir Austen Chamberlain*, 2 vols (London 1939), II 263.
4 Lord Murray of Elibank, *Reflections on Some Aspects of British Foreign Policy Between the World Wars* (Edinburgh 1946), 10.
5 See D'Abernon's *An Ambassador of Peace*, 3 vols (London 1929–30), I 14.
6 Barnett, op. cit., 323; Lord Vansittart, *The Mist Procession* (London 1958), 341.
7 L.B.Namier, *Facing East* (London 1947), 84.
8 Zeldin, op. cit., II 949–50.
9 J.M.Read, *Atrocity Propaganda 1914–19* (Yale 1941); Alfred Sauvy, *Histoire Économique de la France entre les deux guerres*, 4 vols (Paris 1967–75).
10 André Bisson: *L'Inflation française 1914–1952* (Paris 1953).
11 Zeldin, op. cit., 961, 971.
12 Ibid., 78–81.
13 Ibid., 623–5, 637–42.
14 Sauvy, op. cit.
15 Richard Kuisel, *Ernest Mercier, French Technocrat* (University of California 1967); J.N.Jeanneney, *François de Wendel en République: l'Argent et le pouvoir 1914–1940* (Paris 1976).
16 Zeldin, op. cit., 324–9.
17 François Chatelet, *La Philosophie des professeurs* (Paris 1970).
18 G. Pascal, *Alain educateur* (Paris 1969); B. de Huszar (ed.), *The Intellectuals* (Glencoe, Illinois, 1960).
19 Zeldin, op. cit., 1032.
20 Jean Pélissier, *Grandeur et servitudes de l'enseignment libre* (Paris 1951).
21 Joseph de Maistre, *Les Soirées de Saint-Petersbourg*, 7e entretien; *Du Pape* (1819), Book 3, chapter 2; *Les Soirées*, 2e entretien. Quoted in Nolte, op. cit., 34–5.
22 See Erich Maria Rémarque, *Arch de Triomphe* (New York 1946).
23 Zeldin, op. cit., 15–16.
24 Jacques Barzun, *Race: a Study in Modern Superstition* (London 1938), 227–41.
25 These were Maurras's own claims in his posthumous book, *Le Bienhereux Pie X, sauveur de la France* (Paris 1953), 52, 71.
26 Eugen Weber, *Action Française* (Stanford University, 1962), 189.
27 Anatole France, *L'Orme du Mail* (Paris n.d.), 219; quoted in Nolte, op. cit., 267.
28 Quotations from *Le nouveau Kiel et Tanger; Enquète sur la monarchie; Le Mauvais traité.*
29 Jacques Bainville, *Journal*, 2 vols (Paris 1948), II 172, 174.
30 Nolte, op. cit., 79.
31 Keith Middlemass and John Barnes, *Baldwin: a Biography* (London 1969), 356.
32 Barnett, op. cit., 332.
33 Committee of Imperial Defence meeting of 13 December 1928; Barnett, op. cit., 324.
34 'A Forecast of the World's Affairs', *These Eventful Years* (New York 1924), II 14.
35 Christopher Andrew and A.S.Kanya-Forstner, *France Overseas: the Great War and the Climax of French Imperial Expansion* (London 1981), 208–9, 226–7.
36 J.L.Miller, 'The Syrian Revolt of 1925', *International Journal of Middle East Studies*, VIII (1977).
37 Andrew and Forstner, op. cit., 248, 238.
38 Quoted in W.P.Kirkman, *Unscrambling an Empire: a Critique of British Colonial Policy 1955–1966* (London 1966), 197.
39 A.P.Thornton, *Imperialism in the Twentieth Century* (London 1978), 136.
40 Andrew and Forstner, op. cit., 245.

41 Robin Bidwell, *Morocco under Colonial Rule: French Administration of Tribal Areas 1912–1956* (London 1973); Alan Scham, *Lyautey in Morocco: Protectorate Administration 1912–1925* (University of California 1970).
42 J.L.Hymans, *Léopold Sedar Senghor: an Intellectual Biography* (Edinburgh 1971).
43 Andrew and Forstner, op. cit., 244–5.
44 Quoted in H. Grimal, *Decolonization* (London 1978).
45 A.Savvant, *Grandeur et Servitudes Coloniales* (Paris 1931), 19.
46 Alistair Horne, *A Savage War of Peace: Algeria 1954–1962* (London 1977), 37.
47 Ronald Robinson and John Gallagher, 'The Imperialism of Free Trade', *Economic History Review*, 2nd series, 6 (1953), 1–15.
48 Donald Winch, *Classical Political Economy and Colonies* (Harvard 1965).
49 Quoted in Raymond Betts, *The False Dawn: European Imperialism in the Nineteenth Century* (Minneapolis 1976).
50 J.S.Mill, *Principles of Political Economy* (London 1848).
51 Bernard Porter, *Critics of Empire: British Radical Attitudes to Colonialism in Africa, 1895–1914* (London 1968), 168–79.
52 J.A.Hobson, *Imperialism* (London 1954 ed.), 94.
53 Richard Koebner, 'The Concept of Economic Imperialism', *Economic History Review*, 2 (1949), 1–29.
54 J.Schumpeter, *Imperialism and Social Classes* (New York 1951); quoted in Fieldhouse, *Colonialism 1870–1945: An Introduction* (London 1981), 20.
55 A.S.Kanya-Forstner, *The Conquest of the Western Sudan* (Cambridge 1968).
56 Quoted in Andrew and Forstner, op. cit., 11.
57 Ibid., 13.
58 Fieldhouse, op. cit.
59 D.K.Fieldhouse, *Unilever Overseas* (London 1978), chapter 9.
60 H.S.Ferns, *Britain and Argentina in the Nineteenth Century* (Oxford 1960).
61 David S. Landes, 'Some Thoughts on the Nature of Economic Imperialism', *Journal of Economic History*, 21 (1961), 496–512.
62 A.F.Cairncross, *Home and Foreign Investment 1870–1913* (Cambridge 1953), 88; S.G.Checkland, 'The Mind of the City 1870–1914', *Oxford Economic Papers* (Oxford 1957).
63 Lord Lugard, *The Dual Mandate* (London 1926 ed.), 509.
64 C.Segre, *Fourth Shore: The Italian Colonization of Libya* (Chicago 1974).
65 Fieldhouse, *Colonialism*, 93–5. For India see D.H.Buchanan, *The Development of Capitalist Enterprise in India, 1900–1939* (London 1966 ed.); A.K.Bagchi, *Private Investment in India 1900–1939* (Cambridge 1972).
66 I.Little *et al.*, *Industry and Trade in Some Developing Countries* (London 1970).
67 For this debate see C.Furtado, *Development and Underdevelopment* (University of California 1964); Andre G. Frank, *Development Accumulation and Underdevelopment* (London 1978); H.Myint, *Economic Theory and the Underdeveloped Countries* (Oxford 1971).
68 J.J.Poquin, *Les Relations économique extérieures des pays d'Afrique noire de l'Union française 1925–1955* (Paris 1957), 102–4; printed as table in Fieldhouse, *Colonialism*, 87.
69 V.Purcell, *The Chinese in South-East Asia* (London 1962 ed.); H. Tinker, *A New System of Slavery* (London 1974).
70 J.S.Furnivall, *Netherlands India: a study of plural economy* (New York 1944), chapter 5.
71 Lord Hailey, *An African Survey* (Oxford 1975 ed.), 1362–75.
72 E.J.Berg in the *Quarterly Journal of Economics*, 75 (1961).
73 Betts, op. cit., 193 footnote 7.
74 B.R.Tomlinson, *The Political Economy of the Raj, 1914–1947* (London 1979).

75 Malcom Muggeridge, *Chronicles of Wasted Time* (London 1972), I 101.
76 Evelyn Waugh, *Remote People* (London 1931).
77 L.S.Amery, *My Political Life*, II *1914–1929* (London 1953), 336.
78 H.Montgomery Hyde, *Lord Reading* (London 1967), 317–27.
79 Jones, *Whitehall Diary*, I 274.
80 George Orwell, 'Shooting an Elephant', *New Writing* 2 (1936).
81 For an examination of British casualties see John Terraine, *The Smoke and the Fire: Myths and Anti-Myths of War 1861–1945* (London 1980), 35–47.
82 Paul Fussell, *The Great War and Modern Memory* (Oxford 1975).
83 See Brian Gardener (ed.), *Up the Line to Death: War Poets 1914–1918* (London 1976 ed.)
84 H.J.Massingham, *The English Countryman* (London 1942), 101.
85 C.F.G.Masterman, *England After the War* (London 1923), 31–2.
86 H.Williamson, *The Story of a Norfolk Farm* (London 1941), 76–7.
87 J.M.Keynes, *General Theory of Employment, Interest and Money* (London 1954 ed.); 333, 348–9; Gilbert, op. cit., V 99–100.
88 Evelyn Waugh, *Brideshead Revisited* (London 1945), Book Two, chapter Three.
89 Rostow, *World Economy*, Table III–42, 220.
90 Alan Wilkinson, *The Church of England and the First World War* (London 1979).
91 Sidney Dark (ed.), *Conrad Noel: an Autobiography* (London 1945), 110–20.
92 F.A.Iremonger, *William Temple* (Oxford 1948), 332–5.
93 Ibid., 340.
94 Ibid., 438–9.
95 Quoted in Barnett, op. cit., 241.
96 Peter Allen, *The Cambridge Apostles: the early years* (Cambridge 1978), 135.
97 Michael Holroyd, *Lytton Strachey* (London, Penguin ed. 1971), 37–8, 57ff.
98 G.E.Moore, *Principia Ethica* (Cambridge 1903), 'The Ideal'.
99 Strachey to Keynes, 8 April 1906, quoted in Holroyd, op. cit., 211–12.
100 From E.M.Forster, 'What I Believe' (1939), printed in *Two Cheers for Democracy* (London 1951).
101 Leon Edel, *Bloomsbury: a House of Lions* (London 1979).
102 P.Allen, op. cit., 71.
103 Jo Vallacott, *Bertrand Russell and the Pacifists in the First World War* (Brighton 1980).
104 Holroyd, op. cit., 629.
105 Letter to C.R.L.Fletcher, quoted in Charles Carrington, *Rudyard Kipling* (London 1970 ed.), 553.
106 Holroyd, op. cit., 200.
107 Noël Annan, 'Georgian Squares and Charmed Circles', *The Times Literary Supplement*, 23 November 1979, 19–20.
108 E.M.Forster, *Goldsworthy Lowes Dickinson* (London 1934).
109 Frank Swinnerton, *The Georgian Literary Scene* (London 1935), 291.
110 Holroyd, op. cit., 738, 571.
111 Kingsley Martin, *Father Figures* (London 1966), 120.
112 Ibid., 121.
113 Holroyd, op. cit., 200.
114 Quoted in Paul Levy, *G.E.Moore and the Cambridge Apostles* (London 1979), 176.
115 Alan Wood, *Bertrand Russell: the Passionate Sceptic* (London 1957), 87–8.
116 Holroyd, op. cit., 164–5.
117 John Pearson, *Façades: Edith, Osbert and Sacheverell Sitwell* (London 1978), 124, 126.
118 Quoted in Ronald Clark, *The Life of Bertrand Russell* (London 1975), 380.
119 Ibid., 395.
120 Lionel Trilling, *E.M.Forster: a Study* (London 1944), 27.
121 Clarke, op. cit., 386–7.
122 Barnett, op. cit., 174
123 John Darwin, 'Imperialism in Decline? Tendencies in British Imperial Policy between the Wars', *Cambridge Historical Journal*, XXIII (1980), 657–79.
124 Barnett, op. cit., 252.
125 R.W.Curry, *Woodrow Wilson and Far Eastern Policy 1913–1921* (New York 1957).

126 H.C.Allen, *The Anglo–American Relationship since 1783* (London 1959).
127 Microfilm, AR/195/76 US Navy Operational Archives, Historical Section, Washington Navy Yard, Washington DC.
128 Barnett, op. cit., 252–65.
129 Vincent Massey, *What's Past is Prologue* (London 1963), 242.
130 H.C.Allen, op. cit., 737.
131 Gilbert, *Churchill*, v 69–70.
132 Barnett, op. cit., 217–18.
133 Gilbert, *Churchill*, v, (Companion Volume) Part I, 303–7.

5 An Infernal Theocracy, a Celestial Chaos

1 L.Mosley, *Hirohito: Emperor of Japan* (London 1966), 2, 21, 23 footnote.
2 David James, *The Rise and Fall of the Japanese Empire* (London 1951), 175.
3 See Kurt Singer, *Mirror, Sword and Jewel: a study of Japanese characteristics* (London 1973), 98–100.
4 Fosco Maraini, *Japan: Patterns of Continuity* (Palo Alto 1971), 191.
5 Chie Nakane, *Japanese Society* (London 1970), 149.
6 George Macklin Wilson, 'Time and History in Japan', in Special Issue, 'Across Cultures: Meiji Japan and the Western World', *American Historical Review*, June 1980, 557–72.
7 Singer, op. cit., 147; Tetsuro Watsuji, *A Climate: a Philosophical Study* (Tokyo 1961).
8 W.G.Beasley, *The Modern History of Japan* (London 1963 ed.), 212–17.
9 Robert E. Ward and Dankwart A. Rustow (eds), *Political Modernization in Japan and Turkey* (Princeton 1964).
10 Singer, op. cit., 57–8, 71ff.
11 I. Nitobe, *Bushido* (London 1907); see also Sir George Sansom, *Japan: a short cultural history* (New York 1943), 495.
12 B.Hall Chamberlain, *Things Japanese* (London 1927), 564.
13 In William Stead (ed.), *Japan by the Japanese* (London 1904), 266, 279.
14 Ito Hirobumi, 'Some Reminiscences' in S.Okuma (ed.), *Fifty Years of New Japan*, 2 vols (London 1910), I 127.
15 Chie Nakane, *Kinship and Economic Organization in Rural Japan* (London 1967); and his *Japanese Society* (London 1970).
16 Ozaki Yukio, *The Voice of Japanese Democracy* (Yokohama 1918), 90f.
17 Beasley, op. cit., 226–7.
18 A.M.Young, *Japan under Taisho Tenno* (London 1928), 280.
19 Beasley, op. cit., 237–9.
20 James, op. cit., 162.
21 Hugh Byas, *Government by Assassination* (London 1943), 173–92.
22 Ibid., 173–92.
23 Quoted in Harold S. Quigley and JohnE.Turner: *The New Japan: Government and Politics* (Minneapolis 1956), 35.
24 James, op. cit., Appendix VIII, 376.
25 Ibid., 163–4.
26 Richard Storry, *The Double Patriots* (London 1957), 52.
27 A.M.Young, *Imperial Japan 1926–1928* (London 1938), 179–80.
28 Byas, op. cit., 17–31, 41–2.
29 For examples see Young, *Japan under Taisho Tenno*.
30 Joyce Lebra, *Japan's Greater East-Asia Co-Prosperity Sphere in World War Two* (London 1975).
31 M.D.Kennedy, *The Estrangement of Great Britain and Japan 1917–1935* (Manchester 1969).
32 James, op. cit., 16; Beasley, op. cit., 218.
33 Quoted in W.T.deBary (ed.), *Sources of the Japanese Tradition* (New York 1958), 796–7.
34 James, op. cit., 166.
35 Ibid., 134.
36 Ibid., 138.
37 Singer, op. cit., 39–40.
38 Charles Drage, *Two-Gun Cohen* (London 1954), 131.
39 Stuart Schram, *Mao Tse-tung* (London 1966), 25, 36.
40 Joseph Levenson, *Confucian China and its Modern Fate* (London 1958).
41 Drage, op. cit., 130–1.

42 Hallett Abend, *Tortured China* (London 1931), 14–15.
43 Schram, op. cit., 74.
44 Drage, op. cit., 154–5.
45 Schram, op. cit., 79.
46 Ibid., 83 footnote.
47 Ibid., 93.
48 Abend, op. cit., 39.
49 Conrad Brandt, *Stalin's Failure in China 1924–1927* (Harvard 1958), 178.
50 Drage, op. cit., 167ff; John Tolland, *The Rising Sun: the decline and fall of the Japanese Empire, 1936–1945* (London 1971), 38, footnote.
51 Abend, op. cit., 49–50, 61, 251.
52 Hsiao Hsu-tung, *Mao Tse-tung and I were Beggars* (Syracuse 1959).
53 Benjamin Schwartz, *In Search of Wealth and Power: Yen Fu and the West* (Harvard 1964).
54 Chow Tse-tung, *The May Fourth Movement: Intellectual Revolution in Modern China* (Harvard 1960).
55 *Far Eastern Review*, December 1923.
56 Reminiscences of Professor Pai Yu, quoted in Schram, op. cit., 73.
57 Sun Yat-sen, lecture 3 February 1924, quoted by John Gittings, *The World and China 1922–1975* (London 1974), 43; Stalin, *Collected Works*, IX 225.
58 Gittings, op. cit., 39–40.
59 Cf. Mao's poem 'Snow', written February 1936; Schram, op. cit., 107–8.
60 Stuart Schram, *The Political Thought of Mao Tse-tung* (London 1964), 94–5.
61 Chalmers A. Johnson, *Peasant Nationalism and Communist Power: the Emergence of Revolutionary China 1937–1945* (Stanford 1962).
62 Schram, *Mao Tse-tung*, 127.
63 Ibid., 153.
64 Abend, op. cit., 147–8.
65 Ibid., 80, 67.
66 Ibid., 75, 82.
67 James, op. cit., 139.
68 John Tolland, op. cit., 7 footnote.
69 Quoted in Dulles, op. cit., 281.

6 The Last Arcadia

1 The figure 106 (which includes many sub-groups) is used in Stephan Thernstrom and Ann Orlov, *Harvard Encyclopaedia of Ethnic Groups* (New York 1980).
2 Madison Grant, *The Passing of the Great Race* (New York 1916), 3–36.
3 'The Klan's Fight for Americans', *North American Review*, March 1926.
4 William C. Widenor, *Henry Cabot Lodge and the Search for an American Foreign Policy* (University of California 1980); Robert Murray, *The Harding Era* (University of Minnesota 1969), 64.
5 John Morton Blum, *The Progressive Presidents: Roosevelt, Wilson, Roosevelt, Johnson* (New York 1980), 97.
6 Dulles, op. cit., 295.
7 A. Mitchell Palmer, 'The Case Against the Reds', *Forum*, February 1920.
8 Quoted in Arthur Ekirch, *Ideologies and Utopias and the Impact of the New Deal on American Thought* (Chicago 1969), 13–14.
9 *Baltimore Evening Sun*, 27 September 1920.
10 Horace Kellen, *Culture and Democracy in the United States* (New York 1924).
11 V.W. Brooks, 'Towards a National Culture' and 'The Culture of Industrialism', *Seven Arts*, April 1917.
12 V.W.Brooks, 'Trans-National America', *Atlantic Monthly*, 1916.
13 Van Wyck Brooks, *An Autobiography* (New York 1965), 253–6.
14 James Hoopes, *Van Wyck Brooks in Search of American Culture* (Amherst 1977), 130.
15 William Jennings Bryan (and Mary Baird Bryan), *Memoirs* (Philadelphia 1925), 448.
16 Ibid., 479–84.
17 *New Republic*, 10 May 1922.
18 Robert Sklar (ed.), *The Plastic Age 1917–1930* (New York 1970), 14.

19 Albert E. Sawyer, 'The Enforcement of National Prohibition', *Annals*, September 1932.
20 Alan Block, *East Side, West Side: Organized Crime in New York 1930–1950* (Cardiff 1980).
21 *The Illinois Crime Survey* (Chicago 1929), 909–19.
22 Lloyd Wendt and Herman Cogan, *Big Bill of Chicago* (Indianapolis 1953), 271ff.
23 Charles Fecher, *Mencken: a Study of his Thought* (New York 1978), 159.
24 *Sidney Bulletin*, 20 July 1922; for non-enforcement, see Charles Merz, *The Dry Decade* (New York 1931), 88, 107, 123–4, 144, 154.
25 T.K.Derry, *A History of Modern Norway 1814–1972* (Oxford 1973), 301–4.
26 *The Prohibition Amendment: Hearings before the Committee of the Judiciary, 75th Congress, Second Session* (Washington DC 1930), Part I, 12–31.
27 Mark H. Haller, 'The Changing Structure of American Gambling in the Twentieth Century', *Journal of Social Issues*, XXXV, (1979), 87–114.
28 For instance, Annelise Graebner Anderson, *The Business of Organized Crime: a Cosa Nostra Family* (Stanford 1979).
29 Quoted in Seymour Martin Lipset, 'Marx, Engels and America's Political Parties', *Wilson Review*, Winter 1979.
30 David Shannon, *The Socialist Party of America: a History* (New York 1955).
31 Theodore Draper, *The Roots of American Communism* (New York 1957).
32 John Hicks, *The Republican Ascendancy 1921–1933* (New York 1960).
33 Robert Murray, *The Harding Era* (University of Minnesota 1969), 67.
34 Dulles, op. cit., 302.
35 Murray, op. cit., 70.
36 Ibid., 420.
37 Andrew Turnbull (ed.), *Letters of F. Scott Fitzgerald* (New York 1963), 326.
38 Murray, op. cit., 112.
39 Quoted in Murray N. Rothbard, *America's Great Depression* (Los Angeles 1972), 167.
40 Murray, op. cit., 178–9.
41 *New York Times*, 14 October 1922; see Fritz Marx, 'The Bureau of the Budget: its Evolution and Present Role', *American Political Science Review*, August 1945.
42 Murray, op. cit., 168–9.
43 Ibid., 117–19.
44 Ibid., 108.
45 *Investigation of Veterans Bureau: Hearings before Select Committee, US Senate* (Washington DC 1923).
46 Burl Noggle, 'The Origins of the Teapot Dome Investigation', *Mississippi Valley Historical Review*, September 1957; M.R.Werner and John Starr, *Teapot Dome* (New York 1959), 194–277; Murray, op. cit., 473.
47 Murray, op. cit., 486–7.
48 Alice Roosevelt Longworth, *Crowded Hours* (New York 1933), 324–5.
49 Arthur M. Schlesinger, 'Our Presidents: a Rating by Seventy-five Historians', *New York Times Magazine*, 29 July 1962; for a full analysis of the historiography of Harding, see Murray, op. cit., 487–528.
50 William Allen White, *A Puritan in Babylon* (New York 1938), 247.
51 Donald McCoy, *Calvin Coolidge: the Quiet President* (New York 1967), 33, 158ff., 139–41.
52 Ishbel Ross, *Grace Coolidge and her Era* (New York 1962), 65.
53 Mark de Wolf Howe (ed.), *The Holmes–Laski Letters 1916–1935*, 2 vols (Harvard 1953), I 673.
54 Quoted in Sklar, op. cit., 297.
55 McCoy, op. cit., 256–63.
56 Gamaliel Bradford, *The Quick and the Dead* (Boston 1931), 241.
57 McCoy, op. cit., 99, 58, 208ff., 255.
58 Calvin Coolidge, *Autobiography* (New York 1929).
59 Howard Quint and Robert Ferrell (eds), *The Talkative President: Off-the-Record Press Conferences of Calvin Coolidge* (Amhurst 1964), preface.
60 McCoy, op. cit., 384, 395.

61 Ibid., 53–5.
62 Calvin Coolidge: 'Government and Business' in *Foundations of the Republic: Speeches and Addresses* (New York 1926), 317–32.
63 F. Scott Fitzgerald, *The Crack-up*, ed. by Edmund Wilson (New York 1945).
64 Letter to Maxwell Geismar, 10 June 1942, in Elena Wilson (ed.), *Edmund Wilson: Letters on Literature and Politics 1912–1972* (New York 1977), 385.
65 James Truslow Adams, *The Epic of America* (Boston 1931), 400.
66 Michael Rostovtzeff, *A Social and Economic History of the Roman Empire* (Yale 1926), 487.
67 Stuart Chase, *Prosperity: Fact or Myth?* (New York 1930).
68 George Soule, *Prosperity Decade from War to Depression 1917–1929* (New York 1947).
69 Cited in Sklar, op. cit.
70 Rostow, *World Economy* 209 and Table III–38; Harold Underwood Faulkner, *American Economic History* (New York 7th ed. 1954), 622.
71 Faulkner, op. cit., 624.
72 Ibid., 607–8.
73 Sinclair Lewis, 'Main Street's Been Paved!' *Nation*, 10 September 1924.
74 Herbert Blumer, *Movies and Conduct* (New York 1933), 243–7, 220–3.
75 Sophia Breckenridge, 'The Activities of Women Outside the Home' in *Recent Social Trends in the US* (New York 1930), 709–50.
76 Samuel Schmalhausen and V.F.Calverton (eds), *Woman's Coming of Age: a Symposium* (New York 1931), 536–49.
77 R.S. and H.R.Lynd, *Middletown: a Study in Modern American Culture* (New York 1929), 251–63.
78 LewisL.Lorwin, *The American Federation of Labour: History, Policies and Prospects* (New York 1933), 279.
79 R.W.Dunn, *The Americanization of Labour* (New York 1927), 153, 193–4.
80 Kenneth M. Goode and Harford Powel, *What About Advertising?* (New York 1927).
81 Warren Suzman (ed.), *Culture and Commitment 1929–1945* (New York 1973).
82 See Leon Edel, *The Life of Henry James* (London 1977 ed.), I Chapter 84: 'A Storm in the Provinces'.
83 Nathaniel Hawthorne, Preface to *A Marble Faun* (Boston 1860).
84 Lionel Trilling, 'Manners, Morals and the Novel', printed in *The Liberal Imagination* (1950).
85 E.g., 'Best Sort of Mother', written for J.M.Barrie's burlesque *Rosy Rapture*; see Gerald Boardman, *Jerome Kern: his Life and Music* (Oxford 1980).
86 See the Introduction by Edward Jablonski to *Lady, Be Good!* in the Smithsonian Archival Reproduction Series, the Smithsonian Collection R008 (Washington DC 1977).
87 Quoted in McCoy, op. cit., 392.
88 Charles and Mary Beard, *The Rise of American Civilization*, 2 vols (New York 1927), II 800.
89 Walter Lippmann, *Men of Destiny* (New York 1927), 23ff.
90 Lincoln Steffens, *Individualism Old and New* (New York 1930), 35ff.

7 Dégringolade

1 Norman Mursell, *Come Dawn, Come Dusk* (London 1981).
2 Gilbert, op. cit., v, (Companion Volume) Part 2, 86–7.
3 J.K.Galbraith, *The Great Crash 1929* (Boston 3rd ed. 1972), 83.
4 Ibid., 104–16.
5 William Williams, 'The Legend of Isolationism in the 1920s', *Science and Society* (Winter 1954).
6 William Williams, *The Tragedy of American Diplomacy* (New York 1962); Carl Parrini, *The Heir to Empire: US Economic Diplomacy 1916–1923* (Pittsburg 1969).
7 See Jude Wanninski's letter in the *Wall Street Journal*, 16 June 1980.
8 Rothbard, op. cit., 86.
9 Federal Reserve Bank, *Annual Report 1923* (Washington DC 1924), 10.
10 Seymour E. Harriss, *Twenty Years of Federal Reserve Policy* (Harvard 1933), 91.

11 Rothbard, op. cit., 128–30.
12 Harris Gaylord Warren, *Herbert Hoover and the Great Depression* (Oxford 1959) 27.
13 *Congressional investigation of Stock Exchange Practises: Hearings 1933*, 2091ff; *Report 1934*, 220–1. Galbraith, op. cit., 186–7.
14 Rothbard, op. cit., 158ff.
15 For Strong, see Lester V. Chandler, *Benjamin Strong, Central Banker* (Washington DC 1958).
16 Rothbard, op. cit., 133.
17 Melchior Palyi, 'The Meaning of the Gold Standard', *Journal of Business*, July 1941.
18 Rothbard, op. cit., 139.
19 Quoted in Lionel Robbins, *The Great Depression* (New York 1934), 53. Lord Robbins repudiated this book in his *Autobiography of an Economist* (London 1971), 154–5, written just before the great Seventies recession brought Keynesianism down in ruins.
20 Quoted in Chandler, op. cit., 379–80.
21 Rostow, *World Economy*, Table II–7, 68.
22 Rothbard, op. cit., 157–8; R.G.Hawtrey, *The Art of Central Banking* (London 1932), 300.
23 Galbraith, op. cit., 180.
24 Dulles, op. cit., 290.
25 Schmalhausen and Calverton, op. cit., 536–49.
26 Selma Goldsmith *et al.*: 'Size Distribution of Income Since the Mid-Thirties', *Review of Economics and Statistics*, February 1954; Galbraith, op. cit., 181.
27 Walter Bagehot, *Lombard Street* (London 1922 ed.), 151.
28 For the collected sayings of 'experts', see Edward Angly, *Oh Yeah?* (New York 1931).
29 Galbraith, op. cit., 57ff.
30 *Securities and Exchange Commission in the Matter of Richard Whitney, Edwin D. Morgan etc* (Washington DC 1938).
31 Bagehot, op. cit., 150.
32 Galbraith, op. cit., 140.
33 Ibid., 147.
34 The principal works are: E.K.Lindley, *The Roosevelt Revolution. First phase* (New York 1933); Raymond Moley, *After Seven Years* (New York 1939); Dixon Wecter, *The Age of the Great Depression* (New York 1948); Richard Hofstadter, *The American Political Tradition* (New York 1948); Robert Sherwood, *Roosevelt and Hopkins* (New York 1950); Rexford Tugwell, *The Democratic Roosevelt* (New York 1957); and, not least, the many writings of J.K.Galbraith and Arthur M.Schlesinger, especially the latter's *The Crisis of the Old Order 1919–1933* (Boston 1957).
35 See JohnP.Diggins, *The Bard of Savagery: Thorstein Veblen and Modern Social Theory* (London 1979).
36 For Hoover's early life see David Burner, *Herbert Hoover: a Public Life* (New York 1979).
37 Quoted in William Manchester, *The Glory and the Dream, a Narrative History of America 1932–1972* (New York 1974), 24.
38 Murray Rothbard: 'Food Diplomacy' in Lawrence Gelfand (ed.), *Herbert Hoover: the Great War and its Aftermath, 1914–1923* (University of Iowa 1980).
39 J.M.Keynes, *Economic Consequences of the Peace* (London 1919), 257, footnote.
40 The letter was to Hugh Gibson and Hoover preserved it in his files; now in the Hoover Papers.
41 Herbert Hoover, *Memoirs*, 3 vols (Stanford 1951–2), II 42–4.
42 Ibid., II 41–2.
43 Martin Fasault and George Mazuzan (eds), *The Hoover Presidency: a Reappraisal* (New York 1974), 8; Murray Benedict, *Farm Policies of the United States* (New York 1953).
44 Murray, *The Harding Era*, 195.
45 Ellis Hawley: 'Herbert Hoover and American Corporatism 1929–33' in Fasault and Mazuzan, op. cit.
46 Eugene Lyons, *Herbert Hoover, a Biography* (New York 1964), 294.

47 Joan Hoff Wilson, *American Business and Foreign Policy 1920–1933* (Lexington 1971), 220; Donald R. McCoy's 'To the White House' in Fasault and Mazuzan, op. cit., 55; for Wilson's anti-Semitism, David Cronon (ed.), *The Cabinet Diaries of Josephus Daniels 1913–1921* (Lincoln, Nebraska 1963), 131, 267, 497; for FDR's, Walter Trohan, *Political Animals* (New York 1975), 99.
48 Quoted in Galbraith, op. cit., 143.
49 Hoover to J.C. Penney, quoted by Donald McCoy in Fasault and Mazuzan, op. cit., 52–3.
50 Hoover to General Peyton Marsh at the War Food Administration; quoted in Arthur Schlesinger, *The Crisis of the Old Order*, 80.
51 Rothbard, *The Great Depression*, 187.
52 Hoover, op. cit., II 108.
53 Ibid., III 295.
54 *American Federation*, January, March 1930.
55 Harrod, op. cit., 437–48.
56 Galbraith, op. cit., 142.
57 Rothbard, op. cit., 233–4.
58 Hoover, Republican Convention acceptance speech, 11 August 1932; speech at Des Moines, 4 October 1932.
59 Rothbard, op. cit., 268.
60 Ibid., 291.
61 Rostow, *World Economy*, Table III–42, 220.
62 *Fortune*, September 1932.
63 Manchester, op. cit., 40–1.
64 C.J. Enzler, *Some Social Aspects of the Depression* (Washington DC 1939), chapter 5.
65 Ekirch, op. cit., 28–9.
66 Don Congdon (ed.), *The Thirties: a Time to Remember* (New York 1962), 24.
67 James Thurber, *Fortune*, January 1932; Rothbard, op. cit., 290.
68 Thomas Wolfe, *You Can't Go Home Again* (New York 1934), 414.
69 Edmund Wilson: 'The Literary Consequences of the Crash', *The Shores of Light* (New York 1952), 498.
70 *Harper's*, December 1931.
71 Charles Abba, *Business Week*, 24 June 1931.
72 Fausold and Mazuzan, op. cit., 10.
72 Quoted by Albert Romasco, 'The End of the Old Order or the Beginning of the New', in Fausold and Mazuzan, op. cit., 80.
74 Ibid., 91, 92.
75 H.G. Wells, *An Experiment in Autobiography* (London 1934).
76 Roger Daniels, *The Bonus March: an Episode in the Great Depression* (Westport 1971), esp. chapter 10, 'The Bonus March as Myth'.
77 Theodore Joslin, *Hoover Off the Record* (New York 1934); Donald J. Lision, *The President and Protest: Hoover, Conspiracy and the Bonus Riot* (University of Missouri 1974), 254ff.
78 James MacGregor Burns, *Roosevelt: the Lion and the Fox* (New York 1956), 20.
79 Quoted in Ekirch, op. cit.
80 Ekirch, op. cit., 87–90.
81 Letter to Christian Gaus, 24 April 1934, in Elena Wilson (ed.), op. cit., 245.
82 Hoover, speech at Madison Square Garden 31 October 1932.
83 Roosevelt, acceptance speech at Democratic Party Convention.
84 Frank Freidel, 'The Interregnum Struggle Between Hoover and Roosevelt', in Fausold and Mazuzan, op. cit., 137.
85 Ibid., 137–8. In the Hoover papers there is a document entitled 'My personal relations with Mr Roosevelt'.
86 Burns, op. cit., 162.
87 Trohan, op. cit., 83–4.
88 For composition of this speech, see Samuel I. Rosenman, *Working with Roosevelt* (New York 1952), 81–99. The idea came from Thoreau.
89 Moley, op. cit., 151.
90 Burns, op. cit., 148–9.
91 Press conferences of 24 March and 19 and 26 April 1933.
92 Burns, op. cit., 167, 172; Elliot Roosevelt (ed.), *FDR: His Personal Letters*, 4 vols (New York 1947–50), I 339–40, letter to Josephus Daniels 27 March 1933; Trohan, op. cit., 64.
93 J.M. Keynes in *New York Times*, 31 December 1933.

94 Joan Robinson, 'What Has Become of the Keynesian Revolution?' in Milo Keynes (ed.) op. cit., 135; Raymond Moley, *The First New Deal* (New York 1966), 4.
95 Faulkner, op. cit., 658–62.
96 Arthur M.Schlesinger, *The Coming of the New Deal* (Boston 1958), 123; Manchester, op. cit., 89.
97 Leverett S. Lyon *et al.*, *The National Recovery Administration* (Washington DC 1935).
98 Quoted in Eric Goldman, *Rendezvous with Destiny* (New York 1952).
99 Broadus Mitchel, *et al.*, *Depression Decade* (New York 1947).
100 Walter Lippmann, 'The Permanent New Deal', *Yale Review*, 24 (1935), 649–67.
101 For example, William Myers and Walter Newton, *The Hoover Administration: a Documented Narrative* (New York 1936).
102 Francis Sill Wickware in *Fortune*, January 1940; *Economic Indicators: Historical and Descriptive Supplement, Joint Committee on the Economic Report* (Washington DC 1953); Galbraith, op. cit., 173; Rostow, *World Economy*, Table III–42.
103 Keynes in *New Republic*, 29 July 1940.
104 Trohan, op. cit., 59ff., 67–8, 115.
105 Joseph P. Lash, *Eleanor and Franklyn* (New York 1971), 220ff.; Doris Feber, *The.Life of Lorena Hickok, ER's Friend* (New York 1980), *passim*; RichardW. Steele, 'FranklinD. Roosevelt and his Foreign Policy Critics', *Political Science Quarterly*, Spring 1979.
106 'The Hullabaloo over the Brains Trust', *Literary Review*, CXV 1933.
107 Bernard Sternsher, *Rexford Tugwell and the New Deal* (Rutgers 1964), 114–15; Otis Graham: 'Historians and the New Deals', *Social Studies*, April 1963.
108 Manchester, op. cit., 84.
109 Lippmann, *Saturday Review of Literature*, 11 December 1926.
110 Fecher, op. cit.
111 George Wolfskill and John Hudson, *All But the People: FranklynD. Roosevelt and his Critics* (New York 1969), 5–16.
112 Elizabeth Nowell (ed.), *The Letters of Thomas Wolfe* (New York 1956), 551ff.
113 Quoted in Ekirch, op. cit., 27–8.
114 Stuart Chase, *The New Deal* (New York 1932), 252.
115 Frank Warren, *Liberals and Communism* (Bloomington 1966), chapter 4.

8 The Devils

1 Dmitri Shostakovitch, *Memoirs*.
2 BorisI.Nicolaevsky, *Power and the Soviet Elite: 'The Letter of an Old Bolshevik' and Other Essays* (New York 1965), 3–65.
3 Quoted in K.E.Voroshilov, *Stalin and the Armed Forces of the USSR* (Moscow 1951), 19.
4 Albert Seaton, *Stalin as Warlord* (London 1976), 29ff.
5 Stephen F. Cohen, *Bukharin and the Bolshevik Revolution* (London 1974).
6 E.H.Carr, *From Napoleon to Stalin and Other Essays* (London 1980), 156.
7 Isaac Deutscher's three-volume life of Trotsky is *The Prophet Armed* (Oxford 1954), *The Prophet Unarmed* (1959), *The Prophet Outcast* (1963), but it is his *Stalin: a Political Biography* (1949, 1966, 1967) which gives his best-known presentation of the Stalin–Trotsky dichotomy. For an exposure of his work, see Leopold Labedz, 'Isaac Deutscher's "Stalin": an Unpublished Critique', *Encounter*, January 1979, 65–82.
8 W.H.Chamberlin, *The Russian Revolution 1917–1921*, 2 vols (New York 1935), II 119.
9 Hingley, op. cit., 162–3; Paul Avrich, *Kronstadt 1921* (Princeton 1970), 176–8, 211.
10 Leon Trotsky, *Their Morals and Ours* (New York 1942), 35.
11 Kolakowski, op. cit., III 186, 199.
12 Leonard Schapiro, *The Communist Party of the Soviet Union* (2nd ed. London 1970), 353.
13 Boris Bajanov, *Avec Staline dans le Kremlin* (Paris 1930), 74–7, 91, 145, 156ff.

14 Trotsky, *My Life* (London 1930), 433, claimed he was deliberately misinformed of the time of the funeral.
15 Ian Grey, *Stalin: Man of History* (London 1979), 199–200.
16 Stalin, *Collected Works*, VI 328.
17 The circumstances of Frunze's death are described in Boris Pilnyak's novel, *Tale of the Unextinguished Moon*; and in Trotsky's *Stalin: an Appraisal of the Man and his Influence*, 2 vols (tr. London 1969), II 250–1.
18 Hingley, op. cit., 168.
19 Quoted in Deutscher, *Stalin*, 311.
20 E.H.Carr and R.W.Davies, *Foundations of a Planned Economy* (London 1974 ed.), I 84–5.
21 Carr, *Foundations*, II 65–6; Hingley, op. cit., 191; Deutscher, *Stalin*, 314; B.Souvarine, *Stalin* (London, n.d.), 485.
22 Stalin, *Collected Works*, X 191.
23 Eugene Lyons, *Assignment in Utopia* (London 1937), 117, 123, 127.
24 Abdurakhman Avtorkhanov, *Stalin and the Soviet Communist Party* (London 1959), 28–9.
25 Hingley, op. cit., 197.
26 Lyons, op. cit., 372.
27 Stalin, *Collected Works*, XII 14.
28 Cohen, op. cit., 372.
29 Hingley, op. cit., 201; Souvarine, op. cit., 577.
30 Hingley, op. cit., 200.
31 Schapiro, *Communist Party*, 368.
32 Kolakowski, op. cit., III 25ff.
33 Stalin, *Collected Works*, VIII 142; Carr, *Foundations*, I 28–9.
34 For figures see Carr, *Foundations*, I 120–1.
35 M.Fainsod, *Smolensk under Soviet Rule* (London 1958), 46; Stalin, *Collected Works*, XI, 44–5, 48.
36 Tatiana Chernavin, *Escape from the Soviets* (tr. London 1933), 37.
37 Robert C. Williams, 'The Quiet Trade: Russian Art and American Money', *Wilson Quarterly*, Winter 1979.
38 Stalin, *Collected Works*, XI 90.
39 Carr, *Foundations*, I 201.
40 M.Hindus, *Red Bread* (London 1931), 335; Carr, op. cit., 223.
41 T.H.Rigby (ed.), *The Stalin Dictatorship: Khrushchev's 'Secret Session' Speech and Other Documents* (Sydney 1968).
42 Carr, *Foundations*, I 283.
43 Deutscher, *Stalin*, 320; Stalin, *Collected Works*, XII 170.
44 Deutscher, *Stalin*, 325 footnote 1.
45 Lewin, op. cit., 514.
46 Kolakowski, op. cit., III 38.
47 Winston Churchill, *The Second World War*, 12 vols (London 1964), VIII 78.
48 S. Swianiewicz, *Forced Labour and Economic Development: an Inquiry into the Experience of Soviet Industrialization* (London 1965), 123; Lewin, op. cit., 508.
49 Kolakowski, op. cit., III 39.
50 Robert Conquest, *The Great Terror: Stalin's Purge of the Thirties* (London 1969), 22.
51 Deutscher, *Stalin*, 325; Roy Medvedev, *Let History Judge: the Origins and Consequences of Stalinism* (tr. New York 1971), 90–1; figures from *Istoriia SSSR* (1964), No. 5, p. 6.
52 See the summary-article, 'Revising Stalin's Legacy', *Wall Street Journal*, 23 July 1980; M.Msksudov, 'Pertes subies par la population de l'URSS 1918–1958', *Cahier du monde russe et sovietique*, March 1977.
53 Kolakowski, op. cit., III 43.
54 Cohen, op. cit., 364.
55 Alexander Orlov, *The Secret History of Stalin's Crimes* (London 1954), 317–18; Alexander Barmine, *One Who Survived* (New York 1945), 256, 264; Svetlana Alliluyeva, *Twenty Letters to a Friend* (tr., London 1967), 351.
56 Svetlana Allíluyeva, *Only One Year* (New York 1969), 143.
57 Wolfgang Leonhard, *Kreml ohne Stalin* (Cologne 1959), 95; Nicolaevsky, op. cit., 93–4.
58 Stalin, *Collected Works*, XIII 161–215.
59 Borys Lewytzkyj, *Die rote Inquisition: die Geschichte der sowjetischen Sicherheitsdienste* (Frankfurt 1967), 76.
60 Hingley, op. cit., 214.
61 Albert Speer, *The Slave State* (London 1981), 303.

62 Muggeridge, op. cit., I 234–5.
63 Victor Serge, *Memoirs of a Revolutionary* (tr., New York 1963), 250.
64 Paul Hollander, *Political Pilgrims: Travels of Western Intellectuals to the Soviet Union, China and Cuba 1928–1978* (Oxford 1981), chapter 4.
65 Amabel Williams-Ellis, *The White Sea Canal* (London 1935), introduction; Sidney and Beatrice Webb, *Soviet Communism: a New Civilization?* (London 1935); Harold Laski, *Law and Justice in Soviet Russia* (London 1935); Anna Louise Strong, *This Soviet World* (New York 1936); G.B.Shaw, *The Rationalization of Russia* (London 1931); Solzhenitsyn's account of the Canal is in *The Gulag Archipelago* (New York 1975), II 80–102.
66 Julian Huxley, *A Scientist Among the Soviets* (London 1932), 67; Lyons, op. cit., 430; Shaw, op. cit., 28.
67 Hesketh Pearson, *GBS: a Full-Length Portrait* (New York 1942), 329–31.
68 Wells, *Autobiography*, 799–807; for other refs. see Hollander, op. cit., 167–73.
69 Williams, op. cit.
70 Muggeridge, op. cit., 254.
71 EdwardN.Peterson, *The Limits of Hitler's Power* (Princeton 1969), 154.
72 Mosse, op. cit., 294ff.
73 Bendersky, op. cit.
74 Mosse, op. cit., 280.
75 Holborn, op. cit., 658.
76 Fritz Stern, 'Adenauer in Weimar: the Man and the System' in *The Failure of Illiberalism*, 178–87; Paul Weymar, *Konrad Adenauer* (Munich 1955), 129–43; the quotation is from Adenauer's letter to M.Tirard, chairman of the Allied Rhineland Committee in 1923, in the Stresemann Papers; see Henry Turner, *Stresemann and the Politics of the Weimar Republic* (Princeton 1963).
77 For instance his secret report to the cabinet, 31 March 1931, cited in Barnett, op. cit., 340.
78 Michael Balfour, *West Germany* (London 1968), 85–6.
79 Rostow, *World Economy*, Table III–42; Holborn, op. cit., 639–40.
80 Holborn, op. cit., 732.
81 Laqueur, op. cit., 257.
82 Holborn, op. cit., 687.
83 Karl Dietrich Bracher, *The German Dictatorship: the Origins, Structure and Effects of National Socialism* (tr., London 1970), 6.
84 Chrisopher Isherwood, *The Berlin Stories* (New York 1945 ed.), 86.
85 Fest, op. cit., 517.
86 Francis Carsten, *Reichswehr und Politik 1918–1933* (Cologne 1964), 377.
87 Fest, op. cit., 545.
88 Ibid., 507.
89 Ibid., 546.
90 Thomas Mann, *Betrachtungen eines Unpolitischen* (Berlin 1918).
91 Quoted in E.K.Bramstedt, *Dictatorship and Political Police* (Oxford 1945), 98.
92 See Arnold Brecht, *Prelude to Silence: the End of the German Republic* (New York 1944).
93 Quoted by Fest, op. cit., 618.
94 Roger Manvell and Heinrich Fraenkel, *Goering* (New York 1962) 296.
95 Manvel and Fraenkel, *Heinrich Himmler* (London 1965), 10–15, 31–2.
96 Ibid., 34.
97 *Neueste Nachrichten* (Munich), 21 March 1933.
98 Quoted in Manvell and Fraenkel, *Himmler*, 35–6.
99 Ibid., 41.
100 Ibid., 38–9.
101 Grunfeld, op. cit., 126–9.
102 Peterson, op. cit., 14; Hans Buchheim, *SS und Polizei im NS Staat* (Duisberg 1964).
103 Hans Frank, *Im Angesicht des Galgens* (Munich 1953).
104 *Hitler's Secret Conversations* (New York 1953), 420.
105 Peterson, op. cit., 70–1.
106 *Hitler's Secret Conversations*, 306; Peterson, op. cit., 72.
107 Peterson, op. cit., 133–42.
108 Frank, op. cit., 167; Lutz Graf Schwerin von Krosigk, *Es geschah in Deutschland* (Tübingen 1951).
109 Paul Seabury, *The Wilhelmstrasse: a Study of German Diplomacy under the Nazi Regime* (Berkeley 1954).

110 Herbert Jacob, *German Administration Since Bismarck* (New Haven 1963), 113; Peterson, op. cit., 37.
111 Helmut Heiber, *Adolf Hitler* (Berlin 1960), 92ff.; Alan Bullock, *Hitler: a Study in Tyranny* (London 1964), 386; Joseph Nyomarkay, *Charisma and Factionalism in the Nazi Party* (Minneapolis 1967).
112. Fest, op. cit., 807.
113 Otto Dietrich, *Zwölf Jahre mit Hitler* (Munich 1955), 153.
114 Thomas Hobbes, *Leviathan*, Part 1, chapter XI.
115 Peterson, op. cit., 75–6.
116 David Schoenbaum, *Hitler's Social Revolution* (New York 1966), 159–86, 200–1, 285.
117 Heinrich Uhlig, *Die Warenhäuser im Dritten Reich* (Cologne 1956).
118 Friedrich Facius, *Wirtschaft und Staat (Schriften des Bundesarchiv)* (Koblenz 1959) 147.
119 Raul Hilberg, *The Destruction of the European Jews* (Chicago 1961), 98.
120 This is the view of E.K.Bramsted, *Goebbels and National Socialist Propaganda* (Lansing 1965); Helmut Heiber, *Josef Goebbels* (Berlin 1962) argues that Goebbels was not anti-Semitic.
121 Bullock, op. cit., 121.
122 Arthur Schweitzer, *Big Business in the Third Reich* (London 1964), 643, note 25.
123 Hermann Rauschning, *Hitler's Revolution of Destruction* (London 1939).
124 Quoted Holborn, op. cit., 753.
125 Joseph Borking, *The Crime and Punishment of I.G.Farben* (London 1979), 56–60.
126 For Todt's ability see Alan Milward, *The German Economy at War* (London 1965).
127 Speer, op. cit., 4ff.
128 David Schoenbaum, *Die braune Revolution* (Cologne 1968), 150.
129 Fest, op. cit., 559.
130 David Carlton, *Anthony Eden* (London 1981), 46.
131 Hans Gisevius, *Adolf Hitler* (Munich 1963), 173.
132 Holborn, op. cit., 745–7; Manvell and Fraenkel, *Himmler*, 42–6.
133 Fest, op. cit., 705.
134 Nicholaevsky, op. cit., 28–30.
135 For the influence of the Roehm purge on Stalin, see George Kennan, *Russia and the West Under Lenin and Stalin* (New York 1960), 285.
136 Conquest, op. cit., 44.
137 Medvedev, op. cit., 157ff.; Hingley, op. cit., 236ff.; Conquest, op. cit., 47ff.
138 Orlov, op. cit., 17–18, 129.
139 Orlov, op. cit., 350.
140 Rigby, *The Stalin Dictatorship*, 39–40.
141 W.G.Krivitsky, *I Was Stalin's Agent* (London 1940), 166.
142 Ibid., 228.
143 Paul Blackstock, *The Secret Road to World War Two: Soviet versus Western Intelligence 1921–1939* (Chicago 1969); Hingley, op. cit., 292ff.
144 John Erickson, *The Soviet High Command, a Military and Political History, 1918–1941* (London 1962), 374; Conquest, op. cit., 224; Hingley, op. cit., 258–9.
145 Schapiro, *Communist Party*, 440.
146 Medvedev, op. cit., 294–6.
147 Ibid., 219–23.
148 Fitzroy Maclean, *Eastern Approaches* (London 1966 ed.) 119–20.
149 For details of the use of torture, see Medvedev, op. cit., 259–70, 286.
150 Simon Wolin and Robert M.Slusser, *The Soviet Secret Police* (New York 1957), 194; Antoni Ekart, *Vanished Without Trace* (London 1954), 244.
151 Medvedev, op. cit., 239; Conquest, op. cit., 525–35; see also Iosif Dyadkin's calculations, *Wall Street Journal*, 23 July 1980, which are similar.
152 Laqueur, op. cit., 266–7.
153 For right-wing intellectuals, see Richard Griffiths, *Fellow-Travellers of the Right: British Enthusiasts for Nazi Germany 1933–1938* (London 1980), and Alastair Hamilton, *The Appeal of Fascism: a Study of Intellectuals and Fascism 1919–1945* (London 1971); see also Malcolm Muggeridge, *The Thirties* (London 1940), 281–2.

154 For Stalin's anti-Semitism, see Medvedev, op. cit., 493ff.; he gives a list of books banned by Stalin on p. 524; for Gorky, see Hingley, op. cit., 241–2.
155 *The Letters of Lincoln Steffens*, ed. E.Winter and G.Hicks, 2 vols (New York 1938), II 1001.
156 Shaw, *The Rationalization of Russia* (Bloomington, Ind., 1964 ed.), 112.
157 Quoted by Jean Lacourure, *André Malraux* (New York 1975), 230.
158 Quoted by Sidney Hook in *Encounter*, March 1978.
159 Cohen, op. cit., 376.
160 Muggeridge, *Chronicles of Wasted Time*, 254–5.
161 Walter Duranty, *The Kremlin and the People* (New York 1941), 65.
162 Quoted in Hollander, op. cit., 164.
163 Trilling, in *The Last Decade*, 'Art, Will and Necessity'.
164 Ibid., 'A Novel of the Thirties'.

9 The High Noon of Aggression

1 Manchester, op. cit., 7.
2 James Margach, *The Abuse of Power* (London 1978).
3 Barnett, op. cit., 291; Mary Agnes Hamilton, *Arthur Henderson* (London 1938).
4 Beasley, op. cit., 245.
5 *Documents on British Foreign Policy*, 2, IX No. 43; see Ian Nish, *Japanese Foreign Policy, 1869–1942* (London 1977), 260ff.
6 Barnett, op. cit., 300.
7 Middlemass and Barnes, op. cit., 729.
8 James Neidpath, *The Singapore Naval Base and the Defence of Britain's Eastern Empire 1919–1941* (Oxford 1981).
9 James, op. cit., 167.
10 Harold S.Quigley and John E.Turner, *The New Japan: Government and Politics* (Minneapolis 1956), 38–9.
11 Quoted by Hugh Byas, op. cit., 265–6.
12 Ibid., 97.
13 Mosley, op. cit., 154–5.
14 Tolland, op. cit., 13.
15 Byas, op. cit., 119ff.; Tolland, op. cit., 13–33; Beasley, op. cit., 250; James, op. cit., 170ff.
16 Tolland, op. cit., 21.
17 Ibid, 33 footnote; for Sorge, see William Deakin and G.R.Storry, *The Case of Richard Sorge* (London 1964).
18 Anthony Garavente, 'The Long March', *China Quarterly*, 22 (1965), 84–124.
19 Edgar Snow, *Red Star over China* (London 1938); Chen Chang-Feng, *On the Long March with Chairman Mao* (Peking 1959); *The Long March: Eyewitness Accounts* (Peking 1963).
20 Edgar Snow, *Random Notes on Red China* (Harvard 1957), 1–11; J.M.Betram, *Crisis in China: the Only Story of the Sian Mutiny* (London 1937).
21 Agnes Smedley, *Battle Hymn of China* (London 1944), 96–143.
22 Tolland, op. cit., 44–7; see also James B. Crowley in the *Journal of Asian Studies*, May 1963, and C.P.Fitzgerald, *The Birth of Communist China* (Baltimore 1964).
23 Nish, op. cit., 232; Katsu Young, 'The Nomohan Incident: Imperial Japan and the Soviet Union', *Monumenta Nipponica*, 22 (1967), 82–102.
24 Tolland, op. cit., 44 footnote.
25 Ibid., 47.
26 Mosley, op. cit., 177–81; Tolland, op. cit., 50.
27 Quoted by Nish, op. cit., 260.
28 Hugh Byas in *New York Times*, 31 July 1938.
29 Hans Frank, *Im Angesicht des Galgens* (Munich 1953), 92; Joseph Goebbels, *Der Faschismus und seine praktischen Ergebnisse* (1935).
30 Nolte, op. cit., 230.
31 Mussolini, *Opera Omnia*, XXVI 233.
32 Barnett, op. cit., 344–8.
33 Ibid., 379–80; Carlton, op. cit., 68.
34 Carlton, op. cit., 84–6.
35 Barnett, op. cit., 381.
36 *Ciano's Diplomatic Papers* (London 1948), 56.
37 For Italian fascist racialism, see Antonio Spinosa, 'Le persecuzioni razziali in Italia', *Il Ponte* VIII (1952), 964–78, 1078–96, 1604–22, IX (1953), 950ff.

38 Salvador de Madariaga, *Spain: a Modern History* (London 1961), 455.
39 Quoted in Paul Preston, *The Coming of the Spanish Civil War* (London 1978), 15.
40 Largo Caballero, *Mis Recuerdos* (Mexico City 1954), 37.
41 Mariano Perez Galan, *La Ensenanza en la II Republica espanola* (Madrid 1975), 332–3.
42 See articles by Luis Araquistain, *El Sol* (Madrid), 18, 21, 24 July 1931.
43 Preston, op. cit., 107.
44 Stanley Payne, *The Spanish Revolution* (New York 1970), 108.
45 Eye-witness 1933, quoted Ramón Sender, *Viaje a la aldea del crimen* (Madrid 1934), 33–42.
46 J.Arrarás Irribaren (ed.), *Historia de la Cruzada Española*, 8 vols (Madrid 1940–4), II 263; J.A.Ansaldo, *Para Qui? De Alfonso XIII a Juan III* (Buenos Aires 1951), 51.
47 George Dimitrov, *The Working Classes Against Fascism* (London 1935), 47.
48 Hugh Thomas, *The Spanish Civil War* (London 1961 ed.), 95; George Hills, *Franco: the Man and his Nation* (London 1967), 210.
49 J.W.D.Trythall, *Franco: a Biography* (London 1970), 80.
50 R.A.H.Robinson, *The Origins of Franco's Spain* (Newton Abbot 1970), 12.
51 Thomas, op. cit., 5.
52 Preston, op. cit., 162–3, 172.
53 Trythall, op. cit., 81; Preston, op. cit., 176.
54 Burnett Bolloten, *The Grand Camouflage* (London 2nd ed. 1968), 115–16; Juan-Simeon Vidarte, *Todos fuimos culpables* (Mexico 1973), 56–7.
55 Robinson, op. cit., 259–60; Preston, op. cit, 185.
56 Vidarte, op. cit., 100, 115–27; Idalecio Prieto, *Convulciones de Espana*, 3 vols (Mexico 1967–9), III 143–4.
57 Constancia de la Mora, *In Place of Splendour* (London 1940), 214–15; Claud Bowers, *My Mission to Spain* (London 1954), 200–8; Henry Buckley, *Life and Death of the Spanish Republic* (London 1940), 129; Stanley Payne, *Falange: a History of Spanish Fascism* (Stanford 1961), 98–105; Ian Gibson, *La Represion nacionalista de Granada en 1936* (Paris 1971) 40–3.
58 Thomas, op. cit., 5; Robles's figures were broadly correct.
59 Vidarte, op. cit., 213–17.
60 J.Gutiérrez-Ravé, *Gil Robles: caudillo frustrado* (Madrid 1967), 198–9.
61 Thomas, op. cit. 52–4.
62 Ibid., 269, footnote 1.
63 Antonio Montero, *La Persecucion religiosa en Espagna 1936–1939* (Madrid 1961), 762.
64 Thomas, op. cit., 270–2.
65 Arthur Koestler, *The Invisible Writing* (London 1954), 347; Ignacio Escobar, *Asi empezo* (Madrid 1974).
66 Thomas, op. cit., 270 footnote 2.
67 Juan de Iturralde, *El Catolicismo y la cruzada de Franco*, 2 vols (Bayonne 1955), II 88–9.
68 Ignacio de Azpiazu, *Siete meses y siete dias en la Espana de Franco* (Caracas 1964), 115.
69 Georges Bernanos, *Les Grands Cimitières sous la lune* (Paris 1938), 72–3; Koestler, *Invisible Writing*, 333–5.
70 Thomas, op. cit., 265, citing authorities in footnotes; Ian Gibson, *The Death of Lorca* (London 1973), 167–9.
71 Trythall, op. cit., 94.
72 S.G.Payne, *Politics and the Military in Modern Spain* (Stanford 1967), 371–2.
73 Thomas, op. cit., 1977 edition, gives details of foreign intervention in Appendix 7, 974–85; see also Jesus Salas, *Intervencion extrajeras en la guerra de Espana* (Madrid 1974).
74 D.C.Watt, 'Soviet Aid to the Republic', *Slavonic and East European Review*, June 1960; Thomas, op. cit., 981–2.
75 Thomas, op. cit., 982 footnote 2; Neal Wood, *Communism and British Intellectuals* (London 1959), 56.

76 Quoted by Trythall, op. cit., 65; Luis de Galinsoga, *Centinela del Occidente: Semblanza biográfica de Francisco Franco* (Barcelona 1956), 134–9.
77 Rudolf Timmermans, *General Franco* (Olten 1937), 135; Francisco Franco, *Diario de una Bandera* (Madrid 1922), 46, 179; Trythall, op. cit., 58.
78 Alekandro Vicuna, *Franco* (Santiago de Chile 1956) 222–3; Ignacio Gonazalez, *La Guerra nacional espagnola ante la moral y el derecho* (Salamanca 1937); Jay Allen, *Chicago Tribune*, 29 July 1936; *Cruzada Espanola*, II 84.
79 Thomas, op. cit., Appendix 5, 971.
80 Ibid., 974–7; Salas, op. cit., 510.
81 Carlos Baker, *Ernest Hemingway* (Penguin 1972), 472.
82 Thomas, op. cit., 533.
83 Jesús Hernández Tomas, *La Grande Trahison* (Paris 1953), 66; Thomas, op. cit., 650–1.
84 Thomas, op. cit., 664 footnote 1; Manuel Azana, *Obras Completas*, 4 vols (Mexico City 1966–8), IV 867; Caballero, op. cit., 204; Incalecio Prieto, *Convulciones de Espagna*, 3 vols (Mexico City 1967–9) III 220.
85 George Orwell, *Homage to Catalonia* (London 1938), 169ff.; Thomas, op. cit., 651ff.
86 Hernández, op. cit., 124–6.
87 Thomas, op. cit., 705–6; Bernard Crick, *George Orwell: a Life* (London 1980), 224–6.
88 Krivitsky managed to publish his book, *I Was Stalin's Agent*, (London 1940) first; Hingley, op. cit., 268ff.
89 Thomas, op. cit., 702–3 and footnote.
90 Orlov, op. cit.
91 Thomas, op. cit., 624–7, Appendix 8, 986–91; Vincente Talon, *Arde Guernica* (Madrid 1970); Herbert Southworth, *La Destruction de Guernica* (Paris 1975); Adolf Galland, *The First and the Last* (London 1957).
92 Allen Guttmann, *The Wound in the Heart: America and the Spanish Civil War* (New York 1962).
93 Koestler, *Invisible Writing*.
94 *New English Weekly*, 29 July, 2 September 1937; for this celebrated episode, see Kingley Martin, *Editor, 1931–1945* (London 1968), 218; George Orwell, *Collected Essays*, etc., 4 vols (Penguin 1970), I 333ff.; Crick, op. cit., 227ff.
95 Sean Day-Lewis, *C. Day-Lewis: an English Literary Life* (London 1980), 94, 102.
96 Cyril Connolly, 'Some Memories' in Stephen Spender (ed.), *W. H. Auden: a tribute* (London 1975), 70.
97 Hugh Thomas, 'The Lyrical Illusion of Spain 1936' in Mestine de Courcel (ed.), *Malraux: Life and Work* (London 1976), 42–3.
98 Carlos Baker, op. cit., 465.
99 Martin, op. cit., 219–20.
100 Stephen Spender, *World within World* (London 1951), 242–3.
101 Ibid., 223.
102 Orwell, 'Notes on the Spanish Militias', *Collected Essays*, I 350–64.
103 Jose Diaz de Villegas, *La Guerra de liberacion* (Barcelona 1957), 384.
104 Thomas, op. cit., 926–7.
105 Text of Law in *Boletín Oficial del Estado*, 13 February 1939; Trythall, op. cit., 141.
106 *Ciano's Diplomatic Papers*, 293–4.
107 Quoted by Max Gallo, *Spain under Franco: a History* (tr. London 1973), 88. The figure of 193,000 is given in Charles Foltz, *The Masquerade in Spain* (Boston 1948), 97; see Thomas, op. cit., 924–5.
108 Trythall, op. cit., 142ff.

10 The End of Old Europe

1 H.A. Jacobsen, *Der Zweite Weltkrieg: Grundzüge der Politik und Strategie in Dokumenten* (Frankfurt 1965), 180–1; quoted in Andreas Hillgruber, *Germany and the Two World Wars* (tr., Harvard 1981), 56–7.
2 Notes taken by Lt-General Liebmann, quoted in Hillgruber, op. cit., 57.
3 Rudolph Binion, *Hitler among the Germans* (New York 1976), 61–3, 78–82.

4 *Hitlers Zweites Buch: Ein Dokument aus dem Jahre 1928* (Stuttgart 1961); tr. as *Hitler's Secret Book* (New York 1962).
5 Quoted in Fest, op. cit., 793.
6 *Hitlers Zweites Buch*, 130.
7 Hillgruber, op. cit., 50.
8 Fest, op. cit., 796–7.
9 Herbert Agar, 'Culture v. Colonialism in America', *Southern Review*, 1 (July 1935), 1–19.
10 George Kennan, *Memoirs, 1925–1950* (Boston 1967), 53.
11 C.A.MacDonald, *The United States, Britain and Appeasement 1936–1939* (London 1981).
12 Kennan, *Memoirs 1925–1950*, 84.
13 Ibid., 86; Daniel Yergin, *Shattered Peace: the Origins of the Cold War and the National Security State* (Boston 1977), 34–5.
14 Fest, op. cit., 869.
15 Gilbert, *Churchill*, v 459–62.
16 Quoted in Montgomery Hyde, *Carson* (London 1953), 387.
17 Roland Hunt and John Harrison, *The District Officer in India 1930–1947* (London 1980).
18 B.R.Tomlinson, 'Foreign private investment in India 1920–50', *Modern Asian Studies*, XII 4 (1978).
19 Gilbert, op. cit., 399ff.; 480–1.
20 Andrew Boyle, *The Climate of Treason* (London 1979), with corrections in Noel Annan's review, *The Times Literary Supplement*, 7 December 1979, 83–4.
21 Stuart Macintyre, *A Proletarian Science: Marxism in Britain 1917–1933* (Cambridge 1980).
22 Middlemas and Barnes, op. cit., 745.
23 Quoted in John Gross, *The Rise and Fall of the Man of Letters* (London 1969), 283.
24 Gisela Lebzelter, *Political Anti-Semitism in England 1918–1939* (New York 1978).
25 J.R.M.Butler, *Lord Lothian* (London 1960), 206.
26 Viscount Templewood, *Nine Troubled Years* (London 1954), 133.
27 *Daily Telegraph*, 28 January 1935.
28 Martin Gilbert, *The Roots of Appeasement* (London 1966), 354–5; Barnett, op. cit., 389ff.
29 Nicolson, *Diaries*, 23 March 1936.
30 Gilbert, *Churchill*, v 456.
31 V. K.Krishna Menon (ed.), *Young Oxford and War* (London 1934).
32 Barnett, op. cit., 423–4.
33 Christopher Thorne, 'Viscount Cecil, the Government and the Far Eastern Crisis of 1931', *Cambridge Historical Journal*, XIV (1971), 805–26.
34 See Donald S. Birn, *The League of Nations Union 1918–1945* (Oxford 1981).
35 Letter to the *Manchester Guardian*, 26 February 1932.
36 Michael Pugh, 'Pacifism and Politics in Britain 1931–1935', *Cambridge Historical Journal*, XXIII (1980), 641–56.
37 For an explanation (not justification) of the concession, see Paul Haggie, *Britannia at Bay* (Oxford 1981).
38 Anthony Eden, speech, 30 January 1941.
39 Paul Schmidt, *Hitler's Interpreter* (tr. London 1951), 320.
40 Barnett, op. cit., 409–10.
41 The conference is described in Friedrich Hossbach, *Zwischen Wehrmacht und Hitler 1934–1938* (Hanover 1949); Fest, op. cit., 800.
42 Fest, op. cit., 809–10.
43 See Stefan Zweig, *The World of Yesterday* (New York 1943).
44 Jones, *Life and Work of Freud*, 636ff.
45 Barnett, op. cit., 474–5.
46 Robert J. O'Neill, *The German Army and the Nazi Party 1933–1939* (London 1966), 152–9.
47 Peter Hoffman, *Widerstand, Staatsstreich, Attentat: Der Kampf der Opposition gegen Hitler* (Munich 1969), 83; Fest, op. cit., 829ff., and 1174–5 notes 20–3 for sources.
48 O'Neill, op. cit., 163–5.
49 Fest, op. cit., 832–3.
50 'Letter to Runciman', 15 September 1938; *Opera Omnia*, XIX 143.
51 Holborn, op. cit., 780ff.
52 Gilbert, *Churchill*, v 999ff.
53 André Beauffre, *1940: the Fall of France* (tr. London 1967), 84; Barnett, op. cit., 526–7.
54 Holborn, op. cit., 777.

55 William Shirer, *The Rise and Fall of the Third Reich* (London 1960), 399.
56 Fest, op. cit., 892; Kennan, *Memoirs 1925–1950*, 108.
57 See Franklin Reid Gannon, *The British Press and Germany 1936–1939* (Oxford 1971); Martin, *Editor*, 254–7.
58 Barnett, op. cit., 560.
59 *The Times*, leading article, 1 April 1939; Gilbert, *Churchill*, v 1052–3.
60 Hillgruber, op. cit., 61–2.
61 Ibid., 66.
62 Barnett, op. cit., 569.
63 Fest, op. cit., 917; Hillgruber, op. cit., 63.
64 Fest, op. cit., 869.
65 Hubertus Lupke, 'Japans Russlandpolitik von 1939 bis 1941', *Schriften des Instituts für Asienkunde in Hamburg*, x (Frankfurt 1962), 7–24.
66 Fest, op. cit., 884–5; for sources see 1177–8, note 27.
67 Hans Gunther Seraphim (ed.), *Das politische Tagebuch Alfred Rosenbergs* (Gottingen 1956), 82; Gustav Hilder and Alfred G. Meyer, *The Incompatible Allies: a Memoir-History of the German–Soviet Relationship, 1918–1941* (New York 1953), 315.
68 Fest, op. cit., 879–80.
69 Albert Tarulis, *Soviet Policy towards the Baltic States 1919–1940* (Notre Dame 1959), 154–5.
70 Michael Freund, *Weltgeschichte der Gegenwart in Dokumenten* (Freiburg 1954–6), III 166ff.
71 F. La Ruche, *La Neutralité de la Suède* (Paris 1953).
72 Henri Michel, *The Second World War* (tr. London 1975), for details.
73 A.Rossi, *Deux Ans d'alliance germano–sovietique* (Paris 1949), 88–90; *Hitler's Table-Talk* (tr. London 1953), 8.
74 Carl Burckhardt, *Meine Danzinger Mission 1937–1979* (Munich 1960), 348; quoted in Hillgruber, op. cit., 69.
75 Fest, op. cit., 908; sources, 1179, note 7.
76 Ibid., 906, 921–2.
77 J.-B.Duraselle, *La Décadence 1932–1939* (Paris 1979).
78 Dominique Leca, *La Rupture de 1940* (Paris 1979).
79 François Bedarida (ed.), *La Strategie sécrète de la Drole de Guerre* (Paris 1979); see also *Français et Britanniques dans la Drole de Guerre: Actes du Colloque Franco–Britannique de decembre 1975* (Paris 1978).
80 Fest, op. cit., 940, 1181 note 10; Helmut Heiber (ed.), *Hitlers Lagebesprechungen* (Stuttgart 1962), 30.
81 Marc Bloch, *Strange Defeat* (tr. Oxford 1949), 36–7.
82 See Dr Pierre Renchnick in *Médeciné et Hygène* (Geneva, September 1981).
83 Bloch, op. cit., 28.
84 Henri Michel, *Le Procès de Riom* (Paris 1979).
85 Richard Griffith, *Marshal Pétain* (London 1970); Judith Hughes, *To the Maginot Line: the Politics of French Military Preparation in the 1920s* (Harvard 1971).
86 Quoted in Raymond Tournoux, *Pétain et la France* (Paris 1980).
87 Quoted in Robert Aron, *The Vichy Regime 1940–1944* (tr. London 1958), 122.
88 Alan Milward, *The New Order and the French Economy* (Oxford 1970), 272–88.
89 Trythall, op. cit., 161–3; *Documenti Diplomatici Italiani* 9th series (Rome 1954), IV No. 260.
90 Schmidt, op. cit., 191–4; *Ciano's Diplomatic Papers*, 412.
91 Franz Halder, *Kriegstagebuch: Tägliche Aufzeichnungen des Chefs des Generalstabes des Heeres 1939–1942* (Stuttgart 1962) I 308.
92 Karl Klee, *Das Unternehmen 'Seelöwe'* (Gottingen 1958), 189–90.
93 Halder, op. cit., I 375.
94 Quoted in Hillgruber, op. cit., 354n.
95 Daniel Benjamin and Levis Kochin, 'Voluntary Unemployment in Interwar Britain', *The Banker*, February 1979.

96 A.J. Younger, *Britain's Economic Growth 1920–1966* (London 1967), 112.
97 R.S.Sayers in *Economic Journal*, June 1950.
98 Younger, op. cit., 107ff.; H. W. Richardson, *Economic Recovery in Britain 1932–1939* (London 1967).
99 Barnett, op. cit., 482–3.
100 See M.M.Postan, D. Hay and J.D.Scott, *The Design and Development of Weapons* (London 1964).
101 For Churchill's popularity in summer 1940, see Brian Gardner, *Churchill in his Time: a Study in a Reputation 1939–1945* (London 1968), 65–96.
102 Carlton, op. cit., 163.
103 Robert Rhodes James (ed.), *Chips: the Diaries of Sir Henry Channon* (Penguin 1967), 19 July 1940, 320.
104 Cecil's *aide-mémoire* is printed in Hugh Cudlipp, *Publish and Be Damned* (London 1953), 144.
105 Winston Churchill, *The Second World War: Their Finest Hour* (London 1949), 567.
106 See, for instance, Taylor, op. cit., 629ff. and note C 648–9.
107 Quoted in Gardner, op. cit., 69.
108 H.Duncan Hall, *North American Supply* (London 1955), 247ff.
109 Taylor, op. cit., 623–4, 647.

让我们 一起追寻

MODERN TIMES BY Paul Johnson
First Published by Weiden & Nicolson Ltd London

MODERN TIMES

从
1920 年代到
1990 年代的
世界

THE WORLD
FROM THE TWENTIES
TO
THE NINETIES

摩登时代

『下』

〔英〕保罗·约翰逊 / 著
Paul Johnson
秦传安 / 译

社会科学文献出版社
SOCIAL SCIENCES ACADEMIC PRESS (CHINA)

11. 转折之年

1941 年 6 月 22 日拂晓，德国军方的无线电台拦截到了苏 372
联先头部队与其陆军司令部之间的电报往还。“有人朝我们开火，我们该怎么办?”“你们一定是疯了。你们为什么不用密码发报?”[1]半小时后，凌晨 3 点 40 分，苏军参谋长朱可夫接到德军空袭的报告，于是打电话告诉了莫斯科城外 7 英里的昆采沃别墅里的斯大林，在那里，这位独裁者在那里生活、工作和吃饭，睡在沙发上。当朱可夫报告苏联遭到入侵的时候，电话线的那头除了长时间的沉默和沉重的呼吸之外，什么声音也没有。斯大林最后叫将军去克里姆林宫，并让他的秘书去召集政治局开会。他们 4 点 30 分开会，斯大林坐在那里脸色苍白，一言不发，手里拿着一只未点燃的烟斗。在外交部，莫洛托夫接受了纳粹大使递交的宣战书，并可怜巴巴地问：“这真是我们应该得到的吗?”到中午，1200 架苏联飞机在地面上被摧毁。根据尼基塔·赫鲁晓夫的记述，斯大林陷入了歇斯底里和绝望中。直到 7 月 3 日，也就是 11 天之后，他才能够打起精神，对全国发表讲话。当时，他使用了一种对他来说全新的话语：“兄弟姐妹们……我的朋友们。”[2]

每个人都曾提醒斯大林要注意纳粹的进攻迫在眉睫。丘吉尔给他寄去了具体的情报，这一点后来被美国大使馆所证实。5 月 15 日，苏联在东京的间谍理查·佐尔格拿出了德国入侵计划及其准确日期的详细材料。斯大林还得到了一些详细警告，来自他自己的人，比如基辅地区的指挥官基尔波诺斯。斯大林拒绝听取这些警告。如果这样的建议被媒体发表，他会暴跳如雷。海军上将库兹涅佐夫后来说，哪怕是在私下里与下属军官的交谈中，认为入侵可能发生也是很危险的。赫鲁晓夫后来回忆，任何一个对斯大林说这种话的人都“心怀恐惧，战战兢兢”[3]。

斯大林不相信任何人，看上去本应该是地球上最不相信希
373 特勒的话的人。但这只是主观愿望而已。纳粹－苏联条约对斯大林有巨大的好处。尽管他后来为自己辩解，说它只是临时性的战术安排（“我们为我们的国家赢得了一年半的和平和准备力量的机会”），但他当时明显希望，条约会无限期地持续下去，或者直至德国人和西方在一场旷日持久的战争中互相消耗，两败俱伤。而到那时候，根据他 1925 年的宣言，苏联就可以坐收渔翁之利。与此同时，条约对他有直接的好处。到 1940 年中期，他收复了俄国在 1918～1919 年失去的很多领土。他摧毁了东部波兰的整个结构。在 1940 年春天，他让人杀害了 15000 名波兰军官，其中三分之一的人死于斯摩棱斯克附近的卡廷，其余的人死于斯塔洛柏斯克和奥斯塔什科夫的苏联集中营内或附近。这些大规模杀戮有可能是在盖世太保的建议下实施的[4]。纳粹和苏联的安全部队一直密切合作，直至 1941 年 6 月 11 日。在这一时期，内务部人民委员会把数百名德国国民（主要是共产党人和犹太人）交给了盖世太保[5]。反过来，纳粹帮助斯大林追捕他自己的敌人。1940 年 8 月 20 日，几经周折之后，他最终让人用破冰斧把托洛茨基砍死在墨西哥，正如后者曾经公正地评论的那样：“斯大林试图敲碎的，不是反对者的观念，而是他的脑壳。”[6] 这是他和希特勒所共享的方法。

斯大林对德国国防军战胜法国感到很高兴，并立即按照德

军的模式改组了他自己的1.3万辆坦克的坦克部队[7]。他认为，民主国家的垮台增强了他在东欧和北欧要求额外补偿的权利主张，这是他允许希特勒在西欧和非洲、可能还有中东的部分地区完全放开手脚所应得的回报。因此，当莫洛托夫在1940年11月12～13日去柏林续签"纳粹－苏联条约"的时候，斯大林指示他要求（作为初步要求）把芬兰、罗马尼亚和保加利亚外加黑海海峡划分为苏联的势力范围，再加上（作为最终要求）匈牙利、南斯拉夫、波兰西部、瑞典和分享波罗的海出口[8]。加起来，它们和斯大林所要求的并没有太大的不同，而且在大多数情况下，当他在第二次世界大战结束分享胜利果实时，这些要求都得到了满足。莫洛托夫的"一揽子要求"证实了苏联目标的连续性。

这份苏联利益清单是根据这样一个假设提出来的：希特勒主要是在西欧、非洲和亚洲追求他贪得无厌的胃口，而中东是他的下一个战略目标。这在当时是一个合理的假设。丘吉尔最强烈的愿望是：德国人将冲向苏联。他最大的担心是：希特勒会把中东当作自己的靶子。在1941年最初的几个月里，这似 374
乎是最有可能出现的结果。德国由于墨索里尼的贪婪和无能而被拖入了地中海战争。1940年10月28日，墨索里尼入侵希腊，但希腊人在英国的帮助下击退了入侵者，让他们颜面扫地。12月9日，英国人在利比亚展开攻势，并在1941年2月6日攻克了班加西。

3天后，希特勒万分不情愿地去帮助他那位受苦受难的盟友，把非洲军团派到了利比亚，由隆美尔将军指挥。一旦效命于这个战区，德国人便立即以可怕的速度行动起来。2月28日，已经有了匈牙利和罗马尼亚作为傀儡的纳粹分子进军保加利亚。3 周后，他们迫使南斯拉夫妥协，当时，贝尔格莱德发生的一场政变把亲纳粹的政府赶下了台，并对南斯拉夫和希腊发出了最后通牒。隆美尔在北非的第一场胜利只用了 11 天时间，把英国人踉踉跄跄地赶回了埃及。在经过一周的战斗之后，南斯拉夫于 4 月 17 日垮台。6 天后，希腊投降。5 月，在 8 天的激战中，已经被赶出希腊的英国人在克里特岛被德国伞兵羞辱。到 5 月底，开罗和苏伊士运河、伊拉克北部的油田、波斯和波斯湾、阿巴丹岛上全世界最大的炼油厂，尤其是通往印度的海路和陆路，看上去全都开始岌岌可危。

希特勒在南部的冒险只投入了其军队的很小一部分。他的惊人成功是以微不足道的代价实现的。雷德尔海军上将和海军最高司令部请求他挺进中东，那个时期德国完全有这个能力。英国的海军、空军和陆军力量稀稀拉拉地散布在一大片辽阔地区，在每个地方都很容易受到攻击。希特勒的盟友日本已经考虑在远东发起进攻。从我们如今了解到的信息来看，几乎可以肯定，德国人可以突破苏伊士运河的屏障，进入印度洋，准备在日本人涌入东南亚、挺进孟加拉湾的时候与他们联手行动。雷德尔的观点是，这样一次行动将给大英帝国“致命的一击，比攻占伦敦更致命”。希特勒有 150 个师，外加空军的一大部分，驻扎在东欧。只需其中不到四分之一的兵力，就足以挺进印度。[9]

这个观念开启了一条令人烦恼的思路。德国和日本在印度的会师将会赋予日本战争计划以其从未拥有过的长期战略逻辑的成分。接下来，盎格鲁 - 撒克逊人的势力和影响力就会从亚洲清除掉，肯定要被消除好多年，或许是永远。就连澳大利亚
375 也会岌岌可危，大概会被迫妥协。南非有巨大的矿产资源，接

下来也不会落在希特勒的射程之外。英国和美国将没有能力从世界上六分之五的地区及其海洋获取资源，它们的活动范围很大程度上将局限于大西洋。在这样的环境下，胜利似乎隔着一段令人疲倦的遥远距离，即使不是一个无法达到的目标，那么，与希特勒达成妥协在丘吉尔看来也似乎是不可抵抗的。这里，我们又遇上了历史上最重大的“如果”之一。

但希特勒毫不犹豫地拒绝了这个闪闪发光的亚历山大式的机会。他坚持自己的观点：“真正的”战争，亦即他一直打算发动的战争，是针对苏联。那就是命运和种族天命那不可避免的逻辑交给他负责的任务，他将带领德国去完成它。实际上，消灭苏联并不是故事的结尾。但是，没有苏联的毁灭，故事就没有意义，在完成这个任务之前，德国将无法履行它注定要扮演的世界角色。他急着继续进行下去。1940 年 7 月 31 日，他告诉哈德尔将军，英国生存下来的希望在于美国和苏联。摧毁苏联也就是消灭这两个国家，因为那将会让日本放开手脚，对美国展开行动。他似乎认为，罗斯福准备在 1942 年出手介入，他想赶在此事发生之前把苏联从这个方程式中消除掉。正如他所认为的那样，这才是事情的恰当顺序。1941 年 1 月 9 日，希特勒告诉他的将军们，一旦苏联被打败，德国就会接收它的资源，并因此变得“固若金汤”。接下来，它就会有力量发动针对整个大陆的战争。有了日本把美国捆在太平洋地区，他就会伸出一个三叉钳子，刺穿高加索、北非和黎凡特，这将把德国带入阿富汗，然后进入大英帝国的核心地带：印度。如果有苏联在侧翼，这样一个战略构思就太冒险了。[10]

因此，在贝当签署停战协议之后短短的几天时间内，希特勒便让他的参谋部着手工作，谋划俄罗斯战役[11]。他最初的想法是那年秋天发动这场战役，费了很大的劲才说服他放弃了如此冒险的计划——将军们的理由是，军队必须有整个旱季（从 5 月初起），才能在下雪之前包围和消灭苏联的军事力量。1940 年 12 月，在罗斯福再次当选总统之后（这对他来说是一个特殊的不祥之兆），并且在莫洛托夫提交了斯大林的“利益”清单之后（希特勒说，这份清单使得德苏条约“即便是作为权宜之计的联姻”也是站不住脚的），他最终做出了进攻的决定。从此以后，他要抓住最早的机会消灭布尔什维克主义的决心就再也没有动摇过。进入地中海是一场令人遗憾的穿插表演，因为墨索里尼的愚蠢而成为必要。他把这归咎于他后来
376 所说的“在开始对俄战争上灾难性的耽搁。……我们原本应该能够在 1941 年 5 月 15 日之前开始进攻俄国，并……在冬天到来之前结束这场战役。”[12] 南方战役结束之后，尽可能在最早的时间发起进攻。

不妨回顾一下 1941 年这个转折之年。从那一年起，人类一步步陷入了眼下的困境之中，历史学家不能不对个人意志的决定性作用感到吃惊。希特勒和斯大林跟人类下了一盘棋。就所有本质方面而言，正是斯大林个人的不安全感和他对德国挥之不去的恐惧，导致他签署了那份灾难性的条约，正是他的贪婪和幻想——而不是别人的——使条约一直保持有效，那是一道虚假安全的屏风，希特勒躲在屏风后面准备他那个凶残的春天。正是希特勒，而不是别人，决心对苏联发动一场灭绝战，一会儿放弃计划，一会儿推迟计划，最后又恢复它作为自己的战略核心，进攻的方式和时机也是由他选择。这两个人都不代表不可抗拒的、哪怕是强有力的历史力量。在任何阶段，他们都没有与本国人民进行任何商议过程，甚至也不代表那些自封

的同僚团体说话。但他们采取这些重大步骤的方式都是自作主张而不听建议，被最粗陋的个人偏见和他们自己专横独断的幻想所引导。他们的副手都盲目服从，或者怀着麻木不仁的恐惧，他们统治的庞大国家除了跟在他们后面跌跌撞撞地走向共同毁灭之外，似乎别无选择。在这里，我们有了一个历史决定论的对立面——对一个独裁统治者的神化。因此，当宗教和传统、僧侣集团和历史先例的道德约束被撤除的时候，中止或释放灾难性事件的权力并没有移交给非个人的集体善行，而是落入了那些由于其邪恶天性而被孤立起来的人的手中。

希特勒入侵苏联的决定是他事业生涯中最致命的决定。这一决定毁了他的政权，也毁了他自己。它也是现代史上最重要的决定之一，因为它把苏联的极权主义带入了欧洲的核心地带。但它是一场有可能成功的赌博。重要的是要弄明白，它为何没有成功。1945 年初，希特勒声称，在发动这场入侵上耽搁了五六周的时间，这解释了他为什么没能在冬天到来之前拿下莫斯科、摧毁斯大林的政权。但在当时，他并没有觉得自己被一份如此紧迫的时间表所约束。事实上，他严重低估了苏联的军事能力。有一句古老而智慧的外交格言：“俄罗斯绝不像它看上去的那么强大。俄罗斯也绝不像它看上去的那么弱小。”希特勒忽视了这句格言。就蔑视苏联红军而言，他并非孤家寡人。正如我们已经指出的那样，英国和法国的参谋长们也评估苏联军队的能力在波兰之下。波兰战役似乎证实了这个 377
观点。人们普遍相信，1937～1938 年的大清洗已经摧毁了苏联红军的士气。德国情报部门“阿勃维尔”的首脑卡纳里斯海军上将相信了海德里希的话：他的组织故意构陷了图哈切夫斯基及其他所有能干的苏联军官[13]。这部分程度上是基于卡纳里斯误导性的评估：希特勒认为苏联战役将是一个比征服法国更容易的命题。他告诉保加利亚大使德拉戈诺夫，苏联红军“不过是个笑话”。它将被“剁成碎块”，然后“分段掐死”。1940 年 12 月，他估计，“不出三周，我们将在圣彼得堡”[14]。尽管日本人是他的盟友，但他并没有做出努力，来获取日本人对苏联战斗能力所做的更加冷静客观的评估，尤其是在坦克战方面的评估，那是基于他们在 1939 年 5～6 月的痛苦经历。德国的参谋工作在准备法国战役时表现得既缜密周全又才华横溢，如今却轻率地对待苏联战役——有一种过度兴奋的感觉：德国终于打破了法国、波兰和捷克斯洛伐克组成的“战略铁三角”，如今它可以自由漫步了。总策划马尔克斯将军认为，摧毁苏联的军事抵抗在最好的情况下需要 9 周的时间，最坏的情况下需要 17 周。有人认为，俄国人将会撤退到他们的辽阔内陆中去，这一论点遭到了驳斥，理由是：斯大林将不得不保卫第聂伯河以西的工业地区。事实将证明，让它的 900 万～1200 万预备役人员充分发挥作用超出了它的组织能力，马尔克斯认为，俄国人任何时候都不会拥有数量优势。[15]

这恰好是希特勒想要听到的建议，因为它强化了他的一个信念：他将以很低的代价发动这场战争。闪电战本身既是一个军事概念，也是一个经济概念，它基于希特勒的这样一个观点：在占有俄罗斯的财富之前，德国支撑不了旷日持久的战争。这一战被称作“巴巴罗萨行动”，它将是最后一场闪电战。它被大幅削减了。即使在 1941 年，希特勒也不准备把德国经济押在完全的战时编制上。自占领布拉格以来，他就开始怀疑德国人民发动全面战争的意愿，他因此不愿意把女性赶进军事工厂，也不愿意削减民用品的生产并使消耗超出实现其军事目标的绝对需要。结果，就其目标的宏大而言，巴巴罗萨行动严重动力不足：有 153 个师的作战单位参与这一行动，但只有 3580 辆坦克、7184 门大炮以及 2740 架飞机。相比之下，苏联仅在 1945 年 1 月对柏林前线发起的攻势就动用了 6250 辆坦克、7560 架飞机，以及不下于 41600 门大炮[16]。德国的很多 378
运输是用马力拉动，随着战役的进行，缺乏活动性被证明是一个日益严重的阻碍。德国人发现自己是在用 1930 年代晚期的武器打一场 1940 年代的战争，而且就连这样的武器都捉襟见肘。

这些缺点在空中最明显。在英国空战期间，戈林的德国空军已经显露出了严重的弱点，它既没能在整个前线提供有效的地面支持，也没能轰炸斯大林的军事工厂。戈林被证明是一个越来越懒散、越来越不胜任的领导人；他的首席技术军官和他的参谋长最终都由于其拙劣工作的败露而自杀了[17]。但希特勒也有责任，因为他没能提供足够数量的飞机。同样有责任的是纳粹的供应政策，这一政策是集权制的和官僚主义的，完全没有能力生产令人满意的重型轰炸机。一个重要事实是，在最好的情况下，第二次世界大战的飞机，比如英国的蚊式飞机和美国的野马飞机（P51），都是私人部门积极性的产物，而非政府和空军参谋部的产物[18]。希特勒听任德国空军成为其武装部队当中党的控制最严、最极权主义的部门，他为此付出了高昂的代价。

作战中的错误希特勒也有份，随着战役的继续进行，他的份额越来越大。巴巴罗萨行动被设想得过于乐观，早期压倒性的成功导致希特勒想当然地认为战役即将结束，从而使他错上加错。在战争开始的时候，苏联就拥有压倒性的武器优势：坦克数量是七比一，飞机是四比一或五比一[19]。但斯大林先是拒绝听取关于德国进攻的警告，然后又坚持把苏联军队大规模地部署到边境，要他们不惜一切代价，寸土必守，从而导致了惊人的损失。年底之前，德国人已经俘虏了 350 万苏联官兵，另有 100 万人死伤[20]。德国人取得的这些巨大胜利，大多数是在战役的第一个月。到 7 月 14 日，希特勒确信，这场战争已经赢了，下令军工生产部门从陆军转向海军和空军的订单[21]。坦克生产实际上减缓到了最初预定的每月 600 辆的三分之一。他希望在 8 月底的时候着手撤回一些步兵师，然后在 9 月撤回一些装甲师，只留下 50 ~ 60 个师，守住阿斯特拉罕 - 阿尔汉格尔斯克的阵线，对乌拉尔地区实施报复性的突袭。然后，他将挥师中东，进军印度。

事实证明，这一判断乐观得有些荒唐。在 7 月的下半月，出于经济的原因，希特勒决定进兵乌克兰。挺进莫斯科的行动被推迟了两个月，实际上直至 10 月 2 日才开始。同一天，希特勒最优秀的坦克指挥官古德里安将军注意到最早的雪花
379 从天而降。4 天后开始下起了大雨。大霜冻在 11 月的第二周早早地随之而来。进攻慢了下来。德国坦克直抵莫斯科城下，北边距离市中心不到 20 英里，西边不到 30 英里。但气温逐步下降，先是降到了零下 20 度，然后是零下 60 度。军需部长瓦格纳将军在 11 月 27 日提交的报告被哈德尔将军概括为一句话：“在人力和物力上我们已经山穷水尽。”[22]接下来，12 月 6 日，俄国人在没有警告的情况下，投入相当可观的兵力，发起了反攻。

在这一阶段，有一点很清楚：巴巴罗萨行动失败了。需要全新的战略。希特勒的回应是解除布劳希奇的职务，亲自接管

作战指挥权。他立即下令禁止战术撤退。这很快成了一项既定政策，抑制了部队调动中的任何弹性。德国国防军参与的防御战度过了冬天最糟糕的时期，代价是超过 100 万人的伤亡，占东线军队全部兵力的 31.4%。这支部队再也没有恢复它的锐气。闪电战的时代在开始两年之后最终结束了。进攻在春天重新开始。8 月 21 日，德国人到达了高加索山脉的顶峰，尽管他们从未向南到达那里的油田。两天后，他们进入了伏尔加河畔的斯大林格勒。但到这时候，在最宽泛的意义上，德国的进攻能力已经耗尽。未来的前途完全在于艰苦的进攻战。

从攻到守的转变以希特勒越来越多地干预具体的战役细节为标志。如今，他经常直接下达命令给集团军，给特定战区的参谋部，甚至给师团指挥官。他与高级军官之间有激烈的争吵，他们当中很多人被解除了职务，还有一个人被枪毙了。戈培尔写道，1941 年冬天，希特勒“已经老态龙钟”。哈德尔将军指出：“低估敌人的潜力始终是他的缺点，如今逐步表现出荒诞不经的形式。”[23] 他解除了一个集团军指挥官的职务，亲自接管了具体细节的控制权。他拒绝跟约德尔说话。最后，和他争吵过的部下包括所有总司令、所有参谋长、18 位陆军元帅中的 11 位、40 位上将中的 21 位，以及苏联前线所有 3 个战区的几乎全部指挥官。[24]

但是，希特勒个人的指挥错误并不是兵败苏联的唯一原因，或者说实际上也不是主要原因。原因在于更深的层面，在于战争观念，在于希特勒整个政治意图的实际根源。在进攻苏联上，他试图同时做两件完全不同的事情：实现一次军事胜
利，启动一项庞大的社会工程事业。这两个目标互不协调。对 380
于一场军事行动来说，有一个伴随性的政治目的，打一场

“解放战争”，倒也并不是什么异乎寻常的过程。实际上这在1941年是合情合理的。斯大林仅靠恐怖来统治国家。他的政权在国内普遍不得人心，在整个欧洲被人痛恨和害怕。德国有很多人，德国之外有更多的人，希望把一场针对布尔什维克主义的战争看作一场圣战，是代表从北极到黑海的数十个受压迫的欧洲民族而发动的，这些民族一直遭到半亚洲的俄国人的掠夺和压迫。参与巴巴罗萨行动的部队，有超过12个师来自罗马尼亚，2个师来自芬兰，3个师来自匈牙利，3个师来自斯洛伐克；后来又增加了意大利的3个师和西班牙的1个师[25]。其中很多士兵是志愿兵。此外，还有很多俄罗斯人，国内和国外都有，他们把希特勒的进攻看作一个机会，他们可以利用这个机会，夺回自己的自由，摧毁那个给国家带来20多年的痛苦不幸、让超过150万人死于非命的政权。

希特勒可能把自己放在了这场圣战的领头人的位置上。但这样做是在欺骗自己。希特勒并不是在从事解放。像斯大林一样，他也是在从事奴役。竞赛的偶然性使他们成为对手，让他们的政权互相争斗。但在本质方面，他们是意识形态伙伴，都追求乌托邦，这样的乌托邦乃是建立在把人类划分为精英和农奴这个根本区分的基础之上。希特勒在苏联的目标从任何意义上说都不是理想主义的。从狭义上冷酷无情地说，这些目标是贪婪的。1941年3月30日，他在一次会议上试图对250个三军高级军官解释这些目标[26]。他说，对法战争是一场“传统的”战争，对西欧的整个战争也是如此，它在性质上是军事的，适用于战争的法则；但在东线，情况完全不同。对苏联，德国将发动总体战。“有一场灭绝战近在眼前。”这场战役的目的将是消灭、扩张，并在殖民地的基础上移民。将军们似乎没有领会希特勒所提议的完全是滔天大罪[27]。对此，他并不惊讶。他已经为此做好了准备。那就是他为什么着手党卫军的巨大扩张的原因，如今，党卫军应该去实现他当初创立这支部队的真正意图了。他组建了“特种兵”部队，各3000人，被命名为“特别行动队”（Einsatzgruppen），跟在正规军部队后面，开始了社会工程学领域构想过的最大胆的行动。

就这样，贫穷困苦、备受折磨、饱受暴政摧残的东欧，原本已经整整一代人承受了列宁意识形态冒险主义的冲击，加上斯大林冷酷无情地放大其最糟糕的方面，如今又要成为另一场极权主义试验的舞台。巴巴罗萨行动的军事目标是附带性的。 381
真正的目标是要消灭布尔什维克主义及其“犹太集居区”，要为殖民地移民获取领土，要在4个“帝国兵站”（即波罗的海、乌克兰、俄罗斯和高加索）奴役斯拉夫民众，要创立一个独裁的经济体系，能抵抗盎格鲁-撒克逊强国可能强加的任何封锁。[28]

希特勒的终极目标是要创造一个拥有2.5亿人口的德意志民族。他说，他建议把1亿德国人安顿在乌拉尔河以西的大平原上。1941年，他设想，在下一个十年，第一批2000万人会向东迁移。尽管他清楚地看到了殖民化的过程，但他对移民者来自何处却含糊不明。那些有资格和意愿移民的人，即德意志裔人（Volksdeutsche），来自东南欧，人数只有500万，充其量不超过800万。他的同事阿尔弗雷德·罗森伯格想到了一个主意：当战争胜利的时候，“招募”斯堪的纳维亚人、荷兰人和英国移民，这些人在种族上接近于德国人。这次人口大迁移将是人类历史上最令人惊叹、最具决定性的迁移，其某些方面已经被十分详细地决定下来了。实行一夫多妻制，功勋军人可以自由选择女人。在“清除”了斯拉夫人和犹太人之后，克里米亚将被转变成一个巨大的德国温泉疗养地，并冠以它古老的希腊名称——陶里亚，从南蒂罗尔集体迁移过来的农民居住在这里[29]。在乌克兰和欧洲俄罗斯南部的整个辽阔地区计划孕育一种新的民族文明。对此，希特勒是这样描述的：

> 这个地区必须失去亚洲大草原的特征。它必须欧洲化！……“德国农民”将生活在格外美丽的殖民地。德国的机构和政府当局将有令人惊叹的漂亮大楼，总督有漂亮的宫殿。在每座城市的周围，一圈可爱的村庄将被安置在三四十公里的范围之内。……这就是我们如今为什么在克里米亚的南端修建大的交通干道的原因，这些干道一直通到高加索山脉。在这些交通干道的周围，将会安排德国人的城市，就像线串上的珍珠一样，德国人的移居地散落在城市的周围。因为我们不会通过进入古老而荒凉的俄罗斯洞穴来拓展自己的生存空间。德国人的移居地必须在更高的水平上。[30]

当希特勒的构想在1941年那些令人陶醉的日子里有所扩大的时候，它开始包含整个欧洲。比利时、荷兰、卢森堡以及法国索姆河以南的整个地区被整合在“大德意志”之内，城市的名字都改了——南锡将成为Nanzig，贝桑松将成为Bisanz。特隆赫姆将成为一座重要的德国城市和海军基地，有
382 25万居民。阿尔卑斯山脉将成为“北方德意志帝国”（以新建成的“日耳曼尼亚”作为它的首都）与“南方罗马帝国”之间的边界线。教皇将穿着全套的法衣在圣彼得广场被吊死。斯

特拉斯堡大教堂将变成一座巨大的“无名士兵纪念碑”。新的农作物，比如多年生黑麦，将被发明出来。他将禁止吸烟，让素食主义成为强制性的，“复活辛布里亚的针织艺术”，还要任命一个“护狗特别专员”，以及一个“防护蚊蚋和昆虫的助理部长”。[31]

这些“建设性的”建议大多数要等待合适的时机。但是，从1941年6月22日起，消灭的初步工作可以开始了。对犹太人的“最终解决”起初与俄罗斯的殖民计划紧密相连，我们将在下一章研究这个问题。就军事方面而言，1941年有一个决定非常重要，它具体体现在海德里希5月发布的一些命令中，并被一份“元首令”所证实（这份元首令豁免了那些执行命令的部队成员应受的惩罚）。这个决定就是要把共产党官员、犹太人、吉普赛人及“亚洲劣等人”归类到一起，作为立即消灭的目标。1941年6月6日的“行政委员命令”坚持认为，“苏联官员原则上将用枪炮立即处理掉”。巴巴罗萨行动开始之前发布的“指导方针”要求采取“冷酷无情、精力充沛的措施，对付布尔什维克煽动者、游击队员、破坏分子、犹太人，并彻底消灭所有积极和消极的抵抗”[32]。在实践中，特别行动队在德国占领区围捕所有受过教育的人和社会领袖，并开始大批枪杀他们。1941年，大约50万名欧洲俄籍犹太人被枪杀，大概像俄罗斯人一样多。一个名叫奥托·奥伦道夫的特别行动队指挥官在纽伦堡法庭上承认，1941年，仅他的小分队就杀死了9万名男人、女人和儿童。到7月份，作为整体的俄罗斯民族开始理解一个令人恐怖的事实：他们所面对的看来是一场灭绝战。

但最后的结果是，斯大林和他的政权却因此获救。到7月

3 日斯大林终于主动向苏联人民发表讲话的时候，有一点已经很清楚：他可以把这场斗争转变成伟大的卫国战争。他把希特勒跟拿破仑相比较。他要求展开游击战，实施大规模的“焦土”政策。这一呼吁得到了某种回应。自 1918 年以来第一次，宗教实践被普遍允许。在恢复民族身份上，这大概是最大的单一因素。允许一些来自集中营的囚犯组成前线“刑罚队”。鲍里斯·帕斯捷尔纳克后来在《日瓦戈医生》（*Doctor Zhivago*）中给出了一段感人的描写，描述囚犯们如何欢迎这场战争[33]。斯大林甚至陶醉于一点点参与式的“民主”，离开了克里姆林
383 宫他那间穹顶书房（他总是坐在那里，手边是列宁死时的面部模型），并于 11 月 6 日在莫斯科安全的地下室里对苏联人民发表讲话。很典型的是，他对苏联人民说了谎：苏联拥有的“坦克比德国人少好几倍”，而事实上，苏联红军刚开始就有 13000 辆坦克[34]。第二天，他在红场发表讲话，提到了俄罗斯帝国的一些圣徒和勇士：“让我们伟大祖先的英勇形象在这场战争中激励你们——亚历山大·涅夫斯基、德米特里·顿斯科伊、库兹马·米宁、德米特里·波扎尔斯基、亚历山大·苏沃洛夫和米哈伊尔·库图佐夫！”[35]

尽管如此，斯大林政权在 1941 年 11 月还是险些被摧毁。大多数政府部门被撤到伏尔加河畔的古比雪夫。到处都在焚烧不可能带走的文件档案。一旦消息传开，就会出现骚乱。暴徒们冲进食品商店。党的官员撕碎他们的证件，准备藏起来。仅仅因为大家都知道斯大林依然留在莫斯科，才防止了政权的土崩瓦解。[36]

斯大林留下来的理由，跟希特勒把所有权力集中在自己手里的理由恰好是一样的：他不相信将军们，他希望维持个人对

恐怖的控制。关于如何统治国家，恐怖是他所知道的唯一方式。尽管他竭尽全力打爱国牌，但他从未放松过他强加给每个人的恐惧所带来的沉重分量。军队被恐惧和忠诚的镣铐给捆绑在一起。他的得力助手是他从前的秘书麦赫利斯上将，此人如今是军队政治指导处的首领，大清洗期间执行了数以千计的死刑判决。在 1939 ~ 1940 年冬天苏军溃败芬兰期间，斯大林把他派去了那里，他在那里把吃了败仗的指挥官解职、逮捕和枪毙。根据列宁主义的军事法律，当俘虏是一种犯罪。麦赫利斯在 1940 年 3 月安排了一个可怕的场面，当时，数以千计的战俘回到苏联，有一条横幅在列宁格勒迎候他们：“祖国欢迎英雄归来”。他们列队走过，径直走向铁路的侧轨，在那里被赶进装运牲畜的货车，前往集中营[37]。在 1940 年和 1941 年，根据斯大林亲自下达的命令，麦赫利斯和他的助手夏基塔诺政委继续逮捕、监禁和枪杀被挑选出来的军官。西线的集团军司令官巴甫洛夫因为“背叛”而被杀。1941 年 10 月，另有一大批人被枪杀，1942 年 7 月又有一大批，后一次是为了预先阻止一场政变[38]。小鱼小虾则由新成立的、令人闻风丧胆的战场安全部队（Smersh）来处理，他们与前线后面的警察阻挡队合作，以阻止任何撤退。那些确知当过俘虏的人的亲友也有可能遭到长期监禁[39]。面对四面八方的死亡前景，普通的苏联士兵除了战斗到最后，确实也别无选择。

任何一个人，只要他的忠诚受到丝毫的怀疑，即使是理论 384
上的怀疑，他都会被像牲口一样地对待。在一些德国人有可能进军的地区，政治犯被成批屠杀[40]。斯大林大搞防御性的社会工程，其规模仅仅比希特勒的疯狂计划稍逊而已。伏尔加德意志人自治共和国的日耳曼人有 165 万，他们全都被赶进了西伯利亚。紧随其后的是另外几个民族：车臣人、印古什人、卡拉恰伊人、北高加索的巴尔干人、来自里海西北地区的卡尔梅克人、克里米亚鞑靼人、苏联－土耳其边境的梅斯赫特人。其中有些种族灭绝式的犯罪在德国人的威胁过去很久之后被制定成法律。车臣人迟至1944年2月23日才被迁走，装在根据《租借法案》提供的美国货车上被运走。[41]

斯大林的冷酷无情，加上希特勒的愚蠢，确保苏联幸存了下来。然而，作为最高统帅，这两个人古怪地相像，他们都对人员伤亡（不管多么惨烈）毫不在乎，都拒绝访问前线（都是出于安全的原因），都亲自指挥作战。1941年11月30日，斯大林接到报告，莫斯科以西20英里的德多沃－德多夫斯克镇陷落了。他命令朱可夫及另外两名指挥官罗科索夫斯基和戈沃罗夫集合一个步枪连和两辆坦克，要亲自夺回这个小镇[42]。但斯大林增加了一个额外的保密维度，就连疑神疑鬼的希特勒也做不到这一点。1941年7月初，从他恢复勇气的那一刻起，斯大林就静悄悄地积累他自己的秘密军事储备：最高统帅部预备队（Stavka），由他亲自指挥，并对军队指挥官（不管职位多高）隐瞒了它的存在[43]。列宁主义对军队的政治控制体系，连同其双重的指挥链，使得这样做成为可能。因此，在战争的任何时刻，斯大林都有自己的私人军队，由他亲自指挥，要么是为了发动出人意料的进攻并因此保留对战斗的控制权，要么是为了威慑他的将军们，就像希特勒利用党卫军一样。他牢记列宁的名言："邓尼金、高尔察克、弗兰格尔和帝国主义代理人不稳定的后方注定了他们的失败"。斯大林用最高统帅部预备队、党和内务部人民委员会的部队来"稳定"他的后方，还有一个叫作"特森特拉尼总部"的组织控制游击队，由他本人亲自指挥。[44]

在这场个人的生存之战中，斯大林在每个阶段都得到了西方民主国家的很大帮助。可以说，如果说希特勒的政策拯救了苏联政权，那么，丘吉尔和罗斯福则拯救了斯大林本人。当希特勒发起进攻的时候，有一些头脑冷静的人坚决主张，西方对苏联的援助应当基于简单的物质自利，是精心选择的，没有任何道德的或政治的承诺。乔治·凯南在给国务院的备忘录中 385
说，它应当“排除有可能在政治上或意识形态上把我们等同于苏联战争努力的任何东西”。应当把苏联当作“旅行伙伴”而不是“政治伙伴”来对待[45]。这是明智的。在道德层面上，斯大林并不比希特勒更好；在某些方面甚至更坏。这也是一个切合实际的建议，因为它构成了一个框架，协议可以在这个框架之内达成，它没有提出任何这样的假设：西方将和苏联商议战后世界的安排。

英国对苏联没有任何义务。直到德国入侵的那一刻，苏联政权一直竭尽全力协助希特勒的战争筹备，小心翼翼地履行其原材料交付合同。迟至 1941 年 6 月初，英国皇家空军依然在考虑轰炸巴库油田[46]。但在这个时候，丘吉尔对战争的长期前景以及德军成功挺进中东的可能性近乎绝望。当希特勒转向苏联的时候，他大大地松了一口气，以至于以一种非理性的方式做出了反应。这是一个机会，可以把盎格鲁－撒克逊的工业力量与苏联的人力资源结合起来，跟德军血战到底。这种冲动与第一次世界大战中促成其加里波利计划的那种冲动完全是一样的，它的成功（他依然相信会成功）将会改变世界历史的整个进程。德军入侵苏联的那天夜里，丘吉尔没有和他的战时内阁商议，便把英国交付给与苏联之间的一种完全的工作伙伴关系。艾登甚至更加热心，这是受他的秘书奥利弗·哈维的影响，此人是一个亲苏联的剑桥知识分子，他把古拉格群岛视为苏联现代化所必须付出的代价[47]。为了发起新的同盟，丘吉尔选择了他的朋友比弗布鲁克勋爵作为自己的特使。他把英国大使馆专家的请求搁置一旁，这些专家持有与凯南一样的观点，希望态度强硬地讨价还价，“针对关于苏联生产和资源的详细情报来交易供应品”。比弗布鲁克制定的政策是“毫不怀疑地清楚表明英国和美国的意图：尽它们最大的力量满足苏联的需要，不管苏联给不给任何东西。那将是一场圣诞树派对。”[48]

援助无条件地给出了，被直接交给了斯大林的个人独裁政权。没有一个人问过他如何对待这些援助。苏联人民从未得到关于这些援助的官方报告。就这样，英国和美国提供了斯大林借以强化个人权力的手段，而他则拿士兵的生命这种特殊的现金来偿还。丘吉尔和罗斯福都对这一安排感到满意。斯大林的
386 天赋当中包括一种持久的能力，就是摆出一副温和派的样子。在 1921～1929 年，这种能力帮了他的大忙，当时，他正一步一步向人迹罕至的权力高地攀登。当时，他始终是个温和派，轮流对付左右两翼的“极端分子”。如今，他摆出一副温和派的姿态。丘吉尔和艾登，罗斯福和他的驻苏联大使埃夫里尔·哈里曼，全都同意这样一个观点：斯大林是个中间派政治家，费了很大的劲才约束住了他那些粗暴而狂热的追随者。斯大林则用一些不经意的模糊暗示来培养这一幻想（说来也怪，过去使用同样花招的希特勒也骗了不少人；墨索里尼也是如此）。[49]因此，斯大林和他的独裁统治成了民主国家援助的唯一受益者。

西方援助对苏联的生存究竟多么重要，这一点直到学者们

能够查阅苏联档案之后才得到确定，而且必须等到这一体制的寿终正寝。在小心控制的条件下，斯大林极其详细地了解到了德军在东线的部署和计划，这些材料是通过“恩尼格玛/奥尔特拉”情报系统获得的[50]。这和1942年之后的战役有着重要的直接关系，并使得斯大林在1943～1944年的几次辉煌胜利成为可能，人们一直把这些胜利归功于他。然而，更加重要的是入侵苏联的第一年秋天火速运往阿尔汉格尔斯克和摩尔曼斯克的军事供应品，这些供应品使得斯大林12月6日的反攻成为可能，并在第一个绝望的冬天让天平出现了倾斜。它们包括200架现代战斗机，起初打算用于英国在新加坡的很容易受到攻击的基地，那里几乎没有现代战斗机。这些飞机（外加坦克）的转移给苏联注定了新加坡在劫难逃的厄运[51]。就这样，通过历史上最大的讽刺之一，丘吉尔，英国最后一个重要的帝国主义者，可能为了保全一个极权主义的帝国，而牺牲了一个自由主义的帝国。

苏联反攻在1941年12月6日的开始标志着希特勒已经失去了对战争的控制。自1936年进军莱茵兰以来，他就控制了世界政治，始终把主动权掌握在自己手里。如今，突然之间，他成了事件的奴仆，而不是事件的主人。他大概在潜意识里承认了这一严峻的事实——或者毋宁说是隐瞒了这个事实——5天后，他做出了一个愚蠢得令人难以置信的决定。

希特勒整个事业生涯中一个主要的不解之谜是他没有跟日本人协调自己的战争计划。自1936年11月25日的《反共产国际协定》以来，这两个国家就是盟友。作为有扩张目标的“贫穷”强国，它们有很多共同之处，包括高强度的短期军事能力，以及几乎无法克服的长期后勤弱点（既没有石油，也

387 没有获得石油的渠道）。对任何一方来说，要想成功就必须一起行动。然而，它们都没有这样做。希特勒在1939年8月跟斯大林签订条约时只提前两天告知日本，尽管这一条约使得反共产国际担保变得毫无意义[52]。当希特勒决定在1941年把政策逆转过来的时候，他让日本人看上去简直是更大的傻瓜。他知道，日本的统治精英被分为两派，一派坚持攻击苏联的“北方”战略，一派坚持对付古老帝国的“南方”战略。日本在1940年9月27日签署了《轴心条约》。如果希特勒在1941年首先穿越中东对抗英国，那么，日本的“南方”战略就对他有利。如果，正如他最后决定的那样，他首先对抗苏联，那么，劝说日本人进攻北方就符合他的利益。1941年4月初，强烈亲轴心国的日本外相松冈洋右身在柏林。希特勒对他闭口不谈自己进攻苏联的计划。松冈洋右去了莫斯科，并在4月13日与斯大林签署了一份中立条约，因此为“南方”战略扫清了道路。当希特勒8周后入侵苏联的时候，松冈洋右天真地对他的同僚们承认：“我之所以缔结中立条约，是因为我认为德国和苏联不会开战。如果我知道他们会开战……我就不会缔结《中立条约》了。”[53]从此以后，日本迈向了“南方”战略，到10月份，斯大林的间谍佐尔格告诉他，把东线的大约20个师调到西线是安全的，他们及时赶到了那里，参加12月的反攻。

尽管这样，希特勒还是为日本攻击美国扫清了道路，11月21日，他让里宾特洛甫给日本一项保证：在对美国的战争中，德国将和日本联手，即使根据《轴心条约》它不需要这样做[54]。从希特勒的观点看，日本在12月8日凌晨两点对英国和美国发动突然袭击选择了最糟糕的时机，因为它刚好出现在斯大林反攻的不祥消息传来两天之后。然而，12 月 11 日，希特勒对美国宣战。里宾特洛甫召见美国代办利兰·莫里斯，让他一直站着，怒气冲冲地高谈阔论，最后尖声大叫："你们的总统想要这场战争，现在他得到了！"然后脚步沉重地走出了房间。[55]

事实上，假如不是希特勒采取主动的话，罗斯福最不可能说服国会对德国开战，更不用说优先考虑打败德国了。1941 年 6 月 22 日，希特勒冒了一个并不成功的大险，从此以后，他能够寄予希望的最好的战争结果是打个平手。但在 1941 年 12 月 11 日，他做出了一个决定，使他的失败无可挽回。他获得的唯一短期优势是有机会赶在美国组织起来迎接战斗之前发起潜艇攻势。他对里宾特洛甫说，战争的"主要理由是，美 388
国已经朝我们的船只开火"[56]。但是，希特勒没能创造出他的海军将领们在 1939 年要求的 100 艘远洋潜艇舰队，从而让他这一先发制人的打击效果大为减弱；1941 年 12 月只有 60 艘潜艇可用，其余的直到 1942 年底才准备就绪，到那个时候，盟军的反攻使得德国在大西洋的胜利变得不可能。在其他每一个方面，这场与美国之间的战争都是德国的绝对劣势，短期方面如此，长期方面更是如此。希特勒的姿态不过是一种虚张声势。他告诉里宾特洛甫："我们始终会首先出击。我们始终会给予第一击。"这是一次努力，试图说服德国，说服世界，大概还有说服自己，使大家相信：他，欧洲首屈一指的政治家，依然能够控制全球事件。结果适得其反，预示了欧洲统治的终结，引入了欧洲之外超级强国的时代。

日本的参战同样短视。但背景更为复杂。它包括可以称之为理性歇斯底里的成分。正如美国驻日本大使约瑟夫·格鲁所言：“全民的绝望心理发展成了甘冒一切风险的决心。”[57]日本人不安地意识到，他们在战争中缺乏耐力，1904～1905年的日俄战争生动说明了这一点，那场战争以日本人的辉煌胜利开始，后来发展成了一场消耗战，实际上，是列强的干涉挽救了日本。与中国的战争开始于1937年，被证明有类似的错觉。到1940年，日本占领了中国所有的大城市，夺取了其经济的现代部门，并控制了其所有的主要铁路、公路和江河交通，然而，战争却陷入了僵局：中国是不可征服的，日本的经济困境却依然在那里——实际上，还由于在中国的战争投入而恶化了。不是日本吞掉了中国（像一些急躁的军队人士所预言的那样），而是深陷无助泥潭的中国吞没了日本。法国、英国和荷兰在东南亚和印度的那些几乎不设防的殖民帝国、美国的菲律宾，以及浩瀚的太平洋，提供类似的诱惑和危险。这一点甚至没有逃过裕仁天皇那有限的智力。1941年9月5日，当两位参谋长杉山元将军和永野修身海军大将告诉他，“南方战略”可以在一场90天的闪电征服战中完成，他答道：杉山元曾对中日战争说过一样的话，可如今过去了3年，战争还没完成。杉山元说：“中国是个大陆。‘南方’主要由岛屿组成。”
389 天皇说：“如果说中国内陆很大，太平洋难道不更大？你如何能肯定战争会在3个月之内结束呢？”[58]

这个问题没有答案。正如永野修身大将所写的那样：“如果有人叫我战斗，而不管后果如何，我将疯狂战斗6个月或1年，但在第二年和第三年，我就完全没有信心。”[59]最能干的海军指挥官山本五十六大将说，日本别指望打赢一场对英国和美国的战争，不管它最初的胜利多么辉煌。后勤专家岩畔豪雄大佐对一次有军方和政府高层首脑出席的定期“联络会议”

说，美国和日本生产的差距如下：钢 20 比 1，石油 100 比 1，煤 10 比 1，飞机 5 比 1，船舶 2 比 1，劳动力 5 比 1，总体 10 比 1。然而，提出这样的观点，即使是在特许保密的联络会议上，也要冒被暗杀或撤职的风险。这与相对论的“荣誉”法则背道而驰，如今，这一法则在日本公共生活中是占主导地位的推动力。在山本五十六表达了自己的看法之后，他不得不交出了海军指挥权，以逃避杀手的追踪。岩畔豪雄大佐立即被派去了柬埔寨。格鲁大使报告（1940 年 10 月 22 日），有人直言不讳地告诉裕仁天皇，如果他反对战争政策，就会被人暗杀。[60]

结果是把一些轻率鲁莽、情绪不稳定的人推上了台，比如松冈洋右。此人曾是满洲铁路的首脑，在军队 - 企业网络中显赫一时，正是这个网络挑起了中日战争，并从中获益。他实际上是所谓“军工复合体”的化身，这个概念后来在很大程度上成了一个神话。正是他，给了“南方战略”以某种政治的和经济的理由，并发明了“大东亚共荣圈”这个名词[61]。他集中体现了日本的精神分裂症，新、旧之间和东、西之间的水火不容，结合了天主教和神道教，掺杂了商业技巧和绝对的野蛮主义。签署《日俄协定》之后，斯大林（十分典型地）拉着他满屋子到处转，并说：“在这里，我们都是亚洲人——全都是亚洲人！”对此，他极为恼火。希特勒猜疑地告诉墨索里尼，松冈洋右虽说是个基督徒，却“祭祀异教徒的神”，并结合了“美国《圣经》传教士的伪善和日本亚洲人的狡猾”。多亏了破译日本密码的“魔术行动”，罗斯福读到了松冈洋右的一些电报，他认为这些电报是“一个头脑被深深扰乱的人的产物”。松冈洋右的同僚们持同样的观点。在一次联络会议之后，海军大臣问："外相是不是疯了？"[62]

390 然而，在日本占主导地位的英雄无政府主义的氛围中，疯狂几乎没有人注意到。一旦着手中国战役，日本在道义上就和世界上的其余地区隔离开了。希特勒对法国的毁灭使天平出现了倾斜，增加了诱惑的分量。正如英国驻日本大使罗伯特·克雷吉爵士所言："除非在掠夺中积极合作，否则的话，日本人怎么能指望希特勒跟他们分赃呢？"[63]这就是日本跟德国和意大利缔结《三国同盟条约》的背景，松冈洋右在 1940 年 9 月签署了这份条约。日本决定政策的方式阻止了明智理性的讨论。民主在 1938 年就被扼杀了。党派政治在 1940 年就被废除，取而代之的是"大政翼赞会"[64]。在一些重要问题上，内阁不再发挥作用。决定应该在联络会议上做出，出席会议的有天皇、首相、外相、两位军方大臣（有时候还包括参谋长）和两位宫廷大臣。但军方不会信任政治家——各自通过使馆随员经营着自己的外交网络——他们之间也互相不信任。

从 1940 年起担任陆军大臣的东条英机对海军隐瞒了他的计划，他认为海军胆小怯懦，不可靠。他试图自行其是，通过叠加多重职务让自己保持信息灵通。因此，他在 1941 年 7 月成了内务大臣兼外相（当时，松冈洋右因为纳粹入侵苏联而被革职），最终在 10 月 18 日成为首相。即便如此，他对海军的珍珠港计划还是一无所知，直至计划实施的 8 天之前。事实上，任何一个人，如果不采取傲慢自大的姿态，都不可能维护有效的中央控制，而这样的姿态会立即招致暗杀。有意思的是，"南方战略"的玩火者东条英机（人称"剃刀"）一旦作为首相接管了权力，就变得不那么好战了，并指责珍珠港计划"完全是不能允许的，违反了公认的程序……对国家的荣誉和声望是有害的”[65]。然而，战争和计划还是向前推进了。

联络会议妨害了诚实。神一般的天皇端坐在两个香炉之间，香炉摆放在金屏风前面的一个台子上，两张覆盖着锦缎的桌子与他的位置成直角摆放，作为凡人的大臣们端坐桌旁[66]。必须使用一种专门的古老的宫廷语言。天皇可以敲他的金印，以此表示同意。他通常不说话；或者，即使他说话，记录他的话也是违背礼仪的，因此，记录付诸阙如。有一次（1941 年 9 月 6 日），天皇宣读了他祖父写的一首隐喻性的诗歌，以此发出警告。不允许他问问题或发表意见：这事由会议主席代劳，所依据的是他认为天皇打算说什么[67]。真正的决定（如果有 391
什么决定的话）常常是在双方讨论的窃窃私语中做出的，要么，每个人都只是按照他们自己认为最好的方式让会议继续下去。

1940 年 9 月 19 日的联络会议批准了与纳粹的结盟，这次会议显示了这一体制最糟糕的方面。后来，裕仁天皇称之为“真实的时刻”，并说，他没能打破礼仪、发出反对的声音是“一种道德犯罪”。反复无常的松冈洋右甚至在珍珠港事件之前就抱持这个观点，他曾走到天皇面前，“承认我最严重的错误”，警告“灾难”即将来临，泪如泉涌[68]。所有人都发现这一体制让人无法忍受，它激起了一种冲动，让人想用疯狂的行动来逃避困境——这对缺乏耐心的日本人总是很有吸引力。东条英机曾经在沮丧中骑马绕东京集市兜圈子，渔民们向他抱怨没有汽油，无法驾船出海，他的答复是大声喊道：“努力工作，努力工作！”他曾告诉一位同僚：“有时候我们要有勇气去做一些非同寻常的事情，比如闭着眼睛从清水寺的阳台上跳下去！”[69]

事实上，闭着眼睛从寺庙的阳台上跳下去恰好就是日本开战决定的生动写照。决策会议的记录透露出 4 件事情：所有日本领导人都相信，日本必须获得进入东南亚的通道及其原材料的使用权才能生存下去；日本已经被美国和英国给逼到了墙角；人们普遍愿意冒险，这样一来，纯粹的威慑就发挥不了作用；相应地，人们都不愿意讨论失败的后果。当德国敲掉法国的时候，日本人要求得到印度支那的飞机场，并且得到了，这激起了美国的第一轮经济制裁。在这一阶段，只有军队明确渴望战争。1941 年，印度支那被占领，7 月 28 日，美国动用了全面制裁，包括石油。这实际上使问题到了非解决不可的地步。从此以后，日本的石油储备每天减少 2.8 万吨，它补充石油储备的唯一前景是夺取荷属东印度群岛。海军坚持认为，要么谈判解决，要么战争，二者必选其一。正如永野修身所言："海军每小时消耗 400 吨油……我们希望迅速做出决定，采取一种方式或另一种方式。"[70]

美国能不能成功地"安抚"日本？它愿不愿意这样做？军方首脑马歇尔将军和斯塔克海军上将无疑这样做了，因为他们认为，消灭德国的有生力量必须是优先考虑的，他们希望有时间来加强菲律宾和马来亚的防御。不像日本，军人把平民推向战争，美国军方试图对罗斯福政府发挥约束的作用[71]。罗斯福本人强烈亲华。可以说他是"中国游说团"的创始成员，
392 到 1940 年，这个团体已经大张旗鼓地存在了，并且包括他的两位心腹密友：哈里·霍普金斯和亨利·摩根索。长期以来，他一直相信存在一份秘密的（实际上是想象出来的）百年"征服计划"，据说是日本人在 1889 年起草的[72]。罗斯福不愿意在欧洲战区采取行动，而相比之下，他在亚洲始终有好战的

想法，早在 1937 年 12 月就建议英国全面封锁日本。正如他所知道的那样，对日本的敌意在美国一直深得人心。他认为与日本之间的战争不可避免，与那些高级将领不同，他看出了投入这场战争的好处。罗斯福一直亲苏，一旦苏联参战，他的好战心理便急剧增长。德国入侵苏联的第二天，他的亲密同事、内务部长哈罗德·伊克斯写信给他说：

> 对日本实施石油禁运是一项在全国各地都深受欢迎的举措，就像你能够做到的那样。从对日石油禁运中可能会发展出这样一种形势，它使得我们不仅有可能而且很容易以一种有效的方式投入这场战争。如果我们就这样间接地被卷入进来，我们就会避免人们批评我们是作为共产主义苏联的盟友而主动卷入。[73]

“魔术行动”的电报拦截使得罗斯福在他的战争政策上更加坚定，因为这些电报清楚地表明，在石油禁运之后的漫长谈判中（这场谈判一直持续到了日本进攻美国），日本在谋划侵略的同时系统化地实施了欺骗。但拦截的电报并没有讲出故事的全部。如果罗斯福和科德尔·赫尔拥有联络会议的副本的话，他们就会理解潜藏在日本政策背后的困惑和令人烦恼的怀疑。11 月 1 日的联络会议做出了开战（同时继续谈判）的最终决定，在这次会议上，战略讨论的水平并不高：

> 大藏大臣贺屋兴宣：如果我们像现在这样维持下去而不打仗，3 年后假如美国舰队来攻击我们，海军还有没有机会赢得这场战争呢？（这个问题被问了好几遍）

> 海军参谋长永野修身：没人知道。
>
> 贺屋兴宣：美国舰队会不会来攻击我们?
>
> 永野修身：我不知道。
>
> 贺屋兴宣：我不认为他们会来。
>
> 永野修身：我们可以现在避免战争，而在 3 年后开战。要么，我们可以现在开战，并计划 3 年后的形势如何。我想，现在开战更容易。[74]

在战争的最初阶段，海军和陆军都十分清楚他们打算做什么，这一阶段将持续 3 ~ 6 个月。从此以后，计划及实施计划
393 的手段都变得越来越模糊。例如，海军和陆军都独立计算了钢铁供应的需求，而各自的需求只有当对方的需求削减到不可能把战争继续打下去的程度时才有意义[75]。在最初的行动完成之后，有一个理论上的意图，打算向印度和澳大利亚进军。但根本没有关于入侵美国、把它踢出战争，或者摧毁它发动战争的能力的计划。简言之，根本没有打赢战争的战略计划。相反，倒是有一个乐观的假设：在某个阶段，美国（和英国）愿意商谈一份妥协的和平条约。

即使是在战术层面上，日本的战争计划也有一个大漏洞。海军几乎完全忽视了潜艇战，无论是防御还是进攻。陆军的“南方战略”是建立在这样一个事实的基础之上：它的资源要分布于占领数百万平方英里的海洋上的数千个岛屿上，所有资源要由海路供应。对潜艇的轻视意味着海军没有手段确保这些供应；或者反过来说，也没有办法阻止盟军运送他们自己的供应品。最后一个遗漏意味着从长远来看，日本不可能阻止美国发展出打赢战争的战略。考虑到美国巨大的工业优势，它没有

动机寻求一份妥协的和平条约，不管日本人最初的胜利多么辉煌。因此在逻辑上，日本的开战决定变得毫无意义。那是切腹自杀。

此外，日本进攻的形势可能旨在制造美国的不妥协。在1937年之后的所有评估中，罗斯福和他的顾问们始终想当然地认为，日本的猛烈进攻将会落在英国与荷兰的海外领地。有一点倒是真的，菲律宾也可能有危险。但进攻珍珠港的想法似乎从未被考虑过。格鲁大使曾经报告（1941年1月27日）："城里有很多人谈论这样一个结果：万一与美国关系破裂，日本人计划全力以赴突袭珍珠港。"但没有任何人注意[76]。然而，这个想法自1921年以来就不断有人提起，当时，《每日电讯报》海军记者赫克托·拜沃特写了一本书《太平洋的海上力量》（*Sea Power in the Pacific*），后来扩充为一部长篇小说《太平洋大战》（*The Great Pacific War*，1925）。日本海军翻译了这两本书，并把那部小说列入了其海军军事学院的课程中[77]。这个观念一直在那里沉睡，直到山本五十六对舰载飞机训练的改进留下了如此深刻的印象，以至于他坚决认为，这个想法是可行的。与此同时，狂热的参谋官辻政信大佐发展出了陆军在热带地区连续登陆的观念，此人内心装满了神道教，以至于他曾试图用甘油炸药炸死首相，并出于绝对的道德愤慨，实际上烧毁了一家妓院，那里面有很多军官在寻欢作乐。他的一些想法（入侵马来亚、菲律宾、荷属东印度群岛及其 394
他目标）都需要在登陆期间消灭美国的太平洋舰队。反过来，这赋予了珍珠港计划以某种战略优点：美国舰队将在抛锚停泊的时候被摧毁，而在重建舰队的同时，日本可以放手染指整个东南亚的所有地方。珍珠港计划意味着让一直庞大的航母舰队神不知鬼不觉地在海上航行数千英里，这本身是历史上同类计划中最大胆、最复杂的，它涉及创建一个专门的情报网，发明海上加油的新手段，设计新的鱼雷和穿甲弹，以及制定强度和复杂度前所未闻的训练计划。1941 年 9 月 2 日在东京附近海军学院举行的最后的海军计划会议，有点像海军历史上的一个奇观，因为它包括了横跨几百万平方英里的袭击和登陆，涉及日本打算发动的这场战争的整个进攻阶段。

然而，所有这些足智多谋都毫无用处。远东战争在 12 月 7 日凌晨 1 点 15 分开始，首先是从海上轰炸马来亚登陆区，接下来，两个小时后攻击珍珠港。珍珠港突袭完全实现了战术偷袭。除了 29 架飞机之外，其余飞机全都回到了各自的航空母舰上，舰队安全返航。但是，尽管当时看上去蔚为壮观，而结果却意义不大。美国大约 18 艘战舰被击沉或重创，但大多数是在浅水区。它们被打捞上来，修理之后几乎全都回到了原来的岗位上，及时参加了重大的作战行动；受过训练的人员的损失相对较小。幸运的是，袭击时美国的航空母舰都出海了，日本舰队指挥官南云忠一的燃料太少，没有办法去搜寻并击沉它们，就这样，它们逃过了一劫。日本轰炸机既没能摧毁海军的油罐，也没能摧毁潜艇船坞，因此，潜艇和航空母舰——如今是海军战中的关键武器——都能够加油并立即运转起来。

在正式宣战之前便背信弃义地袭击一个像美国这样庞大的、有强烈道德热情的国家，要冒巨大的政治风险，而上面说的这一切，便是这场冒险微不足道的军事回报。这或许不是日本的本意（这一点至今尚存争议），因为他们的安排很典型，混合了激动人心的效率和无法解释的混乱。但这就是结果。等到两位日本特使在凌晨 2 点 20 分把电文交给赫尔国务卿的时候，他对珍珠港偷袭和最后通牒的事情已经知道得一清二楚了，并背诵了他简短的历史裁决（他曾是田纳西州的一名法官）：“在我 50 年公共服务的生涯中，我从未见过哪份文件比这份文件更多地充斥着无耻的谎言和歪曲，其规模如此之大，以至于在今天之前我从未想象过地球上有哪个政府能够说出这样的话。”接下来，他对两位正动身离去的外交官说：“无赖 395
和胆小鬼！”[78]在此之前，美国由于它的相距遥远，它的种族多样性，以及它优柔寡断的领导层而无所作为，而此时此刻，它发现自己立即团结起来了，满腔怒火，要用它被激发起来的全部力量发动一场总攻。接下来那一周，希特勒轻率鲁莽的宣战把这种巨大的愤怒全部吸引了过来，发泄到他自己国家的身上。

在 1941 年 11 月 5 日的联络会议上，陆军参谋长杉山元将军说，在日本计划发起的一连串进攻行动当中，“菲律宾的行动要 50 天完成，马来亚要 100 天，荷属东印度群岛要 50 天……整个行动将在开战之后的 5 个月内完成……如果我们能够把一些像香港、马尼拉和新加坡这样重要的基地，以及一些像荷属东印度群岛这样重要的地区，全都置于我们的控制之下，那么，我们就能继续进行一场旷日持久的战争。”[79]这些引人注目、野心勃勃的计划全都实现了，然而，最终结果对于日本打赢这场战争（哪怕是逼成和局）的能力并没有多大意义，这在很大程度上暴露出了日本整个战争计划根本性的不靠谱。有意思的是，在这次联络会议上，甚至都没有展示最终目标印度和澳大利亚的地图；没有做任何事情来培训技术人员，以便有效地利用苏门答腊的油田。

1942 年 2 月 15 日，新加坡投降；荷属东印度群岛是 3 月

8 日；菲律宾 4 月 9 日；科雷希多岛 5 月 6 日；一周后，日本人占领缅甸北部的曼德勒。这些惊人胜利的硬件净成本是 100 架飞机、几艘驱逐舰和仅仅 25000 个吨位的珍贵船舶。但胜利伴随着大量的幸运。1941 年 12 月 10 日的空袭摧毁了“威尔士亲王”号和“反击”号巡洋舰，这两艘战舰连同几乎所有经验丰富的船员都沉入了深海，这是一场比珍珠港偷袭更大的海军胜利，尤其是因为它严重挫伤了新加坡和马来亚驻守部队的士气。有一些大的要塞，它们的缺陷是两次世界大战之间国防上节约、拖延和痴心妄想的纪念碑，如果珀西瓦尔将军（英军指挥官）和戈登·贝内特将军（他指挥澳大利亚人）表现得更有战斗精神的话，这些要塞原本可以幸存下来。指挥日本进攻部队的山下奉文将军战后承认，他的战略是“虚张声势，一种发挥了作用的虚张声势”。他像珀西瓦尔一样缺乏淡水、汽油和弹药，而后者则把这些视为投降的理由。日本没有一门大炮剩下的炮弹超过 100 发。日本
396 人相信，假如驻守部队再坚持一个礼拜，他们的战斗必败无疑。丘吉尔直言不讳地指示战区司令官韦维尔元帅：“整个岛必须战斗到底，直至每一个小分队、每一个要塞被一个个地摧毁。最后，新加坡城必须变成了一个堡垒，死守到底。”但韦维尔是个性情忧郁的失败主义者，他并没有把这些决心传达给缺乏热情的珀西瓦尔[80]。主力部队在菲律宾的投降也是一种胆小怯懦的行为，违背了总司令的指示。日本人的险胜表明，即使在这样一个早期阶段，他们也正在被推向其物质资源的极限。

纳粹－日本全球战略的观念在这年初夏消失不见了。1942 年 1 月 18 日，德国人和日本人签署了一份军事协定，以东经

70 度线界定它们各自的行动范围。有一些含糊不清的谈话，说到在印度结合起来[81]。但希特勒的部队直到 7 月底才到达亚洲的领土。到那时，被挡在印度门外的日本人已经离开，进入了相反的方向，6 月初，在通往阿拉斯加半路上的阿留申群岛展开行动——他们的征服所到达的最远的极限。他们已经遭受了两次灾难性的失败。5 月 7 ~ 8 日，日本人的一支入侵部队奔赴新几内亚的莫尔兹比港，在珊瑚海遭到美国舰载飞机的远程阻击，受到重创，不得不打道回府——5 个月不间断胜利之后的第一次重大逆转。6 月 3 日，另一支入侵部队奔赴中途岛，结果上了当，被打败了，损失了 4 艘航空母舰和日本海军航空部队的精华。他们被迫返回日本海域的事实表明，日本实际上已经失去了对太平洋的海空控制[82]。参战 6 个月后，山本五十六觉得有必要恢复其参谋团队的信心："联合舰队中依然有 8 艘航空母舰。我们不该丧失勇气。打仗就像下棋，只有傻瓜才听任自己由于绝望而胡乱走棋。"[83]然而，整个这场战争，以及希特勒的坚持加入，都是绝望的胡乱走棋。上一年，希特勒似乎控制了欧洲的棋局，就像日本控制了东亚的棋局一样。然而，一旦在共同的全球掠夺中联合起来，它们的地位便迅速沦为两个中等强国，拼命地抽打对手那经济和人口都稳步增长的力量。到 1941 年底，这种不平衡就已经很明显了。1942 年 1 月 3 日，希特勒对日本大使大岛浩将军承认，他还不知道"如何打败美国"[84]。在这一点上，他们倒是英雄所见
略同：日本人也不知道。1945 年，约德尔将军声称，"自 1942 397
年初开始"，希特勒就知道"胜利已经遥不可及"[85]。他当时并不理解（但在 1942 年便痛苦地认识到了），他和他的两位盟友所面对的那个巨大联盟有决定性的优势，不仅在人力和物

力上如此，而且在科学技术上也是这样。比方说，中途岛战役的真正意义在于：这一战主要是通过盟军成功地破译密码而打赢的。在发动战争时，德国人和日本人把世界推过了分水岭，进入了一个新时代，在他们或者任何人的控制力之外，充满了奇迹和无法言表的恐惧。

12. 超级大国与种族灭绝

1943年4月初，美国人决心干掉日本海军的灵魂人物山 398
本五十六。他们觉得，他们的事业拥有压倒性的道德优势，这让他们有权利这样做。碰巧，山本五十六从来都不相信日本能够打赢这场战争，除非有上帝的神奇介入。就在偷袭珍珠港之前，他告诉自己的参谋长：“剩下的唯一问题是老天爷的保佑。如果我们有老天爷保佑，胜利就不成问题。”但是，所有战争领导人都成了暗杀目标。那就是为什么希特勒和斯大林从不离开其工作总部的原因。丘吉尔冒险最多。在1941年12月的华盛顿阿卡迪亚会议之后，丘吉尔在无人护航的情况下乘坐波音水上飞机回国，先是在布雷斯特差点中了德国的防空炮火，然后险些被前来拦截的英国飓风战机给击落。他承认：“我干了一件鲁莽事。”就在同一个月，美国人密谋刺杀山本五十六，德国人从里斯本摧毁了一架英国飞机，他们相信丘吉尔在飞机上：事实上他们杀死了电影演员莱斯利·霍华德[1]。这两件事的差别在于，在盟国这边，道德被技术优势所增强。德国人不认识丘吉尔的飞机，而美国的密码破译者提前研究了山本五十六的一举一动。

1940年，美国人破译了日本的外交密电。可日本电报部门的首脑龟山一辉却宣称，破译密码这样的技艺“非人力所能及”，日本继续低估盟军在破译密码上的技术能力[2]。当山本五十六在1943年4月13日开始去所罗门岛视察防务时候，他的飞行时间表通过无线电传送，通信部门声称：“密码在4

月 1 日刚刚生效，不可能被破译。”事实上，到第二天早晨黎明时分，美国人就破译出来了。击落山本五十六的飞机是罗斯福亲自批准的。事情办完之后，给战区司令官哈尔西发去了一个暗号：“Pop goes the weasel”（砰！黄鼠狼走了。译者注：这是一首著名英文儿歌的标题）。他有些懊恼：“这有什么好
399 处呢？我倒是希望用链子牵着那个恶棍在宾夕法尼亚大道走上一圈。”[3]

英国和美国使用先进技术来照亮全球战争的技能，是德国人和日本人为什么自 1942 年起就使出全部勇气和活力打一场不同步战争的原因之一。就像青铜时代的武士面对铁器时代的军队一样，他们看上去越来越像稍早时代的幸存者。半个世纪以来，英国人一直是首屈一指的密码破译者。1917 年初，正是怀特霍尔街上老海军部大楼里那个“40 号房间”，破译了德国外交部长阿瑟·齐默尔曼发给墨西哥总统的一封电报，提议德国帮助墨西哥重新夺回得克萨斯。大肆宣扬之后，这一行动帮助把美国拉入了战争[4]。英国情报部门自 16 世纪以来有一段连续不断的历史，在两次世界大战之间，它是国防中一个没有被忽视的方面。德国人在这一领域也很活跃，不过范围有限。他们拦截并破译了英美之间的跨大西洋电话往还，有时候听到了罗斯福和丘吉尔在交谈，不过谈话十分小心，听不出什么名堂。他们破译了苏联的一些密码以及美国驻开罗大使馆军事武官的密码，隆美尔很好地利用了这些成果。但密码在 1942 年改变了，从此以后不可能被破译[5]。对于英国的海军密码，德国人也不可能重复战时早期的成功。从 1942 年中期起，英美之间的通信还算比较安全。

对德国人来说，事情就不同了。1926 年，德国陆军采用

了恩尼格玛密码机，两年后海军跟着也采用了。军方的这两个部门依然相信这一编码系统不可破译的优点。事实上，波兰的情报部门改造了恩尼格玛密码机，1939 年 7 月，他们分别给了英国和法国一台[6]。这成了这场战争中最成功的情报行动的基础。破译工作在白金汉郡的布莱奇利公园进行。所谓“奥尔特拉”行动直至 1974 年依然是个秘密，有些方面甚至在 1980 年代还被隐瞒，因为它们关系到破译苏联密码的行动[7]。奥尔特拉行动拦截的很多信息至今尚未被公布，充分评估其对战争进程的影响或许是不可能的[8]。但早在 1940 年，奥尔特拉行动就扮演过一个角色，帮助打赢了不列颠空战。更重要的是，1943 年 3 月，布莱奇利公园破译了德国的“海神”密码，从而确保了大西洋战役的胜利，因为德国潜艇继续频繁地发信号，确信他们的通信是安全的，破译这套密码还使得盟军能够摧毁德国人的供应船。结果，大西洋战役的胜利在 1943 年很 400
快到来了，这很重要，因为潜艇多半是希特勒最危险的武器[9]。奥尔特拉系统还被很好地用来给轴心国提供假情报，这成了盟军战争努力的一个主要特征，并且非常成功，比方说，正是假情报使得德国人相信：1944 年的 D 日诺曼底登陆是一次佯攻。[10]

知道如何破译密码只是工作在电子技术前沿的一次规模巨大、日益复杂的行动的核心。正是英国邮政研究所在建造“巨人”计算机（世界上第一台电子计算机）上所取得的成功，导致了分析过程的加速，这个过程对于有效使用密码破译来说必不可少。从 1942 年初起，英美之间技术和情报的联姻导致了太平洋战争的提早突破。1942 年 6 月的中途岛战役是一次情报工作的胜利。从此以后，盟军几乎自始至终都知道日本所有大型军舰的位置。大概更重要的是，他们因此能够对日本的供应船发起特别成功的潜艇攻势，从而把日本在战争最初5个月里获得的海岛帝国（在其范围最大的时候占到了地球表面的10%）变成了一个不堪一击的累赘，变成了日本海军和商船及其最优秀陆军部队的葬身之地：仅密码破译工作就把日本的船只损失提高了三分之一。[11]

但是，情报工作不管多么完备，都不可能打赢战争。早在1940年的挪威战役中，恩尼格玛就把德国的作战命令给了英国；但这一仗还是输掉了，因为资源不可用，而且没有到位。凡是军事力量一边倒的地方，情报工作很少让天平倾斜过来[12]。但是，如果压倒性的情报优势结合了数量优势，这样的结合就是毁灭性的。纳粹党和日本人所经营的都是短缺经济。日本人别无选择。他们尽管具有惊人的创造力，但也没办法提高他们的总产值，到1943年初，仅仅比1940年的水平增长了2%（而在同一时期，美国的生产增长了36%）[13]。德国人有更强大、更全面的经济，但希特勒被生产过剩的代价和风险所困扰，被进口替代品的需求所困扰。结果，德国的研究工作专门致力于代用材料，而不是加速大规模生产，经济受到了抑制。1941年底，希特勒的生产主管弗里兹·托特强烈抗议过早地把生产从苏联战区转到西欧战区，以及没能削减民用经济。1942年2月2日，托特死于一场神秘的空难，他的死或许并不是意外[14]。约德尔声称，对德国来说，“实际上的重整军备不得不在战争开始之后进行”。1939年9月1日，德国只
401 有3906架各种类型的军用飞机和海军飞机。1940年只生产了10392架，1941年12392架，1942年15497架。直到1943～1944年（此时为时已晚），战时经济才扩张到其最大限度（尽

管有盟军轰炸），1943 年生产了 24795 架飞机，1944 年 40953 架[15]。斯大林在 1949 年提出，德国之所以输掉战争，是因为“希特勒的将军们都是克劳塞维茨和毛奇的教条喂养大的，他们不可能懂得，战争是在工厂里打赢的”。他继续说道，8000 万人口当中，他们把 1300 万人放在了武装部队里，“历史告诉我们，没有一个国家能维持这样一种努力”：苏联 1.94 亿人口当中，武装部队只有 1150 万[16]。这是马克思主义的战争观，极大地夸大了将军们对纳粹战时生产政策的影响力。它忽视了德国经济为什么直到 1942 年底都没能提到高速档的真正原因，这个原因就是希特勒顽固地坚持闪电战的军事经济教条。事实上，很多产业工人，尤其是女人，都没有进入军事工厂，直至盟军的轰炸摧毁了他们的民用生计。

“社会化”工业赢得战争的观念毫无根据。德国工业的社会化部门（即赫尔曼·戈林钢铁厂）是一次彻底的失败。苏联经济在大量生产某些基本军用品上表现还算不错：1942 年 8 月，在纳粹进军达到最远点的时候，苏联的工厂已经每月生产 1200 辆坦克[17]。但正是运送部队的交通工具和吉普车在 1943～1944年赋予苏联红军以决定性的、越来越强的机动性，而这些装备都来自美国的工厂，西方列强共同提供的高科技使得苏联在东线慢慢掌握了制空权：甚至在 1946 年，英国依然在给苏联送去航空发动机，这在战后成了高度成功的米格－15 的基础。在英国，对鲁登道夫式的“战时社会主义”和凯恩斯宏观经济学的采用，使得英国资本主义经济的表现远比德国更有效率：1942 年，英国的军工生产高出 50%。但盟军胜利的真正发动机是美国经济。在一年的时间内，美国建造坦克的数量增长到 24000 辆，飞机增长到了 48000 架。到战争第一年的年底，美国已经把它的军工生产提高到了三个轴心强国加在一起的总和，到1944年，这个数字再次翻倍——与此同时，创造了一支强大的陆军，在1943年突破了700万大关。[18]

这一惊人的加速由于美国体制本质上的活力和弹性而成为可能，它被嫁接到一个全国性的目标上，这个目标起到了像1920年代的乐观主义一样的激励作用。战争充当了一个繁荣的市场，激励美国企业家，以他们非凡的技能，把看上去似乎
402 无限的物质资源和人力资源投入到一个消费的无底洞中去。美国赢得中途岛战役的一个原因是，把“约克城”号航空母舰的维修工作从3个月减少到了48小时，使用了1200名技术人员夜以继日地工作[19]。建造国防协调中心“五角大楼”（有16英里的走廊和60万平方英尺①的办公空间）的计划从7年削减到了14个月[20]。战争把美国资本主义的民族英雄推回到了他的底座上。创建胡佛水坝的旧金山工程师亨利·凯泽、亨利·莫里森和约翰·麦康恩（新政期间，罗斯福的内政部长哈罗德·伊克斯曾以违反联邦条例的罪名系统化地骚扰他们）在战时的紧迫忙乱中领导了这一领域。他们建造了世界上最大的水泥厂和第一家综合钢铁厂。政府让他们不惜代价地建造船只，于是，他们把“自由”号的建造时间从196天削减到了27天，到1943年，已经可以每10.3个小时生产一艘船[21]。通用电气仅在1942年就能够把它的船用汽轮机生产从100万美元增长到3亿美元[22]。美国打赢这场战争本质上是通过把资本主义的方法用于火力和机械人力的无限生产来实现的。在输掉了决定性的瓜达尔卡纳尔岛战役之后，裕仁天皇问海军参

① 1平方英尺=0.092903平方米。——译者注

谋长："为什么美国人建造一个空军基地只要几天时间，而日本人要一个多月？"永野修身所能说的不过是："我真的很抱歉。"事实情况是，美国人有大量的推土机及其他运土装备，而日本人只有肌肉的力量。[23]

高科技和无可匹敌的生产能力的结合带来了毁灭性的力量，这种结合在进攻性的空中力量上采取了最明显、最有意义的形式。这样做有两个原因。首先，英国人[24]说服了美国人，使他们相信：最好的方式是最大化利用他们巨大的经济资源，同时遭受最小的人力损失。其次，轰炸攻势强烈吸引着这两个国家的道德冲动：这就是英国原子科学家布莱克特所说的"朱庇特情结"——盟军作为正义之神，以霹雳手段对邪恶的敌人实施报复性的打击。

在这里，我们看到了道德相对主义的腐蚀过程如何发挥作用。丘吉尔清楚地意识到了战争带来的道德腐败，并对此感到惊恐。他在 1940 年 7 月 2 日着手实施大规模轰炸战略，因为他被纳粹占领——终极道德灾难——的前景给吞没了，并把轰炸看作当时英国人能够利用的唯一进攻武器。这是古老的功利主义道德理论，与自然法理论刚好相反，后者认为，直接毁灭 408
发动战争的能力是进行战斗的唯一合法方式[25]。但是，一切形式的道德相对主义都有一个与生俱来的趋势，这就是：由于它们消除了任何固定的锚地，并把国家这艘船放到一个根本没有方向的汪洋大海上，从而导致道德崩溃。到 1941 年底，随着苏美两国参战，正如丘吉尔本人所认识到的那样，希特勒的失败长期来看不可避免。攻击城市的功利主义理由不复存在，而在道德层面上始终是不可接受的。但是，到这一时期，轰炸机部队已经存在，经济已经被调整到适合生产大量的兰开斯特远程轰炸机。1942 年 2 月 14 日，指令被下达给轰炸机司令部：主要目标是摧毁德国平民的斗志[26]。根据新命令实施的第一次重要空袭是 1942 年 3 月 28 日对吕贝克的空袭；官方报告说，这座城市“像引火柴一样熊熊燃烧”。紧接着，5 月 30 日实施了第一次出动 1000 架轰炸机的空袭，夏天，美国空军加入了空袭行动。

轰炸耗尽了英国总兵力的 7%，大概还有英国军工生产的 25%[27]。即使就军事方面而言，整个战略也可能是错误的。轰炸总共让 60 万德国人死于非命，只是减少但没能阻止德国军工生产一直扩张到 1944 年下半年，这种扩张是通过转移民用消费品的生产能力来实现的：以 1939 年的指数为 100，德国民用消费品生产 1943 年下降到了 91，1944 年是 85——英国在这两年都低至 54[28]。有一点倒是真的，从 1944 年底起，轰炸有效地摧毁了德国的战时经济。甚至在那之前，日日夜夜保卫德国城市的需要也阻止了德国空军继续保持它在苏联前线的空中优势。但是，作为一种打赢战争的武器，轰炸的效力完全依赖于无限期地对同一目标夜复一夜地维持重火力空袭。就空袭汉堡（迄今为止保护最好的德国城市）而言，盟军接近于一次战略“胜利”，轰炸自 1943 年 7 月 24 日至 8 月 3 日，使用了干扰德国雷达的“窗口”磁性箔装置。在 7 月 27 ~28 日夜里，英国皇家空军在这座城市的上方制造了 800 ~1000℃的高温，产生了威力巨大的火暴风。所有类型的运输系统都被摧毁了，414500 座房屋当中有 214350 座被毁，9592 家工厂当中有 4301 家被毁；8 平方英里被烧成焦土，仅一个晚上，4 个被炸成火海的市区就有 4 万人丧生，占总人口的 37.65%[29]。继托特之后担任生产总管的阿尔伯特·斯佩尔告诉希特勒，如果另有 6 座城市同样被毁的话，他就不可能让军工生产继续下去。
404 但英国人只是没有足够的资源，让轰炸机司令部能够迅速而连续不断地重复这种规模的空袭。

恐怖轰炸最糟糕的方面是，“朱庇特情结”对战争领袖们的吸引力深刻影响了他们的地缘政治谈判。这解释了对德战争中英美两国最大的道德灾难：1945 年 2 月 13 ~ 14 日夜里德累斯顿的毁灭。这次空袭的缘由是罗斯福和丘吉尔在雅尔塔会议上渴望向斯大林证明：盟国正在尽最大的努力帮助苏联在东线的努力。特别是，他们想对德国的士气给予最后的一击，以帮助 1 月 12 日开始的苏联攻势。德累斯顿不是一座工业城市，而是一个通信中心。它的 63 万人口因为德裔难民的涌入而翻了一倍，其中 80% 是来自西里西亚的农民。斯大林想消灭他们，以促进他的把波兰向西“挪动”一下的计划，而且他还相信，这座城市被用作军队的集结点。据轰炸机司令部的副司令罗伯特 · 桑德比爵士说，苏联特别要求把德累斯顿作为“霹雳行动”的目标。不久之前，司令部随军牧师约翰 · 科林斯（他后来开创了核裁军行动）曾邀请虔诚的基督徒社会主义者、战机生产部长斯塔福 · 克里普斯爵士对高级军官发表讲话。他以“上帝是我的副驾驶”为题，并告诉他们，至关重要的是，他们应当确保他们正在攻击的是军事目标：“即便当你们参与邪恶行动的时候，上帝也始终在你们的身后看着。”这话导致了一个愤怒的场面，因为轰炸机司令部相信，克里普斯的战机生产部出于伪善的道德原因，而故意让他们严重缺乏飞机。从此以后，他们热衷于清楚地表明：他们是奉政治家的命令行事。因此，他们对轰炸德累斯顿的命令提出质疑。它被证实直接来自雅尔塔会议（下达命令的要么是丘吉尔，要么是空军参谋长波特尔元帅）。[30]

根据轰炸机司令部的“双击”战术，攻击分两波实施

（第三波紧随其后，由美国空军执行），当救援部队在这座城市集中的时候，第二波轰炸从天而降。超过 65 万颗燃烧弹被投掷下来，风暴一样的大火吞没了 8 平方英里，完全摧毁了 4200 英亩的范围，135000 个男人、女人和孩子死于非命。由于那是忏悔星期二的夜晚，很多孩子依然穿着狂欢节的装束。这场战争中第一次，对一个目标的打击如此严重，以至于没留下足够的健壮幸存者来掩埋死者。部队调进来了，他们收集的尸体堆积如山。老市场周围的中心地带被警戒线给围了起来。竖起了跨度 25 英尺的铁烤架，用木材和稻草做燃料，500 个
405 尸体一组，被码放成堆，然后被焚烧。火葬堆在空袭之后一直燃烧了两个礼拜。戈培尔声称："那是疯子干的。"据斯佩尔说，这次空袭让一阵恐惧的波浪淹没了整个国家。但是，到这一阶段，民意已经没有办法对一个不可接近、与世隔绝、偏执狂似的希特勒施加压力，让他进行投降谈判。盟军既没有资源也没有意愿重复这次空袭，它已经让飞行员们深感耻辱。一个飞行员评论道："我参加过很多行动，第一次对下面的人感到抱歉。"另一个飞行员说，那是"唯一一次我为德国人感到难过"[31]。

德国人较少陷入朱庇特综合征，这仅仅是因为希特勒不相信戈林有能力充分利用战略轰炸行动所需要的巨大资源。但是，用非人力的方式、通过远程控制来实施大规模毁灭的观念强烈吸引着希特勒。《凡尔赛和约》禁止德国制造轰炸机，但它对弹道导弹却只字未提。因此，当希特勒上台的时候，他发现，一个军用导弹团队已经存在：1936 年，这个团队的领导人瓦尔特·多恩伯格被授权发布一项指令，要求研制一种火箭，能携带的爆炸力是 1918 年的贝尔莎大炮的 100 倍（2200

磅），射程是它的两倍（156 英里）[32]。在某种意义上，希特勒是对的：未来的战略武器就是高载荷弹道导弹。理解这一点的人寥寥无几，其中盟国方面的一个人是保守党下院议员邓肯·桑迪斯，1944 年 11 月 23 日，他警告："未来，在远程火箭炮上拥有优势十分重要，就像海军和空中力量的优势一样重要。"盟军的正统观念围绕着大型轰炸机的灵活性，这本质上是第一次世界大战的概念。1944 年 12 月 5 日，丘吉尔的首席科学家彻韦尔勋爵的答复是，如果没有补偿性的高载荷，远程火箭将是非常不精确的。只要炸药依然是传统的，这个批评就是无法驳斥的。

希特勒的困难在于，他不得不在两种可能性之间做出选择。无人驾驶的制导航空器（V1）对于他那高度发达的军事经济感有强大的吸引力。这是成本效益比最划算的武器。用一架兰开斯特轰炸机、飞行员训练、炸弹和燃料的成本，希特勒完全可以发射 300 多个 V1，各携带 1 吨高性能炸药，射程 200 英里，有更大的机会达到它的目标。在 1944 年 6 月 12 日～9 月 1 日的那段时期，花费 12600190 英镑，V1 的进攻让盟国在生产损失、额外的防空设施、战斗机防御以及轰炸特定位置的飞机和机组成员上付出了 47645190 英镑的代价。空军部长报告（1944 年 11 月 4 日）："结果极大地有利于敌人，据估计，我们的代价和他们的代价之比是将近 4 比 1。"只有 185 个德 406
国人送了命，而盟国是 7810 人（包括 1950 名受过训练的飞行员）。1944 年 7 月，V1 在一天的时间里损毁了 2 万座房屋，对伦敦士气的影响非常严重。

但是，希特勒并没有足够早、足够广泛地投资于这种十分有效的武器。在纳粹采购计划的混乱中，要想得到优先考虑，就必须诉诸元首的浪漫主义情怀。多恩伯格的大火箭正是这样做的。V2 计划似乎是满足希特勒一个强烈愿望的唯一办法，这个愿望就是：通过摧毁纽约，对罗斯福实施报复。就其可能的表现来说，分配给这一计划的资源可以说毫无意义。仅在德国它就雇用了 20 万名工人，包括很大比例的高级技术人员。这项计划使德国没能发展出先进的喷气式飞机和地下炼油厂，而且，它对罕见的电子设备的专注干扰了飞机、潜艇和雷达的生产。V2 行动中实际使用的火箭是 V4，只发射了 3000 枚，每一枚的成本是 12000 英镑（而 V1 是 125 英镑），只携带了 12000 磅的载荷，十分不精确。计划中的洲际火箭，即 A9/A10，重达 100 吨，第二阶段上升至 230 英里，进入平流层，计划用来轰炸纽约和华盛顿，从未超出过设计图纸阶段[33]。就算建造成功并发射了，它的传统载荷也会使得它毫无价值。

希特勒通过决定性的技术进步来实现和局的唯一前景在于：让 A10 火箭装载原子弹。要在战争的时序表之内实现这一目标，前景并不乐观。然而，盟军方面有一种挥之不去的恐惧：担心希特勒会拥有原子弹。很多科学家相信，第二次世界大战将成为一场核战争。在两次世界大战之间，原子物理学知识的发展有一定的对称性。在爱因斯坦的狭义相对论中，人为制造巨大威力爆炸的观念是很含蓄的。是巨大的能量使粒子紧密结合为原子的密集实体，如果这种能量可以释放出来——最重的元素包含的能量最大——那么，处在重量表最顶端的铀-235 就是人们所寻求的原材料。高能物理是 1920 年代扩张规模最大的科学。1932 年，当德国转向希特勒的时候，成果开始在整个欧洲和北美出现。那一年，在剑桥卡文迪什实验室里，科克罗夫特和沃尔顿用一台价值 500 英镑的设备——卡文迪什实验室的主管勋爵卢瑟福斐迪南认为这笔钱的数额有点吓人——分裂了原子。他们的同事詹姆斯·查德威克爵士发现了中子，由质子和电子组成，有100万~200万电子伏特的结合能。1934年，在法国，约里奥－居里人工制造出了放射性同位素，而恩里科·费米在意大利成功地减缓了（亦即控制了）中子的速度，并着手制造超铀元素，其质量比原子表上的元素更重。原子分裂理论观念的发展过程涉及德国和美国的科学家，在1939年这个生死攸关的一年达到了高潮，因此，到希特勒入侵波兰的那个时候，有一点已经很清楚：人为制造原子爆炸是可能的。1939年的戏剧性进步，以及战争的爆发，构成了历史上最惊人、最危险的巧合之一：1940年1月的一篇回顾文章总结了过去一年里超过100份重要的出版物。其中最重要的一篇是丹麦人尼尔斯·玻尔和他的美国弟子J. A. 惠勒撰写的，解释了原子分裂的过程，刚好在战争开始的两天之前发表。[34]

从一开始，应用原子物理学就有它的意识形态维度和道德维度。原子弹的概念主要是在犹太难民科学共同体中产生出来的，他们害怕希特勒首先得到原子弹。正是他们当中的一位，莱奥·齐拉特，建议对科学出版物进行自我审查。原子弹是那些把意识形态考量置于国家私利之上的人（也有其他人）创造出来的，后来把它泄露出去的也是这样的人。那些给英国计划（战时最大的秘密）工作的人当中，很多人出于安全原因被排除在其他战时工作之外[35]。恐惧是最初的动机。犹太人罗伯特·奥本海默造出了第一枚原子弹，因为他害怕希特勒抢先一步；匈牙利人爱德华·泰勒造出了第一枚氢弹，因为他害怕苏联人垄断这一领域。[36]

因此，真正的原子弹之父是希特勒和他那可怕的意志招来的幽灵。1940 年 3 月，伯明翰大学的奥托·弗里施和鲁道夫·佩尔斯拿出了一份令人吃惊的备忘录，有 3 页打字纸，展示了如何用浓缩铀制造原子弹。于是，英国成立了干劲十足的“莫德”委员会（异想天开地用肯特郡一位家庭女教师莫德·雷的名字来命名），为的是迅速发展这一观念。6 月，法国核武器研究团队加入了进来，他们带来了世界上的全部重水储备，是他们从挪威抢来的：185 公斤，分装为 26 罐，被临时存放在沃姆伍德·斯克拉比斯监狱里，后来存放于温莎城堡的图书馆[37]。在爱因斯坦的要求下（他也害怕“反犹炸弹”），罗斯福在 1939 年 10 月设立了“铀委员会”。1940 年秋天，英国战时科学研究工作的两位领导人亨利·蒂萨德爵士和约翰·
408 科克罗夫特爵士带着一个“黑箱子”去了华盛顿，除了其他东西之外，箱子里面装着英国原子弹计划的所有秘密，铀委员会大吃一惊，于是迅速行动起来。

在那个时候，英国已经比任何其他国家都领先好几个月，行动也更迅速。建立一家分离工厂的计划 1940 年 12 月完成了，到第二年 3 月，原子弹已经不再是一个科学推测的问题了，正在进入工业技术和工程学的竞技场。到 1941 年 7 月，莫德委员会的报告《用铀造炸弹》提出，这样一种武器（委员会认为到 1943 年就可以准备就绪），按每磅的成本算，将会比传统炸药便宜很多，用在空中力量中十分经济，其冲击力更加集中，对敌人的士气有深远的影响。即使战争在原子弹可用之前就结束了，这一努力也是必不可少的，因为没有一个国家“愿意冒险被人发现自己没有一种有如此决定性能力的武器”[38]。接下来，原子弹在后希特勒时代已经被看作国际生活中的一个永久性存在了。但是，其想当然的迫切性使得它成为轰炸政策中的一个自然成分。用不着怀疑，一颗完全属于英国的炸弹，如果可用的话，就会被用来针对德国的城市，英国公众也会认可，他们始终支持区域轰炸政策。

实际上，英国计划者的乐观毫无道理。事实证明，生产足够数量的纯铀-235或钚（备选可裂变材料）所涉及的工业和工程难题令人望而生畏；原子弹本身的设计也是如此。计划的成功，只是通过把欧洲的理论与美国的工业技术，尤其是美国的资源和企业家的冒险精神嫁接到一起，才成为可能。莫德委员会的报告成了美国“曼哈顿计划”的基础，预算是区区200万美元，仅1944年就花掉了100万。为了在制造原子弹上跟希特勒赛跑（他们是这样想的），三种完全不同的生产原材料的方法、两种类型的铀浓缩工厂和一批钚反应堆同时进行。各个项目都涉及建造最大的工厂。

曼哈顿计划由军方一位总工程师莱斯利·格罗夫斯指挥，他完全同意美国资本主义1940年代新阶段的那种宏大哲学[39]。只要给定一个清晰的、可以实现的目标，他就丝毫不受质量困难或数量困难的影响。他很喜欢铺张浪费。他曾自吹：“如今我们有这么多博士，以至于分不清谁是谁。”他向美国财政部要求1吨白银用作电线，得到的答复是：“在咱们财政部，银子可不是论吨算的。我们使用的单位是盎司。”[40]但他还是得到了这批白银。发明核动力的努力涉及创造一系列新技术：第一家完全自动化的工厂，第一家远程操作的工厂， 409
第一个完全无菌的工业过程——600万平方英尺的防漏机器——以及各种各样的创新小机械[41]。浪费是巨大的，回过头来看，其中很多浪费似乎是不可原谅的。但在当时，战争就涉及浪费；战争就是浪费。美国人大概正在把30年的科学工程进步压缩为4年。没有其他途径可以确保得到原子弹。没有其他国家或体制能够产生出这样的确信。它是希特勒的原子弹；它也是，它更是一颗资本主义的原子弹。

具有讽刺意味的是，苏联制造出了让原子弹成为可能的那种恐惧，而自己却只做出了微弱的努力，来证明民主强国的正义恐怖是有道理的。1930年代晚期，列宁格勒物理学家伊格尔·库尔恰托夫曾要求得到一笔资金来建造反应堆，以回应西方出版物中毫不吝啬地泄漏出来的秘密。当他的一位弟子注意到这种泄密已经停止的时候，库尔恰托夫提醒了他的政治上司（1942年5月），并最终在莫斯科建立了铀研究所。苏联的计划仅仅在曼哈顿计划几个月之后就开始了，但资源优先级很低，这反映了当局对原子弹可行性的怀疑[42]。据赫鲁晓夫说，直到广岛爆炸之后的那天，斯大林才派他的秘密警察头子贝利亚负责一项试爆计划，优先级绝对高于国家的所有其他事项[43]。日本人也有一项原子弹计划，由他们首屈一指的物理学家仁科芳雄领导，并建造了5个回旋加速器。但这项计划也缺乏资源，1943年，日本人得出结论：在可以预见的未来，就连美国经济也造不出原子弹[44]。德国尽管有大批的科学家逃离，但还是留下了足以构想原子弹的核科学家。但在希特勒看来，核领域与爱因斯坦和“犹太人的物理学”密不可分。多半是故意的，他们没能点燃希特勒的热情，尽管核爆炸恰好就是他让自己的火箭计划发挥效力所需要的那种东西。就其巨大的毁灭性力量而言，它是一种典型的希特勒式的武器：国家毁灭者的化身。甚至早在战争爆发之前，他就曾向赫尔曼·劳希林严肃地概述过纳粹失败的代价：“在我们走向毁灭的同时，我们会带上半个世界跟我们一起走进毁灭”[45]。原子弹可以让这句轻率鲁莽的吹嘘之词更接近于现实。但原子弹从未像火箭那样让希特勒心醉神迷。这个浪漫的虚无主义者缺乏想象力，这使得那些流亡科学家的恐惧变得毫无根据，而正是这种恐惧导致原子弹被制造了出来。

更具讽刺意味的是（尽管不难预料），当制造原子弹在道德和军事上的必要性大大降低的时候，研制原子弹的竞赛反而加速了。当敌人的力量在 1943 和 1944 年一落千丈的时候，有
一点变得很清楚了：全面胜利只是个时间问题，赶在希特勒之 410
前造出原子弹的需要已不复存在，取而代之的是一种令人憎恶的心态——在战争依然提供了使用机会的时候，赶紧把原子弹造出来。到 1941 年 12 月底，有一点已经很明显了：希特勒和他的日本盟友不可能打赢这场战争。到 1942 年夏天的晚些时候，在日本人遭遇了中途岛惨败、希特勒的伏尔加－高加索攻势偃旗息鼓之后，还有一点也显而易见：轴心国不可能实现和局。转折性的月份是 1942 年 11 月。11 月 2 日，英国人开始了决定性的阿拉曼战役，为的是扫清北非和地中海，紧接着是 6 天后英美军队在摩洛哥和阿尔及利亚的登陆。第二天，日本人的最后一次重要努力——试图在所罗门群岛打赢瓜达尔卡纳尔岛战役——也失败了，日军指挥官把这一战描述为“日本帝国兴衰成败在此一举的战役”。这场灾难的 9 天之后，苏联人在斯大林格勒发起了反攻。罗斯福告诉《先驱论坛报》：“看来，我们终于到达了这场战争的转折点。”

意大利是第一个接受盟军逻辑的轴心国。早在 1940 年 12 月，墨索里尼就告诉他的女婿齐亚诺，1914 年的意大利人优于法西斯主义的意大利人。他说，这在很大程度上让他的政权

蒙羞[46]。到 1943 年 7 月 10 日盟军入侵西西里的时候，他陷入了无法克服的悲观主义情绪。他没做任何事情来阻止他的批评者们 15 天后召集法西斯大会，还听了 10 个小时的辩论；无动于衷地等着别人来逮捕自己，还在一张照片上给一位女士亲笔签下“墨索里尼死了”几个字[47]。正当意大利加紧与盟国谈判的时候，希特勒把这个国家变成了一个被占地区，营救了这个已经倒下的独裁者，并允许他管理一个傀儡政权。在他生命的黄昏时分，墨索里尼回到了极权社会主义，这始终是其政治哲学的基础，他还鼓吹消灭“财阀统治”和工团主义的霸权。到 1945 年 3 月底，他已经完成了一场社会主义革命，尽管大部分是在纸上完成的，这场革命把所有雇佣员工超过 100 人的企业都国有化了。就在他被捕获并和他的情妇一起头朝下被倒吊起来之前，他又恢复了他 1914 ~ 1915 年患上的强烈恐德症，他最后的名言是：“德国人必须为这一切负责。”[48]

把这场战争打到现在这样不可避免的结局，本质上是希特勒的决心。至少有一段时间，斯大林始终准备回到纳粹 – 苏联协议。1942 年 12 月，他提出跟希特勒谈判，1943 年夏天再次提起。秋天，由于担心英美的长期战略意味着纳粹与苏联之间
411 的一场疲劳战，他把自己的外交部副部长、从前的驻柏林大使弗拉基米尔·杰卡诺索夫派去了斯德哥尔摩，带去了一项提议（回到 1914 年的边境）和一宗经济交易[49]。毫无疑问，斯大林希望重新起用他 1925 年的战略，先从战争中抽身而出，以后再重新参战。可是，1942 年 11 月，希特勒在他的政变周年纪念活动上说：“我们再也不会提出任何和平建议了。”他坚持这一决定，兑现了 1920 年代和 1930 年代他在很多场合说出的那个威胁性的预言：德国只能在世界领导权与民族毁灭之间

做出选择。

这倒是把民主强国从有害的内部争论中给挽救了出来。1942 年初，有一点已经变得很明显：英国和美国的官方意见分为“硬的”和“软的”两套停战方案。为了解决这个困境，美国国务院在 1942 年 5 月、国防部在 1942 年 12 月建议把“无条件投降”作为一项工作原则。为避免威尔逊在 1918 ~ 1919 年所遇到的麻烦，罗斯福在 1943 年 1 月 24 日的卡萨布兰卡会议上把这个想法塞给了万分不情愿的丘吉尔，然后单方面公之于众。丘吉尔担心希特勒利用盟国的不妥协来鼓动德国人抵抗，但没有证据证明他的担心有道理[50]。在德国，没有任何力量能够迫使或说服希特勒以无论什么条件媾和。德国的职业军官阶层，或者说这个阶层当中硕果仅存的那些人，并没有采取任何行动，直至事情已经变得很清楚：盟军对欧洲的反攻（始于 1944 年 6 月 6 日）是成功的。接下来，7 月 15 日，隆美尔元帅发了一封电传打字电报给希特勒：“这场实力不对等的战争正在接近它的尾声。我直接请求你从目前的形势中得出必要的结论。”[51]当希特勒没有做出答复时，一场贵族式炸弹密谋在 7 月 20 日发生了。如果希特勒被杀，军人独裁就会接踵而至，但有一点根本不清楚：罗斯福是否准备仿照意大利的模式跟新政权谈判（意大利被排除在卡萨布兰卡会议“无条件投降”方案之外）。

大难不死的希特勒得出了结论：“没有什么在劫难逃的事情注定要发生在我的身上，由于这并不是我第一次奇迹般地死里逃生，事情就更是如此了。……我比过去更加确信，我注定要继续把我们伟大的共同事业带向一个圆满的结局。”[52]密谋者大多数是贵族，享受着他们对参谋工作的传统垄断权；结果是他们没有军队。他们可以下达命令，但没有人听从。他们也没有民众的支持，甚或跟民众没有接触。注意到他们并不广泛的社会基础，希特勒在感情上走向了——或者毋宁说是回到了——左翼。在这最后的阶段，他比过去更加钦佩斯大林。如果斯大林活个 10 到 15 年，他就会让苏联成为“世界上最大的强国”。他是头“野兽”，但是一头“规模宏大”的野兽。希
412 特勒补充道：“我常常痛悔我没有用斯大林的那种方式清洗我的军官团队。”如今，他给自己创立的“人民法庭”及其激进的绞刑法官罗兰德·弗莱斯勒带来神化的时刻：“弗莱斯勒会把事情办好。他就是我们的维辛斯基。”[53]他采用了“近亲株连”原则，同时不承认它是布尔什维克主义的——它是“我们的祖先早已践行的一种非常古老的惯例”。对嫌疑犯的处决（“我希望把他们绞死，就像被宰杀的牲口一样吊起来”）尽管在规模上跟斯大林在 1936～1938 年的杀戮比起来并不大，但一直持续到了其政权的终结。[54]

与此同时，最热衷于社会主义的纳粹领导人戈培尔成了希特勒最亲近的顾问，被允许用激进的方式推动战争努力，下达总动员令，征召妇女入伍，关闭剧院及其他长期抵抗措施。国防军的人数依然在 900 万以上。尽管某些重要纳粹分子如今试图打着反布尔什维克主义的旗号跟英美做交易，但希特勒念念不忘腓特烈大帝的形象，幻想着绝处逢生。他和戈培尔一起阅读卡莱尔写的那部离奇怪异、卷帙浩繁的腓特烈大帝传，并因此给那位老苏格兰圣贤原本已经摇摇晃晃的名声以惊人的一击[55]。希特勒非但没有寻求对抗苏联的共同阵线，反而把几个师调到了西线，以便 1944 年 12 月在阿登高地发起他最后的攻势，这使得 1945 年 1 月的苏联大举进攻成为可能，从而把

苏联的势力带入了欧洲的核心地带。

希特勒直到最后依然是个社会主义者，尽管是个稀奇古怪的社会主义者。像斯大林一样，他也生活在可怕的不安中。齐亚诺曾被他的拉斯登堡总部给惊呆了，把住在这里的人称作穴居人：到处是“厨房、制服、重靴的气味”[56]。那是一个集中营式的修道院——是没有辉煌宫殿的埃斯科里亚尔修道院①。事实上，就他的离群索居和远离尘嚣、他的坚决果敢尤其是他的相信纸牌占卜而言，希特勒很像腓力二世。他总是花上数个小时研究地图，而这些地图随着战争的推进已经过时；为了占领一座小桥或一个碉堡而下达命令，常常是由想象中的士兵去占领。他最亲近的伴侣是他的德国牧羊犬布隆迪和她的幼崽伍尔夫。莫雷尔教授是个精明能干的柏林医生，给他服用磺胺和注射腺素；他还服用葡萄糖、激素、抗抑郁药丸。他的一位医生卡尔·勃兰特说他“每年老四五岁”。他的头发已经花白。但直到最后，他的工作能力依然令人印象深刻。

1945 年 1 月，希特勒搬进了柏林总理官邸底下的地堡，还带上了戈培尔，两个人都充满了社会主义的热情。戈培尔欣喜若狂：“在我们被毁城市的废墟之下，我们资产阶级 19 世纪最后的所谓功绩终于被埋葬了。”[57] 在不停地大嚼奶油蛋糕——他身边的一个人说，希特勒成了“一个狼吞虎咽地吃 413
蛋糕的人骸”——的间隙，他说出了自己一些最根本的遗憾：他上台“太容易”，没有发动一场古典革命，“消灭精英和阶级”，他支持西班牙的佛朗哥而不是支持共产党，他没能让自

① 西班牙一处皇家建筑群，位于马德里西北瓜达拉马山南坡。该建筑名为修道院，实为修道院、宫殿、陵墓、教堂、图书馆、慈善堂、神学院、学校八位一体的庞大建筑群，气势磅礴，雄伟壮观。——译者注

已成为一场殖民地人民“尤其是阿拉伯人”解放运动的领导者，他没能把工人阶级从“顽固不化的资产阶级”手里解放出来。他尤其后悔自己的宽大仁慈，后悔自己缺乏斯大林一贯表现出来的并让人对他“毫无保留地表示尊敬”的那种值得敬佩的冷酷无情。他被记录在案的最后一句话，是他自杀（究竟是用子弹还是用毒药，至今尚存争议）的 3 天之前，即 1945 年 4 月 27 日说的：“事后，你感到后悔的是这样一个事实：你竟然如此仁慈。”[58]

就在希特勒痛悔自己的仁慈然后一命呜呼之前，他在很大程度上已经完成了人类历史上最大的一宗犯罪：消灭欧洲犹太人。对他的整个历史观、政治哲学和行动计划来说，“犹太人问题”是核心问题。仅次于为德意志优等民族提供生存空间和原材料，消灭犹太“病菌”及其在布尔什维克俄罗斯的老巢是这场战争的主要目的。在希特勒看来，1933 ~ 1939 年的和平岁月，在犹太人政策上就像在其他所有事情上一样，纯粹是准备时期。有一点再怎么强调都不过分：只有通过战争并在战争的掩盖之下，希特勒的目标才能实现。像列宁和斯大林一样，希特勒也相信终极社会工程。一些人的存在危及他的历史使命，这种人必须大批消灭掉，这个观念对他来说（对他们来说也一样）是完全可以接受的。他所担心的唯一的事情是，宣扬和反对可能阻止他去完成自己必须完成的任务。

因此，战争提供了很大的方便，可以把德国投入到沉默和黑暗之中。1939 年 9 月 1 日，他让人给总理办公厅主任菲利普·鲍赫勒送去了一张便条，下令消灭慢性精神病人和绝症病人。这件工作由党卫军的医生来干，他们因此获得了挑选并用毒气杀死大批人群的经验。这一计划导致大约 7 万德国人被杀，不可能完全保密。两位著名的德国牧师：符腾堡的沃姆主教和明斯特的伯爵主教伽伦，提出了抗议——这是德国神职人员唯一一次成功地对纳粹犯罪发出了愤怒的声音——1941 年 8 月底，来自希特勒的一通电话结束了这项计划[59]。但“安乐死中心”并没有关门大吉。它们继续被用来杀死集中营送来的精神病人。回过头来看，这项计划似乎是为接下来更大规模的种族灭绝所做的一次试验。

在希特勒看来，战争是在 1941 年 6 月 22 日真正开始。那 414
一天，他不仅能够为德国的扩张而开始他的东部清理计划，而且可以开始大规模种族灭绝。无论是关于事情的先后顺序，还是关于政策的目标，都存在混乱，这反映了希特勒头脑中不断变化的混乱和纳粹政权的无政府主义。早在 1939 年 10 月 7 日，通过一份密令，希特勒任命希姆莱担任一个新的职位：德国民族强化委员会帝国专员，并指示他负责东部的“种族净化”工作，为再移民计划扫清道路。针对波兰犹太人的很多杀戮已经发生。我们并不知道，希特勒下令“最终解决”方案准确的开始时间，也不知道他所界定的确切范围：他所有的命令都是口头命令。1941 年 3 月，希姆莱召开了第一次种族灭绝会议，他宣布，未来俄罗斯战役的目标之一是“消灭 3000 万斯拉夫人口”[60]。同月底，希特勒亲自向他的高级军官介绍了负责实施种族灭绝的特别行动队，他们将跟在德国军队的后面。两天后，即 4 月 2 日，阿尔弗雷德·罗森伯格在与希特勒谈了两个小时的话之后，在自己的日记中写道：“我不想写下来，但我绝不会忘记。”[61]入侵开始之后，党卫军的种族灭绝部队立即开始工作，到 1941 年底，他们已经杀死了大约 50 万名俄国犹太人（还有其他俄罗斯人），主要是枪杀。

然而，种族灭绝计划的关键性文件看来应该是戈林在 1941 年 7 月 31 日下达（根据元首的授权）给希姆莱的副手、党卫军保安处头目莱因哈德·海德里希的命令，希特勒曾说海德里希是个“铁石心肠的人”。这一命令谈到了总体解决（Gesamtlösung）和最终解决（Endlösung），“以解决犹太人的问题”。戈林口头上向海德里希定义了“最终解决”，复述了希特勒自己的口头命令。根据阿道夫·艾希曼（海德里希任命他为自己副手）在 1961 年的审判中给出的证词，“最终解决”的意思是“在东部领地上有计划地从生物学上消灭犹太种族”。计划的实施日期是 1942 年 4 月，给出一定的时间做准备[62]。敲定细节的执行会议由艾希曼组织，海德里希主持，1942 年 1 月 20 日在万塞召开。到如今，关于屠杀方法，已经积累了很多证据。自 1941 年 6 月以来，根据希姆莱的指示，奥斯维辛集中营“A 营”司令官鲁道夫·赫斯一直在试验。枪杀太慢、太肮脏。一氧化碳毒气也被发现太慢。于是，用 500 名苏联战俘做实验，赫斯用齐克隆 B 实施了集体屠杀。这种毒气是法本公司旗下一家生产杀虫剂的公司德格施制造的。赫斯说，发现齐克隆 B“让我松了一口气”[63]。党卫军发出了一份大订单订购这种毒气，并指示删去包装上的危险警示
415 “标志”。法本公司来自德格施公司的红利在 1942～1944 年翻了一倍，至少有一位董事知道这种毒气派上了什么用场：来自德格施公司的唯一抗议是：删掉警示“标志”可能危及他们的专利。[64]

最终解决从 1942 年春天起成为事实。第一次大规模毒气屠杀是 1942 年 3 月 17 日在贝乌热茨集中营开始的。这个集中营有能力一天杀死 1.5 万人。接下来的那个月，毒气灭绝行动

依次发生在索比布尔集中营（一天2万人）、特雷布林卡灭绝营和迈丹尼克集中营（一天2.5万人），以及奥斯维辛集中营，赫斯把这个集中营称作“有史以来最大的人类灭绝机构”。关于这次种族灭绝的文献浩如烟海[65]。数字几乎让人难以置信。到1941年12月，希特勒的治下大约有870万犹太人。到1945年初，他至少杀死了其中580万人：260万人来自波兰，75万人来自俄罗斯，75万人来自罗马尼亚，40.2万人来自匈牙利，27.7万人来自捷克斯洛伐克，18万人来自德国，10.4万人来自立陶宛，10.6万人来自荷兰，8.3万人来自法国，7万人来自拉脱维亚，来自希腊和奥地利各6.5万人，6万人来自南斯拉夫，4万人来自保加利亚，2.8万人来自比利时，9万人来自意大利。在奥斯维辛集中营，有200万人被杀，其过程就像大规模工业操作一样。德国的公司纷纷投标，竞争其“处理单元”，这必须有“每12小时处理2000具尸体的能力”。5座焚尸炉由埃尔福特的托普特公司提供。毒气室被描述为“地下太平间”，是德国军事装备公司设计的，特别要求“用橡胶围起来的防毒气门，以及装有双层8毫米玻璃的100/192型的观察哨”[66]。毒气室上方的地面是维护良好的草坪，点缀着一些混凝土蘑菇，遮掩着通风管，“卫生兵”通过这些通风管把齐克隆B的紫蓝色结晶体送进毒气室。受害人列队走进毒气室，他们被告知去那里洗澡，起初并没有注意到从金属柱的齿孔里冒出的毒气：

> 接下来，他们感觉到了毒气，挤在一起远离那些险恶的金属柱，最后蜂拥着奔向巨大的金属门，门上有个小窗，他们在那里堆积成一个蓝色的、湿漉漉的、血迹斑斑

> 的金字塔，互相抓挠着，一直到死。25 分钟后，“排气”电泵抽走了充满毒气的空气，巨大的金属门滑开了，处理犹太人的特遣队走了进来，他们戴着防毒面具，穿着橡胶靴，拿着消防水管，因为他们的第一项任务是要清除血污和排泄物，然后再用套索和钩子把互相抓挠的死者分开，这些只是前奏，接下来是令人毛骨悚然的工作：搜寻黄
> 416 金，拔掉牙齿，扯下头发，德国人把这些东西看作战略物资。然后，用升降机或轨道车把尸体运往焚尸炉，磨粉机把炉渣研成细灰，再用卡车运走，把这些灰烬撒入索拉河。[67]

事实上，为了省钱，常常使用数量不足的昂贵毒气，于是，身体健康的受害人只不过是晕了过去，然后被活活烧掉。[68]

像纳粹的大多数计划一样，“最终解决”也陷入了行政混乱和互相扯皮。就像在苏联的集中营里一样，内部惩罚落入了职业罪犯之手：令人闻风丧胆的囚犯长。艾希曼和赫斯逐渐失去了有效的控制。在集中营政策上，有一种根本性的目标冲突。希特勒想不惜一切代价杀掉所有犹太人（以及其他很多群体）。他拒绝听取军方的强烈抱怨：由于需要运输数百万受害人横跨整个欧洲（常常是装在多达 100 节车厢的拥挤列车里，一趟列车容纳数万人），因此耽误了给东线的激烈战斗运送供应品。另外，希姆莱想把他的“国中之国”党卫军扩大为一个庞大的工业和建筑帝国，在战争期间，这个庞大帝国将会给德国提供比例越来越大的军事供应品，战争之后，它将给希特勒计划中的有 1.5 亿人口的东部殖民地建造基础设施。后

一项任务将耗时 20 年，需要 1445 万奴隶劳工，并考虑到了每年 10% 的死亡率。[69]

这个数字并不像它看上去的那么异想天开：1944 年 8 月，仅在德国的工业企业，就有 765.2 万人在工作，其中包括 193 万战俘，超过 500 万被迫流放者或奴工[70]。希姆莱想利用战争来创造其奴隶帝国的核心，因此并不热衷于杀死犹太人，如果能让他们出来工作的话，特别是因为他还能够利用集中营的劳工，从克虏伯、西门子、法本、莱茵金属、梅塞施密特、亨克尔及其他大公司那里为自己的党卫军换取现金。到 1944 年底，超过 50 万集中营囚犯被“出租”给私人企业，此外，希姆莱还经营着他自己的工厂，常常利用他“储存起来的”犹太人，他对希特勒隐瞒了这些人的存在。[71]

希姆莱通过折中的办法来解决这一困境：他把德国工业带入了死亡营体系，然后让奴隶们拼命工作，直至他们只适合送进焚尸炉里去消灭。奥斯维辛集中营在这个恐怖故事中占据着一个特别不光彩的位置，这不仅是因为它独一无二的规模，而且因为它是为了体现这个折中办法而故意设计的。这个集中营是党卫军和法本公司作为一个合成橡胶和合成燃料的中心而联
合创立的。这个庞大的复合体包括 A1（最初的集中营）、A2 417
（位于比克瑙的灭绝工厂）、A3（合成橡胶和合成燃料工厂）和 A4（位于莫诺维茨的法本公司自己的集中营）。法本公司有专门的“奥斯维辛分部”，有它自己的消防员和集中营警察，手里拿着鞭子，尽管经理们经常抱怨囚犯长实施鞭打时的喧闹声太大，鞭打的次数太多，并要求在集中营之内而不是在工作场所进行。

当受害人的列车到达时，他们被分为不同的群体，健康人

去莫诺维茨，老弱病残、妇女儿童径直去死亡营。莫诺维茨合成橡胶厂的工人每天夜里3点开始干活，行动时都是以“党卫军式的小跑”，即使是搬运很重的材料。他们干活时被限制在10平方米的工作区内。没有休息时间，离开工作区就被开枪打死，罪名是“企图逃跑”。每天都有鞭打，“一周总要吊死几个人”。中午吃的是土豆萝卜汤，晚上是一片面包。奴隶劳工体系的头目弗里茨·绍克尔定下了规矩：“所有囚犯的吃住和待遇都要按照这样的方式：既能够尽可能充分地利用他们，又要以能够想象出来的最低花销。”[72]他们实际上比奴隶的境况还要糟糕：仅在奥斯维辛集中营就有25000人确实工作到死。每天早晨，劳动分配官都会挑出生病的人送进毒气室。法本公司保存了一些记录，包括最后指令“比克瑙之后”。劳工们平均每周减少体重6.5～9磅，因此，在此之前一直营养正常的人可以在顶多3个月的时间里从自己的体内补充营养的缺乏（时间比苏联大多数同类集中营要长）。奴隶们耗光了自己的体重，最后死于衰竭。正如一位历史学家所写的那样：

> 法本公司让奴隶劳工沦为一种可消耗的原材料，一种人形的原材料，从中可以系统地榨取生命的矿物质。一旦没有可用的能量剩下，这个活着的废物就被运往比克瑙的毒气室和焚尸炉中心，党卫军在那里把它回收进德国的战时经济——金牙齿给德意志帝国银行，头发做床垫，脂肪做肥皂。[73]

死者带到奥斯维辛的那点可怜的财产被官方“没收”，送往德国。在6个多星期的时间里（1944年12月1日～1945年

1月15日），这些被没收的财产包括：222269套男人的外套和内衣，192652套女人的衣服，以及99922套孩子的衣服[74]。然而，尽管采取了所有这些可怕的措施，它们在极权主义国家是如此典型，但奥斯维辛集中营在经济上却是一次彻底失败：只生产了很少的合成燃料，根本没有造出合成橡胶。

在种族灭绝的总体框架之内（它吞噬了数百万波兰人和俄罗斯人，还有犹太人），实施了很多稀奇古怪的残忍行为。 418
1939年10月28日，希姆莱颁布法令“生命之泉”，为繁殖“理想的雅利安人”而设立配种场。党卫军的女军官搜遍集中营，绑架那些雅利安血统的孩子，把他们储存起来，“这样一来，在我们的有生之年，我们将成为一个有1.2亿日耳曼人口的民族”。希姆莱很欣赏哈利法克斯勋爵的苗条身材，于是命令哺育孩子的女性都吃粥：

> 英国人，尤其是英国的贵族和贵夫人，几乎都是这种食物喂养大的。……吃粥被认为是最正确的。恰好是这些人，男人也好，女人也罢，都因为他们修长的身材而格外引人注目。出于这个原因，我们国家的妈妈们应当习惯于吃粥，并学会给她们的孩子喂粥。希特勒万岁！[75]

在光谱的另一端，党卫军的350位医生（占德国执业医生的三百分之一）都参与了对集中营囚犯所做的实验。例如，西格蒙德·拉舍尔博士在达豪集中营进行了低温实验，杀死了数十人，并要求把实验转到奥斯维辛集中营：“这个集中营的规模如此之大，以至于这项工作所吸引到的关注相对较少。因为那些实验对象在挨冻的时候会大声嚎叫。”为了磺胺类药物的实验，故意让一些被称作“兔子”的波兰女孩的伤口感染上毒气坏疽。还有对俄国奴隶劳工的集体绝育，使用X射线。另外一些实验项目包括萨克森豪森集中营注射肝炎病毒，拉文斯布吕克女子集中营把刺激性液体注入子宫使实验对象绝育，达豪集中营在天主教牧师身上做的蜂窝织炎诱导实验，布痕瓦尔德集中营的注射斑疹伤寒疫苗，以及在吉普赛人身上做的骨头移植实验和强迫喝海水实验。在奥拉宁堡集中营，为了给希姆莱的骨架收藏提供样本，挑选了一些犹太人送进毒气室，他收藏的这些人体骨架都是“布尔什维克的犹太人政委，他们是一种令人憎恶却很典型的亚人类的化身”。[76]

在某种意义上，丘吉尔所说的“没有名字的犯罪”就是全体国民的罪行。有一点倒是真的，自始至终，种族灭绝计划都是偷偷摸摸进行的，尽管规模巨大。希特勒一次也没有提到过它，即便在对心腹亲信发表没完没了的高谈阔论时也是如此，这些谈话成了他那本《桌边谈话》及其他文献的主题。尽管他对屠杀1944年7月密谋的参与者感到兴高采烈，并让人把处决他们的恐怖场面拍成电影，一遍接一遍地放给他看，但他从未探访过任何一个集中营，死亡营就更不用说了。他那巨大的、充满仇恨的意志，让整个过程运转了起来，并一直保持到其目的几乎已经实现。但这种仇恨是抽象的。就仿佛他感觉到，如果他看到那在劫难逃的数百万人一张张活生生的脸，
419 恐怕就连他那样的意志也要崩溃，然后，他完成这项任务的能力就会土崩瓦解，而他一直把这项任务看作他对德国“文化”的最高贡献。他津津有味地欣赏那些出身名门望族的、他认识并憎恨的将军们惨遭杀戮；但是，屠杀人类的整个种族不过是一桩令人不快的职责。就连斯大林——他曾透过观察孔眼睁睁

地看着他过去的老同志在审判时备受折磨——也从未探访过卢比扬卡的地牢，也未踏足过他的死亡营。

正如希特勒的闭口不提，种族灭绝计划的整个运作始终弥漫着一种没有说出，也无法说出的罪疚感。就连希姆莱这个典型的教士革命者，监管着这一罪行的所有细节，也只探访过奥斯维辛集中营两次。就像在所有极权主义体制中一样，不得不创造出一套虚假的术语，来掩盖道德相对主义的有形恐怖。党卫军的杀人术语包括“特别处理”、“重新安置”、“总路线”、“司法范围之外的主权行动”，尤其是“送去东方”[77]。就像对待1934年的谋杀一样，重罪是滔天大罪的先驱，一场沉默的阴谋必定笼罩着整个国家。1943年10月4日，希姆莱告诉他的党卫军少将们：“在我们自己人当中，应当十分坦率地提及它——但我们绝不会公开说到它。”正如他们在1934年的职责是“让犯错的同志靠墙站好，然后开枪打死他们”，如今，他们职责是“消灭犹太种族”。他们从未公开提及1934年的杀戮，如今，他们也必须保持沉默。再一次，1944年5月29日，他告诉各省党部头目，年底之前，所有犹太人都将死去：

> 如今你们什么都知道了，你们最好是守口如瓶。大概要过一段时间，要过很长的一段时间，我们可能考虑是不是告诉德国人民关于此事的一点情况。但我认为，我们最好是不说！在这里，正是我们肩负起了责任，既对行动负责，也对观念负责，我想，我们最好是把这个秘密带到坟墓里去。[78]

因此，死亡营周围的安全措施可谓煞费苦心。一位德国军官的妻子在一个混乱的铁路枢纽站盲打误撞地登上了一趟死亡列车，可她还是被送去了焚尸炉，这样一来，她就不可能说出她所看到的东西了。在1944年8月斯洛伐克犹太人逃跑之前，没有一个受害人活着走出奥斯维辛集中营。尽管如此，还是有数百万德国人知道：他们正在对犹太人做可怕的事。仅党卫军中就有90万人。无数德国人听到和看到没完没了的列车在夜里隆隆驶过，也知道它们的意义，正如一句被记录在案的话所暗示的那样："那些该死的犹太人——他们甚至不让人在夜里睡个好觉。"[79]奴隶制度和德国工业之间有巨大的重叠部分。
420 你可能还记得，德国人在1916～1918年就使用过奴隶劳工和工作到衰竭而死；那是一个国家对战争的回应，是列宁如此赞赏的"战时社会主义"的一个重要组成部分。种族偏执狂深深地扎根于德国的文化，并被一代代知识分子所培养。它先于希特勒，并使希特勒相形见绌。50年后的今天，我们很难想象白人内心中种族主义尤其是反犹主义的巨大力量和无所不在（不仅仅在德国）。那么，在某种意义上，德国人民想要的是结果，希特勒想要的是手段。[80]

在另外的意义上，这一罪行在整个文明世界都有帮凶。党卫军中有15万非德裔成员。比方说，对波兰人最恶劣的屠杀是党卫军的一个师实施的，其中有6500名白俄罗斯战俘[81]。具有讽刺意味的是，对犹太人来说，欧洲最安全的地方是法西斯主义的西班牙和葡萄牙，以及希特勒建立傀儡政权之前的意大利。最危险的地方是法国，在那里，从一开始就反犹的维希政权随着时间的推移变得越来越反犹。有两种类型的法国犹太人：一类是被同化的西班牙裔犹太人和阿尔萨斯犹太人，另一类是新来的犹太人和犹太难民。1941年11月，维希政府成立了法国犹太人总联盟，大部分职员来自第一类犹太人，它构成了一个官僚机器，负责把第二类犹太人用船装运到集中营去——一个微型的犹太人维希政权[82]。实际上，在把外国出生的犹太人赶进集中营这件事上，维希政府扮演了一个十分热心的角色；它声称，这样做保护了本国犹太人；这是假话，因为法国交给纳粹分子的76000 万犹太人当中（其中幸存下来的不到2000 人），三分之一生来就是法国人。那些被杀的人当中，6 岁以下的2000 人，13 岁以下的6000 人。[83]

罪恶的阴影蔓延得更广泛。在1933～1939 年，当希特勒对移民处境感到很矛盾、犹太人依然可以逃走的时候，没有人愿意收留他们。欧洲几乎所有政府都有反犹问题，害怕这个问题变本加厉。英国牢牢地关上了对巴勒斯坦敞开的大门，因为害怕阿拉伯人：1939 年的白皮书把犹太移民限制到5 年7500 人。罗斯福像往常一样，把大量口头上的同情献给了犹太人，但没有做任何实际的事情帮助他们进入美国。最早关于种族灭绝的报告被送到了1942 年8 月在洛桑召开的世界犹太人大会。就连已经习惯于恐怖的犹太官员起初也抱怀疑态度。1943 年4 月，英美两国的官员在百慕大开会，会议决定，两个国家都不会做任何事情来帮助犹太人，也不会批评对方无所作为——这是一份共同反良知的协议。到1943 年8 月，人们都知道并且公开发表了这样一个数据：已经有1702500 个犹太人被消灭。11 月1 日，罗斯福、斯大林和丘吉尔共同警告德国领导人：他们将因为这样的犯罪而受到审判。1944 年3 月24 日，罗斯 421
福发表了进一步的公开警告。但仅此而已。尽管美国有空间和食物，但罗斯福不愿意提供庇护。只有丘吉尔支持不惜任何代价采取行动。以安东尼·艾登为首的同僚联合起来反对他，艾登的秘书记录道："很不幸，艾登在巴勒斯坦的问题上坚决不动摇。他爱阿拉伯人，恨犹太人。"1944 年 7 月 6 日，世界犹太事务局的主席哈伊姆·魏茨曼恳求艾登用盟军的轰炸机制止德国运送匈牙利的犹太人，当时，他们以一天 12000 人的速度被焚烧。丘吉尔记录道："从空军那里得到你能得到的一切，必要的时候来找我。"但什么也没做；虽说我们并不清楚，轰炸是不是真的有什么效果。[84]

到这个时候，大多数犹太人已经死掉了。幸存者想要的是证据，证明文明世界并没有忘记他们，一位幸存者说："我们并不为我们的生命祈祷，我们已经没有这样的希望，但我们要为复仇祈祷，为人类的尊严祈祷，为惩罚杀人凶手而祈祷。"[85]犹太人要求承认这一前所未闻的滔天大罪。很难说他们得到了这个，无论是从德国人自己那里（他们原本可以通过认罪来免除他们分担的罪责），还是从盟国那里。惩罚德国战争犯罪的历史几乎像犯罪本身一样复杂和混乱。因为斯大林相信——正如列宁曾经相信的那样——一个苏维埃德国会从这场战争中脱颖而出，他在自己的公开声明中淡化了德国的战争罪，并鼓励他的西方支持者做同样的事。私下里，他的感情则完全不同。在德黑兰会议上，他指责丘吉尔把德国领导人和人民大众区别开来。同样，为了国内的读者，他指示爱伦堡及其他作家在《真理报》、《红星报》（*Red Star*）及其他报纸上对德国人发表强烈种族主义的攻击[86]。然而，在公开场合，共产党的西方路线是把战争犯罪作为一个政治问题而不是道德问题来对待。1942 年，英国重要的左翼时政评论家维克多·戈兰茨在他的小册子《我们的孩子该活还是该死？》（*Shall Our Children Live or Die?*）中杜撰了一个著名的短语，这本小册子认为，战争罪很大程度上要算在帝国主义头上：因此，“我们每个人都‘有罪’”，但资本家比平民大众更有罪。[87]

1945 年，盟国同意宣判纳粹首要分子有罪，并绞死他们。级别再往下，困难就开始了。苏联人最早到达主要的死亡营。那里的有些官员消失不见了，大概是给俘获他们的人工作去了。纳粹与苏联安全部队之间的联系一直很紧密，这种联系在战后又热忱友好地重新开始了。希姆莱始终很欣赏苏联警察的方法（他相信，斯大林把蒙古血统和成吉思汗的游牧民族区别开了），他的盖世太保头目、党卫军的缪勒将军大概给内务 422
部人民委员会效力去了[88]。给戈林效力的很多普鲁士警官在斯大林及时建立起来的东德人民共和国的警察部门身居要职。

在英国人和美国人当中，人们对惩罚战犯的热情持续得更长一些，但最终也被历史的行进给浇灭了。到了法本公司的高管在纽伦堡被宣判有罪的时候（1948 年 7 月 29 日），柏林封锁已经开始，德国如今是一个潜在的盟友，德国工业的复兴是英美的一个目标。因此，卡尔·克劳赫只获刑 6 年，正是此人把法本公司纳粹化了，并亲自选择了奥斯维辛集中营建合成橡胶工厂。另外 11 名高管获刑 18 个月至 8 年不等——一位公诉人约西亚·杜波依斯愤怒地写道：“轻到足以让偷鸡贼高兴”。[89]到 1951 年 1 月，根据盟国的宽恕法案，所有德国实业家战犯全都被释放了。被判没收全部财产的阿尔弗雷德·克虏伯拿回了自己的财产，因为美国高级代表约翰·J. 麦克洛伊觉得，“没收财产好像与美国的司法相矛盾”。当盟国把赔偿工作交给德国人自己处理的时候，结果便没有显示出任何强烈程度的集体悔罪。新成立的联邦德国政府支付给新成立的犹太复国运动的以色列国一笔赔款。但是，坚持索赔的个人奴隶劳工却发现，德国的法庭毫无同情心。经过多年诉讼之后，50万幸存的奴工当中，只有14878人最终得到了赔偿，每个人所得的金额只有区区1250美元。在旷日持久的法律诉讼之后，莱茵金属公司支付给每个前奴工425美元。1959年，在美国政府施压之后，克虏伯公司总共支付了238万美元。弗里德里希·弗利克一个子儿也没掏，1972年以90高龄去世的时候留下了10亿美元的资产[90]。但话说回来，谁会蠢到相信这个世界有正义呢？

有很多理由可以解释赔偿为什么混乱不堪且金额不足。当希特勒政权土崩瓦解的时候，美国和英国依然在和日本打一场越来越一边倒的总体毁灭战。太平洋战争见证了历史上最大的海军战，资源和技术的压倒性优势不可阻挡地增长，决定了这些战役的成败。日本人以性能卓越的零式战斗机开始。1942年6月4日，一架零式战斗机在阿留申群岛完好无损地落入了美国人之手，他们立即设计出了一种专门对付它的飞机“地狱猫”，并以惊人的数量源源不断地生产出来[91]。日本的飞机生产在1944年6月达到顶峰，当时生产了2857架飞机；从此以后，由于盟军的轰炸，产量稳步减少。在整个战争中，日本只生产了62795架飞机，其中损失了52109架[92]。到1943年，美国一年生产的飞机超过10万架。军舰的情况也是一样。在战争期间，日本只有20艘航空母舰投入使用，其中16艘被摧
423 毁。到1944年夏天，仅美国就有将近100艘航空母舰在太平洋活动[93]。这种不平衡由于日本的非理性战略而进一步加剧。日本的潜艇人员所受的训练只是为了攻击敌人的军舰。在总参谋部，只有两名军官分派给反潜艇、布水雷和防空作战，并把这些工作轻蔑地归类为“后防线防御”。就连有限的护航系统

也是直到1943年才采用，全面护航只是在1944年才开始；到那个时候，美国海军已经有数百艘潜艇和大规模的“潜艇群”系统[94]。结果，日本开战时所拥有的600万个吨位的船舶当中，损失的船舶超过500万个吨位：50%损失于潜艇，40%损失于飞机，其余的损失于鱼雷。海军的失误让陆军的失误变本加厉，由于战争前5个月对领土的贪婪，陆军把它的兵力分散到了3285000平方英里的范围，有3.5亿“臣民”，由3175000人驻守，其中大多数人的补给由海路供应。结果是，日本海军竭尽全力想让陆军活下来，并且有武器装备，而在这一越来越徒劳的努力中，他们摧毁了自己，也摧毁了日本的商船。事实上，很多人饿死了，或者由于缺乏弹药，而不得不用竹茅战斗。[95]

日本陆军的战略是坚守他们已经获得的东西，并坚持认为，美国的新兵蛋子在近距离搏斗中不是日本兵的对手，过高的伤亡率会导致美国的民意迫使其政府妥协。但是，一旦盟军确立了海上和空中优势，他们便采用了“中太平洋战略”：使用“蛙跳”战术，跳过中太平洋诸岛，再使用两栖登陆，并最大限度地利用火力优势，直取日本本土[96]。日本人自始至终都在玩命地战斗，但科技和生产使得美国人能够确立并保持殖民地时代的伤亡率。1943年11月，当中太平洋攻势在塔拉瓦岛开始的时候，美国人不得不杀死了那里的5000名守军，其中只有17人幸存，而他们自己也损失了1000人。结果，他们增强了火力，拉长了蛙跳的距离。在下一个小岛夸贾林环礁，海空轰炸是如此猛烈，以至于正如一个目击者所说的那样：“整个小岛看上去仿佛被抬到了2万英尺的高空，然后落下。”8500名守军几乎全部被杀，但强大的火力使得美国士兵的死亡低至 373 人[97]。这样的伤亡率被保持了下去。在莱特岛，日本守军 70000 人几乎全部阵亡，只有 5000 人幸存；而美国只牺牲了 3500 人。在硫磺岛，美国人遭受了他们最糟糕
424 的伤亡率：4917 人阵亡对日本人超过 18000 人阵亡。在占领冲绳岛时，他们拿出了最高的伤亡账单：13520 人阵亡或失踪，而日本人则有 185000 人被杀。不过总的说来，美国人的损失不大。大多数日本阵亡者死于海上或空中轰炸，要么就是切腹自杀和被饿死。他们连美国兵的影子都没见到，更不要说跟他们拼刺刀了。即便在缅甸（那里的战斗始终非常激烈，海空优势派不上用场），印度 - 英国第 14 军杀死了 128000 日本人，而他们自己的全部伤亡不超过 20000 人。[98]

中太平洋战略的目标是要把日本本土置于以地面为基地的重型轰炸机的打击范围之内，以不断增长的规模维持全天候轰炸。简言之，这就是空军专家多特在 1920 年代所预言的、英国的绥靖分子在 1930 年所害怕的、丘吉尔试图对德国发动的那种战争。它开始于 1944 年 11 月，当时，被占领的关岛基地已经可以充分利用，B29 空中堡垒各携带 8 吨炸弹，可以和护航战斗机一起攻击 1000 人的部队。1939 年，罗斯福曾捎信给交战各方，恳求他们克制自己，不要干出轰炸平民的“非人性的野蛮勾当”。这一姿态在珍珠港事件之后便消失得无踪无影。从 1945 年 3 月至 7 月，在几乎没有抵抗的情况下，B29 轰炸机在 66 座日本城市和集镇投下了 10 万吨燃烧弹，把 17 万平方英里人口稠密的街道夷为平地。3 月 9 ~ 10 日夜间，在强劲北风的帮助下，300 架 B29 轰炸机把武藏平原古老的沼泽平地变成了人间地狱，摧毁了 15 平方英里的城市，8.3 万人被杀，10.2 万人受伤。附近战俘营里的一位英国目击者把它

比作 1923 年的大地震所带来的恐怖，这场地震他也亲历过[99]。即使在投下原子弹之前，日本的数字就表明，对 69 个地区的空袭已经摧毁了 225 万幢建筑，让 900 万人无家可归，26 万人死于非命，41.2 万人受伤。这些空袭在数量和威力上稳步增长；7 月，盟军舰队过来了，用他们的重型大炮近距离地炮轰了沿海城市。

7 月 16 日，奥本海默的钚弹在新墨西哥的阿拉莫戈多轰炸靶场试爆成功，它产生了一个火球，其温度是太阳中心的 4 倍。奥本海默引用了《薄伽梵歌》（*Bhagavadgita*）中的一段话：“一千个太阳的光辉……我像死神一样，成为世界的毁灭者。”费米更散文化一点，他估算，冲击波显示了 1 万吨 TNT 的爆炸威力。消息被迅速报告给新任美国总统哈里·S. 杜鲁 425
门，他正在从波茨坦回国的途中。1944 年 9 月 9 日，丘吉尔和罗斯福在后者的海德公园庄园里签署了一份协定，开篇便说：“当原子弹最终可用的时候，经过深思熟虑之后，它多半有可能被用来对付日本人。”杜鲁门立即签署命令，要尽快使用原子弹，关于使用原子弹是否明智或者是否道德，似乎不存在任何拖拖拉拉的讨论，无论如何，至少在政治和军事高层没有讨论过。正如格罗夫斯将军所言：“上流社会想要尽快使用它。”[100]美国和英国已经把它们能够拿出的每一盎司传统炸药都投到了日本，而且由于新的技术和资源，每天都在增加；拒绝使用超级炸弹是不合逻辑的，实际上也是不负责任的，因为它的新奇性可能冲击日本人迄今为止毫不动摇的继续抵抗的决心。

早在 1942 年 2 月，就有人告诉裕仁天皇，这场战争不可能赢。1943 年，海军得出了这样一个结论：战败是不可避免的。1944年，东条英机被一次海军政变赶下了台。这并没有让局势有任何改变。对暗杀的恐惧太过强烈。1945年5月，苏联被请求出面调停。但斯大林漫天要价，因为在1月份的雅尔塔会议上，他就得到了承诺：如果在8月份对日宣战，他将获得丰厚的领土回报。6月6日，日本最高会议批准了一份文件，题为《今后在进行战争上所应遵循的基本政策》，文件宣称："我们将……死战到底"。保卫日本本土的最终计划"行动决定"提供了10000架自杀式飞机（大多数是从训练机改装的）、53个步兵师和25个旅：235万受过训练的部队将在海滩作战，有400万陆军和海军的文职雇员和一支由2800万人组成的民兵部队在背后提供支持。他们的武器包括前镗枪、竹矛和弓箭。为组建这支军队，议会通过了特别立法[101]。盟军指挥官想当然地认为，如果入侵日本变得很有必要的话，必须预期自己部队的伤亡将高达百万之众。将有多少日本人丢掉性命？如果根据已有的伤亡比例来计算，这个数字将在1000万~2000万。

盟军的目标是要在入侵日本本土变得不可避免之前粉碎日本人的抵抗。8月1日，820架B29轰炸机在北九州的5座城镇投下了6600吨炸弹。5天后，美国的一颗未经试验的铀弹被投放在广岛，它是日本的第八大城市，第二集团军的司令部所在地，也是一个重要的装运港口。两天前，大约投放了72万份传单，警告市民：这座城市将被"抹去"。没有人当真，部分原因是因为据说杜鲁门的母亲曾经住在附近，有人认为，
426 这座城市很漂亮，将会被美国人用作休闲娱乐中心。这座城市大约24.5万人当中，10万人当天死于非命，大约10万人随后命归黄泉[102]。有些人死的时候没有明显受伤，也看不出什

么原因。另一些人身上布满了发光而多彩的斑点。很多人吐了血。一个人把自己烧伤的手放进水里，“某种古怪的、略带蓝色的东西冒了出来，像烟一样”。另一个人几乎失明，后来完全恢复了视力，但头发却掉光了。

日本政府的公开反应是通过瑞士大使馆向全世界发出了一份抗议。20 年来，他们一直无视国际法，如今却指责“美国政府不顾国际法，用特别残忍的新式武器攻击广岛”。但私下里，他们把原子弹计划的领导人仁科芳雄召到了东京，询问广岛炸弹究竟是不是货真价实的核武器，如果是的话，他能不能在 6 个月之内复制出一样的东西来[103]。这意味着，一颗原子弹并不会起决定性的作用。

8 月 9 日，第二颗原子弹（这次是钚弹）投了下来，没有投到它的首要目标，而是投放到了它的可选目标——一个残酷的讽刺是，这个目标是基督教城市长崎，抵制神道教的中心。74800 人当天被杀。这可能让日本人相信，这种炸弹美国人有大量的储备（事实上只有两枚已经准备就绪，预定 8 月 13 日和 16 日投放）。第二天，紧接着雅尔塔会议上的讨价还价之后，如今在中国东北边境陈兵 160 万的苏联正式对日宣战。几个小时前，日本人已经发出电报，原则上接受盟国无条件投降的条件。核战争于是暂停了，尽管传统的空袭还在继续。8 月 13 日，1500 架 B29 从黎明到黄昏连续轰炸了东京。

最终的投降决定是 8 月 14 日做出的。陆军大臣和两位参谋长反对这个决定，首相铃木贯太郎海军大将不得不请求裕仁天皇解决这一争端。正如天皇后来所写的那样：

> 在投降的时候，不管他们讨论了多少次，都不可能达

> 成一致。……当铃木贯太郎在御前会议上问我，这两种观点应该采纳哪一种的时候，我破天荒地得到了这样的机会，可以表达我自己的自由意志，同时又不侵犯其他任何人的权威或责任。[104]

裕仁天皇接下来录制了给日本人民的投降诏书，承认“战争形势的发展对日本未必有利”，为避免“人类文明的整体覆灭”，日本将不得不“忍受无法忍受的，承受难以承受的”[105]。
427 一些陆军军官冲进皇宫，试图赶在广播之前毁掉这份录音，他们杀死了禁卫军的首领，纵火烧毁了首相和首席宫廷大臣的宅邸。但他们没能制止广播；广播之后，陆军大臣及其他人立即在皇宫广场自杀身亡。[106]

没有证据表明，不使用原子弹也可以迫使日本投降。如果没有原子弹，中国东北将会有激烈的战斗，传统的轰炸将会更加猛烈（一天大约 1 万吨 TNT 已经接近核武器的门槛），就算不需要入侵日本本土。因此，核武器的使用挽救了日本和盟国的无数生命。广岛和长崎那些死去的人与其说是英美技术的牺牲品，不如说是一个已经瘫痪的政府体制的牺牲品，是一种邪恶的意识形态使之成为可能，它不仅放逐了绝对的道德价值，而且放逐了理性本身。

日本式的极权主义的真正特性，只有当战俘营被打开、国际军事法庭开始工作时才变得昭然若揭。军事法庭的庭长威廉·韦伯爵士指出：

> 跟纽伦堡法庭上德国被告的罪行比起来，日本被告的罪行远没有那么邪恶、多样和广泛，但是，酷刑、谋杀、

> 强奸及其他最野蛮的残忍暴行以如此巨大的规模、按照如此普遍的模式实施着，以至于唯一可能的结论是：这些邪恶暴行是日本政府或其成员或者武装力量领导人秘密下令执行的，要么就是故意默许的。[107]

英国翻译官戴维·詹姆斯在日本投降之后探访了主要的战俘营，他注意到了1920年代后入伍的军官当中绝对道德价值的崩溃，这些人“完全是在皇道和国家神道教中接受训练”，对例行公事式的残忍行为负有责任，“无论是在行动之内，还是在行动之外，他们都有同样的杀人本能。由于这个原因，有一种共同的暴行模式，这一模式看来让东京的军事法庭深感震惊”。日本政府并没有严格意义上的集中营：充其量它只有400个自己的政治犯。但它的战俘营却像纳粹和苏联的奴隶营一样，是按照经济的原则来管理的。在探访这些战俘营之后，詹姆斯在1945年9月报告：

> 日本战俘管理的基本原则是：在食物和军事供应品上以最小的成本，最大化地榨取战俘的劳动。到最后，这让他们陷入了一个犯罪的深渊，吞没了整个管理部门，并把 428
> 日本人变成了纯粹而简单的杀人凶手。……所有战俘营都是按照同样的路线管理的：他们并没有违反他们自己的任何规章……如果审判他们，我们必定针对个人提出证据，但事实上正是制度制造出了罪犯。[108]

因此，在暹罗铁路上工作的5万名战俘当中，有1.6万人死于酷刑、疾病和饥饿。一些被缴获的日本现场命令反复强调，那些被认为没有用途的战俘应当杀掉。提交到法庭面前的证据表明，日本的军医官从依然活着的健康战俘身上取走心脏和肝脏。在缺乏其他食物的时候曾批准盟军战俘吃人肉。日本人在战俘营里杀死的英国军人比战场上还要多。事实上，日本人的战俘管理记录比纳粹分子糟糕得多：德国和意大利拘押的23.5 万名英美战俘当中，只有 4% 的人死亡，而日本监禁的13.2 万名战俘有 27% 的人死亡。[109]

东京的军事法庭判定 25 个主要战犯有罪，特别是那些对策划战争及 4 次主要恐怖行为——南京大屠杀、巴丹半岛的“死亡行军”、泰缅铁路和洗劫马尼拉——负有责任的人。7 个人被绞死，其中包括东条英机。地方军事委员会判处了另外920 名战犯死刑，3000 多人入狱。军事法庭的非白人法官当中，印度人拉达宾诺德·巴尔持有异议，他说，日本自始至终只是在自卫中采取行动，这次审判是“胜利者的正义”。菲律宾法官德尔芬·哈那尼拉说判决过于宽大。事实上，比起施加给英美士兵的任何暴行，日本人针对印度和菲律宾军人以及针对中国人、马来人及其他非白人平民的暴行更加残忍，受害人数也更多[110]。这一体制主要的受害人是日本人民，他们当中，超过 400 万人死亡：正是教导他们把战俘当作死刑犯一样对待的同样的教义，对发动自杀式战争和拖延媾和的决定负有责任。首相近卫文麿也是罪人之一，他临终的床上留下了一本奥斯卡·王尔德的《深渊书简》（*De Profundis*），他小心地在下面这行字下画了一道线：“这个世界对我所做的事情虽然很可怕，而我对自己所做的事情却更加可怕”——这是极权主义日本的墓志铭[111]。而且，正如我们在本书中一再指出的那样，道德腐化的整体原则应验了魔鬼的格雷欣法则：恶赶走了善。1943 年 3 月 3 日，美国的飞机摧毁了增援新几内亚莱城守军的护航舰队，用机关枪扫射在水中游泳的幸存者，报告说：“这是一项可怕的任务，但在军事上是必要的，因为日本士兵拒不投降，在可以游到海岸的距离之内，不可能让他们登 429
陆并加入莱城守军的队伍。”[112] 对于盟军来说，开枪打死尝试投降的日本人是稀松平常的事。在国际军事法庭上，一位辩护律师小阿道夫·菲尔上尉愤怒地大声喊道：“我们在战场上打败了我们的敌人，但我们让他们的精神在我们的内心里获胜了。”[113] 这是夸大之词，但包含了真理的成分。日本在 1937 ~ 1938 年对中国城市的小规模轰炸受到美国整个自由主义权势集团的谴责。到了决定原子弹的第一个目标的时候，正是哈佛大学校长詹姆斯·科南特（他在国防研究委员会上代表文明世界的利益），提出了决定性的建议：“最可取的目标是一家生死攸关的军事工厂，雇用了大量的工人，并紧紧地被工人的房子所环绕”[114]。

无论如何，到战争结束时，道德问题的困扰由于苏联极权主义强国的存在（而且是在正义的一方），而从根本上变得更加复杂。纳粹分子和武士道的武士们所犯下的几乎每一桩罪行（哪怕是想象出来的），苏联政权也都犯过，规模通常更大。它所经营的恰好就是产生战争及其恐怖行为的那种体制。尤其是，1939 年 9 月的《苏德互不侵犯条约》和 1941 年 4 月的《苏日中立条约》使得轴心国的侵略成为可能。

然而，苏联不仅没有因为它帮助制造战争而被判定有罪，而且作为这场战争的唯一受益者出现，使之受益的恰好就是其中一份战时秘密条约——或者说是贿赂——而《凡尔赛和约》已经如此断然地谴责过这样的秘密条约。1941 年 8 月 14 日的

《大西洋宪章》声称（1942 年 1 月 1 日的《联合国宣言》重申了这一点），签约国“不谋求领土或其他方面的扩张……不希望看到不符合相关人民自由表达之愿望的领土改变”。1942 年 5 月 26 日的《苏英同盟合作互助条约》声称（第五条）：“它们的行动将依照下列两项原则：不为自己谋求领土扩张，不干涉他国内政。”然而，在 1945 年 1 月的雅尔塔会议上，为了回报苏联“在德国投降两三个月之后”参加对日战争，斯大林要求：承认苏联对外蒙古、南库页岛及周边岛屿的占有；对大连实施国际共管，以保护“苏联的显著利益”；租借旅顺港作为军事基地；与中国人共同经营中东铁路和南中国东北铁路的
430 权利，以保护“苏联的显著利益”；以及赤裸裸地吞并千岛群岛。罗斯福几乎没有争论，便同意了所有这些贪得无厌的条件；丘吉尔在离本国更近的问题上极其需要斯大林的支持，他因此默认了这些要求，因为远东在很大程度上是“美国的事。……对我们来说，这个问题遥远而次要”。[115]

中国是这一粗暴拙劣的领土盗窃行为的主要受害者，这一盗窃行为也使得其政权的毁灭成为可能。可中国并没有出席雅尔塔会议，尽管它也是盟友，甚至直到 6 个月之后才原则上把这些条款通报给了它，详细告知要到 8 月 14 日，到那个时候，苏联已经宣战，协议不可更改。苏联的正式宣战直到日本人原则上同意投降 4 个小时之后才发布[116]。斯大林什么都不出便得到了他的漫天要价，西方强国怎么也证明不了放弃他们最重要的战时原则是有道理的，哪怕是以刚性的军事需要作为理由。

另一件让审判德日战犯颇具嘲讽意味的事情是，就在为审判他们而搜集证据的同时，英国和美国却帮助斯大林在同等规

模上犯下了一桩罪行，以至于用武力把受害人交到了斯大林的手里。盟国都知道，而且闭口不提，苏联在 1941 年和 1943 ~ 1944 年整体放逐了 8 个民族，尽管根据联合国后来（1948 年 12 月 9 日）起草的关于种族灭绝的定义，这就是一宗战争罪。但他们不能不理睬苏联在 1944 年 5 月 31 日提出的要求：在解放欧洲期间落入盟军之手的任何苏联国民都必须归还给苏联，不管他们愿不愿意。在实践中，人们发现，10% 的“德国”战俘实际上是苏联人。有些人想回去，有些人不想。他们是一场巨大动荡中的渺小个体，但他们当中很少有人懂得这一点。英国情报部门的报告（1944 年 6 月 17 日）指出：“从来没有人问他们是否愿意加入德国军队，只是给他们一套德军制服，再发给一支步枪。……这些苏联人只认为自己是战俘。”[117] 美国人解决这一困境的办法是，把任何一个穿德军制服的人都当作德国人来对待，除非他坚持自己不是德国人。英国外交部坚持一种书生气的正直。外交部的法律顾问帕特里克·迪安记录道（6 月 24 日）：

> 这完全是苏联当局的问题，跟英国政府毫无关系。到最后，苏联当局想要处理的那些人都必须交给他们，他们究竟是被枪毙，还是会受到比在英国法律下更严酷的对待，都和我们没有关系。

在这个基础上，尽管丘吉尔颇有疑虑，外交大臣安东尼· 431
艾登还是让战时内阁通过了一项决议（1944 年 9 月 4 日），完全承认了斯大林的理由，后来又被写入了雅尔塔协定。[118]

结果，数十万人被交给斯大林去照料。第一批 1 万人当中，只有 12 个人是自愿的。一位美国外交官目睹了他们的到达："在重兵把守之下，他们列队走向了一个未知的目的地。"随着时间的推移，越来越多的人不愿意回去。1945 年 6 月 10 日，"自豪帝国"号停泊在敖德萨码头，船上的人不得不由武装警卫看守，其中包括很多病人，以及因为在绝望中试图自杀而受伤的人。一位英国观察者记录道：

> 苏联当局拒绝接受任何躺在担架上的病人，即使是奄奄一息的病人，也要他们拿着自己的行李步行下船……一个试图自杀的病人受到非常粗暴的对待，他的伤口开裂了，血流不止。他被带下了船，走到码头上一个大货箱的后面。只听一声枪响，什么也看不见。

他接着补充道，有 31 个战俘被带到一间仓库的后面，15 分钟后，听到机关枪开火的声音。船上有个高级战俘，是个少校，他举报了船上大约 300 个战俘，他们大概全都被枪杀了。然后，上校也被枪杀了——这是斯大林典型的手法。[119]

出于过度的热心，英国外交部还交出了 5 万名在奥地利南部投降的哥萨克人。在一代人以上的时间里，这些人一直是难民，即使根据《雅尔塔协定》，也不应该把他们遣送回国；但他们作为某种意外的礼物，连同他们的妻儿一起被送给了斯大林。大约 2.5 万名克罗地亚人同样被"归还"给了南斯拉夫的共产党政权，他们在那里成了穿过城市的"死亡行军"的陈列品："他们饥肠辘辘，口干舌燥，骨瘦如柴，不成人形，备受折磨，饱受痛苦，被迫跑过漫长的距离，身边是那些'解放'他们的人，这些人骑在马上，或者坐在马车里。"[120]

为了强迫这些男人、女人和孩子穿过边境，英国军队不得不使用他们的刺刀，在某些情况下为了制止抵抗而开枪射杀，偶尔甚至动用火焰发射器。有大量的人自杀了，有时候是全家自杀[121]。那些被送给斯大林的人很多被立即枪毙。其余的人在集中营里苟延残喘，他们的存在不为人知，或者被人遗忘，直到最后，索尔仁尼琴让人们关注到了这一特殊恶行的巨大规模。当然，强行遣送回国只是他们那位如今获胜的盟友给盎格鲁-撒克逊人的强国出的难题的一个方面而已。

13. 恐怖带来的和平

432 1946年1月10日，保守党下院议员和日记作者钱农（绰号“炸薯条）出席了伦敦的一场社交婚礼，他对另一位客人卡纳德夫人（绰号“翡翠”）发表高论：“正常生活多么快就重新开始了。我说，指了指人头攒动的房间，‘归根到底，这就是我们为之而战斗的东西’。‘什么?’翡翠说，‘他们都是波兰人吗?’”[1]

的确，忘记波兰实在太容易了。然而，在下面这个意义上，波兰就是战争的原因：如果波兰不存在，战争的进程就会完全不同。而且，在下面这个意义上，也是波兰终结了这场战争：它引发了战时同盟的瓦解和民主国家与共产主义国家对抗的开始。故事要从它中断的地方重新讲起，当时，斯大林和希特勒签署了1939年8月的协议，在世界舞台上，苏联如今代表了贪得无厌的极权主义原则。波兰是全球棋盘上一颗棘手的棋子，它不断提醒人们：这场战争与其说是对与错之间的冲突，不如说是一场生存之战。

当然，有人认为，不管怎么说，“大联盟”还是利他主义的，但这个观念从一开始就是个幻想。这个幻想很大程度上是罗斯福制造出来的，部分是为了他自己的政治目的，部分是因为他确实相信这个。他那些有长期和斯大林及其政府打交道的专业经验的同胞激烈而绝望地反对罗斯福的路线。劳伦斯·斯坦哈特继戴维斯之后出任驻莫斯科大使，他和国务院一样持强硬观点，他们被称作“里加派”：

> 英国和美国的做法在这里必须解释为软弱的标志……这些人一旦意识到我们在安抚他们、补偿他们或需要他们，他们便立即停止合作了。……我的经验是，他们只对武力做出回应，如果不能诉诸武力，就诉诸东方式的直接易货交易。[2]

罗斯福不会这么干。希特勒宣战使得苏联成为美国的盟 433
友，那个时候罗斯福就设计出了一些程序，绕过国务院和大使馆，直接跟斯大林打交道[3]。他的中间人是哈里·霍普金斯，一个政治贩子，他汇报说，很自然，斯大林喜欢下面这个想法：他“不信任我们的大使或我们的任何官员”[4]。罗斯福还想绕过丘吉尔，他认为丘吉尔是个不可救药的老帝国主义者，理解不了意识形态的理想主义。1942 年 3 月 18 日，他写信给丘吉尔：“我知道你不会介意我的直言不讳，我要告诉你：对付斯大林，我亲自上阵可以比你的外交部或我的国务院干得更好。斯大林痛恨你所有的高层。他认为他更喜欢我一些，我希望他会继续这样。”[5]这种虚荣自负由于惊人的天真而变得更加糟糕——让人不由得联想到张伯伦当年相信只有自己能够“对付”希特勒。他并不相信斯大林想要得到领土。他指责丘吉尔：“你的血液里有 400 年的贪婪本能，你只是不理解，一个国家可能并不想获得某个地方的土地，即使它能够得到。”[6]谈到斯大林的时候，他说：“我想，即使我把自己能够给他的一切都给他，而且不从他那里要求任何回报，以他这样位高权重者的品德，他不会试图吞并任何地方，而且会为了一个民主与和平的世界跟我携手合作。”[7]

罗斯福的盲目轻信对战后欧洲稳定构成的威胁最早在德黑

兰会议上变得明显起来，1943 年 11 月，丘吉尔、罗斯福和斯大林出席了这次会议。英国参谋长委员会的主席艾伦·布鲁克爵士这样总结道："斯大林把罗斯福总统揣进了自己的口袋。"[8] 丘吉尔对他的一位部长哈罗德·麦克米伦抱怨："德国完蛋了，虽说还要花些时间来清理垃圾。如今真正的问题是苏联。可我没法让美国人认识这一点。"[9] 整个 1944 年，尽管成功发动了对欧洲的反攻，但丘吉尔的焦虑却与日俱增。在盟军于 1944 年 7 ~8 月实现突破之后，前进的步伐慢了下来。盟军最高司令艾森豪威尔将军拒绝接受这样一个重要观点：他的部队挺进中欧的程度将事实上决定战后的地图。他强调："我不愿意为了纯粹的政治的目的而让美国人冒生命危险。"[10] 当苏联人前进的时候，他们让自己的敌对意图变得足够明显。占领了德国人设在格丁尼亚的潜艇实验站之后，他们拒绝盟国的海军转接染指它的秘密，尽管太平洋战役依然如火如荼，装运武器去苏联的护航舰队依然处在潜艇的猛烈袭击之下[11]。美国的将军们希望最大限度地维护与苏联武装部队的合作，好让他
434 们能尽早把部队转到东方去结束对日作战（同时希望有苏联的大力支持），然后全部打道回府。正如丘吉尔所认识到的那样，那会把英国人留在欧洲战场上，以 12 个师（约 82 万人）面对苏联的 1.3 万辆坦克、1.6 万架前线飞机和 525 个师总共超过 500 万人[12]。正如外交部的备忘录所写的那样，他的任务就是发现如何"利用美国的力量"，驾驶"这艘难以驾驭的大船"，驶入"正确的港口"；否则的话，它就会"在汪洋大海中颠簸飘摇，这对航行来说是一个孤立的危险"[13]。

丘吉尔决定推行双重政策：在他还能讨价还价的时候实实在在地跟斯大林讨价还价，同时试着把罗斯福拧紧到顶点。

1944 年 10 月，他去了莫斯科，把他所说的一份“淘气的文件”塞给了斯大林，由于“斯大林元帅是个现实主义者”，文件便提出了列强在 5 个巴尔干国家的“利益比例”：南斯拉夫和匈牙利将在苏联与其余国家之间瓜分，各得 50%；苏联得到罗马尼亚的 90%，保加利亚的 75%；而英国与美国一起得到希腊的 90%。根据英国大使阿奇博尔德·克拉克－卡尔所做的记录，斯大林在保加利亚的问题上讨价还价，他明显想要 90%；然后他用一支蓝色铅笔签署了那份文件。他还同意遏制意大利共产党。[14]

这份“淘气的文件”实际上是试图把苏联排除在地中海之外，其代价是把罗马尼亚和保加利亚作为卫星国送给苏联。丘吉尔的算计是，希腊是可以从这场大火中救出来的唯一一块烧焦的木头，因为英国军队已经在那里就位，他在莫斯科得到的是斯大林同意让英国放开手脚——而且立即派上了用场。12 月 4 日，当内战在雅典爆发的时候，丘吉尔决定使用武力粉碎共产党：他忙到深夜，一直在发电报，“坐在扶手椅里转着圈，对着发报机向莱顿小姐口述电文，后者对老头在官方术语中夹杂着的许多亵渎上帝的言辞眼睛都不眨一下”。他发给英军指挥官斯科比将军的那封关键电报强调：“我们不得不占领并控制雅典。尽可能在不流血的情况下成功地做到这一点对你来说是一件大事，不过，如果必要的话也可以流点血。”[15] 流血是必要的，但希腊是为了民主而被拯救的。实际上，尽管地中海战区的稳定直到 1948 年 4 月共产党输掉了意大利的选举之后才得以确保，但丘吉尔还是通过他在 1944 年晚些时候的有力政策，从而有效地、几乎是单枪匹马地在一代人的时间里把极权主义排除在地中海之外——这是他对人类自由最后的伟大贡献。

435 但丘吉尔无力挽救东欧。正如他在内阁会议记录中所写的那样：

> 目前，阻止事态全面崩溃超出了本国的能力。责任在于美国，我的愿望是竭尽全力支持他们。如果他们觉得什么事情也做不了，那我们就只好顺其自然了。[16]

但是，在1945年1月决定性的雅尔塔会议上，罗斯福却故意阻挠丘吉尔试图提前协调英美政策的努力，埃夫里尔·哈里曼说，他并不希望“加深苏联人的怀疑：英国人和美国人将协同行动”[17]。当波兰问题被提出来的时候，罗斯福满足于苏联同意举行选举，“所有民主的、反纳粹的党派都有权参加”，但他并不支持英国的要求：对投票进行国际监督。相反，他拿出了一篇典型的罗斯福式的修辞文本，一份《关于被解放欧洲的宣言》，含糊其辞地承诺“所有民族有权选择他们生活于其下的政体”。苏联人高高兴兴地签署了这份宣言，尤其是在他们听到了罗斯福令人震惊的宣告之后，他宣布：所有美国军队都将在两年之内撤出欧洲；这正是斯大林想要听到的。[18]

冷战可以说是雅尔塔会议的直接后果，可以准确地追溯到1945年3月。当然，在某种意义上，苏联自1917年10月便发动了冷战：它是列宁主义的历史决定论所固有的。打从1941年6月起，实用主义的联盟纯粹是个障碍。不可避免的是，斯大林迟早会重新开始他充满敌意的掠夺行为。他错就错在动手太快。这倒不是说他很急躁，像希特勒那样。他并不相信迫在眉睫的末世论。但他很贪婪。他太谨慎了，不可能仿效希特勒的榜样：系统化地制造掠夺的机会，但当机会出现的时候，他就忍不住要利用这样的机会。他最明智的策略是按兵不动，直到美国人消失在大西洋彼岸。可是，眼睁睁地看着波兰这颗果实已经熟透，他忍不住摘了下来。罗斯福的助手莱希海军上将是美国代表团中最顽固的成员，他甚至在雅尔塔会议上抱怨，波兰协议是“如此富有弹性，以至于苏联人完全可以把它从雅尔塔一直拉伸到华盛顿，而在技术上不会弄断它”[19]。但是，雅尔塔会议为兑现自由选举担保而成立的委员会刚刚在2月23日开会，有一点就变得很清楚了：斯大林打算无视自己的担保。决定性的时刻出现在3月23日，当时，莫洛托夫宣布，选举将按照苏联的方式举行。两天后，当罗斯福得到哈里曼关于这次会议的报告时，他抡起拳头猛捶自己的轮椅：“埃夫里尔是对的。我们没法跟斯大林做生意。他违背了自己在雅尔塔许下的每一句诺言。”[20]1945年3月8日~4月12日，丘吉尔接连给罗斯福发出了13份强有力的电报，这些电报对罗斯福的政治教育很有帮助；他的幻想终于破灭了，只好去沃姆斯普林斯等死。他告诉一位记者：斯大林要么并没有掌控一切，要么“是个说话不算数的家伙”。[21] 436

然而，在他生命中最后几个星期里，罗斯福没有做任何事情来鼓励艾森豪威尔迅速向柏林、维也纳和布拉格推进，像英国人所希望的那样。蒙哥马利将军难过地写道：“美国人不懂，如果在政治上输掉这场战争的话，在战略上打赢战争就没多大用处。”[22]新任总统哈里·杜鲁门不是富有的、饱受负罪感折磨的东海岸精英中的一员，也没有罗斯福那种时髦的进步主义幻想。他没受过很好的教育，但学得很快；他的本能是民主的、坦诚率真的。4 月 23 日凌晨 5 点 30 分，他把莫洛托夫召到布莱尔大厦（他还没有搬进白宫），告诉他，苏联必须兑现它在雅尔塔对波兰所做的承诺："我对他直截了当地说出了这个要求。我让他明白了这个要求。它是斩钉截铁的。"莫洛托夫说："这辈子从未有人这样对我说话。"[23]但杜鲁门不可能在战争最后的日子里改变美国的军事政策。布拉德利将军估算，占领柏林将让美国付出 10 万人伤亡的代价；马歇尔将军说，占领布拉格是不可能的事；艾森豪威尔将军反对任何可能终止与苏联红军军事合作的事情；所有人都想苏联帮助对付日本[24]。就这样，东欧和巴尔干半岛大部分地区都丢掉了，落入了苏联之手。

一度，西欧能否幸免都不清楚。即便在政治和外交层面上，也要花去宝贵的几周和几个月时间才能逆转罗斯福的政策。在 1945 年上半年，国务院依然试图阻止发表任何批评苏联的材料，甚至包括一些直接陈述事实的新闻报道，比如威廉·怀特的《关于俄国人的报道》（*Report on the Russians*）[25]。7 月，在波茨坦，前美国驻苏联大使、如今骄傲的"列宁勋章"获得者戴维斯就坐在杜鲁门的旁边，他主张："我认为，斯大林的感情受到了伤害。请对他好点儿。"[26]丘吉尔在 7 月 25 日的选举中被打败了，他做了一个梦，梦见自己躺在一张白床单下，两脚伸开：死了[27]。他的工党继任者被国内问题和英国严重的财政困境所困扰，含含糊糊地谈到了与法国重建欧洲联盟，但跟苏联的压路机比起来，他们更害怕一个复兴的德国[28]。有很多人认为游戏结束了。从莫斯科回国的哈里曼
437 告诉海军部长詹姆斯·福雷斯特尔："到下一个冬天结束时，欧洲的一半（或许是全部）可能是共产党的天下。"[29]

再一次，正是斯大林的贪婪导致他高估了自己，并因此逆转了美国撤军的进程。那不仅是对土地和权力的贪婪，而且还是对血的贪婪。他逮捕了6个重要的非共产党波兰政治家，指控他们搞“恐怖主义”，并为他最后的审判秀启动了机器[30]。在场的美国大使和指挥官纷纷发电报，证实到处都是同样的模式：罗伯特·帕特森从贝尔格莱德报告，任何一个人，如果被人看到跟英国人或美国人在一起，都立即遭到逮捕；梅纳德·巴恩斯发电报详细介绍了保加利亚的2万人大屠杀；亚瑟·舍恩费尔德描述了匈牙利被迫接受共产党政权；埃勒里·斯通在罗马警告，意大利很可能发生一场共产党政变。战略情报局（当时美国最接近于情报机构的部门）局长威廉·多诺万建议采取措施，协调西方的防御，他所依据的是欧洲各地的美国密探源源不断地发到他的办公室里的那些越来越可怕的报告[31]。但正是斯大林的政策，为这些报告提供了原材料。正是斯大林的不妥协外交（通过莫洛托夫实施），在1945年12月的莫斯科外长会议上把问题摆到了桌面上。会上，英国新任外交大臣欧内斯特·贝文直言不讳地把莫洛托夫的论点称作“希特勒哲学”；美国国务卿詹姆斯·伯恩斯说，苏联“正试图用武力欺凌弱小国家，其狡猾娴熟的方式跟希特勒如出一辙”[32]。1946年1月5日，当伯恩斯发回报告的时候，杜鲁门打定了主意：“我认为，我们再也不能妥协了。……我已厌倦了把苏联人当作婴儿对待。”[33]第二个月，身在莫斯科的乔治·凯南十分及时地发来了一封8000字的电报，把本届政府中大多数人开始感觉到的苏联威胁给具体化了：后来人们称之为“长电报”。电报的作者后来写道：“人们读它完全就像读惊慌失措的国会委员会或美国革命之女出版的初级读本，打算唤醒美国公民，让他们意识到共产党阴谋的危险。”[34]

两个星期后，3 月 5 日，丘吉尔让冷战成为一个公开的事实，在杜鲁门的倡议下，他在富尔顿大学发表了一篇演说：

> 从波罗的海的斯德丁到亚得里亚海的的里雅斯特，一道铁幕降落下来，横贯欧洲大陆。在那条线的后面，是中欧和东欧所有古老国家的首都……我必须把它们称作苏联
> 438 的势力范围，所有这些国家都以这样那样的形式，不仅服从于苏联的影响，而且服从于来自莫斯科的非常高压的、在很多情况下程度不断增长的控制。

接下来，他又补充道，苏联人尊重军事力量，美国和英国必须继续他们共同的防御安排，这样一来，就不会有“摇摇晃晃的、很不稳定的力量平衡，给野心和冒险提供诱惑”，而是有“压倒一切的安全保证”。后来，在《时代》杂志老板亨利·卢斯举行的晚宴上，这位大获成功的演说家狼吞虎咽地大吃鱼子酱：“你们知道，约瑟夫大叔总是送给我很多这玩意儿。但我想，我现在恐怕再也得不到了。”他的演讲恰逢其时——到 5 月份，美国的民意调查显示，83% 的国民支持他的永久性军事同盟的想法——1919 年，美国曾悲剧性地从欧洲撤军，丘吉尔避免了重蹈覆辙的任何可能性。他声称，他和杜鲁门玩扑克牌输掉了 75 美元，“不过，那是值得的。”[35]

斯大林继续把美国人更深地拖入冷战。1946 年 3 月，他没有在最后期限之前从伊朗撤军，后来直到在新成立的联合国安理会上针锋相对之后才这样做了。8 月，南斯拉夫人击落了两架美国运输机，同月，斯大林开始对土耳其施压。美国人做

出了相应的回应，成立了中央情报局的前身，在白宫的一次庆祝宴会上，杜鲁门向客人分发了黑帽子、斗篷和木剑，莱希将军的脸上粘着一副黑色假胡子[36]。美国和加拿大组建了一个共同的空中和反潜艇防御系统。英国和美国的空军开始交换作战计划，它们的情报机构重新开始接触。到仲夏时节，英美同盟再一次以非官方的形式存在。杜鲁门着手清理门户，以消除政府中的亲苏成分。内阁中最后一个新政参与者是农业部长亨利·华莱士，他十分崇拜斯大林，恐英并反丘吉尔，正如杜鲁门所言："不过是个胆小鬼而已。"7 月，他寄给总统一封 5000 字的私人信件，鼓吹单方面裁军，以及与苏联展开大规模空中合作和贸易合作的计划，然后把这封信泄漏了出去。杜鲁门在自己的日记中透露："华莱士是个百分之百的和平主义者。他希望我们解散我们的武装部队，把我们掌握的原子弹的秘密给苏联，并相信克里姆林宫政治局的那帮冒险家。……红色分子、冒牌货和温和的社会主义似乎绑在了一起，正在成为国家的危险。我担心他们是约瑟夫·斯大林大叔的阴谋阵线。"[37]第二天，他解除了华莱士的职务，没有惊动一个老鼠。到 10 月，丘吉尔已经能够声称："我在富尔顿大学说的那些话已经随着事情的发展而成为过去。"

1947 ~ 1949 年，美国对欧洲做出了一系列正式承诺，这 439
些承诺在下一代人当中成了西方全球政策的基础。这个过程始于来自英国的一个绝望信号：它再也无法支撑一个世界强国的姿态了。战争让英国付出了 300 亿美元的代价，占其净财富的四分之一。它已经卖掉了 50 亿美元的外国资产，积累了 120 亿美元的外债。美国给了它一笔战后借款，但这不过是杯水车薪，弥补不了它的贸易缺口——1945 年的出口不到 1938 年的三分之一——也无法满足它作为欧洲、地中海和中东稳定的一根瘦弱支柱的开支。1946 年，英国把其国民生产总值的 19% 花在了国防上（美国是 10%）。到 1947 年初，它在国际救济计划上已经花掉了 30 亿美元，仅 1946 年就援助德国 3.2 亿美元，在巴勒斯坦维和花掉了 3.3 亿美元，在土耳其花掉了 3.75 亿美元。1 月 6 日，一场暴风雪预示了一个多世纪以来最糟糕的冬天，一直持续到了 3 月底。矿井附近储存的煤都结了冰，不可能运走。电力中断，工厂关闭，200 万人失去了工作。燃料大臣曼尼·欣韦尔谈到了“彻底灾难的情形”。借款几乎花光了，每周从储备中流出 1 亿美元。

2 月 21 日，英国人通知杜鲁门，他们将不得不削减对希腊和土耳其的援助。3 天后，杜鲁门决定，他将不得不承担起这一义务。2 月 26 日，总统办公室举行了一次气氛紧张的会议，要向重要的国会议员简要介绍这个想法。马歇尔将军如今是国务卿，他在这项工作上笨嘴笨舌，于是，他的副手迪安·艾奇逊决定插嘴。他说，苏联在中东施加的压力已经达到了临界点，那里的突破“可能给苏联挺进三个大陆打开缺口”。就像“桶里的苹果被一个烂苹果所感染”一样，希腊的“腐烂”也会“感染伊朗和整个东方”。它会“通过小亚细亚把感染源带到非洲和埃及”，并“通过意大利和法国带到欧洲”。苏联“正在以最小的代价进行历史上最大的赌博之一”。它用不着全盘都赢，“就算赢个一两局也大有斩获”。“只有”美国“才能打破这个赌局”。英国的撤军给“一个急切而无情的对手”提供了一些赌注。说完之后，紧接着是长时间的沉默。然后，从前的孤立主义者阿瑟·范登堡代表国会议员发言，他说：“总统先生，如果你愿意把这些话讲给国会和全国人民听，我将支持你，我相信大多数国会议员也会支持你。”[38]

3 月 12 日，杜鲁门宣布了“杜鲁门主义”。“我相信，美国的政策必须是支持那些自由的民族，他们正在抵抗企图征服他们的被武装起来的少数人或外部压力……我们必须帮助自由民族用他们自己的方式来安排自己的命运。”帮助“主要”是 440
经济上的。他要求首先给希腊和土耳其提供资金，加上民事和军事专家：他的这一要求在参众两院以 2 比 1 的绝对多数获得了通过。就这样，通过约瑟夫·斯大林的行动，孤立主义寿终正寝了。两个月后，即 6 月 5 日，国务卿在哈佛大学毕业典礼上公布了“马歇尔计划”。计划是含糊的；正如艾奇逊所解释的那样：“如果欧洲人——全部或其中某些人——能够凑到一起，捣鼓出一份让他们摆脱可怕困境所需要的计划……我们会朝他们的计划瞧上一眼，看看我们实际上可以给予什么样的帮助。”[39]最后，22 个欧洲国家做出了回应。捷克人和波兰人希望做同样的事，被斯大林给否决了。

马歇尔计划自 1948 年 7 月开始，持续了 3 年，最后让美国政府耗费了 102 亿美元。这项计划因为美国出口剩余产品而变得意义非凡，到 1947 年第二季度，美国出口以每年 125 亿美元的速度一路狂奔。正如英国财政大臣休·道尔顿所言：“美元短缺到处蔓延。美国人拥有世界总收入的一半，但他们既不愿用它来购买别人的产品，也不愿把它借出去或索性送掉。……美元短缺究竟会在多么短的时间里导致一场普遍危机呢？”美国人平均每天消耗 3300 卡路里，相比之下，1.25 亿欧洲人只有 1000 ~ 1500 卡路里。马歇尔援助循环利用了部分剩余产品，缩小了卡路里的差距，并为自力更生的西欧和南欧奠定了基础。到 1950 年，计划明显取得了压倒性的成功[40]。

它开始消除北美和欧洲生活水平之间的差距，在这个过程中拉开了西欧与东欧之间同样巨大的差距：那道铁幕成了富足与短缺之间的边境线。

但到目前为止，对于保卫欧洲，美国尚没有明确的军事承诺。斯大林的连续出击使得这样的承诺变得不可避免。他在捷克斯洛伐克只有约500名军人，但他在捷克政府中的人却控制着警察。捷克斯洛伐克有一个混合政府。马歇尔认为它是苏联集团的组成部分。但对斯大林来说，这还不够。贪婪的胃口要求得到更多的东西。1948年2月19日，他把自己的副外长佐林派去布拉格。第二天，11个非共产党部长递交了他们的辞职书。在危机5天之后，一个新政府出现了，捷克斯洛伐克成了一个卫星国。美国大使劳伦斯·斯坦哈特认为捷克人可能抵抗，像芬兰人和伊朗人一样。他谴责了贝奈斯总统和外交部长马萨里克的怯懦，他们在投降之后自杀身亡[41]。但美国缺乏强有力的政策同样是一个因素，并诱使斯大林走得更远。6月24日，斯大林封锁了进入柏林西区的通道，切断了它们的电力供应。

441 互相竞争的集团没能在一个德国的和平方案上达成一致，1946年，他们开始制造两个德国。1948年6月18日，三个西方盟国宣布为他们自己的地区发行一种新德国货币。这给苏联的行动提供了借口。有意思的是，美国占领区的首脑卢修斯·克莱将军一直是冷战分子当中最不情愿的。如今，他毅然决然地改变了自己的态度。他承认，盟军进入柏林的通道只是“口头协议……在将近3年的应用中是不言而喻的”。如今，他提议审慎地使用一回武力，以测试苏联人所说的封锁道路的“技术困难”。他要求批准“使用相当于一个团的警察部队，以一个无后坐力步枪连和一个工程兵营为增援。……部队将奉命护送运输车队去柏林。它将奉命……清理所有路障，即使这样的行动会招致进攻”。[42]

这一回应在华盛顿得到了充分的讨论，并被拒绝了。新任国防部长福雷斯特尔告诉马歇尔：“考虑到卷入战争的风险，以及美国为全球冲突所做的准备尚不充分，参谋长联席会议不建议用武装护送队给柏林供应补给。”[43]风险指的是什么？赫鲁晓夫后来承认，斯大林只不过是“用刺刀尖戳一下资本主义世界”。他真正的赌博在南斯拉夫，他在那里和铁托元帅决裂了，并把他赶出了共产党和工人党情报局，那是他在1947年设立的各国共产党的协调机构；此事发生在苏联封锁柏林道路的4天之后。赫鲁晓夫接着补充道：“我绝对肯定，如果苏联与南斯拉夫之间有共同的边境，斯大林肯定会军事干涉。”[44]由于涉及在他的帝国内部摊牌，很难想象，斯大林会允许柏林的试探行动失去控制——这一行动他任何时候都可以随心所欲地放弃或重新开始。

但是，如果说风险尚存疑义，那么，美国军事力量的不充足却足够明显。参谋长联席会议估算，苏联红军如今稳定在250万人，加上40万安全部队。与之抵消的是，美国垄断了核武器。但这是理论上的，而不是实际上的。1947年4月3日，杜鲁门被告知（并让他吓了一跳）：尽管还有可以制造12颗原子弹的材料，但就装配状态而言，没有一颗原子弹可用。他于是下令制造400枚核武器储备起来，到1953年准备就绪。但直到1948年中期，尚没有交付足够的核武器来实施空军的“铁钳行动”，这一行动要求彻底摧毁苏联的石油工业[45]。大约有60架B29轰炸机，被称作“原子轰炸机”，大张旗鼓地

飞到英国，但绝不是所有飞机都有原子弹。他于是做出决定，
442 从技术上展示美国的空中力量，并通过飞机给柏林空运补给：到 12 月，飞机每天空运 4500 吨供应品，到春天达到了每天 8000 吨，跟封锁刚开始时通过公路和铁路运送的物资一样多[46]。1949 年 5 月 12 日，苏联人屈服了。这算得上是一场胜利。但美国人错过了一个好机会，原本可以利用这个机会来应对 1940 年代的危机（它和 1936 年的莱茵兰危机旗鼓相当），迫使苏联人来一次重大投降。

但柏林封锁依然是一个决定性的事件，因为它迫使西方盟国厘清他们的观念，做出长期决定，导致他们把一个分裂的德国这一既成事实合理化，并着手创立西德这个国家。西德的宪法是 1949 年 2 月起草的，5 月被采用，秋天正式生效。这样一个德国将重新武装起来，这意味着要把它纳入一个正式的西方防御结构。因此，1949 年 4 月 4 日，11 个民主强国在华盛顿签署了《北大西洋公约》。美国政策背后的假设是地球上只有 5 个地区被发现是现代军事力量的来源：美国本身、英国、莱茵 - 鲁尔工业地区、日本和苏联。美国政策的目标必须是确保苏联领导人被限制在他们已经控制的一个地区。“遏制”的地缘政治哲学在一篇题为《苏联行为的根源》的文章中得到了概述，这篇文章 1947 年 7 月发表于《外交》（*Foreign Affairs*）杂志上。尽管署名“X”，但它实际上是乔治·凯南写的。文章假设，苏联急于避免全面战争，因此决定通过除全面战争之外的一切手段来扩张；美国及其盟友的回应应当是：对苏联的扩张趋势进行长期的、有耐心的但坚定而警惕的遏制，涉及“在一系列不断变动的地理和政治的关键点上，灵巧而警觉地运用反作用力”[47]。柏林危机提供了推动力，驱使这一

遏制哲学实际成形。

1949 年 2～3 月，国务院和国防部的一群官员起草了一份文件，被称作“国家安全委员会第 68 号文件”（NSC－68），制定了接下来的 30 年里美国外交和国防政策的主要方针路线[48]。它神化了这样一个命题：美国作为最大的自由强国，有道德的、政治的和意识形态的义务，保护全世界的自由制度，而且必须给自己装备相应的军事手段，来履行这些义务。它必须提供足够的传统力量和核力量——1949 年 9 月 3 日，这一决心得到了证实，当时，一架 B29 轰炸机在北太平洋 18000 英尺的高空巡航，它拿出了确凿的证据，证明苏联人在 8 月底的时候试爆了他们的第一颗核弹[49]。核武器垄断已成过去，美国如今必须致力于长远规划，用它的多用途军事保护，覆盖世界上的大片地区。NSC－68 指出，苏联将其国民生产总值的 13.8% 投入到武器上，而美国是 6%～7%。在必要 443
的时候，美国可以把这个数字提高到 20%。这份文件最后在 1950 年 4 月获得批准。它代表了美国对世界的传统政策的历史性逆转。它逐步产生了对 47 个国家的军事承诺，导致美国军队建造或占用了 675 个海外基地，在海外驻扎了 100 万军队。[50]

然而，赋予美国政策以一个它实际上并不具有的逻辑一致性和全球一致性是个天大的误会。从来就没有什么总体规划；更多的是一连串临时性的权宜之计，有巨大的漏洞和裂缝，以及很多矛盾。实际上它更像是大英帝国。而且，像大英帝国一样，它也不是所有东西都同时建立起来。1948～1949 年，美国人在给西欧的军事和经济稳定打基础（在一定程度上还算成功）的同时，他们对远东的玫瑰色幻想却正在消失，这一幻想是在他们从 1945 年巨大胜利的光环中凭空想象出来的。在这里，他们再一次要为罗斯福的错觉和轻浮付出高昂的代价。罗斯福对中国的感情依恋并不像他对任何其他国家所感觉到的任何东西。对他来说，中国不是一个难题，而是一个解答难题的办法。他把中国看作四大强国之一，应该而且能够成为东亚主要的稳定力量。一旦美国参战，他便埋头苦干，要把他的幻想或错觉变成现实。斯大林哈哈大笑。丘吉尔勃然大怒，他写信给艾登说："中国是世界四大强国之一的说法绝对是一场闹剧。"他准备对"这个美国迷念"保持"适度的客气"，但仅此而已[51]。罗斯福把中国带入了"四巨头"（Big Four）体系；尽管方便的时候他总是把中国忽略掉，尤其是在至关重要的关于日本的雅尔塔秘密协定上，这一协定把苏联人带入了中国东北。后来，大概是感到内疚，他见到蒋介石，"我问蒋介石的第一件事情是：'你想要印度支那吗？'他说：'那对我们没什么用。我们不想要。它们不是中国的。'"[52]

把蒋介石作为东亚战后稳定的建筑师的观念是荒谬的。在他事业生涯的任何阶段，蒋介石从未有效控制过中国的一半以上地区。他是个糟糕的管理者，一个平庸的将军。作为政治家，他缺乏见识来理解下面这一点：中国所需要的是那种把激进主义与爱国热情结合起来的领导才能。此外，他对农民知之甚少，关心就更少了。因此，他最理想的搭档是毛泽东，后者有自己的农民追随者和激进的爱国主义。毛泽东之前曾和蒋介石合作过，而且愿意再度合作；虽说长征之后他已经在共产党的运动中确立了自己的最高权威，他的条件也因此更高了。1942 年 2 月，他开始了自己第一场声势浩大的意识形态战役，
444 他称之为"整风"，以矫治中国共产党贫瘠的抽象马克思主

义，让它了解中国的历史。1944 年，他高度赞扬美国的民主，并说："我们共产党人现在所进行的工作乃是华盛顿、杰斐逊、林肯等早已在美国进行过了的。"[53]但是，就在毛泽东走向中间派的同时，蒋介石却转向了右翼。1941 年 1 月，国民党军队在黄河以南杀掉了毛泽东的部队 9000 人。从此以后，中国的这两个集团便单独对日作战，都不是很有效率。他们常常互相打。1943 年的晚些时候，蒋介石出版了《中国之命运》，书中宣布，共产主义和自由主义对中国来说同样坏，他把儒家的保守主义奉为理想。字里行间对西方充满敌意，以至于它的英文版出版的时候不得不接受审查。1944 年，美国人劳心费力地想把蒋介石的部队和毛泽东的部队拉到一起，建立国共联合政府和共同的军队司令部，由美国提供补给和金融支持。蒋介石拒绝了。毛泽东很热心，10 月，他处在一个古怪的位置上：公开捍卫盎格鲁 - 撒克逊人抵抗蒋介石的攻击。他后来把这段话从自己的选集中删掉了。[54]

当战争结束的时候，美国人再次做出努力，试图促成国共联合。但蒋介石坚持要毛泽东解散自己的军队。斯大林认为这个要求是合理的。他给毛泽东的建议是"加入政府，解散军队"，因为"在中国搞起义没有前途"[55]。毛泽东拒绝了。他愿意扮演二号角色，但他不愿意自贬身份（而且还要冒被处决的风险）。他已经开始搞自己的"个人崇拜"，1945 年 4 月通过了《党章》，《党章》坚持认为，"毛泽东思想"对于"指导全党工作"是必不可少的，并颂扬他"不仅是中国历史上最伟大的革命家和政治家，而且还是最伟大的理论家和科学家"[56]。毛泽东是个野心勃勃的浪漫主义者，他已经打了一场漂亮的战争，在和平时期想让自己做得更好。蒋介石是个占有者，受不了有个最终继承人的观念，尤其是一个有知识分子那种自命不凡的家伙。因此，关于中国内战，并不存在历史的必然性。它是一场个人冲突。

战争的结果也并不是根深蒂固的经济力量和阶级力量导致的。从头至尾，绝大多数中国人在这里面没有发挥作用。有一点倒是真的，在动员农民的能量以及对自身处境的不满上，毛泽东还是取得了一定的成功。但这个结果部分程度上要归功于国民党政府高度成功的识字计划，这一计划 1940 年延伸到了大多数乡村。还有一点也是真的，有些农民害怕蒋介石获胜，因为这些人把他混同于地主所有制。但毛泽东领导的并不是一场把土地“给予”人民的圣战。在他的势力最强大的地区，
445 农民已经有了土地。地主所有制并不像外人所认为的那么广泛。在北方的五分之四地区、华中的五分之三地区和南方的一半地区，土地由它的拥有者耕作[57]。在大多数地方，主要问题不是土地的所有权，而是谁能提供安全与和平。

简言之，1945～1949 年的内战是君主制度毁灭所开启的战争时期的高峰。成功与否完全取决于同样的因素：对城市和交通的控制，以及通过保证军队能及时领到军饷、供应并幸福快乐，从而让他们紧密团结在一起。在战后时期的环境下，毛泽东被证明是一个比蒋介石更成功的军阀，主要是通过让他的军队一直置身于城市经济之外。如果说有哪种因素摧毁了国民党，那这就是通货膨胀。通胀在日本殖民帝国最后的阶段变得不可控制，而城市中国是这个帝国重要的组成部分。1945 年，在日本本土，纸币变得一文不值，实际上已经发展到了以货易货的程度。这一弊端向中国城市和大江大河流域蔓延。蒋介石

政权在 1945 年最后几个月接管这个国家的时候，继承了本质上属于恶性的通货膨胀，而且没能采取适当的步骤扼杀它。美国人在资金和供应品上慷慨大方。蒋介石符合《租借法案》的条件，并得到了数量相当可观的借款。1945 ~ 1949 年，他接受了 5 亿美元的经济稳定贷款和总额 20 亿美元的贷款。但内战一旦热火朝天地开始，恶性通货膨胀便再次浮出水面，美国的援助也就被证明是杯水车薪。蒋介石政府不仅无能，而且还腐败。通货膨胀导致了军事上的软弱，而军事上的失败产生了更大的通货膨胀。

蒋介石拒绝承认恶性通胀的存在，从而使问题变得更糟。他的实力在 1947 年缓慢衰落，在 1948 年上半年迅速衰落。在北平，物价从 9 月中旬至 10 月中旬上涨了 5 倍。《北平纪事》(*The Peiping Chronicle*) 记载了蒋介石的一段评论："报纸对最近物价上涨和恐慌抢购的报道被极大地夸大了……在他亲自视察北京、天津和奉天期间，他没有看到任何东西支持这些言论。"[58]然而，在东北和华北，通货膨胀导致工业几乎停滞了。很多工人忍饥挨饿，被长期的米荒所激怒。美国驻奉天总领事报告：

> 为了控制物价和跟囤积居奇做斗争，政府做出了一些孩子气的努力……结果……很大程度上是为了控制物价而
> 用刺刀强行征收粮食，并使得被征收来的粮食以黑市价重 446
> 新卖出成为可能，这纯粹是为了军队和政府官员中饱私囊。[59]

在上海，商品价格在 1948 年 8 月 19 日至 11 月 8 日之间

上涨了 20 倍，仅后面这个日期，稻米价格就从早晨的每担 300 块大洋上涨到中午的 1000 大洋，到傍晚是 1800 大洋[60]。每天有数百人死在大街上，他们的尸体用市政的垃圾车收集。蒋介石让他的儿子蒋经国将军作为经济独裁者负责控制局面。他的“金圆券”——跟黄金没什么关系——改革把恶性通货膨胀变成了失控的恐慌，他还从蒋介石最忠实的支持来源之一——上海的黑帮那里榨取了 500 万美元，作为他自己的“战争经费”，从而疏远了他们。[61]

由于军阀主义的原则，经济崩溃被反映在军事实力上。1948 年夏天，在一次闭门会议上，国民党议会被告知，1945 年 8 月，他们的军队有 370 万人和 6000 门大炮。中国共产党的部队当时是 32 万人，其中有武器装备的不超过 16. 6 万人。但红军早已习惯了靠土地和洗劫城市为生。国民党部队用纸币支付军饷，越来越不够买粮食喂饱自己。于是，他们只好卖掉自己的武器以及他们能够获得的其他军事装备。军官的情况比士兵还要糟糕，将军们是最糟的。到 1948 年 6 月，国民党军队降至 210 万；共产党军队增至 150 万，装备着 100 万支步枪和 22800 门大炮，比国民党的大炮（21000 门）还要多；几乎所有武器都是从政府军那里买来的。美国人给蒋介石提供了价值 10 亿美元的太平洋战争剩余物资，就这样装备了冲突的双方。[62]

在 1948 年的最后几个月里，共产党取得了一连串的胜利，在那年年底决定性的淮海战役中达到了高潮。到 12 月，几乎整个中国东北和华北都在毛泽东的手里。1949 年 1 月，天津陷落，北平投降。淮海战役给国民党造成了 40 万人伤亡。不过，其中 20 万忍饥挨饿、没有领到军饷的战俘立即被整编进了共产党的军队，外加14万支步枪。1949年2月1日，美国陆军部报告，国民党在1948年初拥有272.3万部队，到年底已经不足150万人，其中包括50万非战斗人员。而在同一时期，共产党的军队猛增至162.2万，几乎全都是有效的战斗力量。在这个节骨眼上，尽管蒋介石已经准备撤到台湾去，但斯大林依然建议毛泽东满足于对中国分而治之，北方归共产党，南方归国民党。蒋介石并没有给毛泽东拒绝这个妥协建议的机 447
会。1949年4月，毛泽东渡过长江，同月占领南京。到10月，他几乎控制了整个中国大陆，并马马虎虎地恢复了帝国时期并不稳固的统一。[63]

就这样，在经过40年残酷激烈的内部冲突、数百万人死于非命之后，孙中山最初的目标，包括议会制民主、新闻出版自由和人身保护令，没有一项实现，中国又回到了它开始的地方。毛泽东的第一项行动就是把他在北方已经开始的“土改”扩大到全国。其目标是针对“土豪劣绅”，他鼓励农民“不是杀死一两个，而是杀死大量的”土豪劣绅[64]。

美国的决策者一脸迷惘地注视着罗斯福的稳定支柱就这样土崩瓦解。它留下了一个巨大的真空。如何填补这个真空呢？尽管他们把日本评估为他们必须控制的4个关键地区之一，但迄今为止他们从未把它设想为他们在远东布局的焦点，像英国在欧洲那样。由于神奇的天意，苏联人参加对日战争太迟，不可能对分享占领区提出任何要求。于是，美国人根据《波茨坦宣言》，在那里放开了手脚。麦克阿瑟将军作为代理宪法意义上的天皇，统治着这个国家。迟至1947年夏天，依然有人提议，签署一份和平协议，然后撤军，让日本随风漂流，虽说这个国家已经解除了武装，没有中央警察系统来跟共产党的颠覆活动做斗争，而且，由于苏联控制了千岛群岛、南库页岛和朝鲜半岛北部，因此面对着这一个充满敌意的半圆形[65]。在这一计划可以付诸实施之前，中国 1948～1949 年的灾难促使美国改变了主意。由于苏联没有官方存在，美国可以单方面采取行动，而且也这样做了。1949 年初，美国的政策出现了逆转：从支持日本政府和经济的角度出发，占领被解除了，强调从惩罚转向扩张，从中立和非军事化转向通过一份慷慨大度的和平条约，从而把日本整合到西方体系中。

“遏制”暗示了准确的界线，苏联人跨过这些界线将自担风险。在欧洲，如今它们已经足够清晰。在亚洲，到 1949 年，日本已经被牢牢地置于美国的保护伞下。但是，在别的地方，这些界线又在哪里呢？1950 年 1 月 12 日，迪安·艾奇逊在华
448 盛顿全国新闻俱乐部发表了一通十分愚蠢的演说。在演说中，他似乎把一些地区排除在美国的防御圈之外，这些地区不仅有中国台湾和印度支那，甚至还有朝鲜，苏联和美国的军队已经从那里撤走了，而且被分裂为南北两个地区，只有 500 名美国军事培训人员在南方。艾奇逊的主要观点是：中国的共产主义化并不是纯粹的损失，因为中国和苏联很快就会互掐起来。他认为，苏联对“中国北方四省”（外蒙古、内蒙古、新疆和满洲）的全部或部分“吞并”是“任何一个强国与日本关系中的一个最重要事实”。美国千万不要与中国为敌，并因此把“正义的怒火和中国人民的仇恨（他们必定会发展出这样的仇恨）从苏联人那里转移到我们自己的身上”。事实上，艾奇逊得到的信息是错误的。他所依靠的是参谋长联席会议情报部门首领托德将军的简报：在苏联侵略目标的任何排序中，“朝鲜都不会在这份清单的末尾”。他也不知道，就在他发表演说的

时候，导致苏联人把中国东北铁路和旅顺港交给中国的谈判正在进行。[66]

在斯大林非典型的慷慨大度的背后，是他的这样一种担忧：不要在毛泽东那里重复他曾在铁托那里犯下的错误——也就是说，把他当作一个傀儡来对待，而不是把他视为一个凭借自己的努力建立起自己的政权的独裁者伙伴。1947 年夏天，在马歇尔计划宣布之后，斯大林似乎决心要把他的东欧帝国整理得井然有序。他在布拉格举行了共产党和工人党情报局的第一次会议，以证明南斯拉夫是这一体系不可或缺的组成部分。但事实上，这个机构的目标是要用某些人（这些人所拥有的一切都来自斯大林和苏联的支持）取代那些有一定名望的当地共产党领导人。1948 年 2 月的捷克政变是这个过程的组成部分。斯大林还计划消灭铁托，这家伙在战争时期发过一封粗鲁无礼的电报，此后从未被原谅过，电报是这样说的："就算你不能帮我们，至少行行好，别拿那些毫无用处的建议来妨碍我们。"[67]就在他吞下捷克领导权的同一个月，斯大林把保加利亚共产党领导人季米特洛夫（斯大林曾羞辱过他）以及来自南斯拉夫的爱德华·卡德尔和密洛凡·德热拉斯召集到了莫斯科，他打算让后两个人当中的某个人（如果足够温顺的话）取代铁托。他命令他们按照比荷卢经济联盟的模式，把南斯拉夫和保加利亚纳入一个经济联盟中，他认为前者是由比利时和卢森堡组成的。当他被告知那个联盟还包括荷兰的时候，他否认了这一点，并愤怒地大喊："我说不是就不是!"然后，他转向了贿赂，把墨索里尼当年的受害者当作诱饵拿给了南斯拉夫人："我们同意南斯拉夫吞并阿尔巴尼亚。"他一边说一边吮吸着自己的右手食指。[68]

449 当铁托得到关于这次会议的报告时，他嗅到了一股政变的气味，这次政变是针对他自己的。像斯大林一样，他也是个久经沙场的政治匪徒，熟悉生存法则。他的第一个行动就是切断了南斯拉夫国内党政机关、警察和军队与莫斯科相关部门之间的信息联络。3 月 1 日，他让自己的中央委员会拒绝斯大林提议的条约，从而使这场危机顿时沸腾起来。在接下来始于 3 月 27 日的理论之争中，铁托被指控反苏、不民主、不自我批评、缺乏阶级意识、与西方有秘密联系和参与反苏间谍活动；最后，中间党被打上了孟什维克分子、布哈林分子和托洛茨基分子的烙印，指控的高潮是粗暴威胁铁托的生命："我们认为，托洛茨基的经历是十分有教益的。"[69] 6 月 28 日，新成立的共产党和工人党情报局尽职尽责地警告：铁托的计划是为了"讨好帝国主义者"，是成立"一个拙劣资产阶级共和国"的前奏，它最终将成为"帝国主义者的殖民地"。号召南斯拉夫共产党内部的"健康成分"去"取代当前的领导人"。

斯大林通信中那些愤怒而粗暴的语言反映了他越来越清楚地认识到在这场争论的每一个阶段，铁托都领先他一步，而这场争论的作用只不过是标识出了南斯拉夫共产党内哪些人对莫斯科忠心耿耿。铁托撤掉了他两个主要同事的职务，枪毙了他在战争时期的参谋长，监禁他在军队中的副政委，让党、警察和军队中的 8400 个嫌疑犯身陷囹圄，逮捕一直持续到 1950 年[70]。斯大林实施了经济制裁，在南斯拉夫边境大搞军事演习，并且从 1949 年起，在他的卫星国对铁托这个"首恶"上演了一连串的审判秀。但铁托有能力让他的党团结在民族主义阵线周围（"不管我们每个人多么热爱社会主义国家苏联，但对自己国家的热爱都不会少一丝一毫”），这一能力使得斯大林相信：如果没有红军的公开入侵和大规模的战斗（多半还要把西方卷入进来），他不可能推翻铁托的政权。铁托从未正式躲到西方的保护伞下，但保护是不言自明的。当他在 1953 年访问伦敦的时候，丘吉尔（作为首相）告诉他：“假如我们是盟友，南斯拉夫在受到攻击的时候，我们就会与你们一起战斗到死。”铁托答道：“这是神圣的誓言，对我们来说已经足够了。我们不需要书面协议。”[71]

赫鲁晓夫后来说，我们与铁托之间的争吵全都可以通过讨论来解决[72]。斯大林同意这一点，尽管他从未承认过。斯大林对南斯拉夫政策的失败到 1948 年夏天已经很明显，1948 年 8 月 31 日，主持驱逐铁托的日丹诺夫突然死掉了，多半是奉斯大林之命给杀掉的[73]。对于毛泽东，斯大林认识到，这个人在自己家里当家做主，于是采取了完全不同的策略。他似乎 450
决心要把新中国政权与苏联集团绑在一起，不是通过威胁恐吓和紧密相连的经济机器，而是通过提高远东的军事温度。艾奇逊 1950 年 1 月的讲话抱有这样一个想法：只要西方不闻不问，中国必定跟苏联决裂，这一讲话暗示了危险；西方对朝鲜的忽略提示了补救的办法。在朝鲜进行一场有限的代理人战争将会是一种手段，可以教会中国人懂得：他们真正的军事利益在哪里。如果这是斯大林的推理，那么，它被证明是正确的。朝鲜战争把中苏关系的决裂推迟了 10 年。这倒不是说斯大林策划了这场战争。1950 年春天，他似乎同意：朝鲜共产党领导人金日成可以在 11 月有限地突破三八线[74]。但金日成不是一个温顺听话的人。他在本国的报纸上把自己描述为“深受尊敬和爱戴的领袖”，是“伟大的思想家和理论家”，负责“我们这个时代革命的指导思想”，是一个“伟大的革命家，创造过无数奇迹”，一个“举世无双、意志坚定、战无不胜的天才指挥官”，也是“人民的慈父，把他们抱在自己宽广的胸怀里”。他把斯大林狡猾的试探转变成了其整个军队的一次进攻，并在6月25日发动了这场进攻，其所取得的成功足以让美国人惊慌失措。

朝鲜战争是一场典型的20世纪的悲剧。它是出于意识形态的理由而发动的，丝毫没有道德的理由，也没有民众支持的任何证据。它杀死了3.4万美国人、100万朝鲜人和25万中国人。它什么目的也没实现。它所有的结果都是意料之外的。它的进程是一连串的错误。金日成和斯大林低估了美国的反应。杜鲁门的判断是，这次入侵只是一段前奏，随后就是进攻日本，直接挑战美国通过联合国维护国际法的意愿。迄今为止，联合国的设计就是为了反映大国的一致意见，联合国安理会及其投票机制强化了这一原则。杜鲁门根本不需要从联合国获取支援。《波茨坦条约》给了美国足够的权力，可以独自行动[75]。但杜鲁门想要联合国的“道德权威”。于是，他绕过了安理会，得到了联合国大会的授权，美国当时控制着联合国大会，其基础纯粹是数人头而已。因此，朝鲜战争的第一个长期后果是损害了这样一个概念：联合国是一个有用的但作用有限的机构，并让它逐步转变成了一台意识形态的宣传机器。当然，杜鲁门想要联合国支持的理由是，他没有首先获得国会的批准而把美国带入了战争。这是第二个意料之外的后果：它提高了总统的职权，使之成为一个超越宪法的开战执行者，尤其
451 是在远东的语境下。第三个后果是在美中友好和解之间插上了一把剑，这正是斯大林所希望的，不过其方式他不大可能预见

到。

斯大林认为，这场代理人战争会增强中国对苏联的军事依赖。结果事与愿违。麦克阿瑟将军很快制服了朝鲜人。不到3个月的时间，他收复了韩国首都汉城。但他并不比金日成更听话。他告诉华盛顿，“除非敌人投降，否则的话，我将认为整个朝鲜都应该对我们的军事行动敞开大门”，并直逼鸭绿江边的中国边境。在危机的掩护之下，中国首先解放了西藏（1950年10月21日），这是另一个意料之外的结果；接下来派出一支庞大的“志愿军”攻击麦克阿瑟（12月28日）。他被打垮了，1951年4月被解除职务，杜鲁门应该在上一年秋天就做这件事情。费了很大的劲，联合国军才在三八线附近重新建立了前线（1951年10月），停战谈判开始了。但这些谈判以美国方面强烈的怨恨和挫折感为标志。根据杜鲁门的日记，他在1月27日想到了使用核武器，1952年5月18日再次想到这个问题。当艾森豪威尔将军继任他的总统职位时，核战争的威胁通过印度政府传达给了中国。[76]

由于中美对抗，毛泽东第一次把中国转变成了一个重要的军事强国，斯大林肯定从未有过这样的打算。事实上，毛泽东曾劝诱斯大林的继任者帮助中国成为一个核大国。他拒绝苏联军队在中国的土地上建立核基地。相反，他在推进一项独立的核武器计划，苏联觉得自己有义务提供帮助。赫鲁晓夫后来抱怨苏联给了中国人“所要求的几乎每一样东西。我们没有对他们保守秘密。我们的核专家与他们那些忙着制造原子弹的工程师和设计师合作”。据他说，正当苏联人准备把一颗原子弹模型交给中国的时候，突然改变了主意。中国人说，1959年6

月 20 日，“苏联政府单方面撕毁协议，……拒绝向中国提供原子弹的样品。”[77]但是，苏联人的帮助给中国核计划带来的推动不可能突然停止。1963 年，到中苏关系破裂的时候，中国正处在第一颗原子弹试验的前夕；在第 6 次试验的时候，中国爆炸了一颗数百万吨级的热核弹。斯大林的政策把这场争吵推迟了 10 年，但让争吵在最终出现的时候变得更严重。从那个时候起，苏联不得不在东南边境上跟另一个重要军事强国打交道。

452 实力平衡的这样一种改变，由于朝鲜试探的另一个意料之外的后果而更加严重，这就是重整军备的加速。尽管捷克和柏林危机把美国推入了一套共同防御体系，但正是朝鲜，导致了持久的军备竞赛。杜鲁门在 1950 年 1 月就决定制造氢弹，但直到朝鲜发动了一场热战，他才发现，让国会为 NSC-68计划拨款十分困难。1950 财年的国防支出只有 177 亿美元。朝鲜战争彻底改变了国会和国民对国防的态度：国防拨款跃升至 1952 财年的 440 亿美元，第二年突破了 500 亿美元大关。这些增长使得战术核武器的发展、向德国增派 4 个师、海外空军基地的迅速建造、战略空军指挥部在世界范围的发展、核动力航母舰队和传统作战部队的机动能力成为可能[78]。到 1951 年 2 月，美国飞机生产回到了 1944 年的最高水平。美国的盟国也开始重新武装自己，德国的重整军备成为现实。如果说冷战是从波兰开始的，那么它在朝鲜达到了成熟，并让全世界卷入其中。实际上，斯大林使世界两极化了。

就算斯大林并不打算给自己招来大批的敌人，他也并不后悔有一道恐惧和怀疑的深渊，把他的帝国及其卫星国与世界其余地区分隔开来。是他打造了那道铁幕；值得注意的是，他的帝国还有一道精神的铁幕，沿着苏联边境一路延伸，保护它免遭西方观念病菌的感染，哪怕这些病菌来自它的卫星国。斯大林痛恨“西方人”，其方式就像希特勒痛恨犹太人一样，使用的也是同样的术语：“世界主义”。这解释了他为什么在1945～1946年以非同寻常的彻底性和恶毒性，把所有那些跟非苏联观念有关系的人都消灭掉，或者隔离在集中营里：不仅是战俘，而且还有现役军官、技术人员、新闻记者和党员，他们在战争时期的职责把他们带到了国外。获准访问苏联的外国人被减少到最低限度，居住就更不用说了，他们的接触局限于那些被政府和秘密警察雇用的人。其他所有苏联人都从经历中学会了：即便是跟外国人发生清白而偶然的接触，也要冒被古拉格群岛吞没的危险。

胜利曾经带来这样一种希望：为了确保胜利而创造出来的庞大工业如今会被用来生产一定的民用产品，给已经遭受2000万人死亡和空前穷困的民族生活带来些许改善。然而，就连这样的希望也在1946年2月9日彻底破灭了，这一天，斯大林宣布，为了提高苏联的实力并为他所说的“一切不测” 453
做好准备，必须把3个或许4个以上的五年计划集中于重工业。有一点很清楚：他打算再一次把整个国家置于重轭之下，并指派他那位奴颜婢膝的政治局同事安德烈·日丹诺夫来指挥一场触及苏联生活方方面面的运动，要战胜非政治化，用恐惧灌输积极的献身精神[79]。所有知识分子都被置于压力之下。政治迫害在1946年8月14日开始发动，特别是在列宁格勒，斯大林毕生痛恨这座城市，就像希特勒痛恨维也纳一样。最早受到攻击的是《红星报》（*Zvezda*）和《列宁格勒报》

(*Leningrad*)、诗人安娜·阿赫马托娃、幽默作家米哈伊尔·左琴科。但这场运动很快蔓延到所有艺术领域。亚历山大·法捷耶夫因为1946年的战争小说《青年近卫军》（*The Young Guard*）而获得斯大林文学奖，他被迫在1947年严格按照党的路线重写了这部小说。穆拉杰利因为他的歌剧《伟大的友谊》而受到公开谴责。迫害聚焦于肖斯塔科维奇的《第九交响曲》，他吓坏了，立即写了一首颂歌赞扬斯大林的造林计划。焦点转向了哈恰图良的《钢琴协奏曲》，于是他彻底改变了这首曲子的风格。接下来对准了爱森斯坦，他的电影《伊凡雷帝》因为贬低了它的主题而受到批评。1947年6月，轮到哲学家了，亚历山德罗夫的《西欧哲学史》（*History of West European Philosophy*）的缺点充当了清洗的借口。在经济学领域，耶诺·瓦尔加描述资本主义战时经济学的书服务于同样的目的。从1948年起，理论物理学、宇宙学、化学、遗传学、医学、心理学和控制论全都被耙了一遍。相对论受到谴责，这倒不是因为（像在纳粹德国那样）爱因斯坦是个人犹太人，而是因为同样毫不相干的理由：马克思说宇宙是无限的，而且爱因斯坦的某些观念来自马赫，后者曾遭到列宁的驳斥。这场运动的背后，是斯大林的疑神疑鬼，他怀疑跟西方价值观或资产阶级价值观哪怕有丝毫关联的任何观念。他搞的这场运动，其实就是中国共产党后来称之为“文化大革命”的那种东西，是试图通过赤裸裸的警察力量，在整个知识范围改变基本的人类看法。[80]

数以千计的知识分子丢掉了工作。还有数以千计的知识分子去了集中营。他们的位置被更听话的家伙、怪人和骗子所占据。苏联的生物学落入了狂热的怪人李森科之手，他宣扬获得性遗传理论，他称之为“春化作用”，小麦变成黑麦，松树变成冷杉，以及诸如此类：本质上是中世纪的东西。斯大林为之着迷。他提前删改了李森科 1948 年 7 月 31 日在农业科学院发表的主席致辞，发动了生物学领域的政治迫害（李森科总是把斯大林亲笔修改的一份讲话稿拿给来访者看）[81]。科学遗传学被攻击为“资产阶级伪科学”，“反马克思主义”，导致对苏联经济的“阴谋破坏”：那些研究这门科 454
学的人关闭了他们的实验室。在恐怖统治时期春风得意的另一位农业领域的江湖骗子是 V. R. 威廉斯。在医学领域，一个名叫列佩申斯卡娅的女人鼓吹用碳酸氢钠和苏打灌肠剂延缓衰老——这个想法立即吸引了斯大林。在语言学领域，N. Y. 马尔提出，一切人类语言都可以简化为 4 个基本要素：sal、ber、yon 和 rosh[82]。斯大林在他所搅动的这片讨好奉承的文化水域里纵情打滚，有时候还拎出这片水域里那些言行怪诞的居民，让他们享受短暂的盛名，然后拧断他们的脖子。1950 年 6 月 20 日，他在《真理报》上发表了一篇 1 万字的长文，题为《马克思主义和语言学问题》，真正算得上收藏家的杰作。然而，他通常还是让别人为自己捉刀代笔。《真理报》写道：

> 如果你在工作中遇到困难，或者突然怀疑自己的能力，那么想想他——想想斯大林——你就会找到你所需要的信心。如果你在不应该疲倦的时刻感觉到疲倦，那么想想他——想想斯大林——你的工作就会顺利地进行下去。如果你正在寻求正确的决定，那么想想他——想想斯大林——你就会得到正确的决定。[83]

斯大林幕后操纵了对自己的神化，在 1949 年之后陆续出版的《苏联大百科全书》（*Great Soviet Encyclopedia*）中，他被神化为人类智慧的化身。这部书中到处都是奇葩。历史部分关于“汽车”的词条是这样开头的：“1751～1752 年，下诺夫哥罗德省一个名叫列昂蒂·萨姆申科夫的农民建造了一台自动推进的交通工具，由两个人操作。”斯大林喜欢编辑论述他自己的功勋和业绩的段落。这个前神学院学生在抬举列昂尼德·列昂诺夫的时候想必暗自发笑，列昂诺夫是当时一位重要的小说家，推测起来应该是个基督徒，他在《真理报》上提议，新的历法不应该基于基督的出生日期，而应该基于斯大林的出生日期！为了占据斯大林精神中的空洞，黑色幽默始终在跟偏执狂竞争。他重写了官方的《斯大林传略》（*Short Biography of Stalin*），加入了这样一句：“斯大林从不允许自己的工作被丝毫的虚荣、自负和自我吹捧所玷污。”[84]

1948～1949 年，斯大林的反西方主义在反犹主义中表现出了更具体的形式。他始终痛恨犹太人，他经常讲反犹笑话。赫鲁晓夫说，他鼓励工厂的工人殴打他们的犹太同事[85]。斯大林反犹疯狂的最后一次发作是果尔达·梅厄到达时激发起来的，当时梅厄来到苏联开设以色列最早的驻莫斯科大使馆，犹太人在欢迎他时表现出了适度的热情。意第绪语出版物立即遭到禁止。华尔街的银行家在苏联漫画中突然变为“犹太人”的相貌。犹太演员迈克尔斯在一场伪造的车祸中被杀。另外一些著名的犹太人消失在集中营里。那些带有俄国化名字的犹太
455 人在报纸上被印上了“真正的”犹太名字，这是纳粹的老花招。这场运动由驯服的犹太人来实施，这是一种典型的手法。它在斯大林的头脑里跟他坚持不懈地搜寻党内敌人（真的或

想象出来的）混在了一起。在惨败给铁托之后，已经完成任务的日丹诺夫从地板上的活动门中消失不见了。1949 年，在所谓“列宁格勒事件”（针对这座深恶痛绝的城市进行的另一次迫害）期间，他的追随者遭到追捕。贝利亚和马林科夫为这次清洗提供了证据，清洗是秘密进行的，超过 1000 人被枪杀[86]。死者包括政治局的高层策划人沃兹涅先斯基和中央委员会书记库兹涅佐夫。作为犹太人，随时都有可能逮捕和死亡；但是，没有一个人的生命是安全的。1946 年，朱可夫元帅被解除职务，并被送去了外省，因为他太受欢迎了，一到了外省他就会把头低下来。1949 年，斯大林逮捕了莫洛托夫的妻子波莉娜，并把她打发到哈萨克斯坦去了。她是个犹太人，被指控搞“犹太复国主义阴谋”；但真正的原因可能是她从前与斯大林的妻子娜佳之间的友谊。他还把苏维埃政府首脑加里宁的妻子送进了监狱。另外还有一些妻子受迫害的案子，是这个老人最后的乐趣之一[87]。他痛恨下面这个事实：他有那么多亲戚希望跟犹太人结婚。他还拒绝接见他 8 个孙子当中的 5 个。

到 1952 年下半年，斯大林正在以最快的速度制造核武器，在他眼里，到处都是带有犹太色彩的阴谋。他的高层国家机关几乎不再运转。真正的工作是在他的昆次伏别墅里气氛阴郁的晚宴上完成的，斯大林在那里下达口头命令，常常是凭一时的冲动，对碰巧出现在那里的任何人下达，完全像希特勒一样。如今，他是个上了年纪的老人，有一张长满痘疮的脸、泛黄的眼睛、变了色的牙齿，正如一位美国来访者所说的那样，是一只“年迈的满身战斗疤痕的老虎”，到处嗅到危险的气味。他和贝利亚在莫斯科编制了一张新式的电子监视网，监视每一个人。那年夏天，在美国大使官邸的美国国徽里发现了一个窃听器，凯南这样描述它："对那年头来说，是一种先进得令人难以置信的应用电子装置。"[88]不过，有迹象表明，监视网也包围了贝利亚本人；这对斯大林来说是很自然的事，他总是最后消灭他的秘密警察杀手——而且，他如今认为贝利亚是个犹太人[89]。围绕着1952年10月的第十九次党代会，有某些显而易见的迹象表明，一场新的恐怖即将在斯大林的高层同事们的头上爆炸。赫鲁晓夫后来声称，莫洛托夫、米高扬和伏罗希洛夫都是在劫难逃的受害者。[90]

暴风雨在11月4日开始了，当时，隶属克里姆林宫的犹太医生遭到逮捕。除了其他罪行之外，他们还被指控谋杀日丹诺夫。他们的"招供"充当了另外一些逮捕和审判的基础，
456 正如1934年之后的情形一样。斯大林在下令审讯他们时大声吼道："给我打，打，再打！"他告诉安全部门首脑伊格纳托夫，如果他不能让罪犯完全供认，"我们就会让你缩短一个头"。初步招供的副本传播到了敌人那里，斯大林说："没有我会发生什么事情？国家会灭亡，因为你们不知道如何识别敌人。"[91]他如今完全成了孤家寡人。他甚至让人把他最后一位心腹知己、安全警察的将军弗拉西克当作间谍给抓了起来。他的食物要在实验室里经过分析，然后他才敢碰。他认为，自己屋里的空气中可能被人投放了1938年雅戈达审判中提到过的那种致命的蒸汽。所有这一切都莫名其妙地让人想到希特勒最后的岁月。

斯大林完全跟正常世界失去了联系。他女儿说，他说话时讲到的物价是1917年的，他的工资信封堆在他的办公桌上，从未拆开过（他死的时候，这些信封神秘地消失了）。1952年

12 月 21 日，当他女儿看望他的时候，发现他病了，拒绝让任何医生靠近自己，正在给自己服用碘酒。他认为，他最后 20 年的私人医生一直是个英国间谍，眼下实际上被监禁了[92]。开会期间，斯大林一直胡乱画着狼的图样。如今这种野兽让他着了迷。1953 年 2 月 17 日，他告诉最后一位非共产党来访者梅农，他如何对付他的敌人："一个俄罗斯农民看到一匹狼，用不着告诉他狼打算干什么——他知道！——因此，他并不试图驯服它或者和它争论，那纯粹是浪费时间——他会杀了它！"[93]两周后，3 月 2 日，中风发作，让斯大林无法说话。他女儿说，3 月 5 日，他的死"困难而恐怖"，他最后的手势是举起左手，仿佛要骂人，或抵挡什么东西[94]。正如列宁死的时候胡言乱语地说着电气化一样，斯大林也是高声吼叫着想象中的狼离开了人世。据诗人叶甫图申科说，在接下来那些令人困惑的群众运动中，贝利亚的人杀死了数以百计的人，他们用内务部的卡车临时拼成防护隔离栏，车身的侧面滴着血。[95]

斯大林的苏联一直在痛苦中挣扎，在战后 1953 年 3 月之前的那段时期，大约有 50 万人被国家经司法判决处死（或者索性被杀死），这样的痛苦跟苏联所反对的美国形成了可怕的对照。战后不久，斯大林便把新的重负堆到他担惊受怕的臣民身上，而与此同时，和政府经济学家的预言刚好相反（他们认为转型时期会出现大规模的失业），美国人正忙着参与美国历史上时间最长、热情最高的消费支出狂欢。这场狂欢始于 1946 年秋天，第二年得以加速。《财富》（*Fortune*）杂志写道："美国大繁荣开始了。它无法估量。老的码尺衡量不了它。……每一样能吃、能穿、能玩、能读、能修、能画、能喝、能看、能骑、能尝、能躺的东西，都有强大的消费需 457

求。”[96]它是历史上最长的资本主义扩张周期的开始，1950年代向欧洲蔓延（当马歇尔计划生效的时候），1960年代蔓延到日本和太平洋地区；一直持续到1970年代，中间偶有微降。对美国人来说，无限繁荣的滋味格外深切，让人回想起1920年代那个失去的世外桃源。

还有另外一些1920年代的回声。威尔逊政府的恐外迫害并没有重演。然而，当美国人由于他们所承担的全球责任之重大而振作起来的时候，便有了一种爱国主义的紧张氛围。在这里，与苏联的对比再一次显著而富有教益。美国是一个十分开放的社会，在某些方面也是一个脆弱敏感的社会。1930年代，斯大林主义对美国的机体实施了大规模的系统化渗透，对此，它所拥有的防护手段并不多。根据1938年的《麦科马克法案》，外国政府的代理人都必须登记注册。有一些组织鼓吹用武力或暴力推翻美国政府，根据1939年的《哈奇法》和1940年的《史密斯法》，这些组织的成员很可能被起诉。这样的立法对于阻止活跃的共产党人和共产党同情者（包括苏联密探）加入政府没什么作用，新政期间他们大量进入政府部门，战争期间人数就更多了。正如凯南所写的那样：

> 1930年代晚期，美国共产党的成员或代理人（自觉的或不自觉的）对美国政府部门的渗透不是凭空虚构的无稽之谈……而是确实存在；他们所占的比例尽管不是压倒性多数，但也并非微不足道。

他说，那些在莫斯科工作或在国务院的苏联部门效力的人

“非常清楚地意识到了”危险。罗斯福政府反应很慢：“一些原本应当留意的警告却经常被当作耳旁风。”[97]

杜鲁门更积极一些。1946 年 11 月，他任命了一个“雇员忠诚临时委员会”，翌年 3 月，他根据委员会的建议，发布了“9835 号总统令”，授权调查所有联邦雇员的政治信仰和政治联系[98]。1947 年，这个程序一旦启动，它就产生了比较好的效果。但只是在这个日期之后，国会和公众才知道，导致美国“丢掉”东欧并在 1949 年“丢掉”中国的战时错误有多么重 458
大。罗斯福对斯大林及其轻浮的痴迷更大程度上应该归咎于美国战时政策的软弱，而不是斯大林的哪个间谍。可罗斯福已经死了。当冷战愈演愈烈、过去的蠢行被仔细审视的时候，间谍也纷纷被挖了出来。

迄今为止没有证据表明苏联间谍导致了美国政策中的任何重大决定（除了在财政部），或者传送了任何重要的机密情报（除了在核武器领域）。不过，上面说的两个例外都是重要的例外。苏联间谍哈里·德克斯特·怀特是财政部最有影响力的官员，是他在凯恩斯的帮助下创立了战后国际货币体系。1944 年 4 月，美国决定把印刷占领区货币的图版交给苏联政府，这个决定最终让美国纳税人付出了 2.25 亿美元的代价，怀特对此负有责任[99]。1945 年，从前的共产党间谍伊丽莎白·本特利把苏联在美国的两个间谍网告诉了联邦调查局，一个由财政部经济学家内森·格雷戈里·西尔维马斯特领导，另一个由战时生产委员会的维克托·佩洛领导：司法部、对外经济管理局和经济战委员会也传出了机密情报。联邦调查局和战略情报局（OSS）的突然袭击还揭露了陆军部和海军部及 OSS 本身的情报泄露。接下来是国务院，那里有阿尔杰·希斯，就是雅尔塔会议上坐在罗斯福旁边的那位，更重要的是，他一直在帮助爱德华·斯特蒂纽斯，英国人认为此人是斯大林在盟军阵营里最大的资产（即便是不自觉的）。在原子弹领域，苏联间谍包括朱利叶斯和埃塞尔·罗森伯格夫妇、莫顿·索贝尔、戴维·格林格拉斯、哈里·戈尔德、J. 彼得斯（化名亚历山大·史蒂文斯，惠特克·钱伯斯充当他的情报员）和雅各布·戈洛斯，还有被英国安全部门清除的克劳斯·富克斯。

这些间谍给西方利益造成的损害，其程度直至苏联档案最终公开之后才大白于天下。但是，苏联只用 4 年便造出了原子弹（时间不比曼哈顿计划更长），这个事实让杜鲁门政府及其国防部首脑深感震惊（尽管科学界的一些人并不吃惊）。美国公众心情糟糕地接受了这一事实。它恰好和国民党政权在中国垮台同时发生。它发生在这样一个时期：苏联对美国政府渗透的问题实际上已经得到解决，罪犯正在接受审判。直到 1950 年 1 月 25 日，阿尔杰·希斯才被判犯有伪证罪，因为他隐瞒了自己的共产党员身份。他的案子吸引了最大的关注。

459 两周后，参议员约瑟夫·麦卡锡在西弗吉尼亚州的惠灵市发表了他那篇臭名昭著的演说，声称有 205 名已知的共产党员在国务院工作。由此开始了全面的政治迫害：简言之，这个现象是在激起它的那些事实已经得到处理之后出现的。麦卡锡是个激进的共和党人，并不是个右翼分子。他在上一年秋天开始对间谍活动产生兴趣，当时，他看到联邦调查局的一份机密报告（已经过时两年了）。惠灵演说前不久，他曾和乔治敦大学外交学院董事埃德蒙·沃尔什神父一起吃饭。那是一所保守派的耶稣会大学（耶稣会在 1960 年代之前并不激进），给国务院输送了大量的毕业生；它十分关注 1933 ~ 1945 年进入国务院的极端自由主义者的人数。麦卡锡参议员敏锐地发现了一个问题，并借题发挥。他并不是个严肃的政治家，而是个冒险家，把政治当作一场赌博来对待。正如他最有洞察力的传记作者所写的那样："他不是那种狂热分子……像一个太监没有能力结婚一样，他也没有能力表现出真正的敌意、恶毒和仇恨。……这一切都是装出来的，对任何不这样伪装的人，他都没法理解。"[100]罗伯特·肯尼迪是未来的司法部长，眼下为他工作，他不承认麦卡锡是个坏人："他的整个操作方法很复杂，因为他在严厉批评某个人之后，总有一种负疚感，很受伤。他非常渴望被人喜爱。他并没预料到其行为的后果。"[101]

假如不是那年夏天爆发了朝鲜战争，麦卡锡起不了什么作用。他占优势的那段时期与那场激烈的、令人受挫的冲突恰好同时——你可能会说，麦卡锡主义是斯大林送给美国人民最后的礼物。一旦朝鲜战争结束，他就迅速被摧毁了。麦卡锡利用授权调查的国会委员会制度。因为立法机关进行准司法的调查是合法的。它是英国议会一种古老的程序，在 17 世纪和 18 世纪确立宪法自由上被证明是非常有价值的。它被严重滥用了，尤其是在进行政治和宗教迫害上。有两个方面特别令人反感：调查程序的使用（它与普通法格格不入），以及有权以藐视法庭的罪名惩罚任何妨碍这一程序的人。美国国会继承了这一制度的优点和缺陷，这二者密不可分。1930 年代，国会的自由主义者曾迫害过华尔街金融界；如今轮到了自由主义者自己。1960 年代及之后将轮到工商界，1970 年代中期将轮到尼克松政府。总的说来，优点超过缺点，因此这一制度得以保持下去。此外，它包含了自我纠正的机制，在眼下的情况下，这一

460 机制就发挥了作用，尽管很慢：麦卡锡被他自己在参议院的同事们否定、谴责并实际上给消灭了。麦卡锡给个人生活造成的损坏要归咎于两个特殊的因素。首先是美国诽谤法律的不完善，允许媒体发表他那些未经证实的指控而不受惩罚，即使在它们不享受特权的时候。正是媒体，尤其是通讯社，把滥用变成了丑闻，正如 1970 年代它们把水门事件放大成了政治迫害[102]。其次是某些机构在屈服于当时盛行的非理性上所表现出来的道德怯懦，尤其是在好莱坞和华盛顿。再者，它是一个反复出现的现象，将在 1965～1975 年重蹈覆辙，当时，很多大学向学生暴力投降。

如果没有这两个因素，“麦卡锡主义”就什么也不是。把它跟苏联日丹诺夫主义相比较是富有教益的。麦卡锡没有警察。他本来就没有执行权。相反，杜鲁门和艾森豪威尔的政府都竭尽全力给他设置障碍。尤其是，麦卡锡并没有参与法律过程。他没有法庭。事实上，法庭完全不受麦卡锡主义的影响。正如凯南所指出的那样：“任何一个让自己的案子被提交到法庭面前的人，通常都相信自己会在法庭上受到公正对待，其公正水平不会低于美国近代史上其他任何时期。”[103]法庭抵制麦卡锡主义，其行为根本不像 20 年后它们受到水门事件歇斯底里的强烈影响。作为最后的手段，麦卡锡的武器是大肆宣扬；在一个自由的社会，大肆宣扬是把双刃剑。麦卡锡被大肆宣扬给毁了，从幕后策划这次毁灭的人是新任总统德怀特·艾森豪威尔。

艾森豪威尔十分正确地认识到朝鲜战争以及围绕停战谈判的不确定性，正是麦卡锡主义所利用的那种挫折感和恐惧的根源。1952 年 11 月，他的当选就是要结束这场战争。在美国，和平向来是一个赢得选票的话题。然而，民主党和共和党的记录中有一个富有教益的对比。1916 年，威尔逊因为承诺让美国置身于战争之外而赢得了大选，第二年，美国成为交战国。1940 年，罗斯福以同样的承诺赢得了同样的结果。1964 年，林登·约翰逊以一份和平竞选政纲（反对共和党“战争贩子”）赢得大选，很快就把越南冲突变成了一场重要战争。1952 年的艾森豪威尔和 1972 年的理查德·尼克松是 20 世纪仅有的兑现了和平承诺的总统。

然而，就艾森豪威尔的情况而言，他的成就被低估了。他把朝鲜战争看作一场不必要的、再三误判的冲突。上一届政府有很多次打算对中国东北和中国内地甚至对苏联使用核武器， 461
并着手考虑对中国实施大规模的传统轰炸，对此，艾森豪威尔深感震惊[104]。他着手打破停战僵局，不是秘密地计划使用核武器，而是在私人外交中使用核威胁。这一策略发挥了作用，在 9 个月的时间里，他有了一个马马虎虎还算可以的解决办法。当时和以后他都因为没有做任何事情来制止反共歇斯底里而受到激烈批评[105]。事实情况是，他掌握了根本要点：正是这场战争使得麦卡锡主义成为可能，战争一旦结束，麦卡锡参议员可能很快就变得无足轻重。他优先考虑和平努力，只是后来才组织搞垮了麦卡锡。他以相当狡猾和十分秘密的手段，指示他在参议院的朋友谴责麦卡锡，同时让他的新闻主管詹姆斯·哈格蒂精心策划了舆论宣传。这个过程在 1954 年 12 月达到高潮，大概是“隐蔽之手”的领导风格最好的例证，艾森豪威尔很喜欢使用这一策略，在他去世许多年后，学术研究才使之大白于天下。[106]

艾森豪威尔是 20 世纪最成功的美国总统，他统治美国的时期（1953～1961年）是美国乃至世界历史上最繁荣的几年。他的总统任期被神话所环绕，其中很多神话是他自己故意设计的。他试图给人留下这样的印象：他只不过是一个立宪君主，把决策权托付给他的同事们，实际上也托付给国会，热衷于尽可能把最多的时间用在打高尔夫球上。他的花招奏效了。跟他竞争共和党领袖的右翼对手罗伯特·塔夫脱参议员讥笑道："我确实认为他应该是高尔夫职业选手。"[107]他最早的传记作者声称，"新闻界和学术界、专家和先知、全国知识分子和批评家共同体"的"一致意见"是，艾森豪威尔的总统行为是"不熟练的，他对总统职位的界定是不准确的。……选他当总统是为了让国家靠自动驾驶飞翔蓝天"。[108]他被看作一个心肠很好、智力有限、愚昧无知、不善辞令的人，常常很软弱，始终很懒惰。

事实完全不同。"复杂而狡猾"是他的副总统理查德·尼克松的总结（对这种事情尼克松是个很不错的法官）："他总是对一个问题使用两条、三条甚或四条推理思路，他通常更喜欢迂回的方法"[109]。1970年代晚期，他的私人秘书安·惠特曼保存的秘密文件、电话记录、日记及其他私人文件对外开放，这些材料显示出艾森豪威尔在工作上比任何人（包括他关系密
462 切的同事）所设想的都更加努力。典型的一天是从7点30分开始——到这个时候，他已经读完了《纽约时报》、《先驱论坛报》和《基督科学箴言报》（*Christian Science Monitor*）——到午夜结束（他常常工作到午夜之后）。他的很多任命（尤其是那些处理本党事务或国防和外交政策的职务）故意从哈格蒂交给媒体的名单上漏掉了。与国务卿、国防部长、中央情报局局长及其他人物举行的那些漫长而重要的会议，都是在国家安

全委员会正式开会之前秘密召开的，而且没有会议记录。对国防和外交政策的管理，并不像批评者所猜测的那样，是官僚主义的、僵硬的，实际上是符合高效团队原则的，与接下来的肯尼迪政府那种浪漫主义的无政府主义形成鲜明对比。艾森豪威尔本人自始至终都在负责。[110]

艾森豪威尔搞的是假授权。所有人都认为他的参谋长谢尔曼·亚当斯掌握了国内的决策权。在某种程度上，亚当斯也有这种错觉。他曾说，艾森豪威尔是最后一个十分不喜欢并极力避免使用电话的世界级重要人物[111]。事实上，电话记录表明，他打过大量的电话，而亚当斯对此一无所知。艾森豪威尔并没有把外交政策托付给国务卿约翰·福斯特·杜勒斯，他从很多杜勒斯毫不知情的来源得到建议，并把一根秘密的缰绳牢牢控制在自己的手里：杜勒斯每天打电话向他汇报，即便身在国外。艾森豪威尔阅读了大量的官方文件，与外交界、商界和军界的高层朋友保持着频繁的通信联系。他把杜勒斯当个仆人来用；杜勒斯曾抱怨，尽管他经常与总统一起在白宫工作到深夜，但他从未被邀请“去总统家里吃晚饭”[112]。杜勒斯和亚当斯是主角的看法是艾森豪威尔故意造成的，因为犯错时可以归咎于他们，因此保护了总统——过去一些头戴王冠的独裁者（比如伊丽莎白一世）经常使用这样的伎俩。反过来，艾森豪威尔有时候也利用他在政治上很天真这个名声，把下属的错误揽到自己身上，例如，当杜勒斯在 1953 年任命温斯罗普·奥尔德里奇为驻伦敦大使上犯了一连串错误的时候[113]。凯南掌握了一半真相，他写道，在外交事务上，艾森豪威尔是“一个有敏锐的政治智慧和洞察力的人。……当他在一个受到保护的官方圈子里严肃地谈到这种问题的时候，高水平的洞察力时不时地透过那种稀奇古怪的军事官样文章显露出光芒，他习惯于在这样的官样文章中表达和隐藏自己的思想”[114]。事实上，艾森豪威尔使用官样文章（尤其是在记者招待会上）是为了
463 避免给出那种清楚明白的英语无法隐瞒的回答；出于同样的理由，他经常假装无知。实际上，他十分狡猾，在跟很难对付的外国人打交道的时候，他总是假装误解他自己的翻译[115]。他的秘密会议记录显示，他的思路清晰有力。他对演讲稿撰写人的草稿和杜勒斯演讲稿所做的修订表明，只要他愿意，他就能够熟练掌握和运用英语。丘吉尔是能够欣赏他的真正价值的少数人之一。可以说，他们是20世纪中叶两位最伟大的政治家。

艾森豪威尔之所以隐瞒他的天赋和活跃，是因为在他看来，专横独断的领导能力（他认识到，美国和世界都需要这样的能力）应该悄悄地运用。他有三项十分清楚的原则。首先是避免战争。当然，如果苏联决意要消灭西方，那就必须抵抗，美国必须强大到足以进行抵抗。但不必要的战争（正如他对朝鲜战争的判断）必须通过清晰、坚定、谨慎和智慧来避免。就这一有限目标而言，他是成功的[116]。他结束了朝鲜战争。他避免了与中国开战。他1956年扑灭了苏伊士运河的战火，并在1958年很有技巧地避免了另一次中东战争。谈到越南时，他说：“对美国来说，我所能设想到的最大的灾难，莫过于在任何一个那样的地方深深地卷入一场劳民伤财的战争。”又说：“除非是作为那种迫使国会宣战的宪法过程的结果，否则我们不打算卷入。”[117]国会的授权和盟国的支持——这是他为美国军事介入任何地方所定下的两个条件，它们反映在他给北大西洋公约组织增加的中东和东南亚的联盟体系中。

艾森豪威尔的第二个相关原则是：宪法有必要控制军事方

面的努力。他大量使用中央情报局，是有效控制这一机构的唯一美国总统。他很有技巧地主持了中央情报局在伊朗和危地马拉的行动，而没有对他的名声造成任何损害[118]。1958 年，中央情报局在印度尼西亚搞的政变失败了，因为只有这一次，这项工作被托付给了杜勒斯。很难相信，艾森豪威尔会允许 1961 年的猪湾行动以它当时所采取的那种形式进行。他在 1954 年创立了文职机构“对外情报活动咨询委员会”，由一位诡计多端的老外交官戴维·布鲁斯领导，这个机构是他用来保持军事当局始终在自己控制下的众多手段之一[119]。他不喜欢将军们介入政治。1952 年的芝加哥共和党大会（这次大会推选他竞选总统）密密麻麻地挤满了将军，都是塔夫脱参议员和麦克阿瑟的支持者，以至于艾森豪威尔让他的首席副官鲍勃·舒尔茨和他的医生霍华德·斯奈德待在城外[120]。艾森豪威尔始终知道，在国际事务中，他需要在孤立主义和过于活跃之间走出一条十分艰难的路。他使用杜勒斯是为了满足参议院 464
的活跃分子。在杜勒斯看来（他是威尔逊的国务卿罗伯特·兰辛的外甥，当年出席过凡尔赛会议），参议院对 1919 年条约的否决是一个没齿不忘的教训。凯南写道，他始终“强烈地意识到，国务卿的政策要想成功就必须依靠参议院的支持”[121]。艾森豪威尔提前仔细审查了他的陈述，在他的指导下，杜勒斯使用了有时候看上去很夸张的语言（“倒退”、“走向边缘”、“令人痛苦的重新评估”），把立法机关的支持与军事和政治的现实主义结合起来。只有这两个人知道，美国的海外承诺哪些是真的，哪些是修辞性的。

在冷战造成的紧张氛围中，艾森豪威尔的主要担心是：政府将落入那些好战的参议员、过于热心的高级将领和贪婪的军火供应商的联合掌控之中——也就是他所说的“军工复合体”。他的第三项原则反映在他的日记及其他私人文件中，这就是：在整个世界，公民自由的安全最终在于美国经济的健康。假以时日，美国经济的力量可以在西欧和日本复制自己。但是，美国经济本身可能被过度的支出所摧毁。谈到高级将领时，他说：“关于如何打败通货膨胀，他们所知不多。这个国家如果不断堆积军费开支就可能让自己窒息而死，同样肯定的是，如果没有花足够的钱用于保护它就可能打败自己。”或者，他又说：“任何一个让自己的经济崩溃的国家都不存在国防。”[122]但艾森豪威尔同样担心民用领域不顾后果的乱花钱。他并不反对凯恩斯那些战胜初期萧条的措施。1958 年，为了战胜这样一次下跌，他把赤字提高到了 94 亿美元，是美国政府在和平时期最大的赤字[123]。但那是紧急情况。艾森豪威尔极力避免联邦债务巨大而持久的增长。他把抑制通胀置于社会安全之前，因为他认为，归根到底，抑制通胀是社会安全唯一可靠的形式。他讨厌这样一个观念：美国正在成为一个福利国家。事实上，他非常保守。他在 1956 年承认：“在国内事务上，塔夫脱实际上比我更自由主义。”[124]他真正的噩梦是：过度的国防开支结合失控的福利机构——这是一个毁灭性的结合，在 1960 年代晚期成为现实。在他统治期间，联邦支出占国民生产总值的比例及通货膨胀都被控制在可控的范围，尽管有各种压力。这是一项值得注意的成就，并解释了艾森豪威尔十年为什么是当今时代最繁荣的十年。而且，这种繁荣正在向世界上越来越多的地区辐射。

465 世界也更安全了。1950 ~ 1952 年，一场大战的危险已经相当可观。到这十年结束，已经实现了一定程度的稳定，阵线划清楚了，规则制定出来了，横跨全球的联盟和承诺安排妥当了。“遏制”政策得以应用。1940 年代在欧洲和亚洲迅速扩张的激进列宁主义发现它的迅疾行军慢了下来，到了爬行甚至完全停止的程度。但是，遏制体系刚一完成，它就不再是全部答案。因为，欧洲老的自由主义帝国的崩溃产生了一类新型国家，它们引发了新的、难以对付的危险。

14. 万隆那一代

466 正是那个创造出了超级强国的同样的历史进程，把传统强国置于一个进退两难的困境之中。它们扮演的角色是什么？法国、德国和日本这些战败国被迫进行一次根本性的重新评估。但英国没有被打败。它卓然独立，从胜利中脱颖而出。它能不能像从前一样继续下去？丘吉尔拼命为英国的利益而战。他断然驳斥了罗斯福的观念：美国和苏联是两个“理想主义”的强国，英国是贪婪的老牌帝国主义者。他知道苏联驻英国大使麦斯基的一番话中所反映出来的没有底线的犬儒主义，麦斯基说，他总是在同一栏中把盟国和纳粹的损失加起来[1]。他对英国驻莫斯科大使指出，苏联的“动力从来都只是冷血的自私自利，以及对我们的生命财产的彻底蔑视”[2]。他阴郁地认识到，苏联渴望把大英帝国撕成碎片，然后贪婪地吞吃大英帝国的成员，美国也在英联邦自治领尤其是澳大利亚和新西兰的支持下，大力支持“非殖民化”。澳大利亚那位脾气火爆的外交部长 H. V. 伊瓦特让这样的观念写进了联合国宪章[3]。丘吉尔在雅尔塔会议上大声吼道：“只要我还有口气，就不会允许转让英国的主权。”[4]

6 个月后，丘吉尔被全体选民给抛弃了。他的工党继任者们计划裁军、非殖民化、跟苏联交朋友和打造福利国家。在实践中，他们发现自己控制不了局面，只好听之任之。1945 年 8 月，凯恩斯勋爵提交给他们一篇论文，证明国家已经破产。如果没有美国的帮助，“国家希望的经济基础便不复存在”[5]。

工会领导人欧内斯特·贝文出任外交大臣，他用这样一句口号开始了他的任期，“左对左，可以谈”，并希望跟苏联分享原子弹的秘密。但他很快就告诉他的同事休·道尔顿：“莫洛托夫就像地方工党中的一个共产党员。如果你对他不好，他就会最大限度地利用这种不满；如果你对他好，他只会提高要价， 467
第二天再把你骂得狗血淋头。”[6]贝文逐步体现了英国组织集体安全的决心。1949 年，他告诉莫洛托夫：“你想让奥地利躲在你们的铁幕后面吗？你做不到。你想要土耳其和博斯普鲁斯海峡吗？你不可能得到它们。你想要朝鲜吗？你得不到。你老是伸着脖子，总有一天它会被人砍掉。”[7]

贝文的外交政策意味着英国不得不留在战略武器竞赛中。刚好就在凯恩斯提交他的破产报告一年之后，空军参谋长便向政府订购原子弹。1947 年 1 月 1 日，第一架原子弹轰炸机的设计书制作出来了[8]。英国最重要的核科学家布莱克特反对英国制造原子弹，不过，当时他认为，面对美国和苏联，英国可以而且应该采取中立的姿态[9]。首席科学顾问亨利·蒂萨德也反对成立独立的原子弹部队：“我们已经不是一个伟大强国，而且再也不会成为一个伟大强国。我们是一个伟大民族，但是，如果我们继续像一个伟大强国那样行事，我们将很快不再像一个伟大民族那样行事。”[10]但是，苏联早在 1949 年 8 月就成功试爆了一颗原子弹，这让蒂萨德深感震惊：他把这归功于偷窃原材料。无论如何，制造原子弹的决定还是在 1947 年 1 月做出了，当时正处在严重燃料危机的高峰，刚好在英国把希腊和土耳其的负担交给杜鲁门之前。只有艾德礼、贝文及另外 4 个部长在场[11]。开支“消失”在各种预算中，并且隐瞒了国会。当丘吉尔在 1951 年再度执政的时候，他惊讶地发现，1

亿美元就这样神不知鬼不觉地花掉了，计划进展顺利。[12]

制造原子弹的决定，及其开发和部署的辉煌成功，无疑让英国继续在顶级俱乐部里又待了 30 年。正是 1952 年 10 月蒙特贝罗岛外英国的第一次原子弹试验，导致美国人重新开始了原子弹合伙人的身份。1957 年 5 月在圣诞节岛进行的第一次氢弹试验说服了美国国会修订 1946 年的《麦克马洪法》，从而使这种合伙关系正式化了：如果没有英国的核能力，1955 和 1958 年的双边协定是不可能得到的。一旦进入了核俱乐部，英国就能够在 1958～1963 年的禁止核试验谈判中以及在产生 1970 年的《核不扩散条约》的过程中扮演一个重要角色。1960 年，安奈林·贝文用一句著名的短语，在他的工党同事面前为英国的原子弹辩护，他的理由是：如果没有原子弹，英国外交大臣就会“赤身裸体地走进世界的会议室”。但这个说法是错的。如果没有原子弹，英国首先不会成为这些谈判及其
468 他谈判的一方：因为，就像其他绅士俱乐部一样，核俱乐部也不允许赤身裸体地进入它的会议室。1962 年，英美《拿骚协议》让英国有权建造 64 个核武器发射平台，相比之下，美国是 1038 个，苏联大约是 265 个。到 1977 年，相关数字是：美国 11330，苏联 3826，英国 192。正是英国比例的这种落差，把它排除在“限制战略武器会谈”（SALT）之外，即使在那个时候，英国的“核威慑力量”能够摧毁苏联所有重要的工业和人口中心并造成 2000 万人的伤亡。[13]

接下来，1945～1946 年，英国政策的原则是与美国联手合作，参与集体安全的安排以遏制苏联的扩张，并对这样的安排贡献英国的核力量。尽管人们的心态不断变化，政府也频繁更迭，但这条始终一致的思路一直贯穿着英国的政策，一直到

1980 年代。不过，它是唯一的稳定成分。所有别的成分都混乱不堪、优柔寡断。有想象的缺乏，有意志的崩溃。在 1945 年夏末，大英帝国和英联邦似乎回到 1919 年的全盛时期。英国的势力延伸到了全球将近三分之一地区。除了合法属地之外，英国还管理着北非和东非的意大利殖民帝国、很多从前的法国殖民地，以及欧洲和亚洲很多被解放了的领土，包括印度支那与荷属东印度群岛。没有哪个国家承担过范围如此广泛的责任。25 年后，一切风流云散。历史此前从未见证过范围如此之广、速度如此之快的变迁。

当这种土崩瓦解发生的时候，人们常说，1941 年初新加坡的陷落预示了大英帝国的崩溃。但这不是真的。1941 年不存在丢脸。尽管在保卫这座城市上存在领导不力，但在整个战役中不存在丢脸的事。在马来亚，英国人没有犯傲慢自大、轻视日本人的错误。相反，他们准确地预言了如果不增援守军，特别是如果不重整军备，将会出现什么样的后果。然而，英国做出了拯救苏联的决定。事实上，日本人 20 万装备精良、经验丰富的部队被英联邦战斗部队的三个半师牵制了 70 天。无论如何，日本失败的重要性彻底抹去它在亚洲大获全胜的形象。英国以 9.1 万人在新加坡投降。1945 年，当板垣征四郎大将把他的剑交给蒙巴顿海军上将的时候，他在新加坡有 65.6 万人。在别的地方，英国接受了超过 100 万人的投降。
超过 317.5 万日本士兵束手就擒，这是所有亚洲或非白人国家 469
遭受过的最大战败。事实证明，在各个部门，西方人（即白人）的技术和组织所占据的不是微弱优势，而是压倒性优势。这不仅是一次特有的而且是非常典型的殖民地式的枪炮对肌肉的胜利。[14]

也没有任何实质证据表明臣服民族当中对大英帝国的忠诚发生了崩溃。恰好相反，日本人为建立一支“印度国民军”和一个独立政权所做出的积极努力是一次彻头彻尾的失败。1942 年 10 月，建立了一个由昌德拉·鲍斯领导的“政府”，对英国宣战，并定都仰光。印度国民军刚投入针对印度陆军的行动便立即土崩瓦解。日本人从未能够说服或强迫 3 万名以上的印度人（平民和军人）起来对抗英国。数以千计的印度战俘宁愿被折磨致死也不愿改变自己的忠心：2/15 旁遮普团的 200 名官兵在古晋被俘，到 1945 年 4 月几乎全都被杀，有的人被打死，还有些人被砍头或被用刺刀捅死。印度部分“政治国民”反对这场战争对“军事国民”毫无影响。1914 ~ 1918 年有 145.7 万印度人在军队服役，在第二次世界大战期间，这个数字突破了 250 万大关：荣获维多利亚十字勋章的印度人从 11 人增加到了 31 人。[15]

谁代表印度？“政治国民”？“军事国民”？还是任何人都代表印度？1945 年，印度人口超过 4 亿：2.5 亿印度教徒，9000 万穆斯林，600 万锡克教徒，数百万宗派主义者、佛教徒和基督教徒，500 个独立的国王和土邦主，23 种主要语言，200 种方言，3000 个高等种姓，6000 万“贱民”处在这个金字塔的底层，80% 的国民生活在 50 万个村庄，其中大多数村庄没有通公路，哪怕是土路。然而，出于所有实际目的，1917 年，在孟塔古的改革下，英国当局决定开始这样一个过程：把统治这个庞大而互异的国家的权力交给一小撮已经获得西方政治的意识形态、技术手段尤其是政治行话的精英，而不是交给它的宗教、种族、经济或军事领导人——或者他们所有人的联合。这一决定由于阿姆利则事件所引发的反应而变得更加坚决。这表明，英国在印度的统治当局不再决心不惜一切代价推行法治。1935 年的法案启动了让位的过程。不管可能制造出怎样的公共噪音，英国当局都完全知道正在发生什么。正如鲍德温的心腹智囊戴维森向他报告的那样：

> 事实情况是，英国政府、总督，某种程度上还包括各 470
> 邦，都被甘地的虚张声势给弄得开始相信：少数半生不熟、半粗半文的城市煽动者代表了 3.65 亿辛勤劳作、相对比较满足的耕耘者的观点。在我看来，大象似乎被跳蚤给吓得四处乱窜。[16]

印度的情况生动说明了全职专业政客在 20 世纪继承这个世界的过程。改革创造了一种外来的代表制度。有一类人（主要是律师）把自己组织起来，掌控这个世界。最后，统治权被交给了他们。对话完全是在新老精英之间进行。普通人没戏，除非是作为跑龙套的群众演员在背景上出现。这个过程将在整个亚洲和非洲重复。威斯敏斯特、巴黎或华盛顿的模式在形式上得以保持。实质只是稍许存在，或者完全不存在。1917 年列宁的布尔什维克党员、毛泽东 1949 年的中共干部和印度的国会议员通过不同的途径上台掌权。但他们在这一点上是共同的。这 3 个新的统治集团全都是除了政治之外从未从事过任何其他职业的人，他们毕生致力于利用一个被称作“民主”的灵活概念。

列宁用元首的方法维护了自己的统治授权，毛泽东则是用军事领导的方法。甘地和尼赫鲁涉足了一个真空，这个真空是统治意志的崩溃给创造出来的。1935 年的法案使得英国人在印度的统治无法运转，除非是借助持久的镇压。1942 年，部分由于来自罗斯福的压力，丘吉尔同意宣布战后让印度自治。7 月 28 日，他和乔治六世共进午餐，后者的日记是这样记录的：“他说，他在议会里的同事和两党（或 3 个党）已经完全做好了准备，打算在战后把印度交给印度人。这话让我大吃一惊。”[17] 事实证明，这话千真万确。1945 ~ 1947 年的争论完全围绕英国离去的方式和时机，而不是围绕这个事实。1947 年 7 月 18 日成为法律的《印度独立法案》在议会两院获得通过，没有任何分歧，而公众几乎漠不关心。

实际上，英国并没有迅速而疲倦地让位，很难完全看出印度的独立如何能够实现。甘地不是一个解放者，而是一个政治上的外来品种，他只有在英国自由主义提供的受保护环境中才能兴旺发达。他比列宁大一岁，跟列宁一样通过准宗教的途径接近政治，尽管在绝对古怪上与斯大林（比他小 20 岁的晚辈）有更多的共同之处。在他的本地语言古吉拉特语中，甘地的意思是“杂货商”，他从母亲那里遗传了慢性便秘，他们
471 俩都痴迷于身体的功能和食物的进出。当他去了伦敦并加入一些素食圈子之后，这种痴迷便更加强烈了。我们对他生活中隐私的了解比其他任何历史人物都要多。他公开生活在他的隐修处，由众多忠实的女性随员照料，她们当中大多数人都乐意描述他生活方式中的细枝末节。到 1970 年代中期，已经有 400 多部甘地的传记出版，其言论的英文版由印度信息部的 50 名研究员和 30 名职员编纂，这个部门是为了这一目的专门成立的，全书共 80 卷，平均每卷 550 页。[18]

每天早晨起床的时候，甘地对那个伺候他的女人问的第一个问题是：“我的姐妹，今天早晨你大便是否畅通？”他最喜

欢的一本书是《便秘和我们的文明》（*Constipation and Our Civilization*），这本书他经常重读。他相信，邪恶源自污秽和不恰当的食物。因此，尽管他吃饭的时候胃口很好——一位信徒说，“他是我见过的最饥饿的人”——但他的食物都经过精心的选择和准备。他喝的是苏打重碳酸盐、蜂蜜和柠檬原汁的混合物，他那一盘盘素食，都是就着大口大口的蒜蓉吃下去的，蒜蓉就盛在盘子旁边的一个碗里（他对气味不敏感，这在印度倒是个有益的特点）[19]。人到中年，他开始反感自己的妻子儿女，这实际上是反感性本身。他认为女人比男人更好，因为他想当然地认为女人不喜欢性。他进行过他所说的“禁欲”试验：仅仅为了取暖而和赤身裸体的姑娘睡在一起。他中年之后的唯一一次射精是1936年在睡梦中，当时他66岁：这让他深感烦恼。[20]

甘地的怪异举止对一个崇敬神怪的国家很有吸引力。但他的学说与印度的问题或抱负毫不相干。手工编织在一个主要工业是大规模纺织品生产的国家毫无意义。他的食物政策会导致集体饥饿。事实上，甘地自己的静修处，连同他非常昂贵的“简单”品味以及数不清的“秘书”和女仆，不得不由3个商业巨头给予慷慨的资助。正如他那个圈子里的一个人所指出的那样：“保持甘地一直过贫穷的生活花了大量的钱。”[21]关于甘地现象，始终有一股强烈的20世纪欺骗的味道。他的方法只有在一个极端自由主义的帝国才管用。乔治·奥威尔写道：

> 与其说英国对他很宽容，不如说他总是能够控制舆论宣传。……在一个政府反对者总是消失在夜幕中从此杳无音信的国家，很难看出甘地的方法如何能应用。如果没有 472

> 自由的媒体和集会的权利，不仅诉诸外部舆论不可能，而且发起群众运动也是不可能的。……此时此刻，在苏联，甘地这样的人在哪里呢？[22]

甘地的事业生涯所证明的只不过是：英国的统治是克制的，而且愿意让位。无论是就人的生命还是就金钱而言，甘地都是昂贵的。1920～1921年的事件表明，尽管他能够发动一场群众运动，但他控制不了它。然而，他继续扮演巫师的徒弟，而与此同时，伤亡账单达到了数百人，然后是数千人，再后来是数万人，一次规模巨大的宗派和种族动乱的危险不断积累。甘地曾宣称：他在任何情况下都不会杀生，然而，在四分五裂的印度次大陆，对可能性规律的视而不见使得他的这一表白毫无意义。

在贾瓦哈拉尔·尼赫鲁身上，也有类似的异乎寻常的轻浮成分。他是个婆罗门，来自一个现代时期已经转向法律和政治的僧侣阶层（这种情况很典型）。他是家里唯一的儿子，是母亲的宝贝，由家庭女教师和神职学者教养成人，接下来作为侨民在哈罗公学（他在那里被称作乔）和剑桥大学念书。作为一个年轻人，他在伦敦和矿泉疗养地过着上流社会的时尚生活，一年的支出是800英镑。他很容易无聊。他允许自己的父亲阿拉哈巴德——一个埋头苦干的律师给自己挑选一位妻子，克什米尔的另一个婆罗门。像列宁一样，他从未表现出丝毫的愿望，想找份工作养家糊口。正如他父亲所抱怨的那样：

> 你有时间照料那些可怜的母牛吗？……只有你那方面和我这方面应受惩罚的疏忽，她们才降低到母牛的位

> 置——我指的是你母亲、你妻子、你的孩子和你的姐妹。……我不认为，一个能让自己的孩子忍饥挨饿的男人对国家能有什么用处。[23]

尼赫鲁紧跟在甘地行动的后面卷入了政治，1929 年，圣雄甘地让他当上了国大党主席。尼赫鲁尝试过农民的生活，正如他所写的那样：“我有权为他们工作，跟他们打成一片，住在他们的泥屋里，充满敬畏地分享他们低廉的伙食。”就在希特勒身陷兰茨贝格监狱的同时，他也因为煽动而锒铛入狱：“这是一段新的经历，在这个厌于享乐的世界，有一段新的经历真不赖。”他认为，可以通过“研究伯特兰·罗素的书”来拯救印度。在很多方面，他是个布卢姆茨伯里派的人物，一个政治化了的利顿·斯特雷奇，被移植到了异国的风土气候中。伦纳德·伍尔夫写道：“一个知识分子中的知识分子。”韦伯夫人热烈赞美他是“致力于拯救弱势群体的贵族的优雅和文 473
化的极致”[24]。他狼吞虎咽地吃下了欧洲左派的灵丹妙药，对共和国西班牙充满热情，对斯大林的审判秀照单全收，他是一个绥靖分子，一个单方面裁军的鼓吹者。战争期间，紧接着 1942 年一场所谓的叛乱之后（这场叛乱得到的支持很少），他大部分时间是在监狱里度过的，因此对印度的监狱管理有了广泛的了解。但对于财富创造和行政管理的过程（4 亿人通过这个过程来养活和统治），他一无所知。直到 1940 年代末，他似乎还认为印度人口稀少[25]。几乎到最后一刻，他依然拒绝相信——因为他对真实的印度知之甚少——如果统治印度的英国当局把权力交给国大党，穆斯林就会要求成立一个独立的国家。更令人震惊的是他这样一个观点：暴力宗派主义（这在

19 世纪之前就是一种地方性的流行病，并在甘地运动和阿姆利则事件之后再度流行）本质上是英国人的统治制造出来的。他在 1946 年告诉雅克·马尔库塞："英国人走了之后，印度再也不会有社群动乱了。"[26]

事实上，在战后的印度选举中，穆斯林联盟用它的分离方案拿下了保留给穆斯林的几乎所有席位，这些选举表明，分裂不可避免，而且很有可能出现大规模暴力。这次权力转移被描述为盎格鲁-印度人政治才能的一次很有技巧的发挥。事实情况是，英国政府只是失去了控制。1947 年 2 月 20 日，蒙巴顿勋爵被任命为总督，而英国经济处在崩溃的边缘，他被告知：他爱干什么干什么（正如他对国王所说的那样："全权委托"），只要他坚持到 1948 年 6 月独立的最后期限就行[27]。屠杀甚至在他抵达印度之前就开始了。丘吉尔持这样的观点，"一段 14 个月的间隔期对于权力的有序转移来说是致命的"，因为它让双方的极端分子有时间组织起来。前任总督韦维尔勋爵觉得英国应该交出一个统一的国家，让印度人自己去分裂它，如果他们希望分裂的话。弗朗西斯·图克爵士准备了一份应急分裂计划，他的判断是：如果权力转移太过仓促的话，分裂是不可避免的。蒙巴顿仓促进行了权力转移。他在抵达印度两周的时间内便做出了一个有利于分裂的决定。划界委员会的领导人西里尔·拉德克利夫爵士不得不独自做出裁决，因为委员会的印度和穆斯林成员都吓得不敢做出独立决定。

结果就像哈布斯堡帝国 1918～1919 年的解体一样：统一原则被排除了，结果制造出来的问题比它解决的问题还要多。王公贵族被抛弃了。少数宗派和家族干脆被忘掉了。贱民被忽
474 视了。所有真正的难题——旁遮普、孟加拉、克什米尔、西北

边境、信德、英属俾路支斯坦——都留给他们自己去解决。蒙巴顿有公共关系的天才，并装出一副勇敢的样子。但这次权力转移和分割是悲惨的屠宰场，对于建立在虚张声势基础上的两百年高度成功的统治来说是一个丢脸的结尾。大约 500 万～600 万人四散狂奔，逃命去也。例如，一个由惊慌失措的印度教徒和锡克教徒组成的逃难队伍从西旁遮普一路延伸了 57 英里。2.3 万划界部队太过弱小，其中有些部队可能自己也参与了杀戮[28]。大屠杀甚至蔓延到了鲁琴斯建造的那座举世无双的总督府，因为蒙巴顿夫人手下有很多穆斯林职员被杀；她还帮助把他们的尸体运进太平间。是甘地使这一切成为可能，他后来对蒙巴顿夫人承认："这样的事件在世界历史上是空前的，它让我羞愧地低下了自己的头。"[29]尼赫鲁把被解放的人全都看作布卢姆茨伯里派分子，后来他对伊斯梅夫人承认："人们彻底失去了理性，其行为比畜生还要糟糕。"[30]

甘地也是受害者，1948 年 1 月被一个死期将至的狂热分子杀害，究竟有多少人随他而去永远不会有人知道。当时对死亡人数的估计是 100 万～200 万。更晚近的一些估算在 20 万～60 万[31]。但是，由于害怕重蹈覆辙，人们普遍希望把这一事件最小化，并忘掉它。在混乱中，另外还发生了一些很大的不公正行为。在尼赫鲁的老家克什米尔，他动用军队强制推行印度人的统治，尽管大多数克什米尔人是穆斯林，他的理由是：统治者是一位印度教徒，那里的穆斯林都是"野蛮人"。在海得拉巴（那里大多数是印度教徒，统治者是一位穆斯林），他把这个原则颠倒了过来，并再次动用军队，理由是"疯子掌握着海得拉巴的命运"[32]。就这样，印度最美丽的邦克什米尔本身也被分裂了，30 多年后依然如此；而且，印度与巴基斯坦之间两次战争的战场也准备好了。

尼赫鲁统治印度17年，并创立了一个议会王朝。他是一个深得民心的统治者，虽说不是一个有效率的统治者。他使出浑身解数让印度的议会“人民院”运转起来，并在这上面花了大量的时间。但他太专制了，不可能让内阁政府迅速发展：他的统治是一场独角戏——他曾沾沾自喜地承认：“我想，我的离开很可能就是一场灾难。”[33]在国外，人们普遍抱持一样的观点，沃尔特·李普曼说他是“亚洲最伟大的人物”。迪安·艾奇逊说：“如果他不存在，那就不得不创造出一个他来。”《基督教科学箴言报》宣称：“一个世界巨人。”《卫报》
475 附和道：“尼赫鲁先生毫不自夸地说，德里可以说是亚洲的学校。”阿德莱·史蒂文森认为，他是少数几个有资格“在有生之年头顶光环”的人之一[34]。私下里，尼赫鲁开始怀疑这一切。1948年，他写道：“想到我们可能正在失去我们所有的价值并沦入机会主义政治的污泥浊水中就很可怕。”他完成了一次土地改革，但受益的只有少数富裕农民，对农业生产力毫无意义。至于计划，他认为那会“如此彻底地改变这个世纪的图景，以至于全世界都会大吃一惊”。但并没有多少事情发生。1953年，他承认，在经济学上“我完全过时了”。一度，他很想建造一两座水坝；后来他的兴趣慢慢消退了。他写信给总督拉贾戈巴拉查理说，总的说来，“我们的作用越来越像老英国政府所发挥的作用，只不过效率更低。”[35]尼赫鲁似乎不懂得如何统治国家。他每天要花四五个小时向多达8个打字员口述2000封来信的回复，这些来信带着委屈不满每天涌向他的办公室。[36]

尼赫鲁真正喜欢做的事情是在世界舞台上高谈阔论国际道

德。1950 年代，他成为那场高级欺骗的主要倡导者。在国内，他惯于贪婪。1952 年，他动用军队来制服那加部落的人（虽说他否决了从空中用机关枪扫射他们）。当葡属果阿人顽固地拒绝起义并与印度合并时，他派去了“志愿兵”，用武力解放他们。然而，在国外，他公开谴责“帝国主义”，至少在西方施行帝国主义的时候是这样。他认为，他们在朝鲜的行为表明，美国人“作为一个民族几乎比其他任何民族都更加歇斯底里，大概只有孟加拉人除外”（他们继续互相屠杀，直至1950 年代）。1956 年英国和法国针对埃及的军事行动是“一种我们绝不能容忍的历史倒退”。“我无法想象还有比这更恶劣的侵略”。[37]

但是，对共产党的世界，他采取了完全不同的标准。到最后，韦伯夫妇那些满纸谎言的著作依然是他在苏联问题上的《圣经》，他把这些书称作“伟大的作品”。1955 年，他访问苏联时发现，人民“幸福而快乐……吃得很好”。他认为公民自由并没有漏掉。有一种“心满意足”的“普遍印象”，每个人“都有活干，而且都很忙”；“即使有抱怨，也都是针对一些相对较小的事情”[38]。他对苏联的殖民主义没有表现出丝毫的兴趣，甚至都不承认它的存在。当锡兰总理约翰·科特拉瓦拉批评苏联在东欧的傀儡国制度时，尼赫鲁愤怒地把矛头转向了他。1956 年，他拒绝谴责苏联对匈牙利的入侵，借口是“缺乏信息”，只是私下里抱怨两句，以此安抚自己的良心[39]。当然，对于匈牙利，尼赫鲁也做不了什么事情。

那个时候，尼赫鲁热衷于充当演出经理，把新中国介绍给国际社会。他沉浸在周恩来的奉承话中（“阁下比我更了解世界和亚洲”）。他崇拜有男子气概的、军国主义的毛泽东， 476

完全被他那位凶残而危险的邻居胡志明给俘获了（“纤瘦而诚挚的脸庞，温和而慈祥”）。在中国，“中国人民对他的访问所做出的热情洋溢的回应”让他“大吃一惊”[41]。他似乎并没有想到，中国和印度有根本的利益冲突，在提高中国声望上，他是在编结一根上帝之鞭。第一次惩罚出现在 1959 年，当时，中国人从潘迪特那里得到了他们需要的一切，开始矫正他们的喜马拉雅边境线，建造军事公路。尼赫鲁搬起了“尊重中国在西藏的‘权利’”这颗石头，结果砸了自己的脚。大危机出现在 1962 年，当时，疲惫不堪的尼赫鲁被他自己的将军们的过于自信所误导，手忙脚乱地投入战争，结果遭受惨败。接下来，他不得不忍辱请求美国施以援手，因为在恐慌中，他担心中国的伞兵突降加尔各答。于是，华盛顿提供了“新殖民主义的”C130 运输机，“帝国主义的”第七舰队也赶到孟加拉湾来援助他。接下来，中国的压路机神秘地停止了，尼赫鲁抹了一把自己的焦头烂额，高高兴兴地接受了美国的建议，同意停火。但到那个时候，他已经垂垂老矣，不再那么举足轻重了[42]。

然而，直到 1950 年代中期，他依然是一个新实体的焦点，进步主义的法国记者已经把这个实体称作 le tiers monde（法语：第三世界）。这个概念是建立在口头戏法的基础之上，基于这样一个假设：通过发明新的单词和短语，一个人可以改变（和改善）不受欢迎的、很难对付的事实。西方是第一世界，有贪得无厌的资本主义；极权社会主义是第二世界，有奴隶营；这两个世界都有制造大规模毁灭武器的可怕兵工厂。为什么不建立一个第三世界呢？像凤凰一样从帝国的灰烬中脱颖而
477 出，自由，和平，不结盟，勤劳，涤除资本主义和斯大林主义

的罪恶，散发着公共美德的光芒，今天通过自己的努力拯救自己，明天通过自己的榜样拯救世界。正如19世纪的理想主义者把受压迫的无产阶级看作道德卓越的宝库——把未来的无产阶级国家看作乌托邦——如今也是这样，过去被殖民的事实，以及非白人的皮肤，都被看作赢得国际尊重的所有权证书。一个前殖民地国家本身就是正义的。这种国家的一次集会就是智慧的参议院。

1955年4月18~24日，在印度尼西亚总统苏加诺的鼓动下，亚非会议在万隆举行，在这次会议上，“第三世界”这个概念已经血肉丰满。来自亚洲的大约23个独立国家和来自非洲的4个国家出席会议，外加黄金海岸和苏丹，这两个国家将很快获得自由。这次会议是尼赫鲁世界名望的最高点；他选择这个场合作为一个把周恩来介绍给世界的大好时机。但另外还有很多明星，包括缅甸的吴努、柬埔寨的诺罗敦·西哈努克、巴基斯坦的穆罕默德·阿里、非洲未来的第一位黑人总统克瓦米·恩克鲁玛、塞浦路斯的马卡里奥斯大主教、黑人国会议员亚当·克莱顿·鲍威尔，以及耶路撒冷的大穆夫提[43]。有人估算，有1700个秘密警察在场值班。有些出席会议的人后来密谋互相刺杀对方；还有一些人在监狱、耻辱或流放中终其一生。但在当时，第三世界尚没有用入侵、吞并、屠杀和独裁者的残忍行为来玷污自己的名声。那依然是一个纯真的时代，人们把握十足地相信，人多势众的绝对力量，尤其是言辞的力量，将改变世界。苏加诺在开幕演说中说：“这是人类历史上有色民族的第一次跨大陆会议。”“兄弟姐妹们！我们这个时代多么充满活力！……各个国家和民族已经从千百年的沉睡中醒来了！”曾经用战争蹂躏这个世界的白人的旧时代正在死去；一个更好的时代正在破晓，它将结束冷战，引入一种新的多种族、多宗教的兄弟关系，因为“一切伟大的宗教就其宽容的寓意而言是同一的”。有色种族将引入新的道德：“我们，亚非人民，超过全世界人口的一半，我们能够动员我们所说的‘国家的道德暴力’来支持和平。”[44]在说出这个引人注目的短语之后，一场丰盛奢华的演说盛宴接踵而至。那些被这一切给彻底征服的人当中，有美国黑人作家理查德·赖特，他写道：“这是人类种族在演说。”[45]

苏加诺非常适合主持这次集会。没有一个人比他更生动地说明了后殖民时代领导人的幻想、政治虔诚和内心的冷酷无
478 情。荷属东印度群岛从数以千计的小岛草率地拼凑成了一个行政单位。它本身就是一个殖民帝国。1870 年以前，它一直按照纯粹贪婪的原则管理。打那以后，在伟大的伊斯兰学者史努克·许尔赫洛涅的启发下，打着“伦理政策”的名号，引入了一个西化、“联想”和当地精英的创造物组合在一起的结合体[46]。它有良好的意图，但实际上是荷兰民族主义的反映；当竞争性的爪哇民族主义在 1930 年代出现的时候，它没有给出回应。这似乎是在 1927 年以后由苏加诺等人在新几内亚上迪古尔关押当地煽动分子的拘留营里发展出来的[47]。它是一种伊斯兰、马克思主义和欧洲自由主义的陈词滥调的大杂烩，并不怎么引人注目，但装饰着响亮的措辞。不管别的方面如何，苏加诺可以说是他那个时代伟大的警句制造者。1945 年，爪哇民族主义者开始接管国家。荷兰人离开了，带走了 83%的混合种族。华人成为没有代表的、越来越受迫害的少数民族。非爪哇多数民族（其中很多人属于原始部落同盟）发现自己成了一个名叫“印度尼西亚”的爪哇帝国的殖民臣民。

苏加诺并不比印度的尼赫鲁有更多的道德权威来统治1亿人；事实上甚至更少。他也缺乏行政技巧。但他有语言天赋。面对一个问题，他总是用一个短语来解决。接下来，他会把短语变成首字母缩写，再由一群受过良好训练的文盲反复咏唱。他用 Konsepsi（马来语：概念）治国。他的党的干部把口号“贯彻苏加诺总统的概念”刷在建筑物上。他在1945年的第一个概念是 Pantja Sila（五项基本原则）：民族主义、国际主义（人道主义）、民主、社会繁荣、相信神。这些是“印尼精神的本质”[48]。内阁是 NASAKOM，结合了“革命”的3个主流：Nasionalisme（民族主义）、Agama（宗教）和 Komunisme（共产主义）。宪法是 USDEK。他的政治宣言是 MANIPOL。联合内阁是 gotong-rojong（互助）。然后还有 musjawarab（协商一致）和 mufakat（职能代表，这是他对社团主义的称呼）。他对党派政府深感不满，发表了一场“埋葬党派”的演说，紧接着引入了他所说的“有指导的民主”（Demokrasi Terpimpin）。由此引入了“有指导的经济”（Ekonomi Terpimpin），它表达了“印度尼西亚的身份”（Kepribadian Indonesia）。他觉得自己有责任做指导，或者正如他所写的那样：“苏加诺总统要求公民苏加诺组建一个政府。”[49]

当苏加诺的国内麻烦在1950年代不断增加的时候，他把更多的时间和言辞用在了外交问题上。他谈到了“自由的和 479
积极的中立主义”；然后是“旧势力”和“新生力量”的二分法；接下来又有“雅加达－金边－北京－平壤轴心”。他骚扰印尼华人。他抨击国际童子军运动。他有一句格言是：“一个国家始终需要一个敌人。”于是他引入了另一个概念——“大印度尼西亚”，其意思是扩大到荷属新几内亚（他把这个地方重新命名为西伊里安）、马来西亚、葡属帝汶岛和澳大利亚的一些领土。为了达到这个目的，他发明了“对峙”这个术语，杜撰了短语 Ganjang Malaysia（粉碎马来西亚），并发展出了一种在外国领事馆外发动“受控游行示威”的技术，偶尔让这些示威变得“过度热情”（正如 1963 年英国大使馆被烧毁那样）。每次都给示威人群一个口号。骂外国人的口号是 NEKOLIM（新殖民主义、殖民主义和帝国主义）。当外国援助中断或者他被联合国批评的时候，就有 BERDIKARI（独立自主）。1962 年，当他控制西伊里安的时候，口号是“胜利之年”；1963 年，当他在马来西亚吃败仗的时候，口号是“危险地活着之年”。最后这个短语（Tahun Vivere Pericoloso），以及他的常备短语 RESOPIM（革命，印尼社会主义，自然领导地位）反映了荷兰语、印尼语、法语、意大利语和英语词语（还有观念）的古怪混合，苏加诺就是用这些东西让他摇摇欲坠的帝国继续前行。[50]

如果真有人相信“危险地活着”的话，那这个人就是多嘴多舌、过于活跃、热爱享乐的苏加诺。他践行多种族主义，同时也给自己搜罗了一大批形形色色的妻子和情人，并在无数次外国旅行中进一步扩大了自己在这方面的研究范围。中国的秘密警察曾拍摄了他在床上的翻云覆雨，因此让后世子孙能够了解他的性观念。赫鲁晓夫通过塔斯社的秘密报告对这方面已经略知一二，但当他 1960 年访问印尼时，看到总统和一个赤身裸体的女人兴高采烈地聊天，他还是深感震惊[51]。但在 1960 年代，随着时间的推移，印度尼西亚的经济接近于崩溃。华人少数民族的几乎灭绝摧毁了国内的供应体系。粮食在乡下腐烂。城市在忍饥挨饿。外国投资消失不见了。除了石油——这玩意儿倒是还在流淌——工业被国有化了，并在贪婪的官僚体制下缓慢衰退。到 1965 年秋天，外债高达 24 亿美元，信贷已经耗尽。苏加诺就连口号都用完了。不知道该干什么，苏加诺似乎给印尼共产党（PKI）的一次政变开了绿灯。

政变发生在 10 月 1 日凌晨。计划要消灭武装部队的领导层。陆军参谋长阿巴杜·雅尼将军和另外两位将军当场被枪杀。国防部长纳苏蒂安将军爬过自己家的高墙，逃过一劫，但他的 480
女儿惨遭杀害。另外三位将军被抓了起来，随后被印尼共产党的妇女和孩子以人牲的方式折磨致死：眼睛被挖出，生殖器被割掉，尸体被扔进了鳄鱼湾[52]。后来，一个特别军事法庭调查了这些事件，他们卷帙浩繁的调查记录让人毫不怀疑共产党有罪[53]。这场运动被称作 Gestapu①，它最后失败了。战略储备司令官苏哈托将军接管了权力。一场可怕的报复接踵而至。为这场杀戮报仇的行动开始于 10 月 8 日，雅加达的印尼共产党总部被付之一炬。屠杀是以集体的方式组织的，这样一来，所有人牵涉到的责任是同等的，全家都要抵罪。它是 20 世纪这个杀戮时代规模最大的系统化屠杀之一。总数可能高达 100 万，尽管官方的一致意见认为这个数字在 20 万～25 万[54]。苏加诺被软禁在他的宫殿里，再三要求（但无能为力）结束这场杀戮，因为死者基本上都是他的支持者。但没人理睬他，通过一个缓慢的政治折磨的过程，他的职务被逐步剥夺。在他逐步降级的每一个阶段，都有一位妻子离开他，到他 1970 年 6 月 21 日死于肾病的时候，只有一位妻子留在身边，那个时候他已经被人遗忘，无法说话。

---

① Gerakan September Tiga Puluh 的缩写，即“9.30 运动”。——译者注

但这也是未来的事。在 1955 年的万隆，所向披靡的雄辩言辞依然傲视群伦。在场的人包括埃及总统贾迈勒·阿卜杜尔·纳赛尔，对于这场新欺骗来说是一个英俊潇洒的新来者，但他凭自己的本事，已经是个颇有造诣的修辞学家了。以色列无疑是个亚非国家，但它在万隆会议上没有代表。这里面藏着一个漫长而复杂的故事，由两股最强大、最偏执狂的力量制造出来：对石油贪得无厌的需求，以及反犹主义的罪恶。

英国早在 1908 年就进入了中东的油田，1924 年，美国紧随其后。到 1936 年，英国已经控制了 5.24 亿吨已经证实的石油储备，而美国则控制了 9300 万吨；1944 年，这两个数字跃升至 21.81 亿吨和 17.68 亿吨；到 1949 年，美国的产量已经超过英国，主要来自沙特阿拉伯最富的油田[55]。到 1940 年代初，人们已经认识到，中东拥有世界上最大的石油储备。1944 年，美国石油委员会主席埃弗雷特·德戈尔耶说："世界石油生产的重心一直在变，直到它在这一地区牢固地确立。"就在同一时期，出现了最初的迹象，暗示美国可能要耗光国内的石
481 油——到 1944 年，有人估算只剩下 14 年的供应[56]。4 年后，国防部长福雷斯特尔向石油工业界宣布："除非我们能够得到中东的石油，否则美国的汽车公司就不得不设计四缸汽车了。"[57]欧洲的依赖增长得更快。到万隆会议的那个时期，英国的石油消耗每年增长 13%，而中东石油产量的增长从 1938 年的 25% 跃升至 1949 年的 50%，如今稳定在 80% 以上。[58]

美国和欧洲工业对单一石油来源日益增长的依赖本身就令人担忧。让它变成一个棘手问题的是：它结合了阿拉伯人和犹太人对巴勒斯坦的不可调和的权利主张。《贝尔福宣言》和"犹太民族家园"的观念是英国为打赢第一次世界大战而签署

的远期支票之一。要不是英国人犯了一个严重错误的话，它很可能在不损害阿拉伯人的情况下令人信服地赢得尊重——因为它并没有暗示一个犹太复国主义国家本身。1921 年，他们授权最高穆斯林议会指导宗教事务；巴勒斯坦最大的地主家族的首领穆罕默德·阿敏·侯赛尼为耶路撒冷终身高级法官（穆夫提）。这是现代史上最要命的任命之一。前一年，他因为挑起血腥的反犹暴动而被判处 10 年苦役。他有一双清白无辜的蓝色眼睛，以及安静的、几乎是畏畏缩缩的行为举止，但他却是一个专心致志的杀手，把自己的整个成年生活奉献给了种族谋杀。有一幅照片，是他和希姆莱的合影：两个人亲切愉快地相视而笑，下面是党卫军首领给“伟大的穆夫提阁下”题写的献词；拍照的日期是 1943 年，当时，“最终解决”正进入高潮。

在仇恨犹太人上，侯赛尼比希特勒有过之而无不及。但他做的事情比杀死犹太移民者更具破坏性。他组织了对阿拉伯温和派的系统化消灭。他们当中有很多人 1920 年代在巴基斯坦。其中有些人甚至欢迎有现代农业理念的犹太移民，并把土地卖给他们。阿拉伯人和犹太人原本可以作为两个繁荣兴旺的社群生活在一起。但侯赛尼在埃米尔·戈里身上发现了作为一个恐怖活动领导人的非凡能力，他的暗杀队系统化地谋杀了主要的阿拉伯温和派——侯赛尼的受害者绝大多数是阿拉伯人——并让其余的人不敢出声。到 1930 年代末，阿拉伯温和派的意见已经不复存在，至少在公共场合不存在，阿拉伯国家被动员起来支持阿拉伯极端主义，他们还说服英国外交部相信：继续得到石油和继续犹太人移民是鱼与熊掌不可兼得，1939 年的白皮书实际上把犹太移民带向了终结，并事实上否认了《贝尔 482

福宣言》，正如丘吉尔所言，“是明目张胆的违约”。[59]

1942 年，最早一批关于“最终解决”的证据确凿的报告出现了。它们激起的不是怜悯，而是恐惧。美国收紧了签证控制，7 个拉丁美洲国家跟牌，土耳其也是如此[60]。在这一阶段，哈伊姆·魏茨曼依然相信：可以跟英国达成协议，重新开始移民流动。1943 年 10 月，丘吉尔（艾德礼在场代表工党）告诉他：分割是可以接受的。1944 年 11 月 4 日，他对魏茨曼承诺：在接下来的 10 年里，100 万 ~150 万犹太人可以去巴勒斯坦[61]。但丘吉尔几乎是英国政界高层唯一支持犹太复国主义的。更有价值的是英国陆军内部创建了一个独立的犹太旅，其成员最终构成了犹太事务局的保卫部队哈加纳组织在转变为正规陆军时的专业核心团队。

在这一阶段，丘吉尔依然认为英国可以控制巴勒斯坦的命运。事实上，巴勒斯坦正在滑出英国的掌控。这里面有两个主要因素。首先是犹太人的恐怖主义。这是波兰犹太人亚伯拉罕·斯特恩制造出来的，他在佛罗伦萨大学成了一个法西斯分子和仇英者，后来试图通过维希政权控制的叙利亚为自己的组织获得纳粹的财政支持。1942 年，斯特恩被一个警察杀害，但他的犯罪团伙继续活动，就像更大的恐怖集团伊尔根一样，自 1944 年起由梅纳赫姆·贝京指挥。这是一个灾难性的发展，因为现代宣传第一次结合了列宁主义的胞状结构和先进技术，以通过谋杀来促进政治目标。在接下来的 40 年里，这个榜样在全世界被仿效：它是当今时代的一种癌症，吞噬着人类的心脏。丘吉尔有直抵事件根源的天赋，他警告：“如果我们的犹太复国主义之梦终结于暗杀者枪口的那一缕青烟，那么，我们为它的未来所付出的劳动将产生一伙新的足以与纳粹德国媲美的匪徒。”魏茨曼承诺，犹太人民“将竭尽全力把这个祸根从他们中间切掉”[62]。事实上，哈加纳组织曾试图消灭伊尔根和斯特恩。可是，当战争结束、犹太人试图到达巴勒斯坦的努力变得更加疯狂的时候，这个组织便致力于帮助非法移民的合法目标。“最终解决”并没有终结反犹主义。因此，1946 年 7 月 5 日，在波兰城市凯尔采，有谣传说犹太人参与了对非犹太孩子的人牲式屠杀，这个谣言激起了一伙暴徒在共产党的警察和军队的默许下，打死了 40 个犹太人[63]。这是加速犹太人惊慌逃窜的众多意外事件之一。

随着哈加纳专注于自己的事情，歹徒们在美国媒体一些狂热分子的煽动下迅速发展起来。鲁斯·格鲁伯在《纽约邮 483
报》（*New York Post*）上写到巴勒斯坦警察时的那段描述十分典型：

> 这些人很讨厌和他们的朋友纳粹分子战斗的想法，却充满热情地接受和犹太人战斗的想法。他们漫步于耶路撒冷和特拉维夫（犹太人建起的城市）的街头，唱着《霍斯特·威塞尔之歌》。他们走进水泄不通的集市，行着“希特勒万岁”的纳粹礼。[64]

1946 年 7 月 22 日，伊尔根炸毁了耶路撒冷最重要的酒店大卫王酒店，炸死了 41 个阿拉伯人、28 个英国人、17 个犹太人及 5 个其他人。这家酒店的一部分是英国政府部门的办公室，贝京声称，爆炸的目的是要摧毁秘密记录。但那样的话，正如哈加纳所指出的那样，炸弹应该在办公时间之外爆炸。贝京声称，已经给出了警告：事实上，警告只提前两分钟到达电话接线员那里，正当他告诉酒店经理的时候，炸弹爆炸了[65]。这一犯罪成为未来几十年典型的恐怖主义暴行。最早模仿这一新技术的自然是阿拉伯恐怖分子：未来的巴勒斯坦解放组织是伊尔根的私生子。

犹太人的恐怖主义在另外一些方面事与愿违。1947 年 7 月 30 日，两个被俘的英国警官被冷血地杀害，他们的尸体被设置成诡雷。犹太事务局称之为“一伙罪犯对两个无辜之人的卑怯谋杀”[66]。曼彻斯特、利物浦、格拉斯哥和伦敦都出现了反犹骚乱；在德比，一座犹太会堂被焚毁。但这一特定事件的影响是让英国军队转向了反犹。正如在印度一样，英国的严厉措施使用得太少。数字表明，1945 年 8 月至 1947 年 9 月（不算大卫王酒店的死亡人数），有 141 个英国人死于非命，44 个阿拉伯人、25 个犹太非恐怖分子、外加 37 个犹太恐怖分子在枪战中被杀，只有 7 个人被处死（两个人在监狱里自杀）[67]。英国军队知道他们的判决并不公正。结果，当撤军开始的时候，官兵们都密谋把武器、岗哨和供应品交给阿拉伯人。军事后果非常严重。实际上，犹太人的恐怖主义让犹太人付出了耶路撒冷老城和约旦河西岸的代价，这两个地方直到 1967 年才被占领，当时并没有合法的所有权。

恐怖主义导致英国希望像彼拉多一样，对巴勒斯坦问题撒手不管。自 1945 年 7 月起负责外交事务的欧内斯特·贝文是个老派工人阶级反犹分子，尽管不是一个邪恶的反犹分子。1946 年，他告诉工党大会，美国人提议在巴勒斯坦再移民 10 万人，这个想法出于“最纯粹的动机——他们不希望纽约有太多的犹太人”[68]。恐怖主义让他很愤怒。他认为，如果英国人撤走，犹太人将会全部被屠杀，而英国军队正在被他们所保

护的那些人杀死。但是，到 1947 年初，他已经受够了。燃料 484
危机使得天平朝着有利于逃跑的方向倾斜。2 月 14 日——就在艾德礼决定径直撤离印度并把对希腊的责任交给美国的同一个月——贝文把犹太领导人召到自己的办公室，告诉他们，他打算把问题交给联合国。没有电，只有蜡烛。贝文开玩笑说："有以色列人在这里就用不着蜡烛了。"[69]①

第二个因素是美国的影响。1941 年，戴维·本-古里安访问美国，并感觉到了"美国有 500 万人口的犹太人社区的脉搏跳动"[70]。他第一次感觉到，在美国犹太人的帮助下，犹太复国主义可以在不远的将来实现，因此，他催促魏茨曼朝着这个目标努力。把犹太民族家园的概念转变成一个国家究竟是对是错，依然是个尚存争议的问题。魏茨曼有宽广的胸怀，足以认识到，这对于阿拉伯人来说代价必定是沉重的。他告诉战后成立的英美调查委员会，那不是对与错之间的选择，而是更大的不公和更小的不公之间的选择。本-古里安持决定论的观点："历史已经做出裁定，我们应当回到我们的国家，在那里重建犹太人国。"[71]但这是用列宁或希特勒的腔调说话。不存在"历史"这么个人。做出裁决的是人。

事实上，在战争那些年里，美国犹太人社群首先发展出了他们的集体自信，并开始发挥其人数、财富和能力创造出来的力量。战后，他们立即成为美国组织得最好、最有影响力的议会游说团体。他们能够显示，他们掌握了像纽约、伊利诺伊和宾夕法尼亚这样一些摇摆州的关键选票。罗斯福有足够强大的政治基础，可以无视这一压力。以他典型的轻浮，罗斯福似乎

① Israelite 后半部分的发音和"光"的发音相同。——译者注

转向了反对犹太复国主义，从雅尔塔回国之后，他与沙特阿拉伯国王有过一次短暂的会晤。他告诉国会：“关于整个问题，通过和伊本·沙乌德交谈5分钟，我所了解到的东西比通过两三打通信了解到的还要多。”[72]充满热情地支持犹太复国主义的总统助理戴维·奈尔斯作证说：“我心里严重怀疑，如果罗斯福还活着，以色列会存在。”[73]杜鲁门在政治上要弱很多。他觉得，要想赢得1948年的大选，他必须得到犹太人的选票。他也真心实意地支持犹太复国主义，并且不信任国务院里那帮“过于注重形式的小屁孩”的阿拉伯主义[74]。在这件事情上，正是他的意志推动了分割方案在联合国获得通过（1947年11月29日），并承认了本-古里安次年5月宣布建立的新以色列国。存在反对以色列国的巨大力量。代表石油利益集团的加德
485 士公司的马克斯·索恩伯格写道，杜鲁门“说服了联合国大会宣布种族和宗教标准是政治上国家地位的基础”，并因此“扑灭”了“美国的道德声望”和“阿拉伯人对美国理想的信任”[75]。国务院预言了毁灭。国防部长福雷斯特尔大惊失色，在写到犹太人议会游说团体时，他愤怒地说：“这个国家不应该允许任何集团过多地影响我们的政策，以至于危及我们的国家安全”[76]。

事实上，很有可能，如果危机迟来1年，在冷战实际上已经迈开大步之后，杜鲁门承受的反犹太复国主义压力将会太过强大。美国在1947~1948年对以色列的支持是全球对抗的强权政治出现之前美国人最后一次让自己享受的理想主义奢华。同样的时序也影响了苏联。苏联是为了打破英国在中东的地位而支持犹太复国主义。它不仅承认了以色列，而且为了加剧战斗以及随之而来的混乱，它还指示捷克人卖武器给以色列[77]。

这些考量一年后都不会占优势，到那个时候，大家都忙着建立冷战同盟。以色列通过时间连续统一体中的一道裂缝偷偷地来到了这个世界。

因此，认为以色列是帝国主义创造出来的想法不仅是错的，而且与事实背道而驰。西方的每个地方，外交部、国防部和大企业都反对犹太复国主义者。就连法国也只是把武器送给他们，为的是让英国人生气，因为他们把叙利亚“输给”了英国人。哈加纳有 2.1 万人，但刚开始的时候几乎没有大炮、装甲车和飞机。正是捷克共产党人，根据苏联的指示，使以色列的幸存成为可能，他们拿出了整整一个军用机场，用于运送武器去特拉维夫[78]。几乎人人都预期犹太人会输。那里有埃及的军队 10000 人，约旦的阿拉伯军团 4500 人，7000 叙利亚人，3000 伊拉克人，3000 黎巴嫩人，加上巴勒斯坦人组成的“阿拉伯解放军”。这也是阿拉伯人为什么拒绝联合国分割方案的原因，这一方案只给了犹太人 5500 平方英里，主要在内盖夫沙漠。这个方案尽管有它的不利之处（它将创造一个有 53.8 万犹太人和 39.7 万阿拉伯人的国家），但通过接受这一方案，犹太复国主义者表明他们愿意遵守国际法的仲裁。阿拉伯人选择了武力。

那是一场小规模的英勇战斗。像特洛伊战争一样，它卷入了很多名人：纳吉布将军、纳赛尔上校、阿米尔法官、伊加尔·阿隆、摩西·达扬。阿拉伯人失败的核心原因是战地指挥官法齐·考克吉与穆夫提及其可憎家人之间的仇恨。穆夫提指控考克吉“给英国人当间谍……喝酒、追女人”[79]。伊拉克人和叙利亚人没有巴勒斯坦的地图。有些阿拉伯军队有很好的装备，但除了约旦人之外，所有人的训练都很糟糕，而且，约旦 486

国王阿卜杜拉只想要他已经得到的耶路撒冷老城。他不想看到一个由穆夫提负责的阿拉伯巴勒斯坦国。正如他在一次秘密会议上告诉果尔达・梅厄的那样："我们有一个共同的敌人——穆夫提。"[80]回过头来看，有一点很清楚：阿拉伯人唯一的机会是在战争的最初几天便有一场压倒性的胜利。本-古里安从他们那里得到了这样一场胜利。1948 年 4 月，他抢先一步发起了攻击，这是他一生中最重要的决定，有了捷克共产党人的武器，他能够完成这个任务[81]。从此以后，尽管有一些令人忧虑的时刻，但以色列的实力稳步增长：到 12 月，它已经有了一支装备还算不错的 10 万人的军队，并确立了军事上的优势，这一优势一直保持到了 1980 年代。

以色列的建国终于结束了欧洲的反犹主义，除了铁幕后面之外。它制造了阿拉伯难民问题。这是双方极端分子的功劳。1918 年，当《贝尔福宣言》最早开始生效的时候，巴勒斯坦的阿拉伯人口占 93%，1947 年，当危机爆发的时候，这个数字是 65%。阿拉伯人当时可以有他们独立的国家，加上在以色列的管理中占多数份额。但到那个时候，穆夫提和他的暗杀队已经开始干活了。1947 年 10 月 14 日，阿拉伯联盟秘书长阿扎姆・帕夏在伦敦会晤了犹太人谈判代表阿巴・埃班，他直言不讳地告诉埃班：讲理的时间已经过去，他说，如果他接受分割方案，他将"在回到开罗后的几个小时之内成为一个死人"。[82]

在这里，我们看到了政治谋杀所带来的邪恶的一个经典案例。因为，到实际战斗开始的时候，阿扎姆自己就在收音机里说着恐怖的语言，他宣布："这将是一场灭绝和大规模屠杀的战争。"[83]甚至在战斗开始之前，就有 3 万名大多生活富裕的阿拉伯人临时离开巴勒斯坦，指望着胜利的时候再回来。他们当中有乡镇长、法官和酋长。没有政府保护他们，很多阿拉伯穷人也逃之乎也。当犹太人占领海法的时候，已经跑掉了 2 万人，留下来的 5 万人当中大多数后来也离开了，尽管犹太人恳求他们留下来。在别的地方，阿拉伯联盟命令阿拉伯人留在家里；没有证据证明犹太人的观点：阿拉伯政府对难民的逃离负有责任[84]。1948 年 4 月 9 日，刚好就在战斗开始的时候，伊尔根在戴尔·亚辛村实施一场可怕的屠杀，这无疑助长了阿拉伯人的大批逃离。大约 250 个男人、女人和孩子被杀。这场暴行发生的那天晚上，伊尔根的发言人说：“我们打算进攻、征服、守卫，直到我们把整个巴勒斯坦和外约旦纳入一个更大的犹太人国。……我们希望未来改进我们的方法，尽可能饶过妇女和儿童。”[85]在 6 月战斗当中的停战期间，伊尔根的战斗部队被赶出了以色列陆军；正是哈加纳组织那些值得尊敬的士 487
兵，为了所有实际的目的，创造和拯救了以色列。

到那个时候，损害已经造成。硝烟散去，那里有超过 50 万阿拉伯难民（联合国的数字是大约 65 万；以色列的数字是 53.8 万）[86]。为了平衡这一点，1948 ~ 1957 年，10 个阿拉伯国家的 56.7 万犹太人被迫逃离[87]。几乎全都去了以色列，到 1960 年，那些去了以色列的人全都重新定居了下来。阿拉伯难民原本也可以同样定居下来，就像 1918 ~ 1923 年希腊 - 土耳其冲突之后那样，双方的难民数量也大致相当。然而，阿拉伯国家宁愿让难民一直待在难民营里，他们和他们的后代一直作为人证留在那里，直到夺回巴勒斯坦，而且，他们也是 1956、1967 和 1973 年发动进一步战争的正当理由。

假如阿卜杜拉愿意妥协，阿以冲突可能很快就得到了解决。从历史上讲，他最有资格领导阿拉伯人的事业。可是，他的国家只有 30 万土生土长的居民，岁入不到 120 万英镑。正是英国人，为了帮助他们的战争努力，鼓励阿拉伯人创立了阿拉伯联盟；由于他们从开罗发号施令，由于埃及是这一地区最大的国家，阿拉伯联盟便成了本质上是埃及人的和开罗人的机构。因此，是埃及领导了对以色列的围殴。这既是一种反常，也是一场悲剧。由于地理上的原因，埃及和以色列是天然的盟友；在古代，它们便一直是盟友。汉志地区的“纯”阿拉伯人，像阿卜杜拉那样，根本不把埃及人视为阿拉伯人：阿卜杜拉说他们是贫穷、悲惨、落后的非洲人。埃及的花花公子国王法鲁克特别让他瞧不起：当他向来访者提到他的名字时，阿卜杜拉就会朝地毯帐篷的角落啐唾沫[88]。相比之下，埃及人把自己看作世界上最古老文明的继承人，是阿拉伯事业天经地义的领导者：法鲁克把埃及幻想成一个威权主义的穆斯林国家，正逐步把所有阿拉伯人甚至所有穆斯林包括在内。因此，他把针对以色列的连续战役混同于埃及自己的自尊，混同于它在这一地区充当领导角色的志向抱负。这套本质上十分轻浮的观念导致了一场悲剧，这场悲剧使得埃及在四分之一世纪的时间里成了以色列不共戴天的仇敌。

不稳定的因素由于英国越来越不愿意充当这一地区的最高力量而有所增长。早在 1946 年 10 月，英国就决定把它的大部分部队从中东撤到东非，以开普敦附近的西蒙斯敦取代亚历山大港的海军基地。艾德礼不喜欢阿拉伯领导人：“我得说，我对统治阶级有一个非常糟糕的看法。”[89]巴勒斯坦的肮脏混乱
488 甚至比印度的崩溃更让英国民意厌恶帝国责任的整个观念。它甚至让丘吉尔深感震惊，1948 年，他对魏茨曼说：“这样一场

地狱般的灾难让我无法再次接纳它……并且，必须竭尽所能地把它从我的头脑里赶出去。”[90]但这只是开始。法鲁克格外奢华的生活方式及其政权的腐败堕落（1948 年的战败被归咎于一次武器丑闻）导致越来越多的批评，当他娶了一位新王后（纳里曼公主）并在 1951 年的斋月期间带着她大肆宣扬地度蜜月时，这样的批评就达到了顶点。为了分散公众的注意力，他在 10 月 8 日单方面废除了《英埃条约》。第二年年初，他开始了针对苏伊士运河地区的游击战，英国人在那里有一个巨大的基地：38 座兵营和 10 个飞机场，能容纳 41 个师和 38 个空军中队。老派的君主们决策失当，招致暴徒登台亮相。1 月 26 日，暴徒接管了开罗，杀戮欧洲人、犹太人和所有国家的富人。年轻军官早已对阿以战争的高层指挥深感愤怒，他们看到了机会。6 个月后，自由军官委员会打发法鲁克乘坐他的快艇卷铺盖滚蛋，船上载满了他毕生收藏的小饰品和色情作品。

这场政变的灵魂人物是贾迈勒·阿卜杜尔·纳赛尔上校，他很快就把最初当作傀儡树起来的深受欢迎的穆罕默德·纳吉布将军挤到一边。纳赛尔的父亲是个邮政职员，母亲是一个煤炭商的女儿，他刚开始有一些激进的理想。在 1948 年的惨败中，他告诉一位以色列参谋官，他很羡慕以色列的社会主义集体农场制度，并把这一制度跟埃及的在外地主所有制进行了对比。在这一阶段，他责怪的是英国人，而不是犹太人：“他们要花招诱使我们参战。巴勒斯坦对我们有什么意义？这全是英国人的花招，为的是把我们的注意力从他们对埃及的占领上转移开来。”[91]他的《革命哲学》（*Philosophy of the Revolution*）一书是马克思主义标签、西方自由主义和伊斯兰教的空洞混合物：自命不凡的漂亮玩意儿。他是“万隆那一代”最典型的成员：擅长辞令，但别的方面乏善可陈。像苏加诺一样，他在发明口号和头衔上也才华横溢：他经常改变他所创立的那个党的名称，以及他所商谈的阿拉伯联邦的名称。他的特长是操纵群众。他夸夸其谈的修辞深受欢迎，尤其是在学生那里，他似乎有本事唆使开罗的乌合之众有节奏地反复呼喊他希望听到的口号，而这些口号经常天天花样翻新。[92]

一旦掌权，纳赛尔很快就被权力腐化。像苏加诺一样，他解散了各政党。他设立了人民法庭，累计监禁了3000名政治犯。他始终维持着适度的恐怖。这是“必要的”。埃及是个穷国，有迅速增长的人口（到1970年代达到4000万），耕地面
489 积比比利时还要小。纳赛尔的哲学并不包含任何可行的财富创造的观念，倒是有更多的财富消耗的观念。因此，仅有恐怖还不够。像苏加诺一样，他也需要外敌，最好是有好几个。他的统治是一连串震耳欲聋的海外危机，以掩盖国内令人悲哀的对痛苦事实的沉默。首先，他加剧了针对苏伊士运河基地的军事行动。但英国人同意撤出基地，只留下照管维护的部门。1954年7月27日签署的协议把纳赛尔所要求的东西几乎全都给了他。当丘吉尔的同事在下院为协议辩护的时候，这位老人低着头坐在那里。于是，纳赛尔转向了苏丹，一个潜在的卫星国。但苏丹从他手里溜走了，走向了独立。

纳赛尔去了万隆。万隆完成了对他的腐化，正如它对另外一些年轻的民族主义政治家所做的一样。当世界舞台召唤他的时候，为什么要在让一个穷国吃饱穿暖这样吃力不讨好的工作上挥汗劳作呢？万隆打开了纳赛尔的眼界，让他看到了时代提供给一个宣传专家和口号专家的机会，尤其是一个准备打反殖民主义这张牌的人。他手里一直握着一张牌：犹太人！很容易

用阴谋论把以色列合理地解释为一场普遍的帝国主义阴谋。早在 1948 年 7 月 16 日，阿扎姆帕夏就制造出了辩护神话。阿拉伯人因为西方而输掉了："英国和美国密切追踪阿拉伯人每一次试图获得武器的努力，并竭尽全力予以反对，而与此同时，他们却坚定不移、干劲十足地工作，以确保战争物资和军队流向犹太人。"[93]万隆会议之后，纳赛尔把自己早期的分析颠倒了过来。他致力于打造一个"反帝国主义"阿拉伯国家联合体，推翻 1948 年的决议，然后创建一个以自己为舵手的阿拉伯超级大国。

冷战让他捡了个大便宜。作为遏制苏联的组成部分，英国和美国正在构建一个中东同盟，包括土耳其、伊朗和巴基斯坦。这个联盟被称作"北圈"。英国在很大程度上违背了美国的意愿，急于把这个集团捆绑在它自己的阿拉伯受保护国的体系上，尤其是伊朗和约旦。安东尼·艾登终于继丘吉尔之后担任首相，他想在美国的支持下加强英国在这一地区不断衰落的领导地位。苏联的赫鲁晓夫新政权热衷于挽回斯大林在 1948 年犯下的错误，把纳赛尔的出现看作一个机会，借此可以跳过"北圈"，创立自己的被保护国。苏联人提出以巨大的武器和信贷供应支持纳赛尔的反以色列联合体。纳赛尔喜出望外。于是，苏联人轻轻一跃，跳过了"北圈"，在交易中，他成了一个第三世界军人政治家。

纳赛尔并没有忘记万隆的另一门功课：不结盟。这个观念是要挑拨东西方互相对抗。这意味着跟双方打交道，同是又不是任何一方的财产。万隆哲学是为了新国家尽快创立它们自己 490
的工业基础，让它们自己独立于"帝国主义"。假如手头有钱，建造一家钢铁厂比提高农业生产率更容易、更快——当然也更加壮观。纳赛尔从万隆回来之后便决定加速一项计划：在阿斯旺的尼罗河上建造一座巨大的高坝。它将为工业化提供电力，并为灌溉提供更多的水，把耕地面积提高25%[94]。但是，建这座水坝需要世界银行贷款2亿美元，那主要来自美国。有很多经济和环境方面的理由反对这一计划，最后这些反对被证明是有道理的——水坝1970年由苏联人完成，其净效益实际上增加了失业，降低了农业生产率。无论如何，在说了大量的废话之后，1956年7月19日，美国人拒绝了这个项目。这样一个打击，是纳赛尔政权这样一个高度危险的政权不可能默默承受的。他的报复是把英法苏伊士运河收归国有。

1956~1957年的苏伊士运河危机是那种半严肃半幽默的国际事件之一，像1935年的阿比西尼亚一样，生动说明了历史趋势，而不是决定了历史趋势。英国人作为世界强国的衰落多半不可避免。然而，衰落的速度取决于它自己的民族意志。战后的一系列事件已经暗示了这一意志实际上是不存在的。工业的相对衰退也报复性地重新开始了，正如1955年秋天的经济危机所暗示的那样。安东尼·艾登爵士在丘吉尔的阴影下等待了如此漫长的时间，他并不是那个挽回败局的人。他神经紧张，容易激动，间歇性地发病，有一个致命的倾向：总是混淆事件的相对重要性。1930年代，他一度认为墨索里尼比希特勒更可怕。如今，他痴迷于这样一个问题：英国有必要在中东扮演一个独立于美国的角色，他把纳赛尔看作另一个墨索里尼。他写信给艾森豪威尔说："我从不认为纳赛尔是希特勒，而是觉得他跟墨索里尼十分接近。"[95]这种扮演角色的方式是错误的。纳赛尔需要并渴望大戏。漠不关心是让他蔫下去的最容易的方式。艾森豪威尔采取的便是这一策略，主要是因为那是大选之年，“和平”一直被证明是通往美国选民内心的康庄大道。困难在于艾登自己也需要一场大戏。他走出丘吉尔的阴影、上台掌权的第一年便让人大失所望。他因为缺乏“强硬政府的重拳击打”而饱受批评，尤其是在自己的党内。正如《每日电讯报》所写的那样：“首相有一个特别喜爱的手势。为了强调某个观点，他总是一只手紧握拳头，击打另一只手摊开的手掌。但击打声很少被人听到。”说到艾登的不胜任，有一个很好的衡量是：他听任自己被这样的讥讽给彻底惹恼，讥讽惹得他回敬了一句“痛苦而辛辣的咒骂”[96]。他会很好地给 491
他们一记重拳！

在得到关于纳赛尔国有化法令消息的那个晚上，艾登把军方首脑召到了唐宁街，要求他们准备入侵埃及。他们的回复是：在6周的时间内，这是不可能的事。这应该能说明问题了。一个不能在6周内入侵一个阿拉伯小国的国家算不上一个伟大强国，它最好是用其他的方式来维护自己的利益。此外，有一点并不清楚：纳赛尔到底做了什么非法的事情。他并没有违背1888年管理运河的协议。以适当的补偿（正如他所提议的那样）把外国资产收归国有是每个主权国家的权利。当伊朗的穆罕默德·穆沙德政权在1951年把阿巴丹岛的英国炼油厂收归国有的时候，英国——必须说，是在勃然大怒之后——明智地把问题留给了中央情报局，让后者给穆沙德一个下马威。无论如何，苏伊士运河协议预定在12年内到期。到那个时候，最初的愤怒已渐次平息，所有这一切都变得清晰了。艾登原本应该把纳赛尔拉到谈判桌上来，拖住他，直到艾森豪威尔再次当选，然后跟他联手合作，摘掉纳赛尔上校这颗苦果。但艾登首相想要重拳出击。法国人有一样的心思。第四共和国死期已到。它已经丢掉了印度支那，丢掉了突尼斯，正处在丢掉摩洛哥的过程中；它卷入了阿尔及利亚的一场叛乱，这场叛乱是纳赛尔吵吵嚷嚷地唆使的。法国人想搞垮他，他们宁愿通过正面进攻而不是阴谋诡计来做这件事。他们也想要一场大戏。

英法对亚历山大港的占领被称作“火枪手行动”，准备9月8日发动[97]。这一计划尽管很粗糙，但如果坚决果断地采取行动的话，多半会大功告成。但艾登一直拖延，并最终放弃了，为的是支持更缓慢、更困难的占领苏伊士运河本身的计划，这在他看来似乎更合法。事实情况是，艾登打不定主意，到底是应该干脆超越合法性的范围之外，还是要牢牢坚持在合法性的范围之内。一个完全可行的可选方案是让以色列人把纳赛尔赶走。从技术上讲，以色列和阿拉伯国家依然处在交战状态。埃及人封锁了以色列通往印度洋的通道，这本身就是战争行为，他们拒绝以色列的船只通过苏伊士运河，这是公然违反1888年的协议。然而，更严重的是，纳赛尔显然正在苏联的帮助下增强他的军事实力，并系统化地打造军事和外交同盟，为的是发动对以色列的集中进攻，这场进攻将会以种族灭绝而告终。这个过程实际上在1956年10月25日已经结束，当时，他组建了统一的埃及—叙利亚—约旦司令部。这个过程给以色
492 列先发制人打击埃及提供了道义上的正当理由。法国人同意这样一条路线，并实际上给以色列提供了武器来实施它，其中包括现代化的战斗机。但它缺乏轰炸机来打掉埃及的空军，并因此确保以色列城市免遭空袭。只有英国能够提供轰炸机。但艾登也拒绝了这一选项。这违背了他最深刻的本能，这一本能是亲阿拉伯的。

在经过了很多次犹豫不决之后，他最终选择的方案很可能让他得到最糟糕的结果。10 月 22～24 日，在巴黎附近塞夫尔的秘密会议上，英国、法国和以色列的代表捣鼓出了一份非常复杂的计划，根据这一计划，以色列将在 10 月 29 日进攻埃及。这将给英国提供一个正当的借口，重新占领苏伊士运河，以保护那里的生命和船只。英国将发出一份以色列会接受的最后通牒。埃及的拒绝将让英国可能轰炸机场。然后，英法将武力登陆塞得港。围绕这一“密谋串通”，人们打了大量的笔墨官司，艾登和外交大臣塞尔温·劳埃德到死都不承认[98]。但法国和以色列的参与者后来坚持认为有一个协同方案。以色列陆军指挥官摩西·达扬将军的报告说，劳埃德主张：“我们的军事行动不是小规模的遭遇战，而是一次‘真正的战争行动’，否则的话，英国的最后通牒就没有正当的理由，在全世界的眼睛里，英国看上去就是一个侵略者。”[99]

即便是这个荒唐的计划，如果艾登决意把它进行到底的话，也有可能成功。但他是个值得尊敬的正派人。他是个半心半意的马基雅维利分子。作为一场代理人战争的侵略者，他完全不能胜任。这场密谋的透明度对所有人都是显而易见的。在野的工党拒绝接受这一计划，并引发了一场骚乱。内阁得到的信息很不充分，从一开始就焦虑不安，害怕一旦发动了入侵，美国会做出激烈的反应。在 9 月 2 日和 8 日的信中，艾森豪威尔以不容置疑的措辞警告艾登不要动用武力，他肯定这样会适得其反：“纳赛尔喜欢大戏。”[100]在选战的最后阶段，艾登突然要在他脚下引爆这颗考虑不周的地雷，这让他深感愤怒。他确实在咬牙切齿，这个是他愤怒时的一个习惯，他指示财政部卖出英镑，其他很多人已经在做这样的事。这对艾登的内阁有直接的影响，他在内阁已经被夹在两个想要成为继任者的人之间：老绥靖分子 R. A. 巴特勒和哈罗德·麦克米伦，后者想把本党拉到自己的方向上。这两个人都相信品格。除了在幕后反
493 对这一计划，巴特勒什么也没说。麦克米伦主张大胆行动；然后，当失败隐约逼近的时候，便倒向另一边，而且，作为财政大臣，他认为只能遵从艾森豪威尔的愿望，舍此别无选择。11 月 6 日，在发动这场冒险仅仅一周之后，在英法第一次登陆发生 24 个小时之后，艾登垮台。他的投降是紧接着艾森豪威尔一封措辞特别激烈的电报之后，其中可能有石油禁运的威胁[101]。这之后，艾登大病一场，黯然辞职。

对于万隆那一代来说，这一事件是一次引人注目的胜利。尼赫鲁如鱼得水，到处发表道德指责。纳赛尔带着大为提高的声望脱颖而出，因为在所有的兴奋激动中，很少有人注意到以色列在不到一周时间里就让他庞大的、苏联武装起来的军队遭受了一场落花流水的惨败。埃及的任何不愉快都被归咎于英美的军队。因此，原本可能给纳赛尔的声望造成致命一击的事件却提高了他的声望，因为这次“密谋串通”凿实了阿拉伯人的这样一个神话：以色列只不过是帝国主义的代理人。苏伊士运河危机证实了万隆会议的世界观，神话得以血肉丰满。

人们常说，苏伊士运河危机给了英国作为世界强国的地位以最后一击。这不是真的。强国地位早在 1947 年就丢掉了。苏伊士运河危机只不过让全世界清楚明白地看到了这一点。根本原因是意志的失败，而不是力量的失败，苏伊士惨败只是反映了这一失败，艾登是它可怜的牺牲品。继他之后出任首相的麦克米伦得出了这样一个道德教训：在一个超级大国的世界里，中等规模的强国靠良好的公共关系生存，而不是靠战舰。

长远来看，真正的输家是美国。艾森豪威尔看上去行动果敢决绝，出手足够迅速。英国跟在后面亦步亦趋。他保住了自己作为一个和平之人的名声。但在这个过程中，他帮助准备好了一根强有力的鞭子，它将抽打美国自己的后背，这根鞭子就是“国际舆论”这个宣传性的概念，最早在万隆会议上被清楚地表达出来，如今，通过艾森豪威尔自己的行动，它被转交给了联合国。

直到1950年代初，美国人一直控制着联合国。他们的第一个错误是让联合国卷入了朝鲜，尤其是通过联合国大会这个论坛，那是一个伪代表机构，只代表政府说话，其不民主的比例越来越大。朝鲜战争打垮了联合国秘书长挪威人特里格夫·赖伊，他忠诚于老西方联盟的原则。当苏联人抵制他并鼓动他自己的秘书处反对他的时候，赖伊辞了职。在这个节骨眼上，西方民主国家原本应该放弃联合国，集中精力把北大西洋公约组织扩大为一个全世界范围自由国家的安全体系。

然而，在大发一通脾气之后，列强任命了一个名叫达格·哈马舍尔德的资深外交官出任联合国秘书长。这是一个糟糕的选择，想象不出还有比这更糟的。哈马舍尔德来自一个十分成 494
功的公务员家庭，而且是来自一个这样的国家：它十分不安地认识到，它因为置身于两次世界大战之外而得以发展，变得非常繁荣。他是负疚感的化身，他下定决心要让西方赎罪。他严厉刻板，博览群书，毫无幽默感，终身未婚（尽管不是同性恋，但他的官方传记作者写道，“在哈马舍尔德的生活中，性几乎没有扮演什么角色”[102]），他流露出一种世俗的虔诚。他把联合国那间老旧的冥想室（一个朴素无华的房间）变成了一个阴暗而夸张的洞穴，有引人注目的远景和照明，在房间的中央，一块巨大的长方形铁矿石被一束光线照亮。这是他的典型特征，也是他忠实反映的 1950 年代良好品味的典型特征。它象征了什么？大概是相对道德吧。显而易见，哈马舍尔德打算切断那根把联合国与老的战时西方同盟连接起来的脐带，使这个组织与他所认为的世界正义的新生力量联合起来，这一新生力量便是“不结盟”国家。简言之，他也是万隆那一代当中的一员，尽管——或者毋宁说是因为——他有一张苍白的脸。当艾森豪威尔在苏伊士运河问题上把矛头对准艾登、打垮他并把整个问题提交给联合国的时候，他给了哈马舍尔德一个机会，而且恰好是他一直等待的机会。

秘书长着手赶走英法的军队和以色列人，用一支多国“维和”部队取而代之。他把自己扮演的角色看作一个国际政治家，被不结盟的发动机所驱动。因此，尽管假装不偏不倚，但他把自己的砝码完全放到了亚非阵营的身后。这意味着不是把以色列当作一个弱小的、容易受伤害的国家来对待，而是当作帝国主义的前哨来对待。记录中有一份 1951 年的联合国决议，是在他之前通过的，决议要求埃及允许以色列的船只通过苏伊士运河。自始至终，哈马舍尔德没有做任何努力让这一决议得到实施。他也不会承认，阿拉伯人拒绝把航海自由给予亚喀巴湾的以色列船舶是对和平的威胁——尽管事实上，这一拒绝（1956 年 10 月 25 日三个阿拉伯军事强国签署的条约使它进一步收紧了），正是以色列发动攻击的直接原因。他反复拒绝谴责纳赛尔占领苏伊士运河，以及另外一些专横独断的行动。就他所关注的范围而言，以色列的进攻和英法的介入完全是无缘无故的侵略行为。他说，他对这样的行为“深感震惊和愤慨”。10 月 31 日，他采取了前所未闻的措施：公开谴责英国和法国政府。苏联对匈牙利的入侵（在苏伊士运河危机的掩护下发生）被他当作一项令人生厌的消遣来对待。自始至终，他对埃及人的友善，以及他对英国、法国和以色列冷冰冰的敌意，使人们清楚地看到，他在感情上的同情究竟放在哪里。他决心公开羞辱这3个强国，而且他做到了。在部署联合 495
国紧急维和部队（为了填充三大强国撤走所创造出来的真空）时，他坚持认为，承蒙埃及的善意和支持，这支部队才得以存在，正如他所写的那样："基础和出发点是联合国大会对埃及充分的、不受限制的主权权利的承认。"[103]因此，埃及只要提出要求，它就必须撤走，1967年，当埃及觉得自己已经强大到了足以消灭以色列时，它便立即行使了这一权利。哈马舍尔德因此把另一次中东战争遗赠给了他的继任者。然而，更重要的是，他示范了联合国可以用什么样的方式来调度和表达对西方的仇恨。1956年，轮到英国和法国。很快就会轮到美国自己。

美国还因为苏伊士运河危机对法国的冲击而成为输家。如果说，苏伊士运河危机只是稍快一些把英国推下了它所选择的那个斜坡的话，那么，在法国，它帮助那场由法属阿尔及利亚的愤怒制造出来的全国性危机达到了最严重的紧急关头。在所有反殖民战争中，阿尔及利亚战争是规模最大的，在很多方面也是最典型的。在19世纪，欧洲人因为土著民族丧失了抵抗意志而赢得了殖民战争。在20世纪，角色颠倒了，是欧洲丧失了牢牢抓住其战利品的意志。但在这种意志相对论的背后，还有一些人口统计学的事实。一旦土著民族的人口增长率超过了移民的水平，这个殖民地也就丢掉了。19世纪殖民主义反映了欧洲人口的巨大增长。20世纪的非殖民化反映了欧洲人口数量的稳定和土著人口的剧增。

阿尔及利亚是这一逆转的经典案例。它与其说是法国的殖民地，不如说是一个地中海人的移居地。1830 年代，那里只有 150 万阿拉伯人，而且数量在不断减少。地中海人从北岸迁到南岸，进入了一个似乎是真空的地区：在他们看来，这个巨大的内陆海是一个统一体，对于它的海岸，他们拥有的权利像任何人一样多，只要他们通过创造财富证明他们的存在合理就行。而且，他们也这样做了：他们把 1830 年的 2000 平方英里的耕地扩大到了 1954 年 27000 平方英里[104]。这些“黑脚”① 20% 的人在血统上是法国人（包括科西嘉人和阿尔萨斯人）。在西部，他们主要是西班牙人，东部主要是意大利人（和马耳他人）。但不断增长的繁荣也吸引了其他人：卡拜尔人、沙维雅人、姆扎布人、毛里塔尼亚人、土耳其人和纯阿拉伯人，来自大山深处、西部、南部、东部。法国人的医疗服务几乎消灭了疟疾、斑疹伤寒和伤寒，给非欧洲婴儿死亡率带来了惊人的变化。到 1906 年，穆斯林人口跃升至 450 万；到 1954 年，
496 跃升至 900 万。到 1970 年代中期，这个数字再次翻了一倍以上。如果法裔人口以同样的速度增长，到 1950 年就会有 3 亿人。因此，法国的“同化”政策毫无意义，因为到 2000 年，阿尔及利亚穆斯林将会构成法裔人口的一半以上，阿尔及利亚将会“同化”法国，而不是反过来。[105]

到 1950 年代，已经没有足够的黑脚作为优势阶层（哪怕是作为与周围人有不同特征的人群）长期存在下去。阿尔及尔市 90 万居民当中，只有三分之一是欧洲人。只有在奥兰，他们才占多数。即使在移民最稠密的米提贾平原，也是穆斯林

① pieds noir，指生活在法属阿尔及利亚的法国或欧洲公民。——译者注

劳工给农场干活。1914 年，20 万欧洲人靠土地为生；1954 年，这个数字只有 9.3 万。到 1950 年代，大多数黑脚干的都是普普通通的、薪水很低的城市工作，阿拉伯人也能干得很好。社会结构是一块种族偏见的考古学夹心蛋糕："法国人看不起西班牙人，西班牙人瞧不上意大利人，意大利人鄙视马耳他人，马耳他人看不起犹太人；所有人都瞧不起阿拉伯人。"[106]没有关于机会平等的自吹自擂：1945 年，有 1400 所小学给 20 万欧洲儿童提供服务，只有 699 所小学为 125 万穆斯林儿童提供服务。教科书的开头是："我们的祖先，高卢人……"

然而，更严重的是选举制度的欺骗性。要么法国议会通过的改革根本不会应用，要么选票被地方当局自己篡改。正是这一点，挖了很多受过良好教育的穆斯林温和派的墙脚，他们真诚地希望法国文化和穆斯林文化的融合。正如他们当中的一位贵族艾哈迈德·布门杰勒所写的那样："法兰西共和国骗人。它把我们当作傻瓜。"他告诉联合国大会："当法国自己拒绝服从其道德价值的原则时，我们为什么要受这些原则的束缚？"[107]1948 年的选举被做了手脚；1951 年的选举也是如此。在这样的情况下，温和派发挥不了有效的作用。崇尚暴力的人走上了前台。

1951 年 5 月有一个征兆，当时，阿拉伯人屠杀了 103 个欧洲人。法国人的报复达到了野蛮的程度。俯冲轰炸机把 40 个村庄炸成了碎片；一艘巡洋舰炮轰了另外一些村庄。阿尔及利亚共产党的《自由报》（*Liberté*）要求"迅速而无情地惩罚"叛乱者，"把煽动者带到行刑队的面前"。根据法国的官方报告，1020 ~ 1300 名阿拉伯人被杀；阿拉伯人声称有 4.5

万人。很多阿拉伯复员军人回到家乡，发现他们的家人都死了，他们的家被夷为平地。正是这些从前的军士，组成了未来的民族解放阵线（FLN）的领导层。正如他们当中最出众的艾哈迈德·本·贝拉所言："1945 年 5 月，君士坦丁地区的恐怖行为使得我相信只有一条路可走：阿尔及利亚人的阿尔及利
497 亚。"法国指挥官杜瓦将军告诉黑脚们："我给了你们 10 年的和平。"

这话被证明完全准确。1954 年 11 月 1 日，被激怒的军士们已经做好了准备：本·贝拉到这时候已经是个经验丰富的城市恐怖分子，他把自己的部队跟卡里姆·贝尔卡西姆联合起来，以发动一场全国起义。重要的是要懂得，自始至终，目标都不是要打败法国军队。那是不可能的。目标是通过消灭双方的温和派，从而摧毁同化和多种族主义的概念。第一个被杀的法国人是个自由主义者，强烈亲阿拉伯人的学校教师盖伊·莫内罗。第一个阿拉伯受害者是亲法的本地总督哈杰·萨科克。民族解放阵线的大多数行动都是针对忠诚的穆斯林分子：政府雇员被杀，他们的舌头被割掉，他们的眼睛被挖出，然后把一张写着"FLN"的短笺钉在他们残缺不全的尸体上[108]。这是穆夫提在巴勒斯坦开创的战略。实际上，很多叛乱领导人都曾给他效力。最能干的领导人、卡拜尔山区"第 3 省"指挥官穆罕默迪·赛德曾加入穆夫提的"穆斯林党卫军团"，作为德国情报部门"阿勃维尔"的间谍跳伞降落到突尼斯，他宣称："我相信，希特勒将摧毁法兰西暴政，解放全世界。"他依然时不时地戴着他的党卫军头盔。他的信徒包括一些 20 世纪最坏的杀手，比如埃特·哈莫达和拉马丹·阿布拉，后者在 1945 年的屠杀中曾切下受害者的乳房和睾丸，在监狱里阅读

马克思的著作和《我的奋斗》，他的名言是："一具穿着西服套装的尸体总是比 20 具穿着制服的尸体更有价值。"这些人吸收了 20 世纪最邪恶的东西，他们通过绝对的恐怖把自己的意志强加给乡村；他们从不使用别的方法。卡里姆告诉南斯拉夫的一家报纸，招募新成员的方法就是迫使他去杀死一个指定的"叛徒"、警察的密探、法国宪兵或殖民主义者："一次暗杀标志着一个新成员的学徒期期满。"一位亲民族解放阵线的美国记者被告知："当我们枪杀［穆斯林受害者］的时候，他的头将被割下来，我们会夹一个标签在他的耳朵上，表明他是个叛徒。然后，我们会把他的头留在主要干道上。"本·贝拉的书面命令包括："消灭所有想扮演合法对话者角色的人。""杀死任何一个试图转变激进分子、向他们灌输布尔吉巴精神的人。"还有："杀死酋长。……抓走他们的孩子，然后杀死。杀死所有缴税的人和收税的人。烧毁现役穆斯林军士的房子。"民族解放阵线有他们自己内部的规章制度：发布最后那道命令的巴希尔·齐哈尼被指控鸡奸（像罗姆一样）和施虐狂性谋杀，连同他的 8 个情人一起被砍成肉酱。但民族解放阵 498
线真正痛恨的是穆斯林和平人士。在战争的前 25 年里，他们只杀死了 1035 个欧洲人，却杀死了 6352 个阿拉伯人（这些是被确证的案子；真正的数字将近 20000）[109]。到这个时候，温和派只有自己也成为杀手，或者流亡，才能生存下来。

事实上，民族解放阵线的战略就是要把穆斯林群众置于恐怖的夹层中。一方面，民族解放阵线的杀手取代了温和派。另一方面，民族解放阵线的暴行就是打算激怒法国人实施野蛮的报复，并以此把穆斯林人口赶进极端主义的阵营。巴西恐怖分子卡洛斯·马里格赫拉以一种冷血无情的精确性，阐述了民族解放阵线的信条：

> 有必要通过实施恐怖行为把政治危机转变为武装冲突，迫使那些掌握权力的人把这个国家的政治局势转变成一种军事局势。那样就会疏远群众，从那时起，群众就会起来造军队和警察的反。……政府只能加强镇压，因此让公民的生活比过去更加艰难……警察的恐怖行为就会成为头等大事。……民众会拒绝跟当局合作，因此后者就会发现，解决他们的问题的唯一办法就是从肉体上清算他们的反对者。这个国家的政治局势于是就成了军事局势。[110]

当然，这种令人憎恶的列宁主义的变种，如果足够冷酷地实行的话，就会有某种不可抗拒的力量。1954 年，总的来说，法国政府由自由主义者和有文化的人组成，由激进的社会主义者皮埃尔·孟戴斯 - 弗朗斯领导。这些人有一样的错觉——或者说幻想：阿尔及利亚可以根据自由、平等和博爱的原则，成为一个真正的多种族社会。孟戴斯 - 弗朗斯曾幸运地解放了印度支那和突尼斯，他告诉联合国大会：“阿尔及利亚各省都是法兰西共和国的组成部分……它们不可改变地是法国的……脱离是不可想象的。”他的内政部长弗朗索瓦·密特朗说，在阿尔及利亚，“唯一可能的谈判是战争”[111]。这两个人都相信，只要法国自己的原则最终充分而大量地变成了阿尔及利亚的现实，问题就会得到解决。他们派出了雅克·苏斯戴尔担任总督，去创造这个现实，苏斯戴尔是个杰出的人种学家，一个前抵抗运动战士。他们没有认识到，民族解放阵线的目标恰好是要把法国人的慷慨大度转变成野蛮。

苏斯戴尔把民族解放阵线视为法西斯分子。他认为，他能够通过给阿拉伯人真正的民主和社会公正来打败他们。他在一些偏远地区创建了400个“蓝盔”特遣队（SAS），以保护忠诚分子。他请来了一些具有奉献精神的自由主义者，像热梅娜·蒂利翁和樊尚·蒙特伊，为的是建立社会中心网络，与穆斯林意见领袖保持联系[112]。他拼命地试图让穆斯林进入政府 499
的各个层面。他指示警察和军队，禁止任何形式的恐怖行为和野蛮暴行，尤其是集体报复[113]。无论如何，一旦法国人自己认识到了苏斯戴尔的融合政策涉及什么，这一政策就不太可能成功：法国人不想成为一个半阿拉伯、半穆斯林的民族，而大多数阿拉伯人也不想成为一个法兰西民族。但不管怎么说，民族解放阵线都系统化地杀戮了苏斯戴尔自由主义政策的执行者。莫里斯·迪皮伊就是这样一个受害人，苏斯戴尔把他描述为一个“世俗圣徒”。在他的葬礼上，苏斯戴尔一边泪流满面，一边给迪皮伊8个孩子中最年长的孩子佩戴荣誉军团勋章，正是在那个时候，他第一次使用了“报仇”这个词。[114]

1955年夏天，民族解放阵线走得更远，采用了种族灭绝的政策：不分年龄和性别，杀死所有法国人。8月20日，最早的屠杀开始了。像往常一样，受害者包括很多阿拉伯人，比如温和派民族主义领袖费尔哈特·阿巴斯的侄子阿洛瓦·阿巴斯，因为他批评了民族解放阵线的暴行。但主要目标是挑起法国军队报复。例如，在君士坦丁附近的艾因阿比德，有37个欧洲人，包括10个15岁以下的孩子，确实被砍成了碎块。男人被砍掉了双臂和双腿，孩子脑浆飞溅，女人被开膛剖腹——一个黑脚妈妈的子宫被剖开，她5天大的婴儿被砍死，然后被重新放回她的子宫里。“菲利普维尔大屠杀”成功地实现了它的目标：这一地区的法国伞兵奉命开枪打死所有阿拉伯人并（根据苏斯戴尔的记述）杀死了1273名“叛乱者”，民族解放阵线把这个数字夸大为12000人。这是1945年屠杀的重演。正如苏斯戴尔所写的那样：“那里确实挖了一个深渊，一条血河从深渊中流淌出来。”法国人和穆斯林自由主义者（像阿尔贝·加缪和费尔哈特·阿巴斯）一起出现在讲台上，呼吁理性，却被四面八方的声音所吞没。[115]

从这一刻起，苏斯戴尔的试验垮台了。战争成了一场恐怖竞赛。焦点转到了阿尔及尔的旧城区卡斯巴哈，那里每平方公里容纳了10万阿尔及尔人。这场竞赛是从处决残疾杀人犯法拉杰开始的，他杀死了一个7岁大的小女孩及另外7个市民。民族解放阵线指挥官拉马丹·阿布拉下令：每处决一个民族解
500 放阵线成员就杀死100个法裔市民。1956年6月21～24日，其主要杀手萨迪·雅塞夫控制了一个炸弹工厂网络和1400个“操作员”，实施了49宗屠杀。1956年整个下半年，暴力稳步增长——与此同时，苏伊士运河危机也不断升温。阿尔及尔市的法裔市长被杀，一颗精心安排的炸弹在葬礼上被引爆：雅塞夫秘密命令他的所有操作员提前撤离这一地区，以确保在接下来的报复行动中只有无辜的穆斯林被杀。[116]

苏伊士运河惨败之所以重要，是因为它使军队相信：平民政府不可能赢得这场战争。苏斯戴尔的继任者罗伯特·拉科斯特是个社会主义者，他也承认这一点。1957年1月7日，他让雅克·马松将军放开手脚，把民族解放阵线从阿尔及尔清除出去。破天荒地，对军队的所有约束，包括禁止酷刑，全都解除了。酷刑于1879年10月8日在法国被禁止。《刑法》第303条规定，任何施行酷刑的人都被处以死刑。1955年3月，

一个高级公务员起草的一份秘密报告建议使用受监督的酷刑，作为防止更加残酷的、未经授权的酷刑的唯一选择。苏斯戴尔断然拒绝了这个建议。如今，马松得到了使用酷刑的授权，他后来承认："在回答'是否确实存在酷刑'这个问题时，我只能给出肯定的答复，尽管它从未制度化，也没有进入法典。"[117]论据是：成功的审讯挽救了生命，主要是阿拉伯人的生命；通风报信的阿拉伯人会被民族解放阵线拷打致死，没有任何克制，让自己更加恐惧对法国人来说是致命的。阿拉伯人相信，正是马松不加克制的行动，还有酷刑本身，使得囚犯开口说话。但非穆斯林也受酷刑的折磨。一个名叫亨利·阿莱格的犹太裔共产党人写了一本畅销书，导致1958年整个法国爆发了一场道德愤怒[118]。马松声称，他手下的人搞的审讯没有留下永久性的伤害。1970年，在巴黎法院的台阶上，马松见到阿莱格，看上去完整而健康，他大声吼道：

> 他所遭受的酷刑跟割掉鼻子或嘴唇能比吗？更不要说割掉生殖器了，那玩意儿成了穆斯林游击战士的人牲祭品，送给他们顽强抵抗的"兄弟们"。人人都知道，这些身体部件再也长不出来！[119]

但是，在一场生死存亡的战争中，认为能够有效监管有限酷刑的想法是荒唐的。事实上，阿尔及尔官邸那位信奉自由主义的秘书长保罗·泰让作证说，在阿尔及尔战役期间，大约3000名囚犯"消失不见"了。无论如何，马松赢了。这是唯一一次，法国人用自己的手段战胜民族解放阵线。阿尔及尔清除了恐怖主义。温和派阿拉伯人再次敢于发出自己的声音。但

这次胜利由于重组100多万贫苦农民的新政策而付诸东流，这
501 是一项粗暴的社会工程，故意让民族解放阵线占便宜。此外，马松的实验在法国体制内部引发了无法忍受的紧张。一方面，通过让军队摆脱政治的控制，强调指挥官个人的力量，从而鼓励了私人军队：上校们越来越把本团当作自己的财产，就像在君主体制下一样，操纵他们的人违抗命令。在道德混乱中，军官们开始认为自己的首要义务是对他们自己的人负责，而不是对国家负责。[120]

与此同时，关于军队的所作所为，透露出来的消息使得法国的自由主义者和中心民意转向反对战争。自1957年起，很多法国人开始认为，阿尔及利亚的独立（不管多么令人不喜欢）比法国公共良心的全面堕落更加可取。因此，正当法国军队通过坚持自己的独立自主而赢得这场战争（人们相信是这样）的时候，要求恢复政治控制战争——包括与民族解放阵线的谈判——的呼声更加强烈了。这一不可调和的冲突导致了1958年5月的爆炸事件，从而让戴高乐将军重新掌权，创立了第五共和国。

戴高乐并不是个殖民主义者。他认为殖民时代已经结束。他的身体似乎在过去，而他的头脑却在未来。他声称，1944年在布拉柴维尔，在动员撒哈拉以南非洲参与抵抗运动的时候，他就试图“把老的依赖关系转变为政治、经济和文化合作的特惠关系”[121]。他把法国殖民主义不冷不热的延续看作第四共和国宪法的缺点（他瞧不起这部宪法）和“党派政权”不能“拿出毫不含糊的决心要求非殖民化”的结果。他问道：“它如何能够战胜并在必要的时候彻底击垮一切建立在情绪、习惯或自利基础上的反对意见？这样一项事业注定要激起这样的反对。”结

果是摇摆不定和前后矛盾，先是在印度支那，然后是在突尼斯和摩洛哥，最后尤其是在阿尔及利亚。他说，很自然，军队“对一个集中体现优柔寡断的政治体制越来越感到不满”[122]。

1958 年 5 月 9 日，民族解放阵线多半是故意以“酷刑、强奸和谋杀”的罪名，处决了 3 名法国士兵，从而引爆了政变。4 天后，白人学生袭击了阿尔及尔的政府总部。马森问逃到法国的拉科斯特，他是否准许朝白人暴徒开火。他没有下达这样的命令。那天夜里，在布莱希特的一部攻击将军们的戏剧上演时，左翼观众疯狂地鼓掌[123]。但没有一个人真的准备为第四共和国而战。在阿尔及尔，将军们接管了权力，要求戴高乐回来执政。大约 3 万穆斯林去政府广场示威，表示他们的赞 502
同。他们唱着《马赛曲》和军歌《非洲颂》：这是一次支持法国文明、反对民族解放阵线野蛮行径的自发示威。马森说：“让他们知道，法国绝不会抛弃他们。”[124]当将军们要求戴高乐重新执政时，他们在说谎，因为他们仅仅把他看作一把攻城槌，为的是砸碎第四共和国，好让他们自己掌权。戴高乐认为阿尔及利亚是守不住的，将会毁掉法国军队。实际上，他担心出现更糟糕的情况。5 月 24 日，来自阿尔及利亚的一支分遣队在科西嘉岛登陆。地方当局对他们很友善。从马赛派来的警察听任自己被解除了武装。戴高乐为了避免法国本土遭到入侵而接管了权力，这一行动要么会成功，要么就会导致内战。他看出了与 1936 年西班牙那场大灾难之初的情形非常相似的凶险之兆。他认为，这样的灾难最终将会摧毁法国作为一个文明强国的地位。如果说巴黎值得一场弥撒，那么法兰西本身值得几句谎言①

① 此话前半句为法国国王亨利四世的名言。——译者注

于是，接管权力之后，他便去阿尔及利亚骗人了。6月4日，他告诉阿尔及尔那帮咆哮的殖民暴徒：“我理解你们。”他后来写道：“我扔给他们这句话，表面上似乎是无意识地脱口而出，但实际上是经过精心算计的，我希望点燃他们的热情，同时又不让自己犯更过分的错。”[125] 上一年，他曾私下里说：“当然，独立会到来，但他们太蠢，不知道这一点。”1958年6月，他在公开场合高呼口号：“法属阿尔及利亚万岁！”但私下里却说：“去他妈的非洲，去他妈的阿尔及利亚！”他把法属阿尔及利亚称作“一个毁灭性的乌托邦”。公开场合，他继续安抚殖民者和军队。“独立？25年后再说吧！”（1958年10月）。“法国军队绝不会离开这个国家，我绝不会跟来自开罗和突尼斯的人做交易”（1959年3月）。“阿尔及利亚不会有奠边府。暴动不会迫使我们离开这个国家。”“怎么能听信那些撒谎者和阴谋家的话呢？他们告诉你们：允许阿尔及利亚人自由选择，法国和戴高乐将抛弃你们，撤出阿尔及利亚，把它交给叛乱者”（1960年1月）。“独立……愚蠢，荒唐”（1960年3月）。[126]

与此同时，他收紧了对政府的控制。1958年9月28日，法国采用了第五共和国宪法，把权力集中在总统手里。12月21日，戴高乐当选为总统。同一次公民投票创立了新宪法，让法国所有海外领地有权选择跟法国联合或者独立出去。一致同意的观念就这样变得十分普遍。一个接一个，戴高乐打垮或撤销了那些把他推上台的人。1960年2月，他要求并得到了
503 “特别权力”。4个月后，他跟民族解放阵线展开了秘密谈判。1961年1月，他举行了一次全民公决，提出给阿尔及利亚与法国联合的自由，并获得了压倒性的支持票。这是法属阿尔及

利亚的终结，并把它的极端主义支持者推到了前台，这些人手里拿着炸弹。

如果军队领导人在 1958 年 5 月坚持接管权力，他们完全可以做到，不管有没有戴高乐。到 1961 年 4 月，当他们最终领会了戴高乐的欺骗并试图推翻他的时候，机会已经错过了。法国的民意开始发挥作用。应征入伍的新兵们有晶体管收音机，能听到来自巴黎的消息；他们拒绝追随自己的指挥官。叛乱垮台了；其领导人要么投降了，要么遭到追捕并被投进监狱。这给一次彻底沉没铺平了道路。正当造反的法国将军身陷囹圄、开始服刑的时候，被俘的民族解放阵线领导人从监狱里被放出来，参与谈判。

白人恐怖主义 OAS（秘密军队组织）花了更长的时间来对付。该组织的军事行动嚣张了一年多，使用炸弹、机关枪和火箭筒，杀死了 12000 名以上平民（主要是穆斯林），以及大约 500 名警察和安全人员。它生动说明了政治暴力可怕的腐化力量。实际上，在很多方面，它是民族解放阵线的翻版。1962 年 2 月 23 日，OAS 的领导人萨兰将军（他作为一位受人尊敬的将军有一段辉煌的职业生涯）发布命令，要求发动

> 一次全面攻势。……有计划地向共和国保安部队（CRS）和宪兵部队开火。朝装甲车扔燃烧瓶……不分昼夜。……［目标是］消灭从事自由职业的最优秀的穆斯林分子，迫使穆斯林求助于我们……让现有的权力部门彻底瘫痪，无法行使权力……在艺术工作及所有在某种程度上代表权力行使的工作上导致普遍不安全感的最大化，使这个国家彻底瘫痪。[127]

腐化并没有止步于OAS。因为，为了打击他们和保护戴高乐本人（两次险些被杀），政府成立了自己的官方恐怖部队，不受惩罚地、大规模地杀戮和折磨俘虏[128]。在这种情况下，无论是自由主义的法国，还是国际社会，都没有提出丝毫抗议。OAS恐怖主义最终扼杀了白人移民的观念。1961年底，戴高乐关系最密切的顾问贝纳尔·特里科从阿尔及尔报告："欧洲人……在反对每一件正在准备的事情上是如此强硬，他们与大多数穆斯林的关系如此糟糕，以至于……如今最根本的事情是组织他们回国。"[129]

504 1962年3月，在一场杀戮和偏狭的狂欢中，结局终于到来。穆斯林暴徒嗅到了胜利的气味，他们已经洗劫了阿尔及尔老城区核心地带的犹太大教堂，毁坏了教堂的内部，撕碎了律法经卷，杀死了犹太官员，把"犹太人去死"及其他纳粹口号刷在墙壁上。3月15日，OAS袭击了热梅娜·蒂利翁培训残疾儿童的社会中心，抓走了6个人，并开枪打死了他们，从射击腿部开始。其中有一个是加缪的朋友穆鲁德·斐拉文，加缪称他是"最后一个温和派"。他写道："我心里有法国人，我心里有卡拜尔人。但我对那些杀人者有一种恐惧。……法兰西万岁，我一直所热爱的！阿尔及利亚万岁，我一直寄予希望的！犯罪分子可耻！"[130]1962年3月19日与民族解放阵线之间的停火导致了OAS更加疯狂的杀戮：18个宪兵和7个士兵被杀。法国指挥官阿耶雷将军因为摧毁法属阿尔及利亚最后的据点——巴布瓦迪市拥有6万居民的黑脚工人阶级街区——而遭到报复。他用发射火箭弹俯冲轰炸机、近距离开火的坦克和2万名步兵袭击了这个地方。这是1870年镇压巴黎公社的再次重演；但这一事件并没有出现在马克思主义的教科书里[131]。它有效地终结了阿尔及利亚作为多种族社会的存在。人们开始大批出逃法国。很多医院、学校、实验室、油码头以及法国文化和进取精神的其他证据——包括阿尔及尔大学图书馆——都被故意摧毁。总共大约 138 万人（包括一些穆斯林）离开了。到 1963 年，一个庞大的、历史上著名的地中海社群只剩下大约 3 万人。[132]

根据《埃维昂协议》，法国同意撤出，协议中包含的很多条款是为了保全法国的面子。这些条款毫无意义。这是一次直截了当的投降。然而，对于忠心耿耿为法国效力直到最后的 25 万名穆斯林官员（其中很多人地位很卑微），就连纸面上的保护都没有。戴高乐忙于让法国从恐怖中摆脱出来，顾不上考虑他们。一位穆斯林副警长有 10 个家人被民族解放阵线杀害，他告诉戴高乐，有了民族自决，“我们就要遭难了”。戴高乐冷冰冰地答道：“那好吧，你们就遭些难吧。”他们确实遭了难。只有 1.5 万人有金钱和手段出国。其余的人要么未经审判被枪杀，要么被当作人雷一样用来清除突尼斯边境的布雷区，要么受到酷刑折磨，被迫去挖自己的坟墓，吞下自己的荣誉勋章，然后惨遭杀害；有些人被活埋、阉割、拖在货车后面、被喂狗；还有人全家被杀，包括很小的孩子。留下来的是法国军人，他们从前的战友都在旁边看着，惊恐万状，却无能为力，505
因为根据《埃维昂协议》，他们无权干涉。法国士兵实际上被雇佣来解除穆斯林“阿奸”（harkis）的武装，告诉他们，将给他们配发更现代化的武器，而事实上，他们即将被屠杀。这样的出卖，完全比得上英国把苏联战俘交给斯大林去任意处置；实际上还要糟糕。有人估计，被杀死的人数在 3 万至 15 万之间。[133]

谁知道呢？一道巨大的黑幕笼罩着新阿尔及利亚的许多方面，从此这道黑幕再也没有拉起过。谎言继续到了最后。1962年3月18日，戴高乐说，“法国和阿尔及利亚”将会“像兄弟一样携手行进在通向文明的康庄大道上”[134]。事实情况是，新国家的存在要归功于不加克制地、尽可能大规模地运用野蛮的暴行。新政权主要由成功发迹的匪徒所组成，很快就把那些在西方传统中被教养成人的政府成员排挤了出去；到1960年代中期，他们所有人要么死掉了，要么在流亡中。

独立协议缔结刚好60年之后，协议的一位主要签字人和第一任总统本·贝拉自己总结了独立存在的前两个十年。他说，最终结果“完全是负面的”。国家是“一片废墟”。它的农业被“杀死了”。“我们一无所有。没有工业——除了废铁之外。”阿尔及利亚的每件事情都“从头到脚腐化了”[135]。毫无疑问，本·贝拉的痛苦由于下面这个事实而变本加厉：其间这些年，他大部分时间用来监禁他的革命同志。不过，他的判断本质上是对的。不幸的是，新阿尔及利亚并没有让它的犯罪局限于自身。它成了各种恐怖分子的主要庇护地。一次巨大的道德腐化被根植于非洲。它树立了公共犯罪和动乱的典范，在这个如今已经自己当家做主的辽阔而悲惨的大陆上被人们所仿效。

15. 人兽王国

1959 年 3 月，正在东部非洲访问的伊夫林·沃写信给妻 506
子说：“我和肯尼亚马赛人一起度过了一天。……在茅茅运动期间他们有一段美好时光。他们应征入伍，并被告知把所有基库尤人都拉进来。他们回来的时候骄傲地拎回了装满断肢残臂的篮子。”[1]在他战前出版的长篇小说《黑色恶作剧》（*Black Mischief*）和《独家新闻》（*Scoop*）中，伊夫林·沃提供了一个拥有可怕想象力的先兆。如今，无政府主义者在他那部充满欢快气息的虚构小说中美梦成真：目标与语言的混乱，瞬间秩序的土崩瓦解，社会重新陷入混乱。

我们在第 4 章中已经看到，对殖民主义做出任何忠实的概括都是不可能的。非殖民化的过程也是如此。最准确的说法不过是：它确实发生了。其余的全都是宣传，是马后炮式的合理化解释。殖民主义被描述为资本主义国家的一场阴谋；非殖民化被描述为进一步的阴谋，是当转向“新殖民主义”在经济上变得更明智的时候所搞的阴谋。可是，如果真的存在一场阴谋的话，那么，阴谋策划者们为什么从未在一起会晤或者交流计划和想法呢？真实情况是，殖民主义生于激烈竞争，也死于激烈竞争。殖民强国并没有串通密谋对付当地人。它们倒是彼此之间互相搞阴谋诡计。每个殖民强国都痛恨其余的殖民强国，鄙视它们的方法，对它们的灾难幸灾乐祸，方便的话还要兴高采烈地落井下石。即使当至关重要的利益要求它们合作的时候，它们也不会合作。1941 年 8 月，就在日本发动攻击的前夕，人们发现，尽管英国与荷兰是14个月的战时盟友，但它们在各自的东南亚殖民帝国的防御计划上却没有任何合作[2]。在1945~1975年整个非殖民化过程中，殖民强国一次也没有凑到一起开过会，以决定非殖民化该如何进行，就连非正式的合作努力似乎也不曾有过。有些历史学家试图寻找此类接触的证据，结果什么也没找到。

507 其中一个原因是，两个最大的殖民强国，英国和法国，在非殖民化政策上没有任何一致性。二者都制造了一些逻辑噪音。实际上全都是权宜之计。当戴高乐在1940年提出他的“自由法国”的标准时，法属阿拉伯领地和印度支那领地都紧跟维希政权；只有黑非洲支持他。结果，在1944年1月的布拉柴维尔会议上，他希望为他们开辟通往自由之路。但出席会议的殖民地官员提出了不同的解释，他们的报告说：“不管多么遥远的殖民地，建立独立的殖民政府都是不可能考虑的事。我们设想的是罗马那样的帝国，而不是盎格鲁－撒克逊意义上的帝国。”[3]戴高乐的战后政府废除了强迫劳动和针对本地人的令人痛恨的刑法；但是，1947年马达加斯加的一次起义被骇人听闻的残暴手段镇压下去了，8万土著民死于非命[4]。迟至1957年，弗朗索瓦·密特朗还宣称：“如果没有非洲，法国在21世纪就没有历史。”在阿尔及利亚崩溃之前，法国的政策是一个矛盾的迷宫：在丛林地区实施老派的家长式统治，煽风点火的殖民者和受过高等教育的黑人民族主义者在巴黎的议会上并肩而坐。有时候，一个“非洲”代表从“白人”选区转到“黑人”选区，正如殖民部副部长奥朱拉博士1951年所做的那样，他在这个过程中改变了自己的政纲，并打出这样的竞选口号：“他的脸可能是白的，但他的心却像黑人的心一样黑。”[5]

当戴高乐在1958年重新掌权并审视已经被砸碎的第四共和国和阿尔及利亚混乱的时候，他突然决定放松对法属非洲黑人的约束。在9月28日的全民公决中，他们有权选择“Yes”（互相依存）或“No”（分离）。除了几内亚和马达加斯加的黑人之外，他们几乎全都把票投给了“Yes”；但那只是独立换了个名号而已。戴高乐想要保持某种形式的联合。1959年12月12日，在圣路易召开的一次法属非洲政府首脑会议上，他告诉与会者：“正如以马忤斯的朝圣者对旅行者所说的那样：‘天色向晚，白昼将尽，请和我们一起住下吧。’”[6]但他们选择了“联盟”，这意味着援助和军事支持，而没有选择“共同体”。一些非洲领导人，比如乌弗埃－博瓦尼（象牙海岸）、菲利贝尔·齐拉纳纳（马达加斯加）、利奥波德·桑戈尔（塞内加尔）、哈马尼·迪奥里（尼日尔）、阿赫马杜·阿希乔（喀麦隆）、莱昂·姆巴（加蓬）、弗朗索瓦·托姆巴巴耶（乍得），以及穆克塔尔·乌尔德·达达赫（毛里塔尼亚），与这位擅长催眠术的将军建立了个人友谊，正如他所写的那样：“他们成了我的心腹密友。”[7]但这是短暂的，所有人都会各走各的路。除了象牙海岸之外，这些领地全都很穷。有些领地比其他领地更“适合”独立；还有一些领地则根本不适合。要想看出它们获得独立的过程背后所依据的任何原则都是不可 508
能的事，除非是法国决心跟它们一刀两断。

理论上，大英帝国（后来的英联邦）是根据一个完全不同的假定展开工作：所有海外领地都准备独立，一旦准备妥当，就让它们独立。英国政府1948年6月的白皮书声称：“英国殖民政策的中心目的就是要引导各殖民领地在英联邦之内实现负责任的自治，前提条件是确保相关人民获得公平的生活水平，以及在任何地方免于被压迫的自由。”[8]但是，当权宜之计伸手召唤的时候，这两个限定性的条件总是被抛弃。1950年代中期之前，步伐一直太慢；自1960年起，步伐又太快。无论哪种情况，这个过程都没有反映相关领地真正的准备情况和需要，而是反映了英国政府所受到的压力，及其抵抗压力的意志（或缺乏这样的意志）。万隆运动所产生的力量是一个决定性的因素。1958年，法国决定切割并跑路，一年后，英国跟着效尤，当时，哈罗德·麦克米伦觉得自己可以放开手脚以戴高乐为榜样。正如最精明的肯尼亚殖民者领导人迈克尔·布伦德尔所写的那样：“1959年10月大选之后，英国政府的政策将发生戏剧性的改变……将做出尽快体面地撤出非洲的决定。”[9]但即便是这一转变，尽管在麦克米伦于2月3日在开普敦发表的“变革之风”的演说中被合理化了，它所带来的依然是一连串的剧烈晃动，而不是平滑的U形转弯。麦克米伦的代理人、辅政司伊恩·麦克劳德后来承认，并没有“掷地有声的决定”，而是有“20多个不同的深思熟虑的决定”[10]。

当麦克劳德使用“深思熟虑”这个词的时候，他的意思是，协商谈判的形式还是保持了，结束于一场宏大庄严的制宪狂欢，通常在伦敦的兰开斯特宫酒店进行。非殖民化并不缺乏的一样东西是纸上的宪法。具有讽刺意味的是，从未有过宪法的英国却在1920～1975年为它的殖民领地创设了500多部宪法。欧洲的殖民帝国始于家长式统治和对政治精神的拒绝。它们结束于相反的极端：过度的民主化和政治的癫肿。殖民帝国的白银时代完全被没完没了的会议和制宪所主宰。因此，南北罗得西亚和尼亚萨兰围绕是否要建立一个联邦而犹豫不决了30年。1927～1929年有希尔顿－扬委员会，1948～1949年有贝勒迪斯罗委员会，1936年有殖民者宪法（从未生效过）， 509
1951年有两次单独的会议（受到非洲人的抵制），1953年有第三次会议。在1953年的这次会议上产生了“最终”宪法，对于大多数选民来说，这部宪法太复杂，没法理解，到它被付诸实施的时候已经过时了。

由于投票花名册依赖于财产、收入、居住和识字等资格稀奇古怪的混合，选区和候选人被“平衡”到了不可思议的程度，殖民地的男男女女始终搞不清自己是否有权投票，也不知道该到哪里去投票、如何投票。每次投票的时候，常常有几个不同的政府层级和多不胜数的党派。因此，一个国家的命运可能被一小撮人所决定，或者干脆被混乱所决定。1962年的选举导致罗得西亚陷入长期危机，数万人死于非命，在这次选举中，65500个潜在选民当中实际上只有12000个非洲人投票；只需再多500个非洲人投票支持温和派，这个国家接下来20年的历史就会完全不同[11]。大多数非洲人及很多白人都不知道自己在干什么。

即使在不存在根本性的种族问题时，宪法的复杂性也急剧增加。因此，坦桑尼亚1955年的“改革”产生了一部殖民领地所设计出的最复杂的宪法，主要是为了把更好战的民族主义者排除在外。1957～1958年进一步的改变增加了更多细微之处，包括三重投票的规定：花名册上的每个选民都要各种族投一人（非洲人、欧洲人和亚洲人），否则选票无效。出现了一种新的官僚——“平衡”多种族宪法的专家，并侵入了联合国秘书处，这个机构本身就十分国际化。自1956年起，在联合国的压力下，卢旺达－乌隆迪的比利时人制定了人类所能设计出来的最洛可可式的宪法之一，有一套多名单选举，分别选举副酋长委员会、酋长委员会、领地委员会、非洲人委员会，最顶层是一个给副总督提建议的总委员会——五个层级的体制。因此，世界上最原始的国家之一却有比美国还要精细复杂的政治结构。[12]

殖民地曾经的统治水平过低。如今它们又统治过度。一个原因是，“独立”意味着完整的主权，以及这样一种地位所必然包含的一切。有 30 万人口的冈比亚实际上是一座城市——巴瑟斯特，它的内陆三面被塞内加尔所环绕——如今成了一个羽翼丰满的国家，负担着全套的政府机器，最终在 1981 年破产。另一个选择是把这些零散的小殖民地打造成一个联邦。但它们很少能长期运转，甚或根本运转不起来。它们也涉及额外的政府层级，常常各有两个立法议会，以及精细复杂的保护措
510 施，以平息处在不同发展阶段、拥有不同种族混居的领地互相之间的仇恨和恐惧。因此，英属西印度群岛管理过度，由于历史的原因，即使在它们依然是英国殖民地的时候也是如此。独立增加了另外一个层级：第三层联邦，这样一来，在它持续期间——通常时间并不长——这些小岛（大多数贫穷落后）人均立法议员的数量大概比历史上其他任何社会都要多。

前殖民地因此成了 20 世纪人类的大祸害——职业政客——最好的猎物。实际上，如果说非殖民化确实有一项伦理原则的话，那这项原则就是：政治形态是终极的价值标准，是国家地位唯一真正的标准。这一原则在印度隐约显示出来了。1918 年的孟塔古报告引入了这一原则，屈尊俯就地指出：“如果我们谈到‘印度的民意’，一般而言应该理解为指的是那些

在我们所处理的问题上持有意见或者有能力持有意见的人的多数意见。”[13]但是，每个成年人，即使他（或她）是一个生活在偏远乡村的文盲，也有能力对他们所属于的那个社会的未来持有自己的意见。这份报告实际上说的是（直至非殖民化走向了悲剧性的野蛮终结，这个观点依然是一种传统智慧）在独立谈判的过程中，唯一有效的讨论方式是那些靠全职政治谋生的人所使用的方式：除非在这种讨论方式所涉及的词汇、术语和前提的范围之内，否则的话，它实际上根本算不上什么意见，因此可以不理睬，必要的话还可以肆意践踏。

因此，非殖民化所依据的前提以及与之相伴随的宪法乱麻，往往扩大了“真正”国民与“政治”国民之间的鸿沟，在最狭隘、最具宗派性的意义上定义后者。非殖民化的受益者因此是选举操纵者。这里面埋下了大欺骗的种子。职业政客从选票的角度来看待共和国，而普通人则是从公正的角度。对于“真正”国民来说，民主并没有法治那么重要：前者是形式，后者是实质。当前殖民地人民接受独立的时候，他们自以为被给予了公正，而他们得到的不过是选举政客的权利。当然，殖民主义并不能带来政治平等；它所能提供的充其量是法律面前的平等。但权力转移的过程让选票成了进步的尺度，让法律自己照顾自己，因此从长远的观点看，绝大多数非洲人最后什么也没得到。

这帮助解释了那些权力转移过程最漫长、最复杂的殖民领地为什么大多数并不比那些仓促转型的殖民地发展得更好。最 511
显著大概也最悲惨的实例是黄金海岸。在 1945 年之后的那段时期，它是非洲最富裕的黑人国家。人们普遍认为它是最有前途的。它没有种族问题。它第一个获得独立。通向自由之路是一条漫长的道路。自 1850 年以来它就有一个立法议会，早在 1888 年它就有一名黑人议员（被指定的），1916 年已经有 6 名。地方政府的充分选举出现在 1925 年。1946 年，非洲人在立法议会中占多数席位。1948 年，成立了宪法调查委员会。1949 年，成立了非洲人占多数的委员会，以制定新宪法。1951 年，根据新宪法进行选举。1952 年，克瓦米·恩克鲁玛当选总理。1954 年，制定了最终的“独立宪法”。1956 年，举行了新一轮大选。1957 年，实现了充分独立。这是缓慢、稳妥、典范的自治过程；恩克鲁玛被认为是非洲的模范政治家，他的新国家加纳是非洲自治的样板。他年轻，英俊，口才极佳，在万隆会议上成为一个引人注目的人物。

然而，甚至在独立之前就有很多的征兆。推动加纳独立一直是律师 J. B. 丹夸的工作，他雇用恩克鲁玛担任全职的政党组织者，恩克鲁玛因此从一开始就是个职业政客，别无其他。他挟持了党组织，把它转变成了一场群众运动，围绕他自己的个人魅力旋转，并说服英国人相信：在独立这件事上，他是可以支持的最好的或者说最简单的人选。英国人使独立对他来说很容易。1951 年和 1953 年的地方政府条例创立了政治议会，以打破传统权威酋长对权力的垄断，但议会立即落入了恩克鲁玛的大会人民党之手。因此，甚至在权力移交之前，加纳就成了一个萌芽状态的一党制国家。一旦掌权，恩克鲁玛便利用英国人的手段，比如“司法调查”，并雇用了英国左翼的法律和政治顾问，以摧毁其他所有影响力中心，以及宪法对他个人统治的约束，让反对派陷入非法状态。把权力集中到本党和本人身上之后，他进而摧毁了法治。决定性的时刻出现在 1963 年 12 月。9 日，3 个被指控犯有叛国罪的反对派领袖（恩克鲁玛从前的同事）被特别法庭的3个法官宣判无罪。首席大法官阿库·科萨爵士宣读了一份精心准备的5个小时的裁决书，堪称英国司法推理的典范。科萨曾做过44年的中殿律师，1945年成为法官，1956年成为首席大法官。他是一项至关重要的统治原则的象征：在一个文明社会，每个人和每个机构——包括政府，实际上尤其是政府——在法律面前一律平等，并服从于法律。在真正的意义上，他是英国宪政千年发展的最终结果。 512
12月11日，恩克鲁玛解除了他的职务。这3个人再次受审，并被宣判有罪。两年后，年迈的丹夸死在了监狱里，他未经审判就被关进了监狱。[14]

法治的毁灭伴随着恩克鲁玛的道德毁灭和国家的经济毁灭。这三者密切相关。在1955年万隆那令人陶醉的氛围中，恩克鲁玛接受了两个致命的谬误。第一个谬误是：一切经济问题都可以通过政治手段来解决。殖民地和前殖民地之所以贫穷落后，并非因为内在的物质原因和人的原因，而是因为殖民化这个政治事实。有一个理论正在形成，万隆会议给了它巨大的推动，这就是：殖民主义不仅阻碍了经济的前进，而且实际上让殖民地经受了故意的“欠发达”过程[15]。政治所造就的东西，政治也能毁掉。“欠发达”可以通过大规模的、出于政治动机的投资计划来逆转。非洲大陆的繁荣可以通过政治过程来促进。1958年，在阿克拉他主持的泛非大会上，恩克鲁玛大肆鼓吹这一学说。1963年5月，他在亚的斯亚贝巴这样总结它：“非洲统一体首先是一个政治王国，只能通过政治手段来实现。非洲的社会和经济发展只有在这个政治王国内部才会实现，没有其他路可走。”他因此呼吁创立一个非洲国家联合政府，一个共同市场，一种泛非货币，一个非洲货币区，一家中央银行，一个非洲大陆通信体系，以及一套共同的外交政策："我们将因此开始非洲人王国的胜利进军。"[16]恩克鲁玛不仅鼓吹这些谬误，他还试着在加纳把它们付诸实践。这个领地是殖民主义的成功故事之一。通过勤勉不懈的管理，它中等水平的繁荣原本可能得到巩固甚至提升。通过把经济政治化，恩克鲁玛迅速破坏了加纳的收支平衡；到 1960 年代中期，它已经积累起了一座外债的大山，以及很低的国际信誉评估。

第二个谬误，或者说是恩克鲁玛（及其他人）在万隆会议（它是作为一个互拍马屁的社交活动而运作的）中传染上的疾病，是这样一个观念：这些新国家要想摆脱"欠发达"这个恶毒的过程，需要由一些富有魅力的个人来领导。这个观念在列宁主义中是不言自明的，列宁主义赋予先锋精英（以及他们的指导精神）以近乎神圣的洞察力，能够洞悉历史的进程。它在甘地主义中也是不言自明的，甘地主义把决定性的政治角色分派给了自封的"圣人"，对万隆那一代是一个很重
513 要的影响。尼赫鲁、吴努，以及随后登场的纳赛尔和恩克鲁玛，还有其他很多人，都不仅仅是政治领袖：在国家是人民精神向往的化身、"解放者"是国家的化身这个意义上，他们也是精神领袖。

从万隆回来之后不久，恩克鲁玛开始允许他的追随者把他称作 Osagyefo（救世主）。腐化迅速开始；一种退化了的斯大林主义露面了。1960 年，一部授权传记写道："他是我们的父亲、导师，我们的兄弟，我们的朋友，实际上就是我们的生命，因为如果没有他，我们无疑也会存在，但我们不会有生命。我们欠他的恩情甚至超过我们呼吸的空气，因为他造就了我们，就像他造就了加纳一样确凿无疑。"[17]救世主自己也开

始相信这种鬼话。1961 年，他说：“所有非洲人都知道，我代表非洲，我以非洲的名义说话。因此，任何非洲人都不可能有和我不同的意见。”[18] 正是在这一背景上，恩克鲁玛消灭了反对派，摧毁了法治。迷人的魅力风行一时，尤其是在国际会议上。但即便是在国际会议上，随着 1960 年代时间的推移，新来的更时髦、更流行的人物粉墨登场，成为引人注目的焦点。恩克鲁玛失去了光环。在国内，当生活水平逐步地然后是迅速地下降证明魔力并不起作用时，僭取近乎神圣权力的事实使得他更容易受到攻击。但是，到 1960 年代中期，已经没有宪法手段来搬走这个救世主。他垮台于 1966 年的一场军事政变，1972 年死于流亡中。

撒哈拉以南非洲第一个模范国家的崩溃及落入军人统治是令人痛苦的一击，特别是由于相邻大国尼日利亚也在一个月前从宪政堕入了军事专制。尼日利亚的人口使它迄今为止是最重要的撒哈拉以南非洲国家，1960 年代，石油工业的发展使它在经济上是最安全的国家。它也是从漫长的自治准备过程中脱颖而出的，这个过程始于 1922 ~ 1923 年非洲人的第一次当选。它是卢吉勋爵“双重授权”制度的杰作，那是殖民行政管理中最认真、最高尚的一次实践。国内占支配地位的部落有北方的豪萨人、富拉尼人，东部的伊博人，以及西部的约鲁巴人，他们之间的紧张关系比英国的主权早得多。尽管做出了一些煞费苦心的努力，试图设计出一套万无一失的联邦制度，但这种紧张关系比联邦制度更长寿。的确，尼日利亚的历史生动说明了殖民主义本质上肤浅而短暂的冲击。事实上，亚非形式的、强调各种族社群“权利”的民族主义的到来所造成的冲击远远大得多。如果所有这些权利都得到

承认的话，尼日利亚将不得不成为一个大约有200个国家的联邦[19]。对这些“权利”的维护到了这样一种程度，以至于
514 断裂使尼日利亚不可能通过正常的民主讨论和妥协的过程来运转。1964年，独立仅仅4年之后，崩溃险些出现，并在1966年最终到来；军事统治反过来导致1967年5月30日东部的分离（分离出来的国家自称“比夫拉”），紧接着是两年的内战和直接的生命损失。

这场悲剧性的冲突使非洲四分五裂。只有坦桑尼亚、赞比亚、加蓬和象牙海岸支持比夫拉。其他非洲国家都支持尼日利亚军人政权，其中大多数国家是因为害怕本国出现类似的脱离，它们认为这样的脱离对“帝国主义者”有利。可是，如果说巴尔干化是帝国主义的一个目标，那么，殖民强国为什么要如此大费周章地创建统一的国家，或者（如果创建统一国家失败的话）创建切实可行的联邦呢？所有殖民强国为什么都支持尼日利亚反对分离主义者呢（这是比夫拉最终被粉碎的主要原因）？这些问题没有答案。非洲民族主义的政治哲学是建立在殖民主义理论的基础之上的，这一理论不仅是虚假的，而且本质上是系统性的误导。它注定要导致幻灭、挫败和战争。

很不幸，在1959～1960年这转折性的两年里，当殖民强国开始以越来越快的速度撤离非洲的时候，在万隆那一代的影响下，尤其是在达格·哈马舍尔德的影响下，这套虚假的理论却成为在联合国占主导地位的智慧。决定性的时刻出现在比利时改变主意的时候，它被说服违背了自己更明智的决定：1960年6月30日撤出刚果。比利时一直以政治上过度的家长式统治管理着这个虽然原始却辽阔而有价值的地区，不过自1920年起，

在经济上却越来越成功。庞大的工业投资从1950年代开始带来回报。1948～1958年，工业生产指数从118上升至350，生产率增长了2.5倍。这一事实直接驳斥了所有列宁式的帝国主义理论，工业生产在1950年代以14.3%的年增长率不断发展，只是在面对独立的前景时增速才慢了下来[20]。结果，在独立的时候，刚果的医院病床率（每10万人560张）比其他任何非洲国家都要高（事实上比比利时自己的病床率都要高），识字率是最高的——42%（英国前殖民地的识字率从乌干达的30%到坦噶尼喀和尼日利亚的15%不等；法国前殖民地的识字率是平均10%）[21]。但比利时的教育努力压倒性地集中在初等教育上：刚果人没有博士、工程师和高级行政管理者，尤其是2.5万人的警察部队中没有一个非洲裔指挥官。

在即将让位的最后疯狂的几年时间里，这一制度产生出来的是一大批职业政客，全都把他们的部落溯源深藏在欧式意识形态的外表之下。3个最重要的人物，总统约瑟夫·卡萨武 515
布、总理帕特里斯·卢蒙巴和最富裕的省份加丹加省的总理莫伊兹·冲伯，在部落和民粹主义上他们是激烈的竞争对手[22]。这3个人全都有反复无常的个性，但卢蒙巴是迄今为止最稳定的。他是前邮局职员和酿酒厂工人，摇身一变成了全职政治煽动家，如今是国防部长兼政府首脑。比利时人留下的遗产足够脆弱，但原本还是可以令人信服地持续几年。然而，卢蒙巴故意在独立仪式上对白人统治发起了蛊惑民心的攻击；5天后，7月5日，首都利奥波德维尔的驻军哗变，驱逐了白人军官，然后蜂拥而出，劫掠、强奸、一视同仁地杀戮欧洲人和非洲人。比利时人静静等待了5天，在此期间，恐怖不断蔓延，愈演愈烈，而在联合国总部，哈马舍尔德什么事也没做，尽管他自己在刚果的联合国人员也被兴高采烈的哗变者用枪逼着赶出了酒店的房间。只是在 7 月 10 日，比利时人才派出了他们自己的军队进场维护秩序。哈马舍尔德立即看到了机会，愤怒而决然的把矛头转向比利时人，7 月 13 日，在安理会的面前，他宣布比利时军队是对和平与秩序的威胁[23]。秘书长正在寻找机会扩大联合国的作用，要让世界政府乘上第三世界汹涌上涨的情绪浪潮。正如比利时伟大的政治家保罗－亨利·斯巴克在谈到他的时候所说的那样："他生来就是为了反殖民主义和胜利。他的参与是出于责任，但我敢肯定，也是出于确信。"[24]他相信：联合国将成为新非洲的催化剂。他曾告诉安德烈·马尔罗，法国与非洲的关系就像一杯上好的马提尼酒："法国可能是杜松子酒，但联合国肯定是芸香科（这暗示了他对于马提尼酒就像对于非洲一样糊涂）。"他说，在亚非事务上，"只有联合国（亚非各国本身就是联合国成员）才能打破殖民符咒，把问题置于冷战的轨道之外"[25]。假如哈马舍尔德什么事也不干并允许比利时人恢复秩序的话，这场危机可能很快就以最少的流血而得到解决。莫伊兹·冲伯为了从混乱中榨取加丹加省的采矿工业，在 7 月 11 日宣布该省独立。这个问题也可以通过谈判来解决。相反，秘书长立即着手组建并发展一支联合国军，这支部队并非来自安理会强国（像联合国宪章明确规定的那样），而是来自不结盟国家（他的追随者都来自这些国家），他不仅试图用这支远征军来恢复秩序（比利时人更有能力做这件事），而且还试图用武力迫使加丹加省重回刚果。他把自己看作
516 国王拥立者，而把卢蒙巴看作国王。不难看出他为什么支持卢蒙巴，后者在刚果自己人当中似乎只有很少的追随者，而且纯粹是部落人，但他雄辩的言辞强烈吸引着泛非知识分子，吸引

着亚非领导人，而秘书长正在寻求他们的支持。

在这一毫无希望的努力中，哈马舍尔德对生命（无论是黑人还是白人）没有给予足够的重视，他是在冒险。他冷漠而超然，被冒充理想的巨大野心所吞噬，总是从一个抽象政治概念的角度，而不是从人的角度来思考问题。他阐述的东西后来成为联合国典型的双重标准：白人杀非洲人（就像 1960 年 2 月 21 日在南非的沙佩维尔那样）是国际社会关注的事，是对和平的威胁，而非洲人杀非洲人（或者非洲人杀白人，或者非洲人杀亚洲人）则纯粹是国内事务，在联合国的视野之外。就这样，联合国被等同于某种形式的反向种族主义，在接下来的 20 多年里，这让非洲人付出了无以数计生命的代价。即使在哈马舍尔德那个时代，代价也非常高昂。他的联合国军是进一步的不稳定之源，而不是相反。他的被保护人卢蒙巴试图建立自己的分离主义国家，自己却落入了刚果军队之手，这支军队如今被前军士蒙博托“将军”所控制。卢蒙巴被扔给了加丹加省人，并在 1961 年 1 月 17 ~ 18 日被杀。这个一文不值的恶棍对数千人的死亡负有责任，他的垮台却被哈马舍尔德描述为“一次骇人听闻的犯罪，违背了本组织所支持的那些原则”[26]。事实上，它不过是长期权力斗争中一次毫无意义的意外事件。秘书长这一回丧失了他在感情上的超然立场，整天想着给死去的国王报仇，他没能利用自己的联合国部队把白人赶出加丹加省，改变它的政权，从而把这位国王扶上台，这是可能被国际官僚称作帝国主义的第一个实例。但在这个过程中，他犯了一个大错：离开了他在联合国办公室的那个抽象的假想世界，进入了刚果盆地的真实世界。这让他付出了生命的代价，1961 年 9 月，他乘坐的飞机撞上了恩多拉附近的一棵树。

像其他很多局外人一样，哈马舍尔德也想当然地认为，在一个实际上不过是部落与个人政治的沸腾熔炉中，一个人能够辨别出西方式的政治原则和情势，并对此做出回应。所有刚果政治家都按照权宜之计和自卫本能的引导转变自己的立场。把联合国的政策跟这些人当中的任何一个人捆绑在一起都是荒唐的。阿尔及利亚人以及亚洲和非洲另外一些爱管闲事的人，都犯了同样的错误。本·贝拉（他自己很快将消失在地下密牢里）轻蔑地把莫伊兹·冲伯称为“帝国主义的流动博物馆”[28]。事实上，当卡萨武布一反先前的所有观点任命冲伯为
517 总理的时候，他被证明是一个深受欢迎的总理。但好景不长。刚果的街头暴徒像莎士比亚笔下的罗马暴徒（或纳赛尔操练的开罗暴徒）一样反复无常。一会儿高呼：“冲伯万岁，阿拉伯人滚回家!”过一会儿又大喊：“打倒冲伯，阿拉伯人打发他回老家!”（他因为叛国罪而被判处死刑。）[29] 1965 年 12 月是个分水岭，当时，大概是不可避免地，蒙博托用一场军事政变终结了这个党派政治的时代。接下来，在第二个独立日纪念活动上，他高度颂扬了那个死在他手上的人：“光荣属于一位杰出的刚果公民、一位伟大的非洲人，属于我们独立事业第一个烈士——帕特里斯·卢蒙巴，他是殖民主义密谋的牺牲品!”打这以后，如今的总统蒙博托在西方利益集团的支持下统治着这个国家，让数以百计的朋友、支持者、亲戚尤其是他自己迅速富裕起来：到 1980 年代初，有人估计，他已经是个亿万富翁，大概是世界上最富有的人，比曾经拥有这个国家的比利时国王利奥波德还要富有。[30]

1959 ~ 1960 年是个分水岭，在旷日持久的刚果危机中达

到高潮，联合国对这场危机做出了灾难性的贡献，多半使立宪主义再也没有任何机会（不管多么渺茫的机会）成为非洲新国家的准则。人们在新兴的职业政客阶层身上寄予了太多的希望。他们兑现不了这样的希望。他们在紧张的压力之下垮掉了，或者被打垮了。军人接管了权力。同样的事情发生在最早“被解放”的大陆拉丁美洲，发生在 19 世纪最初几十年：解放者玻利瓦尔那一代被第一代“元首”所取代。这个现象在阿拉伯世界重演了，在那里，以纳赛尔上校及其同僚为首的军人从 1952 年起开始接管政权。在黑非洲，第一次成功的军事政变于 1963 年 1 月发生在多哥，当时，斯尔法纳斯·奥林匹欧被杀。6 个月后，富尔贝·尤卢在布拉柴维尔被革职。两个月后，于贝尔·马加在科托努被推翻。1964 年 1 月，肯尼亚、乌干达和坦桑尼亚都发生了兵变，次月，莱昂·姆巴在加蓬被革职（戴高乐的伞兵把他重新扶上了台）。紧接着，1965 年 11 月，蒙博托发动了扎伊尔政变，伴随着达荷美的连续两次政变；然后是次年 1 月中非共和国和上沃尔塔的政变，以及 2 月的加纳政变。第一次多哥政变立即吸引来了全世界的大肆宣扬；等到旧戏重演的时候（确切地说是 5 年之后），国外就再也没有一个人关注了。到这个时候（1968 年 1 月），撒哈拉以南非洲已经经历了 64 次军事政变、未遂政变和哗变[31]。到所谓“独立十年”的 1960 年代末，达荷美已经经历了 6 次政变， 518
尼日利亚和塞拉利昂各 3 次，加纳、刚果、多哥、上沃尔塔和扎伊尔各两次；另外还有很多国家都有过一次。实际上，在 1970 年代，军事政变成了整个黑非洲改变政治方向或精英成员的主要手段；41 个国家当中已经有 20 个国家由军人或军民集团所统治。[32]

即便当军事力量并没有成为常规的政治仲裁者的时候，西方意义上的议会民主（包括通过选举过程变更政府的基本权利）也在独立之后的几年之内消失不见了，被列宁主义的一党体制所取代。在极少数情况下（肯尼亚是一个引人注目的例证），实际上的一党统治伴随着幸存下来的自由市场经济和法治，至少在一定程度上是这样。在这些国家，执政党完全成了一个非理想主义的组织，纯粹是为了促进来自优势部落的精英分子的个人事业[33]。即便是在这些准宪政国家，腐败也已经制度化了，富裕的外在表征被解释为领导能力的证据。肯尼亚总统乔莫·肯尼亚塔是少数几个成功地过渡到负责任统治的恐怖主义领导人之一，他居然在一次公开集会上责备他的反对者之一、左翼分子比尔达德·卡基亚没能让自己富起来：

> 我们和保罗·奈一起坐过牢。如果你去奈的家里，你就会发现，他种植了大量的咖啡及其他作物。你为自己做了什么？你去库拜家看看，他有一幢大房子，有一片很好的耕地。卡基亚，你为自己做了什么？我们和卡鲁姆巴一起坐过牢。如今他开着自己的车。你为自己做了什么？[34]

事实上，中等程度的腐败，假如控制在人们充分理解的非洲社会习俗的范围之内（违背这些习俗可以起诉到法庭），是后独立时期最小的恶。凡是允许市场体制运转的地方，政府的作用相应受到了约束，腐败就可以习俗化（比方说，就像18世纪的英格兰），并因此受到控制。只有在那些政府让自己扮演乌托邦角色的地方，腐败才会成为器质性的癌症，就像1960年代尤其是1970年代非洲越来越多地出现的情况那样。

对此，列宁主义的假设负有部分责任；责任更大的是万隆会议对列宁主义的解释，这一解释大肆吹捧政治过程的个人全权能够产生有益的结果，就像恩克鲁玛这样的热心追随者所鼓吹的那样。

但并非只有集体主义的哲学鼓励脆弱的非洲国家不断扩张，并让自己腐败堕落。殖民主义的某些方面也有责任。有一点倒是真的，在大多数方面，大多数殖民地都是按照无害的自 519
由放任原则来管理的。例如，英国的整个殖民帝国肯定是这样。政府保护殖民地免遭外来侵略，维护殖民地的治安，管理它的流通货币。其余的事由市场来做。不幸的是，这些原则还有多不胜数的例外，在某些情况下发展成了一套不相容的体制。

殖民主义有一个巨大的诱惑，就像自由市场这只苹果中的虫子，这个诱惑就是忍不住沉湎于社会工程。殖民地管理者很容易让自己相信：他可以改进供需规律，只要他把自己的领地当作蚁丘、把居民当作工蚁来对待就行，这些工蚁将会从善意的组织化中得到好处。在比属刚果，根本没有给予白人殖民者政治权力，因为担心他们会压迫当地人，它是善意专制的一座纪念碑。法律要求公司像“一个善良的家长”那样行事。正像在苏联一样，对土著人的活动有一些限制，特别是在大城市，在伊丽莎白维尔，土著人必须遵守宵禁。当局的观念是：为了土著人自己的利益就可以随意摆布他们。当然，实际远没有理论那么慈悲心肠。直至 1945 年，法国人依然以强迫劳动和当地人刑法的形式，大规模地运用社会工程。它远没有古拉格那么野蛮和广泛，但它所依据的前提并无不同。

最专注的社会工程师是葡萄牙人，他们管理着最早的和最后的殖民帝国。在安哥拉和莫桑比克，他们从非洲人那里学来了奴隶制，把它制度化了，并把它整合到了自己的行政体系中。奴隶贸易，尤其是对巴西的奴隶贸易，300 年来一直是这两个领地的经济支柱。葡萄牙人与非洲酋长们签署的条约不是为了得到产品，而是为了得到劳动力（尽管在莫桑比克，阿拉伯人充当了中间人）。在欧洲强国当中，葡萄牙人是唯一主要的奴隶生产商。他们拼命地为奴隶贸易辩护，抵抗对奴隶贸易的压制，只是在英国人的强迫下才放弃了它，用商业化的强迫劳动制度取而代之。他们把这一制度一直维持到了 1970 年代末，与非洲酋长们合作，在奴隶制的时代，后者管理着劳工帮。

塞西尔·罗兹想把安哥拉和莫桑比克吸收到英国的自由体制中，认为葡萄牙人的殖民主义不合时宜。他太天真了，没有认识到它是 20 世纪极权主义的先兆。在 1945 年之后的那段时期，葡萄牙每年提供了 40 万个契约劳工，其中 30 万个来自莫桑比克，10 万个来自安哥拉，主要提供给南非。每一个没有
520 同化并获得公民身份的非洲人（葡萄牙人并没有种族歧视）都必须拥有一本土著通行证，上面有他的工作记录。表现不好的工人被交给地方长官施加体罚，用钻了孔的乒乓球拍打手。最后的威慑是“小岛”（圣多美岛或普林西比岛）上的苦役。像比利时人一样，葡萄牙人也有宵禁，非洲人夜里 9 点之后通常不能离开自己的家。[35]

葡萄牙当局以道德的理由热烈地为自己的做法辩护。他们坚持认为，作为输出劳工的回报，这两个殖民地得到了港口、铁路及其他投资，而这些东西通过其他任何手段都不可能获得。他们声称，他们一直严肃地对待他们的文化使命，非洲人

不是孩子，而是成人，必须让他们担负起社会责任。这意味着让男人脱离懒散，投入工作，让女人脱离田地里的奴役，在家里扮演她们恰当的角色[36]。但像大多数形式的道德说教一样，这套说辞也没有预见到副作用。1954年，贝拉主教抱怨，输出劳工对家庭生活完全是灾难性的，因为他的教区里有80%的男人习惯于离家远行，要么去罗得西亚和南非，要么在领地之内从事工程项目。[37]

即便是那些受英国影响的领地也以土地分配的形式，大规模地运用社会工程，为的是巩固种族分化。在肯尼亚，基库尤人在两次世界大战之间被赶出了“白人高地”（我们在第4章中已经指出过），从而招致了一些道德上的反对，就像斯大林的农场集体化一样。这是1950年代凶狠残暴的“茅茅叛乱”的直接原因。南罗得西亚的土地分配立法是一项类似的政策，它是那场游击战的根本原因之一，这场游击战决定了1970年代罗得西亚的历史，只是随着1979年改为黑人统治才结束。不过，引人注目的例证是南非，在那里，社会工程以种族隔离的形式，被抬高为政府统治的核心原则（实际上是哲学）。

在南非，通行证法律（以及证书本身）作为社会控制形式可以追溯到18世纪，据认为在1828年被废除了，但后来又卷土重来，直至1970年代，根据移动限制法律而遭到逮捕的人平均每年超过60万[38]。它们的起源是伊丽莎白时期为控制“健壮乞丐”而制定的一些规章制度，其本身是人口迅速增长所刺激起来的。不过，具有讽刺意味的是，南非社会工程最早的积极措施是扬·克里斯蒂安·史末资的功劳，此人是国际联盟和联合国的主要建筑师之一，1945年，他在旧金山亲自起草了联合国《人权宣言》。[39]

521 史末资是布尔人温和派的一员，在布尔战争之后自由主义和平解决的过程中，他和英国人联手合作，重建这个国家。这些人为一个建立在种族导向原则基础上的半极权主义国家奠定了法律基础。1911 年，契约劳工（即黑人）的罢工被定为非法行为，与此同时，《矿业和工作法》把某些工种保留给了白人。1913 年，《原住民土地法》引入了根据肤色实施领地隔离的原则。这部法律是接下来所有法律的关键，尤其是因为它决定了非洲人所做出的回应的性质，这一回应造成了他们自己的五花八门的复国主义宗派剧增[40]。1920 年，《原住民事务法》为非洲人引入了种族隔离的政治制度，设立了原住民会议，其成员是非洲人的领袖，由政府提名，由全白人组成的原住民事务“专家”委员会负责指导。1922 年，一部法律把技术工人学徒局限于那些受过最低限度教育的人（即非非洲人）。1923 年，《原住民（城市地区）法》在城内和城市附近创立了种族隔离的非洲人居住区。1925 年，《工业调解法》拒绝给予非洲人集体谈判权。1925 年的《工资法》和 1926 年的《有色人种隔离法》是为了在贫穷白人与非洲民众之间划出一道鸿沟而专门设计的。[41]

又是史末资，让南非走上了跟印度政府在阿姆利则事件之后所遵循的方向完全背道而驰的道路。1921 年，他屠杀了一个非洲人的“以色列”教派，当时，这些人正集体非法占住布尔霍克区的禁地，次年，他镇压了兰德区的一次黑人劳工叛乱，有 100 人伤亡。这一冷酷无情的政策由于进一步的立法而得以增强。1927 年，《土著人管理法》让总督（亦即政府）成为所有非洲人的最高酋长，有权任命酋长，界定部落边界，迁徙部落和个人，控制非洲人的法庭和土地所有权。这一法律的第 29 款规定，“凡是旨在引发土著民与欧洲人之间任何敌对情绪的言论或行为”，都将受到惩罚。政府的警察权力由于《矿业和工作法》及 1930 年的《暴乱集会法》而得到进一步的增强[42]。这种层层叠叠的极权主义权力，刚好发生在斯大林在列宁的底座上构建其暴政的同一时期，赋予政府以相当大的权力，旨在产生同样的结果。

在第二次世界大战期间，史末资早就让有色人种和混血人种获得与白人选民同等政治权利的希望化为泡影，如今，他又把社会工程扩大到了他们身上。1943 年，他创立了有色人种事务部，来“管理”开普省的有色人种，同年，他引入了 522
《桩界法》，以制止印第安人进入白人地区。非但没有让白人、亚洲人和有色人种联合起来，共同对抗占绝大多数的黑人，相反，正是史末资的联合党，把他们全都赶进了黑人民族主义者（他们对这些人的仇恨甚于对白人的仇恨）的怀抱，在影响亚洲和联合国对南非的意见上，印第安人是至关重要的因素[43]。因此，早在 1948 年 5 月联合党丢掉政权、把权力拱手交给布尔民族主义者之前，白人至上和身体隔离的结构性要素就已经存在。

民族主义党人所做的事情就是把种族隔离转变成一套准宗教的哲学信条：种族隔离制度。在很多方面，他们的发展类似于非洲民族主义本身。他们最早的口号“非洲人的非洲”与 1960 年代和 1970 年代黑人的口号“非洲人的非洲”完全相同。他们的宗教宗派主义跟非洲复国主义同时兴盛，也是为了相同的目的：把受压迫的、受排挤的和受歧视的人团结起来，共同对敌。它还引人注目地与犹太复国主义类似，无论是就起源还是就结果而言。布尔人创造了他们自己的天国，当时充当了非洲人仇恨和联合力量的焦点，就像以色列人之于阿拉伯人。1915～1918 年，创立了最早的布尔民族主义机构，通过职业中介、信贷银行和工会给贫穷的白人提供帮助。他们强烈地反犹太人，同样也反黑人、反英国人。这场运动是从保护弱势群体开始的，然后扩大为促进作为整体的非洲人的政治、经济和文化利益，接下来在 1948 年突然之间让自己成了强势者，要来一次报复。[44]

种族隔离制度最早是在 1948 年作为一项政治计划而出现的，把保留地当作非洲人真正意义上的家园来对待，他们的权利和公民身份扎根在那里，但它的起源可以追溯到 1935 年南非种族研究基金的建立。打那以后，它便直接受到了希特勒种族观念及其东欧隔离移居地计划的影响，尽管它增加了《圣经》的基础结构，这是希特勒的无神论背景所缺乏的。表面之下，种族隔离制度一片混乱，因为它结合了一些互不相容的成分。作为伪科学种族主义，像希特勒主义一样，它源自社会达尔文主义；作为宗教种族主义，它源自原教旨主义的信仰，后者拒绝任何形式的达尔文主义。然而，表面上，它有一定的清晰性和简单性；史末资所创造的这套政治体制得到了《代表分离法案》（1951 年）的增强，这部法案把有色人种排除在
523 普选名册之外，以确保民族主义党人连续执政。他们掌权如今已经进入了第四个十年，因此有手段着手一项社会工程，就其一致性和持续时间而言，只有苏联的社会工程能够与之匹敌。

种族隔离制度的目标是要逆转民族融合的潮流，创造完全分离的社群。《禁止跨族婚姻法》（1949 年）把禁止白人和非洲人通婚扩大到了所有跨越肤色界线的联姻。《背德法》规定，婚外性行为在任何环境下都是非法的，如果涉及异族之间

的性关系，将受到更加严厉的惩罚。《人口登记法》（1950年）把每个人分配给一个种族群体，就像《纽伦堡法》一样。同年出台的《族群住区法》授权政府给特定的种族群体分配居住区和商业区。它开启了这样一个进程：把人当作泥土和混凝土一样推来推去，用推土机把他们的家园和店铺推为平地。种族隔离制度的第一阶段被《压制共产主义法》（1950 年）所巩固，这部法律不仅把共产主义界定为马克思列宁主义，而且还包括“这一学说的任何相关形式”，以及试图“通过引发骚乱或混乱从而在联邦内部导致任何政治、工业、社会或经济变动”的任何活动。这是第一次把政府中的威权主义成分转而对付相当一部分白人人口。

1950 年，理论家 H. F. 维沃尔德被任命为原住民事务部部长，紧接着便是种族隔离制度的第二阶段。他是个知识分子，是斯泰伦博斯大学的社会心理学教授，显然不是一个内向型的老派布尔人，他出生于荷兰，在德国受教育。他赋予这一制度以一种新的统一性，尤其是在 1958 年成为总理之后[45]。他 1954 年的《班图教育法》把政府控制强加给了非洲人的所有学校，让传教团体乖乖就范，引入了不同的教学大纲和教育体系，这些都是专门设计的，为的是让那些说班图语的人为他们在社会上的地位做好准备。在同一时期，开始系统化地创立分离的生活区：“班图斯坦”。种族隔离开始渗透生活的各个方面，包括运动、文化，尤其是教会的宗教活动；到 1959 年，政府已经有效地隔离了高等教育。

1959 ~ 1960 年，实际上已经创立了黑非洲大陆，很多观察者相信，种族隔离制度注定要在不远的将来彻底垮台。那也是哈罗德 · 麦克米伦的观点，1960 年 2 月 3 日，他在沙佩维

尔发表了“变革之风”的演说，话音刚落，紧接着出现了沙佩维尔枪击事件，69 个非洲人被杀[46]。有人认为，阿姆利则
524 综合征如今终于开始了，非洲前进的潮流不可抗拒，布尔人会丧失他们的意志和勇气。出现了资本逃离。南非脱离了英联邦。同样有人相信，种族隔离制度即便就其自身条件而言也是行不通的。它与市场经济的很多要求相冲突，而南非依靠市场经济生存。它还与人口统计学的必然逻辑相冲突。累进式种族隔离制度的核心蓝图是 1956 年所谓的“汤姆林森报告”，它大概是对大规模社会工程所做的最详尽的描述和辩护。报告声称，“南非形势最重要的事实”是，“没有丝毫理由相信，不管现在还是未来，欧洲人愿意牺牲他们作为一个民族实体和一个欧洲种族群体的特征”。报告由此出发，继续把这个国家打造成一个恰当的形状[47]。当时就有人批评这份报告过于乐观，后者以为可以轻而易举地在班图地区附近建立工业区，同时也低估了黑人人口的增长。1960 年代，越来越多的证据似乎证实了这些警告。1911 年，当种族政策开始的时候，欧洲人接近黑人人口的三分之一（1276242 个白人对 400 万个黑人、50 万个有色人和 15 万个亚洲人）。1951 年，当种族隔离政策开始实施的时候，有 2641689 个白人、8560083 个黑人、1103016 个有色人、366664 个亚洲人。到 1970 年，白人只增长到 3752528 人，黑人则跃升至 15057952 人，有色人增至 2018453 人，亚洲人增至 620436 人。有人估算，到 2000 年，非洲人和有色人在数量上与白人的比例将达到 10∶1[48]。这使分配给白人和黑人的相对面积似乎完全不切实际，特别是因为班图地区附近所创造的工业岗位只有每年 8000 个，而汤姆林森计划的估计是 50000 个。这一制度道德上的不平等明显得触目惊心。到 1973

年，只有1513个白人家庭被迫搬出“错误的”种族区，而有44885个有色人家庭和27694个印第安家庭被赶出了家园，其中有些家庭自荷属东印度公司的时代以来就一直居住在那里[49]。持续不断地有非洲人擅自占据禁区，伴随着同样持续不断地用推土机推平，同时有全副武装的警察和军队守卫，令人害怕地联想到1929~1932年的苏联。主持这种变态乌托邦主义实践的是布尔人知识分子，接受过社会科学方面的训练。考虑到其内在矛盾和不合情理，加上非洲舆论以及越来越多的世界舆论被动员起来反对它，这场实验似乎注定要失败。

然而，苏联集体化的经验表明，这样的计划不管在道德上和经济上多么站不住脚，只要拿出足够的冷酷无情和野蛮的武力来推行，还是可以持续的。此外，还有一些对南非政权有利 525
的因素在发挥作用。和俄国一样，南非富含矿产资源：黄金、煤、钻石、锰和铜（按重要顺序排列），加上锑、石棉、铬、萤石、铁矿石、云母、铂、磷酸盐、锡、钛、铀、钒、锌及很多其他东西[50]。南非的经济非但没有像1960年人们所预言的那样出现衰退，反而自1962年起繁荣起来，从1960年代一直繁荣到了1970年代初。当繁荣在1973~1974年结束的时候，世界性的通货膨胀导致了黄金价格的革命，作为世界上最大的黄金生产国（黄金构成了其矿产财富总值的一半以上），南非是主要的受益者。在非洲其余所有地区（包括南非最专注、最活跃的敌人）收入下降的同时，南非的收入在增长。例如，1972~1980年，60磅标准金锭的零售价从25万美元上涨到了250万美元，涨了10倍[51]。价格革命让政府每年的财政收入超过10亿美元，也给资本投资的巨幅增长提供了资金。

在“变革之风”突袭非洲大陆之后的20年里，南非收入的稳步增长使得南非政权能够构建抵御这场风暴的庇护所，其形式便是自给自足的武器工业，它使南非实际上不依赖那些万分不情愿的外国军火供应商，并且有自己的军用核武器计划。到 1980 年代初，南非每年要花 25 亿美元在国防上，不过，这个数字还不到其国民生产总值的 6%，这一负担是可以承受的（到这个时候，有很多黑人和阿拉伯人的非洲国家每年要把国民生产总值的 25% ~50% 花在它们的武装部队上）[52]。南非的军队经常参与西南非的维护安全，西南非从前是德国的殖民地，在 1919 年的凡尔赛和会上，史末资没能把它完全弄到手，而是以托管领土的形式把它给了南非，这一方案也是史末资亲自发明的（这又是一件具有讽刺意味的事）。总体来说，在 1970 年代安哥拉、莫桑比克和南罗得西亚（津巴布韦）强制非殖民化的过程中，南非幸存了下来，无论是军事力量，还是白人统治阶级的士气，都没有受到多少损害。

与史末资相反，布尔民族主义者总是批评那项未能实现的计划：创立一个“巨大的白人自治领”，包括罗得西亚和莫桑比克，从开普省直到肯尼亚。在 1920 年代，他们认为，这只会把白人“淹没”在未来的黑非洲里。在 1970 年代，他们的警告被证明是有道理的，当时，即便在南非之内，白人对黑人的比例也下降到了 1∶5。南非政权拒绝把自己的命运押在保护北方那些分崩离析的殖民主义堡垒上。最后，当它们轰然倒下
526 的时候，白人的防御营地便收缩了。这把欢欣鼓舞、激进好战、全副武装的黑人民族主义带到了南非自己的边境，背后有联合国中压倒性多数、非洲统一组织以及苏联集团越来越多的实质性支持（主要是古巴的军队和顾问）。

然而，南非种族隔离制度与黑人民族主义之间的“对

抗”，与其说是军事上的，不如说是口头上的和政治上的，经济上的对抗就更谈不上了。非洲国家距离南非越近，就愈发感觉到南非巨大而繁荣的经济所具有的吸引力，也就愈发不愿意表现出摧毁种族隔离制度的决心，除非是口头上的。普通非洲人则纷纷用脚投票，这倒不是支持种族隔离制度，而是为了南非经济所提供的工作岗位。在 1972 年非洲统一组织发起抵制的那段时期，南非矿业协会雇用了 38.1 万黑人，其中三分之一的人来自南纬 22 度以北，三分之一的人来自莫桑比克。来到南非的黑人数量在 1970 年代稳步增长，主要原因是兰德地区黑人的实际工资迅速增长，而在黑非洲大多数地区却不断下降。邻国政权自称是“前线国家”，口头上保持反种族隔离制度，但实际上，赞比亚、马拉维、津巴布韦尤其是莫桑比克的政府都让自己成了种族隔离制度的密切合作者，故意增加对兰德地区的劳动力输出。马拉维、博茨瓦纳和赞比亚退出了非洲统一组织的抵制，其他国家索性打破抵制，正像它们早年打破对南罗得西亚的抵制一样。南非在利隆圭建造了马拉维的新首都，在莫桑比克建造了卡布拉巴萨大坝；当一个前线国家的总统——博茨瓦纳的塞雷茨·卡马生病的时候，他立即飞去了约翰内斯堡一家“只对白人开放”的医院。[53]

有意思的是，到 1980 年代初，南非最活跃的敌人是相距遥远的尼日利亚，它是非洲唯一重要的石油生产国。其开采权使用费在 1980 年超过了 230 亿美元，保护它（像南非的黄金一样）免遭 1970 年代经济衰退的损害，并让它有条件保持独立的对外经济政策。但是，刚果和大湖地区以南的国家无法抵抗兰德地区巨大的吸引力，并因此调整了它们的意识形态政策。

无论如何，比勒陀利亚的政策与大多数黑非洲国家的政策之间的差别与其说是实际上的，不如说是理论上的。所有非洲国家都推行种族歧视政策。在1950年代和1960年代，埃及、利比亚、阿尔及利亚、摩洛哥和突尼斯驱逐了25万以上个犹太人，把剩下来的几千人隔离在犹太人聚居区里。1960年代，坦桑尼亚联合共和国赶走了阿拉伯人，或者剥夺了他们的平等
527 权利。1970年代，亚洲人被赶出了合恩角及中东部非洲的大部分国家，他们到处受歧视；即便在肯尼亚，他们也在1982年受到了驱逐的威胁。在大多数情况下，种族歧视是政府政策的故意所为，而不是对民众要求做出的回应。当乌干达政府在1972年驱逐亚洲人的时候，其动机是为了给政府成员及支持者提供免费的住房和店铺，而不是为了取悦普通的乌干达黑人，他们与亚洲人的关系一直很友好[54]。反亚洲人的种族主义通常是政府控制的官方或半官方报纸所宣传的。1970年代，它们有规律地发表种族歧视材料：亚洲女人有优越感，因此她们拒绝与黑人睡觉；亚洲人用手提箱偷运货币出国；亚裔商人都是垄断者和剥削者；一个典型的标题是"亚裔医生杀死他们的患者"[55]。

自从独立以后，大多数黑非洲国家都把反白人歧视当作政府政策来推行。在1970年代下半叶，肯尼亚和象牙海岸几乎是仅有的例外。象牙海岸总统乌弗埃－博瓦尼在非洲统一组织提请人们关注反白人种族主义，他告诉其他国家的领导人：

> 亲爱的同僚们，的确，我的国家有4万个法国人，比独立之前还要多。但我希望10年后情况有所不同。我希望那时候有10万个法国人。我希望到那时候我们再次会面，

> 并把你们国家的经济实力与我们国家做个对比。但是，亲爱的同僚们，恐怕到那时你们当中很少有人能够到场。[56]

但是，黑非洲最常见、实际上是最普遍的种族主义形式是部落间的种族主义，正是这种形式的种族主义（委婉的说法是社会控制），导致越来越多的非洲国家在 1960 年代尤其是 1970 年代推行某种形式的社会工程，其实跟种族隔离制度并无不同。非洲殖民统治的一个优点（除了白人至上政策另有规定的地方之外）是：它让自己适应了游牧部落的迁徙，不管是周期性的，还是永久性的。它允许高度的迁徙自由。当人口增长的时候，粮食资源所面临的压力也随之增加，这种自由放任政策也就变得更加难以维持。但真正的悲剧是，当独立在 1960 年代初到来的时候，后继国家所选择的不是仿效殖民地式的自由主义，而是白人至上主义者的控制。万隆会议上大行其道的列宁主义学说——庞大而全权的政府，与种族隔离主义很不神圣地结合在了一起。当然，苏联政府始终控制着一切国 528
内迁徙和移民，尤其是它自己的亚洲部落。列宁主义学说和南非的实践严丝合缝。在整个黑非洲，各种社会控制证件——工作许可证、国内国外护照、签证、居住许可证、驱逐令——随着独立而迅速增加。而且，正如南非的经验所证明的那样，一旦文件出现，推土机也就不远了。在 1970 年代初，推土机出现在西非的很多地方，把那些擅自占据者从沿海城镇赶进内地[57]。

1970 年代，一场大旱洗劫了沙漠丛林边境附近十几个中非国家，使游牧迁徙活动随之增加，粗暴的社会控制实践也随之增加。沙漠边缘地区长期存在种族之间的敌对，因为游牧部落（特别是图瓦雷克人）总是抓南方人去当奴隶。独立后的马里（它横跨沙漠线）最早的行动之一便是屠杀北方的图瓦雷克人。当干旱救济资金可用的时候，马里（还有其他国家）便把它们用来给控制体系提供资金。正如全国旱灾救济委员会在马里的秘书所写的那样："我们不得不训练这些人，控制他们的放牧和迁徙。他们的自由对我们来说太昂贵了。这场灾难是我们的机会。"[58]在马里及别的地方，迁徙控制伴随着其他形式的社会工程。在这样的国家，1960 年代晚期和 1970 年代都深思熟虑地制订了发展计划，为的是通过税收迫使每个人（包括游牧民）投身于货币经济。在一些本质方面，它们和法国、西班牙、葡萄牙及比利时殖民者设计出来的古老的强迫劳动制度并没有什么不同[59]。

新非洲国家走向极权主义的一个最富有暗示意味的实例是坦桑尼亚提供的。坦桑尼亚领导人朱利叶斯·尼雷尔是个职业政客，属于万隆那一代。1960 年代，当政治家纷纷被军人打翻在地的时候，他通过军事化自己的修辞和自己的政权，从而设法幸存了下来。1960 年，在回应刚果危机时，他说："坦噶尼喀维护法律和秩序的部队没有丝毫机会哗变。"[60]1964 年 1 月，他们哗变了，尼雷尔只是在英国白人军队的帮助下才得以幸存，后者解除了黑人军队的武装。接下来，他解散了这支部队，并从零开始重新创立了自己的党军："我号召坦噶尼喀非洲国家联盟（TANU）青年同盟的所有成员，不管他们在什么地方，都去当地的 TANU 办公室，报名应征：我们将试着从这个群体中构建一支新军的核心。"[61]4 天后，他宣布了对坦桑尼亚人民国防军政委的任命。

这种有意识地对列宁主义的模仿伴随着一党制政府的选

举。1961 年，尼雷尔说，他将欢迎 TANU 有一个反对党：“我会第一个站出来捍卫它的权利。”[62]可是，1964 年 1 月，随着党的青年成员被组织成了一支军队，他便任命了一个委员会，负责设计他所说的“民主的一党制国家”，并规定，委员会的工作不是要“考虑坦桑尼亚是否应该成为一个一党制国家。这个决定已经做出了。他们的任务是要说明我们应该有一个什么样的一党制国家”[63]。在接下来的选举中，倒是有几个候选人，但都贴着同一个党的标志（这意味着他们需要尼雷尔的批准才能站在那里），而且，他们没有提出问题的自由。[64] 529

尼雷尔这个从前的和平主义者使用军国主义的术语来促进他的极权主义国家，其方式独具匠心，并帮助解释了他对西方知识界为什么有异乎寻常的吸引力，这种吸引力导致一个黑人社会学家杜撰出了“坦桑菲利亚”（Tanzaphilia）这个术语[65]。尼雷尔为自己的压制人权（比如言论自由、出版和集会自由）辩护，他指出：“在我们反对贫穷、无知和疾病的战争赢得胜利之前，我们不应该让别人的规则毁掉我们的团结。”当然，根据定义，这样一场“战争”是不可能“赢得胜利”的。此外，这样一场“战争”很容易从内部对手扩大到外部对手：尼雷尔听从了苏加诺关于寻找敌人的建议。从哗变之后的那段时期开始，尼雷尔便站在了非洲领导人的最前面，要求针对罗得西亚、葡属领地和南非发动一场协同行动的政治军事战役。他的新极权主义国家的哲学被总结在 1967 年 2 月的《阿鲁沙宣言》中，“我们正在进行一场战争”，宣言中充斥着军事术语和口号[66]。

当然，坦桑尼亚并没有跟任何人开战。这个幌子只不过是用来证明战时限制和暂停权利的合理性。《阿鲁沙宣言》是万隆会议一个非洲化的最新版本，高级欺骗的气味同样强烈。任何“与无阶级社会生活不一致”的东西都遭到禁止。“任何人都不允许靠别人的工作为生”，这等于允许广泛逮捕“资本家”，尤其是亚裔资本家。政府“必须由农民和工人来选择和领导”：这使得尼雷尔可以把任何一个他不希望看到的人排除在政治活动之外。“懒惰、酗酒和无所事事”被判定有罪：这是强迫劳动的一个借口。“闲逛”尤其被判定有罪：这是所有黑非洲政府都十分钟爱的“清扫和搜捕”行动的一个借口，是盲目照抄南非的警察手册。控制机器被包含在党的结构中：
530 “十户单元”是基本单位，再往上便是百户区、县、省，直至国家。《阿鲁沙宣言》背后的哲学被尼雷尔称作“乌贾马”（ujamaa），即建立在神秘过去基础上的“大家庭”。“在我们传统的非洲社会，我们都是一个社群之内的个体。我们关照社群，社群关照我们。我们既不需要也不希望剥削我们的同胞。”[67]乌贾马的设计就是为了重新获得这种精神。然而，实际上，它像其他任何极权主义学说一样反家庭。犯规者被带到“十户单元”法庭的面前。“政治教育官”分发小册子，上面写着这样的话：

> 单元领导必须密切监视，以便及时发现他的十户单元中出现的任何新面孔。当他看到一个陌生人的时候，他必须上前询问，弄清楚他是谁，来自何地，去往何处，将在本地区逗留多长时间，以及诸如此类。通常，东道主要向单元领导报告客人的情况，提交所有必要的信息。如果单元领导怀疑这些陌生人所讲的故事，他就必须把此事报告给上级分支的官员或警察。[68]

单元领导有权拘留任何一个被归类为“出逃者”的人（通常是逃离强迫劳动），下令“围捕”“歹徒”。一句最受欢迎的短语是“政府知道如何揭露”。实际上，在 1964 年兵变之后，尼雷尔似乎不仅脱掉了他的英式民主外衣，而且堕入了普鲁士式的殖民地过去。他的党民兵学会了走正步。他引入了禁止奢侈立法和统一着装。1968 年，他决定，不准马萨伊人穿着“不能遮体的皮衣或裹着松松垮垮的毯子”或者穿着任何被认为“不雅”的衣服或“梳着脏兮兮的辫子”进入阿鲁沙[69]。但是，禁止了传统的非洲装束 8 个月后他把攻击的矛头转向了“外国文化的残余”，授权 TANU 青年同盟粗暴对待穿迷你裙、戴假发和穿紧身裤的非洲女孩，剥光她们的衣服[70]。因此，女孩子被禁止穿裤子，而男人们则必须穿上裤子：或多或少属于老式白人传教士的标准。当马萨伊人抱怨的时候，他们被告知：上帝强迫亚当和夏娃穿上衣服，然后才把他们逐出伊甸园[71]。但是，传教士们并没有在任何人的家里安插密探。

尼雷尔的乌贾马只不过是黑非洲那些富有魅力的小暴君们发展出来的新极权主义哲学当中最精密复杂、最假装圣洁的。在乡村层面上，它只不过是强迫集体化的一种委婉说法。在赞比亚，同样的过程被称作“乡村重组”。赞比亚的一党独裁者肯尼思·卡翁达把这套国家哲学称作“人道主义”。他说，它源自下面这个真理：所有人“本质上都是人”。但有些人被打 531
造得比其他人更具人性。他宣布，“赞比亚人道主义的目标是要根除人身上的一切邪恶倾向……实现人的完美”，其手段是通过让社会摆脱掉“人的负面倾向，比如自私、贪婪、伪善、个人主义、懒惰、种族主义、部落主义、地方主义、民族主义、殖民主义、新殖民主义、法西斯主义、贫穷、疾病、无知和人剥削人”[72]。这份清单给了政府极权主义行动不受限制的空间。在别的地方，出现了另外一些“主义”。加纳产生了“良知主义”，塞内加尔有“黑人特色”。在刚果，蒙博托总统有点手忙脚乱，不知所措，直到他突然想到了理想的意识形态：“蒙博托主义”。

1960 年代初，暴政一旦开始出现，就迅速从尼雷尔的坦桑尼亚那种相对比较精密复杂的（而且是不流血的）专制统治发展到了复活来自非洲最黑暗过去的恐怖。伊夫林·沃在《黑色恶作剧》中虚构出来的那出可怕的滑稽剧成为事实。在 1965 年 10 月的“肯雅塔日”，肯尼亚总统——曾经被英国总督称作“黑暗与死亡的领导人”，如今被松了一口气的白人殖民者们称作“老人”——举行了一场“最后的晚餐”，以纪念他作为茅茅恐怖分子被逮捕之前的那一餐[73]。在马拉维，被称作“征服者”和“救世主”的海斯廷斯·班达用巫术使自己的统治神圣化。在扎伊尔，约瑟夫·蒙博托禁止人们使用基督教名字，自己改名为蒙博托·塞塞·塞科·库库·恩关杜·瓦·扎·邦加，翻译过来的意思是：“不让母鸡独自待着的公鸡”[74]。加蓬的邦戈总统禁止人们使用“矮子”这个词（他自己身高不到 5 英尺），却雇用了德国前外籍军团的一位巨人担任保镖，此人最大的乐趣就是在大酒店里高唱《霍斯特·威塞尔之歌》[75]。1960 年代，随着时间的推移，针对这些新兴非洲精英的暴力袭击越来越频繁。布隆迪的两位总理接连被杀。1966 年的尼日利亚政变让联邦总理和 3 位省总理中的两位丢掉了卿卿性命。一些想当“元首”的人也死了：在刚果人民共和国，电视上播出了一位高级军官被处死的过程，他的嘴里塞满了美元。一些统治者表现出了亲自执行惩罚的嗜好。贝宁（从前的达荷美）总统在发现自己的外交部长与总统夫人同床共枕时亲手杀死了他。另一位外交部长——这一回是在赤道几内亚——被自己的国家首脑用棍棒打死。

最后这一事件是弗朗西斯科·马西亚斯·恩圭马总统所犯下的无数罪行之一。在一些更穷的非洲国家（这样的国家将近 30 个），统治者创立了一党政权，理论上拥有绝对权威。但实际上，他们往往没有多少权力去影响那些难以对付的事件，甚至不能仲裁部落间的争斗。他们所能做的一切，不过是施行 532
暴政，通常是通过个人暴力来实施。恩圭马是一个很好的例证。他在 1924 年出生于西班牙殖民地，在政府里当差，1968 年独立的时候成为总统，1972 年让自己成为终身总统。在接下来的 7 年时间里，他把这个国家变成了一个实际上的战俘营；很多居民干脆逃命去也。1979 年 8 月 3 日，西班牙人发动的一次政变把他推翻了，他受到审判，罪名是“种族灭绝、叛国、盗用公款和系统化地侵犯人权”。处死他的时候，本地军队抱怨，他的精神太强大，仅用子弹是打不死的，反而会让他变成“一只老虎”卷土重来，于是不得不请来摩洛哥的行刑队执行处决[76]。

中非共和国总统（后来的皇帝）博卡萨的情形有些类似。当法国人让这个殖民地独立的时候，他们扶持了一位亲手挑选的职业政客戴维·达科出任总统。他试图让警察头子伊扎莫来牵制领导军队的博卡萨，但白费力气，事实证明博卡萨是这三个人当中最狡猾的[77]。自 1965 年起，博卡萨是终身总统，自 1977 年起成为皇帝，12 月，他举行了一场精心准备的加冕典礼，有 3500 名外国客人出席，最引人注目的是一个鹰形皇座、一顶有 2000 颗钻石的皇冠和按照拿破仑加冕礼打造的皇权标志。典礼花掉了 3000 万美元，占国家可怜财政收入的五分之一。他与性格开朗的法国总统季斯卡·德斯坦之间的友谊是支撑其政权的一个重要因素（他送给德斯坦很多钻石）。他的长子乔治斯亲王因为对父亲出言不逊而遭到解职和流放，他以此来庆祝自己登基一周年。两个月后，1979 年 1 月，他屠杀了 40 个学生，这些学生在强迫他们购买博卡萨工厂生产的校服时聚众闹事。4 月，恩加拉格巴监狱里有 30～40 个孩子被杀，博卡萨明显在场，部分孩子是他亲手杀死的，塞内加尔的优素法·恩迪亚耶所领导的一个说法语的律师团证实了这一事实。德斯坦担心曝光，于是派出了自己的非洲事务顾问勒内·茹尼亚克，要求皇帝逊位，皇帝用自己的节杖重击茹尼亚克的头部。为了报复，德斯坦让部队于 1979 年 9 月 21 日在班吉登陆，他们的行李中带上了达科，作为替代总统。在德斯坦的要求下，博卡萨被允许到象牙海岸避难，他后来因为谋杀、吃人、“与利比亚交换情报”和从事黄金及钻石诈骗而被缺席判处死刑。

几内亚共和国的塞古·杜尔政权也好不到哪儿去；利比亚的卡扎菲上校更加糟糕；两个人都犯下了额外的罪行：把他们的恐怖活动输出到邻国。然而，最富有教益的实例是乌干达的阿明“将军”，因为他的情况生动说明了 1970 年代世界体制
533 的很多弱点。这个实例也是最悲剧性的，因为它实际上毁掉了乌干达，它曾经是非洲最迷人的国家。1908 年，丘吉尔作为殖民部副大臣访问过乌干达，称它是“人间天堂”“热带花园”。他写道：“乌干达是一个童话故事，你顺着铁路（不是豆茎）往上爬，顶部有一个令人惊叹的新世界。”[78] 乌干达的

独立是在1963年10月遵照麦克米伦的“变革之风”政策而仓促完成的。占据统治地位的部落巴干达人受过良好的教育，总是用他们的魅力给欧洲人留下深刻印象。但这个国家在很多方面都很原始，被错综复杂的部落对抗、穆斯林北方和基督教南方之间的种族敌对以及基督教社群内部长期存在的宗派主义所撕裂。暴力魔法无处不在。穆斯林北方的卡夸族和努比族喝他们受害人的血，吃他们的肝，并相信马赫迪的“安拉圣水”喝了之后让士兵刀枪不入。老于世故的巴干达国王们也为了政治宗教恐怖的目的而肢解尸体[79]。让事情变得更加糟糕的是，独立时就任总理的职业政治家米尔顿·奥博特是个心胸狭隘的反巴干达宗派主义者，在行政管理上格外无能。1966年，他利用阿明袭击了卡巴卡的宫殿，并用武力把他赶走了。1971年1月，当奥博特反过来被阿明推翻的时候，很多人出于两害相权取其轻的考虑，欢迎军人统治。

重要的是要懂得，即便在这一阶段，人们也知道伊迪·阿明是一个格外狡猾而邪恶的人。阿明高大魁梧，是卢格巴拉族一个女巫医的儿子，16岁时他成了穆斯林，从北方的卡夸人和努比人那里获得了权力。还是个孩子的时候他就加入了皇家非洲步枪队，后来被提拔为军官，尽管他几乎没有受过教育。这反映了在独立临近的时候迫切需要避免刚果式的兵变。他很快在肯尼亚与偷牛贼的战斗中获得了邪恶的名声。有人发现，他杀死了波克特部落的人，然后让鬣狗吃掉他们，为了从卡拉马乔部落人那里得到情报，他威胁要用短刀割掉他们的阴茎，并实际上为了获得供词而割掉了其中8个人的生殖器。他还因为屠戮了图尔卡纳人的12个村庄而广为人知。英国当局本身很不愿意在独立前夕起诉原本就很少的黑人军官，他们把案子交给了已经被提名为总理的奥博特。奥博特满足于“严厉训斥”，这对于大规模屠杀来说是一个古怪的惩罚[80]。实际上，他把阿明提拔为上校，利用他来镇压巴干达人，并允许他在北
534 方建立一个军事部落基地，参与大规模的黄金和象牙走私，未经政府同意招募穆斯林新兵，并在1970年1月杀死了唯一的另外一位黑人高级军官奥科亚旅长（以及他的妻子），从此以后把这支军队当作自己的军队一样对待。当审计长告诉奥博特军费中有250万英镑不知去向的时候，总理启程去新加坡参加会议，他告诉阿明，他希望自己回来的时候能得到“充分的解释”。这无异于招致政变，而这之前，卡扎菲上校和巴勒斯坦领导人亚西尔·阿拉法特一直想赶走奥博特的以色列顾问，他们早就催促阿明动手了。

阿明的政权是一个种族主义的政权，从一开始就围绕穆斯林—阿拉伯人的利益而运转，接管政权后几周内便开始屠杀兰吉族和阿乔利族部落。1971年7月，他请求以色列人占领坦噶港，好帮助他入侵坦桑尼亚；以色列人的回应是撤出。英国人在同一时期对他们的支持感到后悔，从此以后，阿明便成了卡扎菲的座上宾。穆斯林只占总人口的5%，只有利比亚的支持才使得长期暴政成为可能，尽管巴勒斯坦恐怖分子给阿明提供了私人保镖，以及最能干的刽子手和刑讯打手。卡扎菲说服阿明赶走亚洲人，正是在这个时候，亦即1972年8月，对这个国家真正的劫掠开始了。不过，应该记录在案的是，迟至1972年12月，英国依然在运送装甲车给阿明[81]。实际上，在英国政府的批准下，源源不断的奢侈品从斯坦斯特德机场运往乌干达，几乎一直持续到恐怖统治结束，而正是这一重要贸易，使得阿明能够继续维持士兵的士气。

幸存下来的内阁会议记录，让我们得以瞥见原始部落暴政是如何以英国官僚宪政主义的外在形式出现的。日期为1972年3月14日的内阁会议记录131号是这样写的："假如任何一个政府部长觉得自己的生命受到了蛮横群众或心怀不满者的威胁，他就有权开枪杀人。"[82]事实上，部长们所害怕的，并不是那些心怀不满的人，而是总统。他的教育部长爱德华·鲁古马约在1973年逃之夭夭，寄了一份备忘录给所有非洲国家的领导人，备忘录声称，阿明"没有原则，没有道德上的标准或顾忌"，他会"毫不犹豫地杀掉或让别人去杀掉任何一个人"[83]。他的总检察长戈弗雷·卢莱写道："他毫无理性地、沉着冷静地杀人。"卫生部长亨利·克耶姆巴说，正是工业仲裁庭主席迈克尔·卡格瓦在1971年9月的被杀，"让整个国家看到了，屠杀并不局限于军队，也不局限于兰吉族和阿乔利族"[84]。死者很快就包括以任何方式批评或妨碍阿明的任何公众人物：乌干达银行总裁、马凯雷雷大学副校长、外交部长、 535
首席法官（在光天化日之下被拖出了他的法庭）、大主教鲁温——鲁温连同两名内阁部长是被阿明亲手打死的。阿明经常参与暴行，有时候是私人性质的。克耶姆巴的妻子特丽萨是穆拉戈医院的护士长，当阿明的妻子凯那残缺不全的尸体被送到这家医院的时候，她刚好在场：看起来阿明不仅杀了她，而且把她肢解了，因为他收藏了很多解剖手册上的图板。据说，他还听从一位他从斯坦利维尔请来的巫医的建议，杀死了自己的儿子，吃掉了他的心脏[85]。毫无疑问，他是个惯常的食人者，他的冰箱里保存着一些精心挑选的器官。

冷藏食人的形象是阿明政权的缩影，是苏联式恐怖行为的一幅荒诞漫画。传统意义上的警察干脆消失不见了，因为他们的高级警官因为调查阿明的罪行而遭杀害。像斯大林一样，阿明也有足以与之媲美的安全机构。其中包括他个人的独创：公共安全小组、军事警察，以及一个类似于克格勃的组织，叫作“国家调查中心”（SRC），后者是从老的内阁调查科发展而来的，那里依然保存着它的《经济学人》（*The Economist*）合订本。SRC 是根据巴勒斯坦人和利比亚人的建议运作管理的，就某些情况而言，这些人自己曾在苏联接受训练。它通常用大锤杀人，但在所有方面并不原始。它通过隧道与阿明的别墅相连，以便那些他想要杀掉的受害人来见他时（他喜欢请他们喝鸡尾酒）可以被悄悄带走，人们再也不会看到他们。SRC 打人是稀松平常的事，每天在特定的时间执行。与阿明的冲动本性形成鲜明对比的是，这种恐怖行为有一种极权主义例行公事和官僚主义秩序的成分。正如在苏联集团中那样，至少有两个 SRC 密探跟着海外使团。像克格勃一样，SRC 也通过商业活动（包括贩毒）给自己筹集资金，而且经常为了硬通货而杀人[86]。阿明不仅仅是恢复非洲原始主义的一个实例，在某些方面，他的政权是 1970 年代的典型反映。他的恐怖活动是一个穆斯林—阿拉伯现象；他的政权在很多方面是一个外国政权，由努比亚人、巴勒斯坦人和利比亚人经营。

可以说，联合国 1970 年代的强权政治是哈马舍尔德及其学派强加给这个组织的道德相对主义的恶果，对阿明政权拖延了可怕的 6 年负有责任。据权威人士说，1972 年，当这个政权的本性已经昭然若揭的时候，国际社会未能采取行动，这导致了 20 万乌干达人丧生。英国负有重大责任。SRC 的记录揭
536 示了“斯坦斯特德机场的威士忌航线”对这个政权多么重要。英国的绥靖政策在 1975 年 6 月达到最低点，当时，阿明威胁

要处死英国讲师丹尼斯·希尔斯，因为他把阿明称作“乡村暴君”。即使按照1970年代的标准，詹姆斯·卡拉汉也是个软弱的首相，他派钱多斯·布莱尔将军带着女王的一封信去见阿明，请求宽恕，后来他自己逃到了坎帕拉。但他却允许斯坦斯特德航线一直持续到1979年3月4日——阿明政权被推翻的前夕。唯一值得赞扬的政府是以色列政府，1976年6月，当阿明和巴勒斯坦人在恩德培劫持一架客机的时候，以色列政府积极采取行动，营救人质。

大多数非洲国家实际上支持阿明，所遵照的是古老的拉丁美洲原则：“元首互相支持”。尽管他的6位前部长揭露了他的种族灭绝暴行，但非洲统一组织还是推选他为主席，他在坎帕拉举行非统高峰会议时，除了3个成员国之外，其他国家全都出席了。尼雷尔反对他，这倒不是出于道义的理由，而是因为，他是奥博特的盟友，而且很害怕阿明入侵坦桑尼亚。他抗议道：“通过坎帕拉的会议，非洲统一组织的各国首脑都在向非洲最凶残的政府致敬。”盛怒之下，非洲统一组织甚至考虑提交一项谴责坦桑尼亚的动议。高峰会议期间，阿明吃掉了他的上一任妻子的部分器官，迎娶了新一任妻子，新人来自他的自杀式机械化部队，而此时，非统国家领导人纷纷对他表示祝贺。当他们看到4个白种商人用轿子抬着阿明、一个瑞典人为他打伞的时候，当他们观看乌干达空军在维多利亚湖上对着一个贴着“开普敦”标签的目标物实施展示性轰炸的时候（没有一枚炸弹命中目标，代表团离开后空军司令立即被杀），他们为之鼓掌喝彩。1977年，非统组织各国领导人再次为阿明举行了一场热情洋溢的招待会，1978年之前没有对阿明提出任何批评，即使在1978年，批评也很温和[87]。

非洲、亚洲、阿拉伯国家和苏联集团在联合国占绝大多数，大部分成员国的行为同样玩世不恭。1975 年 10 月 1 日，阿明作为非统组织的主席在联合国大会上发表了一通疯狂的演说，谴责“犹太复国主义和美国的阴谋”，不仅呼吁驱逐以色列，而且号召“消灭”它（亦即种族灭绝）。当他到达会场的时候，大会全体起立对他表示欢迎，自始至终在热烈鼓掌，当他退场时，再一次起立致敬。第二天，联合国秘书长和大会主席还为阿明举行了一场盛大宴会[88]。1976 年和 1977 年，有些国家试图在联合国提出乌干达侵犯人权的问题，但这一努力被非洲国家所否决，它们还在 1977 年的英联邦会议上给阿明帮
537 了同样的忙。甚至当他在 1978 年 10 月 30 日入侵坦桑尼亚的时候（这一行为导致他 5 个月后垮台），非统组织依然拒绝谴责他，并叫尼雷尔接受调停。唯一一次，这位坦桑尼亚社会主义独裁者口无遮拦：

> 自从阿明篡夺权力以来，他杀死的人比罗得西亚的史密斯还要多，比南非的沃斯特还要多。但非洲有这样一种趋势：如果一个非洲人杀死其他非洲人，那就不是什么问题。……身为黑人如今正在成为杀死黑人同胞的执照。[89]

实际上，这正是哈马舍尔德所提出的道德相对主义原则的后果，这个原则是：非洲人之间的杀戮不是联合国的事。阿明认为联合国给了他大规模屠杀（实际上是种族灭绝）的执照，这个想法情有可原。阿明政权之所以成为可能，既是由于万隆那一代的哲学，也是由于非洲重新抬头的野蛮主义。但就在他垮台不到一年的时间里，历史就被改写了。有人声称，联合国

大会上对他的鼓掌欢迎是“讽刺性的”。恐怖活动被认为跟“帝国主义”脱不了干系[90]。当坦桑尼亚“解放军”带着奥博特到来的时候，乌干达的痛苦并没有结束。到达坎帕拉的时候，坦桑尼亚人所做的第一件事情就是洗劫这座城市。尽管阿明本人在伊斯兰世界得到了庇护（先是利比亚，然后是沙特阿拉伯），但他的部落军队却继续占据并威胁着这个国家的部分地区。有了尼雷尔的武装支持，奥博特“赢得”了 1980 年代的选举。奥博特的人民大会党和尼雷尔控制的“军事委员会”通过操纵选区划分而赢得了胜利；他们杀死了一个反对派（民主党）候选人，痛打了其他候选人；非法撤掉了 14 个不是人民大会党傀儡的选举监察官；为了恐吓司法系统而解除了首席法官及另外几名官员的职务；最后，在选举之夜有一点已经变得很清楚：民主党依然会赢，于是，他们在官方广播电台宣布，所有结果都要通过军方的“审查”——结果，选举委员会的书记不得不逃命去也。军队随后销毁了民主党获胜的证据，奥博特被宣布为赢家[91]。结果是地区性的部落内战；3 支毫无纪律、基本上没有报酬的“军队”所实施的大规模恐怖活动把丘吉尔所说的这个“童话国度”拖入了旷日持久的巨大痛苦中。[92]

乌干达的实例生动说明了后殖民时期非洲的趋势：自 1960 年代中期开始，非洲便不断卷入内战和外战中，而非统组织和联合国非但没有仲裁这样的争端，反而使暴力活动变本加厉。这不是偶然。非统组织的军事化 1963 年就在亚的斯亚贝巴开始了，当时，消极抵抗的政策被放弃，武力被用作终结剩余殖民政权的手段，并组建了一个“解放委员会”，以坦桑 538
尼亚为主席。第二年，在开罗，正是前和平主义者尼雷尔，号召武力驱逐葡萄牙，正是他的副手拉希迪·卡瓦瓦，在1965年告诉达累斯萨拉姆的联合国殖民主义委员会，它的职能和非统组织解放委员会的职能是一样的，“在反对殖民主义的斗争中，这两个委员会都有重要的历史意义”。联合国殖民主义委员会主席马里人库利巴利起初提出抗议，他说，不能把联合国混同于一个地区性的军事团体。随后他投降了，他的委员会裁定：用武力驱逐葡萄牙人对任何国家来说都是合法的。这是联合国第一次致力于用军事手段，而不是和平手段解决政治问题。4个月后，1965年11月，尼雷尔说服了非统组织把这一原则扩大到罗得西亚。[93]

联合国和非统组织不仅赞同，而且还煽动（实际上是指挥）暴力活动，与之相伴随的是，非洲国家便越来越多地使用暴力，来解决殖民主义曾经使之冷却下来的部落间内战和边境争端。非洲的语言和种族类别似乎比任何大陆都要多。41个独立国家当中，只有埃及、突尼斯、摩洛哥、莱索托和索马里基本上是同质的，即使是这些国家的边境也是有争议的[94]。大多数非洲内战由于涉及跨境部落冲突，往往也成了对外战争。其中最早的战争之一是1958年卢旺达的胡图族人对其图西族领主发动的种族叛乱，卷入了布隆迪，这个模式在接下来的15年里重演了3次。5次规模更大，也更严重的冲突——波利萨里奥人反对摩洛哥和毛里塔尼亚的叛乱，乍得北方穆斯林与南方基督徒之间的斗争，安哥拉、苏丹和尼日利亚的内战——全都有外国介入。一点也不奇怪，联合国和非统组织完全被证明没有能力仲裁这些冲突。一个典型的例子是1975年12月在摩洛哥与毛里塔尼亚之间分割从前的西属撒哈拉，这让人想起18世纪（或1939年）对波兰的瓜分。阿尔及利亚被忽略了，因此支持波利萨里奥人造反。联合国通过了两份互不相容的决议，一份支持摩洛哥，另一份支持阿尔及利亚。非统组织从未做出过认真的努力，来践行它的重要格言：各国应该互不干涉内政，除了（说来有趣）阿明的乌干达之外。它没有谴责利比亚的卡扎菲试图推翻埃及的萨达特、苏丹的尼迈里、突尼斯的布尔吉巴、乍得的托姆巴巴耶和马卢姆，以及他对另外半打国家的公然干涉。非统组织也没有能力阻止非洲强国的侵 539
犯，由于谁也不想重演联合国对刚果的灾难性介入，各国便自己请求外国军队的帮助，正如肯尼亚、乌干达和坦桑尼亚请求英国帮助，象牙海岸、加蓬和塞内加尔请求法国帮助。[94]

1973～1974 年，苏联和它的卫星国古巴第一次把大量的军队派到非洲，这之后，跨境的复杂性便显著增加了。一个恰当的实例是埃塞俄比亚，在那里，年迈的海尔·塞拉西皇帝通过小心翼翼地平衡外国的帮助，经营着一个半封建、半自由主义的政权。印度人训练他的陆军，英国人和挪威人训练海军，瑞典人训练空军，法国人经营铁路，澳大利亚人经营酒店，南斯拉夫人经营港口，苏联人经营炼油厂，保加利亚人经营渔业船队，意大利人经营酿酒厂，捷克人经营鞋厂，日本人经营纺织厂[95]。苏联人抓住机会在 1974 年推翻了这位老人——他被用枕头闷死了——并获得了对影响力的垄断权，在这个过程中抛弃了它的被保护国索马里。关于老皇帝的审查制度，能够说出来的最糟糕的事情，也不过是他删掉了《麦克白》中的国王之死那一段；在他垮台之后，莎士比亚的戏剧就根本没有上演过。埃塞俄比亚政权成了极权主义的典例，数以万计地屠杀其反对者，并参与了大规模的边境战争，一直持续到了 1980 年代。在苏联把冷战扩大到非洲之后，那里成了强权政治的经典舞台，成了仓促结盟和撕毁盟约的经典舞台，以及“敌人的敌人是朋友”这一原则的经典舞台。一个典型的实例是1977～1978年加丹加越过安哥拉边境入侵扎伊尔，共产党人取代了1960年的“帝国主义脱离分子”，用古巴和苏联的军队帮助加丹加，而摩洛哥和法国则支持扎伊尔。

新非洲国家在它们建国的前20年里所打的30多场内战和外战导致了难民总数的急剧增长。到1970年，联合国统计数字上的难民总量达百万之众。1978年，这个数字跃升至450万，另有200万人被描述为在回到祖国之后“没有定居下来”。1980年，17个非洲国家中共有2740300个联合国登记在册的难民，外加200万个“被迫背井离乡的人”，其中绝大多数是苏联、古巴和利比亚军事行动的结果[96]。很大一部分人定居下来的可能性十分渺茫。到1980年代初，所有新近独立的国家，除了象牙海岸、肯尼亚以及3个出产石油的领地阿尔及利亚、利比亚和尼日利亚之外，全都比在殖民制度下更加贫穷。有些国家完全脱离了市场经济。

540 在这些环境下，十分迅速的物质进步（这是1945～1960年殖民主义最后阶段的典型特征）被逆转了过来。尽管独立在区域公约上很有成果，比如卡萨布兰卡六国集团、蒙罗维亚十五国集团、布拉柴维尔十二国集团，但这些公约主要是口头协议，是出于政治目的的，它们都被证明是短命的。与此同时，国家之间关于货币、运输和通信的具体而实际的协议却被中断或终止了。战争、“紧急情况”和关闭边境中断了公路和铁路的联系。轨制运输工具没有得到更新。路况恶化。旅行模式往往恢复到了1890年代的模式，交通联系主要在沿海城市之间（尽管更多的是通过空中，而不是经由海路），内陆地区很少有长途交通。流动性成了局部性的，而且很不可靠。1970年代晚期，迄今为止人们所能想到的最大交通拥堵并非发生在先进的西方，而是发生在尼日利亚当时的首都拉各斯。穆罕默德将军因为不能给自己解决交通拥堵问题而死掉了，他的车每天早晨同一时间（8点）准时被堵住，这使得策划暗杀他十分容易。1976年，在尼日利亚政府订购了1800万吨水泥之后，进入拉各斯港口的入口被将近500艘船只给堵住了，到它们卸下货物的时候，其中大部分水泥都不能用了。[97]

但在很多内陆地区，即便在尼日利亚，陆上交通都衰落了。正如一篇报道所记述的那样："非洲能够观察到的生活越来越多地发生在其30多座国际机场的20英里以内。"[98]随着空中交通控制水平的下降，以及国际空域的频繁关闭，非洲首都之间的旅行经由欧洲比直达更容易、更廉价。电话联系同样如此，例如，从蒙罗维亚打电话给400英里之外的阿比让是不可能的事，除非是通过欧洲或北美。有人暗示，这种衰落实际上让极权主义政府受益：它让那些批评政府的人动弹不得，因为大多数非洲国家的政府都是按照铁幕的模式，维持着它们对军事运输和通信的独家使用。但国家也跟着倒霉。1982年，乍得驻布鲁塞尔大使抱怨他已经有一年多没有听到来自本国政府的任何信息。[99]

同样明显的是医学水平的退化。在根除疟疾上所取得的进步（这在1940年代晚期和1950年代十分惊人）逆转了过来。世界卫生组织1958年启动的20年计划是一次失败。到1970年代末，全世界有2亿个疟疾病例，有10亿人生活在疟疾多发地区。这种逆转决不局限于非洲；中美洲和亚洲的结果在某些方面甚至更加令人失望[100]。1970年代晚期见证了疟疾病例 541

在非洲首都城市恢复了令人不安的增长，而这些地方已经在1950年代根除了这种疾病[101]。这种传统祸害的回归反映了营养不良和饥荒的增长、公共卫生和医疗服务的崩溃，以及合格医生的缺乏。1976年，世界卫生组织宣布从此之后将在农村卫生服务中使用“乡村医生”，尽管其依然把非洲式的接生婆、正骨师和草药医生和使用“符咒和迷信”的巫医区别开来。然而，1977年，这一区分被放弃了，给90%农村人口看病的巫医获得了和受过专门训练的执业医生同样的身份[102]。在拉各斯这个世界上交通最为拥堵的城市开办了一家联合教学医院，培训从事医学和“康复治疗”的医生。

独立之后那一代人时间里，非洲大陆五花八门但总体上阴暗惨淡的模式被反映在下面这一段对1970年代最后一年和1980年代第一年的重要事件所做的总结中。

1979年。苏丹：未遂政变。摩洛哥：西撒哈拉对波利萨里奥游击队的战争，一天的成本是75万英镑。埃塞俄比亚：2万古巴人外加埃塞俄比亚军队在3条战线跟厄立特里亚和索马里打仗，难民人数突破100万大关。吉布提：阿达尔地区叛乱。肯尼亚：成功的多党选举。坦桑尼亚：4万军队入侵乌干达，拥有来自利比亚的2500人的军队支持的阿明被赶下台。加纳：杰里·罗林斯上尉发动政变。3个前国家首脑及其他很多政治家被行刑队处死；对腐败公民的公开鞭打和棍棒惩罚；警察袭击；国家正式宣布破产。尼日利亚：恢复文官统治。利比里亚：粮食骚乱；70人被杀。塞内加尔：第4个合法政党创立。毛里塔尼亚：政变，1978年推翻乌尔德·达达赫的乌尔德·萨利克反过来被乌尔德·哈姆达拉推翻；与波利萨里奥民兵签署和平协议。马里：一党选举。几内亚：释放政治犯，包括科纳克里的大主教。贝宁：一党选举。多哥：一党选举；对所谓“巴西精英分子”的政治审判秀。喀麦隆：未遂政变，紧接着小规模的屠杀。乍得：内战。刚果人民共和国：政变。赤道几内亚：推翻独裁者恩圭马。中非共和国：推翻博卡萨。扎伊尔：大多数主要公路报告不能使用；三分之二的公路车辆因为缺少备用零部件而不能使用；本格拉铁路关闭；38%的外汇被指定用于还债；42%的5岁以下儿童患有营养不良。布隆迪：52位传教士因为“颠覆”而被驱逐。几内亚比绍：财政收入只能满足65%的支出。佛得角：超过90%的粮食靠进口。 542
莫桑比克：死刑被扩大到阴谋破坏、恐怖活动和贪污腐败；对很多政治犯执行死刑；迈克尔攻击蓄长发的男人和穿紧身衣的女人；天主教会和圣公会被关闭。安哥拉：内战。赞比亚：逮捕了很多政治犯。马拉维：进口控制。津巴布韦：在十年内战之后结束了白人统治；2万人死于非命。纳米比亚：游击战。莱索托：游击战。斯威士兰：经济面临来自难民的压力。博茨瓦纳：同上。南非：游击战。

1980年。苏丹：一党选举。突尼斯：未遂政变。摩洛哥：与波利萨里奥人的战争。阿尔及利亚：苏联式集中于重工业的政策因失败而被放弃。埃塞俄比亚：苏联武装直升机被用来对付索马里人、奥罗莫人、盖拉人及其他非阿姆哈拉种族人群。索马里：难民人数突破150万大关。坦桑尼亚：唯一候选人尼雷尔当选总统；饥荒。桑给巴尔：未遂政变。乌干达：养活坦桑尼亚2万占领军外加6000乌干达军队的成本增长到了财政收入的37%；坎帕拉一周50宗政治谋杀；饥荒。加纳：114%的通货膨胀；大学关闭。尼日利亚：未遂政变；1000人被杀。冈比亚：反对党被取缔；很多人被捕。利比里亚：政变；很多人被行刑队处决。塞内加尔：桑戈尔在 20 年统治之后自愿退休。毛里塔尼亚：政变；乌尔德·哈姆达拉被乌尔德·娄利推翻。马里：学校罢工；经济被描述为“灾难性的”。几内亚：在石油权益争端之后，比绍发生由几内亚提供经费的政变。象牙海岸：一党选举。上沃尔塔：政变。尼日尔：利比亚提供经费的游牧部落入侵。贝宁：克雷库总统在访问卡扎菲期间“皈依”伊斯兰教。喀麦隆：经济受到乍得难民的压力。乍得：内战和利比亚入侵。扎伊尔：蒙博托于 2 月 4 日宣布：“只要我还活着，我就绝不会容忍创立另一个政党。”几内亚比绍：政变。圣多美：流亡者威胁入侵；1000 名安哥拉人和 100 名古巴人进驻。安哥拉：内战。赞比亚：未遂政变。津巴布韦：英国监督的自由选举。纳米比亚：游击战。莱索托：被“莱索托解放军”入侵。南非：游击战。[103]

这份总结遮蔽了很多细微之处。但它还是证明了非洲反复出现的利益周期中的下降趋势。第一个循环可以称为罗得西亚时期，从 1880 年代直到第一次世界大战，当时很多人相信非洲的资源将会是欧洲未来繁荣的支柱。这根支柱只在 1920 年代初期短暂地维持了一段时期，然后便消失不见了。接下来的一个利益周期始于 1940 年代晚期，1960 年代初期在从殖民统治向独立转变期间达到高峰。

543 它随着 1960 年代晚期的军事化而崩溃。到 1980 年代初期，它已经死了，也就是说，外部世界在非洲的利益大部分局限于某些主要生产国，尤其是尼日利亚和南非。到那个时候，有一点已经很明显：非洲大陆的主体部分已经变得（并将依然如此）在政治上很不稳定，不可能自我维持经济的发展，甚或不能在国际经济之内占有一席之地。非洲纯粹成了一个代理人发动战争的地方，就像 1930 年代的西班牙那样。在非洲，职业政客阶层和全权政府被证明是代价高昂、血流遍地的失败。现在我们必须审视一下，同样的模式何种程度上会在亚洲重演，尤其是在两个饱经磨难的巨人身上重演，那里居住着世界上将近一半的人口，它们便是中国和印度。

16. 一半人口的试验

544 1966年夏天，北京的官方媒体报道，7月16日，当时70岁的中国共产党中央委员会主席毛泽东在长江组织和领导了一场群众游泳活动。发表的照片有些模糊，看上去他的头在水中浮动。报道说，他在60分钟的时间里游了将近10英里，他被描述为“红光满面、神采奕奕”[1]。这只不过是自毛泽东上台至1976年去世之间的那四分之一个世纪里中国发生的众多奇迹之一。人们广泛相信，中国正在稳步战胜庞大、落后、人口众多的国家所面临的经济问题，正在满腔热情的举国一致同意的框架内做这件事情。

一些游客对毛泽东回报了热情洋溢的赞美。其中一个人写道，中国“有点像一个仁政君主国，由一位深受臣民爱戴的帝王祭司所统治”。另一个人预言，中国人民将是“世界新文明的化身”。西蒙娜·德·波伏娃证实：“中国今天的生活格外令人愉快。”另一个见证者说，这个国家“对人的生命几乎像新西兰一样分外关切”。戴维·洛克菲勒赞扬了“国民的和谐感”，并认为，毛泽东的革命不仅成功地“产生更有效率、更加全心全意的政府，而且还成功地培养了更高的士气和目标一致的共同体”。另一个美国来访者发现，变化是“神奇的。……总的来说，毛泽东的革命是几百年来中国人身上所发生的最好的事情”。最吸引赞美的是道德风气的改进。费利克斯·格林报道：“我访问过的很多公社当中，除了一个公社之外，全都对婚外生孩子一无所知。”另一个美国来访者发现，“法律和秩序……的维护，更多的是靠普遍盛行的更高的道德准则，而不是靠警察行为的威胁。”而另一个人坚持认 545 为，政府的收税人员已经变得“不受腐蚀”，知识分子都争先恐后地“在空闲时间挑粪桶”，以此证明自己根本没有“看不起农民”。[2]

这些证词让人回想起西方游客在集体化和大清洗期间对斯大林慷慨奉献的那些不加批评的赞美之词。当他们在这一点上受到责备的时候，这些观光客们便答道：苏联错误的教训已经被汲取，主要是凭借毛泽东的非凡天才。杨·米尔达写道，他是跟“马克思和列宁并肩而立的第三人”，解决了“革命如何防止退化”的问题。美国一位政治学者写道，他“结合了很多的品质，这些品质很少如此强烈地共存于一个人的身上”。韩素音认为，不像斯大林，毛泽东“极其有耐心，相信争论和再教育”，而且“始终关切民主的实际应用”。美国一位汉学家报道，当问题出现的时候，毛泽东“总是以极富创造性的、完全合乎道德的方式”给予回应。费利克斯·格林相信，对权力的渴望已经被消除，“没有证据表明存在对权力的争夺或个人斗争，而我们经常在克里姆林宫看到这些”。毛泽东不仅是一个军人、领袖、诗人、哲学家、导师、思想家和魅力非凡的人，他还有点像个圣徒。他身上最让休利特·约翰逊感到震惊的是“图画上从来没有看到过的东西，一种无法形容的仁慈而怜悯的样子，一种显而易见的对别人需要的关切……这些构成了其思想的深层内容”。[3]

不消说，就像在斯大林的苏联一样，这些观光客讲述的故事跟事实真相几乎没什么关系，事实更加有趣，也更加令人沮丧。毛泽东的公共形象也像斯大林一样远离现实。毛泽东不是一个圣徒。他身上也没有任何学者或官僚的痕迹。他是个高大、粗鲁、冷酷、有泥土气的农民，实际上是一个富农；是他父亲的一个受过教育的版本。赫鲁晓夫公正地把他比作“一头熊，走动时两边摇摆，冷静而迟缓”[4]。在1956年对政治局讲话时，毛泽东警告：“我们一定不要盲目追随苏联。……屁有香臭，不能说苏联的屁都是香的。”[5]3年后，在承认“大跃进”失败时，他告诉同一群人：“同志们，自己的责任都要分析一下。有屎拉出来，有屁放出来，肚子就舒服了。”[6]1974年，在回顾“文化大革命”的缺点时，他再一次把自己的观点哲学化了：“吃饭于前，又拉屎于后，并不等于白
546 吃。”[7]一位比利时共产党员描述他在1966年8月18日天安门广场接见红卫兵期间时不时地退下来，脱掉背心，擦拭自己的胸膛和腋窝，并说：“让汗在身上干掉很不卫生。”[8]

然而，在这种粗野的外表之下，跳动着一颗强大——实际上是狂野——而浪漫的心脏。[9]他使用马克思主义的阐述，并确实认为自己是一个伟大的马克思主义思想家，比斯大林那些让人瞧不起的继任者更高明，但与此同时，他实际上从未试图应用客观的马克思主义分析。他根本不相信“客观条件”。他心里想到的一切是：他可以被描述为一个地缘政治学的埃米尔·库埃，后者相信“精神高于物质”。他认为，在“群众巨大能量”的基础上，“完成无论什么任务都是可能的”[10]。他说：“只有贫瘠的思想，没有贫瘠的地带。只有贫瘠的种地方法，根本没有贫瘠的土地这么一回事。”[11]这种对客观现实的轻蔑解释了他为什么愿意接受核战争的前景，以及他为什么确信中国会打赢核战争。他在1957年说：“东风压倒西风。”“如果帝国主义坚持要打仗，我们就别无选择，只能下定决

心，血战到底。”[12]同一年，在莫斯科，他用同样的论点让他的共产主义同僚们大吃一惊：“我们可以死3亿人，有什么大不了的？战争就是战争。几年过去，我们很快就会生出比从前更多的孩子。”[13]对于和苏联的战争，他后来持同样的看法：“即使永远打下去，天塌不下来，树照样长，河里鱼照样游，女人照样生孩子。”[14]他似乎一辈子都相信，历史的真正动力并不是阶级的成熟（那可能是外在的表达），而是英勇的决心。他把自己看作尼采式的血肉超人。

尽管对毛泽东的崇拜表面上类似于斯大林主义，但实际上这种崇拜更加具有创造性，在这个毛主义国家扮演了核心角色。毛泽东也热爱舞台政治。其政权的舞台装饰远比斯大林对纳粹场面死气沉沉的模仿更加引人注目，更具原创性。他利用并改变了帝国时代的雄伟庄严。群众被训练得用宗教式口号“毛主席万岁”来向他欢呼致敬。他把紫禁城用作自己的住处，并亲自题写了纪念碑的碑文[15]。不过在此基础上
添加了他自己的太阳文化，反映在赞美他的颂歌《东方红》 547
中：

> 东方红，太阳升，
> 中国出了个毛泽东。

他那太阳一般的圆脸出现在巨幅招贴画上；而且，像太阳一样，1966年夏天，他总是在黎明时分出来接见百万红卫兵。

这些场合（一周之内共有8次）使得太阳能够普照1100多万人。红卫兵有节奏地高呼毛泽东主义的口号，而林彪则振臂高呼：“我们要打倒走资本主义道路的当权派，要打倒资产

阶级反动权威，要打倒一切资产阶级保皇派，要打倒一切牛鬼蛇神。要破除四旧：旧思想，旧文化，旧风俗，旧习惯。让毛泽东思想占领一切思想阵地，用毛泽东思想来改变整个社会的精神面貌，让毛泽东思想这个伟大的精神力量，变成伟大的物质力量！”（1966 年 8 月 18 日）[16]毛泽东思想是“我们心中的太阳，是我们的生命之根，我们的力量之源”，它就像“金猴挥动的千斤棒”，是一道暴露“牛鬼蛇神”的“明亮光芒”，是一连串“发现妖魔鬼怪的照妖镜”，毛泽东本人则是“一切智慧的源泉”。“文化大革命”及其丰功伟绩（以言说的方式）是毛泽东思想的一个巨大的思想形态，因为“我们的一切胜利都是毛泽东思想的胜利”。[17]

为了他 1966 年的群众集会，1000 个乐队演奏《东方红》，后来还拍摄了一部关于 1969 年中共九大的电影放给代表们看，在人民大会堂，人们高举红宝书，狂跳忠字舞[18]。

毛泽东也想加速历史进程。他认为，除非在他的有生之年把事情做完，否则后人就根本不会去做。他总是听到身后
548 飞速奔跑的时间马车，他的急躁在他对戏剧永不餍足的补偿性热爱中得到了表达。在某种意义上，毛泽东从未进行过从革命到执政的转变。他缺乏斯大林那种官僚主义的胃口。在他看来，历史就是一出宇宙大戏，是一连串场面壮观的插曲，在这出戏里，他是演员、剧院经理和观众。一场戏——比方说“长征”或“国民党的垮台”——的大幕刚刚落下，他就嚷嚷着再次拉起大幕，表演重新开始，比先前更快、更狂暴。

国民党失败后的第一出大戏似乎发生在 1950 年底。起初，南方根据 1949 年的法律引入的土地改革并不激进。林

彪迟至1950年6月14日的讲话还在踩刹车。善意的说法“富裕中农”取代了“富农”，发明了新的类别——“开明绅士”和“小土地出租者”，以保持有能力的农民继续经营[19]。接下来，朝鲜战争让毛泽东有借口推动他的第一次战后巨变。1951年，尤其是1952～1953年，土地改革持续加速。先是有“三反运动”，紧接着是“五反运动”。1951年2月21日，新出台的《惩治反革命条例》规定了对范围广泛的“罪行”可以判处死刑和无期徒刑。所有主要城市都举行了群众集会，会上，社会“敌人”被公开批判和判刑。几个月的时间里，仅北京就举行了3万场这样的集会，有300万人出席。报纸每天都发表长长的被处决“反革命”的名单。1951年10月，据称这一年的前6个月里就处理了80万件这样的案子。[20]

这项庞大的社会工程还伴随着毛泽东在精神工程（或曰洗脑）上的第一次出击，他把这称作“思想改造”。其目的在于用对国家作为民族核心道德价值的孝顺来取代传统的家庭孝顺，并把毛泽东提升到替代性的父亲角色[21]。毛泽东把“思想改造”定义为（1951年10月23日）“我国在各方面彻底实现民主改革和逐步实行工业化”的一个重要条件。他发动了 549
一次全国范围的“毛泽东思想学习运动”；把那些拒绝学习的人打上“西化派”和“改良派”的烙印，投入监狱，常常在不同的时期被戴上沉重而令人痛苦的镣铐[22]。然而，这出大戏不仅仅包含“土地改革”的受害者和那些批评土改方式的人。“三反五反”的很多受害人是商人、企业经理和官僚：这场运动实际上几乎涉及全体国民。

像毛泽东连续上演的所有大戏一样，这场运动也在他失去兴趣或对结果丧失信心的时候，或者在灾难性的后果于更低的农业生产率和饥荒中变得明显的时候，以失败而告终。但是，到 1955 年，毛泽东的急躁再次露头。在 1955 年 7 月 31 日的讲话中，他突然宣布加快农业集体化的速度，以及对依然在私人手里的所有工商业突然国有化。他把 1955 年称作“社会主义与资本主义之间斗争的决定性的一年”[23]。这场运动也是为了改变意识：“贫农”将获得“控制权”，然后“巩固”与“中农”甚至“上中农”之间的“团结”，抵制“反革命”“流氓地痞”及“坏分子”的“渗透”。毛泽东对响应感到失望，于是在 1956 年同样突然提出了“百花齐放”的政策，劝说人们发出不同的声音。正如他所写的那样：“正确的意见如果是在温室里培养出来的，如果没有见过风雨，没有取得免疫力，遇到错误意见就不能打胜仗。”赫鲁晓夫的观点是，“百花齐放”的整个插曲纯粹是一种“激将法”。毛泽东只不过是“假装敞开民主的闸门”，为的是“刺激人们表达他们最隐秘的想法”，然后他就可以“消灭那些他认为有有害思想的人”[24]。无论如何，这场运动在毫无警告的情况下被残酷地逆转了过来。“右派分子”被送去了劳改营；短暂“鸣放”之后的教授们发现自己在扫厕所；1957 年，对“社会主义合法性”的试探性保护鸣金收兵。[25]

这些让人一头雾水的事件，或者无果而终的小型戏剧，应该放到更大的背景上去看，这个背景就是：毛泽东对莫斯科斯大林继任者们的政策越来越感到不满。但毛泽东强烈反对“去斯大林化”，认为那是企图把集体错误归咎于一个人的品格。他认为赫鲁晓夫 1956 年否定斯大林主义的“秘密讲话”是一种伪善。其他人（包括赫鲁晓夫）都深陷于斯大林的罪 550

行中。他问道，当赫鲁晓夫“现在这样捶胸拍案、声嘶力竭地咒骂斯大林，究竟是把自己放在一个什么样的地位上呢?”他自己到底是“凶手”和“强盗”，还是纯粹的“混蛋”和“白痴”?[26]毛泽东明显害怕莫斯科反对“个人崇拜”的运动可能被用来反对他自己。1957 年 9 ~ 10 月，他宣布，新的“大跃进”戏剧开场，这场戏是在第二年春天大张旗鼓地开始的。

“大跃进”大概最纯粹地表达了毛泽东的长期急躁、他精神高于物质的信念，以及他的这样一种确信：只要有意志，奇迹的时代就不会结束。他想一跃进入共产主义，甚至进入国家会“消亡”的阶段。他把自己缩短历史进程的愿望投射到了农民身上。他们“一穷二白”，这是“好事，穷则思变，要干，要革命。一张白纸，没有负担，好写最新最美的文字，好画最新最美的画图”。[27]作为一项社会工程，“大跃进”即使按照毛泽东的标准来看也是鲁莽而冲动的。他证明“大跃进”有道理的理由是：斯大林是“一条腿”走路，也就是说，他创立工业区和农业区，彼此分开，互不相干。中国将开始“两条腿走路”，直接走向自给自足的公社（历史上按照 1870 年巴黎公社的模式），每个公社都有自己的工业、农业和服务业部门，有自己的民兵——“工作和武器的统一”。[28]

这出实验性戏剧的规模和速度几乎令人难以置信。1958 年 1 ~ 2 月，接下来在为了整顿混乱而暂停之后的 8 ~ 12 月，大约有 7 亿人（总人口的 90%）的经济、政治和行政生活被彻底改变了。例如，在河南省，5376 个农业集体被打造成了 208 个巨大的“人民公社”，平均各有 8000 户家庭。这些单位预期几乎是自给自足的，尤其是能够生产自己的钢铁。正如赫鲁晓夫所写的那样，毛泽东“像一个王座上的疯子在行动，把自己的国家彻底翻了个底朝天”。赫鲁晓夫说，周恩来来到莫斯科，承认结果是中国的钢铁工业陷入了一片混乱。国家计划委员会副主席札斯雅德科被派去调查。他向赫鲁晓夫报告，苏联培训的钢铁工程师如今被迫从事农业工作，钢
551 铁工业“一片混乱”。他所访问的钢铁厂都是“老人在负责”。苏联的所有设备、金钱和努力全都被浪费了[29]。赫鲁晓夫似乎得出了这样一个结论：毛泽东是另一个斯大林，而且更坏；是一个将会毁掉自己的国家、如果有手段的话还要毁掉整个世界的疯子。“大跃进”因此直接导致了苏联技术（包括核武器）援助计划在1959年的终结，导致次年在罗马尼亚共产党代表大会上公开承认中苏决裂，当时赫鲁晓夫指责中国领导阶层是“疯子”，是想发动核战争的“纯粹的民族主义者”。

在中国国内，“大跃进”运动在1959年7月23日摇摇晃晃地走向了终结，当时，毛泽东突然来了一句“所导致的混乱是大规模的，我承担责任”[30]，就这样拉下了大幕。但这出大戏的后果有其自己不可抗拒的冲力。1959年是自然灾害之年，结合了“大跃进”的非自然灾害，产生了一次人为的饥荒，其规模比得上1930年代初斯大林造成的灾难，这次饥荒一直持续到了1962年[31]。直到今天，局外人并不完全知道中国农业在这可怕的几年里到底发生了什么。钢铁工业被彻底毁掉了，不得不几乎是从基础开始重建。农业通过回归合作社而再次重组，公社的规模降到了2000户家庭。但损失的作物和家畜永远损失了。人民在忍饥挨饿。究竟有多少人死于“大

跃进”只能靠猜测：具体数字无法得到。

“大跃进”灾难似乎耗尽了毛泽东与他的同事们在成功的革命战争期间积攒起来的很大一部分政治资本。他从未拥有像斯大林那样至高无上的独享权力，这部分是因为中国问题的棘手性：中国缺乏集中和现代通信。共产党在中国比苏联更加地区化，特别是，北京的保守主义与上海的激进主义之间存在深刻的分歧。在 1959 年的大戏落幕之后，毛泽东似乎在“休息”。“两条路线斗争”的开始追溯到这一时期，“修正主义”暂时占了上风。他们再也不允许毛泽东直接接触生产过程，无论是农业还是重工业。他专门思考文化和教育。他始终不喜欢官僚主义和文化领域的当权派。在某种意义上，他痛恨“文明”。在中国，文明并不代表国际犹太人的阴谋，而是代表那 552
不散的阴魂：4000 年过去那难以承受、不可忍受的重量。在这方面，他的革命似乎什么也没改变——他得出的结论是，正是因为这一文化上的失败，才导致“大跃进”被证明是不切实际的。

1964 年 2 月 13 日，毛泽东说：“现在这个办法是摧残人才，摧残青年，我很不赞成。读那么多的书，考试的方法是对付敌人的办法，害死人，一定要终止。”[32] 9 个月后，他透露出了急躁和渴望一场新戏的明显迹象：“我们不能走世界各国技术发展的老路，跟在别人后面一步一步地爬行。我们必须打破常规……我们所说的大跃进，就是这个意思。”[33] 就这样，“大跃进”从物质的跃进变成了精神的跃进。

1950 年，中国成立了“戏曲改进委员会”，其灵感来自红军大学 1931 年创立的一个戏剧团体和所谓的“蓝衣剧团”，这些戏剧组织使用即兴戏剧的形式在活动舞台上表现意识形

553 态。1952年，北京人民艺术剧院成立，为的是生产寓教于乐的“现代”戏[36]。但并没有多少成果。到1960年代，中国古典戏剧依然占优势，很多独立的剧院十分兴旺，演出易卜生、奥尼尔、萧伯纳、契诃夫的戏剧，并使用斯坦尼斯拉夫斯基的方法[37]。江青自己的团体左翼戏剧家联盟发现很难让其作品获得演出机会，甚至被怀疑是托派[38]。

1964年6~7月，她获得了突破点，当时，毛泽东允许她在人民大会堂举行“京剧现代戏观摩演出大会”。这次演出包括37台新戏（33台表现革命，4台表现早期的暴动），由来自19个省的28个无产阶级剧团演出。更令人吃惊的是，毛泽东允许她发表讲话，这是自他掌权以来第一次由女人发表讲话。她说，中国有3000个专业剧团，包括90个被认作演出“现代”戏的剧团。然而，中国的舞台被英雄美女的老主题所统治，表现的是“王侯将相，才子佳人，妖魔鬼怪”。“我国有6亿工农兵”，相比之下，“只有一小撮地主、富农、反革命、坏分子、右派和资产阶级”。戏剧为什么要服务于这些少数人而不是6亿人呢？她推荐全国演出几部“样板戏”，比如《奇袭白虎团》和《智取威虎山》之类[39]。在中国文化的宝库和守护者北京，这些戏没有一部受欢迎。北京的市长和党委书记彭真说她的戏还像“穿开裆裤的孩子一样不成熟”。人人都不喜欢她的一个正迅速形成的习惯：打电话给她的反对者和批评者，为的是“和他们斗争”。她要求彭真给她一个剧团，“按照我自己的方式进行改
554 革”，并给他看了一部她打算演出的革命戏，彭真断然拒绝了这个要求，从她手里夺过曲谱，并挑战她“如果高兴的话就采取强硬立场”。[40]

她的强硬立场就是说服毛泽东离开北京，到上海度过1965年的大部分时间。官方的社论号召党内同志像学习毛泽东一样学习刘少奇。围绕“大跃进”失败的原因，这两个人发生了激烈的争执[41]。毛泽东放弃了阅读北京的《人民日报》，转向了军队报纸《解放军报》。他正在为另一场戏剧做准备。他阴郁地对安德烈·马尔罗指出：“我独自一人和群众在一起——等待。”阿谀奉承的法国大使告诉他，年轻人和他在一起，对此，毛泽东反驳道：“你看到的只是一面，你没有注意到另一面。”他告诉一群阿尔巴尼亚人，苏联新兴的特权精英最早来自文学艺术圈子，同样的事情也发生在中国：“北京为什么有那么多文学艺术社团？他们无所事事……军队的表演是最好的，地方剧团排第二，那些来自北京的剧团最差。”他对一群策划人说，官方文化团体“仅仅是从苏联移植来的……全都被外国人和死人统治”。北京的科学院是“童话王国”，塞满了“古董研究者”，他们“阅读谁也看不懂的杂志”[42]。他信赖带有泥土气息的农民军队。即将出现的事态是他允许江青在上海召开一次“军队文艺工作座谈会”。在会议召开之前，神经紧张的林彪举行了一次高级军官的情况通报会：

> 她对文艺工作方面在政治上很强，在艺术上也是内行，她有很多宝贵的意见……你们要很好的重视，要把江青同志的意见在思想上、组织上认真落实。今后部队关于文艺方面的文件，要送给她看。[43]

有了军队做后盾，毛泽东便转向进攻了。实际引爆这场很

555 快就被称作“文化大革命”运动的导火索是个人的不满——毛泽东对一出戏剧《海瑞罢官》的反应，这部戏是另一位行政官员北京市副市长吴晗写的，实际上创作于 1961 年[44]。这部戏讲的是明朝一位正直的官员，不同意皇帝的土地政策，因为直率敢言而受到不公正的惩罚。当毛泽东最终看到这部戏的时候，他不能不认为它明显是对自己的攻击，而且显然受到了刘少奇的鼓励，更加令人难堪的是，毛泽东因之而受到指摘的那些农业灾难不可否认地发生过。他发起进攻的第一个举措便是 1965 年 11 月 10 日在上海的报纸《文汇报》上发表了一篇对这部戏的评论。临近年底的时候，毛泽东回到北京，接见了苏联总理阿列克谢·柯西金，冷嘲热讽地问他，如果美国因为越南战争而进攻中国，苏联会不会出手相助；柯西金没有回答。不过，毛泽东坦率地对他承认，他和同僚们意见不合。实际上，他很少试图隐瞒即将到来的爆发。新年之初回到上海，他当着一个惊愕莫名的日本共产党代表团的面，对邓小平及其他高级同僚（他们是从北京赶来的）大吼大叫。日本人“战战兢兢，一脸惊愕”。[45]

从这一刻起，“文化大革命”积聚了冲力。毛泽东（正如他后来所写的那样）“点了头”。林彪如今已经成为江青坚定的（即便是有点担惊受怕的）盟友，1966 年 2 月，他聘请江青为“全军文化工作顾问”。令人讨厌的北京市长被撤了职，并和刘少奇一起消失在阴影里，尽管要到第二年这两个人以及邓小平等人才遭到逮捕。3 月 20 日，毛泽东说，我们“要年纪小的，学问少的，立场稳定的，有政治经验的，坚定的人来接班。我们开始搞革命时，也只不过是二十三岁的小伙子：当时的统治者却是一些上了年纪又有经验的人。他们比我们学问大，但我们掌握的真理比他们多。”[46]江青如今是一群积极分子（主要来自上海）的精神领袖，毛泽东已正式委派她负责“文化大革命”，5 月 16 日，她发表了自己的第一份通知。通知攻击那些使用“深奥”语言的“学阀”们闭口不谈阶级斗争，让政治远离学术界，使用“真理面前人人平等”这样的谬论。通知的第四点公开鼓励故意破坏：“毛主席经常说，不破不立。破，就是批判，就是革命。”《人民日报》及北京的其他报纸拒绝刊登这份通知。两天后，林彪对政治局发表了一篇关于权力的著名讲话，分析了政变的历史。他认为，武力和 556
宣传结合起来是不可抵抗的：“笔杆子，枪杆子，夺取政权靠这两杆子。”权力是什么？“政权是一个阶级压迫另一个阶级的工具。反革命是这样，革命也是这样。我想用自己的习惯语言，政权就是镇压之权。”[47]这已经足够直白了，出自一个应当负责国家稳定的人之口，足以让围桌而坐的人战栗发抖。更坏的消息是，康生把自己的命运与这些“文化革命者”结合在了一起。这意味着新兴的“枪杆子和笔杆子”不会有任何约束，5 月下旬，他们以红卫兵和大字报的形式，迅速出现了。

在中国，学校暴力和政治变革长期以来密切相连。北京的学生造反引爆了 1919 年的五四运动和 1935 年的“一二·九”运动。“百花齐放”期间有一次类似的爆发，最终在 1957 ~ 1958 年解雇了 10 万名教师，从而平息了下来（平息这场运动的人包括邓小平和刘少奇，他们对毛泽东的“点头”做出了热切的响应）[48]。但这一次在规模上完全不同。有 8 亿人口的中国，如今有 9000 万孩子在小学里，有 1000 万孩子在中学里，60 万孩子在大学里[49]。最早的红卫兵出现在 5 月 29 日。

他们来自中学，年龄大约在 12～14 岁，戴着红袖章，上面有“红卫兵”三个黄色大字。他们最早的行动是攻击清华大学[50]。很快，一些年龄更小和更大的孩子加入了他们的队伍，他们都是学生，更重要的是其中有些人是共青团员，在毛泽东的鼓励下，他们起来造官方领导的反，成群结队地走上街头。初夏期间，中国的整个教育系统陷入了瘫痪，恐怖中，老师们纷纷逃走（如果他们有足够的幸运逃出抓捕和“再教育”的话），青少年的私刑接管了校园。

后来，西方对“文化大革命”有些误解。它被描述为一场知识分子的造反。事实完全相反。它是文盲和半文盲对知识分子的造反，后者被他们称作“戴眼镜的人”。它是一种恐外症，目标对准了那些认为“外国的月亮更圆”的人。然而，
557 有意义的是，这场肆意破坏的大爆发吸引了大学里某种类型的激进分子，在接下来的几年里，这些人令人沮丧地在欧洲和北美被人们所熟悉。在北京，第一张“大字报”是写给大学当局的，并对后者进行了攻击，贴大字报的人是一个名叫聂元梓的哲学女教师，她成了校园恐怖活动的德法奇太太。它是这样写的：“你们为什么这样害怕大字报？反击向党向社会主义向毛泽东思想猖狂进攻的黑帮，这是一场你死我活的阶级斗争。”一周之内，共有 1 万名学生贴出了 10 万张大字报，“像一扇门那么大”，字常常有 4 英尺高[51]。反复说着这样的短句：“你们无路可逃……我们的耐心已经耗尽。”最早的暴力开始于同一时期。横冲直撞的街头帮伙抓住女孩子们的长辫子，把它剪短；穿着外国式直筒裤的男孩子则被人撕掉裤子。理发师被告知不要剪鸭尾巴式发型，餐馆要简化菜单，商店要停止销售化妆品、有开口的裙子、太阳镜、皮大衣及其他艳装

华服。霓虹灯招牌被砸碎了。街上点起了巨大的篝火，焚烧违禁商品，包括（正如一次“没收”展览所显示的那样）绫罗绸缎、金银条、国际象棋、古代衣箱和柜子、扑克牌、麻将牌、罩衣、双排扣常礼服、大礼帽、爵士乐唱片，以及范围广泛的艺术品。红卫兵关闭了茶馆、咖啡馆、独立的私人剧院和所有的私人餐馆，他们让流动乐师、杂技演员和巡回演员不再从事自己的行当，他们禁止婚礼、葬礼、手牵手和放风筝。在北京，古城墙被推倒，北海公园和国家美术馆被关闭。图书馆遭到彻底搜查并被关闭，图书被付之一炬。即便图书馆依然开放，也很少有人敢进去。10 年后，邓小平说，在“文化大革命”期间，有色金属研究所的 800 位技术人员当中，只有 4 个人有勇气使用图书馆；他还说，在这个黑暗的时期，科学院的 15 万名技术骨干当中，任何一个胆敢走进图书馆的人都被指责为“白专分子”[52]。

没有权威来阻止这些活动。当店主及其他受害方寻求警察保护的时候，他们让人想起《中国共产党中央委员会关于无产阶级文化大革命的决定》（1966 年 8 月 8 日），上面是这样写的：“无产阶级文化大革命，只能是群众自己解放自己，不能采用任何包办代替的办法。要信任群众，依靠群众，尊重群众的首创精神。……不要怕出乱子。……要让群众在这个大革命运动中，自己教育自己……大学、专科学校、中学和小学学生中的问题，一律不整。”[53]事实上，试图约束红卫兵的党政 558
领导都被抓去戴高帽子、挂牌子游街。每一所学校的负责人似乎都被撤职了。

当运动失控的时候，暴力就变得稀松平常，然后是十分普遍。红卫兵领袖似乎都来自最低的社会阶层[54]。其中有些人纯粹是街头窃贼和小流氓，系着有铜搭扣的宽皮带。他们的大字报主张“让他下油锅”“砸碎他的狗头”，诸如此类。被归类为“牛鬼蛇神”“坏分子”和“反革命”的男男女女都被剃了光头。后来的报告中有一些“政治辩论”的只言片语：“他当然是个资本家。他有一个沙发，有两把扶手椅。”[55]千家万户的私宅被破门而入，因为这样的理由而被抄家。但红卫兵也查抄政府办公室，强迫政府官员交出他们的文件，否则就被指责为“修正主义者的工具”。外交部被姚登山率领的一伙人给接管了，此人从前是个小官员。他召回了每一个驻外大使（只有一个除外），剥夺了他们的职衔，分派给他们低级工作。他给外国列强的照会是用红卫兵大字报的风格写的，被客气地退回了，并要求未来的通信由周恩来总理签署。在毛泽东所有的大戏中，周恩来通常一直是中国生活的中心，但他本人一度似乎处在危险中。有一点倒是真的，在最高层，并不允许红卫兵杀死任何人，但还是有很多人死在牢里。刘少奇本人也这样死掉了（1969 年），身边是他自己的粪便，他赤身裸体地躺在水泥牢房冰冷的地板上[56]。但在更底层，生命的损失是灾难性的。1979 年 2 月 3 日，法新社估计（这个数字得到了最广泛的认可），红卫兵杀死了大约 40 万人。

与此同时，江青统治着文化界，经常在群众大会上发表讲话，抨击资本主义（她认为资本主义毁掉了艺术）、爵士乐、摇滚、脱衣舞、印象主义、象征主义、抽象艺术、野兽派、现代主义——“总而言之，是堕落和淫秽，将毒害和腐化人民的头脑”。她的公开讲话是按照康生的讲话模式打造的，她经常与后者一起出现。“你们是否想学习《通知》和《十六条》?”“是。”“你们是否想一遍又一遍地学习它们?”“是。”
“你们是否想全面彻底地学习它们?”“是。”“你们是否想理解
它们?”“是。”“你们是否想应用它们?”“是。”“你们是否想
使用它们在你们学校贯彻文化大革命?”“是,是,是!”[57]在
1966 年下半年,中国几乎每一个文化组织都被置于她的军队
组织的控制之下。她对戏剧界和电影界的所有旧账(有些可 559
以追溯到 1930 年代)全都得以清算。一些重要导演、剧作家、
诗人、演员和作曲家被指控“崇洋媚外”“嘲弄义和团”(如
今被看作文化英雄),把普通中国人描绘为“妓女、鸦片鬼、
骗子和小脚女人”,因此培养了“民族的劣等情结”。红卫兵
奉她之命,要“挖出黑帮的根”“撕掉面具”,销毁“国防派”
的电影、歌曲和戏剧,揪出“黑帮”成员。

1966 年 12 月 12 日,很多“公敌”、北京市前市长和主要文化官员——其中似乎包括曾经阻挠江青的电影和戏剧导演——在工人体育场当着 1 万人的面列队走过,脖子上挂着沉重的木牌[58]。“文化大革命”最糟糕的方面之一是对妻子们的处置,她们受到的羞辱比丈夫更加残酷。例如,1967 年 4 月 10 日,刘少奇的妻子在清华大学被拖到 30 万人的面前,穿着紧身睡衣和高跟鞋,戴着一顶英国式的草帽,佩戴一根用画着骷髅的乒乓球串成的项链,与此同时,人群高喊:“打倒牛鬼蛇神!”[59]

江青的小分队接管了电台、电视台、报纸和杂志;他们查封了摄影机和电影,为收集证据搜查了摄影棚,没收现有的所有电影,然后发行他们重新编辑的版本,同时没收了手稿、脚本和乐谱。画家再也不敢在作品上签署自己的名字,而是写上一句口号“毛主席万岁”[60]。江青说:“有大锤在手,我将着

手对一切旧习俗发起攻击。”她出席中央乐团的排练，并打断了排练，让指挥家爆发出愤怒的尖叫：“你在用大锤砸我！”她让作曲家写出作品，然后让“群众”试听，再根据他们的反应做出修改。她声称，她必须“用锤子敲打他们”，好让他们服从，并消除“外国人的影响”[61]。她的有些追随者照字面理解她的比喻，一位在西方受过训练的钢琴家的手被打烂了。锤子、拳头、捶击和砸碎都是革命艺术的象征符号。江青接管了芭蕾舞，禁止“兰花指”和手掌向上，相反，她青睐于紧握的拳头和剧烈的运动，以显示“对地主阶级的仇恨”和“报仇的决心”。[62]

在1966年禁止了几乎一切艺术表达形式之后，江青拼命
560 努力填补这一真空。但作品并不多，两部管弦乐作品（《黄河》钢琴协奏曲和交响乐《沙家浜》）、四部京剧和两部芭蕾舞剧，全都根据模范农场的类比被归类为“样板戏”。有一个雕塑系列被称作《收租院》，还有几幅油画，其中最有名的是一幅毛泽东身着蓝衫的肖像，描绘的是他在1920年代初调查煤矿的情况。这幅画是北京的学生们集体“创作”的，实际上由一个“贫农”的儿子画成。拍摄的电影寥寥无几，因为（她后来声称）有人“阴谋破坏”：她的男女演员和导演得到的宿舍条件很糟，没有热饭热菜，她的舞台和电影布景被人切断了电力供应。[63]

1966年，毛泽东完成了他的畅游长江，人们对他的个人崇拜也达到了顶点，在经历了那些令人头晕目眩的日子之后，中国开始陷入“内战”。1967年2月5日，毛泽东在上海的亲信成立了一个“公社”，这是毛泽东在“大跃进”之后依然渴望的迹象。这个公社建立在一群码头工人的基础之上，

尤其是第五装卸区的2500名激进分子，他们一天之内（1966年6月）写出并张贴了1万张大字报。这个装卸区里有532个工人抵抗。公社让人写大字报反对他们，给他们戴上高帽子，挂上粗俗的牌子，上面写着一些神秘的口号，比如“四家村”和“反党集团”等。还抄了他们的家，“象征性地”判处他们死刑，这些判决很容易弄假成真[64]。上海公社被认为引爆了全国各地的其他公社。但工人们并没有揭竿而起。实际上他们经常抵抗红卫兵入侵他们的工厂。即便在上海，市政当局也用他们自己的红卫兵进行了反击。各方都有庞大的扩音器队伍，他们的口号从早到晚震耳欲聋：“二月夺权是非法的”“二月夺权就是好”。有绑架、拷打和帮伙战斗，使用自行车链条和指节铜套，“军队”在城市的不同街区之间匆忙奔跑。

大学里组建了“私人军队”。清华大学的“井冈山团”是一个极左的“精英集团”，他们使用竹茅、自制的装甲车和大炮，对“牛鬼蛇神”展开了大规模的战斗。另外一些单位包括“五一六”、地质学院的“东方红公社”、航空学院的“天派”。当中国倒退到组织化的帮伙战斗和军阀主义的时候，这些组织在工厂和非大学城镇被人们所仿效。1967年7月，武汉出现了一次所谓的“兵变”，实际上是红卫兵工人部队与一个被称作“百万雄师”的保守集团之间的大规模战斗。当地军队的司令支持“百万雄师”。周恩来被派来恢复和平。他幸 561
运地逃过一劫，他的两个陪同人员遭到逮捕和拷打。结果，江青提出了“文攻武卫”的口号，给红卫兵组织分发了大量的武器。[65]

暴力似乎在1967年夏末达到了高潮。在这个节骨眼上，毛泽东像往常一样，既对自己所做的事情感到害怕，又对持续不断的争吵感到厌烦，他似乎吩咐江青叫停。9 月，江青宣布，暴力只能是口头上的，机关枪只有“绝对必要”的时候才使用。那些拒不服从的人被指控为“山头主义”[66]。毛泽东也插手了。他告诉中央委员会：“形势的发展迅速得让我吃惊，就算你们抱怨我，我也不怪你们。”让他很生气的是，外交部长陈毅在红卫兵的一次盘问期间体重掉了 27 磅，他补充道：“在这种情况下，我不可能让他接见外宾。”他叫“年轻的放火者”和“小鬼”们回到学校去。他打垮了上海公社。他抱怨道：“中国现在就像回到了分裂成八百个诸侯的战国时期。”[67]

1967 年秋天，毛泽东收回了对“文化大革命”的官方支持，至少是不支持其活跃的红卫兵的形式，并动用人民解放军恢复秩序，从那些如今被他指责为“无能”和“政治上很幼稚”的组织手里接管权力。为了证明这次动用武力是有道理的，他说：“士兵不过是工人和农民穿上了军装而已”。在有些地方，战斗到 1968 年还在持续，但规模越来越小。夏天，在他位于中南海的家里，他与红卫兵领袖有了一次古怪的“黎明对话”：“我是历来不搞录音的，今天录了，不然你们回去各取所需。……抓多了，是我点了头。”公安部长：“这与主席无关，是我抓的。”毛泽东：“你不要给我开脱错误，给我掩盖。”陈伯达（左翼理论家）：“紧跟主席教导，坚决照办。”毛泽东（厉声说）：“不要讲什么教导。”稍后他威胁说，如果红卫兵“打解放军，破坏交通，杀人放火”，就要“实行歼灭”。但他不愿意完全放弃他的无政府主义：“再斗十年，地球照样转动，天也不会掉下来。”尽管如此，这 5 个红卫兵领袖还是很快就去了最偏僻的乡下，在养猪场干活[68]。大戏结束了。

“文化大革命”的账单由中国经济和普通中国人来支付，其崩溃之后的那些年是十分糟糕的。必须有人承担责任。1971年9月12日，一架三叉戟飞机坠毁在蒙古人民共和国境内距离中国边境250英里的地方。飞机里有人民解放军总司令林彪和他第二任妻子叶群的尸体。飞机上无一人生还，有些尸体布满了弹孔。据北京说，林彪是在密谋杀害毛泽东的计划败露之后仓皇出逃。出示了“被查获的文件”，里面把毛泽东称作“B52”，这些文件证明，林彪曾试图利用交通事故、下毒、用空军轰炸他的住处、炸毁他的专列等方式杀害毛泽东。这场阴谋据说是林彪和前妻的女儿林豆豆（她痛恨继母）透露给了周恩来[69]。第二年，军队内部“暴露”了一场重大阴谋，20多个高级军官试图逃往香港。很多跟林彪有关的书和文件，连同他的“题字”和肖像，都被收回了。毛泽东的11幅著名照片也被收回了，因为照片上有林彪。这一插曲结束于1974年2月20日中国媒体上的一则短讯：林豆豆在广州附近被人开枪打死，一块红布钉在她的尸体上，上面写着“叛变和滔天大罪”[70]。 562

到这个时候，毛泽东时代正在走向终结。周恩来已经身患癌症，毛泽东本人也患上了帕金森综合征。他和江青争吵，到1973年，他们已经不再住在一起。为了见他，江青不得不提交书面请求，陈述自己的理由。有一张毛泽东的便条，日期为1974年3月21日，上面写着：“不见还好些。过去多年同你谈的，你有好些不执行，多见何益？有马列书在，有我的书在，你就是不研究。”他告诉江青，她的“要求”损害

了他的健康。“我重病在身，八十一了，也不体谅。你也是个大事不讨论，小事天天送的人。”让她害怕的想必是她的仇敌
563 邓小平东山再起；邓小平告诉记者，他当时正在江西省的“改造学校”。1975 年，毛泽东拿出了他最后的口号“三多一少”：“周恩来应多休息，邓小平应多工作，王洪文应多学习，江青应少说话。”他又补充了一句格言：“耳朵要始终张着，不过嘴要闭上。”[71]

在他最后的时期，毛泽东有时候很自信：“人们说中国爱和平。那是自夸。事实上中国人爱斗争。比方说我就爱斗争。”他一直保持着对正式教育的仇恨：“读书越多越蠢。”另一方面，就在他去世之前，他接到了清华大学校长提交的一份关于教育体制的报告，这位校长曾经被江青清洗，后来恢复了名誉。他被严肃地告知：“30 秒足够了。大学生学习中学的课本，他们的学问只有小学水平。”毛泽东（悲哀地）说：“如果这种情况继续下去，不仅要亡党，而且要亡国。”[72]他的思想徘徊于宗教信仰和世俗信仰之间。“我浑身是病。我跟上帝有个约定。”在另外的场合，他问同事：“你们当中是否有人认为我很快就要去见马克思？” “没人这么认为。” “我不信。”[73]他最后的话令人费解：“人民不支持翻案。”

1976 这个转折之年开启了一个难以理解的混乱时代。周恩来于 4 月初逝世①。逝世的这位处事谨慎的行政官员在国外很受尊敬，他似乎是这个政权当中唯一在中国唤起民众真正感情的人。4 月 5 日，当局撤走了天安门广场上纪念他的花圈，于是，10 万人聚众闹事。邓小平立即被认为应该对此次骚乱

① 原文如此。——译者注

负责，并第二次失去了权力。毛泽东逝世于9月9日。在他生命最后的几个月里，他的病床边发生了紧张的派系斗争。他刚刚一死，江青拿出了一张纸，声称是毛泽东临终时写给她的一首诗，上面写道：“错怪你了，我曾试图达到革命的顶峰，可没有成功。但你能到达顶点。”[74]

然而，继周恩来之后担任总理的华国锋手里拿着另一张纸。华国锋当时53岁，相对来说是个新手，他只是自1969年之后才成为中央委员，上一年出任公安部长。他几乎是一架“直升机”，这个称呼通常被用在最早崛起的江青的被保护人王洪文身上，王洪文如今是上海的党委书记。毛泽东之所以喜 564
欢华国锋，部分原因是他是一个来自自己老家湖南省的农民。4月30日，毛泽东给华国锋涂写了6个字：“你办事，我放心。”华国锋的这张纸无疑是可信的。无论如何，他有一张更加令人印象深刻的信任状：控制着北京最高安全部队——8341部队，这支部队保护毛泽东本人，是他从原先的安全首脑康生那里继承来的，康生死于1975年12月。

最后的摊牌是在10月6日，毛泽东去世一个月之后，那是在老帅叶剑英家里举行的一次政治局会议上，叶剑英当时是国防部长，是这个政权实际上的二号人物。江青、王洪文及上海另外两个死党都在场。她挥舞着自己的那张纸，要求出任主席，她的“智囊”、上海的新闻记者张春桥出任总理，王洪文出任全国人大常委会委员长。但“四人帮”（这是后来对他们的称谓）在辩论中输掉了。在他们的大本营上海，他们的追随者打算武装3万名左翼激进分子，但当地党的领导和驻军司令还没来得及做任何决定性的事情便被撤掉了。华国锋手里有安全部队，江青让自己在军队中被人痛恨[75]。她在上海或许有追随者，但在北京，民众痛恨她，称她为“女皇”；4 月 5 日的骚乱便是针对她和她的朋友们的。对她来说，还有一点也很不幸：1976 年发生了骇人听闻的自然灾难，中国人总是把这跟王朝更替联系在一起。4 月，有记录以来最大的流星掉落在吉林省。7 月和 8 月，华北发生了 3 次地震，摧毁了北京的部分地区，以及附近唐山的整个工业中心，66.5 万人丧生（77.5 万人受伤）——中国历史上第二大地震灾害。

把这样的事情，以及真正的人为灾难——经济失败、教育体系崩溃、艺术财富和中国文化生活的破坏——归咎于“女皇”及其团伙的有害影响是一件很简单的事。大字报很快就出来了：“把江青碎尸万段”“油炸四人帮”。1980 ~ 1981 年对她进行了审判，最终的起诉书长达 48 页。4 个人全都被指控犯有五花八门的罪行，各自有邪恶、虚荣和挥霍等具体行为——最后一项罪名是为了强调他们清教徒式的恐怖统治是伪善的。江青甚至成了“被蒋介石收买的特务”。王洪文被指控玩弄女性，进口昂贵的音响设备，以及仅在自己被捕 4 天之前
565 就给自己照了 114 张照片。这个团伙的四号人物姚文元花了 500 美元举办豪华宴会，为的是庆祝周恩来的去世。江青本人喝藏红花水，吃鲫鱼，保存了整整一卡车色情电影，包括《音乐之声》（这部电影她每天晚上都看），骑马，然后改乘豪华轿车，从图书馆里拿走关于女皇的书，还说“即使共产主义依然可以有女皇”，因为噪音打扰她关闭了广州的一家造船厂，禁止飞机着陆好让她能够入睡，称慈禧太后是“法家”，下令在她到达之前扫清广州的落叶，说“宁要晚点的社会主义列车，不要准点的修正主义列车”，通过不断让毛泽东挪床从而加速了他的死亡，在毛泽东快要去世的时候玩扑克牌，并

说："这个人必须退位，让女人掌权。"江青等人都是"坏蛋"，"崇洋媚外，保持着不正当的外国关系"，并且"搞投降主义，出卖国家"。他们是"文学和戏剧的恶霸"[76]。在7个星期的审判期间，江青始终在对抗，审判结束于1981年初[77]。她被判犯有所有被指控的罪行，被判处死刑，缓期两年执行。

到这时候，华国锋本人已经退到幕后，邓小平在1977年再度出山，自1978年末起明显是他在掌权。他是个强硬的人，来自四川，但没有丝毫的浪漫主义，对作为艺术形式的政治也没有任何兴趣。他有时候被迫在戏中扮演小角色。他勇敢地说出了自己的意见，经常反对"文化大革命"的过火。既然他曾经抵制"文革"并受到惩罚，那么，他出现在高层就是合乎逻辑的，大概也是不可避免的。他瞧不起那些把政治看作生活中唯一重要事情的人，尤其是强硬左派，说他们"占着茅坑不拉屎"。"阶级斗争不能天天讲。在现实生活中，并非一切都是阶级斗争。"对无产阶级艺术，他只有轻蔑。"你只看到一小撮人在舞台上跑来跑去。没有丝毫艺术。……外国人只是出于礼貌才鼓掌。"听了维也纳爱乐交响乐团的演奏，他说："这才是我所说的精神食粮。"中国现代戏只不过是"锣鼓表演"。"你去剧院看戏，你会发现自己在战场上。"邓小平 566
没有特殊的仇恨："让过去的过去吧。那些被撤职的人应当官复原职。"他说他想结束"大喊大叫"。国家必须重新回到工作上来。"多数大学生如今除了一支写大字报的笔，手里什么东西也没有。他们做不了任何别的事情。""科学家们如今甚至没有时间搞研究。他们怎么能创造发明呢？"尤其是，军队士气低落，像蒋介石时代一样，容易回到军阀主义。军队已经变得

“迟钝、分裂、傲慢、懒散和软弱”[78]。

简言之，邓小平是个信奉严格纪律的人，如今七十多岁了，他相信法律和秩序，相信刻苦工作。他迅速出兵越南，部分原因是为了惩罚亲苏联的越南领导人迫害华人少数民族，但主要是为了锻炼解放军，让他们懂得：生活是一件严肃的事情。做完这件事，邓小平便着手清理毛泽东的长期统治在经济领域留下的烂摊子。有一点如今被公开承认了：毛泽东时代的典型特征并不是清教徒式的艰苦朴素[79]。《人民日报》为自己传播的“所有谎言和歪曲”向读者道歉。[80]

1978～1979 年做出了一系列决定，要放弃斯大林和毛泽东强调重工业的政策，转向适合发展中国家的经济结构。国民生产总值的投资比例从 1978 年不可持续的 38% 降到了 1980 年代中期的 25%。利润动机和分红被引入；法律得到了改革，着重强调公民权利；设计出了一些民主手段，以阻止官僚主义滥用；尤其是允许市场发挥它有益的力量[81]。党不再是国民生活中的全权力量。党员数量在 1982 年是 3900 万，“文革”期间明显翻了一倍，邓小平警告，很多党员没有受过恰当的“教育”，“水平很低”。在 1981 年所做的报告中，他声称，很多党员“喜欢吹牛拍马”，“自鸣得意，头脑糊涂”，不再“关心群众的疾苦”，“蒙在官僚主义的灰尘里”，“自大，保守，懒散，只对享乐感兴趣，充满了特权思想”[82]。这种“新现实主义”刚好和更多的自然灾害同时发生，包括一场大旱，它主宰了 1980 年和 1981 年的农业。随着 1980 年代的展开，中 567
国不再是奇迹般的新超级大国，毛泽东浪漫主义的假想世界终于落下了帷幕。它进入了真实的世界：缓慢、痛苦而务实的进步。

在 1950 年代和 1960 年代，很时髦的做法是把中国的中央集权与印度议会民主的低效相比较，前者给中国带来了统一、稳定和（据说是这样）生活水平的稳步提高。正如我们已经看到的那样，国际事务中的尼赫鲁时代（当时尼赫鲁看上去似乎是很重要的国际政治家，一个最符合时代需要的人）建立在一连串幻想的基础之上，最重要的幻想是他的这一信念：中国和印度这两个人口最多的国家可以联手行动，也就是他所说的“印度中国亲如兄弟”。1959 年的第一次中印冲突损害了这一政策的基础，在 1962 年更加严重的冲突期间，这一政策彻底垮台。对如今 73 岁的尼赫鲁来说，它是一场无法挽救的个人灾难，他再也没有从这场灾难中恢复过来。1964 年 5 月，当他在睡梦中去世的时候，他是一个悲哀而困惑的人。

对于像印度和中国这样幅员辽阔、人口众多、贫穷、工业落后的国家，政府的主要问题是基础性的：如何维护国家的完整？如何维持绝大部分人口尊重和认可的政府体制？

自从 1947 ~ 1948 年分开的那一刻起，印度和巴基斯坦就互为仇敌。四分之一个世纪的时间里，经济学家们一直在争论英国人的统治到底是加速还是阻碍了印度的经济进步[83]。毫无疑问，尼赫鲁相信，“我们今天的大多数问题都要归因于……受到抑制的发展和英国当局对正常调整的阻碍。”[84]但这个观点无视英国的主要贡献：给印度次大陆带来了统一，阻止了分裂的“正常调整”。英国人的统治是一个经济整合的渐进过程。分裂标志着这一过程逆转的第一阶段。巴基斯坦的内部冲突，尤其是其东西两翼之间的冲突，以及印度中央政府和各省之间的紧张关系，暗示了像 1920 年代中国一样的命运近

568 在眼前。巴基斯坦显示出了军阀混战的内在趋势，其表现形式为昙花一现的军人独裁。印度则对脆弱的民主统治表现出了偏爱。

当尼赫鲁去世的时候，国大党和各省的一群首脑（被称作“辛迪加”）结成一伙，以阻止他最可怕的追随者莫拉尔吉·德赛接班。他们挑选的人拉尔·巴哈杜尔·夏斯特里似乎是软弱无能的象征。夏斯特里被人称作“小麻雀”，他个子很小，站起来也只到戴高乐将军肚子的底部。1965 年秋天，印度和巴基斯坦因克什米尔而兵戎相见。军事上，这场战争是非决定性的；经济上，对双方都是极具破坏性的。1966 年 1 月，巴基斯坦独裁者阿尤布·汗元帅与夏斯特里在塔什干的一次会晤解决了这一争端，这一努力让小麻雀彻底精疲力竭，以至于第二天夜里就死掉了。

手足无措的国会首脑们转向了尼赫鲁的女儿甘地夫人，她曾担任夏斯特里的信息部长。很多印度人相信，甘地夫人是她父亲的转世化身，并高呼“尼赫鲁万岁”[85]。她养了 5 匹爱尔兰猎狼犬，每一匹的个子都比她的前任更大，她身上没有任何小的或弱的东西。她对中国怀有敌意，认为印度的未来在于和苏联结盟，把国家带向左翼。1969 年，她跟财政部长德赛发生了争吵，解除了他的职务，把银行国有化了，砸碎了老的国大党，创立了一个围绕其个人小集团的新的国大党。她打破了王公贵族阶层的财政权力，当最高法院裁定她的行动违宪时，她在 1971 年 3 月解散了国会，并赢得了压倒性的胜利：拿下了 525 个席位当中的 350 席。

在她那被头巾遮盖的鹰一样的眼睛后面，甘地夫人精于算计、不择手段，然而，她对经济现实的理解并不比她父亲高明多少，并像父亲一样转向外交事务寻求补救。她在巴基斯坦日益增长的困苦中找到了答案。除了伊斯兰教，以及对信奉印度教的印度的恐惧之外，巴勒斯坦的东西两翼从未有过任何共同之处。统治这个国家的是西部人，这一点反映在人均收入日益增长的差异上：1959～1967 年，西部的人均收入从 366 卢比增长到了 463 卢比，而东部只从 278 卢比增长到了 313 卢比。尽管大部分人口生活在东部（1960 年代，1.25 亿总人口中，有 7000 万人生活在东部），而且生产了这个国家的大部分出口品，而西部却得到了进口品。西部的发电量是东部的五六倍，有 26000 张医院病床，而东部却只有 6900 张[86]。东部人有很多不满，其中之一便是：巴基斯坦政府在孟加拉湾没有采取有效的防洪措施。1970 年 11 月 12 日夜里，一场飓风袭击了这一地区，制造了 20 世纪最大的自然灾害之一。50 英里宽的巨 569
浪横扫了内陆，淹没了数百座村庄，把那里变成了一片烂泥的海洋，然后再次横扫而过，又席卷了数百座村庄，超过 30 万人死于非命。

这一后果激发东巴基斯坦领导人谢赫·穆吉布·拉赫曼要求建立联邦制，他凭借这一计划赢得了选举。巴基斯坦政府派出了蒂卡·汗将军，作为军法管理者，此人由于他在西部的活动而被人称作“俾路支的屠夫”，眼下的独裁者叶海亚·汗指示他“把那些家伙解决掉”。1971 年 3 月 25 日，他在达卡大学放出了自己的部队，第二天，穆吉布宣布建立独立的孟加拉共和国。在任何情况下，印度大概都不能置身于这场内战之外，因为到 1971 年中期，已经有 1000 万难民在印度的领土上。但巴基斯坦解决了甘地夫人的两难困境，它先发制人，对印度的空军基地发动了袭击。12 月 4 日，甘地夫人正式宣战，印度承认孟加拉共和国，并入侵了东巴基斯坦。对印度陆军来说，那是一场很轻松的战斗，最后以巴基斯坦投降而告终。印度总司令和巴基斯坦东部司令曾一起在桑德赫斯特陆军军官学校上学。前者派自己的副官给后者捎去了一封信："亲爱的阿卜杜拉，我在这里。游戏结束了。我建议你把自己交给我吧，我会照顾你。"

对巴基斯坦的胜利是甘地夫人事业生涯中的高潮。从此以后，事情开始对她不利。与孟加拉之间的友谊并没有持续很长时间。作为一个独立国家，孟加拉很快成为巴基斯坦的天然盟友。她自己的地区问题成倍增加，并由于袭击巴基斯坦的自然灾害而恶化。1972 年，季候风没有如期来临，导致干旱和饥荒。1973 年，北方邦的安全部队哗变。她不得不求助陆军，接管了该邦。次年，她不得不镇压古吉拉特邦的一场叛乱，也接管了该邦。同年，在比哈尔邦，她动用了边防军和中央后备警察部队，来对付她父亲的老同事贾耶普拉卡希·纳拉扬领导的持不同政见者，后者使用了甘地式的策略：和平封锁邦议会，强制关闭商店和办公室。所有分裂性和地方性的反对力量开始聚集在新成立的人民党中，1975 年，纳拉扬领导了印度各地的游行示威，威胁要在整个北方成立人民政府。与此同时，甘地夫人因为选举舞弊而在高等法院遇上了麻烦，后者宣布她 1971 年的选举无效。这恰好就是当年摧毁英属印度的那
570 种组合：协同煽动让常规行政变得不可能，并让在法治框架内控制这种煽动变得困难。

作为一个残酷手段的倡导者，殖民地时期的任何一个总督都不是甘地夫人的对手。仅在比哈尔邦，她就派出了 6 万名警察和准军事人员，以打破纳拉扬的和平封锁。她用大规模逮捕

（没有逮捕证）来对付一次铁路罢工。自巴基斯坦战争以来，她一直从“外部紧急状态”中获益，但这并不能让她无视或逆转法庭的裁决。1975 年 6 月 25 日，她封了几家报纸，逮捕了纳拉扬、德赛以及她的大多数反对者。第二天，她宣布“国内紧急状态”，实际上是政府对反对派的一场政变。她把本党一些被吓坏了的领导人请到自己家里，给他们打气。她说：“你们是否知道那句著名的谚语：‘大鹰在星空下飞翔的时候，小鸟吓得藏了起来’？”然后，她转向一位下院议员，厉声问道：“那句谚语是什么？你重复一遍！”议员吓呆了，答道：“夫人，大鬼在星空下油炸的时候，小鸟吓得藏了起来。”[87]

自独立以来，印度一直坚持民主，并屈尊俯就地与军人独裁的巴基斯坦相比较。甘地夫人涉足极权主义的一个原因是，她觉得自己必须跟进行民粹主义煽动的佐勒菲卡尔·阿里·布托竞争。布托是个职业政客，在孟加拉崩溃之后作为无能军人之外的替代性选择而被推上了台。他对巴勒斯坦的统治相当成功，主要手段是按照自己的喜好曲解所有的规章制度，朝法官开火，取缔报纸，胡乱任命军队的高层[88]。可是，恰恰因为布托是个文官，甘地夫人觉得自己不应该完全抛弃议会政治。结果，紧急时期是一连串的特别安排，没有任何真正的指挥体系，也没有清晰的法律责任回应法庭的质询：这是残暴和腐败的完美套路。数以千计的政治活动家身陷囹圄，常常处在可怕的境况中。其中包括一些著名人物，比如瓜廖尔和斋浦尔的王太后，以及社会主义者斯内哈拉达·雷蒂，后者的父亲是个著名的电影制片人，因为她的不幸经历而去世了。组织那场铁路罢工的乔治·费尔南德斯转入了地下，但他的兄弟遭到了逮捕和拷打。

甚至在宣布紧急状态之前，甘地夫人便面对了很多腐败指控，尤其是针对她儿子桑贾伊的指控，在无法无天的混乱中，印度公共生活中的腐败迅速蔓延。甘地夫人如今让桑贾伊当上了国大党青年团的领导人，让他负责其节育计划中更激进的方面，自1970年以来，她便把节育计划看作印度所有国内计划
571 中最重要的。桑贾伊和他的朋友们利用这个机会，着手按照毛泽东的模式搞社会工程。他冷酷无情地把德里开阔空间的棚户迁到了远郊区，更重要的是设立了大型绝育营，用威逼利诱的办法，让数十万印度男性在极其原始的条件下接受了输精管切除手术。由于报纸和电台受到了约束，印度人不得不靠BBC来发现自己的国家正在发生什么。甘地夫人自己承认，她从不收听BBC（“BBC始终对我怀有敌意”），因此她自己得到的情况简报经常是不准确的[89]。当布托宣布1977年3月进行选举的时候，她觉得自己必须跟他竞争，也要搞一次选举，相信（根据阿谀奉承的地方官员的报告）自己能够赢得选举并因此使她的紧急状态合法化。事实上，结果对他们两个人来说都是灾难性的。布托漂亮地赢得了选举，但这一结果是在街头骚乱中实现的，而骚乱反过来导致了军管和另一场军事政变。布托被指控谋杀，在经过两次漫长而有争议的审判之后，他在1979年4月被绞死[90]。甘地夫人输掉了选举和自己的宝座，是桑贾伊的社会工程及很多其他责任把她拉下了马。

然而，获胜的人民党与其说是甘地主义之外的一个选择，不如说是一个不满者的联合体。其最重要的人物德赛有甘地的很多缺点，而没有他的任何优点。他既不喝酒也不抽烟，并大

声宣布是英国人引入了烈酒和烟草，为的是腐化当地人。他大肆炒作自己的手纺车。他拒绝使用现代机器。为了保持健康，他每天早晨喝一杯自己的尿。卫生部长拉贾·纳兰也相信尿疗，并以官方身份赞扬这一疗法。有人问到节育，他说，女人应该吃草药来防止怀孕。这样的古怪言行并没有伴随着坚实可靠的行政才能或诚实正直的品格。实际上，人民党的统治甚至比甘地夫人的国大党更腐败。人民党试图成立调查委员会以调查甘地夫人的违法行为并对她进行审判（她在牢里待了一个星期），这些努力只不过搅动了一大片污泥浊水，朝四面八方飞溅。甘地夫人通过一次递补选举回到了国会，然后又被驱逐，她因此能够把角色颠倒过来，把自己打扮成政治迫害的牺牲品，很有灵感地利用了兰开夏歌手格蕾西·菲尔兹1939年的热门歌曲《当你挥手说再见时请祝我好运》——殖民地“价值”遗存的一个古怪实例[91]。在1980年1月3日的选举中，印度人要在他们所熟悉的两害之间做出选择，他们的本能导致他们投票支持他们知道距离一个王朝最近的人。甘地夫人赢得了一边倒的胜利，国大党拿下了524个席位中的351席。1977年的结果是对暴政的裁决，不惜冒混乱的危 572
险；而1980年的结果则是对混乱的裁决，不惜冒暴政卷土重来的危险。

独立后印度的历史往往强调英国所面对问题的棘手性：如何在一个幅员辽阔、民族众多的国家保持和平，同时维持宪法和法律的保护？尼赫鲁的假设（独立后这个问题很容易解决）被证明毫无根据。事实上，它变得越来越困难，尤其是因为在下一代人当中人口翻了一倍。根据政府的人口统计数据，1981年1月，印度的人口是683810051人[92]。在这样的人口压力下，英国人治下创立的公民权利结构开始塌陷，尽管它从未彻底崩溃。然而，甘地夫人的紧急状态是这一衰落过程中的一个重要阶段。公民对警察和安全部队的有效控制没有得到重建。一定程度的秩序得到了维持，但更多的是通过恐怖，而不是通过司法。1980 年 11 月，媒体揭露，在比哈尔邦，警察系统化地使用酸和自行车链条，弄瞎嫌疑犯的眼睛。大约 30 宗经过证实的案例被曝光。次年 1 月，圣城贝拿勒斯报告了一些警察打断在押嫌犯的腿的案件[93]。警察还被指控在镇压土匪时故意杀人，他们对酷刑的使用成了司法部门频繁谴责的一个问题。正如阿拉哈巴德高等法院的一位法官所写的那样："在印度，组织化程度最高的犯罪力量莫过于印度警察。"[94]

让这种野蛮行径格外令人憎恶的是，它似乎反映了种姓制度的偏见。英国人的统治曾经自吹，尽管不能完全消除种姓制度，但英国人关于法律面前平等的原则减轻了其最糟糕的后果。丘吉尔最大的担心（也是他反对迅速独立的主要理由）是高等种姓（特别是像尼赫鲁那样的婆罗门）成为独立的真正受益者。警察暴行最应该谴责的方面是警察自己，尤其是保护他们的政治家，都来自高等种姓，而在几乎每一个案子中，受害者都是低等种姓。独立没有给这些"贱民"带来任何好处，到 1980 年代初，他们有超过 1 亿人被杀。他们在国会里的象征性代表本身就是他们被利用的一个方面。他们的生活方式，他们靠什么生存，依然是一个谜，他们是印度社会中被人探究最少的角落[95]。有很多迹象表明，警察的恐怖行为（对此当局似乎越来越漠不关心）是一种社会控制形式，源自数不清的特权等级。

人类种族超过半数生活在亚洲幅员辽阔的大陆国家。到 573
1980 年代，仅中国的人口就突破了 10 亿大关。自获得独立或脱离外国人监护之后，这些国家全都搞过“社会工程”试验。中国选择了共产主义，包括集体化农业和工业的完全国有化。缅甸选择了一党制社会主义，自 1962 年起，在奈温将军（后来的总统）更深层的军事控制之下，这一体制得到了巩固。巴基斯坦布托治下实行了包罗万象的国有化计划。巴基斯坦和印度都通过高关税壁垒置身于市场的力量之外。印度社会主义占主导地位的经济是按照传统的、斯大林式的强调重工业的政策来计划的，就连它坚固结实、充满活力的私人部门也服从于严格的控制，仅仅由于无处不在的腐败才变得可以忍受。一代人之后，每一种情况下的结果都令人沮丧地类似和贫瘠。这些国家都以不同程度的敌意互相看待对方，尽管中国和巴基斯坦由于他们对印度的共同仇恨而维持着一种并不稳定的同盟关系。中国在 1964 年造出了它的第一颗原子弹，印度是 1974 年，巴基斯坦是 1978 年。所有这些国家（包括最穷的孟加拉）的国防支出占国民生产总值的比例都远远高于殖民地时期。例如，在缅甸，1980 年的军费支出占到了预算的三分之一，几乎相当于全部外汇收益[96]。无论如何，万隆那一代所提出的过高希望（在和平与不结盟的背景下，突然而壮观地实现西方式的生活水平），到 1970 年代末已经被彻底放弃了。

在 1940 年代晚期，占全人类一半的亚洲人被告知，对于他们的困苦境况，有一种直接的、立即的、本质上是正直的解决办法。经验揭示出这一信念完全是谬论。实际上，有充足的理由得出这样一个结论：政治，尤其是意识形态政治，是人类苦难的主要贡献者。最生动的说明，莫过于这样一个被言辞掩盖的严酷现实：在加尔各答所谓的“大都会区”内及周边地区，生活着 1.5 亿世界上最穷的人。甚至早在殖民地时期，它就曾激发了行政当局的恐惧。吉卜林以他习惯性的先见之明，把它称作“可怕夜晚的城市”。他写道，它有一个独有的特征——“加尔各答大粪坑”[97]。在 1940 年代初，对于市政当局来说（且不说政治），保持这座城市哪怕是大部分地区有恰当的下水道都变得十分困难。分割给这座城市沉重的一击，它再也没有从这一打击中恢复过来。它毁灭了孟加拉大部分地区的经济，把 400 万实际上已经失业的难民赶进了西部，100 万难民进入了加尔各答城。1921 ~ 1961 年的人口
574 统计数据表明，人口翻了 3 番，试图建立标准的现代服务体系的努力被放弃了。

到 1960 年代末，一位观察者写道，大都会区大部分地方“没有市政当局组织的排污系统，没有自来水、排水沟和下水道，甚至没有私人拥有的污水处理手段，像化粪池什么的”。大约有 20 万个原始的公共厕所，“低矮、狭窄的砖棚，在陶盆或肮脏的地板上架个台子”[98]。正如我们已经指出的那样，孟加拉危机把另外 1000 万无家可归的人赶进了印度的孟加拉邦，其中大部分人最终来到了加尔各答的大街上，这样一来，到 1970 年代晚期，仅这座城市的中心就有 100 万人露宿街头。西孟加拉强烈的党派政治和教条政治——1960 年代和 1970 年代由马克思主义者管理，当时，宪法并没有停止生效，也没有由总统直接统治——产生了不受限制的挥霍和腐败。

加尔各答的悲惨境况吸引了很多志愿者，他们与特蕾莎修女及其仁爱传教会一起努力，1948 年，他们在加尔各答设立

了自己的工作站。但是，马克思主义政府似乎更热衷于赶走志愿医疗团体，而不是从根源上解决问题，因为这些团体吸引人们关注它的失败[99]。加尔各答成了现代时期已经实现了的反乌托邦，这是一座幻想破灭之城，是亚洲的黑暗，而非光明。它构成了一个令人印象深刻的警告：拿一半人做试验的努力更有可能产生弗兰肯斯坦式的怪物，而不是社会奇迹。

17. 欧洲的复活

575 如果说，战后的历史把非洲和亚洲的新国家带进了一连串死胡同，这些死胡同经常结束于恐怖和野蛮行径，那么，欧洲的经验提供了更多的安慰。这是意料之外的。1945 年的主流形态是绝望和无助。历史上的欧洲时代已经结束。在某种意义上，希特勒是最后一位真正的欧洲领袖，他能够从欧洲的视野来启动世界性事件。他在 1941 年底丧失了这种能力。希特勒轰然倒台之后所留下的真空不可能由欧洲的竞争对手来填补。在战争结束的时候，两个非欧洲超级强国站立在一座可以说已经精疲力竭的火山的边缘上，轻蔑地注视着依然在焖烧的火山深处，没有卷入它的崩溃，而是很高兴它不再有让人类恐怖的恶魔般的能量。

1945 年 10 月 26 日，在香榭丽舍剧院新芭蕾舞剧的首演式上，拥挤得水泄不通的上流社会观众对毕加索设计的垂幕嗤之以鼻[1]。这是旧巴黎。3 天后，在时代俱乐部，让 – 保罗 · 萨特发表了一篇演讲“存在主义就是人道主义”。这是新巴黎。这一次也是水泄不通。男男女女头晕目眩，为争抢椅子而大打出手，砸坏了其中 30 把椅子，他们大喊大叫，大喝倒彩。这与萨特的新杂志《现代》（*Les Temps Modernes*）的创刊刚好同时。在这份杂志的创刊号中，萨特认为，文学文化，加上时尚商店里的 haute couture（高级定制）是法国如今留下的唯一东西——实际上是欧洲的符号——他提出了存在主义，为的是给人们一点尊严，让他们在退化和荒谬中保持自己的个性。反响是势不可挡的。正如他的伴侣西蒙娜·德·波伏娃所写的那样："我们被自己所引起的喧闹给吓了一大跳。"[2]存在主义明显是非高卢人的；因此，它的吸引力大概也是这样。萨特是半个阿尔萨斯人（阿尔伯特·施韦策是他的表亲），他在外祖父卡尔·施韦策的家里长大成人。他的文化既是德国的，也是法国的。他本质上是柏林哲学流派尤其是海德格尔的产物，他的大多数观念来自海德格尔。战争对萨特来说并不是什么坏事。尽管表面上是敌人，但法国和德 576
国的精神在一定程度上走到了一起。对于一个知识分子来说，巴黎并不是个志趣不相投的地方，只要他能够忽视诸如犹太人扎堆这样煞风景的事，好在大多数人都能够毫不费力地做到这一点[3]。正如犹太知识分子贝尔纳－亨利·利维后来所指出的那样，激进的、原法西斯主义形式的种族主义很少让法国人尤其是法国知识分子反感，他甚至称之为"法国人的意识形态"。[4]

巴黎的剧院在在纳粹党的统治下繁荣兴旺。安德烈·马尔罗后来吼道："我在面对盖世太保，而萨特却在德国审查官的批准下创作他的戏剧。"[5]纳粹军队报纸《巴黎报》（*Pariser Zeitung*）的批评家阿尔伯特·布舍称萨特的戏剧《禁闭》是"第一流的戏剧事件"。他不是德国人认可的唯一受益者。1944 年 6 月 23 日，当黑脚法国人阿尔伯特·加缪的新戏《误会》在玛德琳剧院上演的时候，遭到了法国知识精英的嘲笑，因为人们都知道加缪参加了抵抗运动。布舍发现它"充满了深刻的思想……一部开创性的作品"[6]。加缪并没有萨特那种对战争的超然态度；事实上，他是获得抵抗运动玫瑰勋章的 4345 个法国人当中的一个。但他的思想反映了占领期间所促进的法国哲学和德国哲学的日益接近，在战后的格局中这也是重要的一股。对他一生有最重要影响的是尼采，他实际上通过自己的小说《局外人》（*L'Etranger*）和《鼠疫》（*La Peste*）为整整一代法国年轻人把尼采给法国化了。

萨特和加缪在 1943 ~ 1944 年走到了一起，他们是一个集中在圣日耳曼德佩区的教派的倡导者——最后是反对者，这个教派试图把哲学和文学与公共活动联系起来。他们的大本营是花神咖啡馆，其本身就是法国知识生活的歧义性的一个象征。圣日耳曼区是狄德罗、伏尔泰和卢梭经常去的地方，他们总是在老普罗可布咖啡馆集合。花神咖啡馆可以追溯到第二帝国，当时，戈蒂埃、缪塞、乔治·桑、巴尔扎克、左拉和于斯曼经常光顾那里；后来有阿波利奈尔；再后来又有莫拉斯领导的“法兰西行动”这个小圈子——萨特占据着他依然温暖的座位[7]。在其战后的呈现中，存在主义源自康德的“要这样行动，就像你行动的准则将通过你的意志成为一条普遍的自然法则一样”。萨特认为，我们的积极行动不仅创造了“我们自己愿意成为的那种人”，而且还创造了“我们认为他应该成为的那种人的形象”。人可以通过积极的政治行动来形成自己的本质。他因此提供了人类挑战绝望的一种合理化姿态——也就是
577 卡尔·波普尔所说的“没有上帝的新神学”。存在主义包含了德国悲观主义的成分，这是海德格尔和尼采的典型特征，他在这里面放入了另外的成分：夸张地强调人在一个没有上帝的世界里根本性的孤独，强调由此而导致的自我与世界之间的紧张[8]。但对年轻人来说，它很神奇。它是某种形式的乌托邦浪漫主义，其吸引力丝毫不亚于 150 年前的浪漫主义运动。实际上它更有吸引力，因为它还提供了政治的行动主义。正如波普

尔所抱怨的那样，它是法西斯主义的一种体面的形式。加缪坚持认为自己从来都不是一个存在主义者，1951 年，他和萨特因后者给不同形式的极权主义暴力辩护而爆发了激烈的争吵。但正是加缪用现代术语对拜伦式孤独英雄的再创造（这样的英雄通过挑衅性行为来抵抗命运和陌生的世界），如此生动地把这一教派带向了生活，并让它对于莱茵河两岸的年轻人有了实际的意义。

因此，存在主义是法国的文化舶来品，然后巴黎再以一种精密复杂的、更有吸引力的伪装，把它出口到德国，它的起源之国。这一点值得强调，因为它是自歌德、拜伦和德·斯塔尔时代以来，法国和德国的年轻人第一次感觉到了一种自发的文化亲和力，一种共同的世界观。接下来，它为一次更坚实的经济和政治的和谐统一起到了准备的作用，环境也对此有利。然而，除非还有另外两个条件，否则这种和谐统一也不可能出现。第一个条件是基督教行动主义在政治领域最后的（大概也是终极的）成熟，对于充满活力的一代来说，这在欧洲成了占主导地位的模式。第二个条件是一群欧洲巨人的出现——不是拜伦式的巨人，不是年轻的巨人，不是浪漫主义的巨人，实际上在任何明显不那么存在主义的意义上也不是英雄般的巨人——他们让一个自杀身亡的欧洲起死回生。代理机构（基督教）和代理人（阿登纳、加斯贝利和戴高乐）天生都与存在主义的行动主义创立者格格不入。但接下来，历史习惯性地按照这样的反讽展开。

阿登纳、加斯贝利和戴高乐都是伟大的幸存者；没有时来运转的人可能永远不会时来运转，然后，凭借灾难的慷慨馈赠，机会来了，而且是大量的机会。1945 年战争结束时，阿尔契德·加斯贝利65岁，阿登纳69岁。两个人都来自边境地区，是虔诚的天主教徒，反民族主义者，都把家庭当作社会单位来崇敬，都痛恨国家（除非是作为一种最小的、令人遗憾的必要），并且都相信组织化社会最重要的特征应当是法治，这种法治必须反映自然法，亦即绝对价值的支配地位。简言
578 之，他们坚决反对20世纪的某些显著特征。他们的脸都是倔强的脸、陌生的脸。1917年一场可怕的意外给了阿登纳一个雪茄店印度人那样的红褐色的麻木表情[9]。像阿登纳一样，加斯贝利年轻时也又高又瘦，像看门狗那样绷着脸面对生活。两个人都是同盟主义者。阿登纳代表了神圣罗马帝国中的多中心德国，加斯贝利代表了哈布斯堡王朝的北方意大利。

实际上，加斯贝利出生于奥地利人的治下。由于他父亲指挥着地方宪兵，他因此觉得自己的世俗忠诚应该属于王室家族，而不是民族国家。但他的主要忠诚是精神上的。终其一生，他只要可能就每天去参加弥撒。1921年，在向未来的妻子弗朗西斯卡·罗曼尼求婚的那封不同寻常的信中，他写道："活着的基督强烈吸引着我，征服我，安慰我，仿佛我是个孩子。来吧，我想和你一起，被同样的魔力所吸引，仿佛走向一个光明的深渊。"[10]他去了维也纳大学，十分钦佩维也纳市的市长卡尔·鲁伊格，尽管他的理由跟希特勒完全不同。他相信鲁伊格指出了道路，在这样的道路上，进步教皇的"社会性的教皇通谕"能够得到实现。他的思想构造因此是德国天主教平民主义，他最早的作品发表在奥地利天主教报纸《帝国邮报》（*Reichspost*）上。实际上，加斯贝利对现时代的两大疾病有免疫力——种族民族主义，以及这样一种信念：在此基础上建立起来的国家可以被改造成乌托邦。在1902年特伦托发

表的第一篇演说中，他敦促自己的听众："首先是天主教徒，然后才是意大利人。"他说，他"强烈反对"对国家的"偶像崇拜"和国家宗教。他的座右铭是"天主教徒，意大利人，然后是民主主义者"——排列分先后。[11]

因此，加斯贝利在天性上跟墨索里尼恰恰相反。1909 年，两个人在梅拉诺的一家啤酒馆里辩论过"历史上的社会主义"，墨索里尼坚持认为需要暴力，加斯贝利则坚持必须把政治行动建立在绝对原则的基础之上。因为要赶火车，加斯贝利不得不提前离开，墨索里尼伶牙俐齿的嘲讽接踵而至，他说加斯贝利是"一个说话拖泥带水、行文不合语法的人，一个肤浅的人，为了逃避令人难堪的辩论而求助于奥地利列车时刻表"。[12]而加斯贝利在墨索里尼身上所看到的不过是一个破坏性的激进主义者，正如他所说的那样："黑暗中的布尔什维克主义。"他自己的特伦托人民党受到路易吉·斯图尔佐的欢迎，加入了天主教平民党，要不是墨索里尼政变的话，该党很可能在两次世界大战之间统治意大利。加斯贝利不喜欢意大利的议会政治（"一个马戏团"），连同他们的演戏和演说花招，他始终拒绝接受这些东西。但他更痛恨极权主义大政府。正如1925 年 6 月 28 日他在人民党最后一次全国大会上所说的那 579
样："法西斯主义的理论和实践原则是基督教国家观念的对立面，后者规定了个人、家庭和社会的自然权利存在于国家之前。"法西斯主义只不过是"老的警察国家乔装打扮再次出现，把达摩克利斯之剑高悬于基督教习俗之上"。1926 年 11 月，加斯贝利被拖到一个法西斯特别法庭的面前，他坚称："我所不能接受的，正是法西斯主义的国家观念。因为里面没有国家不能践踏的自然权利。"[13]加斯贝利是幸运的。1927

年，墨索里尼把他扔进了天后监狱。他原本很可能不会比葛兰西活得更长。但1929年《拉特兰条约》的签署使教皇庇护十一世能够让加斯贝利走出监狱，进入梵蒂冈图书馆，接下来的14年里，他一直在那里受到庇护。

因此，当法西斯主义垮台的时候，加斯贝利是唯一清白的重要人物，提供给意大利人民一个选项，对他们来说，这一选项不是另一种形式的中央集权制。1945年12月，他组建了第一个战后联合政府，国民代表大会的选举以35.2%的选票把他新成立的基督教民主党带上了前台（社会主义党20.7%，共产党18.9%）。他真正的突破出现在1947年1月，当时，朱塞佩·萨拉盖特领导的社会民主党从彼得罗·南尼领导的马克思社会主义党中分裂了出来。这使加斯贝利能够组建一个同质的基督教民主党政府，1948年4月，该党根据新宪法赢得了第一次决定性的选举，得到了48.5%的选票和绝对多数席位（574个席位当中的304席）。这是战后欧洲最重要的选举之一，因为它在意大利为一代人定下了一个相对稳定的模式。在1945~1953年的“加斯贝利时代”，意大利赢得了作为欧洲社会一个温和成员的声望，接受了马歇尔计划，加入了北约、欧洲委员会和欧洲煤钢共同体，开始了它自己的经济奇迹，以黄蜂牌摩托车、璞琪时装、宾尼法利纳车身、南奇缝纫机和奥利维蒂打字机为象征，其另一个象征符号是在意大利工业复兴的发动机——米兰——人们早晨见面打招呼的习惯用语“Buon lavoro!”（意大利语：工作好）。

加斯贝利的成功无疑有助于给德国的康拉德·阿登纳铺平道路。这两个人都是两次世界大战之间本国极权主义政权之外的可能选项。正如我们已经看到的那样，阿登纳很有可能在

1926 年成为总理，但他并不认为自己能够成功。魏玛共和国和总理的职务并不受人尊重，在他看来，它的问题是无法解决的。对于德国当时占支配地位的智慧，他没有共鸣。他不是一个莱茵兰分离主义者——毋宁说他是个联邦主义者——但他绝 580
对不相信任何“德国天才”。他认为：“德国人是患有自大狂的比利时人。”普鲁士人最糟：“一个普鲁士人就是一个忘记了自己祖父是谁的斯拉夫人。”他总是说：“一旦从科隆到柏林的夜间列车穿过了易北河，我就再也睡不着了。”[14] 在魏玛共和国治下，科隆市长是德国天主教共同体的非正式首脑，这对阿登纳来说就足够了。他丝毫没有德国人的种族感情，对俾斯麦的国家没有丝毫尊敬。它给德国天主教徒带来了什么呢？是 Kulturkampf（文化斗争）的苦难。1933 年 3 月 13 日，希特勒解除了他的职务，他很幸运，没有在罗姆大清洗的掩护下与施莱谢尔一起被杀。他认为希特勒开战是疯狂之举，注定要输掉这场战争。据他最小的女儿莉丝白·韦哈恩说，全家人都祈祷战败[15]。他并不相信德国的抵抗，对盟国的无条件投降政策毫无怨言，他认为这是必需的。

阿登纳战后的事业生涯生动说明了运气在政治中的重要性。当美国人占领科隆的时候，这座城市实际上已经不复存在。人口从 75 万下降到 3.2 万；安德烈·纪德探访了城市的废墟，他惊恐万状，立即要求驱车离开。盟国的政策是要恢复那些在希特勒解雇他们之前一直担任公职的人的职务（如果能找到他们的话）。于是，美国人让阿登纳重新掌管这座城市。几个月之后，它成了英国占领区的一部分，阿登纳遭到解职和驱逐（1945 年 10 月），英国人从未令人满意地解释过这一点[16]。毫无疑问，如今在工党治下的英国人青睐社会民主党人。英国管理者把德国看作统一的、被解除了武装的、适度社会主义的，工业已经从诸如克虏伯这样一些人的手里拿过来并被国有化了。英国军政府的教育和政治分支都由一些带有社会主义倾向的军官所组成，他们确保了社会民主党人管理电台、通讯社，以及像《世界报》（*Die Welt*）这样的半官方报纸的运行。

支持社会民主党是英国对欧洲外交政策很多严重错误当中的第一个错误。这意味着把钱交给社会民主党领导人库尔特·舒马赫。此人是德国过去一个悲惨的受害人，他只有一条手臂，很快又截去了一条腿。他持续不断的痛苦使他变得心怀怨恨，容易激动，不耐烦，常常不讲道理。他在任何方面都是阿登纳的对立面：一个普鲁士人，一个新教徒，一个相信大政府、“大”德国的人[17]。他拒绝承认他对德国的构想本质上依赖于苏联同意德国重新统一：对于被截掉的西方占领区，它是行不通的。同样重要的是，他拒绝承认（英国人和他一样），要取代希特勒的德国（这是新政权应当从体制内清除的毒
581 素），真正的选项并不是按照社会民主党的路线重建俾斯麦德国，有一个全权的家长式政府，列宁主义的工业国有化的中央集权方向，庞大的、普鲁士式的官僚机构，以及对平等、一致和集体的强调。这正是苏联人为东德选择的方案，它所产生的一切不过是纳粹政府的一个激进化版本，某种程度上是戈培尔（以及最后阶段的希特勒）所青睐的版本。国家社会主义真正的对立面是个人主义，一个私人约定优先于公共约定的社会，在这样的社会里，家庭是受到偏袒的社会单位，自愿原则是至高无上的原则。

这些恰好是阿登纳毕生相信的理想。作为一个庞大、紧

密、分支众多的家族的成员，然后是家长，他把家庭看作（正如铁幕后面数以百万人也发现的那样）一个值得信赖的庇护所，可以保护人们免遭极权主义的侵犯。当然，家庭可能被彻底摧毁——希特勒实际上消灭了全部犹太人家庭——但它不可能被腐化和堕落。即使家庭失去了大多数成员，它也会以非同寻常的坚韧紧密团结起来，重新组合起来，正如犹太人的经历所证明的那样。一个社会如果以家庭（而不是政党和意识形态计划）作为重建的出发点，它就是对极权主义之恶的最好回答。舒马赫声称，阿登纳的观念会导致德国所有最坏的东西"卷土重来"；这个看法是历史上最大的误判之一。很难想象，自 1860 年以来，还有谁比他更不赞同德国的传统智慧。

如果英国人允许阿登纳继续掌管科隆，他很可能永远不会进入这个新国家的政治。他们把他赶出了科隆。苏联当局也帮了大忙，把他最危险的竞争对手安德烈·赫尔墨斯排除在外。在 1945 年夏天和秋天，基督教民主团体出现在德国的不同地区。阿登纳在科隆的被解职可能是故意安排在这个时候，好让他能够控制新基督教民主联盟，把它组建成一个西德联邦党，其权力基础在科隆地区。他就这样创立了一个党组织，它恰好适合正在形成的新德国政府的显著特征[18]。1946 年 3 月，在他的第一次公共演说中，阿登纳概述了自己的目标。新国家再也不能凌驾于个人之上。必须允许每个人在生活的各个方面有主动权。基督教伦理必须是德国社会的基础。国家必须是联邦制，其构想着眼于最终创建欧洲合众国。[19]

这篇演说是战后世界最重要的演说之一，它标志着战后德国政治实际上还有西欧政治的真正开始，演说是在科隆大学发表的。27 年前，1918 年 6 月，阿登纳曾在那里发表过另一篇 582

引人注目的演说，他当时警告："不管和平条约的最终形式是什么，在这里，在莱茵河畔，在古代的国际十字路口，德意志文明和西方民主国家的文明将在未来几十年里汇合。除非它们之间的和解成为可能……否则，欧洲的领导地位将永远失去。"[20]这个机会错过了；欧洲的领导地位已经一去不复返，多半是永远失去了。但欧洲的稳定和繁荣依然是可以实现的目标。1919 年，阿登纳构想出了德意志联邦之内的莱茵－鲁尔国的想法。1946 年 7 月，英国人创立了"北莱茵－威斯特伐利亚州"，把莱茵兰工业区跟威斯特伐利亚农业区结合起来，其边界跟他 1919 年的设想几乎一模一样，就这样交给他一个完美的工具，来实现他的设计：他再一次很幸运。

接下来的 3 年时间里，阿登纳以堪称完美的手段，打着英国人很不情愿地交到他手里的牌。他是个坚忍不拔的老手，他已经学会了忍耐。他保持了自己的尊严和自己的脾气。他灵活而安静，从不拍桌子，也不卑躬屈膝，而是发挥自己的魅力，有时候小心谨慎地说几句奉承话。他把丘吉尔的话牢记在心："德国人要么掐住别人的脖子，要么拜倒在别人的脚下。"这两件事他都不做。正如一位英国大臣所写的那样，他有"力量站在德国人之外"；他知道有些"弱点把德国人给出卖了"[21]。事情的发展对他有利。苏联人把铁幕钉得越紧，盟国就越致力于创建他想要的西德。他排除了柏林作为首都的可能性："无论谁把柏林作为新首都都是在创造一个新的精神上的普鲁士。"新首都必须在"德国的窗户朝西方敞开的地方"[22]。第一次柏林危机强化了这一观点。阿登纳阻止了社会民主党全面国有化德国工业的计划，这一计划起初得到了英国的支持。通过拒绝马歇尔计划对东德的援助，苏联人让阿登纳得到了双倍的青睐：他们削弱了基督教民主联盟领导人和他在党内的主要竞争对手雅各布·凯泽的基础，他们让西德单独的经济发展成为可能，这是阿登纳实现自己的长期目标所需要的。因为，即使在这样早的阶段，他就认识到了，法国绝不会赞成一个包括至高无上的德国在内的欧洲合众国，这个德国有它完整的工业基地，有 8000 万人口。由于苏联人的政策是让德国保持分裂，因此他们才是阿登纳德国真正的创造者：1947～1948 年，他们连续不断加剧冷战的行动加速了西德的形成。阿登纳当时和以后都在口头上赞成重新统一，正如传统上人们认为每个德国人都会做的那样。但实际上，他想让德国 583
保持分裂，苏联人替他完成他的工作。

阿登纳最大的幸运是，作为制宪会议的主席，他能够起草自己的宪法。他花了很多时间，费了很多周折，最终产生了现代国家所起草的最好的宪法之一，宪法巧妙地平衡了总理与联邦成分之间的关系，使前者有足够的权威制衡后者的既定权力。跟魏玛共和国的宪法比起来，它堪称一部杰作。为了定于 1949 年 8 月 14 日举行的第一次选举，他和经济共管委员会的主席路德维希·艾哈德教授结成同盟，后者的自由市场经济哲学建立在低关税、自由贸易、廉价进口品和高出口的基础之上，恰好适合阿登纳自己的政治哲学，实际上，到 1949 年夏天已经产生出成果。英国人到最后都是错的，他们想当然地认为社会民主党会轻而易举地赢得选举。事实上，基督教民主同盟得到了 736 万张选票，社会民主党的得票不到 700 万张，阿登纳拒绝了无党派联合政府的想法，他能够证明：1300 万德国人都会投票支持自由企业——亦即支持艾哈德的观念——只有 800 万人支持国有化。选举之后出现的情形是，阿登纳完全控制了他的党（以及艾哈德的党）。在让自己成为总理并组建自己的政府的过程中，阿登纳相信一种权威的方式，甚至可以说是高压方式。他说，根据医生的建议，他只能执政两年时间[23]。可他在台上待了 14 年。8 月的选举因此是战后世界最关键的事件之一。一个社会民主党政府，以它当时拥有的经济哲学和计划，绝不可能令人信服地实现德国的经济奇迹。阿登纳—艾哈德组合对这一奇迹来说必不可少。到社会民主党在 1969 年最终当权的时候，他们已经宣布放弃马克思主义的集体所有制，并实际上信奉了艾哈德的市场哲学。

阿登纳还有一个关键性的优势，这一次又多亏了英国人。希特勒彻底摧毁了德国的工会运动。英国人相信，它对于重建德国的民主是必不可少的，因此在 1945 年，在他们允许成立政党很早之前，便鼓励建立工会。支持做这件事的人是莱茵兰钢铁工人领袖汉斯·伯克勒。他是从一个大工会的角度来思考此事的，这是一个古怪的工团主义概念，可以追溯到 1914 年之前的时代。英国人派出了煤矿工人工会主席威尔·劳瑟和工程工人工会主席杰克·坦纳去说服伯克勒建立产业工会。实际上，通过英国人的勒令（任何常规的历史发展进程都会让这样的勒令变得不可能），德国所得到的东西是英国工会模式的
584 一个完美版本，剥除其所有的弱点、反常、矛盾和低效。通过历史上独一无二的自杀式慷慨行为，专门为现代工业设计的工会结构（英国人在半个多世纪的时间里曾试图通过民主磋商的方式来实现，但失败了），被英国无偿地交给了它主要的商业竞争对手。

在“德国工会联合会”（DGB）这一个同盟之内，大约创立了 16 个产业工会。在英国的强烈要求下，工会联合会不仅

得到了除名的宪法权力，而且还得到了所有工会会费固定百分比的财政杠杆，这使它能够积累巨额的财政储备，万一出现罢工的情况，工会可以动用这笔钱。要举行罢工，必须有 75% 的无记名投票，工会联合会实际上有进一步的否决权[24]。出于政治目的的罢工被排除了，不允许工会和政治运动之间存在任何有机的联系。西德获得了主要工业国家当中最有效率的工会结构，没有竞争性的联盟（像美国那样），没有马克思主义者的那种宗教分裂（像意大利和法国那样），没有政治性的工会（像英国那样），尤其是，没有手工业工会，这是早期工业阶段灾难性的遗存，构成了提高生产率的主要机构性障碍。

阿登纳很有技巧地充分利用了英国的这一礼物。1949 年 10 月，伯克勒当选工会联合会第一任主席，从此以后是它实际上的独裁者，他曾和阿登纳一起在科隆市政委员会效力。新任首相让他和艾哈德一起成为其社会和经济政策的联合设计师。他说服伯克勒放弃了公共所有制，支持共同决策（劳资合作）和基于生产率协定的高工资政策[25]。1951 年，在社会民主党投票的支持下，阿登纳让劳资合作法律在联邦议院获得了通过，这样做要冒着危及他的联盟的危险，却获得了相当可观的经济和政治收益。到下一年，德国已经有足够的财力让阿登纳重组德国的社会保障，以确保社会民主党政策的大部分目标能够实现[26]。到 1950 年代中期，德国劳动者已经满足于建立在高利润、高工资、高分红、高生产率、极好的社会保障和决策委员会的席位基础上的本质上是非政治性的政策，在这个过程中，阶级斗争在西德消亡了，其消亡的一个后果是社会民主党人在 1959 年放弃了他们最初的马克思主义哲学。

阿登纳是现时代最有天赋的政治家之一；肯定是德国近代

史上最成功的政治家。在他担任总理期间，德国的实际收入翻了 3 倍。1953 年，他在联邦议院赢得了多数席位，到 1957
585 年，德国的货币已经是欧洲最强的，这一年他赢得了绝对多数。他把德国的民主置于几乎坚不可摧的基础之上，不仅把德国带回了与文明强国的协同合作，而且让它成为合法统治集团的一根支柱。如果没有真正理想主义的强烈倾向，没有足够的愤世嫉俗的狡猾，他不可能实现这些目标。艾哈德认为他愤世嫉俗，有一种对人类的蔑视。毋宁说，那是他清楚地意识到了人类的弱点，尤其是德国人的弱点。他亲自指导了新联邦议院的装修，把它弄得金碧辉煌（“就像马克斯·莱因哈特为《尤里乌斯·恺撒》设计的布景”），为了防止流氓行为，墨水瓶和桌上用品都用螺丝拧紧了。即便如此，场面依然十分可怕，对比阿登纳自己的冷静、庄严和成熟，那就更加触目惊心了。尽管他像卡尔文·柯立芝一样，对恶作剧有一种古怪的爱好，比如把联邦议院矮个子议长欧根·葛斯坦迈亚站在上面讲话的那个木块藏起来。阿登纳并不认为德国人是一个值得信任的民族，不管是集体，还是个人。他盯梢自己的部长们，曾追踪一位部长到了巴黎的一家妓院，于是排除了任命他为外交部长的可能性[27]。在自己的家庭圈子之外他很少有温情，他关系最密切的伙伴是《纽伦堡法》的联合起草人汉斯·格罗布克，他管理着总统官邸和阿登纳的私人情报机构。“谁知道，”阿登纳得意地笑道，“格罗布克先生的保险柜里藏着啥玩意儿。”[28]他教导民主国家的政治家应该比极权主义的竞争对手更聪明、更消息灵通。从集体上讲，他觉得德国人只有在绝对法治的钢铁框架之内才可以信任；从长远来看，他对这一框架的建立将被证明大概是他对德国政治文化的主要贡献。

正是由于苏联领导人（像希特勒一样）痛恨并嘲弄法律，阿登纳才坚决反对和他们做任何交易，因为这样的交易得不到丝毫的担保和监管。他经常说，苏联政权在战争期间和战争之后侵占了50万平方英里的领[illegible]，全都在欧洲；它是硕果仅存的扩张主义强国。40多年[illegible]，苏联违反或废除了它签署的58份条约中的45份[29]。[illegible]过坚持试探苏联人的意图，阿登纳揭露了他们在1952年、1955年和1959年提出的重新统一德国的建议是欺骗性[illegible]。他忘不了有115万德国战俘在苏联消失不见了，其中只[illegible]9628人被归类为"战犯"，从而得到过解释[30]。因此，[illegible]采用各种手段说服德国人到西德寻求避难，他可以给他[illegible]法律、自由和工作。在东德工人1953年6月的起义被红[illegible]用极其残暴的手段镇压之后，苏联领导人把瓦尔特·乌布利 586
希的共产党政权变成了一个彻头彻尾的卫星国。东德并不繁荣，到1961年7月，阿登纳鼓励难民的政策让它以每天流失1000人的速度因流血过多而奄奄一息。8月13日，乌布利希在苏联的允许下开始建造柏林墙。它是非法的，杜鲁门和艾森豪威尔肯定会把它推倒，但在一个软弱的总统杰克·肯尼迪的治下，这个既成事实居然被接受了。对于柏林墙，阿登纳什么事也做不了，因为他在柏林没有司法权，这依然是4大强国的责任。他悲哀地注视着，在他生命的最后几年里，难民潮被切断了，柏林墙救了东德的经济，把它从一个沉重的负债转变成了日益增长的苏联资产，成了苏联集团一个可靠的工业作坊。

然而，到那时候，阿登纳的工作完成了，因为他已经把西德人从经济上、军事上和政治上与西方的文化和正统牢牢地、永久性地捆绑在了一起。这里面有真正的理想主义，平衡着他的强权政治。他是第一个把欧洲利益置于德国利益之上的德国政治家。有一点或许是真的，正如他的一位批评者所写的那样，他是“一个优秀的欧洲人，却是一个糟糕的德国人”[31]。在这个意义上，他想成为一个“糟糕的”德国人；他憎恶卡尔曼教授给他画的那幅肖像，因为这幅肖像让他“看上去像个德国佬”。他认为，德国的重新统一不可能以德国或西方支付得起的价格得到。他是对的，其继任者在接下来20多年里都没能获得任何其他结果便足以证明这一点。相比之下，与西方整合是一个可以实现的目标，他实现了这个目标。但在这方面，他再一次很幸运。阿登纳从智性上而不是从感情上懂得，德国的未来与法国紧密相连。他对法国没什么感情，没有对法国的偏好，对这个国家知之甚少，直到70岁他才第一次也是唯一一次访问法国，参加一次为期两天的会议。然而，像往常一样，他务实地看待政治事实：“欧洲的任何政策都不可能没有法国或者反对法国，正如欧洲的任何政策都不可能没有德国或者反对德国一样。”[32]

阿登纳希望法国跟自己一起合作的伙伴罗伯特·舒曼跟加斯贝利和他自己有很多共同之处。舒曼来自洛林；德语是他的母语。1919年，他已经人到中年，这之前他甚至不是法国公民。阿登纳把他看作查理曼大帝的孙子洛塔尔的王国（所谓“中间王国”）的公民，洛林和科隆曾经属于这个王国。1950年5月9日，他把“欧洲煤钢共同体”的想法兜售给了舒曼，它后来成了欧洲经济共同体的萌芽，而且，多亏了舒曼，那个
587 虽然微不足道但在情感上却极其重要的萨尔问题最终在1955年10月得以解决。但舒曼是一个太不具有代表性的法国人，不可能为了阿登纳头脑中那个更宏大的计划而“交出”法国。1914～1918年，舒曼是德国陆军的一个中士。法国人认为，

对于一个洛林人来说，成为一名德国列兵乃至军官是可以原谅的，因为那是出生地的偶然；但升至高级军士则暗示了热情。无论如何，第四共和国本身不可能交出法国；它太弱了，不可能永久性地交出任何东西。对法国来说，拥抱德国需要获得新的力量后所带来的那种自信；还需要一个体现了这种自信的人和政权。阿登纳最大的幸运在于，他的寿命足够长，可以利用戴高乐的重新掌权和第五共和国的诞生。

法国在 1960 年代和 1970 年代的复兴是现时代最引人注目的现象之一。在 1930 年代，正如我们已经看到的那样，这样的复兴看上去似乎不可想象。通向复兴的道路复杂而荒谬。第三共和国在其最后阶段是"小的就是美的"这一观念的化身：人口不断下降，产量、生产率、投资、工资和消费都很低；对"小人物"、小工厂、小农场、小城镇顶礼膜拜，几乎是无限拔高。它甚至在德国人打败它之前就已经死掉了，在 1940 年夏天土崩瓦解，成为一堆尘土。重要的是要懂得，维希政权是复兴的开始，因为它不仅是由法国的法西斯主义者和通敌分子创造出来的，而且是所有那些谴责其前任腐败无能的人创造出来的。贝当本人可能倾向于拟古主义，因为他曾说："除非狼围着村口嚎叫，否则，法国绝不会再次强大。"[33]但是，很多在维希政权中占据关键职位的人都是激进的现代化论者。在巴黎综合理工学院经济研究中心 1930 年的创始人让·库特罗的指导下，新一代技术专家在维希政府治下走上前台，其中包括工业生产部长比歇隆，维希政府首席经济理论家亨利·库尔曼，1934 年赖法尔的顾问、后来戴高乐的顾问雅克·吕埃夫，对戴高乐（和皮埃尔·孟戴斯－弗朗斯）也很有影响的罗兰·鲍里斯，以及后来担任第五共和国计划委员的皮埃尔·马瑟。[34]

实际上，在它非同寻常的混乱、矛盾和背叛当中，如果仅仅根据颠覆现有秩序这个事实，可以说维希政权时代是一个试验和冒险的时代。其受益者包括积极进取的年轻农民，他们是新农民的模范，后来在欧洲经济共同体之外干得很不错。破天荒地，农民开始对现代化、机器和生产率感兴趣[35]。一套准
588 自愿计划（“指示性计划”）的制度建立起来，它是法国计划总署的雏形。正是维希政权，最早把税源性家庭补贴的想法付诸实施，这个想法是人口统计学家阿道夫·兰德里在 1932 年构想出来的，为的是提高生育率；在维希政府治下，100 多年来第一次，法国的生育率实际上再次开始增长。心理上的影响是深远的。维希政府专注于年轻人，这是它从德国人那里染上的一种时髦。它在教育上的支出远远多于第三共和国。正是维希政权，创造了法国的大众化运动，尤其是足球：1939 年，法国只有 30 个职业足球运动员，到 1943 年已经是这个数字的 10 倍[36]。“青年工场”（Chantiers de la Jeunesse）是维希政权最引人注目的特征是之一，它强调迄今为止所缺乏的技术教育。目标是要让法国恢复青春活力。正如贝当的情报部长保罗·马里翁所写的那样：“多亏了我们，野营、运动、舞蹈、旅行和集体徒步的法国将扫清开胃酒、烟馆、党代会和消化不良的法国。”[37]在很大程度上，这个预言实现了。

维希政府的很多成绩在它自己的崩溃中以及在接下来的国家分裂中被扔掉了。大约 17 万法国人参加了抵抗运动；更多的人——19 万人——被指控通敌，大约 10 万人被送进了监狱。至今没人知道 1944 年究竟杀了多少人——大约 4500 宗案子被证明是真的[38]。共产党人在 1939 ~ 1940 年实际上反对战

争，他们是 1944 年最大的受益者，当时，他们能够杀掉他们的大部分敌人。他们认为自己有权赢得“烈士党”的称号，声称有 7.5 万“共产党爱国者”被纳粹分子和维希政权枪杀。但在纽伦堡审判中，法国官方的数字表明，占领时期总共只有 29660 人被杀，共产党点出名来的本党“英雄”从来没有超过 176 人[39]。事实上，在里永审判中，一些重要的共产党人提出要拿出对社会党领导人不利的证据，而且，当维希政府把反纳粹分子从牢里放出来的时候，共产党的报纸《人道报》(*L'Humanité*) 曾提出抗议[40]。不像其他的党，共产党清洗过通敌分子，其中包括它的领导人莫里斯·多列士；唯一被他们清除的人，是那些在 1939～1940 年不服从斯大林路线并和纳粹分子战斗的人。然而，因为它对抵抗运动姗姗来迟的热情，共产党从战争中脱颖而出，成为最富有、组织化程度最高、在很多方面也是最大的法国政党。它把自己的选票总数从 1936 年的 150 万提高到了 1945 年的 500 万、1946 年的 550 万。这个总数一直增长到了 1949 年，在 1940 年代晚期，共产党大约有 90 万交党费的党员。法国共产党完全是斯大林主义的，斯大林去世之后依然如此；它在智性上和道德上被多列士系统性 589
地腐化了，此人是 20 世纪职业政客的原型，在 23 岁的时候成了全职的政党官员，此后再也没有做过任何别的事情——实际上终其一生都是莫斯科的公仆[41]。他把本党的选票隔离起来，围绕它的飞地竖起了一道道小的铁幕，这样一来，共产党成了法国内部的一个小社会，有它自己的报纸、戏剧、小说、诗歌、女性杂志、儿童漫画、烹调手册和农用历书。[42]

这个庞大的、毫不妥协的政党主要效忠于一个外国政权，它的存在给统治法国提出了一些几乎无法克服的难题。戴高乐

（正如他所写的那样）“把共和国从下水道里捞了出来”，他发现，他实际上没法把“三大部”托付给其联合政府中的共产党员。他在广播中说，他不可能“把这三个决定对外政策的岗位中的任何一个岗位拱手交给他们：表述对外政策的外交部，支持对外政策的陆军部，保护对外政策的警察局”[43]。由于没有能力确保处理国防问题的国家途径（相对于党派意识形态途径），戴高乐不得不在 1946 年辞职。结果是，在制定新宪法上他没有发挥直接的作用，那主要是共产党和社会党的工作。后果是悲惨的。自从君权神授的君主体制终结之后，法国发现不可能设计出一部这样的宪法，能够调和中央权威的要求与代表的权利；法国总是在独裁与混乱之间摇来摆去，所依据的是宪法让天平偏向一边还是另一边。前 12 部宪法都失败了。1875 年的第三共和国宪法以一票之差在制宪会议上获得了通过，事实上，制宪会议里君主制拥护者占多数，只不过他们在具体让谁当国王上没法取得一致。它摇摇晃晃地持续了 65 年，却以彻底的失败而告终，半数国民在精神上从未接受过这部宪法——这也是维希政权为什么深受欢迎的一个原因。贝当受托制定一部新宪法，但是，像希特勒一样，这项工作他从未完成。戴高乐有自己的想法，建立在强势总统的基础之上，1946 年 6 月，他在巴约市发表的一篇演说中概述了这些观念（所谓的“巴约宪法”）。但这部宪法从未进入投票程序。

新成立的第四共和国提交的第一部宪法由共产党人和社会党人起草，在公民投票中被否决。一个修订版很不情愿地给了天主教中央党一定的支持，它最终被法国人所认可，但只有 900 万人投票支持这部宪法——比先前的版本还要少。超过 800 万人投票反对它，850 万人抱着憎恶的态度投了弃权票[44]。它是在急急忙忙、争分夺秒、激烈的讨价还价中制定出来的，是一个伟大而智慧的民族强加给人民的最糟糕的宪法之一。接连它的文法也糟糕透顶。很多条款互相矛盾，还有一些条款错综复杂，令人难以理解。一些细节干脆省略了。有些 590
章节（关于法兰西联邦和“地方集体”的）从未得到过执行。很多程序，例如组建政府、不信任投票和解散议会的程序，被证明根本行不通。它有很多乱七八糟的妥协折中，以至于就连那些推荐这部宪法的人也不喜欢它[45]。它保留了第三共和国最混乱的缺点，还增加了一些新的缺点。

制宪是一项吃力不讨好的工作。宪法分析是历史的一个单调乏味的方面。但宪法很重要。魏玛共和国之所以失败，是因为它的宪法很笨拙。德意志联邦共和国之所以成功，是因为阿登纳很有技巧地给了它一个平稳的基础。宪法把第四共和国变成了一个纯粹的竞技场，上演戴高乐所说的“党派的芭蕾舞”。多亏了它的比例代表制，没有一个党可以组建一个同质的政府。总统是个无足轻重的角色，总理照例在很大程度上无能为力，常常也是一个无足轻重的角色。这一变化多端的联合体制排除了政府连续性和稳定性的可能，更重要的是它使得执行任何重大决定都变得十分困难，特别是那些遭到强有力的党内游说团体（尤其是殖民地游说团体）抵制的不得人心的措施。一点也不意外，当届政府在印度支那卷入了一场注定赢不了的战争，最后以奠边府的投降（1954 年）而告终，并于 4 年后在法属阿尔及利亚遭受惨败。

然而，第四共和国的 12 年并没有被完全浪费掉。维希政府治下的技术专家革命继续向前。它实际上加速了，这在很大程度上要归功于一个勤勉刻苦的热心者让·莫内的努力，他的家庭经营着一家生产白兰地酒的小企业，是那种最老派的、完全是法国式的企业，但出口到全世界，拥有国际视野。他从16岁起便在国外做生意，通常从事商业银行和政府贷款业务，但第一次世界大战的大部分时间他是在商业部长埃蒂安·克莱门泰尔的办公室里度过的，克莱门泰尔是第一个相信政府应该帮助资本主义企业做计划、“民主国家”（他指的是西欧和美国）应当结成“经济同盟”的法国人[46]。在第二次世界大战中，莫内在协调盟国武器生产上表现出色，戴高乐让他负责重建法国分崩离析的经济，他是这一职位的不二人选。莫内创立了计划总署，并在这个基础上继续构建未来欧洲经济共同体最早的一批机构。他是那种罕见的奇才：一个有想法、有激情、
591 有信念的人，不相信意识形态。他认为，唯一起作用的工业计划是通过说服和同意。对他来说，计划机构仅仅是框架而已。规章制度应当被设计得能够产生充分的竞争，而不是乌托邦。计划团队的职能不是下达命令，而是集思广益。计划本质上是经济的外交。莫内方法的优点是，它使得计划与市场体制之间的协调成为可能。它把自己产生的计划官僚机构和专制缩减到了最小：在他的计划总署，总共只有3个高级官员[47]。莫内身材矮小，毫不起眼，安静，乏味，痛恨夸夸其谈：在外表和举止上跟戴高乐恰好相反。两个人共同的东西是坚持不懈和强大的意志；同样重要的还有启发和领导年轻人的能力。戴高乐培养了戴高乐主义者，莫内培养了欧洲经济共同体的官员。

莫内的“指示性计划”体系是第四共和国的一项重要成就。但要想产生充分的结果，还需要一个政治稳定的框架，能够产生强势货币，以及某些严厉而基本的决定，影响各种类型

的人。第四共和国提供不了这样的框架。同样，莫内着手启动欧洲经济共同体，尽管这并非它的首创。作为一个关税同盟（这是它的本质特征），它有漫长的历史。1818 年的普鲁士共同外部关税扩大成了 1834 年的关税同盟，是德国在 1971 年最终实现统一的基础。经验似乎表明，共同关税是通向政治统一的最有把握的路。卢森堡最初是关税同盟的成员，1921 年与比利时签署了一份协定，涉及共同关税和支付平衡。第二次世界大战之后，它扩大到了荷兰，这 3 个国家在 1948 年 1 月 1 日采用了共同的外部关税，而内部关税的“协调过程”开始于 1949 年 10 月 15 日。把比利时、荷兰、卢森堡经济联盟的概念扩大到包括西欧的 3 个主要强国（他还想要英国加入）是莫内的想法，从煤炭和钢铁开始。他的德国朋友把这个想法兜售给了阿登纳，后者用不着理解经济细节，但他认识到了这一原则的政治意义。比利时、荷兰、卢森堡、法国、德国和意大利在 1951 年 4 月签署的《巴黎条约》使煤炭和钢铁产品的共同市场得以产生。6 年后，1957 年 3 月 25 日，这 6 个国家签署了《罗马条约》，着手创立全面共同市场，并提议采用共同的外部和内部关税，结束对人员、服务和资本流动的一切限制，“协调”产生充分竞争的程序，最难的是建立共同的农业价格补贴体系。

第四共和国有能力把法国带入欧洲经济共同体，但缺乏使
这一体系运转起来的决心。因为这一体系的运转本质上依赖于
互相做出牺牲，尤其是法国和德国的牺牲。要在一个共同市场
之内生存下去，法国不仅要迅速实现工业化，它还要把自己传 592
统、低效、农民式的农业部门削减四分之三。1950 年代初，
法国产业工人与农业工人的比例依然只有一比一（英国是九

比一）。在总的2500万工作人口当中，910万人生活在很小的农村公社里，其中有650万人实际从事农业工作；另有125万人生活在半农村公社[48]。必须说服其中大多数人进入工厂，这涉及一场社会巨变，完全超出了第四共和国的执行能力。要让农业领域的这场自愿革命成为可能、可接受，最后有利可图，需要有大量的钱用于农业投资。法国的如意算盘是，西德应当提供这笔钱，以转移支付或国内市场税的形式，根据一个被称作"共同农业政策"的体制。作为回报，德国高效率的制造业将有权进入法国的消费市场。《罗马条约》因此是一宗互有牺牲但微妙平衡的交易。法国的农业革命必须以足够快的速度完成，以证明共同农业政策是有道理的。同样，法国的工业必须现代化，并以足够的信心加以扩张，以防止德国从这宗交易中获得最大利益，把法国变成一个经济殖民地。这两个过程都需要强大而自信的政府，而第四共和国提供不了这样的政府。

甚至需要更多：重申法国作为一个国家的地位。在1950年代的法国，"欧洲人"本质上是少数精英。法国政治的基调常常是恐外的，实际上是种族主义的，共产党人领导着这伙人。他们谈到了"德国佬舒曼"。共产党一位工会领导人朝莱昂·布鲁姆大喊："布鲁姆——在意第绪语中的意思是一朵花！"共产党的一份地方报纸写道："布鲁姆、舒曼、莫克、梅耶，这些名字闻起来根本没有法国泥土的味道。"《人道报》发表了一幅漫画，描绘的"美国党的人"——舒曼、莫克和梅耶——长着扭曲的鼻子，正当共产党人在在唱《马赛曲》的时候，他们尴尬地谈论道："咱们熟悉那个曲调吗？""不，它想必是一首法国歌吧。"[49]即使在中间派和右翼当中，煤钢计划也被攻击为"德国霸权下的欧洲"，在左翼则被攻击为

“梵蒂冈的欧洲”。一个像老达拉第那样的中间派激进分子坚持认为：“当他们说欧洲的时候，他们指的是德国，当他们说德国的时候，他们指的是‘大德意志’。”在右翼，老慕尼黑人皮埃尔-埃蒂安·弗朗丹认为，“欧洲同盟”意味着“法国的自杀”。中小企业联盟——大概是旧法国最典型的机构——那位名字很华丽的莱昂·金格姆布雷把提议中的欧洲经济共同体描绘为“托拉斯、国际化企业和高级金融的欧洲”。一位历 593
史学家认为，它是一次反动尝试，试图复活“神圣罗马帝国的理念”。他说：“过去并没有死，而是在阿登纳、舒曼和加斯贝利的德国文化世界活了下来。”[50]

这种敌人的组合将会让欧洲经济共同体无法运转，特别是由于在西德内部也有强大的恐外反对者：舒马赫把《巴黎条约》称作“卑鄙的欧洲小人，我指的是一个泛法兰西概念……签署这份条约的人不再是个德国人”，因为它是“盟国总理”阿登纳的杰作[51]。纵使第四共和国存活了下来，证明法德协议对双方都公平所需要的那种决心也会缺失。

因此，戴高乐在1958年5月的重新执政不仅在法国是一个分水岭，而且在战后的欧洲史上也是一个分水岭。乍一看，他似乎不是那个推动欧洲经济统一的人，更不像是那个终结法属阿尔及利亚的人。但话说回来，戴高乐从来都不是他看上去的那种人。他是现时代聪明绝顶的人物之一，心细如发，妙语连珠，冷嘲热讽起来让人捉摸不透。他是一个有战后思维（实际上是未来思维）的战前人物。他是个相信德雷福斯无辜的君主制拥护者。他天生就热爱法兰西帝国和外省法兰西（法国乡村）——事实上，他终结了这二者。

应该掌握的最重要一点是，本质上，戴高乐并不是一个军人，甚至不是一个政治家，而是一个知识分子。他是一个特殊种类的知识分子，他的整个一生都在思考精神、力量和行动的主题。此外，他有历史学家那种从永恒的角度来观察当前事件的本领。他父亲曾教导他：“记住拿破仑说的话：‘如果皮埃尔·高乃依今天还活着，我会让他成为君王。’”[52]他总是热衷于讨好知识分子，不仅仅是因为在法国有那么多被官方归类为知识分子的人：1954 年的人口普查数据是 110 万人以上[53]。1943 年，在阿尔及尔，他赢得了纪德所率领的一个知识分子代表团的青睐，他告诉纪德：“艺术有它的光荣，就像法国有它的光荣一样。”代表团认识到，戴高乐是一个像他们自己一样的知识分子[54]。在 1958 年重新执政之后，他给了安德烈·马尔罗一个杰出的位置，在内阁中，马尔罗坐在他的右手边，在戴高乐内心感情中他占据的分量超过他的任何一位部长。至于马尔罗，正如加斯东·帕尔维斯基所说的那样，他“进入了戴高乐时代，正如我们所有人一样，就像进入了一个宗教团体”。[55]

戴高乐智性主义的典型特征是，当他是个理论家的时候，他处理军事问题的途径是通过哲学和政治的观念。他在《建立职业军队》（*Vers l'armée de métier*）中写道，“真正的指挥学
594 校”在于“总体的文化”，他又补充道，“在亚历山大胜利的背后，你总能发现亚里士多德”。同样的途径决定了他的政治才能。他最喜欢引用的话——他的《战争回忆录》（*War Memoirs*）以这句话开篇——是歌德《浮士德》（*Faust*）中的“对权力的赞美”，在这本书里，浮士德拒绝承认“最初是言辞”，认为“最初是行为”[56]。他用这个观点来阐明这样一个道理：法国人有清晰的思想，但缺乏行动的意志。因此，法国

所需要的首先是一个强势国家："没有国家的新生，任何有效而坚实的事情都不可能做成……因为开始所需要的东西就在这里。"[57]国家的"作用和存在的理由就是要服务于普遍的利益。"只有国家才能把整个共同体人格化，一个利维坦式的怪物，不只是具有其组成原子的力量。它是向心力，抵消了预示着总体瓦解的离心力，尤其是在法国。在戴高乐看来，国家不是极权主义的。正相反，它象征了道德和文化的价值，在法国，尤其象征了理想主义，"其品格中的主要特征及其影响力的本质要素"。他把国家等同于自由和古典文明，他把法国文明看作最卓越的民主文明，结合了文化与自由携手前进的漫长历史。最好的民主制度让人民在道德共同体的意识中团结在一起，他称之为 rassemblement（聚集）。民主程序是统一的具体象征。共识先于民主的形式。"法国的强大与世界的自由之间存在一份已经两千年的契约。"因此，"民主难分难解地与人们理解得最透彻的法国利益紧密联系在一起"[58]。

因此，戴高乐的国家观本质上是前极权主义的。他把国家等同于合法性，这在神圣统治者的身上得到了最好的体现。君主是唯一一个这样的个体：他的个人利益难分难解地、实际上是有机地与整个共同体——不只是它的一个或一个以上的部分（像一个党的领导人）——的利益捆绑在一起。因此，当英国女王伊丽莎白二世就她在现代社会应当扮演的角色向戴高乐征求意见时，他给出的建议是："在上帝召唤你去的那个位置上，做你自己吧，夫人！也就是说，要做这样一个人：凭借合法性的原则，您的王国里跟他有关的一切都井然有序，您的人民在他身上理解了自己作为一个民族的地位，凭借他的存在和威严，国家的统一得以维护。"[59]在极端情况下，并且因为渴望更好，他自己不得不在 1940 年扮演这样的角色，正如他所写的那样："戴高乐，独自一人，几乎不为人知，不得不承担起法国的重负。" 1958 年，当骇人听闻的阿尔及利亚危机使法国面临一场西班牙式的内战时，他再一次扮演了这个角色：
595 "戴高乐如今家喻户晓，但除了自己的合法性别无其他武器，必须把命运掌握在自己手里。"[60]他在 1946 年"消失"了，恰好也是抱着这一意图，为了保持"纯洁的形象"，因为（正如他所写的那样）"如果圣女贞德嫁人了，她就不再是圣女贞德"[61]。实际上，他发展出了一种特殊的能力：把自己作为一个人和自己的公众形象区分开来（戴高乐只对作为一个历史人物的"我"感兴趣），因此他能够说："有很多事情我喜欢去做，但不能做，因为这些事情不适合戴高乐将军。"[62]

对于戴高乐来说，这一国家理论的逻辑结果是：建立自己的君主制，假如在 100 年前，他毫无疑问会这样做。然而，在 1958 年，他拒绝君主制，支持公民投票的民主制，使用公民投票和（从 1962 年起）直接普选，选出一位总统，赋予其强有力的实际权力和先验性的象征角色。他 1958 年的宪法以 1750 万赞成票对 450 万反对票（15% 的弃权票）的结果被采用，它建立在巴约提议的基础之上，是迄今为止最清晰、最一致、最有技巧地平衡了法国的宪法[63]。它故意造成政党体制分化成左翼和右翼两个大的集团，迫使选民在第二次投票中做出明确的选择。它赋予行政部门以新的活力，使之能够有权威地做出决定，始终如一地推行政策。尤其是，1962 年的总统选举制度（以 1315 万票赞成对 797 万票反对获得批准）绕过政党，赋予国家首脑以来自全体选民的直接授权。结果，法国享受了其整个现代史上最长的一段政治稳定时期。自 1958 年起，这段时期持续了 23 年，之后，政府统治哲学中才出现了有效的改变。即便是 1981 年 5 月社会党在总统选举中获胜之后，宪法也还继续平稳地运转，显示出它是一部四季皆宜的宪法。像德国一样，法国也终于得到了一个一流的公共架构。

这种新的稳定让维希政府和第四共和国治下只是暗示过的那种东西成为可能，这就是法国的“新生”。100 多年的漫长衰落不仅得以逆转，而且看上去逆转得蔚为壮观。在经济问题上，戴高乐继续看似荒谬地把传统主义和现代性混合在一起。被他任命为经济委员会主席的技术专家是雅克·吕埃夫，此人是他在经济上取得成功的真正设计师，他相信黄金是最好的价值衡量标准，他最早把新保守主义的政策付诸实践，1970 年代，这些政策在国际上变得时髦起来，只不过有了一个误导性的名字：“货币主义”。吕埃夫 1958 年 12 月 8 日的计划支持通
货紧缩、大幅削减政府支出、货币贬值、可兑换性和百倍于先 596
前价值的“新法郎”；这一计划跟外部关税和配额自 1959 年 1 月 1 日起的大规模减少或废除紧密相关。简言之，法国被交给了自由企业和市场。戴高乐后来说：“正是这一计划的一致性和热情，以及它的勇敢和雄心，赢得了我的支持。”他在电视上告诉国民，计划的目标是要“要把国家建立在真实和严格的基础之上”[64]。

法国基本上是个富裕国家，它的人民非常聪明和勤劳。让法国有效地运转起来所需要的一切不过是稳定的架构和充满活力的领导。结果来得很快。国民生产总值在 1959 年下半年增长了 3%，1960 年 7.9%，1961 年 4.6%，1962 年 6.8%；生活水平开始以每年 4% 的速度提高。自工业革命以来，法国第一次成为经济的领跑者。戴高乐主义实际上所做的事情是加速

第四共和国治下不冷不热的经济发展，然后把它稳定在一个很高的水平上，在一个货币稳定和缓慢通胀（按照法国的标准）的架构之内。1952～1962年，出口翻了1倍，在1952年开始的20年时间里，工业生产翻了3倍。法郎成了硬通货，1968年初，法国的储备达到了非同寻常的350亿（新）法郎[65]。这些成果伴随并增强了另外一些长期趋势。人口规模在1946年是4100万，1974年增长到了5200万。这新增的数百万人比此前任何时期受的教育都更好，住房也更好。住宅单位的数量在1914～1939年是停滞的，1960年代以10倍于两次世界大战之间的速度增长，这样一来，到1968年，其总数达到了1825万套，是1939年的两倍。现代药品在法国的普遍使用和有效健康服务的出现也是从1960年代开始的[66]。公立中学教师的数量从1945年的17400人增长到了1965年代67000人，私人部门（多亏了著名的《德伯雷法》，这部法律是以戴高乐的第一任总理的名字命名的）也迅速扩张。法国高质量的大众教育可以追溯到1950年代末期。大专院校的学生数量在1939年只有78691人，1968年增长到563000人。[67]

简言之，在戴高乐治下，法国第一次成为一个工业化的现代国家，走在技术进步和新观念吸收的最前沿。它是1930年代法国的对立面。这种深刻历史趋势的逆转在历史上非常罕见，尤其是对于一个旧国家来说。它使得戴高乐有资格被认为是当今时代杰出的政治家。当然，这种变化并非没有伴随痛苦、丑恶和震荡，以及抗议。但法国人民非常清楚地意识到他
597 们的国家再一次成为一股生机蓬勃的力量，正如在年轻的路易十四或拿破仑一世治下那样，这让他们安心接受了传统乡村法国的毁灭，同样重要的是，让他们更加坚定地同意在一个经济

共同体内与阿登纳的德国合作。

对于整合和超国家，戴高乐并没有莫内那样的热情。在公开场合，他总是把欧洲说成是“祖国的欧洲”。然而，像往常一样，戴高乐的表面行为常常掩盖着完全不同的、十分微妙的目标。他依然是务实的。他并不反对为了特定的目的而创立更大的统一体，只要法国的利益在这统一体内能够更有把握地得到维护。1950 年春，他思考了加泰罗尼亚平原的战斗，“在这场战斗中，法兰克人、高卢罗马人和条顿人联合起来，打垮了匈奴人的游牧部落。……到了莱茵河成为汇合地而不是关卡的时候了。……如果你不迫使自己冷静地看待事物，你就会对德国人的质量和法国人的价值（延伸到非洲）联合起来有可能产生的东西感到震惊。那是一块共同发展的场地，很可能改变欧洲，甚至改变铁幕背后的欧洲。”[68]

在某种意义上，戴高乐不只是一个法国民族主义者；他还是一个加洛林王朝的人。他跟法国新年鉴学派的历史学家们（比如费尔南·布罗代尔）有一样的观点：本质上，历史被地理所决定。事实上，这个观点并不新，至少可以追溯到阿尔伯特·索雷尔，索雷尔在他的巨著《欧洲与法国大革命》（*L'Europe et la Révolution française*，1885）中认为，“法国的政策被地理所决定。它基于一个事实：查理曼大帝的帝国。贯穿法国历史的那场大诉讼，其起始点便是围绕查理曼大帝的遗产所展开的那场无法解决的争端。”[69] 自腓力四世时代起，在瓦罗亚王朝、亨利四世和苏利、黎塞留和马萨林、路易十四的治下，直至丹东和拿破仑的时代，法国都曾试图用武力重新创造这个帝国，将其置于法国独一无二的庇护之下。如今，有了一个被截去一半的德国，被剥夺了其非加洛林王朝的增加部分，那么，用和平的手段、友好地在非所有权的意义上重建这样一个帝国是否可能呢？这正是对戴高乐很有吸引力的务实想法。和大多数法国现代知识分子不同，戴高乐痛恨尼采；他了解德国的途径是通过斯塔尔夫人的《论德国》（*De l'Allemagne*, 1810），这本书在法国开始了对“善良”德国人即西部人的崇拜。他像斯塔尔夫人一样热情洋溢地钦佩歌德。他在阿登纳身上看到了一个契合德国这一方面的人，阿登纳像他自己一样，也是个生逢其时的人，他在运气很好的执政时期给法国提供了一个可能再也不会出现的机会。他写道，阿登纳是一个莱茵兰人。

598 ……对高卢人和条顿人的互补性有清醒的意识，这种互补性曾经让罗马帝国在莱茵河流域的存在变得丰饶多产，给法兰克人带来了成功，给查理曼大帝带来了光荣，为奥地利提供了合理的依据，证明了法国国王与选帝侯们之间的关系是有道理的，用法国大革命的烈焰让德国熊熊燃烧，激发了歌德、海涅、斯塔尔夫人和维克多·雨果的灵感，尽管有激烈的斗争把这两个民族纠缠在一起，但他们继续摸索着寻求穿过黑暗的道路。

1958 年 9 月 14 日，戴高乐正是抱着这种精神，把阿登纳请到了他位于科隆贝莱斯－德埃格利塞的庄园里，他把这次见面称作“这个老法国人和这个非常老的德国人之间的历史性会晤”[70]。

这次会晤十分成功。阿登纳告诉他，他在台上执政时便会返老还童，戴高乐听了便对这位德国老人更加热情了：“我自己也是这样想的。”[71]阿登纳认可了这个法国人：“他显然是个正直、正确而有道德的人。”这是两个人之间的第一次会晤，此后，在不断发展的友好关系中，他们先后进行过40次会晤，直至1962年阿登纳退休。他们奠定了法德轴心的基础，这一关系一直持续到1980年代初。它赖以建立的基础是欧洲经济共同体中重要性日益降低的超国家方面，而与此同时，通过法国和德国经济的互相关联，使经济方面发挥至高无上的作用。因此，这宗平衡的交易（欧洲经济共同体的成功依赖于此）被这两个老派而保守的天主教徒转变成了正在运转的现实，他们的政治超前于基督教民主的时代，他们的世界观是在1914年之前形成的，但他们依然令人吃惊地密切关注他们有生之年的悲剧性事件所带来的改变和机遇。它是一种真正的友谊，是人格力量和个人关系深刻影响了国际事务进程的一个实例。

像世间的很多友谊一样，他们之间的友谊也因为对英国的共同反感而得以加固。戴高乐并不把英国看作一个真正的欧洲大陆强国。正是大西洋主义者，是“盎格鲁-撒克逊人”（正如他所写的那样），是那种说英语民族的合伙关系中资历较浅的成员，把他和法国从战时同盟决策机构的合法位置上赶了下来。戴高乐的目标是要利用欧洲经济共同体的王朝概念，在欧洲创立一个除美国和苏联之外的权力中心。他并不希望英国插手，那将会挑战法国登上查理曼大帝王座的权利主张。在战后的第一个十年里，英国的外交政策混乱而不切实际，只是根据这样一个假设才有意义：法国将依然很弱，西德完全依赖于美 599
国。只要英国开口，欧洲联盟的领导权就非它莫属。可是，由于传统的廉价粮食政策建立在英联邦出口的基础之上，由于信任与美国之间的“特殊关系”，英国并不想扮演这样一个角色。1946年，在苏黎世，正是丘吉尔本人，要求“某种让人大吃一惊的东西……某种形式的欧洲合众国”，建立在“法国与德国伙伴关系”的基础之上。他说，法国和德国必须“一起领头。英国……美国，我相信还包括苏联……必定是新欧洲的朋友和资助人”。[72]

这种屈尊俯就的观点建立在这样一个假设的基础之上：英国依然可以是一个独立的强国，占据着世界帝国曾经给予它的独一无二的地缘政治位置，正如丘吉尔所写的那样（1950），英国是3个互相重叠的圆圈的交叉点：说英语的世界、英联邦和欧洲。这个看法在1950年貌似有点道理。苏伊士运河危机之后它就毫无意义了，这场危机证明了，无论是英联邦，还是“特殊关系”，对于帮助英国保护它所认为的重大利益都毫无价值。于是，出路清楚地指向了欧洲政策。1957年1月，哈罗德·麦克米伦继艾登之后出任首相，他原本有机会启动全新的进程，寻求加入尚未完成的《罗马条约》的谈判。但他错过了这个机会。他自己依然有辉煌的错觉。1959年2月，他作为自封的盟国代言人去了莫斯科，《泰晤士报》（无疑得到了恰当的报告）评论道，由于艾森豪威尔总统的“力量不断衰落，德国总理是个闷闷不乐的老人，而法国总统完全专注于其他问题，因此，明智而强有力地领导联盟的责任就落在英国首相的身上……这一责任是至高无上的”。[73]

莫斯科之行本身没有取得任何成果（1960年巴黎举行的大国峰会也是如此），但它被证明是一次代价高昂的错误，因为它说服阿登纳相信，整个英国特别是麦克米伦本人不是可靠的伙伴，他们居然能够背着德国并以牺牲德国的利益为代价跟苏联做交易[74]。这次访问引发了阿登纳的恐英症。他把英国看作一个国际骗子，自认为拥有重要的地位，而它的资源和它的努力并没有为这样的地位提供正当的理由。他写道："英国就像一个阔人，已经失去了他所有的财产，但他并没有认识到这一点。"[75]他说，他最讨厌的三种人是"俄国人、普鲁士人和英国人"。麦克米伦试图利用"我们这些贫穷而沉默的欧洲大陆人"。英国的政策只不过是一场大骗局[76]。在他们频繁的长时间交谈中，戴高乐很有技巧地利用了阿登纳的反感和怀疑。1961 年 7 月，麦克米伦最终申请英国加入欧洲经济共同 600
体，到这个时候，它已经是个正在运转的共同体，正在走上正轨。英国的加入意味着结构的改变，威胁到法德利益的脆弱平衡。当这一点变得明显的时候，戴高乐否决了英国的加入，他说，它会像特洛伊木马一样，"最终会出现一个依赖于美国并由美国领导的庞大的大西洋共同体，很快就会完全吞掉欧洲经济共同体"。这将危及"德国与法国的友谊、它们所希望的欧洲同盟以及它们在世界的共同行动"，而这些依赖于"无法比拟的民众支持"[77]。让英国懊恼的是，阿登纳对法国的否决表示了默认。

然而，这两个老人看待世界的方式不是拒绝英国加入的唯一理由。随着时间的推移，英国相对于欧洲经济共同体的成员国来说变得越来越穷。这带来了一系列不同的问题。因为，如果说欧洲经济共同体（尤其是共同农业政策）的结构建立在德法之间协定的基础之上，那么，这一协定甚至会更加强有力地应用于英国，英国不得不购买欧洲经济共同体的昂贵粮食，以交换进入其制造品市场的权利。这些市场是不是有足够的竞争性让协定发挥作用呢？1967 年 11 月，戴高乐再次否决了英国的加入，这一回，他指出了英国经济的长期缺点，以及纠正这些缺点的困难，以此作为自己否决的理由[78]。

跟它主要的竞争对手比起来，英国经济的结构弱点在1870～1914年变得相当明显，1920年代再次变得明显。但是，1930年代下半叶有所恢复，尤其是在高科技领域；英国经济在第二次世界大战期间表现很好，这种表现一直持续到了1950年，当时，它的出口是指数144（以1938年的数字为指数100）[79]。1950年，英国的国民生产总值是470亿英镑，而未来欧洲经济共同体的所有6个国家加在一起也只有750亿英镑。英国的出口（63亿英镑）是这6个国家总出口（94亿英镑）的三分之二以上，人均国民生产总值是它们的将近两倍（940英镑对477英镑）。20年后的1970年，英国的人均国民生产总值翻了一倍多，增长到了2170英镑。而6个国家的人均国民生产总值翻了5倍以上，增长到了2557英镑。尽管英国的出口翻了3倍，但这6个国家的出口翻了将近10倍。它们的外汇储备比英国1950年的少一些（29英镑对34亿英镑），但也翻了10倍，与此同时，英国却下降了[80]。根据任何能够想到的欧洲大陆的衡量标准，英国的经济都表现糟糕。整个1970年代，差距进一步拉大，尽管英国实际上已经在1973年1月1日加入了欧洲经济共同体。

601 为什么有这种长期弱点呢？英国是第一个进行工业化的国家，这个过程在1760年代大规模地开始。在那之后的200年里，英国是唯一一个没有遭受过革命、外国侵略和内战的重要工业强国，就像法国和德国战后的历史所表明的那样，这些与过去之间的根本性决裂促进了社会与经济的活力。英国没有宪法性质的权利法案，没有设计出文字上的担保，来保护一个自由社会的前提条件。相反，它有普通法传统，由法官做出裁决，有效地维护了自由和财产的权利，但它实际上并不是英国赖以创造最早的现代工业社会的法律框架。这一传统作为工业企业一个有效的法律背景在整个19世纪继续发挥作用。然而，工会已经反映了早期工业化的过时和反常，尤其是反映在古代手工业工会的多样性中，1900年，工会创建了工党，以推动“直接符合劳动者利益”的立法，反对“相反方向的措施”[81]。相对于西方其他社会主义运动，英国工党的显著特征是，它主要不是马克思主义的，甚至也不是社会主义的，而是议会工团主义的一种形式。工会是自己的主人。它们直接资助工党下院议员（例如，1975年是128人）的中坚分子，更重要的是，它们支付了工党全国经费的大约四分之三，及其选举开支的95%[82]。工党章程通过集团投票中所表达的一种联合成员关系的制度，使得工会成为本党政策形成的过程中占压倒性优势的成分。

议会的力量很快反映在一些法定措施中，这些措施旨在打破英国不成文宪法之内的普通法平衡，使之决定性地向组织化劳工倾斜。1906年，工党在议会中举足轻重的第一年，议会通过了《劳资纠纷法案》，这部法律使得工会完全免除了因为“声称是工会委托或代表工会”造成的损害（侵权）而被提起民事诉讼。这样的豁免权在西方其他任何地方都不存在，因为它实际上使得工会完全免于因违反合同而提起的诉讼，而合同的其他各方（雇主）则可能被工会起诉。就连韦伯夫妇也认为它是“一种异乎寻常的、没有限制的豁免权”。宪法律师A. V. 戴雪抗议道：“它使得工会成了一个免于本国普通法管辖的特权团体。英国议会此前从未故意创立过这样的特权团

体。”[83]这是决定性的行动，给了工会特殊的法律地位，成了
602 后来一些重要而复杂的工会法定特权赖以建立的基础。1913年的《工会法》使得工会经费用于政治目的（也就是工党）合法化了，并规定，隶属于其他党派的工会成员如果不想捐助工党经费的话，就必须“签约放弃”他们的政治权益（这是一个很难实施而又不得人心的程序）。这个程序被保守党1927年的《劳资纠纷法案》颠倒为“签约加入”，这部法律还规定政治性罢工是非法行为。但是，工党1945年在议会中刚刚获得绝对多数，便立即废除了1927年的法案，继续在它创立的国有化企业内部、实际上在它所有的社会和经济政策行为之内给予工会以特殊地位。法官们时不时地继续维护普通法，保护个人免遭工会的侵犯。但不管什么时候，只要工党人士发现工会特权法律中有漏洞，他们就能够直接迫使工党控制的议会把这个漏洞给堵上。因此，在“鲁克斯诉巴纳德”案中，议会上院坚持认为，一次违反合同的非官方罢工是可以起诉的。第二年，新一届工党政府在1965年的《劳资纠纷法案》中把它合法化了。

在1960年代和1970年代，工会日益增长的权力被以各种不同的方式加以运用。1969年，工会否决了工党首相哈罗德·威尔逊提议的所谓“取缔冲突”立法，这一立法旨在减少罢工的数量。1972年，工会引入了新形式的直接行动，包括“群众纠察”、“飞行纠察”和“二级纠察”，警察不愿意或者没能力约束这样的行动。1974年，他们使用这些手段，打垮了保守党政府，这届政府对1971年的《劳资关系法》负有责任，这部法律试图引入（尽管毫无效果）约束工会行为的法定规则。接下来的工党政府不仅废除了1971年的《劳资关

系法》，而且推动议会进行一揽子扩大工会特权的立法，其
中，1974 和 1976 年的《工会与劳工关系法》及 1975 和 1979
年的《就业保护法》只不过是最重要的立法。这些立法把豁
免权扩大到了因工会导致其他当事方违反合同而提起的侵权诉
讼，迫使雇主承认工会，支持“只雇用工会会员”（以至于雇
员可以因为拒绝加入工会而被开除，同时没有提供任何法律救
济），并给工会组织提供场所和设施。这一揽子立法的结果是
要增加“只雇用工会会员”企业的数量，第一次让工会会员
突破占劳动力总数 50% 的大关，相比之下，美国、法国和德
国顶多只有 25%。然而，更重要的是，它实际上排除了对工
会谈判能力的所有约束。作为上议院高等法官及卷宗主事官，
丹宁勋爵评论道：“所有的法律约束都被放宽了，好让他们如 603
今能够为所欲为。”[84]在 1979 年的前几个月里，在混乱的领导
下，不受约束的工会实际上毁了它们的受益者：工党政府。其
保守党继任者因此在 1980 和 1982 年的《就业法》中引入了工
会特权的简单删节本。

工会过度的法律特权和政治力量在三个主要方面对英国的发展缓慢做出了“贡献”。首先，它推动了一些限制性的做法，抑制了生产率的增长，并因此挫伤了投资的积极性。在 1950 ~ 1975 年这四分之一个世纪的时间里，英国的投资和生产率记录是任何主要工业强国中最糟糕的。其次，它极大地增加了工资上涨的压力，尤其是自 1960 年代晚期之后[85]。最后，工会对政府的社会要求和立法要求有一个累积性的趋势，这就是增加公共部门的规模和政府开支在国民生产总值中所占的份额。传统上，英国是一个最小政府的国家：它是一个善意架构的组成部分，正是这一架构使得工业革命成为可能。1851

年的人口普查所登记的公共民事部门的雇员不到7.5万，主要是税务和邮政部门的工作人员，民事政府的中央部门只有1628人，而同一时期法国（1846年）相应的数字是93.2万人。在接下来的一个世纪里，公共部门所雇用人员占工作人口的比例从2.4%增长到了1950年的24.3%。或者换个说法，在1790～1910年这120年的时间里，公共支出占国民生产总值的比例从未超过23%，平均是13%。1946年之后，这个数字从未低于36%。[86]

然而，真正具有破坏性的增长发生在1964年之后，在工党执政15年当中的11年时间里。在1950年代和1960年代初，这个数字刚刚超过40%。1965年，它突破了45%，1967年是50%。工党1974年重新执政之后，这个数字立即突破了55%的大关，第二年上升到了59.06%。在1975～1976年，仅公共部门的借款就占到了总产出的11.5%，新增公共借款的总数仅在过去5年里就突破了310亿英镑[87]。到这一阶段，公共部门超支和工资上涨的结合有望推动英国的通货膨胀率突破40%的大关。1976年秋，英国被迫请来国际货币基金组织的经纪人，屈服于他们的勒令。这之后，开支有一定的削减，在1979年保守党选举胜利之后，有过一次系统性的努力，试图减少公共借款，约束公共部门，并把经济暴露在市场力量的
604 紧缩惩罚之下。这一努力，加上北海离岸油田（这使得英国到1980年在石油上实现了自给自足，到1981年成为净出口国）的影响，稳定了经济，并把生产率提高到了竞争水平，尽管经济活力处在1960年末以来的最低水平上。到1983年，英国经济正在复苏，但速度很慢，在未来一段时期里不大可能发挥任何形式的领导作用，无论是在欧洲经济共同体之内，还

是之外。

然而，英国的相对失败是一个例外。在铁幕以西的整个欧洲，战后 40 年目睹了蔚为壮观的社会和经济发展。此外，这一发展在宪政合法性和政治和平的背景上实现的。与两次世界大战之间的那段时期的鲜明对比是惊人的，即便是在那些最受青睐的地区。整个 1920 年代和 1930 年代，斯堪的纳维亚半岛国家有过最糟糕的失业记录。在 1932 ~ 1933 年的冬天，失业劳动力的比例在瑞典增长到了 31.5%，挪威是 42.4%，丹麦是 42.8%[88]。那是一段激烈阶级斗争的时期。不得不创立正规军来维持秩序，正是从这种社会冲突的痛苦中，维德孔·吉斯林壮大了他的纳粹式运动，有它身着制服的军事组织，是模仿德国的冲锋队[89]。

改变出现在 1930 年代下半叶。在挪威（1935 年）、瑞典、丹麦（1936 年）和芬兰（1937 年），社会民主党政府先后出现，引入了范围广泛的社会保障计划。迅速复苏的经济为这些计划提供了资金。在挪威，到 1938 年，国民生产总值高出其 1914 年的数字 75%，在瑞典，国民生产总值在 1932 ~ 1939 年增长了 50%，尽管社会民主党政府并不比战前其他任何一届政府更有能力解决大规模失业的问题[90]。在 1930 年代晚期，一些英国和美国观察者，比如柴尔斯和西蒙勋爵，已经开始关注西蒙所说的“当今世界最令人鼓舞的事情”[91]。社会民主党继续主宰着斯堪的纳维亚半岛的政治，直至 1970 年代晚期，实现了民主政府惊人的连续性。在瑞典，塔格·埃兰德担任总理长达 23 年。埃纳尔·基哈德森在挪威保持了类似的纪录，直至 1965 年退休。社会民主党在瑞典自 1936 至 1976 年一直执政，在挪威自 1935 至 1981 年一直执政（除了 1965 ~ 1976

年之外）。整个这一时期，他们在丹麦和芬兰占支配地位。这种社会和政治的稳定使得斯堪的纳维亚国家能够对世界经济做出惊人的贡献（相对于它的人口数量而言）。在 1970 年代中期，2200 万斯堪的纳维亚人生产了将近 2000 万吨粮食、560
605 万吨鱼（2 倍于美国、5 倍于英国的产量）、2520 万吨铁矿石（超过英国、法国和德国的总和），以及 4900 万吨木材和纸（是美国产量的四分之一）。斯堪的纳维亚的发电量超过了法国，造船超过了美国、英国、法国和德国的总和[92]。但在 1970 年代，不断增长的健康服务成本、强有力的工会运动的迫切需要（就像在英国一样），以及高税收结合能源危机所带来的冲击，摧毁了斯堪的纳维亚的经济活力（尤其是在瑞典），结束了社会民主党对权力的垄断。非社会主义政党自 1976 年至 1982 年在瑞典、在丹麦，1981 年甚至在挪威重新执政，这得益于北海石油。斯堪的纳维亚的经验表明，即便在最有利的环境下，对于社会福利民主制所能提供的东西也有严格的实际限制。

实际上，引人注目的是，在 1970 年代，瑞士超过了瑞典，成为社会平均生活水平最高的国家，这一结果赖以实现的手段，可以被称为公民投票的保守主义。工业化自 1800 年起在瑞士开始，到 1920 年，超过 40% 的就业人口从事工业（外加很大比例的人从事酒店和银行等服务业），而从事农业的只有 25%。男性的普遍投票权早在 1848 年就引入了，连同公民投票制度，1874 年和 1891 年的公民投票进一步扩大了这一体制，使得全体选民的直接投票成为立法改变的常规过程。与之相伴随的，是一种被称作“和谐民主”的设计，其必不可少的条件是：所有主要党派在政府行政部门“联邦委员会”都要有代表，以及对压力集团的公开承认[93]。这一制度有两个非常重要的政治后果。首先，公民投票迫使保守派组建群众党，这样的政党始终是平民主义的，而不是精英主义的。反社会党人的中产阶级集团由激进党人、天主教保守党和农民组成，自1919年起在瑞士政坛占支配地位，完全是一个多阶级政党，包括国民中一些最穷的人：说意大利语的天主教徒，他们觉得自己被那些进步的、说法语和德语的新教徒自由主义者所歧视。保守主义成了一股强有力的消极力量，能够阻挠公民投票所带来的改变[94]。其次，通过防止工人的激进化，保守党的平民主义把社会党人驱向了中间路线。1935年，瑞士社会民主党成为第一个宣布放弃阶级斗争原则的政党，两年后，该党参与了工程行业的“巴黎协议”的谈判。这为社会民主党人在1943年加入联邦政府开辟了道路，反过来创立了一个整合的资产阶级—社会民主党政府，建立在保守消极主义的基 606
础之上。

消极的途径出乎意外地促进了瑞士经济的活力，尤其是在它最大的成长性行业：银行业。在1960年代和1970年代，正是保守分子拒绝同意社会民主党人“民主化”和“开放”瑞士银行业的要求，才使得瑞士经济能够继续增长，银行业在1977年的“基亚索事件”之后幸存了下来（这一事件牵涉瑞信银行的一家分支机构和意大利的货币走私贩子）。根据1934年通过的一项法律，瑞士的银行被禁止透露账户信息，以防止纳粹政府追查德国犹太人的存款。在拐骗和抢劫的案子中，账户的信息可以通过国际刑警组织得到，而且，自1980年起，美国政府也可以得到这些信息，以处理某些组织化犯罪的案子。但瑞士坚决拒绝为了政治目的而透露财务数据，尽管当伊朗国王在 1979 年遭到驱逐的时候，瑞士承受了很多的压力。在瑞士，有数以千计所谓的“政治”账户，包括很多来自“铁幕”后面的账户。但它们只占到了瑞士银行交易的很小一部分，在 1978 年底，瑞士银行共有 1150.6 亿美元的外国存款，外加 1237 亿美元的有价证券[95]。到 1980 年代初，瑞士银行拥有的财产在万亿美元的范围内，保守党认为，这将会毁掉这一体制的效率，它的保密性与官僚机构的随便、迅速和仇恨紧密相连。由于银行业是瑞士工业发展的源泉（1980 年，瑞士 3 家最大的银行在瑞士 1700 家企业中占据着 2200 个董事席位），资本的逃离将会让整个经济陷入衰退。然而，多亏了瑞士的公民投票民主制，使得建立消极的联合政府变得很容易，使得瑞士法郎成为世界上最强势的货币之一，也使得瑞士的人均收入领先于斯堪的纳维亚和北美的水平。

瑞士和斯堪的纳维亚国家（通常被归类为“新教国家”）的非凡表现和政治稳定契合了某种理论，它于 1830 年代最早在法国提出，在马克斯·韦伯的“新教伦理”论题中达到了高潮，这一理论认为：宗教信仰往往决定了经济模式。1940 年代和 1950 年代，有人以历史为依据推翻了这一理论，不过，更有趣的是，在战后的那段时期，南欧“非新教国家”的经
607 济发展从实践上驳斥了这一理论。意大利人的瑞士赶上了法国人和德国人的州。意大利在 1950 年代、法国在 1960 年代都有自己的工业“奇迹”。从过去表现的观点看，更加令人印象深刻的是伊比利亚半岛和希腊的政治和社会进步。

葡萄牙的安东尼奥·萨拉查、西班牙的佛朗哥被证明不仅是战前独裁者当中最持久的，而且也是迄今为止最成功的，历史对这两个人的看法很可能远比 1980 年代初期的流行看法更

加赞许。萨拉查1928年接管财政，1932年成为首相，一直干到了1970年，他是历史上唯一一个被那种危险的器具——折叠躺椅——所推翻的暴君。他还是唯一一个管理知识分子独裁政权的人（尽管列宁接近于这一点）。1932～1961年，大学教授在萨拉查内阁中所占的比例从未低于21%。在1936～1944年，他们占据着一半的内阁职位；这位独裁者的同僚当中，大约四分之一的人来自科英布拉大学的同一个系：法律系。这种“教授治国”非常成功地促进了缓慢而稳定的经济增长，维持了强势货币，抑制了通货膨胀，尤其是给了葡萄牙在现时代从未拥有过的东西：政治稳定。最后一项成就部分程度上是通过一支规模虽小但效率很高的秘密警察部队PIDE（国际及卫国警察）来实现的，这支部队成立于1926年。萨拉查捍卫有产阶级的利益，但经常违背他们的意愿，尤其是在紧紧抓住葡萄牙的非洲领地上，这要花很高的代价，而商业界早就想妥协。他每天接见PIDE的首脑，监督他们的一举一动。他长期监禁自己的敌人：在1970年代中期，共产党中央委员会的21位成员声称，他们在监狱里总共服刑308年，平均每人14年[96]。但他不会执行死刑，即使他允许PIDE偶尔非正式地杀人，例如1965年2月杀害反对派领导人德尔加多将军[97]。由于PIDE在实施暴行上十分谨慎，因此很难曝光，甚至受到一定程度的尊敬。PIDE的司令官阿戈斯迪尼奥·劳伦西奥在1940年代晚期出任国际刑警组织的首脑，教皇保罗六世1967年访问法蒂玛时还给PIDE的高级军官授勋。

作为折叠椅小意外的结果，当萨拉查在1969年失去理性的时候，教授们被打发回了大学，PIDE被“撤销”，或者毋宁说是改了个名字。像大多数官僚主义改革一样，这次改革导致了人数的巨大增长和效率的灾难性降低（尽管在残忍暴行和无法无天上没有丝毫减少）。一场起义让秘密警察大吃一惊，1974 年 4 月 25 日，现政权被起义推翻[98]。葡萄牙民主化了，帝国不复存在，经济跌跌撞撞，通货膨胀有所增加。但是，在
608 3 年混乱之后，葡萄牙撤下报纸的大字标题，回到了萨拉查式的基本经济模式。令人吃惊和令人鼓舞的方面是，葡萄牙能够实现从持久的警察国家过渡到正常运转的民主体制，不仅没有流血，而且同时保存了旧政权所取得的大部分成就。

西班牙在 1970 年代经历了类似的但在当时的环境下更加引人注目的经历。当佛朗哥 1974 年夏天把权力交给胡安·卡洛斯的时候（1975 年 11 月，佛朗哥去世不久，卡洛斯便立即加冕为国王），他已经有效地掌权 38 年，这一成就就连腓力二世也要尊敬三分①。有一点他大概是对的，他认为，共和党的胜利将会导致另一场内战，而他的政权是“最不可能分裂我们”的政权，因为有两个严重分裂的拥护君主制的派系——法西斯派和传统的保守派，还有共产党与其他共和党人之间不共戴天的敌对。1944 年 10 月，在法国解放之后，2000 名“入侵”的共和主义者越过了比利牛斯山，预期一次全面起义，但结果什么也没发生。1945 年 8 月 26 日，组建了共和党政府：一件无足轻重的小事。盟国不会对佛朗哥采取行动，因为它们不想西班牙爆发内战。为了取悦盟国，佛朗哥放弃了法西斯的敬礼（他从未喜欢过这玩意儿），但他不会取缔长枪党，尽管他很不喜欢他们的姿势，因为长枪党对极端右翼来说是一个安全阀，而且是可控的。

---

① 西班牙国王腓力二世在位 42 年。——译者注

本质上，佛朗哥是一个非政治人物，他通过那些教会、地主阶级和商界都能接受的人来统治国家。这正是军队想要的，而军队对佛朗哥之前的政策有否决权。像军队一样，佛朗哥也是一股消极的力量。他保持国家不乱动、不冒险。他阻止职业政客做任何事情。他对军队的高级指挥官一本正经地把自己描述为“从不换岗的哨兵，是那个接收不受欢迎的电报并口授答复的人，那个别人在睡觉的时候他却在密切注视的人”[99]。如果他更年轻一些，他可能会设计出公民投票的架构。事实上，1947年7月6日，他提交了《继位法》(体现了君主制的原则)，付诸投票。在将近1720万选民当中，有1520万人投了票，其中有14145163人在观察员证明是很公平的条件下投了赞成票[100]。

随着继承问题的解决，佛朗哥便开始培养和训练胡安·卡洛斯作为自己的接班人。与此同时，在消极政府的架构之内，不像萨拉查和瑞士联邦的经济，西班牙的经济在市场力量的帮助下使自己现代化了。在1950~1970年这20年里，西班牙改变了。生活在2万多座城镇里的人占人口总数的比例从30%
增长至将近50%。在30年的时间里，文盲率从19%降至9%， 609
在短短15年的时间里，学生人数翻了一倍。就某些方面而言，西班牙在使其落后的南方地区的现代化上比意大利更成功。在1950~1975年这四分之一个世纪的时间里，安达卢西亚的风景从物质上和视觉上被彻底改变了，就实际工资而言，迅速下降的农村人口大概比拥挤城镇的产业工人受益更多。但重要的变化是在预期上：调查显示，工人们可以预期得到比父辈好得多的工作（在薪水和声望上）；一个人40岁时的预期比20岁的时候更高。西班牙过去的那种绝望是其阴郁痛苦的根源，有时候也是其疯狂暴力的根源，如今已经一去不返[101]。实际上，在1950年代和1960年代，西班牙成了整体现代欧洲经济的组成部分，分享了它的成功和失败，以及它的总体繁荣：比利牛斯山不再是一道经济文化之墙。

佛朗哥政权的稳定和政治上的消极主义使得这种相对繁荣成为可能，也帮助解释了过渡为什么会成功。佛朗哥姿态的典型特征是，他的最后一位首相，也是胡安·卡洛斯国王的第一位首相卡洛斯·阿里亚斯不是一个政客，也不是一个技术专家或长枪党的成员，而是军队一位重要将军的被保护人[102]。说到西班牙很不情愿地承认佛朗哥的优点，一个同样典型的特征是，民主政权第一任真正的首相阿道弗·苏亚雷斯尽管出生于1932年，却根据连续性的原则创立了他的中右翼政党西班牙人民联盟（UDPE）。戴高乐主义的经验帮助了苏亚雷斯，一方面是由于戴高乐主义内在的成功，另一方面是由于它在自己的创立者去世之后存活了下来。苏亚雷斯是通过佛朗哥的最后一届国会来推行自己的改革的，而没有解散它，改革方案在国会以94.2%的赞成票获得批准（1976年12月15日），在选举之前的11个月里，苏亚雷斯废除了佛朗哥垄断性的政党结构，引入了多党制（包括共产党），把工会合法化了，恢复了言论和新闻出版自由，此外还着手准备公民投票，这是自1936年2月以来第一次自由投票。选举制度偏向于农村地区：15个最小的行省，有340万人口，在国会中有53个席位，而巴塞罗那有450万人口，在国会中只有33个席位。不过，它使得1977年6月的投票中出现四分天下的结构（就像法国那样）成为可能，苏亚雷斯重新命名的民主中间联盟是其中最强大的一派，占34%，接下来是社会党（29%），共产党和保守党平均分享剩余的份额。[103]

权力集中在中间派手里很重要，因为新一届国会有权起草宪法。宪法最终在 1978 年 12 月出台，并得到了公民投票的批准，它把西班牙定义为“社会民主的法治国家”，它的政体是“议会君主制”；但它也担保了“民族”自治，这是对中央集 610
权制的重要背离，不仅是背离了佛朗哥的中央集权制，而且是背离了西班牙本身的中央集权制，因为西班牙早在 15 世纪晚期就采用了卡斯蒂利亚人占主导地位的政策。国王既是国家首脑，也是武装部队的首脑，在 1981 年的那场未遂政变期间，这一点被证明至关重要：西班牙依然是一个军队扮演特殊角色的国家，尽管说来也怪，这支军队并不庞大（陆军 22 万人，外加海军 46600 人和空军 35700 人）。宪法废除了死刑，给予了天主教会以认可（尽管不是官方地位），给离婚开了方便之门，给了工会和政党以合法的地位。由于为地区授权规定了非常复杂的程序，它带来了很多问题，争论很可能要主宰 1980 年代的西班牙政治。实际上，作为一份议会文本而不是一份勒令，它太长了（共 169 条），而且很复杂，细节详尽得有些荒唐，文风糟糕得有些可怕。然而，它最大的优点是：它代表了一致意见，是西班牙第一部并没有表达单一意识形态或一个党派垄断权力的宪法[104]。到 1980 年代初，由一个冷静而狡诈的君主领导的西班牙新政权一方面把激进的恐怖主义孤立起来，另一方面也隔离了军队的阴谋，并成功地将这两者清除出了公共生活的主流，这样一来，1982 年，自 1936 年之后的第一届社会党政府得以和平地上台执政。因此在政治意义上西班牙如今也融入了欧洲的文化。

更加令人吃惊而且会让劳合·乔治的幽灵感到高兴的是，

贫穷落后、遍体鳞伤的希腊终于也让自己融入了欧洲的文化中。埃莱夫塞里奥斯·韦尼泽洛斯的民主希腊原本打算作为《凡尔赛和约》的主要受益者，而事实上得到的却很少，尽管对于希腊来说，第一次世界大战整整持续了 10 年：1912 ~ 1922 年。它的战时参谋长约翰·梅塔克萨斯早在 1923 年就曾试图发动政变，最终在 1936 年成功地建立了自己的独裁政权。他允诺“训练”希腊人民，用“德国人严肃认真的精神”取代希腊人的个人主义。他是“第一农民”、“第一工人”和“国父”。尽管如此，正是梅塔克萨斯在 1940 年打败了意大利人（他死于 1941 年初），也正是军队，而不是任何别的机构，从希腊旷日持久的战争以及战后的极大痛苦中脱颖而出，赢得了极大的荣誉。丘吉尔发给斯科比将军的那封著名电报原本可以为西方拯救希腊，但共产党人的抵抗在北方坚持了下来。直至 1949 年夏，梅塔克萨斯从前的参谋长帕帕戈斯元帅才确立了政府对整个国家的权威。对希腊来说，第二次世界大战也持
611 续了整整 10 年。内战让 8 万希腊人死于非命，2 万人被投入监狱（包括 5000 人被判处死刑或无期徒刑），把 70 万人变成了难民，迫使 10% 的人背井离乡。[105]

1946 ~ 1952 年，先后出现过 16 个短命的政府，但在 1952 年的选举中，帕帕戈斯（此前他已经按照戴高乐的法国人民联盟的路线创立了一个“全国性”政党）赢得了压倒性的胜利，开始了 11 年的右翼统治。当他在 1955 年去世的时候，康斯坦丁·卡拉曼利斯接管了他的党，赢得了 1958 年和 1961 年的选举。这是军方能够接受的唯一一种民主“常态”。乔治·帕潘德里欧重建了韦尼泽洛斯过去的中左翼联盟，当他在 1963 年把卡拉曼利斯赶下台并把他流放的时候，一段混乱时

期便接踵而至，以一场军队政变而告终，发动政变的是乔治斯·帕帕佐普洛斯上校领导的一群中层军官。

像在西班牙一样，军队认为自己比任何党派都更有资格被称作国家机构。政党都是由中上层阶级的世袭特权阶层所管理的，他们运作着一种分赃制。相比之下，军队声称自己是按照功劳来管理的，大多数军官都是从农民当中招募的。它也更接近于教会；它对职业政客的痛恨有广泛的基础。帕帕佐普洛斯政权是梅塔克萨斯的回声，它强调“纪律”和“希腊—基督教文明”。它在 1968 年制定了一部权威性的新宪法，并在 1973 年结束了希腊始终不能令人满意的君主制。它在工人和农民当中招致的反对很少，但也没有唤起他们多少热情。它监禁了它的一些中产阶级敌人，偶尔还对他们动用酷刑。它原本可以无限期地存在下去，但帕帕佐普洛斯失去了同僚们的信任，他被罢黜了，接下来，军人集团笨手笨脚地插足了塞浦路斯的政治，激起了 1974 年的土耳其入侵。希腊被打败了，政权在混乱中被解散，流亡巴黎的卡拉曼利斯被召了回来。他赢得了压倒性的选举胜利（拿下了议会 300 个席位当中的 219 席），因此能够在 1975 年通过一部宪法，按照戴高乐的路线设置了一个强有力的行政部门——这是戴高乐对 1960 年代和 1970 年代欧洲异乎寻常的影响的又一个例证。这个弹性架构导致人们相信：帕潘德里欧家族的下一次选举胜利（此事最终在 1981 年发生了，当时他提出了社会主义的竞选政纲）不会引入另一个宪政不稳定周期。

对大多数希腊人来说，重要的不是政治芭蕾舞，实际上也不是职业政治的运用，而是这样一个事实：帕帕戈斯在 1952 年开创了一个漫长的社会和经济进步的时代。在卡拉曼利斯治

下，在军人治下，以及后来再次在卡拉曼利斯治下，这一进步
612 以大致相同的速度继续向前。它生动说明了从当今时代的研究中得出的一个教训。政治活动很少促进经济福祉，相反倒是有可能侵蚀经济福祉的基础，如果这些活动足够激烈、拖的时间足够长的话。政府最有用的职能是看场子，在这个场子里，个人可以增进他们自己的利益，并在这个过程中促进共同利益。在 1950～1980 年这 30 年的时间里，普通希腊人的命运改善是这个国家历史上迄今为止最坚实的[106]。这一点被反映在一个反映民众支持度的可靠指标上，这就是迁徙。当人们不是用纸片而是用自己的脚投票时，他们是最诚实的。自公元 8 世纪以来，希腊人便一直移民国外。在 1970 年代，1300 万希腊人当中，有 400 万人生活在国外，其中 300 万人是永久居留。移民在 1965 年达到了 117167 人的高峰，但这似乎是转折点。在军人政权后来的那些年里，移民比例迅速下降，除了移民美国之外，越来越多的海外希腊人开始打道回府。到 1974 年，自 1850 年汇编统计数据以来第一次，参与国内经济建设的希腊人多于那些为了工作而出国的人。到 1979 年，当移民降到 2 万人以下的时候，作为希腊主要的收入来源，来自国外的汇款（12 亿美元）落后于旅游业（17 亿美元）和造船业（15 亿美元）。实际上，在 1970 年代，希腊的经济增长率平均是 5%～6%，失业率只有 2%，比西欧国家的表现好很多[107]。到 1980 年代初，希腊正迅速接近西欧的生活水平，这是推测其新的政治和社会稳定可能维持下去的另外一个理由。

35 年的时间里，在“铁幕”以西和以南的欧洲，大约 3 亿人在民主架构之内和法治之下实现了相对富裕，这个过程是整个人类历史上最引人注目的过程之一。也可以说是出人意料

的，因为它紧跟在欧洲大陆两次险些成功的未遂自杀之后。然而，在这新一轮的稳定和繁荣中，存在一个悖论。1980 年代初，战争结束 35 年之后，民主的欧洲尽管有不断积累的财富，但它的安全依然仰赖别人，不仅依赖于大西洋彼岸美国的担保，而且依赖于美国军队事实上的持续存在。这种情况是反常的。美国在 1960 年代和 1970 年代的历史暗示了它也是危险的。

18. 美国的未遂自杀

613 艾森豪威尔时代是美国权威的顶峰。围绕共产主义集团的边缘建起了一道集体安全之墙。在这道防御墙的后面，先是美国后是西欧享受了前所未有的繁荣。因此，两次世界大战之间那段时期的外交和经济教训都被汲取了，或者说人们是这样认为的。它是1920年代繁荣的再现，但不那么疯狂，也更加可靠，延伸到了更广泛的社会范围和大西洋两岸。1950年代是富裕的十年，这个词被通俗经济学家J. K. 加尔布雷思在他1958年的畅销书《富裕社会》（*The Affluent Society*）中给大众化了。这本书攻击了老的“传统智慧”。在这样做的时候，它创造了新的传统智慧。加尔布雷思和他的学派认为，短缺的时代已经结束。这个世界在资源上是充足的。先进的经济体已经征服了生产商品的难题。经济问题已经得到解决。剩下的是政治问题：公正地分配产品。国家应当扮演一个创造性的角色，用“私人的富足”来终结“公共的贫困”，治疗财富上危险的失衡，这种失衡不仅是国内的，而且是国家之间的。艾森豪威尔并没有这样的乐观。他认为，武器或福利上的过度支出可以轻而易举地毁掉美国经济，这两者加在一起就更不用说了。实际上，引人注目的是，不像1920年代，如今不是右翼而是左翼相信繁荣会永远持续下去，他们把1960年代变成了幻想的十年。

到1960年，艾森豪威尔已经是入主白宫年龄最大的人。他看上去昏昏欲睡。人们在呼吁行动主义，要“让美国再一次动起来”。美国被描绘为不仅在福利供应上，而且在军事力量上落在了后面。有人谈到“导弹差距”[1]。1960 年大选的共和党候选人、副总统理查德·尼克松很年轻（47 岁），但人们把他和本届政府的无为而治联系在一起，而且，作为一个强硬派的加利福尼亚人，他遭到占支配地位的东海岸媒体自由主义者的痛恨。民主党候选人约翰·肯尼迪更年轻（43 岁），富有 614
而英俊。他的实力在于公共关系，在于一台很有效率、冷酷无情的政治机器，由他弟弟罗伯特管理。这些让他赢得了大选；也就是说，如果他真的合法地赢得了大选的话。将近 6900 万张选票当中，肯尼迪只多出了 12 万张选票，竞争对手对亚拉巴马州投票所做的解释使这次胜利蒙上了阴云。肯尼迪得到了 84 张多数选举人票，这才是重要的。但在这里，臭名昭著的戴里机构在得克萨斯州，尤其是在伊利诺伊州的不正当行为让人们不由得怀疑肯尼迪获胜的合法性。尼克松没有对结果提出质疑，因为他认为那会损害总统的职位，也会损害美国[2]。这样的克制并没有为他挣得荣誉。肯尼迪对尼克松的蔑视在他 1960 年选举之前的一句话中暴露无遗：“他打哪儿进来，还得从哪儿出去——没品。”[3]

肯尼迪倒是有“品”。他是自罗斯福以来第一个用不着自己挣钱谋生的总统。像罗斯福一样，他也把华盛顿变成了一座希望之城；也就是说，一个中产阶级知识分子蜂拥着去谋求就业岗位的地方。他妻子杰奎琳是个社交美人，爱好高雅文化。白宫里有了这样一对魅力非凡的两口子，有人把华盛顿说成是“新的卡默洛特”①。另一些人则没有那么深的印象。一位来访

① 卡默洛特是传说中亚瑟王的宫殿所在地。——译者注

的政治家指出，肯尼迪的闯入就像“眼睁睁地看着博尔吉亚家族的兄弟接管了意大利北方一座正派体面的城镇”。新政府的第一个受益者是所谓的“军工复合体”，这个标签是满腹狐疑的艾森豪威尔给它贴上去的。在常规部队和核部队上的开支急剧增加。在某些方面，肯尼迪和他的国务卿迪安·腊斯克被证明是最热心的冷战分子，虽说不是最高明的。肯尼迪对美国的海外责任进行了最全面的曲解，这样的责任完全是新的。美国的经典姿态是时任国务卿的约翰·昆西·亚当斯在 1821 年定义的。他承诺：“不管在什么地方，只要自由和独立的标准一直或即将展开，那里都会有美国的感情、祝福和祈祷。”但是，他补充道：“它不会去国外寻找要消灭的恶魔。它是所有国家自由和独立的祝福者。它只是自己的自由和独立的捍卫者和维护者。”[4]在杜鲁门和艾森豪威尔治下，这一学说得到了修改，因为“它自己的自由和独立”可以扩大到包括某些盟国，它们的生存对于美国的利益至关重要。

肯尼迪走得更远。他清楚地意识到，老式的冷战不再是唯一的冷战，这场冷战是斯大林发动的，他把自己的边境从一个中心基地不断向前推进。斯大林的继任者引入了运动战，在这
615 样一场战争中，敌人可以越过美国的防御壁垒。在肯尼迪上台前不久，赫鲁晓夫在 1961 年 1 月的一篇演说中界定了新的政策，其实这一政策像列宁一样老，但苏联如今有资源大力推行这一政策。赫鲁晓夫说，共产党的胜利不会通过核战争来实现（这样一场战争会毁灭整个人类），也不会通过传统的战争来实现（这样的战争可能很快就变成核战争），而是要通过非洲、亚洲和拉丁美洲的“民族解放战争”来实现，这些地方都是“反帝革命斗争的中心”。由于“共产党人都是革命者”，

他们因此会"利用"这些"新的机会"。肯尼迪把这解释为一种宣战，他利用自己的就职演说接受了这一挑战。他宣布，这个时候对自由来说是"最危险的时刻"。他这一代被赋予了捍卫自由的职责。他说："面对这一责任，我不会退缩，我乐于接受它。"美国将会"不惜任何代价，承担任何重负，应对任何艰苦，支持任何朋友，反对任何敌人，以确保自由的生存和兴旺"。[5]这是一个非同寻常的担保，是扔到世界脚下的一张空头支票。

肯尼迪之所以做出这种自大狂式的姿态，乃是因为他和他的顾问们都相信，美国能够通过促进自由民主政权的出现，从而成功地与苏联竞争，赢得穷国人民的忠诚。他使用了五花八门的手段来促进这一"行动政策"：派出了由美国志愿者组成的"和平队"去国外效力，"绿色贝雷帽"从事更加强有力的活动，被称作"反暴动"，发起了赢取"民心"的运动，为拉丁美洲组建了"进步联盟"；增加了几乎每一个地方的经济和军事援助[6]。但这种做法无视大英帝国的核心教训：有望满足任何富有强国的最好东西就是稳定，不管这种稳定多么不完美。提升活力就是招致混乱。一个富有强国总是不得不用武力来捍卫它的体制，或者密切关注，不让它分崩离析，就像大英帝国曾经做的那样。美国如今创造了一个新的、后殖民时代的体制，正如肯尼迪就职演说中所承认的那样。但它依然是一个富有强国，它的福祉依赖于稳定。美国的资源远比英国多得多，但依然是有限的。因此，技巧在于应选择那些必须保卫而且只能用武力保卫的阵地，并为其他阵地设计出可行的备选方案。肯尼迪普世主义的弱点就在这里。

极其严重的问题立即在拉丁美洲出现了。根据 1823 年的门罗主义，美国是西半球的警察，理论上是要保护美洲各国的独立，免遭欧洲的觊觎，但实际上是为了保护美国自己的利益。常常涉及军事干涉，尤其是在中美和加勒比地区。门罗主义建立在这样一个推理的基础之上：加勒比海是美国的“内
616 陆海”和美国经济结构的组成部分。在古巴（美国曾把它从西班牙手里解放了出来），通过所谓的《普拉特修正案》，美国的干涉权实际上写入了古巴的宪法。在两次世界大战之间的那段时期，在威尔逊自决权学说的影响下，这一体制建立起来了。在 1928 年的《克拉克备忘录》中，国务院自己认为，门罗并没有证明美国的干涉是合理的，因为“它陈述的是美国对欧洲的情形，而不是美国对拉丁美洲的情形”[7]。罗斯福同意这一逻辑，在 1934 年废除了《普拉特修正案》，采用了“睦邻”政策，这一政策在理论上平等对待拉美各国。这一政策迟早有可能很好地运转起来，一些较大的国家跟它们的资助者结成了像加拿大那种关系。

最有可能申请这一角色的是阿根廷，在两次世界大战之间的那段时期，阿根廷的经济正在按照加拿大和澳大利亚的路线发展着。像加拿大一样，阿根廷也在 1900～1914 年繁荣过一阵子，在 1920 年代经历了更慢的增长，1929～1933 年出现了急剧的倒退，但打那之后，出现了一段漫长的增长时期，平均增长率是每年 2%～3%，制造业、采矿业、石油、公共工程和电力部门稳步前进：事实上正在实现经济起飞——是第一个实现经济起飞的拉丁美洲国家[8]。它有市场经济、最小政府、不断发展的中产阶级、自由媒体和法治。在第二次世界大战期间，阿根廷享受了一次澳大利亚之外的南半球从未有过的繁荣，工作增长到了西欧的水平。它积累了 15 亿美元的外汇储

备（这在当时是一大笔钱），都是美元和英镑的结存——比它的主要合作伙伴英国还要多，阿根廷因此能够在英国投资 70 多年[9]。如果这些钱被用来创建钢铁、石油及其他进口替代工业的话，阿根廷很可能会在 1950 年代实现有活力的、自足的经济增长，拉丁美洲的命运就会大为不同。

然而，阿根廷沦为毒害拉丁美洲的两大祸害——军国主义和政治——的受害者。在 19 世纪，军事政变成了改变政府的标准手段。这一灾难性的做法在实现普遍投票权之后继续存在。例如，1920～1966 年，18 个拉丁美洲国家发生了 80 次成功的军事政变，厄瓜多尔和玻利维亚各 9 次，名列榜首，巴拉圭和阿根廷紧随其后，各 7 次[10]。阿根廷关键性的一次政变发生在 1943 年。执政的军人集团任命了一个名叫胡安·庇隆的上校为劳工部长，此人是一个穷苦农民的儿子，在军队里干得不错；他是一个英俊潇洒的滑雪和击剑冠军，身体和头脑都 617
华而不实，学习过社会学，是战后时期十分常见的那种伪知识分子。在此之前军队一直在踩工会。通过屈尊俯就地参加劳动，庇隆发现，他可以为自己赢得大规模的追随者。作为劳工部长，他接管了工会。迄今为止，工会领导人一直是个人收受贿赂。庇隆贿赂了整个劳工运动[11]。

庇隆有很大的个人魅力；说话的声音十分动听；是个夸夸其谈意识形态的天才。他说自己的劳工追随者“衣不遮体”（他们的报酬实际上很高）。他把自己的哲学称作“正义主义”，这是一系列后来成为“第三世界”的假“主义”中的第一个。可以说，庇隆不仅是新型拉丁美洲独裁者的典型，而且是后殖民时代非洲和亚洲所有魅力人物的典型。他是江湖骗子式的老式独裁者和万隆那一代新式模特儿之间承上启下的人物。他显示了如何操控数人头式的民主。他没有真材实料。当他在 1945 年跟自己在军队中的同僚争吵的时候，他能想到的办法不过是跪地求饶。是他的情妇伊娃·杜阿尔特（一个激进的女权主义者）叫醒了工人们，这才把他放了出来。后来他娶了伊娃，从而跟教会达成了和解。接下来，在阿根廷历史上仅有的 3 次选举当中，他赢得了一次漂亮的胜利（1945 年 2 月 24 日）。[12]

作为总统，庇隆给出了一个经典的例证，示范了如何以社会主义和民族主义名义搞垮经济。他国有化了中央银行、铁路、电信、煤气、电力、渔业、机场、钢铁和保险业。他设立了国家出口经销代理机构。他一举创造了大政府和福利国家：公共服务支出占国民生产总值的比例在 5 年时间里从 19.5% 增长到了 29.5%[13]。他没有轻重缓急的安排，他告诉人民，他们将会同时得到一切。理论上他们倒是得到了。工人们得到了一年 13 个月的工资、带薪休假、斯堪的纳维亚那样水平的社会救济。他会追踪那些在工人身上慷慨花钱的非常成功的公司，然后强迫所有公司照葫芦画瓢，不管它们是否有这个财力。与此同时，他对阿根廷国内资本的主要来源农业部门发起了正面进攻。到 1951 年，他已经耗尽了外汇储备，使国家去资本化了，破坏了支付平衡，使工资上涨成了体制的组成部分。第二年，干旱袭击了这个国家，使危机公开化了。眼睁睁地看着民众对自己的支持消失不见了，庇隆便从经济煽动转向
618 了政治专制。他摧毁了高等法院，接管了广播电台和拉丁美洲最大的报纸《新闻报》（*La Prensa*）。他腐蚀了大学，玩弄了宪法。尤其是，他制造了一些“公敌”——英国、美国、所有外国人、赛马俱乐部（1953 年，他手下的团伙一把火把这

个地方烧为平地），不断摧毁图书馆和艺术品收藏。第二年，他把矛头转向了天主教，1955 年，他的劳工匪徒摧毁了阿根廷最好的两座教堂：圣方济各教堂和圣多明我教堂，以及其他很多教堂。

那是最后一根稻草。军队把他赶下了台。他乘坐巴拉圭的一艘炮艇逃之夭夭。但他的继任者再也没能回到能让阿根廷变得富裕的最小政府。制造了太多的既得利益集团：一个庞大的、寄生性的政府，权力过大的工会，庞大的公共部门雇员队伍。20 世纪最令人郁闷的教训之一是：一旦允许政府扩张，再要缩小它几乎是不可能的。庇隆的遗产被证明比他的夸夸其谈更持久，但他本人已经被证明足够持久了。1968 年，亚历杭德罗·拉努塞发誓道："只要此人再次踏足这片土地，我们当中必定有一个，首先卷铺盖离开，要么是他，要么是我，因为我不会让我的儿孙再遭受我曾经遭受过的那些。"5 年后，作为总统，拉努塞组织的选举让庇隆重新上台执政，当时他已经 79 岁，这种情况正像约翰逊博士谈到第二次婚姻时所说的那样，是"希望战胜了经验"[14]。到这个时候，阿根廷的整个历史进程已经被改变。它丧失了成为先进国家的机会，并永久性地沦为拉丁美洲的二流共和国，陷于工业落后、政治不稳定和军人暴政的境地。1970 年代晚期和 1980 年代初期，阿根廷的公共生活变得越来越野蛮，1982 年，它甚至对英属福克兰群岛发动了不计后果的军事冒险，最后以丢人现眼的失败而告终。

庇隆主义革命对整个拉丁美洲来说是一场范围更广泛的灾难，对美国也是如此。加拿大的类比逐渐淡出。在挫折和绝望中，蛊惑人心的煽动盛行起来；像庇隆本人一样，煽动家们惯于走捷径，把责任归咎于美国。此外，庇隆自己依然是一个很有说服力的榜样。他曾“勇敢面对美国佬”；他使得自己的国家第一次真正独立。他的经济失败被人们遗忘；他的政治成功被人们铭记和仿效。

庇隆的影子落在了古巴。像庇隆之前的阿根廷一样，古巴也是拉丁美洲最富裕的国家之一。但它的经济结构大不相同。它是美国经济真正的组成部分。当它在 1898 年独立的时候，从逻辑上讲，它应该成为美国的一个州，像得克萨斯州或新墨西哥州那样，或者是一个殖民地，像波多黎各那样，日后再升
619 格为州。1924 年，美国在古巴的投资已经达到 12 亿美元。古巴 66% 的进口来自美国，83% 的出口去向美国，主要是蔗糖。1934 年，《互惠贸易协定》禁止古巴把关税或配额强加给范围广泛的美国进口品；作为补偿，《琼斯 - 科斯蒂根法案》保证美国以慷慨的价格从古巴进口蔗糖。美国炼糖公司的首脑厄尔·巴布斯塔把这一协定称作“朝坚实可靠的殖民政策的方向迈出的一步”[15]。1945 年之后，美国在古巴经济中的支配地位缓慢衰落。但即使在 1950 年代，美国驻哈瓦那大使——正如他们当中的一位后来作证时所说的那样——依然是“古巴第二重要的人物；有时候甚至比总统还要重要”[16]。事实上，古巴在某种意义上是美国的卫星国。但《普拉特修正案》的终结使它成为一个完全独立的国家——在理论上是这样。大量愤怒的来源便在于此。

像拉丁美洲绝大多数独裁者一样，古巴的独裁者也是作为自由主义者开始，作为暴君而告终，在这个过程中通常要和美国的霸权达成和解。当然，最后一位老派的独裁者（从前是个自由主义者）是格拉多·马查多，他在 1933 年被富尔亨西奥·巴蒂斯塔领导的一场军事政变给赶下了台。这个曾经的中

士速记员真正是老百姓中的一员，有一半印第安血统，父亲是个蔗糖工人。他自己也在种植园干活。他是个极端激进分子。美国大使萨姆纳·韦尔斯认为巴蒂斯塔的政权“明显是共产主义的”，因此想把战列舰派出去[17]。古巴共产党领导人布拉斯·罗加把巴蒂斯塔称作人民阵线之父，“古巴民主的宏大储备”，人民的偶像，“我们国家政治中的伟人”[18]。1940～1944年，巴蒂斯塔曾亲自作为总统来统治国家，但他通常是通过其他人统治国家。他与激进学生结成了联盟，他最青睐的总统替身是这些学生的领袖拉蒙·格劳·圣马丁，他开创了“真正革命运动”（即 Auténticos［真正派］，与 Ortodoxos［正统派］相对，后者是在野的革命者）。但圣马丁被证明是个骗子，是一个软弱的人，被一位贪婪的情妇所操控。“跟宝琳娜说一下”是他的统治方法。1952 年，到巴蒂斯塔再度掌权的时候，损害已经造成了，他本人也被拖进了一片行贿受贿的沼泽中。实际上公共生活中的其他每个人都是如此。

在 1940 年代和 1950 年代，古巴成了一个激进的土匪社会。在从前的岁月里，美国会插手，把某个诚实的人推上台。可如今，这种可能性已经被排除了。不过，在古巴所有重大事务中，美国必定会被牵涉进来。在庇隆主义的时代，一切都被归咎于美国。古巴的情形生动说明了言辞与实际之间的差距，这种差距成了第三世界最引人注目的特征。政治活动中的每个人嘴上都在谈论革命，但实际上却在贪污受贿。当然，腐败和 620
暴力紧密相连。哈瓦那大学的学生联盟是一个像军队一样重要的机构，联盟主席的职位是用枪杆子来决定的。警察不允许进入校园。校园警察要么被杀，要么受到恐吓。很多学生携带五四式手枪，讲课经常被枪击声打断。共产党人像任何人一样腐败。当学生们用紧握的拳头向他致意的时候，圣马丁总是说："别操心，他们明天就会张开拳头。"[19]腐败的唯一反对者是少数富人，比如正统派领导人、言行怪癖的埃德瓦尔多·奇瓦斯，但是就连他也通过决斗加入了暴力当中。五花八门的警察部队互相打团伙战；大多数匪徒都有警察身份和政治职位。政治枪手被组织成"行动小组"，高呼马克思主义、法西斯主义或庇隆主义的口号，让人不由得想起1920年代初的德国。最坏的杀手和最惨的受害者都出自学生。

其中有一位学生枪手正是菲德尔·卡斯特罗。他父亲来自加利西亚，来自一个右翼王室拥护者家庭，像大多数西班牙移民一样，他也痛恨美国。他为联合果品公司工作，自己得到了一座农场，事业兴旺，最终有了1万英亩地和一支500人的劳工队伍。他儿子菲德尔成了一个职业学生政客——他似乎从未想过政客之外的其他任何职业——而且是个富人，得到了奇瓦斯的正统派的支持。根据他自己的供认，他还是个学生的时候就随身带着一支枪[20]。1947年，卡斯特罗20岁，他参加了一个"行动小组"对多米尼加共和国的入侵，他们装备着冲锋枪。次年，在泛美会议期间，他卷入了波哥大发生的骇人听闻的暴力事件；据说他帮助组织了这场骚乱，有3000人在骚乱中被杀[21]。同年，他参加了与古巴警察的一场枪战，10天后，他被指控谋杀了体育部长。巴蒂斯塔听说他是个有杰出天分的政治匪徒，便试图把他招募到自己麾下。卡斯特罗因为他所说的"代际原因"而拒绝了。据一位跟他同修法律的学生说，他是个"渴望权力的人，完全不择手段，愿意把自己的命运交给任何一个他觉得对自己的政治生涯有帮助的群体"[22]。他后来声称，他的"使命"是"做个革命者"。总而言之，他有列宁和希特勒那样的强烈欲望：这两股溪流在他的暴力人格中汇合在一起。但是，像庇隆一样，他也仿效西班牙原型法西斯主义者普里莫·德·里维拉来打造自己的政治文体，直至他采用了马克思主义的话语体系。[23]

卡斯特罗的机会出现在1951～1952年，当时，奇瓦斯疯掉了，开枪打死了自己，从而让“理想主义者”这个角色留出了空缺，而巴蒂斯塔正试图结束匪徒犯罪，他取缔了政党，让自己成为独裁者。他的“自由政变”深受工人的欢迎，他最终大概会恢复宪法的统治，就像他之前曾经做过的那样。但 621
卡斯特罗没有给他时间。他似乎欢迎这次政变，把它看作开始严肃战斗的一个机会，正如他在自己的第一篇政治声明中所写的那样，是Le bora es de lucha（西班牙语：他战斗的成人礼）。他领着另外150名枪手去了塞拉。他的游击战从来都不是十分严肃的，虽说在城里的恐怖活动让很多人死于非命。古巴的经济一直繁荣到了1957年。在所有本质方面，争夺古巴的战斗都是公共关系战役，是在纽约和华盛顿打的。他的主要吹鼓手是《纽约时报》的赫伯特·马修斯，他把卡斯特罗描绘为加勒比地区的T. E. 劳伦斯[24]。正如赫斯特的媒体在1898年帮助发动了古巴革命一样，《纽约时报》也是这样资助卡斯特罗。这使得美国国务院改变了观点。负责加勒比司的威廉·维兰德此前一直抱持这样一个观点：“我知道很多人认为巴蒂斯塔是个王八蛋……但美国的利益要优先考虑，至少他是咱们的王八蛋。”[25]如今，维兰德改变了立场。1957年，厄尔·史密斯被任命为驻哈瓦那大使，他被告知：“派你去古巴是为了主持巴蒂斯塔的垮台。我们已经做出决定，巴蒂斯塔必须卷铺盖走人。”维兰德派他去找马修斯了解情况，后者告诉他："搬掉巴蒂斯塔符合古巴和……世界的利益。"助理国务卿罗伊·鲁博特姆也亲卡斯特罗，就像中央情报局派驻哈瓦那的人一样。[26]

然而，一旦来到古巴，史密斯便认识到，卡斯特罗的胜利对于美国来说将是一场灾难，并试图阻止它的发生。他坚持飞往华盛顿，自掏腰包买机票（鲁博特姆拒绝批准从政府经费中出这笔钱），举行一次警告性的新闻发布会，他在会上说，"美国政府"没法"跟菲德尔·卡斯特罗打交道"，因为他"根本不会尊重国际义务"[27]。从此以后，国务院便背着他展开工作。这种混乱、欺诈和目的不一致的格局让人想起罗斯福最糟糕时期的外交，以及 1979 年国务院的某些官员试图挖伊朗国王的墙脚。1958 年 3 月 13 日，史密斯在他摆放着林肯半身像的书房里见到了巴蒂斯塔，他们达成了举行自由选举的协定，而巴蒂斯塔将在 1959 年 2 月 24 日辞职。第二天，没有让史密斯知道，华盛顿做出决定，暂停对古巴的所有官方武器销售。一批加兰德步枪已经在纽约码头装船。由于卡斯特罗在美国的支持者继续给他订购武器，因此，从 1958 年初起，美国就只给叛乱者一方提供武器。在这之前，他的手下从未超过 300 人。而这之后，古巴人得出结论，美国人改变了政策，于是他们也相应地转换场地。卡斯特罗的支持率急剧攀升；经济
622 却垂直下降。即便如此，卡斯特罗的追随者也从未超过 3000 人。他的"战役"是公共关系的运用。在所谓的"圣克拉拉战役"中，他损失了 6 人，而在打败巴蒂斯塔 1958 年的夏季攻势的战斗中，他只损失了 40 人，那是这场"战争"中最大的一场战斗。巴蒂斯塔总共只损失 300 人。真正的战士是城里的反巴蒂斯塔分子，他们当中有 1500 ~ 2000 人被杀。"游击

战”很大程度上是宣传[28]。正如切·格瓦拉在战争结束之后所承认的那样：“外国记者（尤其是美国记者）的存在，对我们来说比一场军事胜利更加重要。”[29]除了美国的转变之外，巴蒂斯塔政权的士气也被城市小分队给摧毁了，这些小分队并不是卡斯特罗的人。在最后一刻，1958 年 11 月，美国政府才试图组织非卡斯特罗政府继任，这一次又没有告诉他们的大使[30]。但是，到这个时候已经为时已晚。1959 年 1 月，巴蒂斯塔出走，古巴任由卡斯特罗摆布。

卡斯特罗究竟在何时成为一个列宁主义者尚不清楚。他明显仔细研究过列宁所使用的方法。当他在 1959 年 1 月接管政权的时候，他自任军队总司令，以防止匪徒犯罪的必要性作为借口，为自己获得了对军队的垄断。所有警察部队都被置于他的掌控之下，而不是由内政部管理，警察和军队的关键岗位都迅速被他的游击队同事所接管。决定性的时刻是他让竞争性的反巴蒂斯塔部队（尤其是信奉民主的“革命指挥部”）全都放下武器的时候[31]。从此以后，他就可以为所欲为了；他也确实这样做了。临时总统曼努埃尔·乌鲁蒂亚法官被迫同意了卡斯特罗的要求：把选举推迟 18 个月，在此期间，用法令来统治国家。最早的一项法令取缔了所有政党，卡斯特罗的报纸《革命》（*Revolution*）解释道：“那些属于特定政治党派的值得尊敬的人都已经在临时政府中担任职务。……其他人……最好是保持沉默。”（1959 年 1 月 7 日）2 月 7 日的法令也是如此，它被描述为“共和国的基本法”，把立法权授予给了内阁。这之后，卡斯特罗立即自任总理，禁止总统参加内阁会议[32]。就这样，在接管政权的几周时间内，自由主义者和民主主义者都被有效地排除在权力之外。内阁就是政治局；在内阁之内，多亏了他的亲戚朋友，卡斯特罗成了独裁者，完全像巴蒂斯塔一样。但巴蒂斯塔有一个可取之处：他既关心权力，也关心金钱。卡斯特罗只要权力。

卡斯特罗已经在操纵清洗式的军事法庭杀死他的敌人。第一次毫不含糊的暴行发生在1959年3月3日，那是在巴蒂斯塔44个被指控“战争犯罪”的空军成员在圣地亚哥的一个法庭上由于缺乏证据而被宣判无罪之后。卡斯特罗立即在电视上宣布，这次审判是一个错误。将会有另一次审判。法庭的审判长被人发现死掉了。卡斯特罗们的一个傀儡被任命取代了他的位置。这些人再次受审，并被判处20~30年的监禁。卡斯特罗宣布：“革命的正义不是建立在法律规诫的基础上，而是建立在道德确信的基础上。”这是法治在古巴的终结[33]。当圣马丁问何时举行选举的时候，卡斯特罗答道，农业改革完成的时候，所有孩子都免费上学、能读书写字的时候，所有人都能享受免费医疗的时候。简言之，永远不会有选举这么回事。他利用1959年的《农业改革法》把乌鲁蒂亚摆脱掉了。总统逃到了委内瑞拉大使馆，随后出了国。

623 向苏联靠拢在同一时期开始。事实上，古巴的经济从前是而且现在依然是依赖性的。如果美国作为保护人是不可接受的，那么另一个强国就不得不填补这一角色的空缺。在卡斯特罗需要一个敌人的意义上（他在这一点上像第三世界的其他独裁者一样），美国是不可接受的。在巴蒂斯塔走人之后，这个敌人必须是美国。有了美国作为敌人，他还需要一个盟友；这个盟友必须是苏联。有了苏联作为盟友，以及自1959年中期起作为资金提供者，卡斯特罗的意识形态就必须是马克思主义，这非常适合他的国内独裁统治的左翼法西斯招牌。卡斯特罗从来都不是一个正统的马克思列宁主义统治者，因为他用来统治国家的手段不仅有秘密委员会，还有公共演讲，这符合墨索里尼、希特勒和庇隆的传统。但在1959年下半年，他通过获得苏联的武器、顾问以及克格勃在组建安全部门上提供的帮助，从而跟魔鬼签了约。他被钩住了。从今往后，一个古巴人只要持有反共产主义的观点就足以遭到逮捕。与此同时，随着陆军总司令卡米洛·西恩富戈斯的神秘死亡，卡斯特罗最早用黑社会的手段杀害反对者开始了。对卡斯特罗的老同事们——比如乌韦尔特·马托斯，此人不同意他的极权主义体制——的清洗式审判开始于1959年12月。到这一年年底，古巴已经是一个共产主义的独裁国家。[34]

对于一个距离美国仅40英里的岛国来说，突然把自己从一个依赖性的盟友转变成苏联的一个卫星国，其本身就是世界力量平衡的一次重大改变，特别是由于卡斯特罗本人在1957年一篇4000字的宣言中公开宣布，他一旦掌权，就会针对“加勒比地区其他独裁者”推行积极的外交政策[35]。美国肯定会在它的权利之内通过任何手段来逆转这一发展，包括使用武力。最恰当的类比大概是中立国芬兰，其外交和国防政策由于 624
紧挨着俄罗斯而不得不服从于苏联的否决权。但是，到1959年底，杜勒斯去世了，艾森豪威尔即将离任，他没有竞选连任。尽管考虑了很多计划，但没有做任何具体的事。1961年初，当肯尼迪接管权力的时候，发现了一份得到中央情报局和参谋长联席会议主席支持的提议：派出1.2万名全副武装的古巴流亡者，被称作“古巴解放军”，在古巴的猪湾登陆，引爆反对卡斯特罗的民众起义。很难相信诡计多端而又经验丰富的艾森豪威尔最终会批准这一计划。美国的卷入在道德上和政治上有种种不利（最先登陆的两个人是中央情报局的特工[36]），美国空军和海军的参加没有任何真正的优势。4 月 17 日，天真而软弱的肯尼迪允许这一计划付诸实施。事实证明，这次行动是一场惨败。入侵应当得到美国的充分支持，要么就放弃。这是肯尼迪的直觉。正如他对他弟弟罗伯特所说的那样，他“宁愿被人称作侵略者，也不愿被人骂作废物”[37]。结果他缺乏决心：在政治上和军事上都错误地估计了形势，猪湾事件发出了令人不安的回声，让人想起艾登的苏伊士运河灾难[38]。对古巴来说，它是一场灾难。那些已经关进监狱的人大多被枪杀了。有大概多达 10 万人遭到逮捕。他们包括真正的地下组织、中央情报局 2500 个特工中的大多数人，以及 2 万名反革命同情者[39]。5 月 1 日，卡斯特罗宣布，古巴如今是一个社会主义国家。再也不会有选举了，他说，古巴每天都有选举，因为革命政权表达了人民的意愿。[40]

美国民意被猪湾登陆的失败给激怒了，因此会支持直接干涉。一位高层决策者切斯特·鲍尔斯认为，肯尼迪如果决定“派兵或扔炸弹什么的，肯定会得到至少 90% 的赞成票”。理查德·尼克松在被咨询时告诉总统：“我会找一个恰当的合法幌子，我会出击。”[41]但政府犹豫不决。国防部长罗伯特·麦克纳马拉承认：“在猪湾事件那个时候以及之后，我们对卡斯特罗有点歇斯底里。”[42]在不同的时期，有过五花八门的计划：利用匪徒袭击古巴官员，传播谣言说卡斯特罗是个反基督分子，基督再临即将到来，同时用潜艇发射照明弹，用非武器性的化学品袭击糖业工人，使用铊盐让卡斯特罗的胡子掉光，在他的雪茄中掺入迷幻化学品，或者掺入致死的肉毒杆菌，给他的情妇玛丽·洛伦茨毒胶囊，利用古巴裔美国匪徒根据合同去暗杀他，给他一套灌注了结核杆菌和皮肤真菌的潜水服，在他跳水的区域放置一个罕见的海贝，里面塞进爆炸装置。被肯尼迪任命为中央情报局局长的理查德·赫尔姆斯后来作证说： 625

> 当时的政策是要除掉卡斯特罗，如果说，杀死他是我们应当做的事情之一……我们觉得，我们完全是按照这一指导原则行动。……谁也不想当着总统的面讨论暗杀外国领导人，这会让他难堪。[43]

这些疯狂的计划全都无果而终。到头来是赫鲁晓夫给肯尼迪提供了另一个解决古巴问题的机会。赫鲁晓夫也有他的“导弹差距”，真正的或者想象出来的。如果把中程导弹部署到古巴，他就可以让战略核武器问题顿时变得对苏联有利，而几乎不用付出额外的代价。一旦部署到位并得到恰当的保卫，要攻击它们就必定会爆发核战争，因此确保了卡斯特罗政权的神圣不可侵犯——看来，赫鲁晓夫很害怕把古巴“输给”美国，并因此遭到同事们的责难[44]。根据卡斯特罗给两个法国记者的说明，“最初的想法源自苏联人，而且只源自他们。……它并不是为了确保我们的国防，而主要是为了在国际层面上巩固社会主义。”卡斯特罗说，他之所以最终同意了，是因为“对我们来说，不分担苏联为了挽救我们而承担的风险是不可能的事。……归根到底，它是一个荣誉问题。”[45]

事实上，荣誉跟此事一毛钱的关系也没有。对苏联来说，维持古巴的经济和给卡斯特罗那些野心勃勃的计划提供资金所付出的成本迅速增长，作为回报，卡斯特罗除了提供古巴作为导弹基地也别无选择。他还认为，他的政权（而不是古巴人民）有导弹比没有导弹更安全。这一计划就像猪湾冒险一样疯狂，而且更加危险。卡斯特罗声称，赫鲁晓夫自吹，他的举动是斯大林绝不敢做的。他的同事阿那斯塔斯·米高扬谈到了给华盛顿苏联外交官的一个指令：这一计划的设计是为了“明确改变社会主义世界与资本主义世界之间的力量关系”[46]。使得这场冒险更加鲁莽的是，赫鲁晓夫故意对肯尼迪撒谎。他承认，他正在武装卡斯特罗，但给出了秘密担保：只部署短程地对空导弹。在任何情况下都不会运去远程战略导弹。事实上，他运去了 42 枚中程导弹、1100 枚核导弹，以及 24 枚射程为 2200 英里的导弹（后者从未运到目的地），加上 24 个地对空导弹群和 22000 名苏联军人和技术人员。

626 对于美国的空中监视来说，隐瞒这一活动及其真正的性质绝对没有任何可能。10 月 15 日，U－2 飞机对场地进行了拍照。有一点很清楚，到 12 月，至少会部署 50 枚战略导弹，装备核武器，受到强有力的保护，距离美国领土只有几英里。自 10 月 16 日起，美国政府一直在讨争论该做什么。政府分成了“鹰派”和“鸽派”，正如他们如今被命名的那样。鹰派以迪安·艾奇逊为首，他被带入了这场秘密争论，正如他所写的那样，鹰派主张“以一场空袭果断地清除导弹基地”，没有进一步的警告。罗伯特·肯尼迪和罗伯特·麦克纳马拉领导的鸽派则强烈反对“反过来的珍珠港”的想法，这肯定会杀死“几千”苏联人和古巴平民——参谋长们的计算是需要 800 次空袭。麦克纳马拉认为，莫斯科将会觉得有必要做出“重大回应。在这样一次事件中，美国会失去对局面的控制，可能升级为全面战争”。他们主张封锁，或者（使用罗斯福曾经应用于日本的那个更巧妙的术语）“隔离”，这将让苏联有机会从悬崖边上撤回来，而不至于太丢脸。[47]

肯尼迪总统左右摇摆不定。他下令，空袭的准备工作继续进行，但最终选择了隔离，并在10月22日公开宣布了这一政策，两天后是最后期限。之所以定下这个最后期限，是因为到10月23日，6个中程导弹场地中的4个已经可以使用，至关重要的是要阻止苏联人在外交拖延的掩盖下继续工作。10月24日，苏联装运导弹的船只接近了隔离线，并停了下来。但依然要把现有的导弹运出来。于是，第二天，肯尼迪总统打电报给赫鲁晓夫，要求恢复“早先的局面”（亦即撤走导弹）。赫鲁晓夫发出了两封回电。第一封发于10月26日，表示遵从，作为回报，美国应该保证不入侵古巴。第二封电报发于次日，要求美国做出进一步的让步：从土耳其撤走它自己的朱庇特中程导弹。肯尼迪没有理睬第二封电报，接受了第一封电报提议的不入侵约定。正是在这个基础上，赫鲁晓夫同意在10月28日撤走导弹。[48]

肯尼迪总统对导弹危机的处理当时和之后许多年里大受赞扬；赫鲁晓夫则受到了同僚们的责难。当最高苏维埃主席团在1964年10月将他撤职的时候，说他此举是“轻率的设计、仓促的结论、鲁莽的决定和行动，建立在一厢情愿的基础之上”[49]。毋庸置疑，世界已经接近于大规模的核战争。10月22日，美国所有导弹部队都被要求保持“最高的戒备”。大 627
约800架B47、550架B52和70架B58准备就绪，炸弹舱已经关闭，为的是能够从它们分散的位置上立即起飞。大西洋上空，90 架 B52 携带着百万吨级的炸弹。核弹头被装上了 100 枚阿特拉斯导弹、50 枚巨人导弹和 12 枚民兵导弹，装备于美国的航空母舰、潜艇和海外基地。所有指挥部都进入仅次于战争本身的“2 级战备”状态[50]。罗伯特·肯尼迪谈论说，“600 万美国人被杀，苏联人可能会更多”。赫鲁晓夫本人声称，在和自己的军人争论的时候，他曾警告“500 万人丧生”[51]。他冒了一个巨大的险，但是，当他的虚张声势被戳穿的时候，他从悬崖边上撤了回来。这次妥协没有跟卡斯特罗商量，得到这个消息时卡斯特罗大发雷霆。据当时在场的切·格瓦拉说，他骂骂咧咧，用脚踢墙，砸碎了一面镜子[52]。然而，10 多年后，他告诉乔治·麦戈文：“我会采取比赫鲁晓夫更强硬的路线。当他妥协的时候我很愤怒。但他年纪更老，也更明智。回过头来看，我认识到，他跟肯尼迪达成了恰当的解决。如果我的位置当时占优势的话，很可能有一场可怕的战争。”[53]

事实上，卡斯特罗和苏联都从赫鲁晓夫的边缘政策中得到了很大的好处。在苏联 1962 年 9 月开始大规模武装古巴之前，卡斯特罗就是一个容易招致美国干涉的靶子。没有哪个美国总统在处理这种危险上会受到任何契约上的约束。严格说来，赫鲁晓夫的部署战略导弹无异于一次重大的侵略行动。当肯尼迪戳穿赫鲁晓夫的虚张声势时，他使得苏联处于劣势。正如戴高乐正确地认识到的那样，苏联除了完全退回去之外，确实也别无选择。赫鲁晓夫自己也承认这一点：“古巴距离苏联 11000 公里。我们的海上和空中通信是如此不靠谱，以至于对美国发起攻击是不可想象的。”[54] 导弹危机发生在战略核武器问题对美国依然十分有利的时候，发生在一个美国在传统实力上拥有压倒性优势的舞台上。肯尼迪因此能够要求恢复绝对的原状。他还可以走得更远：他可以坚持要求惩罚——迫使苏联接受一个中立的、解除了武装的古巴，类似于芬兰那样。正如迪安·艾奇逊公正地指出的那样："只要我们给赫鲁晓夫打上了一颗螺钉，我们就应该每天拧紧一圈。"[55]

相反，肯尼迪在赢得了一次公共关系胜利的同时，却用两次实实在在的让步来奖赏好战的苏联。较小的让步是撤回了朱 628
庇特导弹，据推测，理由是它们已经过时了[56]。然而，更重要的让步是肯尼迪默许共产党政权在古巴继续存在，公开与苏联结成军事同盟[57]。在古巴和加勒比地区安全的实际问题上，肯尼迪输掉了导弹危机。它是美国的一次失败：是美国在冷战中迄今为止遭受的最糟糕的一次失败。

因此，在一个不管怎么定义都对美国的利益至关重要的地区，卡斯特罗幸存了下来，并将在四分之一的时间里成为美国最顽固的、最成功的敌人；他将在 1960 年代把革命输出到南美洲，在 1970 年代和 1980 年代初更加成功地输出到中美洲；在第三世界的集会上系统化地痛骂"美帝国主义"，同时摆出一副"不结盟"国家的姿态；并且在 1970 年代至少派出了 3 支部队去非洲，作为苏联政策的执行者。以异乎寻常的厚脸皮，卡斯特罗自居为美国本身受压迫者的保护人，并受到了美国部分进步主义舆论的阿谀奉承。在索尔·兰道看来，卡斯特罗"浸润在民主中"，在利奥·胡伯曼和保罗·斯威齐看来，他是个"充满激情的人道主义者"。卡斯特罗让他们想到了"社会主义与基督教"之间的联系。他"轻声细语，羞怯而敏感"，与此同时，他又精力充沛，英俊潇洒，不拘礼节，不刻板教条，开朗，仁慈，平易近人，热情洋溢。诺曼·梅勒认为他是“第二次世界大战以来世界上出现的第一个最伟大的英雄”。西方自由主义者曾经围绕斯大林编织起来的很多幻想如今转向了卡斯特罗。毛泽东最终的走下神坛使卡斯特罗成为共产主义世界最后一个魅力人物。

相比之下，普通的古巴人则用他们的脚和他们的舷外发动机投票：仅 1960 年代，就有超过 100 万人逃离卡斯特罗。仅 1981 年，就有 15 万政治难民被添加到总数之上，到这一年，总人口的大约五分之一生活在流亡中，其中大多数人在美国。1981 年有人计算，自卡斯特罗执政以来，古巴每年的人均增长率是负 1.2%；它已经从拉丁美洲最富的国家变成了最穷的国家，国民收入仅为每人 810 美元，比邻国牙买加、多米尼加共和国、哥伦比亚和墨西哥还要糟糕；最后，古巴有 20 万武装部队（四分之一在国外服役），是除巴西之外拉丁美洲最大的军事强国——实际上，按人均计算，它的武装人员大概比世
629 界上其他任何国家都要多[59]。这是卡斯特罗的功劳，也是肯尼迪的遗产。

肯尼迪总统对古巴问题的处理让人想到他并没有充分理解美国的重大利益，也没能区分想象和现实。这些弱点是肯尼迪处理政治问题的公共关系方法的典型特征，在其他领域也表现出来了，尤其是空间计划和越南。在被俘的德国科学家的帮助下，苏联优先考虑的是重型远程火箭，仅次于核武器计划本身。回报在 1950 年代晚期到来。1957 年 10 月 4 日，当苏联把一颗 184 磅重的人造地球卫星“斯普特尼克 1 号”送上轨道的时候，美国人大吃一惊。第二个月，苏联紧接着发射了一颗更大的重达 1120 磅的人造地球卫星，里面带上了一只莱卡犬。美国的第一颗卫星“探索者 1 号”直至 1958 年 1 月 31 日才送

入轨道，只有30磅重。有人引用一位美国将军的话说："我们抓错了将军。"事实上，美国也在建造大型火箭，包括军队巨大的火箭"土星号"，由沃纳·冯·布劳恩在亚拉巴马州的亨茨维尔研发。同样重要的是美国在小型化上取得的进步，这揭示了美国为什么更愿意接受低载荷火箭[60]。这完全是一个目标、优先权和财政的问题。艾森豪威尔被这个问题所困扰，完全就像他被美国的经济实力所困扰一样，他不愿意在空间计划上投入太多的钱，以至于超出国防计划的务实需要。他坚决反对为了"声望"的目的而搞奢侈的空间冒险，他痛恨"声望"这个词。他没有留意"斯普特尼克1号"发射之后所引发的恐慌。

随着肯尼迪上台执政，事情的轻重缓急完全改变了。他的副总统林登·约翰逊负责空间计划，此公是个大手大脚花钱的得克萨斯州人，在航天商界有很多关系。他请来一个有公共意识的企业经营者詹姆斯·韦伯担任国家航空航天局（NASA）的局长。1961年4月12日，肯尼迪上台之后不到3个月，苏联把第一个航天员尤里·加加林送入了太空轨道，抢先美国将近4个星期。两天后，肯尼迪在白宫举行了一次抓狂的会议，他在会上大发雷霆，关于这次会议，我们有一段生动的记录：

> 我们还有什么地方可以赶上他们？我们能做什么？我们能不能在他们之前登月？我们能不能在他们之前把人送上月亮。……我们能不能跳跃式前进？……是否有人能告诉我如何赶上！把这个人找出来，管他是谁。就算他是这里的看门人我也不在乎，只要他知道如何去做就行。[61]

3 天后，发生了猪湾事件。4 月 19 日，脸色阴沉的肯尼迪招来约翰逊，举行了一次 45 分钟的会议，紧接着下达了
630 激动人心的指示（1961 年 4 月 20 日），命令他就下面的问题做出回答："我们还有没有机会抢先苏联建立空间实验室，或登月旅行，或发射火箭在月球着陆，或载人火箭往返月球？还有没有其他有望制造轰动效果的空间计划让我们能够赢他一把？"[62]措辞十分典型："抢先""轰动效果""赢他一把"。

在某种意义上，肯尼迪是一个职业运动员，一个宣传家，一个叫卖政治的小贩，而不是一个政治家。5 月，他公开宣布美国将实施阿波罗计划，目标是要"在这个十年结束之前"让载人航天器登陆月球。这一计划是典型的 1960 年代幻想，带有对财政的蔑视，以及这样一个假设：资源是无限的。阿波罗计划在 1963 年着手实施，接下来的 10 年里，美国一年要花掉 50 亿美元在航天上。当然，目标还是实现了。1969 年 7 月 20 日，"阿波罗 11 号"载着尼尔·阿姆斯特朗和埃德温·奥尔德林登上了月球。到 1972 年，另外共有 4 次登月，当时，阿波罗计划已经逐渐淡出。到那时候，美国和苏联已经发射了超过 1200 颗人造地球卫星和空间探测器，加起来的成本大约是 1000 亿美元。在 1970 年代中期更艰苦的条件下，探索太空的努力从宣传转向了实用主义，转向空间实验室和航天飞机。1981 年美国国家航空航天局制造了第一艘真正的宇宙飞船——航天飞机，而苏联人则开发出了一艘 300 英尺的载货飞船，能装载 22 万磅的货物进入低空环地轨道。太空旅行的作秀时代结束了。

肯尼迪总统在把美国推向登月竞赛以重申它在科学技术领

域的声望和领导地位的同时，还在寻找某个领域，好让他的外交政策也能取得举世瞩目的成功，尤其是在猪湾事件中丢脸之后。国家安全委员会的一位成员建议他："重要的是，政府要有一次重大的反共胜利给自己增光添彩……在这里［越南］，胜负的概率依然对我们有利。"1961 年 5 月 1 日，猪湾事件两周之后，国防部拿出了一份报告，概述了如何能够"拯救"越南；11 天之后，肯尼迪在国家安全委员会备忘录 52 号中批准了这一计划，授权采取各种行动，以实现明确的既定目标，"阻止共产党控制南越"。第二个月，在与赫鲁晓夫举行了维也纳高峰会议之后，肯尼迪告诉一位记者："如今，我们有一个问题，就是要让我们的实力值得信赖，而越南看上去好像是解决这个问题的地方。"[63]

然而，因为让美国卷入越南而堆到肯尼迪头上的责任只有一部分是他应得的。他继承了一场危机。在他的就职典礼之
后，他得到了一份由爱德华·兰斯代尔撰写的报告（兰斯代 681
尔是中央情报局的特工，格雷厄姆·格林在他 1956 年的长篇小说《安静的美国人》［*The Quiet American*］中描写过他），报告说，西贡的形势正迅速恶化。他评论道："这是我们所得到的最坏的消息，不是吗？"[64] 印度支那战争在日本占领垮台之后很快就开始了，并一直持续到了 1980 年代，跟战后的其他任何事件比起来，这场战争都被更多的神话所包围。其复杂程度足以让任何西方政治家感到困惑不解，正如它最终让中国人困惑不解一样。每一位美国总统都对这一事件"贡献"了一定的错误。罗斯福对此一无所知，提出把这个国家交给中国。他去世之后，战略情报局（中央情报局的前身）那帮狂热的反殖民主义者埋头苦干，要扶持一个左翼民族主义政权。

日本投降3周之后，共产党领导人胡志明在战略情报局的资助下发动了一场政变，被称作“八月革命”，驱逐了退位的越南皇帝。实际上，把胡志明加冕为新统治者的那个人是战略情报局的特工阿基米得·佩第。[65]

重要的是要懂得，美国在印度支那从未有过任何领土野心，无论是将其作为一个军事基地，还是其他任何身份。但美国的政策通常混乱不堪，而且总是犹豫不决。首先，它完全是欧洲导向的。杜鲁门在上台执政的时候曾有人提出这样的建议：支持法国作为欧洲的一股稳定性力量，并“在物质上和道义上”帮助法国，使之“重新获得它的实力和影响力”，是绝对必要的，然后才是印度支那问题[66]。为了恢复信心，法国需要夺回它的印度支那帝国（或者说有人这样主张）；1946年12月，法国人把胡志明赶进了丛林，从香港请回了保大帝。美国人很不情愿地同意法国创立3个傀儡国家——老挝、柬埔寨和越南，并在1950年2月7日承认它们是法兰西联邦内的独立国家。与此同时，苏联和中国承认胡志明政权。正是在这个时候，这场斗争变得国际化了。苏联和中国提供了大量的武器。5月，美国做了同样的事情，随着第二个月朝鲜战争的爆发，美国援助计划加速了。1951年，美国提供了2180万美元的经济援助和4.257亿美元的军事援助。到下一年，军事援助超过了5亿美元：是法国所付出代价的40%。迪安·艾奇逊得到外交部官员的警告，美国“正在印度支那陷入这样一种境地”：“我们的责任倾向于取代而不是补充法国人的责任”。但艾奇逊决定：“既然已经插手，我们就不会回头。”他认为，对于美国来说，欧洲的形势太危险了，不可能想到在东方抛弃法国人[67]。到1953～1954年，美国支付了法国战争花销的

80%。

接下来，1954 年 5 月 8 日，法国在奠边府的要塞投降。632
这次失败因为苏联和中国提供给胡志明部队的武器援助出人意料的规模而成为可能。法国人请求美国空军直接参战，当这个要求遭到拒绝的时候，他们组建了由皮埃尔·孟戴斯-弗朗斯领导的新一届政府，就法国撤军和政治解决展开谈判。7 月份在日内瓦签署的停战协议规定，沿北纬 17 度把这个国家一分为二，共产党人保留北越，西方占领其余地区，两年之内，在国际监控委员会的监督下进行选举，从而实现统一。

正是在这个节骨眼上，艾森豪威尔惯有的良好判断力辜负了他：实际上，可以认为，对于越南最终的混乱，他比其他任何美国人都更有责任。他原本应该签署协议，并迫使南越的总理吴庭艳接受。很有可能，胡志明会赢得自由选举并成为一个统一的共产主义国家的统治者。但那对美国来说会不会是一场灾难呢？就连艾奇逊在 1950 年 1 月著名的“防御带”演说中也并不认为印度支那的非共产党政府对美国的安全来说必不可少[68]。乔治·凯南在 1950 年 8 月 21 日的一份备忘录中认为，“最好是让这个国家汹涌澎湃的政治洪流自己平稳下来，即便可能付出这样的代价：越南与越盟之间最终达成协议，并让越盟的权力遍布整个国家”[69]。这也是艾森豪威尔自己的感觉。他说，他“想象不出对美国来说还有比深度卷入更大的悲剧”。他再三说美国“不会卷入”。即使卷入，也会是在跟主要盟国协商一致并得到国会的批准之后。他努力说服参谋长联席会议，并从他们那里得到保证（1954 年 5 月）：“印度支那没有决定性的军事目标，只能派出象征性的美国武装部队去那一地区，否则将会严重分散美国的有限力量。”[70]

但艾森豪威尔犹豫不决。他把自己的理论通俗化了：如果越南“丢掉了”，整个印度支那就会消失在共产党的手里；如果吞下了印度支那，东南亚的其他国家就必定紧随其后。他说到了“瓶子里的一个软木塞”、“连锁效应”，以及“倒下的多米诺骨牌”[71]。他不但自己拒绝签署《日内瓦协议》，而且还默许吴庭艳拒绝接受自由选举的考验。这从根本上背离了美国在冷战中的全球政策，这一政策始终建立在这样一个论点的基础之上：东方与西方之间的冲突不应该通过武器
633 的力量来解决，而应该通过诚实投票的检验来解决。吴庭艳被允许回避这一基本原则，并实际上得到了美国军事和经济援助的回报，破天荒地，这些援助是直接的，而不是通过法国这个中间人。因此，正是艾森豪威尔在越南犯下了美国的原罪。在缺少统一选举的情况下，越共在 1957 年脱颖而出，一场新的战争在南方开始了。艾森豪威尔让美国成为这场战争的一方，并在自己关于这个问题的最后一篇重要声明（1959 年 4 月 4 日）中宣称：“丢掉南越将会启动一个分崩离析的过程，随着这一过程的推进，它对我们和对自由都将会有十分严重的后果。”[72]

当肯尼迪入主白宫的时候，越南已经是美国在世界上任何地方最大的、代价最高昂的义务之一。很难理解他为什么没有做出努力回到《日内瓦协议》，并举行统一的自由选举。1961 年 5 月 31 日，在巴黎，戴高乐急切地敦促他放手：“我预言你会一步步陷入一个深不见底的军事和政治泥潭。”[73]然而，在那一年的 11 月，肯尼迪为了“基本安全”，授权派出最早一

支 7000 人的美国军队去越南。建议采取这一步骤的马克斯韦尔·泰勒将军警告他，如果事情变得更糟，“将会很难抵抗增兵的压力”，而且，“对于我们可能的义务，将会没有限制”[74]。肯尼迪自己也有同样的担心。他的同事阿瑟·施莱辛格告诉他：“部队将会进入，乐队将会演奏，人群将会欢呼，可不出 4 天的时间，每个人都会忘得一干二净。然后，我们会被告知，要派更多的部队来。这就像喝上一杯。酒劲逐渐减弱，你不得不再来一杯。”[75]这是一个准确无误的预言。肯尼迪的直觉是，要么袖手旁观，要么就让事情达到非做决定不可的程度：直接进攻河内。美国对北越的入侵如果在这一阶段成功，那么它至少会把时钟拨回到 1954 年，回到《日内瓦协议》。对这样一个进程，不会存在根本性的道义上的反对，因为到 1961 年，北越已经有效地侵略了南越。在分析印度支那这场旷日持久的悲剧时，有一点始终必须记住：自 1945 年起，正是胡志明、他的同事和继任者试图控制整个国家（包括老挝和柬埔寨）的决心，是这场斗争的主要动力，也是所有流血的终极原因。肯尼迪既不愿意让这个国家听天由命，也不愿意把地面战争带到北方，他满足于一次毫无希望的妥协，根据这一妥协，美国的军事援助给了他所不能控制的代理人政府，尽管军事援助不断增加，但从来没有达到足以决定胜负的程度。吴庭艳是迄今为止最能干的越南领导人，他有个很大的优 634
点：是个文官。当时的副总统林登·约翰逊有点夸张地把他称作“东南亚的丘吉尔”，并告诉一位记者：“他妈的，我们从那里脱身只有靠这小子了。”[76]但是，肯尼迪由于没能从越南赢得一次举世瞩目的成功而被激怒了，他把责任归咎于代理人而不是自己的政策。1963 年秋天，他秘密批准美国支持一次反对吴庭艳的政变。这次政变在 11 月 1 日及时地发生了，吴庭艳被杀，中央情报局提供了 4.2 万美元，贿赂那些成立军政府的军人们。这是美国的第二宗大罪，正如林登·约翰逊后来所写的那样："是我们犯过的最糟糕的错误。"[77] 3 周后，肯尼迪自己也被杀，约翰逊成了总统。

约翰逊并不比肯尼迪更坚决果断，他以犹豫不决的方式继续推行肯尼迪的妥协政策，直至 1964 年 8 月，当时，北越攻击了东京湾的美国驱逐舰。正如后来所声称的那样，没有证据表明这一事件是故意设计的，是为了让美国更深地卷入这场战争[78]。事实上，约翰逊很不愿意事情升级：他正在以一份和平政纲参加总统竞选，竞争对手是共和党人巴里·戈德华特，后者想在必要的时候用核武器来赢得这场战争。但国会以压倒性多数（参众两院 535 个议员当中，只有参议员韦恩·莫尔斯和欧内斯特·格鲁宁投了反对票）通过了一份后来被称作《东京湾决议》的议案，授权总统采取各种不同的措施保护美国的军队。威廉·富布赖特参议员当时是战争的支持者，并让这一动议在参议院获得了通过，他说，这份决议让约翰逊有权开战，而无须进一步的授权。将近 6 个月的时间里，约翰逊一直没有使用这一权力。接下来，在以一份反对战争升级的政纲赢得了压倒性的竞选胜利之后，他有像之前的威尔逊和罗斯福一样的做派：做了完全相反的事。1965 年 2 月，美军在越共对兵营发动的一场进攻中伤亡惨重，于是，约翰逊下令轰炸北越。[79]

这是美国犯下的第三宗关键性的大罪。让自己卷入之后，美国本该遵循其立场的逻辑，通过占领北越对挑衅做出回应。轰炸是一次软弱的妥协，绝对是整个悲剧期间困扰美国政策的那种犹豫不决的典型特征。一旦来自岘港的飞机轰炸北越，就必须为这个基地提供安全保障，于是，3 月 8 日，3500 名水兵在岘港登陆。军队人数在 4 月增长到了 8.2 万人。6 月，要求再派 44 个营。7 月 28 日，约翰逊宣布："我今天已经命令空军机械化师和另外一些部队前往越南，他们将会把我们的战斗力量……几乎立即提升到 12.5 万人。以后还会需要增加部队，635
我们将会根据要求把他们派出去。"[80]军方并没有试图欺骗政治家（像肯尼迪曾经怀疑的那样）。7 月 14 日，参谋长联席会议报告："我们似乎没有理由打不赢这场战争，只要我们有这样的意愿——只要我们在战略和战术行动中彰显出这样的意愿。"[81]他问参谋长联席会议的惠勒将军："巴士，你认为怎样才能把这事给办了？"① 得到的答复是需要 70 万~100 万人，7 年时间[82]。约翰逊睁着眼睛投入了这场战争。他吹着口哨给自己壮胆，他说："阿拉莫战役之后，没有一个人认为山姆·休斯顿会那么快赢得胜利。"[83]

但约翰逊不是山姆·休斯顿。即便作为一个轰炸者，他也是犹豫不决的。空军告诉他，如果攻势猛烈、迅速、不断重复、没有约束的话，他们可以保证结果。这是第二次世界大战的全部教训。如果攻势减慢、缩手缩脚的话，他们什么也保证不了[84]。然而，那恰好就是约翰逊所做的事情。自始至终，轰炸都被各种约束所限制，这些约束完全是政治上的。每个星期二，约翰逊都要举行一场午餐会，他在会上决定轰炸目标和炸弹的重量：这是重演艾登和苏伊士的故事。约翰逊并不是他喜欢扮演的那种冷酷无情的人，他被道德约束限制得不能动

① 巴士是惠勒将军的绰号。——译者注

弹。正如他的传记作者多丽丝·卡恩斯敏锐地指出的那样，对他来说，“受限制的轰炸是诱奸，而不是强奸，而诱奸是可控的，甚至是可逆的”[85]。因此，轰炸非常缓慢地增强，越共有时间建造掩体和进行调整。当苏联搬迁防御导弹的时候，美国的轰炸机不允许轰炸那些正在建设的场地。此外，有16次“暂停轰炸”，没有一次引起丝毫的回应，美国的72次“和平倡议”都被当作了耳旁风[86]。不像美国人，北越领导人在实现其政治目标——完全控制整个国家——的决心上一次也没有动摇过。他们的老百姓所遭受的或造成的人员伤亡对他们似乎没有丝毫影响。因此，在掷向美国人的种族灭绝指控中，有一种让人哭笑不得的反讽。查阅一下五角大楼文件中的机密材料，我们发现，1967年斯德哥尔摩“国际战犯法庭”上针对美军的所有指控都毫无根据。从交战地区撤离平民以创造“自由开火”的战场不仅挽救了平民的生命，而且也是1949年的《日内瓦公约》所要求的。平民地区密集的战斗发生率是越共把村庄变成坚固要塞的战术手段的直接后果，其本身就违反《日内瓦公约》。正是为保护平民的生
636 命财产而对美军轰炸实施的约束才导致这些轰炸如此低效。被杀平民所占的比例（约占整个战争死亡人数的45%）大约是20世纪战争的平均数。事实上，战争期间越南人口稳步增长，其中最重要的原因是美国的医疗计划。在南越，生活水平迅速提高。[87]

但20世纪的经验表明，文明强国的自我约束比无用还要糟糕。朋友和敌人同样都把这些约束解释为有罪和缺乏道义自信的证据，而不是人道的证据。尽管有这些约束，事实上正是因为有这些约束，约翰逊才输掉了宣传战，不仅在整个西方，

而且在尤为要紧的美国。起初，越南战争得到了温和自由主义者的一致支持。1961 年 4 月 7 日，《华盛顿邮报》写道："美国在保卫越南上有重大利益，美国的威望很大程度上涉及努力保护越南人民免遭共产党的吞并。"1963 年 3 月 12 日，《纽约时报》承认，保全越南的"代价是巨大的，但是，如果东南亚被置于苏联和共产主义中国的控制之下，代价将会更大"。1964 年 5 月 21 日，《纽约时报》主张："如果我们证明，我们会做出［不让共产主义赢得胜利］所需要的任何军事上和政治上的努力，共产党人迟早也会承认现实。"1964 年 6 月 1 日，《华盛顿邮报》坚持认为，美国应该在越南继续表明，"坚持侵略是徒劳无益的，大概也是致命的"。但是，《纽约时报》在 1966 年初、《华盛顿邮报》在 1967 年夏天先后抛弃了约翰逊[88]。大约同一时期，电视网变得中立了，然后越来越怀有敌意。

政府开始更多害怕的，不是社论性的指责，而是带有倾向性的新闻报道。美国媒体在某些情况下变得带有强烈的倾向性。它经常是误导性的，巧妙而故意地误导；或者把自己也给误导了。有一幅照片被广为宣扬，照片上一个"战俘"被扔出了美国直升机，实际上是表演出来的。关于昆仑岛上美国老虎笼的报道是不准确的，是用耸人听闻的手法处理过的。另一幅被广泛使用的照片，拍的是一个年轻女孩被凝固汽油烧死，给人留下了这样的印象：数以千计的孩子被美国人烧成灰烬，它实际上完全是假的。[89]

更严重的是，媒体越来越多地传递这样一个观念：越共的胜利不可避免。在 1968 年 1 月 30 日处理越共的"春节攻势"上，这个问题到了非解决不可的紧急关头。它是共产党人在开阔地带尝试展开的第一次重要攻势。其目的是要实现完全的战术胜利，并引爆民众的起义。事实上，它在这两个目标上都失败了。第一次，越共在传统战斗中遭遇了惨重的人员伤亡，经此一战，越共的部队在军事上已经弱了很多[90]。但媒体，尤其是电视，把它描绘为越共的一次决定性胜利，是美国的奠边府之战。仔细研究1977年的媒体报道，我们可以准确地看出，这种颠倒黑白（并不全是故意）究竟是如何发生的[91]。对春节攻势的想象（而不是现实）大概是决定性的，尤其是在东海岸有影响力的自由主义者当中。总的来说，美国的民意强烈支持这场战争，自始至终它比朝鲜战争更得民心。唯一抱敌对态度的是那些被描述为“犹太亚群体”的人[92]。无论什么时候，约翰逊只要增加压力，他的支持率就会上升：当他开始轰炸的时候，他的支持率跃升了14个百分点[93]。整个战斗期间，更多的美国人批评约翰逊做得太少，而不是做得太多。有人认为，民意很大程度上已经倒向反战的一边，年轻人尤其反战，但这个说法纯属捏造。事实上，支持撤军的人从未超过20%，直至1968年11月的选举之后，到那个时候，政府已经做出了撤军的决定。在35岁以下的年轻人当中，战争升级的支持率始终比年纪更大的人当中更高；年轻白人男性是支持战争升级最坚定的群体。[94]

637

并不是美国人民不想做出肯尼迪在就职演说中所要求的那种牺牲。不想做出牺牲的是美国领导层。在1967年的最后几个月里，尤其是在春节攻势之后，美国当权派崩溃了。国防部长克拉克·克利福德转而反对战争；老迪安·艾奇逊也是如此。参议院的强硬派开始反对进一步增派援军[95]。最后，正在艰难地竞选连任的约翰逊本人也在1968年3月12日泄了气，当时，在新罕布什尔州的初选中，他的得票数下降了。他彻底认输了，并宣布他会把自己任期剩下的时间用来媾和。这并不是越南战争的终结。但它是美国打赢这场战争的意志和努力的终结。美国统治阶级的麻烦是：他们相信自己在报纸上读到的东西。事实上，在反对约翰逊的选民当中，鹰派多于鸽派，其比例是三比二[96]。约翰逊输掉了初选，连带着也输掉了这场战争，因为他不够强硬。

然而，还有更多的危险因素让总统彻底泄气，他的竞选口号是“跟随林登·约翰逊一路走下去”。1968 年 3 月，当越南司令部要求增派 20.6 万人的时候，财政部长亨利·福勒提出了抗议。他警告，答应这一要求将意味着不仅中断其他国防计 638
划，而且还要中断重要的国内计划；即便如此，美元也会遭殃[97]。这一举措让人不由得想起英国苏伊士运河危机期间麦克米伦在内阁辩论中浇冷水的做法。它是美国历史上一个重要的转折点：破天荒的，这个伟大的共和国，世界上最富裕的国家，遇到了财政资源的极限。

对约翰逊本人来说，这个警告是特别令人不快的一击。他比肯尼迪、大概比任何一个人都更加沉湎于 1960 年代的幻想。没有一个人比他更加热情地相信西方的实力，尤其是相信美国的经济能力是无限的。他不仅是最后一个而且是最大的一个大手大脚花钱的总统。他把自己的国内花钱计划称作“漂亮女人”。他告诉自己的传记作者：“我决定做一个战争的领导人和一个和平的领导人。我想两者兼得，我相信这两者，我相信美国有资源提供这两者。”[98]在杜鲁门和艾森豪威尔治下，国防是联邦支出中最大的项目。用在住房、教育、福利及其他“人力资源”上的支出大约是预算的四分之一，不到国民生产总值的 5%。他们做出过一定的努力，试图平衡预算，除了在糟糕的萧条之年。但直至艾森豪威尔退休，美国的公共财政在所有本质方面都是按照传统路线来管理的。

大的原则改变出现在肯尼迪治下。1962 年秋天，政府致力于一项新的激进原则：即使在经济上并不存在紧急需要、预算已经出现赤字，经济不断向上的情况下，也要不断制造预算赤字。就这样给了自己财政上的灵活性之后，肯尼迪便引入了一个新的“大政府”的概念：“问题消除者”。人类苦难的每一个领域都可以归类为“问题”；于是，联邦政府可以被武装起来“消除”它。“贫困问题”是 1960 年代初迈克尔·哈林顿的畅销书《另一个美国》（*The Other America*）提出来的一个流行话题，肯尼迪发现这个问题触目惊心，很刺激。1963 年，他提出了自己的“贫困计划”，连同另外一大堆花销很大的立法。肯尼迪发现很难对国会进行再教育，让它适应自己新的扩张主义观念，他的立法越堆越高。但是，抵抗甚至在肯尼迪被杀之前就已经开始崩溃[99]；林登·约翰逊有能力利用人们对暗杀的情绪化反应，加上他自己作为国会当家人的非凡技巧，来推动美国历史上最大的、最昂贵的立法程序。

在 1964 年 1 月 8 日发表的第一篇国情咨文中，约翰逊宣布：“今天，此时此地，本届政府无条件地对贫困宣战。”
689 1964 年 8 月 20 日，当他签署他的第一项反贫困法案《平等机会法》时，他自吹：“今天，人类历史上第一次，一个伟大的国家有能力并且愿意做出这样的承诺：消除人民当中的贫困。”[100]那年夏天，在准备竞选政纲的时候，他把自己的“漂亮女人”变成了血肉之躯：“大社会”。他说，美国必须获得“用财富来丰富和提升国民生活的智慧”，不仅要走向“富裕社会和强大社会，而且要向上提升到大社会”，这依赖于“所有人都富足和自由”，在这样的社会里，“每个孩子”都会“得到知识，丰富自己的头脑，扩大自己的才能”，每个人都有能力满足“对美的渴望，对社群的渴望”[101]。

“大社会”大概能够在1964年11月的选举中得到人们的支持，在这次选举中，约翰逊对一个非常弱的对手赢得了压倒性的胜利。议案源源不断地出笼：《初等和中等教育法案》《医疗保障法》《房租补贴法》，以及五花八门的反贫困法案。约翰逊把1965年7月20～27日称作“本世纪华盛顿最多产、最具历史性的立法周”。他轻蔑地说：“他们说肯尼迪很有风度，但我是一个让法案获得通过的人。”一位自由主义记者汤姆·维克在《纽约时报》上兴高采烈地说：“这些天里，他们让法案源源不断地在国会获得通过，就像底特律的装配线上源源不断地生产出流线型大马力汽车一样。”第89届国会的第一个会议季是自伍德罗·威尔逊执政初期以来在基本立法上最多产的。约翰逊让议案获得通过的成功率是68%，是历史上最高的，其中207项议案成了法律，他把这些法律称作“搭建一个更好美国的空心砌块”[102]。他有意识地跟越南战争进行了比较，并露骨地借用军事隐喻，把它看作理想主义的一次演习。他创立了10个反贫困“工作组”。他告诉住房部门的官僚们：“我将把你们从扶手椅上的将军转变成前线指挥官。”有为“邻里”服务的青年队，为“辍学者”服务的工作队，针对学龄前儿童的“启智”计划，针对大学生的“拓展”培训，以及多不胜数的其他计划。成本迅速攀升：第一项反贫困计划是每年300亿美元；接下来每年增加了另外300亿美元，直到任期结束[103]。这些经费很快纳入了联邦支出的结构中，被证明是不可能缩减的。实际上，支出还增加了。多亏了约翰逊的努力，到1971年，政府在福利上的支出第一次超过了国防。1949～1979年，国防支出增长了10倍（从115亿美元增长到了1145亿美元），但依然只约占国民生产总值的4%～5%。但是，福利支出增长了25倍，从106亿美元增长到了
640 2590亿美元，它在预算中所占的比例超过了一半，占国民生产总值的比例翻了3倍，到了将近12%。[104]

美国中央政府的根本目的和成本支出的这一重大改变甚至在约翰逊不再是总统之前就已经开始带来越来越大的压力。到那个阶段，政府支出在国民生产总值中所占的份额已经从艾森豪威尔治下的28.7%增长到了33.4%。财政控制崩溃了。在艾森豪威尔治下，效率很高的预算局（1970年之前一直这样称呼）按照哈定的构想运转着：作为一个客观机构，而不是像一个法庭，监管所有支出。在肯尼迪治下，预算局被典型政治化了，在约翰逊治下，它成了行动主义者：预算局局长一样有大手大脚花钱的价值观[105]。此外，尽管国会会投票支持这些计划，但它不那么愿意提供税款为这些计划埋单。约翰逊跟众议院财政首脑威尔伯·米尔斯和共和党领导人杰拉尔德·福特爆发了激烈争吵。得不到税款，他就印钱。他担心通货膨胀，也担心自己没有能力应付通胀，这种担心是他1968年决定离开公共生活的一个隐秘因素。“我告诉［米尔斯］，不管他是不是认识到了，国家的经济即将被榨干。”[106]

到那个时候，约翰逊自己关于大手花钱的某些幻想也已经破灭。有一点对他来说不再是一清二楚的：结果证明了对经济的破坏性影响是合理的。最重要的一个结果，当然也是最持久的一个结果，并不是故意的：政府雇员在所有劳动者中所占的

份额翻了一倍，到 1976 年，每 6 个劳动者（劳动力总数超过 1300 万）当中就有一个人在华盛顿的薪水册上。不过，在这一转变的受益者当中，中产阶级占压倒性比例。约翰逊声称，在他执政期间，1964 年“深陷贫困”的 3500 万人当中，他“拉出来”了 1240 万人，将近 36%[107]。但这只是看待统计数据的一种方式。当生活水平提高的时候，贫困的定义也就改变了，穷人“觉得”自己像从前一样穷，尽管他们的真实收入已经增长。约翰逊正在创造的那种福利国家的危险在于，它永久性把一些人推到了生产性的经济之外，让他们依赖于国家。当家庭分开（要么由于老人分居，要么因为离婚），结果是收入的瓜分，贫困也就随之而加剧[108]。立法经常助长了这些过程。有一点已经显露出来了：美国贫困最大的一个原因大概是黑人婚姻的不稳定。约翰逊的助理劳工部长丹尼尔·P. 莫伊尼汉在《莫伊尼汉报告》（1965）中声称，半数黑人人口患上了一种“社会病”，其根源在于黑人家庭，越来越多的丈夫抛弃妻儿。政策的目标应该是“建立稳固的家庭结构”[109]。但是，反对贫困的战争并没有做这件事。它做的事情恰好相反，因为福利供应的结构使得它经常为贫困家庭的分离掏腰包。到 641
约翰逊准备离开的时候，莫伊尼汉坚持认为，整个反贫困计划设计错误、指导不当。[110]

更悲惨、更痛苦的是，对教育的幻想破灭了。事实上，这一幻想是幻想十年最核心的海市蜃楼。有一个古老的自由主义信念，麦考利把它通俗化了，这就是：仅靠普遍教育就可以让民主变得可以忍受。技艺娴熟的进步主义陈词滥调的制造者 H. G. 威尔斯把现代史定义为“教育与灾难之间的一次竞赛”。这一信念比下面这个令人沮丧的事实还要长命：那个把希特勒放在心上并满腔热情地发动了他那场可怕战争的国家轻而易举地成了世界上受教育程度最好的国家。1950 年代，教育是社会的灵丹妙药这个神话似乎比从前更加有力。没有人比约翰逊更真心实意地相信这一点。作为总统，他说："我们国家所有问题的答案就在一个词里面。这个词就是教育。"[111]

约翰逊反映了他那个时代的传统智慧。在 1950 年代晚期，C. P. 斯诺认为，投入高等教育的经费数额与国民生产总值之间有直接的因果关联[112]。E. F. 丹尼逊证明，在 1930 ~ 1960 年这 30 年里，美国的一半增长要归功于教育的扩大，尤其是大学的扩张。同年，即 1962 年，弗里茨·马赫卢普计算，"知识产业"占到了美国国民生产总值的 29%，并正在以两倍于整体经济增长率的速度发展着[113]。在 1963 年的戈德金讲座中，加州大学伯克利分校校长、美国首屈一指的学院政治家克拉克·克尔认为，知识如今是经济增长中的"主导部门"。他认为："铁路为上个世纪下半叶、汽车为本世纪上半叶所做的事情，或许就是知识产业为本世纪下半叶所做的事情：充当国家发展的焦点。"[114]

在这一背景下，1960 年代成了整个教育扩张史上最具爆炸性的 10 年。在美国，这个过程开始于 1944 年的《GI 法案》拨发公共经费用于退伍老兵的大学教育，这一政策以 1952 年朝鲜战争《GI 法案》延续了下来。1968 年的《国防教育法》让联邦教育预算翻了一倍，并第一次使得中央政府成了教育的财政动力。国立学校教师的数量增长了 100%。高等教育的发展最为显著，因为如今人们主张，高等教育应该是普遍可用的。
642 一份官方报告认为，"重要问题一定不是'应该让谁入学？'而是'社会本着良知和自利的原则能够把谁排除在外'"。因为，任何人都不可能"公正地"被大学教育所拒绝，除非"他的缺陷如此严重"，以至于"最灵活、最具奉献精神的制度"都帮不了他[115]。这个现象在西方是国际性的。在英国，1963 年的"罗宾斯报告"导致拥有大学的地区数在 10 年时间里翻了一倍，计划到 1981 年共招收 200 万学生。法国、加拿大、澳大利亚、西德及其他地方也都采用了类似的扩张计划。美国的扩张因为涉及的统计数据极大而最为惊人。在 1960～1975 年，美国大专院校的数量从 2040 所增长到了 3055 所。在扩张的"黄金岁月"，新大学以每周一所的速度挂牌开张。学生数从 1960 年的 360 万增长到了 1975 年的 940 万，其中增长的绝大部分学生（400 万）进入了公立大学。包括没有学位的学生（他们在 1975 年突破了 1100 万大关）在内，每年的成本是 450 亿美元。[116]

人们满怀信心地预期，对人力资源的这一巨大投资不仅会刺激经济的进一步增长，而且会通过促进工人阶级的资产阶级化，从而实现道德和社会的目标。它会造就"中产阶级的民主……连同其所有的自由"，正如克拉克·克尔所写的那样，这是"未来的浪潮"，因此确保普遍的满意和政治的稳定，特别是支撑了使这一切成为可能的开明资本主义体制。可实际上，相反的事情发生了。在大学前的教育上，尽管支出翻了 1 倍，然后是 3 倍，但教育成绩却下降了。一定程度的下降已经在预料之中，因为这一体制吸收了大量的少数族群，但没有预计到这样急剧的下降。最好的指标"学术能力测验"（SAT）的分数显示，在 1963～1977 年，口语下降了 49 分，数学技能下降 32 分（各科满分为 800 分）[117]。在 1970 年代中期，大量令人沮丧的报告暗示，更多、更昂贵的教育并没有解决任何社会问题[118]。全日制教育中儿童的犯罪率不可阻挡地上升了。在1970年代下半叶，当各市和各州削减教师队伍的时候，民意转而反对这个教育过程。战后“婴儿潮”的结束是唯一的因素。主要原因是对更多教育的经济好处失去了信心。在1970～1978年，大约2800所公立中小学和大学关门大吉，这是第一次，美国历史上从未发生过这样的事。到1980年代中期，公立学校的入学人数预计将减少400万[119]。到1978年，美国劳动者平均上过12.5年学，17%的人拥有大学学位。但大学毕业生（特别是女性）发现，他们越来越难找到专业工
643 作或管理岗位。受教育时间的长度与薪水之间的比例急剧下降。人们发现，平等的教育机会并没促进成人当中更大的平等[120]。因此，大学的吸引力下降了。年轻人上大学的比例在1960年代迅速增长到了40%，到1974年下降到了34%。女性当中大致上也是如此。

更多的教育也没有促进稳定。恰恰相反。巧的是约瑟夫·熊彼特曾经预见到了这一点，熊彼特和凯恩斯同年出生，作为当今时代最伟大的经济学家，他有资格成为后者的竞争对手。熊彼特有一个观点，最早表达在他1920年的一篇论文中，后来扩大为《资本主义、社会主义和民主》（*Capitalism, Socialism and Democracy*，1942），这个观点就是：资本主义往往在很多方面促进它自己的毁灭。其中一个方面是：它总是先创造一个不断扩张的知识分子阶层，然后凭借对自由的承诺给予它充分的约束，而这一阶层不可避免地要扮演一个对社会而言具有破坏性的角色[121]。在1950年代和1960年代的大学扩张计划中这一点被忽视了，尽管事实上早在1930年代它就在某种程度上得到了证明。无论如何，熊彼特在林登·约翰逊时

代肯定被证明是对的。激进学生对社会和政治问题感兴趣的最早迹象出现在 1958 年。1960 年春，出现了最早的“静坐”抗议，旧金山反对众议院非美活动调查委员会的示威，以及西海岸反对处死时髦杀手卡莱尔·切斯曼的“静坐请愿”。对于反对大学教导队、忠诚宣誓、大学男生联谊会和女生联谊会的歧视及其他大学纪律问题——或简单的民权问题——的抗议逐步扩大为直接的政治运动。

起初，学生的行动主义受到欢迎，它们被认为是“成熟”和“意识”的标志。大规模暴力活动最清晰的迹象出现在 1964 年的“自由之夏”，在克拉克·克尔自己的大学——加州大学伯克利分校。曾经被想当然认为是国民生产总值增长中的“主导部门”，如今却成了完全不同的东西——“学生造反”的“主导部门”。到 12 月，加利福尼亚州州长调来了防暴警察，伯克利分校成了世界上主要的“政治”校园[122]。约翰逊的“大社会”计划只不过给这场越烧越旺的大火注入了燃料。第二年，2.5 万名学生涌入华盛顿，抗议越南战争。1966 ~ 1967 年，越来越多的校园“激进化”了。当大学校长们纷纷妥协、投降或辞职的时候，“校园骚乱”便成了大学文化的组成部分。1968 年 4 月 23 日，美国最重要的大学之一哥伦比亚大学发生了一起极具破坏性的打砸事件。哈佛大学法学院的阿奇博尔德·考克斯教授被请来做报告，他抱着当时那种沾沾自喜的乐观主义态度说：“我们大学里当下这一代年轻人是这个国家有史以来信息最灵通、最有才智、最具理想主义情怀的。”正如莱昂内尔· 644
特里林酸溜溜地评论的那样，考克斯“以知识和智慧著称”，实际上“不过是一大堆‘先进’的政治姿态而已”。他认为，考克斯的价值观不是源自知识和经验，而是源自年轻人：他们的“证书”就足以证明他们是靠谱的。[123]

这帮学生是不是历史上最有才智的姑且不论，但他们肯定是历史上最具破坏性的。考克斯式的自鸣得意在 1968 年夏天之后便消失得无影无踪了，尤其是在 5 月巴黎疯狂的学生骚乱之后，这场骚乱在全世界尤其是在美国开始了新一轮的、更野蛮的学生暴力循环。全国学生联合会声称，1968 年，美国大学总共有 221 场重要示威[124]。正是学生激进分子，管理着尤金·麦卡锡的竞选活动，在新罕布什尔州的总统竞选中击败了约翰逊。但学生的力量本质上是负面的。在 1968 年 8 月的芝加哥民主党大会上，大学生们跟戴利市长的 11900 名警察、7500 名伊利诺伊州国民卫队士兵及 1000 名联邦调查局和情报部门的特工打了一场大规模混战。学生们赢得了媒体战，他们在媒体上成功地给戴利市长的执法行动扣上了“警察骚乱”的帽子，但他们没能让麦卡锡获得提名，也没能阻止他们最痛恨的人——理查德·尼克松成为总统。1972 年，当他们最终使他们自己选择的乔治·麦戈文获得提名时，唯一的结果是确保了尼克松赢得一边倒的胜利。

学生暴力所做到的首先是损害了美国的高等教育，挫伤了大学教师的士气。1971 年，回顾学生运动，路易·坎普教授在他对现代语言学会发表的校长致辞中说，自 1968 年以来，“年轻人带着恐惧进入这个行当，老年人几乎等不到退休，中年人渴望休假”[125]。伟大的德国学者弗里茨·斯特恩注意到了学生积极分子的“污言秽语”，把它看作唯一的新鲜事物：其余的不过是照搬那些带领德国把希特勒推上台的学生们当中极端主义行为的模式。[126]

高等教育的善意扩张对学生暴力的促进是“非预期后果

律”的一个绝佳例证。连续几任总统试图为美国黑人获得公正的努力是另一个例证。在这里，良好的意图再一次带来了死亡和毁灭。问题被看作三重性的。第一是为了结束种族隔离，第二是教育中的种族隔离。其次是为了让黑人能够行使投票权。第三是为了把黑人的收入提高到与白人同等的水平。人们相信，如果前两个问题解决了，第三个问题最终会自行解决。1954 年，最高法院做出裁决：公立教育必须废除种族隔离。 645
问题是要让法律在实践中得到执行。1957 年，当阿肯色州州长奥瓦尔·福布斯不服从最高法院的裁决时，艾森豪威尔便派部队去小石城强制执行。1962 年，肯尼迪再次动用部队，让一个黑人学生詹姆斯·梅雷迪斯能够进入迄今为止只招收白人学生的密西西比州立大学。肯尼迪的政策要通过行政行为来进行，也就是说，用联邦政府的权力使现行法律得到遵守。这个程序的麻烦在于，它从一种公开对抗走向了另一种公开对抗，在这个过程中，一场巨大的、越来越好斗的民权运动被制造了出来，白人自由主义者逐步从这场运动中被排除掉了。黑人把身体行动看作回答，正如甘地在印度用煽动创造出来的那样，抗议往往会退化为暴力。真正的解决之道是尽快给黑人投票权，因为，一旦政治家需要他们手里的选票，妥协就会紧随其后，哪怕是在深南地区。艾森豪威尔分别在 1957 年和 1960 年让国会通过了两部很弱的民权法案。肯尼迪最终把一部更强势的民权法案提交讨论，但它在国会受到了阻挠。约翰逊更加成功。他在 1964 年努力通过了里程碑式的《民权法案》，并且，在 11 月选举获胜之后，他立即着手起草一项议案，它后来成了 1965 年那部决定性的《选举权法案》。在黑人所占比例（36%）比其他任何地方都要高的密西西比州，因为十分复杂的资格测试及其他障碍，登记投票的黑人只有6%。新法案让联邦政府审查员强制推行投票权，在它成为法律之后不到30天的时间里，密西西比州的黑人选民登记率提高了120%。到1970年底，该州登记黑人选民的比例已经和白人登记率大致相当（71%对82%），1971年，该州有50名黑人当选担任公职[127]。到1970年代，黑人选票在老南方的很多州已经成为一个重要因素，并因此导致了南方政治的逐步转变。[128]

但投票并不能让黑人和白人的收入变得平等，即使约翰逊把巨额的、不断增长的联邦政府经费注入黑人“问题”中也做不到这一点。取得的进步越大，可用的现金越多，黑人的愤怒也越深。1950年代和1960年代初，联邦政府的权力被用来保护黑人免遭白人暴力的伤害。在肯尼迪治下发动的一连串强制执行的战斗过程中，暴力的主动权转到了黑人手里。转折点是1962年5月10日夜晚，亚拉巴马州的伯明翰市出现了一场黑人骚乱，警察被迫防守，白人商店被摧毁。一个暴徒首领高呼：“把他妈的整个城市烧掉，给那些狗娘养的白人一点颜色
646 瞧瞧！”在美国种族政治中，这是一声新的呐喊，一个新的姿态，不可能仅仅局限于南方[129]。

让约翰逊惊慌失措的是黑人暴力的规模和强烈程度，尤其是在南方之外的大城市，随着他为确保黑人权利而付出的有力且有效的努力而一步步不断升级。1964年7月18日，划时代的《民权法案》通过仅仅两周之后，哈莱姆区和布鲁克林区便爆发了最早真正大规模的、穷凶极恶的黑人骚乱。暴力蔓延到了纽约州的罗彻斯特，新泽西州的新泽西城、帕特森和伊丽莎白，芝加哥的迪克斯摩，以及费城。1965年8月，洛杉矶

的华兹骚乱持续了6天，1.5万名国民卫队队员被卷入，34人死亡，856人受伤，造成2亿美元财产损失。从此以后，黑人在城内的大规模骚乱成了1960年代反复出现的特征，与校园的学生暴力构成了一种凶险的对应关系，有时候故意与校园暴力协调配合。1967年7月24～28日的底特律骚乱是美国历史上最严重的骚乱之一，43个人死亡，迫使忧心如焚的约翰逊总统调来了第18空降师，他们的司令官说他进入了一座“充满恐惧”的城市[130]。到1968年，随着越南战争走向它病态的高潮，超过200所大学校园出现了学生骚乱，黑人在一些大城市里纵火，约翰逊似乎彻底失败了。他不寻求连任的决定便是承认失败。他是1960年代幻想的第一个重要受害者，但不是最后一个。美国的麻烦才刚刚开始。

约翰逊并不只是幻想破灭的受害者。在真正的意义上，他还是媒体的受害者，尤其是东海岸自由主义者的受害者，他们控制着最有影响力的报纸和三大电视网。这两点密切相关，因为1960年代最深刻的幻想之一是很多形式的传统权威都可以被削弱：美国在世界上的权威，总统在美国国内的权威。林登·约翰逊作为一个强有力的、在很多方面也很有效率的总统，代表了权威的原则。对于很多人来说，这是削弱他的一个充足理由。另一个理由是，他并不同意东海岸自由主义者的那些假说，像罗斯福和肯尼迪曾经做的那样。他甚至早在1964年就对竞选总统抱怀疑态度，理由是：“我不相信……国家会明确地团结在任何一个南方人的身后。其中一个理由是……大都市的媒体不允许这种情况出现。”[131]这个预言被证明是正确的，尽管它的兑现被推迟了。到1967年8月，《圣路易邮报》（*St. Louis Post-Dispatch*）驻华盛顿的记者詹姆斯·迪肯报道：

“总统与华盛顿媒体之间的关系已经陷入了长期不信任的模式。”[132]媒体对“春节攻势”的歪曲对约翰逊的离去负有直接
647 责任。不过更根本性的问题是，对于白宫任何坚决有力的行动，华盛顿媒体都习惯性地把它描述为在某种不可避免的意义上是恶毒的。

这完全是一个新的发展趋势。到目前为止，对一个强势总统的反对自然来自立法机关，尤其是参议院。正如罗斯福所写的那样：“在美国政府中，要想做点什么事情，唯一的办法就是绕过参议院。”[133]他的共和党对手温德尔·威尔基曾经谈到他毕生致力于“把美国从参议院手里拯救出来”[134]。在罗斯福和杜鲁门治下，媒体和学院宪政主义者强烈支持坚定的总统领导制，尤其是在外交政策上，并把它跟国会的蒙昧主义进行了对比[135]。在麦卡锡调查期间，艾森豪威尔因为没能捍卫行政部门的权利免遭国会的调查而受到媒体的严厉批评。《新共和》（*New Republic*）杂志评论道（1953 年）：“当前有一个这样的趋势：权力以牺牲行政部门为代价落入国会之手，这一现象是如此荒唐，以至于如果不是事实如此明显的话，它几乎令人难以置信。”[136]当艾森豪威尔援引“行政特权”拒绝向非美活动调查委员会透露政府行动的信息时，自由主义的媒体为他热烈鼓掌。《纽约时报》说，调查委员会没有权利“知道行政会议内部所发生的事情的具体细节”。《华盛顿邮报》写道，艾森豪威尔有“充分的权利”保护“行政谈话的机密性”[137]。直到 1960 年代中期，媒体在民权问题上、在社会和经济问题上尤其是在外交政策上继续支持坚定的总统领导制，并赞同肯尼迪的宣言：“必须对我们的外交政策做出重大决定的，只有总统。”[138]

改变出现在东京湾决议之后。到约翰逊在1969年把白宫交给理查德·尼克松的时候，东海岸的媒体，连同这个国家其他很多吵吵嚷嚷的分子，都永久性地走向了对立面。正如一位评论者所写的那样："那些在1968年打破约翰逊权威的人和运动，1969年又要来打破尼克松的权威，就像大多数壮举一样，打破一个总统的权威第二次做起来总是更容易实现。"[139]尼克松特别易受攻击。他是个加利福尼亚人，东部媒体自1940年代晚期以来就一直痛恨加利福尼亚人。他觉得，媒体曾经在1960年帮助剥夺了他成为总统的机会，并在1963年共同努力，试图永久性地毁掉他的政治生涯；他连本带利回报给媒体的是对它们加倍的反感。他告诉自己的团队："记住，媒体是敌人。涉及新闻的时候，报界没有一个人是朋友。他们全是敌人。"[140]1968年，尽管有媒体作梗，尼克松还是赢得了大选，不过只是勉强赢了。他得到了43.4%的选票，而休伯特·汉弗莱是42.7%。这是自1912年以来，总统在公众投票中得票率最低的，由于投票率也很低（61%），这意味着全体选民中 648
只有27%的人支持他。他没有拿下一个大城市[141]。媒体方面有一种倾向，想否认他作为总统的合法性，并试图通过非宪法手段来逆转这一裁决。

尽管有这些障碍，尼克松在清理约翰逊—肯尼迪时代留下的烂摊子上还是取得了相当的成功，尤其是他很有技巧地从越南脱身。他宣布了跟所有前任一样的目标："我们为南越人民寻求这样的机会，让他们能够在没有外部干涉的情况下决定自己的政治未来。"[142]只要他全面负责美国的政策，这个目标就会得到支持，但代价要远远小得多。4年时间里，他把越南的美国军队从55万人减少到了2.4万人。支出从约翰逊治下的每年 250 亿美元下降到了不到 30 亿美元[143]。之所以能够做到这一点，是因为他更明智、更灵活地使用了美国的军队，1970 年在哥伦比亚，1971 年在老挝，1972 年在北越，对北越的轰炸让河内那些意志坚定的人对美国的意图感到困惑和不安。与此同时，尼克松积极推动与北越的和谈。更重要的是，他做了肯尼迪和约翰逊都不敢做的事情：他利用了中苏争端的逻辑，跟中国达成了谅解。

正是尼克松加利福尼亚人的定位，使他向北京倾斜；他把太平洋看作未来的世界竞技场。1969 年 1 月 31 日，在他入主白宫仅仅 11 天之后，他便开始采取新的对华政策。这一政策体现在《国家安全研究备忘录第 14 号》（1969 年 2 月 4 日）中，尼克松与安德烈·马尔罗之间的一次谈话使这一政策得到了进一步的强化，后者告诉他，“世界上最富裕、最多产的国家”与“世界上最贫穷、人口最多的国家”彼此不和实在是一场“悲剧”[144]。由于中国人的担心，因此与中国恢复友好关系的举措是私下里进行的，费了很大的周折，尼克松才得到了他所咨询的国会领导人的保密担保。他告诉自己手下的工作人员：“全世界四分之一的人生活在共产主义中国。今天，他们不是一支重要的力量，但再过 25 年，他们可能是决定性的力量。如果美国在这个时候，在它能够做到的时候，不去做它能够做到的事情，将会导致很大的危险。我们可以和苏联彻底改善关系，但如果中国继续处在国际社会之外，那将毫无意义。”[145]

新的对华政策，以及美国军事战略的改变，使得与河内媾和成为可能。1973 年 1 月 27 日，在巴黎，尼克松的国务卿威
649 廉·罗杰斯和北越的阮维桢签署了《关于在越南结束战争、

恢复和平的协定》。这一谅解使得美国离开越南成为可能，其优点在于它保留了尼克松在印度支那水域维持航空母舰的权利，而且，如果河内违背协定的话，他还有权动用驻扎在中国台湾和泰国的飞机[146]。只要尼克松掌权，那种制裁就是真正的制裁。考虑到他所继承的局面和前任们犯下的错误，尼克松从越南脱身可以说是一项引人注目的功绩。

但美国，以及更悲惨的印度支那人民，被拒绝享受这一成功的果实，因为到 1973 年，尼克松和他的国家已经被那个所谓“水门事件”的歇斯底里大漩涡所吞没。美国似乎特别容易产生这种自以为是的政治情绪的大发作，在这样的情绪中，所有透视感和国家利益全都消失得无影无踪。1918 ~ 1920 年恐外症的爆发是右翼民主党人的功劳。1940 年代晚期和 1950 年代初的反共恐慌主要由保守的共和党人主导。相比之下，“水门事件”的迫害是媒体界自由主义者所操控的。在他们看来，尼克松真正的罪行是深得民心。尽管他在 1968 年是勉强赢得了选举，但作为总统，他成功地越过意见领袖和民主党控制的国会，吸引了不很时髦、不善辞令的“中等美国人”，他们爱家，定期去教堂，爱国，勤劳，而且反自由主义。1969 年 11 月 3 日，他发表了一次非常成功的演说，呼吁他所说的“你们，我们美国同胞中伟大而沉默的大多数”支持他的外交政策。这暂时结束了媒体发动的“打垮尼克松”的行动[147]。在 1972 年的竞选中，当民主党提名极端自由主义者乔治·麦戈文时，尼克松十分高兴。他告诉手下的工作人员：“这一回，东部权势集团的媒体终于有了一个几乎和他们的观点完全一样的候选人。”“《纽约时报》《华盛顿邮报》《新闻周刊》及三大电视网真正的意识形态倾向”是“支持大赦、大麻、堕胎、没收财产（除非是他们自己的）、福利的大规模增加、单方面裁军、缩减我们的国防，以及在越南投降。”[148]不管问题是不是这样，尼克松总归赢得了一边倒的胜利，选举人以521票对17票当选，并得到了60.7%的普选票，仅次于1964年约翰逊创下的纪录。[149]

媒体界有很多人不仅因尼克松的胜利而蒙羞，而且真的被吓着了。正如一位很有影响力的编辑所写的那样：“非得有一场流血事件不可。我们得弄清楚，是否真的没有一个人哪怕是想到再做这样的事情。”[150]目标是要用宣传逆转1972年的选
650 举裁定，在某种形而上学的意义上，他们觉得这一裁决是非法的——有点像保守的德国人认为魏玛共和国是非法的。尼克松的白宫通过使用法外手段来保护总统和他的政策，从而利用了这一愿望。总统搞阴谋诡计的传统始于富兰克林·罗斯福。他创立了自己的“情报单位”，只对他自己负责，有一个11人的团队，由国务院的“特别紧急”资金提供经费[151]。他利用胡佛的联邦调查局和司法部来骚扰他的敌人，尤其是新闻界的敌人，窃听他们的电话——矿工领袖约翰·L. 刘易斯是受害者之一[152]。他拼命努力想把他痛恨的《芝加哥论坛报》(*Chicago Tribune*)“弄”上法庭。他甚至动用情报部门给他妻子的酒店房间安装窃听器[153]。尽管杜鲁门和艾森豪威尔不接触他们的工作人员和中央情报局的秘密活动，但他们都知道这些活动的存在，并认为，在对付苏联及其他极权主义政权时，这些活动是不可避免的。肯尼迪和他兄弟罗伯特对于这种游戏乐此不疲，肯尼迪的主要遗憾是，他没能让罗伯特当上中央情报局局长，把它置于家族的严密控制之下。1962年，担任司法部长的罗伯特·肯尼迪让联邦调查局特工队黎明时分搜查美

国钢铁公司的一些高官的家，因为他们公然违抗他哥哥的政策[154]。在他们的民权运动中，肯尼迪兄弟利用了联邦政府的合同制度，并在住房融资上使用行政命令（而不是立法），从而为所欲为[155]。他们密谋反对右翼电台和电视台[156]。在肯尼迪和约翰逊治下，电话窃听显著增加[157]。行政部门的“窃听”也是如此：民权运动领导人马丁·路德·金大肆玩弄女性的丑闻被窃听了，然后播放给报社编辑们听[158]。在1963年的博比·贝克丑闻中，约翰逊曾利用政府秘密档案、国家税务局及其他行政手段来保护自己免遭曝光，这宗丑闻很可能是自茶壶山丑闻以来最大的。

在尼克松的总统任期之前，媒体在宣扬总统的不端行为上是极其有选择性的。记者们曾保护罗斯福的风流韵事免遭曝光[159]。他们也为肯尼迪做了同样的事情，隐瞒了下面这个事实：在担任总统期间，肯尼迪为他的情妇们在华盛顿保留了一套公寓，其中一个情妇是他和一个歹徒共享的[160]。在约翰逊极力让自己从博比·贝克丑闻中脱身这件事情上，《华盛顿邮报》实际上帮助他抹黑了他的主要原告约翰·威廉斯参议员[161]。约翰逊作为副总统的时候收受过贿赂，尼克松的副总统斯皮罗·阿格纽也做过这样的事：阿格纽被曝光并被定罪；约翰逊后来却住进了白宫。[162]

尼克松从媒体那里没有享受到这样的宽容。恰恰相反。不过，当时的情况很可能是，他比自己的任何一位前任都走得更 651
远。这在部分程度上是一个规模问题：不断扩大的白宫失去了控制。林肯不得不自掏腰包给秘书付工资。胡佛为了得到3位秘书而不得不大费周章。肯尼迪有23个秘书。白宫的全班人马在肯尼迪的最后一年跃升至1664人。在约翰逊治下，这个数字是胡佛的40倍，在尼克松治下，它跃升至1971年的5395人，成本从3100万美元跃升至7100万美元[163]。其中很多扩张是尼克松的安全助理和后来的国务卿亨利·基辛格的功劳，基辛格负责越南的谈判。正是基辛格从根本上扩大了电话窃听活动，理论上是为了帮助他的和平攻势[164]。在越南，世界和平和美国人的生命正处于岌岌可危的状态，这是很多可疑活动表面上的理由，但对尼克松来说却是真正的理由。1971年，一系列政府秘密文件（所谓的“五角大楼文件”）被人偷去，给了《纽约时报》，后者发表了这些文件。要是在英国和大多数西方民主国家，涉案人员都会根据政府保密法而被关进监狱。这在美国是不可能的，在这里，根据第一修正案，媒体享有宪法特权。对尼克松来说——正如他的一位同事所写的那样——这次公布是“精英阶层的一次挑战，是非选举产生的媒体挑战民选政府的最高权力”[165]。行政部门的一个“特别调查小组”获得授权，可以使用非法手段（包括强行闯入）逮住泄密者。这个“水管工”小组成了另外一些特别行动小组的原型，1972年5月的晚些时候，其中一个小组闯入了水门大厦的民主党总部，6月17日再次闯入。第二次的行动民主党人可能提前知道了，“水管工”们被逮了个正着。[166]

政治间谍活动，甚至是偷窃，迄今为止在美国从未被严肃对待。约翰逊在1964年“窃听”过戈德华特。NBC电视网在1968年窃听过民主党总部。《华盛顿邮报》和《纽约时报》在这一时期都发表过窃听来的极有价值的材料。但《华盛顿邮报》在1972年10月10日开始连载的一系列文章中，决心让水门闯入成为一个重大的道德话题，它是东海岸其余媒体跟着效尤的先行者。它没能阻止尼克松一边倒的胜利，但它吸引

了渴望出风头的联邦法官约翰·西里卡的关注，此人因为他的
严厉判决而被称作“极刑约翰”——在其他任何情况下，这
样一个法官都不大可能享受到自由主义媒体的赞许。当破门闯
入者被带到他面前的时候，他给了他们临时性的终身监禁判 652
决，迫使他们提供对政府成员不利的证据。下面这个事实可以看出他确实很严厉：他判处了唯一一个拒绝服从的人戈登·利迪 20 年监禁，外加 4 万美元的罚金，但利迪仅仅是第一次破门闯入，且这一次什么东西也没偷，也没有抵抗警察[167]。这一司法恐怖主义行为在其他任何法治国家都是不可能的，令人悲哀的是它将成为那种典型的司法迫害，司法部门正是凭借这一手段对尼克松政府的成员穷追猛打、定罪和判刑（在某些案子中，这些成员为了避免昂贵的辩护费导致财务破产而进行了有罪辩护）[168]。但它产生了有人想要得到的效果，让水门丑闻“突然传开”了，也就是说，它使得国会（当然，民主党控制了国会的多数席位）的调查机器能够对这位“帝王总统”发起正面进攻。在这个过程中，自由主义媒体曾经热情捍卫的行政特权的观念已经被抛弃了。实际上，在摧毁尼克松的强烈愿望中，一切对国家安全的考量都被抛到了九霄云外。

1973 年 7 月 13 日，事情对迫害者来说变得更容易了，这一天，白宫的一位工作人员供认：尼克松的所有工作谈话都被自动录音了。这里面还是没什么新鲜东西。罗斯福曾经把速记员安排在自己办公室后面一间专门建造的小房间里，偷听来访者的谈话。1982 年有人透露，1940 年，他还在美国无线电公司的帮助下使用秘密录音，这家公司拥有最大的无线电网络之一。与此同时，还有一些事情也暴露出来：杜鲁门搞过录音，艾森豪威尔使用过磁带录音和口授录音机的组合，肯尼迪在自

己总统任期最后16个月里秘密地给来访者（还有他妻子）录音，约翰逊则是个录音成瘾的家伙[169]。事实上，1969年2月，尼克松最早的行动之一就是让人拆掉约翰逊的录音系统：他认为这样做是错的。接下来，1971年2月，由于担心未来的自由主义历史学家会故意曲解他的越南政策，他下令安装一套新的录音系统。白宫办公厅主任鲍勃·霍尔德曼挑选了一套不加选择的、语音激活的录音系统，这是“有史以来总统助手对总统造成的最大伤害”[170]。这些录音磁带是法庭和国会调查委员会成员坚持要求尼克松交出的——推测起来，大概是在幽灵般的麦卡锡参议员那讽刺性的注视下进行的——它们被用来发起对总统的弹劾。尼克松实际上是不是像人们所说的那样犯有试图干涉司法过程之罪，对“国家利益”的合法解释是不是涵盖了这样的努力（如果确实做出过这种努力的话），
653 从未得到确认。这之后尼克松并未把这个案子搁置一旁，他不想冒险让国家由于一场弹劾而陷入旷日持久的震荡（这场弹劾可能要持续数年），1974年8月，他辞去了总统职务。因此，1972年的选举裁决可以说是被一场媒体政变给推翻了。“帝王总统”被“帝王媒体”所取代。[171]

尼克松的倒台为权力天平急剧地重新向立法机关倾斜制造了机会。这个方向上的运动大概有些姗姗来迟。它朝相反的方向已经走得太远。1973年，《战争权力决议案》在推翻尼克松的否决后获得了通过，它对总统派兵国外的权力施加了前所未有的限制，迫使他在任何情况下都要在60天之内寻求国会的授权。1973～1974年的《杰克逊－瓦尼克修正案》和《史蒂文森修正案》对总统的外交政策施加了进一步的限制。1974年7～8月，国会让总统对塞浦路斯危机的处置陷于瘫痪；这

年秋天，国会对中央情报局的使用施加了限制。1975 年，国会有效地让总统在安哥拉的政策无法实施。那年的晚些时候，国会通过了《武器出口管制法》，拿掉了总统在武器供应上的自行决定权。国会利用财政控制权，严格限制了总统与外国签订协议的制度，其中有超过 6300 份协议是在 1946 ~ 1974 年订立的（相比之下，只有 411 份条约需要国会批准）。国会还成立了多达 17 个参议院委员会和 16 个众议院委员会，来监管外交政策的方方面面，并把它的专家团队扩大到了超过 3000 人（众议院国际关系委员会的工作人员在 1971 ~ 1977 年翻了 3 倍），来监视白宫的活动，从而增强了它对总统权力的挑衅性约束[172]。有人计算，到 1970 年代晚期，限制总统外交政策的修正案不下 70 个。甚至有人认为，仔细考查《战争权力法案》就会发现，总统已经不再是武装部队总司令，决定美国军队是继续留在国外还是撤退回国的权力不得不交给最高法院。[173]

歇斯底里的"水门事件"最直接、就人命而言也是最严重的影响，是自由制度在整个印度支那的彻底毁灭。尼克松的撤军政策只有在下面这个前提下才有意义：北越人始终猜测美国愿意给它的南越盟友提供武力支持。《战争权力决法案》、1974 年国会对美国军事介入的禁令，以及国会对南越所有援助的进一步限制，都是水门事件的直接后果，它们终结了美国政策必要的模棱两可。尼克松和他的继任者杰拉尔德·福特 654
无权阻止北越人违背协议、拿走一切。一些法国专家始终认为，印度支那斗争的真正原因，以及自始至终的动力，是北越人好战的扩张主义和他们由来已久的愿望——统治所有印度支那人民，而共产党的组织和冷酷无情则提供了满足这一愿望的手段。这个论点如今被很多事件所强化。当美国的援助越来越少的时候，军事实力的天平在1973年决定性地向北越倾斜了。到那年年底，北越已经实现了二比一的优势，并发起了一次全面入侵。1975年1月，整个越南中部不得不撤空，百万难民逃向西贡。在对国会的最后一次绝望请求中，福特恳求道："美国不愿意提供足够的援助给它正在为生命而战的盟友，这可能严重影响我们在全世界作为一个盟国的可信度。"[174]但国会什么事也没做。在3月26日的新闻发布会上，福特再一次大声疾呼，警告出现了"很多国家外交政策的重大改变，以及对美国安全的……根本威胁"[175]。国会依然不为所动。不到4周之后，4月21日，越南政府退位。海军直升机从西贡美国大使馆的屋顶上接走了美国官员和少量越南朋友。9天后，共产党的坦克进入了这座城市。这是美国历史上最严重、最丢脸的失败。对这一地区的人民来说，它是一场灾难。

1975年4月，在整个印度支那武力夺取了权力的共产党精英立即着手制订全国范围的社会工程计划，这些计划让人想起斯大林的农业集体化，尽管在很多方面它们甚至更没有人性。文档保存最完备的是红色高棉在柬埔寨搞的"农村化"，红色高棉是在4月中旬进入首都金边的，美国大使馆在12日被撤空。4月17日，暴行开始了。它们主要由目不识丁的农民士兵来执行，但两年前策划这些暴行的是一群中等阶层的意识形态分子，他们自称Angkar Loeu（上级组织）。他们计划的细节被美国国务院的一位专家肯尼思·奎因所获悉，他在1974年2月20日的一份报告里公布了这些细节[176]。计划试图把毛泽东的中国大约25年时间里发生的社会变革压缩在一

权最早的时候起，卡扎菲就强调石油武器在反击“西方帝国主义”（因为它支持以色列）上的重要意义。

卡扎菲被证明十分擅长跟石油公司和石油消费国谈判，事实表明，可以成功地把它们分隔开来，然后逐个敲诈。当他接管政权的时候，利比亚的石油几乎是全世界最便宜的。在 1970 年、1971 年和 1973 年的一连串谈判中，他获得了最大的石油价格调整，以抵消美元的下跌。他获得的成功的重要性在于，阿拉伯人控制的石油输出国组织（OPEC）很快就跟着仿效起来。OPEC 是作为一个防御性的机构而组建的，为的是在石油价格下跌时提供保护。迄今为止，除了在 1965 年同意开采权使用费方案之外，它并没有参与任何集体行动。1971 年，紧随卡扎菲的行动之后，OPEC 的海湾国家第一次作为一个集团一起跟石油公司讨价还价[30]。1971 年 2 月 14 日，在德黑兰，它们获得了每桶 40 美分的提价。这是能源价格革命的开始。新协定的有效期为 5 年，正如亨利·基辛格所写的那样，这是“一个庄重的承诺，在违反这一承诺的规模和速度上想必保持了世界纪录”。[31]

石油武器如今将会被更有技巧地使用，这种可能性在 1972 年 7 月增加了，当时，纳赛尔的继任者安瓦尔·萨达特将军脱离了苏联联盟，驱逐了苏联顾问和技术人员，与埃及和沙特阿拉伯及其他海湾国家结成同盟。萨达特不是一个像纳赛尔那样夸夸其谈的家伙。在精神上，他不属于万隆那一代。他是个现实主义者。他认识到，埃及与以色列之间的对抗跟埃及 668
的历史传统背道而驰，不利于埃及当前的利益，尤其是经济利益。他想结束这种对抗。但要想有媾和的权力，他首先需要军事胜利所带来的威望。于是，1973 年 10 月 6 日星期六，也就是赎罪节，犹太人日历上最神圣的日子，他对以色列发起了一次埃及—叙利亚协同袭击。最初的成功相当可观。以色列在西奈山的巴列夫防线被穿透了。以色列空军的很大一部分被苏式地对空导弹摧毁。以色列总理果尔达·梅厄在恐慌中求助于华盛顿。美国最后一批大约价值 22 亿美元的武器被空运到以色列。从 10 月 8 日起，以色列人开始反攻。在 10 月 24 日签署停火协定之前，以色列已经收复了失地，行进到了大马士革的射程之内，在苏伊士运河西岸建立了桥头堡，并包围了很大一部分埃及军队[32]。埃及表现出了出人意料的军事能力，这对萨达特来说已经足够了；以色列也显示出它能够挺过最初的灾难，幸存下来。

这场战争暴露出以色列在军事上极其依赖美国人意志的特点。它还让人们注意到美国媒体和国会民主党多数派对水门事件的穷追猛打给美国的西方领导地位所造成的损害。当以色列成功反击的时候，萨达特请求苏联的支持，勃列日涅夫在 10 月 24 日给尼克松发去了一封电报，警告他：苏联军队可能被派去打以色列人，而不会有进一步的警告。尽管尼克松早就下令给以色列人以充分的后勤支持，如今又同意全世界的美国军队紧急待命，这是自 1962 年古巴导弹危机以来第一次这样大规模的紧急待命，但他已经被水门事件的一团乱麻给死死缠住了，以致他觉得有必要把危机的控制权交给当时的国务卿基辛格。正是基辛格，而不是总统，主持了回应勃列日涅夫电报的白宫会议；而且，他发布了紧急待命的命令。水门事件中的一些迫害者指控，这场危机是精心策划的，为的是把人们的注意力从尼克松的麻烦上转移开来，对此，基辛格在 10 月 25 日的记者招待会上轻蔑地答道：

> 我们努力执行美国的外交政策时，考虑的不仅是对选民的责任，而且还有对未来几代人的责任。我们国家正在发生的事情显露出了这样一个征兆：有人甚至可能认为，美国会为了国内的原因而让它的军队紧急待命。[33]

由于美国总统被国内的敌人弄得焦头烂额，动弹不得，因此，当 OPEC 中的阿拉伯国家通过野蛮残暴地利用石油武器对以色列的幸存做出回应的时候，没有一个人代表全世界的石油 669
消费国来领导西方。10 月 16 日，已经把石油出口政治化的阿拉伯各国削减了石油产量，并（与非阿拉伯石油生产国一起）把石油价格提高了 70%。12 月 23 日，它们再一次提高价格，这一回提高了 128%。结果，原油价格在不到一年的时间里翻了 4 倍。正如基辛格所写的那样，这个决定“是本世纪历史上的关键事件之一”[34]。它把普遍而逐步的价格上涨转变成了一场价格革命，这个世界此前从未在如此短的一段时期里经历过这种价格革命。最遭殃的是那些最穷的国家，其中大部分国家债台高筑，所有能源依赖进口。有 10 亿人生活在人均年收入为 100 美元左右的国家，他们的收入在 1960 年代增长缓慢（大约每年 2%），在这样的国家，经济增长的放缓早在石油价格革命殃及它们之前就已经出现。对它们来说，这是一场灾难[35]。到 1970 年代末，他们发现自己的情况比这 10 年开始的时候还要糟糕，这是当今时代第一次出现这样的逆转。在这样低的水平上，这样一次收入的直接下降意味着营养不良以及与之相关的流行病。1973 年之后的 10 年里，作为阿拉伯石油政策的后果，非洲和亚洲的死亡人数可能以千万计。

自石油产量减少以来，整个世界所经历的财富减少两倍于转移给石油生产国的额外资金。对工业化国家来说，结果是凯恩斯没有设想到的某种形式的经济病。在 1974 ~ 1975 年，世界从 5.2% 的增长率和平均 4.1% 的物价上涨，走向了零增长或负增长，而物价上涨是平均每年 10% ~ 12%。这就是高通胀，在很多国家它已经加速为恶性通胀。这场物价革命横跨了 1972 ~ 1976 年，其核心是石油价格的暴涨。它是自 1945 年以来最具破坏性的经济事件。对于重要的能源密集型部门（它们推动了美国、西欧和日本经济的这一轮长期扩张），它充当了一次急刹车，导致了突如其来的减产和失业，其规模之大，自 1930 年代以来闻所未闻[36]。到 1980 年代初，仅美国和西欧的失业人数就高达 2500 万。

要不是因为银行体系的弹性，这场灾难可能更加严重。1973 年 11 月，紧接着中东危机之后，伦敦一家大的边缘银行“伦敦市郡银行”摇摇欲坠。英格兰银行急忙放下了一艘“救生艇”，让一些大银行提供 30 亿美元来支持 26 家边缘银行。最糟糕的时刻出现在次年 6 月，当时，德国的赫斯塔特银行倒
670 闭，欠下了英国和美国银行巨款，这令人不安地联想到 1931 年奥地利信贷银行的倒闭。但再一次，支持系统运转起来了。1974 年底，华盛顿的通货监理局密切监视着已知承受了很大压力的大约 150 家美国银行，包括最大的两家银行。在伦敦，房地产繁荣的大船沉掉了，把一些看上去光彩夺目的公司拖下了水。金融时报指数在 1972 年 3 月是 543，1975 年初跌到了 146，就真实价值而言，股票缩水超过了 1940 年处于战争深渊的时候。在美国，当银行拒绝进一步贷款的时候，长期以来就十分可疑的纽约城市金融终于趴下了。这座世界上最富裕的城市不得不求助于白宫，但杰拉尔德·福特拒绝介入，这一事件

荣登了著名的《纽约每日新闻》(*New York Daily News*)的头条:“福特对纽约市说:去死吧。”[37]但到那个时候,最糟糕的货币危机已经过去,所有真正重要的银行和机构依然巍然屹立。

实际上,商业银行的欧洲美元狂热对不稳定做出了贡献,如今它们使用类似的方法从混乱中产生某种程度的秩序。问题如下:石油价格革命意味着OPEC国家一年从世界经济中额外拿走800亿美元,这是全世界出口额的10%。仅沙特阿拉伯和科威特(人口很少)一年就接受了额外的370亿美元,足以在接下来的25年时间里从全世界的股票交易所买下所有的重要公司。真正恐怖的是,阿拉伯人将会使用新的“货币武器”,就像他们使用石油武器一样。无论如何,至关重要的是尽快让现金回到世界上有生产力的经济体。华盛顿依然被水门事件弄得不能动弹,不可能担负起领导责任。幸运的是,政府外的欧洲美元体系正等着派上用场,它一直被用来回应纯粹的市场需要,而用不着官僚机构帮忙或添乱。一个新术语——“再流通”开始被人们使用。石油美元很快被打包成了巨额贷款,贷给那些深受重创的先进工业国家,以及麻烦更大的发展中国家,像印度尼西亚、扎伊尔、巴西、土耳其,甚至还有阿拉伯石油生产国新的竞争对手,像墨西哥。

阿拉伯人并不想帮助第三世界,除非通过附带条件的政府贷款。但是,他们一旦把自己的钱放进了世界银行体系,就再也见不着它了。再者说,他们的钱也没有别的地方可放。就像大土豪一样,他们也被阻隔了。他们不喜欢这样。但由于《古兰经》的缘故,他们迄今为止尚没有自己的银行,什么事也做不了。正如国会的一位目击者所写的那样:“阿拉伯人所

拥有的一切，不过是银行账户中的一张借据，在美国、德国或
671 无论什么地方都可以随时冻结。”[38] 如果一个国家有自己花不完的钱，它就不得不分享它的使用权，愿意也好，不愿意也罢。美国倒是愿意分享，以马歇尔援助计划、第四点援助计划以及军事遏制苏联扩张的形式。阿拉伯人则没有这样的利他主义，但他们阻止不了银行把他们的钱贷出去。花旗银行的李世同简洁地概括了这一情形：

> 假如埃克森公司付给沙特阿拉伯 5000 万美元，接下来发生的一切只不过是我们在借方埃克森和贷方沙特阿拉伯的账上各记一笔。花旗银行的资产负债表依然是一样的。如果他们说他们不喜欢美国的银行，他们要把钱放进瑞士信贷银行，我们所做的一切，不过是向沙特阿拉伯收取一笔费用，然后把贷方记为瑞士信贷银行：我们的资产负债表还是一样的。因此，当人们满世界乱跑，等着天塌下来的时候，却没有任何办法让这笔钱可以离开这一系统。它是一个闭环。[39]

当然，如果阿拉伯人拥有一套精密复杂的银行网络，那就是另外一回事了，就像他们很晚才认识到的那样。到那个时候，他们已经开始建立自己的国际银行，1980 年代初，工业国家已经开发了替代性能源，包括非阿拉伯石油，世界石油供应出现了过剩，石油美元的问题不大可能再次出现，无论如何，至少不会以这样强烈的形式出现。阿拉伯人权力的最高点已经过去。这个最高点出现在 1974 ~ 1977 年，当时，阿拉伯人拥有全世界一半的流动资产。多亏了商业银行体系、全世界

的金融黑市，钱消失在发展中国家的需求这个无底洞里。到1977年，它们欠商业银行750亿美元，其中一半以上是欠美国银行的。这些钱几乎全都是阿拉伯人的。就全球范围而言，它的效率不如1973年之前的那个体系，后者让西方工业国家保持了稳步扩张。印度尼西亚的借款超过60亿美元，其中大部分在违约之前被浪费掉了。有一位官员把8000万美元存入了自己的账户[40]。扎伊尔到1979年已经借款30亿美元，愚蠢和腐败的情形同样糟糕[41]。最大的借款国巴西和墨西哥基本上没有把它们得到的钱用在生产性用途上。很多钱最后依然待在它们最开始所在的地方：待在国际经济中。但巨额的债务总量导致人们经常担心出现世界银行业危机。因此，1970年代对西方来说是一段沮丧不断加深的时期。“再流通”这个令人安慰的事实花了很长时间才让人们感觉到。与此同时，经济衰退既有经济上的也有政治上的影响。正如我们已经指出的那样，1930年代的大萧条挫伤了民主国家的士气，导致了缺乏对付侵略的意志，也导致了缺乏活力来设计共同安全体系，以遏制非法势力的增长和暴力的实施。幸运的是，这一次，《北 672
大西洋公约》及其他地区性条约已经存在。它们持续勉强发挥作用。但对于新的威胁或旧威胁的诸多变种，领导层不足以设计出相应的回应。美国实力和意志的相对下降由于价格革命和经济衰退而极大地加速了。美元的价值在1970年代晚期跌去了一半。“美国的世纪”似乎仅仅在开始20年之后便结束了。美国已经从实际上的自给自足演变为对全世界的依赖。它的一半石油要从加拿大、委内瑞拉、墨西哥、尼日利亚、印度尼西亚及阿拉伯国家进口，其大部分铬、铝、锰、镍、锡和锌要从整个西半球进口，从马来西亚、赞比亚、澳大利亚、扎伊尔和南非进口[42]。在对海上航线的依赖不断增长的同时，它保护海上航线畅通的能力却下降了。国防部长唐纳德·拉姆斯菲尔德在1977年的预算报告中指出，“现有的美国舰队能够控制通往欧洲的北大西洋海上航线”，但只是在船只遭受“严重损失”之后才能保证这一点。“在东地中海采取行动的能力也是没有把握的”。太平洋舰队可以“让通往夏威夷和阿拉斯加的海上航线保持畅通”，但“很难保护我们进入西太平洋的交通航线”。他警告，在一场全球战争中，美国将很难给日本和以色列那样的盟友提供保护，也很难增援北约[43]。跟1950年代甚或1960年代初比起来，这是一次根本性的改变。日渐衰弱的物质实力由于领导能力的崩溃而进一步被削弱。1970年代是美国总统能力的最低点。在1973年春天之后，尼克松的总统职位由于水门事件的迫害而变得完全不起作用。他的继任者杰拉尔德·福特只执政两年，缺乏选举的授权。他首先拼命地把本届政府从水门事件的乱麻中解脱出来，然后才开始努力组建一个联盟，以便让自己当选。在福特政府秩序井然的背后，互相竞争的下级之间有一些毫无结果的争权之战，福特缺乏权威和野性来结束这样的争斗。正如一位同事所写的那样：“老好人杰里实在是太好了，好得对自己一点好处也没有。”[44]福特很少表露自己的观点，但他的观点通常被证明是明智合理的。但他缺乏威严。在公开场合，他养成了一个不幸的癖好：倒头便睡。[45]

他的继任者更加糟糕。尽管有水门事件和他本人的各种无能，但福特仍险些在1976年连任总统，要不是挑选了副总统纳尔逊·洛克菲勒作为竞选伙伴的话，他肯定会当选。到这个时候，由于媒体的骚扰，总统职位被认为是一项几乎不可能的

任务。竞争并不激烈，民主党的提名给了缺乏活力的佐治亚州人吉米·卡特，亚特兰大一位聪明的广告经理杰拉尔德·拉夫 673
肖恩把他的竞选活动作为一套电视节目打包销售[46]。他赢得了总统职位，以微弱多数赢了历史上最弱的在任总统，自己成了一个更弱的总统。卡特继续推行尼克松和基辛格与苏联缓和的政策，而到这个时候，一系列事件早已让这一政策变得过时了，不管它曾经多么合法有效，它的始作俑者已经对它失去了信心[47]。到1970年代中期，第一份战略武器限制协议（被称作SALT1）于1972年5月签字生效，对美国的国防政策产生了一个意料之外的影响。它在华盛顿官僚机构内部尤其是在国务院创造出了一个武器控制议会游说团体，有权在研发阶段审查新的武器计划，如果它们带来了会扰乱SALT1协议的特定控制问题，这个团体就会试图否决这些计划[48]。卡特的政策促进了这一令人不安的发展。

危害更大的是卡特有欠考虑"人权"政策，这一政策赖以建立的基础是在赫尔辛基签署的一份协议，根据这份协议，签约国将寻求终结全世界侵犯人权的行为。其想法是要迫使苏联把它的国内政策自由化。效果适得其反。在铁幕的背后，没人理睬《赫尔辛基协议》，为监督协议遵守而成立的志愿小组遭到逮捕。在西方，美国发现自己在跟一些最古老的盟友战斗。再一次，政府内部（包括国务院的一个核心部门）发展出了一个人权游说团体，它积极地跟美国的利益作对。1977年9月，巴西对美国国务院的批评进行了反击：废除了它与美国签署的剩下的4份防御条约，其中两份条约可以追溯到1942年。阿根廷同样被疏远了。在推翻尼加拉瓜索摩查政权上，美国国务院扮演了一个重要角色。助理国务卿维隆·瓦基代表美国政府宣布："再也不可能与索摩查政府实现任何谈判、调停和妥协。解决办法只能是首先和过去一刀两断。"[49]这种"一刀两断"所采取的形式是：1979 年，用一个马克思主义政权取代了索摩查（此人是西方的忠实盟友，尽管有点令人讨厌），新政权对人权的态度同样不屑一顾，并立即在危地马拉、萨尔瓦多及中美洲其他地方对美国盟友展开了行动。再一次，1978 年，国务院人权局通过一个极端反西方的恐怖主义政权，积极地挖伊朗国王的墙脚[50]。美国的人权政策不管在理论上多么有价值，在实践中却十分天真。

674 然而，在卡特治下，美国的政策十分混乱，以致除了损害朋友和盟国的倾向，缺乏其他的显著特征。福特治下的内斗跟卡特治下的三方拉锯战比起来根本不算什么事，缠斗的三方分别是国务卿赛勒斯·万斯、安全顾问兹比格涅夫·布热津斯基和他的佐治亚老乡兼助手汉密尔顿·乔丹，很多争斗是公开进行的——更不用说卡特那位酒醉醺醺的兄弟比利那些自作主张的独立活动了，比利给反美的利比亚政府充当领薪水的议会说客。只有一点，卡特手下的人似乎都同意，这就是：美国没有能力控制事件。赛勒斯·万斯认为，"反对苏联或古巴插手非洲毫无意义。""事实是，"他又补充道，"我们阻止不了改变，就像克努特大帝阻止不了水一样。"布热津斯基坚持认为："世界正在某些力量的影响下发生改变，任何政府都控制不了这些力量。"卡特自己说，美国影响事件的力量"非常有限"。感觉到自己无能，这届政府便在云遮雾罩的比喻中寻求庇护，在这方面，布热津斯基是个天才。他认为越南是"盎格鲁－撒克逊白人新教徒精英的滑铁卢"：美国再也承担不了这样的介入了。他指出："世界上有很多不同的冲突轴心，它们越是交叉，就变得越危险。”西亚是“危机弧线”。但是，“需要的不是杂技，而是建筑学”[51]。然而，事实上并没有外交政策的建筑学出现。当伊朗恐怖主义政府扣留美国大使馆工作人员作为人质时，杂技倒是派上了用场，最后以 1980 年 5 月沙漠里一堆烧焦的美国直升机告终，这大概是 20 世纪美国运气的最低点。

跟苏联政权表面上的稳定和自信比起来，美国在 1970 年代的衰落看上去似乎更加急剧。1971 年，苏联以地面为基地的和潜艇发射的战略核导弹在数量上超过了美国。同一年，安德烈·葛罗米柯自吹，现如今，纵观整个世界，“任何重要问题……如果没有苏联的支持或反对，都不可能搞定。”[52]他本人就是苏联政策国内稳定性和国外一致性的一个象征，因为他早在 1946 年就一直担任外交部副部长，自 1957 年后担任外交部长，他在这个职位上一直待到了 1980 年代。

这倒不是说后斯大林时代苏联的国内历史太平无事。斯大林最后一任秘密警察头目贝利亚并不比他的主子活得更长：对于高层每个人的情况，他知道得太多了。他的同事们起草了一份起诉书，据斯大林的女儿斯维特拉娜说，念这份起诉书花了 3 个小时，其中有一半篇幅用来描述他在性方面的荒唐事——诗人叶甫图申科在他的回忆录中对此做了概括：“当贝利亚靠着人行道慢慢地开着车，搜寻女人陪自己过夜时，我看到了他 675
那张秃鹫脸，一半被围巾遮住，紧贴着他那辆豪华轿车的车窗。”[53]1953 年 6 月 26 日，贝利亚被捕，12 月，在审判之后被正式枪毙。可是，1956 年，党的总书记赫鲁晓夫告诉一个意大利共产党员，贝利亚实际上是在逮捕的时候被杀的：在他摸枪的时候，被马林科夫、米高扬、科涅夫元帅和莫斯卡连科元帅抓住，并被掐死（赫鲁晓夫的另一个版本说他是被枪杀的）[54]。1955年，赫鲁晓夫把马林科夫从后斯大林时期寡头统治集团领导人的位置上赶了下来。两年后，他把莫洛托夫和卡冈诺维奇这样老资格斯大林主义者的“反党集团”赶下了台，从而巩固了自己的权力，这些人与马林科夫及赫鲁晓夫的继任者布尔加宁为了共同的目标而联合了起来。据赫鲁晓夫自己说，在最高苏维埃主席团，反对他的人占多数，但在朱可夫元帅的帮助下，他把自己在中央委员会的盟友空运到了莫斯科，决定被撤销了。4个月后，他把矛头转向了朱可夫，指控他怀有“拿破仑式的野心”，“违背了列宁主义的准则”。最后，1958年，他撤销了布尔加宁的职务，接管了他的工作。这之后，他在6年时间里是至高无上的。

然而，并不存在“去斯大林化”。这个术语在苏联国内从未使用过。后斯大林时期的改变以及赫鲁晓夫在1956年第20次党代会上的“秘密会议”讲话所涉及的一切，不过是结束针对党员（以及统治体制内部的那些人）的大规模恐怖主义[55]。赫鲁晓夫的行为在很多方面像一个独裁者，因此也必定像个独裁者那样能够被赶下台。他的同事们不喜欢他的冒险主义。他们开始把他看作一个令人不安的影响。他试图在党内引入更多的民主，这是一个非列宁主义的概念。他的“全民国家”的观念暗示了结束党对权力的垄断，完全是反列宁主义的。在某些方面，赫鲁晓夫是个马克思主义者，也就是说，他相信共产主义能够实现。在1961年的第二次党代会上，他把自己的政纲定为：在1960年代超过美国的生活水平，1970年代开始共产主义（免租金住房、免费的公共运输等），1980年代完全实现共产主义。他可以被描述为又一个沉湎于1960

年代幻想的乐观主义者。最高苏维埃主席团中批评他的人认
为，这样的承诺不可能令人信服地兑现，只会令人产生失望和 676
愤怒，正如他1962年的古巴导弹冒险和1954年的“处女地”计划一样，后面这项计划打算在苏联的中亚和西伯利亚地区1000万英亩未开垦过的土地上种植作物，因此导致了1960年历史上最大的沙尘暴。1964年10月，当他在克里米亚度假的时候，最高苏维埃主席团投票要求他下台，第二天，中央委员会批准了他们的决议。这次阴谋是米哈伊尔·苏斯洛夫策划的，由克格勃的头目亚历山大·谢列平执行，当赫鲁晓夫在警察的严密看守下飞回莫斯科的时候，谢列平正在机场等候他[56]。

宁愿留在幕后的苏斯洛夫帮助新任第一书记列昂尼德·勃列日涅夫登上了最高权力的宝座。1966年，勃列日涅夫被任命为总书记，1977年被任命为国家首脑和最高苏维埃主席团主席，并担任国防委员会主席，还在1976年被授予苏联元帅军衔，接受了列宁和平奖（1972年）和文学奖（1979年）。这些闪闪发光的职位和荣誉是勃列日涅夫在党的领导层内的老同志们授予他的奖赏，因为他把苏联的事务带到了一个稳定、可靠和可预期的新方向，建立在把权力集中在共产党精英手里的绝对决心上[57]。勃列日涅夫把这一统治哲学总结在了那句密码般的短语中——“相信干部”，也就是说，特权统治阶级的巩固和永存，把国家分为统治者和被统治者。关于线画在什么地方，想必不存在争论，不存在把一丝一毫的权力拱手交给比党的领导层更广泛的参政者的问题。权力的位置一旦获得，就绝不会拱手交出，这个原则既适用于国内，也适用于国外。正如他自己在1968年对自由主义的捷克共产党人杜布切克所说的那样：“别跟我讲什么‘社会主义’。我们拥有什么，就

抓住什么。”[58]

勃列日涅夫的苏联是一个已经实现的而不是预期中的社会。它所提供的更多的是相同的东西，而不是质的改变。在1981年2月召开的第26届党代会上，勃列日涅夫承认，1961年的目标已经过时了：再也不会有具体的“共产主义”目标。他恢复了斯大林主义对军备的优先考虑，这依然是经济中最受青睐的，迄今为止也是最繁荣的部门；在1960年代和1970年代，就实际价值而言，军事支出每年增长大约3%，这意味着，在赫鲁晓夫倒台和1970年代中期之间，相对于资源来说，苏联花在军事装备上的钱大约是美国比例的两倍[59]。整体上，苏联经济增长得更缓慢。到1978年，据计算，苏联的国民生
677 产总值是12536亿美元，而美国是21076亿美元，苏联的人均收入是4800美元，而美国是9650美元[60]。关于这些数字，麻烦在于，在一个公共部门占压倒性优势的社会，人均收入并没有多大意义；无论如何，它们所依据的是苏联政府编制的统计数据，而对这些数据不可能有独立的核查。正如赫鲁晓夫在谈到管理苏联统计局的官员们时所说的那样：“他们是那种能把屎弄成子弹的人。”[61]在1960年代和1970年代，苏联工人的生活水平接近于1920年代的美国工人[62]。但这一比较必须服从三个重要的限定条件。首先，在苏联，城市住房并没有跟上城市发展的步伐，1926年，苏联的城市人口只有19%，50年后大约是62%。结果，苏联人的生活住所是所有工业化国家当中最糟糕的，人均住房面积大约只有72平方英尺（美国是1200平方英尺）。其次，苏联每46个人当中只有一个人拥有汽车（尽管公路上的死亡率比美国还要高）。最后，粮食生产形势在勃列日涅夫治下恶化了，特别是在1970年代晚期和

1980年代初。[63]

然而，苏联对于勃列日涅夫的目的来说已经足够繁荣了。他不想要“不断提高的预期所带来的革命”。除了永保自己坐江山之外，苏联政权没有其他目的。亚历山大·赫尔岑在谈到沙皇政权时曾说：“它为了拥有权力而运用权力。”但这样的比较对沙皇并不公平，他们的动机经常是真心实意地渴望提高人民的生活水平。在流亡美国期间，索尔仁尼琴曾反反复复地、愤怒地否认这样一个看法：无论在什么意义上，苏联政权都是沙皇独裁政权的延续[64]。无论从政治上还是从道德上讲，苏联政权都是一种完全不同的社会：与其说是一种合法的政府形态，不如说是一个自保江山永固的阴谋。斯大林那种芝加哥式的黑帮已经被勃列日涅夫及其同伙们那种低调的黑手党所取代。苏联政权所依赖的基础不是法律，而是武力。就经济方面而言，这个政权最好的定义大概是使用笔名的菲多·兹尼亚科夫在他1966年5月流传的地下出版物《备忘录》(*Memorandum*)中给出的：“超级垄断资本主义”，所有重要的所有权都集中在一个单一的中心[65]。勃列日涅夫的政治难题是要确保超级垄断的利润在统治阶级当中的分配。这个问题可以被认为是三重的。1976年，苏联2.6亿人口当中，有大约1500万是党员。这些人本身并不构成统治阶级，而是统治 678
阶级的潜在成员。通过工业和下级部门的锻炼，其中一部分人将会出人头地，实际上获得统治阶级的成员身份。其他人则以每年30万人的速度被淘汰出局，当局拒绝更新他们的党证。真正的统治阶级由50万名全职的党和政府高级官员（加上他们的家人）组成。他们得到了行政权力的奖赏，使之成为可能的，是国家机器的庞大规模和一个庞大苏联帝国的存在，这个帝国在全世界都有听上去很不错的工作岗位——正如罗伯特·沃波尔爵士所说的那样："所有羊都有足够的草吃。"他们得到的奖赏还有经济特权，其基础是进入一个封闭分配体系的权利，包括食品及其他消费品商店、住房、国外旅行、医疗保健、度假胜地和高等教育。苏联当权派因此成了真正的统治阶级，是那种老式封建主义（也是马克思主义）意义上的统治阶级，因为，他们明显跟社会的其余部分区分开了，这种区分不只是表现在相对财富上，而且还表现在高人一等的、明显是区别对待的法律和行政权力上。在苏联治下，尤其是在勃列日涅夫的治下，苏联社会变得彻底层级化了。例如，1970 年代，在新西伯利亚科学城，住房是按如下方案分配的：一位全职科学院院士有一栋别墅；一个通信院士有半栋别墅；一个高级研究官员有一套空高 3 米的公寓房；一个低级研究官员有一套空高 2.25 米的公寓房，只有一间共用浴室[66]。然而，真正的分隔是在顶层 50 万人与其余人之间：他们是真正的精英，与"他们"相对的，是"我们"——苏联的芸芸众生。这个统治阶级当中，426 人作为中央委员会的委员行使实实在在的政治权力。大约 200 人拥有部长级别职务。他们向勃列日涅夫要求的（他也给了他们），是广泛的特权、生命和财产安全，以及职位的保障。例如，1976 年，中央委员会 83.4% 的委员获得连任，这个比例很典型。到 1970 年代末，顶层的 200 人当中，大多数超过 65 岁，很多人已经七十好几。由于他们和社会的其余部分完全隔离，他们接受最高质量高等教育的权利，以及他们之间联姻的趋势，这个新的统治阶级已经变成世袭的了，勃列日涅夫自己的家庭就是一个恰当的例证。

在斯大林治下，就像希特勒治下的德国一样，反对派都是阴谋性的，或者干脆不存在。极权主义政权通常要到它试图让自己自由化的时候才变得容易从内部攻击。赫鲁晓夫治下，在这个方向上有一些试探性的举措。古拉格的部分建筑已经被拆除，尽管其核心部分保留了下来。1958年12月25日，新的“刑法及诉讼程序的基本原则”获得通过，成为法律，给了被 679
告人理论上的权利，并在苏联媒体上引发了有史以来第一次法律争论。但这一自上而下的改革注定要制造不稳定，并因此出现逆转，因为苏联不是一个法治社会。马克思主义从未提出过法哲学。苏联唯一真正的法哲学家叶夫根尼·帕舒卡尼斯认为，在社会主义社会，“法律”将会被“计划”所取代[67]。这是合乎逻辑的，因为独立的法律过程这一观念与马克思主义精英所解释的不可避免的历史过程这一观念水火不容。帕舒卡尼斯自己的实例就证明了这一点：法律被计划——斯大林的计划——所取代，他在1930年代被杀。1958年，法律在实践中已经不可能得到应用了，因为它会让法庭拥有独立身份的起点，并因此让它们可以阻挡党对权力的垄断。即便在赫鲁晓夫治下，也没有一家苏联法庭在政治案中做出“无罪”判决；没有一家苏联上诉法庭在政治案中推翻有罪判决——因此保持了一项无人打破的纪录：自列宁执政第一年直至今日，法庭完全听命于执政党。[68]

更重要的是赫鲁晓夫对审查制度的放松。最高苏维埃主席团拒绝了他想改变这一制度的要求，于是他只好自作主张地授权出版一些作品，他自己承担责任[69]。一些异端材料发表在媒体上，或者以书的形式出版。1962年，亚历山大·索尔仁尼琴得以出版《伊凡·杰尼索维奇的一天》（*One Day in the Life of Ivan Denisovich*），它大概是自十月革命以来在苏联自由传播的最有影响力的一本书。但在同一年，新切尔卡斯克出现了反对食品价格上涨的大规模抗议，6 月 2 日，军队朝示威群众开火，打死了很多人。骚乱过去是，现在依然是苏联社会经常出现的特征，在封建时代充当了罢工和政治活动的角色，为的是吸引人们关注冤屈。6 月骚乱的规模不同寻常，或许在两年后赫鲁晓夫的下台中扮演了一个重要角色。然而，即使在他消失之前，他也拒绝出版关于集中营的任何书。据我们最有价值的信息提供者罗伊·梅德韦杰夫说，异议运动始于 1965 年，也就是赫鲁晓夫垮台后的那一年，而且，1966 ~ 1977 年发生了接近于集体抗议的事情，当时，地下出版物正处于高潮[70]。镇压开始于同一时期，1966 年 2 月，审判了两个主要异议者：西尼亚夫斯基和丹尼尔。这一事件基本上终结了任何自吹的司法改革或自由化。不久之后，秘密警察的两位高级指挥官被任命为苏联最高法院的法官。镇压最糟糕的阶段是 1968 ~ 1970 年，随着 1968 年 1 月的“四人审判”而开始（这 4 个人分别是加兰斯科夫、金兹堡、多布罗沃尔斯基和拉什科娃）。这是
680 苏联审判中文档保存最完备的审判之一，它是一场预先排演的政治闹剧，表明了苏联体制在一些本质方面依然是极权主义暴政，其所谓的自我改革，不过是换汤不换药[71]。

1970 年之后，这种新的恐怖有一定的放松。作为缓和政策的组成部分，西方有一些人主张接受苏联对赫尔辛基“欧洲安全与合作会议”（1973 年 7 月 ~1975 年 7 月）的要求，他们认为，可以迫使苏联领导人尊重人权，把这作为协议的组成部分。这成了福特和卡特政府的官方政策。根据《赫尔辛基协议》的第七项原则，苏联政府承诺“尊重人权和基本自由”。但这只不过是又一份打算违背的条约。事实上，赫尔辛

基的会议过程直接导致了广泛压制的重新开始，不仅在苏联，而且在铁幕后面的其他地方。因为它鼓励异议者走向公开。他们在莫斯科、乌克兰、格鲁吉亚、亚美尼亚和拉脱维亚组成了“促进遵守赫尔辛基协议”的监督小组。类似的运动出现在捷克斯洛伐克、东德、波兰及其他卫星国。关于违反《赫尔辛基协议》的材料被交给了西方记者。

一波暴力迫害的浪潮紧随而至，始于1975年，在1977年之后的那些年里达到高潮。监督小组的领导人成了主要的受害者。在某些案子中，克格勃执行了一项新政策：给异议者发流亡签证，把他们赶出自己的国家。但另外很多人得到了长期监禁、强迫劳动的判决。因此，《赫尔辛基协议》极大地增加了苏联侵犯人权的规模和力度。这场闹剧在1977～1978年的贝尔格莱德后续会议上达到了高潮，当时，苏联代表团拿出了精心制作的文件，说明乌尔斯特的天主教徒和美国的黑人所遭受的迫害，但他们断然拒绝讨论苏联的做法。会议刚刚结束，乌克兰监督小组的两名成员各得到了7年的苦役判决，莫斯科小组的创立者已经在没有审判的情况下被监禁了15个月，他被判处在一个“严厉的”集中营里监禁7年，苏联最著名的异议者安德烈·萨哈罗夫被指控“耍流氓”，接下来在家里遭到了逮捕，并被判国内流放[72]。对格鲁吉亚监督小组的审判唤起了斯大林时期的不祥回声：捏造证据指控他们是西方情报机构的间谍，并有迹象表明他们遭受了酷刑和逼供。[73]

从1920年代到1980年代初，苏联对异议者的政策在一个方面是始终如一的：异议始终被当作一种精神疾病来处理，异议者始终有可能在苏联专门的精神病医院里接受“治疗”。人们所知道的最早案例是1919年，当时，莫斯科革命法庭做出 681

判决，把社会主义革命党领导人玛丽亚·斯皮里多诺娃收容在一所疗养院里[74]。大规模系统化地使用精神病惩罚手段始于1930年代晚期，当时，内务人民委员会在喀山的正规精神病医院里建造了一个有400张特殊病床的刑罚机构。到1940年代晚期，苏联在犯罪心理学领域从事教学和研究的主要中心塞尔维斯基研究所有一个专门的系从事“政治”工作[75]。到1950年代初，至少有3家机构“治疗”政治犯病例，因为我们知道有一个叫作伊利亚·雅可夫的人在所说的所有这3家机构都接受过“治疗”。精神病惩罚主要是根据刑法中包罗万象的第58条而施加的，这一条是专门对付“反苏行为”的：雅可夫的狱友五花八门，其中包括基督徒，幸存的托洛茨基分子，李森科的反对者，异议作家、画家和音乐家，拉脱维亚人、波兰人及其他民族主义者[76]。在赫鲁晓夫治下，这一制度非但没有废除，反而极大地扩大了。赫鲁晓夫急于让世界相信，苏联不再关押政治犯，这些人纯粹是精神错乱者，《真理报》（1959年）援引他的话说：“有一种犯罪背离公认的行为标准，经常由精神错乱导致。……对那些可能开始号召反对共产主义的人……很清楚，这种人的精神状态是不正常的。”[77]

1965年，随着瓦雷里·塔尔西斯的《七号病区》（*Ward 7*）的出版，西方第一次知道了苏联的刑罚性精神病治疗，打这以后，精神病行业内部做出过一些努力，想获得具体病例的相关文件，并在世界精神医学会上提出了这个问题[78]。这些努力都落空了，部分原因是有些精神病学家（主要是美国人）急于不惜任何代价维持铁幕国家对这个组织的参与，部分原因是苏联精神病机构很巧妙地掩盖了它的蛛丝马迹，他们还在1973年安排了一次波将金式的访问，探访塞尔维斯基研究所[79]。然而，在1965～1975年，有人获得了210个已经被充分证实的病例[80]。除了喀山的第一座精神病刑罚监狱之外，至少还有13家“精神病专科医院”在1960年代和1970年代开张。西方人（不管是不是精神病医生）不允许探访这些精神病专科医院。但已经证实，它们的主管部门是内政部，而不是卫生部，由军官担任领导，行政管理像监狱。来自从前囚犯的报告显示，它们与党卫军医生管理的实验性监狱诊所（作为希姆莱种族灭绝计划的组成部分）有显著的相似之处，两者都实施残忍的行为，负责的医生也是同一种类型。最常见的折磨是用湿帆布“卷起来”，这个方法似乎是雅可夫所描述的最冷酷无情的人物之一伊丽萨维塔·拉夫里茨卡娅发明的[81]。682
1972年美国参议院的听证会上出示了刑讯、殴打和惩罚性使用药物的详细材料[82]。最坏的家伙被认为是医学科学院精神病学研究所的安德烈·斯涅日涅夫斯基医生，他领导了这场把异议者诊断为精神分裂症的行动；还有他的副手鲁本·纳日扎罗夫教授，塞尔维斯基研究所所长乔吉·莫洛佐夫博士，以及丹尼尔·伦茨教授，都被异议者们视为精神病恐怖行为最坏的实践者。像党卫军一样，有些医生拥有军衔：伦茨似乎是克格勃的上校或内务部的少将。这些人获准代表苏联精神病学界去国外旅行，他们的薪水是其他精神病医生的3倍，有权享有苏联统治阶级高层的奢侈品和特权[83]。

刑罚性精神病治疗在勃列日涅夫治下得到了极大的扩张，尽管在西方的揭露行动之后它在很大程度上局限于卑微的工人抗议者，这些人不大可能吸引外界的关注。对于著名人物，有很多越来越严厉的压制手段，甚至都用不着进行审判。在谈到萨哈罗夫被流放高尔基市时，梅德韦杰夫指出：“从高尔基市，萨哈罗夫可以被送去西伯利亚的伊尔库茨克，去托木斯克，或者去赤塔。一次比一次糟糕。……重要的是，受害者始终必须失去点什么东西，有他害怕的东西。”[84]在1977年3月底，勃列日涅夫清楚地表明，回到自由化是不可能的：

> 在我们国家，并不禁止跟大多数人“想法不同”。……如果少数个人……积极地跳出来反对社会主义制度，走上反苏活动的道路，违反法律，并且由于在国内得不到支持而跑到国外、跑到帝国主义颠覆中心去寻求支持，那就是另外一回事了。我们的人民要求，应该把这样的积极分子当作社会主义的反对者、当作反对自己祖国的人、当作帝国主义的帮凶（即便不是实际上的代理人）来对待。……对他们，我们已经采取了并且会继续采取根据我们的法律设计出来的措施。[85]

把政治批评等同于叛国，实际上等同于积极的叛变投敌，当然是斯大林恐怖行为的基础。勃列日涅夫清楚地表明，这种恐怖行为随时可以重新开始。1977年10月7日最高苏维埃批准的新版宪法对此做出了规定。第6条确认了共产党对政治权力和国家活动的完全垄断。第62条是这样写的：“苏联公民有义务保护苏联的国家利益，提高它的权力和威望。”前面一条与第2条矛盾，第2条说一切权力属于人民。后一条与第49条矛盾，第49条赋予了公民批评国家机构的权利。第6条和第62条因此是这部宪法的极权主义核心，给了统治阶级所需要的一切权力，要想让国内反对者臣服于他们认为必要的任何程度的恐怖行为，他们需要这些权力。即使在勃列日涅夫的高

683

压之下，异议依然在继续。例如，1977～1980年，有24份地下出版物定期出版。1980年，单独发行的地下出版物的数量突破了10万份大关[86]。但任何有组织的政治活动，或异端观点的广泛传播，都是完全不可能的。总而言之，在1970年代，在美国政府的合法权力被鲁莽地侵蚀的同时，苏联政府的独裁权力却得到了系统化的巩固。在勃列日涅夫1982年去世之后，这个过程有了一个合乎逻辑的结果，当时，尤里·安德罗波夫成了苏联统治者，此人担任克格勃首脑长达15年之久，在此期间，他把对异议者的惩罚性精神病治疗制度化了。

在政治稳定的基础上，苏联的全球力量在1970年代稳步扩张。这一扩张最惊人、最看得见的迹象是苏联海军的辉煌发展。在很多方面它和1890年代及1900年代的德国海军计划不相上下：其扩张的理由，不是出于保障传统的供应线和交通线的需要，而是故意要改变现有的海军力量平衡[87]。像19世纪的英国海军一样，美国的海空力量是战后世界一个重要的稳定因素。1945年，美国有5718艘军舰在服役，包括98艘航空母舰、23艘战列舰、72艘巡洋舰，以及超过700艘驱逐舰和护卫舰。迟至1968年6月，美国还有976艘新战舰开始服役[88]。到1970年代，美国舰队迅速萎缩，只剩下13艘航空母舰及其护卫舰。与此同时，苏联海军则扩大了。1951年底，北约驻南欧部队司令卡尼海军上将依然能够对地中海的苏联海军力量不屑一顾："他说，那里出现几艘'迷失'的苏联潜艇还是有可能的，为了打一场战争，他们兴许有能力再派几艘正在准备中的潜艇来。但他们不可能让它们支撑很长时间。"[89]大的改变出现在1962年之后，当时，古巴导弹危机使得苏联领导层相信，如果他们希望把共产主义扩张到欧亚大陆板块之外，就必须打造一支庞大的水面海军。

这一新战略是戈尔什科夫海军上将的功劳，他的著作构成
684 了一整套学说的主体部分，堪比马汉海军上将的著作，他鼓吹庞大的潜艇舰队，再加上全球的水面力量，这些观点在1960年代初成为既定政策[90]。在导弹危机之后的14年时间里，苏联总共建造了1323艘各种级别的军舰（相比之下，美国只有302艘），包括120艘大型水面战斗舰艇，83艘两栖舰艇，53艘辅助舰。到同一时期（1976年），戈尔什科夫积累了一支由188艘核潜艇组成的舰队，其中46艘携带战略导弹[91]。1970年代晚期，第一批真正的苏联航空母舰出现了。苏联新舰队对地缘政治学的影响在1967年的阿以战争中变得不可否认，当时，一支庞大苏联海军在东地中海的存在已经建立在一个永久性的基础之上。到1973年，在赎罪节战争期间，美国舰队在这一战区的地位被它的一位司令官描述为自日本海军力量被摧毁以来第一次“非常令人不安”[92]。到这个时候，苏联海军已经在东北大西洋和西北太平洋占主导地位，正准备进入南大西洋和印度洋。

海军力量是苏联突然进入黑非洲（这是1970年代的一个重要特征）的一个因素。另一个因素是把古巴作为一个雇佣卫星国来使用。1960年代，苏联以比较便宜的价钱买到了古巴的忠诚：一年不到5亿美元。反过来，它得到了口头支持：卡斯特罗扯着嗓门大声为苏联1968年入侵捷克斯洛伐克辩护。到1970年代初，古巴经济正迅速衰退，1972年，苏联和古巴的关系有一次令人痛苦的重估。古巴欠苏联的债务如今高达40亿美元，除了把所有利息和本金的支付推迟到1986年之外，看不出勃列日涅夫有什么别的选择，在此期间，古巴获得

了保释[93]。苏联付出的代价先是增加到了每天 800 万美元，然后是 1000 万美元（到 1980 年代初），最后是 1200 万美元：一年将近 45 亿美元。然而，反过来，勃列日涅夫获得了渗透撒哈拉以南非洲的宝贵工具。当然，自 1955 年跟纳赛尔做交易以来，苏联在阿拉伯非洲一直很活跃。但苏联的军事和经济代表团经常让自己在那里变得不得人心；而且，作为白人，他们很容易被指控为“帝国主义”。正如阿拉伯的一位总理、苏丹的马哈古卜所写的那样，阿拉伯国家从苏联得到了“报废的机器”，作为回报则付出了它们的初级产品，这是“某种形式的物物交换”；苏联集团“经常把他们从我们这里获得的原材料倒卖给资本主义的西方”，价钱低于市场价，“给我们国家生产原材料带来灾难性的影响”[94]。使用古巴这个代理人有很多好处，其中之一是：由于一个无法解释的悖论，古巴竟然成了“不结盟集团”的成员，尽管事实上它是苏联附庸国当中口头上最忠实的。古巴士兵都是非白人（在很多情况下是 685
黑人），不容易被描述为帝国主义者。卡斯特罗在 1973 年阿尔及尔不结盟国家首脑会议上极力为苏联辩护，使之摆脱了帝国主义指控，从而给自己挣得了豢养的资格。他质问道：苏联的“垄断企业”在哪里？它“在跨国公司的份额”在哪里？“他在不发达世界拥有哪家工厂，哪座矿山，哪片油田？苏联的资本在亚洲、非洲或拉丁美洲哪个国家剥削过哪个工人？”[95]如今，苏联要求他走得更远：提供非帝国主义的侵略军。1975 年 12 月，在苏联海军的护卫下，第一批古巴军队在安哥拉登陆。1976 年，他们进入了阿比西尼亚（如今加入了苏联阵营），进入了中非和东非。早在 1963 年，法属刚果的老殖民地宣布成立刚果人民共和国，自己成为非洲第一个马克思列宁主义国家。但它的行为做派始终不像是一个这样的国家。欧洲的政治分类并非总能翻译成非洲的现实[96]。但是，到1970年代末，已经有10个这样的非洲国家，在不同程度上给苏联提供外交和宣传上的支持、经济好处和军事基地。1979年，在尼加拉瓜，古巴在中美洲获得了它自己的第一个卫星国。

在1970年代，冷战几乎扩大到了地球上的每个地方，给这10年带来了长期不安全的氛围，这曾经是1930年代的典型特征——失业、经济衰退、军备竞赛和武装入侵的综合征。苏联的政策绝不是唯一的因素。美国对于转向暴力负有部分责任。为抵消随着越南战争结束而出现的武器购买的减少，美国军火工业以前所未有的规模进入了国际武器销售市场。1970年，美国向国外销售了价值9.52亿美元的武器。到1977～1978年，这个数字跃升至超过100亿美元。但其他国家也参与了这场竞赛。在1960年代和1970年代，法国的武器销售翻了30多倍。苏联的武器出口增长得甚至比美国还要快。在1979～1981年，美国不再是最主要的武器出口国，已经跌至第3位，排在苏联和法国的后面（英国可怜巴巴地排在第4位）。到1980年代初，国际武器销售每年的数额接近700亿美元，几乎全都是在国对国的层面上谈成的。仅苏联一家坦克工厂的占地面积就高达20平方英里，出口到30个国家，其中大多数是穷国。跟现代国家比起来，古老的自由企业"军火商"看上去简直清白无辜，前者以百万吨级的规模竞相销售毁灭性的武器。

有一点倒是真的，没有一个大国销售核武器。但它们也没能阻止核武器的扩散。1950年代，一些好心好意的科学家传播了这样一个观念："和平"反应堆所使用的钚通常不适合制造原子弹。根据这个完全错误的假设，美国在 1953 年 12 月以"和平原子"计划启动了所谓的"坦率行动"。它发布了超过 1.1 万份机密文件，包括生产纯钚的普雷克斯方法的详细材料，而纯钚对于大爆炸来说是至关重要的[97]。有些援助计划的细节起草得很马虎，这样一来，当明显违背条款的行为发生时——比如印度 1974 年试爆了一颗原子弹——美国官员可以假装没有这么回事。美国、苏联和英国在 1968 年 7 月谈判的《核不扩散条约》很快得到了另外 40 个强国的批准，但实际上并没有让事情有多大的不同，因为即便是签署这一条约的国家也可以根据它的规则，非常接近于拥有核能力，并根据第 11 条，在发表退出条约通告 3 个月之后迅速获得这一能力。 686

事实上，核大国的增加并没有像悲观主义者所预言得那么迅速。1960 年，有人估算，到 1966 年将有 12 个新国家拥有核武器[98]。但是，一些核保护伞联盟，比如北大西洋公约组织、东南亚条约组织和中央条约组织，往往会劝阻这些国家不要单独冒险。扩散的发生是敌对性"捉对厮杀"的结果。中国 1964 年的原子弹是它跟苏联吵翻的产物；印度 1974 年的原子弹是中国原子弹的直接后果；巴基斯坦号称拥有的原子弹是印度原子弹的产物。以色列和南非在 1970 年代成为不公开的核大国，主要是因为它们不是值得信赖的军事协定（包括核覆盖）的成员国。以色列的原子弹刺激了伊拉克的核武器计划，1981 年，当以色列的飞机摧毁了法国人建造的伊拉克"和平"反应堆时，这一计划彻底泡汤了。

还有一个趋势：一些先进强国也试图着手核武器计划。这恰好是法国在第四共和国治下所发生的事情，那是在戴高乐决定制造原子弹很久之前。正如一位官员所写的那样："原子弹的制造……作为一次官方和平努力的副产品进入了我们的公共生活。"[99]西德和日本谋求原子弹最有可能走这条路，迄今为止，这两个国家在美国担保的鼓励下依然保持着非核地位。到 1970 年代末，日本已经发展出了庞大而创新的航空工业，不仅有能力很快就制造出核武器，而且有能力按照美国三叉戟飞机的路子发展先进的投送系统。但到这一阶段，成为一流的核强国涉及发展出保护、反侦查和二次打击的能力，花销全都昂贵得让人望而生畏[100]。危险在于：一些反复无常的阿拉伯强国，或者一些由于这样那样的原因觉得联盟对自己
687 的保护不靠谱、不充足的国家或地区，比如巴西、阿根廷、韩国、台湾地区和印度尼西亚，十分粗糙地发展出少量的核武器。到 1980 年代初，22 个国家（不算以色列和南非）有能力以相对较低的成本、在 1 ~ 4 年的时间里发展出核武器。[101]

然而，在 1970 年代，让这个世界更加心烦意乱的，并不是爆发核战争的可能性，而是其他形式的暴力愈演愈烈这个现实。这 10 年打了 30 多场传统战争，其中大部分在非洲。人命的代价没有那么高昂但在政治上和心理上更令世界感到不安的是国际恐怖主义的发展。政治宗教恐怖主义首先有穆斯林的传统，可以追溯到中世纪阿萨辛派的波斯 - 逊尼教派。在两次世界大战之间的巴勒斯坦，在阿以战争中重获新生，其最终形式是巴勒斯坦解放组织，它是 1960 年代最大、最有钱、装备最好、最活跃的恐怖组织，有它自己的训练营，其他很多完全无关的恐怖主义运动都曾利用它的训练营。

其次有俄罗斯的传统。整个这一时期，苏联一直维持着一项恐怖主义训练计划，由克里米亚的辛菲罗波尔军事学院负责指导，一些外国“游击队员”和“破坏分子”从这里毕业，到中东、拉美和非洲效力。巴勒斯坦解放组织的大多数专家和教员都曾从这门课程中受益。[102]

再次有作为一种道德必要的智性化暴力的欧洲（主要是德国）传统。正如我们已经看到的那样，当今时代最早的大规模政治恐怖主义1919～1922年发生在德国，当时，右翼杀手杀害了354人。正因为社会没能追究这些人的责任，才给希特勒的国家恐怖主义铺平了道路。这种恐怖主义采取了很多形式，其中包括党卫军的“布朗姐妹”所实施的绑架，她们搜遍各集中营，寻找6岁以下金发碧眼的孩子。德国恐怖主义传统在存在主义中得到了哲学上的表达，萨特在战后时期把存在主义通俗化了，整个一生他都痴迷于暴力，他的弟子弗朗茨·法农1961年出版了最有影响的恐怖主义教科书《全世界受苦的人》（*Les Damnés de la terre*）。

最后，有非政治的地中海海盗传统，这可以追溯到公元前第二个千年。庞培在公元前1世纪结束了海盗行为，它是一个不祥之兆，预示了公元3世纪中叶，当海盗大规模卷土重来的时候，罗马的实力会日渐衰微。在18世纪，英国海军清除了海上的海盗，但巴巴里诸国的威胁依然存在，直到1830年，法国占领了阿尔及尔。接下来的130年里，即殖民主义时代，大规模的海盗行径和绑架几乎不复存在。当帝国主义的大潮退去，随着阿尔及利亚战争结束和卡扎菲1969年的军事政变，它迅速卷土重来，尤其是在它的传统中心阿尔及尔和的黎波里。但如今，随着阿尔及利亚领导人在1960年代，卡扎菲在 688

1970 年代提供金钱、武器、训练设施、庇护和配合，它便有了明显的政治色彩。这四股传统在 1970 年代汇合到了一起，使得恐怖主义问题变得更加复杂和难以定义。不可能把它完全看作苏联试图破坏合法国家稳定的阴谋。事实上，民主国家在 1970 年代受恐怖主义的损害最为严重，意大利更多的是商业暴力（尤其是绑架，1975 ~ 1980 年净赚 1 亿美元）而不是纯政治恐怖的受害者。[103]

然而，毋庸置疑，个人恐怖主义运动，比如西德的巴德尔 - 迈因霍夫团伙、乌尔斯特的爱尔兰共和军、意大利的红色旅、西班牙的巴斯克分离主义者、巴勒斯坦解放组织，以及大概数十个其他阿拉伯、拉美和黑非洲恐怖团伙，都受益于一个国际激进网络，其策划者，比如被称作“卡洛斯”的委内瑞拉暗杀者，全都是共产党人[104]。我们不妨从数以十计的案例中选出两个事件，来说明这一运动的国际性和马克思主义特征。1972 年在以色列卢德国际机场对 26 名朝圣者（大多数是波多黎各人）的屠杀是日本马克思主义者实施的，他们在黎巴嫩接受巴勒斯坦解放组织的训练，装备着卡洛斯亲自在罗马交付给他们的日本武器。另外，1974 年谋杀一位西班牙海军上将的巴斯克杀手曾在古巴和南也门接受东德人、巴勒斯坦人和古巴人的训练，使用他们从爱尔兰共和军那里获得的爆炸物，后者在克格勃的资助下，第一次在阿尔及尔会晤这些巴斯克人。[105]

重要的是，在 1970 年代，随着美国实力的相对衰落，苏联实力的上升，国际恐怖主义事件（爆炸、轰炸、暗杀、扣留人质、绑架，等等）稳步增长，从 1971 年的 279 件增长到 1980 年的 1709 件。暗杀始终是克格勃及其前身的专长，其数量的增长蔚为壮观，从1971年的17件增长到了1980年的1169件[106]。在极权主义社会，全权的秘密警察本身就被允许未经审判随意逮捕、监禁、酷刑、实施司法谋杀和暗杀，这样的社会对恐怖主义几乎没什么顾忌。自由民主社会则有很多顾忌。1970年代的教训是，恐怖主义积极地、系统地、必然地 689
帮助了极权国家的蔓延；在法治国家与极权主义国家之间，它明显有利于后者；它利用了自由社会的自由机构并因此危及后者；它削弱了文明社会捍卫自己的意志。[107]

在更根本的意义上，1970年代的政治恐怖主义是道德相对主义的产物。年轻而激进的意识形态分子把他们的受害者（通常是外交官和商人，仅仅根据职业来选择）用镣铐锁在窄小的混凝土地牢里，蒙住眼睛，塞住耳朵，时间长达数周或数月，然后毫无怜悯、毫不犹豫地杀死他们，他们并不把自己折磨和杀戮的对象看作人，而看作一件件政治家具。在这个过程中，他们使自己，也使他们消灭的那些人非人化了，成了失落的灵魂，就像陀思妥耶夫斯基在他那部伟大的反恐怖主义小说《群魔》中描述过的那些卑贱的怪物。

作为对一切法治社会的稳定的威胁，国际恐怖主义本应该是联合国重点操心的事。但是，到1970年代，联合国已经是一个腐败而消沉的机构，它那些考虑欠周的干涉更倾向于促进暴力，而不是防止暴力。杜鲁门致命的错误是在1950年允许联合国的行政权力落入联合国大会之手，再加上艾森豪威尔1956年也犯下了错误——允许哈马舍尔德把英国和法国当作侵略者穷追猛打，如今这些错误产生了痛苦而丰富的收获。联合国由51个国家创立，其中大多数是民主国家。到1975年，有144个成员国，计划接纳165个成员国，除了25个国家之外，其余的主要是左翼国家。苏联、阿拉伯-穆斯林和非洲国家一起构成了有效多数。因此不可能讨论对恐怖主义采取行动。恰恰相反，正如我们已经指出的那样，伊迪·阿明本身就是个恐怖分子，也是恐怖主义的保护人和受益者，1975年，当他在联合国大会上鼓吹种族灭绝时，代表们起立鼓掌。亚西尔·阿拉法特是世界上最大的恐怖主义组织巴勒斯坦解放组织的领导人，居然在联合国大会上被授予一个席位。联合国秘书处长期以来不再应用《联合国宪章》的原则。秘书长的职能纯粹是充当一个邮局。秘书处的共产党员生活在他们国家专门的小区里，把自己的硬通货薪水支票上交给本国大使馆的财务官员。他们的高级成员、安理会副秘书长阿尔卡季·舍甫琴科有一个克格勃的“照料人员”始终跟着自己。[108]

690 宽泛地说，在1970年代，联合国多数派的讨论集中在三个议题上：组织对南非和以色列的消灭，谴责以美国为代表的“帝国主义”。1974年，作为创始成员的南非递交的国书遭到拒绝，作为驱逐出联合国的替代性惩罚。在1975年苏联卫星国的首都哈瓦那举行的联合国不结盟国家首脑会议上，起草了一份驱逐以色列的计划，但是，当美国威胁要离开联大并终止对它的财政捐助时，这一计划被放弃了。可是，第三委员会以70票赞成、29票反对、27票弃权，通过了一项反犹决议，谴责以色列是“种族主义者”。这份决议由古巴、利比亚和索马里提出，全都是苏联的卫星国。正如美国代表伦纳德·加门特所指出的那样，这份决议是“不祥的”，因为它使用“种族主义”这个词，不是“表示一系列真实而具体的不公正行为，而纯粹是作为一个侮辱性的词语，掷向碰巧是对手的任何人”。它把“一个有生动而可憎的意义的概念”变成了“一个纯粹的意识形态工具”[109]。有些支持这一动议的演说是公开反犹的，要是在纽伦堡，肯定会赢得雷鸣般的掌声。70个投赞成票的国家当中，只有8个国家稍许有一点点资格被认为是民主国家，超过三分之二的国家施行各种不同的官方种族主义。在莫斯科，当时尚未被捕的安德烈·萨哈罗夫评论道，这一决议“只能对很多国家的反犹主义趋势推波助澜，赋予它们以表面上的国际合法性”。更为严重的是，这次投票随后很可能被阿拉伯国家用作齐心协力消灭以色列人在道义上和国际法上的正当理由，而后者建立这个国家恰好是把它作为一个逃离种族主义和种族屠杀的庇护所。当联合国大会以67票对55票批准这一决议的时候，美国大使愤怒地对联合国宣布：“美利坚合众国在联合国大会面前，在全世界面前，站起来宣布：它既不承认，也不会遵守，更不会默许这个无耻的决议。”[110]有一点倒是真的，投票纯粹是纸面上的。但联合国真正的危险在于，纸面上的多数往往会发展为实际的政治：在1970年代，联合国大会的投票可以通过武器甚或通过对代表个人的贿赂来买到，而这种点人头式的腐败算术往往会不知不觉地成为国际社会的传统智慧。

对美国的攻击尤其是这样，美国如今越来越孤立，随着1970年代经济危机的加深，它被指责为世界的邪恶之源。联合国点人头式算术的一个显著后果是，在联合国大会或联合国委员会的任何决议中，阿拉伯石油国家一次也没有被批评过，它们的石油涨价在1974~1975年给自己的收入一年增加了700亿美元，全都是工业国家和欠发达国家掏腰包。联合 691
国多数派也没有做出任何努力，让它们以义务援助的形式吐出这些超额利润。联合国矫揉造作的愤怒完全集中在主要受害者之一美国的身上，并延伸到整个西方。追踪这一攻击的起源很能说明问题。马克思主义最初的论点是：资本主义会崩溃。这事没有发生。最早的后退姿态是赫鲁晓夫的："社会主义集团"的生活水平将会赶上西方。这事也没有发生。第二次后退姿态自1970年代之后开始使用，它被兜售给第三世界，成为联合国的正统观念，这就是：西方的高生活水平非但不是效率更高的经济制度的后果，反而是故意而系统地让世界其余地区变得贫困所带来的不道德的回报。因此，1974年，联合国采纳了《各国经济权利和义务宪章》，谴责西方经济的作用。1974年的联合国世界人口会议是对美国自私自利的一次长时间的攻击。1974年世界粮食会议谴责了美国及其他国家，几乎囊括了仅有的几个生产粮食过剩的国家。印度粮食部长认为，"显而易见"，他们应该对穷国"目前的困境负责"，有"义务"帮助它们。这样的帮助不是"慈善"，而是"对发达国家过去的所作所为进行延期补偿"。次年2月，"不结盟"国家严厉批评"帝国主义强国顽固地维持殖民主义和新殖民主义的剥削结构，这种剥削养育着它们奢侈而过剩的消费社会，同时却让人类的很大一部分处在痛苦和饥饿中"。

这样的攻击特别不讲道理，因为仅在过去14年里（1960~1973年），先进国家对穷国的直接的或通过代理机构的官方发展援助就高达918亿美元，是历史上最大的自愿性质的资源转移[111]。其中大部分援助所起的作用只不过是让一些低效而专制的政权（比如坦桑尼亚的尼雷尔政权）能够继续执政，继续践行五花八门的"社会主义"，并因此使落后永远存在下去。认为西方莫名其妙地应该为世界贫穷负责的论点本身是西方人的发明。像非殖民化一样，它也是负罪感的产物，这种负罪感是秩序和正义的主要溶剂。它反映了同样的趋势：不是作为个人而是作为阶级的成员把人从道德上进行分类。国家结构类似于阶级结构。我们已经指出“第三世界”的概念对万隆那一代的影响，像很多十分聪明却带有误导性的观念一样，这 692
个概念也来自法国。1952年，人口学家阿尔弗雷德·索维写了一篇很有名的文章《三个世界，一个地球》，文中，他引用了西耶斯1789年的著名评论：“第三等级是什么？是一切。迄今为止它在政治秩序中是什么？什么都不是。它要求什么？是个什么东西。”索维认为，冷战本质上是资本主义世界和共产主义世界争夺第三世界的斗争。第三世界被忽视、被剥削、被蔑视，就像第三等级一样，它也想是个什么东西[112]。逐渐的，“第三世界”这个术语成了战后时期最了不起的短语之一[113]。它从未被定义过，一个很好而简单的理由是：就在任何一个人试图定义它的那一刻，这个概念就被看作毫无意义、分崩离析。但它有巨大的影响力。它满足了人类对简单道德区分的渴望。有“好”国家（穷国）和“坏”国家（富国）。富国之所以富，恰恰是因为它们坏，穷国之所以穷，恰恰是因为它们清白无辜。它成了联合国大会的动力。它导致了1962年联合国贸易和发展会议（UNCTAD）的创始，大会把这个谬误通俗化了。它启发了1969年那份饱受负罪感折磨的《皮尔森报告》，这份报告回顾了1950～1967年的整个援助计划，把它的失败归咎于出钱援助的人。

最后，“第三世界”这块招牌看上去似乎由于过度使用而变得有点破旧。巴黎知识分子的时尚工厂马上拿出了一个新术语：“南北”。它是在1974年杜撰出来的，当时，法国总统季斯卡·德斯坦举行了一次“石油进口、石油出口和非石油发展中国家”会议。其想法是要把有罪跟“北”连在一起，把无辜跟“南”连在一起。这一观念把大量的暴力跟简单的地理学扯到一起，跟经济事实扯到一起。所谓的“南”，以阿尔及利亚、阿根廷、巴西、喀麦隆、埃及、印度、印度尼西亚、伊拉克、伊朗、牙买加、墨西哥、尼日利亚、巴基斯坦、秘鲁、沙特阿拉伯、委内瑞拉、南斯拉夫、扎伊尔和赞比亚为代表。而所谓的“北”，则包括加拿大、欧洲经济共同体诸国、日本、西班牙、澳大利亚、瑞典、瑞士和美国。有 11 个“南方”国家实际上在赤道以北，其中沙特阿拉伯是世界上人均收入最高的国家。澳大利亚是唯一一个完全在赤道以南的大陆，却不得不归类为“北”，推测起来大概是因为它是白人占优势，而且是资本主义国家。苏联集团被完全忽略了，尽管它们全都在北方。简言之，这个概念毫无意义，除非是出于政治滥用的目的。不过就这个目的而言，它倒是发挥了很好的作用。它导致 1977 年 5 ~ 6 月在巴黎举行了一次精心准备的集会[114]。它启发了一份被称作《勃兰特报告》的文件（1980 年），就像《皮尔森报告》一样，这份文件也谴责了西方（如
693 今被命名为“北方”），并提议建立一套国际税收体系，在这一体系下，北方应该补贴南方，类似于福利国家在国内的做法。[115]

不可避免的，美国将出演这出南北肥皂剧中的主要坏蛋。美国还是 1970 年代滥用的另一个术语的靶子——“跨国公司”。这个术语也来自法国。1967 年，法国时事评论员让 - 雅克·塞尔旺 - 施莱贝尔出版了一本轰动一时的书——《美国的挑战》（*Le Défi Américain*），吸引人们关注美国公司在国外

的扩张。他预言，到1980年代，“世界第三工业力量”不是欧洲，而是“美国在欧洲的投资”。“跨国公司”是美国对世界的“挑战”。这个观念被欧洲左翼知识分子热情地拿了起来，翻译成“第三世界”的术语，跨国公司凌驾于国家的主权之上，是“美帝国主义”的先头部队。在1974年4~5月的联合国大会上，跨国公司承受了全球的辱骂，几乎跟南非和以色列处在同一层面上。像大多数知识分子时尚一样，它也被曲解了，而且已经过时。跨国公司只不过是在很多国家经营的企业。它们可以追溯到1900年，当时，吉列、柯达及其他公司在欧洲设立了分支机构，它们包括银行、石油公司以及其业务本质上是跨国的其他公司。对于资本、技术和技能从富国输出到穷国来说，跨国公司是迄今为止成本效益比最划算的手段。同样重要的是，在战后那段时期，它们比政府更快地学会了如何融入当地的社会，适应民族的偏见。例如，对美国在智利和秘鲁的跨国公司所做的研究表明，它们的政治影响力（在1939年之前相当可观）早在这个术语变得时髦起来很久之前就迅速衰落了很长一段时间[116]。在美国国内，劳工和种族游说团体足以抵消跨国公司的势力。“跨国公司激增”实际上是1950年代和1960年代初期的现象，到塞尔旺-施莱贝尔写他那本书的时候已经接近它的顶点。1959年，世界上最大的跨国公司中，美国有111家，或者说占71%。到1976年，这个数字下降到了68家，百分比下降到了44%。美国跨国公司的巅峰之年是1968年，这一年也是作为整体的美国权威的顶峰，当时，美国公司建立或获得了540家海外子公司。然而，到1974~1975年，187家美国最大的跨国公司一年只繁殖了200家子公司[117]。有一点倒是真的，在1967~1977年这10年时间里，美国在欧洲的投资从 160 亿美元增长到了 550 亿美元[118]。但塞尔旺 - 施莱贝尔的世界末日幻想到 1970 年代中期
694 看上去就十分荒唐了，当时，西德和日本的公司在海外扩张的速度比竞争对手美国快得多。1970 年，10 家最大的银行全是美国的。到 1980 年，只有两家是美国的，其余的属于法国（4 家）、德国（2 家）、日本和英国（各 1 家）。最大的 20 家银行当中，日本拥有 6 家，另一家由巴西拥有[119]。所有证据都表明，在 1970 年代，跨国公司的经济实力变得更分散。然而，这次跨国公司恐慌对美国造成了巨大的损害，恰逢它的相对影响力迅速衰落的时候。美国公司非但没有行使过度的权力，反而越来越受歧视。大通银行的一位官员抱怨："我可以告诉你，作为墨西哥的一家美国银行，墨西哥当局把我们当作灰尘一样对待。"[120]这样的对待无视下面这个事实：墨西哥连同巴西一起签下了 690 亿美元的浮动利率债务，其中很多是欠大通银行的[121]。人为制造出来的对美国跨国公司的敌意甚至回过头来渗透了美国本身，在美国国内，有人做出努力，试图通过《外贸及投资法案》要求控制美国资本和技术的过度输出，提高跨国利润的税收。接下来的斗争极大地损害了美国的经济利益。[122]

1970 年代对美国的攻击是如此恶毒，大部分攻击是如此没有理性，以至于值得在这里描述一场跨国公司迫害。你可能会说，这 10 年最普遍的种族主义形式是反美主义。"了解一切就是原谅一切"这句格言在国际事务中并不起作用。美国为什么受到这么多攻击，其中一个原因是：人们对美国了解得太多，这主要多亏了美国的媒体和学术界，它们让自我批评的材料源源不断地倾泻而出[123]。不过，一个更为根本的理由是，

美国是一个强盛大国，更有甚者，美国精神是一个代表了个人主义（与集体主义相对）和自由意志（与决定论相对）的概念，而1960年代晚期尤其是1970年代早期和中期的精神带有强烈的集体主义和决定论的色彩。

再一次，这在很大程度上要归因于巴黎知识分子的趋向，法国新近获得的经济活力帮助这一趋向强有力地投射到世界舞台上。在1940年代和1950年代，萨特至少还相信自由意志。这实际上是萨特哲学的本质要素，并使之在本质上与马克思主义水火不容，不管他可能在多大程度上试图使自己和马克思主义者在纯政治层面上结成同盟。萨特活到了1980年，但是，到了1968年学生造反的那个时候，他已经是知识界的老古董。取代他的那些名流要人全都在不同程度上受到了马克思主义决定论的影响，他们拒绝承认个人、自由意志和道德良心在塑造世界上有任何重要意义。与正统马克思主义者不同，他们并不 695
把经济力量（通过阶级来运转）看作人类历史的唯一动力。各自都提出了替代性的或互补性的解释。但所有人都同意马克思的起始点：历史事件并不取决于人类的意志（像传统上人们猜想的那样），而是取决于隐蔽的社会结构。正如马克思所言："表面上看到的经济关系的最终模式……极大地不同于（实际上完全相反）它们内在而隐蔽的本质模式，以及与之相适应的思想观念。"[124]人被囚禁在结构中，20世纪的人被囚禁在资产阶级的结构中。在1963年最早被广泛阅读和翻译的《结构人类学》（*Structural Anthropology*）一书中，克劳德·列维-施特劳斯坚持认为，尽管社会结构不能被肉眼所看见，甚至也不能被经验主义的观察所发觉，但它们是存在的，正如分子结构存在一样，尽管除了电子显微镜之外，所有人都发现不了分子结构。这些结构决定了精神特征，因此，看上去似乎是人类意志的行为，实际上不过是符合这个结构。正如马克思一样，在施特劳斯看来，历史并不是一系列事件，而是一个可以辨别的模式，依据可以发现的法则运转。法国年鉴学派的历史学家，尤其是费尔南·布罗代尔，提供了这个论点的一个变种，布罗代尔的《菲利普二世时代的地中海和地中海世界》（*The Mediterranean and the Mediterranean World in the Age of Philip II*）被证明是第二次世界大战以来出版的迄今为止最有影响力的历史著作。年鉴学派认为，叙述是表面的，个人是无关紧要的，鼓吹历史领域的地理和经济决定论学说，长期的历史进程完全被这样的结构所决定。在心理学领域，雅克·拉康重新解释了弗洛伊德（很大程度上弗洛伊德迄今为止在法国被忽视了），以便提出一套新的人类行为的决定论，建立在符号、信号、符码和习俗的基础之上，分析起来，这一学说没有给人的选择留下多少空间。在文学领域，罗兰·巴特认为，小说家的创作，更多的不是通过富有想象力的意志的作用，而是对社会结构做出回应，他的冲动便源自这样的社会结构，并表达在他所使用的符号中，可以用符号学这门新科学给这些符号编码。在语言学领域，美国学者诺姆·乔姆斯基对说话和语言的物理特征不屑一顾，认为那些是表面的，被所谓的语言学法则的深层结构所决定。

结构主义者共同拥有的一切是马克思主义的假说：人的属性和行为受到规律的支配，其方式类似于科学规律支配无生命的自然。因此，社会科学的职能就是要发现这样的规律，然后根据这些发现作用于社会。这种新形式的智性乌托邦主义的出
696 现，连同它这样一个强烈的暗示：到山穷水尽的时候必须搞社

会工程，与高等教育尤其是社会科学学科在 1950 年代晚期和整个 1960 年代的迅速扩张恰好同时发生。在 1950 年代中期和 1960 年代之间，高等教育支出的年均增长率在英国是 10%，在美国、西班牙和日本是 11% 以上，在法国是 13.3%，在意大利、比利时、荷兰和丹麦是 15% 以上，在加拿大和西德是 16% 以上。这一时期的大学新生入学人数年均增长在 12% 以上[125]。由于一个历史的意外（跟结构没有一毛钱的关系，不管是深层结构还是别的什么结构），结构主义者们产生了巨大的影响，这种影响和他们那些理论内在的貌似有理完全不成比例，他们对社会的冲击在 1970 年代达到了最大化，当时，数百万新近毕业的大学生潮水般地涌出大学校园。

结构主义的全盛时期刚好与美国的士气低落同时，与苏联实力和影响力的稳步上升同时。它强化了这两种趋势，因为结构主义也是反经验主义的，拒绝现实世界而青睐理论世界，不重视事实而青睐“解释”。你可能会说，斯大林的整个独裁统治就是一场跟事实作对的战斗，或者更准确地说，是一次超人般的努力，试图把难以对付的人类事实转变成“深层结构”，在地底 6 英尺之下。对结构主义者来说，事实根据定义是在表面上，因此是误导性的。试图以论证的形式来整理事实显然只不过是厚颜无耻地为现状辩护[126]。结构主义很好地契合联合国波将金式的世界，在这个世界里事实并不重要，在这个世界里北就是南，反之亦然，在这个世界里富制造了穷，在这个世界里，犹太复国主义是种族主义，罪恶是白人的垄断。跨国公司，这个国际非正义的凶险基础结构，是典型的结构主义概念。结构主义也是某种形式的诺斯替教，亦即一种神秘的知识体系，只对精英显露出来。这两者都在 1960 年代迅速扩张，并联合起来在1970年代占据知识领域的主导地位。但是，不可能长时间地把现实从历史中放逐出去。事实有办法让自己的存在被人们感觉到。1970年代的模式对少数依然在法治之下的民主社会来说是如此令人沮丧，然而，在这10年结束之前，这一模式已经开始分崩离析。

20. 自由的恢复

走出1914～1918年第一次世界大战最初的悲剧，20世纪在很多人看来似乎是一系列连续不断的道德灾难和物质灾难。尽管财富迅速增长（尤其是在先进国家），科学发现稳步向前，但这些灾难还是发生了。早在1945年，H. G. 威尔斯这个曾经预言人类进步不断加速的先知，在绝望中举手投降，出版了他那部阴郁悲观的最后遗言《黔驴技穷》（*Mind at the End of Its Tether*）[1]。打这以后，进一步的衰退看上去已经发生，1970年代是格外焦虑和幻灭的10年，当时，对环境和原材料枯竭的担忧结合了冷战竞赛在全世界的蔓延，以及集体主义给东欧、非洲大多数国家和亚洲及拉美大部分地区带来的巨大破坏。在每一个地方，赋予其意义的民主与法治看上去都处于守势，即使在它的核心地带。1979年，卡特总统公开提到那场“危机，打击了我们民族意志的内心、灵魂和精神。……侵蚀我们对未来信心的是威胁要摧毁美国社会和政治的基本结构”。[2] 697

然而，随着1980年代的到来，人类事务中吹来了一股浩荡的变革之风，整个10年这股风在不断聚集势头，一直吹进了1990年代，把自己面前的一切一扫而光，留下被彻底改变的全球风景，几乎让人认不出来。1980年代构成了现代史上的分水岭之一。民主的精神恢复了自信并得以传播。法治在地球上很大一部分地区被重新确立，国际掠夺行径遭到了遏制和惩罚。联合国，尤其是安理会，第一次开始按照其创立者最初

的意图发挥作用。资本主义经济繁荣兴旺，在几乎每一个地
698 方，人们越来越认识到，市场体制不仅是增加财富、提高生活水平最可靠的方式，而且是唯一的方式。作为一个知识信条，集体主义崩溃了，抛弃这一信条的过程甚至在它的大本营也已经上路。斯大林的帝国，最后的殖民联合体，已经土崩瓦解。苏联体制本身面临越来越大的压力，苏联越来越多的问题既侵蚀了它作为一个超级大国的地位，也侵蚀了其统治者继续冷战的意志。到 1990 年代初，关于热核大战噩梦般的幻想逐渐消退，这个世界似乎更安全、更稳定，尤其是更有希望。这一戏剧性的反转是如何发生的呢？

它本质上是一些杰出平民领导人的功劳，他们反映了普通男男女女的想法、渴望和信念。它肯定不是知识界的功劳，不是哲学家、经济学家和政治理论家的功劳，也不是一般意义上的学术界的功劳。大学几乎跟它没什么关系，正如它们在 18 世纪晚期的第一次工业革命中没有扮演什么角色一样[3]。实际上，在马克思主义逐步被那些曾经热情传播它的政府所抛弃的同时，它在那个传统的落魄之家——大学校园——里继续得到支持和讲授。①

有一件事情很重要，那就是仔细审视知识分子的领导能力在 20 世纪的失败，或者更准确地说，是他们明显没有能力给困惑迷茫的人类提供清晰而坚定的指引，因为这种失败和无能正是时代悲剧的根源。在第一次世界大战之后的 70 年里，知识本身的扩张比从前任何时候都更加迅速。然而，在很多方面，1990 年代一个受过教育的人，其内心所具备的确信甚至

---

① 马修·阿诺德曾在 1865 年把牛津大学称作“落魄之家”。——译者注

还不如公元前2500年的一位古埃及人。至少，古王国时期的埃及人有一套清晰的宇宙论。1915年，爱因斯坦侵蚀了牛顿宇宙的基础，取而代之的宇宙论纯粹是推测性的，因为广义相对论是一种经典解释，不能用来描述一个奇点，比如创造瞬间的条件。宇宙大爆炸的数学模型（在这次爆炸中，物质从大约60亿~100亿年前的零开始膨胀，每一件至关重要的事情都发生在最早的20分钟之内）并不比最早在《创世记》第一章中粗略描述过的犹太—基督教假说更可论证，这二者有惊人的相似之处。在接下来的四分之三个世纪里，关于宇宙的经验知识以惊人的速度不断积累，尤其是在1970年代和1980年代，当时，来自空间的数据以惊人的数量抵达地球。对充满宇宙的微波背景辐射的测量表明，大爆炸假说几乎确定无疑[4]。但是，一位宇宙学家简洁地指出：“我们的宇宙只不过是成千 699
上万个时不时地碰巧出现的宇宙之一。”[5]关于主要事件的清晰图景像从前一样难以得到。

实际上，研究现代世界的历史学家有时候忍不住得出这样一个令人沮丧的结论：进步对确信是毁灭性的。在18世纪和19世纪，西方精英都确信：人类和进步都受理性的支配。当今时代的一个主要发现是，理性在人类事务中发挥的作用并不大。就连科学家也不为理性所动。正如马克斯·普朗克悲哀地指出的那样：“一个科学真理通常不是以一种让反对者相信的方式呈现。相反，要等到反对者一个个死光了，新兴的一代才从头开始熟悉这一真理。”[6]在爱因斯坦广义相对论被埃丁顿证实并因此终结了人们对固定时间和空间的信念3年之后，我们这个时代关键性的人物之一路德维希·维特根斯坦出版了他的《逻辑哲学论》（*Tractatus Logico-Philosophicus*）一书，在接下来的几十年里，这本书累积性地摧毁了人们对哲学作为人类理性向导的确信。半个世纪的时间里，维特根斯坦对学院派哲学的影响是巨大的。到 1990 年代初，有人对他的心智健康提出了怀疑：他到底是天才，还是只是个疯子？[7] 但到那时候，很多损害已经造成。像 A. J. 艾耶尔爵士这样一个重要的逻辑实证主义者（他 1989 年去世的时候已经被广泛认为是世界上最重要的哲学家）也自鸣得意地评论道，哲学已经证明，人是无知的，而不是有知的。“哲学表明，很多东西我们认为自己知道，但实际上我们不可能知道。”经验主义的通俗知识通常被称作“常识”（common sense），被伯特兰·罗素轻蔑地称为“野蛮人的形而上学”[8]。可是，如果学院派哲学家认为这个世界住满了傻瓜，那么，大多数哲学家也几乎没有做出过什么努力，试图在当下的大问题上对他们进行启蒙，就连研究这些问题的罗素也在自己的通俗新闻作品与“严肃”作品之间做出了绝对的区分[9]。20 世纪哲学的负面性和破坏性，它对语言的缺陷和不足的痴迷，尤其是它没能致力于解决人类面临的巨大问题，是少数几个试图解决这些问题的哲学家们的羞愧之源，特别是卡尔·波普尔，他写道：“我无法说被人称作哲学家使我很自豪。”[10]

此外，日益增长的不确定性甚至围绕学院派哲学家们觉得自己可以信赖的一个工具：逻辑。两个世纪前，康德曾在他的《逻辑学》（*Logik*，1800）中声称：“只有少数科学能够
700 进入永恒状态，不允许进一步的改变。逻辑学便是其中之一。……在逻辑学中，我们不需要进一步的发现，因为它仅仅包含了思想的形态。”迟至 1939 年，一位英国哲学家声称：“独裁者今天可能大权在握，但他们不可能改变逻辑的法则，

实际上就连上帝也做不到。”[11] 13 年后，美国哲学家威拉德·奎因平静地接受了这样一个观点：逻辑的定义经历了根本性的改变，他说：“这样一种改变，与开普勒继托勒密之后、爱因斯坦继牛顿之后或达尔文继亚里士多德之后所做的那种改变之间有什么不同呢?”[12] 在接下来的几十年里，出现了很多与古典逻辑竞争的体系：鲍契瓦尔的多值逻辑，伯克霍夫、费夫里尔和莱欣巴哈的体系，最小逻辑，道义逻辑，时态逻辑。谈论逻辑的经验主义证明或反证已经变得不可能[13]。一位忧心忡忡的逻辑学家问，“采用一套非标准体系”，对于真理论来说后果将会是什么[14]？另一个研究模态逻辑体系的逻辑学家指出：“当你了解和研究属于这一家族的更多体系时，你就会得到这样一个令人不安的感觉：它确实是一个家族，有再生和繁殖的力量，无限制地繁殖出新的［逻辑］体系。”[15]

在一个就连逻辑法则都改变和瓦解的世界上，一点也不奇怪的是，当今时代并没有在 1920 年那一代认为“合乎逻辑”的方面取得发展。就历史而言，重要的不仅是已经发生的事件，而且还有那些顽固地绝不发生的事件。当今时代引人注目的事件是宗教信仰并没有消失。对千百万人（尤其是先进国家的人）来说，宗教在他们的生活中几乎不再扮演什么重要角色，因此而留下的空白被法西斯主义、纳粹主义和共产主义所填补，被人道主义乌托邦的努力所填补，被优生或健康的政治所填补，被性自由、种族政治和环境政治的意识形态所填补，构成了我们这个世纪历史的很大一部分实质。但对更多的人来说——实际上是对于人类种族的压倒性多数来说——宗教依然是他们的生活中一个巨大的维度。尼采曾经准确地预言了宗教信仰向政治狂热和极权主义的权力意志转变，但他没能看到，宗教精神与世俗化共存（这完全不合逻辑），并因此使已经被他宣告死亡的上帝重新复活。在 1990 年代看上去已经过时甚至是荒唐可笑的东西，并不是宗教信仰，而是费尔巴哈和马克思、涂尔干和弗雷泽、列宁、威尔斯、萧伯纳、纪德、萨特及很多其他人曾经提出的一个信心满满的预言：宗教的消亡。到我们叙述的这段时期结束时，就连“世俗化”这个术语也众说纷纭，莫衷一是。一位社会学教授愤怒地写道：“整个概念看上去就是反宗教意识形态的一个工具，为了辩论的目
701 的而把它跟宗教中‘真正’的要素混为一谈，然后武断地把它跟一个一元论的、不可逆转的过程的观念联系起来……应当把它从社会学的词汇表中抹掉。”[16] 在西方，世俗主义运动作为一种好战的无神论似乎是在 1880 年代达到高潮，恰好和它的竞争对手新教同时，因此，列宁与其说是一个先驱，不如说是一个幸存者，他的世俗化是通过武力实现的，而不是通过争论得以确立的[17]。到 1990 年代，他设立的反上帝博物馆和科学无神论大学教席成了纯粹的历史古董，或者干脆被拆除、被废弃了。一些曾经很有影响的取代宗教的替代性选项，比如实证主义，都几乎消失得无影无踪了。这证实了约翰·亨利·纽曼的观察：“真正的宗教都发展得很慢，但一旦扎下根来，就很难把它赶走；但宗教的智性仿造品本身没有根基，生长得很突然，枯萎得也很突然。”[18] 对于这一真理，最令人印象深刻的证明大概可以在苏联找到，在那里，列宁灌输的共产主义意识形态信仰在 1989 ~ 1991 年日渐增长的自由气候中土崩瓦解，从而揭示了这样一个事实：东正教和天主教在经历了苏联政权对它们的所有攻击之后都幸存下来了，而且非常强大，不断扩散[19]。纵观整个世界，尽管精神的迷惘（被简洁地归类为

“不可知论”）分布广泛，但很有可能的是，真正的无神论者在 1990 年比 1890 年还要少。

然而，组织化的宗教充满了貌似不合理的悖论。很多这样的悖论在卡罗尔·沃伊蒂瓦身上得到了体现，1978 年 10 月 16 日，沃伊蒂瓦成为第 263 任罗马教皇，头衔是约翰·保罗二世。他是自 1522 年以来第一个当选教皇的非意大利人，是自 1846 年以来最年轻的教皇，是第一个来自斯拉夫东方的教皇。沃伊蒂瓦是克拉科夫的红衣主教。这一选择对于如今已经成为天主教核心地带的波兰来说十分恰当。先是希特勒，然后是斯大林及其继任者，都曾竭尽全力要摧毁波兰的教会。希特勒关闭了波兰的中小学、大学和神学院，杀害了波兰三分之一的教士。当苏联红军在 1945 年把卢布林政府强加给波兰的时候，他们相信，波兰教会将在一代人之内消失。在战前的波兰，教会尽管享有特殊的地位，但事实证明，其环境对天主教来说并不比战后积极迫害天主教的人民共和国更加有利。新的边境把波兰变成了地球上最同质化的国家之一：超过 95% 的人口如今在种族上都是波兰人，几乎全都是受过洗的天主教徒。天主教成了抵抗外来共产党政权的中心。到 1960 年代，天主教神父恢复到了战前的 1.8 万人。宗教人 702
士——即神父、修女和修道士——的数量在 1939 年是 2.2 万，如今增长到 3.65 万。修道院、小修道院和修女院比战前多 50%。大约 92% ~95% 的儿童在 1.8 万个宗教教学中心接受教诲之后领了圣餐。超过 90% 的波兰人是依照天主教仪式下葬的。农民进城运动使得城市人口重新皈依天主教。多达四分之三的城市居民在教堂里结婚。礼拜日弥撒的出席人数即使在城市里也超过了 50%。这些数字世界上其他任何地方都没法比[20]。此外，天主教是波兰独立工会背后的推动力，这个工会的施洗教名是“团结工会”，1980 年 6 月开始在格但斯克造船厂运转，两个月后得到了波兰政府万分不情愿的承认，在它充满热情的信奉天主教的领导人莱赫·瓦文萨的领导下，团结工会在这 10 年里逐渐侵蚀了波兰政权的基础。1981 年制定并施行了约 8 年的禁令，在 1989 年 4 月终被取缔，当时，共产党的权威开始土崩瓦解。4 个月后，8 月 24 日，波兰成了苏联集团中第一个任命非共产党政府的国家，瓦文萨的同事、波兰一家天主教报纸的主编塔德乌什·马佐维耶茨基出任总理。当时，瓦文萨自己成了总统，残留下来的对宗教的一切压制都被消除了。这次政权改变在很大程度上是和平的，它表明了人类对个人自由的渴望与宗教信仰的力量之间的结盟是多么有力。

新教皇身上体现了波兰人这种热情奔放的宗教精神看似矛盾的巨大活力，因为这种精神竟然源自一个无神论国家的架构之内。他本人就是一个看似矛盾的悖论：一个知识分子，一个诗人，一个剧作家，一个在现象学传统中接受专业训练的职业哲学家，现象学试图把存在主义基督教化；然而，他也是一个充满热情的信徒，信奉平民天主教的文化——圣地、神迹、朝圣、念珠和圣母玛利亚。他是第二届梵蒂冈理事会最活跃的成员之一，这次会议是改革派教皇约翰二十三世在 1962 年召开的，为的是引发他所说的教会 aggiornamento（适应现代社会），在 4 年时间里，这届理事会把教会的各个方面都现代化了，包括一套新的、使用本地语言的礼拜仪式，以及协商民主的形式。理事会反映了 1960 年代的乐观主义和幻想。这样的心境在 1968 年之后便不复存在，无论对于世俗社会，还是对于天主教，那都是一个巅峰之年，当时，新任教皇保罗六世拒绝放松教会对人为避孕的禁令，再一次在他的教皇通谕《人间通谕》（*Humanae Vitae*）中谴责了这一行为。对于教会的很多人来说，就像对教会外面的世界一样，1970 年代是幻想破灭的时期，是上教堂人数下降的时期，数以千计的神父宣布放弃自 703
己的职业。教会团体中最大的也最有影响力的耶稣会就是一个例证。当理事会开幕的时候，共有 3.6 万名耶稣会修士，是 1920 年代的两倍。这一扩张势头在 1960 年代下半叶被逆转，1970 年代，耶稣会修士减少了三分之一；神学院学生和见习修士的人数从 16000 下降到了 3000。[21]

约翰·保罗二世教皇反映了新的现实主义、保守主义和回归权威的精神，这是从 1970 年代向 1980 年代过渡的典型特征。正如 19 世纪的铁路时代，人们坐火车去罗马、卢尔德及其他信仰中心朝圣，从而复兴了教皇领导下的天主教，如今，约翰·保罗二世教皇也是这样利用喷气式飞机和直升机，使全球旅行成为其教皇任期例行公事的组成部分，他还乘坐一辆专门制造的顶部安装玻璃的汽车，人称“教皇座驾”，尽可能让更多的人能看到自己。整个 1980 年代，甚至直到 1990 年代，尽管年事已高，但他几乎走遍了世界各地，有的地方常常是好几次，有几次吸引到的人群大概是历史上最大的。到 1990 年底，超过 2 亿人出席过他主持的宗教仪式。1981 年 5 月，他在一次暗杀中幸免于难，刚刚恢复过来，他便重新开始外国旅行。在非洲和拉美，100 多万信众聚集起来，参加他的露天宗教仪式。在爱尔兰，有一半人听过他布道。在波兰著名的圣母玛利亚圣地琴斯托霍瓦市，有 350 万信众听他布道，是有记录以来最多信众的一次布道。[22]

这些集会显示了基督教的影响范围及其人数上的变化。当约翰·保罗二世在1978年上任的时候，共有739126000罗马天主教徒——约占4094110000世界总人口的18%。今天，这个团体是一股强大的教育和文化力量，因为它管理着79207所小学，超过28000所中学，提供了将近100万个大学名额。在1960年代初，来自欧洲传统的天主教核心地区（加上北美）的天主教徒依然占到了整个天主教徒的51.5%。但是，到约翰·保罗二世即位的时候，天主教基本上已经成了一种第三世界的宗教。16个天主教人口超过1000万的国家当中，有8个是第三世界国家，这16个国家依次是巴西（天主教徒超过1亿，有天主教会迄今为止最大的主教团：330人）、墨西哥、意大利、阿根廷、哥伦比亚、秘鲁、委内瑞拉、法国、西班牙、波兰、西德、捷克斯洛伐克、美国、扎伊尔和菲律
704 宾①[23]。到1990年，超过60%的天主教徒生活在发展中国家，主要在拉美和非洲，有人估算，到1990年代末，这个数字将上升到70%。天主教不仅不再是欧洲人占主导地位，而且它正在成为城市的，实际上是大都市的。到公元2000年，很大比例的基督教徒将生活在500万人口以上的特大城市里，其中很多人生活在世界上两个最大的城市墨西哥城（规划人口3100万）和圣保罗（人口2600万）[24]。尽管天主教人数最多的国家在拉丁美洲，这是高生育率的结果（自1945年以来人口翻了一倍以上），但实际上，天主教通过皈依在黑非洲发展最快。1970年代中期的一项研究表明，在非洲基督教的总体扩张中，自1950年以来传教士数量已经翻倍的天主教传播

① 原文如此，这里只列出了当时的15个国家。——译者注

最快，从 1950 年的大约 2500 万人增长到了 1975 年的 1 亿人[25]。到 1990 年代初，南部、中部和东部非洲的天主教徒数量据信大约是 1.25 亿。

然而，在先进国家，就连天主教——尽管约翰·保罗二世教皇做出了种种努力——也不免遭到侵蚀。在美国，数字表明，礼拜日上教堂的人均次数在 1950 年代达到高峰（与欧洲 1880 年代晚期比较）。天主教徒当中定期上教堂的人数（相对于其他大多数主流基督教教堂）继续上升，直至 1970 年代中期达到高峰；在 1980 年代晚期，有证据表明总数在下降，北美教会内部在一些容易引起争论的问题上的严重分歧加剧了这一下降趋势，比如避孕、判决婚姻无效（这在约翰·保罗二世治下明显变得更难了）、同性恋者的待遇、女人在教士中的作用等，在所有这些问题上，教皇都采取了保守的姿态。法国、意大利和西班牙报告了类似的模式，尽管波兰和德国没有出现这种情况。在英国，礼拜日定期上教堂的总人数在 1980 年代下降到了 10% 以下，据 1991 年 3 月发布的一项权威调查“英国教会人口普查”估算，英国教堂整体上损失了 50 万礼拜天定期去做礼拜的人。除了浸信会之外，所有主流教堂的出席人数都下降了。英国教会是第三大基督教团体，失去了 9% 的忠实信徒；可是，罗马天主教会尽管依然是最大的，却失去了 14% 的忠实信徒。主要赢家是新教边缘教会的那些很有感召力的原教旨主义教派。[26]

在 1970 年代晚期、整个 1980 年代直至 1990 年代，这个世界见证了这样一个趋势：范围广泛的信众纷纷退出那些试图 705
使自己的信仰理性化并与总体上非宗教的社会达成和解的教堂和公认的宗教团体；同时还见证了原教旨主义的发展，原教旨主义绕过理性主义，强调信仰和神迹显示的极端重要，拒绝与建立在非信仰基础上的制度达成妥协的观念。“理性化”宗教的一个引人注目的象征是世界基督教会联合会，整个 1980 年代，该组织强调普世主义、最小化信仰，以及与马克思主义及其他反宗教信条达成和解。它在这整个十年失去了支持，最后在 1991 年 2 月堪培拉的一次会议上险些让自己名誉扫地。一些代表目瞪口呆地发现，在前厅里一个鼓吹更多女性教士的摊位上，“赫然陈列着一些色情卡通画，包括两个人在表演变态行为”；一位出席会议的著名宗教领袖“要求一位女性代表在他面前表演性行为”，然后“劈头盖脸地打她，直到她屈从于自己的要求”[27]。另一种理性化基督教的形式是所谓的“解放神学”，最初源于德国，试图把天主教行动主义转变成一股激进的政治力量，从按照共产党的基层组织原则所组织起来的“基本社群”开始运作，甚至鼓吹为了推翻右翼的暴虐政府而采取暴力。在 1970 年代和 1980 年代，它在媒体上吸引了很多的关注，据说在巴西和中美洲兴盛一时。在卡斯特罗的共产主义卫星国尼加拉瓜，4 个宣称信仰基督教的这一激进化形式的神父在 1979 年担任了部长，两年后，他们拒绝服从主教要求他们回去履行教士职责的命令。拉丁美洲的教士阶层迄今为止通常是支持既定权威的，在 1965 ~ 1968 年却变得强烈地反对遵从律法[28]。然而，基督教的这种政治化尽管对媒体来说是一个魅力之源，却只局限于很小一部分精英。大多数神父和主教依然是强烈的传统主义者；世俗之人就更是如此了。当解放神学交给人民大众去检验的时候，它就制造不出多大影响。尼加拉瓜的桑地诺解放阵线政府由马克思主义者丹尼尔·奥尔特加领导，包括解放神学的一些支持者，这些人支持奥尔特加，并和他一起工作，在这个政府1990年第一次被迫接受自由选举的时候，桑地诺解放阵线就被决定性地打败了。

实际上，在1970年代尤其是1980年代，拉丁美洲两个引人注目的现象都是原教旨主义的，它们在几乎每一个地方都赢得了广泛的民众支持。第一个现象是福音主义新教，迄今为止被禁止在拉丁美洲皈依信众，这是由于各国与天主教会之间的 706
协定，或者根据授予天主教特权地位的法律。这些禁令的放松导致了新教团体的一次大规模传教努力，主要由美国提供指导和经费，在那里，福音主义充分利用了电视、广播和电报，在1960年代、1970年代和1980年代取得了巨大的进展，构成了人们所说的"道德多数派"。它在拉丁美洲尤其是在墨西哥、中美洲、哥伦比亚、巴西和委内瑞拉的努力获得了引人注目的成功，到1980年代晚期，拉丁美洲新一代受过训练的福音传道者已经着手工作。天主教的回应就是发展一套新的宗教教规，其起源似乎完全是自发的，其形式与新教福音主义并无本质的不同，被称作"大众宗教"（religiosidad popular），反政治，反知识分子，自发，虔诚，热情，在穷人当中有强烈的吸引力。但是，新教原教旨主义强调《圣经》，而天主教原教旨主义的特征是崇拜圣徒（常常是非官方的本地圣徒）、圣徒遗骨和圣地。

1979年1月，约翰·保罗二世给这场运动盖上了批准的印戳，当时，他坚持探访瓜达卢佩的圣母圣地，把墨西哥人民置于意大利风格的圣母画像的保护之下。当然，这些大众宗教经常是非正统的，是异教与基督教的混合物，养育在乡村，然后被迁徙的农民带进不断向农村地区扩张的城市，以保护他们自己不被城市异化。这些调和主义形式的基督教往往在人口迅速增长、种族和文化不断融合、运动和变革的时期出现。它们在巴西尤其显著，在那里，祖先是奴隶的大量黑人人口保留了最初源自非洲的信仰和祭拜的模式[29]。它们在非洲本身是一个更重要的特征，一个沸腾的大漩涡，卷入了扩张、奋兴运动、古怪的教派、诺斯替教、福音主义、基督教犹太复国主义、热情的正教，以及狂热的激情，有点像公元3世纪小亚细亚和巴尔干地区的原始基督教[30]。在蒂宾根和乌德勒支的大学里，神学家们正在逐步缩减总的基督教信仰，而与此同时，在墨西哥城和圣保罗，在累西腓和里约热内卢，在开普敦、约翰内斯堡、拉各斯和内罗毕，贫民窟里一些受到神灵启示的怪人却在不断增加它。前者代表数千人，而后者代表数千万人。

伊斯兰教的原教旨主义精神（The fundamentalist spirit of Islam）在20世纪四分之三的时间里不断积聚力量，在1980年
707 代成了一个强有力的、民众性的、对很多人来说也是可怕的现象。它影响了所有大宗教，常常是为了回应其传统竞争对手中的原教旨主义爆发。因此，伊斯兰极端主义的复兴激起了强烈的反应，这一复兴始于1950年代，到1990年代初已经蔓延到了伊斯兰世界的大部分地区。例如，在印度，到1980年代末，以印度教为基础的人民党被伊斯兰教的压力刺激成了宗教极端主义（religious extremism）的形式，1991年初，当印度教徒为收复建有清真寺的本教神祇圣地而战斗的时候，印度北方出现了范围广泛的暴力。伊斯兰教原教旨主义也有助于犹太教激进正统派的复兴，最开始是在纽约，由拉比梅尔·卡赫纳领导，然后转移到了以色列，既是为了促进大卫王国不断扩展的“历史”边境，也是为了促进以色列向犹太教神权国家转变。这场运动导致了与以色列当局之间连续不断的法律战和街头战，以及约旦河西岸原教旨主义

犹太移民者与阿拉伯人之间更严重的暴力。[31]

伊斯兰教的好战在新兴的原教旨主义力量中是最重要的，因为涉及的成员非常庞大，地理分布十分广泛，从西非开始，穿过南地中海、巴尔干半岛、小亚细亚和中东，横贯西南亚、印度次大陆，直至马来西亚和菲律宾，弯成了一个很长的新月形。其政治、军事实际上还有文化的冲击在三个大陆都被感觉到了。它在黑非洲不断前进，常常由阿拉伯人提供的金钱、武器实际上还有军队的帮助。在 1960 年代，苏丹北方的统治精英试图把伊斯兰教强加给信奉基督教的南方。在 1970 年代和 1980 年代，试图用火和剑或者更准确地说是用凝固汽油炸弹和直升机让整个乍得皈依伊斯兰教，正如阿明曾经试图通过大规模屠杀让乌干达伊斯兰化。但是，伊斯兰教还享受了自然的发展，以及其自身的内部复兴提供燃料的新活力。其中一个理由是穆斯林自信心的增加，实际上是刺耳叫嚣声的增加，这是石油带来的新财富的结果。通过向人民大众的不断渗透，它还使得麦加朝圣者数量的空前扩大成为可能，香客们坐着包机飞到那里去亲吻圣堂，带回对伊斯兰教的满腔热情，伊斯兰教是一种远比基督教更具政治性和现世性的信仰。新一波伊斯兰教狂热的主要受益者并不是正统的逊尼派穆斯林，他们构成了多数，尤其是在阿拉伯人当中，代表了头脑正常、保守、静态的伊斯兰教当权派，包括两个主要的统治家族：哈桑王室家族和沙特王室家族。这次复兴的影响是要复活公元 7 世纪和 8 世纪伊斯兰教戏剧性的分裂，当时，伊斯兰教的新教什叶派，以及他们派生出来的其他很多非正统教派，比如德鲁兹派、伊 708
斯玛仪派和阿拉维派，纷纷涌现。什叶派伊斯兰教对“隐藏的伊玛目”以及作为结果的千年盛世有一种弥赛亚式的信仰，崇拜殉教者和苦难，信奉清教主义，尤其是沉湎于暴力（暗杀“十字军”的阿萨辛派就属于什叶派的伊斯玛仪派），这一教派始终是穆斯林世界的一个动乱之源，尤其是在叙利亚、黎巴嫩和伊拉克，他们在这些地方人数众多，还有伊朗，他们在这个国家构成了多数派。他们声称，只要有可能，逊尼派便总是把他们当作二等公民来对待。伊斯兰教的复兴导致他们要求得到新的待遇，并让伊斯兰教在面对异教世界时产生了一种新的坚定和自信。他们制造了一个危险地带，打破了人们所熟悉的冷战格局。

第一个后果是黎巴嫩的毁灭，这是一个很小却高度文明的国家，是阿拉伯世界唯一的民主国家，它之所以能够幸存下来，仅仅是由于主要宗教集团精英分子之间的一系列君子协定：马龙派（与罗马有联络的东方基督教教派）、基督教正统派、逊尼派和什叶派穆斯林及德鲁兹派。这样的协定仅仅由于所有宗教和教派当中宣誓放弃宗教狂热的克己法令才变得可行。阿以争端使这样的克制变得越来越困难。1949 年，黎巴嫩被迫接纳 30 万巴勒斯坦难民，其中 10 万人安排在 15 个主要的难民营里，5 万人把首都贝鲁特给团团围住，控制了进城和出城的所有道路。连续不断的阿以危机，每一次都给黎巴嫩脆弱的统一带来沉重的打击。1958 年，紧接着苏伊士运河危机之后，出现了最早的内战迹象，导致美国在占优势的马龙派的要求下出兵介入。1967 年，战争使约旦的难民人数翻了一倍，当侯赛因国王在 1970 ~ 1971 年用武力把好战的巴勒斯坦人赶出自己的王国时，他们便进入了黎巴嫩，拒绝承认合法的权威，并组成了好战的飞地，由巴勒斯坦解放组织的恐怖分子统治。1975 年，紧接着赎罪日战争之后，埃及的萨达特总统在美国的鼓励下迈出了历史性的一步：与以色列展开谈判。所谓的“戴维营进程”是以马里兰州山区总统度假地命名的，在那里，卡特总统让萨达特和以色列总理贝京第一次坐在了一起，最后以一份给双方都带来巨大利益的和平协议而告终：对以色列的一个潜在的致命威胁被消除了，埃及从长期斗争的沉重负担下被解放了出来，这场争斗跟埃及没有一点关系，却让它所有的经济抱负都化为泡影。《以色列—埃及和平条约》是这个阴郁消沉的十年少数几件创造性的行动之一，以色列与所有邻国媾和不仅是可能的，而且从长远来看也是不可避免的。

事实证明，“不可避免”这个说法是有道理的，因为，尽 709
管直到1980年代，阿拉伯人依然相信以色列最终必败（包括消灭犹太复国主义，阿拉伯人的广播里经常声称这是阿拉伯政策的一个目标），这一信念得到了人口统计趋势的支持，然而，到1980年代末，无论是在以色列国内，还是在“被占领土”，这一趋势被逆转了。1985年1月3日，经苏丹政府的同意，一次秘密空运使得法拉沙人（在埃塞俄比亚生活了几百年的黑种部落犹太人）能够作为移民者被带到以色列，1991年，又有1万法拉沙人被空运到以色列。这只是俄罗斯犹太人大规模移民的一个先兆，作为政治变革的结果，这些犹太人被允许离开苏联，1989年达到10万人，1990年上升至超过20万人，并且继续加速。以色列当局始终猜想，生活在俄罗斯的犹太人不超过150万。到1990年底，有一点已经变得很清楚：总数要大得多，很可能高达400万，几乎全都想离开。根据苏联政府的一项决议，这样的移民必须径直前往以色列。这次大规模移民以色列（实际的和潜在的）产生了彻底改变人口统计前景的影响，强化了这样一种可能性：其他国家，尤其是叙利亚，最终也想仿效埃及的榜样，与以色列媾和。

但是，在此期间，最终在 1979 年 3 月 26 日签字的《以色列—埃及和平条约》直接导致了黎巴嫩内战，这场内战由巴勒斯坦解放组织发动，因为叙利亚的介入而扩大，在叙利亚占统治地位的阿拉维派希望从埃及人手里把阿拉伯世界的领导权夺过来。黎巴嫩社会力量并不稳定的平衡就这样被打破了。这种平衡迄今为止是通过地方高级穆斯林理事会的安抚姿态来维持，这个理事会代表所有穆斯林教派，包括德鲁兹派，由守旧的逊尼派当权派控制。这个组织后来被推翻了，当时，什叶派教徒要求成立单独的什叶派高级穆斯林理事会，领导他们的是一个名叫穆萨·萨德尔的波斯原教旨主义者，出生于黎巴嫩。什叶派与巴勒斯坦解放组织的世俗左翼组成了一个极具破坏性的同盟。所有教派，无论是基督徒还是穆斯林，都建立了自己的私家军队。随后发生的战斗在 1975 ~ 1976 年、1982 年和 1988 ~ 1990 年打得十分激烈，间歇期间也偶有零星战斗，以色列和叙利亚被迫介入，街头匪徒飞黄腾达，摇身一变，成了体面的游击队员和政治领导人，4 万人被杀，贝鲁特作为一个商业中心被彻底摧毁，黎巴嫩作为一个独立国家已不复存在，古老的基督徒社群失去了其至高无上的地位，尽管保住了自己主要的定居区，阿拉伯世界的一束理性之光彻底熄灭了[32]。
710 1982 年，以色列觉得自己不得不发动一次全面入侵。这导致巴勒斯坦解放组织被赶出黎巴嫩，从此风流云散，先是去了突尼斯，然后又去了伊拉克。但以色列很快发现，有人把一场针对巴勒斯坦难民的大屠杀归咎于自己，这次屠杀是一些基督徒军人在西贝鲁特的萨布拉和夏蒂拉难民营干的，而且，早在

1983 年，以色列就开始撤军，只在黎巴嫩南部维持了一个安全地带。逐渐的，叙利亚军队填补了黎巴嫩的权力真空，尽管他们发现，要在那里确立安全的存在并不比以色列人更容易。到 1990 年代初，黎巴嫩这个曾经最富裕、最文明的阿拉伯国家发现自己已经支离破碎，几乎一贫如洗，没有统一的焦点。

伊斯兰原教旨主义者主要是但并不专门是什叶派教徒，一次又一次打击中东的稳定力量。他们千方百计想推翻埃及的政权，最终在 1981 年成功地谋杀了萨达特。1979 年，他们用武力夺取了麦加圣地，在一次试图消灭沙特王室家族的努力中，他们险些陷入在地道所组成的地下迷宫中，苦战一个星期之后才勉强逃了出来。1987 年 7 月 30 日，发生了另外一件可怕的事件，当时，15.5 万名伊朗什叶派朝圣者发生骚乱，试图占领麦加，数以百计的骚乱者被沙特警察杀害。但他们最引人注目的成功出现在 1978 ~ 1979 年，当时，他们把伊朗的巴列维国王从他的孔雀王座赶了下来。这场在很大程度上被误解的巨变让我们清楚地看到了当今时代正在发挥作用的力量。伊朗政权原本应该非常强大。美国人和英国人把它武装到了牙齿，作为西方军队撤出后海湾地区残余的“稳定力量”。君主制非常古老，作为一种制度受到人们的尊重，在一个本质上由很多在种族、宗教、文化、语言和地理上都不相同的少数民族组合而成的国家，它是一种统一的力量，其中大多数民族彼此仇恨，很多民族寻求国王的保护。相比之下，库姆和麦什德的什叶派原教旨主义者只代表一部分穆斯林，他们的领袖鲁霍拉·霍梅尼既有人痛恨，也有人爱戴和害怕。伊朗国王之所以被推翻，并不是因为他亲西方，不是因为他拥护资本主义制度，也不是因为他腐败或残忍——中东大多数统治者都很残忍，按照他们的标准，他应该算是个自由主义者——更不是因为他是国王。事实情况是，他因为屈服于当今时代最致命的诱惑而毁了自己：社会工程的诱惑。他的垮台是因为他试图成为伊朗的斯大林。

这是骨子里遗传的。他父亲是伊朗一个哥萨克军官，1925年夺取了权力，并按照伟大的世俗化推动者凯末尔的模子打造自己；后来，他开始钦佩并羡慕斯大林搞农业集体化时的那种
711 冷酷残忍。他阴森森地说：“我让伊朗人认识到，当他们在早晨起床时他们就必须去工作，一整天都努力地工作。”[33]他曾亲自把一个懒散的大臣扔出了窗外。1944 年，他的儿子还是个孩子时就登上了王座。从 21 岁起统治国家，但只是在 1960 年代，随着石油收益的迅速增长，他才着手实施他的宏大幻想。他最开始的举措是把王室的领地拱手交给农民，然后又改变了主意，像斯大林一样，决定在自己的有生之年使国家现代化。对现代化的要求没有比在苏联更受欢迎的了：它是自上而下的革命，巴列维国王称之为“白色革命”。他的方案从简单的投资计划变成了自大狂式的社会工程，以一连串的跳跃式发展来实现。计划最早在 1940 年代提出：第一个七年计划涉及 5800 万美元的适度投资，主要投资于农业、初级产品、公路和水泥。第二个七年计划（1955 ~ 1962）跃升至 10 亿美元，投资于公路、铁路以及用于发电和灌溉的水坝。第三份计划是五年计划（1963 ~ 1968），把 27 亿美元花在了管道、钢铁和石化工业上，并且进入了社会领域，开始第一次把人民推来推去，任意使唤。第四份计划（1968 ~ 1972）花了 100 亿美元在公路、港口、机场、水坝、天然气、自来水、住房、重冶金和农业综合企业上。斯大林主义的阶段始于第五份计划（1973 ~

1978），从360亿美元的花钱目标开始，当石油价格翻了4倍的时候，很快就提高到了700亿美元[34]。对于1978～1979财年，也就是巴列维国王的最后一个财年，仅用于发展的投资就高达约172亿美元，是第一份计划整个投资的300倍，外加85亿美元用在健康、教育和福利上，还有100亿美元的军费开支。[35]

计划制定者都在国外接受教育，人称"麻归"（Massachuseti，名字来自著名的麻省理工学院），有政党官僚的那种傲慢自大，像斯大林主义者那样相信集中的计划、发展的优点和大手笔。最重要的是，他们渴望改变。出现了一次采掘扩张的大热潮：黄金、盐、石灰、磷、石膏、大理石、雪花石膏宝石、煤、铅、锌、铬、铁，以及世界上第六大的铜工业，新近在伊朗中部建造，有2.5万名矿工，住在砖砌的工棚里。4个核反应堆开始建造，加上一次全国性的建厂热潮，生产汽车、柴油发动机、电梯、自行车、水表、石棉、铸模砂、葡萄糖、铝、布匹、拖拉机、机床和武器。巴列维国王自吹，他的白色革命"把资本主义的原则……与社会主义甚至共产主义的原则结合起来。……3000年来从未有过这样大的变革。整个结构天翻地覆。"[36]通过太多、太快地花钱，他给自己买来了通货膨胀。为了遏制通胀，他组织学生团伙去抓捕那些"牟取暴利"的 712
商人和小生意人。这纯粹是让年轻人尝到暴力的滋味，为了集市而牺牲王位。

假如在这之前他始终能够求助于保守的农村来驯服城市的激进主义，上述做法可能并不要紧。但国王最严重的错误是疏远农村，是农家子弟组成了他的军队。把王室领地和没收来的教士的地产给了农民之后，他发现（这倒不难预料），产量减少了。1975 年，就这样把伊朗从一个粮食出口国变成了一个粮食进口国之后，他改变了政策，着手搞集体化。模式是胡齐斯坦省北部 1972 ~ 1975 年的迪兹灌溉计划，这项计划收回了 10 万公顷基本农田，都是 5 年前给农民的，把每样东西和每个人都交给了所谓的“统一农业管理”。就这样，自耕农变成了农村无产者，每天挣 1 美元，住在有两间房的煤砖房子里，这些房子在被称作“沙赫拉克”的新型“模范城镇”里连栋而建[37]。1975 年 6 月的法律实际上把这一模式扩大到了全国，迫使独立的农民进入几百个“农业综合企业单位”或“农业公司”，或者加入 2800 个合作社。有一点倒是真的，农民尽管交出了他们可终身保有的土地，但得到了新公司的股份。可是，这在本质方面跟强迫集体化并没有什么大的不同[38]。计划涉及把 6. 7 万个小村庄并入 3 万个大村庄，每个村庄都大到足以证明建造诊所、学校、自来水和公路是合理的。大家族被瓦解了。由推土机和运土设备组成的威胁性的护送队会突然来到有 2000 年历史的乡村社群，规模常常很吓人，事先没有任何警告或解释，完全是连根拔起。小村庄乃至果园的地名都改掉了。农业计划的制订者和他们所说的“正义护卫队”的行为做派有斯大林用来推动其计划的那些党员积极分子的傲慢和专横，尽管并不存在抵抗，也几乎没有暴行[39]。这一计划整体上是故意攻击部落多样化，本地族长，家庭凝聚力，外省的口音和语言，各地区的服饰、习俗和利益集团，事实上是给强大的中央国家提供有影响力的替代中心的任何东西。对白色革命来说，至关重要的是，所有土地和财产的最终保有权都掌握在国王手里，亦即政府的手里。因此，巴列维国王尽管作为西方的一个支柱拥有自由主义的思想和公共

姿态，但他却在推行激进极权主义的政策。他说：“事实表明，如果你认为只有通过流血才能搞革命，那你就大错特错 713
了。”[40]可是，大错特错的正是国王本人。上了年纪的人被赶进了沙赫拉克，但他们已经成年的儿子却进入了城市，组成了阿亚图拉①手下的暴民，他们在军队里的兄弟事到临头不愿意朝他们开枪。国王也不愿意。如果没有恐怖行为，集体化是不可能实现的；但他没有胆量搞恐怖。1978 年底，在紧要关头，他觉得自己被盟友卡特总统出卖了。[41]但他也出卖了自己。到头来他缺乏权力意志。

国王和总统都出卖了伊朗人。他们把国家——包括很多赤手空拳的少数民族——交给了教士阶层，对于行使政治权力，他们既没有这个传统，也缺乏这方面的训练[42]。在这个政权存在的头两年，它处决了 8000 多人，这些人在伊斯兰教的法庭上被宣判为“真主之敌”[43]。霍梅尼首先针对的是前政权，处决了 23 名将军、400 名其他军队和警察指挥官、800 名文职官员；然后是竞争的阿亚图拉们，其中有 700 个人被处决；接下来是它从前的自由主义世俗盟友（500 人）和左派（100 人）。从一开始，它就组织了对种族和宗教少数派领袖的处决或谋杀，杀戮了 1000 多名库尔德人，200 名土库曼人，很多犹太人、基督徒、沙克人、塞巴人，以及持异议的什叶派和正统的逊尼派的成员[44]。对巴哈教徒的迫害特别凶残[45]。基督教教堂和犹太教会堂遭到严重破坏，墓地遭到玷污，圣地被肆意破坏或被拆除。司法判决的杀戮范围广泛，从 102 岁的库尔德诗人阿拉梅·瓦希迪，到一个 9 岁大的小女孩，她背叛了

① 即什叶派宗教领袖。——译者注

“攻击革命卫队”。

霍梅尼对伊朗逊尼少数派（其中很多人是伊朗人）的骚扰，以及对伊朗的波斯什叶派的互惠措施，复活了两伊的边境争端，自 1920 ~ 1922 年英国人建立伊拉克共和国以来，这种争端就一直毒害着两国之间的关系。1980 年 9 月，据报告，伊朗大多数高级军官被杀或逃走，它的武装部队，尤其是它曾经让人望而生畏的空军，陷入了混乱，这些报告诱使伊拉克复兴党独裁者萨达姆·侯赛因对伊朗发动了一场全面入侵，从空袭阿巴丹岛上全世界最大的炼油厂开始。他希望控制底格里斯河与幼发拉底河的主要出海口阿拉伯河，有可能的话还要控制伊朗的油田。事实上，这场战争伊拉克并没有迅速获胜，而是持续了 8 年，双方死亡人数超过百万。萨达姆最后的收获微不足道：几英里并不重要的领土，而且很快在 1990 年放弃了，
714 当时，他发现自己与西方的关系有麻烦。然而，在战争期间，西方尽管保持中立，却倾向于帮助伊拉克。西方完全清楚萨达姆政权的野蛮残忍和匪帮性质。但它更敌视霍梅尼的伊朗，后者曾入侵美国大使馆，扣留使馆工作人员为人质（只是在收到赎金之后才释放），而且还给各种不同的反西方恐怖组织提供资金和武器。

于是，西方的军舰被派到海湾地区巡逻，从出口阿拉伯石油的油轮所使用的航线中清除伊朗人布设的水雷，与此同时却没有做任何事情来阻止伊拉克空袭伊朗的油轮。实际上，当伊拉克人在 1987 年 5 月 27 日发射导弹时，错误地朝美国护卫舰“斯塔克”号发射了飞鱼导弹，杀死了 37 个水兵，华盛顿的抗议十分温和；美国准备袭击被认为怀有敌意的伊朗目标，这一点在 1988 年 7 月 30 日得到了证实，当时，美国军舰“文森

斯”号误将伊朗的一家民航客机击落，290 人遇难，美国人当时相信它是一家军用飞机。然而，最严重的是西方的自鸣得意，他们在拒绝提供武器给伊朗的同时，却把武器卖给萨达姆，他还从苏联那里接受了巨量的供应品，尤其是现代化坦克、大炮、装甲部队运输船和飞机。

两伊战争在 1988 年 8 月 8 日无果而终。但萨达姆非但没有裁军，反而扩大了武装部队的规模，到 1990 年，其武装部队已经是世界第四大。战争期间，在西方的同意下，除了伊拉克自己巨额的石油收入之外（到 1980 年代末，伊拉克是中东地区第二大石油生产国，仅次于沙特阿拉伯），逊尼派控制的海湾石油国家还给他提供了军事上的资助；所有这些巨额资金（1980 年代总额接近 1000 亿美元）几乎全都被用在了制造战争机器上。以色列人并不像西方那样对伊拉克不断发展的军事力量漠不关心，尤其是当他们的情报来源显示：巴格达附近法国人建造一个核反应堆被用来生产核武器的材料。1981 年 6 月 7 日，以色列的飞机摧毁了这个反应堆。但萨达姆继续满世界搜寻大规模杀伤性武器和制造这种武器的手段；到 1980 年代末，他已经获得了制造化学武器和生物武器的能力，实际上，他在 1989 年杀死了 5000 多个库尔德人，声称他们是叛乱者，在他们的村子里投下了化学炸弹。

西方各国政府都知道萨达姆是一个异乎寻常的道德腐败的人，来自一个职业土匪家族[46]。他 10 岁那年得到了自己的第一支枪（据说两年后实施了他的第一次谋杀）。从 1968 年起担任秘密警察的头目，1979 年起担任总统，他的事业生涯充满了各种暴力行径，既有对同僚和竞争对手的杀戮（常常是 715
亲自动手），也有大规模的暴行，尤其是大规模公开绞死犹太人。他出版的一本小册子证实了他的野心：要按照古巴比伦帝国的模式扩大伊拉克的边境。然而，当美国和英国的军事援助在 1980 年代逐渐停止的时候，法国继续给他提供现代化武器，西德则提供高科技军事知识和技能，苏联人不仅源源不断地提供武器，而且还保持了 1000 名以上的专家在伊拉克，在这些武器的使用上以及战术和战略上帮助训练萨达姆的武装部队。

随着时间在 1980 年代的推移，苏联的政策变得越来越混乱，其指导前提是这样一个假设：复兴党政权是它在中东最可靠的盟友。于是，它既武装复兴党统治的伊拉克，也武装复兴党统治的叙利亚，而事实上，这两个国家是不共戴天的死敌。西方觉得自己必须倾向于（如果要有倾向性的话）伊拉克，因为伊朗已经被等同于国际恐怖主义，尤其是它跟什叶派民兵在贝鲁特绑架西方公民脱不了干系。有一点倒是真的，1980 年代的恐怖主义采取了各种不同的形式。印度一个恐怖组织大概应该对印度一架波音飞机在中大西洋的坠毁（机上人员全部丧生）负责；1984 年 10 月 31 日，锡克教恐怖分子刺杀了印度总理英迪拉·甘地夫人。一个泰米尔恐怖分子据信应该对 1991 年 5 月拉吉夫·甘地的被杀负责。在 1980 年代初，苏联克格勃依然在克里米亚及其他地方的专门营地里训练来自各国的恐怖分子，苏联政府本身就在 1983 年 9 月 1 日犯下了一桩恐怖行为，当时，完全是故意的，而且事先没有任何警告，苏联军队击落了大韩航空一架波音 747 民用客机，这架飞机迷失航向，误入了苏联领空。

有些蓄意谋杀行为至今依然是不解之谜，瑞典警方至今未能发现，究竟是谁在 1986 年 2 月 28 日刺杀了该国总理奥洛夫·帕尔梅，他们起诉的唯一一个嫌犯被宣判无罪。另一方面，毋庸置疑，爱尔兰共和军应该对 1984 年 10 月 12 日一次试图谋杀整个英国内阁的努力负责，当时，保守党的年会正在布莱顿酒店举行，而且应该对 1991 年 1 月另一次炮击内阁负责，当时，有人用自制的迫击炮弹朝唐宁街 10 号开火，但没能成功。爱尔兰共和军从捷克斯洛伐克那里得到了一些塞姆汀塑胶炸药，当瓦茨拉夫·哈维尔在 1990 年成为捷克总统时，他报告，塞姆汀公司的记录表明，共产党政权提供给爱尔兰共和军的炸药足够用上 100 年。但爱尔兰共和军还从卡扎菲的利比亚、中东其他国家、巴勒斯坦解放组织那里得到了大量的武器（有 716
些武器被拦截并被指认了来历）。伊朗支持的恐怖组织应该对 1983 年 10 月 23 日贝鲁特两次互相协调的自杀式炸弹袭击负责，这次恐怖袭击大概是最成功的，杀死了保卫各自大使馆的 241 名美国水兵和 58 名法国伞兵。由伊朗、利比亚或者很可能是这两者提供经费的中东恐怖组织还在 1986 年 4 月 4 日对西柏林一家美国士兵经常光顾的迪斯科舞厅实施了爆炸，并于 1988 年 12 月 21 日在苏格兰洛克比的上空对泛美航空公司的一架波音 747 客机实施了爆炸，258 名乘客和机组人员全部遇难，地面上有 11 人丧生。

所有这些暴行，以及很多更次要一些的暴行，无一例外都没有实现它们的政治目标。在 1980 年代，尤其是 1990 年代，跟 1970 年代比起来，西方更倾向于不和恐怖组织做任何种类的交易；实际上，国际警察工作已经变得高度协调，对被通缉恐怖分子实施引渡变得越来越容易。国际恐怖主义尤其是政府支持的恐怖主义的影响在一定程度扭曲了西方在跟某些中东国家打交道时的判断。特别是，美国对怀有敌意的伊朗耿耿于怀，反过来，伊朗总是把美国称作“大撒旦”，从而导致美国低估了伊拉克的威胁。在外交上，很少有比古老的谚语“敌人的敌人是朋友”更适用的格言。

于是，伊朗发现自己被孤立了。结果是，一个把华盛顿当作主要敌人的非白人民族主义领袖原本可以指望得到来自西方知识界充满同情的回应。可是，霍梅尼有一项独一无二的天才，那就是疏远潜在的盟友。印度裔英国作家萨尔曼·拉什迪自 1981 年以长篇小说《午夜的孩子》（*Midnight's Children*）赢得布克奖以来就一直是个分量不是很重的文学名人，1988 年，他出版了另一部颇有争议的小说《撒旦的诗篇》（*The Satanic Verses*）。标题中提到的诗篇是从《古兰经》中摘录的先知穆罕默德的某些诗篇，因为拉什迪相信，是撒旦给这些诗篇提供了灵感。很多人发现，这本书晦涩难懂；然而，它却上了伦敦的畅销书榜，3 个月内卖出了 4 万册精装本。但它激怒了英国的穆斯林，他们宣布这本书是渎神的。1989 年 1 月 14 日，布拉德福市的穆斯林当众焚烧了这本书。这事吸引了霍梅尼本人的注意，2 月 14 日，他公开宣布：“我谨通告全世界自豪的穆斯林，《撒旦的诗篇》一书反对伊斯兰、先知和《古兰经》，此书作者，以及所有明知此书内容并与此书出版有牵连的人，全都判处死刑。”[47]全世界的穆斯林都奉命执行这一宗教裁决。

关于这本书是不是确实亵渎了伊斯兰教，以及霍梅尼是否
717 有权发布死刑判决（当他在 1989 年 6 月 4 日以 86 岁高龄去世的时候，他的继任者们确认了这一判决），穆斯林宗教权威当中也有一些争论。但没有一个人敢冒险。打那以后，这部小说在巴基斯坦、印度和沙特阿拉伯长期被禁。如今，它已经从英国最大的连锁书店 W. H. 史密斯的橱窗里撤下了，德国、法国和意大利的出版商放弃了出版译本的计划，企鹅出版集

团先是推迟，然后是放弃了出版平装本的计划，拉什迪本人取消了美国的促销旅行，藏了起来。世界范围的大肆宣扬让这本书销量惊人，也让拉什迪成了亿万富翁，尽管他成了个自愿入监的囚犯，还很可能是终身的。大西洋两岸的文学和艺术知识界——纽约的“漂亮一族”和伦敦的“聒噪阶层”——联手谴责霍梅尼、他的继任者和他们的政权。总体上，左派几乎像白宫一样仇视伊朗，这是一个古怪的结合。然而，英国一些工党下院议员（巴基斯坦裔少数民族在他们的选区里占很大比例）看上去十分古怪地不愿意支持出版自由。然而，1990 年 12 月，拉什迪突然宣布：他重新皈依伊斯兰教，并为自己导致的任何冒犯道歉；此举很可能是真心实意的皈依，但在很多人看来，它是一次绝望的努力，试图让伊朗宗教当局解除追杀令。这样一来，知识分子便对拉什迪的事业丧失了很大一部分热情。

因此，霍梅尼政权可能激发恐惧，但在任何方面都不可能交到朋友。伊朗孤立的唯一好处是：它终结了巴列维国王的社会工程。对外国资产的没收、与伊拉克的 8 年战争、石油生产的一度中断、中产阶级的外逃或躲藏，把伊朗经济的现代部门带入了摇摆不定的停滞，直到 1990 年代初，它都几乎没有开始从这种停滞中恢复。不可避免的后果接踵而至：失业，卫生服务及其他基础服务的崩溃，大规模爆发的流行病、营养不良甚至饥饿。伊朗的可怕经验又一次生动说明了“非预期后果律”。巴列维国王的乌托邦之路只能通向髑髅地。

伊斯兰教的复兴、伊朗国王的垮台，以及宗教极端主义者的恐怖活动，对 1979 年 12 月阿富汗内战的爆发做出了直接的贡献。这是社会工程导致野蛮主义的又一个案例，尽管就本例而言（实际上经常如此），乌托邦冲动来自共产主义阵营。这一插曲非常重要，因为它最后给整个苏联帝国带来了巨大的冲击。英国人打过 3 场阿富汗战争（1838 ~ 1841 年、1878 ~ 1880 年和 1919 年），在某种意义上全都出于良好的意图；没
718 有一场战争起到了在这个桀骜不驯的国家建立稳定或“解决”阿富汗“问题”的作用。苏联并没有被这一经历所吓倒，出于恐惧、贪婪和良好意图的混合，它毅然投入了阿富汗的迷宫，并迷失其中。直到 1979 年，苏联政府才有了长远目标。当非马克思主义的穆罕默德·达乌德亲王在 1953 年建立君主立宪国家时，苏联曾支持他；20 年后，当他赶走国王、自任总统时，苏联再次支持他。在 1950 年代，苏联给的钱很少；1960 年代，它给北方修了公路（最终被它自己的军队使用）；1970 年代，它集中精力打造一个统一的马克思主义政党。这最后一项目标实现了，1977 年，它把巴布拉克·卡尔迈勒、努尔·穆罕默德·塔拉基和哈菲佐拉·阿明领导的 3 个革命小集团整合在一起，组建了人民民主党。到 1978 年，苏联认为到了开始社会工程的时候，4 月，一次苏联批准的政变推翻了达乌德。[48]

但是，20 世纪的经验有力地表明，乌托邦主义离匪帮犯罪并不远。苏联领导人可以在阿富汗开始革命，但他们绝不可能控制革命。阿明原本是个数学老师，狂热地从数字的抽象转向了数量的流血。他最早的行动是让人当着达乌德的面枪杀了他的 30 名家庭成员，然后是枪杀政府成员，最后轮到达乌德自己[49]。据大赦国际说，1.2 万名政治犯未经审判就关了起来，其中很多人遭受了酷刑折磨。据一位目击者报告：

> 在士兵们开始推倒和焚烧房屋的同时，13 个孩子遭到围捕，并排站在他们父母的面前。有些士兵用铁棒戳出了孩子的眼珠。这些身体被伤残的孩子然后缓慢地被掐死。接下来轮到他们的父母。……周围的场地被夷为平地，所有的大树和灌木被连根拔起，整个场地成了一道撒满灰烬的伤疤。[50]

尽管卡尔迈勒后来指控阿明是个“嗜血的刽子手”和搞“集体清除”，但有证据表明，他同样犯下了这样的暴行，直至 1979 年 3 月，阿明让自己成了唯一的独裁者，把卡尔迈勒作为“大使”打发去了布拉格。他加强了恐怖活动，主要是霍梅尼的新政权如今在援助阿富汗境内的穆斯林叛乱者。实际上，他似乎抱有彻底消灭伊斯兰教的想法。整个 1979 年，暴力愈演愈烈。美国大使是个造反专家，他被人杀掉了，多半是 719
苏联人杀的。8 月 12 日，30 个苏联顾问在坎大哈附近的穆斯林圣地被活活剥皮；红军内部党的高级官员阿列克谢·叶皮谢夫将军曾处理过 1968 年捷克入侵的政治方面，他去了喀布尔，回去之后，3 人当中被认为最“值得信任”的塔拉基奉命除掉阿明。但是，在苏联大使馆里激烈讨论的过程中，被开枪打死的却是塔拉基，莫斯科不得不给阿明发去一封电报（1979 年 9 月 17 日），祝贺他在“反革命阴谋”中死里逃生。第二周，应阿明的要求，苏联的 3 个营进入这个国家，12 月 17 日，调来了伞兵部队。阿明不知道他们的行李中还有卡尔迈勒，圣诞节那天，苏联开始了全面入侵，动用了它 7 个空降师中的两个，分别是第 4 师和第 105 师，全都是“大俄罗斯人”（亦即欧洲白人）。8 万远征军的主力部队走新修的公路，它们正是为这一目的修建的。两天后，阿明被杀，一起被杀的还有他的妻子和7个孩子、1个侄子，以及二三十个手下工作人员[51]。负责这次政变的苏联将军维克多·帕普京自杀了。卡尔迈勒成立了新政府，但新的一年表明，他不过是苏联的一个傀儡，正面临一场全面起义。[52]

苏联最初的8万大军逐渐增加至12万，偶尔比这个数字还要多。战争持续了10年，任何时刻，苏联人及其盟友充其量都只不过控制了主要城市和战略公路。无论是在当时还是以后，都有人把苏联进入阿富汗的冒险比作美国插手越南，都是一次错误估计变成了一场灾难，动摇了国民的自信心。但这两条平行线不能画得太近。一方面，美国人在印度支那的任何地区都很少表现出苏联将军们在打这场战争时的那种冷酷无情。苏联军队使用坦克、武装直升机、轰炸、凝固汽油弹、化学武器，并系统性地摧毁他们所说的“土匪村”。战争给阿富汗造成了可怕的损害，在所有的邻国都制造了社会的甚至政治的大动荡。数十万阿富汗人惨遭杀戮（有人估计死亡总数高达百万）。在战斗期间，苏联红军有1.6万人被杀，3万人受伤。大批的阿富汗人逃离这个国家。据联合国1985年估计，到战斗在野蛮十年之后逐渐放缓的时候，18136000总人口当中，大约有600万人，或者说将近三分之一的人，成了难民，主要在巴基斯坦，不过伊朗也有。一个可怕的事实是，在1970年代和1980年代，苏
720 联及其卫星国古巴、埃塞俄比亚和印度支那推行的政策给全世界背井离乡者的总数增加了1200万～1500万人：跟斯大林和希特勒那些可怕的统计成绩比起来，并非不足挂齿。

而且，正如苏联领导人逐渐发现的那样，他们发动的这次军事行动完全徒劳无功。民族主义叛乱分子被称作圣战者，他

们最终不可能被非阿富汗军队所打败，甚至也不能被遏制。实际上，苏联最后在1987年扶持的独裁者总统纳吉布拉博士在没有苏联直接帮助的情况下比有苏联帮助的时候做得更好。对于已经很紧张并不断衰退的苏联经济，这场战争的成本是无法承受的，毫无疑问，在导致1980年代中期开始的莫斯科思想的根本改变上，这场战争扮演了一个重要角色。1988年2月8日，新任苏联领导人米哈伊尔·戈尔巴乔夫对起初将信将疑的世界宣布：苏联军队将会完全撤出阿富汗。实际撤军从1988年5月15日开始，1989年2月15日完成。

苏联领导人为什么到最后急于从阿富汗脱身，其中一个理由是他们担心游击战可能蔓延到苏联亚洲部分的穆斯林地区。苏联的国家理论对于伊斯兰原教旨主义的回答并不比马克思主义的答案更清晰。布尔什维克主义者很少关注作为整体的伊斯兰教。托洛茨基认为，“伊斯兰教这块烂布，你只要吹第一口气它就会消失得无踪无影。”害怕变革的正是伊斯兰，这场变革来自“那位‘东方女性’，她将是未来革命的中心”[53]。苏联领导人斯大林尤其是赫鲁晓夫和勃列日涅夫都试图通过温驯的国家神职人员来管理伊斯兰教，就像他们管理东正教会那样。在1970年的塔什干穆斯林会议上，穆斯林长老艾哈迈德·哈比布拉·波茨戈维耶夫赞扬了苏联领导人，说他们尽管不信教，却依据“真主口授的并由先知阐释的法则”来制订他们的社会政策。另一个代表说：“我们钦佩先知的天才，他早就宣讲过社会主义的社会原则。”[54]在1970年代和1980年代，朝圣者的增加、对圣徒（无论死活）的崇拜、苏菲派禁欲主义，以及兴奋的群众运动，都证实了穆斯林在苏联领土内的复兴，让穆斯林的宗教实践，包括公开祈祷、斋月及其他斋戒，适合苏联的统治，从共产主义社会的角度使“伊斯兰教合法化”。他们试图鼓励穆斯林（尤其是年轻人）“作为穆斯林”加入苏联的社会组织[55]。但是，那些为伊朗国王工作的穆斯林神职人员也做了完全一样的事情。

伊斯兰教复兴是苏联帝国更广泛问题的组成部分，是20
721 世纪晚期一个很大的尚未解决的反常。在《帝国主义》1921年版的序言中，列宁承认，写这本书的时候“考虑到了沙皇的审查制度”，审查部门允许他出版这本书，前提条件是：他在攻击所有其他帝国的同时，不要涉及沙皇帝国主义。因此，列宁说，“我被迫拿……日本作例证。细心的读者很容易把日本替换成俄国。”[56]因此，列宁的帝国主义理论并不包含对俄罗斯帝国主义的攻击，当列宁尤其是他的继任者们上台执政并决定尽可能保住沙皇领地的时候，他们发现这个事实给自己带来了很大的方便。大俄罗斯帝国主义因此继续存在，沙皇的行省和领地都变成了内部的卫星国，都被命名为“社会主义共和国”。1950年代，赫鲁晓夫引入了一个装点门面的“非殖民化”的过程，他发布命令（1957年8月29日和1959年6月22日），扩大加盟共和国内阁的权力，以及司法和行政的独立。但他的有些同事并不喜欢这些甚至有点胆小的措施，当赫鲁晓夫垮台的时候，他们把这一政策逆转了过来。1977年，宪法在第70条中保留了形式上的联邦制，甚至还在第72条中规定了做梦一般的“脱离联邦的权利”。但在其他每个方面，它都是一部大一统的宪法，目标是中央集权、统一，以及作为一个历史性的、新的共同体“苏维埃民族”的出现，包含并最终取代苏联53个主要的民族共同体。[57]

因此，在一些本质方面，苏联的帝国政策类似于法国：一个联盟，各“殖民地”在这个联盟中逐渐获得与大俄罗斯人平等的文化和经济利益，并交出他们的民族抱负作为回报。像法国一样，这一政策是建立在假选举和行政命令的基础上。实际上，苏联更加如此，因为帝国政策是党制订的，而党垄断了所有政治权力、言论和写作，法国帝国主义者们从未有过这样的垄断。根据 1977 年的宪法，民族融合的主要工具是军队和党，斯拉夫人（主要是大俄罗斯人）占到了所有将级军官和最高苏维埃的 95%。斯拉夫人控制了所有关键性的国家机构，并通过党控制了非俄罗斯人共和国所有层面上的政治、行政和技术干部的选拔[58]。迟至 1980 年代，语言依然被当作溶剂，用来溶解民族凝聚力，用俄语上课的学校数量在苏联迅速增加，俄语知识对于社会提升来说必不可少。即便当一套完全的民族教育体制存在的时候，俄语也自始至终都是强制性的[59]。民族教育体制不完全的地方，在某个阶段改用俄语成了强制性 722
的。结果是，从 1950 年代起语言便处于衰落中的民族群体包括波罗的海各民族、白俄罗斯人、摩尔达维亚人、180 万日耳曼人和犹太人。即便在乌克兰，也有人指责，在高等教育中，俄语正在取代乌克兰语。作为整个教育的一部分，用民族语言教学在整个苏联都处于衰落中。[60]

然而，正如我们已经看到的那样，法国的种族同化帝国主义失败了，主要是因为人口结构上的原因。20 世纪的一个教训是：臣服民族的高生育率是殖民主义致命的敌人。在布尔什维克主义出现之前，俄罗斯一直是世界上人口变化最为剧烈的国家之一。第一次世界大战、内战、斯大林的饥荒和大清洗以及第二次世界大战所导致的总的“人口赤字”在整个这一时期超过 6000 万，通过得到波罗的海各国、比萨拉比亚、卡累利阿、苏属波兰、布科维纳及其他领土而收获的人口进账部分抵消了这一赤字[61]。1945～1958年有一定程度的人口增长活力，1959～1970年的年增长率是1.34%，尽管在下降，但按照欧洲的标准已经算高了。在1970年代，年均增长率似乎不到1%。苏联人口学家预计，1970年的人口普查将得出2.5亿以上的数字，估计到世纪末将达到3.5亿。事实上，1970年的总数比预计少了1000万，1979年的数字只有26243.6万，这意味着到公元2000年人口将不会超过3亿太多。1970年代人口普查第一次揭示了出生率的分化：斯拉夫人和波罗的海各国的出生率低，苏联东部、中亚和高加索地区的出生率高。仅1960年代，穆斯林人口就从2400万跃升至3500万，另外加上1970年代的1400万，使得1980年代初的穆斯林人口高达约5000万。到这个时候，有一点已经很清楚：到世纪之交，中亚和高加索地区将会贡献大约1亿人口，亦即总人口的三分之一[62]。即使到1979年，1.37亿大俄罗斯人，明显是正在老龄化的人口，对比非斯拉夫人口，感觉到在人口统计上处于守势，他们的增长率远低于1%，而苏联穆斯林的增长率在2.5%～3.5%。还有一点也很重要，在穆斯林当中，俄语知识一直在衰落。[63]

苏联并不是唯一的为人口统计趋势而烦恼的国家。世界总人口1900年是12.62亿；到1930年，这个数字突破了20亿大关；到1950年是25.15亿，1960年突破30亿大关，1975年突破40亿。到1987年，这个数字已经超过50亿，而且正
723 以每年8000万或每分钟150人的速度增长。有人估算，2000年的世界人口将是61.30亿，在20世纪翻了5番[64]。如何喂饱这多出来的几十亿人呢？现代发展中社会都经历了一个被称

作“人口过渡”的周期。在第一阶段，科学医疗和公共卫生降低了婴儿死亡率，减少了传染病，因此大幅度降低了死亡率，与此同时，生育率在老的替代率上保持高位。于是，人口迅速增长。在第二阶段，不断提高的生活水平导致生育率下降。人口增长速度慢了下来，最终达到平衡。然而，在第一阶段与第二阶段之间，人口增长的速度令人惊慌，可能会产生激烈的政治后果。在欧洲，“人口过渡”始于工业革命，即1760～1870年，到1970年代实际上已经完成，到这个时候，即使在俄罗斯（1964年）、南斯拉夫（1967年）、葡萄牙和西班牙（均为1969年），生育率也降到了关键性的2‰以下。欧洲的人口过渡跨越并帮助解释了殖民化和非殖民化的整个周期。日本遵循了类似的模式，时间比欧洲的平均值稍晚。在1920年代，日本的出生率依然是34‰，而死亡率急剧下降，从这十年开始时的30‰降低到了这十年结束的18‰。日本人的日益绝望就在于此。但是，甚至在两次世界大战之间的那段时期，第二阶段就开始了，因为在1930年代晚期，生育率就第一次降到了30‰以下。尽管战后很快就出现了上升趋势（这是一个普遍现象），之后便继续下降，并在1950年代下半叶向下突破20‰的大关[65]。日本曾经如此具有威胁性的人口问题，到1960年代就这样“解决”了。

从人口过渡理论得出的结论是双重的。首先，即使当第一阶段在亚洲、拉丁美洲和非洲产生它最大的影响时，也无须恐慌。其次，发展中国家确实有必要努力提高工业增长率，为的是尽快达到第二阶段。节育计划和技术是有帮助的，但不是决定性的，因为，对于降低生育率来说，有效使用避孕是治标不治本，低生育率是经济改善的结果。重要的事情是提高生活水平，对那些以环境为理由来反对发展政策的人，这才是真正的回答。

有一点倒是真的：不断提高的国民生产总值未必会立即把生育率降下来，或者说，即使降了，也只是持平。但是，在1970年代，有一些可喜的迹象表明，中国正在进入过渡的第
724 二阶段，但生育率在稳定下来之前依然有很大的下降空间。1979年，美国人口普查局估计，中国人口达到了10.1亿，并计算出它的人口增长率经历了一次急剧下降；这在很大程度上解释了世界人口增长率的减速，它从1960年代晚期的平均2.1%和1970年代初的1.9%，下降到了1970年代晚期的1.7%。到1980年代初，亚洲整体上的人口增长率在1.9%以下，并不比世界平均值高多少。拉丁美洲人口增长率减缓到了2.4%。增长率实际增长的唯一地区是非洲，从2.5%增长到了2.9%（1979年的数字），这恰好是人口学家所预期的[66]。1980年代最重要的消息大概是中国人口看来实际上已经稳定了。1982年7月的全国人口普查所得出的总人口数是1008175288，美国3年后的估计是1059521000，尽管1980年代晚期还发表了一个数字：1072200000。来自印度的消息导致了更多的担忧：1981年的人口普查报告印度人口是685184692；1985年，美国的估算显示，这个数字将增长到750900000，尽管另一份估算认为这个数字不会超过7.48亿太多。这些数字也显示了增长率减速，尽管比中国更慢[67]。整个1980年代，直至1990年代，人口高增长的地区依然是中美洲，尤其是非洲，尽管在非洲大多数地区，准确的数字越来越难得到。1960年代初期的计算表明，更高的生活水平开始影响生育率的那个时间点是人均收入突破400美元关口的时候

（按 1964 年的价值）。到 1990 年代初，考虑到通胀因素，这个数字被提高到人均 2000 美元左右，很少有中美洲国家、几乎没有黑非洲国家突破这个关口。总的来看，1970 年代和 1980 年代的经验似乎证实了这个人口增长和减速理论。简言之，“人口过渡”根本不是一次爆炸，而是一根和经济发展相连的曲线，明智的发展政策可以遏制它。

怎么才能推动这样的政策呢？问题不在于技术。在 1945 年之后的那些年里，先进国家以惊人的规模施行科学耕作；知识及知识的传播稳步增长。在 1970 年代，尤其是 1980 年代，美国、加拿大、澳大利亚、阿根廷和西欧那种资本主义的、市场导向的农业体系生产了巨大的而且越来越多的剩余。仅这些 725
地区就能养活全世界，如必要的话，要出高价买。那么，问题在于政治，尤其是采用集体主义的农业体制，这样的体制对农民缺乏经济激励，十分低效，尤其是忽视了市场因素以及对有效分配体系的需要。像马克思一样，列宁也是“物质谬误”的受害者：相信只有那些制造商品、种植粮食的人才是“诚实的”劳动者；所有中间人都是寄生虫。列宁指责他们是“走街串巷的贩子”、“窃贼”、“掠夺者”、“经济强盗”，以及诸如此类。这样的态度在苏联的体制中得到了坚持，并出口到东欧，以及亚洲、非洲和拉丁美洲那些实行苏联式集体主义体制的地方。

结果通常是灾难性的。在印度，尽管苏联的影响很强大，但还是做出一些严肃的努力，给农民以激励，让他们现代化，资金和技术指导都在很大规模上可以利用。结果，印度在 1980 年代能够养活自己，甚至实现了总体上的过剩（即使是适度过剩），可以用于出口。在中国，投资和对某些市场行为的促进，结合了拒绝附和列宁对中间人的蔑视——中国人在经营分配体系上特别有天赋，无论是在国内，还是旅居国外——使得中国也能够在 1980 年代养活自己。然而，在其他大多数集体主义的地区，图景是凄凉惨淡的。

一个极其糟糕的例子是苏联本身。在 1914 年之前，农业现代化和一些相对有效率的大农场（及自愿合作社）的创建意味着俄罗斯成为世界上最大的农产品出口国之一，其 40% 的产品被运到国外。随着时间的推移，亏空不断拓宽。斯大林的集体化政策导致俄罗斯大多数最优秀的个体农民被杀或饿死。这一政策在这个政权的额头上烙下了凶手的印记，在接下来的几十年里越烙越深。1963 年的收成是战后苏联农业最大的灾难之一。赫鲁晓夫抱怨，要不是因为他的处女地小麦，收成甚至更糟。但他的政策就像斯大林的政策一样混乱不堪，总是突然逆转。他大肆吹嘘的处女地计划是一次彻底的失败，默不作声地放弃了。他在国家农场和集体农场之间摇摆，在集中和分散之间摇摆。退下来之后，他愤怒地抱怨粮食短缺。即使住在莫斯科一家专门保留给党的高级领导的医院里，他也禁不住哀叹，食物令人作呕。像往常一样，莫斯科是苏联的食品展览地。外省的情况要糟糕得多。他会见了一些来自传统粮食产区的人，他们“大声而愤怒地告诉我，蛋和肉如何难以获得，
726 他们如何不得不花上两天时间坐火车去莫斯科”，就是为了排队购买食品的特权。他问道，“苏维埃执政 50 年后”，为什么蛋和肉还难以获得？他写道：“我盼望有朝一日，一匹骆驼可以从莫斯科一直走到符拉迪沃斯托克，路上不会被饥肠辘辘的农民给吃掉。”[68] 但是，在他大权在握的时候，他绝不敢建议把土地交还给私人部门。勃列日涅夫和他的几个继任者逐步发

展出了更稳定的政策——这一时期后来被官方打上了“停滞之年”的烙印——并保持农业完全集体化。于是，粮食问题缓慢而稳定地越变越糟。尽管苏联的在耕土地两倍于其他任何国家，包括乌克兰境内一些地球上最好的土地，再加上相对较低的人口密度，但它的进口需求却倾向于增长，有时候一年要进口 1500 万吨粮食，有时候是 3000 万吨。在 1970 年代和 1980 年代，即便在莫斯科，肉和蛋在非特权商店里也很稀罕。

1980 年代晚期，苏联的农业政策有了很小的改变；私人部门被允许在严格的限制之内发展，并以市场价格（亦即高价）销售其产品。这一政策的作用不过是暴露了国营部门和集体部门的低效和混乱。1988 ~ 1991 年曾试图引入“现实主义的”会计和销售，同时保留集体主义的所有基本原则，这一努力只不过让事情变得更糟，尤其是因为分配体系依然原始、腐败、极其低效。有人估算，已经生产出来的 40% 的粮食从未到达消费者手里；它们烂在了仓库里或铁路旁，要么就被老鼠吃掉了。到 1990 ~ 1991 年的冬天，俄罗斯部分地区有真正挨饿的危险，骄傲的苏维埃政权被迫向西方乞求粮食援助。粮食的定量配给被再次引入，接下来，1991 年 3 月，政府决定的粮食价格出现大幅上涨。有一件事情很典型地代表了苏联的现实：1991 年 3 月举行了一次全民公决，决定苏联是不是应该保持统一，在投票期间，为了鼓励人们参加公投，政府在投票站销售来自秘密储备的肉和蔬菜；可是，到吃午饭的时候，这些供应就被卖光了[69]。苏联所有困难的根源在于一种理论，这一理论建立在不诚实地使用统计证据的基础之上，结合了绝对的无知。似乎没有哪个马克思主义者对农业抱持明智合理的观点，这大概是因为马克思和列宁实际上对农业都不感兴趣。

说到教条主义的目光短浅，不只是苏联人才有。波兰在1930年代是粮食出口大国，如今也成了主要的净进口国，尽管它并没有搞农业集体化，因为波兰政府坚持社会化的分配体系；在1989～1991年，波兰已经用自由选举的政府取代了共产主义，局面才缓慢改观。罗马尼亚在1930年代也是一个粮食出口大国，仅仅通过让自己的人民挨饿，才维持了一定的出口，为的是给凶残的尼古拉·齐奥塞斯库政权挣硬通货。匈牙利1985年开始采用市场体制，此后产量缓慢提高，因此到1991年，它再次成为粮食净出口国。保加利亚紧随其后，尽管有些姗姗来迟，但南斯拉夫在1980年代依然是一个粮食净进口国。因此总的来说，经济互助委员会集团（曾经是一个有巨大粮食剩余的地区）成了世界的负担，常常因为欧洲共同体堆积如山的粮食低价销售才得以维持下去，这本身是一套构想拙劣的补贴制度令人不快的结果。因此，一种不能令人满意的农业体制所起的作用不过是让另一种农业体制变得可以忍受——也只是勉强能忍受，而后者是一场尚未缓解的灾难。

727

马克思主义的集体主义对农业的影响，在几乎所有为之着魔的第三世界国家都带来了灾难性的后果。伊拉克和叙利亚都是在激进的军人独裁政权的统治之下，信奉乌托邦式的海市蜃楼，把大政府和国家管理看作一切问题的解决之道，把剩余变成了亏空。伊朗是另一个例证。印度尼西亚在苏加诺社会主义招牌的统治之下，不再出口稻米，他的继任者们只是稍好一点。社会主义的缅甸也成了一个稻米净进口国。一些最糟糕的实例发生在后殖民时期的非洲，其领导人热衷于搞社会主义的农业试验，尤其是加纳，迅速把自己从最富裕的黑非洲领地变成了最穷的国家之一，还有坦桑尼亚，它也成了一个粮食净进口国，尽管它接受的外国援助按人均算比世界上其他任何国家都要多。非洲的粮食生产问题，究其根源本质上是政治问题，由于边境动乱尤其是内战而变得更加恶化，这些内战是暴虐的政权激发起来的，它们为了部落、种族或宗教的原因而迫害少数民族，从而制造了暴动。这导致了范围广泛的饥饿，在1980年代，直至1990年代，苏丹和埃塞俄比亚发生了最悲惨、最广泛的饥荒，部分是由于老天不下雨，但主要原因是南北苏丹之间爆发的内战，是埃塞俄比亚的“马克思主义政权”激起的地方性内乱，把大批的农民赶出了他们传统的耕作和放牧地区，轰炸了他们的村庄，再加上埃塞俄比亚政权与邻国厄立特里亚和索马里之间的战争。

到1980年代末，就连少数几个1970年代在独立上似乎搞得很成功的国家，比如象牙海岸、肯尼亚和马拉维，也经历了日益严重的经济困难和社会动乱。最老的黑人国家利比里亚 728
（1822年建国）的困境令人同情：1990年，它被3支凶残的私家军队所撕裂，这些军队由几个争夺总统职位的竞争对手管理，这场冲突由于所谓的“维和部队”而变本加厉，这些维和部队是由参加这场普遍劫掠的邻国提供的，而手无寸铁的老百姓则在挨饿。实际上，很多非洲穷国到1990年代已经脱离了国际经济。然而，有迹象表明，统治精英当中有一个自我教育的过程。例如，莫桑比克1988年开始废除它的集体经济，重新回到市场体制，把它曾经赶走的西方公司邀请回来。同一年，南非与安哥拉达成了停火协定，后者同样抛弃了它的集体主义结构；这反过来使得独立而自由的选举在西南非洲从前的托管领土（纳米比亚）成为可能，那里也选择了非激进的发展道路。

不过，最重要的改变出现在南非，从 1989 年初起，南非就毅然决然地抛弃了它特有的“种族社会主义”体制：种族隔离制度。南非的事件有特殊的意义，不仅因为外部世界对它的种族问题有很大的兴趣，而且因为在很多方面，南非是 1990 年代初人类所面临的全球问题的缩影。地球上还没有任何这样的国家，其典型特征，以及它们制造的麻烦，比南非更接近于作为整体的世界。这一点值得稍微详细地展开来谈。1990 年代初，这个世界由占少数的白人和占多数非白人组成，前者生育率低，后者生育率高（总体上）。南非也是如此，在 1989 ~ 1990 年，大约有 500 万白人和 3000 万非白人生活在南非，这个比例跟整个世界是同一个数量级。南非的不同在于人口的年增长率，白人是 0.77%，亚洲人是 1.64%，“有色人”（混血种族）是 1.89%，黑人是 2.39%（1988 年的数字），与世界的这些数字类似[70]。也像世界一样，南非有 11 种主要语言，没有一种语言被多数居民使用（写或说）。像世界一样，它也是第一世界的经济和第三世界的经济相结合。权力，包括军事权力，在白人和非白人之间分配，其方式跟整个世界并无不同。白人与非白人之间的收入比也跟世界的这个数字不相上下。迅速的城市化把生活在城镇中的人口（包括所有种族）比例从 1900 年的 25% 增长到了 1989 年的 60%，它所遵循的也是全世界的模式，并导致类似的结果：庞大的大都市贫民窟
729 的发展，以及可怕的城市犯罪率。还有一点，也像世界上其他 100 多个国家一样，南非也曾试图通过扩大其国营部门、采用“命令经济”的姿态，来解决因此而带来的问题，谁料这样一来，却让问题变得更加麻烦。

曾经充满活力的南非经济由于种族隔离式的大政府而陷入衰退，事实上，这也是 F. W. 德克勒克提出在社会、经济和政治体制上实行根本性变革的一个令人信服的理由，德克勒克在 1989 年 2 月 2 日成为执政的南非国民党的领导人，次年 9 月 6 日成为这个国家的总统。1989 年 7 月 8 日，他开始与黑人民族主义者展开对话，当时，他到监狱里探访了非洲人国民大会非正式领导人纳尔逊·曼德拉，后者在被判犯有阴谋破坏罪之后，已经在监狱里监禁了 26 年。接下来，在 1989 ~ 1991 年，曼德拉及其他很多“政治”犯被释放，紧急状态被解除，非洲人国民大会被解禁，还采取了很多类似措施。然而，一个后果是支持非洲人国民大会的黑人（主要是科萨人）和属于因卡塔运动的黑人（主要是祖鲁人）之间暴力的增加。德克勒克还从正面对社会发挥了作用。种族隔离法律结构的某些方面，比如禁止种族之间的性关系，在 1980 年代被废除；另外一些方面已经在人口增长和经济变革的压力下变得不起作用。1991 年 2 月，德克勒克宣布了一些根本性的法律变革，终结了对非白人迁徙、居住及房屋和土地所有权——种族隔离制的核心——的限制，只留下了选举制度，作为种族歧视依然有效的最后遗存。德克勒克希望通过协商谈判，与黑人领导人达成某种形式的权力分享，白人社群（以及很多黑人）担心采用一人一票制会导致内战，正如在非洲其他地方所发生的那样。这一困境再一次被反映在作为整体的世界中。一个由普遍投票权选举出来的世界政府将会让白人处于一个很小的、永久性的少数派地位，并由于人口统计趋势而变得越来越小；对于南非白人来说，普遍投票权也面临这样的前景。[71]

在 1980 年代，那些并不成功地试图搞集体主义经济的第三世界国家之所以转向了改革和市场，其中一个原因是：一些东亚国家和地区的企业取得了明显的成功，而且越来越成功。这些国家和地区当中，日本、香港地区（英国殖民统治区）、新加坡（从前的英国王室殖民地，1959 年起实行自治，1965 年独立）、台湾地区和韩国是最重要的，战后时期刚开始的时
730 候，这些国家和地区全都是高生育率和低人均收入（除日本之外，其余国家和地区全都低于一年 100 美元）。全都拒绝集体主义的解决方案，无论是在农业领域，还是在工业领域。全都采用市场体制。全都生动说明了人均收入的增长往往导致生育率的下降，因此进一步刺激了财富的创造。1960 年，香港地区、新加坡、台湾地区和韩国的生育率从 36‰（香港地区）到 42.9‰（韩国）不等。在所有这 4 个地区，生活水平在 1960 年代的提高比世界上其他任何地方都要快。到 1971 年，香港地区的生育率向下突破了 20‰的关口，新加坡几乎突破、台湾地区和韩国都向下突破了 30‰的关口[72]。这些趋势在 1980 年代得以加速。到 1980 年代晚期，香港地区的人均收入，尽管有身无分文的移民从中国内地大量涌入，据信依然不低于 10000 美元，新加坡是 7464 美元（1988 年），台湾地区是 5075 美元（1987 年），韩国是 3450 美元（1988 年）。简言之，这些国家和地区很快不再属于第三世界，正在成为第一世界的组成部分。事实上，在 1970 年代和 1980 年代，太平洋地区企业国家的发展大概是人类社会中最令人欢欣鼓舞的物质方面。

在日本，这个过程始于 1940 年代晚期。正如 1948～1949 年的西德和 1958 年的法国，基础是一部杰出的宪法。正如我们已经看到的那样，日本的战前宪法是一团乱麻，其整个法律

体系原始而不稳定。在占领期间，美国拥有唯一的权力，实际上被授予给了一个独断专行的人：麦克阿瑟将军。事实证明，这次占领是决定性的神赐之福。麦克阿瑟将军能够扮演一个开明专制君主的角色，把一场自上而下的革命强加给日本，就像1860年代的明治维新一样，后者使得日本开始成为一个现代国家。在麦克阿瑟的司令部里起草的1947年的宪法不是党派之间的妥协，不代表协商一致的最小公分母，而是一个同质概念，包含了英国和美国宪法中最好的方面，并且像戴高乐的宪法一样在行政权与立法权之间、在集权与分权之间找到了一个巧妙的中间点[73]。它与占领时期的其他法律结合起来，创造了自由工会、自由出版，以及下放的警察控制权（武装部队本身被废除了），这部宪法及其体现的“美国时代”成功地摧毁了国家在此之前对日本人民实施的催眠术般的控制。美国对日本的占领大概是整个战后时期美国海外政策最大的建设性成就，它几乎是一个人单枪匹马完成的[74]。而且，正如英国人
创造了西德的现代工会运动一样，它也树立了一个强有力的竞 731
争对手。

这次宪法改革本质上所做的事情是说服日本人相信：国家是为它的公民而存在，而不是相反。它鼓励家庭作为国家之外的一个替代性的忠诚中心的出现，鼓励很多日本机构（它们体现了家庭的象征）的出现，从而给一种新的、健康的个人主义奠定了基础。正如在战后的德国和意大利一样，家庭，无论是其生物学的形式还是其扩展形式，提供了消解极权主义传染病的天然解药。这方面得到了一次效率很高的土地改革的帮助，它给了470万佃农以土地的终身保有权，把自耕地的比例提高到了90%。地方政府的改革完成了创造强大、民主、拥

有财产的地方共同体的过程，正如在基督教民主党的西欧一样[75]。司法的独立和一个美国式的最高法院给个人财产权及公民自由提供了保障，付出代价的是国家和集体[76]。在这些基础上，建立了一个格外稳定的议会结构，由一个自由主义保守派联盟管理（最后被称作自由民主党），其内部派系按照扩展家庭的模式打造，提供了灵活性和变化，但其外部的统一给了国家经济一个始终如一的自由企业架构。自由民主党因此提供了像德国和意大利的基督教民主党以及第五共和国的戴高乐独立党一样的凝聚力。类似之处还有更多。麦克阿瑟的战后清洗使得一个上了年纪的政治天才能够脱颖而出，像阿登纳、加斯贝利和戴高乐一样，此人在战前政权治下也是在野之身。吉田茂从前是个外交官，因此其出身背景最接近于盎格鲁—撒克逊的民主与法制传统。当他在 1946 年成为首相的时候已经 67 岁，以非凡的坚韧担任这一职务将近 9 年，正如一位观察者所指出的那样："就像一棵饱经风霜的老盆景树，在它布满节瘤的枝干上，白色的花朵开了一年又一年。"[77]他带领新的体制从青春期过渡到了成熟期，到他 1954 年退休的时候，不仅为 1950 年代，而且为接下来的四分之一个世纪甚至更远的时期，建立了稳定的模式。

结果，到 1953 年，日本完成了战后重建，只比德国落后 4 年，然后便开始了一段 20 年的发展时期，平均年增长率为 9.7%。这几乎是战后时期任何重要工业国家发展速度的两倍。真正能够与之相比的，只有美国经济 1929 年之前 40 年的辉煌
732 增长[78]。这一"奇迹"是建立在汽车的基础之上，客车生产在 1966～1972 年那段高度紧张的时期以每年将近 29% 的惊人速度增长，日本汽车拥有量每年增长三分之一[79]。在 1950 年

代末和1970年代末之间，日本汽车生产增长了100倍，1979年生产量超过1000万辆，大致相当于美国的总量，1980年代初决定性地超过了美国。其中大约一半被出口。日本人的产品从汽车开始，几乎蔓延到了整个范围的消费品。1979年，他们成了世界上主要的手表生产国，产量高达6000万块（瑞士是5000万块）。他们取代了美国，在1960年代成为收音机、在1970年代成为电视机的主要生产国，并在1970年代把照相机生产的领头地位从德国人那里夺了过来。在1970年代，日本的人均工业产出与美国不相上下，在某些重要方面成了世界最重要的工业强国。1978年，日本的工业贸易盈余为760亿美元（相比之下，美国则是50亿美元的工业贸易赤字）。到这10年结束时，日本的钢铁生产能力与美国相当，几乎像整个欧洲经济共同体一样大。1980年代，在很多领域，日本在质量上也超过了美国和欧洲生产国，尤其是在一些高科技领域，比如喷气式飞机、机床、机器人、半导体、计算器和复印机、电脑和电信设备、先进能量系统（包括核动力）和火箭。到1980年，日本的人均投资两倍于美国，在1980年代的某些年份里在绝对值上也超过了美国。[80]

日本的经济增长率在1980年代稍有减缓，但在金融部门继续取得辉煌的进步。它以异乎寻常的沉着自信经受住了1987年10月的股市暴跌，并在一年之内把美国挤到了世界第二大银行国的位置上。整个这10年，它一直保持着最大的贸易盈余。它大力买入美国的经济：持有巨量的美国财政债券，使得美国在整个这一时期有可能维持巨额的、不断增长的预算赤字；投资或接管美国企业，并因此使得美国能够在有形贸易上维持连续的巨额赤字。它还大力投资于像澳大利亚这样的地区，后者是它的很多原材料的来源，以至于这个英国的前政治殖民地险些成为日本的经济殖民地。它还在英国大量投资，以此作为一种手段，为的是从欧洲共同体的关税壁垒之下溜过去。这一做法采取了各种不同的形式。例如，1981 年 11 月 12 日，日本一家主要的汽车制造商本田公司与英国的利兰公司
733 （英国最后一家重要的独立汽车公司）签署了一份协议，决定在 1990 年代联合开发一款产品，涉及在这两个国家大规模生产配件。再说第二个例子，1986 年 9 月 8 日，日本另一家重要制造商日产汽车公司投资 4.3 亿英镑在英格兰南部桑德兰附近开设了一家新的汽车制造厂，年生产能力 10 万辆。到 1990 年代初，日本人不仅拥有迄今为止世界上最大的投资组合，而且就相对规模和影响而言，这一投资组合完全比得上英国在 1914 年之前那段时期的投资组合。日本的成功，以及西方生产国没有能力更深地渗透进日本自己的市场，招来了不公平贸易行为的指控，尤其是来自美国国会和欧洲共同体的指控。在某些情况下，日本同意对其制造品实行自愿的配额限制，并在 1991 年 3 月显示了它在这个问题上的神经过敏，当时，在一份自我克制的法规中，日本禁止自己的承包商对重建科威特的工程竞标，美国和英国在解放这个国家上出力最大，期望在战后重建业务上也能得到最大的份额。但在这一阶段，日本早就超过了苏联，成为世界第二大经济体，而且，它继续在高科技、新设备尤其是教育和培训领域大力投资。到 1980 年代晚期，93%的日本孩子在中学一直上到了 18 岁，超过三分之一的孩子在日本 1000 多所大学中的某所大学里接受高等教育，直到 21 或 22 岁，其中绝大多数是私立大学。

关于这一奇迹，其实没有什么神奇之处。它是亚当·斯密

经济学的一个简单易懂的实例，只是稍稍触及了一点凯恩斯主义。高比例的固定资本构成，其中很少非生产性的投资。适度的税收。很低的国防和行政支出。很高的个人储蓄率，通过银行系统有效地流进了工业。根据许可十分精明地进口外国的技术。现有工厂非常快的替代率，由于引人注目的工资约束，加上生产率远远地跑在了工资的前面，从而成为可能。劳动力因为农业部门的收缩而十分丰富，而且都受过良好的教育，有一技之长，因为日本（以及一般意义上的亚洲市场国家）把我们已经指出过的教育扩张跟工业需求而不是跟社会科学意识形态紧密联系在一起。实际上，东亚市场国家是唯一在经济上获益于1960年代高等教育革命的国家，而在欧洲和北美，这场
革命被证明是一种不利。有一点倒是真的，日本实实在在地从 734
天上掉下的两笔意外横财中得到了好处：先是朝鲜战争，然后是越南战争。但所有其他因素都是它自己创造的。日本政府提供了一定程度的外部保护和出口支持。但它主要的贡献是根据亚当·斯密的模型，建立了一个内部激烈竞争的架构，以及善待企业的风气。[81]

对日本来说，独一无二的东西，大概也是它对现代世界最富创造性的贡献，是企业使用拟人化原则的方式，以及对家庭的强调，这一点前面已经提到过，它是全新的、反集体主义的，为的是使工业过程人性化，并因此减少阶级斗争的毁灭性影响。工会在日本并非不活跃：事实上，到1949年，日本共有3.4万个工会[82]。它们也并非不兴旺。工厂谈判和生产率的改进（其压力与其说是来自管理层，不如说是来自工人同伴）意味着日本的工资率在1970年代和1980年代提高得比其他任何主要工业国家都要快，还有最高的就业保障，以及最低

的失业率——1980 年代后期是平均 2.6%。同样重要的是，到 1970 年代，日本所实现的收入平等超过其他任何工业国家，而且在消除绝对贫困上比其他市场经济体走得更远，可能只有斯堪的纳维亚的经济体除外[83]。但大多数日本公司都把工人裹在家庭的怀抱里，提供的服务包括住房、膳食、医疗保健、道德指导、运动和休假，从而补充了工会的努力。拟人化扩大到了产品，甚至是消费者。例如，在久保田铁工株式会社，工人被教导要把机器看作自己的父母，正在生产儿女——公司的已完成产品——接下来要把它们“嫁给”消费者，推销员就是媒人。然后，久保田公司的经销商提供“产后护理”，要让“新娘”和“新郎”都感到满意。就公司的主要产品机械犁而言，机器的外壳被看作躯体，引擎是心脏。探访工厂的客人是“家里的亲戚”“家人的朋友”。工人们管理着颇具批评精神的“自我改进委员会”，以促进生产和销售，创作和书写劝勉标语，提供大量的生产和投资数字，让工人们思考。他们创作热情洋溢的诗歌，给工厂办的杂志投稿[84]。这种集体化的生产宣传在苏联明显失败了，即使在运用得更有技巧的中国也并不成功，然而在日本却发挥了作用，在那里，它被赋予了人性的
735 刻度、自愿的推力和家庭的意象，最重要的是被看作能在个人消费上带来立即的、实实在在的获益。

日本经济巨大而持续的扩张在给整个太平洋地区创造动态的市场环境上是决定性的。它发挥作用，既是通过直接的刺激，也是通过榜样的力量。最引人注目的榜样是韩国。世界银行的一个团队在 1977 年报告：“韩国曾经是最穷的发展中国家，严重依赖农业，支付平衡十分脆弱，过去 15 年里，收入上的持续高增长率把它变成了一个准工业化的中等收入国家，

国际收支状况越来越强。"[85]台湾地区的进步遵循了同样的进程。1949 年，当其时已经彻底名誉扫地的国民党政权退据台湾的时候，其经济基本上是前工业化的。像日本一样，转变从高度成功的土地改革开始，紧接着是农民收入的迅速提高，为新兴的工厂创造了本地市场。超过 90% 的农业用地落入了耕种土地的农民手里。禁止罢工的法律得到同意和推行。创造了免税加工区。在 1970 年代和 1980 年代的某些时候，出口额增长到了占国民生产总值的 90%，是世界上最高的比例，增长率偶尔突破 12% 的大关。因此，在坚实的农业基础上，一种复合式的工业经济被创造了出来，以造船、纺织品、石油化工品和电子设备为中心[86]。香港地区的进步在某些方面甚至更加令人印象深刻，因为它不得不吸收来自中国内地的 500 万难民，大约 5 倍于整个阿拉伯世界没能提供定居地的巴勒斯坦人。在这里，像台湾地区和日本一样，政府的稳定（由总督在本地立法会的帮助下提供）和经济政策的一致性在长达 40 多年的时间里提供了理想而适宜的商业环境。

新加坡在 1945 年后经历了 10 年一定程度的不稳定之后，终于在 1959 年找到了稳定的政府架构，由李光耀的人民行动党执政，该党是作为一场社会主义运动开始的，但很快成了一个热情而专横的市场工具。正如李光耀在 20 年成功的财富创造之后所说的那样："问题是如何谋生……这对 200 万人来说是一个生死攸关的问题。……如何实现这一点，是通过社会主义还是自由企业，则是一个次要问题。最后的答案是自由企业，同时用社会主义的哲学加以调节：教育、就业、健康和住
房的平等机会。"[87]在 1980 年代，李光耀在西方媒体上经常被 736
指控搞威权主义，对法庭和当地报纸施压，恐吓（极少数）

反对者。另外，在他30多年统治期间（他在1991年进入半退休状态），就他给本国和本国人民带来的物质利益而言，他有一定的资格被认为是战后最成功的政治家。

除了它的地理位置之外，新加坡最引人注目的是它根本没什么自然资源。日本、韩国和台湾地区（香港地区除外）都有还算不错的农业土地；在其他方面，除了潜在的强大劳动力之外，这些企业国家没有一个是凭借其物质优势而开始它们的经济腾飞。正如一份报告所指出的那样："成功几乎完全归因于好的政策和人民的能力，几乎不能归功于有利的环境或良好的起点。"[88]这些自然条件恶劣的市场经济体从1960年代起开始繁荣兴旺，其方式鼓励了太平洋地区那些资质更好的邻国在农业和商业上都转向自由市场。泰国的发展在1958年获得一个稳定的亲市场政府之后迅速加速，并在1960年代实现了经济"腾飞"，年增长率一度高达9%。它是少数几个设法维持了其农业出口国地位的第三世界国家之一，其方法就是把生产率每年提高15%并扩大耕地面积[89]。在1980年代，泰国的人均收入增长到了810美元（1986年），4倍于曾经比它更富裕、如今长期搞社会主义的邻国缅甸，后者是200美元（1986年）。在1970年代和1980年代，马来西亚也发展得很不错，部分程度上多亏了其丰富的自然资源，但主要应归功于政治稳定和经济现实主义，以人均年收入1850美元（1986年）使自己跻身中等收入国家的行列。印度尼西亚在自然资源上是全世界最得天独厚的国家，开始从苏加诺政权治下的灾难性开端中恢复过来。就连菲律宾这个多灾多难的国家，遭受过穆斯林和天主教之间的冲突、骇人听闻的马科斯政权的偷窃，以及当时和之后的叛乱，如今也取得了一定进步，到1986年人均年收入达到了614美元。

因此，在1965～1990年这四分之一个世纪里，太平洋地区克服了遥远距离的困难，成为世界上重要的贸易发展地区。像斐济和新喀里多尼亚这样一些太平洋地区的前殖民地，一跃而跻身人均年收入1000美元以上国家的行列。小小岛国瑙鲁的磷酸盐蕴藏量十分丰富，它不仅是世界上最小的共和国（大约8000人口），而且成了“寸土寸金”的、世界上最富裕的国家之一，人均年收入9091美元（1985年）[90]。在太平洋东部边缘地区，也出现了自由市场精神的复活。最有趣的实例 737
是智利。1960年代中期，由爱德华·多弗雷总统领导的基督教民主党执政的智利，连同罗慕洛·贝坦科尔特领导的委内瑞拉，被美国认为最有希望加入肯尼迪的“进步联盟”。但智利有长期通胀：1950年代晚期大约是每年20%，1968年是26.6%，1970年是32.5%。实际上唯一的原因是政府花钱过多和滥印钞票。在1970年的选举中，改革的社会党人萨尔瓦多·阿连德在自己的第四次竞选中终于赢得了总统职位，其原因是反社会主义者的选票分散了，他们加起来的得票依然占62%，而阿连德的得票是36.2%。根据托马斯·杰斐逊的原则：大改革不应该依靠勉强多数，新总统没有得到做任何事情的授权，他应当专心致志地做个好管家。

但阿连德是个弱势人物，有一批四分五裂的、部分革命的追随者，很快就脱离了他的掌控。在他着手大规模国有化计划（这使得智利脱离了世界贸易共同体）的同时，他手下那帮左翼好战分子不打算接受任何宪政约束。他们发起了“人民权力”运动，组成者是在农村占领农田的农会，以及在城里占领工厂的工人联合会[91]。战略是列宁主义的——社会党说

“当前的任务是消灭议会”——但真正相似的是1936年的西班牙，在那里，左翼的分裂和转向暴力引发了内战。阿连德夹在中间左右为难，一边是他手下那帮革命者组成的左膀，另一边是越来越愤怒的中产阶级组成的右臂，而通常不愿意介入的军队则由于秩序的崩溃而逐渐变得政治化了。

在阿连德上台执政的时候，即1971年1月，通胀实际上已经降到了23%。几个月之内，它演变成了恶性通胀。1972年是163%。1973年夏天，它达到了190%，是迄今为止世界上最高的通胀率[92]。这是在石油价格上涨4倍之前：阿连德的通胀完全是他自己造成的。1971年11月，智利宣布单方面延期偿还外债（亦即破产）。银行中断贷款，资本外逃，农业一片混乱，产量很少，工厂被占领，产量更少，出口消失得无影无踪，进口飙升，接下来，当钱用完的时候也消失不见了。商店被抢购一空。中产阶级开始罢工。工人发现自己的工资实际价值减少了，于是也罢工。官方的价格体系变得不理性，然后，当黑市接管市场的时候，它就变得毫不相干了。左派在1971年7月开始武装走私，次年5月开始政治暴力。他们共
738 有3万人，拥有的武器实际上比军队还要多，后者只有2.6万人，外加2.5万名武装警察[93]。阿连德摇摆不定，一会儿命令警察跟左翼战斗，一会儿指控军队密谋政变。但他又批准了一项武装左翼民兵的计划，并在1973年9月4日批准了7.5万人的盛大游行，为的是选举周年纪念。他自己任命的奥古斯托·皮诺切特将军领导了一场三支武装部队的联合政变。迄今为止，智利一直保持着宪政和稳定的优良纪录（按照拉丁美洲的标准）。这次政变绝不是不流血的政变。阿连德被杀或自杀身亡，官方在圣地亚哥太平间清点的尸体是2796具[94]。大

多数抵抗来自非智利人的政治难民，当时，他们在圣地亚哥有1.3万人。工人没能占领工厂，农民没能夺取农场，就连全副武装的“革命小分队”也没能严肃认真地战斗，这一切暗示了极左翼并没有多大的热情。

反对阿连德的声音尽管喧嚣嘈杂，但主要是来自国外，至少在他执政刚开始时是这样。它明显是莫斯科精心策划的，虽说苏联断然拒绝以信用保释阿连德：对他们来说，阿连德死了比活着更有用[95]。尽管国外的批评集中在皮诺切特政权的残暴方面，但更重要的方面是，他决定逆转公共部门的增长（阿连德只不过加速了它的增长），并按照太平洋地区其他经济体的路线，开放经济，让市场的力量进来。值得注意的是，太平洋地区几乎所有的企业国家（日本除外）都在不同的时期被指控为暴政。但政府在多大程度上具有代表性并且是选举出来只是问题之一；同样重要的是它在多大程度上控制了国民的生活。正是因为这个，塞缪尔·约翰逊博士尽管生活在一个自由放任的、最小化政府的国家，却依然能够信心十足地宣称：“我不会为了生活在这种形式的而不是另一种形式的政府治下而掏半分钱。那对个人的幸福来说一点也不重要。”[96]根据定义，市场经济涉及政府退出很大一块决策领域，把它留给个人。经济自由和政治自由密不可分地联系在一起。市场自由不可避免地导致政治管制的削弱：这正是泰国、台湾地区和韩国的教训。

这个教训同样适用于智利。1973年的灾难导致了政治和经济的彻底崩溃。经济重建不得不在世界性衰退的背景上开始。这个政权的优点在于，它能够逆转政府导向的通胀，这种通胀已经持续了几十年，成了智利经济结构的组成部分[97]。 739

这是令人痛苦、不受欢迎的，起初导致了国民生产总值下降和失业率居高不下。但它使得经济能够在市场的基础上、在国际货币基金组织的帮助下重新浮上来。在 1970 年代晚期，通胀终于得到了控制，增长得以恢复，到 1980 年，世界银行报告："在格外不利的环境下，智利当局实现了智利历史上尚无先例的经济好转。"[98]经济改善解释了在 1980 年 9 月 1 日的全民公决中为什么有 69.14% 的智利人投票支持把皮诺切特的总统任期延长 8 年。可是，随着时间在 1980 年代的推移，经济自由导致人们对政治自由的要求不断增长。皮诺切特不愿意把政治自由授予人民。1983 年，出现了一场反对皮诺切特政权的全国性骚乱，两个月后，政府承认有 17 个人在示威中被杀。遭皮诺切特的政治警察国家情报局（DINA）迫害的受害者人数众多。民主恢复之后授权编写的一份官方报告计算，在皮诺切特当政的 16 年里（1973 ~ 1989 年），有 1068 人被 DINA 或者为 DINA 工作的人所杀害，另有 957 人"失踪"[99]。但是，对 DINA 的恐惧并没有阻止智利人遵循自由经济的逻辑，强烈要求恢复充分的投票权。皮诺切特同意对他的总统任期举行另一次全民公决，1989 年 12 月 14 日，反对派候选人帕特里西奥·艾尔文以 52.4% 的支持票赢得了总统选举，把独裁统治带向了终结，尽管皮诺切特本人依然是军队总司令。艾尔文不仅委托撰写了调查皮诺切特政权过度开支的报告，他还在 1991 年 3 月设立了一个永久性的机构，负责一个案子接一个案子调查其受害人的命运。但总的来说，他小心翼翼地继续前政权被试验所证明的经济政策。

太平洋地区自由企业经济体的成功无疑在北美和欧洲重新点燃了人们对市场体制的信念。正如我们已经看到的那样，

1970 年代对资本主义来说是令人沮丧的 10 年。在知识界，包括很多知识分子，谈论“零增长”“晚期资本主义”甚至“后资本主义”变得时髦起来，仿佛这个曾经创造过就连其反对者也称之为“富裕社会”的制度如今濒临死亡似的。在西方得到最广泛认可的政府形式是所谓的“混合社会”，国有部门占到国民生产总值的 40% ~60%，在越来越大的规模上提供福利服务，把实际上创造财富的角色保留给经营大约一半经济的私人部门。但欧美方案的缺点被反映在低增长率中，这个现 740
象被称作“滞胀”，标志着他们大多数国家的经济在这 10 年的特征，民众的广泛不满反映在罢工数量的不断增加上。到这 10 年快要结束的时候，随着高质量、低价格的日本商品（还有韩国和台湾地区的商品）开始越来越多地渗透到西方市场，人们越来越要求采用那些导致日本式效率的变革。

转折之年是 1979 年，战场是英国。在一系列前所未有的罢工尤其是公共部门的罢工（媒体称之为“不满之冬”）之后，1979 年 5 月 4 日，第一个成为一个英国政党领导人的女性玛格丽特·撒切尔成为英国第一位女首相，并领导保守党赢得了 43 个席位的选举胜利。撒切尔夫人很快被勃列日涅夫政权称作“铁娘子”，她很喜欢这个头衔，自称是一个“有坚定信仰”的政治家，而不是一个“追求共识”的政治家。她毫无保留地否定了保守党的很多战后政策，包括它跟工党达成的默契：英国公共生活领域，包括福利国家和国有化部门，是神圣不可侵犯的。她的第一项任务就是限制工会的法定权力，正如我们已经看到的那样，自 1945 年以来，工会的权力稳步增加。保守党政府早先在 1971 年的一次改革努力——包罗万象、过于复杂的《劳资关系法案》——被证明是行不通的，并在

1974 年被新上任的工党内阁迅速抛弃了。撒切尔夫人的政府汲取了这个教训，着手一步一步解决问题，先后把 5 项法案制定为法律，经历了 3 届议会，逐步全部终结了一系列工会法定特权，让很多罢工和很多形式的纠察变得非法，让破坏法律的工会受到严厉的经济处罚。撒切尔还清楚地表明，在对付“集体纠察”“飞行纠察”和“二次纠察”时，警察将得到政府的全力支持；1970 年代，这些所谓的“纠察”使得雇主实际上不可能抵制罢工要求，并给私人部门和公共部门都造成了严重的损害。

新政策很快就开始接受检验。工会曾有效地摧毁了几届政府：1968 ~ 1970 年的哈罗德·威尔逊、1974 年的爱德华·希思和 1979 年的詹姆斯·卡拉汉。全国矿工联盟遵循约克郡矿工领导人阿瑟·斯卡吉尔开创的好斗战略，1981 年，斯卡吉尔成为全国矿工联盟的主席，在上述这些胜利中扮演了重要角
741 色，威胁要让工团主义而不是议会民主成为英国的统治力量，至少在消极意义上是这样。英国煤炭工业在 1946 年就被收归国有，正是为了在矿区创造工业和平。但全国矿工联盟对待国家煤矿局的态度仿佛它就像最坏的私人矿主一样贪婪和反社会，因此让国有化的核心目标彻底泡了汤。1984 年 3 月 6 日，每年亏损已经超过 1 亿英镑的国家煤矿局宣布关闭 20 个不赢利的煤矿。斯卡吉尔两次试图搞矿工总罢工，都失败了，根据全国矿工联盟的规则，这样的罢工需要全国煤矿投票的 55% 多数支持。这一次，斯卡吉尔回避了规则手册上的程序。正如他的副主席迈克尔·麦加希所写的那样：“我们不应该通过一次罢工使自己宪法化。要一个地区接一个地区做决定，那样就会产生多米诺骨牌效应。”[100] 因此，罢工决定不是由工会成员

做出，而是由好战的代表们做出；罢工在3月10日开始，4月20日的特别代表会议以69票对54票否决了举行全国投票的要求。这次罢工是不民主地、违宪地号召起来的，这一事实是强有力的要点，有利于政府抵制罢工。哈罗德·麦克米伦经常指出："英国有三个机构是如此强大，以至于没有哪一届政府胆敢跟它们较量，它们是近卫旅、罗马天主教会和全国矿工联盟。"诺丁汉郡矿工的态度鼓励了玛格丽特·撒切尔，让她敢于挑战这句名言，他们对斯卡吉尔的策略感到愤怒，在一次投票中以4:1的票数反对这次罢工，保持他们的矿井继续开工，就这样不可挽回地分裂了全国矿工联盟；1985年8月7日，他们在高等法院的一场诉讼中赢了官司，并使得"民主矿工联合会"能够在4个月后获得作为工会的合法身份。

1984～1985年的斯卡吉尔罢工值得在这里稍微详细地审视一番，因为它实际上是一次试图摧毁民选政府的努力，它的失败是英国工业史上一个划时代的事件。它是被法庭（它们正在实施控制工会活动的新改革）和英国各种地方控制的警察部队之间的有效合作联合起来给打败的。到1984年4月中旬，斯卡吉尔的人关闭了174个煤矿中的131个，他们还计划给其余的煤矿"设置纠察"，使用他们曾在1970年代成功使用过的"恐吓威胁"的办法。然而这一次警察准备制止他们，因为警察有法律做靠山。10月22日，警察赢得了高等法院的裁决：他们有权拦截装载好斗的矿工抱着破坏和平的目的前往骚乱地区的大巴。通过公路管制，通过派大批警察到正在运转 742
的矿井维持秩序，警察设法让那些希望干活的矿工能够正常工作，尽管有些人下班回家后受到骚扰。就这样，斯卡吉尔关闭所有煤矿这个主要目标没能实现。这次罢工代价极其高昂：给政府支出增加 27.5 亿英镑，给国家煤矿局的亏损增加 18.5 亿英镑，让英国钢铁公司损失了 3 亿英镑，英国铁路公司损失 2.5 亿英镑，电力供应企业损失 2.2 亿英镑[101]。它还十分暴力，有 5 个人死于非命；1985 年 5 月 16 日，南威尔士的两个矿工被判故意杀害了一个搭载不参加罢工的矿工去上班的出租车司机，尽管这个案子在上诉的时候被改判为过失杀人罪。例如，1984 年 3 月至 11 月末之间，7100 个罢工矿工被指控犯有各种不同的罪行，总共有 3483 个案子最终被听审，2740 人被定罪；仅出警成本就高达 3 亿英镑。

但是，由于政府下定决心不投降，这次罢工的徒劳无益逐渐变得明显了。斯卡吉尔无视 1920 年代的教训，在一年当中错误的时间——春天——发动了他的罢工。国家煤矿局及其消费者早就看出了这场危机即将来临，积累了大量的储备。结果，1984～1985 年的整个冬天根本用不着停电，1985 年 1 月 8 日，英国有记录以来电力需求的最高峰毫不费力地得到了满足。斯卡吉尔的罢工经费由于卡扎菲的利比亚政府提供的巨额补贴而得以增加，全国矿工联盟当时否认了这一事实，但后来，在 1990 年被《每日镜报》（*Daily Mirror*）确凿无疑地证实了。尽管如此，矿工们还是开始回流，到 1985 年 2 月底，国家煤矿局花名册上 17 万名雇员当中，超过半数回到了工作岗位上。3 月 5 日，全国矿工代表大会实际上同意无条件投降。大约 700 名罢工者因为“严重渎职”而被解雇，3 万人被裁员，比罢工前计划裁员数多出了 1 万人。实际上，由于分离出来的民主矿工联合会的创立，曾经是欧洲最大工会的全国矿工联盟本身很快就缩减至区区 8 万成员，从英国最富的工会之一变成了最穷的工会。

它大概是英国历史上最不成功的大罢工，尽管根据英国工会主义的一项基本原则——工会官员终身制——斯卡吉尔依然掌管全国矿工联盟，纵使争论的回声继续不绝于耳。1990 年，斯卡吉尔被指控使用利比亚提供的经费帮助自己购买新房子，按照矿工的标准，他的新房子算得上堂皇气派，有人说："斯卡吉尔从一个大工会和一幢小房子开始，最后以一幢大房子和一个小工会而告终。"撒切尔夫人十分正确地把全国矿工联盟的这次失败看作好战的工会主义自 1926 年总罢工以来最重要 743
的一次逆转，并很高兴（1985 年 4 月 6 日）"送走"了她所说的这个"内部敌人"。两天后，她补充道："尽管有残酷无情的恐吓胁迫，但那些干活的工人还是坚持他们继续工作的权利，他们发现，他们有一个随时准备站出来支持他们的雇主和政府。我希望并相信这个教训在其他人身上不会失效。"[102]

它并没有失效。英国工业界根基最牢固的工人组织大概是印刷工人，主要包括全国印刷协会（排字工）和印刷工业联合会（SOGAT '82），由这个行业的手工工人组成。特别是在伦敦地区，他们经营着严格封闭的作坊体系，有严格的准入条件，由本行业一些工资最高的人提供经费，机构臃肿和限制严格的惯例在这个行业被称作"西班牙式的老规矩"，使得成本异乎寻常地高昂，即便是按照英国工业的标准。此外，整个 1970 年代，直至 1980 年代，停工变得越来越频繁，涉及一些全国性的报纸无法出版，排字工们有一个更令人不安的趋势，那就是审查他们不同意发表的内容，无论是报道还是评论。1983 年，《金融时报》（*Financial Times*）由于自 6 月 1 日至 8 月 8 日之间的一场罢工而关门大吉，11 月 25 ~ 27 日，所有全国性的报纸都关门（其中两家直至 11 月 30 日才恢复印行）。

然而，第二月，根据新的工会立法，印刷工会遭受了他们第一次重大打击，当时，全国印刷协会因为拒绝服从一项法庭命令，被判蔑视法庭并处以 52.5 万英镑的罚金（1983 年 12 月 9 日），加上早先还因为蔑视法庭而被判处 15 万英镑的罚金。他们试图阻止一份新报纸《今日报》（*Today*），这份报纸由亚洲出生的埃迪·沙创办，并在这个行业的传统惯例之外运作和经营。《今日报》就这样继续印行，这个关键点对鲁伯特·默多克同样有效，默多克是英国最大、最有魄力的报纸业主，是《泰晤士报》（*The Times*）《星期日泰晤士报》（*The Sunday Times*）《世界新闻报》（*News of the World*）和《太阳报》（*The Sun*）的出版商，综合发行量大约 1100 万份。在伦敦西区的沃平区秘密建造了一家高科技印刷厂（包含了电子排字和拼版领域所有最新的发展）之后，针对舰队街传统地区（默多克的报纸在那里印刷）的全国印刷协会和印刷工业联合会的一次关门停工，默多克做出了回应：1986 年 1 月 24 日，他把整个员工队伍全部解雇，把自己的报纸转到沃平区去印刷。在那里，他已经和具有独立思想的电气、电子、电信和
744 管道联合会达成协议，让这个组织的成员操作新机器。再一次，工会试图使用武力，沃平区反复成为激烈战斗的现场。但默多克建造工厂的时候就考虑到了围攻，它后来被人称作“沃平要塞”并非没有道理。再一次，法庭强制令（使用新立法）结合有效的出警，确保了工会的这次动武被挫败。沃平区的旗开得胜，以及印刷工会势力随之而来的土崩瓦解，终结了英国对新闻媒体的非官方审查制度，让一个生病的行业恢复了活力，使得全国性的报纸再一次能够盈利，并因此使得一些

新报纸能够成功地创办，比如《独立报》（*Independent*，1986年创办）。不过，连同矿工罢工失败一起，它还有效地结束了工会对英国宪政体制的威胁，因此，在1987～1990年，因为罢工而损失的工作日的数量降到了半个世纪以来的最低水平，“英国病”看来已经治好了。

工会在很多部门的限制性惯例和机构臃肿的衰落导致了英国生产率的提高，在这10年期间的几年里是欧洲最高的；在1980年代的很多时间里，英国经济迅速扩张：例如，在1988年中期，它在7年连续扩张之后依然增长了4%，这个纪录在战后时期是独一无二的[103]。但是，关于撒切尔政府的表现，特别让外国人吃惊的是：它通过一个被称作“私有化”的过程，成功地减少了国有部门。这个过程有两个方面。第一个方面是国有化工业转为私人所有制和私人管理，比如大东电报局、英国钢铁公司、英国航空公司、英国电信公司、英国天然气集团，以及水电供应和分配部门。很多这样的国有化机构一直在遭受巨额亏损，给纳税人带来了沉重的负担。私有化使得亏损企业很快转变成了盈利的公司。例如，英国钢铁公司在私有化之前的那一年遭受了公司史上最大的亏损，大约5亿英镑；到1980年代末，它实现了欧洲钢铁工业最高的生产率，是世界上赢利最好的公司。英国航空公司的转变几乎同样壮观。第二个方面是实现私有化的方式，即通过股票交易所给这些公司“发行新股”，并鼓励小储户买入它们的股票。例如，英国电信公司发行新股是历史上提供的最大的公众股份。净效应是，在1980年代，英国个人股东的数量从250万增长到了将近1000万，这赋予了“民主资本主义”这个概念以某种实质性的东西，随着时间在1980年代的推移，这个概念开始变

745 得时髦起来。公共部门亏损的迅速减少，加上出售这些公司的收入，使得政府不仅能够减少直接税（标准税率从 37.5% 减少到 25%，最高税率从 94% 和 87% 减少到 40%），而且能够实现很大的预算剩余，偿还全部国债的五分之一以上。英国的私有化是 1980 年代杰出的成功故事之一，在国外有很多模仿者，尤其是在欧洲，在拉丁美洲、澳大利亚、非洲和亚洲也有。就连日本（这本身是日本教给西方的）也仿效英国的榜样，在 1987 年 4 月 1 日把它的铁路网私有化了。

通过这样一些手段，撒切尔夫人使自己成为她那个时代最成功的政治家之一。1983 年 6 月 19 日，她让本党在选举中再次获胜，以 144 席的总体多数赢了所有其他党。1987 年 6 月 12 日，她再次赢得了一边倒的胜利：保守党以 375 席对 229 席赢了在野的工党。自 1832 年的《大改革法案》以来，还没有哪个英国首相连续赢得 3 次大选。到 1990 年 11 月 20 日在本党逼迫下最终辞去首相职务时，她担任政府首脑的时间（11 年半）比利物浦伯爵（1812～1827 年任首相）以来的任何一位前任都要长。但值得注意的是，她既得到了热情洋溢的支持，也激起了很多的敌意，在她为本党赢得的 3 次选举中，得到的支持票从未达到 50%。在很多方面，她有点类似于戴高乐：像戴高乐一样，她也擅于说“不”，并且说到做到；像戴高乐一样，她也恢复了民族的自信心和自豪感；她也以极大的权威在几乎完全一样的时间跨度里统治自己的国家；而且，像戴高乐一样，她也因为试图从根本上改革地方政府而垮台，就她而言，是试图取代地方政府财政管理过时的、不公平的方式。

撒切尔夫人和“撒切尔主义”在 1980 年代有全球性的影

响，这种影响远远超出了私有化和减少国有部门的新时尚。1980 年代是激进保守的 10 年，即便在社会党或工党政府当选的国家，脱离马克思主义、集体主义以及左派所有传统的"主义"的趋势也很明显。这个过程在法国尤其值得注意。1981 年，在戴高乐主义及其继任者执政 23 年之后，社会党人弗朗索瓦·密特朗当选法国总统，开启了一个社会党平等主义和反企业政策的短暂时期，导致了迅速的连续三次法郎贬值；从此以后，法国社会党便急剧向右转，转向自由市场政策；在1980 年代晚期和 1990 年代初，社会党总理和保守党之间的权 746
力更替看来在经济政策、国防或外交事务上并没有什么大的不同。德国社会民主党在一代人之前就宣布放弃马克思主义，或者任何接近于马克思主义的东西。在葡萄牙，马里奥·苏亚雷斯博士先是在 1976 年当选首相，然后在 1987 年根据 1982 年新颁布的自由主义宪法当选为总统，在 1980 年代驾驶葡萄牙这艘大船逐步离开了社会主义，驶入了自由市场的阵营。西班牙出现了类似的动向，在那里，社会党在其温和派领导人费利佩·冈萨雷斯的带领下，非但没有利用它在 1982 年取得的压倒性胜利，反而进一步巩固了企业文化，而正是这种企业文化在 1950～1975 年改变了西班牙的经济。在澳大利亚，鲍勃·霍克领导的工党在 1983 年 3 月重新上台执政，后来三次获得连任，始终如一地向右转；实际上，在 1991 年 3 月，霍克本人发表了一篇掷地有声的声明，警告这个国家，它再也负担不起为了社会主义的、环境的或任何其他的理由，而把一些令人厌恶的限制强加给企业。在新西兰，工党领导人戴维·朗伊1984 年当选首相，带领他的党和政府走了同样的方向，尽管在他的某些同僚看来速度明显不够快，于是在 1989 年 8 月，作为一次右翼党内政变的结果，迫使他辞去了职务。在英国，1987 年，紧接着工党连续 3 次选举失败之后，工党领导人尼尔·基诺克开始了一个令人痛苦的过程：抛弃传统的工党政策，到 1990～1991 年，使得工党至少在理论上再一次可以当选。

在全世界的工党或社会民主党中，“社会市场”（social market）这个术语开始变得时髦起来，暗示了对市场力量的接受，前提是它们必须服从于为保护穷人和弱势群体而设置的某些基本约束。可是，右翼也使用这个术语。1991 年 3 月，作为约翰·梅杰为取代撒切尔夫人内阁而组建的政府中的财政大臣，诺曼·拉蒙特在提交他的第一份预算案之后宣称：“我喜欢这个词儿。”[104] 另外还有一个政治上的陈词滥调，在 1990 年代变得时髦起来，也反映了左派对市场的接受，这就是“使能政府”（enabling state），这是相对于“大政府”而言，其论点是：政府的存在并不是要自己做什么事情，而是要使人民能够代表自己的利益去做事情。保守党同样满足于使用这个关于政府角色的表述。那么，在某种程度上，全世界的民主国家在 1980 年代和 1990 年代有一种观点上的趋同，只不过是朝右翼趋同。实际上，“棘轮效应”——这个术语是英国保守党意识形态分子基思·约瑟夫爵士在 1970 年代杜撰出来的，意思是左翼政府开始推行的政策得到了其右翼继任者的赞同，并
747 因此用集体主义的棘轮取代了钟摆的摆动——如今被颠倒过来了：现如今，正是右翼的激进分子让社会永久性地沿着经济自由主义的方向运行。

同样的过程在北美大陆发挥作用，尽管在那里，它还受到了地理因素的影响。像智利一样，墨西哥也受到了太平洋地区

新兴企业文化的影响，尽管像智利一样，它早先也吃过政府指导的集体主义试验的苦头。1940～1970年，经济飞快增长，在1970年代，路易斯·埃切韦里亚总统试图让墨西哥作为一个典范的大政府国家，成为第三世界的领袖。他把国有部门在经济中所占的份额提高了50%，国有公司从86家增长到了740家。不难预料的结果是恶性通胀和支付平衡的危机，何塞·洛佩斯·波蒂略1976年上台执政，把墨西哥扭回了市场的方向[105]。他告诉国际货币基金组织，他担心墨西哥生活的“南美化”：左翼或右翼的政变和独裁[106]。1977年的重大石油发现帮了他的忙，这意味着墨西哥最终可能成为一个跟科威特甚至沙特阿拉伯平起平坐的石油生产国。另外，墨西哥的结构本质上是一党制国家，由精英通过革命制度党（PRI）来管理，这使得削减政府的就业岗位（和资助）变得非常困难[107]。到1980年代初，墨西哥的外债甚至超过了巴西。1982年夏，它满足不了外债的利息支付，于是把银行国有化了。但在1985～1990年，经济回到了自由主义的方向，使得它和美国达成一项历史性的贸易协定成为可能。

实际上，墨西哥的经济正在融入美国西部、加拿大和阿拉斯加组成的东北太平洋经济体。在1970年代和1980年代，墨西哥出口的大约70%去了美国；60%的进口来自美国。美国的墨西哥非法移民大概多达1000万；加利福尼亚州7个家庭中有1个家庭、新墨西哥州3个家庭中有1个家庭是墨西哥人。有一点倒是真的，墨西哥的经济也是加勒比地区的经济。美国的经济也是如此，尤其是因为佛罗里达经济的西班牙裔化，它在1965～1990年这四分之一个世纪里迅速增长，向拉美方向倾斜。但是，自1970年代起，墨西哥和美国的经济都感觉到了太平洋地区的拉力，那是一股越来越大的自由市场的拉力。

美国的重心（既是人口上的也是经济上的）从东北向西南的转移是当今时代最重要的变化之一。在 1940 年代，地理学家 E. L. 厄尔曼把美国经济的“核心地区”定位在东北。尽
748 管只占总土地面积的 8%，但它占总人口的 43% 和制造业就业岗位的 68%[108]。在 1950 年代的大多数时间里，这个格局依然稳定。1960 年，地理学家 H. S. 珀洛夫把他所说的“制造业地带”看作“国民经济的心脏”[109]。可是，甚至当他正在写下这个结论的时候，格局就在改变。1940 ~ 1960 年，北方的人口依然在增长（200 万），但这完全是由于从南方来的那些大多没什么技能的低收入黑人。白人已经在经受净减少，很快就成了绝对减少。变化出现在 1960 年代，在 1970 年代变得十分明显。在 1970 ~ 1977 年，东北地区由于移民而减少了 240 万人，西南地区则增加了 340 万人，其中大多数是有技能的白人。由于这次转移基本上是从霜冻地带转向阳光地带，所以，能源价格的上涨强化了这次转移，正如 1980 年的人口普查所显示的那样。收入上的地区差别曾经严重偏向老的“核心地区”，如今却趋同了，接下来便偏向于西南。投资紧跟着人口。“核心地区”在制造业就业岗位中所占的份额从 1950 年的 66% 下降到了 1977 年的 50%。西南地区的份额则从 20% 上升到了 30%。[110]

人口转移在政治权力和政治哲学中带来了改变。肯尼迪在 1960 年参加竞选的时候，霜冻地带的选举人票是 286 张，阳光地带是 245 张。到 1980 年，阳光地带领先 4 票，人口普查局的预测表明，1984 年的大选阳光地带将领先 26 票[111]。这

次转移标志着已经在两代人中占优势地位的老罗斯福干涉主义联盟的终结，以及与自由市场相结合的西南联合体的出现。

理查德·尼克松1972年11月的压倒性胜利是这一转移的政治后果的一个预兆，但它由于水门事件及其后果而显得黯然失色。然而，1980年11月4日，这个趋势变得显而易见了，当时，已经成功地连任两届加利福尼亚州州长、来自加利福尼亚州最强大的利益集团电影工业的罗纳德·里根自1932年赫伯特·胡佛以来第一次在大选中击败了在任总统吉米·卡特。里根通过巨大的普选票差额赢得了这次大选，得到了4390万张普选票，而卡特是3540万张。1984年11月6日，他甚至以更大的差额竞选连任成功，得到了59%的普选票，除了黑人、犹太人和工会主义者之外，拿下了选民当中少数集团的多数票。50个州当中，除了一个州之外，他在其余所有州击败了民主党对手沃尔特·蒙代尔。并非巧合的是，1980年代，已经是最富裕州的加利福尼亚成了美国人口最多的州，拥有最多的选举人票，在很多方面，那是加利福尼亚的10年。

但是，里根在1980年代的优势地位并非主要由于正在改 749
变的人口统计数据。除了玛格丽特·撒切尔之外，他比其他任何政治家都更好地抓住了时代的精神。撒切尔夫人的胜利和榜样无疑给了里根很大的启发——她是里根的施洗者约翰，或者换个说法，里根是她的得意门生——在8年时间里（除了1年之外），他们组成了一个互相敬佩的二人社会。不过，里根为数不多、简单而通俗的观念当中，大多数观念很早之前就进入了他的脑海。他写道："到1960年，我认识到，真正的敌人不是大企业，而是大政府。"[112]20年后，他的时机终于到来。说来也怪，他并没有十分成功地缩减政府的规模。在这方面，他是美国政治不断发展的分化对立的受害者，亦即这样一个趋势：选举共和党总统和民主党控制的国会。他的党一度控制了参议院，但从未控制众议院。实际上，民主党的控制在1980年代收紧了。由于选举成本的上升，取代一位在任议员的机会也就下降了，直到这10年结束，国会的流动率不到10%；国会的职位在越来越大的程度上依赖于通过联邦支出来满足各个利益集团。因此，削减联邦政府的国内支出超出了里根的能力，实际上也超出了其共和党继任者乔治·布什的能力。里根能做的而且无论如何也做到了的，是削减税收。结果是预算赤字的稳步增长。最初的减税政策在1981年底生效，在这之后的前6年里，由此带来的对经济的刺激实际上使税收增加了3750亿美元。但在同一时期，国会把国内支出增加了4500亿美元[113]。预算赤字伴随着不断增长的贸易不平衡，在里根第二个任期的4年中，贸易赤字达到了累计5412.43亿美元。预算赤字在1988年开始下降，但数额依然很大，那一年，总的政府债务突破了2万亿美元大关[114]。为了给这两笔赤字提供资金，只好出售政府债券和私人企业，这意味着外国债券持有人和投资者（日本领先，但英国在投资领域并没有落后太远）在很大程度上控制了美国的经济，或者说，有很多美国人这样担心。

另外，里根的经济政策，或者像朋友和敌人异口同声称呼的那样，叫“里根经济学”（Reaganomics），创造了美国自艾森豪威尔时代以来还从未有过的活力。在1982～1987年这6年时间里，国民生产总值（根据通胀调整后）增长了27%，制造业增长了33%，中间收入增长了12%（而1970年代则下降了10.5%）[115]。有人估计创造出了2000万个新的就业岗

位。此外，里根成功地在通俗层面上阐明了这样一个观念：在经过了1970年代的怀疑之后，美国再次成为一个充满活力的 750
成功国家。从最初抱有敌意的媒体那里，里根为自己赢得了很不情愿的赞美，被他们称作“伟大的沟通者”。结果是，作为一个民族，美国开始恢复它的自信，而在1970年代的那次未遂自杀期间，这样的自信心早已丧失殆尽。还有人预言：这样的活力将会持续下去。里根任命的长期战略委员会所做的一项研究在1988年1月报告，在1990~2010年，美国经济总量将会从4.6万亿美元增长到8万亿美元，在最后一个10年，将两倍于世界第二大经济体。[116]

美国不断增长的自尊在很大程度上帮助消除了越南惨败导致的受虐狂，使得原本对于合法使用美国的巨大力量从不缩手缩脚的里根能够越来越沉着自信地在世界舞台上尽情表演。他不是个鲁莽之辈，肯定不是个好战分子，但他是一个坚定相信绝对行为价值的人，对于国际事务中对与错之间的区分有清晰的看法。当他觉得有必要采取行动的时候，他就会采取行动；并非没有深思熟虑的考量，而是没有负罪感，也没有心怀鬼胎的动机。不过在这方面，撒切尔夫人再次充当了导师。1982年4月2日，没有任何警告或宣战，阿根廷庞大的水陆两栖部队入侵并占领了福克兰群岛的英国皇家殖民地（他们还占领了东边的南乔治亚岛）。这些小岛在阿根廷被称作马尔维纳斯群岛，其主权归属争论了两个世纪（约翰逊博士出版过一本论述这个问题的小册子，驳斥了英国的所有权主张）。然而，所有居民都是英裔，是1820年代到达那里的移民者的后代，因此都是拥有6代所有权的当地人。当时阿根廷的军阀首脑莱奥波尔多·加尔铁里将军本人就是一个来自欧洲的第二代移民，说来有趣，在这个特征上，他和罗得西亚白人领袖伊恩·史密斯、古巴独裁者菲尔德·卡斯特罗是一样的。阿根廷声称，他们参与的是一场反殖民主义的解放行动，这话没多少人相信，联合国安理会以10∶1的投票通过决议，要求阿根廷立即撤军（第502号决议）。然而，英国人毫无准备，在这一地区没有任何拿得出手的部队。英国外交大臣卡林顿勋爵觉得自己最好是为外交部没能预见到这次侵略而引咎辞职。玛格丽特·撒切尔（内阁紧随其后）决定通过外交手段，如果必要的话就通过武力，收复福克兰群岛。

最早一批英国军舰在入侵两天之后动身前往南大西洋。一
751 周后，英国宣布环绕福克兰群岛划出一个200英里的禁入区，这是1962年导弹危机期间肯尼迪总统强加给古巴地区的“隔离区”的一个变种。把一支远征军派到8000英里之外是一个冒险的决定，尽管有海军护航，但没有足够的空中掩护（两艘英国航空母舰只装备了亚音速猎鹰直升机，而阿根廷的超音速飞机可以从本国大陆的飞机场以及福克兰群岛本身斯坦利港的航空港起飞）。这让罗纳德·里根本人（当然还有其他人）十分钦佩，整个行动期间，他不仅在联合国及其他场合给予英国政府以充分的外交支持，而且还提供了秘密的情报帮助。这次大胆的行动成功了。4月25日，南乔治亚岛收复。刚好一周之后，阿根廷重型航空母舰“贝尔格拉诺”号被英国潜艇“征服者”号击沉，385人丧生。打这以后，阿根廷海军便退回到了海港，在这场冲突中没有扮演进一步的角色。阿根廷的空军打得更好一些，使用导弹击沉了总共4艘英国战舰和运输舰，尽管人命的损失微不足道。除此之外，两栖作战按照计划继续进行。5月21日，英国军队在圣卡洛斯建立了一个桥头

堡；一周后，伞兵占领了达尔文港和古斯格林岛，6 月 14 日，阿根廷的整个驻军投降。在岛上的战斗中，大约 255 个英国人和 652 个阿根廷人阵亡。3 天后，加尔铁里被赶下了台。实际上，英国的胜利直接导致了阿根廷军人统治的终结和民主政体的恢复。1983 年 12 月 10 日，劳尔·阿方辛当选阿根廷第一个民主选举的平民总统，任期 8 年，他立即着手对军阀统治期间“失踪”的数以千计的异议者展开调查，加尔铁里和他的很多同事被判处长期监禁。

这一事件对里根的影响也是惊人的。福克兰群岛的行动有助于让西方国家恢复国际行为的体面感，并提醒美国，让它意识到自己作为最重要的民主国家和法治捍卫者的责任。最早的地缘政治后果发生在 1983 年末。10 月 19 日，西印度群岛的小小岛国、英联邦成员格林纳达的总理莫里斯主教在一场左翼政变中被杀，这场政变得到了古巴人的帮助，很可能还是他们策划的。两天后，格林纳达的邻国牙买加、巴巴多斯、圣文森特、圣卢西亚、多米尼加和安提瓜纷纷报告，有大批的古巴军队在这个小岛上集结，它们担心本国民主政府的安全，秘密地
请求美国军事介入。里根正在佐治亚州度一个高尔夫周末，星 752
期六凌晨 4 点，他被叫醒，得知了这个消息。参谋长联席会议向他报告，“营救行动”可以在 48 小时之内展开，他的回答是：“干吧。”由于担心古巴增援，再者还有 800 名美国医学院的学生在格林纳达，全都是潜在的人质，因此这一行动被定为最高机密[117]。这次行动有一个不愉快的后果；没有向撒切尔夫人通报里根打算干什么，由于格林纳达是英联邦国家，她（还有女王）很生气，她公开表达了自己的看法，这是一个令人遗憾的错误[118]。这是 8 年时间里她和里根之间唯一一次严

重分歧，她后来私下里承认自己误会了。除此之外，这次行动深受好评，实现了其所有目标。美国军队在 10 月 25 日登陆，恢复了宪法的权威，11 月 2 日开始迅速撤军。

这并不是里根政府作为非正式的世界警察在捍卫美国的合法利益上所采取的唯一一次强有力的行动。1985 年 7 月 8 日，里根给 5 个国家——伊朗、朝鲜、古巴、尼加拉瓜和利比亚——打上了“恐怖主义国家联盟成员”的烙印，指责它们对美国实施“彻头彻尾的战争行为”。它们都是“流氓国家，被一帮自第三帝国出现以来最古怪的怪人、疯子和肮脏的罪犯所统治”。这篇对美国律师协会发表的讲话是里根总统强硬风格的典型特征，普通美国人很喜欢这样的作风，它是里根平民主义的组成部分。他私下里把利比亚的卡扎菲上校视为“这帮人”中最危险的，理由是：“他不仅是个蛮子，而且是个疯狂的蛮子。”[119]正如我们已经指出的那样，1986 年 4 月 5 日，一颗炸弹在柏林一家美国士兵经常出入的迪斯科舞厅爆炸，炸死了一个美国士兵和一个土耳其妇女，200 人受伤。美国截获的情报确定无疑地证实：利比亚与这桩暴行脱不了干系。4 月 13 日，里根授权美军 F－111 轰炸机对卡扎菲在的黎波里的军事指挥部和营房实施空袭。这次空袭在 4 月 14～15 日的夜间进行。撒切尔夫人批准美国飞机从他们在柏林的空军基地起飞，但法国和意大利拒绝批准飞机飞越它们的领空，这使得美国轰炸机需要飞行 1000 英里，绕道大西洋和地中海。空袭成功地实现了它的主要目标：打这以后，卡扎菲在帮助国际恐怖主义上所扮演的角色明显不再那么显著而积极。

美国越来越愿意使用它的力量，维护它的合法权利，这一意愿在里根的继承者乔治·布什时代得到了延续。1989 年 12

月 21 日，巴拿马独裁者曼纽尔·诺列加将军处理其民主派对手的手段以及他参与贩毒团伙的行为把白宫给激怒了（这个 753
贩毒团伙把价值数十亿美元的毒品走私到了美国，诺列加在佛罗里达州因重罪指控而遭到通缉），布什总统授权美国军事介入。直接借口是一名美国士兵在美国运河区被杀。大约 200 个平民、19 名美国士兵和巴拿马军队的 59 名成员据信在这场战斗中被杀。但诺列加本人很快就被推翻了，跑到梵蒂冈的教皇使团寻求避难，后来举手投降，被押往佛罗里达接受审判。在巴拿马，正如在格林纳达一样，民主政体得以恢复，美国军队很快撤出。这些世界警察行动遭到西方知识界一些人的大肆批评，但在公众当中看来很受欢迎，有助于吓阻第三世界国家的某些（尽管不是全部）独裁者不要有好战的反社会行为。它们还让美国领导层和民意做好了准备，迎接一次对世界秩序的更严重的挑战，正如我们即将看到的那样。

然而，在 1980 年代初，里根总统更关心收复失地，这些失地既有物理意义上的，也有心理意义上的，它们在集体主义的 1970 年代输给了苏联及其卫星国和代理人。当里根成为总统的时候，他发现，苏联每年用在武器上的花销比美国多出 50%，在传统武器和核武器领域不断壮大。尤其令人不安的是多弹头中程导弹 SS－20 在东欧的大规模部署。1980 年 6 月 17 日，撒切尔夫人与卡特总统商谈了一份协议，根据这一协议，为了反 SS－20 中程导弹，将在英国部署美国的巡航导弹。在这一最早行动的基础上，里根和撒切尔夫人能够说服北约的其他成员国为巡航导弹网络提供场地。在欧洲，极左翼组织了反对部署导弹的联合示威：1983 年 10 月 22 日，据称大约 25 万人在伦敦列队游行；在巴黎，示威者组成了一条“人链”，贯穿整个巴黎城；在德国，左翼说有100万人抗议；在英格兰的格林纳姆（一些巡航导弹将以这个地方为基地），设立了一个妇女和平营。但这样的抗议是无效的，没有证据表明它们在任何地方得到了工人阶级的支持。特别是，格林纳姆的妇女们很快就让自己在当地居民那里不得人心。

部署巡航导弹所起的作用是告知莫斯科领导层：白宫政策犹豫不决的时代已经过去[120]。与此同时，从其总统任期最早的日子起，里根便启动了一项全面重整军备的计划。正如他后
754 来所写的那样："我要求［参谋长联席会议］告诉我，他们需要什么样的新式武器才能实现对我们潜在敌人的军事优势。"如果硬要在国家安全和赤字之间做出选择，"我不得不倒向国防一边"[121]。增加的国防支出很快就以每年约1400亿美元的速度一路狂奔。其中包括快速部署部队的扩大和训练，重新启用第二次世界大战的战列舰，并用巡航导弹装备它们，开发反雷达的隐形轰炸机和一系列高科技激光制导导弹，包括反导弹武器，这一连串的措施被笼统地称作"星球大战"计划。所有美国武装部队的战略计划和战术训练都围绕先进武器系统的使用（既用于传统战争，也用于核战争）来进行，这一改变在1991年被证明是至关重要的。[122]

然而，正如预期的那样，重整军备计划的主要影响是政治性的，而且是在双重意义上。首先，里根急于向西欧人民（实际上还有向铁幕后面卫星国人民，他们越来越指望西方）表明：美国对共同安全的承诺像从前一样坚定。大多数欧洲国家政府对此做出了积极回应[123]。然而，同样重要的是对苏联决策的故意影响。正如里根很快从情报评估中发现的那样，1980年代，苏联正在陷入越来越严重的经济混乱。阿富汗战

争不得人心，而且代价高昂；通过给叛乱分子提供高移动性的小型防空和反坦克武器，美国能够让苏联为这场战争付出更高的生命代价和经济代价，而美国自己付出的代价却微不足道。自赫鲁晓夫时代以来，苏联就被一大帮年事已高的党的领导人和将军们所控制，这种老人统治也在陷入严重的领导麻烦。直到 1980 年代初，所谓的勃列日涅夫主义一直是苏联外交和国防政策的基础；这一理论认为：一旦建立了一个“社会主义国家”，比如古巴或越南，对其政府的威胁都应当被视为对苏联重大利益的威胁。这一理论是不是在任何情况下都会奉行倒是颇可争论；但它从未接受过检验，这一原则本身似乎也在 1982 年 11 月 10 日随着勃列日涅夫的去世而消亡了。两天后，尤里·安德罗波夫继任他成为总书记，1983 年 6 月 16 日安德罗波夫成为最高苏维埃主席团主席，里根利用这个机会警告苏联新的领导层，让他们知道自己如何看待他们的扩张体系，以及他打算怎样抵抗任何进一步的侵犯。在佛罗里达州的奥兰多 755
市，里根发表了后来被称作“邪恶帝国”的演说。正如他后来所写的那样，他发表这篇演说，“以及其他诸如此类的演说，都是故意预谋的”（不顾他那位令人敬畏的妻子南希的忠告），因为“我想提醒苏联人，我们知道他们打算干什么”[124]。白宫的强硬姿态一如既往地得到了伦敦撒切尔政府的支持，在莫斯科引起了很大的反响，在那里，苏联领导层有越来越多的不确定性。在成为最高苏维埃主席团主席 7 个月后，安德罗波夫死掉了（1984 年 2 月 9 日），他的继任者康斯坦丁·契尔年科仓促上台，就任总书记和主席（分别在 2 月 13 日和 4 月 11 日），只维持了一年多一点，也在 1985 年 3 月 10 日死掉了。苏联精英阶层采取了一个重大步骤：跳过一代人，推选了52岁的米哈伊尔·戈尔巴乔夫，他是一个政党官员，出生于高加索，但有乌克兰血统（母亲那边），他是在安德罗波夫的保护下晋升上来的。[125]

戈尔巴乔夫开始巩固自己的地位，在苏联各级政府（中央和地方）换掉了好几千人。但他似乎从未行使过无可争议的权力，就连勃列日涅夫也认为这样的权力天经地义。在1987～1991年，他的命令越来越被人们当作耳旁风，或者没有得到完全的执行，而一些行动的发生并没有得到他的批准，甚至没让他知道。按照苏联共产党的标准，他算是个自由主义者；但他把苏联实行多党制的观念斥为“完全是胡说八道”。他全国各地到处跑，发表了很多鼓励性的演说，他演说的主题是“我们必须改变一切”，但他又补充道：“我是个共产党员。”他似乎想当然地认为，共产主义能够从内部改革自身，而无须抛弃它的基本信条。1989年11月7日，戈尔巴乔夫再次告诉苏联的电视观众，“我们必须越来越快地前进”，但他并没有清楚地表明：这个国家正在朝什么方向前进。他说，他对引入市场体制充满信心，因此表明他已经掌握了或者说至少是意识到了1980年代的精神。但在实践中，这意味着对个体耕种开放的土地面积稍有扩大，以及对个体企业的更大责任。前一项举措使得小农耕种的5%的耕地生产了50%的可以进入市场的粮食，其作用只不过吸引人们关注到了依然完好无损的国营农场和集体农场的失败；后一项举措通过减少中央政府对工业的补贴，导致了产出的加速下降。因此，在1980年代下
756 半叶，尤其是在1990年代初，苏联商店里可以买到的商品急剧减少，易货贸易在整个经济中所占的比例越来越大，不仅是个人之间的易货贸易，而且还有工厂和整个黑市之间的易货贸

易。戈尔巴乔夫引入了“公开化”的政策，允许新闻媒体，一定程度上还包括国营广播电台，批评政府并要求政府做出解释。他还限制了克格勃的活动[126]。有些文件档案被公开了。有独立精神的苏联历史学家变得更大胆。斯大林时代的万人冢被打开，并被广为宣扬，斯大林的受害者的数量不断刷新。1938 年通过司法程序被杀害的布哈林及另外 9 个人被平反昭雪。因为政治犯罪而身陷囹圄或被送进精神病院的人越来越少。

结果是在某种程度上消除了恐怖的气氛，苏联已经在这样的气氛里生活了 70 年。但反过来也放松了建立在恐怖基础上的纪律，而苏联共产党的体制只有靠这样的纪律才能维持运转。犯罪激增，非法酿造伏特加酒也是如此，因此醉酒的情况越来越多。戈尔巴乔夫先是推行了一种有限形式的禁酒，然后，面对来自伏特加税收的财政收入急剧减少，他又放弃了。出现了一连串令人沮丧的灾难，既有自然灾害，也有人为的失败和粗心大意导致的灾难。1986 年 4 月 26 日，乌克兰基辅市附近切尔诺贝利的一个核反应堆发生爆炸，制造了核动力史上最糟糕的灾难，造成了人员伤亡、放射性微尘，以及对广大地区的长期影响。4 个月之后，8 月 31 日，苏联客轮“纳希莫夫将军”号在黑海沉没，超过 400 人丧生。5 周之后，10 月 6 日，一艘装载着 16 颗多弹头核武器的苏联核潜艇在中大西洋消失得无影无踪。1988 年 12 月，苏联外高加索亚美尼亚地区发生地震，超过 2 万人丧生，整个地区成为一片废墟；救援措施糟糕透顶。1989 年 6 月 4 日，西伯利亚一根管道泄漏（原本应该在监控体系中登记在案）导致天然气爆炸，炸毁了两列路过的火车，超过 800 人丧生，其中有很多正在度假的孩子。

这些灾难及其他很多意外事件证明了这一体制正在显示出全面崩溃的迹象，而戈尔巴乔夫的经济改革计划，亦即他所说的 perestroika（改革），在某些方面加剧了它的崩溃。中央情报局及其他部门都以越来越坚定的确信向白宫报告了苏联自 1980 年代初以来经济失败和技术失败的证据。由于其丰富的
757 自然资源，能源领域曾经是苏联实力的一个重要来源——即使在 1990 年代初，苏联依然是世界上最大的石油出口国——然而，即使在这一领域，由于低效的提炼及其他技术失误，困难也越来越严重[127]。在某种程度上，苏联的军工复合体由于在原材料和技术工人的供应上拥有绝对的优先权，因而与苏联最严重的经济困难隔离开了。但是，里根重整军备计划的目标之一是，通过加快军备竞赛中高科技发展的步伐，让整个苏联经济雪上加霜，迫使苏联领导层面对自己的难题：正当他们向苏联人民承诺变革和改善的时候，他们真的准备以牺牲民用经济为代价跟美国的高科技军事努力一比高下吗？即使愿意这样做，他们真的能跟美国一比高下吗？这两个问题都没有答案。于是，第三个问题提出来了：苏联领导层真的准备坐到谈判桌旁，参与现实主义的裁军谈判，以此回应美国的武器增加吗？这个问题的答案是 yes。1985 年 10 月 19 日，里根和戈尔巴乔夫在日内瓦会晤，这是一系列高层会晤中的第一次。里根提议进行受监督的武器削减，用俄语说就是 Doverey no provorey（信任但要核实），并警告戈尔巴乔夫：舍此之外，唯一的选择就是武器竞赛，“我不得不告诉你，如果选择是武器竞赛，那你必须知道，那是一场你不可能赢的武器竞赛。”[128]

里根和撒切尔夫人的战略就是要在欧洲重整军备并部署先

进武器，同时给苏联提出一条经过核实的削减武器的出路，这一战略究竟是不是有效地导致了苏联外交和国防政策的根本改变并因此结束了冷战，历史学家们大概还会争论许多年[129]。当时的证据似乎暗示了，这一战略有助于把戈尔巴乔夫推向他已经倾向于采取的方向，特别是有助于他赢得那些满腹狐疑的同僚们的支持。1986～1987 年，对于戈尔巴乔夫的真诚，以及他所引入的变革的真实性，依然存在真正的怀疑。用亨利·基辛格的话说："阿富汗将是一个检验。"[130]戈尔巴乔夫在日内瓦告诉里根，他最早是在收音机里听到苏联入侵阿富汗的消息，暗示自己对此事没有责任，并且，里根补充道，"没有多大热情"[131]。因此，宣布撤军，以及按时间表完成撤军，对西方领导人来说是一项受到欢迎的举措，并消除了他们的顾虑，打这以后，他们——特别是里根、他的继任者布什和撒切尔夫人——便把戈尔巴乔夫看作一个他们希望继续留在台上掌管苏联的人。这对他来说有一定的重要意义，因为自 1987 年起，他自己在国内的威望（曾经相当高）开始稳步下降。然 758
而，西方领导人当时所不知道的是，莫斯科做出了一个比阿富汗撤军还要重要的决定：不使用苏联红军（像 1953 年、1956 年和 1968 年那样）支持东欧正在垮台的共产党政权。

这个决定一旦做出，事情就发展得很快，尽管摧毁斯大林卫星帝国的那个过程并不是十分清楚。大多数东欧国家的政权也陷入了 1980 年代吞没苏联的那种经济危机，原因也是一样的：集体主义体制和所谓的"命令经济"累积性的失败。引爆的雷管很可能就是资本主义世界自身的失灵。西方经济迅速增长的那些年以"撒切尔主义"和"里根经济学"而著称，并通过世界金融中心的迅速发展，导致了股票的暴涨和不可避免的暴跌。这种情况最早出现在 1987 年 10 月 19 日，当时，纽约股市道琼斯指数在一天之内下跌了 508 点，或者说 23%。它并不像某些人所担心的那样是 1929 年“黑色星期四”的重演，而是长期经济扩张走向终结的一个序曲，最终导致了 1990～1991 年的经济衰退。在当时，它是对很多银行的一个警告：它们的信贷额度扩张得过了头。一些大笔借款给东欧政府及其代理机构的银行已经担心自己的贷款可靠性，1987 年 10 月之后，奥德 - 奈塞河以东就再也得不到更多的现金了；实际上，偿还本金和利息的压力增加了。这反过来导致东欧国家的政府采取相应的国内措施，减少商店里的商品，提高这些商品的价格。公众的愤怒与日俱增，尤其是，这样一种感觉开始蔓延：“邪恶帝国”——这个帝国的臣民很喜欢这个说法——正在失去武力统治的意志。

因此，1989 年，全世界的左派都计划庆祝法国大革命——正如有人所认为的那样，它是现代激进政治的开端——200 周年，而这一年却转向了完全相反的方向：它确实是一个“革命之年”，只不过这场革命针对的是马克思列宁主义的既定秩序。

759 走在最前面的是匈牙利，它很早就试图把市场因素引入到“命令经济”中，但白费力气。被人痛恨的匈牙利领导人卡达尔·亚诺什在 1988 年 5 月被撤销了党的总书记职务；如今，5 月 8 日，他被免除了党主席的职务，最后，匈牙利共产党投票结束了自己的生命（1989 年 10 月 10 日），用多党制取而代之。然而，更重要的是，匈牙利决定拆除“铁幕”。5 月 2 日，匈牙利开始拆除它与奥地利边境的铁丝网，对东西交通开放边境，可以任意出入。更具轰动性的是 9 月 10 日开放它与东德之间的边境。

反马克思主义革命热情不断汇聚的力量使得这一举措具有了决定性的意义。6 月 5 日，波兰共产党在投票中遭受了一次决定性的失败，9 月 12 日，第一个非共产党政府在华沙接管了政权。曾在 1953 年被苏联坦克野蛮镇压的东德人民不愿意眼睁睁地看着他们的斯拉夫和匈牙利邻国解放自己，而他们自己依然跟埃里希·昂纳克不得人心的政权捆绑在一起。匈牙利的边境一旦开放，很多东德人便蜂拥着越过边境，再从那里前往西德。铁幕就这样被捅了一个大洞，其效果是破坏了东德政府的稳定，它长期以来被认为是最斯大林主义的、最牢固的政权之一。在有些东德人逃之乎也的同时，另一些东德人则开始游行示威。匈牙利共产党自我解散的同一天，东德各地便开始了大规模的游行，不过尤其是柏林和莱比锡。
戈尔巴乔夫进行了一次很早就安排的访问（10 月 7 日），心 760
急如焚的昂纳克请求他派来军队和坦克。他拒绝了。他告诉这个老斯大林主义者，他要么尽快推行改革，要么在自己还能做到的时候卷铺盖走人。在公开场合，戈尔巴乔夫说所有的东欧政权都岌岌可危，除非它们对他所说的时代的“推动力”做出回应。就这样，被盟友抛弃的昂纳克在 10 月 18 日辞职，他的同事们拒绝授权军队朝示威者开火。继任他的是“一个短暂的、陷入困境的幽灵”（借用迪斯雷利的话），名叫埃贡·克伦茨，他刚好只维持了 7 个星期。11 月 4 日，东柏林 100 万人走上街头。5 天后，东柏林党魁君特·沙博夫斯基举行了一次历史性的新闻发布会，宣布边境警察不再试图阻止东德人离开这个国家。《每日电讯报》的一个记者问了一个关键问题：“柏林墙怎么办?”回答说它不再是一个出境障碍。[132]

那天夜里，柏林墙，这个丑陋而受人鄙视的证据，千百个试图逃离东德的民主人士死在了它的脚下，如今成了一场兴高采烈、大肆摧毁的狂欢现场，年轻的东德人用鹰嘴镐朝它猛砍乱挖。电视把这些历史性的场景传遍了全世界，传到了东欧另外一些国家的首都，用马克思的话说（这真是天大的讽刺）："狂热的群众开始尖叫：ça ira，ça ira（就是好，就是好）！"[133]在另一个卫星国捷克斯洛伐克，有执行强硬路线的斯大林主义政府，8 天后，即 11 月 17 日，人们开始游行示威，第二天轮到保加利亚。紧接着，12 月 16 日，托多尔·日夫科夫领导的斯大林主义政府垮台，保加利亚共产党宣布放弃对政治权力的垄断，为多党制扫平了道路。与此同时，12 月 24 日，在布拉格几乎连续不断的游行示威之后，整个共产党领导层集体辞职，组建了一个非共产党政府，由后来当选总统的作家瓦茨拉夫·哈维尔领导。在大多数情况下，这些重大变革的发生并没有伴随多少暴力，甚至是和平实现的。幸运的是，没有出现私刑，尽管即将离任的共产党领导人所犯下罪行的性质和数量都骇人听闻，如今这些罪行已经大白于天下。例如，在东德，秘密警察不仅卷入了国际恐怖主义，而且涉嫌走私毒品到西方，得到的硬通货利润存入了瑞士银行为本党领导人开设的账户。昂纳克住进了苏联军队控制的军事区的一家军队医院，从而保住了性命，1991 年初，他从那里被秘密带去
761 了莫斯科。很多卫星国的领导人，像日夫科夫，都遭到逮捕，有的还接受了审判。

这种非暴力革命模式的一个例外是罗马尼亚。党魁尼古拉·齐奥塞斯库 24 年的独裁统治就像他的前任乔治乌 - 德治

一样，即便是按照马克思主义政权的标准，也格外残暴和腐败，被称作“塞库利塔德”（Securitate）的秘密警察组织巩固了他的统治。这个组织的成员主要从国立孤儿院中招募。齐奥塞斯库梦想着一个拥有1亿罗马尼亚人的国家，于是不允许销售避孕工具，禁止堕胎，并惩罚不结婚的人和无儿无女的人。结果有大量非婚生的和父母不想要的孩子。适合当兵的男性孤儿在十多岁的时候就被带入新兵营，在那里接受训练，被置于齐奥塞斯库的监管之下，他们把这个政权看作自己的父母，以狂热的忠诚为它效命。作为塞库利塔德的成人成员，他们被授予了一些特权，实际上属于少数能够吃饱肚子的罗马尼亚人。在某些方面，塞库利塔德的组织有点像希特勒的党卫军，有自己的坦克和飞机，在布加勒斯特的地底下建造了一个错综复杂的隧道和据点网络。在这支令人望而生畏的部队的保护下，齐奥塞斯库从事了大规模的社会工程实践，有点像伊朗国王的做法，涉及逐步消灭8000多个传统村庄，把村民赶进大的农业集镇。

说来也怪，齐奥塞斯库在西方并非不得人心；实际上，他倒是因为不愿意亦步亦趋地紧跟苏联的外交政策和国防政策，因为他有能力支付利息、偿还债务，并为西方的商品当场付现款，而受到赞扬——后面这项政策之所以成为可能，不过是因为他剥夺了人民大众的一切，只给他们留下最起码的必需品，其余的都用来出口[134]。但是，当他毁灭乡村的性质和规模自1988年起变得众所周知之后，西方的支持便消失不见了。此外，这一政策让齐奥塞斯库的政权与人口比重很大的匈牙利少数民族之间产生了直接冲突，当这种不满在主要说匈牙利语的蒂米什瓦拉市爆发为积极的反叛时，麻烦便真正开始了。塞库利塔德进行了凶猛的还击，后来有人声称，那里发现的一个万人坑被他们的 4630 个受害者的尸体给填满了。[135]

齐奥塞斯库相信自己可以免于革命浪潮的冲击，正是这样的浪潮吞没了其他国家的马克思主义领导人。12 月初，在党的最后一次大型集会上，在他长达 5 个小时的讲话期间，与会者起立鼓掌多达 67 次，他觉得自己足够完全可以对伊朗进行
762 预定的国事访问。但是，匈牙利动乱的消息正在传播，甚至传到了罗马尼亚的首都，这迫使他匆忙回国。12 月 21 日，他在总统宫门前对人群发表讲话。通常，布加勒斯特的市民会默不作声地听着齐奥塞斯库滔滔不绝的慷慨陈词，扩音器里时不时地播放欢呼和鼓掌的声音——这样的政治超现实主义都是这个可怕政权的典型特征。然而这一次，人群大声辱骂起来，而齐奥塞斯库在他暴怒的妻子埃琳娜陪伴下，步态僵硬地走进了宫殿：这个令人兴奋的场景被录像机记录了下来。第二天，他被迫乘直升机逃离了宫殿。接下来发生的事情至今是个谜。他原本打算藏到塞库利塔德的堡垒中，但这个计划明显失败了，很有可能，他被自己那些关系密切的同僚给抛弃了，这些人认为，他的不得人心对他们自己的生命是一个威胁：他最终的继任者扬·伊利埃斯库便是其中之一。不管怎么说，齐奥塞斯库总之是被抓住了，连同埃琳娜一起；圣诞节那天，两个人在一个军事法庭接受审判，被指控犯下了“反人民罪”，种族灭绝和杀害 6 万个男人、女人和孩子，并被判处死刑，由行刑队立即执行。这些事件也被录像机记录下来了。齐奥塞斯库的垮台因为军队的忠诚及其政治主子的改变而成为可能，即使这二者在齐奥塞斯库先前的杀戮中都扮演了重要角色。然而，塞库利塔德依然忠诚于自己的主人，在地道和地堡中继续战斗了两个星期，直到军队逐步确立了自己的控制权。人员伤亡据说很

大，但仔细研究发现，应该不会超过 1000 人[136]。圣诞节那天，全世界的听众都竖起了耳朵，倾听布加勒斯特各大教堂 45 年来第一次传出的钟声，庆祝这个“反基督分子”的死亡。

然而，就民主而言，结果却不那么令人满意，罗马尼亚的改变——保加利亚也一样——更多的是赶走了人，而不是赶走了政权。在这两个国家，老的共产党红色权贵死死抓住警察和军队的权力不放，只不过改变了他们的头衔和党的名称，重新控制了广播电台和报纸，并在 1990 年举行了所谓的“选举”，让他们继续执政。这两个国家都有尚未完成的事。阿尔巴尼亚的情形很大程度上是一样的，这个国家是所有东欧政权中最斯大林主义的，它的麻烦要到 1991 年才真正开始，而在南斯拉夫，共产党政权的不得人心由于地区分裂而变得更加复杂。正如我们已经指出的那样，在这个南斯拉夫人的联盟内部，不同种族之间不断焖烧的紧张关系，早在 1920 年代就遭到它的设计者希顿 - 沃森教授的谴责。1984 年，铁托元帅的去世除掉 763
了一个受人尊敬（或者说至少是让人害怕）的人物，在 1980 年代晚期和 1990 年代初，这个国家慢慢地陷入了破产和混乱之中。南斯拉夫共产主义的核心地带依然是塞尔维亚，控制了 70% 的联邦军队。但是，1990 年，南斯拉夫两个最先进的加盟共和国斯洛文尼亚和克罗地亚投票选举了非共产党政府上台执政，到 1991 年夏天，舞台已经搭好，即将上演的要么是内战，要么是国家解体。

然而，在东德、波兰、捷克斯洛伐克和匈牙利，变化是根本性的和永久性的，到 1991 年中期，在所有这 4 个国家，民主制度看来已经牢固地确立。实际上，其中一个国家已经不复存在，这就是东德，因为，盟国占领在柏林最后的残余也解散了，并且，在俄罗斯、美国、法国和英国的同意下，德国人同意重新统一。各州的选举在1990年10月举行，联邦选举在12月举行，确认了基督教民主党领导人赫尔穆特·科尔作为统一后的德意志联邦共和国的第一任总理。东西德合并并非没有严重的经济问题，因为它伴随着一项金融协定（不顾德意志联邦银行行长卡尔·奥托·波尔的忠告），让东西德马克价值对等。由于跟西德的工业比起来，东德的工业效率低得有些荒唐，而且投资不足，不难预料的结果是很多东德公司的倒闭，失业率飙升至总人口的25%，以及更多的大规模示威，尤其是在莱比锡——这一次是针对资本主义体制的运转[137]。另外，东德如今是联邦共和国的组成部分，也是欧洲共同体的组成部分，几乎用不着怀疑，从中期来看，前东德人可以被吸收进欧洲共同体的体系中，并像其他地方一样富裕。

可是，如果普鲁士人和撒克逊人都能正当地成为欧洲共同体的组成部分，又如何能够拒绝历史上的其他欧洲种族加入呢？他们包括波兰人、匈牙利人、捷克人和斯洛伐克人，实际上还有斯洛文尼亚人和克罗地亚人，而他们是否能够设法让塞尔维亚人控制的贝尔格莱德对自己放手呢？这就是欧洲共同体在1990年代初所面对的问题。没有一个人怀疑，如今这些东欧民族已经选择了抛弃共产主义并拥抱市场，很有可能要依靠欧洲共同体的富裕成员帮助为它们的过渡筹集资金，这一过渡将不可避免地是昂贵的。这些国家的基础设施、运输系统、工
764 业和教育供给全都是不充足的和衰弱的，越是仔细地审视它们的现状，让它们能够与西欧竞争所需支付的账单也就越高。成本将会高达数亿甚至数十亿美元，明显需要持续许多年。还有债务。很多西欧银行已经准备把东欧债务视为坏账，1991年3

月，作为一种姿态，美国政府勾销了波兰的所有债务。但迫切需要的未来融资怎么办?

这个问题关系到欧洲共同体的整个长期战略。作为一个自由贸易区，它已经做得格外好，到 1980 年代末，所有成员国都通过了立法，以便在 1993 年完成废除关税的过程，这标志着人们所说的“单一市场”（对于某些国家有专门的过渡期规定)。但有两个问题依然悬而未决，而且都很严重。第一个问题涉及外部关税壁垒。欧洲共同体是否依然是个外向型的集团，有很低的外部关税，鼓励 1940 年代晚期《关税及贸易总协定》所开始的那个过程，这一协定的终极目标是一个单一的世界市场？抑或，它将是内向型的，对外部世界维持很高的关税壁垒？这个问题本身关系到农业补贴的未来，而农业补贴是共同农业政策的组成部分，到 1980 年代末，补贴慢慢地废除了。世界主要农业出口国，尤其是美国、加拿大和澳大利亚，指控欧洲共同体过度的贸易保护主义，其行为很可能会摧毁整个关贸总协定的结构。1990 年为解决这一争端而召开的一次会议不仅没能解决争端，反而以争吵而告终。

第二个问题涉及欧洲共同体自身的发展方式。既然建立了单一市场，有些成员国，尤其是法国，在社会党人、欧洲委员会主席雅克·德洛尔的带领下，希望尽快进行金融、经济和政治的统一，首先，这涉及共同货币和共同体中央银行。英国人——尤其是在玛格丽特·撒切尔依然负责英国事务的时候——则坚持认为，共同货币要么将取代各国的货币，要么将被证明是一次失败，对于它如何运转，或者对于新的中央银行将行使怎样的权力，尚未做好足够的准备工作。如果共同货币取代各国的货币，并且中央银行管理这一货币，那么，各国议会将会交出它们很大一部分主权，政治统一将不得不紧随其后，而不管民意是否已经为这样的统一做好了准备。就英国的情况而言，它没有做好准备，人们强烈怀疑法国和德国是不是一样没有做好准备，不管它们的领导人在公开场合说什么。英
765 国政界并非每个人都同意撒切尔夫人的观点，而且，她对欧洲进一步统一的敌对姿态是她为什么在1990年11月被赶下台的原因之一。另外，德国对共同货币的热情在1989～1990年很强烈，当融合东西德马克的经验表明把不同的货币令人满意地融合在一起有多么困难时，这样的热情也就逐渐冷却下去了。1991年，在辞职之前，波尔更靠近英国的立场。还有一个学派认为，不要专注于垂直的前进——也就是说，统一现有成员国的经济和政治体制，并不断深化共同体——而应当水平扩张，把资源和精力投入到接纳新近解放的东欧国家上。

此外，依然有俄罗斯这个尚未解决的难题。它是不是欧洲的组成部分，并因此是欧洲共同体未来的候选成员？戈尔巴乔夫反复表明：俄罗斯是欧洲的。戴高乐本人曾说到“一个从大西洋到乌拉尔山脉的欧洲”。1960年代初，在英国成为成员国之前，他还表明了一个观点：共同体更多的是一个文化概念，而不是一个经济或政治概念。他谈到过“但丁、歌德和夏多布里昂的欧洲”。但是，如果说欧洲是一个文化联盟，那么，不仅把产生过李斯特、肖邦、德沃夏克和卡夫卡的国家排除在外是错的，而且——从长远来看——拒绝托尔斯泰、屠格涅夫、契诃夫、柴可夫斯基和斯特拉文斯基的祖国也是不可接受的。这肯定是一个欧洲共同体必须解决的问题，如果不是在1990年代解决，那么就要在21世纪初解决。

然而，在此期间，俄罗斯的国内问题有增无减。苏维埃社

会主义共和国联盟是一个纸搭的大厦，其一切真正的权力都由来自莫斯科的大俄罗斯人行使。简言之，就像里根所说的那样，它是一个帝国，尽管在 1980 年代晚期，它已经变得稍稍不那么邪恶。然而，由于它变得不那么邪恶，它的臣民也就不那么害怕他们的主人了，而苏联的宪法也趋向于变得不那么像一个构想，而更多的是一种现实。尽管戈尔巴乔夫由于没能推行市场经济而引发了更严重的经济问题，但恐惧因素的减少也产生了愈演愈烈的地区问题。这两者当然密切相关；中央越是没能为商店提供足够的商品，地方也就越是想掌管它们自己的事务。最容易操控的是中亚各共和国，它们实际上被克格勃掌管。但是，自 1989 年起，波罗的海所有 3 个共和国——爱沙尼亚、立陶宛和拉脱维亚，开始行动起来，不仅要求更大的自 766
治权，而且要求彻底独立，就像它们在 1918 ~ 1940 年那样，直至 1940 年，根据 1939 年的苏德协议及其秘密议定书，它们才沦为斯大林的受害者。1991 年 3 月，这 3 个国家全都举行了全民公决，谋求独立的要求得到了压倒性多数的支持，包括说俄语的少数民族中的多数人。格鲁吉亚也要求独立，在最大也最富裕（如果不算俄罗斯本身的话）的共和国乌克兰，出现了类似的趋势：走向自治，如果尚不能完全独立的话。在高加索以南，信奉基督教的亚美尼亚人和穆斯林阿塞拜疆人实际上互相在跟对方战斗，大批的苏联军队被派去分开交战双方。

戈尔巴乔夫的地区问题由于俄罗斯自身（相对于苏联，即“中央”）的行为而更加恶化，它有 1.5 亿居民，有幅员辽阔的领土，包括几乎整个西伯利亚，有丰富的自然资源。苏联所有卫星国及其所有加盟共和国长期存在的不满是：它们是俄罗斯剥削的受害者。而俄罗斯人同样深信不疑：是这些卫星国和加盟共和国榨取了他们的血汗，正如他们所说的那样，“我们贫穷的俄罗斯人为所有人掏腰包。”当然，事实情况是，俄罗斯人、卫星国和加盟共和国都是一个低效得不可救药的体制的受害者。如果说有什么人搞剥削的话，那就是红色贵族，亦即共产党的高级干部和高级军官组成的特权阶层，他们在所有这些国家都存在。戈尔巴乔夫最根本性的错误大概是没有从一开始就废除这个阶层及其特权：那样一来，所有那些大权在握的人都会遭遇短缺的现实。但他让这些特权原封不动地保留了下来，苏联依然是两个民族：统治阶级和普通老百姓，就像古代社会一样。戈尔巴乔夫一家所享受的特权像其他任何人一样多；1987 年 12 月，在戈尔巴乔夫和里根举行华盛顿高峰会晤期间，戈尔巴乔夫夫人赖莎拿着一张美国运通的金卡去纽约购物，这在俄罗斯是非法的，可以判处长期监禁。但她高踞于法律之上：一个红色贵族的妻子。

因此一点也不奇怪，当戈尔巴乔夫的威望急剧下降的时候，取而代之受到普通俄国人喜爱的那个人是鲍里斯·叶利钦，一个高级干部，却自愿放弃了党内地位给他自己和他的家人赋予的特权。他从前是莫斯科的共产党领导人，1987 年因为公开抱怨改革进行得不够快、不够充分，而被戈尔巴乔夫撤
767 了职。接下来，他参加了 1989 年 3 月 28 日举行的第一次公平竞争的人民代表大会选举，在有 700 万人的莫斯科选区赢得了 90% 的支持票。随后，尽管有戈尔巴乔夫及其亲信充满敌意的操纵，叶利钦还是当选为苏联最大的加盟共和国俄罗斯共和国的总统（亦即政府首脑）。

宪法危机的舞台就这样搭好了，就像在南斯拉夫一样，这场危机有爆发政变或者很可能是内战的潜在倾向。就像戈尔巴

乔夫一样，叶利钦也有他的批评者。但叶利钦深受欢迎，而戈尔巴乔夫不得人心（除了国外）。此外，叶利钦是人民选举出来的，而戈尔巴乔夫只是承蒙党的核心集团的恩准，才当上了苏联最高苏维埃主席。叶利钦代表地方主义，戈尔巴乔夫代表“中央”。当戈尔巴乔夫在 1991 年 3 月举行全国范围的全民公决，要求苏联公民回答他们是否希望依然是苏联的组成部分时，有些加盟共和国，包括所有波罗的海国家，拒绝参加；另外一些共和国，包括俄罗斯和乌克兰，则增加了不是由“中央”限定的另外几个问题。叶利钦的俄罗斯被问到这样一个问题：你是否希望加盟共和国的总统由全体选民普选产生？戈尔巴乔夫和叶利钦都得到了或者自称得到了他们想要的回答。这次民主操练本身并不怎么样，也没有解决多少问题。然而，1991 年 6 月，叶利钦成了第一位通过直选产生的俄罗斯总统，得到了将近 60% 的选票，从而巩固了自己的地位。

与此同时，有两个过程看来在不可阻挡地进行着，无论是戈尔巴乔夫还是叶利钦，似乎都控制不了它们。第一个过程是共产党强硬派的卷土重来，尤其是在军队、克格勃和官僚机构中，1990 ~ 1991 年，他们在一定程度上恢复了他们已经失去的信心，把“中央”更多地拉到他们的方向上。他们回避了一些他们不喜欢的命令，采取了一些克里姆林宫（或者至少是戈尔巴乔夫本人）声称自己没有批准的行动，比如在波罗的海诸国占领广播电台、报社大楼及其他地方主义的象征，其中有一次造成了相当大的人员伤亡。1990 年秋，戈尔巴乔夫手下那位信奉自由主义的外交部长爱德华·谢瓦尔德纳泽辞了职，以抗议他所说的“这些神秘部队”的行为。到 1991 年春天，苏联正在遭受缺乏清晰的权力结构之苦。在很多国家，这将构成一场军事政变的序曲。然而，值得一提的是，俄罗斯没有军人夺权的传统；唯一一次这样的尝试是1825年著名的十二月党人运动，结果以彻底失败而告终。而且，国内的军队因为从东欧撤回的部队而迅速膨胀，士气低落，这些部队万分不情愿地离开他们在东欧的舒适驻地，回到国内拥挤不堪的营房和空空如也的商店。

768 苏联经济整体上的加速衰退使得这一情况更加恶化。粮食短缺我们在前面已经指出过。事实上，到1990年年底，工业部门的表现比农业部门更加缺乏活力，后者至少还在生产粮食，即使政府没法分配粮食。1991年3月9日，莫斯科的某个人泄漏了苏联国家计划委员会的一份秘密报告，给出了对1991年的预测[138]。这份报告预计，在1991年，农业生产将会下降5%，工业生产下降惊人的15%，整个国民生产总值下降11.5%。报告还设想了它所说的资本投入“迫在眉睫的崩溃”，并得出结论：苏联正面临“一场经济灾难”。

因此，在1990年代初，苏联呈现出的是一个手足无措、两眼全瞎、摇摇晃晃的巨人的形象，它意识到自己受伤了，但不能肯定自己正去向何方或该去何处。然而，有一句很有用的19世纪外交格言，多半是塔列朗杜撰出来的，说的是：“俄罗斯绝不像它看上去的那么强大。俄罗斯也绝不像它看上去的那么弱小。”对于苏联武装部队或其司令官的心态，华盛顿和伦敦都有某种担心；有证据表明，里根和布什两位总统与戈尔巴乔夫主席起草的裁军协议的某些规定被苏联规避了。另外，很显然，在1980年代和1990年代初，大国关系中的有些东西永久性地改变了。1989年12月3日，在马耳他一艘离岸的船上举行了一次峰会，会后，苏联代表根纳迪·格拉西莫夫壮起胆子说："冷战今天 12 点 45 分结束。"但那是事实。在 1990 年代，美国、苏联及其他主要强国越来越能够以传统而务实的、老派强权政治的方式来讨论问题，而没有意识形态的弦外之音。那不是乌托邦的套路，但它是一种进步。华沙条约已经散伙，甚至谈到了把北约扩大为一个世界性的安全角色，与苏联分担某些责任。两个超级大国之间交换热核武器的想法退回到了实际上不可行的范畴。事实上，把苏联看作一个真正的超级大国已经不再貌似有理；美国实际上成了唯一的超级大国。[139]

冷战的结束不仅急剧减少了热核武器的威胁。它还使得联合国安理会第一次有可能按照其创立者的意愿发挥作用，作为一个迅速而有效地对付侵略的工具。机会出现在 1990 年 8 月 2 日，当时，伊拉克部队在没有事先警告的情况下，在一天的时间内入侵并占领了科威特。正如我们已经指出的那样，伊拉克 769
打造了庞大的武装部队，在一定程度上得到了美国和英国的帮助，但主要是通过苏联、中国、法国和（在专门的技术领域）西德。这次突然袭击并非没有前奏。伊拉克不仅跟科威特存在边境争端，涉及其一个油田的一部分，而且它还有一个更大的权利主张：就老奥斯曼帝国的行政划分而言，科威特整个国家都是伊拉克"丢掉的行省"。这个主张毫无历史根据，因为，早在伊拉克在 1920 ~ 1922 年作为国际联盟的托管区被英国人拼凑起来之前，科威特就作为一个单独的实体被国际社会所承认。但它是萨达姆·侯赛因复兴大巴比伦这个幻想的组成部分；这个幻想也正是他为什么要缔造如此庞大的武装部队的原因。对科威特还有一个不满就是：这个国家曾借给他大笔的钱，为他与伊朗之间的 8 年战争筹集经费，如今要求偿还本金，至少是偿还部分利息。萨达姆还指控所有海湾国家（1990年7月17日）“跟美国密谋串通”，要降低原油价格，从而“在政治上从背后给伊拉克捅刀子”。5天后，他开始调动部队和装甲车向边境集结。7月27日，在伊拉克的压力下，石油输出国组织事实上把石油的所谓目标价格提高到了每桶21美元。然而，同一天，美国参议院终结了对伊拉克的农业贷款，并禁止任何进一步的军事技术转让。到7月31日，大约10万伊拉克部队集结在科威特边境，同一天，两国全权大使之间的谈判在约旦举行，两小时后谈判破裂。当时，有广泛传播的传闻说，美国驻巴格达大使在跟萨达姆·侯赛因的会谈中没能警告他，占领科威特将被华盛顿看作对美国重大利益的威胁；但1991年3月提交给参议院外交委员会的证据否定了这个说法[140]。然而，有一件事情很清楚：美国（还有英国）的情报机构失职了，实际的入侵发生时，人们大吃一惊。

然而，完全是凭借运气好，就在这次入侵行动发生的时候，科罗拉多州的阿斯彭市正在举行一次国际会议，出席会议的人当中就有玛格丽特·撒切尔。她因此能够立即与布什总统会晤。他们一起决定英美采取共同的步骤，在接下来进行外交和军事准备的焦急的几个月里，这一决定依然坚实可靠，而且实际上采取了敌对行动。事实上，自第二次世界大战以来，英美两强之间的“特殊关系”（戴高乐曾经冷嘲热讽地这样称呼它们之间的关系）还没有一次这样成功地发挥作用。

770 盟国优先考虑的第一件事是阻止萨达姆入侵沙特阿拉伯，实际上是要阻止他向南吞并所有富裕的海湾石油生产国。人们相信，有了这样的资源，伊拉克能够在几年时间内不仅获得核武器，而且获得远距离投放核武器的手段，因此威胁欧洲

（甚至很可能还有美国），威胁以色列及其他中东国家。正是在这个节骨眼上，1980 年代的一系列事件，包括福克兰群岛行动的成功实施、格林纳达的解放、利比亚空袭，以及巴拿马的军事干涉，在欧洲文明强国当中创造出来的新的自信支付了相当可观的红利。乔治·布什和玛格丽特·撒切尔从一开始就下定决心，不仅要武力保护沙特阿拉伯，而且还要解放科威特，不管付出怎样的代价。此外，他们还同意，在每个阶段继续充分依托联合国安理会，并根据安理会的决议，尽可能组建基础最广泛的国际部队，包括阿拉伯各国。

如果冷战还在继续，联合国就不可能介入，因此，联合国的介入是冷战已经结束的最好证明。苏联自始至终也在配合英美的外交努力，私下里甚至比公开场合更加全心全意。当然，这里面也有自私自利的影响。一方面，苏联在伊拉克的军事介入是大规模的（包括 1000 多名技术专家和顾问），它希望尽可能避免武装冲突；因此它始终强调非武力解决的愿望。另一方面，它需要美国的金融和经济援助，这一需要变得越来越迫切，使得莫斯科倾向于在最后手段上听从美国的领导，让海湾问题尽快得到解决。

因此，要让安理会遵从英美的全面战略，并非没有一定的争论和困难。8 月 2 日，安理会第 660 号决议谴责了这次入侵，要求伊拉克军队无条件撤出。布什总统的声明强化了这一措辞，他坚持要求美国“立即、完全、无条件地从科威特撤走所有伊拉克军队”。8 月 6 日，安理会第 661 号决议决定对伊拉克实施贸易禁运。8 月 9 日，安理会第 662 号决议裁定：巴格达宣布的伊拉克对科威特的吞并是非法的，也是无效的。8 月 18 日，安理会第 664 号决议撤消了伊拉克关闭科威特外

交使团的命令，并要求所有外国国民拥有离开这个国家的权利。8 月 25 日，安理会希望采取进一步的重大步骤，授权使
771 用武力让制裁发挥作用。最后，11 月 29 日，安理会第 678 号决议授权使用“一切必要的手段”，把伊拉克军队赶出科威特，如果他们不在规定的最后期限 1991 年 1 月 15 日午夜自行离开的话。第 678 号决议还允许采取必要的步骤，确保这一地区的和平和稳定。所有这些决议（其中最后一项决议最重要）都是在安理会 5 个常任理事国一致同意下通过的（两个马克思主义非常任理事国古巴和也门对某些决议投了反对票，但它们没有否决权）。这些决议事先都跟苏联进行过协商，实际上，11 月 19 日，乔治・布什和戈尔巴乔夫曾在巴黎私下里会晤，详细讨论整个战略。苏联对盟国军队在海湾地区集结并没有起什么作用，但它是同意使用这些军队的一方，它积极地帮助了联合国的授权过程；它还私下里提供了不同形式的军事情报，关于伊拉克武器系统的能力、场地和指挥结构，这些武器都是苏联自己提供给萨达姆的军队的。这次军事行动因此是前冷战强国之间新型关系的第一个积极成果。[141]

海湾战争足以证明安理会能够多么有效地阻止侵略者并迫使他退出，前提条件是（这是一个至关重要的条件），只要作为民主超级大国的美国，以及它的主要盟友，比如英国，愿意履行它们对联合国宪章的责任。这场危机也是第一场完全在电视摄像机镜头面前得以解决的（实际上是打赢的）危机，有很多电视网络，比如美国有线新闻网（CNN）和英国天空广播公司，都提供了 24 小时的直播报道。因此，民意自始至终扮演了一个突出的角色，美国政府鉴于越南战争的痛苦经验，在它所做的每一件事情上都小心翼翼地争取民意的支持。事实

上，民意调查显示，美国选民稳定地走向充分支持武力赶走伊拉克侵略者，尽管布什在参议院授权动武上只获得了勉强多数，他的行动后来得到了众议院和民意的压倒性支持，民意调查的支持率有时候高达 90%。英国的民意始终以绝大多数(75% ~80%）支持撒切尔夫人的最初决定（完全得到了其继任者约翰·梅杰的赞同)。“特殊关系”因此能够在美国和英国选民的支持下，给 1990 年 8 月至 1991 年 1 月在海湾地区集 772
结的庞大远征军提供核心部队。法国的民意也支持武力干涉；法国政府则不那么热心，实际上几乎直到最后一刻，密特朗总统还试图跟伊拉克独裁者玩一场单独谈判的游戏，不过白费力气；到最后，法国人对盟国军队及其胜利做出了一项重要贡献。其他西方国家的民意则各不相同，尽管大多数国家都做出了一定的贡献。西德和日本声称，宪法的限制妨碍了它们派出自己的武装部队，但它们给盟国的战争努力提供了经费。通过很有技巧的外交手段，英美两大强国还让阿拉伯国家的军队在很大程度上参与了这次行动，参与者不仅有沙特阿拉伯、科威特自己及其他海湾国家，而且还有埃及和叙利亚。萨达姆·侯赛因试图越过阿拉伯敌对国家的政府，激发这些国家的人民起来保护自己，但这样的努力收效甚微。8 月 15 日，萨达姆与伊朗仓促签署了最终和平协议，把他在 8 年战斗中付出惨重代价换来的一点微不足道的领土收益全部拱手交出，但此举也没有让他从伊朗那里得到任何支持。因此，28 个盟国军队组成的联合大军参与了这场逆转伊拉克侵略的行动，它呈现了世界共同体的一个巨大横截面，这次行动也是一个具有重大意义的先例，并极大地强化了联合国的权威。[142]

如果这次行动（代号为“沙漠风暴”）本身被证明是一桩

旷日持久、代价高昂的事件，那么，整个外交和军事行动依然有可能在怀疑和尖刻的批评中折戟沉沙。公众的支持可能会受到侵蚀，尤其是在美国；如果萨达姆能够取得任何重要的成功，联盟中的阿拉伯部分可能就会瓦解。事实上，萨达姆曾试图侵蚀阿拉伯政府对美国领导的联盟的支持，多次对以色列城市发起导弹袭击，造成了一些平民伤亡。他希望激起以色列的军事回应，这样一来，他就可以把埃及、沙特和叙利亚的政府描绘成以色列事实上的盟友。但以色列很明智地忍住了，没有出手，而且，美国紧急提供的“爱国者”反导弹火箭帮了它的大忙，这种火箭被证明非常有效；因此，伊拉克的这一战术没能成功。“沙漠风暴”行动本身经过精心策划，执行得也非常成功。总司令诺曼·施瓦茨科普夫将军证明了自己不仅是一个杰出的军事首脑，指挥了历史上最复杂的国际战役之一，涉及海军、陆军和空军，而且还显示自己非常清楚地认识到了这次行动的电视和民意的维度。实际上，他在定期情况介绍会上证明了自己在电视摄像机面前是个技艺娴熟的表演者。他在这场战役之后完成的盟军战略总结立即成了电视的经典节目：就仿佛是一个密切注视着威灵顿公爵一举一动的人在战斗发生之后的那天描述滑铁卢战役。

盟军的空袭几乎是在 1 月 15 日最后期限到达之后立即开
773 始的，冷酷无情地一直持续到甚至超过了原定发起地面攻势的日子：1 月 24 日。目标是要对准确识别的军事目标使用精确武器，避开平民区并使非军事伤亡最小化，这涉及最新的军事技术（隐形轰炸机，巡航导弹，所谓的“灵敏”炸弹和激光制导系统，以及红外线夜间轰炸设备）。这一目标很大程度上成功了；平民伤亡降到了最低，这帮助盟军赢得了国内的媒体战，也赢得了真枪实弹的战争。定点轰炸系统化地进行，从指挥控制系统，雷达和导弹的所在地，机场，以及化学武器、生物武器和核武器的相关机构，直到所有的通信系统。然后扩大到了精确定位和地毯式轰炸部署在科威特和伊拉克南部的伊拉克地面部队。伊拉克的空军要么已被摧毁，要么在早期阶段就选择了退出战斗，这在很大程度上帮助了盟军的空中攻势，这一攻势最终出动了将近 14 万架次。

目标是尽可能通过使用空中力量来打赢这场战争，从而使盟军的地面伤亡最小化。事实证明，这一战略甚至比施瓦茨科普夫和他的顾问们斗胆希望的还要成功。地面攻势在 2 月 24 日发动，涉及一个精心设计的欺骗计划，结果奏效了。多亏了持续不断的空中攻势，伊拉克的抵抗比预计的要弱，到 2 月 28 日，伊拉克军队在这一战区的 42 个师当中的 40 个师要么被彻底摧毁，要么已经完全丧失了战斗力。初步的统计数字表明，伊拉克有 5 万人丧生，1.75 万人失踪或被俘。盟军的伤亡数字是死 166 人，伤 207 人，106 人失踪或被俘[143]。布什总统担心超越联合国的授权，也不愿意进军巴格达并因此卷入伊拉克的国内政治，他在 2 月 28 日下令临时停火，前提是伊拉克接受盟国的所有条件，3 天后，萨达姆接受了这些条件。萨达姆本人不久就卷入了一场保权斗争，要对付国内为数众多的敌人，而盟国部队不得不进入伊拉克北部，保护那里的库尔德人免遭萨达姆的报复。就这样，一场无缘无故的侵略被文明强国坚定有力的领导层给彻底逆转了，而且是在联合国严格的框架之内，并充分遵守了国际法。这对于共同安全的未来是一个很好的预兆，不仅在整个 1990 年代，而且在即将到来的 21 世纪，它还暗示了，20 世纪的教训至少有一些终于被汲取了。

774 然而，在某些方面代价很沉重；伊拉克的基础设施被损坏或摧毁，萨达姆自己则洗劫和毁坏了科威特的很多基础设施。账单高达数千亿美元，尽管重建这两个国家的任务充当了西方经济的一个刺激物，并帮助把它们从经济衰退中拉了出来，这真是现代性的讽刺之一。然而，在愤怒和挫折中，萨达姆犯下了两宗大罪，不仅是对科尔特，而且是对整个人类。他把数百万吨原油放进了波斯湾，缓慢地向南漂流，污染了一大片海域、海床和海岸；他还点火烧着了科威特巨大油田中大约 500 口油井。1991 年 3 月底，有人计算，至少要两年的时间才能把大火扑灭，在此期间，这场世界史上最大的人为空气污染还会继续。

这些野蛮事件强化了这样一种忧惧：在通过地球的自然资源实现更高生活水平的焦虑中，人类正在不可挽回地损害这颗星球。1980 年代和 1990 年代初的生态担忧在某些方面类似于 1970 年代的恐慌，在那场恐慌中，有人警告世界：其关键性的原材料正在耗尽；也就是说，这两次恐慌的典型特征都是冒充科学的感情主义，是大肆夸张和草率地（甚至是不诚实地）使用统计数据。然而，某些被大肆宣扬的担忧却是有根据的。例如，对于热带雨林（尤其是在巴西）为了商业目的而迅速被毁的担忧被证明是有道理的。有人估算，在 19 世纪人类认真采伐之前，热带雨林的面积大约是 16 亿公顷。到 1987 年，它减少到了 11 亿公顷，每年减少大约 8 万平方公里，相当于奥地利的面积。结果是土壤风化、洪水、干旱和对世界气候的明显影响。还有一点，被生态学家们所惦记，但大多数人多半不那么关心，这就是森林砍伐导致的昆虫种类的减少。1980 年代，大约有 3000 万个昆虫种类生活在热带雨林里；它们以每小时 6 个种类的速度被毁灭，有人估算，到 20 世纪末，地球上 10 万 ~30 万个物种将会灭绝。[144]

热带雨林的砍伐还关系到一个问题，在 1980 年代，不仅生态压力集团，而且还有科学界和政府，都越来越把这个问题看得很严重，这就是“温室效应”。地球的臭氧层为我们抵挡了来自太阳的紫外线的有害辐射，它正在逐步被削弱，据认为，因素有很多，但主要是化石燃料的燃烧，产生了二氧化碳，起的作用就像温室的玻璃，不断收集太阳的热量；还有一 775
个因素就是越来越多地使用氯氟烃，例如，在喷雾器中用作气雾喷射剂，用在冰箱和空调中。瑞典早在 1978 年 1 月就通过了一项法律，禁止使用喷雾剂；接下来，瑞典通过了很多法律，禁止被认为有害的人类活动。关于臭氧层，第一个严肃的并且形成了文件的警告出现在 1984 年 3 月，来自东安格利亚大学的一个研究团队。据计算，“温室效应”将导致夏天更热，冬天更暖，而且还有强风暴、洪水和干旱。特别是英国人，他们在 1980 年代开始相信这里面有一定的真实性，当时，出现了有记录以来最热的夏天，并在 1987 年 10 月 16 日出现了自 18 世纪初以来最强的飓风，摧毁了数百万棵树，包括邱园里的很多珍贵标本。前一个月，在蒙特利尔开会的 70 个国家同意（9 月 16 日）采纳一项计划，采取措施把氯氟烃排放固定在现有的水平上，并在 1999 年之前减少 50% 的排放量。到 1990 年代初，全世界慢慢意识到自己既是地球的开发者，也是它的保护者，意识到自己作为保护者的责任。[145]

然而，如果说工业对科学技术的使用，比方说砍伐巴西雨林的大型机械，可能损害地球，那么，科学技术的进步，包括精密监控系统，通过准确告诉我们正在发什么，以及我们正在犯怎样的错误，从而能够帮助保护地球。无论如何，没有什么东西能够让科学及其应用停止前进的步伐，整个20世纪，其步伐始终在加速，既在帮助处在野蛮状态的人，也在减少它最糟糕的后果。海湾战争的胜利就是凭借高科技武器打赢的，因此把人员伤亡（至少是盟军方面的伤亡）降到了最低，对于未来，这既是一个榜样，也是一个指针。就纯物质方面而言，精确科学在20世纪兑现了它们所有的承诺。在早期阶段，现时代被物理学所主宰，尤其是核物理学和天体物理学。物理学家把人带到了陷阱的边缘，但随后让他停了下来，吩咐他朝下看。在两次世界大战看来似乎不可避免之后，核武器的发明没准是一个告诫性的礼物，让我们免去了大国之间的第三次交锋，并开启了一段和平时期，到1990年代初，它已经成了有史以来最长的一段整体和平的时期。冷战的结束，以及两个主要核大国之间的部分和解，暗示了它们准备采取共同的步骤，阻止核武器扩散到那些足够愚蠢到使用它们的国家。在这个意
776 义上，物理学似乎在20世纪下半叶服务于一个重要的政治目的。

但在1960年代，物理学至高无上的地位似乎开始走向终结。无论如何，它不可能告诉人们他们越来越想知道的东西：人类出了什么差错。19世纪的允诺为什么泡了汤？20世纪为什么在很大程度上成了一个恐怖的时代，甚或像某些人所说的那样，一个邪恶的时代？社会科学声称诸如此类的问题是它们的老本行，却提供不了答案。这一点也不奇怪：它们本身就是问题的组成部分，甚至是非常重要的组成部分。经济学、社会学、心理学及其他不精确科学——鉴于现代的经验，它们几乎算不上科学——组成了社会工程的重型卡车，大量的生命和财

富被碾碎在它的车轮之下。悲剧的是，社会科学只是在 1970 年代才开始失宠，在它们得益于高等教育的狂飙突进之后。社会科学谬误的影响因此直到世纪之交依然能感觉到。

实际上，在 1990 年代初，西方大学里的社会科学家，包括一些名声很大（即使人气在下降）的人，依然试图搞社会工程。比方说，在牛津，以及更小程度上的剑桥，有些学院在入学程序上推行差别对待的政策，歧视来自付费学校、成绩优异的男孩女孩，偏袒来自公立学校、成绩较差的申请者[146]。目标是纯社会的、非学术的，是为了纠正总人口当中所谓的“社会和经济的不平衡”。然而，结果不过是标准的降低。但标准本身就受到攻击。宾夕法尼亚大学一位资深教师反对文学艺术特长有高低之分的观念，他写道，区分弗吉尼亚·伍尔夫的作品和赛珍珠的作品“无异于在汉堡包和比萨饼之间做出选择”，并公开宣称：他的“事业生涯就是要致力于让诸如此类的标准彻底消失”。1992 年，他被推选为美国现代语言协会主席，这一事实证明了解构主义者（人们这样称呼他们）在学术界的势力[147]。但是，如果像解构主义者所主张的那样，判断力的“等级”制——它青睐于莎士比亚戏剧的研究，而看不起（比方说）连环漫画——是一个社会邪恶之源，那么，大学的目的又是什么呢，其传统目标不就是追求卓越吗?

有些大学如今认为，校园的作用就是纠正社会恶习。哈佛、耶鲁、斯坦福及其他别的大学，都以各种不同的方式搞过社会工程。大学生们如果是为了公认的正义事业，或者干脆是 777
为了逃课，而组织暴力示威，则很难被开除；然而，如果他们因为使用了组织化压力集团所谴责的词句，从而违反了自由主义审查制度的法则，倒是很容易立即被逐出校园。史密斯学院曾经是世界上最好的女子大学之一，在这里，很多活动遭到禁止，不仅包括种族歧视、性别歧视、“年轻歧视”、同性恋歧视及其他定义很狭窄的社会恶行，而且还有“相貌歧视”，也就是说，用“想当然的美和魅力的标准”去“压迫”长得丑的人。哈佛法学院曾经是世界上最好的法学院，它的一位客座教授犯下了十恶不赦的“性别歧视”之罪：引用拜伦的著名诗句“低声嘀咕着‘我绝不会同意’——结果却同意了”。1991 年，据报道，斯坦福大学将制订一套“言论守则”，像“女孩”（girl）和“女士”（lady）这样一些词因为“性别歧视”而禁止使用；必须用“妇女前”（pre-woman）来取代“女孩”，不过在这一点上也存在分歧，有些女性压力集团坚持认为，woman 这个词应该拼作 womyn，而另一些人则认为应该拼作 winman[148]。意味深长的是，正如在马克思主义国家社会工程与最露骨的财务腐败携手同行一样，同样的结合也出现在“进步主义”的美国大学里。1991 年初，众议院能源和商业委员会在主席约翰·丁格尔的领导下，针对联邦政府以研究合同的形式提供给美国大学的每年 92 亿美元经费的使用情况，开始了一次干劲十足的调查。他们发现，此前 10 年接受了 18 亿美元的斯坦福大学大约有 2 亿美元被用作不能说明合理性的开支，主要打算给学校的教职工（自校长以下）提高生活水平[149]。诸如此类的丑闻对一个不断发展的过程做出了贡献，到 1990 年代初，这个过程开始侵蚀一般意义上的大学特别是社会科学在公众当中的声望。

但是，如果说，跟 20 世纪上半叶的胜利比起来，物理学已经进入了一个相对静止的时期，如果说社会科学已经名誉扫地，那么，自 1950 年代起，生物学的新时代开始了。迄今为止，相对于物质而言，关于生命，精确科学能够告诉我们的东西实在太少。到 1950 年代，非有机世界的运转方式已经众所周知；接下来 30 年里开始成熟的是对生命规则的认识。这样的规则体系被证明是一元的和整体的。正如爱因斯坦对物理学规则的重建既适用于巨大恒星集合体的有序运转，也适用于次 778
原子粒子的微小结构，进化生物学规则也是如此，适用于有生命物质的整个系列，从最小的到最大的。

在 19 世纪中叶，查尔斯·达尔文的进化论提供了一个科学的组织原则，可以用来解释植物和动物为什么发展出了它们所表现出来的那些特征。它不是一个演绎体系，允许预言未来的发展，甚至重构过去：在这个意义上，它不同于牛顿的法则和爱因斯坦对这些法则的修改。达尔文本人始终强调他的发现的界限。他让一些人灰心丧气，因为这些人试图在这些发现的基础上构建野心勃勃的预测。正是由于这个原因，他才不给“社会达尔文主义”的理论发放许可证（这一理论以希特勒的种族屠杀而告终）；同样也是由于这个原因，他才拒绝了马克思试图盗用达尔文主义来证明自己的社会决定论理论。然而，在 20 世纪下半叶，终于有迹象表明：统一场论正在走出实验室，到达这个光谱的两端。

在微观世界的那一端，分子生物学、神经生理学、内分泌学及其他新兴学科开始解释诸如遗传继承和遗传编码这样一些过程。微观层面最重要的发现是 1953 年在剑桥大学做出的，当时詹姆斯·沃森和弗朗西斯·克里克成功地破译了脱氧核糖核酸（DNA）的双螺旋构造[150]。他们发现，DNA 的分子（它决定了每一个有生命的动物或植物的结构和功能）是双螺旋形状，就像一个螺旋式的梯子，由糖和磷酸盐组成，形成了包含各种不同酸的阶梯。像极其复杂的、有生命的计算机一样，这个结构组成了特殊的代码，讲述了什么样的蛋白质制造了细胞，这是创造性活动的核心[151]。更令人吃惊的是，这一发现被落实到大量的实际应用中。核物理学的理论基础与实际核动力之间的差距是半个世纪。而在新的生物学领域，这个差距不到 20 年。1972 年，加利福尼亚的科学家发现了“限制酶”，这使得我们可以用非常独特的方式分裂 DNA，然后为了特定的目的进行重组或拼接。重组后的 DNA 被重新置入其细胞或细菌中，依据正常的生物学原则运转，分裂和复制自己，以组成新的蛋白质。然后用营养物质喂养这种人造的微生物，并按照医药工业半个世纪以来在生产抗生素的过程中所使用的步骤进行发酵。[152]

779 一旦 DNA 得到了透彻的研究，现代商业化学令人惊叹的资源便轻而易举地设计出了一系列可以立即使用的产品。大规模生产和营销的过程开始于 1980 年 6 月，当时，美国最高法院在一项历史性的裁决中承认了《专利法》对人造有机物的保护。早先，人们担心，“弗兰肯斯坦的怪物病毒”被秘密开发出来了，然后又从实验室里“泄漏”了出来；如今，这样的担心很快就消失不见了。基因拼接的技术集中在美国，1981 年 9 月，美国约束基因研究的监控结果被一套自愿遵守的规则所取代[153]。在 1970 年代晚期，专门从事基因拼接的实验室和公司不到 20 家。到 1990 年代初，有数千家这样的机构。它能够立即并越来越多地应用于动植物食品的生产，能源，尤其是医学科学和医药产品、新兴的工业生物技术有望成为 20 世纪最后几年的主要动力。

DNA 发现被迅速开发和应用于实际问题，这样的速度提出了关于生物学光谱宏观一端的问题：从整个动物种群（包括人类）的生长和年龄结构及其遗传结构的角度解释社会行为演化的过程。考虑到生物学法则的单一性，如果一场科学革命可以在光谱的这一端发生，那么为什么不能预期（或担心）它也在另一端发生呢？正是在这一领域，社会科学明显失败了，尤其是因为它们被马克思主义的迷信所穿透。某些社会科学家的学术帝国主义阻止了很多严肃的工作按照达尔文的发现所暗示的路线去做：人的精神和心态也像身体一样进化了，人的行为可以像其他有机属性一样借助比较系谱和进化分析来研究。这样一些方法，由于两次世界大战之间法西斯主义者（在 1920 年代还包括共产主义者）所相信和践行的种族主义优生学而变得名誉扫地。

然而，在 1930 年代，芝加哥科学家 W. C. 阿利出版了《动物群聚》（*Animal Aggregations*，1931）和《动物的社会生活》（*The Social Life of Animals*，1938），给出了很有启发性的例证，说明了进化对社会行为的影响。真正的突破大致与沃森和克里克的发现出现在同一时期，当时，V. C. 韦恩 - 爱德华兹出版了《与社会行为有关的动物分布》（*Animal Dispersion in Relation to Social Behaviour*，1962）。他证明了，几乎所有社会行为，比如等级制和啄序、获取领地、鸟类群聚、成群结队和手舞足蹈，都是控制数量、防止种群超过可用食物供应的手段。社会地位较低的成员被阻止交配；每个动物都试图让自己 780
的繁殖最大化；最适合者成功了。1964 年，英国另一位遗传学家 W. D. 汉密尔顿在《社会行为的遗传进化》（*The Genetic Evolution of Social Behaviour*）一书中证明了致力于自己的基因在安排社会行为上有多么重要：父母的“保护”是关心他者的一个实例，关心的程度与他们享有父母基因的份额成正比。因此，我们在自然选择中所发现的无私或利他就其起源而言并非道德上的，也不意味着良心或个人动机：有利他主义的鸡，甚至病毒。遗传亲缘理论声称，利他主义行为的出现，与共同祖先所共享基因的数量成比例增加。这里面还有成本效益的因素，施予者付出的成本很小、接收者得到的利益很大时，利他行为就更有可能出现。这种亲缘理论被哈佛大学生物学家罗伯特·泰弗士给精细化了，他发展出了“互惠利他主义”（一种开明自利的形式）和“父母投资”的观念，这增加了后代的生存机会，付出的代价是父母继续投资后代的能力。女性的投入多于男性，因为“蛋”的成本多于精子。女性的选择是交配制度进化的主要原因，这一选择使得交配制度适合于进化适应性的最大化。随着这一新方法论的发展，几乎任何物种的社会模式都可以在进化论的自然选择中找到它们的起源。

1975 年，哈佛大学科学家爱德华·威尔逊把 20 年的专门研究整合在他的著作《社会生物学：新的综合》（*Sociobiology: the New Synthesis*）中[154]。他自己的工作是昆虫研究，但他凭借大量以经验为依据的详细研究，得出了自己的结论：一套普遍理论已经到了成熟的时机，它完全比得上牛顿或爱因斯坦总结出来的那些法则。这本书，以及另外一些研究，让人们开始关注生物学自我改进的过程，这个过程自始至终在向前发展，是人类进步的一个至关重要的成分。它们暗示了，应当用经验主义的科学而不是形而上学来研究这个过程，应当用卡尔·波普尔十分精彩的分类的方法论来研究这个过程，在这样的方法论中，理论由于经验主义的材料而变得狭窄、具体、可以证伪，与之相对的，是马克思、弗洛伊德、列维-施特劳斯、拉康、巴特及其他先知们提出的那些万能的、不可检验的、自我修改的解释。

到 20 世纪最后 10 年，有一点变得很清楚：亚历山大·蒲柏的建议是对的，他说："研究人类最合适的对象是人。"因为，作为一个社会存在，人明显需要根本性的改进。的确，人有能力在越来越大的规模上创造出科学和技术的"奇迹"。创造新物质的能力进一步加速了通信和电子革命，这场革命始于 1970 年代，在整个 1980 年代，直至 1990 年代，都在不断加快 781 步伐。当刻在给定面积上的集成电路的数量成倍增加时，计算器和计算机的运算能力也就不断增长，而价格则不断下跌。1972 年，克里夫·辛克莱生产出了世界上第一台真正的袖珍计算器（自 17 世纪中叶帕斯卡尔时代以来，人类一直致力于此），成本是 100 英镑；到 1982 年，一台功能更加强大的模型机成本只有 7 英镑。硅片的出现直接导致了微处理器的发展。先前，为了每一项工作都要专门建造复杂的电子控制系统，而微处理器是一个多用途的装置，可以廉价地大量制造出来。接下来，1986 年 12 月，出现了高温超导体，这种材料在很低的温度下便失去了所有电阻。这些发明，再加上另外一些新材料和新工序，不仅向前推进了高科技的边界，并因此使得 1980 年代和 1990 年代初很常见的远程空间探测、先进的激光手术以及海湾战争中使用的毁灭性军事技术成为可能，而且还引入了大规模制造的低成本设备，影响了千百万人的生活和工作。录像机和微型光盘改变了人民大众的娱乐。移动电话和汽车电话给工作带来了新的、常常是不引人注意的维度。传统的电话电缆被光纤电缆所取代，其信号编码为光脉冲，使得成千上万的电话交谈和上百个电视频道能够沿着一条线路同步传输。专业计算机的运算能力使得政府和企业能够在几微秒之内实现计算的奇迹，与此同时，文字处理软件彻底改变了所有先进国家的文案工作，并且被范围越来越广泛的人们所使用，甚至包括咱们这样卑微的世界史研究者。机器，常常是惊人复杂的机器，如今进入了、常常是控制了寻常百姓的生活。

然而，在1990年代初，饿死的人并不比世界史上此前任何时期少。而且，很多发明创造原本是为了增加人的幸福，到头来却减少了人的幸福。在西方，不同形式的避孕方法越来越广泛地被人们使用，随时堕胎也越来越方便实用，让制药公司和诊所生意兴隆，财源滚滚，但是，在一个快乐至上、漫不经心的社会，这些丝毫没有减少非婚生子的数量。在1970年代，尤其是1980年代，有一个引人注目的、不受欢迎的现象，这
782 就是被人们委婉地称作“单亲家庭”的增长，在很多情况下是单亲妈妈，通常要靠福利维持生活，靠自己照料孩子。这些穷孩子是滥交和协议离婚的产物。1980年代，在一些自诩为“先进”的社会里，非婚生子的数量以惊人的速度增长。到1991年春，4个安全出生的婴儿当中就有1个是非婚生子；在地球上最富裕国家的首都华盛顿特区的某些地区，这个比例高达90%。毋庸讳言，单亲家庭和非婚生子就是严重的社会丑恶现象，对相关个人是毁灭性的，对社会是有害的，将会导致（在很多情况下是不可避免地导致）贫困和犯罪。所有地方的犯罪率都在上升，酒精和毒品的滥用使之愈演愈烈。非法吸毒习惯的蔓延，既有贫困的功劳，同样也被富足所推动。到1980年代末，据估算，美国的非法使用毒品让毒品的控制者每年净赚1100亿美元。1989年9月6日，布什总统宣布了到2000年把美国的毒品滥用减少一半的计划，将把联邦政府经

费中的78.6亿美元花在这一努力上。没有多少人对这一计划表现出太大的信心。

先进国家另一个自己造成的创伤是艾滋病（获得性免疫缺乏综合征）的蔓延。这是一种致命的、似乎不可治愈的疾病，摧毁人体内抵抗感染的免疫系统，其起源甚至在1990年代初都依然无法确定，尽管人们做了大量的研究。它似乎在黑非洲蔓延最快，在那里，异性恋者充当了传播者。然而，在西方，它主要局限于男同性恋者，以及吸毒者（程度要小很多）。它是毒品滥用的产物，更严重的是，它也是同性恋滥交的产物，这种情况在1960年代和1970年代同性恋合法化之后接踵而至，常常是以极端的形式。有些男同性恋者据说一年之内就有300个以上的性伴侣，在这一背景下，艾滋病迅速蔓延。关于其严重性的最早报告出现在1981年12月31日，当时出现了152个病例，主要在旧金山、洛杉矶和纽约；一个病例是静脉注射吸毒者；其余的都是男同性恋者。到1985年10月13日，世界卫生组织宣布，艾滋病的发病率已经达到了流行病的比例。到1989年2月，很多地方都报告，那些艾滋病检测结果为阳性的人被拒绝给予人寿保险；另一些人丢掉了工作。像齐多夫定这样的药物被用来延缓（而非治愈）艾滋病的发展，但经常有可怕的副作用。1989年2月9日，据称，旧金山开发出了一种新的抗体，被称作CD4，有望把艾滋病的致命后果推迟许多年，只有很小的副作用。但没有实际治愈的病例出现在视野之内，尽管付出巨大的花费和努力。对这种疾 783
病的毫无把握产生了激烈的政治争论，政府特别急于防止它在整个社会中蔓延，花了数百万美元在广告战上，为的是减少同性恋滥交，鼓励使用安全套。制药行业再次受益，但是，这些政府支出是不是真有什么效果，谁也不知道。到1990年代初，人们普遍相信，同性恋议会游说团体也曾信心十足地预言，这种疾病在同性恋者当中流行的可能性可以忽略不计。

代价十分昂贵、效果多半不佳的政府反毒品滥用和艾滋病行动是以20世纪典型的态度看待现代政府——试图集体地去做原本应该由明智的、受过道德教育的个人单独去做的事情。对社会主义及其他形式的集体主义的幻灭成了1980年代的主导精神，它只是更广泛的对政府作为一个慈善机构丧失信心的一个方面。在1980年代之前，政府一直是20世纪最大的获益者，如今是最重要的失败者。在1914年之前，公共部门占整个经济的10%是十分罕见的事；到1970年代末，甚至更远，政府在一些自由主义国家占到了国民生产总值的45%以上，在极权主义国家就更不用说了。但是，在1919年签署《凡尔赛条约》的那个时期，大多数聪明人都相信，一个扩大的政府可以增加人类幸福的总量，而到1990年代，除了一小撮越来越少的、垂头丧气的狂热分子（其中大多数是学者）之外，没有一个人抱持这个观点。试验以多不胜数的方式尝试过；几乎全都失败了。政府证明了自己是一个贪得无厌的花钱者，一个举世无双的浪费者。它还证明了自己是所有时代最大的杀手。到1990年代，政府行为对20世纪大约1.25亿人的暴力死亡或非自然死亡负有责任，大概比它在1900年之前的整个人类历史上成功地消灭的人数加在一起还要多。政府毫无人性的恶毒比其规模的不断扩大和手段的不断增加发展得还要快。

到1990年代初，政府的堕落同样开始让它的代理人——政治活动家——名誉扫地，他们在人数和权力上的惊人增长是当今时代最重要、最有害的发展之一。正是卢梭最早宣布，人类由于政治过程而变得更好，这一变化的作用者，他所说的“新人”的创造者，将会是政府，以及那些自封的人类恩人，正是他们，为了所有人的利益而控制着政府。在 20 世纪，卢梭的理论最终得到了大规模的检验，而且被证明是毁灭性的。784
正如我们已经指出的那样，到 1900 年，政治已经在取代宗教，成为狂热行为的主要形式。在这个新阶层的典型人物——比如列宁、希特勒和毛泽东——看来，政治（他们所说的政治，指的是为了崇高的目的而搞社会工程）是道德活动的一种合法形式，是改造人类唯一有把握的手段。放在更早的时代，这个观点会让人大吃一惊，被认为是荒唐的，甚至是疯狂的，如今某种程度上在所有地方都成了正统观点：在西方被冲淡了，而在共产主义国家和很多第三世界国家则表现为致命的形式。这些狂热分子大步向前，横跨了几十年和两个半球——江湖骗子、魅力人物、崇高之士、世俗圣徒、集体杀手全都被他们的这样一个信仰统一起来了——政治是治疗人类疾病的灵丹妙药。这样的人包括：孙中山和阿塔蒂尔克、斯大林和墨索里尼、赫鲁晓夫、胡志明、波尔布特、卡斯特罗、尼赫鲁、吴努和苏加诺、庇隆和阿连德、恩克鲁玛和尼雷尔、纳赛尔、巴列维国王、卡扎菲和萨达姆·侯赛因、昂纳克和齐奥塞斯库。到 1990 年代，在全世界的很多地区，这个新的统治阶级已经失去了自信，并迅速失去优势和权力。他们当中的大多数人，不管是死是活，如今都在他们自己的祖国被人痛恨，他们奇形怪状的雕像被推倒或者被损毁，就像雪莱笔下奥斯曼狄斯那尊被人嘲笑的头像一样。我们是不是可以希望，“政治的时代”，就像之前“宗教的时代”一样，如今正在走向终结呢？

毫无疑问，到 20 世纪的最后 10 年，有些教训显然已经被汲取。但是，有一点尚不清楚：一些根本性的邪恶是不是正处在被彻底根除的过程中，而正是这些邪恶——道德相对主义的兴起，个人责任的衰落，对犹太—基督教价值的批判，尤其是这样一个傲慢自大的信念：这个世界的男男女女可以仅凭他们自己的聪明才智破解宇宙的一切奥秘——使得 20 世纪灾难性的失败和悲剧成为可能。相比之下，21 世纪对于人类来说能否成为一个希望的时代，其机会将取决于此。

注 释

11 The Watershed Year

1 Erickson, op. cit., 587.
2 G.Zhukov, *The Memoirs of Marshal Zhukov* (tr., London 1971), 268; Kennan, *Memoirs 1925–1950*, 324; Rigby, *Stalin*, 57; Stalin, *Collected Works*, xv 3; Ivan Maiski in *Novy Mir*, Moscow 1964, 12, 162–3.
3 Seaton, op. cit., 95; Hingley, op. cit., 309; Rigby, op. cit., 55.
4 J.K.Zawodny, *Death in the Forest: the story of the Katyn Forest Massacre* (London 1971), 127; Hilder and Meyer, op. cit., 330; Hingley, op. cit., 301ff.
5 Margarete Buber-Neuman, *Als Gefangene bei Stalin und Hitler: eine Welt im Dünkel* (Stuttgart 1958), 179.
6 Conquest, op. cit., 449.
7 Seaton, op. cit., 91.
8 *Akten zur deutscher auswartigen Politik, 1918–1945* (Bonn' 1966–), Series D, XI, No. 329, 472.
9 Fest, op. cit., 957–8; Bullock, op. cit., 639.
10 Fest, op. cit., 952–5; *Le Testament politique de Hitler*, 93ff.
11 Halder, op. cit., II 6.
12 Fest, op. cit., 1104.
13 Heinz Hohne, *Canaris* (tr. London 1980).
14 Hillgruber, op. cit., 80–1; Fest, op. cit., 955.
15 For the 'Marcks Plan' see Alfred Philippi, *Das Pripjetproblem: Eine Studie über die operative Bedeuting des Pripjets-Gebietes für den Feldzug des Jahres 1941* (Frankfurt 1956), 69ff.
16 Fest, op. cit., 962, 1091.
17 Matthew Cooper, *The German Air Force 1933–1945: an Anatomy of Failure* (London 1981).
18 Postan, op. cit.
19 Erickson, op. cit., 584.
20 Alexander Werth, *Russia at War 1941–1945* (London 1964), 401; Seaton, op. cit., 271.
21 Hillgruber, op. cit., 90.
22 Fest, op. cit., 972.
23 Ibid., 978.
24 Ibid., 996.
25 Ibid., 962.
26 Halder, op. cit., II 335–8.
27 Hans-Adolf Jacobsen, 'The *Kommissarbefehl* and Mass Executions of Soviet Russian Prisoners of War' in Hans Buchheim *et al.*, *Anatomy of the SS State* (tr. New York 1968).
28 Hillgruber, op. cit., 86–7.
29 *Hitler's Table-Talk*, 426; Fest, op. cit., 1017, 1021ff.
30 Adolf Hitler, *Monologe im Führerhauptquartier 1941–1944* (Hamburg 1980), 54, 90, 331.
31 Fest, op. cit., 1025.
32 Nuremberg Document NOKW 1692; printed along with other relevant documents in Jacobsen, op. cit.; Fest, op. cit., 968–9.
33 Boris Pasternak, *Doctor Zhivago* (tr. London 1958), 453.
34 Seaton, op. cit., 91.
35 J.Stalin, *War Speeches and Orders of the Day* (London 1945), 26.

36 Deutscher, *Stalin*, 468–9.
37 Gustav Herling, *A World Apart* (London 1951), 59.
38 Conquest, op. cit., 486–90.
39 Albert Seaton, *The Russo–German War 1941–1945* (London 1971), 90.
40 Hingley, op. cit., 318.
41 Robert Conquest, *The Nation-Killers: the Soviet Deportation of Nationalities* (London 1970), 65, 102; Hingley, op. cit., 348.
42 Deaton, *Stalin as Warlord*, 131–3.
43 Ibid., 126.
44 Ibid., 265–6.
45 Kennan, *Memoirs 1925–1950*, 133–4.
46 R.J.M.Butler, *Grand Strategy* (London 1957), II 543–4.
47 Carlton, op. cit., 184–5. Harvey's uncensored *Diaries* are London, British Library, Add. MS 56398.
48 A.J.P.Taylor, *Beaverbrook* (London 1972), 487.
49 Churchill, *War Memoirs*, X 210.
50 See F.H.Hinsley *et al.*, *British Intelligence in the Second World War* (London 1981), II.
51 Haggie, op. cit.; Neidpath, op. cit.
52 Nish, op. cit., 232.
53 Ibid., 242.
54 Ibid., 246; B. Martin, *Deutschland und Japan in 2. Weltkrieg* (Gottingen 1969), chapter 1.
55 Kennan, *Memoirs 1925–1950*, 135.
56 Tolland, op. cit., 244.
57 Ibid., 95.
58 Nobutaka Ike, *Japan's Decision for War: records of the 1941 policy conferences* (Stanford 1967), 133ff.; Mosley, op. cit., 215.
59 Mosley, op. cit., 207 and footnote.
60 Tolland, op. cit., 94, 148; Mosley, op. cit., 200 footnote.
61 Barbara Teters, 'Matsuoka Yusuke: the diplomacy of bluff and gesture' in R.B.Burns and E.M.Bennett (eds), *Diplomats in Crisis: United States, Chinese, Japanese Relations 1919–1941* (Oxford 1974).
62 Tolland, op. cit., 75 footnote, 77.
63 Robert Craigie, *Behind the Japanese Mask* (London 1945).
64 Nish, op. cit., 235.
65 Tolland, op. cit., 179 and footnote.
66 R.J.C.Butow, *Tojo and the Coming of War* (Princeton 1961), 172.
67 Ike, op. cit., 151 footnote 36; Mosley, op. cit., 216–20.
68 Mosley, op. cit., 200.
69 Tolland, op. cit., 112.
70 Ike, op. cit., 188.
71 Tolland, op. cit., 133.
72 Ibid., 47, 68 footnote.
73 Ibid., 82.
74 Ike, op. cit., 201.
75 Ibid., 189–92.
76 Mosley, op. cit., 205 footnote.
77 Tolland, op. cit., 150 footnote.
78 Ibid., 225, 235ff.
79 Ike, op. cit., 233.
80 Tolland, op. cit., 273–5.
81 Martin, *Deutschland und Japan*, chapter 1.
82 See Masatake Okumiya, *Midway: the Battle that Doomed Japan* (Annapolis 1955).
83 Tolland, op. cit., 339.
84 Hans-Adolf Jacobsen, *1939–1945: Der Zweite Weltkrieg in Chronik und Dokumenten* (Darmstadt 1961) 290.
85 Hillgruber, op. cit., 96.

12 Superpower and Genocide

1 George Bruce, *Second Front Now: the Road to D-Day* (London 1979); Ian Colvin, *Flight 777* (London 1957) for Leslie Howard.
2 Tolland, op. cit., 75–6 and footnote.
3 Ibid., 441–4; Burke Davis, *Get Yamamoto* (New York 1969).
4 Barbara Tuchman, *The Zimmerman Telegram* (New York 1958).
5 David Kahn, 'Codebreaking in World Wars I and II: the Major Successes and Failures, their Causes and their Effects', *Cambridge Historical Journal*, September 1980.
6 Richard Woytak, *On the Border of War and Peace: Polish Intelligence and Diplomacy in 1939 and the Origins of the Ultra Secret* (Boulder 1979).
7 It was first revealed by F.W.Winterbotham, *The Ultra Secret* (London 1974), written from memory.

8 Ralph Bennett, 'Ultra and Some Command Decisions', *Journal of Contemporary History*, 16 (1981), 131–51.
9 Vice-Admiral B.B.Schofield, 'The Defeat of the U-boats During World War Two', ibid., 119–29; P.Beesley, *Very Special Intelligence* (London 1977), 152–85; see also Jürgen Rohwer and Eberhard Jackel (eds), *Die Funkaufklarung und ihre Rolle in 2 Weltkrieg* (1979), report on international conference held 15–18 November 1978 on reasons for U-boat defeat.
10 John Masterman, *The Double-Cross System in the War of 1939–1945* (Yale 1972).
11 Edward Van Der Rhoer, *Deadly Magic: a personal account of communications intelligence in World War Two in the Pacific* (New York 1978); W.J.Holmes, *Double-Edged Secrets: US Naval Intelligence Operations in the Pacific during World War Two* (Annapolis 1979).
12 Harold Deutsch, 'The Historical Impact of Revealing the Ultra Secret', US Army War College: *Parameters*, VII 3 (1978).
13 Tolland, op. cit, 444–6.
14 Milward, *German Economy at War*.
15 Andreas Hillgruber, *Hitlers Strategie: Politik und Kriegführung 1940 bis 1941* (Frankfurt 1965), 38 footnote; Fest, op. cit., 1179–80, note 11.
16 Quoted in Seaton, *Stalin as Warlord*, 263.
17 Fest, op. cit., 980.
18 Ibid., 974.
19 Tolland, op. cit., 327.
20 Susman (ed.), op. cit.
21 Charles Murphy, 'The Earth Movers Organize for War', *Fortune*, August–October 1943.
22 Gilbert Burck, 'GE Does IT', *Fortune*, March 1942.
23 Tolland, op. cit., 426.
24 Ike, op. cit., XXVI; Bruce, op. cit., for Churchill episode.
25 See Geoffrey Best, *Humanity in Warfare* (London 1981); and the article by Hans Blix in *British Yearbook of International Law* (London 1978).
26 Charles Webster and Noble Frankland, *The Strategic Air Offensive Against Germany*, 4 vols (London 1961), I 323.
27 Ibid., III 287; Taylor, *English History 1914–45*, 693.
28 Taylor, *English History, 1914–45*, 692, footnote 4.
29 David Irving, *The Destruction of Dresden* (London 1963), 44–5; Martin Middlebrook, *The Battle of Hamburg* (London 1980).
30 Irving, op. cit., 51–2, 99–100.
31 Ibid., 154–8, 175, 142–3.
32 Hugo Young, Brian Silcock and Peter Dunn, *Journey to Tranquillity: the History of Man's Assault on the Moon* (London 1969), 29–32.
33 David Irving, *The Mare's Nest* (London 1964), 299, 306–14.
34 Nils Bohr and J.A.Wheeler, *Physics Review*, 56 (1939), 426.
35 Margaret Gowing, *Britain and Atomic Energy, 1939–1945* (London 1964), 54.
36 See Freeman Dyson, *Disturbing the Universe* (New York 1979).
37 Gowing, op. cit., 45–51.
38 Ibid., 76–8.
39 Richard Hewlett and Oscar Anderson, *The New World 1939–1946* (Washington DC 1972).
40 Stephane Groueff, *Manhattan Project* (Boston 1967), 62; Leslie Groves, *Now It Can Be Told: the Story of the Manhattan Project* (New York 1962), 107.
41 Peter Pringle and James Spigelman, *The Nuclear Barons* (London 1982), 26ff.
42 David Holloway, 'Entering the Nuclear Arms Race: the Soviet Decision to Build the Atomic Bomb 1939–45', *Working Paper N. 9*, Woodrow Wilson Center (Washington DC 1979).
43 Strobe Talbot (ed.), *Khrushchev Remembers: the Last Testament* (London 1974), 60.
44 Deborah Shapley, 'Nuclear Weapons History: Japan's Wartime Bomb-projects Revealed', *Science*, 13 January 1978.
45 Rauschning, op. cit.
46 Nolte, op. cit., 234.

47 Mussolini, *Opera Omnia*, XXXI 223.
48 Ibid., XXXII 1–5, 190.
49 Fest, op. cit., 1031.
50 Michael Balfour, 'The Origins of the Formula "Unconditional Surrender" in World War Two', *Armed Forces and Society* (Chicago University, Winter 1979).
51 Hans Speidel, *Invasion 1944* (Tübingen 1961), 155.
52 Quoted in Schmidt, op. cit.
53 *Hitler's Table-Talk*, 657, 661, 666, 684; Fest, op. cit., 1057, 1063.
54 Fest, op. cit., 1057–9.
55 See Hugh Trevor-Roper, 'Thomas Carlyle's Historical Philosophy', *The Times Literary Supplement*, 26 June 1981, 731–4.
56 Quoted in Hugh Trevor-Roper, *The Last Days of Hitler* (London 1947), 51.
57 Albert Zollar, *Hitler privat* (Dusseldorf 1949), 150.
58 Fest, op. cit., 1069ff., 1077, 1104–12.
59 A. Mitscherlich and F. Mielke, *The Death Doctors* (London 1962), 236ff.; Manvell and Fraenkel, *Himmler*, 87ff.; Holborn, op. cit., 811.
60 Manvell and Fraenkel, *Himmler*, 117.
61 Fest, op. cit., 1011.
62 Manvell and Fraenkel, *Himmler*, 118–19.
63 Ibid., 120–2.
64 Borkin, op. cit., 122–3.
65 For a selection see Raul Hilberg (ed.), *Documents of Destruction: Germany and Jewry 1933–1945* (New York 1971), and his *Destruction of the European Jews* (New York 1961).
66 Martin Gilbert, *Final Journey: the Fate of the Jews in Nazi Europe* (London 1979), 69–70.
67 Quoted from Gerald Reitlinger, *The Final Solution* (London 1953).
68 Gilbert, *Final Journey*, 77–8.
69 Speer, op. cit., 302–4.
70 Ibid., 368 note 23.
71 See Benjamin B. Ferencz, *Less than Slaves: Jewish Forced Labor and the Quest for Compensation* (Harvard 1981).
72 *Trial of the Major War Criminals before the International Military Tribunal*, ed. L. D. Egbert, 42 vols (Nuremberg 1947–9), I 245.
73 Borkin, op. cit., 111–27.
74 Gilbert, *Final Journey*, 78.
75 Manvell and Fraenkel, *Himmler*, 91.
76 Ibid., 104–11. See also Mitscherlich and Mielke, op. cit.
77 Manvell and Fraenkel, *Himmler*, Appendix B, 252–3.
78 Ibid., 136–7, 196–7.
79 Gilbert, *Final Journey*, 70; Luba Krugman Gurdus, *The Death Train* (New York 1979).
80 See, for a discussion of this aspect, Rainer C. Baum, *The Holocaust and the German Elite: Genocide and National Suicide in Germany 1871–1945* (London 1982).
81 Gerald Reitlinger, *The SS: Alibi of a Nation, 1922–1945* (London 1956), 377.
82 Maurice Raisfus, *Les Juifs dans la Collaboration: L'UGIF 1941–1944* (Paris 1981).
83 Michael R. Marrus and Robert O. Paxton, *Vichy France and the Jews* (New York 1981).
84 Martin Gilbert, *Auschwitz and the Allies* (London 1981), 267–70.
85 Quoted in ibid.
86 John Wheeler-Bennett and Anthony Nicholls, *The Semblance of Peace: the Political Settlement after the Second World War* (New York 1972), 146–8, 166; Alexander Werth, *Russia at War 1941–1945* (New York 1965), 267–8.
87 Aaron Goldman, 'Germans and Nazis: the controversy over "Vansittartism" in Britain during the Second World War', *Journal of Contemporary History*, 14 (1979), 155–91.
88 Manvell and Fraenkel, *Himmler*, 157, 169–70, 266 footnote 20.
89 Borkin, op. cit., 135–56.
90 Figures from Ferencz, *Less than Slaves*.
91 Tolland, op. cit., 499 footnote.
92 James, op. cit., 322.
93 Tolland, op. cit., 477–8.
94 James, op. cit., 246–7, 321, 396.

95 Ibid., 299; Tolland, op. cit., 468.
96 Tolland, op. cit., 469–71.
97 James, op. cit., 246–7.
98 Ibid, 293.
99 Lansing Lamont, *Day of Trinity* (New York 1965), 235.
100 For the bomb decision, see Martin Sherwin, *A World Destroyed: the Atomic Bomb and the Grand Alliance* (New York 1975), chapter 8.
101 Tolland, op. cit., 756.
102 Calculation of Professor Shogo Nagaoka, First curator of the Peace Memorial in Hiroshima, Tolland, op. cit., 790 footnote.
103 James, op. cit., 328; Shapley, op. cit.
104 Tolland, op. cit., 813 footnote.
105 Text in R.J.C.Butow, *Japan's Decision to Surrender* (Stanford 1954) 248.
106 Beaseley, op. cit., 277–8.
107 See the International Military Tribunal for the Far East, *Proceedings*, 3 May 1946 to 16 April 1946, *Judgement*, November 1948, Tokyo.
108 James, op. cit., 259–60.
109 PhilipR.Piccigallo, *The Japanese on Trial: Allied War Crimes Operations in the East 1945–1951* (Austin 1979), 27.
110 Ibid., 23, for dissenting opinions.
111 Quoted in Mosley, op. cit.
112 Samuel Eliot Morrison, *History of the US Naval Operations in World War Two:* VII *Aleutians, Gilberts and Marshalls* (Washington DC 1951).
113 Tolland, op. cit., 677 footnote.
114 Sherwin, op. cit., 302.
115 Poole, op. cit., 130.
116 James, op. cit., 335–40.
117 Nicholas Bethell, *The Last Secret: Forcible Repatriation to Russia 1944–1947* (London 1974), 5.
118 Ibid., 8–13; Carlton, op. cit., 239–42.
119 Ibid.; Bethell, op. cit., 57–60.
120 Joseph Hecomovic, *Tito's Death-Marches and Extermination Camps* (New York 1962) 23.
121 Bethell, op. cit., 82, 101, 131–3, 142–3.

13 Peace by Terror

1 Rhodes James (ed.), op. cit., 505.
2 Quoted in Charles Bohlen, *Witness to History 1929–1969* (New York 1973), 26–9.
3 Robert Sherwood, *Roosevelt and Hopkins*, 2 vols (New York 1950), I 387–423; Adam B. Ulam, *Stalin: the Man and his Era* (New York 1973), 539–42, 560–1.
4 Yergin, op. cit., 54.
5 Winston Churchill, *Wartime Correspondence* (London 1960), 196.
6 Cairo Conference 1943. Quoted in Terry Anderson, *The United States, Great Britain and the Cold War 1944–1947* (Colombia 1981), 4.
7 Quoted in Robert Garson, 'The Atlantic Alliance, East Europe and the Origin of the Cold War' in H.C.Allen and Rogert Thompson (eds), *Contrast and Connection* (Athens, Ohio 1976), 298–9.
8 Lord Moran, *Churchill: the Struggle for Survival, 1940–1944* (London 1968), 154.
9 John Wheeler-Bennett and Anthony Nicholls, *The Semblance of Peace: the Political Settlement after the Second World War* (New York 1972), 290.
10 Anderson, op. cit., 15.
11 John R.Deane, *The Strange Alliance: the Story of American Efforts at Wartime Co-operation with Russia* (London 1947), 298.
12 LisleA.Rose, *Dubious Victory: the United States and the End of World War Two* (Kent, Ohio 1973), I 6–7.
13 Foreign Office Memo 21 March 1944, 'Essentials of an American Policy'.
14 The minute is in the Inverchapel Papers in the PRO; see Carlton, op. cit., 244; Churchill, *Second World War*, VI 196–7.
15 Diary of Sir Pierson Dixon, 4 December 1944, quoted in Carlton, op. cit., 248–9; Churchill, *Second World War*, VI 252.
16 Quoted Carlton, op. cit., 248.
17 Averell Harriman and Elie Abel, *Special Envoy to Churchill and Stalin 1941–1946* (New York 1975), 390.

18 Churchill, *Second World War*, VI 337.
19 William D.Leahy, *I Was There* (New York 1950), 315–16.
20 Anderson, op. cit., 47.
21 Ibid., 50.
22 Viscount Montgomery, *Memoirs* (New York 1958), 296–7.
23 Harry S.Truman, *Memoirs*, 2 vols (New York 1955–6), I 81–2.
24 Omar Bradley, *A Soldier's Story* (New York 1951), 535–6; Forrest Pogue, *George C. Marshall: Organizer of Victory* (New York 1973), 573–4.
25 Thomas Campbell and George Herring, *The Diaries of Edward R.Stettinius Jr, 1943–1946* (New York 1975), 177–8.
26 Anderson, op. cit., 69.
27 Moran, op. cit., 305.
28 Victor Rothwell, *Britain and the Cold War 1941–1947* (London 1982).
29 *Forrestal Diaries* (New York 1951), 38–40, 57.
30 Z.Stypulkowski, *Invitation to Moscow* (London 1951).
31 Anderson, op. cit., 75–6.
32 Patricia Dawson Ward, *The Threat of Peace: James F. Byrnes and the Council of Foreign Ministers. 1945–6* (Kent, Ohio 1979).
33 Yergin, op. cit., 160–1; George Curry, 'James F. Byrnes' in Robert H. Ferrell and Samuel Flagg Bemiss (eds), *The American Secretaries of State and their Diplomacy* (New York 1965).
34 Kennan, *Memoirs 1925–1950*, 294.
35 Text of speech in Robert Rhodes James, *Churchill Complete Speeches* (London 1974), VII 7283–96; Jerome K. Ward, 'Winston Churchill and the Iron Curtain Speech', *The History Teacher*, January 1968.
36 Leahy Diaries, 24 January, 7 February 1946.
37 John Morton Blun, *The Price of Vision: the Diary of Henry A. Wallace* (Boston 1973), 589–601; Yergin, op. cit., 253–4.
38 Dean Acheson, *Present at the Creation* (New York 1969), 219; Yergin, op. cit., 281–2.
39 Acheson, op. cit., 234.
40 See 'Overseas Deficit', dated 2 May 1947, Dalton Papers; Harry Bayard Price, *The Marshall Plan and its Meaning* (Cornell 1955).
41 Yergin, op. cit., 348–50.
42 Jean Edward Smith (ed.), *The Papers of General Lucius D. Clay: Germany, 1945–1949* (Bloomington 1974), 734–7.
43 Yergin, op. cit., 380.
44 Talbot (ed.) op. cit., 205.
45 David Alan Rosenberg, 'American Atomic Strategy and the Hydrogen Bomb Decision', *Journal of American History*, June 1979; David Lilienthal, *Atomic Energy: a New Start* (New York 1980).
46 W.PhillipsDavison, *The Berlin Blockade* (Princeton 1958).
47 Kennan, *Memoirs 1925–1950*, 354ff.
48 Warner Schilling *et al.*, *Strategy, Politics and Defence Budgets* (Colombia 1962), 298–330.
49 Richard Hewlett and Francis Duncan, *Atomic Shield 1947–1952* (Pennsylvania 1969), 362–9.
50 Anderson, op. cit., 184.
51 Churchill, *Second World War*, VI: *Triumph and Tragedy* (London 1954), 701.
52 Samuel I. Rosenman (ed.), *Public Papers and Addresses of Franklin D. Roosevelt: Victory and the Threshold of Peace 1944–1945* (New York 1950), 562.
53 Schram, op. cit., 220ff.; Tang Tsou, *America's Failure in China 1941–1950* (Chicago 1963), 176ff.
54 Schram, op. cit., 228–9; Tang Tsou, op. cit., 100–24.
55 Milovan Djilas, *Conversations with Stalin* (London 1962), 182; Vladimir Dedijer, *Tito Speaks* (London 1953), 331.
56 Schram, op. cit., 232–3.
57 Wolfram Eberhard, *History of China* (4th ed., London 1977), 344.
58 Derk Bodde, *Peking Diary: a Year of Revolution* (tr. London 1951), 32.
59 Quoted in Noel Barber, *The Fall of Shanghai: the Communist Takeover in 1949* (London 1979), 42.
60 Bodde, op. cit., 47.

61 Barber, op. cit., 49–50.
62 Ibid., 51.
63 Tang Tsou, op. cit., 482–4, 497–8; Schram, op. cit., 245.
64 Mao Tse-Tung, *Selected Works*, IV 201–2, order of 13 February 1948.
65 Kennan, *Memoirs 1925–1950*, 376.
66 Samuel Wells, 'The Lessons of the Korean War', in Francis Heller (ed.), *The Korean War: a 25-Year Perspective* (Kansas 1977).
67 Duncan Wilson, *Tito's Yugoslavia* (Cambridge 1979), 50 footnote.
68 Djilas, op. cit., 129, 141.
69 Hingley, op. cit., 385; D. Wilson, op. cit., 55.
70 D. Wilson, op. cit., 61.
71 Ibid., 87.
72 Robert Conquest, *The Soviet Police System* (London 1968), 41.
73 Hingley, op. cit., 388.
74 S. Wells, op. cit.
75 Kennan, *Memoirs, 1925–1950*, 490.
76 *New York Times*, 3 August 1980; S. Wells, op. cit.
77 Talbot (ed.), op. cit., 269; *China Quarterly*, April–June 1964.
78 Yergin, op. cit., 407; S. Wells, op. cit.
79 Robert C. Tucher, 'Swollen State, Spent Society: Stalin's Legacy to Brezhnev's Russia', *Foreign Affairs*, 60 (Winter 1981–2), 414–45.
80 Kolakowski, op. cit., III 132–5; Hingley, op. cit., 380–2.
81 Zhores A. Medvedev, *The Rise and Fall of T. D. Lysenko* (tr. New York 1969), 116–17.
82 Robert Payne, *The Rise and Fall of Stalin* (London 1968), 664.
83 *Pravda*, 17 February 1950, quoted Hingley, op. cit., 508.
84 Rigby, *Stalin*, 71; Marc Slonim, *Soviet Russian Literature* (New York 1964), 289.
85 Svetlana Alliluyeva, *Twenty Letters*, 171, 193, 197, 206; Talbot (ed.), op. cit., 263.
86 Robert Conquest, *Power and Policy in the USSR* (London 1961), 100.
87 Grey, op. cit., 453–4.
88 Kennan, *Memoirs 1950–1963*, 154–6.
89 Hingley, op. cit., 404.
90 Rigby, *Stalin*, 81.
91 Conquest, *Power and Policy*, 165–6; Rigby, *Stalin*, 66–7; Hingley, op. cit., 414.
92 Svetlana Alliluyeva, *After One Year*, 365; Hingley, op. cit., 393–5, 416.
93 K.P.S. Menon, *The Flying Troika: extracts from a diary* (London 1963), 27–9.
94 Svetlana Alliluyeva, *Twenty Letters*, 13–18.
95 Hingley, op. cit., 424, 427.
96 Sidney Olson, 'The Boom', *Fortune*, June 1946.
97 Kennan, *Memoirs 1950–1963* 191–2.
98 Alan Harper, *The Politics of Loyalty* (New York 1969).
99 Roy Cohn, *McCarthy* (New York 1968), 56ff.
100 Richard Rovere, *Senator Joe McCarthy* (London 1960), 51.
101 Quoted in Arthur Schlesinger, *Robert Kennedy and his Times* (Boston 1978).
102 Edwin R. Bayley, *Joe McCarthy and the Press* (University of Wisconsin 1981), 66–87, 214–22.
103 Kennan, *Memoirs 1950–1963*, 220.
104 Barton J. Bernstein, 'New Light on the Korean War', *International History Review*, 3 (1981), 256–77.
105 Robert Griffith, *The Politics of Fear: Joseph McCarthy and the Senate* (Lexington 1970); Richard M. Fried, *Men Against McCarthy* (New York 1976).
106 Fred I. Greenstein, 'Eisenhower as an Activist President: a look at new evidence', *Political Science Quarterly*, Winter 1979–80; Robert Wright, 'Ike and Joe: Eisenhower's White House and the Demise of Joe McCarthy', unpublished thesis (Princeton 1979).
107 Trohan, op. cit., 292.
108 Emmet John Hughes, *Ordeal of Power: a Political Memoir of the Eisenhower Years* (New York 1963), 329–30.
109 Richard Nixon, *Six Crises* (New York 1962), 161.
110 Greenstein, op. cit.; see also Douglas Kinnaird, *President Eisenhower and Strategic Management* (Lexington 1977).

111 Sherman Adams, *First Hand Report* (New York 1961), 73.
112 Trohan, op. cit., 111.
113 Robert H.Ferrell, *The Eisenhower Diaries* (New York 1981), 230–2.
114 Kennan, *Memoirs 1950–1963*, 196.
115 Verno A. Walters, *Silent Missions* (New York 1978), 226.
116 See Robert A. Divine, *Eisenhower and the Cold War* (Oxford 1981).
117 *Public Papers of Dwight D. Eisenhower 1954* (Washington 1960), 253, 206.
118 See Richard H. Immerman, 'The US and Guatemala 1954', unpublished PhD thesis (Boston College 1978), quoted in Greenstein, op. cit.; Richard Cotton, *Nationalism in Iran* (Pittsburg 1964).
119 Joseph B. Smith, *Portrait of a Cold Warrior* (New York 1976), 229–40; Schlesinger, *Robert Kennedy*, 455, 457.
120 C.L.Sulzburger, *A Long Row of Candles* (New York 1969), 767–9.
121 Kennan, *Memoirs 1950–1963*, 183.
122 Sherman Adams, op. cit., chapter 17, 360ff.
123 See Joan Robinson, 'What has become of the Keynesian Revolution?' in Milo Keynes (ed.), op. cit., 140.
124 Arthur Larsen, *Eisenhower: the President that Nobody Knew* (New York 1968), 34.

14 The Bandung Generation

1 E.L.Woodward, *British Foreign Policy in the Second World War* (London 1970), I XLIV.
2 16 June 1943; quoted in David Dilks (ed.), *Retreat from Power* (London 1981), II *After 1939*.
3 William Roger Louis, *Imperialism at Bay: the United States and the Decolonization of the British Empire 1941–1945* (Oxford 1978).
4 Entry in Admiral Leahy's diary, 9 February 1945, quoted in Anderson, op. cit.
5 W.K.Hancock and Margaret Gowing, *The British War Economy* (London 1949), 546–9.
6 Dalton Diary, 10 September 1946.
7 *Harold Nicolson: Diaries and Letters 1945–1962* (London 1968), 115–16.
8 A.Goldberg, 'The Military Origins of the British Nuclear Deterrent', *International Affairs*, XL (1964).
9 Edward Spiers, 'The British Nuclear Deterrent: problems, possibilities', in Dilks, op. cit., II 183–4.
10 M.H.Gowing, *Independence and Deterrence, Britain and Atomic Energy 1945–52*, 2 vols (London 1974), I 131.
11 Ibid., 182–3.
12 Ibid., 406.
13 Dilks, op. cit., II 161.
14 For end of war statistics see James, op. cit.
15 Ibid., 251–3.
16 Robert Rhodes James, *Memoirs of a Conservative: J.C.C.Davidon's Letters and Papers 1910–1937* (London 1969), 390.
17 John Wheeler-Bennett, *King George VI: his Life and Times* (London 1958), 703.
18 Ved Mehta, *Mahatma Gandhi and his Apostles* (New York 1976), 33ff.
19 Ibid., 13–16.
20 Ibid., 44.
21 Ibid., 56.
22 Orwell, *Collected Essays*, etc., IV 529.
23 Quoted in Sarvepalli Gopal, *Jawaharlal Nehru: a biography* (London 1965), I 38–9.
24 Ibid., 79, 98, 236; Leonard Woolf, *Downhill All the Way* (London 1967), 230.
25 Speech by Nehru at Ootacamund, *1 June 1948; Gopal, op. cit.*, II 308.
26 Richard Hughes, *Foreign Devil* (London 1972), 289–92.
27 Richard Hough, *Mountbatten* (London 1980), 216.
28 R. Jeffrey, 'The Punjab Boundary Force and the problem of order, August 1947', *Modern Asian Studies* (1974), 491–520.
29 M.Masson, *Edwina Mountbatten* (London 1958), 206–7.
30 Gopal, op. cit., II 13.

31 Penderal Mood, *Divide and Quit* (London 1961), gives 200,000; G.D.Khosla, *Stern Reckoning* (Delhi n.d.), 4–500,000; Ian Stephens, *Pakistan* (London 1963), 500,000; M.Edwardes, *Last Years of British India* (London 1963), 600,000.
32 Gopal, op. cit., II 21, 42.
33 Letter from Nehru to Krishna Menon, 24 August 1949.
34 Walter Lippmann in *Herald Tribune*, 10 January 1949; Acheson, op. cit., 336; *Christian Science Monitor*, 26 October 1949; *Manchester Guardian*, 26 May 1954; W.Johnson (ed.), *The Papers of Adlai E. Stevenson* (Boston 1973), III 181.
35 Nehru, letter dated 9 June 1951.
36 Gopal, op. cit., 311.
37 Letter from Nehru to Rajagopalachari, 3 July 1950; cable to President Nasser, 31 October 1956; cable to J.F.Dulles, same date.
38 Quoted Gopal, op. cit., II 246.
39 S.Dutt, *With Nehru at the Foreign Office* (Calcutta 1977), 177.
40 Letter from Nehru to Ernest Bevin, 20 November 1950.
41 Gopal, op. cit., II 194–5, 227.
42 J.K.Galbraith, *A Life in Our Times* (London 1981), chapter 27, 420ff.
43 Keith Irvine, *The Rise of the Coloured Races* (London 1972), 540ff.; G. McT. Kahin, *The Asian–African Conference, Bandung* (Ithaca 1956).
44 J.D.Legge, *Sukarno: A Political Biography* (London 1972), 264–5.
45 Richard Wright, *The Colour Curtain* (London 1965), 15.
46 Harry J. Benda, 'Christian Snouck Hurgronje and the Foundation of Dutch Islamic Policy in Indonesia', *Journal of Modern History*, XXX (1958), 338–47.
47 E.H.Kossman, *The Low Countries, 1780–1940* (Oxford 1978), 672ff.
48 See Sukarno's book, *The Birth of Pantja Sila* (Djakarta 1950).
49 D.S.Lev, *The Transition to Guided Democracy: Indonesia Politics 1957–1959* (Ithaca 1966).
50 For slogans, see Legge, op. cit., 288–90, 324, 332–3, 359 and *passim*.
51 Talbot (ed.), op. cit., 322.
52 Legge, op. cit., 387; John Hughes, *The End of Sukarno* (London 1968), 44.
53 J.R.Bass, 'The PKI and the attempted *coup*', *Journal of SE Asian Studies*, March 1970; for critical bibliography of the *coup* see Legge, op. cit., 390 footnote 45.
54 Hughes, op. cit., chapter 16.
55 Howard M. Sachar, *Britain Leaves the Middle East* (London 1974), 391.
56 *Petroleum Times*, June 1948; *Oil Weekly*, 6 March 1944.
57 *Forrestal Diaries*, 356–7.
58 Sachar, op. cit., 395.
59 Churchill, *Second World War*, IV 952.
60 Sachar, op. cit., 442.
61 Chaim Weizmann, *Trial and Error* (Philadelphia 1949), II 437.
62 Yehudah Bauer, *From Diplomacy to Resistance: a History of Jewish Palestine 1939–1945* (Philadelphia 1970), 230.
63 Sachar, op. cit., 447.
64 *New York Post*, 21 May 1946.
65 Nicholas Bethell, *The Palestine Triangle: the struggle between the British, the Jews and the Arabs, 1935–1948* (London 1979), 254–5.
66 Bethell, *The Palestine Triangle*, 261ff., based on records released in 1978.
67 *Jerusalem Post*, 1 August 1947.
68 Bethell, *The Palestine Triangle*, 243–4.
69 Jon and David Kimche, *Both Sides of the Hill: Britain and the Palestine War* (London 1960), 21–2.
70 Bauer, op. cit., 230.
71 *The Jewish Case for the Anglo–American Committee of Inquiry on Palestine* (Jerusalem 1947), 6–7, 74–5.
72 Joseph Schechtman, *The US and the Jewish State Movement* (New York 1966), 110.
73 Quoted in Alfred Steinberg, *The Man from Missouri: the life and times of Harry S. Truman* (New York 1952), 301.
74 Truman, *Memoirs*, II 135.
75 *Petroleum Times*, June 1948.
76 *Forrestal Diaries*, 324, 344, 348.

77 Howard Sachar, 'The Arab–Israeli issue in the light of the Cold War', *Sino–Soviet Institute Studies* (Washington DC), 1966, 2.
78 Sachar, *Europe Leaves the Middle East*, 546–7.
79 Ibid., 518ff.
80 Kimche, op. cit., 60.
81 Netanel Lorch, *The Edge of the Sword: Israel's War of Independence 1947–1948* (New York 1961), 90.
82 David Horowitz, *State in the Making* (New York 1953), 232–5.
83 Rony E. Gabbay, *A Political Study of the Arab–Jewish Conflict* (Geneva 1959), 92–3.
84 Sachar, *Europe Leaves the Middle East*, 550–1; Walid Khalidi, 'Why Did the Palestinians Leave?', *Middle East Forum*, July 1955; Erkine B. Childers, 'The Other Exodus', *Spectator*, 12 May 1961. Arab League instructions were printed in *Al-Kayat* (Lebanon, 30 April, 5–7 May 1948).
85 Colonial Office transcript (CO 733 477) quoted in Bethell, *The Palestine Triangle*, 355.
86 Walter Pinner, *How Many Arab Refugees?* (New York 1959), 3–4.
87 Sachar, op. cit., 191; for distribution of Jewish exodus, see Martin Gilbert, *The Arab–Israeli Conflict: its History in Maps* (London 1974), 50.
88 Jon Kimche, *Seven Fallen Pillars* (London 1954), 46.
89 Francis Williams: *A Prime Minister Remembers* (London 1961), 175–6.
90 Bethell, *The Palestine Triangle*, 358.
91 Sachar, *Europe Leaves the Middle East*, 51.
92 For an incisive portrait by a fellow-Muslim ruler see Mohammed Ahmed Mahgoub, *Democracy on Trial: Reflections on Arab and African Politics* (London 1974).
93 Constantine Zurayak, *The Meaning of the Disaster* (Beirut 1956), 2.
94 For the dam project see P.K.O'Brien, *The Revolution in Egypt's Economic System* (London 1966) and Tom Little, *High Dam at Aswan* (London 1965).
95 Carlton, op. cit., 416.
96 Ibid., 389.
97 André Beaufre, *The Suez Expedition 1956* (tr. London 1969), 28–34; Hugh Stockwell, 'Suez: Success or Disaster?', *Listener*, 4 November 1976.
98 See Eden's own account in *Memoirs: Full Circle* (London 1960); Selwyn Lloyd, *Suez 1956: a Personal Account* (London 1978).
99 Moshe Dayan, *Story of My Life* (London 1976), 181.
100 Dwight D. Eisenhower, *The White House Years: Waging Peace 1956–1961* (New York 1965), 666–7.
101 Carlton, op. cit., 451–3.
102 Brian Urquhart, *Hammarskjöld* (London 1973), 26.
103 Ibid., 170, 174, 185–9.
104 Horne, op. cit. (London 1977), 60.
105 See Robert Aron *et al.*, *Les Origines de la guerre d'Algérie* (Paris 1962).
106 Albert-Paul Lentin, *L'Algérie des colonels* (Paris 1958).
107 Horne, op. cit., 72.
108 Ibid., 91–2, 101; Pierre Leulliette, *St Michael and the Dragon* (tr. London 1964).
109 Horne, op. cit., 132–5.
110 C.Marighela, *For the Liberation of Brazil* (Penguin 1971).
111 Horne, op. cit., 98–9.
112 Germaine Tillion, *L'Algérie en 1957* (Paris 1957); Vincent Monteil, *Soldat de fortune* (Paris 1966).
113 Jacques Soustelle, *Aimée et Souffrante Algérie* (Paris 1956).
114 Horne, op. cit., 117–18.
115 Albert Camus, *Chroniques Algériennes 1939–1958* (Paris 1958).
116 Horne, op. cit., 187.
117 Jacques Massu, *La Vrai Bataille d'Alger* (Paris 1971).
118 Henri Alleg, *La Question* (Paris 1958).
119 Horne, op. cit., 201.

120 For examples, see J.-R.Tournoux, *Secret d'Etat* (Paris 1960); J.J.Servan-Schreiber, *Lieutenant en Algérie* (Paris 1957).
121 Charles de Gaulle: *Memoirs of Hope* (tr. London 1970–1), I 12.
122 Ibid., 15.
123 Simone de Beauvoir, *La Force des choses* (Paris 1963).
124 Horne, op. cit., 291.
125 De Gaulle, op. cit., 47.
126 Horne, op. cit., 376–8.
127 Ibid., 515–16.
128 Ibid., 495.
129 Ibid., 506.
130 Mouloud Feraoun, *Journal 1955–1962* (Paris 1962).
131 Horne, op. cit., 524.
132 Ibid., 540–3.
133 Ibid., 537–8.
134 De Gaulle, op. cit., I 126.
135 Ben Bella, interview with Radio Monte Carlo: *Daily Telegraph*, 19 March 1982.

15 Caliban's Kingdoms

1 Mark Amory (ed.), *Letters of Evelyn Waugh* (London 1980), 517.
2 James, op. cit., 193.
3 Quoted in Dorothy Pickles, *French Politics: the First Years of the Fourth Republic* (London 1953), 151.
4 Stewart Easton, *The Twilight of European Colonialism* (London 1961).
5 *Le Monde*, 21 June 1951.
6 De Gaulle, op. cit., I 66.
7 Ibid., 68.
8 Quoted in Easton, op. cit.
9 Michael Blundell, *So Rough a Wind* (London 1964).
10 *Weekend Telegraph*, 12 March 1965.
11 Miles Hudson, *Triumph or Tragedy: Rhodesia to Zimbabwe* (London 1981), 38–9.
12 Jean Labrique, *Congo Politique* (Leopoldville 1957), 199–219.
13 Comnd 9109 (1918), 3, quoted in Barnett, op. cit., 147.
14 Kirkman, op. cit., 15ff.
15 For the elaboration of this theory, see P.A.Baran, *The Political Economy of Growth* (New York 1957); C. Leys, *Underdevelopment in Kenya: the Political Economy of Neo-Colonialism 1964–71* (London 1975).
16 Quoted in Mahgoub, op. cit., 250ff.
17 Tawia Adamafio, *A Portrait of the Osagyefo, Dr Kwame Nkrumah* (Accra 1960), 95.
18 Mahgoub, op. cit., 284.
19 John Rogge, 'The Balkanization of Nigeria's Federal System', *Journal of Geography*, April–May 1977.
20 J.L.Lacroix, *Industrialization au Congo* (Paris 1966), 21ff.
21 Easton, op. cit., 445; see also R.Anstey, *King Leopold's Legacy: the Congo Under Belgian Rule 1908–1960* (Oxford 1966).
22 See G.Heinz and H.Donnay, *Lumumba: the Last Fifty Days* (New York 1969).
23 Urquhart, op. cit., 392–3, 397.
24 Paul-Henri Spaak, *Combats Inachevés* (Paris 1969), 244–5.
25 Urquhart, op. cit., 385.
26 Ibid., 507.
27 Urquhart, op. cit., 587; Conor Cruise O'Brien, *To Katanga and Back* (London 1962), 286.
28 *Sunday Times*, 11 October 1964.
29 Ali Mazrui, 'Moise Tschombe and the Arabs, 1960–8' in *Violence and Thought: Essays on Social Tension in Africa* (London 1969).
30 *Wall Street Journal*, 25–26 June 1980; Patrick Marnham, *Fantastic Invasion* (London 1980), 203 note 10.
31 K.W.Grundy, *Conflicting Images of the Military in Africa* (Nairobi 1968).
32 Samuel Decalo, *Coups and Army Rule in Africa* (Yale 1976), 5–6 and Tables 1.1 and 1.2.
33 A point made in Shiva Naipaul, *North of South: an African Journey* (London 1978).
34 *African Standard*, Nairobi, 12 April 1965; quoted in Mazrui, op. cit., 210–11.
35 Marvin Harris, *Portugal's African 'Wards'* (New York 1958); James Duffy, *Portuguese Africa* (Harvard 1959).
36 Marcello Caetano, *Colonizing Traditions: Principles and Methods of the Portuguese* (Lisbon 1951).

37 Easton, op. cit., 506.
38 T.R.H.Davenport, *South Africa: a Modern History* (London 1977), 346.
39 W.K.Hancock, *Smuts* (London 1968), II.
40 For these sects see Bengt G.M.Sundkler, *Bantu Prophets in South Africa* (2nd ed. Oxford 1961) and *Zulu Zion and some Swazi Zionists* (Oxford 1976).
41 Davenport, op. cit., 176ff.
42 Ibid., 207; for Native bills see M. Ballinger, *From Union to Apartheid* (London 1969).
43 B.Patchai, *The International Aspects of the South African Indian Question 1860–1971* (London 1971).
44 N.M.Stultz, *Afrikaaner Politics in South Africa 1934–48* (London 1974).
45 G.D.Scholtz, *Dr H.F. Verwoerd* (London 1974).
46 Ambrose Reeves, *Shooting at Sharpeville* (London 1961).
47 Davenport, op. cit., 270–1.
48 Ibid., 296–7, with diagram of population growth.
49 Ibid., 304–5.
50 Ibid., 376 for mineral map.
51 *Wall Street Journal*, 10 July 1980.
52 Ibid., 4 August 1980.
53 Naipaul, op. cit., 231.
54 Richard West, *The White Tribes Revisited* (London 1978), 16ff.
55 Naipaul, op. cit., 232–3.
56 Quoted in Marnham, op. cit., 196.
57 West, op. cit., 147.
58 Marnham, op. cit., 112.
59 Ibid., 125ff.
60 *Inside East Africa*, August–September 1960.
61 *Sunday News* (Dar es Salaam), 26 January 1964.
62 'One Party Government', *Transition*, December 1961.
63 *Report of the Presidential Commission on the Establishment of a Democratic One Party State*, (Dar es Salaam 1965), 2.
64 Lionel Cliffe (ed.), *One-Party Democracy in Tanzania* (Nairobi 1967).
65 Mazrui, op. cit., 255ff.
66 *The Arusha Declaration and Tanu's Policy on Socialism and Self-Reliance* (Dar es Salaam 1967); Marzui, op. cit., 48.
67 Naipaul, op. cit., 144ff.
68 Quoted ibid., 200–1.
69 *Daily Nation*, Nairobi, 6 February 1968.
70 Ali Mazrui, 'Mini-skirts and Political Puritanism', *Africa Report*, October 1968.
71 *Reporter*, Nairobi, 23 February 1968.
72 Naipaul, op. cit., 237–8.
73 *The Times*, 7 October 1965.
74 Marnham, op. cit., 199.
75 West, op. cit., 146.
76 *Annual Register* (London), 1980.
77 Pierre Kalck, *Central African Republic: a Failure of Decolonization* (New York 1971).
78 Winston Churchill, *My African Journey* (London 1908).
79 George Ivan Smith, *Ghosts of Kampala* (London 1980), 34.
80 Ibid., 51ff.
81 West, op. cit., 24–5.
82 Quoted Smith, op. cit., 96.
83 Ibid., 101 for text of memorandum.
84 Henry Kyemba, *State of Blood* (London 1977).
85 Smith, op. cit., 111–12.
86 Ibid, 124–31.
87 Ibid., 166–7.
88 Daniel Patrick Moynihan, *A Dangerous Place* (London 1978), 154–5.
89 Quoted Smith, op. cit., 181.
90 J.J.Jordensen, *Uganda: a Modern History* (London 1981); Wadada Nabundere, *Imperialism and Revolution in Uganda* (Tanzania 1981).
91 Victoria Brittain, 'After Amin', *London Review of Books*, 17 September 1981.
92 For instance, *Daily Telegraph*, 5 September 1981.
93 Mazrui, *Violence and Thought*, 37–9.
94 Colin Legum *et al.*, *Africa in the 1980s* (New York 1979).
95 West, op. cit., 6–7.
96 For detailed figures see *New York Times*, 11 May 1980.
97 Marnham, op. cit., 165, 205.
98 Ibid., 168.
99 David Lomax, 'The civil war in Chad', *Listener*, 4 February 1982.

100 Genganne Chapin and Robert Wasserstrom, 'Agricultural production and malarial resurgence in Central America and India', *Nature*, 17 September 1981.
101 *New York Times*, 11 May 1980.
102 Marnham, op. cit., 240.
103 Compiled from *Annual Register* (London 1980, 1981) and *New York Times*.

16 Experimenting with Half Humanity

1 Jack Chen, *Inside the Cultural Revolution* (London 1976), 219–20.
2 Hollander, op. cit., chapter 7, 'The Pilgrimage to China', 278ff.
3 Ibid., 326–30.
4 Talbot (ed.), op. cit., 249.
5 John Gittings, *The World and China, 1922–1975* (London 1974), 236.
6 Bill Brugger, *China: Liberation and Transformation 1942–1962* (New Jersey 1981), 212.
7 Ross Terrill, *Mao: a Biography* (New York 1980), 383.
8 Quoted in Han Suyin, *Wind in the Tower: Mao Tse-Tung and the Chinese Revolution 1949–1975* (London 1976), 291.
9 Talbot (ed.), op. cit., 249.
10 Schram, op. cit., 253–4.
11 Ibid., 295.
12 Ibid., 291.
13 Talbot (ed.), op. cit., 255.
14 Terrill, op. cit., 53.
15 Roger Garside, *Coming Alive: China After Mao* (London 1981), 45.
16 Ibid., 46–7.
17 Robert Jay Lifton, *Revolutionary Immortality* (London 1969), 72–3.
18 Garside, op. cit., 50.
19 Brugger, op. cit., 44–55.
20 Schram, op. cit., 267, footnote; see Jacques Guillermaz, *La Chine Populaire* (3rd ed., Paris 1964).
21 Robert Jay Lifton, *Thought Reform and the Psychology of Totalism: a Study of Brainwashing in China* (New York 1961), chapter 19.
22 Schram, op. cit., 271 footnote.
23 Ibid., 277.
24 Talbot (ed.), op. cit., 272.
25 Jerome A. Cohen, 'The criminal process in the People's Republic of China: an introduction', *Harvard Law Review*, January 1966.
26 Editorials, *Peking Review*, 6, 13, 20 September 1963.
27 Quoted Schram, op. cit., 253.
28 Brugger, op. cit., 174ff.
29 Talbot (ed.), op. cit., 272–8.
30 Brugger, op. cit., 212.
31 K. Walker, *Planning in Chinese Agriculture: Socialization and the Private Sector 1956–62* (London 1965), 444–5.
32 Bill Brugger, *China: Radicalism and Revisionism 1962–1972* (New Jersey 1981), 36.
33 Ibid., 47.
34 Roxane Witke, *Comrade Chiang Ching* (London 1977), 162.
35 Ibid., 154; Chiang Ching confided at great length in Witke.
36 Colin Mackerras, *The Chinese Theatre in Modern Times* (Amherst, Mass., 1975).
37 Witke, op. cit., 383.
38 Ibid., 158–9.
39 Ibid., 309–10.
40 Ibid., 312–14.
41 Terrill, op. cit., 305 footnote.
42 Ibid., 304–9.
43 Witke, op. cit., 318.
44 For the long-term origins of the Cultural Revolution, see Roderick MacFarquhar, *The Origins of the Cultural Revolution, 1 Contradictions Among the People 1956–7* (London 1974).
45 *China Quarterly*, 45.
46 Terrill, *Mao*, 315.
47 Witke, op. cit., 320, 356ff.
48 Naranarayan Das, *China's Hundred Weeds: a Study of the Anti-Rightist Campaign in China 1957–1958* (Calcutta 1979); Garside, op. cit., 69.
49 Chen, op. cit., 388.
50 Ibid., 226.
51 Ibid., 211.
52 Garside, op. cit., 70, 91; Witke, op. cit., 379; Terrill, op. cit., 315; Chen, op. cit., 226ff.
53 Chen, op. cit., 221–4.
54 Anita Chan, *et al.*, 'Students and class warfare: the social roots of the Red Guard conflict in Guangzhon (Canton)', *China Quarterly*, 83, September 1980.

55 Chen, op. cit., 228–31.
56 See Simon Leys in *The Times Literary Supplement*, 6 March 1981, 259–60.
57 Witke, op. cit., 324–5.
58 Witke, op. cit., 328.
59 William Hinton, *Hundred Days War: the Cultural Revolution at Tsinghua University* (New York 1972), 101–4.
60 Terrill, op. cit., 319.
61 Witke, op. cit., 388–90.
62 Ibid., 435.
63 Ibid., 391–2, 402.
64 Parris Chang, 'Shanghai and Chinese politics before and after the Cultural Revolution' in Christopher Howe (ed.), *Shanghai* (Cambridge 1981).
65 Philip Bridgham, 'Mao's Cultural Revolution in 1967' in Richard Baum and Louis Bennett (eds), *China in Ferment* (Yale 1971), 134–5; Thomas Robinson, 'Chou En-lai and the Cultural Revolution in China' in Baum and Bennett (eds), *The Cultural Revolution in China* (Berkeley 1971), 239–50.
66 Witke, op. cit., 349; Edward Rice, *Mao's Way* (Berkeley 1972), 376–8.
67 *Far Eastern Economic Review*, 2 October 1969; Terrill, op. cit., 321–8.
68 Terrill, op. cit., 328–30.
69 Chen, op. cit., 344ff.; Terrill, op. cit., 345ff.
70 Terrill, op. cit., 369; Witke, op. cit., 365.
71 Terrill, op. cit., 387–90; Witke, op. cit., 475–6.
72 Terrill, op. cit., 402 footnote.
73 Ibid., 381, 420.
74 Quoted in Ross Terrill, *The Future of China After Mao* (London 1978), 121.
75 Ibid., 115–17.
76 Witke, op. cit., 472ff.; Terrill, *China After Mao*, 121–3.
77 *Daily Telegraph*, 9 January 1981, quoting *Zheng Ming* magazine.
78 Garside, op. cit., 67ff.
79 Ibid., 73ff.
80 Leys, op. cit.
81 Michael Oksenberg, 'China Policy for the 1980s', *Foreign Affairs*, 59 (Winter 1980–1), 304–22.
82 *Guardian*, 5 February 1982.
83 M.D.Morris *et al.*, (eds), *Indian Economy in the Nineteenth Century* (Delhi 1969); W.J.Macpherson, 'Economic Development in India under the British Crown 1858–1947' in A.J.Youngson (ed.), *Economic Development in the Long Run* (London 1972), 126–91; Peter Robb, 'British rule and Indian "Improvement"', *Economic History Review*, XXXIV (1981), 507–23.
84 J.Nehru, *The Discovery of India* (London 1946).
85 Dom Moraes, *Mrs Gandhi* (London 1980), 127.
86 Dom Moraes, *The Tempest Within* (Delhi 1971).
87 Moraes, *Mrs Gandhi*, 224.
88 Shahid Javed Burki, *Pakistan under Bhutto 1971–1977* (London 1979).
89 Moraes, *Mrs Gandhi*, 250.
90 Victoria Schofield, *Bhutto: Trial and Execution* (London 1980).
91 Moraes, *Mrs Gandhi*, 319.
92 Parliamentary statement by Minister of State for Home Affairs, 15 March 1981.
93 *The Times*, 3 February 1981.
94 *Daily Telegraph*, 2 February 1981.
95 See, for instance, James Freeman, *Untouchable: an Indian Life History* (London 1980).
96 *New York Times*, 20 July 1980.
97 R.Kipling, *From Sea to Sea* (London 1899).
98 Ved Mehta, *Portrait of India* (London 1970), Part VII, 362.
99 See, for instance, *Daily Telegraph*, 8 February 1982.

17 The European Lazarus

1 Jacques Dumaine, *Quai d'Orsay 1945–1951* (tr. London 1958), 13.
2 Simone de Beauvoir, *Force of Circumstance* (tr. London 1965), 38ff.
3 David Pryce-Jones, *Paris in the Third Reich: A history of the German Occupation 1940–1944* (London 1981).
4 Bernard-Henri Levy, *L'Idéologie française* (Paris 1981).
5 Quoted in Herbert R. Lottman, *Camus* (London 1981 ed.), 705.

6 Ibid., 322.
7 Guillaume Hanoteau, *L'Age d'or de St-Germain-des-Près* (Paris 1965); Herbert Lottman, 'Splendours and miseries of the literary café', *Saturday Review*, 13 March 1963, and *New York Times Book Review*, 4 June 1967.
8 Popper, *Conjectures and Refutations*, 363.
9 Terence Prittie, *Konrad Adenauer 1876–1967* (London 1972), 35–6.
10 Maria Romana Catti, *De Gasperi uomo solo* (Milan 1964), 81–2.
11 Elisa Carrillo, *Alcide de Gasperi: the Long Apprenticeship* (Notre Dame 1965), 9.
12 Ibid., 23.
13 Catti, op. cit., 104–11; Carrillo, op. cit., 83–4.
14 Prittie, op. cit., 224, 312.
15 Ibid., 97.
16 Ibid., 106–10.
17 Lewis J. Edinger, *Kurt Schumacher* (Stanford 1965), 135–6.
18 Arnold J. Heidenheimer, *Adenauer and the CDU* (The Hague 1960).
19 For the speech see Leo Schwering, *Frühgeschichte der Christlich-Demokratische Union* (Recklinghausen 1963), 190–3.
20 Quoted in Prittie, op. cit., 171.
21 Frank Pakenham, *Born to Believe* (London 1953), 198–9.
22 *Die Welt*, 30 November 1946.
23 Konrad Adenauer, *Memoirs*, 4 vols (tr. London 1966), I 180–2.
24 Aidan Crawley, *The Rise of West Germany 1945–1972* (London 1973), chapter 12.
25 Walter Henkels, *Gar nicht so Pingelig* (Dusseldorf 1965), 161.
26 Hans-Joachim Netzer (ed.), *Adenauer und die Folgen* (Munich 1965), 159.
27 Prittie, op. cit., 173 footnote 7.
28 Henkels, op. cit.
29 Prittie, op. cit., 236.
30 Adenauer, *Memoirs*, II 509ff.
31 Rudolf Augstein, *Konrad Adenauer* (tr. London 1964), 94.
32 Radio broadcast, 2 July 1954; Prittie, op. cit., 173.
33 Quoted in J. Galtier-Boissière, *Mon Journal pendant l'occupation* (Paris 1945).
34 Philippe Bauchard, *Les Technocrates et le pouvoir* (Paris 1966); Zeldin, op. cit., 1068–9.
35 G.Wright, *Rural Revolution in France* (Stanford 1964), chapter 5.
36 Zeldin, op. cit., 687.
37 W.D.Halls, *The Youth of Vichy France* (Oxford 1981); Zeldin, op. cit., 1141.
38 Robert Aron, *Histoire de l'Épuration* 3 vols (Paris 1967); Peter Novick, *The Resistance v. Vichy* (New York 1968).
39 Herbert Lüthy, *The State of France* (tr. London 1955), 107.
40 André Rossi, *Physiologie du parti communiste français* (Paris 1948), 83, 431–2.
41 Annie Kriegel, *The French Communists: Profile of a People* (Chicago 1972).
42 See Herbert Lüthy, 'Why Five Million Frenchmen Vote Communist', *Socialist Commentary*, December 1951, p. 289.
43 Quoted Lüthy, *State of France*, 117.
44 Philip Williams, *Politics in Post-War France* (London 1954 ed.), 17–19.
45 Lüthy, *State of France*, 123.
46 Zeldin, op. cit., 1045ff.
47 Jean Monnet, *Memoirs* (tr. London 1978).
48 *Bulletin mensuel de statistique* (Paris), October 1952, p. 44.
49 Lüthy, *State of France*, 432.
50 Joseph Hours in *Année politique et économique*, spring 1953.
51 Quoted Lüthy, op. cit., 385.
52 Jean-Raymond Tournoux, *Pétain and de Gaulle* (tr. London 1966), 7.
53 Zeldin, op. cit., 1121.
54 Gaston Palewski, 'A Surprising Friendship: Malraux and de Gaulle' in Martine de Curcel (ed.), *Malraux: Life and Work* (London 1976), 70.
55 Ibid., 69.
56 *Goethe's Faust* (Penguin Classics), Part I, 71.
57 De Gaulle, speech, 17 April 1948.
58 De Gaulle, speeches of 13 April 1963; 22 November 1944; 1 March 1941; 25 November 1943; see Philip Cerny, *The Politics of Grandeur: Ideological Aspects of de Gaulle's Foreign Policy* (Cambridge 1980).

59 De Gaulle, op. cit., 235.
60 Ibid., 18.
61 Quoted in Jacques Fauvet, *La Quatrième République* (Paris 1959), 64, note.
62 David Schoenbrun, *Three Lives of Charles de Gaulle* (London 1965), 94–5.
63 J.R.Frears, *Political Parties and Elections in the French Fifth Republic* (London 1977), 18ff.
64 De Gaulle, op. cit., 144–6.
65 John Ardagh, *The New France: a Society in Transition 1945–1977* (London, 3rd ed., 1977), 31–2.
66 Zeldin, op. cit., 625, 635–6.
67 Ibid., 300–30.
68 Quoted in Lüthy, *State of France*, 382.
69 Albert Sorel, *Europe and the French Revolution* (tr. London 1968), I 277ff.
70 De Gaulle, op. cit., 173–4.
71 Adenauer, op. cit., III 434.
72 Text in Uwe Kitzinger, *The European Common Market and Community* (London 1967), 33–7.
73 Quoted in Anthony Sampson, *Macmillan* (London 1967), 146.
74 Prittie, op. cit., 268–9.
75 Adenauer, op. cit., III 434.
76 Prittie, op. cit., 268.
77 Transcript of press conference in Harold Wilson, *The Labour Government 1964–1970* (London 1971), 392–4.
78 For de Gaulle's vetoes, see Uwe Kitzinger, *Diplomacy and Persuasion: how Britain joined the Common Market* (London 1973), 37–8.
79 Rostow, *World Economy*, 234–5 and Table III–47.
80 Kitzinger, *Diplomacy and Persuasion*, Table p. 29.
81 Quoted in B. Simpson, *Labour: the Unions and the Party* (London 1973), 39.
82 A.Flanders, *Trades Unions* (London 1968); John Burton, *The Trojan Horse: Union Power in British Politics* (Leesburg 1979), 48, 50.
83 Sydney and Beatrice Webb, *The History of Trade Unionism* (London 1920); *Dicey's Law and Public Opinion in England* (London 1963 ed.).
84 *BBC v. Hearn and Others* (1977); see J.H.Bescoby and C.G.Hanson, 'Continuity and Change in Recent Labour Law', *National Westminster Bank Quarterly Review*, February 1976; *Trade Union Immunities* (London, HMSO, 1981), 34–101.
85 F.W.Paish, 'Inflation, Personal Incomes and Taxation', *Lloyds Bank Review*, April 1975.
86 Geoffrey Fry, *The Growth of Government* (London 1979), 2–3; A.T.Peacock and J.Wiseman, *The Growth of Public Expenditure in the UK* (London, 2nd ed., 1967); M.Abramovitz and V.F.Eliasberg, *The Growth of Public Employment in Great Britain* (London 1957).
87 J.M.Buchanan, John Burton and R.E.Wagner, *The Consequences of Mr Keynes* (London, Institute of Economic Affairs, 1978), 67 and Table II, p. 34.
88 Rostow, *World Economy*, Table III–42, p. 220; *League of Nations Statistical Yearbook 1933–4* (Geneva 1934), Table 10.
89 Derry, *Norway*, 325; P.M.Hayes, *Quisling* (Newton Abbot 1971).
90 T.K.Derry, *A History of Scandinavia* (London 1979), 322–4; Rostow, *World Economy*, 220.
91 E.D.Simon, *The Smaller Democracies* (London 1939); Marquis Childs, *Sweden: the Middle Way* (New York 1936).
92 Derry, *Scandinavia*, 336–7.
93 Christopher Hughes, *Switzerland* (London 1975), 167–72.
94 Urs Altermatt, 'Conservatism in Switzerland: a study in anti-Modernism', *Journal of Contemporary History*, 14 (1979), 581–610.
95 *Wall Street Journal*, 23 June 1980.
96 Kenneth Maxwell, 'Portugal under Pressure', *New York Review of Books*, 29 May 1975, 20–30.
97 Tom Gallagher, 'Controlled Repression in Salazar's Portugal', *Journal of Contemporary History*, 14 (1979) 385–402; for the PIDE see 'Para a Historia do Fascismo Portogues: a Pide', *Portugal Informaca*, June–July 1977.

98 Neil Bruce, *Portugal: the Last Empire* (Newton Abbot 1975), 108.
99 Franco, speech at Madrid Army Museum, 9 March 1946, quoted in Trythall, op. cit.
100 Ibid., 206.
101 *Estudios sociológicos sobre la situación social de España 1975* (Madrid 1976).
102 Raymond Carr and Juan Pablo Fusi, *Spain: Dictatorship to Democracy* (London 1979), 195ff.
103 Stanley Meisler, 'Spain's New Democracy', *Foreign Affairs*, October 1977.
104 Carr and Fusi, op. cit., 246.
105 Richard Clogg, *A Short History of Modern Greece* (Cambridge 1979), 164–5.
106 William McNeil, *Metamorphosis of Greece since World War II* (Chicago 1978).
107 *New York Times*, 6 July 1980.

18 America's Attempted Suicide

1 Edgar M. Bottome, *The Missile Gap* (Rutherford, N.J. 1971).
2 Schlesinger, *Robert Kennedy*, 220 footnote; William Safire, *Before the Fall: an inside view of the pre-Watergate White House* (New York 1975), 152–3.
3 Pierre Salinger, *With Kennedy* (New York 1966), 51.
4 Quoted by William F. Buckley Jr, 'Human Rights and Foreign Policy', *Foreign Affairs*, Spring 1980.
5 J.F.Kennedy, *Public Papers etc.*, 3 vols (Washington DC 1963–4), I 1ff.
6 R.J.Walton, *Cold War and Counter-revolution: the Foreign Policy of John F. Kennedy* (New York 1972).
7 Poole, op. cit., 28.
8 Rostow, *World Economy*, 222ff.; Carlos Diáz Alejandro, *Essays on the Economic History of the Argentine Republic* (Yale 1970).
9 H.S.Ferns, *Argentina* (London 1969), 184ff.
10 Claudio Veliz (ed.), *The Politics of Conformity in Latin America* (Oxford 1967), Appendix, 'Successful Military Coups 1920–1966', 278.
11 Ferns, *Argentina*, 173.
12 Walter Little, 'The Popular Origins of Peronism' in David Rock (ed.), *Argentina in the Twentieth Century* (London 1975).
13 Ferns, *Argentina*, 190.
14 David Rock, 'The Survival and Restoration of Peronism', in *Argentina in the Twentieth Century*.
15 Martin Shermin and Peter Winn, 'The US and Cuba', *Wilson Review*, Winter 1979.
16 Earl Smith in congressional testimony, Senate Judiciary Committee, 30 August 1960.
17 Hugh Thomas, *Cuba, or the Pursuit of Freedom* (London 1971), 639.
18 Blas Roca, *En Defensa del Pueblo* (1945), 41–3; quoted in Thomas, *Cuba*, 736.
19 E. Suarez Rivas, *Un Pueblo Crucificado* (Miami 1964), 18; quoted in Thomas, *Cuba*.
20 *America Libre*, Bogota, 22 May 1961; Thomas, *Cuba*, 811.
21 Thomas, *Cuba*, 814–16.
22 Quoted ibid., 819.
23 For Castro, see Luis Conte Aguero, *Fidel Castro, Psiquiatria y Politica* (Mexico City 1968 ed.), which is critical; and Herbert Matthews, *Castro: a Political Biography* (London 1969), which is more favourable.
24 Thomas, *Cuba*, 946.
25 Quoted ibid., 977.
26 For US policy to Batista and Castro, see Earl Smith, *The Fourth Floor* (New York 1962) and *Communist Threat to the USA through the Caribbean: Hearings of the Internal Security Sub-committee, US Senate* (Washington DC 1959–62).
27 Smith, *Fourth Floor*, 60.
28 Thomas, *Cuba*, 1038–44.
29 E. Guevara, *Oeuvres Révolutionaires 1959–1967* (Paris 1968), 25.
30 Smith, *Fourth Floor*, 170.
31 Thomas, *Cuba*, 1071ff.
32 Ibid., 1197.
33 Ibid., 1202–3.
34 Ibid., 1233–57.
35 Ibid., 969–70.
36 Schlesinger, *Robert Kennedy*, 452.
37 Ibid., 445.

38 For J.F.Kennedy's handling of the Bay of Pigs, see Haynes Johnson, *The Bay of Pigs* (New York 1964) and Arthur Schlesinger, *A Thousand Days* (Boston 1965), chapters 10–11.
39 Thomas, *Cuba*, 1365.
40 Ibid., 1371.
41 Schlesinger, *Robert Kennedy*, 472; *Readers' Digest*, November 1964.
42 *Alleged Assassination Plots involving Foreign Leaders* (Washington DC 1975), 14.
43 Ibid., interim and final reports; Schlesinger, *Robert Kennedy*, chapter 21.
44 H.S.Dinerstein, *The Making of a Missile Crisis* (Baltimore 1976), 156; see also Talbot (ed.), op. cit.
45 Jean Daniel in *L'Express*, 14 December 1963 and *New Republic*, 21 December 1963; Claude Julien, *Le Monde*, 22 March 1963.
46 Schlesinger, *Robert Kennedy*, 504–5.
47 Ibid., 507–11.
48 For an inside account of the missile crisis, see Robert Kennedy, *Thirteen Days: a memoir of the Cuban Missile Crisis* (New York 1971 ed.).
49 Quoted in Michel Tatu, *Power in the Kremlin: from Khrushchev to Kosygin* (New York 1969), 422.
50 *Newsweek*, 28 October 1963.
51 Edwin Guthman, *We Band of Brothers* (New York 1971), 26; *Saturday Review*, 15 October 1977.
52 Thomas, *Cuba*, 1414.
53 Quoted Schlesinger, *Robert Kennedy*, 531.
54 Talbot (ed.), op. cit., 511.
55 Quoted Schlesinger, *Robert Kennedy*, 530–1.
56 Ibid., 523 and footnote.
57 Thomas, *Cuba*, 1418.
58 Quoted in Hollander, op. cit., chapter 6: 'Revolutionary Cuba and the discovery of the New World', esp. 234ff.
59 Hugh Thomas in *The Times Literary Supplement*, 10 April 1981, 403.
60 See Werner Von Braun and F.I.Ordway, *History of Rocketry and Space-Travel* (New York, revised ed. 1969).
61 Quoted by Hugh Sidey, who was present, in his *John F. Kennedy: Portrait of a President* (London 1964).
62 H.Young *et al.*, *Journey to Tranquillity: the History of Man's Assault on the Moon* (London 1969), 109–10.
63 Quoted in Leslie H. Gelb and Richard K. Betts, *The Irony of Vietnam: the System Worked* (Washington DC 1979), 70–1.
64 W.W.Rostow, *The Diffusion of Power: an essay in recent history* (New York 1972), 265.
65 See Archimedes L.A.Patti, *Why Viet Nam? Prelude to America's Albatros* (University of California 1981); but see Dennis Duncanson, *The Times Literary Supplement*, 21 August 1981, 965.
66 Truman, op. cit., I 14–15.
67 Acheson, op. cit., 675–6.
68 Acheson, National Press Club speech, *Department of State Bulletin*, 23 January 1950, 115f.
69 Kennan, *Memoirs 1950–1963*, 59.
70 D. Eisenhower, *Public Papers* (1954), 253, 306; Gelb and Betts, op. cit., 60.
71 Eisenhower, press conference, 7, 26 April 1954; Gelb and Betts, op. cit., 59.
72 Eisenhower, *Public Papers* (1959), 71.
73 De Gaulle, op. cit., 256.
74 J.F.Kennedy, *Public Papers*, II 90.
75 Schlesinger, *A Thousand Days*, 547.
76 David Halberstam, *The Best and the Brightest* (New York 1972), 135.
77 Quoted in Henry Graff, *The Tuesday Cabinet: Deliberation and Decision in Peace and War under Lyndon B. Johnson* (New York 1970), 53.
78 Gelb and Betts, op. cit., 104 footnote 31; but see also Joseph C. Goulden, *Truth is the First Casualty: the Gulf of Tonkin Affair* (New York 1969), 160.
79 Gelb and Betts, op. cit., 117–18.
80 Ibid., 120–3.
81 Lyndon Johnson, *Public Papers*, IV 291.
82 Quoted in Halberstam, op. cit., 596.
83 Graff, op. cit., 81.

84 Gelb and Betts, op. cit., 135ff.
85 Doris Kearns, *Lyndon Johnson and the American Dream* (New York 1976), 264.
86 Gelb and Betts, op. cit., 139–43.
87 Guenther Lewy, 'Vietnam: New Light on the Question of American Guilt', *Commentary*, February 1978.
88 Gelb and Betts, op. cit., 214–15.
89 Lewy, op. cit.
90 Gelb and Betts, op. cit., 171.
91 Peter Braestrup, *Big Story: How the American Press and TV Reported and Interpreted the Crisis of Tet 1968 in Vietnam and Washington*, 2 vols (Boulder 1977).
92 John Mueller, *War, Presidents and Public Opinion* (New York 1973).
93 Gelb and Betts, op. cit., 130.
94 William Lunch and Peter Sperlich, 'American Public Opinion and the War in Vietnam', *Western Political Quarterly*, Utah, March 1979.
95 Don Oberdorfer, *Tet!* (New York 1971), 289–90.
96 Sidney Verba *et al.*, *Vietnam and the Silent Majority* (New York 1970); Stephen Hess, 'Foreign Policy and Presidential Campaigns', *Foreign Policy*, Autumn 1972.
97 Herbert Y. Shandler, *The Unmaking of a President: Lyndon Johnson and Vietnam* (Princeton 1977), 226–9.
98 Kearns, op. cit., 286, 282–3.
99 Schlesinger, *Robert Kennedy*, 1002.
100 Lyndon Baines Johnson, *The Vantage Point: perspectives of the Presidency 1963–1969* (New York 1971), 81.
101 Johnson, address to University of Michigan, May 1964, quoted in Lawrence J. Wittner, *Cold War America: from Hiroshima to Watergate* (New York 1974), 239–40.
102 Johnson, *Vantage Point*, 322–4; *New York Times*, 10 August 1965; Wittner, op. cit., 247–8.
103 Johnson, *Vantage Point*, 330, 172–3.
104 *Office of Management and Budget: Federal Government Finances* (Washington DC 1979); for a slightly different calculation, see Rostow, *World Economy*, 272, Table III–65.
105 Larry Berman, *The Office of Management and Budget and the Presidency 1921–1979* (Princeton 1979).
106 Johnson, *Vantage Point*, 435, 442ff., 450–1.
107 Ibid., 87.
108 Stanley Lebergott, *Wealth and Want* (Princeton 1975), 11–12.
109 Daniel P. Moynihan, *The Negro Family* (New York 1965).
110 Daniel P. Moynihan, *Maximum Feasible Misunderstanding* (New York 1968).
111 Quoted by Diane Divoky, 'A Loss of Nerve', *Wilson Review*, Autumn 1979.
112 C.P.Snow, *The Two Cultures and the Scientific Revolution* (Cambridge 1959).
113 Edward F. Denison, *Sources of Economic Growth* (New York 1962); Fritz Machlup, *The Production and Distribution of Knowledge in the United States* (Princeton 1962).
114 Clark Kerr, *The Uses of the University* (New York 1966).
115 Quoted by Lewis B. Mayhew, *Higher Education in the Revolutionary Decades* (Berkeley 1967), 101ff.
116 Charles E. Finn, *Scholars, Dollars and Bureaucrats* (Washington DC 1978), 22.
117 *On Further Examination: Report of the Advisory Panel on the Scholastic Aptitude Test score decline* (College Entrance Examination Board, New York 1977).
118 For instance, *National Institute of Education Compensatory Education Study* (New York 1978).
119 Divoky, op. cit.
120 Christopher Jenks, *Who Gets Ahead? The Determinants of Economic Success in America* (New York 1979).
121 See Arnold Heertje (ed.), *Schumpeter's Vision: Capitalism, Socialism and Democracy after Forty Years* (Eastbourne 1981).
122 Wittner, op. cit., 246–7.
123 Trilling, *Last Decade*, 174.

124 Wittner, op. cit., 292.
125 Quoted by Trilling, *Last Decade*, 111.
126 Fritz Stern, 'Reflections on the International Student Movement', *The American Scholar*, 40 (Winter 1970–1), 123–37.
127 Paul Joubert and Ben Crouch, 'Mississippi blacks and the Voting Rights Act of 1965', *Journal of Negro Education*, Spring 1977.
128 Jack Bass and Walter de Vries, *The Transformation of Southern Politics* (New York 1976).
129 Quoted Schlesinger, *Robert Kennedy*, 330; see D.W.Matthews and J.R.Prothero, *Negroes and the New Southern Politics* (New York 1966), 240ff.
130 *Report of the National Advisory Commission on Civil Disorders* (Washington DC 1968), 56.
131 Johnson, *Vantage Point*, 95.
132 Quoted in Wittner, op. cit., 283.
133 Bohlen, op. cit., 210.
134 Quoted in Arthur Schlesinger, *The Imperial Presidency* (Boston 1973), 123.
135 Thomas Cronic, 'The Textbook Presidency and Political Science', *Congressional Record*, 5 October 1970.
136 Wilfred Binkley, *New Republic*, 18 May 1953.
137 *New York Times*, 18 May 1954; *Washington Post*, 20 May 1954.
138 Schlesinger, *Imperial Presidency*, 169.
139 David Broder quoted in Safire, op. cit., 171.
140 Ibid., 70, 75.
141 Wittner, op. cit., 300–1.
142 Richard Nixon, *Public Papers, 1969* (Washington DC 1971), 371.
143 Gelb and Betts, op. cit., 350.
144 Safire, op. cit., 369.
145 Ibid., 375–9.
146 Test of Agreement in *State Department Bulletin*, 12 February 1973; Gelb and Betts, op. cit., 350.
147 Safire, op. cit., 117–18.
148 Ibid., 360.
149 Wittner, op. cit., 370–1.
150 Quoted in Safire, op. cit., 264.
151 Richard W. Steele, 'Franklin D. Roosevelt and his Foreign Policy Critics', *Political Science Quarterly*, Spring 1979, 22 footnote 27.
152 Ibid., 18; Saul Alindky, *John L. Lewis* (New York 1970), 238; Safire, op. cit., 166.
153 Trohan, op. cit., 179; *Daily Telegraph*, 4 March 1982.
154 Schlesinger, *Robert Kennedy*, 403ff.; Roger Blough, *The Washington Embrace of Business* (New York 1975).
155 Schlesinger, *Robert Kennedy*, 311–12.
156 Fred Friendly, *The Good Guys, the Bad Guys and the First Amendment* (New York 1976), chapter 3.
157 Safire, op. cit., 166.
158 Schlesinger, *Robert Kennedy*, 362ff.; Senate Select Committee (on) Intelligence Activities (Church Committee), *Final Report* (Washington 1976), II 154, III 158–60.
159 Trohan, op. cit., 136–7.
160 Ibid., 326; Judith Exner, *My Story* (New York 1977).
161 Alfred Steinberg, *Sam Johnson's Boy* (New York 1968), 671.
162 For Johnson's misdemeanours, see Robert A. Caro, *The Years of Lyndon Johnson* (New York 1982 and forthcoming).
163 Charles Roberts, *LBJ's Inner Circle* (New York 1965), 34; Schlesinger, *Imperial Presidency*, 221; see 'The Development of the White House Staff', *Congressional Record*, 20 June 1972.
164 Safire, op. cit., 166ff.
165 Ibid., 357.
166 Fred Thompson, *At That Point in Time* (New York 1980).
167 *Will: the Autobiography of G. Gordon Liddy* (London 1981), 300.
168 See, for instance, Maurice Stans, *The Terrors of Justice: the untold side of Watergate* (New York 1979), and James Nuechterlein, 'Watergate: towards a Revisionist View', *Commentary*, August 1979. Sirica provided his own account: John J. Sirica, *To Set the Record Straight* (New York 1979).
169 *Daily Telegraph*, 15 January and 5–6 February 1982.
170 Anthony Lukas, *Nightmare: the Underside of the Nixon Years* (New York 1976), 375ff.; Safire, op. cit., 292.

171 Tom Bethell and Charles Peters, 'The Imperial Press', *Washington Monthly*, November 1976.
172 Lee H. Hamilton and Michael H. Van Dusen, 'Making the Separation of Powers Work', *Foreign Affairs*, Autumn 1978.
173 Georgetown University Conference on Leadership, Williamsburg, Virginia, reported in *Wall Street Journal*, 15 May 1980.
174 Gerald Ford, *Public Papers 1975* (Washington DC 1977), 119.
175 *State Department Bulletin*, 14 April 1975.
176 *Political Change in Wartime: the Khmer Krahom Revolution in Southern Cambodia 1970–4*, paper given at American Political Science Association Convention, San Francisco, 4 September 1975.
177 Ibid.
178 Evidence collected from over 300 refugees in camps in Thailand, Malaysia, France and the USA, October 1975–October 1976, printed in John Barron and Anthony Paul, *Peace with Horror* (London 1977), 10–31.
179 Ibid., 66–85; *New York Times*, 9 May 1974, 31 October 1977, 13 May 1978; *Washington Post*, 21 July 1977, 2, 3, 4 May and 1 June 1978.
180 Barron and Paul, op. cit., 136–49.
181 Ibid., 202ff.
182 *Annual Register* 1981 (London 1982).

19 The Collectivist Seventies

1 *New York Times*, 31 December 1933.
2 Letter to Montagu Norman, *Collected Writings of J.M. Keynes* XXV 98–9.
3 Rostow, *World Economy*, 68 Table II–7.
4 Ibid., 49.
5 Richard Austin Smith, 'The Incredible Electrical Conspiracy', *Fortune*, April–May 1961.
6 Schlesinger, *Robert Kennedy*, 405.
7 *Christian Science Monitor*, 16 April 1962; *Wall Street Journal*, 19 April 1962.
8 Robert Sobell, *The Last Bull Market: Wall Street in the 1960s* (New York 1980).
9 James Lorie, 'The Second Great Crash', *Wall Street Journal*, 2 June 1980.
10 Robert DeFina, *Public and Private Expenditures for Federal Regulation of Business* (Washington University, St Louis 1977); Murray L. Weidenbaum, *Government Power and Business Performance* (Stanford 1980).
11 Weidenbaum, op. cit.
12 Edward F. Denison in *Survey of Current Business* (US Department of Commerce, Washington DC), January 1978.
13 Denison, *Survey of Current Business*, August 1979 (Part II); and his *Accounting for Slower Economic Growth: the United States in the 1970s* (Washington DC 1980).
14 R.A.Maidment, 'The US Supreme Court and Affirmative Action: the Cases of Bakka, Weber and Fullilove', *Journal of American Studies*, December 1981.
15 Laurence H. Silberman, 'Will Lawyers Strangle Democratic Capitalism?', *Regulation* (Washington DC), March/April 1978.
16 John Osborne, *White House Watch: the Ford Years* (Washington DC 1977), 68.
17 *Washington Star*, 16 April 1980; *Washington Post*, 18 April 1980; *Wall Street Journal*, 24 April 1980; Carl Cohen, 'Justice Debased: the Weber Decision', *Commentary*, September 1979.
18 Richard Fry (ed.), *A Banker's World* (London 1970), 7.
19 Speech, International Monetary Conference, London, 11 June 1979; quoted in Anthony Sampson, *The Money Lenders: Bankers in a Dangerous World* (London 1981), chapter 7, 106ff., describes the origin of the Euro-dollar system.
20 Geoffrey Bell, *The Euro-dollar Market and the International Financial System* (New York 1973).
21 Irving Friedman, *The Emerging Role of Private Banks in the Developing World* (New York 1977).

22 Charles Coombs, *The Arena of International Finance* (New York 1976), 219.
23 Geoffrey Bell, 'Developments in the International Monetary System Since Floating', *Schroders International*, November 1980.
24 Rostow, *World Economy*, 248–9.
25 Ibid., 260–1 and Table III–59.
26 Ibid., 254–5.
27 J.B.Kelly, *Arabia, the Gulf and the West* (London 1980).
28 Teddy Kollek, 'Jerusalem', *Foreign Affairs*, July 1977.
29 P.J.Vatikiotis, *Nasser and his Generation* (London 1978).
30 Ruth First, *Libya: the Elusive Revolution* (Harmondsworth 1974), 201–4.
31 Henry Kissinger, *Years of Upheaval* (London 1982).
32 Martin Gilbert, *The Arab–Israel Conflict* (London 1974), 97.
33 Quoted in Poole, op. cit., 247; Scott Sagan, 'The Yom Kippur Alert', *Foreign Policy*, Autumn 1979.
34 Kissinger, op. cit.
35 Rostow, *World Economy*, 295.
36 Ibid., 290–5.
37 Charles R. Morris, *The Cost of Good Intentions: New York City and the Liberal Experiment* (New York 1980), 234.
38 *House Banking Committee: International Banking Operations, hearings* (Washington DC 1977), 719.
39 Quoted in Sampson, *The Money Lenders*, 126–7.
40 Seth Lipsky, *The Billion Dollar Bubble* (Hong Kong 1978).
41 *Wall Street Journal*, 25–26 June 1980.
42 Bruce Palmer (ed.), *Grand Strategy for the 1980s* (Washington DC 1979), 5.
43 *Annual Defence Department Report, Financial Year 1977* (Washington DC 1977), section V.
44 Osborne, op. cit., XXXIII.
45 Ibid., 32.
46 Paula Smith: 'The Man Who Sold Jimmy Carter', *Dun's Review* (New York), August 1976.
47 Robert W. Tucker, 'America in Decline: the Foreign Policy of "Maturity"', *Foreign Affairs*, 58 (Autumn 1979), 450–84.
48 Papers by Judith Reppy and Robert Lyle Butterworth in Symposium on American Security Policy and Policy-Making, *Policy Studies Journal*, Autumn 1979.
49 Quoted by Jeane Kirkpatrick, 'Dictatorships and Double Standards: a Critique of US Policy', *Commentary*, November 1979.
50 Michael A. Ledeen and William H. Lewis, 'Carter and the Fall of Shah: the Inside Story', *Washington Quarterly*, Summer 1980, 15ff.
51 Quoted in Thomas L. Hughes: 'Carter and the Management of Contradictions', *Foreign Policy*, 31 (Summer 1978), 34–55; Simon Serfaty, 'Brzezinski: Play it Again, Zbig', *Foreign Policy*, 32 (Autumn 1978), 3–21; Elizabeth Drew, 'Brzezinski', *New Yorker*, 1 May 1978; and Kirkpatrick, op. cit.
52 See Robert Legvold, 'The Nature of Soviet Power', *Foreign Affairs*, 56 (Autumn 1977), 49–71.
53 Quoted in Ronald Hingley, *The Russian Secret Police* (London 1970), 222.
54 Robert Payne, *The Rise and Fall of Stalin* (London 1968), 718–19.
55 Kolakowski, op. cit., III 'Destalinization'.
56 For the *coup*, see Michel Tatu, *Power in the Kremlin* (tr. London 1969); Hingley, *Russian Secret Police*, 43–5.
57 Hélène Carrère d'Encausse, *Le Pouvoir Confisqué: Gouvernants et Gouvernés en URSS* (Paris 1981).
58 Quoted in Robert C. Tucker, 'Swollen State, Spent Society: Stalin's Legacy to Brezhnev's Russia', *Foreign Affairs*, 60 (Winter 1981–2), 414–25.
59 See CIA, *A Dollar Comparison of Soviet and US Defence Activities 1967–1977* (Washington DC January 1978); Les Aspin, 'Putting Soviet Power in Perspective', *AEI Defense Review* (Washington DC), June 1978.
60 National Foreign Assessment Center, *Handbook of Economic Statistics 1979* (Washington DC).
61 Talbot (ed.), op. cit., 131.

62 Arcadius Kahan and Blair Rible (eds), *Industrial Labour in the USSR* (Washington DC 1979).
63 See Joint Economic Committee, Congress of the USA, *Soviet Economy in a Time of Change* (Washington DC 1979).
64 See Solzhenitsyn's 'Misconceptions about Russia are a Threat to America', *Foreign Affairs*, 58 (Spring 1980), 797–834.
65 *Arkhiv samizdata*, Document Number 374, quoted in Tucker, op. cit.
66 Mark Popovsky, *Manipulated Science: the Crisis of Science and Scientists in the Soviet Union Today* (tr. New York 1979), 179.
67 See Evgeny Pashukanis, *Selected Writings on Marxism and Law* (tr. London 1980); Eugene Kamenka, 'Demythologizing the Law', *The Times Literary Supplement*, 1 May 1981, 475–6.
68 Tufton Beamish and Guy Hadley, *The Kremlin Dilemma: the struggle for Human Rights in Eastern Europe* (London 1979), 24.
69 Roy Medvedev, *On Soviet Dissent: interviews with Piero Ostellino* (tr. London 1980), 61.
70 Ibid., 53–4.
71 Bavel Litvinov (ed.), *The Trial of the Four* (London 1972).
72 Beamish and Hadley, op. cit., 216ff.
73 Ibid., 221ff.
74 I.Z.Steinberg, *Spiridonova: Revolutionary Terrorist* (London 1935), 241–2; in fact she was kept in the Kremlin guardroom until her escape in April 1919.
75 Sidney Bloch and Peter Reddaway, *Russia's Political Hospitals: the Abuse of Psychiatry in the Soviet Union* (London 1977), 51–3.
76 Yarkov's *samizdat* autobiography was smuggled to the West in 1970.
77 *Pravda*, 24 May 1959.
78 See the evidence of forty-four British psychiatrists in C. Mee (ed.), *The Internment of Soviet Dissenters in Mental Hospitals* (London 1971).
79 Bloch and Reddaway, op. cit., 311ff.; see also I.F.Stone, *New York Review of Books*, 10 February 1972, 7–14.
80 All are summarized in Bloch and Reddaway, op. cit., Appendix I, 347–98.
81 Ibid., 57.
82 *Abuse of Psychiatry for Political Repression in the Soviet Union*, US Senate Judiciary Committee (Washington DC 1972).
83 Bloch and Reddaway, op. cit., 220–30.
84 Medvedev, *On Soviet Dissent*, 142–3.
85 *Reprints from the Soviet Press*, 30 April 1977, 22–3.
86 *Index on Censorship* (London), No. 4 1980; Vladimir Bukovsky, 'Critical Masses: the Soviet Union's Dissident Many,' *American Spectator*, August 1980; see also Joshua Rubenstein, *Soviet Dissidents: their Struggle for Human Rights* (Boston 1981).
87 Alva M. Bowen, 'The Anglo–German and Soviet–American Naval Rivalries: Some Comparisons', in Paul Murphy (ed.), *Naval Power and Soviet Policy* (New York 1976).
88 James L. George (ed.), *Problems of Sea-Power as we approach the 21st Century* (Washington DC 1978), 18.
89 Sulzberger, op. cit., 698.
90 Gorshkov's collected articles are published in translation by the US Naval Institute (Annapolis) as *Red Star Rising at Sea* and *Sea-Power and the State*.
91 George, op. cit., 17.
92 Admiral Elmo Zumwalt, *On Watch* (New York 1976), 444–5.
93 Richard Fagen, 'Cuba and the Soviet Union', *Wilson Review*, Winter 1979.
94 Mahgoub, op. cit., 277.
95 Quoted in Fagen, op. cit.
96 Jonathan Kwitny, '"Communist" Congo, "Capitalist" Zaire', *Wall Street Journal*, 2 July 1980.
97 Albert Wohlstetter (ed.), *Swords from Ploughshares: the Military Potential of Civilian Nuclear Energy* (Chicago, 1979), XIII.
98 Ibid., 17.
99 Lawrence Scheinman, *Atomic Policy in France under the Fourth Republic* (Princeton 1965), 94–5.

100 For Japan, see Wohlstetter, op. cit., chapter 5, 111–25; Geoffrey Kemp, *Nuclear Forces for Medium Powers* (London 1974).
101 Wohlstetter, op. cit., 44–5.
102 See Claire Sterling, *The Terror Network* (New York 1981).
103 Caroline Moorehead, *Fortune's Hostages: Kidnapping in the World Today* (London 1980).
104 Christopher Dobson and Ronald Payne, *The Carlos Complex: a pattern of violence* (London 1977), 30–44.
105 For these two cases see Sterling, op. cit.
106 'The Most Sinister Growth Industry', *The Times*, 27 October 1981.
107 This argument is elaborated in Paul Johnson, 'The Seven Deadly Sins of Terrorism', Jerusalem Conference on International Terrorism, published by the Jonathan Institute, Jerusalem 1979.
108 Moynihan, *A Dangerous Place*, 86.
109 Quoted ibid., 157–8.
110 Ibid., 197.
111 Rostow, *World Economy*, Table II–71, 285.
112 Alfred Sauvy, *L'Observateur*, 14 August 1952.
113 Carl E. Pletsch, 'The Three Worlds, or the Division of Social Scientific Labour, 1950–75', *Comparative Studies in Society and History*, October 1981.
114 Jahangir Amuzegar, 'A Requiem for the North–South Conference', *Foreign Affairs*, 56 (October 1977), 136–59.
115 *North–South: a Programme for Survival* (Massachusetts Institute of Technology, March 1980).
116 Theodore Moran, *Multinational Corporations and the Politics of Dependence: Copper in Chile* (Princeton 1974); Charles Goodsell, *American Corporations and Peruvian Politics* (Harvard 1974).
117 Lawrence Franco, 'Multinationals: the end of US dominance', *Harvard Business Review*, Nov.–Dec. 1978.
118 'Finis for the American Challenge?', *Economist*, 10 September 1977.
119 *The Banker* (London), June 1980; Sampson, *The Moneylenders*, 200–2.
120 *Euromoney*, July 1980; quoted by Sampson in *The Moneylenders*, 257.
121 World Bank estimates, December 1981.
122 Richard Baricuck, 'The Washington Struggle over Multinationals', *Business and Society Review*, Summer 1976.
123 Paul Hollander, 'Reflections on Anti-Americanism in our time', *Worldview*, June 1978.
124 Marx, *A Contribution to the Critique of Political Economy*, quoted in Maurice Gordelier, 'Structuralism and Marxism', in Tom Bottomore (ed.), *Modern Interpretations of Marx* (Oxford 1981).
125 Rostow, *World Economy*, Table III–68, 279.
126 Ernest Gellner, 'What is Structuralism?', *The Times Literary Supplement*, 31 July 1981, 881–3.

20 The Recovery of Freedom

1 Published in London 1945, in New York 1946; see also *Sunday Express*, 21, 28 October, 4 November 1945; David C. Smith: *H.G. Wells: Desperately Mortal* (Yale 1986), 476ff.
2 President Jimmy Carter, Address to the Nation, 16 July 1979.
3 An exception was Adam Smith, who had been Professor of Moral Philosophy at Glasgow University, 1752–64, though he had left academic life by the time he wrote his *The Wealth of Nations*, published in 1776.
4 John Gribbin, *Our Changing Universe: the New Astronomy* (London 1976).
5 Dr Edward Tryon in *Nature*, 246 (1973), 393.
6 *Wissenschaftliche Selbstbiographie* (Leipzig 1948), quoted by Thomas Kuhn in A.C. Crombie (ed.), *Scientific Change* (London 1963), 348.

7 See Dr John Smythies in *Nature*, March 1991; Robert Matthews in the *Sunday Telegraph*, 17 March 1991; and correspondence in the *Independent*, 21 and 23 March 1991.
8 Quotations from Ayer and Russell are in Bryan Magee, *Modern British Philosophers* (London 1971).
9 See my essay on Russell in *Intellectuals* (London 1988), 197–224.
10 Karl Popper, *Unended Quest: an Intellectual Autobiography* (London 1976).
11 A.C Ewing, 'The linguistic theory of a priori propositions', *Proceedings of the Aristotelian Society*, XI 1939–40, 217.
12 W.V.O. Quine, *From a Logical Point of View* (New York 1953).
13 H. Putnam, 'Is Logic Empirical?', in R.S. Cohen (ed.), *Boston Studies in the Philosophy of Science*, V 1969.
14 Susan Haack, *Deviant Logic: some philosophical issues* (London 1974), *xi*.
15 J. Jay Zeman, *Modal Logic: the Lewis-modal Systems* (Oxford 1973).
16 David Martin, *The Religious and the Secular* (London 1969).
17 Edward Royle, *Victorian Infidels* (Manchester 1974).
18 John Henry Newman, *The Idea of a University* (London 1953).
19 Michael Bourdeaux, *Gorbachev, Glasnost and the Gospel* (London 1990), 87–108.
20 Vincent C. Chrypinski, 'Polish Catholicism and Social Change', in Bociurkiw *et al.* (eds), op. cit., 241–59; Peter Raina, *Political Opposition in Poland 1954–77* (London 1978), 406ff.
21 J.C.H. Aveling, *The Jesuits* (London 1981), 355–65.
22 *Annuario Ufficiale* (Vatican City), 1978.
23 Peter Nichols, *The Pope's Divisions; The Roman Catholic Church Today* (London 1981), 22–38.
24 Ibid., 35ff.
25 Edward Fashole-Like *et al.*, *Christianity in Independent Africa* (London 1979).
26 For a comprehensive summary of the report see the *Daily Telegraph*, Tuesday 12 March 1991.
27 See reports in the press for the week 24 February–2 March 1991, and Christopher Booker in the *Sunday Telegraph*, 24 February 1991.
28 For two views on this process see Ivan Vallier, *Catholicism, Social Control and Modernization in Latin America* (Santa Cruz 1970), and Edward Norman, *Christianity in the Southern Hemisphere* (Oxford 1981).
29 Roger Bastide, *The African Religions of Brazil* (Baltimore 1978); J.H. Rodrigues, *Brazil and Africa* (Berkeley 1965).
30 Bengt G.M. Sundkler, *Zulu Zion and Some Swasi Zionists* (Oxford 1976).
31 For a discussion of the battle between Orthodox fundamentalism and secularism in Israel see Emile Marmorstein, *Heaven at Bay: the Jewish Kulturkampf in the Holy Land* (Oxford 1969); see also Paul Johnson, *A History of the Jews* (London 1987), 546–56.
32 For an account of the background see John Bulloch, *Death of a Country: Civil War in Lebanon* (London 1977).
33 William Forbis, *Fall of the Peacock Throne* (New York 1980), 45.
34 Kayhan Research Associates, *Iran's Fifth Plan* (Teheran 1974); Jahangir Amuzegar, *Iran: an Economic Profile* (Washington DC 1977).
35 Forbis, op. cit., 237ff.
36 Ibid., 73–4.
37 Grace Goodell, 'How the Shah De-Stabilized Himself', *Policy Review* (Washington, DC), Spring 1981.
38 Forbis, op. cit., 259–61.
39 Goodell, op. cit.
40 Forbis, op. cit., 74.
41 Michael A. Ledeen and William H. Lewis, 'Carter and the Fall of the Shah', *Washington Quarterly*, Summer 1980.

42 Shahrough Akhavi, *Religion and Politics in Contemporary Iran: Clergy–State Relations in the Pahlavi Period* (New York 1980).
43 Figures given by the former Iran Bar Associations in a letter to the UN Secretary-General, August 1981.
44 See report by Amir Taheri, *Sunday Times*, 23 August 1981.
45 *Sunday Times*, 6 September 1981.
46 For Saddam Hussein's family background and childhood see John Bulloch, 'The Violent Boy from Al-Ouja', in the *Independent on Sunday*, 6 January 1991.
47 *The Times* and *Daily Telegraph*, 15 February 1989.
48 For different versions of Soviet involvement see M.E. Yapp in *The Times Literary Supplement*, 3 July 1981, 753, and 25 September 1981, 1101, and Anthony Arnold, *The Soviet Invasion of Afghanistan in Perspective* (Stanford 1981), 68–71.
49 John Griffiths, *Afghanistan: Key to a Continent* (London 1981).
50 *The Times*, 21 January 1980.
51 *Daily Telegraph*, 21 February 1980.
52 Nancy Peabody Newell and Richard S. Newell, *The Struggle for Afghanistan* (Cornell 1981).
53 Quoted in Cecil Kaye, *Communism in India*, edited by Subodh Roy (Calcutta 1971), 272.
54 Hélène Carrère d'Encausse, *Decline of an Empire: the Soviet Socialist Republics in Revolt* (tr. New York 1979), 239.
55 Ibid., 237, 240.
56 Lenin, *Imperialism*, preface to 1921 edition.
57 Carrère d'Encausse, op. cit., 122–3, and 42–3 for nationalities map.
58 Ibid., 155.
59 This was particularly true of the 1960s and 1970s; see Brian Silver; 'The status of national minority languages in Soviet education: an assessment of recent changes', *Soviet Studies*, 25 No. 1 (1974).
60 Y. Bilinsky, 'Politics, Purge and Dissent in the Ukraine', in L. Kamenetsky (ed.), *Nationalism and Human Rights: Processes of Modernization in the USSR* (Colorado 1977); P. Botychnyi (ed.), *The Ukraine in the Seventies* (Oakville, Ontario 1975), 246; Carrère d'Encausse, op. cit., 170–1, 180 (Table 37).
61 Msksudov, op. cit.; Carrère d'Encausse, op. cit., 50–1.
62 Carrère d'Encausse, op cit., 67ff.
63 Ibid., 173–4.
64 This was the view of John D. Durand, 'The Modern Expansion of World Population', *Proceedings of the American Philosophical Society*, III (June 1967), 136–59; but demographic projections are notoriously liable to error.
65 Rostow, *World Economy*, Table I–13, 25.
66 UN *Demographic Yearbook 1971; Washington Post* and *Wall Street Journal*, 10 July 1980.
67 See *Whitaker's Almanac* for 1988, 1989, 1990; *Chronicle of the Year 1989* (London 1990).
68 Talbot (ed.), op cit., 120ff., 139–43.
69 *Daily Telegraph, The Times,* 17, 18 March 1991.
70 See 'Demographic Trends', *South Africa 1989–90, Official Yearbook* (Pretoria, Cape Town 1990), 79–90.
71 For a discussion of this and other aspects of South Africa's difficulties and their global significance, see Martin Schneider (ed.), *South Africa: the Watershed Years* (Cape Town 1991), especially 29ff., 42ff., 60ff., 70ff., 136ff.
72 Rostow, *World Economy*, Table I–15, 30.
73 Text of constitution in H. Borton, *Japan's Modern Century* (New York 1955), 490–507.
74 For a general treatment of the occupation, see Kazuo Kawai, *Japan's American Interlude* (Chicago 1960).
75 R.P. Dore, *Land Reform in Japan* (Oxford 1959); Kurt Steiner, *Local Government in Japan* (Stanford 1965).

76 John M. Maki, *Court and Constitution in Japan* (Seattle 1964).
77 Richard Storry, *The Times Literary Supplement*, 5 September 1980, 970; see J.W. Dower, *Empire and Aftermath: Yoshida Shigeru and the Japanese Experience, 1878–1954* (Harvard 1980).
78 Andra Boltho, *Japan: an Economic Survey* (Oxford 1975), 8 footnote; S. Kuznets, *Economic Growth of Nations* (Harvard 1971), 30–1, 38–40.
79 Rostow, *World Economy*, 275.
80 Ezra F. Vogel, 'The Challenge from Japan', Harvard Conference on US Competitiveness, 25 April 1980.
81 J.A.A. Stockwin, *Japan: Divided Politics in a Growth Economy* (London 1975), 1–3.
82 Beasley, op. cit., 286.
83 Boltho, op. cit., 167–8.
84 James Kirkup, *Heaven, Hell and Hara-Kiri* (London 1974), 248–52.
85 Quoted by Frank Gibney, 'The Ripple Effect in Korea', *Foreign Affairs*, October 1977.
86 See Special Issue of *Wilson Review*, Autumn 1979, for Taiwan's spectacular progress in the 1960s and 1970s.
87 Quoted by Sampson, *The Moneylenders*, 183–4.
88 I.M.D. Little: 'The experience and causes of rapid labour-intensive development in Korea, Taiwan, Hong Kong and Singapore, and the possibilities of emulation', *ILO Working Paper* (Bangkok 1979).
89 Rostow, *World Economy*, 548–51.
90 See David Nevin, *The American Touch in Micronesia* (New York 1977); *Chronicle of the Year 1989* (London 1990), 117.
91 Stefan de Vylder, *Allende's Chile: the political economy of the rise and fall of the Unidad Popular* (Cambridge, Mass., 1976); Brian Loveman, *Struggle in the Countryside: politics and rural labour in Chile, 1919–1973* (Indiana 1976).
92 Ian Roxborough *et al.*, *Chile: the State and Revolution* (London 1977), 146–7. Allende had told me as far back as 1960 that he had no chance of winning an election except through a split on the Right, and that the result was likely to be high inflation and a middle-class revolt.
93 Ibid., 226.
94 *Newsweek*, 8 October 1973.
95 Joseph L. Nogee and John W. Sloan, 'Allende's Chile and the Soviet Union', *Journal of International Studies and World Affairs*, August 1979.
96 James Boswell, *Life of Johnson* II (London 1934), 170.
97 W. Baer and I. Kerstenetsky (eds), *Inflation and Growth in Latin America* (Homewood, Illinois 1964).
98 Quoted in Sampson, *The Moneylenders*, 303.
99 *Daily Telegraph*, 6 March 1991.
100 *Annual Review 1984* (London 1985), 8.
101 *Annual Review 1985* (London 1986), 8–9.
102 Statement, House of Commons, 8 April 1985.
103 Hugo Young, *The Iron Lady: a Biography of Margaret Thatcher* (London 1989), 532–3.
104 Norman Lamont, MP, on the *Today Programme*, BBC Radio 4, 20 March 1991.
105 *Wilson Quarterly*, Special Issue on Mexico, Summer 1979; Michael Meyer and William Sherman, *The Course of Mexican History* (Oxford 1979).
106 Richard R. Fagen: 'The Realities of Mexico–American Relations', *Foreign Affairs*, July 1977.
107 Richard R. Fagen, *Labyrinths of Power: Political Recruitment in 20th Century Mexico* (Princeton 1979).
108 E.L. Ullman: 'Regional Development and the Geography of Concentration', *Papers and Proceedings of the Regional Science Association*, 4 (1958), 197–8.
109 H.S. Perloff *et al.*, *Regions, Resources and Economic Growth* (University of Nebraska 1960), 50.

110 Robert Estall, 'The Changing Balance of the Northern and Southern Regions of the United States', *Journal of American Studies* (Cambridge), December 1980.
111 Ben J. Wattenburg: 'A New Country: America 1984', *Public Opinion* (Washington DC), Oct–Nov 1979.
112 Ronald Reagan, *An American Life: an Autobiography* (New York 1990), 135.
113 Ibid., 335–6.
114 *The Statesman's Yearbook 1990–1,* 1399ff, 1413.
115 *An American Life*, 334 –5.
116 *Discriminate Deterrence: Report of the Commission on Integrated Long-Term Strategy* (Washington DC 1988), 5–7.
117 *An American Life*, 449–51.
118 See my article in the *Observer*, 30 October 1983.
119 *An American Life*, 517–8.
120 For the events which led up to the S-20s and Cruise deployment, see Jonathan Haslam: *The Soviet Union and the Politics of Nuclear Weapons in Europe, 1969–77* (Cornell UP 1990).
121 *An American Life*, 234–5.
122 For a general discussion of the US rearmament programme as it evolved in the 1980s see the account by Reagan's Defence Secretary, Caspar Weinberger, *Fighting For Peace* (New York 1990).
123 See Paul Johnson, 'Europe and the Reagan Years', and Robert W. Tucker, 'Reagan's Foreign Policy', in 'America and the World, 1988–9', a special issue of *Foreign Affairs*, 68 (1989).
124 *An American Life*, 568–70, which gives the key passages from the Orlando speech.
125 No personal biography of the Soviet leader has been published and details of Gorbachev's life proved difficult to obtain; some were published in the *Sunday Correspondent* colour supplement, 25 February 1990.
126 For details of the changes in Russia during the 1980s, see Geoffrey Hosking, *The Awakening of the Soviet Union* (Harvard 1990), who shows that some of the changes began before Gorbachev.
127 For an overall view of this subject see Thane Gustafson, *Crisis and Plenty: the Politics of Soviet Energy under Brezhnev and Gorbachev* (Princeton 1989).
128 Reagan's detailed personal account of the Geneva meeting is in *An American Life*, 633–41.
129 For contrasting views see 'The American 1980s: Disaster or Triumph: a Symposium', special issue of *Commentary*, September 1990; see also Larry Berman (ed.), *Looking Back on the Reagan Presidency* (Baltimore 1990), and W.G. Hyland, *The Cold War is Over* (New York 1990).
130 To the author; this was also Margaret Thatcher's view.
131 *An American Life*, 639.
132 The *Telegraph* reporter was the author's eldest son, Daniel Johnson.
133 From *Marx-Engels Werke* (East Berlin 1956–68), iii 569–71.
134 For the Ceausescu regime, see Edward Behr, *Kiss the Hand You Cannot Bite* (London 1991); John Sweeney, *The Life and Evil Times of Nicolae Ceaucescu* (London 1991).
135 This figure, like most others connected with recent Romanian events, is unreliable; Sweeney, op. cit., believes no more than fifty were shot.
136 Ibid.
137 See, for instance, 'The End of the Honeymoon', *Daily Telegraph*, 25 March 1991.
138 Reported on the BBC *Money Programme*, 10 March 1991.
139 See M.E. Porter, *The Competitive Advantage of Nations* (New York 1990).
140 For the events leading up to the war, see John Bulloch and Harvey Morris, *Saddam's War: the origins of the Kuwait conflict and the international response* (London 1991).

141 For details and dates of the events leading up to the Iraqi invasion, and the Allied response, see the following special newspaper supplements: London *Times*, 16 January 1991; *Daily Mail*, 1 March 1991; *Daily Telegraph*, 2 March 1991; *Sunday Telegraph*, 3 March 1991.

142 The major ground components of the Allied force were: United States 320,000; United Kingdom 25,000; Saudi Arabia 40,000; Syria 12,000; France 10,000; Egypt 35,000.

143 Figures vary and must be regarded as estimates until official war histories are published; I have taken these from the *Daily Telegraph* supplement of 2 March 1991.

144 For these and other figures see *Chronicle of the Twentieth Century*, 1294–5.

145 For various examples see David Israelson, *Silent Earth: the Politics of Survival* (Ontario 1990), esp. 227–50.

146 Sarah Johnson in the *Sunday Telegraph*, 4 February 1991.

147 Conor Cruise O'Brien: 'Devaluing the University', London *Times*, 5 March 1991; David Lehman, *Signs of the Times: Deconstruction and the Fall of Paul de Man* (New York 1991).

148 See Dinesh D'Sousa, *Illiberal Education: The Politics of Race and Sex on Campus* (New York 1991).

149 Martin Fletcher in the *Times*, 16 March 1991.

150 James Watson, *The Double Helix: being a personal account of the discovery of the structure of* DNA (New York 1977).

151 Franklin Portugal and Jack Cohen, *A Century of* DNA*: a history of the discovery of the structure and function of the genetic substance* (Massachusetts Institute of Technology 1977).

152 Nicholas Wade, *The Ultimate Experiment: man-made evolution* (New York 1977).

153 *Nature*, 17 September 1981, 176.

154 Quotations from Edward Wilson, *Sociobiology* (Harvard 1975) and *On Human Nature* (Harvard 1979).

155 Alexander Pope, *An Essay on Man* (London 1733–4), Ep., I, line 2.

索 引

（阿拉伯数字表示英文版原著页码，即本书页边码）

A

B

C

D

E

G

H

I

J

K

L

M

N

O

P

Q

R

S

T

U

V

W

X

Y

Z

图书在版编目(CIP)数据

摩登时代：从 1920 年代到 1990 年代的世界：全 2 册/（英）约翰逊（Johnson，P.）著；秦传安译.—北京：社会科学文献出版社，2016.1（2019.12 重印）

ISBN 978 - 7 - 5097 - 6726 - 9

Ⅰ.①摩… Ⅱ.①约… ②秦… Ⅲ.①世界史 - 现代史 - 普及读物 Ⅳ.①K150.9

中国版本图书馆 CIP 数据核字（2014）第 262708 号

摩登时代（上下册）

——从 1920 年代到 1990 年代的世界

著　　者／［英］保罗·约翰逊（Paul Johnson）

译　　者／秦传安

出 版 人／谢寿光

项目统筹／段其刚　董风云

责任编辑／冯立君　杨　慧

出　　版／社会科学文献出版社·甲骨文工作室（分社）（010）59366527

地址：北京市北三环中路甲 29 号院华龙大厦　邮编：100029

网址：www.ssap.com.cn

发　　行／市场营销中心（010）59367081　59367083

印　　装／三河市东方印刷有限公司

规　　格／开 本：889mm × 1194mm　1/32

印 张：36.875　字 数：824 千字

版　　次／2016 年 1 月第 1 版　2019 年 12 月第 6 次印刷

书　　号／ISBN 978 - 7 - 5097 - 6726 - 9

著作权合同登记号／图字 01 - 2013 - 1354 号

定　　价／148.00 元（上下册）